Lutz Röhrich

Lexikon der sprichwörtlichen Redensarten

HERDER / SPEKTRUM
Band 4400

Das Buch

„...mehr als nur ein wissenschaftliches Nachschlagewerk. Als solches erfüllt es seinen Zweck mit einem Höchstmaß an Zuverlässigkeit, Vollständigkeit der Information und Verständlichkeit der sprachgeschichtlichen Erläuterungen...Es steckt voll...wertvollsten Materials...Daß dieser Zuwachs an Wissen nicht mit didaktischer Verbissenheit eingetrichtert wird, sondern sozusagen dem Leser...unter der Hand eingeht, ist ein nicht zu unterschätzender Vorzug...es hat die Qualität einer literarisch und sprachgeschichtlich nützlichen...schier unerschöpflichen Lektüre...Ein besonderes Augenmerk verdient schließlich auch die reichhaltige Illustration, die mit Witz ausgewählt wurde..." (Rheinischer Merkur).
„...Rang eines Standardwerkes... Wozu das nicht hoch genug zu rühmende Verdienst...kommt, die Bände reich mit Illustrationen ausgestattet zu haben. Illustrationen, die eben mehr sind als das..."(Norddeutscher Rundfunk).
Der „Röhrich": Das sind rund 15 000 sprichwörtliche Redensarten aus Vergangenheit und Gegenwart, leicht verständlich und wissenschaftlich exakt erklärt sowie etwa 1 000 Abbildungen, die den Ursprung der Redensarten auf einzigartige Weise veranschaulichen. Ein ebenso lehrreiches wie amüsantes Dokument des Sprachwitzes und des unendlichen Formenreichtums der lebendigen Sprache.

Der Autor

Lutz Röhrich, geb. 1922, em. ordentlicher Professor für Volkskunde und Germanische Philologie an der Universität Freiburg i. Br., bis 1991 Direktor des Instituts für Volkskunde und des Deutschen Volksliedarchivs. Mehrere Aufenthalte als Gastprofessor in den USA. Mitglied der Österr. Akad. d. Wiss. und der Königl. Gustaf-Adolfs-Akad. in Uppsala. Mehrfacher Preisträger: 1. Chicago Folklore Prize (1974); Oberrheinischer Kulturpreis, Univ. Basel (1984); Brüder-Grimm-Preis, Univ. Marburg (1985); Internationaler Preis Pitré (Sigilo d'oro), Palermo (1985); Europäischer Märchenpreis, Wetzlar (1991).
Zahlreiche Publikationen auf dem Gebiet der Volksprosa (Märchen, Sage, Witz, Sprichwort) und des Volksliedes sowie weitere wisssenschaftliche Publikationen. Herausgeber von: Motive. Freiburger Folkloristische Forschungen (München 1971 ff.); Artes Populares. Studia Ethnographica et Folkloristica (Bern 1976 ff.). Mitherausgeber von: Handbuch des Volksliedes (München 1973 und 1975); Enzyklopädie des Märchens (Berlin/New York 1977 ff.)

Lutz Röhrich

Lexikon der sprichwörtlichen Redensarten

Band 5
Spieß – Zylinder

Herder
Freiburg · Basel · Wien

Alle Rechte vorbehalten – Printed in Germany
© der deutschen Originalausgabe Verlag Herder 1991
© der Taschenbuchausgabe Verlag Herder 1994
Herstellung: Freiburger Graphische Betriebe 1994
Umschlaggestaltung: Joseph Pölzelbauer
Umschlagmotiv: „Einem geschenkten Gaul schaut man nicht
ins Maul"; Illustration von Robert Högfeld, 1950.
(S. 511–512 in diesem Lexikon)
ISBN 3-451-4400-5

S

Spieß. *Den Spieß umkehren (umdrehen):* die Rollen tauschen, eine Sache am anderen Ende angreifen, eigentl.: von der Abwehr zum Angriff übergehen, die Waffe des Gegners gegen ihn selber wenden. Die Rda. läßt sich am leichtesten als so entstanden denken, daß der Angegriffene im Handgemenge dem Angreifer den Spieß entreißt und ihn nun gegen den wehrlosen Angreifer richtet, vielleicht mit den Worten: „Jetzt kehren wir den Spieß einmal um', wobei der Beraubte iron. als mithandelnd und gleichsam als einverstanden bez. wird.

Den Spieß gegen jem. kehren: ihn angreifen, heute nur in übertr. Bdtg. für geistige Auseinandersetzungen gebraucht.

Wie am Spieß schreien oder *schreien, als ob er am Spieße stäke:* so laut schreien, als wenn es ans Leben ginge. Die Rda. wird meist an Kinder angewendet, die oft wegen einer Kleinigkeit ein großes Geschrei erheben. Bereits 1577 gebraucht Joh. Fischart („Flöhhatz, Weibertratz', S. 50, V.1625) einen ähnl. Ausdr.: „gaellen, als ob es an aim Spiß thaet staecken".

Der Spieß sitzt ihm an den Bauch (das Herz) gesetzt: er ist in äußerster Zwangslage, in höchster Gefahr oder Verlegenheit. Vgl. ‚jem. die Pistole auf die Brust setzen', ↗ Pistole.

Einen Spieß um (für) etw. brechen: für etw. kämpferisch eintreten, jem. verteidigen, ↗ Lanze; vgl. frz. ‚rompre une lance pour quelque chose'.

Wie ein Spieß hinter der Tür sein: stets zur Hand sein, wenn er gebraucht wird, immer zu guten Diensten bereit sein. Die heute veraltete Rda. spiegelt die Gewohnheit, seine Waffe immer griffbereit im Hause zu haben. Bei Seb. Franck (II, 54ᵃ) und Agricola (I, 563): „Er ist yhm wie ein Spiess hinter der thur", also ein treuer Freund und Wächter, besitzt die Wndg. bereits übertr. Bdtg. Vgl. auch ndl. ‚Hij is hem gelijk eene spiets achter de deur'.

Einem in die Spieße laufen: wie blind in eine Gefahr hineinrennen.

In seinen eigenen Spieß fallen: sehr ungeschickt sein, sich selbst den Schaden zufügen, der einem anderen zugedacht war. Die Rda. ist bei Burkard Waldis (III, 62, 21) lit. bezeugt: „Der fellt offt in sein eigen Spiess".

Den Spieß wegwerfen (fallen lassen), auch: *Spieß und Stange fallen lassen:* verzagt sein, den Kampf vorzeitig aufgeben, eine Sache verloren geben. Vgl. lat. ‚hastam abjicere' und die modernere dt. Rda. ‚die Flinte ins Korn werfen', ↗ Flinte.

Aus Spießen Sicheln machen: die Waffen zu Werkzeugen umschmieden, vom Kriege zu friedlichen Beschäftigungen übergehen; ↗ Schwert.

Spieße hüten wurde früher von Mädchen gesagt, die beim Tanz sitzenblieben und die man mit Soldaten verglich, die den ‚Kriegstanz' nicht mitmachten, sondern Waffen und Lager bewachten. Im Bauerntanzschwank schreibt Hans Sachs:

> Ein theil die hüeten doch der Spies,
> Des sie gewunnen groß verdries.

Noch mit dem 1. Spieße laufen: kindlich und unbesonnen handeln wie ein spielender Knabe, primitiven Anschauungen huldigen.

Mit dem goldenen (silbernen) Spieß stechen, auch *mit goldenen Spießen kriegen:* mit goldenen (silbernen) Münzen jem. zu bestechen suchen. Später sagte man dafür: ‚mit der silbernen Büchse (mit silbernen Kugeln) schießen', ↗ Kugel. Einen Rest dieser Vorstellung bewahrt noch unser ‚bestechen', d.h. einen durch dieses Stechen mit goldenen Spießen herumkriegen, ihn willig und geneigt machen.

Verwandt sind die Wndgn. *Spieße haben:* Geld haben, und *einen langen Spieß haben:* sehr viel Geld besitzen. Im Rotwelschen hieß ein Sechsspfennigstück Spieß. Von der Gaunersprache ist der Ausdruck in die Studentensprache gedrungen, die ihn noch heute kennt, und hat sich von ihr aus weiterverbreitet.

Auch verschiedene rdal. Vergleiche, die als Formeln des Trotzes verwendet werden, gebrauchen das Bild vom Regnen oder Schneien von Spießen zur Umschreibung großer Gefahr, die mißachtet wird: *Und wenn's Spieße schneite!* oder oesterr. ,Und wann's Spiss und alta Weiba rägnat', oder mit noch größerer Steigerung: *Wenn es auch Spieße regnete mit der Spitze nach unten!* Zu ergänzen ist immer: trotz alledem muß ich gehen (werde ich es tun).

Spießbürger. *Ein Spießbürger (Spießer) sein:* ein engstirniger Mensch sein, der sich jedem Fortschritt verschließt und veraltete Anschauungen und moralische Grundsätze hartnäckig verteidigt.
Nachdem Heinrich I. (919–936) viele Städte gegründet hatte, hießen ihre Bewohner Bürger. Sie verteidigten die Stadt mit dem Spieß, daher ,Spießbürger', während die Söldner Hellebarden trugen. Die Bez. erhielt erst dann eine abschätzige Bdtg., als die Kleinstädter den Fortschritt der Feuerwaffen ignorierten. Noch im 16. Jh., also z. Zt. des Niederganges der Städte, hielten sie schwerfällig an der alten Bewaffnung fest und traten wie ihre Urgroßväter mit Spießen auf den Wällen zur Verteidigung ihrer Stadt auf, so daß sie an ihrer Niederlage selbst schuld waren, weil sie nie einen Blick über die Mauern ihrer Stadt hinaus getan hatten, sich in ihrer Beschränktheit wohlgefühlt und die moderne Entwicklung nicht kennengelernt hatten. Als Spottname und Schelte für rückständige Menschen, bes. auf geistigem Gebiet, wurde der Begriff Spießbürger zuerst von den Studenten gebraucht, die sich dagegen weltoffen und überlegen dünkten. Joachim Schröder berichtet davon 1640 in seiner ,Friedensposaune' (39): „(Die Studenten) schelten feine eisgraue und erfahrene Männer, Matronen, keusche Jungfrauen und Bürger für ... Spießbürger". Wieland verwendete 1767 die Schelte zuerst lit. in seinem ,Agathon' (3, 129). Während die Bez. ,Philister' aus dem Ostmdt. stammt, ist Spießbürger urspr. nordd. und seit 1781 bei Dähnert im ,Plattdt. Wb.' (446) als ,Speet-Börger' verzeichnet.
Da ,Spieße' in der Studentensprache auch Geld bezeichnen, könnte man heute unter einem Spießbürger auch einen Reichen verstehen, der ängstlich über seinen Besitz wacht. In diesem Sinne schrieb H. Heine an Varnhagen (S. 167): „Mit meiner Familie stehe ich auf gutem Fuss; und meine spiessbürgerlichen Verhältnisse wären wol leidlich zu nennen".

Spießruten. *Spießruten laufen müssen:* sich bei einem unangenehmen Gange von Neugierigen scharf und kritisch beobachtet wissen, wobei die zudringlichen und spöttisch-schadenfrohen Blicke von links und rechts beinahe schmerzhaft empfunden werden und die lieblosen ,Stichelreden' der ,spitzen Zungen' tatsächlich verwunden können. Vgl. dazu auch das Sprichwort ,Kein Spieß

,Spießrutenlaufen'

‚Spießrutenlaufen'

macht solche Wund' als gift'ge Zung' und böser Mund'.

Die Rda. bezieht sich auf eine grausame militärische Strafe, die sich im Laufe der Jhh. verändert hat. Bei den Römern mußte der Verurteilte durch eine Doppelreihe von Soldaten laufen, die mit Spießen nach ihm stießen, wobei er meist den Tod fand. Noch im 16. Jh. war diese Strafe in Dtl. üblich und wurde von den Landsknechten ‚durch die Spieße jagen' genannt, wie es auch in einem Vokabular von 1618 als Übers. von ‚praepilatis hastis obicere' erscheint. Aventin erzählte einmal: „Die teutschen Knechte ließen den Mörder durch die Spieß laufen". Ausführlich hat Frundsberger in seinem ‚Kriegsbuch' von 1565 „dieses Recht, wie es die Kriegsknecht füeren mit den langen spießen", beschrieben und es durch einen Holzschnitt von Jost Amman ill.: „Darnach stellt der Profoß den armen man für sich / vnd gibt jm drey Streich auff die rechte Achsel / im Namen deß Vatters / Sons / vnd des heiligen Geists / vnd stellt jn gegen den Spiessen / vnd läßt jn lauffen. Zum fünffzehnden wenn der arm Mensch verscheiden ist / so kniet man nider / vnd thut ein Gebett / darnach macht man ein ordnung / vnd ziehen drey mal vmb den Cörper / vnd die Schützen schiessen drey mal ab / im Namen deß heiligen Geists / Dreyfaltigkeit / vnd ziehen darnach wiederumb / vnd machen ein beschluß Ring".

Im 17. Jh. wurden die Spieße durch spitze Ruten ersetzt. Soldaten, die sich schwer vergangen hatten, mußten mit entblößten Rücken durch zwei Reihen von Soldaten laufen, die sie von links und rechts mit den Ruten blutig schlugen. Erst Friedrich Wilhelm III. schaffte für Preußen das ‚Spießruten- oder Gassenlaufen' ab, doch die Erinnerung an diese Strafe ist durch die Rda. lebendig geblieben. Vgl. auch ndl. ‚door de spitsroeden dansen' und ‚iemand door de spitsroeden jagen'; engl. ‚to pass through the line'.

Spinne. *Pfui Spinne!* ist ein Ausruf des Abscheus, obersächs. noch erweitert zu: ‚Pfui Spinne noch nein!' Die Spinne wird im Volksglauben vielfach als giftig gefürchtet. Es heißt, daß die Spinne das Gift aus den Blumen sauge wie die Biene den Honig und es durch ihren Biß oder die bloße Berührung auf Menschen übertr. könne. Sie wird deshalb mit einer gefürchteten Krankheit oder dem Teufel gleichgesetzt. Jeremias Gotthelf hat in seiner Erzählung ‚Die schwarze Spinne' die abergläubische Furcht vor der Pest und ihre Verbreitung durch die Spinne, die eine Gestalt des Teufels ist, lit. gestaltet. Der rdal. Vergleich *giftig (zornig) sein wie eine Spinne* zeigt deutlich den Zusammen-

‚Der Spinne ins Netz gehen'

hang mit diesen alten Vorstellungen. Er wird bereits 1573 von Joh. Fischart in seiner Satire ‚Flöhhatz, Weibertratz' (S. 74, 2489) verwendet: „... sie seien giftig wie die spinnen". Vgl. auch ndl. ‚zo boos (nijdig, kwaad) als een spin', ↗spinnefeind. Rdaa. wie *Auf deinem Rücken läuft dir eine Spinne!* oder *Eine Spinne sitzt auf deinem Hute!* sind ein beliebtes Schreck- und Neckmittel, da jeder das ekelerregende Tier von sich abwehren möchte und sofort unwillkürlich an die genannte Stelle greift, um sie abzuschütteln.

Andererseits ist die Spinne wie die Schwalbe auch als Glückstier in Haus und Stall gern gesehen, und es gilt als frevelhaft, sie zu töten. In Tirol z. B. wird die Kreuzspinne sogar als ‚Muttergottestierchen' bez., die als allg. Heilmittel wie das Spinnengewebe Verwendung findet, ↗spinnen.

Jem. hält Umgang mit den Spinnen: er ist sehr vereinsamt, von Mensch und Tier verlassen. Diese Rda. dient vor allem zur euphemist. Umschreibung für das Verbüßen einer Freiheitsstrafe.

Sich keine Spinne übers Maul wachsen lassen: seine Meinung frei heraussagen, eine flinke (spitze) Zunge haben, eigentl. seinen Mund nie so lange still halten, wie das Weben eines Spinnennetzes dauern würde.

Lit.: *R. Riegler:* Art. ‚Spinne', in: HdA. VIII, Sp. 265–284; *W. Mieder (Hg.):* Jerem. Gotthelf. Die schwarze Spinne. Erläuterungen und Dokumente (Stuttgart 1983); *E. Strübin:* Art. ‚Jer. Gotthelf', in: EM. VI, Sp. 31–37; *R. W. Brednich:* Die Spinne in der Yucca-Palme. Sagenhafte Geschichten von heute (München 1990).

spinnefeind. *Einander (sich) spinnefeind sein:* tödlichen Haß aufeinander haben, unversöhnliche Feinde sein. Die Beobachtung, daß eine Spinne die andere anfällt und aussaugt (tatsächlich töten die größeren Spinnenweibchen die kleineren Männchen), was sonst unter Artgenossen im Tierreich selten geschieht, führte bereits 1512 Geiler von Kaysersberg (‚Evang.' 49b) zu dem Vergleich „so feind als die Spinnen". Daraus entwickelte sich seit Johannes Paulis ‚Schimpf und Ernst' von 1522 der Ausdr. ‚spinnenfeind'. Er schreibt von der nach außen nur geheuchelten Freundlichkeit der Fürsten untereinander, die er durchschaut hat (104, Österley): „die fürsten füren einander under den armen, und sein einander spinnenfeint, einer mag des andern reichtumb nit erleiden". Zuerst in einem Lutherdruck von 1566 ist in dem Wort das ‚n' der unbetonten Silbe wie bei ‚Leineweber' ausgefallen.

spinnen. Wenn man gleich zu Beginn des Tages eine Spinne entdeckt, die man für eine Unglücksbotin hält, sagt man: *Spinne(n) am Morgen, Kummer und Sorgen.* In Wirklichkeit ist jedoch in dem falschverstandenen Sprw. nicht die Spinne, sondern das Spinnen gemeint. Das Sprw. lautet in seiner urspr. Dreigliedrigkeit:

Spinnen am Morgen
Bringt Kummer und Sorgen.
Spinnen am Abend
Erquickend und labend.
Spinnen am Mittag
Bringt vergnügten Glückstag
(oder: Glück für den dritten Tag).

Im Frz. heißt es:

Araignée du matin –
 grand chagrin (Kummer);
araignée du midi –
 grand souci (Sorgen);
araignée du soir –
 bon espoir (Hoffnung).

Wenn sich die Frau nach der anstrengenden Tagesarbeit ans Spinnrad setzen konnte, so war das eine Feierabendbeschäftigung, die wenig Mühe erforderte und oft den Anlaß zu geselligem und fröhlichem Beisammensein gab. Mußte die Frau jedoch bereits am Morgen spinnen, bedeutete es größte Armut, denn sie versuchte durch diese Arbeit den ganzen Tag über etw. dazuzuverdienen. Sie mußte das Garn verkaufen, statt es für den eigenen Haushalt zu verwerten.

Miteinander an einem Rocken spinnen: sich gut vertragen, übereinstimmen, dagegen: *keinen guten Faden miteinander spinnen:* in Streitigkeiten leben (↗Faden), auch: *das Stroh vom Dache spinnen:* etw. Schädliches unternehmen, urspr. vom falschen Übereifer gesagt.

Sein Garn spinnen: unwahre Geschichten erzählen, ↗Garn.

Eine noch deutlichere Wndg. verzeichnet Seb. Franck in seinen ‚Sprichwörtern' (II, 11a): „Er spints auss jm selbs wie ein spin", d.h. es ist erlogen.

Sehr beliebt sind vor allem in Westdtl. die Wndgn. *Ich glaube, du spinnst! Spinne nicht so!* und die iron. Frage *Du spinnst wohl?* Auf diese Weise will man jem., der Unsinn redet oder törichte Pläne hat, zu verstehen geben, daß man ihn für nicht ganz gescheit hält. Oft wird auch nur kurz festgestellt, daß jem. ‚ein Spinner', d.h. ein Verrückter, ist. Die Wndgn. sind verkürzt aus: ‚ein Gewirr absonderlicher Gedanken zusammenspinnen', vgl. auch dazu den Ausdr. ‚Hirngespinst'.

Man spricht in ähnl. Weise auch davon, daß *jem. Betrug (Lügen, Mord, Ränke, Verrat) spinne,* wenn er sich in Gedanken damit beschäftigt und sein Vorgehen genauestens plant und vorbereitet.

Nicht recht spinnen wollen: nicht mitarbeiten, faul sein. *Gut spinnen können:* wird scherzhaft für ‚tüchtig essen' gebraucht.

Zu grob spinnen: zu starke Scherze machen, im Spott zu derb und ausgelassen sein.

Keine (wenig) Seide bei etw. spinnen: keinen Nutzen, wenig Verdienst haben, ↗Seide.

Lit.: *G. J. Klokman:* De spin als orakel, in: Eigen Volk 6 (1934), S. 272–273; *A. Löffler:* Ein mißverstandenes Sprw. (Spinne am Morgen, bringt Kummer und Sorgen), in: Muttersprache 53 (1938), S. 429–430.

Spital. *Im gleichen Spital krank sein:* an derselben Krankheit leiden; bes. schwäb.: ‚Der isch im nämlichen Spital krank': er hat alle (dieselben) Fehler, leiblich oder moralisch.

Die genaue Bez. für den physischen oder psychischen Defekt ist tabuiert und wird euphemist. umgangen.

Spitz, Spitze, spitzen. *Einem spitz kommen:* ihn mit Worten verletzen. Worte können verwunden wie Schwerter, und Zungenstiche sind oft wie Lanzenstiche; vgl. frz. ‚avoir la langue pointue (wörtl.: ‚eine spitze Zunge haben', i.S.v. ‚eine Lästerzunge sein'. Auch ‚stichein' und bair. ‚spießeln' gehören hierher; ferner obersächs. ‚Spitzbirnen austeilen', Stichelreden führen: ‚Hier werfen se mit Spitzbern', hier wird gestichelt, gelästert.

Spitzen heißen auch die gehäkelten oder geklöppelten Erzeugnisse des fraulichen Hausfleißes, daher übertr. sächs. ‚Sie handelt mit Spitzen', sie führt spitzige Reden.

Auch ein schlauer, durchtriebener Mensch wird (neben ‚Spitzbube') ‚Spitzenhändler' genannt.

Schwäb. hört man für einen unangenehmen Menschen häufig den rdl. Vergleich: ‚Er ist mir wie Spitzgras!'

Etw. spitz kriegen: begreifen, herausbekommen, merken, durchschauen; häufig in negativer Anwendung: ‚etw. nicht spitz kriegen können', es nicht durchschauen, auch: weder ein noch aus wissen.

Einen Spitz haben: einen Rausch haben, sich betrinken. Die Rda. ist bereits im 16. Jh. belegt, z.B. bei Hans Sachs' ‚Der Fritz im Wandkasten', wo es heißt (V. 32): „Der knecht her noch ain spez".

Einer Sache die Spitze abbrechen (nehmen): einem Vorwurf, einer unangenehmen Sache usw. das Verletzende, die Gefährlichkeit nehmen, ihr geschickt begegnen; vgl. ndl. ‚de spits afbijten'; engl. ‚to turn the edge of something', ‚to break the neck of an affair'.

Einem die Spitze bieten (vgl. ndl. ‚het spits bieden'; frz. ‚tenir tête à quelqu'un'; engl. ‚to make head against'): ihm Trotz bieten, eigentl.: ihm die Spitze des Schwertes entgegenhalten und ihn so zum Zweikampf herausfordern.

Noch in neuerer Zeit ist ‚einen vor die Spitze fordern' im gleichen Sinne gebräuchl. wie: ihn vor die Klinge, d.h. zum Zweikampf, herausfordern. In kühner Zusammenfassung mit ähnlichen Wndgn. findet sich die Rda. in einem Siegeslied auf die Eroberung von Ofen 1686, wo der Türke verspottet wird:

Teutschmeisters heroisches
                  Martisgemüthe,
Der weiß dir Trutz bieten, Pistolen
                  und Spitz.

Die Rda. geht aber bis ins MA. zurück; in dem Gedicht Heinzelins von Konstanz ‚Von dem Ritter und von dem Pfaffen' (um 1320) begegnet in demselben Sinne „einem ein eggen (d.i. Ecke, Schneide, Spitze) bieten". Aus dem Bair. bezeugt Andr. Schmeller häufig die Wndg. ‚einem Spitz und Knopf zugleich bieten' i.S.v.: ihn möglichst weit bedrängen, eigentl.:

1507

ihm fast im selben Augenblick die Degenspitze (zum Angriff) und den Degenknauf (zur Abwehr) entgegenhalten und ihm so im Zweikampf zu schaffen machen.

Auf Spitz(e) und Knopf stehen: bis zuletzt gut oder schlecht ausgehen können; bes. bair. und schwäb. häufig: ‚Es steht auf Spitz und Knopf', es ist bis zum Äußersten gekommen. Ähnl.: *etw. auf die Spitze treiben:* es zum offenen Kampf, bis zum Äußersten bringen; vgl. ndl. ‚iets op de spits drijven'; frz. ‚pousser les choses à l'extrême'; engl. ‚to carry matters to extremities', ‚to push things too far'.

Sich auf etw. spitzen: sich Hoffnung auf etw. machen, auf etw. lauern, gespannt sein. Vielleicht verkürzt aus: ‚die Ohren spitzen' (/Ohr), möglicherweise aber auch einfach deshalb, weil man unwillkürlich den Mund spitzt, wenn man etw. bes. Leckeres für seine Zunge erwartet, oder allg. von einem ‚Spannen' der Sinne. Bair.-österr. ist die Wndg. heute noch bes. beliebt: „Geltn's, da spitzen's!" sagt der Münchner Alois Permaneder in Thomas Manns ‚Buddenbrooks' (6. Teil, 4. Kap.) zur Lübecker Konsulin Buddenbrook, als diese seine gleichbedeutende Wendg. „Geltn's, da schaun's!" nicht versteht; wien. ‚i spitz scho(n) drauf' bedeutet: ich lauere schon darauf. ‚Da wirst spitzen', da wirst du staunen.

Jem. anspitzen: jem. auf etw. (meistens auf Geld) ansprechen, anbetteln; aber auch: ihn neugierig, aufmerksam auf etw. machen, ihn bewußt mißtrauisch werden lassen, ihn zum Eingreifen drängen.

Als das älteste dt. Sprichwort hat Andreas Heusler jene Stelle des ahd. Hildebrandsliedes bez., in der es heißt: „mit geru scal man geba infahan, ort widar orte", d. h. mit dem Speer soll man (oder: der Mann) eine Gabe in Empfang nehmen. Die rdal. Formel ‚ort widar orte' hat Heusler frei übersetzt: ‚hart auf hart', und er sieht in diesem Sprw. einen Ausdr. altgerm. Kämpfertums. Wir können natürlich nicht wissen, und auch Heusler ist den Beweis dafür schuldig geblieben, ob diese Wndg. wirklich rdal., d. h. allg., angewandt worden ist. Dafür sind die Quellen zu unergiebig. Ein zweites Bedenken kommt hinzu: Mit der Wndg. ‚ort widar orte', was ja eigentl. ‚Spitze gegen Spitze' heißt, ist vermutlich etw. ganz anderes als das frei übertragene ‚hart auf hart' gemeint.

‚Spitze gegen Spitze' ist noch nicht eine bildl. Rda., sondern es ist wohl eine Realität des Kriegsbrauches. In dem berühmten Bildteppich von Bayeux findet sich z. B. eine ganz parallele Darstellung, wobei der /Schlüssel einer belagerten Festung dem Eroberer von Speerspitze zu Speerspitze übergeben wird. Es liegt also nichts Ethisches in der Formel ‚Spitze gegen Spitze', wie Heusler annahm, sondern es kommt in dieser Formel eine Distanz des Mißtrauens zum Ausdr., wie sie zum Kriegsbrauch in heroischer Zeit paßte. Der Beleg auf dem Teppich von Bayeux zeigt uns, daß die sprachl. Formel nicht etwa schon als bildhafte Formel, sondern zunächst noch ganz real aufzufassen ist:

‚Spitze gegen Spitze'

Die Verbreitung der selben Kampfregel zeigt noch im 11. Jh. die langobardische Chronik von Novalese, wo ebenfalls zwischen zwei Kriegern eine Gabe von Speerspitze zu Speerspitze ausgetauscht wird. Im ‚Nibelungenlied' heißt es in der 25. Aventiure (Vers 1553): „Vil hôhe an dem swerte einen bouc er im dô bôt", d. h. Hagen reicht dem Fährmann an der Spitze seines Schwertes einen goldenen Armring.

Im Heischelied der Kinder hat sich dieser Brauch noch bis zur Ggwt. erhalten, so z. B. thür.:

Ich reck män Spieß übern Herrn sän Disch,
Ist de Härr e gude Mao,
Steckt er mir ä Grabbel nao;
Ist de Härr kä gude Mao
Schmeiß ich ihm de Dier rächt nao.

Etw. ist (einsame) Spitze: eine Sache ist ganz ausgezeichnet. Die Rda. war bes. in den 70er Jahren ein beliebtes Modewort der Jugendsprache.

Etw. auf die Spitze treiben: etw. bis zum Äußersten treiben.

Nur die Spitze des Eisbergs sehen: nur einen kleinen Teil einer (noch) unsichtbaren Katastrophe erkennen können, die in Wirklichkeit weit größere Ausmaße und Auswirkungen besitzt, wie Eisberge nur zu 1/7 ihrer Masse aus dem Wasser ragen.

‚Die Spitze des Eisbergs'

Ein Spitzenreiter sein: immer an der Spitze einer Tabelle sein, immer der Beste, der Oberste sein; urspr. militär. wörtlich gemeint.

Lit.: *S. Singer:* Sprw.-Studien, in: Schweiz. Arch. f. Vkde. 37 (1939/40), S. 129.

Spleen. *Einen Spleen haben:* nicht ganz richtig im Kopf sein, einen ↗ Tick haben.

‚Spleen' kommt von engl. ‚spleen' und bez. eigentl. die Milz (lat. splen, griech. σπλήν: die Milz). So bedeutete die Rda. urspr.: eine durch die Erkrankung der Milz hervorgerufene Gemütsverstimmung haben. Schon in der antiken Medizin wurde die Milz als der Ort der Schwermut und Melancholie angesehen.

Splitter. *Nur den Splitter in fremden Augen sehen:* kleine Fehler und Untugenden bei anderen wahrnehmen, aber die eigenen, größeren Gebrechen und schlechten Eigenschaften nicht erkennen. Die Rda. beruht auf Matth. 7,3–5 (↗ Splitterrichter), ebenso die Wndg. ‚den Splitter im Auge des Nächsten sehen'. Diese Bibelstelle ist

‚Den Splitter im Auge des Nächsten'

in vielen Sprachen sprw. geworden (vgl. ndl. ‚den splinter in een anders oog wel zien, maar niet de balk in zijn eigen', engl. ‚You see the splinter in your brother's eye, but not the beam in your own' u. frz. ‚voir la paille [Strohhalm] dans l'œil de son voisin') und regte bildl. Darstellungen an.

Aus jedem Splitter einen ↗ Balken (einen Wiesbaum) machen: maßlos übertreiben. Bereits Luther gebrauchte die Wndg. ‚aus einem Splitterlein einen Balken machen' in seinen ‚Tischreden' (147ᵇ). Vgl. ndl. ‚van een' splinter een' balk machen' und die dem Sinne nach gleiche dt. Rda. ‚aus einer ↗ Mücke einen Elefanten machen'.

Lit.: *G. B. King:* The mote and the beam (Matth. VII, 3–5), in: Harvard Theological Review 17 (1924),

S. 393–404; *ders.*: A further note on the mote and the beam, in: Harvard Theolocigal Review 26 (1933), S. 73–76.

splitternackt. *Splitter(faser)nackt sein:* völlig nackt, ganz unbekleidet sein. ‚Splitternackt' ist urspr. ndd. und hier schon im 15. Jh. bezeugt: „Ik sê, wy stân hir splitternaket", sagt Adam zu Eva im ndd. ‚Sündenfall' (Dt.Wb. 10, 1905, Sp. 2669); vgl. auch schwed. ‚splitternaken' und dän. ‚splitternøgen'. Die Erklärungen dieses Wortes reichen von: „ganz unbekleidet, so daß man auch keinen Splitter von Zeug mehr an sich hat", wozu die parallelen Ausdr. ‚fadennackt' und ‚fase(n)nackt' passen würden bis: „nackt wie ein frisch abgesprungener Splitter". Tatsächlich kommt auch die Wndg. ‚nackt wie ein Splitter sein' vor, doch scheint sie erst nach dem Kompositum gebildet worden zu sein.

Eine weitere Erklärung bietet Meisenbach, die wahrscheinlichste und überzeugendste von allen: Er legt dem Entstehen des Ausdr. die urspr. Form: ‚splinternackt' zugrunde; diese ist heute fast nur noch in den Mdaa. vorhanden (vgl. aber auch KHM. 89 u. KHM. 94, Anh. 5). „Splint ist das Fasergewebe, die Bastschicht, die zwischen der Rinde und dem Stammholz den Saft von den Wurzeln zur Baumkrone, zu den Astspitzen steigen läßt. Die erweiterte Wortform splitterfasernackt bestärkt den Wahrschein, daß damit vor dem Verschleifen des Wortes das Splintfasergewebe als Sinnbild gemeint war. Ein Fichtenstamm ist erst ganz nackt, wenn nach oder mit der Rinde auch der Splint abgeschält ist. So bedeutet also splinternackt nackt bis unter den Splint"; vgl. engl.: ‚start-naked'.

Lit.: *A. L. Hench:* Start-naked, in: American Speech 19 (1944), S. 227; *J. A. Meisenbach:* Splitternackt, in: Muttersprache (1954), S. 431–432.

Splitterrichter. *Ein Splitterrichter sein:* andere tadeln und verurteilen, ohne an die eigenen Fehler zu denken, die viel größer sind. Der Ausdr. Splitterrichter entstand aus der gedanklichen Verbindung von Matth. 7,1: „Richtet nicht, auf daß ihr nicht gerichtet werdet" und Matth. 7,3: „Was siehest du aber den Splitter in deines Bruders Auge und wirst nicht gewahr des Balkens in deinem Auge?" und gilt als Schöpfung Luthers. In seiner 1530 erschienenen ‚Vermahnung an die Geistlichen versamlet auff dem Reichstag zu Augsburg' schrieb er: „Das will ich darum gesagt haben, daß man sehe, was die Splitterrichter dran gewinnen" (Weimarer Ausg., 1909, Bd. XXX, Abt. 2, S. 314). Vgl. auch ndl. ‚Het is een splinterkijker'.

Lit. bei Chr. Günther genutzt, heißt es:
Flieh auf ewig die Gesichter
Aller finstern Splitterrichter.

Die Bdtg. des Begriffs Splitterrichter wandelte sich von einem selbstgerechten Tadler zu einem bes. kleinlichen Beurteiler, der ‚alles auf die Goldwaage legt' und dabei gleichsam ‚über jedes Splitterchen zu Gericht sitzt'. So verstand es bereits Lessing, der einmal sagte: „Was übrigens den Inhalt des Freigeistes anlangt, so wird auch der eigensinnigste Splitterrichter nicht das geringste daran finden, was der christlichen Tugend und Religion zum Schaden gereichen könnte".

Sporen. *Sich die Sporen verdienen:* sich durch eine bes. Tat oder große Leistung im Kampf auszeichnen, um Aufnahme in die Ritterschaft zu erlangen. In übertr. Bdtg. heißt die Rda. viel allgemeiner: sich durch Geschicklichkeit oder große Verdienste einer Stellung, eines neuen Amtes als würdig erweisen, seine Fähigkeiten unter Beweis stellen. Im MA. trug der Knappe bereits vor dem Ritterschlag Sporen, doch bei der Verleihung der Ritterwürde wurden dem jungen Helden als Abzeichen seines neuen Standes feierlich goldene Sporen angeschnallt. Erfolgte dieser Ritterschlag kurz vor Beginn einer Schlacht, so kämpften die neuen Ritter in den vorderen Reihen, um ihre Sporen dadurch zu ‚verdienen'; diese Bewährung konnte aber auch bei Turnieren oder auf Kreuzfahrten erfolgen.

Die Rda. wurde auch lit. verwertet, z. B. bei Schiller heißt es im ‚Don Carlos' (II,8): „Ich habe den schnellen Einfall, nach Brabant zu gehn, um – bloß um meine Sporen zu verdienen".

Hauff verweist in seinem ‚Lichtenstein' sogar auf die Verleihung der goldenen Sporen (3. Teil, Kap. 11): „Ritterliche Haft?... zeigt vorher, wo Ihr die goldenen

Sporen verdient habt". Die weite Verbreitung dieses ritterlichen Brauches spiegelt sich in den Rdaa. anderer europ. Völker; vgl. ndl. ‚Hij heeft zijn sporen verdiend'; frz. ‚gagner ses éperons'; auch ‚faire ses premières armes' (wörtl.: seine erste Waffenprobe ablegen); engl. ‚to win one's spurs'.

Seine Sporen noch nicht verdient haben: Befähigung, Mut und Geschicklichkeit noch nicht bewiesen haben, auch: eine Auszeichnung ohne Verdienst erlangt haben. Vgl. ndl. ‚Hij heeft zijne sporen nog niet verdiend'.

Der hat Sporen!: der ist tapfer, kampferprobt. Abraham a Sancta Clara gebrauchte diese Rda. in ‚Reim dich' als Lob für den hl. Georg.

Die Sporen dienten urspr. nicht nur als Symbol der Ritterwürde, sondern hatten für den Reiter die praktische Aufgabe, sein Tier anzutreiben. In den Rdaa. erhielten sie die übertr. Bdtg. von Druckmittel, die in unterschiedlichen sprachl. Ausdr. eine Steigerung zeigen: *Er hat seine Sporen angelegt:* er ist gut gerüstet, um einen anderen zu bedrängen. Vgl. ndl. ‚Hij heeft zijne sporen gespannen'. *Einem den Sporn in die Seite setzen:* ihm zusetzen; vgl. frz. ‚harceler quelqu'un'.

Einen zwischen die Sporen fassen (nehmen): ihn hart bedrücken, ihn antreiben. Die Rda. wurde bereits von Luther in seinen ‚Tischreden' (379ᵇ) verwendet. *Mit scharfen Sporen reiten:* einen scharfhaften Druck ausüben, um das letzte an Leistung herauszuholen, was ein guter Reiter vermeiden würde; vgl. frz. ‚donner des éperons'. Vgl. hierzu das Sprw. ‚Zu scharfe Sporen verderben das Pferd'. Eine weitere Steigerung enthalten die Rdaa. *mit Sporen und Absatz zugleich drücken* und *die Sporen stets im Esel haben.*

Einem nicht an die Sporen reichen: sich nicht im entferntesten mit jem. messen können; vgl. ‚jem. nicht das Wasser reichen können' (↗ Wasser).

Er hat ein Sporn oder *Er hat Sporen im Kopfe:* er handelt, als wäre er nicht ganz gescheit. Vgl. lat. ‚Non est sani cerebri'.

Er hat Sporen in der Haut! heißt es von einem Begierigen, Heftigen und Leidenschaftlichen.

Etw. spornstreichs tun: in höchster Eile, eigentl. wie ein gesporntes Pferd, das zu schnellem Lauf angetrieben wird. Das frühnhd. ‚spor(en)straichs' ist adverb. Gen. zu ‚spornstraich'. Noch 1644 heißt es bei Zesen (‚Lysander' 236), daß ein Reiter „in vollem Sporenstreich" komme. Nach der Erstarrung zum Adv. ist die Beziehung auf das Reiten verblaßt. Grimmelshausen schreibt 1669 im ‚Simplicissimus' (18): „kehrete derowegen sporenstreichs wieder um". Später galt ‚spornstreichs' für jedes hastige Tun.

Lit.: *E. Goldmann:* Art. ‚Sporn', in: HdA. VIII, Sp. 311–312.

Sport. *Sich einen Sport aus etw. machen:* etw. aus Übermut oder Vergnügen immer wieder tun.

‚Sport' (engl.) bedeutet eigentl. Vergnügen im Freien, Zeitvertreib, Spiel und wurde im frühen 19. Jh. eingedeutscht.

Der neueste Sport von jem. sein: seine neueste Liebhaberei, sein gerade entdecktes Hobby.

Spott. *Den Spott zum Schaden haben:* bei einem (selbstverschuldeten) Mißgeschick kein Bedauern finden, sondern Schadenfreude und Verhöhnung zu erwarten haben. Die Rda. könnte als Verkürzung aus dem weitverbreiteten Sprw. ‚Wer den Schaden hat, braucht für den Spott nicht zu sorgen' entstanden sein. Die Wndg. ist in ähnl. Form im 15. und 16. Jh. oft bezeugt. Im ‚Eulenspiegel' (LXXIIII/10307 und LXIX/9799) heißt es z. B.: „Nun habt den spott auch zu dem schaden", ähnl. bei Bebel (235); Seb. Franck (I, 111); in Johann Fischarts ‚Ehezuchtbüchlein' (262/11); Egenolf 80ᵃ und in Paulis ‚Schimpff und Ernst' (Stöber, S. 94/56). Die Wndg. „Vnd spotten seinen zu dem schad" wird im ‚Eulenspiegel' (LVIII/7847 und XXXI/4248) gebraucht. In Jörg Wickrams ‚Rollwagenbüchlein' (XLII) und in Paulis ‚Schimpff und Ernst' (Vᵃ) begegnet die Rda. in der bis heute üblichen Form: „den spott zum schaden han". Vgl. lat. ‚Damnum sequitur ludibrium'. Etw. abweichend heißt es im ‚Rollwagenbüchlein' (XXI) auch: „Den spott zu de streichen han".

Zum Spott werden: in die allg. Verachtung der Leute geraten. Die Rda. entstand aus der Wndg. ‚zum Spott der Leute werden', die auf der Textstelle in Ps. 22,7 beruht: „Ich aber bin ein Wurm und kein Mensch, ein Spott der Leute und Verachtung des Volks". Auch: ‚der Kinderlein Gespött werden'. Vgl. frz. ‚devenir la risée de tout le monde'.

Etw. um einen Spott geben (kaufen): etw. für einen äußerst niedrigen Preis verhandeln, auch: *für ein Spottgeld* oder *spottbillig kaufen.*

Lit.: *D. J. Ward:* Spottlieder, in: Handbuch des dt. Volksliedes I (1973), S. 691–735; *R. Aman* (Hg.): Maledicta. The International Journal of Verbal Aggression 1 ff. (1977 ff.).

Spottvogel. *Einen zum Spottvogel machen:* ihn verspotten. Luther gebrauchte die Wndg. in dieser passiven Bdtg., die auch durch Waldis (II, 55, 21) bezeugt ist: „Man soll die alten nicht belachen oder zu eim spotvogel machen, weil niemandt den die jar betragen, des alters unlust kan abtragen".

Ein Spottvogel sein: ein Spötter sein, der sich gern über andere lustig macht. Diese Rda. ist in ganz Dtl. und Oesterr. verbreitet und beruht auf einem Vergleich mit Vögeln, die die Stimmen anderer Vögel nachahmen, wie Häher, Würger und Gartenlaubvogel, die deshalb ‚Spottvogel' genannt wurden. Seb. Brant übertrug 1494 in seinem ‚Narrenschiff' (Kap. 42) zuerst diese Bez. auf spöttische Menschen. Vgl. ndl. ‚Het is een regte spotvogel'. Ähnl.: *eine Spottdrossel sein:* ein Mensch sein, der andere durch die Nachahmung ihrer Eigenarten in Stimme oder Mda. verspottet.

Sprache. *Etw. zur Sprache bringen,* auch: *die Sprache auf etw. bringen:* ein Problem zur Diskussion stellen, das Gespräch auf etw. Wichtiges lenken. Die Feststellung *etw. muß (endlich) zur Sprache kommen* hat ähnl. Bdtg.: ein bisher vermiedenes Thema muß ernstlich besprochen, ein unklarer Sachverhalt untersucht werden.

Mit der Sprache nicht herauswollen: die Wahrheit nicht sagen wollen, auch: geheimnisvoll etw. andeuten, ohne die Neugierde der anderen zu befriedigen. Diese Rda. ist auch mdal. verbreitet, in Pommern heißt es z. B.: ‚He will nig mit de Sprake herut'. Häufig wird jem., der etw. verschwiegen hat, derb aufgefordert: *Heraus mit der Sprache!*

Mit der Sprache (endlich) herausrücken: verborgene Tatsachen nach einigem Drängen bekanntgeben.

Jem. bleibt die Sprache (Spucke) weg und *jem. verschlägt es die Sprache:* er ist so entsetzt oder verwirrt, daß er nichts sagen kann, daß ‚ihm die Worte fehlen'; vgl. frz. ‚Cela vous coupe le souffle' (Atem).

Eine deutliche Sprache sprechen: etw. klar zeigen oder ausdrücken.

Dieselbe (gleiche) Sprache sprechen: sich wegen gleicher Denkgewohnheiten immer gut verstehen. Diese Rda. wird zur Verdeutlichung der Übereinstimmung bes. von Menschen gleicher Bildung, gleichen Charakters und ähnl. Berufe und sozialer Stellung verwendet; vgl. frz. ‚parler le même langage'.

Einem in seiner eigenen Sprache antworten: auf das Verhalten des anderen entspr. reagieren, mit ihm genauso verfahren, wie er es mit anderen getan hat und darum selbst verdient. Vgl. engl. ‚to answer one in his own language' und die im Dt. ähnl. Rda. ‚mit einem deutsch reden'.

Eine andere Sprache sprechen: etw. Gegensätzliches ausdrücken, sein Verhalten grundlegend gegenüber jem. ändern.

Zweierlei Sprache sprechen: nicht bei der gleichen Aussage bleiben, gegenüber verschiedenen Personen gegenteilige Meinungen äußern, um dadurch einen persönlichen Vorteil zu erlangen, hinter dem Rücken eines Menschen anders reden, aber auch: aneinander vorbeireden; vgl. frz. ‚Ne pas parler le même langage'.

Eine Steigerung enthält die Wndg. *Die Sprachen sind hier verwirrt:* die Verständigungsmöglichkeit ist gering oder völlig gestört. Diese Feststellung erinnert an die Sprachenverwirrung beim Turmbau zu Babel. Vgl. ndl. ‚De spraken zijn verward' oder mit deutlichem Bezug auf das A. T., ‚Het is een Babel van verwarring'.

Die scherzhaften Wndgn. *Er ist in Sprachen bewandert* oder *Er spricht in vier Sprachen,* mit dem Zusatz: ‚Hochdeutsch, Plattdeutsch, Pommersch und Berlinisch', wie es z. B. in Stettin heißt, sind in verschiedenen dt. Landschaften üblich, wobei die Zusätze je nach den Mda.-Ge-

bieten Unterschiede zeigen. Unter den verschiedenen Sprachen, die einer beherrscht, konnte aber auch, ähnl. wie bei der Rda. ‚zweierlei Sprache sprechen', noch etw. ganz anderes gemeint sein. In einem alten Sprw. hieß es z. B.: ‚Vier Sprachen sind breuchig in der Welt: Lügen, schweren, viel verheissen, wenig halten vnd hinderreden'. In ähnl. Sinne schrieb bereits Fischart (‚Geschichtklitterung'): „Er kann sechs Sprachen, und die siebente heisst: lügen".
Die Sprache Kanaans sprechen: mit Bibelstellen und bibl. Wndgn. seine Rede schmücken, um sich als bes. fromm zu zeigen. Die Wndg. erinnert an Jes. 19,18, wo es heißt: „Zu der Zeit werden fünf Städte in Ägyptenland reden nach der Sprache Kanaans".
In sieben Sprachen schweigen: nicht das geringste von sich hören lassen, obwohl begabt und hochgebildet, nichts zu einer Unterhaltung oder Diskussion beitragen. Der Ausspruch stammt von Friedrich August Wolf (1759–1824), der ihn von seinem Schüler, dem berühmten Philologen Immanuel Bekker, sagte. Wackernagel, Schleiermacher und Zelter übernahmen die Wndg., die heute nicht mehr nur lit. Verwendung findet.

sprechen. *Für sich (selbst) sprechen:* allein schon viel besagen, wichtig genug sein, einen günstigen Eindruck hinterlassen, bezeichnend sein, überzeugen.
Etw. (manches) spricht dagegen: es gibt berechtigte Zweifel und Einwände.
Mit jem. (ein ernstes Wort) zu sprechen haben: ihm Vorhaltungen machen müssen, oft in Form einer Drohung auf eine baldige Abrechnung: *Wir sprechen uns noch!*
Auf etw. (jem.) zu sprechen kommen: zufällig ein Thema berühren, eine abwesende Person erwähnen.
Nicht gut (schlecht) zu sprechen sein auf jem.: jem. nicht leiden können, Vorurteile haben und vor allem das Negative sehen.
Für jem. nicht zu sprechen sein: sich verleugnen lassen, eine Aussprache vermeiden, jede Versöhnung ablehnen.
Darüber ist mit ihm nicht zu sprechen: in dieser bestimmten Sache ist er uneinsichtig, er läßt sich keineswegs von guten Argumenten überzeugen.

Bald so, bald so (anders) sprechen: seine Meinung rasch ändern, wankelmütig sein, den Leuten nach dem Munde reden, selbst nicht wissen, was man will. Vgl. frz. ‚Il a son dit et son dédit'. Diese Redewendung geht auf eine normannische Rechtsformel zurück und wird oft im Zusammenhang mit dem angeblichen Wankelmut der Normannen verwendet.
Aus zwei Mündern sprechen: doppelzüngig sein, ↗ Mund.
Sich selbst das Urteil sprechen ↗ Urteil.
In den Wind sprechen ↗ Wind.

Lit.: *J. Stave:* Wir sprechen uns noch, in: ders.: Wörter und Leute (Mannheim 1968), S. 52–54.

spreizen. *Sich spreizen:* sich gegen etw. sperren, sich sträuben, urspr.: sich recken wie ein Balken, sich gegen etw. stemmen, da ‚spriuz' die mhd. Bez. eines Stützbalkens war. Die ‚Spreizen' verwendete man dann auch in Form von Stangen oder Balken, die zwischen zwei Lagen von Holz oder Steinen geklemmt wurden, um sie auseinander zu halten. Abraham a Sancta Clara gebrauchte im ‚Judas' (I, 197) den rdal. Vergleich: „Er spreizt sich wie ein nagelneues paar Schweitzer-Hosen".
Sich gespreizt benehmen: sich geziert, unnatürlich, hochmütig benehmen. Die Rda. bezieht sich auf das geckenhafte, gespreizte Gehen mit auswärtsgedrehten Füßen, wobei ein Vergleich mit dem Hahn gezogen wird, der durch seinen besonderen Gang auf dem Hühnerhof imponieren will (‚Imponiergehabe'). So sagt man z. B. schwäb. ‚Er spreizt sich wie der Gockeler auf dem Mist', er ist eitel und eingebildet.

springen. *Etw. springen lassen:* Geld für andere ausgeben, in Geberlaune sein, etw. spendieren. Die Rda. bezieht sich auf den früheren Brauch, Geldmünzen beim Zahlen kräftig auf den Tisch zu werfen, um durch den Klang ihre Echtheit zu beweisen oder um zu zeigen, daß man zahlungsfähig ist. Daher hieß es auch: ‚Dukaten, Taler oder ein paar Mark springen lassen', i. S. v. freigebig sein. Von hier aus erweiterte sich die Bdtg. der Rda., so daß sie sich nun auf alle gekauften Dinge bezieht, die man spendiert oder für einen guten Zweck opfert. So sagt man heute auch, daß man ‚ein paar Flaschen Wein springen lassen wolle'.

Mit etw. nicht weit springen können: mit wenig Geld nicht viel ausrichten können, auch: keine großen Sprünge machen können, ↗ Sprung.

Von einem aufs andere springen: unstet sein, nicht bei einer Sache bleiben. Die Rda. ist auch mdal. üblich, z. B. heißt es im Ostfries.: ‚He springt van't ên up't anner, as de Buck up den Haversack'; frz. ‚sauter d'un sujet (Thema) à l'autre', i. S. v. ‚Vom Regen in die Traufe kommen'.

Er will weiter springen, als der Stock lang ist: er hat sich mehr vorgenommen, als in seinen Kräften liegt. Vgl. ndl. ‚Hij wil verder springen, dan zijn stok lang is'.

Häufig sind Tiervergleiche, um das muntere Springen vor Freude zu schildern und das ausgelassene Tanzen.

Er springt wie ein Kalb auf der Wiese: er springt vor überschäumender Lebensfreude wie ein ungebundenes Jungtier. Ähnl. hieß es im ‚Meier Helmbrecht' bei der Heimkehr des Sohnes: „Vater und muoter sprang als in nie kalp ersturbe", d. h. sie waren so fröhlich, als wenn sie nie ein Unglück erlebt hätten. Vgl. ndl. ‚Hij springt als een kalf in de weide'; frz. ‚Il saute comme un cabri' (Geißlein).

Häufig hört man: *Er springt wie ein Hirsch:* sehr munter, frei und ungebunden wie ein Junger. Bereits Fischart gebrauchte 1577 in seiner ‚Flöhhatz' (S. 26/800) diese Wndg. und schrieb: „Vnter des sprangen wir wie Hirz". Noch mdal., z. B. österr. ‚springen wiera Hirschl'. In Westf. sagt man statt dessen: ‚Hei springet äs en Hase'.

In diesen Zusammenhang gehört auch die ↗ Echternacher Springprozession.

Von einem äußerst Ungeschickten behauptet man: *Er schickt sich zum Springen wie die Kröte zum Fliegen.*

Springen vom Pferd zum Esel: in schlechtere Verhältnisse geraten. Fischart verwendet diese Rda. im ‚Bienenkorb'; ↗ Pferd. Ferner ↗ Klinge, ↗ Mine, ↗ Punkt.

Lit.: *H. Dankert:* Sportsprache und Kommunikation. Volksleben Bd. 25 (Tübingen 1969).

Spritze. *Immer der erste Mann an der Spritze sein wollen:* ein großes Geltungsbedürfnis haben, anderen Befehle erteilen wollen, die entscheidende Position einnehmen wollen. Die Rda. bezieht sich auf den Feuerwehrmann, der bei Gefahr die Spritze bedient und damit zur Hauptperson wird, und ist auch mdal. verbreitet. Meckl. heißt es z. B.: ‚De will ok ümmer ierst Mann an de Sprütt sien!', und westf., ins Ironische gewendet: ‚Hei is de Eeste biy der Spritze, wann't kein Fuier is'.

Die folgenden Rdaa., die wahrscheinl. als Kürzungen der vorigen zu verstehen sind, haben durchaus positive Bdtg. *Erster Mann an der Spritze sein:* der wichtigste und tüchtigste Mann sein, der die Entscheidungen zu treffen hat; *bei der Spritze sein:* bereit sein, immer wachsam auf seinem Posten stehen, mit Rat und Tat bei allen Unternehmungen mitwirken. In der Altmark sagt man von einem wichtigen Mann, der zu den Hauptpersonen eines Ortes zählt: ‚Dat is ên von de Sprütt'.

Die Spritzen kommen, wenn das Haus abgebrannt (niedergebrannt) ist: die schützenden Maßregeln werden zu spät ergriffen. Ähnl.: *die Spritze versuchen, wenn das Feuer darnieder ist.* Vgl. lat. ‚clypeum post vulnera sumere'.

Es ist ein Spriz'n: es ist ein leichtfertiges Mädchen. Spritze gilt als Schimpfname für die Frau, vor allem für die Buhlerin. *Voll wie eine Spritze sein:* betrunken sein, ↗ trinken.

Spröde. *Eine schöne Spröde sein:* eine zurückhaltende, kühle und unzugängliche Frau sein. Das Wort ‚spröde' erscheint am Ende des 15. Jh. in einem Fastnachtspiel (Ausg. v. Keller 47,14) und bei Hans Sachs in der Bdtg. dürftig und schwächlich und löst das mhd. ‚broede' ab. Die frühnhd. Hauptbdtg. ist: ungeschmeidig. Von den Erzen, auf die das Wort meistens bezogen wurde, erfolgte eine Übertr., so daß heute von einem ‚spröden Verhalten', ‚spröden Mienen' und ‚spröden Mädchen' gesprochen wird, i. S. v. hart und abweisend. Göhring (Nr. 334) denkt an eine mißverstandene Eindeutschung des frz. Wortes ‚prude'.

Er ist so spröde wie eine Jungfer: er ist unzugänglich, aber auch leicht zu verletzen.

Etw. ist spröde wie Glas: es ist leicht zerbrechlich, sehr gefährdet und muß mit Vorsicht behandelt werden.

Sprung. *Auf dem Sprunge stehen:* im Begriffe sein, etw. zu tun (zu gehen), auch: wie ein Raubtier gespannt auf etw. warten und bereit zum sofortigen Handeln sein.
Immer auf dem Sprung sein: immer große Eile haben, aber eigentl. trotzdem nichts Rechtes leisten. Goethe stellt einmal spöttisch zusammen: „Er stand immer auf dem Sprung und kam niemals vom Fleck". Vgl. auch ndl. ‚Hij staat op den sprong' oder ‚op stel en sprong'; engl. ‚with a foot in the stirrup'; frz. ‚au pied levé'. Die Feststellung *Du stehst auf dem Sprung* bedeutet dagegen: der Punkt, entlassen zu werden, ist erreicht. Der Ausdr. dient deshalb zur letzten Warnung.
Den Sprung wagen: sich zu etw. entschließen, das Mut und Kraft verlangt, dessen Gelingen aber in der Entwicklung eines Menschen oder eines Unternehmens rasche Fortschritte verspricht.
Einen Sprung ins Ungewisse tun: ein Wagnis eingehen, eine Handlung unternehmen, deren Folgen nicht abzuschätzen sind oder deren Erfolgschancen nicht allzu hoch sind; vgl. frz. ‚faire un saut dans l'inconnu'.
Einen großen Sprung machen: in seiner Laufbahn überraschend weit vorankommen, im Gegensatz zu anderen rasch befördert werden. Vgl. ndd. ‚He hett enen goden Sprung dan'; frz. ‚faire un bond'.
Auf einem Sprung vorbeikommen: einen kurzen Besuch machen. Der Ausdr. Sprung = geringe Entfernung wird auch für eine kleine Zeitspanne eingesetzt; vgl. frz. ‚faire un saut chez quelqu'un'.
Es ist ja nur ein Sprung: es ist nicht weit; ↗ Katze.
Auf jem. Sprünge kommen: es ihm nachmachen, eigentl. in seine Fußstapfen treten. Diese Rda. stammt aus der Jägersprache, die die Hinterläufe des Hasen als Sprünge bez., aber auch die von ihnen hinterlassene Spur. Der Jäger muß diesen Fußstapfen des Wildes folgen, um es aufzuspüren.
Jem. hinter die Sprünge kommen: seine Art und Weise kennen, seine geheimen Machenschaften ergründen, eigentl. das Wild aufspüren und leichter verfolgen können (↗ Schliche, ↗ Spur). Die Rda. bezieht sich auf das Verhalten des Hasen, der ständig die Richtung seines Laufes ändert, um seine Verfolger zu täuschen. Wenn ihm die Treiber und Hunde den Weg abschneiden wollen, müssen sie die Art seiner seltsamen Sprünge kennen. In der Volksballade vom ‚Nachtjäger' ist dieses Motiv zu finden:

Deyn' große Hunde, di tun myr
nichts,
Sie wißen meyne hoe weyte Sprunge
noch nicht ...
Deyn' hoe weyte Sprunge, die wißen
sy wol,
Sie wißen, das hewte noch sterbenn
solt ...

(Friedrich Nicolai, Eyn feyner kleyner Almanach 1, Berlynn vnndt Stettynn 1777, S. 64 ff., Nr. VIII).
Jem. auf die Sprünge helfen: jem. aus der Verlegenheit helfen, ihm den richtigen Weg weisen. Diese Wndg. stammt ebenfalls aus der Jägersprache: der Mensch braucht die Hilfe des Jagdhundes, der die Spur des Wildes ausmacht, von dem er sich ‚auf die Sprünge helfen' lassen muß.
Sich auf die Sprünge machen: sich rasch entfernen, sich auf den Weg machen, ↗ Socken.
Auf die alten Sprünge kommen: frühere Verhaltensweisen wieder aufnehmen, die alten Fehler wiederholen. Die Rda. ist auch in Norddtl. üblich: ‚He kümmt up de olle Sprünge'.
Einem krumme (falsche) Sprünge machen: sein Wort nicht halten, ihn zu hintergehen suchen. Die schles. Wndg. ‚Ich wår nich lange krumme Schpringe mide em machen' meint: mit ihm werde ich keine langen Umstände machen, ich werde ihn nicht sehr zartfühlend behandeln. Vgl. ndl. ‚Hij zal geene kromme sprongen meer maken'.
Er macht Sprünge wie ein Lachs: er macht sehr hohe Sprünge. Der Vergleich dient der Steigerung, da die Sprünge des Lachses Bewunderung erregen. Auf seinem Zug in der Laichzeit bringt er es fertig, hohe Wehre zu überspringen; vgl. frz. ‚Il fait des bonds de carpe' (Karpfen); die Rda. drückt allerdings nicht die Bewunderung aus.
Keine großen Sprünge machen können: eingeschränkt leben müssen, aus Mangel an Mitteln nichts Großes (keine weiten Reisen) unternehmen können; vgl. frz.

1515

‚Ne pas pouvoir se permettre de grands écarts'. Ähnliches beinhalten die Rdaa. ‚angebunden sein' und ‚einen Klotz am Bein haben'. Vgl. die ndd. Wndg. ‚He hett 'n Büngel an't Been', er ist gehindert wie ein gebengelter Hund, und die ndl. Rda. ‚Zijne hoogste sprongen zijn gedaan'.
Einen Sprung in der Schüssel haben: nicht ganz bei Verstande sein. Sprung bedeutet hier aber den Schaden als Vorstufe des Zerbrechens bei Glas- und Keramikgegenständen. Diese junge, erst seit dem 2. Weltkrieg aufgekommene Rda. läßt sich der Wndg. ‚einen Knacks haben' vergleichen. (Wenn etw. einen Sprung bekommt, macht es tatsächlich mitunter ‚knacks'.)

Lit.: *R. Schmekel:* Art. ‚Sprung, springen', in: HdA. VIII, Sp. 320–325; *L. Röhrich* u. *G. Meinel:* Rdaa. aus dem Bereich der Jagd u. der Vogelstellerei, S. 315.

Spucke(n). *Da bleibt mir die Spucke weg!:* ich bin äußerst überrascht und erschrokken, es verschlägt mir die Sprache. Die Beobachtung, daß jem. vor Aufregung und Angst der Mund trocken wird, weil ihm der Speichel fehlt, wurde schon früh gemacht und im Gottesurteil praktisch verwertet. Die Rdaa. ‚sich den Mund (die Zunge) verbrennen' und ‚Der Bissen bleibt mir im Halse stecken' gehören in den gleichen Zusammenhang. Wenn dem Schuldigen vor Angst der Mund trocken wurde, gelang es ihm nicht, den ‚Probebissen' (meist trockenes Brot oder Käse) zu schlucken, weil er nicht genügend eingespeichelt werden konnte. Eine Erzählung vom ‚Gericht in der Wüste' berichtet von der Entdeckung eines Diebes auf andere Art: Ein Dolch wurde glühend gemacht und dem mutmaßlichen Täter auf die Zunge gelegt. War diese nicht feucht genug, weil die Spucke weggeblieben war, zeigten sich darauf Brandblasen, was normalerweise nicht geschah, wenn es bei einem Unschuldigen versucht wurde.
Sich in die Hände spucken: tüchtig arbeiten und zupacken; vgl. frz. ‚Se cracher dans les mains'. Vor großen Anstrengungen ist dies heute noch bei den Arbeitern zu beobachten. Angeblich sollen die Hände dadurch die Werkzeuge besser halten können. Dies gilt vor allem bei Holzstielen von Schaufeln, Spaten, Axt. Hier haftet der sonst so glatte Stiel für einen (entscheidenden) Moment. Eisenwerkzeuge, z. B. Brechstangen werden hingegen nicht bespuckt.
Die übertr. Bdtg. tradiert auch ein Schlagerlied der Ggwt.:

Und jetzt wird wieder
in die Hände gespuckt.
Wir steigern das
Bruttosozialprodukt.

Wahrscheinl. besteht aber auch noch ein Zusammenhang mit dem Volksglauben, daß das Bespucken Segen bringe, da auch das Handgeld (das zuerst am Tage eingenommene Geldstück) von Markthändlern und Taxifahrern bespuckt wird, damit es sich recht vermehrt.
Seit der Antike gilt der Speichel als eine Absonderung, die Lebenskraft enthält und deshalb heilend, glückbringend, aber auch zauberabwehrend wirkt. Mit dem Ausspucken vertreibt man die Wirkung des ‚bösen Blicks' oder den Krankheitsdämon aus dem Körper, davon zeugt noch die berl. Rda. ‚Spuck aus mein Kind, du hast den Deibl verschluckt!' Da man vor Verhaßtem ausspuckte, wurde daraus ein Zeichen der Verachtung und Geringschätzung, eine Geste, die bei uns häufig bei Kindern und Ausländern aus dem Süden zu beobachten ist, während sie von Erwachsenen heute meist als unfein abgelehnt wird. Welche Rolle der Speichel aber früher allg. spielte, beweisen zahlreiche Rdaa., wie *auf etw. spucken:* nichts darauf geben, auf etw. gern verzichten; vgl. frz. ‚cracher sur quelque chose'; *große Bogen spucken:* sich viel einbilden oder prahlen.
Seeleute haben das Spucken, urspr. das Ausspucken des Kautabaksaftes, zu einer regelrechten ‚Kunst' entwickelt. Ihr entnahm Joan Lowell die Idee zu ihrem Roman ‚Ich spucke gegen den Wind'.
In Hamburg hört man die Rda.: ‚Spütter di man nich up'n Slips!': sei nicht so betulich, gib nicht so an!
Jem. auf den Kopf spucken (können): ihn verachten; vgl. frz. ‚cracher à la tête de quelqu'un', i.S.v. jem. derb behandeln, aber auch: größer sein als der andere, ihn um Haupteslänge überragen; berl. „Er spuckt de Schwäne uf de Köppe", er ist

ohne Beschäftigung, so daß er Zeit hat, den Schwänen zuzusehen.
Einem in die Suppe spucken: einem seine Pläne zunichte machen, seine Hoffnungen gewaltsam zerstören; vgl. frz. ‚cracher dans sa soupe' (wörtl.: in die eigene Suppe spucken, i. S. v. ‚sich zu schade für etw. sein').
Diese derben Wendungen, die erst im 19. Jh. bezeugt sind, waren urspr. wörtl. zu verstehen. Sehr grotesk in der Übertreibung ist die neue Wndg. *in die Luft spukken und drunter durchlaufen,* um auszudrücken, daß Zeit und Gelegenheit zum gründlichen Waschen fehlen; vgl. frz. ‚C'est comme si on crachait en l'air', i. S. v.: Das ist vergebliche Mühe.
‚Spuck'n doch uf de Stiebeln!', ein berl. Rat, sich nichts gefallen zu lassen.

Lit.: *L. Deubner:* Art. ‚Speichel' u. ‚spucken', in: HdA. VIII, Sp. 149ff. u. Sp. 325ff.; *L. Röhrich* u. *G. Meinel:* Reste ma. Gottesurteile in sprw. Rdaa., S. 343.

Spuk(en). *Einem viel Spuk machen:* viel Unruhe bereiten, Umstände machen. Die Rda. wird oft in der negativen Form verwendet: ‚Mach keinen (nicht solchen) Spuk!', mach kein Geschrei und Aufhebens von der Sache, verursache kein Aufsehen durch eine heftige Auseinandersetzung! Diese Wndg. zeigt deutlich den Zusammenhang mit dem Volksglauben an Spukgestalten und Poltergeister, die die Menschen durch unheimliche nächtliche Geräusche erschrecken und in Aufregung versetzen. Heute sagt man auch i. S. v. Lärm machen, daß die Kinder ‚einen tollen Spuk' vollführen.
Seinen Spuk mit jem. treiben: ihn necken und ärgern, wie das in unseren Sagen oft von Hausgeistern berichtet wird.
Die ndd. Rda. ‚wie'n Spôk utseen', sehr schlecht und bleich wie ein Gespenst aussehen, bewahrt noch die Vorstellung, daß Verstorbene, die keine Ruhe finden können, den Lebenden als Wiedergänger erscheinen.
Etw. (jem.) spukt noch herum: etw. treibt noch immer sein Unwesen, eine alte Vorstellung ist noch nicht überwunden, ein Unbekannter treibt sich in der Gegend herum.
Es spukt ihm im Giebel (Oberstübchen, Kopf): er ist nicht ganz normal, eigentl.: seine Gedanken scheinen gelegentlich wie durch einen Spuk gestört zu werden. Dasselbe meint die Ulmer Wndg. ‚Dem spukt's in der Fechtschul'.
Die Rda. *Es spukt in der Fechtschule!* wird heute außerdem als Drohung verwendet, z. B. warnt man die jungen Soldaten damit, daß etw. Unangenehmes passieren wird (Tadel, Strafe), falls sich keine Änderung des Verhaltens zeigt. Die Herkunft dieser Wndg. ist nicht geklärt.

Lit.: *P. G. Heims:* Seespuk (Leipzig 1888); HdA. VIII, Sp. 344ff. Art. ‚Spuk' von *Mengis; K. Kanzog:* Der dichterische Begriff des Gespenstes (Diss. Berlin 1951); *A. Jaffé:* Geistererscheinungen und Vorzeichen (Zürich–Stuttgart 1958); *L. Röhrich:* Art. ‚Geist, Geister' in: EM. V, Sp. 909–922; *H. Fischer:* Art. ‚Gespenst' in: EM. V, Sp. 1187–1194.

Spund. *Ein junger Spund sein:* ein Halbwüchsiger, ein unreifer junger Mann sein, auch: Rekrut sein oder ein untergeordneter Mensch, der keinen Einfluß besitzt. Die Wndg. wird meist verächtlich von Erwachsenen gebraucht, die Jugendliche ‚nicht für voll nehmen' (↗voll). Das Wort Spund bezeichnete urspr. den Anstich des Fasses, es ist der Zapfen zum Verschließen von Fässern und Brunnenröhren. Küpper denkt deshalb an einen möglichen obszönen Hintergrund dieser Rda. ‚Dä schwätzt wie en Spundesprudeler', er redet ununterbrochen, eigentl.: es klingt wie bei einem Faß, das bei der Gärung sprudelt. Dieser rdal. Vergleich stammt von den Winzern an der Mosel.

Spur. *Jem. auf die Spur kommen:* Anhaltspunkte für die Aufklärung eines Geheimnisses finden. Die Rda. stammt aus der Jägersprache und meint urspr.: die Spuren des Wildes entdecken und ihm nachstellen können, ↗Sprung. Die Rda. ist auch mdal. verbreitet, z. B. heißt es in Pommern: ‚up de Spôr kommen'. Ähnl.: *einem auf der Spur sein:* ihn verfolgen; vgl. frz. ‚être sur les traces de quelqu'un'; und *der Spur nachgehen:* die Anhaltspunkte beachten und überprüfen, um zu einem Ergebnis zu gelangen, einer Fährte folgen. Vgl. ndl. ‚Hij volgt het gemeene spoor'.
Auf der richtigen (falschen) Spur sein: den richtigen (falschen) Weg einschlagen; vgl. frz. ‚être sur la bonne voie'.
Wien. ‚I hab' scho' a Spur!', ich habe

schon eine Idee, einen Hinweis für das weitere Vorgehen, eine Vermutung.

Einem auf die Spur helfen: ihm Mittel und Wege zeigen, ihm gute, weiterführende Hinweise geben. Vgl. auch frz. ‚mettre quelqu'un sur la voie'. Dagegen: *jem. von der Spur abbringen:* ihn überreden und veranlassen, seine richtige Vermutung aufzugeben.

Seine Spuren verwischen: alle Hinweise auf eine frühere Anwesenheit oder den Verlauf des Fluchtweges vernichten, um seine Feinde und Verfolger zu täuschen, wie es als besondere Klugheit der Tiere, vor allem vom Löwen, berichtet wurde. Schon im ‚Physiologus' heißt es von der Klugheit des Löwen:

   so er in dem gebirge get
   ode in dem tieffin walde stet,
   so in die jegere danne jagent,
   ob im ze der nasen der stanch chumet
   so vertiliget er daz spor mit dem
             zagele,
   daz man in iht vahe an dem gejagede.

Seine Spuren hinterlassen: deutlich sichtbare Zeichen zurücklassen; in übertr. Sinne hinterläßt ein schweres Schicksal, eine gefährliche Krankheit ihre Spuren im Gesicht des Menschen; vgl. frz. ‚laisser des traces'.

Goethe verwendete das Wort ‚Spur' in weitestem Sinne, wenn er Faust am Ende seines Lebens sagen läßt: „Es kann die Spur von meinen Erdetagen nicht in Aeonen untergehn" (,Faust' II, 5. Akt: Großer Vorhof des Palastes).

Der ist neben der Spur heißt es von einem, der von der Wahrheit entfernt ist.

Die Spur verlieren: jede Verbindung mit jem. verlieren, vom Wege abkommen; vgl. frz. ‚perdre les traces de quelqu'un'.

Keine Spur! oder *Nicht die Spur davon!:* nicht im geringsten, es ist nicht daran zu denken. Wien. ‚Da is ga ka' Spur', es gibt keinen Anlaß oder Anhaltspunkt, so etw. anzunehmen. Vgl. lat. ‚Ne vestigium quidem'.

Keine Spur von einer Ahnung (Idee) haben: keine Ahnung haben, nicht das geringste wissen, auch: *keine blasse Spur davon haben:* keine Ähnlichkeit besitzen.

Er kann nicht Spur fahren: er ist sehr dumm. Der Ausdr. der Fuhrleute und Bauernknechte ist auch bei Seume bezeugt (Werke [Leipzig 1835], S. 60). Zum ‚Spur-fahren' gehörten nämlich Geschicklichkeit, Übung und Erfahrung. Als viele Wege noch unbefestigt waren, zogen die Wagenräder tiefe Rillen. Wer dann, besonders bei aufgeweichtem Boden, nicht Spur fuhr, blieb stecken oder warf sogar den Wagen um. Die Wagenbauer achteten deshalb früher sehr darauf, eine einheitliche Spurweite, eine ‚Normalspur' zu halten.

In jem. Spuren wandeln: seinem Vorbild folgen; vgl. frz. ‚suivre les traces de quelqu'un'.

Jem. Spuren folgen: einen Menschen lieben und hoch verehren, seine Gegenwart suchen, nicht von ihm lassen können. Aus Schillers ‚Lied von der Glocke' stammt die Wndg. „Errötend folgt er ihren Spuren", die in den allg. Sprachgebrauch übergegangen ist und oft scherzhaft auf einen Schüchternen und zum ersten Mal Verliebten angewandt wird.

Im modernen Sprachgebrauch meint die Wndg. *nicht spuren:* sich nicht einordnen, sich nicht in eine Gruppe, ein Team einfügen, nicht erfolgreich lernen (z. B. ‚in der Schule nicht spuren'), nicht systematisch arbeiten, nicht dem Weg folgen, den andere schon erfolgreich beschritten haben.

Lit.: *E. Stemplinger:* Art. ‚Fußspur', in: HdA. III, Sp. 240–243; *L. Röhrich* u. *G. Meinel:* Rdaa. aus dem Bereich der Jagd u. der Vogelstellerei, S. 315, 318.

sputen. *Sich sputen:* sich beeilen. Die in gewählter Rede allg. gebrauchte Rda. ist ndd. Urspr. Das älteste Hd. kannte ein Hauptwort ‚spuot' = Eifer, Eile, dasselbe Wort wie neuengl. ‚speed'. Aber dieses kam bald außer Gebrauch wie das entspr. Zeitwort. Das moderne ‚sputen' ist aus dem plattdt. ‚spuden' übernommen und bloß in der Lautform (t statt d) dem Hd. angepaßt.

Staat. *Staat machen:* Aufwand treiben, prunken. Die Rda. geht zurück auf die Bdtg. von Staat (lat. status) = Vermögen, von dem jem. den seinem jeweiligen Stande angemessenen Gebrauch machte. Unter dem Einfluß des frz. Wortes ‚état' (vgl. frz. ‚faire état de'; ital. ‚fare gran stato') erhielt Staat auch die Bdtg.: Haushaltung, Lebensführung und das dazu nö-

tige Geld. Geiler von Kaysersberg schreibt „so man in mancherley weiß haltet einen zerhafftigen stat über sein eigen rendt und fell, zinß und gült, wann zerhafftiger stat heischet zerhafftigen und grossen rendt" (‚Der dreieckecht Spiegel', in: ‚Das Irrig schafe Sagt vo cleinmütikeit vn böser anfechtung ...', Straßburg 1514, Cc4a), und im gleichen Jh. berichtet die Basler Chronik (6 Bde., hg. von der Hist. Ges. in Basel [Leipzig 1872–1902], Bd. V, 467 24): „die zwen doctores sint nottürfftig 300 gulden, yeglicher 150 gulden fur sinen state".
Die urspr. Formulierung ‚Staat halten' oder ‚Staat führen' trug und trägt z. T. noch heute durchaus keinen negativen Akzent; sie wird erst da zu einer Rda., wo unangenehmer Aufwand in den Blick gerät. Sehr deutlich kommt dies in einem schlesw.-holst. Sprw. zum Ausdr.: ‚De Geld in de Tasch hett, bruukt keen Staat to maken'; dazu Ausdrücke wie ‚Sonntagsstaat', Sonntagskleidung, ‚Trauerstaat', Trauerkleidung.
Häufiger als die positive ist heute die negative Verwendung unserer Rda., z. B. rhein. ‚Domet kann mer kene Staat mache', damit kann man nicht glänzen, Ehre einlegen, sich nichts darauf einbilden, das ist nichts Besonderes. Obersächs. sagt man: ‚Da werd kee Staat gemacht', keine Umstände; berl. ‚Det is'n wahrer Staat', das ist prächtig; els. sogar: ‚Das is der Staat vom alten Käs – daß er stinkt'. Beide Gebrauchsweisen der Rda. sind in ganz Dtl. und auch in Holland bekannt. Vgl. dagegen auch die frz. Wndg. ‚être dans tous ses états', i. S. v.: vor lauter Aufregung völlig den Kopf verloren haben.
Allg. bekannt ist der Ausspruch von Ludwig XIV.: „L'État c'est moi" (Der Staat bin ich), während sich hingegen Friedrich der Große zu folgender Devise bekannte: „Der Fürst ist der erste Diener seines Staates".

Staatsbegräbnis. *Ein Staatsbegräbnis zu erwarten haben:* zum Dank für seine Verdienste eine staatlich verordnete, öffentliche Ehrung nach seinem Tode erhalten. Die Wndg. wird auch mit iron. Unterton als Antwort auf die Frage gegeben: ‚Was hast du später einmal von deiner ganzen Anstrengung, von deinem Einsatz für das Allgemeinwohl?' Sie erhält dann die Bdtg.: zu seinen Lebzeiten nicht gebührend gewürdigt und gefeiert werden, den Lohn erst dann bekommen, wenn es bereits zu spät ist.
Ein Staatsbegräbnis erster Klasse sein: viel Pomp und übertriebener Aufwand für eine Person oder Sache, die zwar noch anerkannt und respektiert wird, die sich im Grunde aber bereits überlebt hat und nach der öffentlichen Würdigung getrost der Vergessenheit anheimfallen kann.

Stab. Der Stab hat verschiedene Bdtgn. und Funktionen; so bez. er mhd. das Stekkenpferd der Kinder: ‚ûf einem stabe rîten' dient hier zur Bez. der Kindheit:

der ich gedienet hân mit staetekeit
sît the stunt deich ûfem stabe reit

(Minnesangs Frühling 206, 18).
Von der ganz konkreten Vorstellung gehen die Redewndgn. aus, die den Stab als Stütze bezeichnen; urspr. war damit die Stütze für schwache Pflanzen gemeint, wurde aber dann auch auf den Menschen übertr., so schon mhd. ‚an einem stabe gân' = schwach, kraftlos sein:

werlt, dû trûrest al ze sêre,
dîn lop gêt an einem stabe

(Minnes. 2, 61 b, Hagen).
Häufiger jedoch gebrauchte man ‚âne stap gên' zur Bez. von Gesundheit und Rüstigkeit; dann wurde das Bild des Stabes auch übertr. gebraucht; so reimte schon bei Winsbeke (um 1220):

Du wer e snel, nu ist din trit
zu nahe leider bi dem stabe.

Der nhd. Rda. *Stab und Stütze seiner Eltern sein* führt Rudolf von Ems näher, wenn er sagt: „Du soldest mines alters stap und miner vreuden sunnenschin mit liebe an minem alter sin". Hier ist der Stab, auf den man sich stützt, noch als Attribut des Alters gesehen, wie ja auch alte germ. Rechtsformeln von dem, der selbst über seinen Besitz verfügen wollte, verlangten, daß er ohne Stab und Stütze allein gehen und stehen konnte. Dann aber wurde er neben der körperlichen auch der vorübergehenden seelischen Schwäche zugestanden; in dem Sinne etwa Schiller „Laßt uns ... ihr ein Stab sein auf dem Todesweg" (‚Maria Stuart' V, 1).

1519

Im germ. Recht drückte der Stab weiter zwei entgegengesetzte Ideen aus, 1. die des Aufgebens von Gewalt oder Besitz, 2. die des Ausübens von Macht.

In dem Bild des Wanderstabes spielt neben der Funktion als Stütze auch die Vorstellung von der Besitzlosigkeit und Heimatlosigkeit eine Rolle, so daß sich die Redewndgn. vom Wanderstab und vom Bettelstab nicht immer klar gegeneinander abgrenzen lassen.

Den Stab ergreifen: eine Wanderung beginnen; vgl. frz. ‚prendre son bâton de pèlerin' (wörtl.: den Pilgerstab ergreifen); *seinen Stab weitersetzen* (17./18. Jh.): weitergehen; *seinen Stab weitersetzen müssen:* noch nicht am Ende der Wanderung sein.

Der *weiße Stab* war das Zeichen der Bettler sowie auch der Verbannten und Verwiesenen, die das Land räumen mußten; ebenso trugen auch Kriegsgefangene und verurteilte Aufrührer sowie Abgesandte, die die Übergabe anboten, einen weißen Stab in der Hand.

An den (weißen) Stab kommen: zum Bettler werden; *mit dem weißen Stabe zum Tore hinausgehen:* seinen Besitz verloren haben, mit leeren Händen aus seinem Wirkungskreis treten. In der ndl. Rda. ‚Hij is gesprongen en heeft ons den staf gelaten' wird den anderen der weiße Stab zurückgelassen, nachdem deren Vermögen aufgebraucht ist; es handelt sich also hier mehr um einen Betrüger als um einen Bettler.

‚Am Bettelstab gehen'

Deutlicher sind die späteren Wndgn. *an den Bettelstab kommen (bringen, den Bettelstab ergreifen).* ↗ Bettelstab.

Der weiße Stab als Zeichen des Sich-Ergebens findet sich in folgenden Rdaa.: *mit weißen Stäben ausziehen, mit einem weißen Stäblein ziehen:* sich auf Gnade und Ungnade ergeben (Zeit der Bauernkriege).

Der Stab als Zeichen von Macht, von höchster Gewalt findet sich in den Händen von Königen (Zepter), Fürsten, Bischöfen und Richtern und wird von Bittenden, Gelobenden und Schwörenden berührt. Ebenso tragen Boten und Herolde eines Herrschers einen Stab mit dem Zeichen ihres Herrn, um als Gesandte ausgewiesen zu sein. Der bischöfliche Krummstab ist eine Nachbildung des Hirtenstabes; die Rda. *unter dem Krummstab leben:* unter der Herrschaft eines Bischofs, in einem geistlichen Fürstentum leben, ist meist positiv gemeint (vgl. das Sprw. ‚Unter dem Krummstab ist gut leben').

‚An den Stab geloben'

Auch die Gerichtsbarkeit wurde vom Herrscher verliehen, der Gerichtsstab war das Symbol dieser Vollmacht, das Zeichen der richterlichen Gewalt. An diesen Stab wurde der Gerichtseid sowohl von dem Angeklagten als auch von dem Richter gelobt; daher *den Eid staben* oder *an den Stab geloben,* eine Rda., die schon früh belegt ist, so bei Wolfram: „sus stabt er selbe sînen eit" (‚Parzival', Lachmann 269, 3); im Sächs. Receßbuch von 1494 heißt es: „und doruf hat Hans Moier ...

ganze und genugsame verzicht und absagunge an gerichtsstab gethan, ... geredt und gelobet". Mit dem Gerichtsstab wurde die Verhandlung eröffnet; so beginnen viele Urkunden: „Da ich mit gewaltigem stabe zu gericht saß" o.ä. Mit ihm gebot der Richter Ruhe, und solange er ihn in der Hand hielt, blieb die Versammlung beisammen, war das Gericht gleichsam feierlich beschirmt; legte er ihn aber nieder, so war die Verhandlung beschlossen. Beim peinlichen Gerichtsverfahren wurde dem zum Tode Verurteilten unmittelbar vor seiner Hinrichtung der Stab über dem Haupt zerbrochen und ihm vor die Füße geworfen, wozu der Richter sagte: ‚Nun helf dir Gott, ich kann dir nicht ferner helfen', d.h. Gericht und Urteil sind unwiderruflich: daher die Rda. *den Stab über jem. brechen* (heute auch *über etw.*): jem. verurteilen, ein zu hartes Urteil über jem. sprechen. Eine weitere Sitte am Ende einer Verhandlung war, daß beim Aufstehen der Richter und Beisitzer Stühle und Bänke umgestürzt wurden zum Zeichen, daß nicht weiterverhandelt wurde.

Wie der Stab Gesandte des Königs auswies, so wurde er auch den militärischen Führern gegeben, so daß er zum Abzeichen der militärischen Obergewalt wurde. Der Feldherr trug früher als Erkennungszeichen den Feldherrn- oder Marschallstab (vgl. frz. ‚obtenir son bâton de maréchal', i.S.v.: die höchste Stufe in einem Beruf erreichen); seine Berater, die Stabsoffiziere, bildeten den Generalstab. Später wurde dann der Begriff auf die Gesamtheit der höheren Offiziere eines Heeres oder Heeresteiles übertragen (Armee-, Divisions-, Regiments-, Bataillons-, Kompaniestab). Aus diesem Bereich stammen die Rdaa. *Schulden haben wie ein Stabsoffizier,* so auch rhein. ‚He hät Scholden (Honger) wie ene Stabsoffizier'; *Backen wie ein Stabstrompeter:* so dick und aufgeblasen. Älter ist die Wndg. *Stab und Stange tragen können:* waffenfähig sein. Der Begriff ‚Stabführung' wurde auch auf die Orchesterleitung angewandt. Der Taktstock ist das Überbleibsel eines wirklichen Stockes, einer Stange, mit der der Kapellmeister den Takt stieß.

Ganz konkret wurde der Stab auch zum

1/2 ‚Über jemand den Stab brechen'

Messen gebraucht (vgl. ‚Maßstab'), was noch in der schweiz. Rda. sichtbar wird ‚guet a d'Stäb cho', gutes Maß erhalten. Dem dt. ‚jem. nur mit der Zange anfassen mögen' entspricht das schweiz. ‚nid mit eme Stäbli arüere' (Luzern), was beides von einer schmutzigen, aber auch übertr. von einer widerwärtigen Person gesagt wird; ebenfalls schweiz. ist die Rda. ‚Er macht Stäbli uf und Stäbli ab' (Luzern), er redet bald so, bald so.

Früher scheint es Brauch gewesen zu sein, daß der Vater des neugeborenen Kindes auf seinem Weg zum Pfarrer zur Bestellung der Taufe sowie auch zu den Paten einen (weißen) Stab getragen hat; von diesem Brauch sind noch die Wndgn. erhalten: *mit dem weißen Stabe zum Pfarrer gehen* (schles.), *mit dem großen Stabe laufen*: zu Gevatter bitten. In den Mdaa. ist Stab nicht recht gebräuchl. und wird meist durch Stock, Stekken, Latte, Stange u. ä. ersetzt; zu den wenigen mdal. Wndgn. gehören rhein. ‚nit wijer spröngen als de Stab reckt', sich nicht zuviel zutrauen; hess. bedeutet „stäbeln": sich stolz, breit hinstellen, z. B. ‚hä stewelt sich wie die Laus (Laus) im Grinne'.

Lit.: *R. Brauser:* Disqvisitio Jvridica Paroemiae „Unter dem krummen Stabe ist gut wohnen" (Jena 1712); *Anon.:* Cöllnischer Krummstab schleust die Weiber aus, die Vorstellung, daß die Ertz-Stifft Cöllnische Lehen regulariter auf den Mann-Stamm alein gerichtet (Hildesheim 1725); *W. H. Jones:* To break the staff over anyone, in: American Notes and Queries 6,8 (1883), (S. 323–325); *E. v. Möller:* Die Rechtssitte des Stabbrechens, in: Zs. der Savigny-Stiftung f. Rechtsgesch. 21 (1900), S. 27–115; *K. v. Amira:* Der Stab in der germ. Rechtssymbolik (= Abhandlungen d. Bayer. Akad. d. Wiss., phil.-hist. Kl., 25. Bd., 1. Abhandlung) (München 1909); *H. Siuts:* Bann und Acht und ihre Grundlagen im Totenglauben (= Schriften zur Volksforschung Bd. I (Berlin 1959), S. 115ff.; *L. Kretzenbacher:* „Stabbrechen" im Hochzeitsritus? Zur apokryphen Erzählgrundlage eines Bildmotivs, in: Fabula 6 (1963), S. 195–212; *W. Müller:* Fertigung und Gelöbnis mit dem Gerichtsstab nach alemannisch-schweizerischen Quellen (Sigmaringen 1976); *L. Carlen:* Rechtsstäbe im Wallis, in: Forschungen zur Rechtsarchäologie und rechtlichen Vkde. Bd. I (Zürich 1978), S. 36–54; Strafjustiz in alter Zeit (Bd. III der Schriftenreihe des Kriminalmuseums Rothenburg ob der Tauber) (Rothenburg 1980), S. 226.

Stachel. *Wider den Stachel löcken (lecken):* aufbegehren, starrköpfig sein, vergeblich Widerstand leisten (vgl. ‚mit dem Kopf gegen die Wand rennen'); eine im Griech. (‚πρὸς κέντρον λακτίζειν') und im Lat. (‚contra stimulum calcitrare') ganz geläufige Wndg., dt. nur belegt aus der Bibelübers. Luthers anläßlich des Bekehrungserlebnisses des Saulus: „Es wird dir schwer werden, wider den Stachel zu lekken" (Apostelg. 9,5). Zu ‚lecken' hat Luther selbst schon als Erklärung an den Rand geschrieben: „Das ist, springen, hupffen".

‚Lecken' = mit den Füßen ausschlagen, hüpfen, springen ist eine Intensivbildung zur Wurzel ‚lih' und heißt mhd. ‚lecken'; der Gebrauch dieses Verbs war urspr. auf das Mdt. eingeschränkt. Im 17./18. Jh. wollte man das Verständnis des Wortes erhalten, und um es vom Lecken mit der Zunge abzuheben, schrieb man es ‚löken' (so seit dem 17. Jh. in den Bibelausg.) oder ‚läcken' (so z. B. Lessing bezüglich eines Geistlichen: „Sehen Sie, Herr Pastor, es wird mir unmöglich sein, nicht gegen Ihren Stachel zu läcken"). Mißverstanden scheint der etymol. Sinn von ‚lecken' schon bei Gryphius zu sein, der das Verb transitiv gebraucht: „Wer seine (Gottes) Stachel leckt, nimmt ein erschrecklich End". Heute ist dieses Wort völlig veraltet und ist nur noch in dieser Rda. erhalten.

Durch Luther verdrängt auch Stachel das gemeingerm. ‚Angel'. Nicht gegen die Wndg. Luthers durchgesetzt hat sich auch ‚wider den Stachel treten' (‚Bibl. Hist.', S. 320/14). Der Rda. liegt das Bild des Ochsen zugrunde, der den Pflug zieht und gegen den Stachelstock ausschlägt, mit dem ihn der Treiber anspornt, und sich dadurch verwundet. Dieser Stachelstock war ein Stab, der an seinem dickeren Ende mit einem starken eisernen Spaten versehen war, um die Erde abzustoßen, die an der Pflugschar hängenblieb; an seinem dünneren Ende befand sich die eiserne Spitze, mit der die Tiere angetrieben wurden.

In Kenntnis des etymol. Sinnes reimt Burkard Waldis (1490–1556) in ‚Der wilde Mann von Wolffenbüttel' (V. 419 ff.):

Dann so gehts gewißlich allen denen,
Die sich wölln wider gott aufflenen
Und widern scharpffen stachel lecken:
Den bleibt er in der fersen stecken.

Die Rda. ist noch heute sehr bekannt, wird aber durchweg iron. verwendet, in dem Bewußtsein zu zitieren.

Den Stachel eines Insekts oder einer Pflanze hat eine größere Zahl von Rdaa. zum Bilde. *einer Sache den Stachel nehmen:* ihr das Verletzende nehmen, so wie man z. B. die Stacheln der Rose entfernt, bevor man den Zweig in die Hand nimmt; *einen giftigen Stachel in etw. finden:* eine gefährliche Seite an etw. entdecken, das zunächst sehr verlockend erschien; *einen Stachel zurücklassen:* eine schmerzhafte oder beunruhigende Erinnerung zurücklassen; so Lessing in ‚Miß Sara Sampson' (IV, 5): „Es wäre schlecht, wenn sie in ihrem Gemüte ganz und gar keinen Stachel zurückließen". Denselben Sinn hat auch: *den Stachel tief in die Seele eindrücken;* eine unauslöschliche schmerzhafte Emp-

findung bewirken; vgl. frz. ‚enfoncer l'aiguillon dans la chair' (wörtl.: den Stachel in den Leib eindrücken); daher auch: *der Stachel, der im Herzen zurückbleibt* oder den man *stecken läßt* und der immer wieder schmerzt. *Einem ein Stachel im Auge sein,* heute weitgehend ersetzt durch ‚ein Dorn ...', ist ebenfalls in der Bibel belegt: „... sie (die Völker) werden euch ... zum Stachel in euren Augen ..." (Josua 23, 13).
Einen Stachel im Maul haben: verletzend, scharf urteilen; danach auch ‚Stachel der Satire', ‚der Kritik' wie auch ‚Stacheldichter', ‚Stachelgedicht' etc.; umg. sagt man auch: *jem. Stachelbeeren zu verschlucken geben:* gegen jem. sticheln; ebenso heißt es: *Behalte deine Stachelbeeren!:* unterlaß deine Sticheleien; westf. sagt man von verfehlten Sticheleien: ‚De Stickelten sind noch nicht riype'.
Wieder anderen Rdaa. liegt die Vorstellung von den Stacheln des Igels zugrunde: *in die Stacheln beißen,* wie der Hund sich an den Stacheln des zusammengerollten Igels verletzt und schließlich von ihm ablassen muß, so zieht sich auch der Mensch unverrichteterdinge wieder zurück, wobei er sich nichts als Schmerzen eingehandelt hat; schon bei Luther heißt es: „das wird uns gelingen wie dem hunde, der ynn die stachel beysset" (Weimarer Ausg. 19, 637, 19). Die Wndg. ‚in die Stacheln beißen' kann sich auch auf den Wolf beziehen, vor dem der Hirtenhund mit einem Stachelhalsband geschützt wurde.
Seine Stacheln hervorkehren: in eine Abwehrstellung gehen, die den anderen verletzt; vgl. frz. ‚sortir ses piquants' und ‚se hérisser' (verwandt mit ‚le hérisson': der Igel); *er geht auf Stacheln:* es kommt ihn schwer an, auch frz. verbreitet: ‚Il marche sur des épines'. Rhein. ‚so stachelig wie en Il' (Igel) heißt einmal unrasiert, wird dann aber auch übertr. gebraucht für: mit der Abwehr schnell bei der Hand; *glatt wie ein Stachelschwein* bez. iron. einen unrasierten Mann, ebenso ndl. ‚Het is een stekelvarken', ‚hij is zoo knorrig als een oud stekelvarken'. Rhein. sagt man zu einem, der Ungewöhnliches behauptet: ‚Mer kann sech och Stacheln öm der Buch (Bauch) driehne (drehen)', und von einem Geizhals heißt es: ‚Er ließt sich liewer e Stachel durch den Orsch ziehjen, als ...'

Lit.: *T. Y. Mullins:* Paul's thorn in the flesh, in: Journal of Biblical Literature 76 (1957), S. 299–303; *N. Lindqvist:* Hornet i sidan och palen i köttet. Kring en grupp svenska tale sätt (Der Stachel in der Seite und der Pfahl im Fleisch. Zu einer Gruppe schwed. Rdaa.), in: Nysvenska Studier 39 (1959), S. 38–67; *L. Schmidt:* Das Stachelhalsband des Hirtenhundes, in: Zwischen Kunstgeschichte u. Volkskunde, Festschrift für Wilhelm Fraenger (Berlin 1960), S. 154–181.

Stadtgraben *Mit dem Stadtgraben um die Wette gehen* sagt man, wenn sich jem. langsam zur Arbeit, zur Schule begibt, nur zögernd an etw. herangeht. Nach Wander bez. die Rda. einen „hohen Grad von Faulheit", da die Bewegung der Stadtgrabenwasser immer eine sehr träge ist.

Stafette. *Die Stafette übernehmen (weitergeben):* eine Nachricht, eine rasch zu erledigende Arbeit aufgreifen. Unter der Stafette verstand man urspr. reitende Eilboten, die zur raschen Nachrichtenübermittlung an bestimmten Orten Reiter u. Pferde wechselten. Schon die Perser unter Kyros kannten diese Einrichtung, die bis ins 19. Jh. bestand. Vgl. die Sportart ‚Staffellauf'.

Stall. *Den Stall zuschließen, wenn das Pferd (die Kuh) gestohlen ist:* ein Übel verhindern wollen, wenn es schon geschehen ist; eine alte und sehr weit verbreitete Rda. (vgl. ‚den Brunnen zudecken, wenn das Kalb hineingefallen ist'). So heißt es bei Hans Sachs:

Nu wil den stal ich machen zu,
So mir ist hin kalb und die ku.

Dieselbe Vorstellung, aber mit einem anderen Bild gebrauchte Luther: „Nun der wolff die gens gefressen hat, habens den stal zu gemacht" oder „den stal wöllen bawen, wenn der wolff die schafe gefressen hat". Der russ. Vorstellung (‚eine Hürde bauen, wenn die Herde zerstoben ist') kommt die lat. Rda. am nächsten: ‚grege amisso septa claudere'. Dasselbe Bild wie im Dt. liegt auch folgenden Rdaa. zugrunde: engl. ‚When the horse is stolen, to shut the stable door', frz. ‚fermer l'étable, quand les vaches sont prises' (veraltet); ital. ‚dopo che i cavalli sono presi, serrar la stalla'; ndl. ‚Man sluit den stal te laat, als het paard gestolen is'; mdal. rhein. ‚Wenn der Wouf e jene Stall gewes es, deeht mer de Dör zou'.

‚Er hät ene Stall voll Köh' heißt es im Rheinl. von einem reichen Bauern; dieser Reichtum des Bauern wird auch auf den Kinderreichtum in allg. übertr.: *einen Stall voll Kinder haben;* dasselbe Bild wird beibehalten in der els. Rda. ‚in de Küestall onneme', an Kindes Statt annehmen; daher auch: *aus einem guten Stall kommen:* aus gutem Hause sein.

In einem Stall stehen oder *miteinander stallen:* sich vertragen, sich gut mit einem stehen, meist verneint gebraucht; in dieser Rda. werden die Menschen mit zwei Pferden verglichen, die nicht nebeneinander im Stall stehen wollen und sich beißen und treten; in bildl. Anwendung ist sie seit dem 16. Jh. bezeugt, so schon bei Luther: „nymer ynn einem stall stehen", bei Thomas Murner: „sie stand nit gleich im Stall", und in der ‚Zimmerischen Chronik': „die stuenden nit in einem Stall"; häufig ist die Rda. in mdt. und ndd. Mdaa., so voigtländisch ‚Se kunnten net recht stallieren mitenanner', rhein. ‚De hän de Keh net en enem Stall' und hess. ‚Dei zwaa stalle nit gout zesamme'; auch im Ndl. bekannt: ‚Zij zullen kwalijk zamen te stal staan'.

Sehr groß ist die Anzahl der Rdaa., in denen die Umgebung des Menschen mit einem Stall verglichen wird, sei es wegen der darin herrschenden Unordnung oder wegen einer anderen Unzulänglichkeit; nach der griech. Sage von Herakles wurde die Rda. gebildet: *den Stall des Augias misten:* eine sehr beschwerliche Arbeit verrichten (lat. ‚Augiae claucas stabulum purgare'; frz. ‚nettoyer les écuries d'Augias'); danach auch: *den Stall (aus-)misten:* Ordnung schaffen; die Unordnung im Haus wird auch ausgedrückt in: *in einem Sau(Schweine-)Stall wohnen;* vgl. frz. ‚C'est une vraie écurie'; *etw. zu einem Schweinestall machen.* Diese Übertr. von Stall auf menschliche Verhältnisse ist schon im Mhd. gebräuchlich.

Der Vergleich der menschlichen Wohnung mit einem Stall – so auch *es zieht wie im Hundestall* – bezieht auch die Erziehung mit in dieses Bild ein: els. ‚Er is im e Söustall ufzoge worde', er hat eine schlechte Erziehung genossen, schweiz. ‚Er isch i Stall yne g'heit', er ist ein grober, ungebildeter Mensch; *nach Stallbalsam riechen:* durch sein Betragen niedere Herkunft verraten.

Groß ist die Anzahl der rdal. Vergleiche: ‚stinken wie eine Stallmagd' (schwäb.); ‚der reißt det Maul off wie en Stallaamer'; ‚der Kerle hurt es wie'n Stallesel', setzt uneheliche Kinder in die Welt; ‚däär kimmt doo erin wäi so e Stallstier', kommt ohne Klopfen und Grußwort herein (hess.); vgl. frz. ‚entrer quelque part comme dans une écurie' (wörtl.: in einen Raum wie in einen Pferdestall eintreten, i. S. v.: einen Raum, ohne zu grüßen, betreten; ‚der hat 'n Stolz (Hochmut) wie e Stall voll Ente' (schwäb.); ‚he frett wie en Ferke ut de Stall', er ist unmäßig im Essen (rhein.).

Das beste Pferd aus dem Stall holen: die beste Spielkarte hergeben müssen, auch allgemeiner gebraucht für: das Beste hergeben müssen; so rhein. ‚Se han dem de beste Kuh ut dem Stall geholt', bei ihm ist gepfändet worden, aber auch: er hat seine (schönste) Tochter verheiratet; ‚dat es et beiste Perd us jene Stall', die beste Gewinnkarte; danach auch ‚enem Stall utduhn', einen lahmlegen, plündern (vor allem beim Kartenspiel).

Auch die folgenden Rdaa. werden sowohl beim Kartenspiel als auch allg. angewandt: *noch andere Schafe haben, die nicht aus diesem Stalle sind:* noch etw. anderes in Reserve haben; diese Rda. stammt aus der Bibel (Joh. 10,16), wo sie im Gleichnis von dem Guten Hirten vorkommt: „Und ich habe noch andere Schafe, die sind nicht aus diesem Stalle"; *aus jedem Stall ein Ferkel:* Karten jeder Farbe, von jeder Sorte etw. (westf. ‚ut jeem Dorp en Rüern', oft mit dem Zusatz: ‚un von Holzwickede 'n Spitz'); *das ist aus meinem Stall, alles in einen Stall treiben,* die Spielkarte oder der Besitz der anderen werden mit dem Vieh verglichen.

In Schwaben heißt es von einem, der alles erbt, ohne daß er sich darum bemühen muß: ‚Der därf nu d Stalltür zumache', und von einem Glücklichen wird behauptet: ‚Dem kälberet der Stallbaum' (d. h. der Pfeiler im Pferdestall, der den Heuboden stützt) oder ‚Dem kälbere d'Dreschflegel im Stall'. In ganz Dtl. verbreitet ist die Rda. *den Stall offenstehen haben* oder *zumachen,* wobei der Hosenlatz mit der Stalltür verglichen wird; so heißt es hess.:

‚Mr maat, de häst geschlacht. – Woerim? – De host de Stall nach offstih'.
Wurst im Hundestall suchen: etw. Unmögliches unternehmen. Im schwäb. Raum verbreitet ist die Rda. ‚Der wird scho no sein Stall finde', er wird noch zum Ziele kommen, ‚schau en Stall derzufinda', die Sache in Ordnung bringen. *In einem guten Stall stehen:* einen guten Posten haben. *Seinen eigenen Stall misten:* sich um die eigene Angelegenheit kümmern (vgl. ‚sich an die eigene Nase fassen'); ‚ergends ene Stall stoeh han', irgendwo Schulden haben (rhein.); ‚jemes en Ställeke beschlohn', jem. einen Riegel vorschieben, ihn bei anderen herabwürdigen. Ebenfalls im Rheinl. behauptet man von einem Dummen: ‚Mer kennt Ställ met em remreissen', und um eine geduldig wartende Menge zu charakterisieren, sagt man: ‚Die stohn do wie de Dier em Stall'; ‚do es de Jüdd en de Stall', der Bauer ist verschuldet; ‚bowen in de Stall stohn', sehr in Gunst stehen, in verächtlichem Ton gesagt: ‚der hät de Sau (et Ferke, Pferd, den Esel) wegen dem Stall geholt (genommen, gehirot)', er hat eine häßliche Frau nur ihres Geldes wegen geheiratet.
Nicht im engen Stall stehen können: von einem anspruchsvollen Menschen gesagt.
Nach dem Stalle gehen: berl. Rda. für: in die Schule gehen; ähnl. auch ‚Stallfütterung' für eine Bildung und Erziehung, die nur Bücherweisheit vermittelt.
Die Stralsunder Rda. ‚up'n Stall seeten', ins Gefängnis setzen, rührt daher, daß sich hier das Gefängnis über den Ställen befand.
Nach der Größe der Eimer im Stall heißt es: ‚Där kann en Stallaamer voll vertraa', er verträgt sehr große Mengen an Alkohol (↗ trinken).
Es geht jem. eine Stall-Laterne auf: er begreift endlich (↗ Licht). ‚Stalldrang' bez. übertr. auch den Wunsch des Menschen, nach Hause zurückzukehren, das Heimweh, meist iron. gebraucht. Im Ndd. heißt es: ‚Wenn't naun Stall geit, löpt dat Perd van sülms', auch: ‚Dat Perd rükt den Stall'; vgl. frz. ‚un cheval qui sent l'écurie' (wörtl.: wie ein Pferd, das den Stallgeruch wittert und daher sehr schnell rennt).

Ständerling. *Einen Ständerling halten (machen, haben):* auf der Straße stehenbleiben, um mit jem. zu plaudern. Die Rda. ist lit. seit dem 16. Jh. belegt. Geiler von Kaysersberg rühmt Maria, als sie zu Elisabeth geht: „Nitt machet sye stenderling by den münchen und pfaffen, als unser jungkfrawen thund" (Doctor Keiserßbergs Postill: Vber die fyer Euangelia durchs jor... [Straßburg 1522], 4,8 b). Ähnl. äußert sich Luther in seinen ‚Tischreden': „... und gemanet mich derselbigen prediger, die alles wöllen sagen, was jnen einfellet, gleich wie der megde, die zu marckte gehen: wenn jhnen ein andere magd begegnet, so halten sie mit jhnen einen tasschenmarckt oder ein stenderling, begegnet jhnen denn die ander magd, so halten sie mit der auch eine sprache". Offenbar war diese Plage früher nicht kleiner als heute, denn auch die Rüge Valentin Schumanns (‚Nachtbüchlein', hg. v. Bolte, 324,8) geht an die gleiche Adresse: „wann mans außschickt, so mußt sie allemal zwen oder drey ständerlin haben". Die Rda. war wohl von Beginn an hauptsächlich auf den lit. Gebrauch beschränkt und ist es augenscheinlich auch geblieben. Mdal. ist sie heute nur sehr wenig bekannt, wie etwa im Obersächs.-Erzgeb. In Schwaben kennt man sie nur verblaßt in adverbialer Form: ‚Er muess ständ(er)linga trinka, mer hoassen net a mool sitza'. Rhein. hält sich der verbale Ausdr. ‚ständeln' = herumstehen in nur sehr engen Grenzen. Am besten gehalten hat sich die oesterr. Formulierung ‚ein Standerl halten'.

Standpauke, Standrede. *Eine Standpauke halten:* heftig zurechtweisen, eindringlich ermahnen; die Rda. leitet sich aus der Studentensprache her, in der seit 1781 ‚pauken' i.S.v. ‚predigen' gebräuchl. wird. Das Zeitwort pauken lautet mhd. ‚pūken' = draufschlagen. In diesem Sinne verwendet es noch Luther. Die bekräftigenden Schläge des Geistlichen auf die Kanzelbrüstung wurden also zum Synonym für sein eindringliches Zureden. Als Vergröberung von Standrede ist Standpauke in die Umgangssprache eingedrungen und heute allg. bekannt, jedoch mdal. kaum gängig.

1525

Standrede: kurze, kräftige Ansprache, ist zuerst für Limmer bei Hannover vor 1718 belegt, und zwar für die Ansprache des ev. Geistlichen am offenen Grab, bei der – im Unterschied zur Leichenpredigt – die Trauergemeinde steht. Als im Stehen gehaltene Rügerede an Kinder, Schüler oder sonstige Untergebene begegnet Standrede zuerst 1747 bei Gellert in Berlin. Diese Verwendung hat den kirchlichen Gebrauch überdauert; das zusammengesetzte Wort (Standrede ebenso wie Standpauke) hat um so eher überleben können, als eine im Eifer gemachte Vorhaltung (,Pauke') stets im Stehen an den Mann gebracht zu werden pflegt.

Die dem Worte ,pauken' zugrunde liegende Bdtg. erhellt noch aus der Bez. des Lehrers als ,Pauker'; dieser Terminus stellt eine Verkürzung der älteren, bereits 1667 und 1700 nachgewiesenen Benennungen ,Hosen-' bzw. ,Arschpauker' dar. Bes. bildhaft wird der ,Pauker' auch als ,Volksbildhauer' bez., verbunden mit der Geste des Schlagens (Backpfeife).

Lit.: *H. Wiedemann:* Die „Standrede", in: ders.: Der Lahrer Hinkende Bote, eine kalenderkundliche Betrachtung, in: Jb. Geroldsecker Land 17 (1975), S. 9.

Standpunkt. Der Ausdr. Standpunkt findet sich nicht vor 1778; Vorbild für diese Bildung ist der ,Gesichtspunkt', der wiederum als Lehnübers. des lat. ,punctum visus' seit 1525 gebraucht wurde; vgl. frz. ,le point de vue'.

Kant, Lavater und Schiller gehören zu den ersten, die den Ausdr. verwenden, jedoch nur in der konkreten Vorstellung von *einen Standpunkt fassen* als ,den rechten Punkt ins Auge fassen, von dem aus man die ganze Sache übersieht'. Die konkrete Vorstellung ändert sich um 1838, als in Hegels Schule der Begriff vom *überwundenen Standpunkt* aufkommt. Hieran schließt sich auch die Rda. an: *einem den Standpunkt klarmachen:* einem die Grenzen seiner Befugnis oder das Verkehrte in seinem Benehmen, Denken oder Handeln zeigen; zuerst greifbar ist diese Rda. bei Th. Fontane 1857, schwäb. auch als ,de Standpunkt beleuchte' gebräuchlich.

Der Standpunkt als geistige Haltung wird auch deutlich in der Rda. vom *Ohnemich-Standpunkt* als Ausdr. der Ablehnung; verbreitet seit 1945 als Äußerung von Leuten, die sich der politischen Betätigung und der politischen Mitverantwortung versagten. Urspr. war ,ohne mich' die Parole der zum Pazifismus neigenden Frontsoldaten-Generation. Heute ist diese Rda. verallgemeinert und bez. allg. ein Zurückweisen jeglicher Mitverantwortung; vgl. auch die Bez. ,Herr Ohnemichel'.

Stange. *Einem die Stange halten:* jem. in Schutz nehmen, für jem. eintreten, seine Partei ergreifen, sich zu ihm bekennen, ihm treu sein.

Diese Rda. ist dem ma. Rechtsleben entnommen. Das Landrecht des ,Schwabenspiegels' kennt die Verordnung: „Ir ietweder m sol der rihter einen man geben, der ein stange trage, die sol der über den haben, der da gevellet". Jedem Kämpfer steht im gerichtlichen Zweikampf also eine Art Sekundant zur Seite, der mit Hilfe einer Stange notfalls eingreifen kann, wenn die Kampfregeln es fordern. Die entsprechende Stelle lautet im ,Sachsenspiegel': „Irme iowelkeme sol die richtêre einen man geben, der sinen boum trage; der ne sol sie nichtes irren, wan ob ir einir valt, daz her den bôm under steke, oder ob her gewunt wert oder des bômes bedet; des selben ne mut her nicht tun, her ne habes orloph von deme richtêre" (Landrecht I, 63 § 4).

Im Turnier hatte der Grieswart, auch ,Stanger' oder ,Stängler' genannt, diese Aufgabe zu erfüllen, nämlich demjenigen mit der Stange beizuspringen, der *die Stange begehrte* und sich damit für überwunden erklärte. Auch diese Rda. hat sich lange gehalten, trat jedoch später hinter der erstgenannten zurück und ist heute kaum noch bekannt. Seb. Franck gebraucht sie noch in seiner ,Chronik' von 1531: „das der erstgemelt künig Ascalonitarum, ward mit drey streyten vermuedet, das sy wie das vihe gemetziget wurden und zu letst der stang begerten".

Die Rda. ,einem die Stange halten' wird etwa seit der Mitte des 17. Jh. auch in einer zweiten Bdtg. verwendet: jem. gewachsen sein, es mit jem. aufnehmen. Dafür sind viele Erklärungen gesucht und gefunden worden. Vielleicht handelt es sich hier um die bekannte Erscheinung, daß einer nicht mehr verstandenen Rda. ein neuer Sinn beigelegt wird. Mit dem Wissen von gerichtlichen Zweikämpfen und Turnieren schwindet das Wissen um den Hintergrund und den Sinn der Rda., und zu dem Wort ‚halten' gesellen sich Assoziationen wie ‚festhalten', ‚entgegenhalten', ‚abhalten' usw.

R. Sprenger zitiert eine Stelle aus Uhlands Ballade „Junker Rechberger":

Um Mitternacht an Junkers Grab,
Da stieg ein schwarzer Reitknecht ab,
Einem Rappen hält er die Stangen;
Reithandschuh am Sattel hangen.

Hier sind mit den ‚Stangen' der Teil des Zaumzeuges gemeint, der Zügel und Wagen miteinander verbindet. Obwohl Sprenger diese Wndg. in direktem Zusammenhang mit der oben aufgeführten Rda. (jem. die Stange halten) sieht, hat diese Stelle mit der Bdtg. der Rda. nichts zu tun. Allerdings gibt es im Pferdesport folgende Rda.: *einem Pferd die Stange geben:* beim Trabrennen dem Pferd im Endspurt freien Lauf lassen.

Bei der Stange bleiben: bei jem. oder bei einer Sache standhaft ausharren, eine einmal angefangene Tätigkeit fortführen, treu bleiben. Die Rda. geht wahrscheinl. auf die Fahnenstange zurück, an der der kämpfenden Truppe das Feldzeichen vorangetragen wurde, nach welchem man sich ausrichtete und um das man sich immer wieder sammelte (vgl. ‚bei der ↗Fahne bleiben' und ‚bei der ↗Standarte bleiben'; vgl. dagegen die vom Fechten hergenommene Rda. ‚bei der Klinge bleiben'). Entspr. gilt auch die Wndg. *jem. bei der Stange halten:* jem. zu folgerichtigem Handeln anhalten, nicht auswandern oder abweichen lassen. Dagegen im Frz.: ‚ne pas en fiche une rame' (wörtl.: keine Stange tun, i. S. v.: müßig bleiben).

Das kostet eine Stange Geld: das ist sehr teuer, die junge Rda. ist hergeleitet von den stangenförmigen Rollen, in die Geldstücke verpackt sind.

Die alem. Rda. ‚auf dem Stängele sitzen' bedeutet: ‚unruhig etwas erwarten' (ähnl. wie ‚auf feurigen Kohlen sitzen').

Erst seit Beginn des 20. Jh. gibt es die Rda. *eine Stange (eine Stange Wasser) in die Ecke stellen:* stehend urinieren. Etwa 1914/18 ist sie im Sprachgebrauch der Kriegsmarine nachweisbar. Die Redewndg. wird heute vorwiegend von Schülern und Studenten benutzt. In der vulgären Umgangssprache ist Stange auch ein Ausdr. für den erigierten Penis; entspr. ‚eingerostete Stange', schlaffer Penis. Dazu Rdaa. wie: ‚einem Mann die Stange halten', ihn masturbieren; ‚eine Stange angeben', mit seinen Genitalien prahlen (Borneman: Sex im Volksmund).

Mit der Stange im Nebel herumfuchteln (herumstochern): etw. Sinnloses tun.

Ebenso jung ist die Rda. *etw. von der Stange kaufen:* Konfektionsware kaufen. Sie leitet sich her von den Stangen, an denen in Bekleidungsgeschäften Anzüge und andere Kleidungsstücke zum Verkauf hängen. Dabei handelt es sich im Gegensatz zur Maßbekleidung um Massenware. Daher kann man heute allg. alles Nichtindividuelle oder Massengefertigte und jedem Zugängliche als ‚von der Stange' bezeichnen, so z. B. Möbel von der Stange, Gesellschaftsreisen, Freizeit, Haus von der Stange, aber auch: Kultur, Geschmack, Liebe, Gesundheit, Überzeugung von der Stange; ein Durchschnittsmann ohne individuelle Züge kann als ‚Mann von der Stange' gekennzeichnet werden. Freilich handelt es sich bei solchen Sprachkombinationen meist um intellektuelle Einzelleistungen, die kaum volksläufig werden.

In ganz anderem Zusammenhang wird Stange in einer rheinhess. Rda. gebraucht; dort sagt man von einem erfolglosen Projektemacher, er habe ‚mehr Stangen als Hinkel'.

Eine lange (dürre) Stange (auch *Hopfenstange*) nennt man eine lange, schmächtige Person; vgl. frz. ‚un échalas'.

Lit.: *R. Sprenger:* Einem die Stangen halten, in: Zs. f.d. U. 7 (1893). S. 564; *F. Kuntze:* Einem die Stange halten, in: Zs. f.d. U. 11 (1897), S. 807.

stänkern. Gestank erregen, daraus: Unfrieden stiften, grundlos kleinlichen Streit anfachen, zanken, sticheln; hat sich aus dem mhd. Zeitwort ‚stenken' herausentwickelt, das als Faktitivum neben ‚stinken' steht. Die urspr. Bdtg. ist noch klar erkennbar, wenn Luther schreibt (VIII, 257 b): „denn das ist des Teufels eigen Art und Ampt, das er seinen Rüssel in der armen Menschen Sünden suddelt, wület, und rüttelt, als wolt er den dreck gerne so gros und breit machen, das der Himel vol stanckts, und Gott mit allen Engeln heraus gestenckert würde". Gegen Ende des 17. Jh. beginnnt sich aber die erweiterte Bdtg. durchzusetzen, jedoch ohne daß die urspr. vergessen würde. Sie findet zunächst bes. in die Studentensprache Eingang, wird dann aber allg. gebräuchlich. Entspr. heißt ein Mensch, der stänkert: ‚Stänker' oder ‚Stänkerer'.

Stapel. Etw. (oder *eine Rede*) *vom Stapel (laufen) lassen*: eine Rede halten, etw. von sich geben, vorbringen. Die meist in iron. Sinne gebrauchte Rda. knüpft an das Zu-Wasser-Lassen des fertiggestellten Schiffes an. Entspr. hat man bei dieser Rda. an eine wohlvorbereitete Ansprache, an ein fertiges Konzept zu denken, das flott und ohne Widerstände heruntergesprochen wird. Die Rda. dürfte kaum wesentlich weiter als bis ins 18. Jh. zurückreichen, wenngleich schon 1616 für Hamburg bezeugt ist, daß die ndd. Seemannssprache den aus mnd. ‚stapel' = Unterlage verengten Ausdr. kennt. Wieland verwendet die Rda. im 3. Teil des „Pervonte":

> Der erste Wunsch, den wenig Tage drauf
> Die schöne Vastola vom Stapel
> Der Wünsche laufen ließ, flog in geradem Lauf
> Zur stolzen Königsstadt Neapel.

‚Stapel' bedeutet einfach kunstvoll Aufeinandergeschichtetes: Stroh auf dem Feld, Holz im Wald, Säcke im Lagerhaus, Waren im Laden, Briketts im Keller. Frisch geschlagenes Holz wird zum Trocknen bes. luftig gestapelt. Ähnliche Holz-Stapel wurden auf der Helling errichtet, um das zu bauende Schiff zu stützen. War der Schiffsrumpf fertig, konnte man es ‚vom Stapel lassen' (‚Stapellauf').

Lit.: *O. G. Sverrisdóttir*: Land in Sicht (Frankfurt/M. 1987), S. 160.

Star. Der Vogel dieses Namens wurde früher gern in Käfigen im Hause gehalten; bedingt durch den vertrauten Umgang des Menschen mit diesem Haustier wurde der Name des Stars gelegentlich zu rdal. Vergleichen herangezogen, z. B. sächs. ‚einem zureden wie einem kranken Star', eindringlich, wohlmeinend zureden. Auf einen unreifen jungen Mann, der überall mitreden will, wendet man in Schwaben den Vergleich an: ‚das Maul aufreißen wie die jungen Staren'. Allg. gebräuchl. sind die Wndgn. ‚schwätzen wie ein Star' und ‚singen können wie ein Star'. Mit Bezug auf den frei fliegenden Star heißt es els. ‚üwer eps herefellen wie e Stor uf e Rossbollen'.

Bekannter ist jedoch die Rda., die sich auf die Augenkrankheit gleichen Namens bezieht (sie hängt nicht mit dem Namen des Vogels, sondern mit ‚starr', ‚stieren' und ‚stur' zusammen): *jem. den Star stechen*: jem. die Augen öffnen, sehend machen, aufklären, die Wahrheit offenbaren. Sie geht zurück auf die Praktiken, die früher zur Beseitigung dieser Krankheit üblich

‚Jemand den Star stechen'

waren. 1583 bemängelt ein Fachkundiger die unsachgemäße Behandlung des Stars durch ‚Zahnbrecher' und ‚Theriacksleute': „Nemen die leute an, und stechen sie am star auff dem markte im winde und lufft vor jederman, lassen sie also darvon gehen, wie ein sawe vom troge. aber solches heisst nicht am star gestochen, sondern die augen ausgestochen" (G. Bartisch, Ὀφθαλμοδουλεία. Das ist Augendienst... [Dressden 1583], S. 60a).

Spätestens im Verlauf des 17. Jh. wird die Bez. eines realen Vorganges auch in bildl. Verwendung gängig. Nach der Befreiung Wiens im Jahre 1683 soll ein Wortspiel gegen den besiegten Türken im Umlauf gewesen sein: „Graf Starhemberg kann dir den Staren wohl stechen". Heinrich Heine schreibt in seinem ‚Wintermärchen':
Ich heisse Niemand, bin Augenarzt
Und steche den Star den Riesen.
Er spielt dabei auf die Sage von Odysseus und dem Riesen Polyphem an und will damit sagen, daß er dem Volk und den Mächtigen die Augen öffnen will. In seinem ‚Bauernspiegel' bedauert Jeremias Gotthelf: „Selbst sehen und erkennen können die meisten Menschen nicht; sie sind blind geboren, den Star muß man ihnen stechen". Die Rda. ist auch mdal. in ganz Dtl. bekannt.

Lit.: *W. Theopold:* Votivmalerei u. Medizin (München ²1981); *E. u. L. Gattiker:* Die Vögel im Volksglauben (Wiesbaden 1989), S. 108–111.

stark. *Sich stark machen:* sich seiner Kraft rühmen, behaupten, daß man etw. kann, was andere einem nicht zutrauen, auch: festes Vertrauen auf jem. oder etw. setzen und gegen jeden Zweifel standhaft bleiben. Vgl. ndl. ‚zich sterk maken (voor)'; engl. ‚I back myself to ...'; frz. ‚se faire fort de ...'

Sich für etw. stark machen: sich selbst etw. zutrauen, sich für die Interessen anderer einsetzen, eigentl. Vorbereitungen für eine körperliche Anstrengung treffen.

So stark sein wie ein Bär (Baum, Löwe, Pferd, Tier), wie Simson, wie ein Türke: sehr große Kraft besitzen.

Das ist mir zu stark: das ist eine große Zumutung, auch: eine faustdicke Lüge. Im Schwäb. heißt es: ‚Des ist m'r z' stark wie der Katz' d'Gaissmilch'. Vgl. auch ‚Das ist ein starkes Stück' und ‚Das ist starker Tabak', ↗ Tabak.

‚A kam ziemlich stark' sagt man in Schles., wenn jem. übertriebene Forderungen stellte und dabei bes. grob wurde.

Er ist stark auf der Seite des Stärkern: er schließt sich der Partei an, die die Macht besitzt. Die Wndg. wird bes. in politischer Hinsicht gebraucht. Vgl. auch: ‚Den Mantel nach dem Winde hängen', ↗ Mantel. In der ‚Breslauer Zeitung' von 1865 (Nr. 407, S. 231) wurde die Rda. verwendet: „Getreu ihrem Wahlspruche, immer stark auf der Seite des Stärksten zu sein".

Start. *Einen guten (schlechten) Start haben:* einen guten (schlechten) Beginn, Anfang bei einer Sache haben. Die Rda. ist, sowie die folgenden, aus der Sprache des Sports entnommen; das Wort selbst kam im späteren 19. Jh. aus engl. gleichbedeutend ‚start'.

In den Startlöchern bereitstehen: fertig sein, bereit sein, um mit etw. zu beginnen; ungeduldig auf seinen Einsatz warten; auf die Nachfolge im Amt hoffen.

Den Startschuß geben: das Kommando zum Beginn geben; vgl. ‚grünes ↗ Licht geben'; auch: *den Start freigeben:* etw. beginnen lassen; diese Wndg. wird auch in der Bdtg. ‚den Abflug eines Flugzeugs genehmigen' gebraucht.

Staub. *(Viel, mächtig) Staub aufwirbeln:* Anlaß zu lebhaften Erörterungen geben, von sich reden machen, die Aufmerksamkeit auf sich ziehen, Verwirrung stiften, sagt man seltener von Personen, sondern hauptsächlich von besonderen Ereignissen. Bei dieser Rda. ist daran zu denken, daß ein vorüberfahrender Wagen den Staub der Straße aufwirbelt und dadurch noch eine Zeitlang an sein Erscheinen erinnert, auf diese Weise also noch eine geraume Weile nachwirkt. Bismarck spricht von den Parlamenten, „in denen die Parteikämpfe so viel Staub aufwirbeln" (‚Reden' 13,230). Ndl. ‚veel stof opjagen'; frz. ‚faire de la poussière'. Dazu auch das ältere Sprw. ‚Tanzt ein Alter, so macht er viel Staub'. ‚Mächt'jen Stoob machen' bedeutet berl.: gewaltig schimpfen; anderwärts auch: sich wichtig machen, angeben.

Sich aus dem Staub machen: sich eilig entfernen, sich heimlich zurückziehen, einer Unannehmlichkeit ausweichen, flüchten; der Rda. liegt das Bild eines Schlachtgetümmels zugrunde, in dessen Staubwolken man unauffällig fliehen konnte; lat. heißt es: ‚arena cedere', vom Kampfplatz abtreten. Die dt. Rda. ist bereits im 15. Jh. bezeugt; der bair. Geschichtsschreiber Aventinus (Johannes Turmair) verwendet sie: „Jezabel, die stellt dem Helia nach dem leben. Helias macht sich aus dem staub" (Akad.-Ausg. [1882–86], Bd. IV, 1, S. 242). Im 16. Jh. finden sich mehrere Belege, so z. B. in der ‚Zimmerischen Chronik' (II, 531): „Es megen die pauren zu Walwis das ‚weberpu' ebensowenig leiden oder verguet haben, als die pauren zu Borsum im stift Hildesheim vom ‚weihen'; dann der inen darvon meldung thuet, der mach sich kurz ußerm staub, will er anders nit frembde hendt im haar haben, und das hat die ursach"; oder, mit eindeutigem Bezug auf ein Kampfgeschehen: „da war eyn grausam geschrey, der schlug, der stach, der warff, ich aber machet mich auß dem staube, satzte mich von ferren hinder einen stein, sahe ihnen zu, wollte der suppen nicht versuchen" (‚Buch der Liebe' [Frankfurt 1587], 203 c). Die Brüder Grimm bedienen sich der Rda. in der Erzählung vom Bürle (KHM. 61): „Bürle aber machte sich am andern Morgen mit den dreihundert Talern aus dem Staub". Die Rda. ist zwar auch heute noch allg. bekannt, in mdal. Verwendung aber kaum anzutreffen; vgl. auch KHM. 179.

Den Staub von den Füßen schütteln, schon in der Bibel gebraucht (Matth. 10, 14): weggehen, weiterziehen.

Die frz. Rda. ‚mordre la poussière' (wörtl. in den Staub beißen) hat im Dt. die Entsprechung von ‚ins ↗ Gras beißen'.

‚Blas mr den Stoob weg!' sagt man obersächs. zu einem hochnäsigen Gesellen, indem man ihn gleichsam auffordert, einem die Kleidung, die Schuhe zu säubern; oft auch als bloßes Einschiebsel des Tadels gebraucht.

staunen. *Er staunt wie der Hahn über den Regenwurm:* er ist sehr verwundert und hält in seiner Bewegung inne wie der Hahn, der plötzlich einen Wurm entdeckt hat.

Da staunt der Laie (oft mit dem Zusatz: ‚und der Fachmann wundert sich'; mitunter noch erweitert: ‚und dem Spezialisten kommen die Tränen') ist eine jüngere Rda., die auf das bewunderungswürdigen Fortschritt in der Technik anspielt und maßlose Überraschung ausdrücken soll.

Ackermann, da staunste! Die Wndg. ist seit 1920 bes. in der mdt. Umgangssprache geläufig, ihre Herkunft ist bisher ungeklärt. Vielleicht ist mit dem ‚Ackermann' nicht eine bestimmte Person, sondern der Bauer im allg. bez. worden, dessen Unwissenheit in vielen Dingen des modernen Lebens den Städter zum Spott reizte. Ähnl. auch: ‚Mein lieber Ackermann'.

Da staunt man Bauklötzer ↗ Bauklotz.

Stecken, stecken. *Es einem stecken* wird in zweierlei Bdtg. gebraucht. Einmal i. S. v. jem. etw. heimlich mitteilen, d. h. ihm eine Nachricht zustecken. In diesem Sinne in Schillers ‚Kabale und Liebe', wo der alte Miller sagt: „Hätt' gleich alles seiner Exzellenz, dem Herrn Papa, stecken sollen". Die Rda. wird auf die Sitte der Femgerichte zurückgeführt, Vorladebriefe mit einem Dolch am Tor des zu Ladenden anzuheften. Auf ähnl. Weise, vom ‚anstecken' an ein Tor oder eine Anschlagtafel, kamen auch die ‚Steckbriefe' zu ihrem Namen.

In einer anderen Bdtg. wird die Rda. gebraucht, wenn man jem. unmißverständlich zu verstehen geben will, daß er etw. nicht wieder zu tun hat, auch i. S. v. jem. die Meinung sagen. Das dahinterstehende Bild meint: ihm Einhalt tun, indem man ihm einen Pflock in den Weg steckt. Dies wird durch die ndd. Rda. ‚Ik wil di en Sticken stecken' bekräftigt. Damit korrespondiert die ältere bair. Rda. ‚einem einen Halt stoßen', das dem lat. ‚insidias ponere alicui' entspricht.

Auch in der Wndg. *sich ein Ziel stecken* ist dieses Bild erhalten, denn es ist damit urspr. das Einstecken des Zielstabes in den Erdboden gemeint. In mhd. Zeit war anstelle von stecken das Verb ‚stoßen' gebräuchl., es hieß also ‚ein zil stôzen'; so sagt man heute noch bair. ‚einen Waldgrund mit Eicheln bestoßen', wenn man ihn mit Eichen bepflanzt.

Dem steht heute kein Stecken gerade wird festgestellt, wenn jem. nichts recht zu machen ist und er an allem zu nörgeln hat. Vgl. Holtei: „Der Marie-Luise steht auch kein Stecken gerade, wegen der Verdrüsse mit ihrem Junker und seiner Schwester" (‚Erzählende Schriften' 15, 181). Els. sagt man: ‚Wenns dr nit gfallt, so steck 'n

Steckn drzu', um jem. Kritik zurückzuweisen. Iron. heißt es dort auch: ,Uf den kan mr sich verlasse wie uf 'n gebrochene Stecke', wenn man die Unzuverlässigkeit eines Menschen kennzeichnen will.
Unter einer Decke stecken ↗ Decke.

Steckenpferd. *Sein (ein) Steckenpferd reiten (haben):* seinen Lieblingsneigungen folgen und von ihnen sprechen, seine Freizeit kleinen Liebhabereien widmen. Die Rda. ist dem Kinderspiel entlehnt und auf die Lieblingsbeschäftigungen der Erwachsenen übertr. worden. Ein Frühbeleg findet sich schon in Thomas Murners ,Narrenbeschwörung':
  Der ist ein gutter gouckelman,
  Der zu roß nit rytten kan
  Vnd sitzet dannocht vff eim stecken,
  Vff das er ryt mit andern gecken.
Der Ausdr. Steckenpferd für das Kinderspielzeug begegnet zuerst bei J. Ayrer (gest. 1605 in Nürnberg), bei dem es heißt: „reyt auff einem Steckenpferdt". Auch Stieler verzeichnet 1691: „Heiligenchristpferd alias Steckenpferd, eqvulus ligneus picturis variatus". In frühnhd. Zeit sagte man dafür noch ,Roßstecken', so z. B. Luther 1527: „der Kneblin Roßstecken vnd rothe Schuhe".
Das engl. ,hobby-horse' hat aber erst zur übertr. Bdtg. von Lieblingsbeschäftigung geführt und wurde in Dtl. durch Lorenz Sternes ,Tristram Shandy' in der Übers. von Zückert 1763 gebräuchlich.
Goethe sagte einmal im Hinblick auf das abwertende Wort ↗ ,Marotte': „Sodann haben wir, um übertriebene Eigenheiten zu bezeichnen, das höflichere Wörtchen Steckenpferd, bei dessen Gebrauch wir einander mehr schmeicheln als verletzen". Göckingk schrieb in seinen ,Gedichten' (1, 111):
  Der vielgeliebte Sterne sprach
  Im Shandy kaum von Steckenpferden,
  So schwatzt ihm alles schon von
              Steckenpferden nach;
  Wer aber wird davon zum Yorik
              werden.
Bei Kästner (Werke 1, 138) findet sich folgender Beleg: „Den alten Gedanken, daß jeder Narr seine Kolbe hat, hat Tristram Shandy etw. höflicher ausgedrückt ... Jeder Mensch hat sein Steckenpferd". Vgl. auch engl. ,to ride one's hobby horse'; ndl. ,Hij zit op zijn stokpaardje' und frz. ,Cha-

1–3 ,Sein Steckenpferd reiten'

cun a son cheval de bataille (sa marotte)';
auch: ‚Chacun a son dada', wobei das
Wort ‚dada' wie das dt. ‚Steckenpferd'
auch das Kinderspielzeug bezeichnet.
In Shakespeares ‚Viel Lärm um nichts'
bez. ‚hobby horse' einen albernen Menschen. Bebel erklärt (Nr. 562): ‚In baculo
equitare est frustra conari'. Diese volkstümliche Verurteilung des Steckenpferdes
ist noch im Göttingischen sprw.: ‚Et is
darhaft (töricht), up Stockperen rien, ei
maut (muß) doch te Faute (zu Fuße)
gehn'. Heute hat das neu entlehnte Wort
‚hobby', das durchaus in positivem Sinne
gebraucht wird, das dt. Wort weitgehend
verdrängt.

Sie reiten ein und dasselbe (ein gemeinsames) Steckenpferd: sie haben die gleichen
Interessen. Vgl. ndl. ‚Zij rijden op het
zelfde hobbelpaard'.

Lit.: *Walz* in: Zs. f. dt. Wortf. 13 (1912), S. 124ff;
H. *Freudenthal:* Steckenpferd, in: Beitr. zur dt. Volks- und Altertumskunde 4 (1959), S. 20ff.; *J. Drost:* To
ride a hobby, in: American Notes and Queries 10
(1970/71), S. 94–95; *B. Strickland:* To ride a hobby, in:
American Notes and Queries 10 (1971/72), S. 94;
W. Mezger: Steckenpferd – Hobbyhorse – Marotte.
Von der Ikonographie zur Semantik, in: Zs. f.
Vkde. 79 (1983), S. 245–250.

Stegreif. *Aus dem Stegreif reden (dichten, schreiben, etw. vortragen* etc.) ohne Vorbereitung ....; geht zurück auf die ältere Benennung für den Steigbügel: ahd. ‚stëgareif', mhd. ‚stëgreif' bedeutet urspr. Reif bzw. Ring zum Besteigen des Pferdes. Der Name wechselte mit der Form des betreffenden Gerätes. ‚Aus dem Stegreif' meint also zunächst: ohne vom Pferd herabzusteigen, hier und jetzt. Die Rda. ist schon im 17. Jh. gut bekannt. Aus dem Jahre 1653 stammt der Beleg: „Dan dergleichen hohe und wichtige sache, darauff des gantzen reichs ruin und wolfart bestehet, wolte seines bedunckens sich also aus dem stegreiff nicht tractiren lassen" (B. Ph. v. Chemnitz, Königl. Schwed. in Teutschland geführten Kriegs 2. Theil, Stockholm 1653, 186).

Im 17. Jh. begegnet zuweilen auch *im Stegreif.* Goethe gebrauchte die Rda. häufig, z. B. „Aus dem Stegreif die Reime zu machen, wie leicht war das!" (Weimarer Ausg. XIII, 1, 261). Bei Lessing (V, 344) findet sich der Satz: „Jedes große Genie redet alles aus dem Stegreif". Die Rda. lebt heute nahezu ausschließlich in intellektuellen Kreisen.

In der Volkssprache gar nicht mehr bekannt ist die Rda. *sich vom* (oder *im*) *Stegreif nähren:* sich als berittener Wegelagerer, als Stegreifritter von Straßenraub und Plünderei nähren. In dieser Weise sprach man bes. im 14. bis 16. Jh. von dem wirtschaftlich wie geistig heruntergekommenen Landadel, der sich kurzerhand (noch im Stegreif) anzueignen trachtete, was ihm gerade am Wege begegnete. In Seb. Brants ‚Narrenschiff' steht (77, 17):

Wann yeder dät als er thuon sol,
So weren sie beid gelttes wert:
Dyser mit fädern, der mit schwert,
Möht man ir beid entberen nitt,
Wann ob der hant nit wer jr schnytt
Vnd durch sie würd das recht versert,
Man vß dem stägenreiff sich nert.

Thomas Murner sagt 1512 in der ‚Narrenbeschwörung':

Noch schadts mir nit an miner eren,
Das ich des sattels mich erneren.

Dagegen scheint Hans Sachs die Situation schon realistischer einzuschätzen, wenn er schreibt:

Soll ich mich in den stegraiff nehrn,
Wie ander edel reuterlewt,
So fürcht ich aber meiner hewt,
Dieweil oft mancher wird erdappet,
Das der rabenstein nach im schnappet
(Ausg. Keller-Groetze XII, 443).

Stehaufmännchen. *Ein Stehaufmännchen sein:* nach einer schweren Erkrankung mit immer neuen Rückschlägen sich erstaunlich rasch erholen, auch: aus einer Niederlage, einem Mißerfolg frisch und wie ungeschlagen hervorgehen.

Die Wndg. bezieht sich auf ein bekanntes und beliebtes Spielzeug: Eine Puppe ist mit einem Bleigewicht versehen, das es ihr ermöglicht, sich immer wieder zu erheben.

stehen. „Hier stehe ich! Ich kann nicht anders. Gott helfe mir! Amen". Ich stehe zu dem, was ich gesagt und geschrieben habe, ich verharre trotz aller denkbaren Nachteile und persönlicher Gefahr auf meiner Überzeugung. Luther soll nach der gewöhnlichen Überlieferung am

18. April 1521 vor dem Reichstag in Worms mit diesen ablehnenden und abschließenden Worten die Frage beantwortet haben, ob er widerrufen wolle. Diese volkstümliche Fassung seines Ausrufs ist zuerst in der Wittenberger Ausg. von Luthers Werken erschienen und immer wieder so übernommen worden. Bei einem Vergleich älterer Quellen ergibt sich jedoch, daß Luther nur die im Sprachgebrauch seiner Zeit üblichen Worte: „Gott helf mir, Amen!" gesprochen hat. Das Zitat ist jedoch inzwischen so allg. bekannt geworden, daß es in verkürzter Form als *Hier stehe ich, ich kann nicht anders!* rdal. gebraucht wird (Büchmann).

Da steh ich nun!: Ich kann nicht weiter, ich weiß nicht, womit ich mein Ziel erreichen, wie ich im Leben, im Beruf vorankommen soll. Der resignierende Ausruf wird dann gebraucht, wenn sich jem. seines Stillstandes plötzlich bewußt wird und völlig rat- und hilflos ist, wie es in Zukunft weitergehen soll. Die Wndg. ist die Kurzform eines Goethezitates. Faust ruft verzweiflungsvoll in der Nacht in seinem Studierzimmer aus:

Da steh' ich nun, ich armer Tor!
Und bin so klug als wie zuvor.

Allein stehen: ohne Hilfe und Anteilnahme sein, keine Angehörigen mehr besitzen, selbst mit seinen Nöten und Schwierigkeiten fertig werden müssen.

Alle für einen stehen: füreinander eintreten, sich gegenseitig Beistand leisten, zusammenhalten, wie ein Mann handeln, um etw. Negatives zu verhindern. Schiller hat diese Wndg. ebenfalls lit. in ‚Wallensteins Lager' (11. Auftr.) verwendet:

Nein, das darf nimmermehr geschehn!
Kommt, laßt uns alle für einen stehn!

Zu jem. stehen: ihm Vertrauen schenken, recht geben, ihm in Not und Gefahr helfen und ihn nicht enttäuschen, nicht wie andere verlassen.

Ähnl. *für jem. (etw.) einstehen:* die Verantwortung, Bürgschaft für einen anderen übernehmen, von seinen ehrlichen Absichten überzeugt sein, für etw. haften.

Zu etw. stehen, meistens: *zu seinem Wort stehen:* sich zu etw. bekennen, sein gegebenes Versprechen halten, sich von seinem Entschluß oder Urteil nicht abbringen lassen.

Von Oberdtl. aus haben sich jüngere Rdaa. von ähnl. Bdtg. verbreitet: *auf jem. stehen:* ihn schätzen, es gut mit ihm meinen, es auf eine Person bes. abgesehen haben, sie lieben und treu zu ihr halten. Die Wndg. erhält oft noch den scherzhaften Zusatz: *wie auf einem Teppich.*

Auf etw. stehen: dafür schwärmen, etw. bevorzugen, z. B. eine Farbe. Diese Rda. ist seit 1920 in Dtl. und Oesterr. bekannt. Sie ist bes. bei Jugendlichen der 80er Jahre beliebt geworden.

Auf des Messers Schneide stehen: äußerst gefährlich sein, kurz vor der Entscheidung sein, d. h. eigentl. sich noch im Gleichgewicht befinden, das aber im nächsten Augenblick gestört werden kann, wenn die Schärfe der Schneide wirksam wird und etw. zertrennt, zerstört. Diese Wndg. stammt bereits aus der Antike, denn in Homers ‚Ilias' (X, 173) heißt es schon: „ἐπὶ ξυροῦ ἵσταται ἀκμῆς" (= Es steht auf des Messers Schneide). Gleiche Bdtg. besitzt die Rda. *auf Spitz und Knopf stehen.*

Zwischen Bock und Hund stehen: in Bedrängnis sein, eigentl. von der einen Seite gestoßen und von der anderen gebissen werden und keinen Ausweg sehen.

Dagegen: *sich gut stehen:* vermögend sein, in gesicherten Verhältnissen leben.

Sich gut mit jem. stehen: mit jem. im Einverständnis sein, mit Vorgesetzten oder Kollegen gut auskommen, bei jem. gern gesehen, beliebt sein.

Sich selbst im Licht stehen: sich selbst schaden, Vorteile nicht wahrnehmen.

Ganz bei einem selbst stehen: sich die Entscheidung vorbehalten, vgl. lat. ‚In tuo loco et fano est situm'.

Sich etw. erstehen müssen: an einer langen Schlange für etw. anstehen müssen, etw. kaufen müssen.

Etw. teuer erstehen: viel dafür bezahlen (opfern) müssen.

Wer steht, sehe zu, daß er nicht falle!: wer meint, einen festen Stand, eine gesicherte Position zu besitzen, sollte sich vor Versuchungen und Unglück hüten. Die Wndg., die vor Schuld, Sünde und Verdammnis warnt und zur Vorsicht und Wachsamkeit mahnt, ist der Bibel entlehnt. 1. Kor. 10,12 heißt es: „Wer sich läßt dünken, er stehe, mag wohl zusehen, daß er nicht falle".

Auch Goethe gebraucht diese Wndg., jedoch in allgemeinerer Bdtg., in seiner ‚Beherzigung':
Sehe jeder, wo er bleibe,
Und wer steht, daß er nicht falle.
Vgl. auch ndl. ‚Die staat, zie toe dat hij niet valle'.

Etw. steht und fällt damit (mit jem.): der Erfolg hängt von einem wichtigen Umstand ab, eine Person ist unentbehrlich bei einem Vorhaben, einer Veranstaltung.

Alles stehen- und liegenlassen: alles aufgeben und zurücklassen, fliehen müssen, aber auch: dringend abberufen werden, seine Beschäftigung unterbrechen und Unordnung hinterlassen.

Zahlreich sind die rdl. Vergleiche, die treffend charakterisieren, wie etw. oder jem. steht und wie einem etw. steht, z.B. *stehen wie armer Leute Korn:* schlecht, dürftig sein. Die Rda. bezieht sich urspr. auf den meist unergiebigen, schlechten Ackerboden der Armen, wird nun aber in übertr. Bdtg. zur allg. Kennzeichnung eines dürftigen Aussehens, eines dünnen Haar- oder Bartwuchses verwendet.

Stehen wie ein Klotz: steif, unbeweglich sein, nicht von der Stelle weichen, ungeschickt im Wege sein. Die Rda. hat bereits Seb. Franck in seiner ‚Sprichwörtersammlung' (II, 51ª) verzeichnet: „Du stehst wie ein Klotz". Ähnl.: *stehen wie ein Pfahl:* fest, unverrückbar, vgl. holst. ‚He steit as en Pickpaal', wie ein eingerammter Pfahl, an den zur Beleuchtung Pechkränze gehangen wurden, auch ndl. ‚Hij staat als een' paal' und ‚pal staan'; frz. ‚rester là comme un pieu'.

Stehen wie eine Mauer: unbezwingbar, allem Ansturm trotzend. Aventin gebrauchte in seiner Chronik (CCVIIIª) bereits diesen Vergleich: „Stunden wie ein Mauwer".

Stehen wie angewurzelt: völlig reglos dastehen, sich nicht bewegen, so als hätte man ↗ Wurzeln geschlagen.

Dagegen: *wie ein Rohr (im Winde) stehen:* schwankend, wankelmütig und furchtsam sein. Vgl. ndl. ‚Het staat zoo vast en onbewegelijk als een riet, dat met alle winden medewait'; frz. ‚être comme un roseau dans le vent'.

Wie auf Aalen (Eiern) stehen: keinen festen Halt finden, unsicher sein; vgl. frz. ‚marcher (comme) sur des œufs' (wörtl.: (wie) auf Eiern gehen); ähnl.: *wie ein Storch auf einem Bein stehen; wie ein Storch im Salat.*

Wie auf glühenden Kohlen stehen (sitzen), auch: *wie auf Nadeln stehen:* voller Unruhe und Ungeduld sein, in Eile, Bedrängnis auf das Ende der Verzögerung, des Aufenthaltes warten, ↗ Kohle.

Wie Butter an der Sonne stehen: beschämt sein, am liebsten vergehen mögen; auch mdal., z.B. in der Altmark: ‚Da steit 'r ass Bott'r an d' Sunn'.

Wie das Kind beim Dreck stehen: verblüfft, sprachlos sein, vgl. fränk. ‚Ar stett wie's Kind bån Drak'.

Wie eine Blume auf dem Mist stehen: am falschen Platze, unpassend sein.

Die rdl. Vergleiche, die die unpassende Kleidung umschreiben, sind bes. in ihren mdal. Formen von groteskter und scherzhaft iron. Übersteigerung: ‚Dös stauht d'r a wia d'r Sau a Veigele hinterm Ohr', ‚wie em Gockeler a Brille'; ‚dos staht der grad win ema Hund a Paar Hose' (Ulm); ‚wie der Sau ein Sattel (eine Bandhaub) stehen' heißt es in der Eifel und in der Steiermark: ‚Es sted'n, wiar an Es'l 's Zidrinschlog'n'. Siebenbürg.-sächs.: ‚Et stit em wä won et net seng (sein) wêr', die Kleider passen ihm so schlecht, als hätte er sie sich nur geborgt. *Einem steht es bis obenhin (bis hierher):* es ekelt ihn an, er ist einer Sache überdrüssig. Die Rda., die zuerst 1881 für Leipzig bezeugt und heute allg. verbreitet ist, wird mit einer Geste zusammen gebraucht. Man zeigt beim Sprechen mit der waagerecht gehaltenen Hand auf den Hals oder unter den Mund, um anzudeuten, daß man übersättigt ist und das Erbrechen nahe bevorsteht. Vgl. auch die Wndgn. ‚etw. hängt einem zum Halse heraus' und ‚etw. ist zum Kotzen'.

Im Stehen sterben können: übergroße Füße haben. Die scherzhafte Wndg. stammt aus der Soldatensprache und ist seit dem 1. Weltkrieg verbreitet worden.

Lit.: *R. van der Meulen:* ‚Em Staan hebben' en ‚em anhebben', in: Tijdschrift voor Nederlandse Taal- en Letterkunde 45 (1926), S. 70–73; *Anon.:* Dastehen wie ein Hängholz, in: Sprachdienst 16 (1972), S. 113–114.

Stehkragen. *In etw. bis zum Stehkragen stecken:* in eine Sache bis zum ↗ Hals verwickelt sein.

Bis zum Stehkragen genug haben: einer Sache völlig überdrüssig sein, auch: *es satthaben bis zum Stehkragen* (bis zur Halskrause).
Die Bez. ‚Stehkragenproletarier' vom Ende des 19. und Anfang des 20. Jh. meint den kleinen Angestellten, der sich als Bürgerlicher fühlte und wie ein solcher kleidete (Arbeiter trugen gewöhnlich Hemden ohne Kragen), einkommensmäßig aber eigentlich nur Arbeiter (= Proletarier) war.

stehlen. *Sich davonstehlen:* sich heimlich davonschleichen, sich unbemerkt, geräuschlos entfernen. Die Wndg. ist bereits in mhd. Zeit häufig. Sie begegnet z. B. im ‚Iwein' lit., und im ‚Nibelungenlied' (663, 1 c) heißt es: „er stal sich von den frouwen". Auch Schiller verwendet die Rda. in seiner ‚Ode an die Freude':
Ja – wer auch nur eine Seele
Sein nennt auf dem Erdenrund!
Und wer's nie gekonnt, der stehle
Weinend sich aus diesem Bund!
Die Wndg. ist bis heute geläufig und auch in den Mdaa. und anderen Sprachen verbreitet, vgl. ndd. ‚sik af stelen' und engl. ‚to steal oneself away'.
Sich einem stehlen: sich jem. entziehen. Die Rda. ist in mhd. Form in Hugos von Trimberg ‚Renner' (V. 2999) belegt:
Swer sich der werlde wölle steln ...
der neme sich geistliches lebens an.
Auch später ist sie lit. noch bezeugt; vgl. frz. ‚se dérober à quelqu'un'.
Sich ins Haus (Herz) stehlen: sich heimlich einschleichen. Ähnl. bereits im Mhd., bei Freidank (131,19) z. B. steht folgende Warnung:
Swer güetlich grüezet einen man,
dem er guotes nicht engan,
der stilt sich hin zer helle.
Die mhd. Wndg. *Minne steln:* unerlaubte Zärtlichkeiten tauschen, ist in Wolframs ‚Parzival' (8,24) bezeugt: „wan kunde ouch ich nu minne steln!" Sie ist heute in dieser Form nicht mehr gebräuchl., ihr entspricht dem Sinne nach etwa die heutige Rda. ‚jem. einen Kuß rauben', obwohl die Bdtg. hier eingeschränkter ist; vgl. frz. ‚dérober un baiser a quelqu'un' (ebenfalls veraltet).
Dagegen ist die Wndg. *einem das Herz stehlen* bis heute allg. üblich. Sie ist bereits im A.T. bezeugt (1. Mos. 31,20): „Also stahl Jakob dem Laban zu Syrien das Herz", d. h. er täuschte ihn, und an anderer Stelle (2. Sam. 15,6) heißt es: „Auf diese Weise tat Absalom dem ganzen Israel, wenn sie kamen vor Gericht zum König, und stahl also das Herz der Männer Israels", d. h. durch Versprechungen und herablassende Liebenswürdigkeit versuchte sich Absalom beim Volk einzuschmeicheln, um seinem Vater das Vertrauen und die Liebe seiner Untertanen zu stehlen. Herz hat hier die Bdtg. von Verstand, Vertrauen und Zuneigung, wird aber bei der heutigen Verwendung der Rda. meist i. S. v. Liebe gebraucht, wie schon im Liederbuch der Clara Hätzlerin: (I, 43,56) „mein hertz hat sy gestolen". Vgl. frz. ‚dérober le cœur de quelqu'un', i. S. v. das Herz eines Mannes oder eines Mädchens brechen.
Einem die Ehre stehlen, auch: *ihm Lob und Ehre stehlen:* ihn böswillig verleumden, sein Ansehen schädigen, ihn in der Gesellschaft unmöglich machen, oder: ihn betrügen, einem Hörner aufsetzen und dem Gespött preisgeben. Die Rdaa. waren bes. im 16. Jh. beliebt, z. B. heißt es im Liederbuch der Clara Hätzlerin (2,76,81):
West es dein herre, wir müsten sterben,
Wann du jm hetst sein ere gestolen!
Jem. den Glauben (die Hoffnung, die Kraft) stehlen: seine Tatkraft lähmen, ihn entmutigen.
Einem das Leben stehlen: ihn töten, umbringen, heimtückisch ermorden. Die euphemist. Umschreibung besagt eigentl., daß die einem Menschen zugemessene und ihm daher zustehende Lebenszeit arglistig verkürzt und geraubt wird. Bereits Seb. Franck gebrauchte die Wndg. lit. (‚Chronicon Germaniae', 1538, 18 b):
Zuoletst vermaehelt er jm
Agrippinam, ...
Die stal jm zuo Mentz mit gifft das leben.
Einem die Zeit stehlen: ein lästiger Besucher sein; vgl. frz. ‚voler le temps de quelqu'un'; dagegen: *sich die Zeit stehlen (müssen):* Dringendes vorrangig behandeln, seinen Terminplan verändern und anderes in größter Eile erledigen, um Zeit

zu erübrigen, auch: seine Freizeit opfern, sich selbst um angenehme Stunden bringen.

Dem lieben Gott den Tag stehlen: faulenzen, ↗ Tag.

Jem. die Schau stehlen ↗ Schau.

Sich vom Stehlen ernähren, ähnl.: *vom Stehlen leben:* keiner geregelten Arbeit nachgehen, Einbrüche und Raubzüge unternehmen, Diebesgut zu Geld machen. Die Wndgn. werden oft scherzhaft von einem gebraucht, der seinen genauen Beruf nicht angeben möchte, wenn er daraufhin angesprochen wird, oder wenn man sich über das aufwendige Leben eines anderen wundert, dessen Geldquelle oder Vermögenslage man nicht kennt; vgl. frz. ‚vivre de larcins'.

Mit dem wär' nicht gut stehlen: heißt es von einem, auf den man sich nicht verlassen kann, der nicht verschwiegen ist, den man bei schwierigen und gefährlichen Unternehmungen besser nicht beteiligt. Dagegen umschreibt die Wndg. *mit jem. Pferde stehlen können* Zuverlässigkeit, Vertrauenswürdigkeit und Geschicklichkeit, aber auch Abenteuerlust und Freude an gewagten Streichen eines Freundes, ↗ Pferd.

Woher nehmen und nicht stehlen?: etw. ist nicht zu beschaffen, die finanziellen Mittel sind erschöpft. Die Frage wird oft in die Rede eingeflochten, um die Unmöglichkeit nachdrücklich zu bestätigen.

Oft wird in der sprachl. Wndgn. das Wort ‚stehlen' umgangen, wenn es sich nur um geringfügige Vergehen handelt: ‚etw. (ehrlich) wegfinden', ‚etw. mitgehen heißen', ‚etw. auf die Seite bringen', ‚englisch einkaufen', ‚krumme (lange) Finger machen', ‚organisieren', ‚an Land ziehen'. Auch in den Mdaa. begegnen euphemist. Ausdrücke, wie ‚erbeuten', ‚kapern', ‚klauen', ‚krallen', ‚mausen'.

Einige sprw. Feststellungen beruhen auf einer wiederholten Erfahrung: *Einem Diebe ist bös (nicht gut) stehlen:* schlaue und erfahrene Leute sind schwer zu hintergehen. Die Wndg. ist in ähnl. Form bereits von Seb. Franck (1, 87b) verzeichnet: „Es ist boesz stelen wo der wirt ein dieb ist". So sagt man heute noch: *Wo der Wirt ein Dieb ist, ist nicht gut stehlen.* Vgl. ndl. ‚Het is kwaad stelen waar de waard een dief is' und frz. ‚Il est bien larron qui vole un larron; on ne tend point de filet à l'épervier' (beides veraltet).

Wer einmal stiehlt, heißt immer ein Dieb: wer sich einmal schuldig gemacht hat, gerät immer als erster wieder in Verdacht, er verliert seinen schlechten Ruf nicht wieder. Vgl. das ähnl. dt. Sprw. ‚Wer einmal lügt, dem glaubt man nicht, und wenn er gleich die Wahrheit spricht'. Die Wndg. ist auch in anderen Sprachen zu finden, z. B. heißt es ndl. ‚Wie eens steelt, is altijd een dief' und engl. ‚Once a knave ever a knave'. Vgl. auch das frz. Sprw. ‚Qui vole un œuf vole un bœuf' (wörtl.: Wer ein Ei gestohlen hat, kann auch einen Ochsen stehlen), i. S. v.: Wer einmal gestohlen hat, kann es später nicht mehr lassen.

Bes. beliebt sind rdal. Vergleiche, die die Geschicklichkeit und die Erfolge eines Diebes hervorheben. In den Mdaa. herrscht der Vergleich mit diebischen Vögeln vor: *stehlen wie ein Rabe (Nachtrabe);* ndl. ‚He stilt as een rook'; ndl. ‚Hij steelt als eene raven', oder *stehlen wie eine Elster (Dohle),* die Elster trägt tatsächlich glänzende Gegenstände in ihr Nest, die sie selbst aus Wohnräumen entführt. Vgl. schweiz. ‚Er stiehlt wie eine Dole (Atzel)'; frz. ‚être voleur comme une pie'.

Auch lit. hat die Rda. Verwendung gefunden, z. B. heißt es in Carl Zuckmayers ‚Schinderhannes' (1. Akt): „Stehlt wie siwwe Elstern". Die Wndg. *ärger stehlen als ein Böhme* begegnet bereits lit. in Grimmelshausens ‚Simplicissimus' (5, 6, S. 392, Ndr.): „meinem Knecht, welcher aerger stelen konte als ein Böhme".

Von einem überaus geschickten Dieb heißt es: *Er stiehlt einem das Weiße aus den Augen:* er holt sich sogar das, was am sorgfältigsten gehütet wird wie der ↗ Augapfel.

Eine noch größere Steigerung enthält die Rda. *der Schlange die Eier unter dem Schwanze (Zagel) forstehlen:* mit der gefährlichsten Situation und den besten Sicherungsvorkehrungen gegen den Diebstahl fertig werden, äußerst gerissen sein. In ähnl. Sinne schreibt Fritz Reuter in der ‚Stromtid' (2, 21): „Hei stöhl de annern mähren den hawer vör't mul weg".

Die scherzhafte Wndg. *Wer die bei Abend stiehlt, bringt sie bei Tage wieder* wird vor allem auf die häßliche oder streitsüchtige Frau bezogen, deren Mängel, bei Licht besehen, sofort auffallen und abschrecken.

Ähnl. sagt man im Ndd. zu einem Mädchen, das sich vor dem Heimweg im Dunkeln fürchtet: ‚Wer dich bei Tage besieht, läßt dich gern wieder laufen'. Im Ndl. wird eine ähnl. Wndg. zur Selbstcharakterisierung in humorvollem oder iron. Sinne verwendet, wenn man weiß, daß andere keine dauerhafte Freude an einem haben werden: ‚Die mij van daag steelt, zal mij morgen wel weder terug brengen'.

Die Feststellung *Er hat mehr gestohlen als erschwitzt* meint: er hat nur das Wenigste durch Mühe und ehrliche Arbeit erworben.

Dagegen meint der Hinweis *Ich habe es nicht gestohlen* das Gegenteil: der Besitz ist mühsam selbst erworben. Man legt Wert darauf, dies ausdrücklich zu betonen, um zu begründen, daß man nicht leichtfertig damit umgehen kann; vgl. frz. ‚Je ne l'ai pas volé'. Ebenfalls als Ablehnung ist die Rda. *Ich habe mein Geld (meine Zeit) nicht gestohlen* zu verstehen, d.h. ich will nichts davon vergeuden. Die holst. Wndg. ‚He meent wol dat ikt staalen heff' gilt als Krämerschimpf, wenn zuwenig für eine Ware geboten wird. Im bair. begegnet hd. auch als Frage: *Meint ihr, ich habe es gestohlen?*

Ich habe meine Beine nicht gestohlen sagt derjenige, dem übertrieben anstrengende Gänge zugemutet werden.

Wie aus dem Spiegel gestohlen: wie sein Ebenbild, von auffallender Ähnlichkeit. Lessing verwendet die Rda. in seiner ‚Emilia Galotti' (1,4) literarisch.

Etw. kann einem gestohlen werden (bleiben): es interessiert nicht mehr, sein Verlust würde nicht einmal beklagt und bekanntgemacht werden.

Ähnl. der Ausruf: *Du kannst mir gestohlen bleiben,* oft mit dem Zusatz: *ich hole dich nicht wieder!* Die Rda. wird als Abweisung, Ablehnung und mdal. als scherzhafte Verwünschung gebraucht und heißt: Ich will von dir nichts mehr wissen, ich habe eine so große Abneigung gegen dich, daß ich deine ständige Abwesenheit begrüßen müßte und nicht das geringste dagegen unternehmen würde, denn ich lege keinen Wert mehr auf dich. Vgl. auch schweiz. ‚Chaust mer g'stole werde', du bist mir gleichgültig, aber auch: es wird nichts daraus.

Lit.: *W. Müller-Bergström:* Art. ‚Stehlen', in: HdA. VII, Sp. 364–380.

Steigbügel. *Einem den Steigbügel halten:* jem. unterwürfig einen Dienst erweisen, ihm die Voraussetzung zu weiterem Erfolg geben, ihm beistehen, an die Macht zu gelangen.

Jem. in den Steigbügel heben: ihm über die Anfangsschwierigkeiten hinweghelfen.

Einen Fuß im Steigbügel (im Amte) haben: den ersten Schritt auf dem Wege zum Erfolg bereits getan haben, eine gute Ausgangsposition besitzen. Vgl. ndl. ‚de (een) voet in de stijgbeugel hebben', engl. ‚to have one's foot in the stirrup' und frz. ‚avoir le pied à l'étrier'.

Er kann ohne Steigbügel in den Sattel springen: er ist nicht auf fremde Hilfe angewiesen, er meistert mit Leichtigkeit auch größere Schwierigkeiten, ↗ Stegreif.

Einem den Steigbügeltrunk reichen: ihm den Abschiedstrunk geben. Die Rda. beruht auf einem früheren Gastwirtsbrauch: wenn der Fremde seine Zeche bereits bezahlt hatte und abreisefertig im Sattel saß, wurde ihm vom Wirt noch ein Trunk gereicht und eine glückliche Reise gewünscht.

steigen. *Man soll nicht zu hoch steigen wollen:* man soll keine hohe Stellung erstreben, wenn man dafür nicht geschaffen ist. Luther bemerkt in seinen ‚Tischreden' (397ª) dazu: „Wer nicht zu hoch steiget, der fellet nicht hart".

Er steigt höher, als er Sprossen hat: er treibt mehr Aufwand, als es seine Verhältnisse gestatten.

Er stieg so hoch, daß ihm die Erde wie ein Apfel erschien: er wurde hochmütig und sah verächtlich auf andere herab, er hat vergessen, wo er hergekommen ist.

‚Hei öss gestège, vom Dösch undere Dösch' sagt man in Ostpr., wenn jem. in schlechtere Verhältnisse geraten ist, wenn ein sozialer Abstieg erfolgte.

Etw. steigt: es findet statt, es wird veranstaltet, z.B. eine Rede oder ein Ausflug, ein Fest. Die Wndg. war bereits im 16. Jh. bekannt. Man sagte: ‚Das Lied steigt' und meinte urspr. das Aufwärtssteigen der Töne damit.

Hinter etw. steigen: etw. zu verstehen suchen, es ergründen. Die Rda. ist seit 1900 in ganz Dtl. und Oesterr. verbreitet.

Hinter jem. steigen (jem. nachsteigen): an einem Mädchen Interesse haben, jem. folgen. Schreiten oder sich begeben waren urspr. Bdtgn. von steigen, daher auch: *ins Examen (in eine Prüfung) steigen,* was als Rda. stud. bereits im 18. Jh. bekannt war.

Jem. aufs Dach steigen ↗ Dach.

Jem. steigen lassen: ihn erregen, sein Blut in Wallung bringen. Die Wndg. stammt aus Oberoesterr. Sie meint, daß jem. zum Narren gehalten wird, aber von dieser Absicht nichts merkt, was die Freude derjenigen erhöht, die ihn heimlich ‚aufziehen', vgl. frz. ‚faire monter quelqu'un'.

steil. Mit drastisch-komischen Vergleichen wird die Steilheit einer Gebirgsgegend bildhaft verdeutlicht. Da der Bergbauer am Steilhang bei seiner Arbeit gelegentlich sogar Steigeisen anlegen muß, liegt es nahe, dies im Spott auch auf die Tiere zu übertragen. Aus dem Wallis wird z. B. berichtet: „Eine Menge von Höfen und kleinen Weilern liegen seitlich an den Berghängen, die so steil sind, daß ein bekanntes Witzwort spottet, die Saasthaler lassen ihre Hühner mit Fußeisen beschlagen, damit sie nicht vom Berg herunterfallen" (J. Hunziker: Das Schweizerhaus [: Das Wallis [Aarau 1900], S. 119). Auch als Ortsneckerei ist die Wndg. belegt: „Der Hang ist so steil, dass man vom Emd sagt, man müsste den Hennen Fusseisen anlegen, damit sie nicht abfallen. Die Emder heissen deshalb scherzweise in der Nachbarschaft ‚Hennebschlaer'" (F. G. Stebler: Die Vispertaler Sonnenberge, in: Jb. des Schweiz. Alpenclub 56 [1921; publ. 1922], S. 22).

Die gleiche Vorstellung findet man im Unterwallis, im Kanton Bern, im Emmental, im Bündnerland, aber auch im Allgäu und in Tirol.

Eine Steigerung der bildhaften Umschreibung der Steilheit bedeutet es, wenn sogar die Bienen Fußeisen anziehen müssen: „Ja, bei ins isch gsund. A guats Wasser habe mr und a Milch und Arbeit gnua und zfriede sein mr, wenn a bei ins ins Bschlabs die Beia (Bienen) Eisa haba müassa" (Maria Lang-Reitstätter: Lachendes Oesterreich [²Salzburg 1948], S. 8).

Eine andere Bildvorstellung besteht am Luganersee: es ist so steil, „dass den Hühnern Säckchen umgebunden werden, damit die Eier nicht den steilen Hang hinab in den See rollen" (J. Jörger: Bei den Walsern des Valsertales, 2. Aufl., bearbeitet von P. Jörger [Basel 1947], S. 8, Anm. 2).

Menschen, Tiere und Gegenstände muß man anbinden, damit sie nicht vom Hang herunterpurzeln. Dies wird bei kleinen Kindern wohl tatsächlich nötig gewesen sein, wird aber auch scherzhaft von Hühnern und Katzen berichtet.

Besonders komisch ist es, wenn sogar vom Annageln von Gegenständen gesprochen wird. Die nordsteirischen Waldbauern klagen über die Steilheit ihrer Felder: „Bei uns wär' not, man nagelt die Erdäpfel am Boden an" (M. Lang-Reitstätter: Lachendes Oesterreich [²Salzburg 1948], S. 7). Alles, was nicht befestigt ist, kann den Steilhang hinunterfallen, der Bauer beim Arbeiten, die ganze Ernte, z. B. die Kartoffeln, wenn man die Zeile unten öffnet, wie man in Amerika behauptet. In der Umgebung von Innsbruck sagt man sogar, es sei ‚so stickl (steil) 'n ass d'Amess'n (Ameisen) oa'kugelt'n'.

Lit.: *R. Wildhaber:* Bildhafte Ausdrücke für Steilheit, in: Rechtsgesch. und Vkde., Dr. Josef Bielander zum 65. Geburtstag (Brig 1968), S. 103–109.

Stein. *Einen Stein auf jem. werfen,* auch: *den ersten Stein auf jem. werfen:* ihn einer Schuld zeihen, ihn anklagen, belasten. Die Rda. ist bibl. Herkunft; Joh. 8, 7 sagt Jesus zu den Pharisäern und Schriftgelehrten, als sie ihm eine Ehebrecherin zuführen, die er verurteilen soll: „Wer unter euch ohne Sünde ist, der werfe den ersten Stein auf sie". Die Rda. erinnert an die altjüd. Strafe der Steinigung (vgl. 3. Mos. 20, 27 und Josua 7, 25), wobei der Ankläger auch den ersten Stein auf den Verurteilten bei seiner Hinrichtung zu werfen hatte. Er mußte deshalb seiner Anschuldigung wirklich sicher sein. Jesus warnt also vor Verleumdung und Anklage, wenn man selbst nicht frei von Fehlern (den gleichen Sünden) ist. Andere Wndgn. be-

‚Den Stein gegen jem. erheben'

ziehen sich ebenfalls auf die gefährliche Position des Anklägers, dessen Anklage entweder falsch sein kann oder der ähnl. Fehler besitzt. Bei Burkard Waldis ist 1527 ein Reimpaar belegt, das sich inhaltlich eng an das Bibelwort anschließt:

Wer auf andere will werfen einen
         Stein,
Kehr' erst vor seiner Thüre rein!

Es wird auch darauf hingewiesen, daß eine Anklage ebensowenig zurückgenommen werden kann wie der erste Stein, den man geworfen hat. In seinem ‚Florilegium Politicum' aus dem Jahre 1630 schreibt Christoph Lehmann: „Wenn der stein auss der Hand vnd dass wort aussm Mund ist, können sie nicht widerbracht werden". Vgl. auch ndl. ‚Een geworpen steen,

1539

een afgeschoten pijl en een gesproken woord zijn niet te herroepen'. Obwohl die Rda. ‚einen Stein auf jem. werfen' durch die Bibelübers. in nahezu allen Sprachen geläufig ist (vgl. frz. ‚Jeter la première pierre à quelqu'un'); wäre es einseitig, nur auf die jüd. Quelle hinzuweisen, denn die Steinigung als Todesstrafe war auch den germ. Völkern bekannt. In der Regel wurde der Täter an einen Pfahl gebunden und zu Tode gesteinigt. Vgl. Gregor von Tours (III, 36): „vinctis post tergum manibus ad columnam lapidibus obruunt". In übertr. Bdtg. verwendet August v. Platen das Verb ‚steinigen' auch lit. (Bd. I, S. 372):

(Sie) steinigen den als Egoisten,
Der tiefre Lust und Qual empfand.

Auch vor der Rückwirkung einer Verleumdung wird sprw. gewarnt, z. B. heißt es: ‚Der Stein, den man auf andere wirft, fällt uns meist selbst auf den Kopf'.

Den Stein auf (gegen) jem. erheben: ihn verurteilen und verfluchen. Die Geste des erhobenen Steines über einem Sünder hat symbolische Bdtg. im Rechtsbrauch besessen. In der Chronik des Ulrich Richental über das Konzil von Konstanz (1414–18) ist eine solche Szene bildl. dargestellt worden: Die feierliche Absetzung und Verfluchung des Papstes Benedikt XIII. erfolgt vor dem Portal des Münsters; der zuvorderst stehende Bischof erhebt einen Stein auf ihn. In Wirklichkeit ist der Papst dabei jedoch nicht anwesend gewesen, der auf dem Bild in demütiger Haltung gezeigt wird, die er niemals angenommen hat (Abb. S. 1539).

Jem. einen Stein in seinen Garten werfen: ihm einen Schaden zufügen, ihm Schwierigkeiten bereiten, ihm einen bösen Streich spielen, wie Beete durch böswillig in den Garten geworfene Steine zerstört werden können. In dieser urspr. negativen Bdtg. ist die Wndg. lit. früh bezeugt: „bezzert er mir niht, ich wirfe im einen stein in sînen garten und eine kletten in den bart" (‚Minnesinger' 3, 104b). 1498 erklärt Geiler von Kaysersberg die Bdtg. der Rda. als ‚mit Worten schaden' in einer Predigt über Seb. Brants ‚Narrenschiff' im Straßburger Münster: „Und als man gemeinlich spricht, wa man offenlich ret und ein mit worten rürt, so spricht er, er hat im ein stein in garten geworffen". Die Wndg. „Wirft jn heimlich ein stein in garten" ist auch in der Fabelsammlung ‚Esopus' des Burkard Waldis 1527 belegt. Auch Abraham a Sancta Clara hat die Rda. mehrfach lit. gebraucht, z. B. im ‚Judas' III, 350, in ‚Reim dich' 104 und im ‚Kramer-Laden' I, 101. Überhaupt ist die Wndg. von Luther über Goethe bis in die neuere Zeit beliebt geblieben.

Interessanterweise besitzt sie in manchen Gegenden Dtls. entgegengesetzte Bdtg., so vor allem in unterfränk., obersächs., schles. und westf. Mda., indem sie besagt, daß man jem. bei passender Gelegenheit einen Gefallen erweisen, einen Gegendienst leisten wird. Zum Beispiel ist aus Zwickau die Wndg. bezeugt: ‚Dadervor schmeiß'ch dr emal in annern Steen in dein' Garten', vielleicht wurde dabei urspr. an einen wirklichen Hilfsdienst, die Abwehr der die Saat wegfressenden Spatzen, gedacht; vgl. frz. ‚C'est une pierre dans mon jardin', i. S. v. ‚Das bringt Wasser auf meine Mühle'.

In der urspr. Bdtg. ‚jem. schaden' wird die Rda. nur in Schwaben, im Elsaß und in Rheinfranken gebraucht. In manchen Orten besitzt die Rda. aber gleichzeitig beide Bdtgn., so daß man nur durch Tonfall, Mienenspiel oder Situation erkennen kann, wie sie gerade gemeint ist.

In der Steiermark sagt man, um für eine Gefälligkeit zu danken, ähnl.: ‚Ich will dir einen Stein in den Rücken werfen'.

Bismarck hat die Wndg. im urspr. Sinne gebraucht (‚Reden' 12, 535): „Wo man irgend etwas ausfindig machen kann, einen Stein, den man in den Garten des Reiches werfen kann, da greift man mit beiden Händen zu".

Jem. einen Stein in den Stiefel werfen: seine Unruhe, Zweifel erregen, ihn in eine unangenehme Lage bringen, die ihn wie ein lästiger Stein im Schuh drückt.

Jem. einen Stein in den Weg legen (werfen): ihm ein Hindernis schaffen, ihn zu Fall bringen wollen. Thomas Murner sagt schon in seiner ‚Schelmenzunft' (9, 20):

Ich streich im an seyn hossen dreck
Und leit im heimlich steyn an wegk.

Grimmelshausen verwendet im ‚Simplicissimus' (I, Kap. 25) dafür die Wndg. *einem den Stein stoßen:* „Ich hab ihm den

Stein gestoßen, daß er den Hals hätt brechen mögen", d. h. er hat ihm unvermutet einen Stein unter die Füße gerollt, der ihn zu Fall bringen sollte. Vgl. auch frz. ‚Il m'a jeté le chat aux jambes'.
Die Wndg. ‚jem. einen Stein in den Weg legen' kann auch eine positive Bdtg. erhalten, wie z. B. im Ndd.: Für eine Gefälligkeit sagt man zu dem, der keinen Dank dafür begehrt: ‚Na schön, ich leg dir dafür auch mal 'n Stein in'n Weg!', d. h.: Es ergibt sich schon mal eine Gelegenheit, es wiedergutzumachen, dafür zu danken.
Jem. alle Steine aus dem Wege räumen: ihm alle Schwierigkeiten beseitigen, sein Fortkommen tatkräftig unterstützen. Vgl. lat. ‚Lapis lapidem terit'.
Den Stein werfen und dann die Hand verbergen: sich unschuldig stellen.
Den Stein ins Rollen bringen: den ersten Anlaß zu etw. geben; bewirken, daß eine schwierige Angelegenheit in Bewegung kommt, auch: etw. Unangenehmes aufdecken; *der Stein kommt ins Rollen:* eine wichtige Angelegenheit wird in Angriff genommen, der Anstoß zu einer Untersuchung ist gegeben worden, ein Skandal beginnt.
Ein Stein des Anstoßes sein: ein Ärgernis bilden. Die Wndg. ist bibl. Herkunft. Bei Jes. 8, 14 heißt es: „So wird er ein Heiligtum sein, aber ein Stein des Anstoßes und ein Fels des Ärgernisses den beiden Häusern Israel"; vgl. auch Röm. 9,32 und 1. Brief Petri 2,8. Auch in einer angeblich wahren Begebenheit soll der ‚Stein des Anstoßes' eine Rolle gespielt haben: In Pillkallen (Ostpreußen) stritten sich im Jahre 1822 zwei Verwandte um das Eigentumsrecht eines großen Steines, der auf der Grenze der beiderseitigen Besitzungen lag. Da jeder den Stein für sich beanspruchte, kam es zu einem Prozeß. Der Richter schlug folgenden Vergleich vor: „Der Stein soll keinem von beiden gehören, sondern soll vor der Schwelle des Gerichtshauses unter dem Namen ‚Stein des Anstoßes' eingesenkt werden, damit jeder durch diesen Stein erinnert werde, das Gericht nicht wegen eines so geringen Gegenstandes zu behelligen" (K. E. Krack, Redensarten unter die Lupe genommen, [Berlin-Charlottenburg 1961] S. 167). Vgl. auch ndl. ‚Hij is een steen des aanstoots',

frz. ‚C'est une pierre d'achoppement'; seltener: ‚une pierre de scandale'.
Steine können auch bildl. im Wege liegen, an denen man sich stößt. So heißt es z. B. in Seb. Brants ‚Narrenschiff':

Wer uff sin frumkeit halt allein
Und ander urtelt böß und klein,
Der stoßt sich oft an herte stein.

‚Von der Last des Steines hinabgezogen werden'

Von der Last des Steines handeln verschiedene Wndgn.: *Der schwerste Stein ist gehoben:* das Schwierigste ist vorbei, oder: *Der Stein ist weggewälzt.* Diese Rda. bezieht sich auf die Grablegung Christi: der schwere Stein, der das Grab verschlossen hatte, war durch göttliche Macht beseitigt worden, als die Auferstehung erfolgte. Vgl. ndl. ‚De steen is van het graf gewenteld'.
Einen Stein auf dem Herzen haben: eine drückende Sorge haben; vgl. frz. ‚avoir un poids (eine Last) sur le cœur'.
Einem Steine aufs Herz wälzen: ihn ängstigen, ihm Kummer bereiten. Am häufigsten ist diese Rda. in der Form einer erleichterten Feststellung zu hören: *Es fällt mir ein Stein vom Herzen*, vgl. pomm. ‚Dar fêl mi'n Stên vam Harten', da wurde ich leichteren Mutes, und ndl. ‚Er valt een stein van mijn hart', frz. ‚C'est un poids qui m'est ôté du cœur': ich bin einer schweren Bedrückung ledig, ich kann wieder frei atmen, ↗ Alp. Früher galt es auch als Strafe für verurteilte Weiber, öffentl. einen Lasterstein eine Strecke weit vor aller Augen zu tragen (↗ anhängen). Darauf spielt Hans Sachs an:

Wo du mich nit mit friden last,
Wil ich dein frömbkeit alle sagen,
Das du auch noch den stein must tragen.

Den Stein, den seine Vorfahren nicht lichten (heben) konnten, wird er auch liegen lassen: er wird auch nicht mehr ausrichten.
Zwischen die Mühlsteine geraten: Schaden erleiden, in äußerst bedrängte Lage kommen, ↗ Mühle.

Wer zwischen stein vnd stein sich leit
Vnd vil lüt vff der zungen dreit
Dem widerfert bald schad vnd leidt

von zwytracht machen
Mancher der hat groß freüd dar an
Das er verwirret yederman
Vnd machen künn diß hor vff das
Dar vß vnfrüntschafft spring vnd haß

‚Zwischen die Mühlsteine geraten'

Sprw. ist der Stein auch wegen seiner Härte. *Es möchte einen Stein (in der Erde) erbarmen (erweichen)* heißt es oft bei dem Bericht von einem Unglück: auch die unempfindlichsten Herzen müssen von Mitleid bewegt werden. Schon in der Lit. des klassischen Altertums begegnet die Wndg., vgl. lat. ‚adamanta movere lacrimis' (Ovid, Cicero). Auch in der eddischen Sage vom Gott Baldr (‚Snorra-Edda', ‚Gylfaginning' Kap. 49) spielt diese Vorstellung eine Rolle: „Menschen und Tiere, Erde und Gestein, das Holz und alles Metall beweinten den (toten) Baldr". Ebenso wissen christl. Legenden davon zu erzählen, daß steinerne Heiligenbilder von dem Flehen der Gläubigen zu Tränen gerührt wurden. Auch in der mhd. Lit. ist die Rda. bezeugt; z. B. bei Oswald von Wolkenstein (I, 103,12): „Es möcht ain stain erparmen". Im Liederbuch der Clara Hätzlerin heißt es später ähnl. (I, 35,18): „Das möcht ain hertten stain erparmen". Auch Seb. Brant und Joh. Fischart haben die Rda. lit. verwendet, desgleichen die Brüder Grimm (KHM. 1, KHM. 80, KHM. 110).
Der Fabeldichter Lichtwer (1719–83) beschreibt die ‚Katzenmusik' bes. drastisch als „Ein Geheul, das Stein erweichen, Menschen rasend machen kann ..."
Das Motiv des ‚Steinerweichens' tritt vornehmlich in Sagen zutage. Eine hess. Sage berichtet von dem ‚Frauen-Holl-Stein' (Wolf: Hess. Sagen [Leipzig 1853], S. 10, Nr. 12): „Bei Fulda im Wald liegt ein Stein, in dem man Furchen sieht. Da hat Frau Holl über ihren Mann so bittere Thränen geweint, daß der harte Stein davon erweichte". Auch im bair.-österr. Gebiet gibt es Legenden vom ‚Steinerweichen' durch die Gebete von Heiligen (St. Wolfgang, Fridolin v. a.).
Dagegen heißt es von einem, der sich nicht erweichen läßt: *Er ist wie Stein so hart* oder *er hat einen Stein statt des Herzens in der Brust;* vgl. frz. ‚Il a une pierre à la place du cœur'. Seb. Franck verzeichnet in seinen ‚Sprichwörtern' (II,97b) die ähnl. Wndg. „Er hat stein im busen".
Einem Steine sein Leid klagen oder *man könnte ebensogut Steinen predigen:* es hat keinen Zweck, auf ihn einzureden, er läßt sich nicht umstimmen; vgl. frz. ‚Autant prêche dans le désert' (wörtl.: Man könnte ebensogut in der Wüste predigen).
Die Wndg. *Da möchten doch die Steine weinen (schreien)* ist bibl. Herkunft. Luk. 19,40 spricht Jesus zu seinen Jüngern: „Wo diese werden schweigen, so werden die Steine schreien", d.h. wenn die Menschen schweigen, werden die Steine ihre Stimme für sie erheben. Bei Habakuk 2,11 heißt es ähnl.: „Denn auch die Steine in der Mauer werden schreien, und die Sparren am Balkenwerk werden ihnen antworten". Auch in der ‚Stralsunder Chronik' (I, 295) ist die Wndg. bezeugt: „Das die steine weinen möchten". Vgl. ndl. ‚Dan zouden de steenen spreken'.

Da will kein Stein zischen: jede Hilfe und Anteilnahme ist fern. Bei Fischer heißt es erläuternd im ‚Psalter' (147,1): „Da hat Christus gewehklaget; aber seine Hülffe ist ferne gewest, da hat kein Stein zischen wollen".

Die Prophezeiung *Es wird kein Stein auf dem anderen bleiben:* es wird alles restlos zerstört werden, beruht ebenfalls auf einer Bibelstelle. Matth. 24, 2 spricht Jesus in Jerusalem: „Es wird hier nicht ein Stein auf dem andern bleiben, der nicht zerbrochen werde".

Stein und Bein schwören: etw. mit den festesten Eidesschwüren versichern. Man hat die rdal. Formel aus alten Rechtsbräuchen zu erklären versucht: Beim Schwören vor Gericht war es üblich, bestimmte Gegenstände zu berühren. In heidnischer Zeit legte man die Hand zum Schwur z. B. auf den Stab des Richters, auf das Schwert, die Erde und das Gras, auf Bäume, man berührte heiliges Wasser, Brunnen, heilige Berge, Felsen und

‚Stein und Bein schwören'

Steine, aber auch seine Brust, die Haare oder den Bart. Im 3. Gudrunlied der Edda wird der Eid bei einem weißen Stein geleistet. Der heidnische Brauch, bei einem heiligen Stein zu schwören oder die Hände auf den Altar der Gottheit zu legen (vgl. lat. ‚Jovem lapidem jurare'), soll sich nach Einführung des Christentums weiterentwickelt haben. Die Christen berührten die steinerne Altarplatte oder einen Reliquienschrein, der die Gebeine eines Heiligen barg. Im 6. Jh. n. Chr. erwähnt die ‚Lex Alamannorum', daß die Schwörenden und Eideshelfer die Hände auf ein Reliquienkästchen legten. Auch in Wolframs ‚Parzival' findet sich dafür ein Beleg: In der Klause des Einsiedlers Trevrizent findet Parzival einen Reliquienschrein und leistet auf ihn bzw. auf die darin liegenden Gebeine einen Eid. Man hat nun daraus geschlossen, da die Heiden beim Stein, die Christen jedoch beim Heiligengebein geschworen haben, daß die Verbindung beider Gerichtsbräuche einen unlösbaren Eid bedeutet habe und die rdal. Formel davon abzuleiten sei (vgl. Abb.). Vermutl. ist aber die reimende Formel ‚Stein und Bein' viel älter als die Rda. und nur der bildl. Ausdr. für große Festigkeit. So steht sie auch in der 1. H. des 13. Jh. bei Freidank (164,17):

Diu zunge hât dehein bein
und bricht doch bein unde stein.

Freidank verdeutscht damit ein älteres Sprw., das uns in lat. Form überliefert ist: ‚Osse caret lingua, secat os tamen ipsa maligna' („Die Zunge hat keinen Knochen, doch schneidet die böse selbst einen Knochen"). Dadurch, daß Freidank das Wort ‚Stein' hinzusetzt, beweist er, daß die Verbindung ‚Stein und Bein' üblich und formelhaft war. Die Vielfalt an parallelen Wndgn. mit Stein und Bein, wie *Stein und Bein klagen, Stein und Bein jammern, Stein und Bein frieren, Stein und Bein leugnen,* spricht dafür, daß die Verbindung von Stein und Bein nur eine bildhafte Verstärkung bedeutet.

Die Rda. *Es hat Stein und Bein gefroren* meint: die Kälte ist so stark gewesen, daß der Frost sogar in solch feste Dinge wie Stein und Knochen gedrungen ist. Schon in einem Soldatenlied von 1641 ist diese Wndg. bezeugt:

Wenn andre ziehen ins Quartier,
Die Waffen von sich legen,
So kriecht ihr erst im Winter für,
Wollt große Ehr einlegen,
Wo Stein und Bein gefrieren ein.

Im Ndd. begegnen auch noch die mdal. Wndgn. ‚Steen und Been floken' (fluchen) und ‚He löpt sik Steen und Been af'.

Die dt. Formel ‚Stein und Bein' hat auch ein altes engl. Sprw. (nicht zuletzt auch hier des Reimes wegen) zum Inhalt:

‚When you buy meat, you buy bones, when you buy land, you buy stones'.

Stein dient auch ähnl. wie ‚Stock' in Zusammensetzungen zur Steigerung, ‚steinalt', ‚steinreich', im 16. Jh. auch ‚steintaub', was wohl aus Zusammensetzungen übertr. ist, in denen das Wort Stein einen Sinn hatte, wie z. B. in ‚steinhart'.

Steine klopfen (müssen): eine schwere, stupide Arbeit verrichten müssen; oft in der Wndg. von: ‚lieber Steine klopfen, als ...'.

Einen Stein bei jem. im Brett haben: gut bei ihm angeschrieben sein, sein Wohlwollen genießen, bevorzugt werden. Die Rda. stammt vom Brettspiel ab, das Puffspiel oder Tricktrack heißt und bereits im MA. beliebt war. Joh. Agricola gibt für die Rda. in seiner ‚Sprichwörtersammlung' von 1529 einen ersten dt. Beleg (418): ‚Ich hab eyn guten steyn im brette', und erklärt dazu: „Wer auff dem spill eynen gutten bund im brette hatt / darüber ein ander sein steyne spilen muß der hatt das spil halbs gewunnen. Also auch wer vor grossen Herren und Rädten zu schaffen hatt / vnd hatt yemand der der sein sach trewlich fordert vnd treibet / der hat eynen gutten steyne im brette / einen gutten freundt / der ym zu seiner sachen redt vnd hilffet". ‚Bund' bedeutet zwei nebeneinanderstehende Steine, über die der Gegner nur schwer hinwegkommen kann; hat der Spieler aber auch nur einen Stein schon im nächsten Felde stehen, so kann er dem Gegner das Weiterspielen erschweren, ⟶ fünfzehn.

Luther hat die Wndg. in seinen ‚Tischreden' (211a) gebraucht; in übertr. Bdtg. findet sich die Rda. ferner 1560 in den Verlegers Christian Egenolff ‚Sprichwörtern' (199b). Der bekannteste lit. Beleg für diese Rda. steht in Schillers Drama ‚Wallensteins Lager', wo der erste Kürassier folgendes über Max Piccolomini sagt:

Der versteht sich auf solche Sachen,
Kann bei dem Friedländer alles
                                                  machen.
Hat auch einen großen Stein im Brett
Bei des Kaisers und Königs Majestät.

Den Stein der Weisen suchen: sich eifrig um ein hohes Ziel bemühen, ein Phantast sein und sich um etw. bemühen, das es nicht gibt. Der ‚Stein der Weisen' war in der Sprache der Alchimisten das Universalmittel, die ‚Materia prima', mit der man unedle Metalle in Gold verwandeln kann. Trotz aller Mißerfolge, einen solchen Wunderstein zu entdecken, wurde die Suche nach ihm doch eifrig fortgesetzt. Der Fabeldichter Lichtwer (1719–83) gebraucht den Ausdr. in übertr. Bdtg.: „Vergnügt sein ohne Gold, das ist der Stein der Weisen".

Für Goethe ist dieser Stein der Inbegriff des Glücks. Er schreibt im ‚Faust' (II, V. 5061–64):

Wie sich Verdienst und Glück
                                                  verketten,
Das fällt den Toren niemals ein;
Wenn sie den Stein der Weisen hätten,
Der Weise mangelte dem Stein.

Der Stein der Weisen soll also Glück und Reichtum bringen und Geheimnisse enthüllen können. Deshalb glaubte man, Salomo habe ihn einst besessen. Da es ihn aber leider nicht gibt, bedeutet das Suchen nach ihm etw. Törichtes und Unnützes; vgl. frz. ‚la pierre philosophale'.

Den Stein des Sisyphus wälzen; vgl. frz. ‚le rocher de Sisyphe', ⟶ Sisyphus.

Die Wndg. *einem Steine statt Brot geben:* ihm Wertloses reichen, nur Phrasen sprechen, statt Trost zu spenden und tatkräftig zu helfen, ist bibl. Herkunft. Matth. 7,9 heißt es: „Welcher ist unter euch Menschen, so ihn sein Sohn bittet ums Brot, der ihm einen Stein biete?" Ludwig Uhland gebraucht in einem Gedicht ‚Schwäbische Kunde' eine ähnl. Verbindung, wenn er schreibt: „Viel Steine gabs und wenig Brot".

Steine verdauen können, auch: *kleine Steine vertragen können:* einen guten Magen haben, auch Schweres verdauen können. Vgl. dagegen frz. ‚manger des briques' (wörtl.: Backsteine essen), i. S. v. sich schlecht, ungesund ernähren (müssen).

Den Stein verstecken und das Brot zeigen: jem. mit Hinterlist und falschen Versprechungen an sich locken, um ihn dann um so sicherer zu verderben. Vgl. lat. ‚Altera manu fert lapidem, altera panem ostentat'. *Aus Steinen Brot machen wollen:* etw. Unmögliches versuchen, vgl. frz. ‚faire de pierre pain' (veraltet).

Die Rdaa. ‚Up'n breeden Steen staan', zur Trauung stehen u. ‚Da mutt en breeden

Steen in't Huus wesen', wenn mehrere Mädchen aus dem gleichen Hause kurz hintereinander heiraten, erinnern noch an alte Hochzeitsbräuche. John Meier vermutet, daß der Brautstein einem Initiations- und Scheidebrauch der Braut gedient habe. Ein alter Pfandlösereim, der in ganz Dtl. bekannt ist, erinnert noch an den alten Hochzeitsbrauch:

Ich stehe auf einem breiten (heißen) Stein
Wer mich lieb hat, holt mich heim.

Das Mädchen, das sich gern verheiraten möchte, stellt sich oder setzt sich auf den Stein, auf dem gewöhnlich die Braut nach der Trauung stehen muß, in der Hoffnung daß die zauberhafte Wirkung des Steines, auf dem so viele Glückliche gestanden haben, ihr ebenfalls einen Mann beschert. In einem ndd. Lied von der Nord- und Ostseeküste heißt es:

Sit en lütje Deern op'n breeden Steen,
Fangt so bitterlich an to ween 'n.
All de lütten Deerns de kriegt en Mann,
Ik mutt sitten un kiken dat an.

(↗ Braut, ↗ Hochzeit)

Lit.: *J. P. Schmitz:* Stein und Bein schwören, in: Zs. f. d. U. 5 (1891), S. 697; 7 (1893), S. 568–569; 10 (1896), S. 832; *O. Glöde:* Stein und Bein klagen, in: Zs. f. d. U. 6 (1892), S. 577–578; 9 (1895), S. 774–776; *Th. Bekker:* Zu O. Glödes Bemerkung über ‚Stein und Bein klagen', in: Zs. f. d. U. 8 (1894), S. 259; *M. Andree-Eysn:* Volkskundliches aus dem bair.-oesterr. Alpengebiet (Braunschweig 1910), S. 3–5; *J. W. Muller:* Een steen met een brief in de hand, in: Tijdschrift voor Nederlandse Taal- en Letterkunde 41 (1922), S. 227–228; *J. Vandreuse:* Les pierres de justice, in: Folklore Brabançon 7 (1927/28), S. 105–114; Art. ‚Stein', ‚Steinhaufen', ‚steinigen', ‚Steintragen', ‚Steinverwandlung' etc. (mehrere Autoren), in: HdA. VII, Sp. 380–428; *H. v. Hentig:* Der Blaue Stein zu Bonn. Bemerkungen zu einem alten Hinrichtungsritus, in: Schweizer. Zs. für Strafrecht 50 (1936), S. 403–413; *J. Meier:* Heißenstein, der Name einer öffentl. Spielbank, in: Festschr. O. Lauffer (Berlin 1934), S. 242–248; *ders.:* Ahnengrab u. Brautstein (Halle 1944); *ders.:* Ahnengrab u. Rechtsstein (Berlin 1950); *H. Halpert:* Some Forms of a proverbial rhyme, in: Journal of American Folklore 64 (1951), S. 317–319; *W. Brückner:* Art. ‚Eid, Meineid', in: EM. III (1981), Sp. 1125–1140; *H. Rölleke* (Hg.): „Redensarten des Volks, auf die ich immer horche." Das Sprw. in den Kinder- und Hausmärchen der Brüder Grimm (= Sprww.forschung Bd. 11) (Bern – Frankfurt/M. 1988), S. 27.

Steinbruch. *Etw. nur als Steinbruch benutzen:* etw. nur als Rohstoff, nur als Quellenmaterial, nicht als Fertigprodukt verwenden. Die Rda. spielt auf den Abbruch alter Bauwerke zur Gewinnung von Baumaterial an (z. B. im MA., nach der Säkularisierung).

Stelle. *Auf der Stelle treten:* nicht vorankommen oder: absichtlich nicht weitermachen, langsam arbeiten. Die Rda. hängt mit dem preuß. Befehl ‚Auf der Stelle getreten!' beim Exerzieren zusammen, der besagt, daß auf demselben Fleck die Bewegung des Marschierens nachgeahmt werden soll.

Nicht von der Stelle kommen: steckenbleiben, nicht weiterkommen. Die Rda. bezog sich urspr. auf einen Wagen, der unterwegs zum Halten gezwungen wurde, später erfolgte eine Übertr. auf die Arbeit im allg., die nicht erfolgreich weitergeführt wurde.

Zur Stelle sein: anwesend sein, um sofort helfen, eingreifen zu können.

Auf der Stelle! Der Befehl verlangt, daß etw. sofort zu geschehen hat. Vgl. lat. ‚E vestigio'; frz. ‚sur le champ'.

Die wunde Stelle berühren: einen empfindlichen Punkt treffen (↗ Punkt). Vgl. auch ndl. ‚iemand op zijn zeer treden (trappen, tasten)'; frz. ‚toucher le point sensible'. Ähnl. Sinn hat die Textstelle in Schillers ‚Don Carlos' (I, 6), wo Philipp II. von sich selbst sagt: „Das ist die Stelle, wo ich sterblich bin". Dazu kursiert im Ndd. folgende Variante: ‚Das ist die Stelle, wo ich empfindlich bin!'. Dies meint neben der körperlichen Empfindlichkeit (Kitzel etc.) auch die charakterliche, etwa i. S. v.: ‚Das kann man mir nicht nachsagen'.

Eine trockene Stelle im Halse haben: gern trinken, weil sie oft angefeuchtet werden muß. Diese scherzhafte Rda. über den Trinker kennt auch das Ndl.: ‚Hij heeft eene drooge stee in den hals', ↗ trinken.

Stelzen. *Auf Stelzen gehen:* sich in Sprache oder Gebärden nicht natürlich, sondern gezwungen, geschraubt benehmen. Im 16. und 17. Jh. ist die Rda. *Die Kuh geht auf Stelzen* häufig, um das unnatürliche Gebaren eines Menschen zu bezeichnen; andere Bilder für eine derartige Unart stecken in den Worten: hochtrabend, gespreizt, breitspurig, in Schwulst und geschwollen. In westdt. Mdaa. bedeutet ‚auf Stelzen gehen' auch: hochmütig sein, sich über andere erhaben dünken.

Zu Anfang des 16. Jh. gebrauchte Murner die Wndg. mit Beziehung auf die nahe Gefahr, beim Stelzenlaufen zu stürzen, in seiner ‚Schelmenzunft' (41,33) bereits in übertr. Bdtg.:

> Wie ist ein frummer rat so seltzen!
> Ach gott, es gat yetz als vff steltzen,
> Biß daß ein mal den hals ab stürtzt,
> Vnweyser rat ein landt verkürtzt.

‚Auf Stelzen gehen'

In der ‚Zimmerischen Chronik' bedeutet ‚uf stelzen gehn' große Schritte tun, weit draußen sein, im 17. Jh. wird die Rda. gleichbedeutend mit ‚hinken' gebraucht, z. B. vom Reiche Mahomets nach den großen Türkensiegen. Schiller beklagt in den ‚Räubern' mit Karl Moor die großen Helden des Altertums, die jetzt nur noch dazu da seien, in Gymnasien ein trauriges Leben zu fristen – „oder, wenn's glücklich geht, von einem Tragödienschreiber auf Stelzen geschraubt und mit Drahtfäden gezogen zu werden". In Gubitz' ‚Gesellschafter' (S. 555) heißt es 1836: „Seht den Narr'n, wie er auf Steltzen geht! ruft der Plebs, wenn jemand edlere Gefühle, höhere Gesinnung zeigt. Aber muss er nicht auf Stelzen gehen, um rein durch den Schmutz des Lebens zu kommen?" Vgl. auch ndl. ‚ob stelten staan', engl. ‚to go upon stilts' und frz. ‚être monté sur des échasses'.

Hohe Stelzen haben: lange Beine besitzen, eine scherzhafte Übertreibung.

Und wenn der Teufel auf Stelzen kommt: es kann kommen, was will.

Lit.: *S. Oettermann:* Läufer und Vorläufer (Frankfurt/M. 1984), S. 149–153.

Stempel. *Die sind mit einem Stempel geschlagen:* sie sind sich sehr ähnl., sie passen gut zueinander, ihre Ansichten und Pläne stimmen überein. Die Rda. bezieht sich auf den Metallstempel, der in die Münzen geschlagen wurde, um ihnen gleiches Aussehen zu verleihen und ihren vollen Wert zu bestätigen. Vgl. lat. ‚eiusdem farinae', ‚ovo prognatus eodem', ndl. ‚Hij is van den zelfden stempel' und frz. ‚Ils sont marqués au même coin'. Ähnl. Beziehung zum Münzwesen hat die Wndg. ‚vom alten (guten) Schlage sein' (↗ Schlag und ↗ prägen), die im Ndl. auch ‚van de oude stempel' lautet.

Der Stempel ist darauf oder *Das ist der*

Hammerprägung (‚Mit einem Stempel geschlagen')

Prägestempel

richtige Stempel: die Sache ist in Ordnung, die Echtheit ist garantiert. Urspr. war ebenfalls die Echtheit der Münze gemeint, später wurde mehr an den Stempel auf dem Papier gedacht, und es erfolgte eine Übertr. auch auf geistiges Gebiet. Vgl. ndl. ‚Dat is van de regten stempel'.
Darauf will ich meinen Stempel nicht drücken: ich will mich nicht dafür verbürgen, ich möchte mit dieser Sache nicht in Verbindung gebracht werden. Vgl. ndl. ‚Ik druk mijnen stempel daar niet op'.
Jem. stempeln: ihn beeinflussen, sich nach den Wünschen anderer zu richten.
Der ist gestempelt: er spricht nicht unbeeinflußt, äußert seine Meinung nicht, aber auch: er ist durch ein Vorurteil einer bestimmten Kategorie zugeteilt worden.
Stempeln gehen: Arbeitslosenunterstützung empfangen, wobei das Datum mit einem Stempel in die Papiere eingetragen wird, damit eine Kontrolle über Meldung und Auszahlung möglich ist.

Stengel. *Vom Stengel fallen (kippen):* überrascht, sehr erstaunt sein, vor Schreck vom Stuhl fallen. Die Rda. ist im 19. Jh. in Berlin aufgekommen: ‚Fall nich von' Stengel!' galt als scherzhafte Mahnung, die Fassung nicht zu verlieren. Der rdal. Vergleich bezieht sich auf eine Pflanze, deren Blüte vom Stengel fallen kann, es ist also eigentl. ‚das Kopfloswerden' damit gemeint oder daß jem. vor Erstaunen zu Boden fällt.

Stentor. *Mit einer Stentorstimme schreien (rufen):* überlaut rufen, eine ungewöhnlich starke Stimme besitzen wie Stentor, von dem Homer in seiner ‚Ilias' (V, 785) berichtet, daß er eine ‚eherne Stimme' besessen habe und ‚so laut schreien konnte wie fünfzig andere'. Aristoteles verwandte bereits das Wort im rdal. Vergleich, da er in seiner ‚Politik' (VII, 4) fragt: „Wer könnte Feldherr einer riesigen Menge sein oder ihr Herold ohne eine Stentorstimme?" Auch in andere europ. Sprachen wurde der Ausdr. Homers übernommen, vgl. ndl. ‚een stentorstem', frz. ‚une voix de Stentor' und engl. ‚a stentorian voice' (Büchmann).

sterben ↗ zeitlich.

Stern. *Die Sterne befragen,* auch: *in den Sternen lesen:* sein vorherbestimmtes Schicksal mit astrologischen Methoden berechnen wollen. Die Rdaa. weisen auf die Beschäftigung mit der Sterndeutung, die in Dtl. vom 13.–18. Jh. Gelehrte und Laien bewegte und z. T. auch ihr Handeln bestimmte.
Die Anfänge der Astrologie gehen auf die Versuche der babylonischen Chaldäer und der Ägypter zurück, aus dem Stand der Gestirne und ihrer schicksalhaften Beziehung zu den Menschen die Zukunft zu enträtseln. Die Griechen systematisierten die von ihnen überkommene Lehre von den Planeten und Tierkreiszeichen und ihrer Wirkung auf das Leben und Geschick der Menschen. Sie versuchten, die Sterndeutung durch die Verbindung mit der Astronomie und ihren exakten Beobachtungen und Berechnungen zur Wissenschaft zu erheben. Durch humanistische Studien und die Vermittlung arabischer Kenntnisse über Spanien wurde die Astrologie auch im Abendland bekannt, aber nicht eigentl. volkstümlich. Die Sterndeutung setzte spezielles Wissen voraus und blieb deshalb meist den Kundigen überlassen, die in hohem Ansehen standen und ehrfürchtig bewundert wurden. Bes. an den Fürstenhöfen hielten sich ständig geschätzte Astrologen auf, die vor allem bei Geburten oder vor wichtigen Entscheidungen den Stand der Sterne beobachteten und Glück oder Unglück vorhersagten. Wallenstein z. B. war ganz dem Sternenglauben verfallen und machte seine Entschlüsse davon abhängig. Irrtümlich hielt er gerade dann seine ‚Sternstunde' für gekommen, als sein Untergang begann. Schiller stellt dies anschaulich in seinem Drama dar und gibt als persönliche Stellungnahme dazu in den ‚Piccolomini' (II, 6) den Hinweis: „In deiner Brust sind deines Schicksals Sterne". Auch in anderen westeurop. Sprachen sind ähnl. Wndgn. gebräuchl., z. B. ndl. ‚iemand zijn planeet lezen'; engl. ‚to cast a horoscope'; frz. ‚lire dans les étoiles'.
Etw. steht in den Sternen geschrieben: es ist eine (völlig ungewisse) Sache der Zukunft; vgl. frz. ‚C'est inscrit dans les astres'.
Darauf beruht die Vorahnung des Todes

in der Volksballade ‚Die Rheinbraut'
(Röhrich-Brednich, Dt. Volkslieder, I,
S. 157),:

Christinchen ging im Garten,
Den Bräut'gam zu erwarten.
Sie hatte schon längst in den
     Sternen gesehn,
Daß sie im Rhein sollt' untergehn.

Nach dem Volksglauben besitzt jeder Mensch einen Stern am Himmel, der bei seiner Geburt erscheint und beim Tode entweder fällt oder untergeht. Diese Vorstellung spiegeln mehrere Rdaa., bei denen Stern mit Leben, Glück oder Ruhm gleichgesetzt werden kann: *Ein Stern ist vom Himmel gefallen:* jem. ist gestorben; *sein Stern erbleicht:* sein Glück schwindet; vgl. frz. ‚Son étoile pâlit'; *sein Stern ist gesunken (untergegangen):* sein Ruhm, sein Erfolg sind dahin. Dagegen sagt der, dessen Glück noch aussteht, der aber geduldig und hoffnungsvoll wartet, bis seine Stunde gekommen ist: *Mein Stern ist noch nicht aufgegangen.* Von einem, dessen Ansehen oder Reichtum ständig wächst, heißt es entspr.: *Sein Stern ist im Aufgehen:* er hat den Höhepunkt seines Glückes noch längst nicht erreicht.

Der Mensch selbst kann mit seinem Stern verglichen oder sogar gleichgesetzt werden, wenn es rdal. von ihm heißt: *Er (sie) ist ein aufgehender Stern* oder *Es ist ein Stern erster Größe:* er ist ein Künstler oder Wissenschaftler, der Hervorragendes leistet. Vgl. ndl. ‚Het is eene ster van de eerste groote'. Volkstümlich geworden ist bei uns die allg. Vorstellung von einem Glücksstern, unter dem ein ganzes Leben, ein bestimmtes Vorhaben oder nur Tag und Stunde stehen kann. Hierbei ist das Glück nicht i.S.v. Astrologie und genauen Horoskopen an einen bestimmten Stern oder ein Sternbild gebunden, d.h. jeder beliebige Stern kann für jem. zum Glücksstern werden. Davon zeugen das Schlagerlied ‚Du sollst mein Glücksstern sein' sowie verschiedene Rdaa., wie *unter einem guten (glücklichen, günstigen) Stern geboren sein (stehen):* günstige Voraussetzungen haben, ein Glückskind sein, bei allen Unternehmungen Erfolg haben; ähnl.: *einen Glücksstern haben.* Vgl. auch ndl. ‚onder een gelukkig gesterntе geboren zijn'; frz. ‚être né sous une bonne étoile'; engl. ‚to be born under a lucky (propitious) star'.

Wenn jem. mehrere glückliche Zufälle erlebt und bei einem Unternehmen unerwarteten Erfolg gehabt hat oder wenn sich ihm jem. als bes. glückbringend erwiesen hat, stellt er fest: *Ein (mein) guter Stern (Glücksstern) hat mich geleitet* oder *Er ist mein guter Stern (gewesen).* Auch die Wndgn. *einen Stern haben, an seinen Stern glauben* (vgl. frz. ‚croire à son étoile') und *seinem Stern folgen,* die kein Attribut besitzen, meinen ebenfalls nur den glücklichen Stern, das günstige Geschick. Die Rda. *weder Glück noch Stern haben* verdeutlicht dies. Sie begegnet auch im Lied ‚Es fiel ein Reif in der Frühlingsnacht', in dem es von den Liebenden heißt, die in die Fremde zogen: ‚Sie haben gehabt weder Glück noch Stern'.

Die Rdaa. *unter keinem guten Stern geboren sein (stehen), unter einem bösen (unglücklichen) Stern zur Welt gekommen sein, keinen Stern am Himmel haben* oder gar *einen Unstern besitzen* werden dann gebraucht, wenn jem. nicht vorankommt, wenn er nur Mißerfolge aufzuweisen hat. Der vom Pech Verfolgte trifft diese Feststellungen resignierend selbst, wenn er durch mehrere Schicksalsschläge hintereinander deprimiert ist und nach einer übernatürlichen Erklärung sucht oder wenn er sich die eigene Schuld an seinem Versagen nicht eingestehen will.

Der Ausruf *Da ist kein Stern, der leuchtet!* umschreibt die Hoffnungslosigkeit des Verzweifelten, der keinen Ausweg, kein Licht mehr sieht. Das sprachl. Bild stammt aus der Seefahrt, bei der der Kurs eines Schiffes nach dem Stand der Sterne festgelegt wurde. Da bei Sturm und Unwetter die Sterne verdeckt waren, verloren die Seefahrer die Orientierung und irrten hoffnungslos umher, vgl. hierzu die zehnjährige Irrfahrt des Odysseus.

Die Sterne des Himmels zählen: eine aussichtslose Arbeit unternehmen, sich vergeblich bemühen, Unnützes tun. Nur Gott wird die Fähigkeit zugesprochen, diese Aufgabe zu vollbringen. Deshalb wird er sogar durch diese alles überragende Leistung umschrieben. Bereits im Mhd. begegnet die Wndg. „Der die sterne hât gezalt" (‚Parzival', 659, 20), und noch im

heutigen Kinderlied ‚Weißt du, wieviel Sternlein stehen?' klingt diese Vorstellung von der Allmacht Gottes an. Vgl. auch lat. ‚stellas numerare'.
Die Rda. *Sterne an den Himmel setzen (heften)* meint ebenfalls das sinnlose Tun, vgl. ‚Eulen nach Athen tragen'. Seb. Franck verzeichnet diese Wndg. in seinen ‚Sprichwörtern' (2, 129 a) bereits 1541:

> Stern an himmel setzen,
> holtz in wald tragen
> und wasser in Rhein,
> das ist geben, da vorhin genug ist.

Jem. (Namen, Ruhm) bis zu den Sternen (zum Himmel) erheben: ihm den höchsten Grad von Achtung erweisen, übertrieben rühmend von ihm sprechen, ihm beinahe göttliche Verehrung entgegenbringen; vgl. frz. ‚porter quelqu'un aux nues' (zu den Wolken). Die Rda. steht vermutlich in Zusammenhang mit den Sternsagen, in denen die Versetzung eines Menschen unter die Sterne geschildert wird. Diese Verstirnungssagen sind bereits bei den Griechen bekannt, wobei die Versetzung an den Himmel entweder Belohnung oder auch Strafe bedeuten kann.

Nach den Sternen greifen: nach dem Höchsten, auch Unerreichbarem, streben, sein Ziel sehr weit stecken und von sich selbst das Äußerste fordern. Goethe mahnt dagegen in seinem Gedicht ‚Trost in Tränen' vor Enttäuschung:

> Die Sterne, die begehrt man nicht,
> Man freut sich ihrer Pracht.

Die Sterne vom Himmel holen wollen: bereit sein, alles, selbst das Unmögliche, für jem. zu tun, im übermäßigen Glück der Liebe seine Kräfte wachsen fühlen und im Überschwang alles versprechen. Die Rda. ist eine steigernde Umschreibung für die ‚himmelstürmende', junge Liebe. Sie wird aber auch von enttäuschten Ehefrauen gebraucht, die dann bei einer Auseinandersetzung ihrem Manne vorhalten: ‚Und dabei hattest du doch versprochen, mir die Sterne vom Himmel zu holen!' Im Schwäb. heißt es von einem Übermütigen: ‚Er schlägt (guckt) die Sterne vom Himmel 'rab'.

Einen die Sterne sehen lassen: einem große Schmerzen oder große Lust verursachen. Bereits Abraham a Sancta Clara gebraucht diese Wndg. in ‚Etwas für alle' (2, 17) lit.: „gabe sie (die Schlange) ihm etliche bisz und zwick ... mit solchen schmertzen, dasz er die stern im himmel sehen kunnte auch bei dem tag". Die Rda. wird aber auch auf einen Geizigen bezogen, der seine Leute so hungern läßt, daß sie ganz kraftlos werden und eine Art Sinnestäuschung von tanzenden Sternen vor ihren Augen kurz vor der Ohnmacht erleben.

Sterne sehen: benommen sein durch einen Schlag oder Stoß, vorübergehend einer Ohnmacht nahe sein. Wird der Augennerv durch einen Schlag gereizt, glaubt man Funken oder Sterne zu sehen.

Nicht mehr die Sterne am Himmel sehen (können): einen Rausch haben. Auch mdal. Wndgn. umschreiben die Trunkenheit auf ähnl. Weise, so heißt es z.B. in Hessen: ‚Er hot en Stern'. Vgl. auch ‚sternvoll', ‚sternhagelbesoffen'.

Den Stern mit einem treiben: Scherz, Spott mit jem. treiben. Die Rda. ist bes. im Schwäb. und Bair. bekannt und steht vielleicht in Zusammenhang mit der häufigen Wirtshausbez. ‚Stern', wo in lustiger Runde gern Schabernack mit einem getrieben wird.

Im Dreikönigslied der Sternsinger begegnet die heute unverständliche Wndg. *der finstere Stern,* die eigentl. eine Umdeutung von ‚finis terrae' (Ende der Welt) ist. Sie bedeutet wie in der Wunderhornstr. (2,551):

> Wir seind die König vom finstern
>   Stern,
> Und brächten dem Kindlein Opfer
>   gern,
> daß die Könige weit gezogen sind.

Ein Stern putzt sich: eine Sternschnuppe fällt. Dagegen heißt im Schwäb. ‚den Stern putzen' scherzhaft: seine Notdurft befriedigen.

Lit.: *A. de Cock:* „Onder een gelukkig (ongelukkig) gesterte geboren", in: Volkskunde 19 (1907/08), S. 133; *V. Stegemann:* Art. ‚Stern', in: HdA. VIII, Sp. 458–467 u. HdA. IX (Nachtrag), Sp. 596–782; *Troels-Lund:* Himmelsbild und Weltanschauung im Wandel der Zeiten (Leipzig [5]1929); *F. Boll:* Sternglaube und Sterndeutung (Leipzig [4]1931); *W. Gundel:* Sternglaube, Sternreligion und Sternorakel (Leipzig 1933); *H. Wetter:* Heischebrauch und Dreikönigsumzug im dt. Raum (Diss. 1933); *H. Moser:* Zur Gesch. des Sternsingens, in: Bayer. Jb. H. 5 (1951); *K. Meisen:* Die hl. Dreikönige u. ihr Festtag im volkstüml. Glauben u. Brauch (1949); *H. Hommel:* Per aspera ad astra, in: Würzburger Jahrbücher für die Altertumswissenschaft 4 (1949/50), S. 15–165; *E. Zinner:* Sternglaube und Sternforschung (München 1953); *F. Strunz* u. *C. M. Edsman:* Art. ‚Astrologie', in: RGG. Bd. I (²1957), Sp. 664–666; *H. Hommel:* Der Weg nach oben. Betrachtungen zu lat. Spruchgut (Per aspera ad astra), in: Studium generale 13 (1960), S. 296–299; *W. Schadewaldt:* Griech. Sternsagen (München 1970); *C. H. Tillhagen:* Himlens Stjärnor och vädrets makter (Stockholm 1991).

Steuer(n). *Das Steuer führen,* auch: *am Steuer sitzen (sein):* an der Regierung sein, den Staat lenken, die Richtung in der Politik bestimmen, vgl. ‚am Ruder sein'; frz. ‚être à la barre', ↗ Ruder.

Das sprachl. Bild der Rdaa. bezieht sich urspr. auf das Steuer des Schiffes, durch das sein Kurs bestimmt wird, in übertr. und erweiterter Bdtg. dient es zur Umschreibung von Herrschaft, Leitung und richtungweisendem Handeln und Eingreifen überhaupt, vornehmlich jedoch im öffentlichen Leben, in Wirtschaft und Politik. Das Neutrum ‚Steuer' ist ein ndd. Wort, das erst spätmhd. als ‚stiure' bezeugt ist. Wegen seiner Grundbdtg. von körperlicher Stütze kann es mit anord. ‚staurr' = Pfahl und lat. ‚restaurare' = wiederherstellen in Zusammenhang gebracht werden. Das schwache Verb ‚steuern' beruht auf mhd. ‚stiuren' = lenken, leiten, stützen.

Das Steuer (fest) in der Hand haben: an der

‚Das Steuer fest in der Hand haben'

1550

Macht sein, seinen Willen (mit Gewalt) durchsetzen, seine Ziele konsequent verfolgen, sich auf seinem Wege durch nichts und niemanden beirren lassen.

Das Steuer ergreifen: die Herrschaft an sich reißen, die Führung übernehmen, ordnend eingreifen.

Das Steuer herumwerfen: einen neuen oder entgegengesetzten Kurs einschlagen, die bisherige Richtung in der Politik (Wirtschaft) plötzlich und grundlegend ändern.

Die Wndg. *einer Sache steuern:* ihr Einhalt gebieten, beruht auf der gleichen Vorstellung und meint eigentl. das Entgegensteuern, um das Abweichen vom rechten Maß oder Wege wieder auszugleichen.

Ohne Steuer treiben: ohne feste Führung sein, die Richtung verloren haben, einer unsicheren Zukunft ohne Ziel entgegensehen, die Gewalt (Herrschaft) über sein Leben (die Politik, Wirtschaft) verloren haben; vgl. frz. ‚aller à la dérive'; ähnl.: *des Steuers verlustig gehen:* Halt und Stütze vermissen müssen.

Die mdal. Wndgn., die vor allem von der nordd. Küste stammen, zeigen ihren Zusammenhang mit der Seemannssprache noch deutlicher als die hochsprachlichen, z. B. heißt ‚oever Stür gân', über Bord gehen. Davon abgeleitet ist die Rda. ‚Et geit mit em över Stür', es geht rückwärts mit ihm, da sich ja das Steuer am Ende des Schiffes befindet. ‚Van 't Stür sein', außer Fassung geraten, eigentl. ohne Steuer sein und sich nicht mehr selbst helfen können, dagegen: ‚to Stür kommen', einem zustatten kommen. Diese Wndg. ist bereits bei Burkard Waldis (III, 50, 13) lit. bezeugt als Feststellung: „Der kompt vns wol zu steur". Die Rda. ‚De besten Stüerlüd (Käptens) stahn jümmen an Land' bezieht sich auf die Besserwisser an Land und stammt auch aus der Seemannssprache.

Etw. zur Steuer der Wahrheit tun (sagen): der Wahrheit ihr Recht geben. Das Femininum ‚Steuer' geht auf ahd. ‚stiura' = Abgabe, eigentl. Unterstützung durch Abgaben, zurück und bezeichnet urspr. die Stütze in sinnlicher Bdtg., was sich noch im bair. Ausdr. ‚Steuerleiste' = Stützleiste am Wagen, erhalten hat.

Dagegen meint die Steuer als Abgabe: *Steuer und Bett von Toten nehmen:* über-

große Forderungen stellen. Die Rda. erinnert an das frühere Recht der Grundherren, den persönlichen Besitz der verstorbenen Leibeigenen für sich zu fordern, den sogenannten ‚Todfall'.
Die Steuerschraube anziehen: die Steuern ständig erhöhen. Die Wndg. ist als anschauliche Schelte des künstlich gesteigerten Steuerdruckes in den sechziger Jahren des 19. Jh. aufgekommen und von Bismarck 1881 in seine ‚Politischen Reden' (8,370) aufgenommen worden; vgl. frz. ‚reserrer la vis des impôts'.
Lit.: *W. Stammler:* Seemanns Brauch u. Glaube, in: Dt. Philologie im Aufriß, 2. Aufl. Bd. III, Sp. 2901 ff.; *O. G. Sverrisdóttir:* Land in Sicht (Frankfurt/M. 1987), S. 107–112.

Stich. *Etw. (jem.) im Stich lassen:* etw. preisgeben, jem. in einem kritischen Augenblick nicht unterstützen, ihm nicht helfen, ihn in Gefahr verlassen; versagen, nicht funktionieren.
Diese seit dem Ende des 15. Jh. vereinzelt, vom 17. Jh. an sehr reich bezeugte Rda. ist auf die verschiedenste Weise erklärt worden. Fr. Seiler führt in seiner ‚Dt. Sprichwörterkunde' (S. 232f.) nicht weniger als sechs Erklärungen an, dazu noch vier bis fünf Varianten. Völlig gesichert ist keine.
Am wahrscheinlichsten scheint die Herleitung vom Turnierwesen, wobei, etwa im Massenturnier, ein Kämpfer die Gefährten verläßt, die nun ‚im Stich' des Feindes bleiben. Die Rda. ist allerdings wohl nicht unmittelbar aus dem ritterlichen Turnierwesen des MA. in die Umgangssprache übergegangen, sondern wahrscheinl. aus dem bürgerlichen ‚Stechen', Kampfspielen, die in Nachahmung der ritterlichen Turniere im ausgehenden MA. von den Städten abgehalten wurden. Es gab Gesellenstechen, Fischerstechen usw., bei denen es um einen Preis ging, so daß stechen die Bedeutung bekam: um einen Preis ringen, streiten.
In Rollenhagens ‚Froschmeuseler' (1595; v. K. Goedecke) gibt es zwei Stellen, die geeignet sind, mehr Licht auf die Sache zu werfen. Über den rittermäßigen Kampf zwischen Fröschen und Mäusen heißt es (I, 2, 11, Verse 36 ff.):
Und wer ich da so lang geblieben,
Und nicht zuvor davon geflogen,
Eh denn es all hat ausgezogen,
Ich wer zerhackt elendiglich,
Mit dem or geblieben im stich.
Auch an anderer Stelle wird der ganze Kampf „der Stich" genannt (III, 3, 8, Vers. 57). Läßt man jem. im Stich, so läßt man ihn im Kampf allein (Hauschild, S. 265). Von daher bekam ‚Stich' die Bdtg. der lebensgefährlichen Situation, der Todesgefahr, wie in der Rda.: *sich in den Stich geben:* sich dem Tod oder der Todesgefahr aussetzen; belegt bei Luther 8,278a: „o welch ein herz ist das gewest, wie tief gedemütiget sichs, gibt sich in den Stich und nimpt gottes straf mit willigem Gehorsam an".
Späterhin wurde die Rda. sogar auf Schützenfeste übertr., wo man statt mit der Lanze mit der Armbrust kämpfte. Zwei, die gleich gut geschossen hatten, mußten ‚miteinander stechen', indem sie noch einmal schossen. Vom Schießen ging der Ausdr. auf andere Spiele, wie Kegel- und Kartenspiel, über.
Beim Fußturnier, das unter Kaiser Maximilian aufkam, stachen sich die Kämpfer über eine hölzerne Schranke hinweg. Da sie ohne Beinzeug kämpften, war es streng verpönt, unter der Schranke durchzustechen, das nannte man ‚durch den Zaun stechen', später (in der Preuß. Kammerordnung von 1648) ‚Durchstich treiben' und heute noch üblich als ‚Durchstechereien treiben' i. S. v. betrügerische Manipulationen in einer Vertrauensstellung vornehmen.
Übertr. sagt man auch ‚jem. bestechen', in einer früheren Form ‚jem. zu stechen suchen', nämlich ‚mit dem goldenen Spieß', d. h. ihn durch Gold korrumpieren. Diese Rda. findet sich bei Luther (Sir. 8,3) „Denn viele lassen sich mit Gelde stechen, und es bewegt auch wohl der Könige Herz". – Ganz unwahrscheinl. ist die Herleitung der Rda. von der Biene, die ihren Stachel beim Stich in der Wunde zurückläßt, obgleich Luther die Rda. einmal so deutet (‚Auf des Bocks zu Leipzig Antwort', 1521; Weimarer Ausg., Bd. VII, S. 277): „die weil ich sihe, das du deyne seele daran setzen wilt, und wie eine tzornige bien das leben ym stich lassen".
Auch die Wndg. *im Stich bleiben:* verlorengehen, kommt vom 16. bis zum 18. Jh. gelegentlich vor; so 1639 bei Lehmann

(S. 921; ‚Wohlthat' 42): „Die guten Werck vnd Wohlthaten, so den Armen geschehen, folgen vns nach in den Tod vnd ins ewige Leben, das man sonst erspart und hinterlassen, das bleibt im Stich".
Stich halten: sich als zuverlässig (richtig, wahr) erweisen, die Probe bestehen; bei Luther und im 16. bis 17. Jh. in der Form ‚den Stich halten', seit dem Ende des 17. Jh in der artikellosen Form bezeugt. Auch der Urspr. dieser Rda. ist nicht sicher. Man hat sie vom Stich beim Nähen abgeleitet (so schon 1741 Frisch in seinem ‚Teutsch-lateinischen Wörterbuch'), dann vom Stich beim Kartenspiel (‚den Stich behalten, festhalten'); am wahrscheinlichsten ist jedoch wiederum die Herkunft vom Kampf mit der Waffe (‚den Stich des Gegners aushalten').
‚Hieb- und stichfest' mußte ein Turnierpanzer sein; heute überträgt man diese Rda. auf Argumente, die so überzeugend sind, daß der Gegner keine Gegenargumente findet. Ähnl. sagt man von einem Argument, es sei nicht ‚stichhaltig'; vgl. engl. ‚it will not hold water'.
Wenn bei einer letzten ‚Stichwahl' zwischen zwei Bewerbern der eine den anderen ‚aussticht', so klingt auch hier das ritterliche Stechen an. Zwar kennt die ritterliche Dichtung des hohen MA. die Wndg. noch nicht, aber die ältesten Belege zeigen deutliche Beziehung auf den Kampf: „Also helt dieser glaube den puff und stich nicht" (Luther, Weimarer Ausgabe, Bd. XVI, S. 234); „Derhalb das buch den stich nicht halten würde, so es solt von den widersachern angefochten werden" (Luther, Jenaer Ausgabe Bd. II, S. 279a). Von den fünf weisen Jungfrauen sagt Luther: „Sie haben Gottes Werk bei sich und nicht einen gedichteten, gemachten Wahn, der den Stich nicht halten mag".
Auf das Kartenspiel weist jedoch folgender Beleg hin:

Des Pfennigs mancher haust
Gab er Unterschlauf,
Hält den Stich – ich passe

(F. W. v. Ditfurth, Die hist.-polit. Volkslieder des Dreißigjährigen Krieges, Nr. 50, 58).
Den letzten Stich halten (auch vom Kartenspiel): als Sieger bleiben:

Als widern Kaiser bochet ich
Und hielt doch nicht den letzten Stich
(Ebd. Nr. 18, 17).
Immerhin erscheint ‚Stich halten' gelegentlich schon im 16. Jh. mit Beziehung auf die Näharbeit, bes. in der Form ‚keinen Stich halten' und in der Doppelform ‚(den) Stich und (die) Farbe halten' (vgl. ‚Farbe'), ferner als ‚Stich und Strich halten' mit Anklang an bergmännische und Goldarbeitergebräuche.
Jem. einen Stich geben (versetzen): ihn verletzen, kränken; eine dem Gesprächspartner unangenehme Angelegenheit durch eine Bemerkung andeuten (vgl. ‚jem. eine Spitze, einen Seitenhieb geben').
‚Die Sonne sticht' rührt, ähnl. wie der ‚stechende Blick', vom Bild des Strahles her, der von etw. ausgeht u. konkret mit einer Spitze vorgestellt wird, die fühlbar ist.
Einen Stich haben: verrückt sein, wobei wohl urspr. an den Sonnenstich gedacht ist, der zu Fieber und Ohnmacht führt. Im Ndd. fragt man einen, den man für nicht ganz gescheit hält, gern spöttisch: ‚Du hast wohl'n Stich in der Birne (im Kopf)?' Hier liegt aber wohl eine Anspielung auf angestochenes Obst vor.
‚Etw. hat einen Stich', z. B. ‚die Milch hat einen Stich', ‚das Bild hat einen Stich ins Blaue', bez. die Abweichung vom Normalen, d. h., die Milch ist sauer, bzw. das Bild hat eine zu starke Blautönung. Ähnl. sagt man, daß ‚Kinder voneinander abstechen', d. h., ihre Charaktere sind völlig verschieden.
‚Einen Abstecher machen', auch ‚Stichfahrten' von einem bestimmten Ort aus unternehmen, von der geraden Route abweichen und einen abseitsliegenden Ort aufsuchen, um dann wieder zum Ausgangspunkt zurückzukehren. Die Rda. ist vielleicht vom Bild des Zirkels genommen, mit dem man die Strecke auf der Landkarte abmißt.

Lit.: *O. Hauschild:* Im Stiche lassen, in: Zs. f. d. U. 24 (1910), S. 264–265; *Dr. Reinhardt:* Über die Herkunft und urspr. Bdtg. der Rda. ‚im Stich(e) lassen', in: Zs. f. d. U. 24 (1910), S. 669–670; *H. Ladstätter:* Zur Rda. ‚im Stiche lassen' in: Zs. des allgem. dt. Sprachvereins 25 (1910), S. 210–212; *Fr. Seiler:* Dt. Sprww.-Kunde, S. 232 f.

Stichprobe. *Eine Stichprobe nehmen:* einen einzelnen aus einer Menge beliebig herausgegriffenen Teil oder ein Einzelstück genau untersuchen, um danach auf die Beschaffenheit oder Qualität des Ganzen zu schließen, auch: von Zeit zu Zeit nachprüfen, ob alles in Ordnung ist. Die Wndg. stammt aus dem Hüttenwesen. Die alten Schmelzöfen, die auch ‚Stichöfen' hießen, hatten vor sich einen ‚Stichherd', aus dem mit dem Probelöffel ein kleiner Teil der Schmelzmasse zur Bestimmung des Metallgehaltes entnommen wurde, was seit dem Ende des 16. Jh. bezeugt ist. Hardanus Hake schrieb 1583 in der ‚Bergchronik' (S. 140): „so manigmahl alß nun der Schmeltzer sticht, so mannigmahl nimmet ehr eine Stichprobe darvon". Von der Metallprüfung wurde die Rda. um die Mitte des 19. Jh. auch auf die Prüfung anderer Materialien und schließlich auf Geistiges übertr. Als der urspr. Zusammenhang mit dem Schmelzvorgang weitgehend vergessen war, entstand die jüngere Wndg. *eine Stichprobe machen.* Man kann heute auch *eine Stichprobe geben,* indem man aus einem Werk, einer Dichtung einen Teil vorträgt.

Möglicherweise älter als die Probe beim Metallschmelzen ist die ‚Stichprobe' der Weinbauern. Zudem wird dort mit dem ‚Stechheber' richtig gestochen, während man die Schmelzprobe mit einem Schöpflöffel entnahm.

Stiefel. *Einen (guten, tüchtigen) Stiefel vertragen (können):* viel Alkohol vertragen können, holst. auch in der Form bezeugt: ‚en gooden Stevel supen'; eine bes. ndd. geläufige Rda., die auf die seit dem 16. Jh. bezeugte Stiefelform von Trinkgläsern zurückgeht: „ein glass, was geformiert wie ein stiffel" (Thomas und Felix Platter, Zur Sittengeschichte des 16. Jh. [1529]; bearb. von Heinrich Boos [1878]; „Ja, sie soffen aus gestifleten Krügen" (Joh. Fischart, Geschichtklitterung [1575], Ndr., S. 123). In älterer Zeit haben vielleicht wirkliche Stiefel als Trinkgefäße gedient. Um 1030 heißen im ‚Ruodlieb', dem ältesten Abenteuer- und Ritterroman Dtls., ein paar, wie es scheint, lederne Weinflaschen, die lobpreisend dargeboten werden, im Scherze Stiefel. Im ‚Theatrum diabolorum' von 1569 ist bezeugt (449b): „Man seufft auß Theereimern, Hüten, Schuen".

Es gibt zahlreiche ätiologische Ursprungsanekdoten der Rda. 1860 erzählt G. Pfarrius in dem Gedicht ‚Der Trunk aus dem Stiefel', wie sich Ritter Boos von Waldeck dadurch, daß er einen Kurierstiefel auf einen Zug leert, das schöne Dorf Hüffelsheim ertrinkt. Dieselbe Rolle spielte der Stiefel bei dem berühmten ‚Trunk von Rothenburg', durch den der Bürgermeister 1631 die von Tilly eingenommene Stadt rettete. Nach Ansicht des Berliner ‚Freimüthigen' (1806, Nr. 71) soll ein Geistlicher an der Tafel Augusts des Starken, nachdem alle anderen Anwesenden unter den Tisch getrunken waren, sich seinen Stiefel mit Wein haben füllen lassen und ihn auf einen Zug ausgetrunken haben. Eine andere Anekdote berichtet, Bassompierre, der 1602 von Heinrich IV. als Gesandter in die Schweiz geschickt wurde, habe als Begrüßungstrunk für die dreizehn Kantonsabgesandten seinen Stiefel, der dreizehn Flaschen Wein faßte, geleert.

Unter den barocken Trinkgefäßen waren solche in Form eines Stiefels, in die ein volles Quart Wein ging. Sie waren hauptsächlich in Schwaben gebräuchl. Seit dem Anfang des 18. Jh. wird aus Stiefeln nur noch Bier getrunken. Von einem Betrunkenen sagt man, er habe *einen gehörigen Stiefel* (↗ trinken). In negativer Bdtg. findet sich Stiefel in zahlreichen Rdaa. *Einen Stiefel zusammenreden:* Unsinn reden, ist mdal. weit verbreitet.

Redewndgn. wie *seinen Stiefel fortmachen:* unentwegt, unkritisch etw. fortsetzen, kommen im 18. Jh. auf, zuerst in der Form *seinen Stiefel gehen.* Hier entspringen übertr. Wndgn., die das Handwerksmäßige und Geistlose hervorkehren, so schon 1752: „er predigt dir ... seinen Stiefel weg, daß es eine Art hat" (G. W. Rabener, Sämmtl. Schriften 3,44). In Gerhart Hauptmanns ‚Vor Sonnenuntergang' heißt es: „Man arbeitet eben seinen soliden Stiefel fort".

Als Ausdr. für Dummheit, Unsinn ist Stiefel mdal. weit verbreitet: „Ein Weiberleut redet oftmals einen Stiefel zusammen" (A. Schott, Seltsame Leut [1914], 10).

Einen Stiefel arbeiten, schreiben, spielen bedeutet soviel wie: schlecht. Der Musiker Joseph Joachim (1831–1907) schreibt

in einem Brief (hg. v. H. J. Moser, Bd. I, S. 119): „Der schöne Stiefel (kennst Du den Ausdruck für schlechte Schreibweise?) paßt zu den Schuhen, die ich dir schicke".
Wie in der Rda. ‚einen Stiefel vertragen' ist Stiefel oft auch in anderer Anwendung eine Mengenbez.: *sich einen gehörigen Stiefel einbilden:* eine viel zu hohe Meinung von sich haben.
Das zieht einem die Stiefel aus oder *Das ist zum Stiefelausziehen* sind Ausdrücke der Kritik, des scheinbaren Entsetzens oder gespielter Verzweiflung beim Anhören schlechter oder falsch gespielter Musik.
Gestiefelt und gespornt: völlig ausgerüstet, reisefertig, eine alliterierende Formel, oft auch als *mit Stiefeln und Sporen* belegt. Luther schreibt vom Buch Salomonis: „Es sollte völliger sein, es hat weder Stiefeln noch Sporn, es reitet nur in Socken". *Weder Stiefel noch Sporen haben:* unvollständig sein.
In Shakespeares ‚All's Well That Ends Well' heißt es: „You have made shift to run into't, boots and spurs and all".
Stiefel muß sterben ist eine Rda., die nach einer ätiologischen, d. h. ad hoc erfundenen Erzählung auf ein geschichtl. Ereignis zurückgeht: Im Jahre 1533 kam der Pfarrer Stiefel zu Luther und erzählte ihm, der Weltuntergang stehe nahe bevor, er habe es durch Berechnungen untrüglich festgestellt. Der Reformator ließ sich nicht überzeugen, desto besser gelang dies Stiefel bei den Bauern, die nun alles verzehrten und vergeudeten, was sie besaßen. Als nun der Weltuntergang ausblieb, ergriffen die zornigen Bauern den Pfarrer und führten ihn gebunden nach Wittenberg, wo sie seine Bestrafung verlangten. Auf dieses Ereignis dichtete ein Student ein Lied, das schon bald zum Studentenlied wurde, heute jedoch, nachdem das ursächliche Ereignis vergessen wurde, in der Umdichtung gesungen wird:

Stiefel muß sterben, ist noch so
                  jung, jung, jung!
Wenn das der Absatz wüßt, daß
              Stiefel sterben müßt ...

Die Strophe ‚Stiefel muß sterben ...' taucht zuerst in A. v. Arnims Sammlungen 1806 auf, ist aber auch später noch häufig als Kinder- und Scherzlied belegt.

Einem span. Stiefel anziehen: ihm die Freiheit zwangsweise einschränken; frz. ‚donner des brodequins au criminel' (veraltet). Der span. Stiefel war ein zum Erzwingen von Geständnissen dienendes Folterinstrument, in das Waden und Knie eingezwängt wurden. Bei Goethe (‚Faust' I, Studierzimmer) sagt Mephistopheles zum Schüler:

Mein teurer Freund, ich rat Euch drum
Zuerst Collegium Logicum.
Da wird der Geist Euch wohl dressiert,
In spanische Stiefeln eingeschnürt ...

‚Einem spanische Stiefel anziehen'

Etw. sind zwei Paar Stiefel: zwei Dinge sind ganz verschieden voneinander, haben nichts miteinander gemein: vgl. engl.: ‚There are Elms and Elms'; auch: ‚That's another pair of shoes'.
Die Stiefel anhaben: die Herrschaft im Haus besitzen; vgl. frz. ‚porter les bottes', ↗ Pantoffel.
Sich etw. an den Stiefeln abgelaufen haben ↗ Schuh.

Lit.: *W. E.:* That's another pair of shoes, in: American Notes and Queries 10, 11 (1909), S. 252; *J. Stave:* Seinen Stiefel fahren, in: ders.: Wörter und Leute (Mannheim 1968), S. 144–145.

Stiefkind. *Jem. (etw.) wie ein Stiefkind behandeln:* jem. (etw.) lieblos zurücksetzen, zu Unrecht vernachlässigen.
Etw. ist ein Stiefkind: es ist zuwenig beachtet, nicht gefördert worden. Die Vorstellung, daß Stiefkinder schlechter als eigene Kinder behandelt werden, ist schon seit der Antike bezeugt. In der „Alkestis' des Euripides (V. 309–310) heißt es um 438 v. Chr.:

Verfolgt die zweite Mutter doch
    Stiefkinder stets
Mit giftigen Blicken, einer wilden
    Schlange gleich.

Bis heute ist dieses Vorurteil weit verbreitet und gilt so als Regel, daß die Rdaa. immer davon ausgehen. Auch mdal. Wndgn. sind entstanden, z. B. heißt es im Schwäb. „Du sollst net's Stiefkind sein': du sollst nicht schlechter dran sein als die anderen. Auch im Ndd. sagt man gleichsam als Entschuldigung, wenn eines der Kinder versehentlich zu kurz gekommen ist: „Du bist doch kein Stiefkind!'
Ein Stiefkind der Natur sein: weder körperliche noch geistige Vorzüge besitzen, sich selbst von der Natur als Mutter alles Lebens ungerecht behandelt fühlen und ihr die eigene Unvollkommenheit zum Vorwurf machen.

Lit.: ⁄Stiefmutter.

Stiefmutter. *Etw. seiner Stiefmutter klagen:* alle Mühe umsonst aufwenden, an die falsche Stelle gehen, kein Gehör finden. Die Rda. beruht auf der lat. Wndg. „apud novercam queri', die bei Plautus bezeugt ist. Vgl. auch: „dem Wolf (Henker) beichten'. Die Rda. verzeichnet auch Seb. Franck (II, 16ᵃ). Vgl. ndl. „Klaag het uwe stiefmoeder'. Auch das frz. Wort für Stiefmutter bez. sowohl die zweite Frau des Vaters wie die böse Mutter: „la marâtre'.
Im Gegensatz zum Stiefvater spielt die Stiefmutter in Märchen, Sage und Volksglauben eine bedeutende Rolle. Die Stiefmutter wurde schon in früher Zeit als hart, boshaft und grausam geschildert. In ahd. Sprache findet sich ein Beleg bei Notker (1, 800, Piper):

ten sin stiefmuoter vilo willigo sougta,
doh si anderiu iro stiefchint hazeti.

Bes. im Märchen wurde die Stiefmutter zur typischen, festausgeprägten bösen Gestalt, die die Kinder quälte, hungern ließ und vom Hause vertrieb oder sie sogar als böse Hexe verwandelte, verfolgte und tötete. In den KHM. der Brüder Grimm finden sich dafür viele Beisp. Auch Hans Sachs übernahm noch bedenkenlos dieses Vorurteil und reimte (20, 364, Ausg. Keller-Goetze):

Da wurd sie irem stieffson feind,
Wie gwönlich all stieffmütter seind.

Häufig begegnet die Stiefmutter auch im Sprw. in einer negativen Rolle. Bei Petri heißt es z. B. in „der Teutschen Weiszheit' (2, y 5ᵃ):

Ein stieffmutter ist ein böse ruth
Und thut den kindern selten gut.

Die sprw. Bosheit der Stiefmutter überträgt sich nach dem Sprw. auch auf den Stiefvater: „bestimmte Umstände (legen) ein bestimmtes Verhalten nahe ...: Hänsel und Gretel (AaTh. 327 A) und andere Stiefmuttermärchen wirken wie Belegerzählungen zum Sprw. ‚Stiefmutter macht auch Stiefvater'" (Lüthi, Sp. 627).
An der Stiefmutter Grabe weinen, auch: *um die Stiefmutter weinen:* Tränen und Trauer heucheln. Vgl. ndl. „Hij schreit op zijn stiefmoeders graf'.
„Du gäbst e rechte Stiefmutter' heißt es im Schwäb. als Vorwurf gegenüber einer harten, boshaften und geizigen Person.
Seinem Maule (Munde, Leibe) keine Stiefmutter sein: sich nichts abgehen lassen, sich selbst alles gönnen. Die Wndg. ist bes. im mdt. u. obd. Raum verbreitet.
Er braucht keine Stiefmutter sagt man scherzhaft von einem Menschen, der sich gut in der Zucht hat, der sehr streng gegen sich ist.
Jem. (etw.) stiefmütterlich behandeln: jem. (etw.) unnatürlich hart behandeln, ihn zurücksetzen, etw. vernachlässigen.

Lit.: *G. Schambach:* Die Familie im Spiegel plattdt. Sprww., in: Bremer Sonntagsblatt, 3 (Bremen 1855), Nr. 4, S. 28/9; *J. Haltrich:* Die Stiefmutter in der siebenb.-sächs. Volkspoesie (Wien 1856); *W. Lincke:* Das Stiefmuttermotiv im Märchen der germ. Völker (= Germ. Studien 142) (Berlin 1933); *M. Beth:* Art. ‚Stiefeltern', in: HdA. VIII, Sp. 478–480; *F. Vonessen:* Die Unglaublichkeit der Wahrheit. Zur Mythologie des Stiefmuttermärchens, in: Scheidewege I (1971), S. 429–449; *S. Birkhäuser-Oeri:* Die Mutter im Märchen (Stuttgart 1976); *M. Lüthi:* Bosheit, böse, in: EM. II (1979), Sp. 618–634; *M. Tatar:* The Hard Facts of the Grimms' Fairy Tales (Princeton [N.J.] 1987); *L. Röhrich:* Das Bild der Frau im Märchen und im Volkslied, in: Jacob und Wilhelm Grimm zu Ehren, hg. v. H.-B. Harder u. D. Hennig (= Schriften der Brüder Grimm-Ges. Kassel 18) (Marburg 1989), S. 35–61; *R. Böhm-Korff:* Deutung und Bedeutung von ‚Hänsel und Gretel' (= Artes populares 21) (Frankfurt/M. 1991).

Stielauge. *Stielaugen machen (bekommen):* begehrlich oder neugierig auf etw. blicken, neidisch werden, auch: *Stielaugen wie die Setzeier machen.* Sold. wurden im 1. Weltkrieg stark hervorquellende Augen als Stielaugen bez. Die junge, durch student. Kreise verbreitete Rda. ist nicht von den an einem Stiel sitzenden Gläsern der Lorgnette hergeleitet, auch nicht vom Bild der bei Überanstrengung stark hervortretenden Augen, sondern vom tatsächlichen Vorkommen von Stielaugen in der Natur, u. a. bei Schnecken, Krebsen, Fischen etc.

In der Soldatensprache (schon des 1. Weltkriegs) wurde der begehrliche Blick eines potentiellen Diebes iron. mit ‚Stiehlauge' bezeichnet; z. B.: ‚Hast du deine Stiehlaugen auch schon wieder dazwischen?'

Stier. *Den Stier (Bock) bei den Hörnern fassen (packen),* also dort, wo der Stier seine beste Wehrkraft besitzt, in übertr. Bdtg.: eine Sache, ein Unternehmen mutig an der schwierigsten Stelle beginnen, den einzig richtigen Weg einschlagen, um eine Schwierigkeit zu bewältigen, kühn die größere Gefahr auf sich nehmen und einem Gegner offen entgegentreten, sich einem Wütenden stellen; vgl. frz. ‚prendre le taureau par les cornes'. Vgl. auch das ndd. Sprw. ‚Gott giwt uns wohl'n Koh, aber nich gliek bi de Höörn'.

In Politik und Presse wird das sprachl. Bild gern verwendet. Bereits 1874 hieß es in der ‚Schlesischen Presse' (Nr. 237): „Diese Partei verläßt den Kampfplatz, auf den sie in der Absicht getreten war, den Stier bei den Hörnern zu fassen, in sehr niedergeschlagener Stimmung". Von den deutschfeindlichen Hetzern schrieben 1887 die ‚Berliner Politischen Nachrichten': „Der imposante Durchbruch des nationalen Gedankens bei den deutschen Reichstagswahlen (21. Februar 1887) hat sie etwas stutzig gemacht, und ihr momentanes Schweigen deutet möglicherweise darauf hin, daß sie erkannt haben, es habe immer seine Bedenken, den Stier bei den Hörnern zu packen". ↗ Horn.

Es ist ein fremder Stier in der Weide gewesen heißt es, wenn der verbotene Umgang eines fremden Mannes mit einer verheirateten Frau bekannt geworden ist. Vgl. ndl. ‚Er is een vreemde stier in de wei geweest'.

Zur Erklärung für leicht aufbrausendes Verhalten eines Menschen sagt man: *Er ist im Stier geboren.* Vom Tierkreiszeichen bei der Geburt wird also auf den Charakter geschlossen.

Lit.: *Spälter:* Wer entscheidet die Frage: Was heißt ‚den Stier bei den Hörnern packen', in: Zs. f. d. U. 14 (1900), S. 662–663; *H. Stickelberger:* Die Lösung der Frage: Was heißt ‚den Stier bei den Hörnern packen', in: Zs. f. d. U. 16 (1902), S. 57–58; *K. Linde:* Zur Rda. ‚den Stier bei den Hörnern fassen', in: Zs. f. d. U. 16 (1902), S. 437–439; *A. Wirth:* Art. ‚Stier', in: HdA. VIII, Sp. 482–486.

‚Den Stier bei den Hörnern fassen'

still, Stille. *Es ist still um jem. geworden:* er wird von der Öffentlichkeit nicht mehr so beachtet wie früher, er lebt im Alter sehr zurückgezogen, seine Werke (sein Verhalten) erregen nicht mehr die Gemüter, sie sind nicht mehr in der Diskussion. In einer Gesellschaft versucht man die eingetretene peinliche Stille durch den Ausruf zu überwinden: *Es ist so still, nun ist's Zeit zum Hafersäen!* Gewöhnlich fließt dann der Redestrom wieder lebhafter; denn daß der Landmann seinen Hafer an wind-

stillen Tagen sät, weiß jedermann, er weiß aber auch, daß die Rda. hier die Mahnung enthält, sich ein wenig mehr an der Unterhaltung zu beteiligen; ↗ Engel.
Auf eine längere Pause in der Unterhaltung bezieht sich auch die pomm. Rda. ‚Es ist so still wie in der Schmalentiner Kirche!' Sie ruft in einem Kreise immer Heiterkeit hervor, dem bekannt ist, daß im Dorf Schmalentin (Kreis Greifenberg) keine Kirche steht. Auch in diesem Falle wird die Unterhaltung wieder in Fluß gebracht. Dieselbe Rda. gibt es auch von der Kirche des Dorfes Trampke (Kreis Saatzig).
Um die ‚lastende Stille' zu charakterisieren, werden gern die rdal. Vergleiche *still wie das Grab* oder *still wie in der Kirche* benutzt. Von einem Schweigsamen sagt man auch: *Er ist so still wie eine Maus* (‚mäuschenstill') oder *Er ist so still wie die Glocken am Karfreitag*. Diese Wndg. bezieht sich auf den katholischen Brauch, die Glocken von Gründonnerstag bis Ostern nicht zu läuten, ↗ Karfreitagsratsche.
In der (aller) Stille etw. tun (vorbereiten): ohne Aufsehen zu erregen, heimlich, auch *im stillen* bei sich selbst, unbemerkt. Goethe gebrauchte die Wndg. lit., in seinem ‚Tasso' (I, 2) heißt es:

Es bildet ein Talent sich in der Stille,
Sich ein Charakter in dem Strom der
Welt.

Der Ausdr. *die Stillen im Lande* beruht auf Ps. 35, 20: „Denn sie trachten Schaden zu tun und suchen falsche Anklagen wider die Stillen im Lande". Im 18. Jh. wurde dies die Bez. für die Anhänger der pietistischen Bewegung. Friedrich der Große äußerte verwundert: „Können uns die Stillen im Lande!", als man ihm Teerstegens Kritik an seiner unchristl. Haltung zu lesen gab (Büchmann).

Lit.: *O. Knoop:* Stargarder Sagen, Überlieferungen u. Geschichten (1929), Nr. 68; *Jungwirth:* Art. ‚Schweigen', in: HdA. VII, Sp. 1460–1470.

stinken. *Es stinkt,* auch: *Hier stinkt es:* etw. ist nicht in Ordnung, eine Sache erscheint verdächtig, eine Beteiligung oder Unterstützung wäre bedenklich, weil das Unternehmen entweder nicht genügend gesichert, rechtswidrig oder sogar eine verräterische Falle sein könnte, auch: es besteht Verdacht auf ein verborgenes Unrecht oder auf ein geplantes Verbrechen. Vgl. die Rda. ‚Hier ist etw. ↗ faul'.
Urspr. bezog sich die Wndg. nur auf verdorbene Lebensmittel, die bereits in Zersetzung oder Verwesung übergegangen waren. Von dem dabei entstandenen unangenehmen Geruch, der zuerst wahrgenommen wurde, schloß man auf den inneren Zustand der Speisen. In übertr. Bdtg. ist gemeint, daß schon erste Anzeichen genügen, um einen Verdacht auf Unordnung, Unsitte, Verfall und Verbrechen aufkommen zu lassen. Goethe machte die Rda., die aus der Umgangssprache stammt, durch seine Verwendung im ‚Faust' literaturfähig. In der Szene ‚Am Brunnen' läßt er Lieschen verächtlich von einer Freundin sagen:

Es stinkt!
Sie füttert zwei, wenn sie nun ißt
und trinkt.

Da stinkts bei ihm: in diesem Gebiet (Wissenschaft) geht es nicht vorwärts bei ihm, seine Kenntnisse fehlen.
Hier stinkt es: hier hat sich jem. selbst gelobt. Die moderne Wndg., die bes. bei Schülern und Studenten zur Abweisung und Verspottung von Prahlereien beliebt ist, beruht auf dem Sprw. ‚Eigenlob stinkt'. In der Soldatenspr. des 1. Weltkriegs hat dieses Sprw. noch eine Nebenform erhalten: ‚Eechenlob (Eichenlaub) stinkt!' Sie bezog sich auf den aus Blättern selbstgemachten, stinkenden Tabak.
Etw. stinkt zum Himmel: es ist ein offensichtliches Unrecht, es ist unerhört.
Es stinkt in der Fechtschule: etw. ist nicht in Ordnung, es kommt zu einer unangenehmen Auseinandersetzung, es gibt Streit und Ärger. Vgl. auch die Rda. ‚Es spukt in der Fechtschule' (↗ spuken) und die Wndg. ‚Hier ist dicke ↗ Luft'.
Es stinkt mir in die Nase: es ist mir äußerst unangenehm und widerwärtig, ich tue etw. nur höchst ungern. Häufig hört man heute nur die Kurzform der Rda.: *Mir stinkt es!* in der Bdtg.: ich habe endgültig genug, ich habe es satt. Vgl. auch die Wndg. ‚die ↗ Nase von etw. voll haben'.
‚Den Dreck rütteln, daß er stinkt', eine in Vergessenheit geratene Angelegenheit wieder aufführen, Unangenehmes durch seine Einmischung noch ärger machen.

‚Den Dreck rütteln, daß er stinkt'

Th. Murner hat die Wndg. „den dreck rutlen, das er stinckt" in seiner ‚Schelmenzunft' lit. verwendet.

Nach Geld stinken: geradezu unanständig reich sein, durch großen Aufwand und sein bes. Auftreten auf seinen Reichtum hinweisen. Die Rda. wird heute meist im negativen Sinne mißbilligend gebraucht, wenn jem. bloß seines Geldes willen zur großen Gesellschaft gezählt wird, ohne genügend Bildung und vornehme Zurückhaltung zu besitzen. Luther gebrauchte diese Wndg. bereits in seinen ‚Tischreden' (339ª): „Das stincket nach Gelde", jedoch in etw. anderer Bdtg. als heute. Er wollte damit ausdrücken, daß bei einer Sache ein Profit zu erwarten ist, daß es bei etw. nur auf das Geld abgesehen ist. Vielleicht besteht hier ein Zusammenhang mit der Feststellung *Geld stinkt nicht,* die eigentlich das Gegenteil besagen will und auf einem Ausspruch von Kaiser Titus Flavius Vespasianus beruht, der damit seinen Sohn belehren wollte, daß man es dem Geld nicht anmerken könne, auf welche Weise es verdient wurde (‚pecunia non olet'); vgl. frz. ‚L'argent n'a point d'odeur'.

‚Stank für Dank', arger Undank; vgl. ndl. ‚Stank voor dank'.

Vor Dummheit stinken: sehr dumm sein. Diese Wndg. ist der bekannteren Rda. *vor Faulheit stinken* nachgebildet.

Die zahlreichen rdal. Vergleiche dienen zur drastischen Steigerung: *etw. stinkt sechs Meilen gegen den Wind; es stinkt wie ein Nest voll junger Füchs, wie die Pest;* mdal. sagt man schwäb. ‚Des stinkt ärger ass's Bocks Loch' und schles. ‚Das stinkt hier, als wenn sich der Teufel (die Hosen) zerrissen hätte'.

Jem. stinkt wie ein Aas, wie ein Bock, wie faule Eier, wie der Teufel, wie eine Wanze, wie ein Wiedehopf, wie ein Ziegenbock. Die mdal. Vergleiche sind bes. anschaulich, z. B. heißt es schwäb. ‚Dear stinkt wia a Kist voll kranke Affa', ‚wia d'Pest voar Wien', ‚wia sieba Juda vo Hürba'.

Allg. verbreitet sind auch die Wndgn. *Er stinkt, als wenn er beim Schinder in der Kost wäre* (vgl. ndl. ‚Hij stinkt, of hij bij een'viiler in den kost is') und *Er stinkt durch die Rippen.* Eine Umschreibung für gestorben sein sind die derben Feststellungen: *Er hat sich auf das Stinken gelegt* oder *Er stinkt schon lange nicht mehr,* ↗zeitlich.

In Berlin gebraucht man gern die scherzhafte Umkehrung: ‚Stinken Se mal, wie det riecht'.

Im Bad. heißt es: ‚Was stinkt, des düngt'. Hält man sich in einem Raum mit schlechter Luft auf und kann daran nichts ändern, so tröstet man sich mit dem Wort: ‚Es sind schon viele erfroren, aber noch keiner erstunken'.

Etw. ist erstunken und erlogen: eine Behauptung entspricht nicht der Wahrheit. Diese Zwillingsformel betont vor allem die Gemeinheit einer Lüge.

Lit.: *A. Corbin:* Pesthauch und Blütenduft. Eine Geschichte des Geruchs (Berlin 1984).

‚Stank für Dank'

Stint. *Sich freuen wie ein Stint:* sich sehr seines Lebens freuen, sich freuen wie ein

↗ Schneekönig. Der Prediger Friedrich Wilhelm August Schmidt zu Werneuchen hat in seinem Gedicht ‚Der Mai 1795' (Neuer Berlin. Musenalmanach f. 1797, 86) den kleinen Weißfisch erwähnt, der im Ndd. den Namen ‚Stint' trägt, und damit den Anlaß zu dieser Rda. gegeben:

> O sieh! wie alles weit und breit
> Von lindem Schmeichelwind
> Mit Wonneblüten überstreut,
> An warmer Sonne minnt!
> Vom Storche bis zum Spatz sich freut,
> Vom Karpfen bis zum Stint!

Er ging ein Stintlein zu angeln und hat einen Lachs gefangen sagt man, wenn einem ein unerwartetes Glück widerfährt. Das angeblich planlose Verhalten des geringgeachteten Fisches, den nur arme Leute auftischten, hat in Norddtl. den Anlaß zu mehreren rdal. Vergleichen gegeben: die holst. Rda. ‚He riskërt sien Leben as'n Stint' meint: er ist höchst unvorsichtig; häufig hört man in Berlin: ‚Er ist besoffen wie'n Stint' oder ‚Er ist stintmäßig besoffen', er ist sinnlos trunken und weiß nicht mehr, was er tut; aber auch: *Er ist verliebt wie ein Stint:* er ist so verliebt, daß er auf nichts mehr in seiner Umgebung achtet und einen zerstreuten, abwesenden Eindruck macht.

Im Ndd. sagt man verächtlich über einen kleinen Angeber oder Gernegroß: ‚So 'n Stint!'

Lit.: *Th. Redslob:* Sich freuen wie ein Stint, in: Korrespondenzblatt des Vereins für ndd. Sprachforschung 31 (1910). S. 14–16; *Th. Zell:* Verliebt wie ein Stint, in: Zs. des allgem. dt. Sprachvereins 35 (1920), S. 104–106; *G. Schoppe:* Sich freuen wie ein Itsch, in: German.-roman. Monatsschrift 26 (1938), S. 73; *A. Striepe:* Und ärgert sich alt wie ein Stint, in: Mitteilungen aus dem Quickborn 44 (1953), S. 39–40.

Stirn. *Es steht ihm an der Stirn geschrieben:* seine Gesinnung verrät sich schon durch seinen Gesichtsausdr., man kann seine Gedanken ablesen. Ob ein Zusammenhang der Rda. mit dem Kainszeichen besteht, ist nicht sicher, doch läßt sie sich bis ins 15. Jh. zurückverfolgen. Bes. bekannt geworden ist sie durch Gretchens Worte über Mephistopheles (‚Faust' I, V. 3489), den sie rein gefühlsmäßig ablehnen muß:

> Es steht ihm an der Stirn geschrieben,
> Daß er nicht mag eine Seele lieben.

Ähnl. Wndgn. sind: *Man kann's ihm an der Stirn lesen* (vgl. lat. ‚ex fronte perspicere'), etw. *an der Stirn tragen* und, ins Negative gewendet, *Es steht nicht alles auf der Stirn geschrieben:* man kann nicht alle geheimen Gedanken erraten (vgl. engl. ‚Every one's faults are not written on their foreheads'), oder *Es ist ihm nicht an die Stirn geschrieben wie den Schafen auf den Pelz* und *nicht wissen, was hinter jem. Stirne vorgeht.*

Aus der Bibel stammt die Rda. *eine eherne (eiserne) Stirn haben:* sich nicht einem fremden Willen beugen, sehr hartnäckig sein. Bei Jes. 48,4 heißt es: „Denn ich weiß, daß du hart bist, und dein Nacken ist eine eiserne Ader, und deine Stirn ist ehern". Ähnl. *etw. mit eherner (frecher) Stirn behaupten:* etw. dreist behaupten. Bildl. wird Stirn für Kühnheit und Frechheit gebraucht. Seit dem 18. Jh. begegnet deshalb die Rda. auch in verkürzter Form: *die Stirne zu etw. haben:* die Unverschämtheit besitzen. Vgl. frz. ‚avoir le front'. Die Rda. ist auch lit. bezeugt, z. B. schreibt Wieland 1794 (Sämtl. Werke Bd. XXII, S. 293):

> Was ist so arg, das nicht, um sich
> genug zu tun,
> Ein Weib die Stirne hat zu wagen?

Einem die Stirn bieten: jem. harten Widerstand entgegensetzen.

Einem die Stirn brechen: der gezeigten Hartnäckigkeit (Frechheit, Unverschämtheit) Gewalt entgegensetzen und sie besiegen.

Nach seiner Stirn und Gehirn leben: nach seinem Kopfe leben, sich nicht beeinflussen lassen.

Einen vor (für) die Stirn stoßen: ihn beleidigen und entmutigen, ihn grob abweisen, ↗ Kopf. Die Rda. ist alt, denn sie ist bereits bei Fischer im ‚Psalter' (647,1) bezeugt.

Sich wie vor die Stirn geschlagen vorkommen, auch: *wie vor die Stirn geschlagen sein:* durch das unerklärliche Verhalten eines Menschen oder durch ein unerwartetes Ereignis völlig verstört sein. Vgl. auch siebenb.-sächs. ‚E äs vuer de Stern geschlôn'.

Sich an (vor) die Stirn schlagen: seine eigene Dummheit einsehen und dies mit einer Geste des Unwillens ausdrücken. Vgl. lat. ‚ferire frontem'.

1559

Sich an die Stirn greifen (müssen): etw. ist unglaublich, man kann nur den Kopf darüber schütteln.
Du, greif dem mal an die Stirne!: mach ihm deutlich, daß er nicht recht gescheit ist, eigentl.: prüfe einmal nach, ob er vielleicht im Fieber spricht. In Sachsen zieht man deshalb nach der Berührung der fremden Stirn sofort die Hand zurück, als habe man sich dabei verbrannt, und fügt hinzu: ‚Die ist aber heiß!'
Auch im Ndd. greift man dem ‚Fieberverdächtigen' an die Stirn, indem man ‚Tschsch ...!' sagt. Man ahmt damit das Geräusch eines Wassertropfens nach, der auf eine glühende Herdplatte fällt.
Nicht auf die Stirn gefallen sein: nicht dumm sein, ↗ Kopf.
Seine Stirn runzeln über etw.: Mißfallen, Verdruß ausdrücken, etw. (moral.) beanstanden. Vgl. ndl. ‚Hij fronselt zijn voorhoofd'; frz. ‚froncer les sourcils' (wörtl.: Die Augenbrauen zusammenziehen).
Er hat eine gelehrte Stirn: er hat eine Glatze, aber auch: er ist ein völlig unwissender Mensch, da ‚gelehrt' scherzhaft für das eigentl. gemeinte ‚geleert' steht.
Für die euphemist. oder übertreibende Kennzeichnung der Glatzenbildung sind im 19. und 20. Jh. humorvolle Wndgn. bes. in den Großstädten entstanden: *Die Stirn wächst in den Rücken hinein; eine hohe Stirn bis hintenhin (bis in den Nacken) haben; eine erweiterte (entlaubte, überhöhte) Stirn haben.*

Lit.: *Bargheer:* Art. ‚Kopf', in: HdA. V, Sp. 201–214.

Stock. *Über Stock und Stein:* über alle Unebenheiten hinweg. Die stabreimende Rda. hat sich noch in einem Kinderlied erhalten:

Hopp, hopp, hopp,
Pferdchen, lauf Galopp,
Über Stock und über Steine ...

Die Rda. ist aber wesentlich älter. In Hugos von Trimberg Lehrgedicht ‚Renner' (12524 ff.) heißt es (um 1300):

über rûch, über sleht, über stein,
über stöcke
sül wir hurren, loufen, springen.

Ein weiterer Beleg dieser Alliteration findet sich im ‚Kindheitslied' des Meisters Alexander, der in der zweiten Hälfte des 13. Jh. gelebt hat:

set, do liefe wir ertberen sûchen.
von der tannen tzû der bûchen
Vber stoc vnde vber steyn.
Der wile daz die svnne scheyn.

Beide Belegstellen beschreiben eine Situation im Wald. Bei den Stöcken handelt es sich hier jedesmal um Wurzelstöcke, Wurzelholz im Wald. „Es ist wohl das Natürlichste, dabei an die Steine und an die sogenannten Wurzelstöcke, die mit den Wurzeln noch in der Erde stehenden Stümpfe abgeschnittener Baumstämme, zu denken, die auf ungebahnten Wegen, bes. im Walde, die Schritte der Wanderer hemmen" (Richter, S. 175).
Bismarck gebraucht die Wndg. ‚einen Stock zwischen die Räder schieben' (‚Reden' 6, 453): „Wenn man zur unrechten Zeit jemand, der sich in einer schwierigen Situation befindet, einen Stock zwischen die Räder schiebt, so ist es möglich, daß der Stock für den Augenblick wirkt".
Das sprachl. Bild kommt von den hochräderigen alten Bauern- (Leiter- oder Ernte-) wagen, wobei der Stock zwischen den Rädern unterschiedliche Wirkungen bezwecken konnte: Faßte die Bremse am Hang nicht genug, blockierte der Stock zwischen den Speichen des Rades noch zusätzlich, das nun den Wagen bremste. – Saß aber einmal der Wagen im aufgeweichten Boden fest, so vereinte der Fuhrmann die Hebelwirkung des Stockes in den Speichen mit der Kraft seiner Muskeln und der der anziehenden Pferde, um wieder ‚flott zu werden'. Die Rda. kann also sowohl ‚fördern' als auch ‚bremsen' bedeuten. Vgl. auch: KHM. 57, 89 u. 163.
Wie ein Stock dastehen: stumm und steif dastehen, kein Unterhaltungstalent besitzen. Ähnl. die Rda. bei Grimmelshausen (‚Simplicissimus' I, 12): „... Ich aber stand da wie ein Stockfisch"; als Schelte für den ungelenken Langweiler schon bei Joh. Fischart 1572 (‚Praktik' 15). Dazu die Bildungen: ‚stockdumm', ‚stocktaub', ‚stocksteif', ‚stockfinster', ‚stockblind'. Die Ableitung des Ausdr. ‚ein verstockter Sünder', ein störrisch in Bosheit verhärteter Mensch, von dem Strafinstrument, dem ‚Stock', ist lt. Dt. Wb. 12, 1, Sp. 1761, nicht zutreffend. Ähnl. erklärt Seiler (S. 250) verstockt als unempfindlich wie ein Stock.

STOCK

Aber: *im Stock sitzen:* gefangensein (vgl. ‚Stockhaus', ‚Stöcker' und ‚Stockmann' für Gefängniswärter).

Seiler führt auch ‚stockfinster' auf das Stockhaus zurück, die Rda. bedeute, es sei so finster wie im Stockhaus, im Gefängnis. In älteren Belegen heißt es jedoch ‚stickfinster', und auch das Subst. ‚Stick' ist belegt als ndd. Form für Stich. So heißt es in Hans Sachs' Schwank ‚Der faule Fritz im Schranke' (108): „kein Stick ich noch nicht sehen kan". Bereits mhd. findet sich ‚stic' für ‚Stich'. So sagt man noch heute ‚keinen Stich sehen können', vgl. auch ‚stichdunkel'. Durch Volksetymologie ist also ‚stichfinster' zu ‚stockfinster' geworden, als das Präfix ‚stich-' nicht mehr verstanden wurde; dieser Vorgang ist relativ früh anzusetzen, denn schon im ‚Simplicissimus' heißt es ‚stockfinster'.

‚Er schneidet selbst den Stock, mit dem er geschlagen werden soll', er trägt zu seinem eigenen Schaden bei.

‚Er schneidet selbst den Stock, mit dem er geschlagen werden soll'

1/2 Stock, Stockhaus (‚Im Stock sitzen')

Sich mit einem kurzen Stock wehren: sich schlecht verteidigen.

Holst. sagt man auch: ‚He sleit en goden Stock', er weiß sich gut zu wehren, zu verteidigen.

Jem. über den Stock springen lassen: jem. mit List betrügen.

Am Stock gehen: müde, krank, gebrechlich sein sowohl in körperlicher als auch geistiger Hinsicht, aber auch völlig mittellos, verarmt sein, finanzieller Unterstützung bedürfen. Ähnl. in Westf. ‚metn witten Stocke dervan gan', verarmen, vgl. ‚am Bettelstab gehen', ↗ Stab.

Feucht in den Schrank gelegte Wäsche wird ‚stockfleckig'. Göhring (Nr. 407) leitet die Rda. von den Flecken her, die die vom Stockmeister in den Stock (Block) eingeschlossenen Verurteilten durch die Eisenbänder auf der Haut davontrugen.

Etw. mit dem Stock fühlen (greifen) können, iron. gebraucht (‚das fühlt [sieht] ein Blinder mit dem Krückstock'): wenn man jem. auf eine offensichtliche Tatsache hinweisen will, auch: wenn man etw. für große Aufschneiderei hält, ↗ Blinder.

‚Da kam's Stöckchen zum Hölzchen' sagt man und meint, daß zwei Personen oder Dinge gut zueinanderpassen.

1561

Im oberen Stock nicht mehr ganz sauber sein: sehr dumm sein, verrückt sein (Schwäb. Wb. 5, 1920, Sp. 1782), ↗Oberstübchen. Diese Rda. bezieht sich auf das Stockwerk unter dem Dach des Hauses, mit dem der in Unordnung geratene menschliche Kopf verglichen wird. Sie hat nichts zu tun mit dem Ausdr. ‚stockdumm', der auch eine extrem große Dummheit bez. Stock – als Affix hat generell die Bdtg. sehr, erz-, ganz, völlig, so wie: stockkonservativ, stockblind, stockdumm.

Lit.: *A. Richter:* Über Stock und Stein, in: ders.: Dt. Rdaa. (Leipzig ²1893), S. 174–175; *W. Seibicke:* Über Stock und Stein, in: Der Sprachdienst 22 (1978), S. 9–10; *W. Mieder:* Über Stock und Stein, in: Der Sprachdienst 22 (1978), S. 78–79; *E. Bornemann:* Über Stock und Stein, in: Der Sprachdienst 22 (1978), S. 118–119.

Stoffel ↗Christoph.

Stolz, stolz. *Stolz sein auf (über) etw.:* voll berechtigter Freude und Genugtuung über etw. gut Gelungenes, Anerkennenswertes sein, ein gesteigertes Selbstgefühl dadurch besitzen.

Stolz sein auf jem.: seine Hoffnungen und Erwartungen durch jem., in den man sein Vertrauen gesetzt hat, in schönster Weise erfüllt sehen, sich über seine guten Eigenschaften, seine Erfolge und Fortschritte mitfreuen und ihn im stillen bewundern und schätzen.

Das Adj. stolz kann aber auch negative Bdtg. besitzen. Die Feststellung *Er (sie) ist stolz geworden* meint, daß er (sie) eingebildet und hochmütig geworden ist, daß er seine ehemaligen Freunde verachtet, weil er vergessen hat, woher er einmal gekommen ist. Vgl. auch ndl. ‚prat gaan op'; frz. ‚Il (elle) est bien fier(e)'.

Warum so stolz? fragt man auch scherzhaft, wenn man von einem Bekannten übersehen und deshalb versehentlich nicht begrüßt wurde.

Der rdal. Vergleich *stolz wie ein Pfau* besitzt ebenfalls negative Bdtg. und wird in tadelndem Sinne gebraucht, wenn nur auf das Äußere Wert gelegt wird und die Eitelkeit zu auffallend ist, ↗Pfau.

Die bekannte Wndg. *stolz wie ein Spanier sein* meint den übertriebenen Stolz, der als bes. Eigenart der Spanier gilt; vgl. frz. ‚fier comme Artaban' (König der Parthen).

Schiller gebraucht eine ähnl. Wndg. in durchaus positivem Sinne in seinem ‚Don Carlos' (III, 10): „Stolz will ich den Spanier". Doch gerade wegen dieses sprw. Stolzes wurde der Spanier auch gern verspottet und Gegenstand von Karikaturen bei den Nachbarvölkern. Mit der Wndg.

1/2 ‚Stolz wie ein Spanier'

1562

stolz wie ein Preuße wird bes. in Oberdtl. deren Mut und Selbstbewußtsein bewundert und anerkannt.
Bes. Dünkel bezeichnen die rdal. Vergleiche *stolz wie ein Kutschenpferd sein* und *stolz wie ein reichgewordener Bettler*.

Vor Stolz nicht wissen, wie man den Kopf halten soll: durch eine übertriebene Körperhaltung seinen Hochmut zum Ausdruck bringen, seine Verachtung anderer deutlich zeigen, ‚die ↗ Nase sehr hoch tragen'.

Der (falsche) Stolz verbietet jem. etw.: er schämt sich, etw. Demütigendes zu tun, um etw. zu bitten oder in der Notlage eine Hilfe anzunehmen. Dagegen: *jem. fehlt es (offenbar) an Stolz:* er erniedrigt sich bedenkenlos.

Seinen (ganzen) Stolz in etw. setzen: sich bes. bemühen, anstrengen, was einem sich selbst schuldig ist; vgl. frz. ‚mettre toute sa fierté dans quelque chose'.

Stopfen, stopfen. *Stopfen blasen:* das Signal zum Aufhören geben. Die Wndg. stammt aus der Soldatensprache. Der Hornist erhielt den Befehl ‚stopfen' zu blasen, um damit das Ende einer militärischen Übung bekanntzugeben. Stopfen ist ein lat. Lehnwort. Es kommt von ‚stuppa' = Werg und bedeutet urspr. etw. mit Werg ausstopfen, Risse, Löcher ausfüllen, auch: einen Weg verstopfen, jede Bewegung hemmen. Die letztere Bdtg. liegt der Rda. zugrunde, in der stopfen meint, daß etw. zum Halten (Aufhören) gebracht wird. Vgl. engl. ‚to stop'.

Etw. stopft sehr: es macht außerordentlich satt, das Essen ist bes. nahrhaft.
Jem. stopft tüchtig: er langt beim Essen kräftig zu. *Alles in sich hineinstopfen:* alles essen, was vorhanden ist, seinen Hunger gierig und wahllos stillen. Wilhelm Raabe nannte einen solchen Menschen ‚Stopfkuchen' und machte ihn zur Titelfigur eines seiner späten Romane.
Alles hineinstopfen: in eine drangvolle Enge einzwängen, z. B. in einen Korb oder einen Schrank. In übertr. Sinne wird diese Wndg. auch auf wissenschaftliche und literarische Arbeiten bezogen, die überaus viele Informationen, Ideen und Motive enthalten und dadurch unübersichtlich, unstrukturiert und überladen wirken.

Stoppel(n). *Das Stoppel abgrasen:* seinen Acker ausmergeln, Raubbau treiben, eigentl. sein Stoppelfeld nach der Ernte noch von den Schafen abgrasen lassen. Die Wndg. ist auf allg. Anstrengung und schädliche Ausbeutung und Ausnutzung des Letzten übertr. worden.

Von den Stoppeln auf die Ernte schließen: sich aufgrund unzureichender Tatsachen ein Urteil bilden wollen, falsche Schlüsse ziehen, vgl. lat. ‚ex stipula cognoscere'.

Stoppeln haben: schlecht rasiert sein. Die Bartstoppeln werden scherzhaft mit den abgeschnittenen Halmresten auf einem abgeernteten Feld verglichen.

Etw. mühsam (zusammen)stoppeln: Reste zusammensuchen. Die Wndg. bezieht sich auf das Stoppeln von Ähren (auch von Kartoffeln oder Rüben): auf den Feldern suchten sich die armen Leute das zu ihrer Nahrung zusammen, was beim Ernten heruntergefallen oder zufällig liegengeblieben war. In den Notzeiten nach den beiden Weltkriegen war das Stoppeln für viele lebensnotwendig.

Ein Stoppelhopser sein: ein Infanterist. Die sold. Wndg. ist um 1870 aufgekommen. Das Bild stammt von den gewöhnlich im Herbst, auf den Stoppelfeldern, stattfindenden Manövern. Später wurde auch der Gutsverwalter so bez. (Küpper).

Stör. *Auf der Stör arbeiten,* auch: *auf (den, die) Stör gehen:* in einem fremden Hause auf dem Lande für Kost und Tagelohn arbeiten und sein Handwerkszeug dazu mitnehmen. Die Wndgn. stammen aus der Handwerkersprache und werden in herabsetzendem, verächtlichem Sinne auf Meister und Gesellen angewandt, die die Aufträge ihrer Kunden nicht in der Werkstatt ausführen, sondern im Lande umherziehen und überall nachfragen, ob es für sie etw. herzustellen oder zu reparieren gibt. Diese Art, als Wanderarbeiter seinen Unterhalt zu verdienen, sahen die Zünfte nicht gern, da die ansässigen Handwerker dadurch benachteiligt werden konnten. In einigen Berufen wurde viel auf die Stör gegangen, vor allem Schneider, Schuster, Sattler, aber auch Böttcher und Weber nahmen einen auswärtige Arbeit an.
Die Etymologie von Stör ist schwierig. Das Subst. gehört vermutl. zu den mdal.

Verbformen ‚stôren‘ (bair.) = im Lande herumfahren (vagari) (vgl. auch ‚störzen‘ = nicht an einer Stelle bleiben) und ‚sturen‘ oder ‚stüren‘ (ndd.) = von zu Hause fortschicken. Die konkrete Bdtg. von Stör ist ein Strauß, den man zu bestehen hat, die Mühsal. Schmeller verweist dazu im ‚Bayr. Wb.‘ auf ‚storie‘, ‚storje‘ = Kriegsschar, Gedränge, Gefecht. Die urspr. Bdtg. der Rda. wäre demnach: in den Streit hinausziehen. Sie ist später verblaßt zu: hinausziehen, so daß die Wndg. heute den Gegensatz von daheimbleiben umschreibt.

Lit.: *O. Rüdiger:* Stör, in: Ndd. Korrespondenzblatt, 10 (1885), S. 45; *L. Röhrich* u. *G. Meinel:* Rdaa. aus dem Bereich von Handwerk u. Gewerbe, in: Alem. Jb. (Bühl/Baden 1973).

Storch. *Da brat' mir (aber) einer 'nen Storch!* (auch mit dem Zusatz: ‚aber die Beine recht knusprig‘): da bin ich aber sehr erstaunt, das ist unerhört, das ist unmöglich. Dieser rdal. Ausruf der Verwunderung hängt damit zusammen, daß Störche in der Tat nicht gebraten und gegessen werden. ‚Du kannst mir 'nen Storch braten!‘ bedeutet aber auch: du kannst mir gewogen bleiben. Von einem Anmaßenden sagt man auch: ‚Der will einen Storch (extra) gebraten haben‘, der will immer etw. Besonderes, eine Extrawurst haben.
Wie ein Storch im Salat: steifbeinig, ungelenk, ungraziös.
Der Storch kommt zu jem.: bei jem. kommt ein Kind an; *der Storch hat sie ins Bein gebissen:* sie wird ein Kind bekommen. Moderner: ‚Der Storch hat angerufen (angeläutet)‘, sie ist schwanger.
Der Storch hat dich gebracht erhalten Kinder auf ihr hartnäckiges Fragen nach ihrer Herkunft gern als ausweichende Antwort. Man glaubt, diese Auskunft könne genügen, wenn aus Prüderie eine echte Aufklärung gescheut wird, ↗ Klapperstorch.

Lit.: *H. Schrader:* Brat mir'n Storch (aber de Beene recht knusprig), in: Zs. f. dt. Sprache, 5 (Hamburg 1891/92), S. 6–9; *Schneeweis:* Art. ‚Storch‘, in: HdA. VIII, Sp. 498–507; *F. Slanateder:* Da brat' mir doch einer einen Storch, in: Der Sprachspiegel 27 (1983), S. 52; *J. Leibbrand:* Speculum bestialitatis. (München 1989), S. 148 ff.; E. u. *L. Gattiker:* Die Vögel im Volksglauben (Wiesbaden 1989), S. 523–548.

Störenfried. *Einen Störenfried loswerden (hinauswerfen, verscheuchen):* sich von einem permanenten Unruhestifter befreien. ‚Störenfried‘ ist seit dem 16. Jh. als Satzname ‚Störe den Frieden‘ bezeugt und bez. den, der wiederholt Eintracht, Ruhe und Ordnung zu stören versucht.
Gegen ständige Störenfriede einschreiten: kraft seines Amtes (Einflusses) negative Elemente isolieren, aber auch: mit Polizeigewalt vorgehen, um die staatliche Ordnung nicht durch einzelne Aufwiegler gefährden zu lassen.

Störfaktor. *Ein Störfaktor sein:* etw. (jem.) sein, das (der) negative Wirkungen hervorruft. *Einen Störfaktor ausschalten:* den Grund für technische Pannen erkennen und beseitigen, den Urheber von Behinderungen und falschen Entwicklungen seines Einflusses berauben. Aus der Sprache der Technik wird der Begr. häufig auf Personen übertragen.

Stoß, stoßen. *Den Stoß abgleiten lassen:* einen empfindlichen Schlag geschickt abwehren, einem Angriff ausweichen, ein Vorhaben des Gegners vereiteln, nicht voll zur Wirkung kommen lassen, was einem Schaden bringen sollte, sich gut verteidigen. Die Rda. stammt aus der Fechtersprache, wie eine Abb. aus dem Fechtbüchlein erweist: der Fechter links hat von innen nach außen gewechselt und stößt geraden Stoß, den der Gegner durch seine Waffe nach außen abgleiten läßt. Vgl. frz. ‚parer le coup‘.
Einen Stoß erleiden: erschüttert werden, seine bisherige Festigkeit verlieren, vor allem von Freundschaft oder Vertrauen gesagt; vgl. frz. ‚en prendre un coup‘.
Einen Stoß vertragen können: etw. aushalten, nicht sehr empfindlich oder wehleidig sein. Vgl. auch holst. ‚He kann en gôden Stôt verdragen‘.
Jem. einen Stoß (in die Rippen) geben (versetzen): ihn nachdrücklich (schmerzhaft) auf etw. hinweisen, ihn verletzen, aus seiner Ruhe aufschrecken.
Sich (seinem Herzen) einen Stoß geben: sich energisch zusammenreißen, sich überwinden, sich endlich zu etw. entschließen, einem Wunsch entsprechen, etw. genehmigen.
Auf etw. stoßen: zufällig etw. finden, eine unverhoffte Entdeckung machen.

Jem. auf etw. stoßen: ihn nachdrücklich auf etw. hinweisen, auch: *jem. mit der Nase auf etw. stoßen:* ihn in grober Weise aufmerksam machen, ihn aus seiner Unaufmerksamkeit aufschrecken; vgl. frz. ‚mettre à quelqu'un le nez dans son caca' (derb), (wörtl.: jem. mit der Nase auf seinen Dreck stoßen) i. S. v. jem. seine Unfähigkeiten vorhalten.

Sich an etw. stoßen: Moral und Anstand verletzt sehen, sich ärgern oder beleidigt fühlen.

Die mdal. Wndg. aus Franken ‚Ar het si g'stoss'n' meint: er hat sich sehr geirrt, vgl. ‚sich geschnitten haben', ↗ schneiden.

Lit.: *J. Schmied-Kowarzik* u. *H. Kufahl:* Fechtbüchlein, 2. Aufl. (Leipzig o. J. [1894]), S. 255, Tafel III.

Stoßgebet. *Ein Stoßgebet tun (sagen, sprechen, murmeln, loslassen),* auch: *ein Stoßgebet zum Himmel schicken:* ein kurzes, in Angst und Erregung hervorgestoßenes Gebet sprechen, in höchster Not und Gefahr, im letzten Augenblick vor dem Tode zu Gott flehen, mit großer Inbrunst beten. Die frühesten Belege für ‚Stoßgebet' finden sich bei Luther und Fischart, oft auch in der Diminutivform. Das Stoßgebet war in den Kreisen der religiös Erweckten als kurze Erhebung zu Gott bes. beliebt und wurde bei den ‚Stillen im Lande' fast zu einem Schlagwort. In einem Lied aus dem ‚Gesangbuch der Brüdergemeinde' (9) von 1765 heißt es:

Eh die Lippen kalt sein,
Soll uns kein Stoßgebet
Zu simpel und zu alt sein,
Das zu Christi Blut
Eine Wallfahrt thut.

Nur noch (kaum noch) Zeit für ein Stoßgebet haben (finden): ein sehr plötzliches Ende erwarten, seinen Tod vor Augen sehen.

Lit.: *J. Grimm:* Über das Gebet, in: Kleinere Schriften, Bd. II (Berlin 1865), S. 439–462; *F. Heiler:* Das Gebet (München 1919, Ndr. 1969); Art. ‚Gebet', in: RGG. II, Sp. 1209 ff.; *R. W. Brednich:* Art. ‚Gebet' in: EM. V, Sp. 792–800.

Strafe. *Jem. eine Strafe aufbrummen:* ihm eine Strafe auferlegen, das Strafmaß zumessen. Die Rda. enthält eine blasse Erinnerung an die alte entehrende Strafe des Maleinbrennens, denn sie müßte eigentl. ausführlicher und richtiger heißen: „Der Richter brannte dem Verurteilten die Strafe hinauf".

Eine Strafe abbrummen: eine Strafe im Gefängnis verbüßen, absitzen. Die moderne Wndg. kam zuerst in Berlin auf.

Eine Strafe über jem. verhängen: ihn verurteilen zu einer dem Vergehen entspr. Strafe, die nicht umgangen werden kann.

Jem. die Strafe schenken (nachsehen): ihn begnadigen, Milde walten lassen; vgl. frz. ‚remettre une peine à quelqu'un' (wörtl.: jem seine Buße erlassen).

Etw. unter Strafe stellen: etw. sehr streng verbieten und mit der Ahndung drohen.

Seine Strafe schon noch bekommen: später doch noch für seine Schandtaten büßen müssen. Die Wndg. dient entweder als Warnung des Übermütigen und Schuldbeladenen vor der ungewissen Zukunft, die Unheil verschiedenster Art bringen kann, oder dem zu Unrecht unter einem anderen leidenden Menschen zum Trost, daß die ausgleichende Gerechtigkeit doch einmal kommen wird. Dabei wurden Krankheit u. anderes Unglück als himmlische Strafen angesehen, die Gott verhängt, wenn sie der Mensch verdient hat und zu lange ungestraft sündigte.

Für gnädige Strafe danken: die Strafe als ein Mittel zur Erziehung und Besserung und damit als einen Liebesdienst anerkennen. Die Wndg. erinnert an einen früheren Brauch: der Gezüchtigte mußte seinem Herrn untertänig für die Prügel mit den Worten danken: „Ich danke für gnädige Strafe"; ↗ Rute. Jetzt wird die Rda. gebraucht, wenn man beim Kartenspiel verloren hat oder auch sonst einen Schaden erleiden mußte.

Strafe muß sein!: Siehst du, der Übermut, das falsche Verhalten wird sofort bestraft, der Schaden, den du beklagst, war vorauszusehen. Die Wndg. ist sehr häufig und wird bei den verschiedensten Gelegenheiten gebraucht, oft mit gewisser Schadenfreude oder als Mahnung Kindern und unbedachten Erwachsenen gegenüber. Ähnl. Sinn hat die Feststellung *Das ist die Strafe (dafür)! Etw. ist eine wahre Strafe:* es ist fast unerträglich und quält deshalb sehr.

Lit.: *W. Müller-Bergström:* Art. ‚Strafe', in: HdA. VIII, Sp. 510–521; *W. Hävernick:* „Schläge" als Strafe (Hamburg ⁴1970).

Strahl, strahlen. *Einen bedeutenden Strahl reden:* sich ausführlich und gewichtig äußern. Die Rda. hat sich von Berlin aus verbreitet, wo sie seit 1880 durch Stinde bezeugt ist. Dabei wird der ‚Redeschwall' bei einem ‚Herzenserguß' mit einem nie versiegenden Wasserstrahl verglichen. In Berlin gebraucht man daneben auch die Wndg. ‚'n jebildten Strahl red'n'.

Einen duften Strahl blasen, auch: *einen satten Strahl auf der Kanne haben:* ausgezeichnet Trompete blasen. Diese modernen umg. Wndgn. sind vor allem unter Jugendlichen beliebt.

Über das ganze Gesicht strahlen: voller Freude (Dankbarkeit) sein. Das sprachl. Bild beruht auf einem Vergleich mit den Sonnenstrahlen, die allem einen besonderen Glanz verleihen, es hell und glänzend machen; vgl. frz. ‚le visage rayonnant'.
Eine scherzhafte Steigerung der sichtbaren, übergroßen Freude enthalten die Wndgn.: *über alle vier Backen strahlen; wie ein frischgeputzter Dreckeimer, wie eine rostige Gießkanne, wie ein Honigkuchenpferd strahlen.*

Strambach. *Gott Strambach!* oder *Ei Strambach nimmermehr!* sind mdal., bes. berl. und obersächs. rdal. Ausrufe der Verwunderung. Strambach ist dabei ein verhüllendes Ersatzwort für ‚Gott strafe mich!'

Strandkanone. *Besoffen wie eine Strandkanone (Strandhaubitze),* im Ndd. auch adjektivisch als ‚strandkanonenvoll' gebräuchl., ist eine Verstärkung des rdal. Vergleichs: ‚Er säuft wie eine Kanone'. Ähnl. schon im 18. Jh.: ‚Sein Kanönchen ist geladen'; ↗trinken.

Strang. *Über den Strang* (auch *über die Stränge) schlagen:* im Übermut, in ausgelassener Laune zu weit gehen, das normale Maß überschreiten, leichtsinnig sein. Das sprachl. Bild stammt von mutwilligen Pferden, die ‚ausschlagen', d. h. mit den Beinen über das Geschirr, die Zugstränge hinausfahren. In übertr. Anwendung ist die Rda. am frühesten gegen Ende des 16. Jh. in der Form ‚über die Stränge treten' bezeugt, zu Beginn des 17. Jh.: ‚über die Stränge ausschlagen'.

Die heutige Form ist seit dem 19. Jh. allg. Im Schwäb. bedeutet ‚der schlägt aus dem Strang' auch: er ist ungeraten.

An einem (an dem gleichen) Strange ziehen: nach demselben Ziele streben, einer Gesinnung sein (vgl. ‚in ein Horn blasen'). Ähnl. schreibt 1639 Lehmann S. 820 (‚Vneinigkeit'8): „Von den vneinigen pflegt man zu sagen, sie ziehen nicht an einer Seil, tragen nicht an einer Stang (nämlich Wasser; die an einer Stange Wasser tragen, sind einträchtig, sie müssen gleichen Schritt halten, um nichts zu verschütten), ziehen nicht gleich, sie stimmen zusammen wie der Hanen vnd der Hennen Gesang, wie der Hund bellen, sie stehen oder halten zusammen, wie Zähn im gesotten Kalbskopff, sie sind einig wie die Zacken in einer Mistgabel, jeder will auff ein besondern Berg". Bismarck: „Ich glaube nicht, daß der Herr Abgeordnete Richter mit mir an demselben dynastischen Strange zieht" (,Reden' VI, 134). In neuerer Zeit hört man auch *seinen Strang ziehen* in der Bdtg.: seine tägliche Arbeit verrichten. Auch hier steht wohl das Bild des Zugpferdes dahinter.

‚An einem Strang ziehen'

Die konditionale Rda. *wenn alle Stränge (Stricke) reißen* wendet man an, um auszudrücken, daß man stärkere Mittel anwenden wird, wenn kein gewöhnliches mehr hilft, wenn alles andere fehlschlägt. Auch diese Rda. ist wohl von dem mit Zugtieren bespannten Wagen übertr. worden. Vgl. die zahlreichen Rdaa. aus diesem Bereich: ‚ins Geschirr gehen', ‚sich ins Zeug legen', ‚nicht locker lassen' usw. Wie viele Rdaa. wird auch diese manchmal mit einem scherzhaft paradoxen Zusatz versehen: ‚Wenn alle Stricke reißen, werde ich Seiltänzer'.

Man spricht auch von dem ‚Schienenstrang' der Eisenbahn; Bismarck legt dieses Bild zugrunde, wenn er sagt: „Sie sind damit auf einen falschen Strang geraten ..." (‚Reden' XII, 216).

Straße. *Auf der breiten (großen) Straße bleiben:* die Bequemlichkeit vorziehen und keine neuen Wege suchen; von der altgewohnten Weise nicht abgehen; dem Schlendrian folgen; es mit der Mehrzahl halten. Vgl. frz. ‚suivre le chemin battu'.
Der fetten Straße nachgehen: als Schmarotzer leben und nur freigebige Bekanntschaften pflegen; nur mit wohlhabenden und gastfreundlichen Menschen verkehren, um Vorteile zu erlangen.
Die Straße abklappern: von Haus zu Haus gehen, an allen Türen nachfragen oder eine Ware anbieten.
Eine gute Straße gehabt haben: viel Kleingeld im Geldbeutel haben; die Rda. erscheint oft als iron. Frage oder Kommentar, wenn jem. viele Münzen in der Tasche hat; sie spielt auf die Bettelei an.
Einen auf die Straße setzen: ihn mit Gewalt aus seiner Wohnung vertreiben, auch: ihn entlassen, ihn hinauswerfen und brotlos machen. Vgl. ndl. ‚Hij wordt op straat gezet' und ‚iemand aan de dijk (Deich) zetten'; engl. ‚to turn out a person'.
Auf der Straße sein (sitzen): seine Arbeitsstelle verloren haben und deshalb untätig auf der Straße herumstehen und warten; vgl. frz. ‚être à la rue'.
Auf der Straße liegen: viel unterwegs sein. Meist wird die Rda. aber heute von Kindern und Jugendlichen gebraucht, die auf der Straße spielen, die müßiggehen und von ihren Eltern nicht beaufsichtigt und zu Pflichten herangezogen werden. Vgl. frz. ‚battre l'estrade'.
Auf die Straße gehen: seine politische Ansicht auch außerhalb des Parlaments vertreten, die Öffentlichkeit aufmerksam machen wollen und deshalb aufbegehren und demonstrieren.
Jem. von der Straße auflesen: einen Menschen in einfachen Kreisen finden und ihn in eine bessere Umwelt bringen; einen Menschen von zweifelhafter Herkunft fördern, der jederzeit in seine schlechten Gewohnheiten zurückfallen kann und sich der Hilfe nicht immer würdig erweist.
Ich bin auch nicht auf der Straße gefunden sagt deshalb der, dessen persönlicher Wert nicht recht erkannt wird, um seine gute Herkunft zu betonen.
Mit etw. die Straße pflastern können: etw. überreichlich haben. Die Rda. bezieht sich meist auf Geldbesitz, dessen anscheinende Unerschöpflichkeit durch die sprachl. Steigerung gekennzeichnet wird. Möglicherweise stammt die Wndg. aus einem Märchen, in dem ein Reicher voller Übermut seine Straße mit Dukaten pflastern läßt.
Auf der Straße mähen wollen: eine vergebliche Arbeit unternehmen. Vgl. lat. ‚ad publicam viam acuere falcem'.
Das Verhalten auf der Straße gilt als charakteristisch für einen Betrunkenen, das überall verstanden wird. So sagt man z. B. in Oberösterr., wenn ein Trunkener im Zickzackkurs torkelt: ‚D' Strass' war iem bald z'eng', ähnl. in der Schweiz: ‚D'Stross isch em z'schmal'. Allg. in Dtl. heißt es: *Er mißt die Straße:* er ist gestürzt, aber auch in der Bdtg.: Er ist betrunken und kann sich deshalb nicht auf den Beinen halten, ↗ trinken.

Lit.: *A. B.:* De straten met aarsbillen zaaien (strooien, bestrooien), in: Tijdschrift voor Nederlandse Taal- en Letterkunde 39 (1920), S. 237; *M. Scharfe:* Straße. Ein Grundriß, in: Zs. f. Vkde. 79 (1983), S. 171–191; *R. Lindner:* Straße – Straßenjunge – Straßenbande, in: Zs. f. Vkde. 79 (1983). S. 192–208.

Strauß. *Mit jem. einen Strauß ausfechten:* eine Streitigkeit austragen. Das Subst. ist bereits in mhd. Zeit als ‚strûz', neben dem Verb ‚struizen' = sträuben und streiten bezeugt.
Es wie der Vogel Strauß machen: eine Gefahr nicht sehen wollen, sich wegen eines Gegners von der Außenwelt abschließen. Dem Strauß wird nachgesagt, daß er seinen Kopf unter die Flügel oder in den Sand steckt, um seinen Feind nicht zu sehen. Damit in Zusammenhang stehen auch die Wndgn. ‚den Kopf in den Sand stecken' und *Straußenpolitik treiben.* Häufiger wird jedoch dafür der Ausdr. *Vogel-Strauß-Politik* verwendet, wenn man so tut, als sei die Gefahr nicht vorhanden, wenn man bewußt seine Augen davor ver-

‚Vogel-Strauß-Politik betreiben'

schließen möchte. Die Wndg. ist auch in unseren Nachbarländern geläufig, vgl. ndl. ‚Struisvogelpolitiek', frz. ‚une politique d'autruche' und engl. ‚an ostrich policy'.

Einen Straußenmagen besitzen: viel vertragen, harte Worte verdauen können. Bereits Seb. Franck hat die Wndg. in seinen ‚Sprichwörtern' (II, 66b) verzeichnet: „Er hat eins straussenmagen, er verdewet eisen", auch Joh. Fischart (III, 856) schreibt: „Der Strauß ... frißt das Eisen", vgl. auch ndl. ‚Hij heeft eene struisvogelmaag'; frz. ‚avoir un estomac d'autruche'.

Strecke. *Jem. (etw.) zur Strecke bringen:* einen Gegner überwältigen, ihn zur Niederlage zwingen, seine Existenzgrundlage vernichten, auch: einen Verbrecher gefangennehmen, ein Tier töten. Nach Adelungs ‚Versuch eines grammatisch-kritischen Wörterbuches' von 1774ff. (Bd. IV, Sp. 810) stammt die Rda. aus der Jägersprache und bedeutet eigentl.: das Wildbret erlegen. „Die Jäger strecken das Wild, wenn sie es auf den Boden der Länge nach hinlegen", heißt es bei Adelung zur Erklärung. Vgl. auch die Rda. ‚alle viere von sich strecken', ↗ vier. Im heutigen übertr. Sinne läßt sich die Rda. erst aus dem 19. Jh. nachweisen.

Auf der Strecke bleiben: nicht mehr weiterkönnen, mit seiner Kraft am Ende sein, versagen und deshalb das Ziel nicht erreichen. Die moderne Wndg. stammt aus dem Bereich des Sports und bezieht sich auf die Rennstrecke. Im übertr. Sinne bez. sie allg. ein Zurückbleiben wegen schlechter Leistung und fehlender Kraft, auch auf geistigem Gebiet und im wirtschaftlichen Wettbewerb; vgl. frz. ‚rester en rade' (wörtl.: in der Reede bleiben).

Sich nach der Decke strecken ↗ Decke.

Streich. *Auf einen Streich:* auf einmal, eigentl.: auf einen Schlag des Fechters; vgl. frz. ‚d'un seul coup'.

„Sieben auf einen Streich" rühmt sich das Schneiderlein, als es sieben Fliegen mit einem Schlag sofort totgeschlagen hatte (KHM.20). In Fischarts ‚Gargantua' wird bereits auf das Märchen angespielt: „Ich will euch töten wie die Mucken, neun auf einen Streich, wie jener Schneider". Ein Beleg aus dem 17. Jh. für diese Rda. findet sich in C. Dietrichs ‚Erklärungen über den Propheten Nahum in 63 Predigten' (Ulm 1658): „14 Mucken, wie jener Schneider sagte, auf ein Streich erschlagen". Die Feststellung *Der schlägt mit einem Streich zwei Fliegen zu Tode:* er erledigt zwei Aufgaben in einem Arbeitsgang, entspricht der häufigeren Wndg. ‚zwei Fliegen mit einer Klappe schlagen'. Im Mhd. ist das Wort Streich nur i.S.v. Schlag, Hieb bezeugt. Heute wird es nur noch selten in dieser Bdtg. angewandt, die sich aber in den Rdaa. erhalten hat.

Da geht kein Streich verloren, außer der danebengeht: jem. hat seine Prügel verdient. Diese schlagkräftige Erziehungsmethode galt früher als die beste, und man glaubte, daß Kinder unbedingt Schläge bekommen müßten, um zu rechtschaffenen Menschen heranzuwachsen. Davon zeugen auch die verschiedenen mdal. Wndgn.: ‚Bei Kinnern gihn kan Strech verlorn, als die, wu dernewigt gihn' (Rheinl.); ‚Es isch ke Streich verlorn ass wied, wo denewe fällt' (Lothringen); ‚Kae Straehh vo'lo'n, als der de'nebn gëht' (bair.).

An dem ist jeder Streich verloren: alle Bemühungen, ihn zu bessern, bleiben erfolglos, er ist ein Taugenichts.

Daß man durch zu viele Prügel Schaden nehmen kann, besagt die Feststellung: *Er hat einen Streich zuviel gekriegt:* er ist nicht ganz normal, ↗ Schlag.

Einen Streich in die Luft (ins Wasser) tun: sich vergeblich bemühen, ohne Erfolg bleiben. Die Rda. ist auch mdal. verbreitet: ‚Es ist grad, man tu'n Straich in den Bach' (schwäb.) und ‚Das is a Strach ins Wasser' (wien.). Vgl. auch ndl. ‚Het is een houw in de lucht' und frz. ‚donner un coup d'épée dans l'eau'.

In einigen Rdaa. bedeutet Streich eine

sehr kurze Zeitspanne, die nur so lange dauert wie der Schlag einer Uhr: ‚ein Strech fort sein' (rhein.), nur einen Moment abwesend sein; ‚alle Straich' (schwäb.), jeden Augenblick, fortlaufend; ‚auf dem Straich' (bair.), auf der Stelle, sofort, vgl. auch frz. ‚tout à coup'; ‚kene Strech halen' (rhein.), keinen Bestand haben.

Zu Streich kommen: eine Sache meistern, gut mit etw. (jem.) zurechtkommen, dagegen: *nicht zu Streich kommen:* nicht vorankommen, mit einer Arbeit nicht fertig werden.

Mit einem gut zu Streich kommen: sich mit jem. gut verstehen, bestens mit ihm auskommen, eine Übereinkunft erzielen. Lexer weist auf den möglichen Zusammenhang dieser Rdaa. mit der Versteigerung: wer einen gewünschten Gegenstand sofort kaufen kann, ist ‚zu Streich gekomen', denn es wird bei der Nennung der Kaufsumme mit dem Hammer zum ersten, zweiten und dritten Mal geschlagen, wenn keine weitere Steigerung erfolgt. Die Rda. ist auch mdal. bezeugt, z. B. westf. ‚te streke kuemen'; schwäb. ‚ordentlich z'Stroich komma'.

Keinen Streich tun: herumtrödeln, nichts arbeiten, nicht das mindeste tun. Die Wndg. ist überaus häufig, auch in den Mdaa.: bair. ‚net en straehh tun'; westf. ‚hai brenget nicks te sträeche'; tirol. ‚kuan stroach nit thun'.

Das kommt mir wie ein kalter Streich: das trifft mich ganz unerwartet. Der Streich ist hier der kalte Schlag, der Blitz, der nicht zündet, vgl. ‚wie ein Blitz aus heiterem Himmel'.

Sich großer Streiche rühmen: mit seinen angeblichen Taten prahlen. Bereits 1515 findet sich für diese Rda. ein Beleg in Hauers ‚Grammatik': ‚gross straich sagen'. In den Mdaa. ist die Wndg. noch lebendig: ‚Mach kani solch'n strach!', brüste dich nicht so, spiel dich nicht so auf!, heißt z. B. in Wien. Im Schwäb. bedeutet die Wndg. ‚Streiche sage' Zoten reißen. Der Bedeutungswandel von Streich zu dem heute üblichen Sinn von mutwilliger Handlung, Schabernack ist wahrscheinl. über die Bdtg. Unternehmen, Staatsstreich (1678 als Verfassungssturz bezeugt) erfolgt. Im 18. Jh. trat dann eine Verharmlosung ein, die nun von lustigen, dummen, losen, tollen Streichen sprechen läßt. Am häufigsten wird die Rda. *jem. einen Streich spielen* gebraucht, wobei ‚spielen' iron. zu verstehen ist und ‚Streich' entweder eine geplante, schändliche Tat sein kann, die einem anderen Schaden oder zumindest Ärger zufügt, oder nur der lustige Einfall, der necken oder verspotten soll. Goethe gebraucht in seinem ‚Clavigo' (Ende des II. Aktes) die ähnl. Wndg.: „Da macht wieder jemand einmal einen dummen Streich", und Wilhelm Busch gliedert seine lustige Geschichte von ‚Max und Moritz' in 7 Streiche (1865) und kündigt sie im Text immer ar ähnl. Weise an:

Dieses war der erste Streich.

Doch der zweite folgt sogleich.

Auch in den Mdaa. ist die Rda. vorhanden und fest mit dem Verb ‚spielen' verbunden, z. B. sagt man in Köln, wenn man sich an jem. rächen möchte: ‚Dem spille ich noch ens ne Streich, datte sie levelang dran denke weed'. Vgl. auch ndl. ‚Iemand een trek spelen'; engl. ‚to play a person a trick' und frz. ‚jouer un tour à quelqu'un'. Von einem, der immer lustige Einfälle hat und andere gern neckt, heißt es: *Der steckt voller Streiche* oder *Er hat nichts wie Streiche im Kopf*, mdal. köl. ‚Dä hät nix wie domm Streiche im Kopp', anders im Ndl. ‚Hij heeft streken onder zijn 'staart'. Beliebt sind auch rdal. Vergleiche zur Steigerung: *Er steckt voller Streiche wie ein alter Weiberpelz voller Flöhe;* *Er ist voller Streiche wie der Bock voller Lorbeeren* (preuß.); ‚Hei ös voll Streich wie de Sû voller Farkel', sagt man in Niederdtl.; vgl. auch engl. ‚He has as many tricks as a dancing bear'. *Er hat seine Streiche gemacht:* er ist ernster und gesetzter geworden, er hat sich ‚die Hörner abgestoßen'. Nichtsnutzige und törichte Handlungen benennt man auch nach Personen oder Orten, die durch sie berühmt geworden sind. Die Wndg. *Das ist ein Eulenspiegelscher Streich* bez. etw. Närrisches und bezieht sich auf Eulenspiegel, der sich als das Abbild des Bauern durch erheuchelte Einfalt und das Wörtlichnehmen seiner Aufträge an den verachteten Städtern im 14. Jh. gerächt hat. Die ihm z. T. nur angedichteten Streiche wurden im 15. Jh. im

,Niederdeutschen Volksbuch vom Eulenspiegel' gedruckt und verbreitet.

Ebenso bekanntgeworden sind die ‚Schwabenstreiche', die bereits im 16. Jh. in Dtl. als ‚Schwabenstücke' bekannt waren. Die eigentl. Heimat dieser Streiche ist das im Filstal gelegene Dorf Ganslosen. Deshalb sagt man in Württemberg auch: ‚Das ist ein Gansloser Streich'. Fast jedes Land, jede Gegend verlegt an einen bestimmten Ort die Quelle der Narrentums. Davon zeugen noch zahlreiche Wndgn., die z. T. nur regionale Geltung besitzen: ‚Es ist ein Lalenburger Streich' ↗ Schildbürger; ‚ein Karauner Streich' (Tirol); ‚ein Büsumer Streich' (Holst.); ‚'ne Kölnsche Strech' (Rheinl.); ‚ein Schöppenstädter Streich' (Braunschweig); ‚ein Lichtenauer Streich'. (Ostpr.). Erst aus dem vorigen Jh. stammt die Rda. ‚Es ist ein Müllhauser Streich'.

Lit.: *E. Strassner:* Schwank (Stuttgart 1968); *W. Hävernick:* „Schläge" als Strafe (Hamburg ⁴1970); *L. Röhrich:* Till Eulenspiegels ‚lustige' Streiche?, in: Eulenspiegel-Jahrbuch 21 (1980), S. 17–30.

Streicheleinheiten. *Seine Streicheleinheiten erwarten (erhalten, kriegen):* Freundlichkeit, Lob, Zuwendung erhoffen (bekommen).
Seine Streicheleinheiten vermissen (brauchen): liebevolle Zärtlichkeit wünschen, getröstet werden wollen. Das Wort ‚Streicheleinheiten' wurde als fingierte Maßeinheit für die einem offenbar zustehende, nötige Zuwendung um 1970 gebildet. Urspr. wurde es auf Tiere (Hund, Katze) bezogen. Das Streicheln des Felles ist ein Ersatz für das Lecken durch die Tiermutter, die ihr Kind dadurch sanft, liebevoll u. behutsam berührt. Der Begriff wurde von hier auf den Menschen u. den seelischen Bereich übertragen, i. S. v. Bekundung einer freundlichen Gesinnung, einer äußeren Sympathiekundgebung u. innerer Gewogenheit, einer Liebkosung, die einen Niedergeschlagenen aufrichten hilft.

Streit, streiten. *Einen Streit vom Zaune brechen:* andere mutwillig provozieren, ohne eigentl. Grund aus einer plötzlichen Laune heraus, so wie man unvermittelt eine Latte vom fremden Zaun bricht, wenn man nichts Besseres zur Hand hat, um sich gegen Angriffe zu wehren oder um seinen Ärger abzureagieren. Vielleicht beruht das sprachl. Bild auch mit auf der Tatsache, daß unverträgliche Nachbarn oft jahrelange Streitigkeiten wegen geringfügiger Anlässe ausfechten oder kostspielige Prozesse um eine Nichtigkeit führen, z. B. um die Herbstblätter, die der Wind über den Zaun vom Nachbargarten herübergeweht hat, über ein Tier, das durch den schadhaften Zaun eingedrungen ist, oder darüber, wer für die Reparatur eines morschen Zaunes verantwortlich ist. Die Streitenden vermeiden es natürlich, das Grundstück ihres Widersachers zu betreten, und verhandeln nur noch über den Zaun hinweg. Dabei können spöttische Zurufe, Beleidigungen und Unterstellungen den besänftigten oder nur mühsam unterdrückten Zorn aufs neue entflammen und zu Drohungen und sogar zu Prügeleien herausfordern. Vgl. frz. ‚chercher à quelqu'un une querelle d'Allemand' (wörtl.: jem. auf deutsche Art provozieren).

Den Streit suchen: sich über Kleinigkeiten erregen, sich überall einmischen, alles besserwissen wollen, Freude an Zwietracht und Auseinandersetzungen haben; vgl. frz. ‚chercher querelle'.

Oft wird Streit tatsächlich gesucht, weil man sich nach den vorhandenen Vorzeichen, die auf ihn deuten, bereits darauf eingestellt hat. Nach verbreitetem Volksglauben ist ein Streit nämlich unumgänglich, wenn man z. B. Salz oder gar Pfeffer verschüttet hat, wenn die Messer zufällig gekreuzt auf dem Tisch lagen, wenn spitze Gegenstände, wie Messer, Gabel, Schere, beim Herunterfallen im Boden stecken blieben oder wenn man sie geschenkt erhielt, wenn man sich bei einer Begrüßung mehrerer Personen die Hände über Kreuz gab, wenn man sich gegenseitig die Hände besah oder wenn jem. während des Essens ins Haus kam. Auch eine Verunreinigung sollte zu Streit und Feindschaft führen; sie erfolgte, wenn man mit dem gleichen Löffel aß, ohne ihn abzuwischen, oder dasselbe Waschwasser oder Handtuch benutzte.

Dagegen: *jedem Streit aus dem Wege gehen:* überaus friedfertig sein, nachgeben

(‚bis zur Charakterlosigkeit') und sogar auf sein Recht verzichten.

Keinen Streit auslassen: sich gern unter die streitenden Parteien mischen, sich an einer gewalttätigen Auseinandersetzung beteiligen.

Auf keinen Streit verzichten: jede kleinste Affäre hochspielen und sogar Freude an deren Eskalation empfinden.

Einen Streit hervorrufen (verursachen): aus Böswilligkeit, Eifersucht oder Mißgunst alles tun, um Freunde und Eheleute zu entzweien. Selbst Zaubermittel und magische Handlungen dienten diesem Zweck, so sollten z. B. bestimmte Kräuter, wie Farn, Immergrün, Labkraut, Teufelsabbiß und fünfblättriger Klee, Unfrieden ins Haus bringen oder Streit unter den Gästen bewirken.

In einen Streit verwickelt werden: als Außenstehender eine Auseinandersetzung gütlich beenden wollen, aber durch sein Eingreifen das Gegenteil erreichen, für jem. Partei ergreifen und deshalb, ohne es recht zu wollen, mit in den Ärger, den Prozeß, die Schlägerei gezogen werden; vgl. frz. ‚être mêlé à une querelle'.

Einen Streit schlichten (wollen): ihn beilegen (wollen), jedem zu seinem Recht verhelfen, die Erzürnten besänftigen, durch vernünftige Argumente überzeugen und eine zufriedenstellende Übereinkunft herbeiführen. Das Verb, das mit der Rda. fest verbunden ist, erscheint bereits in mhd. Zeit als ‚slichten' in der Bdtg. von ausgleichen, entscheiden, beruhigen, Recht erteilen. So sprechen wir noch heute von einem ‚Schlichtungsverfahren' vor Gericht oder bei Tarifverhandlungen.

Etw. ist ein Streit um die Geißwolle (um des Kaisers ↗ Bart): es ist eine unnötige und zwecklose Auseinandersetzung um eine geringfügige oder niemals mit Sicherheit zu entscheidende Sache.

Die Streitaxt begraben: Frieden schließen, die Feindseligkeiten einstellen. Diese Rda. ist weniger häufig als die Wndg. ‚das Kriegsbeil begraben' und ‚eine Friedenspfeife rauchen', erinnert aber wie sie an die Bräuche der nordamer. Indianer, ↗ Friedenspfeife.

Ein Streithammel sein: unbelehrbar auf seiner Meinung beharren, als unduldsam und leicht erregbar gelten, stets angriffslustig sein und immer Anlaß zu Streitigkeiten geben. Der sprachl. Vergleich beruht auf guter Tierbeobachtung. ↗ Neid.

Streiten, wer die Hose anhat: sich in der Ehe auseinandersetzen, wer die Entscheidungen treffen darf, d. h. wer der eigentl. Herr im Hause ist. Dies wird zum Problem, wenn die Frau ihrem Mann überlegen ist und sie seine Unterordnung unter ihren Willen anstrebt. Zahlreiche Abb., Erzählungen und Schwänke haben den Streit um die Männerhose zum Thema, ↗ Hose.

Sich um des Esels Schatten streiten: um eine nichtige Sache Prozesse führen, ↗ Esel.

Sich streiten, ob man gesottene Eier am dikken oder am dünnen Ende anschlagen müsse: eine sinnlose Auseinandersetzung führen.

‚Wenn zwei sich streiten, freut sich der dritte'

Sie streiten sich um ein Ei und lassen die Henne fliegen: sie beharren kleinlich auf ihrem Recht und bemerken deshalb nicht den Verlust von etwas viel Wertvollerem. Ähnl. Bdtg. hat das bekannte Sprw. ‚Wenn zwei sich streiten, freut sich der dritte', d. h., der Unbeteiligte nimmt seinen Vorteil wahr.

Ferdinand Raimunds ‚Hobellied' aus dem Zaubermärchen ‚Der Verschwender' (1833), das volkstümlich geworden ist, macht die Fruchtlosigkeit des Streites bes. deutlich, denn es heißt darin:

Da streiten sich die Leut' herum
Wohl um den Wert des Glücks.
Der eine heißt den andern dumm,
Am End' weiß keiner nix!

Scherzhaft-iron. sagt man deshalb auch, wenn man die anderen auf die Lächerlich-

1571

keit ihres Streitens hinweisen will: *Streitet euch nicht, schlagt euch lieber!*

Jem. etw. streitig machen: einem anderen nicht nachgeben wollen in einer strittigen Sache, seinen Anspruch, seinen Besitz (Anrecht) anzweifeln.

Lit.: *W. Müller-Bergström:* Art. ‚Streit', in: HdA. VIII, Sp. 532–540.

Streusand ↗ Punkt.

Strich. *Jem. auf dem Strich haben:* ihn nicht mögen, nicht leiden können, ihm feindlich gesinnt sein, eigentl.: ihn töten (erschießen) wollen. Die Rda. ist auch mdal. verbreitet, z. B. heißt es in Berlin: ‚Den hab' ick uf'n Strich', ich hege Groll gegen ihn. Die Wndg. erinnert an andere Rdaa. wie ‚einen auf dem Korn haben', ‚einen auf dem Zug haben' und läßt sich ähnl. erklären. Sie hatte früher einen weit feindseligeren Sinn als heute, denn der Strich bezeichnete die den Gewehrlauf über das Korn hinaus fortsetzende Schußlinie oder Visierlinie zum Ziel hin, also zum Wild oder zum Feind, dem die Kugel gelten sollte. Man spricht in diesem Sinne noch heute von Gewehren, die ‚den Strich nicht halten', denen also die Treffsicherheit mangelt. Die Rda. kann evtl. auch mit der Vogelstellerei in Verbindung gebracht werden, da in frühnhd. Zeit *Strich halten* aufpassen wie ein Vogelsteller bedeutete. Strich und Zug hatten aber auch urspr. den Sinn von Richtung, Weg, Gebiet oder Bezirk, vgl. ‚Landstrich'. Deshalb läßt sich die Rda. schließlich auch im Munde der obd. Strickreiter (eigentl. Strichreiter) denken. Diese berittenen Polizisten, die einen bestimmten Landstrich überwachten und durchsuchten, konnten gut von einem sagen, nach dem sie fahnden mußten, daß sie ihn ‚auf dem Striche' hatten.

Auf den Strich gehen: auf Männerfang ausgehen, auf der Suche nach Liebesabenteuern umherstreichen, von der Prostitution leben. Die Rda. wird bei uns heute ganz speziell auf Dirnen angewandt und ist so für Berlin seit der Mitte des 19. Jh. bezeugt; vgl. frz. ‚faire le trottoir'. Man hat die Wndg. ebenfalls mit der Vogelstellerei in Zusammenhang gebracht und gemeint, daß sie eigentl. ‚Finken fangen' bedeutet habe. Dafür spricht eine Stelle bei Hans Sachs („Das böse Weib' 264):

Wann e und ich mich umb gesich,
So ist sie auf dem finckenstrich.

‚Strich', das mit ‚streichen' = ziehen verwandt ist, ist die Richtung, die die Vögel bei ihrem Zuge nehmen; so war schon in mhd. Zeit ‚strich' = Richtung, Weg. In übertr. Bdtg. begegnet das Wort in heutigem Sinne in Lindeners ‚Rastbüchlein' (28), wo es von einer Frau, die ihre Anständigkeit und Ehrbarkeit nur vortäuscht, heißt: „Dann sie fromb ist, wann mans sihet und tag ist, aber bey nacht hat sie iren strich".

Die Rda. ist auch mit dem ‚Schnepfenstrich', einer jägersprachl. Bez. in Verbindung gebracht worden. Das Männchen der in Mitteleuropa lebenden Sumpf- oder Waldschnepfe durchstreift auf seinem abendlichen Balzflug den Wald in einer bestimmten Höhe, den der Beobachter den Schnepfenstrich nennt. Da ‚Schnepfe' zur Schelte für die Dirne wurde, ist ein Zusammenhang mit der Rda. denkbar. Strich als Abkürzung von ‚Schnepfenstrich' wäre demnach der Weg, den die Dirnen gehen. Wolf lehnt diese Deutung ab. Er hält den Ausdr. ‚Schnepfenstrich' für eine witzige jüngere Bildung und meint, daß die Rda. aus der Gaunersprache stammt. Das rotw. Strich ist synonym mit ‚Leine', das dem lat. linea entlehnt ist und die Bdtg. von Grenzlinie besitzt. Der Strich ist also der abgegrenzte Bezirk, in dem die Dirnen ihrem Gewerbe nachgehen und in dem sie keine Außenseiterinnen dulden.

Noch auf dem Strich gehen können: nicht sehr betrunken sein, noch gerade gehen können. Angetrunkene wollen diese Fähigkeit oft nachweisen und probieren es manchmal mitten auf der Straße aus, einem gezogenen Strich zu folgen, während der Volltrunkene nur einen Zickzackkurs einschlagen kann.

Er hält den rechten Strich: er schlägt den rechten Weg ein, um zum Ziel zu gelangen. Diese Rda. stammt aus der Seemannssprache. ‚Strich halten' bedeutet in der Schiffahrt: das Schiff nach einem bestimmten Striche des Kompasses gerichtet halten, den rechten Kurs halten.

Er ist von seinem Strich: er ist krank, eigentl.: er ist von seinem normalen Wege abgewichen.

Er ist wieder auf den Strich gekommen: seine Gesundheit ist wiederhergestellt.

Über den Strich kommen: in einer Sache zu weit gehen. Vgl. lat. ‚vagari ultra terminum'; ndl. ‚over de schreef gaan' und engl. ‚to go over the line'.

Etw. ist unter dem Strich: etw. ist schlecht, weniger als vermutet; die Leistung entspricht nicht dem geforderten Mindestmaß, z. B. bei Prüfungen, die Qualität einer Arbeit, eines Produktes reicht nicht aus.

Unter dem Strich herauskommen: als Ergebnis einer Berechnung, was sowohl Gewinn als auch Verlust bei persönlichem oder finanziellem Einsatz oder Aufwand bedeuten kann. Mit ‚Strich' wird hier auf die buchhalterische Praxis angespielt: unter alle Posten von Einnahmen und Ausgaben wird am Ende ein Strich gezogen, um die Endsumme ermitteln zu können.

Einen Strich unter etw. machen, auch: *einen Strich darunter (dahinter, dazwischen) ziehen:* etw. endgültig abschließen und vergessen, eine alte, unangenehme Sache begraben, sich für einen Neubeginn von alten Erinnerungen frei machen. Vgl. die ähnl. Rda. ‚einen Schlußstrich ziehen', wobei an die Bilanz zu denken ist. Vgl. auch frz. ‚tirer un trait sous quelque chose'.

Einem einen Strich durch die (seine) Rechnung machen: seine Absichten durchkreuzen, ihn an der Durchführung seiner Pläne hindern, seinen Erfolg zunichte machen. Durch einen Querstrich wurde eine Rechnung entweder als falsch oder als beglichen gekennzeichnet. Machte nun jem. dem Wirt oder einem Kaufmann einen solchen Strich durch seine Rechnung, erklärte er sie damit für ungültig, die Bezahlung wurde hinfällig und damit die Hoffnung auf die Einnahme zerstört. Auch an einen Zusammenhang dieser Rda. mit der Schule ist gedacht worden. Der Lehrer streicht die mühsam berechnete Aufgabe des Schülers durch, wenn ihr Ergebnis falsch ist, obwohl dieser geglaubt hat, daß er richtig gerechnet habe. Es ist jedoch wahrscheinlicher, daß die Wndg. aus dem Geschäftsleben stammt. Dafür spricht auch ihre fast ausschließliche Verwendung im Bereich der Erwachsenen. Vgl. auch ndl. ‚Hij krijgt eene streep door zijne rekening'.

Keinen Strich mehr tun: nichts mehr arbeiten, faul sein und nicht das geringste mehr tun wollen.

Das geht mir gegen den Strich: das paßt mir nicht, es steht mir nicht an, es ist mir unangenehm. Strich ist die Richtung, in der die Haare gewachsen sind. Ähnl. Wndgn., wie *gegen den Strich barbieren* und *wider den Strich bürsten,* verdeutlichen dies. Tiere, bes. Katzen, werden leicht gereizt, wenn man ihnen gegen den Strich über das Fell fährt. Die Beobachtung dieses Unbehagens wurde auf den Menschen übertr., der durch falsche Behandlung mißgestimmt werden kann. So bedeutet z. B. in Südhessen die Feststellung ‚Er ist gegen den Strich gebürstet': er ist schlecht gelaunt. Vgl. auch ndl. ‚tegen de draad' und ‚iemand tegen de borst zijn' und engl. ‚It goes against the grain (my stomach)'. Bismarck gebrauchte die Wndg. in seinen ‚Reden' (7,394): „Ich habe noch andere Konzessionen gemacht, die mir sehr gegen den Strich gingen".

Etw. nach Strich und Faden tun (untersuchen): etw. gehörig, tüchtig, genau tun (beurteilen). Die Ausdrücke ‚Strich' und ‚Faden' stammen aus der Fachsprache der Weber. Der Meister mußte die Arbeit eines Gesellen ‚nach Strich und Faden' ganz genau prüfen, um feststellen zu können, aus welchem Material das Gewebe bestand und ob es mit aller nötigen Sorgfalt gefertigt worden war. Nur Stoffe, die nach Strich und Faden einwandfrei waren, galten als gute Ware. Von hier aus erfolgte die Übertr. auch auf andere Lebensbereiche, und der Zusammenhang mit der Weberei schwand aus dem allgemeinen Sprachbewußtsein, ↗ Faden.

Einen Strich haben: so fehlerhaft, verkehrt sein wie ein Wort, das durchgestrichen werden mußte, nicht ganz richtig (im Kopfe) sein. Zu der jungen Rda. gibt es auch einen Scherzrebus: r und si, d. h., er (r) hat einen Strich und sie (si) ist nicht richtig.

Einen Strich zuviel haben: seine Sinne nicht beisammen haben, sich wie ein Betrunkener verhalten. Wahrscheinl. besteht bei dieser Rda. ein Zusammenhang mit dem Trinken aus Maßkrügen und großen Gläsern, deren Inhalt nach den auf ihnen angebrachten Strichen gemessen wurde. Hatte man einen Strich zuviel getrunken, konnte das bereits sichtbare Folgen haben.

Nur noch ein Strich sein, auch: *der reinste Strich sein, dünn wie ein Strich sein:* sehr schmal geworden sein, elend und abgemagert aussehen. Scherzhaft heißt es im Ndd. auch von einer Überschlanken: ‚Die ist ja'n Strich in der Landschaft, die könnte sich hinterm Laternenpfahl ausziehen'.

Lit.: *S. A. Wolf:* Wb. des Rotw. (Mannheim 1956), S. 321, Nr. 5656.

Strick, stricken. *Sich selbst einen Strick drehen:* seinen Untergang selbst herbeiführen. *Jem. einen Strick (aus etw.) drehen:* eine Sache böswillig gegen ihn benutzen, ihn wegen einer unbedachten Äußerung oder Tat zu Fall bringen. Da diese Rda. im Erzgeb. noch einen Zusatz erhält: ‚daß er darin hängenbleibt', kann an einen Zusammenhang mit Jagd und Vogelstellerei gedacht werden, wo man Tiere durch ‚Fallstricke' zu überlisten sucht. Wahrscheinl. ist aber der Strick zum Hängen gemeint, so daß die Rda. aus der Welt des Rechts stammt (vgl. Bair. Jb. f. Vkde., 1962, S. 54ᵇ). Der Hinweis auf die Verurteilung zum Galgen ist auch in den folgenden Rdaa. deutlich: *einem zum Strick verhelfen:* ihn der gerechten Strafe zuführen; *an seinem Strick spinnen:* auf dem Wege zum Galgen sein; vgl. ndl. ‚Hij spint zijnen strop'; *den Strick (längst) verdient haben:* genug Verbrechen begangen haben, die mit dem Tode bestraft werden, vgl. lat. ‚Culleo dignus est'; *den Strick (zum Hängen) nicht wert sein:* gar nichts taugen, vgl. ‚Die Kugel ist zu schade für ihn' und frz. ‚Cet homme file sa corde' (veraltet); *einem den Strick um den Hals legen:* ihn an den Galgen bringen. Ähnl. heißt es schon im ‚Eulenspiegel' (LII): „Ein strick an halß wolt ich dir werffen". Vgl. frz. ‚Se mettre la corde au cou' (wörtl.: sich den Strick um den Hals legen), i. S. v. heiraten.

Das Sprw. ‚Im Hause eines Gehängten darf man nicht vom Strick reden', als Warnung vor leichtsinnigen, zweideutigen Anspielungen, hat seine genaue Entsprechung im Frz.: ‚Il ne faut pas parler de corde dans la maison d'un pendu'.

Mit Jungfer Strick kopuliert werden ↗ Seiler.

Ein liederlicher Strick sein: ein Mensch, der wenig taugt, ↗ Galgenstrick.

Der Strick in neueren Rdaa. kann zur Umschreibung des Selbstmordes dienen: *Es bleibt ihm nur der Strick übrig:* es gibt keinen Ausweg mehr für ihn. Ist jem. sehr verzweifelt oder enttäuscht, wird er zuweilen gefragt: *Du wirst doch deshalb nicht gleich den Strick nehmen (zum Strick greifen)?,* um damit zu sagen, daß es ja so schlimm eigentl. nicht sei, um einen Selbstmord zu begründen, daß es nicht allzu tragisch genommen werden sollte.

Den Strick dem Kessel nachwerfen: alles aufgeben. Vgl. ndl. ‚Hij werpt de koord naar den ketel, het moet al op'.

Den Strick an das Seil binden: in einer Sache zuviel tun.

Einen Strick aus Sand drehen: Dinge tun, die zu nichts führen, ↗ Seil.

Einen am Strick haben: ihn auf seiner Seite haben, so daß er tun muß, was man von ihm verlangt; vgl. frz. ‚tirer sur la corde', i. S. v.: einen Vorteil mißbrauchen.

Einem den Strick über die Hörner werfen ↗ Seil.

Die Feststellung *Er hat schon an allen Stricken gezogen und keinen zerrissen* meint: er hat schon sehr vieles begonnen und noch nie Erfolg gehabt.

Wenn alle Stricke reißen: im Notfall, wenn alles fehlschlagen sollte, ↗ Strang.

‚Wenn alle Stricke reißen'

Sich verstricken: sich selbst fangen, seine Fesseln nicht mehr abstreifen können, ‚ins ↗ Netz gehen'; auch: in immer größere Widersprüche oder Lügen hineingeraten. Als ‚selbstgestrickt' wird alles bez., was in

‚Sich verstricken'

Hand- oder Heimarbeit entstanden ist, auch wenn es sich nicht um Gestricktes im wörtl. Sinne handelt; ähnl. die Begriffe ‚Eigenbau' oder engl. ‚home made'.

Lit.: *I. Scheftelowitz:* Das Schlingen- und Netzmotiv im Glauben und Brauch der Völker (= Relig.wiss. Versuche und Vorarbeiten XII, 2) (Gießen 1912); *I. Bolte:* Begnadigung zum Stricktragen ..., in: Zs. f. Vkde. 27 (1917), S. 235–236; *A. Haberlandt:* Art. ‚Strick', in HdA. VIII, Sp. 543–544.

Strippe. *An der Strippe liegen:* gebunden sein, in seiner Bewegungs- und Entwicklungsfreiheit gehemmt sein, nicht sein eigener Herr sein. Die Ende des 19. Jh. in Berlin aufgekommene Rda. bezieht sich auf den Hund, der an der Strippe (Leine) liegt oder geführt wird. Strippe ist das ndd. Wort für Bindfaden. Es stammt aus dem Rom., wurde früh ins Westgerm. entlehnt und geht auf lateinisch ‚stroppus' = Schnur, Riemen zurück und dieses auf griech. ‚στρόφος' = Seil, Band, eigentl. das Gedrehte.
Jem. an der Strippe haben: einen in seiner Gewalt haben, ihn ganz seinem Willen unterworfen haben. Diese ebenfalls aus Berlin stammende Rda. leitet sich vom Puppentheater her, ↗Gängelband, ↗Leine, ↗Schnur.
Die Strippe ist im Berl. auch eine Bez. für den Telefondraht, was sich bei Rdaa. zeigt, die erst im 20. Jh. aufgekommen sind: *sich an die Strippe hängen:* anfangen zu telefonieren, verschiedene Personen nacheinander anzurufen suchen.
Jem. an die Strippe kriegen: mit der gewünschten Person am Telefon sprechen können, den Anschluß erreichen.
Im Zusammenhang damit steht die Wndg. *eine Quasselstrippe sein:* endlose Gespräche führen, sehr redselig sein.
Voll wie eine Sackstrippe sein: betrunken sein, ↗trinken.
Es regnet Strippen: es regnet sehr stark; auch: es regnet Bindfäden.

Lit.: *H. Meyer:* Der richtige Berliner in Wörtern und Rdaa. (München ¹⁰1965).

Stroh. *Leeres Stroh dreschen* sagt man, um die Nutz- und Sinnlosigkeit einer Arbeit auszudrücken; in übertr. Bdtg. meint die Rda. auch: unnütze Reden führen; so steht es schon bei Thomas Murner (‚Lutherischer Narr', 1522, 2056):

Sein (Petri) Wörter luten nit also
Wie dan du (Luther) die für wendest do
Und drischst ein leres haberstro.

Auch Grimmelshausen (‚Simplicissimus II, Kap. 5) erwähnt diese Rda.: „... rede wenig, damit dein Zugeordneten nicht an dir merken, daß sie ein leer Stroh dreschen ..." Vgl. auch Geiler von Kaysersberg (‚Has in pfeffer' Bb. 4a) und Ditfurth 1632 (Nr. 61, Str. 9);

O mine echte Kinder
Thun ji also bi mi!
Sind ji denn Beest und Rinder
Tresch ick so leddig Stroh?

Auch Wieland benutzt dieses Bild (2, 262), wenn er von Leuten spricht, „die aus allen Kräften und mit der feierlichsten Ernsthaftigkeit leeres Stroh dreschen". Goethe schreibt in ‚Faust' I (1839):

Was willst du dich das Stroh zu
                        dreschen plagen?
Das Beste, was du wissen kannst,
Darfst du den Buben doch nicht sagen.

Dasselbe Bild hat auch den Ausdr. ‚abgedroschenes Zeug' geschaffen, ebenso das frz. ‚Ce sont des choses cent fois rabattues', ein ähnl. das lat. ‚verba trita'.

Eine ganze Reihe ähnl. Rdaa. für den gleichen Sachverhalt bringt Lehmann S. 784 (‚Vergeblich' 1): „Welcher vergebliche vnnütze Arbeit gethan, von dem sagt man: er hat leer Stroh getroschen, ein leer Nuß aufgebissen, den Esel beschoren, ein Mohren gebadet, den Krebs lernen für sich gehen, den Tauben ein Lied gesungen, den Blinden ein Spiegel geschenckt, den Fröschen ein Fuder Wein zum Bad verehret. Hat den Speck im Hundsstall gesucht, der Flöh gehüt, die Garn vergebens gesteckt, Moses' Grab gesucht. Welche das thun, die verrichten ebenso viel, als die mit dem Hindern ein Nuß wollen aufbeißen".

Ähnliches meint die ndl. Rda. ‚Monnikenwerk verrichten' (Mönchswerk tun) sowie engl. ‚to plough the sands'. *Auf dem Stroh sein:* sich in traurigen Umständen befinden; vgl. frz. ‚être sur la paille'.

Els. ‚ufs Stro lein (bringe)', unter den Boden bringen oder übers Ohr hauen: ‚er lijt ufm Stro', er ist tot. Dieselbe Rda. hat im Besonderen auch den Sinn: in Kindsnöten sein; in Bayern geschah die Geburt oft auf dem Stroh, ehe die Frau ins Kindbett ging. Daher *Ins Stroh fallen:* ins Wochenbett kommen. Vgl. auch ↗ Strohwitwe.

Die Wndg. *vom Stroh auf die Federn helfen* findet sich bei Abraham a Sancta Clara (‚Krämer-Laden') und bedeutet: jem. zum Erfolg verhelfen, ihn unterstützen, damit er sich statt des Strohsackes ein Federbett leisten kann.

Stroh zum Feuer tun: eine Angelegenheit durch Reden oder Taten verschlimmern, ein ähnl. Bild wie ‚Öl ins Feuer gießen', wird oft in Beziehung auf das Verhältnis beider Geschlechter gesagt; so schon in alter Zeit, z. B. bei Freidank (121,3), im jüngeren ‚Titurel' (5776,3) usw. Bei Hans Sachs:

Mannsbilder Junge oder alt
In wort vnd wercken euch enthalt
Wo stroh bey fewer nahend leit
Das wird brennend in kurtzer zeit.

Vgl. auch den alten Reim: „Feuer und Stroh, eins des andern froh".

Als *Strohfeuer* bez. man eine flüchtige Neigung oder Begeisterung, die rasch wieder vergeht; in dieser Bdtg. findet sich das Wort bei Ovid: „Flamma de stipula nostra brevisque erit" (= Unsere Liebesglut wird von Stroh und kurz sein). Als Bild des raschen Entbrennens ist es in allen Sprachen des MA. ungemein häufig und wird auch schon in der Bibel erwähnt (Jes. 5,24): „Sicut devorat stipulam lingua ignis". Bei Freidank findet sich der iron. gemeinte Vergleich: „Ez ist staete als im fiure ein strô". Als Bez. für etw. Wertloses, Nichtiges schreibt Hartmann von Aue: „ern gaebe drumbe niht ein strô" (‚Iwein' V. 1440); ↗ Deut.

Jeden Strohhalm ergreifen: auch das Geringste zu seiner Rettung nutzen; alles, was sich überhaupt zur Hilfe anbietet. Ähnl. lautet ein rdal. Vergleich, der das Verhalten eines Menschen in Not beschreibt, sich bei jeder kleinsten Begebenheit große Hoffnungen zu machen: ‚sich an etw. (jem.) klammern wie ein Ertrinkender an einen Strohhalm'.

Ein verbr. amer. Sprw. heißt: ‚That was the last straw to break the camel's back': das war der Strohhalm, welcher dem Kamel (oder dem Pferd) den Rücken brach, i. S. v.: das hat das Faß zum Überlaufen gebracht. Man zitiert nur noch ‚the last straw', und jeder weiß, was gemeint ist.

Stroh im Kopf haben, ein Strohkopf sein drückt die Dummheit eines Menschen aus. Christian Schubart schreibt 1790 in der von ihm gegründeten Zeitung ‚Dt. Chronik' (55): „Der Mann, der Weise betrög wie Strohköpfe".

In zusammengesetzten Adj. dient ‚Stroh' auch als Verstärkungswort, wie z. B. in ‚strohdumm' oder ‚strohtrocken'.

‚O du gerechter (auch: allmächtiger, heili-

ger) Strohsack!' ist, bes. mdt., ein Ausruf starker Verwunderung; wohl urspr. eine Hüllform für einen stärkeren Ausruf.
Jem. hat ein Gewissen wie ein Strohsack: jem. hat kein Gewissen.

Lit.: *J. M. M.:* The last straw, in: American Speech 17 (1942), S. 76–77.

Strohmann. *Einen Strohmann vorschieben:* einen anderen vorschicken, um den eigentl. Handelnden, den wahren Interessenten zu verdecken, in dessen Auftrag ein Geschäft gemacht, ein Vertrag geschlossen wird, Aktien erworben oder gar Firmen gegründet werden. Die Bez. ‚Strohmann' ist neueren Ursprungs u. wahrscheinl. entlehnt aus dem frz. ‚homme du paille'. Man kann aber auch an eine als Strohmann ausgebildete Vogelscheuche denken, die ja ebenfalls einen Menschen vortäuscht.
Rdal. Wndgn. um den ‚Strohmann' begegnen am häufigsten in bezug auf Geschäftswelt und Hochfinanz. Auch in der Spra-

‚Einen Strohmann vorschieben'

che der Politik ist der Ausdr. geläufig. Er bez. namhafte Persönlichkeiten, die sich leicht ‚einspannen' und ‚lenken' lassen, oft, ohne es selbst zu merken: *Für jem. (etw.) als Strohmann dienen,* auch: *nur als Strohmann gebraucht werden:* keine eigene Macht u. Kompetenz besitzen, seinen guten Namen mißbrauchen lassen.
Nicht den Strohmann für andere machen wollen, auch: *sich nicht als Strohmann hergeben wollen:* sich zu schade sein, dunkle Machenschaften anderer zu unterstützen, gegen das falsche Spiel aufbegehren, das mit einem getrieben werden soll.
Die übertr. Bdtg. kann auf den tatsächlichen Gebrauch einer Strohpuppe als einer Art Stellvertreterfigur für einen bestimmten Menschen zurückgehen, wie dies in verschiedenen Bräuchen noch heute üblich ist (Fastnacht, Verbrennung oder Ertränkung von Spottfiguren, Lazarus Strohmanus in Jülich), ↗ prellen.
Der ‚Strohmann', ein Mensch ohne Macht, Einfluß und Geltung läßt willenlos alles mit sich geschehen, deshalb kann auch ein an Geist und Körper schwächlicher Mensch und ein impotenter Liebhaber so bez. werden.
Goethe gebraucht den Ausdr. lit. in seinem ‚Werther' i. S. v. lebensfremder, verknöcherter Mensch: „Collegien und Ämter scheinen ihm (Werther) den Menschen zu vernichten und an seiner Stelle nur Philister und Strohmänner zu bilden".
Auch im Kartenspiel kann ein ‚Strohmann' nötig werden. Er fungiert dann als Ersatzmann für einen fehlenden Spieler; beim Whistspiel gilt er als fingierter Partner.

Lit.: *D. R. Moser:* Lazarus Strohmanus Jülich (Jülich ²1980).

Strohwitwe(r). *Eine Strohwitwe sein:* vorübergehend allein leben, wenn der Ehemann längere Zeit abwesend ist; sich alleingelassen fühlen und Liebe entbehren müssen (eigentl.: das Stroh [Bett] nicht mit dem Mann teilen); andererseits aber auch gewisse Freiheiten genießen, in Gesellschaft gehen und alte Freundschaften pflegen. Der älteste lit. Beleg für den Ausdr. ‚Strohwitwe' stammt von 1715 aus Amaranthes' ‚Frauenzimmer-Lexicon' (S. 1916): „strohwittben heisset man aus schertz an etlichen orten diejenigen weiber, deren männer verreiset oder abwesend seynd". Vgl. die Worte der Frau Marthe in Goethes ‚Faust' I (Der Nachbarin Haus), die nicht weiß, ob sie von ihrem Mann nur zeitweilig verlassen wurde oder ob er gar in der Fremde umgekommen ist:

Gott verzeih's meinem lieben Mann,
Er hat an mir nicht wohlgetan!
Geht da stracks in die Welt hinein
Und läßt mich auf dem Stroh allein.

Ein älterer Ausdr. für Strohwitwe ist ‚Graswitwe'. 1598 ist mnd. ‚graswedewe' belegt (Schoppe, S. 71); damit verbindet man engl. ‚grasswidow', die Bez. für ein Mädchen, das außerehelich ein Kind bekommen hat und allein gelassen worden ist.

Als *Strohjungfer* wurde eine Braut bez., die nicht mehr unbescholten war und daher bei der Hochzeit statt eines frischen Kranzes einen Strohkranz tragen mußte.

Strohwitwer sein: scherzhafte Bez. für einen verheirateten Mann, dessen Frau verreist ist, so daß er nachts auf dem Bettstroh so gut wie verwitwet ist.

Die Wndg. dient gleichzeitig zur Entschuldigung für häusliche Unordnung und mangelnde Kochkünste des Mannes, der in dieser Hinsicht seine Frau schmerzlich vermißt, aber mehr als sonst zu Wirtshausbesuchen und Seitensprüngen neigt.

Lit.: *O. Ladendorf:* Strohwitwer, in: Zs. f.d.U. 24 (1910), S. 562; *L. J. Lucas:* Grass widow, in; American Notes and Queries 11,8 (1913), S. 209; *G. Schoppe:* Strohwitwe, in: German.-roman. Monatsschrift 26 (1938), S. 71–73.

Strom. *Gegen den Strom schwimmen* sagt man von jem., der sich bewußt anders verhält als die Masse und dafür unter Umständen auch Nachteile in Kauf nimmt; eigentl.: mit großer Anstrengung und wenig Erfolg der Strömung entgegenstreben. Das Bild geht auf Sir. 4,31 zurück: „Schäme dich nicht, zu bekennen, wo du gefehlt hast, und strebe nicht wider den Strom". Bei Ovid heißt es: „Stultus pugnat in adversas ire natator aquas" (= Der törichte Schwimmer strebt dem Wasser entgegen). In anderer Form lat. „Contra fluminis tractum niti difficile" (= sich wider den Lauf des Stromes zu stemmen ist schwierig). Vgl. auch Erasmus: „Contra torrentem niti". Bei Tunnicius (16. Jh.) heißt es unter Nr. 888: „Tegen den stroem ys gweet swemmen", bei Heinrich Bebel 1507 (Nr. H 93): „Durum est natare contra impetum fluminis; hoc est: periculosum est potentibus adversari". Hier wird zugleich die übertr. Bdtg. angegeben (= Es ist schwer, gegen die Gewalt des Stromes zu schwimmen, das heißt: es ist gefährlich, den Mächtigen zu widerstreben). Luther schreibt 1534: „Und strebe nicht wider den Strom". Auch bei Abraham a Sancta Clara wird die Rda. erwähnt („Judas' IV, 249: „Wider den Strohm schwimmen"). Im ‚Herzog Ernst' heißt es um 1180:

Swer swimmet wider wazzers stram
Ergêt ez im ein wîle wol,
Er vert ze jungest doch ze tal.

Auch hier wird die negative Bdtg. dieser Rda. unterstrichen. Die Rda. ist auch im Engl. bekannt: ‚striving against the stream', sowie im Frz.: ‚Il ne faut pas aller contre le courant'. In neuester Zeit kann man die humoristische Abwandlung der Rda. hören: *sich auf den Strom schwingen:* mit der Straßenbahn fahren.

Strumpf. *Sich auf die Strümpfe machen:* einen Weg antreten, sich davonmachen, fortgehen, urspr. wohl: sich heimlich auf den Strümpfen aus dem Hause schleichen, um nicht bemerkt zu werden. Die Rda. ist eine Parallelbildung zu ‚sich auf die Socken machen', ↗ Socke. Da ‚Socke' urspr. den niedrigen Schuh bez., setzt die Wndg. eine Bedeutungsveränderung zu ‚kurzer Strumpf' voraus. Sie ist erst seit 1795 stud. bezeugt. Die Rda. *Er hat sich früh auf die Strümpfe gemacht* meint: er will eine günstige Gelegenheit nicht verpassen und beginnt frühzeitig. Holtei gebrauchte diese Wndg. in seinem ‚Eselsfresser' (I, 228). Vgl. auch ndl. ‚Hij is vroeg in de kousen'.

Auf die Strümpfe kommen: Erfolg haben, in seinen wirtschaftlichen Verhältnissen gut vorankommen. Da die Strümpfe erst seit Anfang des 17. Jh. als Bekleidungsstücke in Gebrauch kamen, waren sie zu-

5 mal 10 ift fünfzig,
Die Mädchen stricken Strümpf' sich.

nächst noch Luxusartikel, die sich nicht jeder leisten konnte. Wer Strümpfe trug, galt deshalb als bes. wohlhabend.

Jem. auf die Strümpfe helfen oder *jem. auf den Strumpf bringen:* jem. aus einer Verlegenheit helfen, ihn unterstützen. Vgl. ‚jem. auf die Beine helfen', ↗ Bein.

Gut im (auf dem) Strumpf sein: gesund und munter sein, sich in angenehmer Lage befinden. Heinrich Heine schrieb in einem Brief an Jos. Lehmann (Hamburg, 26. Mai 1826): „Meine Gesundheit verbessert sich allmählig, und komme ich einmal ganz auf den Strumpf, so dürfen Sie viel Erfreuliches von mir erwarten". ‚Er isch (nicht) im Strumpf': er ist gut (übel) gelaunt, sagt man in der Schweiz, allg. verbreitet ist die Wndg. *Die Strümpfe verkehrt angezogen haben:* schon am Morgen übelgelaunt sein.

Dicke Strümpfe anhaben, auch: *zwei Paar Strümpfe anhaben:* schlecht hören oder nicht hören wollen; sehr langsam denken.

Die Strümpfe über einer Regentonne getrocknet haben: scherzhafte Beschreibung eines Menschen mit gekrümmten Beinen. Die Wndg. ist sold. 1914/18 aufgekommen. Im Ndd. heißt es ähnl. von einer O-Beinigen: ‚Die hat ihre Strümpfe über einer Tonne gebügelt'.

Ißt oder trinkt man etw. Saures, sagt man auch gern: ‚Das zieht einem die Strümpfe zusammen' oder ‚Das zieht einem (ja) die Löcher in den Strümpfen zusammen'.

Etw. in den Strumpf stecken: sein Geld nicht auf die Bank tragen, sondern zu Hause in einem Strumpf aufbewahren u. verstecken, heute bes. in der Bdtg. von geizig sein, sich selbst nichts gönnen; vgl. frz. ‚bas le laine' (Wollstrumpf für die Ersparnisse).

In der seit Luther belegten Rda. *mit Strumpf und Stiel ausrotten* hat Strumpf seine urspr. Bdtg. Baumstumpf bewahrt; gleich alt ist ‚mit Stumpf und Stiel'. Erst im 18. Jh. tritt die Form ‚mit Strunk und Stiel' auf.

Lit.: *G. Jungbauer:* Art. ‚Strumpf', ‚Strumpfband', in: HdA. VIII, Sp. 545–559.

Struwwelpeter. *Ein Struwwelpeter sein:* ungepflegt erscheinen, seine Haare nicht schneiden, waschen und kämmen lassen und sie deshalb wirr um seinen Kopf stehen haben. Diese Wndg. wird meist mißbilligend, aber auch scherzhaft zu einem Kind gesagt. ‚Struwwelpeter' ist der sprw. gewordene Name des zu Weihnachten 1845 erstmals erschienenen Kinder- und Bilderbuches von dem Frankfurter Arzt Dr. Heinrich Hoffmann. Die Wndg. bezieht sich auf das von Hoffmann als abschreckendes Beispiel gezeichnete Titelbild und den Titelhelden des in fast alle europ. Sprachen übersetzten Buches, von dem es heißt:

An den Händen beiden
Ließ er sich nicht schneiden
Seine Nägel fast ein Jahr;
Kämmen ließ er nicht sein Haar.

In der Form ‚Strubbelpeter' begegnet das Wort schon früher. Als der junge Goethe 1765–68 in Leipzig studierte, nannte ihn die Frau des Kupferstechers Stock ‚den Frankfurter Strubbelpeter' und zwang ihn, sich das Haar auskämmen zu lassen. Wegen ihrer ungewöhnlichen Haartracht wurden die ‚Beatles' bekannt und bei uns als ‚Pilzköpfe' bez.

Lit.: *H. Müller:* „Struwwelpeter" und Struwwelpetriaden, in: K. Doderer u. H. Müller (Hg.): Das Bilderbuch. Geschichte und Entwicklung des Bilderbuches in Deutschland von den Anfängen bis zur Gegenwart (Weinheim – Basel ²1975), S. 141–182; *M.-L. Könneker:* Dr. Heinrich Hoffmanns Struwwelpeter. Untersuchungen zur Entstehungs- und Funktionsgeschichte eines bürgerlichen Bilderbuches (Stuttgart 1977).

Stube. *Die Stube zum Fenster hinauswerfen wollen:* äußerst ausgelassen und zu allen Streichen aufgelegt sein; in toller Laune zu allem fähig sein und Freude am Tumult haben, eigentl.: in einer solchen Stimmung sein, daß man vor Übermut alles Zimmergerät zum Fenster hinauswerfen könnte. Die Rda. ist im Obersächs. seit dem 17. Jh. bezeugt. Sie erinnert an den Studentenulk, einem anderen ‚die Bude auf den Kopf zu stellen', ihm alles in Unordnung zu bringen und ihm damit einen Streich zu spielen; auch als ‚Budenzauber' bezeichnet. Gelegentlich wurde jedoch bei einem städtischen Aufruhr damit wirklich Ernst gemacht. Einem verhaßten Mann wurde das Haus gestürmt und die Einrichtung zerstört und auf die Straße geworfen. Vgl. auch engl. ‚to throw the house out of the window'.

Die Stube ist nicht gekehrt: es gibt unwillkommene Zuhörer; mit Rücksicht auf anwesende Personen kann man nicht alles sagen, was man möchte.

Immer herein in die gute Stube! Diese Wndg. fordert zum Nähertreten auf und ist wohl von Berlin ausgegangen: ‚Immer rin in die jute Stube' heißt dort die burschikose Aufforderung. Die ‚gute Stube' war ein Raum, der von der Familie nur benutzt wurde, um darin Besuche zu empfangen, ↗ Pracht.

Stuben vermieten: geheime Prostitution treiben, eine Umschreibung für die käufliche Liebe selbständiger Frauen.

In der Stube hocken: nicht an die frische Luft gehen, viel arbeiten, menschenscheu sein.

Lit.: *V. v. Geramb:* Art. ‚Stube', in: HdA. IX (Nachtr.) Sp. 782–788; *E. Meyer-Heisig:* Die dt. Bauernstube (Nürnberg 1952); *E. Meier-Oberist:* Kulturgeschichte des Wohnens im abendländ. Raum (Hamburg 1956).

Stüber. *Einen Stüber (Nasenstüber) bekommen:* einen kleinen Stoß (auf die Nase) bekommen. Nach Jacob und Wilhelm Grimm haben ndd. ‚stuiver' und ‚stüver' (Bez. für eine Münze in Norddtl.) mit dem ‚Stüber' nichts gemein, doch werden sie häufig volksetymol. gleichgesetzt: so z. B. bei Abraham a Sancta Clara, wo es im „Judas der Ertz-Schelm" heißt: „gib ihr anstatt etlicher stüber geld einige Nasenstüber".

Stück. *Ein schweres Stück liefern:* eine unschöne Handlung, eine grobe Dummheit begehen. Vgl. schwäb. ‚Er tuot mer koa guots Stückle'. Ähnliches meint die heute häufiger benutzte Rda. *sich ein Stück leisten:* einen Streich vollbringen, etw. Törichtes tun und sich selbst dadurch schaden, die Achtung anderer durch sein unbedachtes Handeln verlieren. Mit ‚Stück' ist hierbei die listige Tat, die sittlich bedenkliche Handlungsweise gemeint, vgl. auch ‚Bubenstück', ‚Heldenstück' u. ‚Kunststück'.

Das ist ein starkes Stück!: das ist unglaublich, das ist eine Unverschämtheit. Die Rda. ist eine Verkürzung von ‚das ist ein starkes Stück, das er sich herausgenommen hat' und bezieht sich auf unschickliches Benehmen bei einem Gastmahl, wenn sich jem. rücksichtslos das größte Stück heraussucht; vgl. frz. ‚C'est un peu fort'.

Das beste Stück sein: scherzhafte Bez. für den Ehepartner. Vgl. ‚die bessere Hälfte sein'. ‚Stück' steht in den Rdaa. häufig für Mensch, man spricht deshalb auch von einem ‚guten Stück', einem gutmütigen, hilfsbereiten Menschen, und einem ‚frechen Stück', einer unverschämten Person; ↗ Herz.

Große Stücke auf jem. (etw.) halten (setzen): ihm sehr viel vertrauen, ihn wertschätzen und viel von ihm erwarten. Die Wndg. ist seit dem 17. Jh. bezeugt und ist wahrscheinl. vom Wetten hergenommen, wo im Vertrauen und in der Hoffnung auf einen guten Gewinn ein großer ‚Einsatz', d. h. ein hoher Geldbetrag, gewagt wird.

Man wird zwei Stücke aus ihm machen: man wird ihn hinrichten. Die Wndg. gehört zu den verhüllenden Ausdr. der älteren Rechtspr. und meint die Enthauptung mit Schwert oder Beil. Vgl. auch das Sprw. ‚Zwei Stück aus einem machen, daß der Leib das größte und der Kopf der kleinste Teil bleibt'.

Sich von jem. ein Stück abschneiden können: jem. zum Vorbild nehmen, ↗ abschneiden.

Er hat ein Stück vom Schulsack gefressen: er besitzt nur eine recht mangelhafte Bildung, ↗ Schulsack.

Mehrere Stücke verbrochen haben: mehrere Theaterstücke verfaßt haben, eine scherzhafte, moderne Wndg., die das Schreiben von mittelmäßigen und schlechten Stücken als ein ‚Verbrechen' kennzeichnet.

studieren, Studium. *Etw. (einen Brief, einen Vertrag, eine Zeitung) genau (mühsam) studieren:* etw. zu entziffern suchen, ganz genau den Wortlaut prüfen, um ihn richtig zu verstehen. In übertr. Bdtg.: *Jem. (sein Gesicht, seinen Charakter) aufmerksam studieren:* sich mit jem. intensiv beschäftigen.

Alles Mögliche studiert haben: sich vielseitig gebildet haben, sich auf verschiedenen Wissensgebieten versucht haben, ohne tiefgreifende Spezialkenntnisse erlangt zu haben, an seinem Wissen zweifeln wie Goethes Faust, der sich selbst eingestehen muß (‚Faust' I, Nacht):

   Habe nun, ach! Philosophie,
   Juristerei und Medizin
   Und leider auch Theologie
   Durchaus studiert, mit heißem Bemühn.
   Da steh ich nun, ich armer Tor!
   Und bin so klug als wie zuvor ...

Etw. ist (wirklich) ein Studium für sich: es ist schwierig zu begreifen.

Stuhl. *Einem den Stuhl vor die Türe setzen:* jem. aus dem Hause weisen, einen Dienst, ein Verhältnis aufkündigen. Die Rda. geht auf einen Rechtsbrauch zurück, wobei der Stuhl als Rechtssymbol zur Bez. von Eigentumsrecht und Herrschaft gilt (vgl. ‚be-sitzen'). Umgekehrt verliert man durch Ent-setzung Macht und Eigentumsrecht (vgl. ‚Amtsentsetzung', ‚Thronentsetzung').

So war es in alter Zeit auch Rechtsbrauch, Personen, die sich zum zweiten Male verheirateten, die ‚ihren Witwenstuhl verrückten', von der Gütergemeinschaft mit den Kindern erster Ehe auszuschließen. Es wurde ihnen der Stuhl wirklich vor die Tür gesetzt, was aus dem folgenden Zeugnis hervorgeht: „Ob sich das mensch verändert, möchten die kind ihm oder ir ein stuhl für die thür setzen, alles von altem herkommen und hötte dasselb mensch kein recht mehr in dem haus" (vgl. Jacob Grimm, Rechtsaltertümer I, 259 ff.). Ein Beleg für diese Rda. findet sich auch bei Abraham a Sancta Clara (‚Narren-Nest' II, 23). In übertr. Bdtg. ist die Wndg. seit der 2. H. des 16. Jh. bezeugt; auch mdal. kommt sie vor, z. B. ‚enem den Stool vor de Döre setzen', einem den Contract oder den Dienst aufsagen (‚Bremisch-niedersächs. Wörterbuch' [1767 ff.], 4, 1046).

Sich zwischen zwei Stühle setzen: zwei Dinge (Vorteile) gleichzeitig anstreben, von denen man keines erhält; sich in seinen Hoffnungen betrogen sehen; in Not und Verlegenheit sein; zwischen zwei

1/2 ‚Sich zwischen zwei Stühle setzen'

zwischtē styelen nider sitzē

heyliger leichnam / vnd botz varm
Ich meint gar offt / ich sesse warm
Vnd bett im bad eyn güte hitzen
Do müst ich schentlich nider sitzen
Zwischen zweyen kleynen stielen
Do me schelmen nider fielen

1–3 ‚Sich zwischen zwei Stühle setzen'

Meinungen oder Parteien hin und her schwanken. Nach den ‚Proverbes au vilain' heißt es ebenso wie in der ‚Fecunda ratis' des Egbert von Lüttich (11. Jh.): „Entre dous seles chiet cus a terre" (= Zwischen zwei Stühlen sitzt der Arsch am Boden). Ähnl. heißt es lat.:

Labitur enitens sellis haerere duabus.
Sedibus in mediis homo saepe
resedit in imis,

dann auch mhd., so in einem Lied Walthers von Metze (um 1250):

Ez ist ein wunder an mir
daz ich elliu wîp dur si mîde
sus bin ich an die blôzen stat
zwischen zwein stüelen gesezzen.
An der selben stat hat si mîn vergezzen.

Vgl. noch Bebel Nr. 587: „Inter duo scabella in terram residere". Tunnicius (1515): „De vp beiden stolen will sytten, de sytten dar vake tusschen dale". In einem Streitgedicht von Burkard Waldis gegen den Wolfenbüttler Herzog heißt es: „Auffs letst sitz neben stul darnieder". Auch Abraham a Sancta Clara kennt (‚Judas' IV, 194): „Zwischen zweyen Stuhlen niedersitzen". Ebenso Thomas Murner: „Zwischen stuelen nider sitzen". Vgl. engl. ‚Between two stools one goes (falls) to the ground'; frz. ‚demeurer entre deux selles le cul par terre", auch: ‚s'asseoir entre deux chaises', i. S. v.: zwei entgegengesetzte Ziele gleichzeitig anstreben.

Vor Schreck vom Stuhl (Stengel) fallen (vgl. 1. Sam. 4,18) sagt man, um die Stärke einer plötzlichen Gemütsbewegung auszudrücken, ↗ Sessel.

Einem den Stuhl (unter dem Hintern) wegziehen: bes. frech, auch schadenfroh sein; dem anderen im übertr. Sinne keinen Platz gönnen. Übermütige junge Leute ziehen den Stuhl gern gerade dann weg, wenn sich einer von ihnen setzen will, wobei der Gefoppte übel zu Fall kommen oder lächerlich gemacht werden kann.

Lit.: *C. T. Ramage:* To sit between two stools, in: American Notes and Queries 4,10 (1872), S. 181–182; *J. Broeckaert:* Tusschen twee stoelen in de assche, in: Vkde. 21 (1910), S. 246; *F. Beyschlag:* Zur Geschichte eines ma. polit. Schlagwortes: Die Stüel ston auf den Benken, in: Blätter für bair. Vkde. 11 (1926), S. 16–19; *P. Geiger:* Eigentum und Magie, in: Vkdl. Gaben..., Festschrift John Meier (Berlin – Leipzig 1934), S. 36–44; *A. Haberlandt:* Art. ‚Stuhl', in: HdA. IX (Nachtr.), Sp. 788–790; *K. Rumpf:* Hess. Brautstühle, in: Volkswerk (1942), S. 37–53; *L. Schmidt:* Bank und Stuhl und Thron, in: Antaios XII, 1 (1970), S. 85–103; *H.-W. Goetz:* Der ‚rechte Sitz'. Die Symbolik v. Rang und Herrschaft im hohen Mittelalter im Spiegel der Sitzordnung, in: Symbolik des Alltags – Alltag der Symbole, Festschrift für H. Kühnel (Graz 1991).

stumm, Stummer. *Jem. stumm machen:* euphemist. Umschreibung für töten, ermorden. Dies geschieht oft aus Furcht, daß etw. ausgeplaudert, verraten werden könnte, vgl. daher auch die Wndg. ‚jem. für immer zum Schweigen bringen'. Die umg. Feststellung *Er ist ein stummer Mann* kann bedeuten, daß sein Schicksal bereits entschieden, daß er so gut wie tot ist oder daß er bereits nicht mehr lebt. Von jem., der absolut zuverlässig und verschwiegen ist, heißt es: *Er ist stumm wie ein Fisch.* Dieser rdal. Vergleich ist international verbreitet, z. B. frz. ‚muet comme une carpe' (stumm wie ein Karpfen). ↗ Fisch.

Oder man versichert: *Er ist stumm wie das Grab (wie ein Toter);* eher würde ein Stummer geredet haben.

Beliebte Zwillingsformeln sind: *still und stumm, starr und stumm* und *dumm und stumm.*

Etw. auf die Stumme tun: sich wortlos, aber mit vielsagenden Blicken verständigen. Die moderne Wndg. ist als Verkürzung aus ‚etw. auf die stumme Tour machen' (vgl. ‚krumme Tour') entstanden.

Stümper. *Ein (elender) Stümper sein:* ungeübt und ungeschickt, ein Nichtskönner sein, der nichts Rechtes zu schaffen (zu leisten) imstande ist. Der Ausdr. stammt urspr. aus der Handwerkersprache. Der Stümper (frühnhd. ‚stümpler') war ein Handwerker, der nicht zünftig gelernt hatte, der mit angeblich stumpfen, unzulänglichen Werkzeugen herumpfuschte, dessen Arbeit unvollkommen wie ein Baumstumpf blieb, dem das Wichtigste, die Krone, fehlte. In den alten Zunftordnungen wird den „Stümpern, Störern und Pfuschern" mit Geldstrafen, Beschlagnahme der Arbeiten und des Werkzeugs gedroht, vor allem deshalb, weil sie die Preise unterboten, ↗ Pfuscher und ↗ Stör. Die verächtliche Bez. ist auch in anderen Lebensbereichen üblich geworden, wenn sich jem. an etw. versucht, das er nicht recht versteht und beherrscht. Vor allem in Malerei und Dichtung wurde zwischen echten Meistern und Stümpern unterschieden, was lit. mehrfach bezeugt ist. Vgl. auch das Sprw. ‚Der Stümper macht die meisten Späne'. Das Subst. bedeutete im Mdt. vom 14. bis zum 17. Jh. auch Schwächling, Verstümmelter (als Ableitung zu ‚Stump'), später allg. einen Menschen in mißlicher Lage, der sich schlecht zu helfen wußte. Daher auch die mitleidige Bez. ‚armer Stümper'.

Lit.: E. *Mummenhoff:* Der Handwerker in der dt. Vergangenheit (Leipzig 1901); R. *Wissell:* Des alten Handwerks Recht und Gewohnheit, 2 Bde. (Berlin 1929); L. *Röhrich* u. G. *Meinel:* Rdaa. aus dem Bereich von Handwerk u. Gewerbe, in: Alem. Jb. (Bühl/Baden 1973).

Stumpf. *Etw. mit Stumpf und Stiel ausrotten* (auch: *wegnehmen, verzehren):* es ganz und gar vernichten, eigentl.: einen Baum mit der Wurzel roden. Die Griechen sagten dafür: ‚etw. wie eine Fichte ausrotten', weil der Wurzelstock der Fichte nicht wie der vieler Laubhölzer neu ausschlagen kann. Die durch einen Stabreim gebundene Rda. hat bereits Seb. Franck in seinen ‚Sprichwörtern' (II, 61ª) in ähnl. Form verzeichnet: ‚Es ist stumpff vnd stil dahin', es ist nicht das geringste übriggeblieben. Vgl. auch lat. ‚una cum templis et aris' und frz., ebenfalls mit Stabreim, ‚Il n'y a ni fric, ni frac'.

Stunde, Stündlein. *In einer glücklichen (unglücklichen) Stunde geboren sein:* ein Glückskind sein, dem alles zum Guten ausschlägt, was immer es auch beginnt, weil in der Stunde seiner Geburt die Sterne günstig standen (vom Pech verfolgt werden), ↗ Stern.

Die rechte Stunde wahrnehmen: die sich bietende günstige Gelegenheit ohne Zögern ergreifen.

Zur rechten Stunde gekommen sein: gerade im richtigen Moment, rechtzeitig.

Warten, bis seine Stunde gekommen ist: sich ruhig Zeit lassen, bis es sicher ist, daß nun der Augenblick der Rache, des Triumphes da ist; vgl. frz. ‚attendre que son heure soit venue'.

Die Rda. ist bibl. Herkunft. Auf der Hochzeit zu Kana (Joh. 2, 4) spricht Jesus zu seiner Mutter, ehe er das erste Wunder vollbringt: „Meine Stunde ist noch nicht gekommen".

Seine Stunde ist gekommen: jetzt ist die rechte Zeit zum Eingreifen; der Erfolg ist ihm sicher, wenn er seine Chancen wahrnimmt; vgl. frz. ‚Son heure est venue'.

1583

Dem Gebot der Stunde gehorchen: das tun, was unbedingt erforderlich und unumgänglich ist. Die Wndg. ist ein etw. abgewandeltes Zitat aus Schillers Drama ‚Maria Stuart' (III, 3): „Gehorcht der Zeit und dem Gesetz der Stunde!"

Ein Mann der ersten Stunde sein: von Anfang an bei einer Sache dabeigewesen sein, ↗ Mann. Dies wird bes. rühmend von Politikern gesagt, die bei dem schweren Neubeginn nach 1945 richtungweisend waren, den Wiederaufbau förderten und die Demokratie in der Bundesrepublik durchsetzen halfen.

Etw. in zwölfter Stunde tun: so lange zögern, bis es höchste Zeit damit wird, es im letzten Augenblick noch erledigen. Die Rda. beruht auf einer Bibelstelle (Matth. 20, 6), wo es im Gleichnis von den Arbeitern im Weinberg jedoch um die „elfte Stunde" geht; vgl. frz. ‚ouvriers de la onzième heure' (die Arbeiter, die erst um die elfte Stunde gekommen sind und keinen Anspruch auf reiche Belohnung erheben dürfen).

Keine gute Stunde bei jem. haben: es schwer haben, ständig angetrieben, schikaniert und unwürdig behandelt werden.

Der schweren Stunde entgegensehen: als Schwangere kurz vor der Entbindung stehen.

Etw. in einer schwachen Stunde tun: etw. tun, was man später bereut, eigentl. schwach werden und dem Drängen nachgeben. Die Wndg. wird gern zur Entschuldigung und Erklärung von falschen Entscheidungen oder unmoralischem Verhalten gebraucht; vgl. frz. ‚son heure de folie' (wörtl.: in der Stunde, in der er nicht ganz bei Sinnen war).

Für jem. schlägt die Stunde, auch: *seine Stunde schlägt:* die günstige Gelegenheit zum Eingreifen, zum Aufstieg in eine höhere Position ist gekommen, aber auch: die Zeit des Abschiedes, des Todes naht. Vgl. den Roman von E. Hemingway: ‚For Whom the Bell Tolls' (‚Wem die Stunde schlägt'), dessen Titel von einem Gedicht von J. Donne (ca. 1600) angeregt wurde.

Wissen, was die Stunde geschlagen hat (auch: ‚wieviel Uhr es ist'): genau Bescheid wissen, das unabänderliche Geschick kennen, das einem bevorsteht, merken, daß sein Leben zu Ende geht.

Seine letzte Stunde (sein letztes Stündlein) hat geschlagen (ist gekommen): er muß sterben. Vgl. ndl. ‚Zijn laatste uurtje heeft geslagen'; frz. ‚en être aux dernières extrémités' (wörtl.: seine letzte Stunde erreicht haben). Die euphemist. Wndgn. ‚Sein letztes Stündlein schlägt ihm' und ‚Seine Uhr ist abgelaufen' sind dichterisch und erst der nhd. Sprache angehörig. Inwieweit die Totentänze (vgl. auch die Sanduhr in der Hand des Todes auf Dürers Kupferstich ‚Ritter, Tod und Teufel') auf die Bildung solcher Phrasen einwirkten, wird sich schwer entscheiden lassen, ↗ zeitlich. Früher hat man den Tod auch mit der Wndg. umschrieben: ‚Es ist eine böse Stunde'. Agricola verzeichnet in seiner Sammlung der Sprichwörter (Nr. 444): ‚Es ist vmb eyn böse stund zuthun', und erläutert dies: „Eyn böße stunde heyßt man den todt/der alle ding frißt vnd verzeret".

Lit.: *F. Wilhelm:* Die Euphemismen über Sterben und Totsein, in: Alemannia 27 (1900), S. 73 ff., bes. S. 83; *G. Jungbauer:* Art. ‚Stunde', in: HdA. VIII, Sp. 563–570; *S. Metken* (Hg.): Die letzte Reise (München 1984).

Sturm. *Sturm im Wasserglas:* viel Aufhebens um Geringfügiges, Aufregung, die sich nicht lohnt, viel Lärm um nichts, geht auf Montesquieu zurück, der die Wirren in San Marino „une tempête dans un verre d'eau" nannte. Ndl. ‚een storm in een glas water' und engl. ‚a storm in a teacup' und lat. ‚fluctus in simpulo' (Cicero), eine Sturmflut in einem Schöpflöffel.

Seinen Sturm und Drang erleben: eine sehr bewegte, jugendliche Entwicklungsphase durchmachen, die von hochfliegenden Plänen, großer Ungeduld und ungestümem Verhalten charakterisiert wird, unter der der Betreffende selbst, vor allem aber seine Umgebung gelegentlich geradezu leiden; sich einerseits als Individualist und Genie fühlen und andererseits an sich selbst zweifeln, da Wollen und Können noch nicht recht in Einklang zu stehen scheinen; sich von seinen übermächtigen Gefühlen treiben lassen, ohne das Ziel zu kennen oder zu erreichen.

Der Ausdr. ‚Sturm und Drang' war urspr. ein von Ch. Kaufmann (herrnhutischer Arzt u. Apostel der Geniezeit) vorgeschlagener Titel für F. M. Klingers anfänglich ‚Wirrwarr' benanntes Drama von 1776.

Danach wurde dann die ganze Periode der dt. Literaturgeschichte zwischen 1760 und 1785 so bezeichnet.

Lit.: T. *Scott:* Storm in a teacup, in: American Notes and Queries 11,2 (1910), S. 173–174; *Zimmermann:* Art. ‚Wind (Sturm)' in: HdA. IX, Sp. 629–656; *M. Zender:* Meinungen und Rdaa. zu Sturm und Wirbelwind, in: Festschrift für Robert Wildhaber (Basel 1973), S. 722–737.

Suade. *Er hat eine entsetzliche Suade:* er hat ein sehr lebhaftes Mundwerk, das nicht totzukriegen ist. Das lat. Wort ‚suada' = Redegabe wurde im Anfang des 18. Jh. eingedeutscht zu ‚Suade' und mdal. zu Schwade. Die ähnl. Wndg. ‚Er hat eine gute Schwade' meint ebenfalls verächtlich ein allzu gutes Mundwerk, das nie stillsteht. Durch die Klangnähe wurde Suade im Obersächs. sogar zu ↗ Schwarte, so daß die Rda. dort heißt: ‚Der hat ja enne tücht'ge Schwarte'.

suchen. *Etw. suchen wie eine Stecknadel im Heuhaufen:* eine Sache ganz intensiv suchen, obwohl die Aussicht auf Erfolg sehr gering ist. Musäus schreibt in den ‚Volksmärchen der Deutschen' (1,118): „des Fräuleins Abwesenheit konnte nicht lange verborgen bleiben; ihr Frauenzimmer suchte sie, nach dem Sprichwort, wie eine Stecknadel".
Wander (IV,791) führt die Rda. in der Form: ‚eine Stecknadel in einem Fuder Heu suchen' auf; man verwendet sie auch bei unmöglichen Umständen, die eine Suche von vornherein scheitern lassen.
Irgendwo etw. (nichts) zu suchen (verloren) haben: irgendwo (nicht) hingehören, unerwünscht sein.
Seinesgleichen suchen: einmalig sein.
Zwei haben sich gesucht und gefunden: zwei Menschen passen zueinander.

Sumpfhuhn. *Ein Sumpfhuhn sein:* ein liederlicher, verkommener Mensch sein. Bes. wird damit der Säufer bez., der gesellschaftlich und moralisch immer mehr absinkt, in den Sumpf gerät (vgl. versumpfen). Um 1850 war das Wort ‚sumpfen' bei Studenten aufgekommen, um damit das ausschweifende Leben, das übermäßige Trinken zu umschreiben und treffend zu charakterisieren. Seit Ende des 19. Jh. wurde dem schon lange vorher bekannten Sumpfhuhn durch eine Assoziation mit ‚sumpfen', ‚versumpfen' und ‚Sumpf' die neue, abwertende Bdtg. im Vergleich mit dem Menschen beigelegt. Die Feststellung *Es sind Sumpfhühner* ist eine am Ende des 19. Jh. aufgekommene Schelte für liederliche, unmoralische Weiber. So schreibt Germanicus 1899 (‚Der Sozialismus und die Frau' S. 22): „daß die soliden und gesunden ... (Frauen) eine gesundere Nachkommenschaft haben, als die Sumpfhühner (liederliche Weiber), deren Kinder nicht selten ... die sittlichen Schwächen vererben".

Sünde. *Sünde und Schande* ist eine seit etwa 1200 belegte, aber vermutlich ältere Formel, die sich bis heute erhalten hat, um ein sehr schandbares Benehmen zu kennzeichnen. So heißt es z. B. verurteilend: *Es ist eine Sünde und Schande, wie er sich aufführt.* Im 16. Jh. war diese Formel auch im Volkslied üblich. Bei der Hätzlerin (II, 62, 58) steht: „Es ist sünd vond schand". Bes. die Mdaa. haben die Sprachformel bewahrt, im Schles. z. B. sagt man: ,'s is ane Sinde und ane Schande'. Daneben besteht die Wndg.: *Es ist Sünde und Jammer.*
Etw. (jem.) wie die Sünde hassen (meiden): sich vor etw. hüten, einen Menschen aus dem Wege gehen, ihn zutiefst verachten und seinen schlechten Einfluß fürchten.
Eine Sünde wider den Heiligen Geist begehen: eine schwere Sünde auf sich laden, die nicht vergeben werden kann.
Die Sünde vergibt dir der Küster: es ist nicht schwerwiegend. Die Rda. wird zur Beruhigung eines Menschen gesagt, der sich zu viele Vorwürfe macht und schon bei Kleinigkeiten große Bedenken und Gewissensbisse hat. In Pommern heißt es mdal. auch: ‚De Sünd' vergivt de Köster, dår brukst den Paster nich to'.
Das (die) ist eine Sünde wert: eine Sache ist äußerst begehrenswert, daß man sogar die Sünde in Kauf nimmt, daß diese Sünde von vornherein die natürliche Folge ist und man deshalb vor dem eigenen Gewissen als entschuldigt gilt; eine Frau (ein Mädchen) ist so schön, daß die Sünde der Verführung durch den Genuß und das Vergnügen aufgehoben würde.
Mit seinen Sünden Staat machen: sich seiner bösen Taten noch rühmen, sich damit

vor anderen aufspielen und ihre Bewunderung erregen wollen. Bereits Ovid gebrauchte eine ähnl. Wndg.: „Gloria peccati nulla potenda tui est".
Eine Sünde mit der andern zudecken: immer neue Schandtaten begehen, um die vorigen in Vergessenheit geraten zu lassen und ihre Aufklärung durch die Beseitigung von Hinweisen und Zeugen zu verhindern. Vgl. lat. ‚Lutum luto purgare'.
Wieder in seine alten Sünden fallen: alte Fehler wiederholen, schlechte Angewohnheiten wieder annehmen, die eine Zeitlang überwunden schienen; vgl. frz. ‚retomber dans ses vices'.
Der ist auch nicht bei der ersten Sünde gestorben heißt es von einem, der ungestraft immer wieder Böses tut.
In seinen Sünden umkommen: sehr plötzlich sterben, ohne gebeichtet und seine Sünden bereut zu haben.
Er ist von Sünden frei wie der Hund von Flöhen: er kann genausowenig wie ein Hund seine Peiniger verlieren und nicht von seinen Sünden lassen. Diese iron. Wndg. gebraucht schon Hans Sachs („Schwänke' [Kiel 1827], S. 215): „Er ward seiner Sünden ledig gar und rund, gleich wie saner Flöh der Hund".
Häßlich (schön) wie die Sünde sein: extrem häßlich (schön) sein; vgl. engl. ‚to be ugly as sin'.
Dumm wie die Sünde sein ↗ dumm.
Schlecht wie die Sünde sein ↗ schlecht.
Aussehen wie die sieben Todsünden ↗ aussehen.

Lit.: *E. Schröder:* Sünde und Schande, in: Sonderausg. Zs. für vergleichende Sprachforschung 56 (1928); *L. R. M. Strachan:* Ugly as sin, in: American Notes and Queries 189 (1945), S. 64; *M. W. Bloomfield:* The seven deadly sins. An Introduction to the History of a Religious Concept (Michigan [State College Press] 1952); Art. ‚Sünde und Schuld' (Mehrere Verf.), in: RGG. VI, Sp. 476–505; *E. Kimminich:* Des Teufels Werber. Mittelalterliche Lasterdarstellung u. Gestaltungsformen der Fastnacht (= Artes Populares II) (Frankfurt/M. 1986).

Sündenbock. *Der Sündenbock sein:* selbst ohne Schuld sein, aber die Schuld anderer auf sich nehmen und dafür leiden müssen, derjenige sein, auf den andere alles schieben, der verantwortlich gemacht werden soll. Ähnl. stellt der unschuldig Leidende selbst fest, daß er *immer den Sündenbock für andere machen* müsse.

‚Einen Sündenbock suchen'

Die Rda. bezieht sich auf einen jüd. Brauch, der bei 3. Mos. 16,21 f. geschildert wird: Am Versöhnungstage wurden dem Hohenpriester zwei Böcke als Sühneopfer für die Sünden des Volkes übergeben. Nach dem Los wurde der eine Bock für den Herrn geopfert, der andere erhielt die Sünden Israels aufgebürdet, indem ihm der Hohepriester symbolisch die Hände auflegte. Danach wurde er in die Wüste gejagt und seinem Schicksal überlassen, um die Schuld der Menschen stellvertretend zu entgelten. In übertr. Bdtg. wurde ‚Sündenbock' zur Bez. des zu Unrecht Beschuldigten. Die ersten Bibelübersetzungen kannten das Wort ‚Sündenbock' noch nicht, auch in der Lutherbibel fehlte es, nur von dem ‚ausgesandten Bock' war die Rede. Die Vulgata bezeichnete ihn als ‚caper emissarius'. Vgl. auch frz. ‚C'est le bouc émissaire', ndl. ‚de zondebok zijn' und engl. ‚to be a scapegoat'.
Bei Ausbruch des Krieges von 1866 erklärte Bismarck, den man dafür verantwortlich machen wollte: „Ueberall macht man mich verantwortlich für eine Situation, die ich nicht geschaffen, sondern die mir aufgedrängt worden; ich bin für die öffentliche Meinung der Sündenbock".
Der Brauch, anstelle eines Tieres auch einen gefangenen Fremden oder Verbrecher zum Sündenbock zu machen, war weit verbreitet und ist bis heute in harmloseren Formen erhalten geblieben. Nach einem handschriftlichen Manuskript von Fritz Rumpf ist er am ursprünglichsten im Land Owari bewahrt worden, am Kô-nomiya-Schrein von Inazawa Naoe-matsuri ist er dargestellt. Die älteste Nachricht vom Shintô Myômoku stammt von 1699: Am 11.1. ziehen die Priester mit zahlreichem Gefolge, Fahnen tragend, auf die

Landstraße und fangen dort den ersten besten Reisenden, der ihnen in den Weg kommt. Nachdem er eine religiöse Reinigungszeremonie über sich ergehen lassen hat, wird das ‚Opfer' in reine, weiße Kleidung gehüllt, zum Altar gebracht und dort auf ein Manaita (Hackbrett) gelegt. Hôchô (Schlachtmesser) und Haski (Stäbchen) werden daneben niedergelegt. Man formt aus Lehm eine Figur und legt sie auf das Manaita. Der Gefangene muß daneben während der ganzen Nacht sitzen. Am nächsten Morgen wird die Figur entfernt. Dem Gefangenen wird ein Mochi (Opferkuchen) aus Lehm (Lehm der Figur?) mit einem Seil auf den Rücken gebunden, zusammen mit einer Schnur Kupfermünzen. Dann treibt man ihn aus dem Tempel und jagt ihn so lange, bis er vor Erschöpfung niedersinkt. An der Stelle, wo er zu Boden fällt, wird dann der Lehmkuchen vergraben. Dieser Brauch wurde dann (um 1740) dahingehend abgeändert, daß man keine Fremden mehr einfing, sondern durch das Los einen ‚Sündenbock' bestimmte; meist einen Mann, der in dem betreffenden Jahr sein 40. Lebensjahr vollendete. Das Einfangen auf der Landstraße fand nun nur noch symbolisch statt, d. h., man ‚fing' das bestimmte Opfer statt eines Fremden. – Auch aus einem chinesischen Dorf wird ein ähnl. Brauch berichtet: Wenn an diesem Tag ein Fremder ins Dorf kommt, wird er schweigend bewirtet, beim Verlassen des Hauses aber hinterrücks mit einem Stein erschlagen. Wesentlich dabei ist, daß urspr. ein Fremder getötet wurde.

In Tibet wird ein Bettler (für Geld gemietet) durch Verkleidung zum ‚Teufel' gejagt, in ein Fellkleid gehüllt wie ein Tier (Sündenbock). Er symbolisiert alles Übel des kommenden Jahres, Unglück, Krankheit usw. So rennt er zum Tor des Lamatempels hinaus; in diesem Augenblick werden vom Volk Trommeln wie wild geschlagen und Trompeten geblasen. Man wirft nach ihm mit Steinen, schlägt ihn mit Knüppeln. Er rennt durch die Straßen und flüchtet zu einem Platz außerhalb der Stadt. Oft wird er, bevor er das Stadttor erreicht, getötet.

Auch bei den Griechen war der Sündenbock bekannt. Dort Φαρμακός (Attika) oder Φαρμακός (Ionien) genannt, schon 399 vor Chr. erwähnt und noch im 3. Jh. nach Chr. üblich. Man wählte dafür meist Verbrecher, je einen Mann und eine Frau, aus.

Das Opfer geschah gewöhnlich zur Zeit der ϑαργήλια, der Zeit der Erstlingsopfer der Feldfrüchte für Apollo, oder auch wenn Seuchen in der Stadt herrschten. Der Mann trug eine Schnur mit schwarzen Feigen, die Frau eine mit weißen Feigen um den Hals. In den Händen trugen sie Gerstenbrote. So wurden sie durch alle Straßen geführt, um alle Unreinheit anzunehmen. Dann führte man sie zur Stadt hinaus, steinigte und verbrannte sie. Ihre Asche wurde in die See und in den Wind gestreut.

Der Sündenbock erscheint bei diesen Bräuchen also im Zusammenhang mit den Ablösungserscheinungen eines Menschenopfers.

Lit.: R. Andree: Ethnographische Parallelen und Vergleiche (Stuttgart 1878), S. 29–34; R. Sprenger; Sündenbock, in: Zs. f. d. U. 5 (1891), S. 277; A. Mühlhausen: Zu R. Sprengers Sündenbock, in: Zs. f. d. U. 5 (1891), S. 484; W. Burkert: Structure and History in Greek Mythology and Ritual (Berkeley 1979), S. 59–72 (Transformations of the scapegoat, S. 59); J. Frazer: The golden bough, vol. VI, The scapegoat ([3]1913); C. Feinberg: The scapegoat of Leviticus 16, in: Bibliotheca Sacra 115 (1958), S. 320–333; RGG. Bd. VI ([3]1961), Sp. 506–507, Art. ‚Sündenbock' von E. Kutsch; H. M. Kümmel: Ersatzkönig und Sündenbock, in: Zs. für die alttestamentl. Wissenschaft 80 (1968), S. 289–318; H. Haag: Teufelsglaube (Tübingen 1974), S. 170 ff.; L. Kretzenbacher: Wortbegründetes Typologie-Denken auf ma. Bildwerken. Zur Ecclesia-Synagoga-Asasel- (Sündenbock) Szenerie unter dem ‚Lebenden Kreuz' des Meisters Thomas von Villach um 1475 (München 1983) (= Abh. der Bair. Akademie der Wissenschaften); F. J. Oinas: The Problem of the Scapegoat and Tammsaare's ‚Juudit', in: Journal of Baltic Studies (JBS.), Vol. XVII, No. 1 (1986), S. 12–20.

Sündenregister. *Jem. sein Sündenregister vorhalten:* ihm seine Fehler vorwerfen, die er im Laufe der Zeit gemacht hat. Der Ausdr. ‚Sündenregister' beruht auf der ma. Auffassung, daß der Teufel alle Sünden der Menschen aufschreibe, um nach ihrem Tode dieses Register vorzeigen zu können, wenn über ihre Seele von Gott Gericht gehalten wird. In übertr. Sinne ist die Rda. seit der 2. H. des 18. Jh. bezeugt; urspr. war das ‚Sündenregister' auch eine kirchliche Liste der häufigsten Einzelsün-

den, bes. für den Beichtgebrauch. Danach sagt man auch: *Dein Sündenregister ist voll*. Wahrscheinl. besteht bei dieser Wndg. auch ein Zusammenhang mit dem Sündenregister auf der ↗ Kuhhaut und der Rda. ‚Das geht auf keine Kuhhaut'.
Jem. Sündenregister aufschlagen: die schlechten Eigenschaften und Untugenden von jem. vor der Öffentlichkeit ausbreiten, seine versteckten Schandtaten bekanntmachen, um sein Ansehen zu untergraben. Vgl. ndl. ‚iemands doopceel lichten', seinen Taufschein untersuchen, um seiner Abstammung nachzuspüren mit dem Versuch, ihn dadurch zu beschämen und in der Gesellschaft unmöglich zu machen.

Lit.: *J. Bolte:* Der Teufel in der Kirche, in: Zs. f. vgl. Litgesch., N. F. 11 (1897), S. 249–266; *R. Wildhaber:* Das Sündenregister auf der Kuhhaut, FFC. 163 (Helsinki 1955); *L. Röhrich:* Sprw. Rdaa. in bildl. Zeugnissen, in: Bayerisches Jb. f. Vkde. (1959), S. 75 f.; *ders.:* Sprw. Rdaa. aus Volkserzählungen, in: Volk. Sprache. Dichtung, Festgabe f. Kurt Wagner (Gießen 1960), S. 266 f.; *ders.:* Der Teufel in der Kirche und das Sündenregister auf der Kuhhaut, in: Erzählungen des späten MA., Bd. I (Bern – München 1962), S. 113–123 u. S. 267–274.

Sünderstühlchen. *Auf dem Sünderstühlchen sitzen:* einem strengen Verhör unterzogen werden, auf der Anklagebank bei der Gerichtsverhandlung sitzen. Im kirchlichen Bereich war mit dem Sünderstühlchen auch der Beichtstuhl gemeint oder ein bes. Platz, den reuige Sünder während des Gottesdienstes einnehmen mußten, um öffentl. Buße zu tun. Vgl. auch ndl. ‚op het zondaarsbankje zitten', frz. ‚tenir quelqu'un à la sellette' und engl. ‚to be on the stool of repentance'.

Suppe. Die Rdaa. über Suppe sind recht zahlreich. Dies erklärt sich aus der Tatsache, daß die Suppe seit alters her ihren festen Platz in der mehrgängigen Speisenfolge der Mahlzeiten hat und in vielen Gegenden, vor allem bei der Landbevölkerung und bei den Arbeitern, auch heute noch vielfach eine selbständige Mahlzeit bildet (vgl. die ‚Frühstückssuppe'). Auf die synonyme Verwendung von Suppe und Mahlzeit weisen verschiedene Ausdrücke hin, z. B. ‚Brautsuppe' für das Hochzeitsessen, ‚Henkerssuppe' für die Henkersmahlzeit, ‚Totensuppe' für den Leichenschmaus. In den Alpengebieten werden die drei Tagesmahlzeiten Morgen-, Mittag- und Nachtsuppe genannt. Gleichbedeutend mit Mahlzeit wird Suppe daher in folgenden Rdaa. gebraucht: *zur Suppe laden; die Suppe versäumen; jem. in die Suppe (den Suppentopf) fallen:* auf Besuch kommen, wenn gerade gegessen wird; ‚die Uhr jeht nach de Suppe' sagen die Berliner für etw. Verkehrtes und Schlechtes, da richtigerweise das Essen zu festgesetzten Zeiten aufgetragen werden soll.

Zunächst seien die wenigen positiven Rdaa. in Verbindung mit Suppe angeführt: *die Suppe aufschmalzen:* sich verbessern, ebenso *Schmalz auf die Suppe tun* oder *die Suppe schmälzen;* vgl. frz. ‚Beurrer les épinards' (wörtl.: Butter in den Spinat tun), i. S. v. jem. finanzielle Lage verbessern; *in die Suppe zu brocken haben:* vermögend sein; *Petersilie (Schnittlauch, Pfeffer) auf allen Suppen sein:* aus der Umgebung herausstechen, vornedran sein (↗ Petersilie). *Gelbe Suppe* galt früher als Bez. für ein üppiges Leben, so bei Luther (16, 25): „also sehen sölche Gesellen auch, das am Hofe gele Suppen gessen werden, viel Fressens und Sauffens dran ist".

Die Rdaa. in Verbindung mit Suppe sind zum größten Teil aus sich heraus verständlich. Sie bedürfen keiner bes. Erklärungen, da sie sich in der Hauptsache auf reale Vorgänge bei der Zubereitung und dem Verzehr dieser Speise beziehen. Daraus resultiert sicher bis zu einem gewissen Grad die große Zahl der Rdaa., vor allem der mit negativer Bdtg. Denn gegenüber den wenigen Möglichkeiten, eine Suppe durch Zutaten zu verbessern, steht die Vielzahl der Beisp., wie man eine Suppe verderben und unappetitlich machen kann. So kann man *jem. in die Suppe spukken.* Man kann *ein Haar in der Suppe finden;* vgl. frz. ‚Il y a un cheveu' und ‚arriver comme un cheveu sur la soupe': unerwartet und ungelegen kommen, ↗ Haar; man kann auch *bei jem. die Suppe verschütten:* es mit jem. verderben. Schon Abraham a Sancta Clara („Judas der Erzschelm' IV) kennt die Rda. „einem die Suppen versalzen" (auch: verpfeffern, versauern). *Da ist mir die Suppe übergekocht:* da habe ich die Fassung verloren.

Weiter sind zu nennen: *die Hand aus der Suppe ziehen:* sich aus einer Angelegenheit zurückziehen; *seine Suppe dabei kochen (brauen):* sich unredlich Vorteil oder Gewinn verschaffen, ähnl.: *sein Süppchen am Feuer anderer kochen; eine Suppe und ein Mus sein:* eng befreundet sein; *Pfeffer an die Suppe tun:* sich Mut machen; *in die (eine böse) Suppe geraten (kommen):* in Bedrängnis geraten, so schon bei Thomas Murner; entspr. *jem. in die Suppe bringen (führen, ziehen); zwei Suppen in einer Schüssel kochen:* zwei Dinge zugleich tun. In mehreren Beisp. ist eine Überschneidung mit anderen Rdaa. zu beobachten: *in der Suppe (Tinte) sitzen; die Suppe (Zeche) zahlen müssen; die Suppe (das Kraut) fett machen,* heute vor allem in verneinendem Sinne verbreitet.
Klar wie dicke (Kloßbrühe) ↗ klar.
Jem. die Suppe (Petersilie) verhageln; jem. in die Suppe (Karten) sehen, vor allem in bezug auf häusliche Verhältnisse gebräuchlich.

Die zusammengesetzte Rda. *die Suppe auslöffeln (ausessen) müssen, die man sich eingebrockt hat* bezieht sich auf das Einbrocken des Brotes in die Suppe, um diese gehaltvoller zu machen. Sie ist in verschie-

‚Die Suppe auslöffeln müssen‘

denen Varianten und auch als Sprw. verbreitet. Beide Teile der Rda. existieren auch für sich: *jem. (sich) eine (schöne, dicke) Suppe einbrocken (anrichten)* und *die Suppe auslöffeln müssen,* ↗ Löffel. Von einer Frau, die sich kurz nach der Hochzeit als schwanger erweist, heißt es im Schwäb.: ‚Die hat auch keine Suppe umsonst angerichtet‘.
Als Übers. von ‚Jean Potage‘, einer Spottbez. für den Franzosen, ist im Dt. der Name ‚Hans Supp‘ (so schon bei Grimmelshausen im ‚Simplicissimus‘) zu finden. ‚Suppenschwaben‘ nennt man Personen, die gerne Suppe essen, und im Gegensatz dazu steht als warnendes Beisp. für Kinder die Gestalt des ‚Suppenkaspars‘ aus dem ↗ ‚Struwwelpeter‘ (1845) von Heinrich Hoffmann. An umg. Ausdrücken in Verbindung mit Suppe sind noch zu nennen: ‚Suppenanstalt‘, Wohltätigkeitsküche, ‚Suppendiener‘, Schmeichler, Höfling; ‚Suppendemut‘, Unterwürfigkeit aus Berechnung, ‚Suppenfreund‘, falscher Freund, Schmarotzer; im gleichen Sinne: ‚Suppenfreundschaft‘; ‚Suppenpoet‘, Lobredner aus Berechnung. In der Gaunersprache heißen junge Mädchen ohne Erfahrung ‚Suppengrünes‘. Ein ‚venedisches (welsches, span.) Süpplein (Suppe)‘ ist ein Gifttrank, vgl. auch *jem. ein Süppchen brauen.* ‚Aus 7 (9, 100 oder mehr) Suppen oder aus der siebenten (neunten usw.) Suppe ein Schnittlein (Tünklein)‘ ist eine schwäb.-alem. Bez. für weit entfernte Verwandtschaft.

Suppe wird, ähnl. wie Brühe und Soße, seit Ende des 15. Jh. als Bez. für eine schmutzige Flüssigkeit gebraucht und existiert in dieser Bdtg. auch in vielerlei Zusammensetzungen, wie Drecksuppe, Lehmsuppe, Nebelsuppe usw.; ‚rote Suppe‘ ist eine derbe, euphemist. Umschreibung für Blut. Verschiedene Kinderspiele tragen den Namen Suppe. So nennt man schwäb. das Zusammendrillen und wieder Auseinanderwirbeln der Schaukel ‚die Suppe machen‘, rhein. das Springenlassen der Steine auf dem Wasser ‚Suppe schlagen‘. *Eine Prügelsuppe bekommen* heißt im Kindermund: Prügel bekommen.

Lit.: *E. M. Schranka:* Die Suppe. Ein Stücklein Kulturgesch. (Berlin ²1890); *F. Eckstein:* Art. ‚Suppe‘, in: HdA. VIII, Sp. 609–614; *N.-A. Bringéus* u. *G. Wiegelmann* (und andere Autoren): Ethnologische Nahrungsforschung in Europa, in: Ethnologia Europaea 5 (1971); *H. J. Teuteberg* u. *G. Wiegelmann:* Unsere tägliche Kost (Münster 1986); *K. Köstlin:* Der Eintopf der Deutschen. Das Zusammengekochte als Kultessen, in: Tübinger Beiträge zur Volkskultur (Tübingen 1986), S. 220–241.

Suppenhuhn. *Da lachen selbst die ältesten Suppenhühner:* etw. ist nicht lustig, nicht witzig, sondern langweilig. Im Bair. ist ‚Suppenhuhn‘ ein Schimpfwort.

Suppenschwabe. Ein ‚Suppenschwabe' ist allg. jem., der gerne viel Suppe ißt. Die Bez. war der Name eines der ‚Sieben Schwaben', der am Tag fünfmal Suppe aß; außerdem ist es der Übername für Augsburger Einwohner.
‚D Supp ist 's Best vom Esse' sagt ein schwäb. Sprw., zuweilen auch zum Sagwort erweitert: ‚D Supp ist 's Best, sagt der Schwab, wenn sie aber zuletzt käme, äße niemand mehr davon'. Schon Joh. Fischart verspottete die Vorliebe der Schwaben für Suppen, und ein um 1700 bezeugter Sinnspruch heißt:

Wann der Däne verliert den Grütze,
Der Franzos seinen Wein,
Der Schwab die Suppe
Und der Baier das Bier,
So sind verloren alle vier.

Anekdoten und hist. Sagen setzen diesen Suppenschwaben-Spott fort.

Lit.: *A. Keller:* Die Schwaben in der Geschichte des Volkshumors (Freiburg 1907), S. 168 ff.; *H. Moser:* Schwäbischer Volkshumor (Stuttgart ²1981), S. 335.

Susanna. *Eine keusche Susanna sein:* eine zurückhaltende, ehrbare Frau sein. Die Wndg. bezieht sich auf das 13. Kap. im Buche Daniel: Susanna, die schöne Gemahlin von Jojakim, der ein angesehener Bürger Babylons war, wurde von zwei alten Männern beim Baden beobachtet. Da sie deren Werbungen zurückwies, wurde

‚Eine keusche Susanna'

sie von den Erzürnten des Ehebruches beschuldigt und zum Tode verurteilt. Daniel konnte durch seine Fragen die Ankläger als Lügner bloßstellen und Susannas Ehre wiederherstellen.
Neben ihrem urspr. Sinn wird die Rda. auch iron. verwendet, so wie man auch vom ‚keuschen Josef' spricht. So kann ‚Susanne' gleichbedeutend mit ‚Dirne' gebraucht werden und der Ausdr. *liederliche Susannenschwester* als Schimpfwort. In Schwaben nennt man ein bes. aufgeputztes Mädchen ‚Susanna Preisnestel' (lit. bei Mörike im ‚Hutzelmännlein', S. 158).
Die Rda. *eine rechte Suse sein* bez. entweder eine einfältige, langsame Frau oder eine bes. unaufmerksame und ungeschickte. Wahrscheinl. entstand die Wndg. im 19. Jh. als Verkürzung von ähnlichen verächtlichen Bezeichnungen wie Brummsuse, Heulsuse, Transuse.
Ein Susannenbruder (Susannist) sein: ein alter Lüstling sein. Paulini erklärt diese ebenfalls nach der Geschichte von Susanna gebildete Rda. in seiner ‚Zeitkürz.' Lust' (3,923): „Wenn die Teutschen einen alten, doch noch geilen Bock etwas verblümt durchhecheln wollen, nennen sie ihn einen alten Susannen-Bruder". Bei Corvinus heißt es im ‚Fons lat.' um 1660: „cuculus, qui alterius uxorem adultera ein Susannenbruder" (402). B. Schupp erwägt sogar einen Vorteil in seiner ‚Corinna' (49): „ich solte nicht sehen allein nach jungen Gesellen, sondern auch nach alten Susannenbrüdern, dann dieselbe können spendiren"; auch Goethe spricht von den „pharisäischen Susannenbrüdern" (IV, 40, 257 W.). P. Winkler nahm 1685 in seine ‚2000 gutte gedancken' (C 8ᵇ) eine Erklärung für ‚Susannisten' auf: „alte Susannisten seyn dem Knoblauch gleich, der zwar einen weiszen kopff, doch grünen stiel hat".

Lit.: *W. Baumgartner:* Susanna, in: Archiv f. Relig. Wiss. 24 (1926) und 27 (1929); *P. Sartori:* Art. ‚Susanna', in: HdA. VIII, Sp. 614–615; *R. A. F. MacKenzie:* The Meaning of Susanna story, in: The Canadian Journal of Theology 3 (1957), S. 211–218; RGG. Bd. VI (³1961), Sp. 532, Art. ‚Susannabuch' von *M. Weise.*

Süßholz. *Süßholz raspeln:* schöntun, schmeicheln, jem. süßlich umwerben, einem angenehme Dinge, übertriebene

Artigkeiten sagen, einer Dame Komplimente, den Hof machen.
Die noch allg. sehr gebräuchl. Rda. wird bes. von dem ↗Scharwenzen junger Burschen um die Mädchen gesagt. In Leipzig heißt derjenige, der sich darauf versteht, ein ‚Sirupsbengel‘, in Oberdtl. kennt man auch die Wndg. ‚Lebkuchen austeilen‘ dafür. Vgl. auch ndl. ‚Zoete broodjes bakken‘; engl. ‚to eat humble-pie‘.
Die Rda. bezieht sich heute weitgehend vergessene Tätigkeit, eine Süßholzwurzel zu schaben, wortspielerisch auf das süßliche Sprechen eines Mannes. Früher wurden aus dem zuckerhaltigen Wurzelstökken des glatten span. Süßholzes (Glycyrrhiza glabra) oder des stachl. russ. (Glycyrrhiza echinata) Drogen, Süß- und Genußmittel hergestellt. Bereits seit dem 14. Jh. ist das mhd. Wort ‚süezholz‘ bezeugt. Konrad von Megenberg z. B. empfiehlt es in seinem ‚Buch der Natur‘ als Heilmittel für unreine Wunden. Später wurde es bes. bei Husten und Schwindsucht verwendet. Die bildhafte Übertr. auf ‚Schmeichelei‘ und ‚falsche Freundlichkeit‘ seit dem 16. Jh. beruht auf dem Gebrauch von Süßholz als Genußmittel, ↗Zucker. Seb. Franck kennt die Wndg. *etw. ist Süßholz für jem.*, denn er schreibt 1538 in seiner ‚Chron. German.‘ (229):

ich weisz wol, das dir der tod
deines mans
nit süszholz ist gewesen, sonder
wermuot und gallenn.

Die ältere Rda. *Süßholz in den Mund (ins Maul) nehmen:* mit unterwürfiger Freundlichkeit reden, um einen Gegner zu besänftigen, ist bis ins frühe 17. Jh. bezeugt und zeigt den alten Sinnzusammenhang noch deutlicher. In einem Fastnachtsspiel (Keller 302) heißt es: „wir namen süeszholz in den munt", und Hans Sachs (‚Dreierlei Pritschengesang‘ 13) empfiehlt es als wirksames Mittel gegen ein zanksüchtiges Weib:

Nem nur sues holcz in den mund
Das ist für die kiffarbis (= Keifen)
gesund.

Süßholz kauen galt als besondere Beschäftigung eines Stutzers, den Rabener (Schriften 1,237) wie folgt beschreibt (1777):

Die Hände wusch er sich in
Rosenwasser
Und kaute beständig Süßholz.

Man bez. ihn deshalb heute noch als ‚Süßholzraspler‘. So sagt man z. B. in Ludwigsburg von einem, der den Leuten nur angenehme Dinge sagt: ‚Dar is e rechter Süsshölzraspler‘. In Berlin entstand als Liedparodie zu ‚Im Grunewald ist Holzauktion‘ der Text:

De janze Fuhre Süßholz kost'n Daler,
Un Raspeln jib's umsonst.

Szene. *Jem. eine Szene machen:* einen stürmischen Auftritt herbeiführen, heftige Vorwürfe machen, sich vor jem. übertrieben aufregen; vgl. frz. ‚faire une scène à quelqu'un‘.
Das Wort ‚scene‘ wurde erst spät aus dem Frz. entlehnt und ist im Dt. erst im 18. Jh. nachweisbar. Die Rda. bezieht sich auf das Theater, das in der volkstümlichen Auffassung mit übertriebener und unnatürlicher Steigerung gleichgesetzt wurde, wie ähnl. Rdaa. beweisen: ‚ein Theater aufführen‘, ‚einen Auftritt machen‘.
Die engl. Wndg. ‚to make a scene‘ ist der dt. so ähnl., daß man diese für eine Übers. aus dem Engl. hielt, was wohl nicht zutrifft. Vgl. auch engl. ‚to blow a person up‘ und ndl. ‚een scéne maken‘.
Etw. in Szene setzen: etw. geschickt vorbereiten, künstlich und planvoll herbeiführen, groß herausstellen; vgl. frz. ‚la mise-en-scène‘ (Inszenierung) sowie ‚le cinéma‘ (umg.) und ‚Ne fais pas tant de cinéma‘ oder ‚... ton cinéma‘: mach doch kein Theater.
Sich in Szene setzen: sich auffallend benehmen, so daß man beachtet wird, sich in den Vordergrund drängen, seine guten Eigenschaften zur Geltung bringen.
Die Szene beherrschen: dominieren, die führende Rolle spielen. In seinem Gedicht ‚Die Alten und die Jungen‘ schreibt Th. Fontane über die Jungen: „Sie beherrschen die Szene, sie sind dran!"

T

Tabak. *Das ist starker Tabak* (ndd.: Tobak): das ist eine starke Zumutung, eine große Unverschämtheit, ein derber Witz, ein grobes Wort, etw. Unerhörtes. Die Rda. beruht auf dem Schwank (AaTh. 1157) vom Teufel, der im Wald einem Jäger begegnet und ihn fragt, was er da in der Hand halte und welchen Zweck das habe; darauf gibt der Jäger sein Gewehr für eine Tabaksdose aus, und als der Teufel um eine Prise bittet, schießt ihm der Jäger eine Ladung ins Gesicht, woraufhin der Teufel sagt: ‚Das ist starker Tabak'. Im ndd. Raum hat sich der Schwank vom geprellten Teufel zu einem Sagwort verdichtet: ‚Dat 's n starken Toback, säd de Düwel, as de Jäger em in't Mul schäten harr, un spogt de Hagelkürn ut'; lit. z. B. bei Goethe (Weimarer Ausg., Briefe, I, 217): „Ey! ey! ey! das ist starker Toback!" August Kopisch hat zu dieser Rda. ein Gedicht geschrieben, worin ein Wilddieb den Teufel hintergeht. Der Teufel, der eine Flinte für eine Tabakspfeife hält, läßt sich von dem Wilddieb in die Nase schießen, im Glauben, er rauche. Die letzte Strophe lautet:

Dem Teufel der Schrot in die Nase schießt,
Da schüttelt er, spuckt, rennt, ruft und niest:
„Ein starker Tabak, ein Teufelstabak!"

Das ist alter Tabak: das ist eine bekannte oder längst abgeschlossene Sache. Von jem., der alles verträgt und ohne Bedenken alles glaubt, heißt es: *Für den ist kein Tabak zu stark.*
Im Schwäb. gilt der Ausdr. ‚Nex Tabacks!' als Zeichen der Ablehnung in der Bdtg.: Es wird nichts daraus.
Keine Pfeife Tabak wert sein: nichts wert sein. Diese Umschreibung für ‚nichts' begegnet auch im Ndl.: ‚Dat is geene pijp tabak waard', und in anderen dt. Rdaa. So heißt es z. B. in Bedburg: ‚Ich gev ken Pif Tuback nich für se Leaven'.; ↗ Deut.

Etw. war Anno Tobak: eine Begebenheit ist schon ziemlich lange her; zu ‚Urgroßvaters Zeiten', ‚anno dazumal' (auch pfälz. ‚duwwägl') passiert; ↗ Anno.

<small>Lit.: *A. Wünsche:* Der Sagenkreis vom geprellten Teufel (Leipzig u. Wien 1905); *E. M. Schranka:* Tabak-Anekdoten (Köln 1914); *R. Cudell:* Das Buch vom Tabak (Köln 1927); *L. Röhrich:* Sprw. Rdaa. aus Volkserzählungen, S. 248; *Cl. Lévi-Strauss:* Mythologica II. Vom Honig zur Asche (Paris 1966), dt. Ausg. (Frankfurt/M. 1972), S. 13ff.: Tabak-Metaphern; *L. Röhrich:* Teufelsmärchen und Teufelssagen, in: Sage und Märchen (Freiburg 1976), S. 252–272. Weitere Lit. ↗ rauchen.</small>

Tablett. *Jem. etw. auf einem silbernen Tablett servieren;* jem. eine Sache schmackhaft machen wollen, verlockend anbieten, so angenehm wie möglich darstellen.
Der Begriff ‚Tablett' wurde schon im frühen 18. Jh. aus dem Frz. entlehnt. Im 18. u. 19. Jh. gehörte ein ‚silbernes Tablett' zur Ausstattung eines gutbürgerlichen Haushalts. Auf ihm nahmen die Dienstboten die Visitenkarten der Besucher entgegen. Auch Getränke, Aperitifs etc. wurden auf silbernen Tabletts serviert. Im Unterschied zum bibl. Originaltext (Matth. 14,1–2; Mark. 6) wird das abgeschlagene Haupt des Propheten Johannes der Herodiastochter Salomé in Oscar Wildes gleichnamiger Tragödie (1891) auf einer silbernen Schüssel gereicht. Diese Szene ist auch in der bildenden Kunst häufig dargestellt worden (z. B. von Bernardo Luini, Gustave Moreau u. a.).
Nicht aufs Tablett kommen ↗ Tapet.

tabu. *Etw. ist tabu:* es ist verboten, gefährlich, unantastbar, heilig. Der Ausdr. ‚tapu' oder ‚tabu' stammt aus Polynesien und bedeutet urspr. das nach einer geheiligten Sitte für eine bestimmte soziale Gruppe Gefährliche und Verbotene. James Cook hörte ihn zuerst 1777 auf den Tonga-Inseln und führte ihn in den abendländischen Sprachgebrauch ein; vgl. frz. ‚C'est tabou' oder ‚C'est un tabou'.

In der naturvölkischen Religion der Südsee galt alles als tabu, was mit einer besonderen Kraft, einem Orenda oder Mana erfüllt ist: Götter, Dämonen, Könige, Priester und Häuptlinge, aber auch deren Eigentum. Die Wndg. *etw. mit einem Tabu belegen* weist auf die Vorstellung von der Tabuiergewalt. Sie gab Priestern und Häuptlingen große Macht, denn durch das Berühren eines Menschen, des Bodens, eines Gegenstandes und sogar durch ihren Befehl vermochten sie zu tabuieren, d. h. zu verbieten, dem allg. Gebrauch zu entziehen, abzusondern, zu opfern, zu weihen und zu heiligen. Diese Tabukraft, die als erblich galt, erregte bei den Schwächeren und Untergebenen Scheu, Ehrfurcht und Furcht und den festen Glauben, daß eine Übertretung des Tabus, also ein Frevel, zur unausweichlichen Bestrafung durch die Götter und andere übernatürliche Wesen führen müsse, da diese streng auf die Einhaltung der Tabus achten.

Im heutigen Sprachgebrauch ist der Begriff tabu sehr häufig und hat immer mehr negative Bdtg. erlangt. Gemeint sind damit unbewältigte Probleme, Vorurteile, überlebte, aber durch die Tradition geheiligte Anschauungen und Grundsätze, die kritisch betrachtet, diskutiert und schließlich beseitigt werden sollen. Die heutigen Rdaa. beinhalten deshalb fast immer die Einstellung gegen die Tabus, die man nicht mehr als bindend für sich betrachtet. Bei einem Vergleich der Wndgn. ergibt sich eine gewisse Steigerung im sprachl. Ausdr., die der wachsenden Angriffslust gegen Einengendes und Überlebtes entspricht. Die Rda. *etw. ist nicht mehr tabu* meint: es ist nicht mehr unverletzlich, es kann öffentl. darüber diskutiert werden. Die Wndg. *ein Tabu verletzen* hieß urspr. ein Verbot übertreten, die Überlieferung mißachten. Heute ist die Bdtg. eingeengt worden auf das Verletzen der guten Sitte und Moral, es kann aber auch das Aufbegehren gegen überholte politische Meinungen und Grundsätze darunter verstanden werden; vgl. frz. ‚détruire (zerstören) un tabou'.

Forderungen, die immer häufiger in der Presse begegnen, sind: *ein Tabu mutig in Angriff nehmen, überlebte Tabus abbauen, alte Tabus über Bord werfen.* Hinter ihnen steht das Bewußtsein, daß bei den ständigen Wandlungen wohl neue Tabus entstehen, die alten aber beseitigt werden müssen, weil sie die Entwicklung hemmen oder den modernen Verhältnissen nicht mehr gerecht werden können. Die Rda. *ein Tabu brechen:* es mit Gewalt zerstören, spiegelt etw. von dem Widerstand, den Tradition und konservative Kräfte den Neuerungen entgegensetzen.

Den Wandel in der Einstellung zum Tabu zeigt am besten die heute in verächtlichem Sinne gebrauchte Wndg.: *Er ist tabu für mich.* Sie meint nicht, daß ein Mensch und seine Lebenssphäre einem anderen als heilig und unantastbar erscheinen, sondern, daß dieser nichts mehr mit ihm zu tun haben will, daß er ihn aus seinem Gedächtnis verbannt und daß selbst sein Name nicht mehr genannt werden soll.

Lit.: *S. Freud:* Totem und Tabu (1912); *F. R. Lehmann:* Die polynes. Tabusitten (Leipzig 1930); *F. Pfister:* Tabu. Ein Beitrag zu „Wörter und Sachen", in: Obd. Zs. f. Vkde. 6 (1932); *W. Havers:* Neuere Lit. z. Sprachtabu, in: Sitzungsber. d. Akad. d. Wiss. Wien, Phil.-hist. Klasse, Bd. 223 (1946); HdA. VIII, Sp. 629ff.; *A. Denis:* Taboo (London 1966); *L. Röhrich:* Tabus in Volksbräuchen, Sagen und Märchen, in: Festschrift für Werner Neuse (Berlin 1967), S. 8–23; *N. Sidler:* Zur Universalität des Inzesttabu (Stuttgart 1971); *R. B. Browne* (Ed.): Forbidden Fruits. Taboos and Tabooism in Culture (Bowling Green [Ohio] 1984).

tabula rasa ↗Tisch.

Tabulatur hieß bei den Meistersingern die auf einer Tafel (lat. tabula) aufgezeichnete Satzung, in der die Regeln für Wort und Weise eines Meisterliedes zusammengefaßt waren. *Nach der Tabulatur* bekam in wörtl. und übertr. Sinne die Bdtg.: streng nach der Regel. So wird 1771 im ‚Bremisch-niedersächs. Wörterbuch' (V, 3) erklärt: „He singt na'r Tabulatur: er singt richtig und kunstmässig; dat geit na'r Tabulatur: das gehet nach der bestimmten Ordnung". Mdal. und volksetymol. zurechtgebogen, wird daraus: ‚nach der Tafeltur', in gehöriger Ordnung, und obersächs., mit der Anlehnung an ‚tippeln' und ‚Tour': ‚nach der Tippeltappeltur'; z.B. ‚bei dem geht's nach der Tippeltappeltur', er tut alles bedächtig, sorgfältig und genau; ‚hier geht

Der Singer singt ins Gemerk (,Nach der Tabulatur')

alles seine Tippeltappeltur', alles geht in altgewohnter Weise weiter.

Lit.: *B. Nagel:* Der dt. Meistersang (Stuttgart 1967).

Tacheles. *Tacheles miteinander reden:* offen miteinander sprechen; auch: jem. unverblümt die Meinung sagen, ein Geständnis machen. ,Tacheles' kommt aus jidd. ,tachles': Ziel, Zweck; wahrscheinl. ist der Ausdr. in Journalistenkreisen entstanden. Lit. belegt ist er schon bei dem Schriftsteller Gustav Freytag (1816–95).

Lit.: *L. Mackensen:* Zitate, Rdaa., Sprww. (Brugg – Stuttgart – Salzburg 1973), S. 701.

Tafel. *Die Tafel aufheben:* das Zeichen zur Beendigung der Mahlzeit geben. Im MA. wurden die Tischplatten erst, wenn gespeist werden sollte, auf Gestelle gelegt und nach dem Essen wieder aufgehoben oder fortgenommen; vgl. auch Tischtuch. Vgl. frz. ,lever la table'.

Tag. *Verschieden wie Tag und Nacht:* völlig verschieden, diametral entgegengesetzt; der geläufige rdal. Vergleich bez. einen vollkommenen Gegensatz; vgl. frz. ,comme le jour et la nuit', dagegen amer. ,as different as chalk from cheese'.
Zu seinen Tagen kommen war eine altdt. Rechtsformel für: mündig werden, ⁊ Jahr.
Du suchst wohl den gestrigen Tag? fragt man einen, der zerstreut nach etw. herumsucht, ohne es zu finden. Die Frage ist ein bildl. Scherz, der den Eindruck der Vergeblichkeit dieses Suchens charakterisiert. Die Rda. wird meist auf eine hist. Anekdote zurückgeführt, die sich in den ,627 Historien von Claus Narren' (1572) des Volksschriftstellers W. Büttner findet, wonach der Hofnarr Claus (gest. 1515) den Kurfürsten Johann Friedrich von Sachsen, der klagt: ,Den Tag haben wir übel verloren', tröstet: "Morgen wollen wir alle fleißig suchen und den Tag, den du verloren hast, wohl wieder finden".
Dem lieben Gott den Tag stehlen: ein Faulenzer sein, ein ,Tagedieb' sein (schon mnd. ,dachdêf').
In den Tag hinein leben: unbekümmert um die Zeitrechnung, sorglos, ohne Überlegung leben; schon lat. ,in diem vivere', was auch der Humanist Erasmus von Rotterdam in seinen ,Adagia' (I, 8, 62) bucht: "In diem vivere, est praesentibus rebus contentum vivere atque ex parato, minime sollicitum de futuris". Die Wndg. war auch im klassischen Latein geläufig (vgl. z. B. Cicero, De orat. II, 40, 169; Plinius, Ep. V, 54); vgl. frz. ,vivre au jour le jour'.
In den Tag hineinreden: viel Unüberlegtes reden; schon Lessing schrieb: "Wie kann der Mann nur so in den Tag hineinschreiben, und seine Leser glauben machen, daß er es besser verstehe?"
Ähnl. auch die Rda.: *Viel reden, wenn der Tag lang ist:* nicht sehr vertrauenserweckend reden; jem., der so daherredet und auf dessen Worte man sich nicht verlassen kann: ,Der redet viel, wenn der Tag lang ist', ⁊ Jahre.
Tag werden wird im Scherz oft auf geistige Helle und Klarheit übertr.: *Jetzt wird's Tag,* auch: ,jetzt dämmerts', von einem, dem die Wahrheit einzuleuchten beginnt. Vgl. ndl. ,Daarna worde het dag'.
Nun wird's aber Tag!: jetzt reicht es aber, jetzt habe ich genug davon!; ein Ausruf, wenn man geärgert wird und wütend ist.
Ähnl.: *an den Tag (zutage) bringen (oder kommen):* ans Licht kommen. vgl. frz. ,se faire jour'.
KHM. 115 trägt den Titel: ,Die klare Sonne bringt's an den Tag' (AaTh. 960). Das Grimmsche Märchen ist die Quelle, bildet Titel und Kehrreim des Gedichtes ,Die Sonne bringt es an den Tag' von Adalbert von Chamisso (1781–1838), ⁊ Sonne. Vgl. auch KHM. 1, 16 u. 60.

Etw. an den Tag legen: etw. überraschend erkennen lassen, zeigen; z. B. ‚Eifer an den Tag legen'.
Bei Tage besehen ... sieht oft alles ganz anders aus: genauer, besser betrachtet, überlegt, zeigt sich eine Sache von ganz anderer Seite.
Dem Tag die Augen ausbrennen: abends zu zeitig oder morgens zu lange das Licht brennen; schwäb. ‚e Loch in de Tag brenne', ↗Loch; westf. ‚den Dag ansteaken'.
Dem Tag ein Licht anzünden: etw. Unnützes tun, ↗Licht.
Alle Tage, die Gott gibt: immer; *am Jüngsten Tage, eher nicht:* niemals; *dafür ist der kürzeste Tag lang genug* sagt man von einer unangenehmen Beschäftigung, vgl. ndl. ‚De kortste dag is daar lang genoeg voor'; *seinen guten Tag haben:* gut gelaunt sein; *vor Tag und Tau* (stabreimende Zwillingsformel): in aller Herrgottsfrühe; vgl. ndl. ‚voor dag en dauw'.
Es geht mir von Tag zu Tag besser und besser. Zum geflügelten Wort wurde die Lehre des frz. Heilkünstlers Émile Coué (1857–1926), nach der Kranke durch Autosuggestion geheilt werden sollen. In seinem Hauptwerk heißt es: „Er (der Kranke") muß am Morgen, bevor er aufsteht, am Abend, gleich wie er zu Bett geht, die Augen schließen ..., dann muß er ganz eintönig zwanzigmal folgendes Sätzchen wiederholen: Mit jedem Tage geht es mir in jeder Hinsicht immer besser und besser" (‚Tous les jours, à tous points de vue, je vais de mieux en mieux'). Man sagt rdal. auch gleichbedeutend: ‚bei mir Coué'. Der Couéismus wurde in den Jahren 1924–25 in Dtl. fast eine Art Epidemie.
Auf seine alten Tage: in hohem Alter; vgl. frz. ‚sur ses vieux jours'.
Die Rda. *den Tag vor dem Abend loben* ist aus dem längeren Sprw. abgeleitet: ‚Man soll den Tag nicht vor dem Abend loben'. Dieses ist auch lit. mehrfach aufgegriffen worden, so z. B. von Friedrich v. Hagedorn in seiner Fabel ‚Der Zeisig': „Man muß den schönsten Tag nicht vor dem Abend loben"; ebenso bei Schiller in ‚Wallensteins Tod' (V, 4):
   Und doch erinnr' ich an den alten
                              Spruch:
   Man soll den Tag nicht vor dem
                              Abend loben.
Der vermutlich älteste Beleg, der ins 10. oder 11. Jh. datiert werden darf, findet sich im ‚Hávamál', dem alten Sittengedicht der Edda (81, 1): „at kveldi skal dag leyfa...", d. h. (erst) am Abend soll man den Tag loben, was dann fortgesetzt wird:
   Das Weib, wenn es verbrannt ist,
   Das Schwert, wenn es versucht ist,
   Das Mädchen, wenn es vermählt ist,
   Das Eis, wenn man hinübergelangt,
   Das Bier, wenn es getrunken ist.
Der allg. Gedanke ‚nichts zu früh loben!' hat an weit entlegenen Stellen zu gleichartigen sprw. Prägungen geführt. Dasselbe Sprw. kommt z. B. auch schon in lat. Epigrammen des MA. vor: „Sed vero laus in fine canitur, et uespere laudatur dies" (12. Jh.), und es begegnet vor selben Zeit auch im ma. Frankr.: „Au vespre loue len le iour". In den ‚Schwabacher Sprüchen' vom Ende des 14. Jh. heißt es: „Ein guten tag sol man auff den obent loben", und um 1550 ist es in der Form geläufig: ‚Guoten tac man zabende loben sol'. Die heute als fest betrachtete Form des Sprw. mit der typischen formelhaften Einkleidung ‚Man soll ...' hat sich erst im Laufe der Zeit herausgebildet und eine feste Tradition begründet.
Die Sentenz ‚Noch ist nicht aller Tage Abend' findet sich schon bei dem röm. Schriftsteller Livius (XXXIX, 26, 9): „Nondum omnium dierum solem occidisse" (= noch sei die Sonne aller Erdentage nicht untergegangen).
Die hundert Tage von jem. nennt man die wichtigsten Tage, in denen er sich zu bewähren hat. Die Wndg. wird meist auf Herrscher oder führende Politiker bezogen, die nur in einem kurzen Zeitraum regieren, sich in einer Wahlperiode durchsetzen müssen. Die Rda. bewahrt die Erinnerung an Napoleons Versuch, nach seiner Absetzung als Kaiser von der Insel Elba aus nochmals die Macht zu ergreifen. Seine Herrschaft der hundert Tage begann mit seiner überraschenden Landung am 1. März 1815 bei Cannes und endete mit seiner Niederlage am 18. Juni 1815 bei Belle-Alliance (auch: Waterloo), nach der er lebenslänglich auf die engl. Insel St. Helena verbannt wurde.

Auch das Zwischenreich von 1815 nennt man ‚les cent jours' = die hundert Tage, obwohl es über diese Zeitdauer hinausging. Die Schuld daran trägt der Seinepräfekt Chabrol, der den am 19. März aus Paris verschwundenen Ludwig XVIII. bei seinem Wiedereinzug am 8. Juli als schlechter Rechner in seiner Anrede „hundert Tage" aus Paris abwesend sein ließ.
Die kurze Regierungszeit Kaiser Friedrichs III. vom 9. März bis 15. Juni 1888 bez. man ähnl. als die ‚Neunundneunzig Tage'.
Die Tage zählen: etw. sehr sehnsüchtig erwarten.
Sich einen Tag im Kalender rot anstreichen: sich einen Tag wegen einer besonderen Begebenheit gut merken.
Jem. guten Tag und guten Weg sagen: sich nicht länger bei jem. aufhalten als nötig ist, um ihn zu grüßen.
Die folgenden Ausdr. gehen auf lit. Quellen zurück. Vom Sonntag, an welchem ja nicht gearbeitet wird, sagt man: *Das ist der Tag des Herrn:* Ludwig Uhland verfaßte 1805 ‚Schäfers Sonntagslied', aus dem dieser Ausdr. stammt. Die lat. Bez. ‚dies Dominica' (= Tag des Herrn) für den Sonntag findet sich aber schon seit dem frühen MA.
Den lieben, langen Tag ... hab' ich nur Schmerz und Plag' ist der Anfang eines Gedichts von Philipp Jacob Düringer (1807-70): ‚Des Mädchens Plage'.
Seine Tage haben: menstruieren; auch die ‚kritischen Tage der Frau' umschreiben dasselbe.
Tag der offenen Tür haben: Tag, an welchem Institute, Behörden oder Verwaltungen von Bürgern besucht und besichtigt werden können; vgl. frz. ‚Journée portes ouvertes'.
Seinen Tag von Damaskus erleben: ein anderer Mensch werden. ↗ Saulus.
Vor Tag und Tau ↗ Tau.

Lit.: *J. Pommer:* Dem Tag die Augen ausbrennen, in: Das deutsche Volkslied 12 (1910). S. 26-27; *A. Heusler:* Sprww. in den eddischen Sittengedichten, in: Zs. f. Vkde. 26 (1916), S. 42 f.; *A. Taylor:* ‚In the evening praise the day', in: Modern Language Notes 36 (1921), S. 115-118 (s. d. weitere hist. Nachweise und Lit.-Angaben); *W. E. Peuckert:* Art. ‚jüngster Tag', in: HdA. IV, Sp. 859-884; *G. Jungbauer:* Art. ‚Tag', in: HdA. VIII, Sp. 635-650; *A. Erler:* Art. ‚Tag und Nacht', in: HRG. 33. Lief. Sp. 111-122.

Tagesordnung. *An der Tagesordnung sein:* etw., das häufig vorkommt.
Zur Tagesordnung übergehen: zum Wesentlichen kommen. In Schillers ‚Wilhelm Tell' (II, 2) heißt es: „Zur Tagesordnung, weiter!"
Das steht nicht auf der Tagesordnung: das ist nicht vorgesehen, wird nicht besprochen, nicht getan.

Tagewählerei. *Tagewählerei betreiben:* abergläubische Praktiken ausführen, um die vorgeblich günstigen oder ungünstigen Tage zu ermitteln, an denen schicksalhafte Entscheidungen gefällt oder vermieden werden sollen.
Eine Warnung vor Zauberei und Wahrsagerei steht im 5. Buch Mose, Kap. 18, wo in Vers 10 auch „Tagewähler" genannt werden.
Unter ‚Tagewählerei' versteht man das Auswählen ‚guter' oder ‚böser' Tage, an denen bestimmte Vorhaben wie Baubeginn, Richtfest, Kauf u. Verkauf, Eheschließung, Reisen, das Pflanzen u. Ernten usw. ausgeführt oder unterlassen werden sollen. Dieser sehr alte u. bei vielen Völkern bekannte Glaube wurde vom Orient über Griechenland u. Rom auch dem Christentum vermittelt, das ihn entweder als Aberglaube bekämpfte oder duldete und anerkannte. Am Ausgang des MA. wurde die Tagewählerei in ein festes System gebracht u. spielte in den Kalenderpraktiken eine große Rolle. Doch bereits J. Fischart verspottete dies in ‚Aller Practick Großmutter' 1572.

Lit.: *G. Jungbauer:* Art. ‚Tagewählerei', in: HdA. VIII, Sp. 650-657; Atlas der dt. Vkde. (1958/59), Karte 1-9; *L. Röhrich:* Art. ‚Tagewählerei', in: RGG. VI (²1962), Sp. 604-605; *A. Hauser:* Bauernregeln (Zürich u. München 1973).

Taillenweite. *Jem. die Taillenweite prüfen:* ihn innig umarmen; *das ist genau meine Taillenweite:* das entspricht genau meinem Geschmack, das ist das Zutreffende; Mitte 20. Jh.

Takt. *Im Takte (intakt) sein:* gesund, in Ordnung sein; eigentl.: wie eine richtig gehende Uhr, ein gleichmäßig-geordnetes Leben führen; vgl. ndl. ‚slag houden'; engl. ‚to keep time of stroke'. Den Gegen-

satz bedeutet: *nicht taktfest sein:* kränklich sein, auch: unzuverlässig sein.
Keinen Takt halten können: sich nicht in den gemeinsamen Rhythmus einordnen können, störend wirken. Arbeiten, die in einer Gruppe gemeinsam verrichtet werden müssen, wie z. B. das Mähen oder das Dreschen oder auch die Arbeit am Fließband, mißlingen oder werden verzögert, wenn sich einer nicht in den Arbeitstakt finden kann, ‚nicht taktfest' ist.
Den Takt angeben: alles bestimmen, vgl. ‚den Ton angeben'. *Einen Takt dreingeben:* dreinreden, sich einmischen, wie wenn bei einer mehrstimmigen Musik einer ab und zu auch einen Takt mitbläst. *Nach Takt und Noten:* gehörig, gründlich, tüchtig, sehr (um 1900).
Jem. aus dem Takt bringen: ihn verwirren, aus der Fassung bringen. Dagegen: *sich nicht aus dem Takt bringen lassen:* größte Ruhe und Sicherheit auch bei unvermuteten Zwischenfällen bewahren.
Den Takt in der Bdtg. von richtigem Verhalten, Zartgefühl meinen die folgenden Rdaa., die einen Tadel beinhalten: *keinen Takt im Leibe haben, den Takt verletzen* und *gegen den Takt verstoßen.* Auch die Adjektive ‚taktvoll' und ‚taktlos' spiegeln deutlich das Vorhandensein oder Fehlen von Zartgefühl oder Höflichkeit.

Taler *Er tut so, als wenn jedes Wort 'nen Taler kostet* heißt es Nordostdtl. von einem Maulfaulen. Der Taler kann in den Rdaa. zur Umschreibung eines hohen Wertes benutzt werden, z. B. *seinen hübschen Taler (bei einer Sache) verdienen:* einen sehr großen Gewinn erzielen, aber auch zur Bez. von etw. Wertlosem gebraucht werden: *keinen Taler wert sein:* nichts oder nur wenig taugen (vgl. Deut).
Die ersten Taler entstanden 1484, als Erzherzog Sigismund von Tirol bei Swaz ungewöhnlich große Münzen im Wert eines Goldguldens prägen ließ. Zu wirtschaftl. Bdtg. gelangte die Münze aber erst um 1500. Ihr Name geht als Abkürzung auf ‚Joachimsthaler' zurück, eine seit 1518 von dem Grafen von Schlick aus den Silberminen von St. Joachimsthal geprägte Silbermünze, von wo aus sich die Bez. rasch im dt. Sprachgebiet verbreitete. Vgl. auch ndl. ‚daelder', ‚daaler' u. engl. ‚daler',

‚daller', um 1600 bereits ‚dollar', das im Amerikan.-engl. weiterlebt.
Im Kinderlied hat sich der alte dt. Münzbegriff (1 Taler = 3 Mark) erhalten, obwohl keine rechte Vorstellung mehr von ehemaligen Wert dieses Silberstücks vorhanden ist:

Taler, Taler, du mußt wandern,
von der einen Hand (Stadt) zur anderen.

Vgl. auch das Märchen ‚Die Sterntaler' (KHM. 153).

Talfahrt. *Sich auf Talfahrt befinden:* bes. in finanzieller oder wirtschaftlicher Hinsicht eine negative Entwicklung nehmen; kein Wachstum mehr verzeichnen. Die Rda. kommt aus der Binnenschiffahrt: eine Talfahrt geht stromabwärts, ein Schiff kommt deshalb rascher als gegen die Strömung voran, ↗ Strom.
In übertr. Sinne kann dies bedeuten: ein Unglück nähert sich früher als erwartet; der Ruin kommt unaufhaltsam.

Lit.: *Fr. Kluge:* Seemannssprache (Kassel 1973; Nachdr. der Ausg. von 1911). *E. Neweklowsky:* Die Schiffahrt und Flößerei im Raume der oberen Donau, 2 Bde. (Linz 1952).

Talsohle. *Die (eine) Talsohle durchwandern:* eine nicht sehr angenehme, weniger erfolgreiche Zeit durchmachen, ↗ Durststrecke.

Tampen. *Am Tampen gehen:* in den letzten Zügen liegen, todkrank sein. ‚Tampen' kommt von ndl. ‚tamp' und bedeutet: Ende, Endstück eines Taus oder einer Leine.

Lit.: *F. Kluge:* Seemannssprache (Kassel 1973; Nachdr. der Ausg. von 1911).

Tamtam. *Tamtam um etw. machen:* viel Aufhebens um eine Sache machen. ‚Mach kein Tamtam!' sagt man umg. zu einem, der sich marktschreierisch gebärdet oder der übermäßige Aufregung zeigt.
Tamtam ist die lautmalende Bez. der Eingeborenentrommel in Vorder- und Hinterindien (die Lautmalerei gibt den Doppelschlag auf die Trommel wieder). Das Wort ist durch frz. Vermittlung zu uns gekommen und in bildl. Anwendung auch in die Lit. eingedrungen; z. B. in Immermanns ‚Münchhausen' (I, 91): „Wir müs-

sen (im Stil) den Tamtam schlagen, und die Ratschen in Bewegung setzen".

Tandem. *Ein bewährtes Tandem sein:* ein eingespieltes Team sein; zwei Partner, deren Stärke im Zusammenwirken liegt. Sie ziehen sozusagen am selben ↗ Strick.
Das sprachl. Bild ist der Technik entnommen: hier bedeutet ein Tandem eine Anordnung, bei der zwei hintereinandergeschaltete Antriebe auf die gleiche Welle wirken und so die Leistung verdoppeln; am bekanntesten ist wohl das Fahrrad für zwei Personen.

Tango. *Zum Tango gehören zwei:* alleine kann man nichts ausrichten, man braucht einen Partner dazu. Dieses Sprachbild ist erst 1982 ins Dt. vorgedrungen, und zwar in der Übers. eines Einwurfs von Ronald Reagan bezüglich der Ost-Westpolitik. ‚It takes two to tango' ist allerdings in den Vereinigten Staaten schon länger als Schlagwort bekannt: 1952 sang die amer. Sängerin Pearl Bailey den Erfolgsschlager: ‚It takes two to tango'. Dieses wiederum ist eine Variation des geläufigen engl. Sprw. ‚It takes two to make a quarrel'. – Bis jetzt hat sich im Dt. der Ausdr. in der Journalistensprache gehalten.
Ein ‚Tangojüngling' ist ein weichlich wirkender, pomadisierter junger Mann.
‚Morgens Fango, abends Tango' heißt es augenzwinkernd oder spöttisch in bezug auf das beliebte Freizeitvergnügen in der Kur. Dabei wird entschuldigend auf die anstrengenden Anwendungen und die zur Entspannung dienende, gesundheitsfördernde Bewegungstherapie des Tanzens hingewiesen, die gemeinsam dem Wohlbefinden der Patienten dienen sollen.
Ein gleichlautender moderner Schlagertext hat bes. zur Verbreitung dieser Wndg. beigetragen.

Lit.: *W. Mieder, G. B. Bryan:* Zum Tango gehören zwei, in: Der Sprachdienst 27 (1983), S. 100–102.

Tantalus. *Tantalusqualen erdulden (müssen):* schreckliche Schmerzen, auch furchtbare Angst ausstehen müssen, von ungestillter Begierde gepeinigt werden. In Homers ‚Odyssee' (XI, 582–592) berichtet Odysseus von Tantalus, er habe den phrygischen König in der Unterwelt zur Buße für seine Frevel bis zum Kinn im Wasser stehend gefunden. Dieses schwand hinweg, sobald er sich zum Trinken neigte, während die Fruchtzweige zu seinen Häupten vom Winde entführt wurden, wenn er sich nach ihnen reckte. Auf solche Weise muß Tantalos für die Frevel leiden, die er an den Göttern begangen hat: Von der Tafel der Götter entwendete er Ambrosia und verteilte es unter seinen sterblichen Freunden; weiterhin plauderte er Geheimnisse der Götter auf der Erde aus und schließlich schlachtete er seinen Sohn Pelops und setzte ihn den Göttern als Speise vor, um ihre Allwissenheit zu testen.
Für die Qualen unstillbaren Durstes und Hungers, dann aber übertr. auf jeden Schmerz, bildete sich das Wort von den ‚Tantalusqualen'.

Lit.: *H. Hunger:* Lexikon der griech. und röm. Mythologie (Wien ⁶1969), S. 388–389.

Tante. *Na denn nicht, liebe Tante:* Ausdr. der Enttäuschung mit iron. Unterton; bes. berlin.
Im Gegensatz zu anderen Verwandtschaftsbezeichnungen (Vater, Mutter, Bruder, Schwester u. a.) werden Tante und ↗ Onkel im metaphorischen Sprachgebrauch oft (leicht) verspottet oder in abwertendem Sinn verwendet. So wird die Toilette mit ‚Tante Meyer' umschrieben, die Menstruation als ‚Besuch von Tante Rosa', eine unsympathisch erscheinende Frau mit ‚komische Tante' charakterisiert. In dasselbe Bdtgsfeld gehört auch das Adj. ‚tuntig': zimperlich, etepetete, aber auch: als Mann schwule Neigungen haben.
Dabei zeigt sich, daß Tante sowie Onkel ziemlich neutrale Begriffe geworden sind und keine emotionale Beteiligung seitens des Sprechers mehr wecken. ‚Liebe Tante' als Zusatz einer Interjektion steckt einerseits die distanzierte Gefühlslage des Sprechers ab, andererseits aber vermittelt sie Zitateneindruck (Sohn Brutus, lieber Freund usw.). Abschätzige Gleichgültigkeit wird noch verdeutlicht durch Zusätze wie: ‚Na denn nich, liebe Tante, – heirat'ch'n Onkel, der ist auch ganz schön' oder: ‚... heiraten wir'n Onkel, is auch ein ganz schönes Mädchen'.

Leo Spitzers Interpretation, nämlich daß diese Rda. eine sexuelle Abwertung bedeute, überzeugt nicht ganz. Denn oft gebrauchen Mütter diese Wndg. ihren Kindern gegenüber, die einen gutgemeinten Vorschlag ablehnen.
‚Tante' in positiverem Sinne erscheint im Ausdr. ‚Tante-Emma-Laden': hier meint man ein kleines Lebensmittelgeschäft im Wohngebiet, das, im Gegensatz zu großen Supermärkten, eine intime Einkaufsatmosphäre vermittelt.

Lit.: *J. Seidel-Slotty:* ‚Na denn nicht, liebe Tante' und andere mißbrauchte Verwandte, in: Bulletin linguistique 12 (1944), S. 33–44; *L. Spitzer:* ‚Na denn nicht, liebe Tante', in: Bulletin linguistique 14 (1946), S. 66–77.

Tanz. *Den Tanz anfangen:* mit einer Sache den Anfang machen.
Einen Tanz hinlegen (oder *aufs Parkett legen):* schwungvoll tanzen, etwa seit 1900 aufgekommen. Der schwäb. rdal. Vergleich ‚tanze wie dr Lump am Stecke' meint ebenfalls einen sehr ausdauernden Tänzer.
Das Tanzbein schwingen: tanzen; die etw. umständliche Umschreibung kommt wohl aus der Studentensprache um 1900.
Vom Tanz zum Rosenkranz sagt man bei einer plötzlichen Vertauschung der Weltlichen mit dem Geistlichen.
Der rdal. gewordene *Tanz ums Goldene Kalb* bezieht sich auf 2. Mos. 32,4, wo wörtl. ‚gegossenes' Kalb steht. Allerdings hatten sich die Israeliten zur Herstellung des Götzenbildes ihres goldenen Geschmeides entäußert; vgl. dazu die Schlußstrophe von Theodor Storms Gedicht ‚Für meine Söhne' (1854):

Wenn der Pöbel aller Sorte
Tanzet um die goldnen Kälber,
Halte fest; du hast vom Leben
Doch am Ende nur dich selber.

Tanz wird bildl. und übertr. auch i. S. v. Zank, Wortkampf, geräuschvolle Auseinandersetzung gebraucht; z. B. *jem. einen Tanz machen:* ihm eine Strafpredigt halten, ihm laut und energisch Vorhaltungen machen; die seit dem späten 19. Jh. belegte Wndg. ist eine Parallelbildung der Rda. ‚eine Szene machen'; vgl. frz. ‚une contredanse', engl. ‚country-dance' (eine Geldstrafe).

Ähnl.: *der Tanz geht los:* die Auseinandersetzung hat begonnen; und *das wird noch ein Tänzchen geben:* die Szene steht noch bevor. *Mach keine Tänze:* Laß die Umstände, die Umschweife! *Mit an den Tanz müssen:* an einem anstrengenden, gefährlichen Unternehmen teilnehmen müssen; vgl. frz. ‚entrer dans la danse': sich beteiligen, mitmachen; ↗ Affe, ↗ Eiertanz.
Den Tanz kennen wir schon: deine Vorspiegelungen sind mir bekannt.
Einen Tanz mit der Jungfer Birke tun: ausgepeitscht werden.
Schweiz. ‚Chumm mer z' Tanz' ist eine deutliche Abfertigung.
Berl. ‚Danzboden hat'n Loch', die Sache steht schlecht.
Nach jem. Pfeife tanzen ↗ Pfeife.
Jem. den Tanz lange machen: jem. sehr lange Zeit warten lassen.
Geschichte gemacht hat der von Robespierre gesagte Satz: „Nous marchons sur des volcans". Er meint: ausgelassen lustig sein in einer gefährlichen Zeit; auch: bedroht sein, ohne es zu bemerken. So sagte Napoleon Bonaparte am 18. Brumaire (9.11.) 1799 zu den sog. Volksvertretern: ‚Représentants du peuple, vous n'êtes point dans des circonstances ordinaires; vous êtes sur un volcan' (Mignet II, S. 226). Im Dt. wurde das Zitat durch den 1938 aufgeführten Film ‚Tanz auf dem Vulkan' bekannt.

Lit.: *F. Mignet:* Histoire de la révolution française (Bruxelles 1833); *J. Schikowski:* Geschichte des Tanzes (Berlin 1926); *C. Sachs:* Eine Weltgeschichte des Tanzes (Berlin 1933); *R. Wolfram:* Die Volkstänze (Salzburg 1951); *L. Schmidt:* Sprw. dt. Rdaa., in: Österr. Zs. f. Vkde. 77 (1974), S. 91.

Tapet. *Etw. (nicht) aufs Tapet bringen* (früher auch *werfen):* etw. (nicht) zur Sprache bringen, die allg. Aufmerksamkeit auf etw. lenken.
Tapet ist eine Nebenform zu ‚Tapete' und bezeichnete früher den meist grünen Bezug der Tische in Sitzungszimmern (daher auch die Wndg. ‚am grünen Tisch'). Die Rda. ist eine Lehnübers. von frz. ‚mettre une affaire (une question) sur le tapis'; sie ist seit 1697 im Dt. belegt; Schiller gebraucht sie in den ‚Räubern' (I, 2): „Wie wär's, wenn wir Juden würden und das Königreich wieder aufs Tapet brächten?" Auch mdal., z. B. rhein., obersächs., ist die

Rda. verbreitet; vgl. auch ndl. ‚iets op het tapijt brengen'; engl. ‚to bring on the tapis'. *Etw. auf dem Tapet haben:* gerade davon sprechen, darüber verhandeln. *Der kommt nicht aufs Tapet:* er tritt nicht in Erscheinung, wird keine Rolle spielen. Seit einiger Zeit hört man häufig, daß ‚etw. auf das Trapez kommt'. Vor nicht allzulanger Zeit war dafür noch üblich ‚aufs Tapet kommen'. So steht es auch noch im Sprachbrockhaus (1944), im Duden (1951) und im Borchardt-Wustmann-Schoppe (⁷1955), ja sogar bei Küpper; auch Lexika wirken sprachkonservierend. Tapet ist aus dem Frz. in der Barockzeit zu uns gekommen, lebt seit langem nur noch in dieser Wndg. und ist nicht mehr recht verständlich. Was ‚Trapez' ist, weiß dagegen jeder; es bietet sich geradezu als Ersatz an. Dabei trifft es sich gut, daß es dasselbe grammatische Geschlecht hat (‚auf's' kann bleiben). – Nun hört man aber nicht selten auch: ‚Das kommt nicht aufs Trapez', in bestimmtem Ton der Ablehnung gesprochen (‚das kommt nicht auf die Platte', ‚den Topf' usw.). Vielleicht wird es wie diese beiden Wndgn. eines Tages nur noch negiert gebraucht; vorläufig kann die Verneinung stehen oder nicht wie bei: etw. ‚kommt (nicht) in Frage'. Zunächst war ‚kommt nicht aufs Trapez' eine sachliche Feststellung: etw. ist nicht auf die Tagesordnung gesetzt worden, wird also nicht zur Beratung gebracht; dann ergab sich als vermeintliche oder tatsächliche böse Absicht dessen, der die Tagesordnung festlegt: ‚Das kommt nicht aufs Trapez', ich lasse das keinesfalls zu, daß diese Frage erörtert wird. Neben dem Formwandel der Rda. findet also auch ein Bedeutungswandel statt.

Tapete. *Die Tapete wechseln:* sich verändern, sowohl von beruflichen wie von Ortswechseln gebraucht (20. Jh.). Die Veränderung heißt dementspr. ‚Tapetenwechsel', z. B. ‚Ich muß mal die Tapete wechseln', ich muß Urlaub machen, in eine andere Umgebung kommen, auch: das Lokal beim Zechen wechseln.

Tarantel. *Wie von der Tarantel gestochen:* wie besessen, urplötzlich (z. B. auffahren, emporfahren, umherrennen). Die Tarantel ist eine südeurop. Wolfsspinnenart, die in Erdhöhlen lebt; sie hat ihren Namen (ital. ‚tarantola') daher, daß sie sich z. B. auch bei Tarent in Apulien, einer Landschaft im südöstlichen Italien, findet. Ihr Biß ruft angeblich eine Krankheit hervor, die sich in heftigen Zuckungen, ähnl. dem Veitstanz, äußert (‚Tarantismus'). Man hat diese im MA. durch einen Tanz zu heilen gesucht, wie auch in Dtl. solche Heiltänze Besessener vorkommen. Vielleicht hängt auch der Name des neapolitanischen Volkstanzes, der ‚Tarantella', eines anfangs langsamen, dann immer rascher werdenden Tanzes, mit dem Namen der Spinne zusammen: die Tänzer springen ‚wie von der Tarantel gestochen'. Die Rda. begegnet in bildl. Anwendung im Dt. seit dem Ausgang des 18. Jh. ↗Veit.
Lit.: *A. Opela:* Tanzwut u. Tarantismus in Spätmittelalter u. früher Neuzeit (Mag. Arb. Wien 1990).

Tasche. *Einen in der Tasche haben:* ihn in seiner Gewalt haben, mit ihm anfangen können, was man will; vgl. frz. ‚avoir quelqu'un dans la poche'; ähnl.: *einen in die Tasche stecken:* seiner Herr werden, mit ihm fertig werden, ihm überlegen sein (vgl. Sack, das in älterer Sprache auch Tasche bedeutet); auch lit., z. B. in Schillers ‚Fiesko' (I, 7): „Mag er Genua in die Tasche stecken ... was kümmert's uns?" Vgl. frz. ‚mettre quelqu'un dans sa poche'.
Etw. noch nicht in der Tasche haben: etw. noch nicht sicher haben; vgl. frz. ‚Ce n'est pas encore dans la poche'.

‚Nichts in der Tasche haben'

Tief in die Tasche greifen: viel Geld ausgeben müssen; *jem. auf der Tasche liegen:* ihm finanziell zur Last fallen, auf jem. Kosten leben; mit Tasche ist hier die Geldtasche gemeint. *Auf die Tasche klopfen:* Geld von anderen verlangen.
Die Hand auf der Tasche halten: geizig sein. *Sich selbst die Taschen füllen:* sich auf Kosten anderer bereichern. Ähnl.: *in die eigene Tasche wirtschaften:* zu seinem Vorteil in betrügerischer Weise vorgehen, gegen das Geschäftsinteresse handeln.
Jem. in die Tasche arbeiten: ihm zu ungerechtem Vorteil verhelfen.
Der hat's in der Tasche (zu ergänzen eigentl.: das Geld): er ist reich; *er hat keine schwere Tasche:* er ist arm, er hat wenig Geld. „Er hat nichts in den Taschen als seine Hände", sagt Lichtenberg von einem Arbeitslosen. Eine humorvolle berl. Wndg. für den Habenichts ist die paradoxe Aufforderung *Faß mal einem nackten Mann in die Tasche!*, die jetzt allg. verbreitet ist.

‚Einem Nackten in die Tasche greifen'

Etw. kennen wie die eigene Tasche: etw. genau kennen (auch: ‚etw. wie seine eigene Westentasche kennen'); vgl. frz. ‚connaître quelqu'un comme sa poche'.
Aus der Tasche spielen war im 18. Jh. die Umschreibung für die Tricks der Taschenspieler.
Sich selbst in die eigene Tasche lügen: sich etw. vormachen, ↗ Hand.
Leck' mich in der Tasche bedeutet eine grobe Abweisung, wobei Tasche euphemist. für ↗ Arsch steht; die Wndg. ist vermutl. im Sächs. aufgekommen, weil dort die Aussprache der beiden Wörter eine gewisse Klangähnlichkeit aufweist; auch in der Pfalz ist sie als ‚Leck mi in de Täsch!' geläufig; ähnl.: *Er kann mir in die Tasche steigen.*
Die Hände in die Taschen stecken: untätig zusehen, ↗ Hand.
Eine alte Tasche sein, die nichts mehr taugt: ein häßliches, altes Weib sein, ähnl.: *eine einfältige Tasche sein:* eine geistlose weibl. Person sein. Vgl. frz. ‚C'est une hapelourde'. Tasche als abfällige Bez. der Frau stammt aus der Jägersprache. Es ist dort der Ausdr. für das weibl. Geschlechtsorgan des Tieres und wird ‚pars pro toto' auf die Frau übertragen. Der Ausdr. ist weit verbreitet in der Kurzform *eine Plaudertausche sein:* eine geschwätzige Person sein; ↗ Schachtel.

Tasse. *Nicht alle Tassen im Schrank (Spind) haben:* nicht ganz bei Verstand, verrückt sein; einer der vielen Ausdrücke, die beschönigend-euphemist. zum Ausdr. bringen, daß einer ‚nicht alle Sinne beisammen' hat; ähnl.: ‚nicht alle beisammen haben', ‚er braucht sie nicht alle der Reihe nach', wobei jeweils das zu ergänzende ‚Sinne' ausgefallen ist. Auch: *Seine Tasse hat einen Sprung:* er ist nicht recht bei Verstand. Tasse kommt ja auch mehrfach als Schimpfwort vor, z. B. ‚müde, alte, dämliche Tasse' etc.
Eine trübe Tasse sein: ein langweiliger, schwungloser Mensch sein; tote ↗ Hose. Wie auch die Rda. ‚nicht alle Tassen im Schrank haben', erklärt S. A. Wolf mit Hilfe der jidd. Etymologie des Wortes ‚toschia' auch diesen Ausdr. ‚Toschia' bedeutet Verstand, Klugheit; somit ist ein getrübter Verstand mit ‚trübe Tasse' gemeint. Ebenso fehlt der Verstand bei einem, der ‚nicht alle Tassen im Schrank (= Kopf)' hat.
Hoch die Tassen!: Hoch die Gläser! Prost! (zuweilen mit dem iron. Zusatz: ‚in Afrika ist Muttertag'), moderne, vor allem großstädtische Wndg., in Berlin schon 1925 notiert.

Lit.: *S. A. Wolf:* Erklärung einiger Berliner Rdaa., in: Muttersprache 66 (1956), S. 28: „Der hat ja nich alle Tassen im Schrank."

Taste. *Auf die falsche Taste drücken:* eine falsche Andeutung machen, mit einer

kleinen Andeutung jem. beleidigen. Die Rda. leitet sich her von der Taste entweder des Klaviers oder der Schreibmaschine; *die falsche Taste erwischen:* sich irren.
Mächtig in die Tasten greifen: etw. mit viel Schwung und Elan beginnen.
Etw. auf den Tasten haben: vorzüglich maschineschreiben können, übertr.: überhaupt etw. können, eine Sache beherrschen; *nicht alle Tasten auf dem Klavier haben:* nicht recht bei Verstand sein.

Tat. *Jem. auf frischer Tat ertappen:* jem. dabei erwischen, wenn er etw. Unrechtes, Unmoralisches usw. tut. Auch: ‚in flagranti' erwischt werden. Der urspr. juristische Terminus stammt aus dem ‚Codex Iustinianeus', einem Teile des ‚Corpus iuris', welcher von 529–534 von Gaius Tribonianus u. a. herausgegeben wurde. Dort steht: „in ipsa rapina et adhuc flagrante crimine comprehensi". (Sie sind direkt bei der Ausführung des Raubes und der Verübung des Verbrechens ertappt worden). (Büchmann).

Tatarennachricht. *Eine Tatarennachricht erhalten:* eine nicht sehr glaubhafte Schreckensnachricht erhalten; eine Lügenmeldung.
Diese Rda. bezieht sich auf einen historischen Vorfall während des Krimkrieges: Berittene tatarische Postkuriere überbrachten 1854 nach Bukarest die Meldung, daß Sewastopol gefallen sei. Diese Nachricht beeinflußte in starkem Maße das Geschehen in der Politik und an der Börse, obwohl Sewastopol in Wirklichkeit erst ein volles Jahr später fiel.

Lit.: *H.-J. Schoeps:* Ungeflügelte Worte (Berlin 1971), S. 121.

Tau. *Vor Tau und Tag* ist eine stabreimende Zwillingsformel. Sie bez. die Zeit des frühen Morgens vor dem Taufall und vor Tagesanbruch, meint also: in aller Frühe, ↗ Tag.
Clara Viebig nannte ihre Novellensammlung ‚Vor Tau und Tag' (1898).

Lit.: *V. Stegemann:* Art. ‚Tau', in: HdA. VIII, Sp. 683–693.

Taube. *Tauben im Kopf haben:* sonderbare Einfälle haben; im 16. und 17. Jh. öfters bezeugt (ähnl.: ‚Rosinen im Kopf haben', ‚Grillen haben'), z. B. im ‚Simplicissimus'.
Warten, bis einem die gebratenen Tauben in den Mund fliegen: ohne Anstrengung etw. erreichen wollen; nichts tun und dennoch auf gute Einnahmen warten. Die Rda. bezieht sich auf die Erzählungen vom ↗ Schlaraffenland (KHM. 158), wo den Faulen tatsächlich die gebratenen Tauben in den Mund geflogen kommen.

‚Warten, bis einem die gebratenen Tauben in den Mund fliegen'

Schon Luther gebraucht die Anspielung auf die Schlaraffenland-Erzählung rdal. (Weimarer Ausg., Bd. XII, S. 635): „Dir wird keine gebratene Taube in den Mund fliegen"; 1532 heißt es in der ‚Namenlosen Sammlung' (Nr. 631): „Har biß dir ein gebratne taub ins Maul fliege". In der beigefügten Erklärung steht, daß man dies Sprw. anwendet „gegen denen, die nichts thun woellen, vnd meynen Gott soll jn geben vnd thun was sie begeren, on arbeyt vnd fleiß". Bei Grimmelshausen im ‚Simplicissimus': „Keine gebratene Taube kommet auch keinem in das Maul geflogen, er muß danach gehen und sie zuvor fangen". Goethe erweitert die Rda. in ‚Sprichwörtlich':

Wer aber recht bequem ist und faul,
Flög dem eine gebratne Taube ins
                  Maul,
Er würde höchlich sich's verbitten,
Wär sie nicht auch geschickt
                  zerschnitten.

Auch andere Vögel kommen in der gleichen Wndg. vor, so bei Luther ein gebratenes Huhn, das dem faulen Glückspilz zufällt; 1639 bei Lehmann S. 407 (‚Hoffnung' 32): „Hoffnung ist ein pein: wart

biß ein gebraten Lerch ins Maul fleucht". Ebenso heißt es schon in Rabelais' ‚Gargantua und Pantagruel': „Il attend que les alouettes lui tombent toutes rôties" (Er erwartet, daß ihm die Lerchen ganz gebraten herabfallen). Ganz ähnl. lautet die Rda. noch heute im Frz.: ‚attendre que les alouettes vous tombent toutes cuites dans la bouche'.
In der antiken Vorstellung vom Goldenen Zeitalter ist im selben Zusammenhang von gebratenen Krammetsvögeln die Rede. Schon der griech. Komiker Telekleides (5. Jh. v.Chr.) sagt: „Gebratene „Krammetsvögel mit kleinen Kuchen flogen einem in den Schlund hinein", während sie nach Pherekrates voll Sehnsucht, verspeist zu werden, einem „um den Mund herumflogen" (Büchmann).
Sich die gebratenen Tauben in den Mund fliegen lassen: sich untätig nur dem Genuß hingeben, sich verwöhnen lassen.
Turteln wie die Tauben: ganz verliebt sein und es vor aller Welt zeigen; Küssen und Schmusen eines Liebespaares.
Die Taube galt schon bei den Römern als Vogel der Liebe; ihr Name war ein Kosewort („mein Täubchen") wie schon im ‚Hohen Lied' Salomos (2,14; 5,2).
Die (Turtel)taube erscheint als Liebessymbol oft im Volkslied, insbes. in der Formelstrophe:

Saßen einst zwei Turteltauben
noch auf einem dürren Ast,
wo sich zwei Verliebte scheiden,
da verwelket Laub und Gras.

Die Taube symbolisiert in der Bibel außerdem die Aufrichtigkeit (Matth. 10,16) und ist ein sichtbares Zeichen des Heiligen Geistes (Matth. 3,16; Mark. 1,10; Luk. 3,22).
Die Taube gilt auch als Symbol der Unschuld.
Die weiße Taube erscheint bevorzugt als Seelenvogel; vgl. auch das Lied ‚La paloma', in dem die Taube der Geliebten die Todesnachricht des auf See gebliebenen Seemanns überbringt.
Auch als Friedenssymbol ist die Taube bereits seit Jahrhunderten bekannt: Eine der drei Tauben, die Noah aus der Arche fliegen ließ, kehrte zu ihm mit einem Ölzweig zurück (vgl. 1. Mos. 8,11). Sie wurde zum Zeichen des Friedens und später auch der Friedensbewegung in der Welt überhaupt.
In der ma. Bedeutungslehre wurden oftmals Taube und Falke einander gegenübergestellt, um verschiedene Stände und Lebenshaltungen zu kennzeichnen. Die Taube galt als Bild des geistlichen, klösterlichen, friedfertigen Lebens, der Falke hingegen symbolisierte den ritterlichen, kampfbereiten Menschen; so bei Hugo de Folieto, in: ‚De nota verae religionis' (Ohly, S.49).
Auf ganz ähnliche Weise unterscheidet man noch heute in den USA ‚Falken' und ‚Tauben' bei den Politikern des ‚Weißen Hauses'; oft mit dem Hinweis in den Medien, daß sich wieder einmal die ‚Falken', die weniger Kompromißbereiten, die in militärischer Hinsicht bes. Wachsamen und Unnachgiebigen, auch die Abrüstungsgegner durchgesetzt hätten, ↗Falke.
Auf den gleichen Sachverhalt bezieht sich ein 1982 veröffentlichter Schlager von Christoph Busse unter dem Titel: ‚Die weißen Tauben sind müde'. Der pessimistisch klingende Text spielt in übertr. Bdtg. auf die Friedfertigen an, die ihre Kräfte verloren haben, sich unterlegen fühlen und resignierend dem Untergang der Welt entgegensehen:

Die weißen Tauben sind müde,
sie fliegen lange schon nicht mehr.
Sie haben viel zu schwere Flügel,
und ihre Schnäbel sind längst leer.
Jedoch die Falken fliegen weiter,
sie sind so stark wie nie vorher,
und ihre Flügel werden breiter,
und täglich kommen immer mehr,
nur weiße Tauben fliegen nicht mehr.

Lit.: *Bolte-Polívka* III, 244–258; *Joh. Bolte:* Bilderbogen des 16. u. 17. Jh., in: Zs. f. Vkde. 20 (1910); *E. Schneeweis:* Art. ‚Taube', in: HdA. VIII, Sp. 693–705; *F. Ohly:* Schriften zur ma. Bedeutungsforschung (Darmstadt 1977), S. 48–86; *W. Danckert:* Symbol, Metapher, Allegorie im Lied der Völker, Teil 4: Tiere. Aus d. Nachlaß hg. v. H. Vogel (Bonn – Bad Godesberg 1978), S. 1394–1404; *K. Sinko:* Die Taube als Unschuldssymbol, in: N. A. Bringéus (Hg.): Man and picture (Lund 1986), S. 237–251; *E. u. L. Gattiker:* Die Vögel im Volksglauben. Eine volkskundliche Sammlung aus verschiedenen europäischen Ländern von der Antike bis heute (Wiesbaden 1989), S. 350–384; *B. Chr. Muschiol:* ‚Keine Rose ohne Dornen', zur Funktion u. Tradierung v. Liebesstereotypen (Diss. Freiburg 1991), S. 66–69; weitere Lit. ↗Schlaraffenland.

Taubenschlag. *Hier geht's zu wie in einem Taubenschlag:* hier herrscht ständiges Kommen und Gehen. In einem Taubenschlag fliegen die Tiere ständig aus und ein. Zelter an Goethe: „Es wohnt niemand bequem bei mir, weil es zu unruhig ist und meine Wohnung wie ein Taubenschlag ist' (Briefe zwischen Zelter und Goethe, hg. v. F. W. Riemer, II, 141). Die Rda. ist auch in den Mdaa. bekannt, vor allem berl. ‚Det jeht immer rin un raus wie in' Daubenschlag'.

‚Es geht zu wie in einem Taubenschlag'

Das Herz ist *wie ein Taubenschlag* (vgl. ‚Bienenhaus'): die Liebe ist unbeständig, die Partner werden häufig gewechselt.
Sich davonstehlen wie die Katze vom Taubenschlag: sich wegen eines bösen Gewissens unbemerkt davonmachen wollen (wie die Katze, die im Taubenschlag geräubert hat und sich mit der Beute entfernt); seit dem 17. Jh. bezeugt.

Lit.: *T. Brooke:* Shakespeare's Dove-House, in: Modern Language Notes, S. 160–161; *O. Swoboda:* Von Tauben, Taubenhäusern und Taubentürmen, in: Die Furche 28 (1968); *B. G. Lumpkin:* ‚Shaking the dovehouse again', in: Proverbium 12 (1969), S. 322–323; Volkskunst. Zs. f. volkstümliche Sachkultur 2 (1978), S. 122–141; *A. Kammermeier:* Taubenhäuser – Taubenschläge (Rosenheim 1978).

Tauchstation. *Sich auf Tauchstation begeben:* verschwinden, nichts mehr von sich hören lassen. Die Rda. stammt aus der Schiffahrt: bevor ein U-Boot taucht, heißt es: ‚Alle Mann auf Tauchstation!'

Taufe, taufen. *Etw. aus der Taufe heben:* etw. begründen, ins Leben rufen. In Berlin ist ein Berliner ‚mit Spreewasser', in München ein Münchner ‚mit Isarwasser' getauft. ↗ Geburt.
Verdünnt man Wein mit Wasser, so nennt man dies auch: *einen Wein (mit Wasser) taufen.*
Der Begr. ‚Taufe' ist auch auf andere Initiationsbräuche nichtchristlicher Art übergegangen. So entspricht das ‚Gautschen' der Buchdruckerlehrlinge in etwa einem Taufritual. Beim Stapellauf eines Schiffes wird eine ‚Schiffstaufe' vollzogen. Wer zum erstenmal den Äquator überquert, muß sich einer scherzhaften ‚Äquatortaufe' unterziehen.

Lit.: *A. van Gennep:* Übergangsriten (‚Rites de passage')(Frankfurt/M. 1986); *H. Schauerte:* Volkskundliches zur Taufe, in: Zs. f. Vkde. 53 (1956/57) S. 77–90; *E. Welti:* Taufbräuche im Kanton Zürich (Zürich 1967);

Taufessen. *Man kann bei ihm noch das Taufessen sehen* sagt man niederrhein. von einem, der gähnt, ohne die Hand vor den Mund zu halten.

taufrisch. *Taufrisch sein:* unberührt und voller jugendlicher Anmut und Schönheit sein (wie eine Rose voll kühlenden Taus), bes. von jungen Mädchen gesagt, die Liebe und Leben noch vor sich haben.
Im Lied vom ‚Rosenbrechen' (E. B. II, S. 261, Nr. 440) wird die Jungfräulichkeit des Mädchens metaphorisch umschrieben (Str. 4):

Die Röslein soll man brechen
Zu halber Mitternacht.
Denn seind sich alle Blätter
Mit dem kühlen Thau beladen,
So ist es Rösleinbrechens Zeit.

Dagegen meint die Feststellung: *nicht mehr ganz taufrisch sein,* oft euphemist. gebraucht, eine alte Jungfer oder eine reife Frau mit sexuellen Erfahrungen.
Sich taufrisch fühlen: munter, gut ausgeschlafen, erholt, voller Lebenslust und Tatendrang sein. *Sich nicht mehr ganz taufrisch fühlen* meint hingegen: müde, abgespannt sein, ein großes Arbeitspensum, eine Anstrengung bereits hinter sich haben.

tausend steht als übersteigernder Ausdr. in vielen Wndgn. formelhaft für eine große Zahl: ‚Tausend Dank!', vgl. frz.

,Merci mille fois!'; ,er ist ein Tausendsassa'; berl. ,is ja noch dausend Zeit', ,nich um dausend Taler', obersächs. ,der Tausendste nicht', nur sehr wenige; vgl. auch ,vom Hundertsten ins Tausendste kommen' (↗hundert). Auch in Ausrufen wie *Potztausend!* (↗Potz) und *Ei der Tausend!* liegt eine Steigerung vor. In Wndgn. wie *Der Tausend soll mich holen!*, *Hol's der Tausend!* ist Tausend ein Ersatzwort für den tabuierten ↗Teufel.

Tauwetter. *Tauwetter (zwischen Kontrahenten) ist eingetreten:* die verhärteten Fronten lösen sich zunehmend auf, das ↗Eis zwischen politischen Gegnern, Parteien schmilzt.
Zur Zeit des ,kalten Krieges' sprach man auch von ,politischen Tauwetter', bes. in Beziehung auf die beiden Weltmächte USA und UdSSR.

Techtelmechtel. *Ein Techtelmechtel mit jem. haben:* eine geheime, aber nicht zu intensive Liebesbeziehung zu jem. haben; bes. in Österr. und Süddtl. geläufig; ↗Fisternöllchen.
Das is a Techt'lmecht'l: eine Abmachung einer Gruppe, sich durch etw. Vorteile zu verschaffen, während andere dadurch benachteiligt werden.
Wahrscheinlich kommt das eigentümliche Wort ,Techtelmechtel' aus ital. ,teco meco'. Dies bedeutet: unter vier Augen, eigentl. ,(ich) mit dir, (du) mit mir'.

Lit.: *H. Schuchardt*, in: Zs. f. Roman. Philologie 31 (1907), 30f.

Tee. *Im Tee sein:* betrunken sein, närrisch, in ausgelassener Stimmung sein; *einen im Tee haben:* betrunken sein; Tee gilt z. T. verhüllend für ,Schnaps'; doch könnte Tee auch eine Abk. für ↗Tran, ,Torkel' oder eine andere mit T oder D anlautende Bez. der Trunkenheit sein.
Jem. etw. in den Tee getan haben: ihn betrunken, seinen Verstand verwirrt gemacht haben. In Norddtl. ist ,Tee mit Rum' äußerst beliebt. Nimmt man dazu aber nicht als nur ,einen Schuß Rum', wirkt der Alkohol so stark und berechtigt zu der Frage: ,Dir hab'n se wohl was in'n Tee getan?', ↗Kaffee.
Einen Tee geben bedeutete im 19. Jh.: zu einer (abendlichen) Veranstaltung einladen. Die sog. ästhetischen Tees waren die von Literaten und deren Gönnern eingerichteten literarischen Leseabende mit Teebewirtung. Heinrich Heine schrieb darauf ein Spottgedicht (,Buch der Lieder'):

Sie aßen und tranken am Theetisch
und sprachen von Liebe viel,
Die Herren, die waren ästhetisch,
die Frauen von zartem Gefühl.

Seinen Tee bekommen: das bekommen, was einem zusteht; ähnl.: *Seinen Tee kriegen:* barsch abgefertigt, zurückgewiesen werden.
Laß dir Tee kochen oder *Du kannst mir mal Tee kochen* sind Ausdrücke der Abweisung. In abgewandelter Form begegnet uns diese Rda. auch in Kleists Lustspiel ,Der zerbrochene Krug', Vers 1679: Die Muhme sieht nachts Eve mit noch jemandem; sie hört Eve schimpfen und fragt daraufhin: „Was hast du! Was auch gibt's?" Doch da ihr Eve unbefriedigend antwortet, denkt sich die Muhme: „So koch dir Tee. Das liebt sich, denk' ich, wie sich andre zanken".
De Leeuwes Deutung dieser Stelle, über welche schon etliche Kleist-Kommentatoren gestolpert sind, ist sehr einleuchtend (S. 64): „Wir haben hier, wie so oft in diesem Lustspiel eine sprw. Rda. vor uns, und zwar eine Berliner Redewndg., die zur Familie des bekannten Götz-Zitates gehört". Nach Wander (IV, 1143) ist dies in Berlin ein „höhnischer Ausdr. der Gleichgültigkeit", quasi mit der Bdtg. ,Tu, was du willst, laß mich in Ruhe'.
Tee reiten: sich einschmeicheln.
Tee nach China tragen: etw. Sinnloses tun.
Abwarten und Tee trinken! ↗abwarten.

Lit.: *H. H. J. de Leeuwe*: ,So koch' dir Tee', in: Neophilologus 30 (1945), S. 63–64; *G. Kaufmann* (Hg.): Tee. Zur Kulturgeschichte eines Getränks. Altonaer Museum in Hamburg, Ausstellungskatalog (Hamburg 1977).

Teer. *Im Teer sein:* betrunken sein (evtl. mißverstanden aus ,im ↗Tee sein'); *im Teer sitzen:* in Not, in Verlegenheit sein; *die Sache ist geteert:* die Sache ist gut ausgeführt, abgemacht; *du mußt den Kragen wieder mal teeren lassen:* du trägst einen schmutzigen Kragen, die Grundfarbe Weiß schimmert durch den Schmutz hindurch; vgl. berl.: ‚Männeken, du mußt dein'n Kragen mal frisch teer'n, da kommt det Weiße schon durch!'

Teich. *Über den großen Teich gehen:* nach Amerika reisen, den Atlantik überqueren; überhaupt ist diese Rda. ein untertreibender Euphemismus für eine große Reise; auch für ‚sterben'.
Über den großen Teich kommen: aus Übersee anreisen.
Der wird mir keinen Teich anzünden: jemandes Feindschaft wird nicht erwartet oder gefürchtet; Charakterisierung für einen harmlosen Menschen.
Noch im großen Teich sein: noch nicht geboren sein. Der ↗ Storch holt die Kinder aus dem großen Teich.

Teil. *Sein Teil (schon noch) bekommen (kriegen):* das zu erwarten haben, was seinem Handeln, seinem Betragen gebührt, getadelt, bestraft, gezüchtigt werden. Die Wndg. kann in Form einer Drohung oder Warnung gebraucht werden, wie z.B. mdal. in der Altmark: ‚Du sast dîn Dêl wol krîgen'. Genugtuung und eine gewisse Schadenfreude enthält die Feststellung einer vollzogenen Strafe, einer unangenehmen Auseinandersetzung: *Er hat sein Teil gekriegt*, vgl. ndl. ‚Hij heeft zijne portie gekregen'; frz. ‚En avoir pour son grade': das bekommen, was seinem Rang entspricht.
Derjenige, der weitere üble Folgen scheut, sagt: *Ich habe mein Teil:* ich bin gestraft genug, der Ärger hat mir den Rest gegeben. Die Wndg. kann aber auch positive Bdtg. besitzen: ich habe genug erhalten, ich besitze bereits, was mir zusteht (an Gewinn, Speisen u. ä.); vgl. frz. ‚J'ai eu ma part'.
In Zusammenhang damit steht auch die Wndg. *ich für mein Teil:* soweit es mich betrifft, ich persönlich.
Sich seinen Teil denken ↗ denken.
Das bessere Teil erwählt haben: sich richtig entschieden haben. Die Rda. ist die Umgestaltung eines Bibelwortes, denn bei Luk. 10,42 heißt es: „Maria hat das gute Teil erwählt". Auch Schiller gebrauchte die veränderte Wndg. bereits lit. in seiner ‚Maria Stuart' (V, 6), indem er Maria feststellen läßt: „Bertha, du hast das bessere Teil erwählt" (Büchmann); vgl. frz. ‚avoir choisi la meilleure part'.
Zu etw. gehört ein gut Teil ...: dazu gehört eine große Menge, viel von ...

teilen. *Es wird nichts geteilt:* vor allem in der Form: ‚wird nix teilt': Ansprüche oder unberechtigte Forderungen werden abgewiesen; vom Vorhandenen wird nichts ausgeteilt.
Diese österr. Rda. ist schon im 18. Jh. bei Philipp Hafner in seiner ‚Förchterlichen Hexe Megära' lit. bezeugt und lebt seitdem in der österr. Sprache weiter.

Lit.: *L. Schmidt:* Sprw. dt. Rdaa., in: Österr. Zs. f. Vkde. 77 (1974), S. 124.

Teilstrecke. *Auf Teilstrecke kaufen:* auf Raten kaufen; berl. seit 1920 gebucht; der Begriff Teilstrecke stammt aus dem Tarifwesen der Straßenbahn.

telefonieren. *Telefonieren müssen* ist ein Euphemismus für den sprachlich tabuierten Gang zur Toilette (↗ Kaiser). Auch sonst hat das Telefon eine Menge von Metaphern für zwischenmenschliche Beziehungen geliefert, und zwar im negativen Sinn der ‚gestörten Verbindung' (‚jem. ist in der Leitung', ‚Feind hört mit!', ‚auf der Leitung stehen', ‚eine lange Leitung haben') ebenso wie im positiven: ‚einen direkten (heißen) Draht zu jem. haben'. Das ‚rote Telefon' bedeutet eine direkte persönliche Verbindung zwischen höchstrangigen Politikern, z. B. zwischen dem Weißen Haus und dem Kreml.
Ein ‚Callgirl' (von engl. ‚to call' = anrufen) ist eine Prostituierte, die von ihren Kunden telefonisch aufgefordert wird, sie in ihrem Hotel oder in ihrer Wohnung aufzusuchen.

Lit.: *I. de Sola Pool:* The Social Impact of the Telephone (1977); *ders.:* Forecasting the Telephone (1983); *J. Becker* (Hg.): Telefonieren (= Hess. Bl. f. Volks- und Kulturforschung Bd. 24) (Marburg 1989).

Tellerrand. *Nicht über den Tellerrand hinaussehen:* einen beschränkten Horizont haben; dazu auch das Gegenteil: *Über den Tellerrand sehen:* einen weiten Horizont haben; bei Problemen nicht nur das Naheliegendste, sondern auch Konsequenzen einer Handlung berücksichtigen.

Tellerschlecker. *Ein Tellerschlecker sein:* ein Schmeichler, Schmarotzer sein. Seb. Franck schreibt über die Tellerschlecker: „Die ... kein gewiß Küchen oder Ort haben, sonder sich behelfen, wo sie zůkommen, wie alle Schmarotzer, Dellerschlekker". Luther gebraucht dieses Schimpfwort auch (6, 112): „des Cardinals zu Mentz tellerlecker, doctor Köte genannt". Ein neuzeitlicher Beleg ist in Grillparzers Werken zu finden (1, 269): „Es ist ein kleiner Schritt vom Teller- bis zum Speichellecker".

Tempel. *Einen zum Tempel hinauswerfen* (oder *hinaustreiben, hinausschmeißen, hinausjagen*): ihn aus dem Haus weisen; die Rda. geht auf die bibl. Erzählung von der Vertreibung der Wechsler und Händler aus dem Tempel zurück; Joh. 2, 15 (vgl. Matth. 21, 12; Mark. 11, 15; Luk. 19, 45) heißt es von Jesus: „Er machte eine Geißel aus Stricken und trieb sie alle zum Tempel hinaus".
Ruhe im Tempel: Aufforderung zu Ruhe und Ordnung, damit eine wichtige Mitteilung erfolgen kann.

Tempelherr. Eine ganze Reihe von Rdaa. spielt auf die sagenhafte Überlieferung von den Tempelherren an, die vor allem im Rheinl. als frevlerische und gottlose Menschen im Andenken der Bevölkerung fortleben. In Lothr. sagt man z. B.: ‚Er rächt ewei en Tempelher'; Wander (II, 936) verzeichnet: ‚Er hurt wie ein Tempelbruder'. In anderen Landschaften heißt es: ‚He zup wie ennen tempeleer' (ndl. Prov. Limburg), in Aachen: ‚einen Tempelherren nehmen', eine unpassende Heirat machen. In einer Nacht sollen nach der Sage alle Sitze der Tempelherren mit vielen Reichtümern versunken sein; in Remich sagt man darum: ‚Er ist verschwunden wie ein Tempelherr'.

Lit.: *M. Zender:* Die Sage als Spiegelbild von Volksart und Volksleben im westdt. Grenzland (Diss. Bonn 1940), S. 52: *L. Röhrich:* Sprw. Rdaa. aus Volkserzählungen, S. 259.

Teppich. *Auf den (breiten) Teppich treten:* in älterer Zeit gleichbedeutend mit ‚heiraten', da vor den Traualtar ein Teppich gelegt wurde. Die Rda. ist lit. bezeugt bei Hippel (‚Über die Ehe' 176): ‚Wehe dem Mädchen, das darum auf den Teppich tritt, weil es Lust hat, auszuschweifen".
Auf dem Teppich bleiben: sachlich bleiben, sich gesittet benehmen, also sich so verhalten, wie es sich in einem vornehmen Raum mit einem kostbaren Teppich gehört. Vielleicht ist die Rda. aber auch als Entstellung aus ↗Tapet entstanden, da das Wort Teppich im 7. Jh. aus dem Rom. entlehnt wurde und mit lat. ‚tapētum' im Zusammenhang steht, wie ndd. und ndl. Lautformen (tapijt, tep(pe)t) beweisen. Dazu würden dann auch die Rdaa. *auf dem Teppich sein:* eine günstige Gelegenheit zu nutzen wissen, und *Das kommt nicht auf den Teppich!:* es kommt nicht in Betracht, nicht in Frage, als Abwandlungen von ‚Tapet' in Beziehung stehen.
Eine schülersprachl. bes. in Norddtl. bekannte neue Rda. als Umschreibung für geistige Beschränktheit ist: *geistig (zu weit) unter den Teppich gerutscht sein.*

‚Etwas unter den Teppich kehren'

Etw. unter den Teppich kehren: aus der Diskussion ausklammern, von der Tagesordnung absetzen, nicht zu Ende diskutieren, weil man die Problematik scheut u. zu umgehen sucht.
Für jem. den roten Teppich ausrollen: ihn als Gast mit höchsten Ehren empfangen. Zum Protokoll gehört es, daß bei Staatsbesuchen (Präsidenten, Parteichefs etc.) von der Flugzeugtreppe oder vom Eisenbahnabteil ein roter Teppich ausgerollt wird, auf dem der Staatsgast in Empfang genommen wird.

Terrain. *Das Terrain sondieren:* in einer Angelegenheit vorfühlen, vorsichtige Nachforschungen anstellen. ‚Terrain' kam im 17. Jh. ins Dt., und zwar zuerst in der Bdtg. ‚Gelände, Gebiet', vorwiegend in militärstrategischen Büchern und Anweisungen. Heute gebraucht man dieses Wort i. S. v. Sachgebiet, Interessengebiet. Folgende Rdaa. sind auch aus Schriften wie der ‚Soldatenbibel' (1724) oder ‚Kriegsdisziplin' (1697) entnommen: *Sich auf unsicherem Terrain bewegen:* unvertraute, neue Bereiche kennenlernen und sich dabei nicht sicher fühlen. *Terrain gewinnen:* Ansehen erreichen, in einer Sache Vorteile für sich erringen.

Testament. *Sein Testament machen können:* sich auf das Schlimmste gefaßt machen können; oft als Drohung gebraucht: ‚Dann kannst du dein Testament machen!': dann sieht es schlimm für dich aus, dann bist du in eine ausweglose Situation geraten.

Tête. *Ein Tête-à-tête haben:* ein zärtliches Beisammensein, ein ‚Schäferstündchen' haben; auch: ein ‚Gespräch unter vier Augen' haben. Ein um 1760 geschriebener Erinnerungsroman von Mannlich belegt den Ausdr. im Dt.: „Diese Fräuleins kommen also zu einem tête-à-tête zu ihm?"

Im 18./19. Jh. ist dieser Ausdr. vermehrt für heftiges, frontales Zusammentreffen kriegerischer Einheiten, für ein ‚Kopf-an-Kopf-Gefecht' gebraucht worden.

Zedlers Universal-Lexicon von 1744 versteht unter einem Tête-à-tête noch folgendes (S. 1461): „Tete à tete heisset so viel auf Deutsch als Mann zu Mann, und wird sonderlich bey einem scharffen Gefechte gebraucht, da keine Partei der andern den Platz räumen will".

Teufel. Der Teufel kommt in unzähligen sprw. Rdaa. vor, von denen hier nur ein Teil herausgegriffen werden kann.

Den Teufel mit Beelzebub austreiben: ein Übel durch ein noch schlimmeres Übel beseitigen. Die Rda. geht auf das N. T. zurück, ist also eigentl. ein Bibelzitat: „Aber die Pharisäer, da sie es hörten, sprachen sie: Er treibt die Teufel nicht anders aus denn durch Beelzebub, der Teufel Obersten. Jesus kannte aber ihre Gedanken und sprach zu ihnen: ... So ich aber die Teufel durch Beelzebub austreibe, durch wen treiben sie eure Kinder aus?" (Matth. 12, 24–27; ebenso Luk. 11, 14–19; vgl. Matth. 9, 34 und Mark. 3, 22); vgl. die kontroverse theologische Lit. zur Interpreta-

Exorzismus (‚Den Teufel im Leibe haben')

‚Dem Teufel vom Schubkarren gehüpft'

tion dieser Bibelstellen (H. Haag: Teufelsglaube, Tübingen 1974, S. 293–303).
In Christoph Lehmanns ‚Florilegium politicum' (1639) heißt es (S. 459): „Wenn Gottlose Obristen vnd Soldaten gegen einander streiten, so treibt ein Teuffel den andern auß". S. 713 verzeichnet Lehmann zwei gleichbedeutende Rdaa., die aber nicht allg. umg. Bdtg. erlangt haben: „Einen Donner mit dem andern vertreiben. Man muß Pilatum mit dem Keyser schrecken".

Dahinterhersein wie der Teufel nach einer armen Seele: auf etw. gierig sein; meist: ‚auf's Geld wie der Dübel up de ärm' Seel'. Die Formulierung ist als Rda. erst relativ jung bezeugt (17. Jh.), bezieht sich aber auf das eschatologisch-apokalyptische Motiv vom Kampf der Engel und Teufel um den Besitz der Seele, ein der ma. Apokalyptik und Erzählungslit. vertrautes Thema (vgl. schon das ahd. Muspilli-Gedicht).

Aus der alten Vorstellung, daß der Teufel gebunden in der Hölle liege, erklärt sich der Ausruf: *Der Teufel ist los! da ist der Teufel los:* da herrscht Zank, Unfriede, Ausgelassenheit. Über wen eine Menge Unfälle mit einemmal hereinbrechen, der fragt verzweifelt: ‚Sind denn heute alle Teufel los?' Die Vorstellung beruht auf der bibl.-apokalyptischen Aussage: „Und wenn tausend Jahre vollendet sind, wird der Satanas los werden aus seinem Gefängnis ..." (Offenb. 20,2.3 u. 20,7).

Dieser Gedanke ist aber auch sonst in die volkstümlichen Vorstellungen eingegangen und hat sich mit heimischen Sagen vom gefesselten Unhold und vom ‚kalten Schlag der Schmiede' vermischt.

Den Teufel im Leibe haben, vom Teufel besessen sein: unbeherrscht, temperamentvoll sein. Nach alter krankheitsdämonistischer Auffassung fährt der Teufel in den Körper des Menschen und ist dort Urheber jeglicher Krankheit und Absonderlichkeit; vgl. mhd. ‚der tiuvel var im in den balc (in den munt)'; ‚tûsent tiuvel ûz dir bellen!' Verwandte Wndgn. sind: ‚Der Teufel liegt ihm im Magen'; ‚er hat alle Teufeleien im Kopf' (schles.); ‚dear hot da leibhaftiga Teuf'l im Leib'; ‚dui hot da Teuf'l lebendig im Leib' (schwäb.); vgl. frz. ‚avoir le diable au corps'; engl. ‚to have the dog in one's belly'; ndl. ‚den duivel inhebben', ‚de hel inhebben'. Durch den Exorzismus wollte man die Besessenen vom Teufel befreien.

Ihn plagt (reitet) der Teufel: er ist mutwillig, bösartig, unbeherrscht. Nach dem Volksglauben setzt sich der Teufel auf den Menschen und quält ihn vor allem als Aufhocker und Alp (Incubus- und Succubus-Glaube); schon in mhd. Zeit geläufig. „Das euch allda der Teufel reut" (Fischart, Flöhhatz); „Das dich der Valant reiten soll" (Luther; Burkard Waldis); vgl. engl. ‚to have the black dog on one's back'.

Dem Teufel vom Schubkarren (von der Schippe) gesprungen (gehüpft) sein: vgl.

1609

Der Meineidige verschwört sich (‚Der Teufel soll mich holen ...')

oberösterr. ‚Der ist dem Teufel aus der Butte gesprungen'.

Des Teufels sein: unbeherrscht, ausgelassen sein; sich austoben. Die älteste, vollständige Wndg. hieß: ‚Des Teufels Eigen sein', und ist schon mhd. bekannt; geläufig etwa seit dem 16. Jh.; vgl. schwäb. ‚Do möcht ma grad's Teuf'ls wera'. In der Rda. ist in ihrer urspr. Bdtg. das ‚sein' aufzufassen wie lat. esse c. Gen., d. h. als ‚besitzen'. Des Teufels sein ist also: dem Teufel zugehören.

Aus der großen Anzahl von Belegstellen nur zwei: In Hans Sachs' Schwank vom Mönch, Bettler und Landsknecht, welche „Hosen desselben Tuches" tragen, sagt (V. 54) der Mönch zum Landsknechte, der ihm all seine Schandtaten gebeichtet: „Darumb du gwis des teuffels pist", und gibt ihn damit dem Teufel in Besitz. Genauso findet sich die Rda. in Hans Sachs' Schwank ‚Kunz Zweifel mit dem Erbsenacker' (V. 72, 78) und an vielen anderen Stellen. Noch klarer tritt die Bdtg. dieses ‚sein' hervor an Stellen, an denen es sich um Sachen handelt. So im ‚Simplicissimus' (II, 20): „weil man sagt, der Wurff, wan er auß der Hand gangen, sey des Teuffels". Auch ‚des Herrgotts sein' findet sich, und zwar ‚Katzipori' 71: „Ich bin unsers Herrgotts und ir des teufels", sagt der Mönch zum Junker. – Heute bedeutet ‚des Teufels sein' etwa: besessen, toll sein und wird nicht selten in launiger Weise gebraucht. Heine: „Doktor, sind Sie des Teufels?"

Sich zum Teufel scheren: sich fortmachen (meist imperativisch: ‚Scher dich zum Teufel!'). Erhalten geblieben ist in dieser Rda. ein altes intrans. Verbum ‚scheren', mhd. ‚schern' = schnell eilen, entkommen.

Zum Teufel! (‚Zum Teufel noch mal!' ‚Zum Teufel noch eins!'): Fluch, Verwünschung, verkürzt aus ‚Scher dich zum Teufel!' *jem. zum Teufel jagen (wünschen):* jem. energisch verabschieden, entlassen; vgl. frz. ‚Que le diable t'emporte!'

Der Bösewicht, der vom Teufel geholt wird, spielt in vielen Rdaa. eine Rolle: ‚Der Teufel hat ihn am Kragen (Seil)', oder z. B. schwäb. ‚Dear ischt am Teuf'l gwiess gnuag'; ‚dear ischt am Teuf'l naus komma'; ‚des ischt doch zum Teuf'l hola'; ‚dear ischt am Teuf'l z'schlecht, soscht hätt'n dear scho lang gholat'; ‚was hilft mi's, wenn dea dr Teuf'l holt, und i muass 's Fuahrloah zahla'. Das Zum-Teufel-Wünschen geschieht meist in Form einer imperativischen Fluchformel: *Der Teufel*

soll dich holen!, erweitert und verstärkend: ‚Den soll dr Teuf'l lothweis hola!'; ‚meinetweag gang zum Teuf'l oder zum Taud' (schwäb.); ‚dich soll der Teufel frikassieren!' (berl., Ggwt.); reiches Material hierzu enthalten fast alle Mda.-Wbb. Hist. Belege z. B. bei Joh. Fischart: „Der Teuffel hol dich in der Senffte, so zerstoßt kein knie"; „der Teufel soll dich lecken"; „... als dann nemm euch der Teuffel zum Giselpfand"; „der Teuffel hol den letzten"; „der Teuffel zerreiss dir das Fidle". – Auch Verlorenes ist ‚zum Teufel', ‚der Teufel hat es geholt', ‚der Teufel hat es gesehen'. ‚Es geht zum Teufel', es geht verloren, zugrunde, d. h., was beim Teufel ist, kehrt nicht zurück (lit. im 18. Jh. häufig).
Der Teufel soll mich holen! Der Ausruf gilt als Versicherung und Bekräftigung der Wahrheit, da man glaubt, daß der Falschschwörer vom Teufel geholt wurde; vgl. frz. ‚Que le diable m'emporte!'
Auf den gleichen Zusammenhang weist die Wndg. *in aller Teufels Namen schwören.* Nach dem Volksglauben kann man den Teufel als Superlativ alles Bösen und als Fürsten der Hölle durch bloßes Nennen seines Namens herbeizitieren, auch durch Malen seines Bildes herbeiholen, denn das Bild stellt nicht den Teufel dar, sondern ist er selber (Bildzwang, Bildzauber). So berichtet auch Johann Heinrich Jung, genannt Stilling, wie er als Knabe nach dem Fluch ‚Hol' mich der Teufel' auf eine entsprechende Manifestation des Spruches gewartet habe.
Die Rda. *den Teufel an die Wand malen:* von etw. reden, etw. als möglich annehmen, was man weit weg wünscht, meinte urspr., man würde durch leichtsinniges Handeln ein Unglück heraufbeschwören.

‚Den Teufel an die Wand malen'

Man fürchtet sich nicht nur, den Teufel zu nennen, sondern auch bloß zu malen, als ob er sich dadurch zitiert fühlen könnte. Die Rda. ist auch bekannt als Sprw.-Vollform: ‚Man darf den Teufel nicht an die Wand malen'; sie hat sich erst im Laufe der Zeit auf diese Formulierung festgelegt. Früher sagte man gewöhnlich: ‚den Teufel über die Tür malen' (statt des Gegenszeichens C+M+B). Seb. Franck (1541) schreibt in seinen ‚Sprichwörtern' (2, 104a): „Man braucht den teuffel nit über die thür malen, er kompt von selbs ins hauß". Bei Luther finden sich noch beide Versionen nebeneinander: „Man soll den Teufel nicht an die Wand malen", häufiger aber „den Teufel über die Tür malen", ebenfalls mit dem Nachsatz: „er komt von sich selber". Seit dem 18. Jh. wird nur noch die Wndg. ‚an die Wand malen' gebraucht: „Willst du noch dazu keinen Teufel glauben? O! male ihn nicht an die Wand!" (Lessing im ‚Freigeist', 1749, II, 5).
Bismarck verwandte die Rda. gern, z. B.: „Wo sind denn die Gefahren gewesen, die an die Wand gemalt werden als wahrscheinlich eintretend", oder: „Warten Sie doch ruhig ab, bis der unglückliche Krieg gekommen und geführt ist, und enthalten Sie sich der Sünde, ihn an die Wand zu malen" (‚Reden' XI, 130). Verwandt und sinngleich ist das Sprw. ‚Wenn man vom Teufel spricht, kommt er', engl. ‚talk of the devil and he is sure to appear of'; frz. ‚Quand on parle du loup, on en voit la queue'; ndl. ‚Als je van de duivel spreekt, trap je op zijn staart (rammelen zijn benen)'; lat. ‚lupus in fabula'. Dem Sprw. liegt der alte Volksglaube zugrunde, daß man ein Unheil, einen Dämon durch bloßes Nennen herbeilocken (‚berufen' oder ‚beschreien') könne (Namenzauber).
Auch die verhältnismäßig junge Rda. *auf Teufel komm raus!* (19. Jh.) leitet sich von dem Glauben her, daß der Mensch durch bestimmte Handlungen und Worte das Erscheinen des Teufels hervorrufen könne; sie ist vor allem nordd. bezeugt, z. B. ‚Er schuftete auf Deiwel komm raus', aus Leibeskräften, sehr stark; ‚er lügt auf Teufel komm raus', er lügt dreist. Teufel gilt hier als verstärkendes Wort.
Der besondere Akzent, der in jeder Teu-

felsnennung liegt, hat dazu geführt, daß der Teufel auch in zahlreichen Negationen vorkommt, z. B. in den Wndgn. *sich den Teufel um etw. kümmern; den Teufel danach fragen;* ‚den Teufel tun', nichts tun; ‚es hält ihn kein Teufel'. Die Wndg. ‚den Teufel', nichts, ist vermutlich entstanden aus Ausdrücken wie ‚Er fürchtet nicht den Teufel', also nicht einmal den Fürchtenswertesten, d.h. eben niemanden und nichts; vgl. A. v. Chamissos Gedicht ‚Der rechte Barbier':

Den Teufel auch!

Das ist des Landes nicht der Brauch! Die mhd. Negation ‚tiuvels wenig' lebt in neuzeitlich ‚verteufelt wenig' weiter.

Der gefürchtete Teufelsname wird oft durch Hüllworte, wie ‚Gottseibeiuns', ‚der Böse', ‚Leibhaftige!' ‚pfui Spinne!' u.a., ersetzt (Euphemismus, Tabu). Parallele engl. Umschreibungen für den ‚Teufel' sind: ‚God be with us' entspr. dem dt. ‚Gottseibeiuns'. ‚Black Dog' meint ebenfalls den Teufel, vgl. die Rda. ‚He has got the black dog on his back': der Teufel sitzt ihm im Nacken. Eine weitere Umschreibung für den Satan ist ‚deuce': ‚Deuce take you!' (Der Teufel soll dich holen!)

Die Verwünschung ‚Der Teufel soll dich holen!' wird vielfach verhüllt, z. B. ‚Dich soll der Deixel (oder: der Kuckuck) holen'; ähnl.: ‚Ich will des Donners sein'; ‚sich zum Kuckuck (zum Henker) scheren'. ‚Kuckuck' als Hüllwort für den Teufel hat dazu geführt, daß umgekehrt auch der Teufel in eine Reihe von Rdaa. Eingang gefunden hat, die sich primär auf den ↗ Kuckuck beziehen: *ein Teufelsei ins Nest legen, der Teufel schmeißt seine Kinder aus dem Nest.*

Jem. hat der Teufel ein Ei ins Haus gelegt: jem. hat ein Kind bekommen; lit. bei Schiller: „Wem der Teufel ein Ey in die Wirthschaft gelegt hat, dem wird eine hübsche Tochter geboren" (‚Kabale und Liebe' II, 4).

Eine Reihe von Rdaa. spielt auf den Teufelspakt der Sage an, etwa *Das müßte mit dem Teufel zugehen!; mit Teufels Gewalt* (z. B. schwäb. ‚Dear will mit's Teuf'ls G'walt reich wera'); *der Teufel hat seine Hand im Spiele* meint das Kartenspiel, das nach dem Volksglauben des Teufels ist (‚Des Teufels Gebetbuch'); vgl. frz. ‚Le diable s'en mêle'.

Man sagt ferner noch heute, wer etw. im

‚Der Teufel ahndet die Übertretung der Zehn Gebote'

‚Der Teufel hat seine Hand im Spiel' – ‚Des Teufels Gebetbuch'

Glase stehen lasse, bringe dem Teufel ein Opfer (s. ‚der Rest ist für die Gottlosen'); vgl. „... Vnd es, wie man sagt, dem Teufel zum neuen Jahr auff opferen" (Joh. Fischart im ‚Ehzuchtbüchlein'). Das schles. Sprw. ‚Der Teufel hilft manchmal, eine Kirche zu bauen' bezieht sich auf die in allen dt. Landschaften bezeugten Sagen vom Teufel als Baumeister.
Der Teufel bringt demjenigen Reichtum, der ihm seine Seele verschreibt. Als ‚Geldteufel' findet er immer wieder Anhänger. Die bair. Rda. *den Teufel im Gläslein haben:* den Teufel als geheimen Helfer, in allem Glück haben, bezieht sich auf die weitverbreitete Sage vom ‚spiritus familiaris', einem Dämon in der Flasche, der seinem Besitzer zunächst Glück, dann ewiges Verderben bringt; vgl. Joh. Fischart: „Die wüßten den Teuffel in kein Glaß zu beschweren". Von derselben Sage abgeleitet ist auch die Rda. *einem den Teufel im Gläslein zeigen:* ihm Angst, ihm die Hölle heiß machen; schon bei Joh. Fischart bezeugt: „Ich will dir den Teuffel im Glas zeigen" (‚Geschichtklitterung').
Etw. fürchten wie der Teufel das Weihwasser: etw. sehr fürchten. Schwäb.: ‚Der fürcht 's Feuer wie der Teufel 's Kreuz'.

Den Teufel Holz machen hören: ein ängstlicher Mensch sein. Gemeint ist, daß man schon hört, wie einem der Teufel das Feuer, in welches man gelangen kann, vorbereitet.
Eine große Anzahl von Rdaa. spielt auf die Schnelligkeit des Teufels an, wie sie z. B. aus der Faustsage (Puppenspiel) lit. bekannt geworden ist: *wie der Teufel* oder *Das geht wie 's Teufelshaschen:* sehr schnell. Von einem flinken und entschlossenen Menschen sagt man: ‚Der fängt den Teufel auf freiem Felde'. Ndd. sagt man auch: ‚Dat geit, as wenn de Düwel Spörken (Sperlinge) frett', bair. ‚glatt wegk wie de Tuifl n' Bauern holt' heißt soviel wie: ohne alle Zeremonien.
Im Schwäb. heißt: etw. schnell tun, sich beeilen: *so schnell, eh' der Deubel die Schuh' anhat.*
Im Schwäb. sagt man vom Teufel: ‚Wer de Teufel g'lade hat, muß ihm au Arbet gebe': Wer A sagt, muß auch B sagen. Die Rda. hat einen Bezug zur Sage: vom ‚Recht des Teufels auf Arbeit'.
In (des) Teufels Küche kommen: in große Verlegenheit oder Gefahr geraten. Nach ma. Volksglauben hatte der Teufel eine Küche, in der die Hexen (daher ‚Hexenküche'; vgl. ‚Faust' I) und Zauberer am Werke waren. Auch die Hölle hieß im 16. Jh. ‚des Teufels Küche'. In Fischarts ‚Brotkorb' (1584) heißt es: „S. Patricius Loch, darin der Teufel ist Koch". Verwandt ist die Rda. ‚in des Teufels Badstube kommen', in die höchste Not geraten; vgl. schon mhd. ‚ze helle baden' (Thomasin). Von der Volkssage werden oft Teufelsbäder und Teufelsküchen genannt.
In der folgenden Gruppe von Rdaa. tritt der Teufel als Widersacher Gottes und als negativer Nachäffer des Göttlichen in Antithese zu Begriffen des Christentums, wie dies auch aus zahlreichen Sagen, Märchen und Sprww. bekannt ist, z. B. ‚Wenn Gott heut' sagt, sagt der Teufel morgen'; ‚wo eine Kirche ist, da baut der Teufel eine Kapelle daneben'.
Luther hat in seinen Predigten und Schriften des öfteren die Redewndg. vom *Teufel als dem Affen Gottes* gebraucht. In den Predigten über das Buch Mose, die 1523/24 gehalten worden sind, erscheint das

1 ‚Geldteufel' 2 ‚In des Teufels Küche kommen' – ‚Teufelsbraten'

Wort wohl zum ersten Male; in der Nachschrift findet sich der Satz ‚Semper simia vult esse dei diabolus' (Weimarer Ausg. 14, 434). In der Schrift ‚Von den Konziliis und Kirchen' (1539) hat Luther in längeren Ausführungen die verschiedenen Möglichkeiten des Wortes ausgebaut. Nach der Darlegung der sieben Hauptstücke, woran das heilige, christliche Volk äußerlich erkannt werden könne, hat er auf das Gegenteil der Kirche hingewiesen: des Teufels Kapelle, die dieser stets neben die heilige Kirche baue, „wie er denn allezeit Gottes Affe ist und will alle Dinge Gott nachtun und ein Besseres machen". Alles das rechnet Luther zu dem „Affenspiel" des Teufels. In den Vorlesungen über 1. Mos. 37,9 findet sich die zugespitzte Formel: „a Diabolo, qui est Simia Dei" (Weimarer Ausg. 44,247). Die Quelle, aus der Luther den Ausdr. geschöpft hat, ist nicht Agricolas Sprww.-Sammlung gewesen. Zwar ist in ihr das Wort unter Nr. 24 verzeichnet: „Der Teufel ist unsers Herr Gotts affe", aber schon die viel frühere Verwendung in der Predigt von 1524 zeigt Luthers Unabhängigkeit von Agricola. Doch zeigt Agricolas Sammlung, daß es sich bei diesem Ausdr. um eine sprw. Rda. handelt (vgl. Wander IV, 1076, Nr. 416).

Der Teufel ist (manchmal) ein Eichhörnchen, sagt man und meint damit, daß man sich eigentl. auf nichts oder niemanden verlassen sollte, ↗ Eichhörnchen.

Eine Sage aus Tirol berichtet folgendes Erlebnis eines Wildschützen, der sonntags frühmorgens auf die Jagd ging, aber immer noch rechtzeitig zur Messe heimkam. Eines Sonntags jedoch sah er ein Eichhörnchen. Er wollte es schießen, aber es verdoppelte sich; bei jedem Schuß verdoppelten sich die Eichhörnchen, so daß „der Baum davon ganz überfüllt war". Dieses Erlebnis war schuld daran, daß der Wildschütze nicht mehr rechtzeitig in die Kirche kam: „Nun war es klar, daß der böse Feind die Gaukelei auf dem Baume gemacht und den Schützen um die Messe betrogen hatte" (Zingerle, S. 374).

Von abergläubischen Menschen hieß es in Schlesien: ,Der denkt auch, der Teufel ist ein Eichhörndel' (HdA. II, Sp. 658).

Gerhart Hauptmann gestaltete das Motiv vom Teufel als Eichhörnchen in seiner Geschichte vom ,Bahnwärter Thiel' um: der kleine Sohn Thiels fragt kurz vor seinem Tod, als er ein Eichhörnchen sieht: „Vater, ist das der liebe Gott?".

Des Teufels Dank; Jörg Wickram bringt in seinem ,Rollwagenbüchlein' Nr. 37 (S. 148) die Geschichte von dem Spieler mit dem Teufel, die Hans Sachs in einen Meistergesang und ein Spruchgedicht eingekleidet hat.

Dem Teufel ein Licht anzünden (oder: *eine Kerze anzünden, aufstecken;* auch: *dem Teufel zwei Lichter aufstecken*): einer schlechten Sache aus Gewinnsucht huldigen; vgl. frz. ,se confesser au renard'; engl. ,to go to the wrong shop'. Das Bild der dt. Rda. zeichnet die teuflische Verkehrung eines Gottesdienstes: In der Kirche zündet man ein Licht an und steckt es vor einem Gnadenbild auf; wer aber den Teufel für sich günstig stimmen möchte, steckt ihm ein bzw. zwei Lichter auf. Hier wird der Teufel zum Gegenstand eines Kultes gemacht. Zur Rda. gehört folgende Erzählung: Beim Kirchenbesuch geschah es einer Frau, daß sie irrtümlicherweise unter dem Bild des Teufels – er versteckte sich hier in einer Darstellung des Erzengels Michael – ein Licht anzündete. Als man sich ihres Irrtums wegen verspottete, verteidigte sie sich mit den Worten: ,Es ist gut, in allen Lagern Freunde zu haben'.

Den Teufel anbeten: sich einem falschen Idol verschrieben haben, dem Bösen huldigen. Auch beim Hexensabbat bildete die Teufelsanbetung den Höhepunkt des wilden Treibens. Es handelt sich um ein Bild der verkehrten Welt, wie es auch Bruegel neben der verwandten Rda. *beim Teufel zur Beichte gehen* (ndl. ,bij de duivel te biecht gaan') in seinem Rdaa.-Bild dargestellt hat; vgl. „Das wird e schö Kloster sei, wo der Teufel die Beicht hört" (Zuckmayer, Schinderhannes, 1. Akt).

Das weiß der Teufel!: Das weiß ich nicht! Frag andere! Ebenso: ,Das mag der Teufel (der Kuckuck) wissen!'; schwäb. ,Des verschtand dr Teuf'l'; ,des mag dr Teuf'l leasa'; vgl. frz. ,Le diable le sait'; ndl. ,Dat mag de duivel weten'; aber engl. ,Goodness knows'.

Weil man den Namen Gottes nicht mißbräuchlich verwenden soll, hilft man sich in Flüchen und fluchähnlichen Äußerungen mit dem Umweg über den Teufel, der auf solche Weise ein Stück von Gottes Allwissenheit erbt. Allerdings sind in dämonistischer Auffassung auch die Dämonen Alleswisser, vor allem Wisser des Ungünstigen (vgl. das ,Alwislied' der Edda).

Der Fluch *In Teufels Namen!* ist eine Parallelbildung zu ,in Gottes Namen'; die Formel ,in drei Teufels Namen' eine Gegenphrase zu den heiligen Namen der Dreifaltigkeit. Sie ist lit. im 18. Jh. belegt.

Heute ausgestorben ist die Rda. *dem Teufel auf den Schwanz binden*. Thomas Murner sagt in der ‚Schelmenzunft' von den Selbstmördern, sie seien dem Teufel auf den Schwanz gebunden, der sie darauf mit in die Hölle nimmt. Die Szene ist auch in den Abb. der ‚Schelmenzunft' vertreten. In dem Roman ‚Der Wassermann' des schles. gebürtigen Schriftstellers Friedr. Bischoff findet sich die Wndg. *über den Teufelsschwanz springen:* auf die schiefe Bahn geraten (S. 260).

Dem Teufel auf den Schwanz treten: zu einem Unglück noch einmal Unglück haben; ‚Jetzt habe mr dem Teufel uf de Schwanz tappt': jetzt ist es schon so schlimm, darauf kommt es auch nicht mehr an. Vgl. frz. ‚tirer le diable par la queue': mit wenig Geld auskommen müssen.

Sehr drastisch ist die erst in der jüngsten Zeit (20. Jh.) aufgekommene Rda. *Der Teufel hat (ihm, auf ihn) durchs Sieb geschissen:* er hat Sommersprossen.

In einer großen Zahl von Sprww. und Rdaa. ist der Teufel nur noch ein spre-

1/2 ‚Dem Teufel eine Kerze anzünden'   3 ‚Beim Teufel zur Beichte gehen'
4 ‚Dem Teufel auf den Schwanz gebunden'

1616

chender Name. Das Volk sieht in ihm nicht so sehr das geistige Wesen, den Widersacher Gottes, als vielmehr eine recht vermenschlichte Erscheinung mit ganz konkreten menschlichen Eigenschaften und Fehlern, die ihn wohl lächerlich, aber doch im großen und ganzen nicht abstoßend machen. Immer mehr ist also die Furcht vor dem Teufel geschwunden. Die mitleidigen Wndgn. *armer Teufel, dummer Teufel*: armer, bedauernswerter Mensch, stehen jedenfalls auf einer ganz anderen Ebene als die bibl. und Volksglaubens-Auffassungen vom Teufel. Sie beruhen auf dem betrogenen Teufel des spätma. Fastnachtsspieles und Schwankes. Es gibt z. B. einen Schwank von Hans Sachs, wo der Teufel hinter dem Ofen – der Platz heißt im Volksmund Hölle – spielenden und trinkenden Landsknechten zusieht, um sie womöglich zu holen; hinterm Ofen haben die Landsknechte aber auch einen erbeuteten toten Hahn aufgehängt. Einer von ihnen sagt zum Wirt:

Geh hinter den Ofen in die hel
Und pald den armen deuffel nem,
Rupf und lass praten in.

Das bezieht der Teufel auf sich und flieht entsetzt. Jörg Wickram erzählt 1555 in seinem ‚Rollwagenbüchlein' von einem Bauern, der vor Christi Bild eine Kerze aufstecken will und dabei sieht, daß man das Bild des Teufels in einen finstern Winkel gestellt hat; da beschleicht ihn Mitleid, und mit den Worten ‚Ach, du armer Teufel!' stellt er auch vor den Teufel eine Kerze. Ähnl. volkstümliche Erzählungen über den geprellten und verkannten Teufel sind in den Schwank- und Märchenlit. seit dem 16. Jh. häufig. Teufelserzählungen, meist schwankhafter Art, und Rdaa. stützen sich hier gegenseitig. Eine oberhess. Erzählung der Sammlung Th. Bindewalds vom Typ AaTh. 1130 begründet z. B. ‚Warum man spricht: Der arme Teufel': Aufgrund eines Paktes hat der Teufel einen Sack mit Goldstücken zu füllen. Da ihm jedoch ein durchlöcherter Sack aufgehalten wird, verliert er nicht nur eine Unmenge blanker Taler, sondern auch dazu noch der Seele seines Kontrahenten, weil er den Pakt nicht einhalten kann.

Die rdal. Wndg. ‚der arme Teufel' (frz. ‚un pauvre diable') geht vermutlich auf den bibl. Bericht von der Versuchung Jesu zurück. Die Reiche und Herrlichkeiten der Welt, die der Satan verspricht, sind nur Blendwerk: Jesus weist ihn in einer dramatischen Bearbeitung dieser Episode mit den Worten „verfluchter armer Sathan ..." zurück. Ähnl. sagt auch Berthold von Regensburg: „sô sprechent echt eteliche, man ergebe sich dem tiuvel umbe guot. Daz ist ein gespöte: wan er mac einen helberlinc niht geleisten, er ist reht ein armer wiht, ein dürftiger ... pfî, tiuvel, schamt ir iuch des niht, daz ir alsô liegent, daz ir pfeffinge habent? geloubet mir, ir hêrschaft, der tiuvel ist reht ein dürftiger armer: er enmac einen helbelinc niht geleisten". Die urspr. metaphorisch gemeinte Stelle scheint später – etwa in der Zeit der Hexenprozesse – konkret aufgefaßt worden zu sein, wenn in den Hexenprozessen immer wieder zu lesen ist, daß sich den Hexen das vom Teufel empfangene Handgeld andern Tages in wertloses Zeug verwandelte. 1689 bekennt eine Hexe aus Ostrau bei Halle: „ihr Junker ... wäre ein gar armer Teufel, hätte ihr 6 pf. versprochen, aber nicht gehalten". Ähnl. läßt noch Goethe seinen Faust zwar nicht die konkrete Wirklichkeit der Teufelsgaben bezweifeln, doch ihre Beständigkeit in einem höheren Sinne: „Was willst du armer Teufel geben?" (‚Faust' V. 1675). Die Armut des Teufels wird aber auch damit begründet, daß er weder Leib noch Seele habe. Doch ist dies keine spezifisch teuflische Eigenschaft, sondern eine der Engel, ohne daß man diese deshalb ‚arm' nennen würde.

Mitleidig klingt die schwäb. Wndg.: *Jem. isch e armer Teufel, er hat kei eigne Höll*: wenn jem. keine Wohnung hat, kei ‚Häusle'; denn in der Volksmeinung ist „die Hölle ... die Heimat selbst der ärmsten Teufel".

Von einer streitsüchtigen Frau sagt man: *Sie kann selbst den Teufel auf ein Kissen binden*; ndl. ‚de duivel op een kussen binden'. Die Rda. ist abgebildet in Bruegels großem Rdaa.-Bild, scheint jedoch heute ausgestorben. Die Darstellung bei Bruegel ist nicht singulär, sondern hat ihre Parallelen in der älteren fläm. Kirchenkunst.

1617

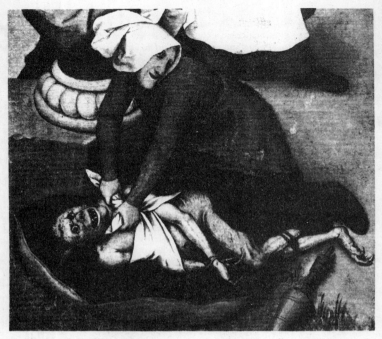

‚Den Teufel auf ein Kissen binden'

Frz. heißt es von einer listigen und energischen Frau noch immer: ‚Elle lierait le diable sur un coussin avec des rubans', wie es im flandrischen Aershot, im frz. Isle-Adam (Seine-et-Oise) und selbst in Tarragona und zu Saragossa dargestellt ist, durch die fläm. Beeldesnyders importiert. Dieselbe Deutung hat das Sprw. ‚Sie sägt dem Teufel ein Ohr ab', dessen Abb. in einer Zeichnung bei Champfleury aus St-Spire in Corbeil (16. Jh.) erhalten ist, ähnl. wie in St-Martin-aux-Bois.

Er schwätzt (geigt, lügt), dem Teufel ein Ohr (Bein) weg (oder *an*); schon in der ‚Geschichtklitterung' von Joh. Fischart heißt es: „Er flucht dem Teufel ein Bein aus dem Ars und das linke Ohr vom Kopf", *des Teufels Dank davon haben; ... und wenn der Teufel auf Stelzen kommt;* schwäb. z. B. ‚Dear muaß Reacht hau, und wenn dr Teufl auf Schtelza drhear kommt'; *wie der Teufel noch ein kleiner Bub war ...* (schwäb.).

Wenn der Teufel stirbt und es tut ihm nicht weh: niemals, ↗ Pfingsten.
Bei Joh. Fischart finden sich die Wndgn.: „Er trifft das Mittel, wie der Teuffel mit den zweyen alten Weibern" (‚Aller Praktik Großmutter', 1572); „So fahr der Teuffel in Hew" (‚Geschichtklitterung'); „Hei Teufel, schlag' dem Fass den Boden aus und schlupf' ins Korn" (‚Geschichtklitterung'); „Das heißt dem Teuffel in den Höllen ein Stuhl in Himmel stellen wöllen" (‚Die Gelehrten').

An die Redewndg. vom ‚Teufelsbraten' erinnern die folgenden Rdaa.-Belege, denen aber moderne Entsprechungen fehlen und deren urspr. Bdtg. unklar ist: *Die Seel mit Meien besteckt dem Teufel senden* (Burkard Waldis). Bei Hans Sachs (III, 3) will einer zwei alte Weiber „mit einer Bärenhaut zudecken, mit grünen Rauten bestecken und dem Teufel zum neuen Jahr schenken"; und bei Christian Weise heißt es: „Ja man sollte ihn mit Rosmarin be-

stecken, die Nase vergülden und ihm einen Borstorfer Apfel zwischen die Zähne drücken, so könnte man den Teufel drauf zu Gaste bitten".
Dem Teufel am Arsch sitzen: ein verworfener Mensch sein. Von Leuten, die noch schlimmer sind als der Teufel, manchmal aber auch bewundernd, sagt man: *Er ist ein Teufelskerl* (mhd. heißen die von ihm in Besitz Genommenen ‚des tiuvels kint'); ‚er ist ein eingefleischter Teufel'; schwäb. ‚bei deam möcht's dr Teuf'l auf d'Läng aushalta'; ‚dear glaubt an koin Herrgott und an koin Teuf'l'; vgl. frz.: ‚ne connaître ni Dieu ni Diable' (wörtl.: weder Gott noch Teufel kennen): vor keiner Untat zurückschrecken; Joh. Fischart (‚Geschichtklitterung'): „Die mit dem Teuffel inn die Schul ist gangen".
Der Teufel kommt schließlich in mehreren rdal. Vergleichen vor, z. B. *schwarz wie der Teufel;* ‚er krümmt sich wie der Teufel, wenn er mit Weihwasser begossen wird'; ‚es geht schluckweise, wie Teufel 'nen Juden holt'; ‚Abschied nehmen wie der Teufel – mit Gestank' (↗ Abschied); „auf meim Dachbode sieht's aus, als hätte tausend Teufel durch die Dachsparrn geschisse" (Zuckmayer, Schinderhannes, 2. Akt).
Weitere Teufels-Rdaa. seien nur aufgezählt: *ein Teufel voll Geld; den hat der Teufel im Galopp verloren;* vgl. Joh. Fischart in ‚Geschichtklitterung': „Da hat der Teuffel ein gleichs geworffen". *Einer ist dem andern sein Teufel:* einer ist des anderen Widersacher. Ein Beleg hierfür findet sich in Hocks ‚Schönem Blumenfelde' (Kap. 17, 1601):

Es ist kein Freundschafft mehr auff Erdt,
Ein Mensch deß andern dheufel.

In mehreren Rdaa. spielt des Teufels Großmutter oder (älter) seine Mutter eine Rolle: *mit des Teufels Großmutter verwandt sein; er würde den Teufel und seine Großmutter hineinfressen, wenn sie nicht zappelten;* ‚den Teufel bei seiner Mutter (Großmutter, bei der Hex') verklagen': eine aussichtslose Sache betreiben; z. B. vor Gericht streiten wollen, wenn der Angeklagte und der Richter gut miteinander befreundet sind; ‚du kannst zum Teufel oder seiner Mutter laufen'; ‚der Teufel und seine Großmutter hat's gesagt'; ‚wenn der Teufel nicht schon eine Großmutter hätte, die müßte es werden' (auch bei Jeremias Gotthelf belegt); schwäb. ‚die ist wüster als des Teufels Nahne'; vgl. ndl. ‚Wij hebben daar met den donder en zijne moeder te doen gehad'; ‚hij geeft om den drommel noch zijne moër'; dän. heißt es: ‚at slippe fanden og tage ved hans oldemoder'. Schwed. bedeutet ‚fanen och hans mor': alle Welt. In den Rdaa. bedeutet des Teufels Großmutter meist eine Verstärkung der bloßen Teufelsrdaa., z. B. ‚Versteh' das der Teufel und seine Großmutter' (18. Jh.); „Der Tag wird heiß, der Teufel ist mit seiner Großmutter los" (Chamisso).

Die heute märchenhafte, schwankhaftkomische Figur ist u. a. entstanden aus der häufig zu beobachtenden Tendenz, allen mythischen Gestalten andersgeschlechtige Entsprechungen an die Seite zu stellen. Die Rolle, die des Teufels Großmutter im Grimmschen Märchen vom ‚Teufel mit den drei goldenen Haaren' (KHM. 29) hat, ist dieselbe, die schon in der motivgleichen Erzählung des Saxo Grammaticus Lokis Gattin in Lokis Fahrt zu Utgarthilocus spielt. Während im Volksglauben die Gestalt der Großmutter des Teufels durchaus feststeht, tritt uns in der ma. Lit. durchweg des Teufels Mutter entgegen, und zwar nicht nur als Gegenstück zur Mutter Gottes. Nach kabbalistischer Vorstellung hat Gott mit Adam zugleich die Teufelin Lilith erschaffen. Von ihr stammen die unzähligen bösen Geister ab. Ein Fastnachtspiel von Hans Folz zeigt, daß sie auf dt. Boden wohl bekannt war, und auch in anderen Fastnachtspielen vom Ende des 15. Jh. wird Lilith tatsächlich als des Teufels Großmutter eingeführt. Für Liliths Ahnfrauenstellung paßte der Name Groß- oder Ellermutter besser als Mutter.

Im 16. und 17. Jh. gehen beide Ausdrücke (Mutter und Großmutter) nebeneinander her, z. T. sogar bei denselben Schriftstellern. In der 2. H. des 18. Jh. ist des Teufels Mutter gänzlich seiner Großmutter gewichen. Namentlich hat dann Wilh. Hauff (‚Memoiren des Satans', 1826) die Gestalt mit harmlosem Humor zu beleben gewußt, wie sie dann in die komische Lit.

des ganzen 19. Jh. übergegangen ist und noch jetzt gilt.

Der Teufel prügelt sein Weib ↗ Kirmes.
Der Teufel schert ein Schwein ↗ Geschrei.
Wissen, wo der Teufel im Heu sitzt: wissen, woran man ist, ↗ wissen.
Es ist, als habe der Teufel seinen Sack ausgeleert, sagt man, wenn zu viele Menschen auf engstem Raum Platz finden müssen; so z. B. im Bus oder in der Straßenbahn, die überfüllt sind.

Ndd. Rdaa., die sich mit dem Teufel befassen, sind folgende: ‚De Düvel schiit jümmers op den gröttsten Hupen!': wer hat, bekommt noch dazu, vgl. schwäb.: ‚Bei de Reiche scheißt dr Teufel uf de Misthaufe' und: ‚Dr Teufel scheißt bloß auf de dungte Äcker'. Von einem Verschwender sagt man ndd.: ‚He hett sien Tasch vus'n Düvel'.

‚Wenn de Düvel op Reisen geiht, denn lett he sien Peerfoot to Huus': man erkennt das Böse nicht sogleich; ähnl. auch die Bemerkung: *Der Teufel steckt im Detail:* über das Grundsätzliche ist man sich einig, aber bei den Einzelheiten wird es schwierig; man vermutet den Fehler immer woanders als dort, wo er steckt.

In der Not frißt der Teufel Fliegen (und fängt sie auch noch selber): wenn es denn gar nicht anders geht.
Teufelheilen ↗ Nebelheilen.

Lit.: *J. Grimm:* Dt. Mythologie, II, 822–860, III, 291–303; *H. T. Riley:* ‚Deuce take you', in: American Notes and Queries 2 (1856), S. 331; *Dorricks:* Holding a candle to the devil, in: American Notes and Queries 9 (1860), S. 29; *A. Birlinger:* Volksthümliches aus Schwaben. Sagen, Märchen, Volksaberglauben (Freiburg i. Br. 1861), bes. Kap. IV, Nr. 409–414; Der Teufel im dt. Sprw., in: Protestant. Monatsbl. f. innere Zeitgesch. 22 (1863), S. 108–112; *Wander* IV, Sp. 1058–1130; *G. Roskoff:* Geschichte des Teufels, 2 Bde. (Leipzig 1869–73); *F. Körner:* Dt. Götter u. Göttersagen (Leipzig 1877), S. 357–360 (der Teufel im Sprw.); *F. Chance:* Gottseibeiuns, in: American Notes and Queries 8 (1883), S. 385; *R. H. Busk:* God be with us, in: American Notes and Queries 9 (1884), S. 15; *Grimm:* Dt. Wb., Bd. XI, 1. Abtlg., 1. Teil, Sp. 265–277; *R. Wossidlo:* Gott und Teufel im Munde des meckl. Volkes, in: Korrespondenzbl. d. Ver. ndd. Sprachforscher 15 (1891), S. 18–32, 44–48; *W. Unseld:* Der Teufel in schwäb. Sprww. und Rdaa., in: Alemannia 20 (1892), S. 203–206; *E. Peacock:* Black Dog = Devil, in: American Notes and Queries 2 (1898), S. 335–336; *J. Pickford:* He has got the black dog on his back, in: American Notes and Queries 2 (1898), S. 336; *A. Wünsche:* Der Sagenkreis vom geprellten Teufel (Leipzig – Wien 1905); *A. Götze:* Teufels Großmutter, in: Zs. f. dt. Wortf., Bd. 7 (1905/06), S. 28–35; *E. Lehmann:* Teufels Großmutter, in: Archiv f. Religionswiss. 8 (1905), S. 411 ff.; *F. v. d. Leyen:* Der gefesselte Unhold, in: Prager Dt. Studien 8 (1908); *R. Eckart:* Der Teufel im Sprw. der Oberlausitzer Wenden, in: Mitt. d. Ver. f. Sächs. Vkde. 4 (1908), S. 311–314; *O. Schell:* Der Teufel in Sprww. und Rdaa. des Bergischen, in: Zs. d. Ver. f. rhein.-westf. Vkde. 14 (1918), S. 215; *W. Michel:* Das Teuflische und Groteske in der Kunst (München ²⁵1919); *K. Drewes* u. *P. Fischer:* Der Teufel im Sprw., in: Niedersachsen 25 (1920), S. 529, 26, S. 15; *A. Olrik:* Ragnarök (Berlin – Leipzig 1922), S. 287 ff.; HdA. II, Sp. 1575 ff.; *A. Haas:* Der Teufel im pomm. Sprw., in: Heimatleiw und Mudderspr. 12 (1931), Nr. 10–13; *O. A. Erich:* Die Darstellung des Teufels in der christl. Kunst (Berlin 1931); *M. Rudwin:* The Devil in Legend and Literature (Chicago 1931), Ndr. 1959; *R. Cornette:* Quand on parle du loup on voit sa queue, in: Folklore Brabançon 11 (1931/32), S. 171–178; *A. J. Storfer:* Teufelsspuren in der Sprache, in: Atlantis 2 (1935), S. 103; *L. Schmidt* in: Das dt. Volkslied 38 (1936), S. 81 f.; *U. Müller:* Die Gestalt Luzifers in der Dichtung vom Barock bis zur Romantik (Berlin 1940); *H. Colleye:* Histoire du diable (Brüssel 1945); *D. de Rougemont:* La part du Diable (Paris 1946); *L. Röhrich:* Der Dämon u. sein Name, in: PBB. 13 (1951), S. 456–468; *R. Dubal:* La psychoanalyse du diable (Paris 1953): *H. Halpert:* The Devil is beating his wife, in: Kentucky Folklore Record 1 (1955), S. 105–106; *A. H. Blesken:* Gott und Teufel im westf. Sprw., in: Westf. Heimatkalender 9 (1955), S. 69–71; *I. M. Boberg:* Baumeistersagen, FFC. 151 (Helsinki 1955); *R. Wildhaber:* Das Sündenregister auf der Kuhhaut, FFC. 163 (Helsinki 1955); *W. K. Tantsch:* Dt. Teufels- u. Hexennamen (Diss. Heidelberg 1956), S. 8 ff.; *W. Kayser:* Das Groteske. Seine Gestaltung in Malerei und Dichtung (Oldenburg 1957), S. 35 ff.; *W. Hand:* The Devil beating his wife and other folk beliefs about the sun's shining while it rains, in: Kentucky Folklore Record 3 (1957), S. 139–143; *W. Hofmann:* Das rhein. Sagwort (Siegburg 1959), S. 164–170; *C. Seignolle:* Le diable dans la tradition populaire (Paris 1959); *H. Reynolds:* The Devil's tail, in: American Speech 34 (1959), S. 64–65; RGG. VI (³1961), Sp. 703–712; *A. Adam:* Der Teufel als Gottes Affe. Vorgesch. eines Lutherwortes, in: Luther-Jb. 28 (1961), S. 104–109; *B. Deneke:* Materialien aus dem Umkreis der Sage vom Überzähligen, in: Zs. f. Vkde 57 (1961), S. 195–229; *R. W. Brednich:* Der Teufel und die Kerze, in: Fabula 6 (Berlin 1963), S. 141 f.; *L. Röhrich:* Teufelsmärchen und Teufelssagen, in: Sagen u. ihre Deutung (Göttingen 1965); *V. Voigt:* Variantenschichten eines ungarischen Proverbiums (One has to light a candle for the devil), in: Proverbium 15 (1970), S. 541–544; *H.-J. Lixfeld:* Gott und Teufel als Weltschöpfer, in: Motive, Freiburger folkloristische Forschungen, Bd. 2 (München 1971). *G. Mahal:* Mephistos Metamorphosen (Diss. Tübingen) (Göppingen 1972); *R. Hammerstein:* Diabolus in Musica (Bern – München 1974); *A. van Acker:* De Duivel in Spreekwoorden en Gezegden (Kortreijk–Heule ²1977); *H. Haag:* Teufelsglaube (Tübingen ²1980); *M. Bambeck:* Wenn einen der Teufel reitet, in: Muttersprache 92 (1982), S. 185–195; *G. Bebermeyer:* Teufelliteratur, in: Reallexikon der dt. Literaturgeschichte 4 (Berlin – New York 1984), S. 367–403; hier bes. S. 370 ff.: die Intensität des Teufelsglaubens verschiedener Jhh. und Gesellschaften; *G. Bauer:* In Teufels Küche, in: Essen u. Trinken in Mittelalter und Neuzeit (Sigmaringen 1987), S. 127–142; *Chr. Daxelmüller:* Art. ,Exorzismus', in: EM. IV, Sp. 664–674; *I. Grübel:* Die Hierarchie der Teufel (= Kulturgeschichtliche Forschungen 13 (München 1991).

Text. *Einem den Text lesen:* ihn zur Rede stellen, ihm rücksichtslos die Meinung sagen, ihn gründlich vornehmen, eigentl.: einem eine bestimmte Bibelstelle vorhalten und erklären. Zur Besserung der verwilderten Geistlichkeit stellte Bischof Chrodegang von Metz 760 einen Kanon auf. Nach ihm mußten sich die Geistlichen jeden Tag nach der Morgenandacht versammeln, wobei ihnen der Bischof ein Kap. aus der Bibel (bes. aus 3. Mos.) vorlas, das religiöse Gesetze enthielt, um daran die nötigen Ermahnungen und Rügen zu knüpfen. Verallgemeinernd gelangt die Rda. zum Sinn: eine Strafpredigt halten. Die urspr. Beziehung auf den Bibeltext geriet in Vergessenheit. Vgl. auch: ‚die ↗ Leviten lesen'.

Einem den richtigen (scharfen) Text lesen (singen): ihn durchprügeln.

Aus dem Text kommen und *vom Text abkommen* stehen im inneren Zusammenhang mit *jem. aus dem Text bringen:* einen von seinem Thema abbringen, ihn aus der Fassung bringen, das wie alle bildl. Wndgn. mit Text ebenfalls auf die nach dem Bibeltext gehaltene Predigt zurückgeht. *Zu tief in den Text kommen:* zuviel von einer Sache reden. *Beim Text bleiben:* folgerichtig erzählen, handeln. Schlesw.-holst. ‚Wedder to'n Text griepen', sich wieder zum Handeln aufraffen.

Nun zum Text! Weiter im Text: vorwärts in unserer Hauptsache, die durch Reden unterbrochen wurde wie die Verlesung oder Behandlung des Textes durch Zusätze. Die Rda. stammt wohl aus dem Munde von Predigern, den den Bibeltext auslegen und, vom Hundertsten ins Tausendste gekommen, mit diesen Worten zu ihm zurückkehren. Vorgebildet ist diese Wndg. in Lutherischen Ausdrücken, wie z. B. (1523) „Das sey davon gnůg gesagt. Folgt nu weytter ynn der Epistel" (Weimarer Ausg. 12, 335), und „Das wollen wir weiter ym Euangelio sehen" (ebd. 519). Aber auch, ‚weiter im Text' kommt schon bei Luther vor, z. B. „Folget weiter im Text: Solches habe ich zu euch geredet, daß ihr euch nicht ärgert" (Schriften, hg. v. Walch 11, 1352).

Aus der Theatersprache sind folgende Rdaa. entlehnt: *Bei dem kommt kein Text:* er ist beschränkt, er weiß in einer Unterhaltung nichts zu sagen, nicht einmal Einstudiertes, Auswendiggelerntes kann er vorbringen. *Der Text liegt an der Kasse* heißt es spöttisch bei den Kollegen, wenn ein Schauspieler in seiner Rolle steckenbleibt.

Lit.: *A. Götze:* Alte Rdaa. neu erklärt, in: Zs. f. d. Wortf. 4 (1903), S. 332.

Theater. *Ein Theater machen:* ein unnützes Geschrei, Aufhebens machen, Getue, Gezeter, Effekthascherei; seit dem 20. Jh. umg. verwendet; verstärkend ist der Ausdr. ↗ ‚Affentheater'.

Theater spielen: in der übertr. Bdtg. von: etw. vortäuschen, jem. etw. vormachen, ‚vorspielen'. Ein ‚Theatercoup' ist eine unerwartete, überraschende Wendung einer Entwicklung.

Demnächst in diesem Theater: bald wieder am selben Ort sich treffen wollen. Diese Wndg. ist eigentl. die formelhafte Ankündigung eines Films im Kinoprogramm.

Theke. *Etw. unter der Theke (ver)kaufen:* eine Sache heimlich (ver)kaufen, die eigentl. verboten ist oder die es nur in geringen Mengen gibt. Etw. illegal (ver-)kaufen.

An der Theke stehen: gern mit anderen zusammen trinken. Der Karnevalsschlager hat dies aufgegriffen, in dem es heißt: „Der schönste Platz ist immer an der Theke".

Thema. *Vom Thema Nr. eins reden:* von einer aktuellen Begebenheit reden; auch: über erotische oder sexuelle Dinge sprechen.

Das ‚Thema Nr. eins' kann auch einfach ein Lieblingsthema bezeichnen, eine Sache, über welche ständig und mit Interesse gesprochen wird.

Schnell das Thema wechseln: von etw. anderem reden, wenn ein Hinzukommender nichts von der urspr. Unterhaltung erfahren soll.

Ein anderes Thema bitte! wird dann als Aufforderung gebraucht, wenn man etw. schon nicht mehr hören kann, wenn immer wieder auf das gleiche Problem zurückgekommen wird, wenn man ablenken möchte.

Lit.: *E. Schertel:* 340mal „Thema eins" in Wort und Bild: Sitte und Sünde, eine Sittengeschichte im Querschnitt (Leipzig 1930, Nachdr. Schmiden b. Stuttgart 1967).

Thomas. *Er ist ein ungläubiger Thomas:* er glaubt nur das, wovon er sich selbst überzeugt hat. Die Wndg. bezieht sich auf Joh. 20, 24–29, wo der Jünger Thomas nicht eher an die Auferstehung Jesu glauben will, als bis er dessen Wunden betastet hat („Er aber sprach zu ihnen: Es sei denn, daß ich in seinen Händen sehe die Nägelmale und lege meine Hand in seine Seite, will ich's nicht glauben"); ebenso ndl. ‚een ongelovige Thomas'; frz. ‚être incrédule comme Saint Thomas'; engl. ‚an unbelieving Thomas'.

Lit.: *P. Sartori:* Art. ‚Thomas', in: HdA. VIII, Sp. 763–768; RGG. VI, Sp. 856 ff.

Thron. *Jemandes Thron wackelt:* seine Position, einflußreiche Stellung ist bedroht, ↗Stuhl.
Jem. vom Thron stoßen: jem. gewaltsam ablösen, etw. energisch an sich reißen.
Seinen Thron verlieren: abdanken müssen, seinen Herrschaftsanspruch aufgeben, ins Exil fliehen (nach einem verlorenen Krieg, nach einer revolutionären Umgestaltung und Verfassungsänderung).
Thron und Altar war bis ins 19. Jh. hinein eine beliebte, politische Schlagwortformel. Sie umfaßt den Kampf und das Bemühen um Ausgleich von Staat und Kirche. Das Schlagwort ist in den siebziger Jahren des 18. Jh.s nach Dtl. gekommen. Zugeschrieben wird es den frz. Enzyklopädisten. Auch Voltaire verwendet „le trône et l'autel" in seinem ‚Mahomet'. Wieland und Herder griffen das Wort auf. Nach 1817 wurde es in den Kreisen des christl. Konservatismus in Preußen zur staatsbejahenden Devise der Katholiken erhoben. Seit 1830 (Heinrich Heine: „das affektierte Interesse für Thron und Altar ist nur ein Possenspiel", in: Werke III [1830], S. 417 ff.) schlug es in eine Parole gegen Staat und Kirche und deren Verbindung um: Diffamierend wurde das Schlagwort im Spätliberalismus und Sozialismus gebraucht, seit 1918 nur noch iron. gemeint.
Auf dem Thrönchen sitzen: auf einem Nachttopf sitzen; diese Rda. stammt aus der Kindersprache.

Lit.: *O. Ladendorf:* Hist. Schlagwörterbuch (Nachdr. Hildesheim 1968), S. 312–313; *L. Schmidt:* Bank und Stuhl und Thron. Sitzen als Haltung ..., in: Antaios 12 (1970), S. 85–103; *H.-J. Schoeps:* Ungeflügelte Worte (Berlin 1971); *A. Erler:* Art. ‚Thron', in: HRG. 33. Lfg., Sp. 195–202.

Tick. *Einen Tick haben:* eigensinnig, eingebildet sein, wunderliche Einfälle haben; entlehnt aus frz. ‚tic' in der Bdtg. ‚wunderliche Angewohnheit'; im 18. Jh. zuerst lit., danach auch mdal. belegt.

Tier. *Das arme Tier haben:* in gedrückter Stimmung sein, sich Selbstvorwürfe machen, mit sich und allem uneins sein; mdal. ‚Do krisse ja dat arme Dier!'
‚Armes Tier' ist umg. ein bedauernswerter Mensch. Die Umgangssprache, die so viele Tiernamen auf den Menschen überträgt (z. B. Hund, Katze, Esel, Pferd, Ochse usw.), setzt auch das neutrale Tier dem Menschen gleich.
Zum Tier herabsinken: roh, ohne Beherrschung seiner Leidenschaften sein.

‚Zum Tier herabsinken'

1622

Ein gutes Tier sein: gutmütig, aber beschränkt sein; vgl. frz. ‚être une brave bête'.

Ein hohes Tier geworden sein: zu einer hohen gesellschaftlichen Stellung und zu Ansehen gekommen sein, ohne geringschätzigen Nebensinn. Ein ‚großes Tier' nannte man dagegen seit dem 18. Jh. den bloß äußerlich vornehmen Menschen, den ‚Wichtigtuer' ohne innere Werte.

Jedes Tierchen hat sein Pläsierchen: jeder hat seinen Vogel. Der sächs. Dialektdichter Edwin Bormann (1851-1912) und Adolf Oberländer betitelten ihre Sammlung humoristischer Gedichte (München 1887) ‚Ein jedes Thierchen hat sein Pläsierchen. Zoologischer Lieder-Garten'.

Ein Tierfreund sein, ebenso *im Tierschutzverein sein:* auf Gewaltanwendung verzichten, nachsichtig sein; die Anwendung der Rda. setzt stillschweigend voraus, daß man den anderen für einen Ochsen, Esel oder dergleichen, d.h. für ein dummes Tier, hält.

Lit.: *C. Mengis:* Art. ‚Tier', in: HdA. VIII, Sp. 778–819; *R. Schmidt:* Tierisches in unserer Muttersprache (Gerabronn – Crailsheim 1972); *H. Schumacher:* Die armen Stiefgeschwister des Menschen. Das Tier in der dt. Literatur (Zürich – München 1977); *V. B. Dröscher:* Mich laust der Affe. ‚Fabelhafte' Redensarten aus der Welt der Tiere (Düsseldorf – Wien 1981); *ders.:* ‚Sie turteln wie die Tauben' (Hamburg 1988).

Tiger. *Pack' den Tiger in den Tank:* Aufforderung, etw. mit Kraft, Schwung, Elan zu tun. 1965 wurde dieser Spruch bekannt als Werbeslogan der ESSO-AG (Put The Tiger in Your Tank). Zusammen mit dem Schlager der 50er Jahre: ‚Pack' die Badehose ein ...' kam es zu witzigen oder iron. Textabwandlungen und Variationen, wie: ‚Pack' den Willy in den Tank' u.ä.

Lit.: *J. Stave:* Wo der Büchmann aufhört, in: Muttersprache 77 (1967), S. 223.

Timotheus. *Sieh da, sieh da, Timotheus!:* Ausruf des Erstaunens, der Erheiterung. Der Ausruf ist ein Zitat aus Fr. Schillers Ballade ‚Die Kraniche des Ibykus'. Bes. in Berlin wird er oft erweitert zu: ‚– 'ne Olle fällt vom Omnibus'; oder parodistisch verdreht: ‚Sieh da, sieh da, Timotheus: Die Ibiche des Kranikus!'

Lit.: *L. Röhrich:* Gebärde. Metapher. Parodie (Düsseldorf 1967), S. 173 ff.

Tinte. *In die (dicke) Tinte geraten:* in Unglück oder Verlegenheit geraten; *in der Tinte sitzen:* in der Klemme, in der Patsche sitzen. Schon 1520 bei Geiler von Kaysersberg in den Predigten zu Seb. Brants ‚Narrenschiff' (130 d): „Du bist voller sünd ... du steckst mitten in der tincten". Vgl. H. Hoffmanns ‚Struwwelpeter'.

Tief in der Tinte stecken: in großer Verlegenheit sein. Tinte als dunkle, schmutzige Flüssigkeit steht in diesen Rdaa. parallel

‚In der Tinte sitzen'

mit den gleichbedeutenden Worten ‚Brühe', ‚Patsche', ‚Sauce' usw.; vgl. frz. ‚être dans la panade' wörtl.: in der Brotsuppe stecken; entspr. *aus der Tinte kommen, sich* (oder *jem.*) *aus der Tinte helfen.*

Du hast wohl Tinte gesoffen?: Du bist wohl verrückt?; in diesem Sinne Gottfr. Keller in den ‚Mißbrauchten Liebesbriefen' (Ges. W., V. 148): „O du Erznarr! Du mußt Tinte gesoffen haben, daß du ein solches Weibchen kannst fahren lassen!"

Da möchte man doch Tinte saufen! sagt man, wenn man über etw. entrüstet ist oder sich verwundert.

Er ist mit Tinte rein gewaschen: er ist vor Gericht freigesprochen worden aus Mangel an Beweisen.

Sich mit Tinte waschen: etw. schöner machen wollen und dadurch verderben.

Darüber ist viel Tinte verspritzt worden: es ist viel Unnötiges darüber geschrieben worden.

Jem. kann die Tinte nicht halten: jem. wird leicht aggressiv und kann mit seiner Meinung nicht zurückhalten; er ist ein Vielschreiber.

Klar wie dicke Tinte ↗ klar.

Lit.: *Anon:* Du hast wohl Tinte getrunken, in: Sprachpflege 10 (1961), S. 122.

tipptopp. *tipptopp sein:* in äußerst sauberem und ordentlichem Zustand sein. Die Rda. hat sich gegen Ende des 19. Jh. wahrscheinl. von Hamburg aus verbreitet; vgl. das gleichbedeutende engl. ‚tip-top' (zu ‚tip' = Spitze, ‚top' = Spitze); also eigentl.: ‚Spitze der Spitze'.

Tisch. *Etw. unter den Tisch fallen lassen:* einen im Gespräch berührten Gegenstand absichtlich nicht wieder erwähnen, weil man davon kein Aufhebens gemacht zu haben wünscht; erst im 19. Jh. belegt, z. B. bei Bismarck (,,Reden" XI, 356): „Die Regierung selbst hat das Monopol unter den Tisch fallen lassen"; ↗ Teppich.
Jem. unter den Tisch stecken: ihn überwältigen, ihn zur Ruhe bringen.
Jem. unter den Tisch trinken: im Trinkwettstreit überlegen sein; einen klaren Kopf behalten, während der Gegner schon betrunken ist. *Unter dem Tisch liegen:* betrunken sein; vgl. frz. ‚être sous la table'.
Es geht über Tische und Bänke: es geht lustig, unruhig, unordentlich zu. Schlesw.-holst. ‚He spelt ünner'n Disch', er betrügt, mogelt. Die Wndg. ist vom Kartenspiel abgeleitet. Schwäb. ‚Dem hat man den Tisch vor die Tür gestellt', man hat ihn fortgewiesen. *Die Füße unter anderer Leute Tisch stecken (hängen):* sich von anderen ernähren, freihalten lassen, schmarotzen.
Der Tisch hat mehr Beine: die Sache ist schwieriger, komplizierter, als gedacht.
Jem. an einen Tisch bringen: Parteien zu Verhandlungen zusammenführen; auch *Sich mit jem. an einen Tisch setzen:* verhandlungsbereit sein.
Reinen Tisch mit etw. machen: es erledigen, beseitigen, ‚gründliche Ordnung schaffen', aber auch: alles aufessen, was auf den Tisch gekommen ist. Heutzutage wird die Rda. wohl meist auf den Arbeits- oder Schreibtisch bezogen, auf dem nach Beendigung der Arbeit kein Werkzeug oder keine Aktenstücke mehr liegen. Die Rda. ist aber eine Lehnübers. von ‚tabula rasa'. In seiner ‚Ars amandi' (I, 437) benützt Ovid den wohl schon vor ihm geläufigen Ausdr. „tabellae rasae", was wir meist in der Einzahl als ‚tabula rasa' rdal. gebrauchen; ‚tabula rasa machen' auch i. S. v.: noch einmal ganz von vorne anfangen. Bei der lat. Rda. sind die wächsernen Schreibtäfelchen gemeint, auf denen man die eingeritzten Schriftzeichen wieder ausdrückte oder abschabte, um die Platte neu beschriften zu können.
Etw. vom Tisch wischen (kehren): Eine Sache als unwichtig oder unangenehm betrachten und deshalb nicht bearbeiten oder ausdiskutieren.
Etw. ist vom Tisch: eine Sache ist erledigt, abgeschlossen.
Vom grünen Tisch entscheiden (beurteilen, verordnen). Die Beratungstische der Behörden waren früher mit grünem Tuch bezogen. Die Rda. steht danach geringschätzig für eine von oben ohne wirkliche Sachkenntnisse erlassene Verordnung, des weiteren für jede aus Unkenntnis geäußerte Meinung.
Auf den Tisch hauen: energisch werden.
Ein Gespräch am runden Tisch führen: ein zwangloses Gespräch mit gleichberechtigten Partnern führen.
Tisch und Bett miteinander teilen: eine (wilde) Ehe führen, zusammenleben. Das Motiv vom gemeinsamen Tisch und Bett spielt in dem KHM. 1 vom ‚Froschkönig oder dem eisernen Heinrich' eine große Rolle für den Frosch, der der Prinzessin die Goldkugel aus dem Brunnen holt, allerdings zu der Bedingung: „aber wenn du mich lieb haben willst, und ich soll dein Geselle und Spielkamerad sein, an deinem Tischlein neben dir sitzen, von deinem goldenen Tellerlein essen, aus deinem Becherlein trinken, in deinem Bettlein schlafen: wenn du mir das versprichst, so will ich hinuntersteigen und dir die goldene Kugel wiederheraufholen".
Von Tisch und Bett getrennt sein: geschieden sein, die Ehegemeinschaft aufgehoben haben; Fachausdr. der älteren Rechtssprache für ein faktisch getrennt lebendes Paar; vgl. frz. ‚être séparé de corps et de biens'.
Der ‚Tisch des Herrn' ist der Abendmahlstisch. So umschreibt man: *Zum Tisch des Herrn gehen:* am Abendmahl teilnehmen.
Vor Tische las man's anders: eine Sache hat vor der Verhandlung noch anders ausgesehen; man hat eine andere Abmachung getroffen, als verkündet wird. Das

Zitat stammt aus Friedrich Schillers ‚Wallenstein' (IV, 7).
Ihr dürft mal an der Tischecke riechen: sagt der Vater, wenn die Kinder zu spät zum Essen kommen.

Lit.: *A. Haberlandt:* Art. ‚Tisch', in: HdA. VIII, Sp. 953–965.

Tischtuch. *Das Tischtuch ist zwischen ihnen zerschnitten* wird von zwei Partnern gesagt, die lange in innigem freundschaftlichem oder verwandtschaftlichem Verhältnis gelebt, sich dann aber entzweit haben, so daß eine Wiedervereinigung, eine Versöhnung unmöglich erscheint. Wahrscheinl. geht diese Rda. im letzten Grunde auf einen alten Rechtsbrauch bei Ehescheidungen zurück: Die Ehegatten faßten ein Leinentuch und zerschnitten es so, daß jeder Teil ein Stück behielt (vgl. J. Grimm, Dt. Rechtsaltertümer II, 304 f.). In übertr. Sinne begegnet die Wndg. seit dem 16. Jh. Allg. bekannt ist der Auftritt zwischen Graf Eberhard dem Greiner und seinem Sohn Ulrich nach der für Ulrich unglücklichen Schlacht bei Reutlingen 1377, den Uhland folgendermaßen erzählt:

> Dem Vater gegenüber sitzt Ulrich an dem Tisch,
> Er schlägt die Augen nieder; man bringt ihm Wein und Fisch;
> Da faßt der Greis ein Messer und spricht kein Wort dabei
> Und schneidet zwischen ihnen das Tafeltuch entzwei.

Die Zs. ‚Kladderadatsch' kommentiert 1874 (Nr. 57) den Kampf Bismarcks mit der Reichstagsfraktion des Zentrums:

Das Tischtuch ist zerschnitten,
Ihr wißt, wie das gemeint,
Nach ritterlichen Sitten
Nun sind wir ewig feind.

Etw. anders lautet die Wndg. im Frz.: ‚Le torchon brûle entre eux' (wörtl.: Das Küchentuch brennt zwischen ihnen).
I. S. v. ‚die ↗Tafel aufheben' sagt Hans Sachs ‚das Tischtuch aufheben':

Als sie nun das mal gessen hatten,
Das gracias sie peten theten.
Das Dischtuch man aufhubb danach.

Lit.: *A. Haberlandt:* Art. ‚Tischtuch', in: HdA. VIII, Sp. 966–969; *Anon.:* Das Tischtuch ist zwischen uns zerschnitten, in: Sprachpflege 10 (1961), S. 122.

Titel. *Einen Titel ohne Mittel haben:* eine ehrenamtliche Beschäftigung haben; bes. österr. Dort nennt man so den Titel eines Hofrats, da damit keine Einkünfte verbunden sind. I. Kant hatte festgestellt: „Deutschland ist ein Titelland". Ein Sprw. fragt: ‚Was ist ein Titel ohne Mittel?'

Titte ist die ndd. Form von hd. Zitze, umg. und geringschätzig für die Frauenbrust verwendet; übertr.: *nichts auf der Titte haben* (auch *schwach auf der Titte sein*): mittellos sein; berl. seit etwa 1910; *wie Titte schmecken* (auch *wie Titte mit Ei schmecken*): sehr gut schmecken. Dazu die moderne Sprw.-Parodie:

Andere Länder – andere Sitten,
Andere Frauen – andere Titten.

Toast. *Einen Toast auf jem. ausbringen:* jem. vor einer Gesellschaft rühmen und

‚Das Tischtuch zwischen sich zerschneiden'

‚Einen Toast ausbringen'

nach abschließendem Trinkspruch das Glas zu seinem Wohle leeren; vgl. frz. ‚porter un toast à quelqu'un'.

Tobias. *Tobias sechs, Vers drei* wird scherzhaft oder rügend zu einem Gähnenden gesagt, der die Hand nicht vor den Mund nimmt. Die Wndg. dient ebenso als Ausdr. der Langeweile, oder man kritisiert damit eine langweilige Gesellschaft. Tob. 6,3 steht u.a.: „O Herr, er will mich fressen!" In seiner Rede zum Shakespeare-Tag am 14. Oktober 1771 wendet Goethe die Worte „Herr, er will uns fressen" als Ausdr. der Furcht vor einer schreckenerregenden, ungewohnten Erscheinung an.

Die Tobiasnächte halten: nach der Vermählung enthaltsam bleiben. Im 8. Kap. des Buches Tobias wird berichtet, daß Tobias in seiner Hochzeitsnacht betete und enthaltsam blieb und dadurch den bösen Geist Asmodeus überwand, der in seine Braut gefahren war und bereits sieben seiner Vorgänger getötet hatte. Die Forderung der Enthaltsamkeit und des keuschen Beilagers spielt auch im älteren Hochzeitsbrauchtum eine Rolle.

Lit.: *P. Geiger:* Zum Kiltgang, in: Schweiz. Archiv f. Vkde 20 (1916), bes. S. 153–154. HdA.² II, Sp. 586, Art. ‚Ehe' von *Kummer;* HdA. III, Sp. 739, Art. ‚Geschlechtsverkehr' von *Kummer;* RGG. VI (³1961), 907, *W.-E. Peuckert:* Ehe, Weiberzeit, Männerzeit, Saeterehe, Hofehe, freie Liebe (Hamburg 1955); *H. L. Jansen:* Die Hochzeitsriten im Tobitbuche, in: Temenos, I (Helsinki 1965), S. 142 ff.; *L. Röhrich:* Tabus in Volksbräuchen, Sagen und Märchen, in: Festschrift Werner Neuse (Berlin 1967).

Tochter. *Eine große Tochter unserer Stadt (Gemeinde usw.):* eine berühmte Einwohnerin sein.

Eine Tochter der Freude sein: eine Prostituierte sein; aus frz. ‚fille de joie'.

Jem. ist eine echte Tochter Evas: eine sehr weibliche, verführerische Frau.

Sich unter den Töchtern des Landes umsehen: auf Brautschau gehen, sich nach einer Frau umsehen. 1. Mos. 34,1 wird willkürlich auf die Brautschau von Männern bezogen, obwohl an dieser Stelle von Dina, der Tochter Leas, die Rede ist.

Tod. In einer ganzen Reihe von Rdaa. wird der Tod personifiziert: ‚Dem Tod in die Augen sehen'; vgl. frz. ‚regarder la mort les yeux dans les yeux'; ‚der Tod hält reiche Ernte'; ‚den Tod austreiben' bzw. ‚austragen' (von den Lätarebräuchen); ‚den Tod vor Augen sehen'; schwäb. ‚der ist zum Tod in d'Kost gangen'; ‚der Tod guckt ihm aus allen Gliedern heraus'; ‚der Tod hat angepocht'; vgl. frz. ‚La mort a frappé à la porte'.

‚Der Tod hat angepocht'

Mit dem Tode ringen, war ebenso wie der noch heute geläufige Begriff ‚Todeskampf' (frz. ‚le combat de l'agonie'), urspr. wörtl. gemeint, lebt doch der Tod in Volksglaube und Sage noch bis heute als Knochenmann. Vgl. auch amer. ‚to shake

‚Mit dem Tode ringen' (Exlibris Dr. med. Pietzker: Allegorie der Medizin ringt siegreich mit dem Tode)

Klein-Basler Totentanz („Aussehen wie der Tod von Basel")

hands with death': sich mit seinem Schicksal abfinden.

Als *Boten des Todes* werden alle Krankheiten angesehen (z. B. auch in KHM. 177).

Der Tod läuft mir übers Grab sagt man beim Empfinden eines plötzlichen Schauers, dessen Ursache nicht erklärbar scheint; niederoesterr. ‚Er hat dem Tod ein paar Schuhe gegeben' (wenn jem. von einer schweren Krankheit genesen ist). So auch pomm. ‚dem Tod ein paar Schlurrtüffeln geben'; ‚dem Dôd he par Schauh schenke'. Die Rda., die von U. Jahn mythologisch gedeutet wurde, ist noch nicht befriedigend erklärt.

Aus dem Grimmschen Märchen von den ‚Bremer Stadtmusikanten' (KHM. 27) stammt ein beliebt gewordener Slogan; der Esel, der Hund und die Katze sind auf dem Weg nach Bremen, um dort Stadtmusikanten zu werden. Sie treffen unterwegs den Hahn, der noch am selben Tag geschlachtet werden soll. Der Esel antwortet dem Betrübten: „Ei was, du Rothkopf ..., zieh lieber mit uns fort, wir gehen nach Bremen, *etwas Besseres als den Tod findest du überall*".

Er ist gut nach dem Tod schicken sagt man von einem Langsamen und Trägen: er bleibt lange aus. Würde man ihn beauftragen, den Tod zu holen, so bliebe den Zurückbleibenden noch viel Zeit zum Leben. Auch: *Der wäre gut nach dem Tod zu schicken:* er kommt so bald nicht wieder. In Hans Sachs' bekanntem Fastnachtsspiel ‚Der Krämerkorb' wird zu einem säumigen Knecht gesagt:

Du werst gut nach dem tod zu senden,
Du dest (tätest) nit pald dein potschafft enden;

belegt auch bei Eyering: „Man solt dich nach dem tod aussenden".

Das wird einen sanften Tod haben: die Sache wird wieder still einschlafen; vgl. frz. ‚L'affaire mourra de sa belle mort'.

Er wird einen leichten Tod haben: er ist dumm; eine witzige Rda. des 20. Jh., deren Erklärung erst die Pointe bringt; *er hat nicht viel Geist aufzugeben,* wird also unbeschwert sterben.

Einen Tod muß man leiden: bei einer schwierigen, allerdings nicht lebensbedrohenden Entscheidung ein Übel von zwei zur Wahl stehenden bevorzugen.

Tausend Tode sterben müssen: angespannt, voller Angst und Unruhe sein.

Etw. zu Tode reiten: etw. überstrapazieren, bis zum Überdruß wiederholen.

Durch den schwarzen Tod umkommen: an der Pest sterben müssen. Erfrieren oder Sterben durch Lawinen nennt man ‚den weißen Tod.'

Aussehen wie der Tod von Basel: sehr schlecht, totenblaß aussehen. Die Wndg. ‚Tod von Basel' findet sich u. a. in einem Volkslied, das im Almanach von Nicolai abgedruckt ist (E. B. II, 701, Nr. 914):

Als ich ein jung Geselle war,
Nahm ich ein steinalt Weib;
Ich hatt' sie kaum drei Tage,
Da hat's mich schon gereut.

Da ging ich auf den Kirchhof
Und bat den lieben Tod:
Ach lieber Tod zu Basel
Hol mir mein' Alte fort!
...

Das junge Weibel, das ich nahm,
Das schlug mich nach drei Tag'.
Ach lieber Tod von Basel
Hätt' ich mein' alte Plag'!

Der rdal. Vergleich findet sich auch gelegentlich in der Form ‚aussehen wie der Tod im Basler Totentanz', und diese Variante deutet zugleich den Urspr. der Rda. an. Der ‚Basler Totentanz' war urspr. ein Wandbild, das im 15. Jh. auf die Innenseite der Kirchhofsmauer des Predigerklosters gemalt worden war. Die Darstellung bildete einen fortlaufenden Streifen mit 39 lebensgroßen Figurenpaaren. Der Tod begleitete die Vertreter der einzelnen Stände. Der Platz vor der Predigerkirche in Basel heißt noch heute ‚Totentanz'.

Der Tod als ‚Sensenmann'

Totentanz- und Todesdarstellungen vor allem des 16. Jh. haben in anderen Landschaften zu verwandten Rdaa. geführt; bekannt sind vor allem: ndd. ‚He sütt ut as de Dod van Lübeck'; ‚aussehen wie der Dresdner Totentanz'; ‚aussehen wie der Tod von Warschau'; ‚aussehen wie der Tod von Ypern' (ndl. ‚uitzien als de dood van Ieperen', im Anschluß an eine wohl zur Erinnerung an die Pest in der Hauptkirche von Ypern aufgestellte Todesfigur von realistisch-schauerlichem Aussehen). Auch lit. verwendet, z. B. in Gottfr. Kellers ‚Grünem Heinrich' (Teil III, Kap. 9): „da ich am Wege eine große vorjährige Distel, die aussah, wie der Tod von Ypern, ins Büchlein zeichnete". Vgl. auch ‚wie das Leiden Christi aussehen".

Die rdal. Vergleiche: *Aussehen wie der Tod (wie eine Leiche) auf Urlaub* oder *wie der Tod auf Latschen* entstanden erst in neuerer Zeit und entstammen einer ganz anderen Sprachebene, die Ernstes witzig verfremdet und damit lächerlich macht.

Der ‚Tod' wird gerne in Metaphern für Dinge benutzt, deren Ende gekommen ist: so z. B. in der Rda. ↗ ‚Kredit ist tot'. Auch der Sarg oder die Beerdigung stehen als Bilder für eine zum Schluß gekommene, untergegangene Sache oder Idee.

Bleibt ein künstlerisches (lit.) Werk ein Fragment, weil der Künstler starb, so sagt man: *Der Tod nahm ihm (ihr) hier die Feder aus der Hand.*

Tod ist schließlich Verstärkung in superlativischen Ausdrücken, wie ‚todmüde', ‚todschick' (sehr elegant), ‚todsicher' (ganz bestimmt, eigentl.: so sicher wie der Tod); vgl. amer. ‚It is cock-sure': etw. ist todsicher; ‚todunglücklich'; ‚zu Tode betrübt' (eigentl.: „zum Tode betrübt") ist ein Zitat aus Klärchens Lied in Goethes ‚Egmont' (III, 2). Goethe entlehnte die sprw. Wndg. Matth. 26, 38: „Meine Seele ist betrübt bis an den Tod".

‚Mit allem Dod und Deiwel', mit allem, was dazugehört, mit allen ↗ Schikanen, ndd. Rda. Die Zwillingsformel ‚Daut und Düwel!' wird in Norddtl. häufig zur Bekräftigung gebraucht. Die Sprw. ‚Den eenen sien Daut is den ännern sien Braut (Brot)' ist auch in hd. Form bekannt. Vgl. ‚Den eenen sien Uhl ist den ännern sien Nachtigall', ↗ Uhl.

Vgl. auch ‚das Zeitliche segnen' (↗ zeitlich).

Die an einer Leipziger Uhr angebrachte mahnende lat. Devise ‚Mors certa, hora incerta' (Der Tod ist sicher, die Stunde ungewiß) wird gern übersetzt mit „Todsicher geht die Uhr falsch".

Lit.: Der Todten-Tanz, wie derselbe in der weitberühmten Stadt Basel, als ein Spiegel menschlicher Beschaffenheit, ganz künstlich mit lebendigen Farben gemahlet, nicht ohne nützliche Verwunderung zu sehen ist. (Basel 1843); *H. F. Massmann:* Die Basler Totentänze in getreuen Abb. nebst geschichtl. Untersuchung (Stuttgart 1847); *Anon.:* De dood van Yperen, in: ‚T Daghet in den Oosten 4 (1888), S. 160; *Anon.:* De dood van Ieperen, in: Ons Volksleven 1 (1889), S. 82; *W. Unseld:* Der Tod in schwäb. Sprww. und Rdaa., in: Alemannia 22 (1894), S. 87–89; *Bacher:* Der Tod von Basel, in: Zs. f. Vkde. 10 (1900), S. 326 f.; *E. Bensley:* Cock-sure, in: ebd., S. 339; Der Tod in Rätsel und Sprw. des dt. Volkes, in: Unsere Heimat (Köslin 1933), Nr. 16; *H. G. Wackernagel* in: Schweiz. Arch. f. Vkde. 35 (1936), S. 199; *P. Geiger:* ‚Tod', ‚Tod ansagen',

,Todesvorzeichen', in: HdA. VIII, Sp. 970–1010; *A. P. Hudson:* To shake hands with death, in: Modern Language Notes 53 (1938), S. 510–513; *A. Gattlen:* Die Totensagen des alem. Wallis (Diss. Fribourg 1947); *H. Rosenfeld:* Der ma. Totentanz (Münster – Köln 1954), S. 103 ff.; *D. Narr:* Zum Euphemismus in der Volkssprache. Rdaa. und Wndgn. um ‚tot', ‚Tod' und ‚sterben', in: Württemb. Jb. f. Vkde. (1956), S. 112–119; *A. Gühring:* Der Tod in der Volkssage der dt.-sprachigen Gebiete (Diss. Tübingen 1957); Kunstdenkmäler der Schweiz, Kt. Basel Bd. IV (Basel 1961), S. 95 ff.; *Anon.:* Der Tod nahm ihm die Feder aus der Hand, in: Sprachpflege 13 (1964), S. 109; *S. Cohen:* Kiss of death, in: American Notes and Queries 4 (1965/66), S. 151–152; *W. Block:* Der Arzt und der Tod in Bildern aus sechs Jhh. (Stuttgart 1966); *P.-H. Boerlin:* Der Basler Prediger-Totentanz, Gesch. und erste Restaurierungsergebnisse, Sonderdruck aus: ‚Unsere Kunstdenkmäler' (Mitteilungsblatt der Ges. für schweiz. Kunstgesch.) 17 (1966), Nr. 4, S. 128–140 (Basel 1967); *L. Röhrich:* Das Verzeichnis der dt. Totensagen, in: Fabula 9 (1967), S. 270–284; *J. Schuchard u. a.* (Hg.): Freund Hein und der Bücherfreund (Ausstellungskatalog) (Kassel 1982); *M. Vovelle:* La Mort et l'Occident. De 1300 à nos jours (Paris 1983); *H.-K. Boehlke* (Hg.): Vom Kirchhof zum Friedhof: Wandlungsprozesse zwischen 1750 und 1850 (= Kasseler Studien zur Sepulkralkultur, Bd. 2) (Kassel 1984); *G. Condrau:* Der Mensch und sein Tod (Zürich 1984); *L. Röhrich:* Tanz und Tod in der Volksliteratur, in: F. Link (Hg.): Tanz und Tod in Kunst und Literatur (= Schriften zur Lit.wiss. 8) (Berlin 1992).

Todesstoß. *Jem. den Todesstoß versetzen:* ihn zutiefst erschüttern, ihn seiner Existenzgrundlage berauben, ihn vernichten. *Etw. den Todesstoß versetzen:* einem langsam sich dahinschleppenden Vorgang (Prozeß) ein rasches Ende bereiten, auch: das treffende Gegenargument einbringen, den entscheidenden Widerspruch einlegen, um ein Vorhaben zu Fall zu bringen.

Todesurteil. *Ein Todesurteil aussprechen:* jem. zur Hinrichtung verurteilen; auch übertr.: jem. politisch, moralisch, ökonomisch ruinieren. *Einem Todesurteil gleichkommen:* das Ende bedeuten, keine Hoffnung mehr lassen. *Sein eigenes Todesurteil unterschreiben:* zu seinem eigenen Schaden beitragen, seiner eigenen Vernichtung zustimmen. In Heinrich v. Kleists Schauspiel ‚Der Prinz von Homburg' unterschreibt der Prinz sozusagen sein Todesurteil, indem er seine Schuld zugibt. Gleichzeitig aber rettet ihm diese Haltung das Leben (IV, 4). Volksmärchen enden nicht selten damit, daß der Bösewicht – ohne es zu ahnen – sich selbst das (Todes-)Urteil spricht (Zusammenstellung von Beispielen und lit. Parallelen bei M. Lüthi: Volksliteratur und Hochliteratur, Bern u. München 1970, S. 100–113).

Tohuwabohu. *Es herrscht ein (unbeschreibliches) Tohuwabohu:* es herrscht ein großes Durcheinander, ein Wirrwarr; vgl. frz. ‚tohu-bohu', auch in der Bdtg. von ‚Spektakel'. In 1. Mos. 1,2 findet sich das von Luther mit „wüst und leer" übersetzte hebr. ‚tōhū wa-bōhū. In neueren jüd. Sagen über die Weltschöpfung wird dies z. T. noch näher ätiologisch ausgeführt, wobei ‚Tohu' und ‚Bohu' als die ersten Elemente dargestellt werden: „Die Erde war zu Anfang ‚Tohu' und ‚Bohu', und Finsternis lag auf der Tiefe. ‚Tohu', das war ein grüner Streifen, der die ganze Welt umgab und von dem die Finsternis ausging; ‚Bohu', das waren Abgründe voller schlammiger Steine, durch die das Wasser rieselte".

Lit.: *M. J. bin Gorion:* Die Sagen der Juden. Von der Urzeit Jüd. Sagen u. Mythen (Frankfurt 1913), S. 4.

toi-toi-toi. Die Wndg. *Unberufen, toi-toi-toi!* ist um 1930 durch einen Schlager verbreitet worden; sie steht jedoch mit einem alten Volksglauben in Zusammenhang; Lobende Äußerungen wurden allg. gefürchtet, weil diese die bösen Geister aufmerksam und neidisch machen konnten. Um kommendes Unheil abzuwehren, mußte man deshalb dem Lob sofort ein ↗‚unberufen' hinzufügen. Diese Schutzhandlung wurde noch durch dreimaliges Klopfen auf Holz und den Ausruf ‚toi-toi-toi!' verstärkt, der lautmalerisch für dreimaliges Ausspucken steht.
Der Speichel galt als unheilbannend. Das Ausspucken vor einem Menschen war also urspr. ein Abwehrzauber, kein Zeichen der Verachtung wie heute. Auch das zuerst eingenommene Geldstück, das noch mehr Reichtum bringen, der Spielwürfel, der Gewinn garantieren sollte, wurden bespuckt.
Auch in Frankreich, wo die Wndg. unbekannt ist, wird dreimal auf Holz geklopft, um kommendes Unheil abzuwehren.
Es kommt als möglicher Ursprung des Ausrufs auch eine dreimalige, verkürzte Nennung des Teufels in Betracht. Das Schwäb. Wb. II, S. 170 führt eine Rda.

auf: ‚No kommt mer in 's Teu-Teu-Teufelskuchen bey ihm.'

Die Formel *toi-toi-toi* wird heute unabhängig von ‚unberufen' gebraucht, wenn man jem. zu einer schwierigen Aufgabe, z. B. zu einer Prüfung, gutes Gelingen wünschen möchte.

Lit.: *Perkmann:* Art. ‚berufen, beschreien', in: HdA. I, Sp. 1096; *H. Küpper:* 99 uralte Regeln, das Glück zu mehren, dem Unglück zu wehren (München ²1952).

toll. *Toll und voll:* völlig betrunken; eine verstärkende Reimformel; urspr. ‚voll und toll', so noch oft bei Luther, z. B. ‚An den christlichen Adel deutscher Nation' (Werke I, 298 b). „ßo wurdenn sie zu Rom mercken, das, die deutschen nit alletzeit tol und vol sein". Im ‚Ambraser Liederbuch' (164,11) heißt es dagegen: „und solt ich werden taub und toll" (ganz betrunken). In Umgangssprache und Mdaa. ist die Rda. reich belegt, z. T. auch in erweiterter Form: „Voller Kropf, toller Kopf"; ndd. ‚En full Mann, en dull Mann'; auch: ‚'n fullen Kiärl is 'n dullen Kiärl!'

Die ndd. Rda. ‚Dei hätt 'n dullen Kopp' meint: Er ist unnachgiebig, ein Dickkopf, ein Trotzkopf.

Im Sinne des Außerordentlichen prägt toll als Modewort eine Anzahl von festen umg. Wndgn., wie *toll vor Freude, jem. ist toll auf etw.:* versessen; *toll essen (trinken, schlafen* u. a.): unmäßig. Etw. *zu toll treiben:* über das Maß des Vernünftigen hinausgehen. *Es kommt noch toller;* es wird noch schlimmer.

Jem. hat Tollbeeren gegessen: er ist nicht bei Verstand. Immermann 1839 (Werke 2,333 Maync): „Ich glaube, der hat Tollbeeren gefressen". Die Rda. bezieht sich auf die angeblich toll (d. h. wahnsinnig) machende Tollbeere oder Tollkirsche (Atropa belladonna).

Tollhaus. *Ins Tollhaus kommen,* auch: *in ein (wahres) Tollhaus geraten:* in ein Irrenhaus kommen. ‚Tollhaus' ist eine alte Bez. für eine Nervenheilanstalt. Auf das unkontrollierte u. närrische Toben u. Treiben in einem Haus voller Geistesgestörter weisen die Wndgn.: *Es geht zu wie in einem Tollhaus* u. *sich in ein Tollhaus verwandeln.*

Lit.: *O. J. Grüsser:* Vom ‚Tollhaus' in Ludwigsburg zur königl. Heilanstalt Winnenthal, in: Baden u. Württemberg im Zeitalter Napoleons, Bd. II (Stuttgart 1987), S. 337–410.

Tomate. *Eine treulose Tomate sein:* ein unzuverlässiger Mensch sein, der Verabredungen und Abmachungen nicht einhält, aber auch: ein Freund, ein Bekannter, der nicht schrieb oder sich lange nicht sehen ließ.

Diese Rda. ist seit 1920 verbreitet und bezieht sich entweder auf die ersten Mißerfolge beim Tomatenanbau größeren Stils am Ende des 19. Jh. oder, was wahrscheinlicher ist, als Schelte auf die im 1. Weltkrieg als unzuverlässig und treubrüchig geltenden Italiener. Da sie viel Tomaten anbauten und aßen, wurden sie damit identifiziert; ähnl. bezeichnete man sie in dieser Zeit auch als ‚Treubruchnudeln'. Alle Rdaa. über die Tomate sind zu Beginn oder in der Mitte des 20. Jh. entstanden, da die Tomate erst seit der Revolution in der frz. Küche beliebt wurde und später als Gemüsepflanze zu uns gelangte. Die aus Mexiko stammende Tomate wurde seit dem 16. Jh. bes. in südd. Gärten nur als Zierpflanze gezogen; weil sie für giftig galt, und sie auch unter den Namen ‚Paradies-', ‚Gold-' und ‚Liebesapfel' bekannt war, mag das Adj. ‚treulos' in der Assoziation zu ‚Liebe' und ‚Gift' der Tomate später beigefügt worden sein.

Eine faule Tomate sein: ein Versager sein, keinen Wert besitzen.

Rot wie eine Tomate werden: vor Scham oder Verlegenheit stark erröten. Der rdal. Vergleich dient der Steigerung; vgl. frz. ‚rouge comme une tomate'.

Tomaten auf den Augen haben: etw. übersehen, auch: übernächtigt aussehen, noch nicht ganz munter sein. Ähnl.: *Tomaten unter den Augen haben:* Schatten unter den Augen haben, müde oder krank aussehen. Als Umschreibung für ‚dumm sein' entstand die schülersprachl. noch junge Rda. *Tomaten auf der Brille haben.*

Ton. *Den Ton angeben:* die Richtung bestimmen, maßgebend sein, regelmäßig den Anfang mit etw. machen, worauf es alle anderen nachahmen; auch: ‚tonangebend (der Tonangeber) sein'.

Man möchte bei diesen Rdaa. heutzutage an einen Dirigenten denken, der den

Chorsängern oder den Musikanten den Stimmungston angibt, doch stammen die Rdaa. noch aus einer Zeit, in der Ton entspr. der ma. Kunstlehre ‚Tonart', ‚Singweise', ‚Melodie' bedeutet; in übertr. Sinne seit dem 18. Jh. bezeugt (vgl. ital. ‚dare il tono', frz. ‚donner le ton'; engl. ‚to give the tone'). „Daß in einer Residenz sich alles nach dem Ton stimmt, den der Fürst angiebt", schreibt der Freiherr v. Knigge (‚Roman meines Lebens' 3,11), der durch sein Buch ‚Umgang mit Menschen' wesentlich zur Verbreitung seines Lieblingsausdrucks *der gute Ton* (vgl. frz. ‚le bon ton'), d. h. die in einer gesellschaftlichen Schicht übliche Umgangsart, beigetragen hat. Gottfr. Keller (6,236): „Damit er ohne Verletzung des guten Tons alle der Reihe nach ansehen konnte". Entspr. *ein ungezwungener Ton:* ein nicht streng an gesellschaftliche Anstandsregeln gebundenes Verhalten.

Ein oft zitiertes Sprw. unbekannter Herkunft heißt: ‚Der Ton macht die Musik'. Es will darauf hinweisen, daß die Art und Weise, wie man etw. ausdrückt oder vermittelt, oft wichtiger ist als der Inhalt des Gesagten selbst; vgl. frz. ‚C'est le ton, qui fait la musique'.

Sich einen anderen Ton ausbitten: ein freundlicheres Verhalten; wien. ‚I bitt' mir an andern Ton aus'. *In einen anderen Ton verfallen, den Ton wechseln:* sein Verhalten ändern.

Nun gehts aus einem anderen Ton: nun werden strenge Saiten aufgezogen; also urspr.: Jetzt sollt ihr ein anderes Lied, eine andere Melodie singen. So im 16. Jh. in der ‚Zimmerischen Chronik' (II, 274): „So Herr Heinrich die zeit erlept haben sollt, wurt er dem schenk Eberharten auß chraft der acht ain anders liedlein haben singen lernen".

Eine schärfere Tonart anschlagen: energischer, ungeduldiger mit jem. reden; unumwunden sagen, was einem nicht behagt.

Den Ton verloren haben: außer Fassung sein, sich nicht mehr zu raten und zu helfen wissen, auch: *keinen Ton herausbringen.*

Keinen Ton verlauten lassen: nichts andeuten oder verraten.

Eine Anzahl von sprw. Rdaa. weist auf die Gleichsetzung von Ton und gesprochenem Wort hin, die seit mhd. Zeit bezeugt ist. *Rede doch keine Töne:* mach keine Geschichten, Umschweife, ist eine urspr. stud. Rda. Els. ‚Du has wider bsundere Tön im Kopf', Gedanken, Späße.

Dicke (oder *große, hohe*) *Töne spucken* (*reden, kotzen, schwingen*): mit Worten sich großtun, großspurige Reden führen, prahlen, ist eine junge umg. Rda. *Jem. in den höchsten Tönen loben:* ihn überschwenglich loben.

Haste Töne?, oft mit dem scherzhaften Zusatz: ‚Ik hab keene', ein aus dem Berl. stammender Ausruf des Staunens; Parallelbildung zu: ‚Hast du Worte?'; ähnl.: ‚Hat der Mensch (noch) Töne!': Das verschlägt einem die ↗ Sprache.

Da haste keine Töne mehr!: da bist du äußerst verblüfft, eine junge Rda., die ebenfalls aus der Berliner Umgangssprache stammt. In diesen Wndgn. bedeutet Ton soviel wie ‚Wort'; vgl. ‚Er red't keen Ton'; ‚Nu sagen Se aber keen Ton mehr, nich mal Anton!'

Red keine Töne: red keinen Unsinn; etwa seit 1900 aufgekommen.

Einen Ton am Leibe haben: ungebührlich sprechen, meist etwa in der Form: ‚Hat der aber einen Ton am Leibe!' *Sich im Ton vergreifen:* etw. unpassend formulieren.

Nicht alle Töne auf der Flöte haben, nicht alle Töne auf der Zither haben: nicht recht bei Verstand sein; berl. seit etwa 1920.

Topf. *Der Topf will klüger sein als der Töpfer:* ein Schüler will mehr wissen als sein Lehrer; ↗ Ei. Dieses sprachl. Bild ist bibl. Urspr.: Jesaja 29,16 heißt es: „Wie seid ihr so verkehrt! Gleich als wenn des Töpfers Ton gedächte und ein Werk spräche von seinem Meister: ... Er kennt mich nicht" und Jes. 45,9: „Weh dem, der mit seinem Schöpfer hadert, eine Scherbe wie andere irdene Scherben. Spricht auch der Ton zu seinem Töpfer: Was machst du? Du beweisest deine Hände nicht an deinem Werke".

Alles in einen Topf werfen: Verschiedenartiges gleich behandeln, alles vermengen, gleichmäßig behandeln und somit der Eigenart der einzelnen Dinge oder Fälle nicht gerecht werden; in älterer Form 1671 bei Christian Weise in dem Roman

,Die drei Hauptverderber' (S. 85): „dass man den rechten Gebrauch mit dem Mißbrauch in einem Topffe kochen will". Goethe (Weimarer Ausg. 37,195): „Nachdem die Herren Theorieschmiede alle Bemerkungen in der Dichtkunst, der Mahlerei und Sculptur in einem Topf gerüttelt hatten, so wäre es Zeit, daß man sie wieder herausholte". Bismarck (‚Reden' I, 169): „In Bauerndörfern sollten die Bauernhöfe alle in einen Topf geworfen werden". Im Oberharz heißt ‚Ä Topp un ä Löffel sein', enge Freundschaft halten, vgl. ‚ein Herz und eine Seele sein'.

Wie Topf und Deckel zusammenpassen: sehr gut, so als wären sie von Anfang an füreinander bestimmt. Mit dieser Rda. umschreibt man auch, daß das sexuelle Zusammensein eines Paares gut harmoniert. Deshalb auch in Heiratsannoncen: „Suche passenden Deckel zu Topf". Vgl. dazu das Sprw.: ‚Auf jeden Topf gehört ein Deckel'; mdal. ‚Jeder Pott hat en Dekkel', ↗ Pott.

Es ist noch nicht in dem Topfe, wo es kochen soll: es ist noch nicht richtig im Gange; ndd. heißt es dafür: ‚Dat is lange nich in't Fat, wo't suren sal!' (in dem Faß, wo es sauern, pökeln soll).

Der Topf kocht über: Die Sache geht schief, vgl. lat. ‚Olla male fervet' (Petronius) und frz. ‚le pot s'enfuit'.

Den Topf beim Henkel fassen: eine Sache an ihrem besten Anknüpfungspunkt anfassen.

Einen mit dem Topflappen gekriegt haben: nicht ganz bei Verstand sein.

Töpfchengucker oder *Topfgucker* ist die umg. und mdal. Bez. für einen Neugierigen. 1893 bei Gerhart Hauptmann: „Toppguckgis is nich!" (‚Biberpelz').

Lit.: *K. Krüger:* Der Topf will klüger sein als der Töpfer, in: Zs. f.d. U. 5 (1891), S. 278–279.

Tor, Torschluß. Das Tor im Fußballspiel ist im bildl. Gebrauch gemeint in den Wndgn. *ein Tor schießen:* als Zeuge (oder als Anwalt) dem Angeklagten einen Vorteil verschaffen; *ins eigene Tor treffen:* sich selber (oder seinen Gesinnungsgenossen) schaden.

Dastehen wie die Kuh vorm Scheunentor (oder *neuen Tor*) ↗ Kuh.

Kurz (oder *unmittelbar*) *vor Torschluß:* im letzten Augenblick, gerade noch zur rechten Zeit. An den urspr. Sinn der Wndg. wird heute kaum mehr gedacht. Es zeigt sich aber z. B. in Joh. Peter Hebels Worten „Kann ich vor Torschluß noch in die Stadt kommen?" (Werke, 1843, IV, 183), daß bei dieser Rda. eigentl. die Stadttore gemeint waren. Wo solche heute noch vorhanden sind, schließen sie die Stadt doch nicht mehr ab. Aber noch bis 1824 wurde z. B. in Leipzig von jedem, der nach der Schließung der Tore in die Stadt wollte, eine Einlaßgebühr, der ‚Torgroschen', erhoben. Wer also gerade noch ‚vor Torschluß' hineinschlüpfte, war froh über die Ersparnis.

Noch vor Torschluß in Abrahams Schoß wollen: beichten, wenn der Tod bevorsteht. *Torschlußpanik bekommen (haben)* sagt man von einer Frau, die fürchtet, keinen Mann mehr zu bekommen, und deshalb oft überstürzt und ohne zu überlegen unpassende Bindungen eingehen will.

Tortur. *Etw. wird zu einer Tortur:* eine Sache wird unheimlich anstrengend, quälend. Der Begriff Tortur kommt von mlat. tortura (= Verrenkung). So nannte man einstmals bei Strafprozessen die ‚hochnotpeinliche Befragung', die Folter.

tot, Toter. *Mehr tot als lebendig sein:* ziemlich erschöpft, ausgepumpt sein.

Etw. ist tot und begraben: eine Angelegenheit ist längst vergessen.

Etw. ist zum Totlachen: etw. ist ungeheuer komisch, lustig.

Den Toten vertrinken (oder *versaufen, verzehren*) wird umg. gesagt von einer Leichenfeier, einem Totenmahl. Vgl. schlesw.-holst. ‚den Doden din Hut verteren'; mhd. ‚die Seele vertrinken' ital. ‚mangiar i morti'. ‚Einen vertrinken' meint eigentl.: auf dessen Kosten trinken. Der Rda. liegt die alte Vorstellung zugrunde, daß der Tote selbst die Kosten des Mahles tragen muß, also noch Eigentümer der Hinterlassenschaft ist. Das Totenmahl entspricht altdt. Rechtsverhältnis, nach dem der Überlebende sich so lange nicht in den Besitz der Erbschaft setzen durfte, bis der ‚Erbtrunk' zum Gedächtnis des Toten feierlich abgehalten war. ‚Haut und Habe' verbleiben dem Erben und werden zur Bestreitung des Totenmahles herangezogen; vgl. ‚das ⁊ Fell versaufen'. ‚Der tote Punkt' ⁊ Punkt.

Lit.: *K. Ranke:* Indogerm. Totenverehrung, FFC. 140 (Helsinki 1951), I, S. 192f.; *O. Nüssler:* Und sie trugen einen Toten hinaus, und der war stumm, in: Der Sprachdienst 28 (1984), S. 170. Weitere Lit. ⁊ Tod.

Totalschaden. *Einen Totalschaden haben:* völlig verrückt sein; Totalschaden meint eigentl. den nicht mehr zu reparierenden Bombenschaden, die totale Zerstörung eines Hauses; seit dem 2. Weltkrieg (vgl. ‚Dachschaden'); auch ein Automobil kann einen ‚Totalschaden erleiden'.

töten. Ausgelöst durch das bibl. Gesetz ‚Du sollst nicht töten', wird der Begriff töten durch eine Fülle verhüllender bildl. Wndgn. umschrieben, z. B. ‚um die Ecke bringen', ‚einem den Garaus machen', ‚jem. kaltmachen', ‚killen' etc.; ⁊ zeitlich.

Lit.: *L. Röhrich:* Tabus in Volksbräuchen, Sagen und Märchen, in: Festschrift für Werner Neuse (Berlin 1967), S. 8–23.

Totengräber. *Dem Totengräber von der Schippe gehopst sein:* knapp dem Tode entgangen sein: sold. seit dem 1. Weltkrieg belegt. Im Ndd. heißt es auch: ‚dem Tod von der Schüppe gesprungen sein'. *Den Totengräber nicht erwarten können:* durch eigene Schuld vorzeitig sterben. Vgl. engl. ‚He that lives too fast, goes to his grave too soon'.
Wenn etw. verlorengegangen ist, heißt es: *Der Totengräber hat's geholt.*

Tour. Das frz. Wort ‚tour' = Reise, Reiseweg in der übertr. Bdtg. ‚der übliche Verlauf' kennen die Wndgn.: *in einer Tour:* ohne Unterbrechung; *seine Tour haben:* seinen üblichen Anfall von Verrücktheit haben (wohl verkürzt aus frz. ‚tour de folie'). Vgl. frz. ‚Tour de force': eine hervorragende Leistung.
Die ‚Tour de France' steht rdal. für eine besonders anstrengende sportliche Betätigung. Sie ist seit 1903 das bekannteste und längste Etappenrennen für professionelle Radfahrer.
Auf die krumme (dumme) Tour reisen: etw. auf unehrliche (scheinbar naive) Art versuchen: *Auf diese Tour nicht!:* So geht es nicht! *Die Tour kenne ich!:* Diesen Trick durchschaue ich, ich lasse mich nicht täuschen. *Jem. die Tour vermasseln:* jem. ein Vorhaben vereiteln; *jem. auf Touren bringen:* ihn antreiben, aufregen; diese Rda. bezieht sich wohl auf ‚tour' im Sinne der Drehungszahl eines Motors, der erst langsam und allmählich ‚auf Touren' kommt. *Auf vollen Touren laufen:* intensiv arbeiten, voll in Betrieb sein.

Trab. *Jem. auf Trab bringen* (oder *auf den Trab helfen*): einen zu regerer Tätigkeit veranlassen, ihm Beine machen, ihn antreiben, zurechtweisen; vgl. frz. ‚faire aller quelqu'un plus vite que le pas' (veraltet). Dafür heißt es heute: ‚faire aller quelqu'un au trot' (im Trab).
Jem. in Trab halten: ständig dafür sorgen, daß er viel zu arbeiten hat und keine Zeit zum Ausruhen bekommt. *Nun mach aber Trab:* beeile dich; diese Rdaa. sind vom Pferdetrab abgeleitet und haben als Bild der Schnelligkeit auch in den Mdaa. vielfältige Verbreitung gefunden. *Im alten Trab bleiben* (fortgehen usw.) wird schon im 15. Jh. von Fischart bildl. angewandt:

aber auf manung er nichts gab,
er blieb in seinem alten trab
und lebet ubel on all scham.

Jem. aus dem gewohnten Trab bringen: ihn von seinen Gepflogenheiten abbringen. Jeremias Gotthelf 1841 in ‚Uli der Knecht': „Das gibt Leute, die nicht aus dem Trapp zu bringen sind, die sich nie weder anstrengen können noch anstrengen mögen, die mit der gelassenen Lauheit dem Elend zuwandern". *Auf (immer auf dem) Trab sein:* unterwegs sein, auch aufs Geistige übertr.: geistig sehr wendig und von rascher Auffassungsgabe sein.

tragen. *Schwer an etw. zu tragen haben:* Kummer u. Leid erfahren haben, einen Unglücks- oder Todesfall kaum verwinden können.
Etw. nicht mehr tragen können: unter der Last seines Geschicks zusammenbrechen. Th. Fontane hat die Wndg. lit. in seiner Ballade ‚Archibald Douglas' verwertet und läßt das Gedicht beginnen:

„Ich hab' es getragen sieben Jahr,
Und ich kann es nicht tragen mehr!"

Die Rda. ‚Etw. nicht mehr tragen können' besitzt aber noch eine ganz andere Bdtg.,

1633

wenn sie sich auf die Kleidung bezieht: etw. als altmodisch oder ‚abgetragen' ablehnen.
Zum Tragen kommen: wirksam werden, Anwendung finden, z. B. von einem Vorhaben, einem Gesetz gesagt.

Tran. *Im Tran sein:* unaufmerksam, verträumt, schläfrig, langsam sein; eigentl.: etw. betrunken, so vor allem in ndd. Mdaa., z. B. schlesw.-holst. ‚He is ümmer in Traan', er ist immer leicht betrunken; von mnd. ‚trân' = Tropfen; westf. ‚Tran' = Tropfen geistigen Getränks. In dieser eigentl. Bdtg. auch lit., z. B. bei Heinrich Heine (Sämtl. Werke, hg. v. Elster, I, 21): „Hat er einen Groschen in der Tasche, so hat er für zwei Groschen Durst, und wenn er im Tran ist, hält er den Himmel für ein blaues Kamisol und weint wie eine Dachtraufe". Eichendorff (I, 200): „Schon vom nüchternen Morgen seid ihr im romantischen Tran!"
Als *Tranfunzel* (eigentl. eine mit Tran gespeiste, schwach, trübe brennende Lampe) wird eine langweilig-schläfrige Person umg. bez.; ähnl. Ausdrücke auch in den Mdaa., z. B. sächs. ‚Tranfritze', ‚-hanne', ‚-tiegel', ‚-toffel' und vor allem ‚Transuse'.

Träne. *Eine Träne nehmen:* nur einen Schluck trinken, zechen; vgl. frz. ‚prendre une larme'.
In Tränen schwimmen: sehr heftig weinen.
Unter Tränen singen: trotz einer unglücklichen Stimmung singen. Diese Rda. ist keineswegs so volkstümlich wie z. B. ‚mit einem weinenden und einem lachenden ↗ Auge', sondern nur in der Dichtung zu finden. Psalm 137 (super flumina babylonis) wird als erster schriftl. Beleg angesehen; dann erscheint die Wndg. wieder in der altprovenzalischen Troubadour-Lyrik und der nordischen Skaldendichtung.
Tränen melken: Mitleid hervorzurufen suchen (z. B. bei einer Leichenpredigt durch Hervorhebung trauriger Lebensumstände des Verstorbenen das Trauergefolge zum Weinen bringen); *auf jem. Tränen Kahn fahren können:* ihn zutiefst rühren.
Mir kommen gleich die Tränen! sagt man iron., wenn man überhaupt kein Mitgefühl für eine Sache aufbringen kann, wenn man kaltgelassen wird; auch eine kitschig-rührselige Szene wird oft mit dieser hyperbolisch-iron. Bemerkung kommentiert.
Danken mit einer Träne im Knopfloch: gerührt danken; verkürzt aus iron.: ‚danken mit einer Träne im Knopfloch und einer Nelke im Auge', wobei das Zusammengehörige absichtlich vertauscht wird.
Wie eine Träne im Ozean: rdal. Vergleich für eine verschwindend kleine Sache. Von Manès Sperber lit. verwandt als Titel seiner Roman-Trilogie (1949–53, zus. Köln 1961).
Tränen trocknen helfen: Not und Leid lindern; vgl. ndl. ‚iemands tranen droogen'.
Jem. (etw.) keine Träne nachweinen: den Abschied (Verlust) nicht bedauern; vgl. frz. ‚ne pas verser de larme pour quelqu'un'.
Ihm laufen die Tränen kreuzweise den Rücken (über den Buckel) runter: er schielt stark.
Auf die Tränendrüsen drücken: das Mitleid wachzurufen suchen, ↗ Heulen.

Lit.: *S. Seligmann:* Art. ‚Tränen', in: HdA. VIII, Sp. 1106–1107; *H. Schwarz:* Unter Tränen singen, in: Archiv für das Studium der Neueren Sprachen 196 (1959/60), S. 321; *G. Berkenbusch:* Zum Heulen. Kulturgeschichte unserer Tränen (Berlin 1985).

Trapp ↗ Trab.

Trara. *Ein großes Trara um etw. machen:* viel Lärm, langes Gerede um etw. machen. Trara ist ein vom Klang der Trompete oder des Posthorns hergeleitetes Schallwort; lit. bei Christian Weise (‚Komische Opern', 1776, III, 30): „In dem schönen Trarara, das sie um sich hat" = im Kleiderputz; Fontane (Ges. W., 1905, 1. Serie V, 262): „Um die sechste Stunde kam sie wirklich mit Lärm und Trara, weil Leisesein ... nicht ihre Sache war". Heute meist in negativer Anwendung: ‚Mach kein großes Trara', mach nicht viel Umstände; ‚sich jedes Trara verbitten', sich Festreden und Ehrungen verbitten.

Traube. *Die Trauben hängen ihm zu hoch; er macht es wie der Fuchs mit den Trauben; die Trauben sind ihm zu sauer;* oder auch nur einfach: *saure Trauben!* sagt man

sprw. von einem, der aus einem äußeren Zwang von einem Begehren hat abstehen müssen und nun so tut, als ob ihn freie Entschließung dazu gebracht hätte. Die Rda. bezieht sich auf die Fabel (Mot. 871) des Äsop (6. Jh. v. Chr.) vom Fuchs mit den Trauben: Der Fuchs, der an schönen, leider für ihn zu hoch hängenden Weintrauben vorüberkommt, tröstet sich mit den Worten: ‚Sie sind mir zu sauer' (vgl. die Abb. aus Steinhöwels ‚Äsop' von 1476).
In übertr. Sinne ist die Wndg. seit dem Ausgang des 16. Jh. bezeugt; 1601 bei Eyering (‚Proverb. cop.' I, 462): „Gleich wie der fuchs auch etwan sprach, dem die drauben hingen zu hoch". Im Ndd. lautet

‚Saure Trauben' – ‚Die Trauben hängen ihm zu hoch'

ein Sagwort: ‚De Beeren (Birnen) sün doch suur, sä de Foß, as he se nich langen kunn'; ‚wenn kên kummt, will'k ôk kên, säd de Voss, un slôg mit'n Stêrt an'n Bêrbôm'. Ähnl.: ‚Se is mi to krumm, sä de Voss, do hung de Wust an'n Balken'; ‚se is mi to krumm, sai de Voss, da satt de Katt met 'ner Worst oppem Bôme'. Die Vielzahl und auch die Abweichungen der volkstümlichen Sagwort-Varianten zeigen, daß die Kenntnis von der Äsopschen Fabel offenbar nicht allein auf lit. Wege in die Rda. gelangt ist. Vgl. ndl. ‚De druiven zijn zuur'; engl. ‚The grapes are sour' und frz. ‚Les raisins sont trop verts' (grün) oder ‚Il trouve les raisins trop verts'.

Lit.: *L. Röhrich:* Sprw. Rdaa. aus Volkserzählungen, S. 271; *S. K. D. Stahl:* Sour Grapes: Fable, Proverb, unripe Fruit, in: Folklore on two Continents; ed. by N. Burlahoff and C. Lindahl (Bloomington 1980), S. 160–168; *J. Köhler-Zülch:* Art. ‚Fuchs u. saure Trauben', AaTh. 59, in: EM. V, Sp. 527 ff.

Trauen. *Trau-schau-wem:* Aufforderung zur Vorsicht, wenn man jem. ins ↗ Vertrauen ziehen will; lat.: ‚fide sed cui vide!' Ein Slogan der Jugendbewegung von 1968 war: ‚Trau keinem über dreißig'.

Traufe ↗ Regen.

Traum. *Das fällt mir nicht im Traum ein:* daran habe ich gar nicht gedacht; darüber hinaus Ausdr. der Ablehnung: Was nicht einmal als Trauminhalt möglich ist, ist in der wachen Wirklichkeit noch weit unmöglicher; lit. schon bei Joh. Pauli: „Das komt jhm nicht im trawm für".
Religionsgeschichtlich werden Träume oft als Offenbarung der übernatürlichen Welt angesehen. So brachen die Drei Weisen aus dem Morgenland aufgrund eines Traumes auf und fanden ihn unter dem ihnen leuchtenden Stern verwirklicht.
Du kannst einem (ja) im Traum erscheinen: wie eine Schreckgestalt Angst einflößen. Mitunter auch zu einem Sprw. erweitert:
   Ich habe dich im Traum gesehn,
   da blieb vor Schreck der Wecker stehn.
Dieser Traum ist ausgeträumt: diese Hoffnung ist zerstört. *Aus der Traum!* sagt man, wenn es keine Hoffnung mehr gibt, daß ein Wunsch in Erfüllung geht.
Das ist (du bist) der Traum meiner (schlaflosen) Nächte: der Inbegriff des höchsten Wunsches; oft auch iron. gebraucht in der Anrede: ‚Na, du Traum meiner schlaflosen Nächte!'
Einem aus dem Traume helfen: einem Aufschluß über etw. verschaffen, mit den Realitäten konfrontieren.
Wie im Traum umhergehen: die Wirklichkeit nicht wahrnehmen.
Es ist mir noch so wie im Traum: ich erinnere mich nur dunkel, vgl. lat. ‚per nebulam' (Plautus).
Zum Schlagwort geworden ist der Buchtitel des Erfolgsromans von Johannes Mario Simmel: ‚Der Stoff, aus dem die Träume sind'. Analog: „Der Stoff aus dem die Dummheit ist" von M. Koch-Hillerbach.
Sich (jem.) einen Traum erfüllen: einen (geheimen) großen Wunsch wahr werden lassen. *Ein Traum von einer Frau (einem Wagen) sein:* etw. in allerhöchster Vollendung sein, dem man in der Wirklichkeit

kaum zu begegnen hofft. Das Sprw. ‚Träume sind Schäume' versucht, die Abergläubischen zu beruhigen, die ihren Traum als Vorbedeutung ansehen und Unglück befürchten.

In der Sage ‚Der Traum vom Schatz auf der Brücke' wird im Traum ein Schatz auf (unter) einer Brücke verheißen, meist in Versform, wie z. B.

Zu Mainz auf der Brück,
da blüht dir dein Glück!

Der Schatztraum als Sagenmotiv pflegt in der Regel in Erfüllung zu gehen, denn der Traum hat in der Volksmeinung Realitätscharakter.

Lit.: *L. Röhrich:* Der Traum vom Schatz auf der Brücke, in: Erzählungen des späten MA. und ihr Fortleben, Bd. II (München – Bern 1967), S. 122–155, 429–438; *H. Trümpy:* Der Traum in volkskundlicher Sicht, in: Traum und Träumen (Göttingen 1984), S. 150–161; *F. Fuchs:* Zwischen Wissenschaft und Amusement. Eine Studie zur Traumauffassung und Traumdeutung am Beispiel von deutschsprachigen Traumbüchern (Diss. Freiburg 1984), erschienen unter dem Titel: ‚Von der Zukunftsschau zum Seelenspiegel', in: acta culturologica 6 (Aachen 1987); *U. Jeggle:* Träume – Kulturgeschichtliches Material?, in: Urbilder und Geschichte. C. G. Jungs Archetypenlehre und die Kulturwissenschaften, hg. v. Ch. Burckhardt-Seebass (Basel – Frankfurt/M. 1989) S. 57–69.

träumen, Träumer. *Nur von etw. träumen können:* einen Wunsch haben, der sich nicht oder nur sehr schwer verwirklichen läßt, dessen Erfüllung in weite Ferne gerückt scheint.

Sich etw. nicht träumen lassen: ein unerwartetes Glück erfahren, aber auch: eine äußerst schlechte Erfahrung machen, eine große Enttäuschung hinnehmen müssen, unvorstellbares Pech haben.

Das Sprw. ‚Von träumen kommt versäumen' verweist auf die negativen Folgen des Träumens am hellichten Tage. Es wird als bloße Zeitverschwendung betrachtet, obwohl es eine zukunftsweisende Phantasieleistung darstellen und glücklich machen kann.

Ein Träumer sein: seinen Gedanken nachhängen, alles um sich herum vergessen, an Realitätsverlust leiden.

Lit.: ↗Traum.

Traumland. *Jem. ins Traumland schicken:* ihn niederboxen, ihn knockout schlagen; aus dem angloamer. ‚dreamland' der Sportreportersprache etwa seit 1920; entspr.: *im Traumland sein (weilen):* niedergeboxt werden, besinnungslos sein.

Traumtänzer. *Ein Traumtänzer sein:* wie in einer anderen Welt leben, die Tatsachen ignorieren und sich dabei glücklich fühlen, unter Realitätsverlust leiden, was aber nur anderen auffällt, die ihn belächeln.

Trebe. *Auf Trebe sein:* sich als Ausreißer herumtreiben. Nach dem 1. Weltkrieg ist der Ausdr. ‚treben' in der Fachliteratur als Bez. für ein Entweichen aus den ‚Fürsorgeanstalten' nachweisbar. Heute wird der Begriff, der vermutl. aus dem Jidd. stammt, gleichbedeutend für weg- und fortlaufen, streunen, untertauchen oder vagabundieren angewandt. Es handelt sich um Kinder und Jugendliche, die ohne Anschluß an ihre Familie einen Zeitraum obdachlos sind.

Lit.: *M. Dietrich:* Trebegänger, in: Der Sprachdienst 17 (1973), S. 129–130; *H. E. Colla:* Mädchen auf Trebe, in: I. Kerscher (Hg.): Konfliktfeld Sexualität (Darmstadt 1977), bes. S. 231.

Treff. *Da ist Treff Trumpf:* wenn man's gerade gut trifft, gewinnt man; die Bemühung kann aber leicht auch umsonst sein. Die Rda. stammt vom Kartenspiel, wo Treff die Eichel bedeutet. Treff bildete sich, vielleicht mit Anlehnung an ‚Treffer' (‚treffender Schlag'), aus südwestdt. ‚Treffle', das man für eine schwäb. Verkleinerungsform hielt, das aber tatsächlich auf frz. ‚trèfle' = schwarzes Dreiblatt im Kartenspiel (aus lat. ‚trifolium') zurückgeht. In Schwaben kennt man die scherzhafte Verdrehung: ‚Da ist jetzt Dreck Trumpf', da steht es schlecht, da ist nichts mehr zu machen.

Dastehen wie Treff-Sieben: ratlos sein (vgl. Pik-Sieben), ostdt.-mdt. und norddt. Rda., um 1900 aufgekommen. Von Treff = treffender Schlag stammen die Rdaa.: *Jem. kriegt seinen Treff:* kriegt etw. ab und *jem. einen Treff geben:* einen tüchtigen Hieb versetzen.

Trend. *Ein Trend geht in eine bestimmte Richtung:* eine Sache entwickelt sich in einer best. Weise; etw. verläuft langfristig, zähflüssig zu einem Ziel hin. ‚Genosse

Trend' ist die personifizierende Bez. für die öffentliche Meinung; vgl. auch: Genosse ↗ Frust.
Im Sinne v. ‚Tendenz' bei Zusammensetzungen wie: Modetrend, Wählertrend, Aufwärtstrend u.v.a.

Treppe. *Die Treppe hinauffallen:* befördert werden, insbes.: nach Amtsenthebung oder Degradierung eine vorteilhaftere Stellung erhalten.
Die Treppe heruntergefallen sein: sich die Haare haben schneiden lassen; *Treppen schneiden:* die Haare in unschönen Abstufungen schneiden; vgl. frz. ‚faire des échelles' (wörtl.: einem Leitersprossen machen).
Einen die Treppenstufen zählen lassen: ihn die Treppe hinabwerfen, so daß er von einer Stufe zur anderen fällt. Vgl. ndl. ‚jemand de trappen laten tellen'.
Lit.: *L. Weiser-Aall:* Art. ‚Treppe', in: HdA. VIII, Sp. 1145–1146; die Lebenstreppe. Bilder menschl. Lebensalter. Ausstellungskatalog (= Schriften des Rhein. Museumsamtes 23) (Köln o.J. [1983]).

Treppenwitz. *Einen Treppenwitz haben (machen):* eine nachträgliche, zu spät eingefallene, treffende Entgegnung, die man im zurückliegenden Gespräch hätte einbringen können: ein guter Gedanke, der einem beim Weggehen, sozusagen ‚auf der Treppe' einfällt; gebildet aus frz. ‚esprit d'escalier', um 1850 in Dtl. bekannt. Danach bildete man die Ausdr. ‚Treppenverstand' und ‚Treppenglück'. Lit. bei Fr. Nietzsche: ‚Menschliches, Allzumenschliches', Bd. II (Leipzig 1900), S. 169: „Treppenglück. – Wie der Witz mancher Menschen nicht mit der Gelegenheit gleichen Schritt hält, so daß die Gelegenheit schon durch die Türe hindurch ist, während der Witz noch auf der Treppe steht: so giebt es bei Anderen eine Art von Treppen-Glück, welches zu langsam läuft, um der schnellfüßigen Zeit immer zur Seite zu sein; das Beste, was sie von einem Erlebnis, einer ganzen Lebensstrecke zu genießen bekommen, fällt ihnen erst lange Zeit hinterher zu, oft nur als schwacher gewürzter Duft, welcher Sehnsucht erweckt und Trauer".
Kuriose und paradoxe Geschehnisse und Überlieferungen der Weltgeschichte berichtete W. L. Hertslet (1839–98) unter dem Titel: ‚Treppenwitz der Weltgeschichte' (1882).
Lit.: *O. Ladendorf:* Historisches Schlagwörterbuch (Nachdr. von 1906: Hildesheim 1968), S. 314–315; *W. L. Hertslet:* Der Treppenwitz der Weltgeschichte (Berlin ¹²1967); *L. Röhrich:* Der Witz. Figuren, Formen, Funktionen (Stuttgart 1977), S. 22 ff.

treten. *Vor jem. (etw.) treten:* ihn beschützen, auch: in ehrfurchtsvoller Stille vor etw. (einem Altar, einem Denkmal) verharren.
Paul Gerhardt dichtete 1653 das Kirchenlied zur Jahreswende: ‚Nun laßt uns gehn und treten' (Ev. Gesangbuch, Nr. 42), das in dem Sagte-Sprw. parodiert wurde: ‚„Nun laßt uns gehn und treten", sagte der Erpel zur Ente'. Das Verb ‚treten' bez. bei Vögeln den Begattungsakt, so auch in dem Wellerismus: ‚„Einer trete den anderen nicht", sprach der Hahn zum Pferde', d. h.: einer lasse den anderen in Ruhe.
Jem. treten: ihm zusetzen, ihn ermahnen, antreiben, ist auf den Menschen übertr.
Nach unten treten: seine Untergebenen schikanieren. Ähnl.: *treten und getreten werden:* den Druck, den man selbst erfahren muß, auf andere weitergeben.
Nicht treten können: keinen Platz in der Menge, in einem Gedränge finden.
Lit.: *A. Wesselski:* Vergessene Fabeln 3. Einer trete den andern nicht, sprach der Hahn zum Pferde, in: ders.: Erlesenes (Prag 1928), S. 101–102.

Tretmühle. *In die Tretmühle kommen (in einer Tretmühle leben, sein):* in einem ständig gleichförmig sich wiederholenden Arbeitsrhythmus stehen; seit dem 19. Jh. bis heute von einer aufreibenden, rein mechanischen alltäglichen Berufsarbeit gesagt.
Lit. z. B. bei Hebbel: „Sie können nach Ihren Neigungen und Wünschen leben. Ich arbeite in einer Tretmühle" (‚Briefe', 1904, V, 142); E. v. Wildenbruch (1894): „Gehalt ergattern, Beamter werden, in der Tretmühle gehen, das war's, woran sie sich ergötzten, wofür sie sich begeisterten". Vgl. ndl. ‚in de tredmolen lopen'.
Die Tretmühle entspricht einer alten Technik; mit einem großen Tretrad, das von innen durch einen oder mehrere Treter gedreht wurde, trieb man Tretmühlen an. Neben von Menschenkraft angetriebenen (wie z.B. die Tretmühle im Bergbau aus Georg Agricola: ‚De re metallica',

1637

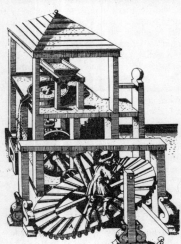

1/2 Tretmühle („In die Tretmühle kommen')

Vgl. den lat. Ausspruch über einen treuen Freund: ‚Aurum igni probatum est' (= Er ist Gold, in Feuer geprüft).
Im Ndd. hört man häufig: ‚Treu wie Gold, nur nicht so echt', wobei ein leiser Zweifel iron. ausgedrückt wird, oder man sagt scherzhaft: ‚He is so tru as'n Lus'. Die iron. Vergleiche bezeichnen den untreuen Diener oder Beamten: *Er ist so treu wie eine Katze bei süßer Milch, wie die Katze im Speisegewölbe, wie ein Kettenhund.*
Treu und Redlichkeit üben: ein rechtschaffenes, moralisch einwandfreies Leben führen. Die Rda. ist eine Abwandlung einer Gedichtzeile von Ludwig Hölty: ‚Üb immer Treu und Redlichkeit', aus: ‚Der alte Landmann und sein Sohn' (1775). Heute meist verkürzt ‚Auf Treu und Redlichkeit'.

Auf Treu und Glauben (handeln): sich auf Anstand, Ehrlichkeit und Recht verlassen, sich nach der alten guten Sitte richten; das Vertrauen eines anderen nicht enttäuschen, eigentl.: nicht von seinem gegebenen Wort, seinem Treuegelöbnis abgehen, auf das sich der andere in gutem Glauben verläßt. Vgl. frz. ‚agir de bonne foi'. Ähnl. Wndgn. sind: *Treu und Glauben halten* und *einen auf Treu und Glauben hingehen lassen.* Die sprachl. Formel ‚auf Treue und Glauben' war bereits im Mhd. üblich und wurde speziell auf das Verhalten des Minnesängers bezogen. Der höchste Lohn für einen dienenden Ritter war eine Liebesnacht, die ihm seine verehrte Dame nach langem Werben und Drängen manchmal gewährte. Diese mußte im 12. und 13. Jh. jedoch unbedingt enthaltsam bleiben, was man ‚beischlafen' oder ‚Schlaf auf Treu und Glauben' nannte. In der ‚Zimmerischen Chronik' (16. Jh.) ist das „beischlafen uff glauben" als eine „in Sachsen und dann in Niderland an etlichen Orten" bekannte Sitte bezeugt.
Im bäuerlichen Bereich ist die Sitte des Schlafens auf Treu und Glauben vom 17. bis zum beginnenden 20. Jh. bezeugt. Das Ndl. kennt im 17. Jh. die beiden Rdaa.: ‚op er en deugd queesten', auf Ehr und Tugend schlafen, oder: ‚op goed vertrowen'. Im Ndd. heißt das: ‚uppe truwe und loven bislapen', und auch im Berner Oberland übte man das Miteinanderverkehren auf Ehre und Treue.

1556), gab es auch solche, die durch Ochsen, Pferde oder Hunde bewegt wurden. Auch zur Hebung von Lasten mit dem Kran wurde die Tretmühle benutzt.
Im Strafvollzug hat sich die Tretmühle z. T. bis in die Neuzeit erhalten. Noch der engl. Dichter Oscar Wilde mußte sie zur Strafe wegen homosexueller Betätigung besteigen.

Lit.: *F. v. König:* Die Erben des Prometheus. Geschichte der Muskelkraftmaschine (Frankfurt a. M. 1987).

treu, Treue. *Jem. ist treu wie Gold:* man kann sich auf ihn unbedingt verlassen.

Bei meiner Treu! gilt als häufiger Ausruf des Erstaunens oder wird als Beteuerungsformel gebraucht, ähnl. schweiz. ‚Bi Treu und Sälligkeit!'

Lit.: *K. R. V. Wikman:* Die Einleitung der Ehe, Acta Academiae Aboensis, Humaniora XI, 1 (Åbo 1937); *W.-E. Peuckert:* Ehe, Weiberzeit, Männerzeit, Saeterehe, Hofehe, freie Liebe (Hamburg 1955), S. 394f.

Tribut. *Seinen Tribut zollen:* Abgaben entrichten. Die auferlegte Steuerleistung der Tribus, einer der ältesten Stämme des antiken Roms, hieß ‚tributum'. Im frühen 20. Jh. war der ‚Tribut' abwertende Bez. für die Dtl. nach dem 1. Weltkrieg von den Siegermächten auferlegten Reparationen. Heute hat der Begriff diesen negativen Sinn verloren.
Jem. Tribut zollen: auch: jem. anerkennen; bildl. gebraucht in den Rdaa.: *dem Meer Tribut zollen:* seekrank werden.
Der Natur Tribut zahlen: sterben, ↗zeitlich.

Trichter. *Auf den (richtigen) Trichter kommen:* den richtigen Weg finden, eine Sache richtig erfassen, endlich begreifen; *einen auf den (rechten) Trichter bringen:* ihm den Weg zum Richtigen weisen. Diese Rdaa. sind seit dem 17./18. Jh. bezeugt und gehen auf den Trichter als Gerät zum Einfüllen zurück, vgl. den ‚Nürnberger Trichter' (↗Nürnberg); entspr. els. ‚Der hat och kein kleinen Trichter', er hat einen großen Kopf. Dazu noch schwäb. ‚in den Trichter jagen', in die Enge treiben. Vielleicht bedeutet diese Wndg. eine Parallele zu der Rda. ‚ins Bockshorn jagen', falls damit das Hineinjagen in das hohle Horn gemeint ist, das sich ebenfalls wie ein Trichter verengt, ↗Bockshorn.

Trick. *Das ist sein Trick,* auch *Das ist Trick Siebzehn:* ein ihm eigentümlicher Kunstgriff, Kniff, der überraschend angewandt wird und nicht immer ohne Täuschung zu sein braucht. ‚List', ‚Kniff', ‚Täuschung' drückt auch ‚trick' im Engl. aus, woher der kartenspieltechnische Ausdr. im vorigen Jh. in die dt. Umgangssprache übernommen wurde. „Jedenfalls ist dieser neue Trick (seines Vaters, ihm die Ausgaben zu kürzen) wieder sehr unangenehm" schreibt Friedrich Engels an Karl Marx (1851). Bismarck: „Sie kompromittieren sich ganz unnütz für ein Spiel, in dem der Trick für Sie gar nicht in den Karten steckt, wo gar nichts zu gewinnen ist" (‚Reden' XII, 232).
Die Tricks von jem. (allmählich) kennen; vgl. frz. ‚connaître les trucs (les tours) de quelqu'un'; und *hinter den Trick von jem. kommen:* hinter seine Schliche kommen.

‚Auf einen neuen Trick gekommen sein'

Auf einen neuen Trick gekommen (verfallen) sein: sich ein wirksames Mittel ausgedacht haben; vgl. frz. ‚connaître un nouveau truc'.

Triller. *Mit einem Triller über etw. hinweggehen:* etw. leichtfertig abtun. Die Rda. läßt an das Bild des Sängers denken, der über Schwierigkeiten trillernd hinweggeht. Bismarck gebrauchte die sonst vor allem in den Mdaa. nicht belegte, nach seinen Worten aber geläufige Rda.: „Das eigentliche Ingrediens im Gesetze fehlt gänzlich. Sie sind darüber, wie man sagt, mit einem Triller hinweggegangen, mit der Hinweisung auf den Bundesrat" (‚Reden' XIV, 431).
Vom Berl. ausgegangen ist die Wndg. *Du hast einen Triller:* du bist wohl verrückt.

„Entschuldigen Sie, aber Sie haben in dieser Beziehung einfach einen kleinen süßen Triller" (M. Hausmann, Abel mit der Mundharmonika [1933], 204). Vielleicht ist die Wndg. durch Übertr. aus dem gleichbedeutenden ‚Du hast wohl einen Vogel' entstanden, denn die Vögel trillern; vgl. auch: ‚einen Piep haben'.

trinken. Die rdal. Wndgn. für trinken und die Folgen des Trinkens sind unerschöpflich. Kein anderes Rdaa.-Feld zeigt so sehr die metaphorische Kraft der Volkssprache, einen solchen Reichtum von Anschauungsweisen, immer neue Ausdrucksmöglichkeiten und Weiterbildun-

‚Saufteufel'

gen. Hier kann nur eine kleine Auswahl vorgeführt werden. Einzelne Mdaa.-Bereiche, für die schon Sammlungen über Ausdrücke des Trinkens und der Trunkenheit vorliegen, seien dazu beispielhaft herausgegriffen.

Allein für die pomm. Mda. hat H.-F. Rosenfeld weit über tausend verschiedene Wndgn. verzeichnet, wobei er versucht hat, das Material nach den Vorstellungen und den angewandten sprachl. Mitteln zu ordnen. Der einfache Ausdr. ‚betrunken' (besoffen) ist häufig mit Tiervergleichen verbunden: Schwein, Reiher, Hering, wobei teils an das nasse Element, teils an die Folgen der Trunkenheit gedacht ist. Bes. beliebt ist der ↗ Affe, z. B. ‚He hett 'n Apen anbunden', wobei der drollige Affe das Symbol der Heiterkeit ist. Daneben stehen Sachvergleiche, z. B. ‚betrunken wie ein Faß'.

Lieber als das offene Wort ‚besaufen' verwendet man beschönigende Ausdrücke, vor allem die, die das Trinken als ein bloßes Nippen oder Lutschen bezeichnen, auch als ein Naschen, Sich-Genehmigen. Beschönigend sind auch die Ausdrücke, die ein nützliches Tun vorgeben: indem man ‚die Kehle geölt' oder ‚geschmiert' hat. Öfter wird der Kneipe die Schuld gegeben: ‚Hei hett to lang in'n Krog seten'. Im Gegensatz zur Kneipe steht die Kirche. Aber der Ausdr. ‚selig' verbindet beide. Daraus entsteht dann: ‚Hei is beseelt'; ‚he hett de Seel dööpt', und der Trinker ruft bei einem großen Schnaps seiner Seele zu: ‚Duuk di, arm Seel, jetzt waast dööpt' oder ‚Duck di, arm Seel, jetzt kimmt ne Wolkenbruch (Platzreje)'.

Die Flasche als das volkstümlichste Trinkgefäß spielt in mehreren Rdaa. eine Rolle, z. B. ‚Hei hett tau deip in e Buddel keken'. Bes. auf das restlose Austrinken der Flasche wird gern angespielt: ‚Hei het dat Unnerst in'n Buddel hebben wullt'. ‚Zu tief ins Glas sehen' ist eine allg. gebräuchliche Rda. Mit Bezug auf das Faß heißt es: ‚He hett to lang unnat Spundloch legen'. Verschiedene Kleidungsstücke werden pars pro toto in Trinkrdaa. genannt: ‚He hat sich enen unner de Jack goten'; ‚he hat enen in de Mütz'; ‚he hat dei Steewla vull'.

Von Körperteilen werden die nächstliegenden, d. h. Hals und Kehle, am meisten genannt: ‚den Hals bet baben hin vull hebben'; ‚den Kanal vull hebben'; daneben ähnl.: ‚den Leib (den Pansen, den Balg) vull hebben'.

Sehr reich sind die Zusammensetzungen mit voll, ndd. vull: ‚drangen-', ‚knaren-', ‚proppen-', ‚schwibbendig vull'. – ‚Dick' für betrunken gehört in der Hauptsache dem westl. Ndd. an: ‚Er ist dick', ‚himmelhageldick', ‚pudel-', ‚katzen-', ‚sternblinddick'. Das eigentl. ndd. Lieblingswort aber ist ‚duun'. Es bedeutet eigentl. ‚angeschwollen' und beruht also auf sehr ähnl. Bildvorstellungen wie ‚dick' und ‚fett'. ‚Duun' begegnet vor allem in Zusammensetzungen: z. B. ‚kanonenduun', ‚knall-', ‚knüppel-', ‚pitskeduun', ‚proppeduun', ‚sternhagelduun', ‚poppeduun', auch: ‚oltduun' (noch vom Vortag betrunken). Allg. dt. ist ↗blau für betrunken. Daneben steht das steigernde ‚bicksbeernblau', total betrunken, ‚koornbloomblau', ‚stiernhagelblau', ‚himmelblau'. Für total betrunken wird gern gebraucht: ‚He is farich' (fertig), ‚fix und fertig'. Weitere Wndgn. zeigen das Abhandenkommen des Verstandes: ‚He is nich mier bi sich'; ‚hei hetts nich mehe all toop'; ‚he is total bedemelt'; ‚dwatsch in'n Kopp'. Bes. Freude hat die Volksphantasie daran, den Zustand des nicht mehr ganz seiner Sinne Mächtigen durch immer neue Bilder zu kennzeichnen: ‚Em keem all't Kinjeld dörchenanner'; ‚he hat sien Huusnummer verjeten'; ‚he wett nich meha, wo re tu Huus höört'; ‚he find 't Schlötelloch nich mier'; ‚hei kinnt siee eijen Wief nich', ‚nich mier Vadder un Mudder', ‚sien'n eigen Vadder nich mier'; ‚he kennt sich sülfst nich meer'; ‚dee kennt sienen Herrgott nich mier'; ‚hei is so besapen, dat hei von sinem Jesum nicks afweit'; ‚he siet den Himmel fere Dudelsack an'; ‚de kennt den Himmel nih vöör de Höll'; ‚he süht den Hiemel füarn Twegroskenstücke an'; ‚dei wett ni, off't Dach ore Nacht is'; ‚he kann den Sünndach nich von Olldach unnerscheiden'; ‚he süht sien Großmudder vör'n Postkasten an'; ‚den Nachtwächter vor'n höltern Pahl an'; ‚he süht de Katte füarn Lülink (Sperling) an'. Beliebt ist auch die Bezugnahme auf das liebe Vieh: ‚He kann nich Koh noch Kalf unnerscheiden'.

Bes. anschaulich wird das Durcheinander im Kopfe des Bezechten gemalt in Wndgn., die sonst eine Benommenheit bezeichnen: ‚He hett'n Dussel', ‚he is bedusselt'. Zahlreich sind dabei die bildl. Ausdrücke für den Kopf: ‚Dei hett einen in'e Bauwestauw'; ‚he hett watt im Steppsel'. Die beliebteste Metapher für den Kopf ist die ↗Krone. ‚He hett einen inne Krone'; ‚he hat sich gekroont'; ‚de föört all Karussell'. Wo es so im Kopf bereits im Kreis herumgeht, da sieht man einen Kampf zwischen dem Bezechten und dem mehr oder weniger personifizierten Alkohol: ‚Wer is nu de sterkst, hei oder dei?'

Wer bezecht ist, steht nach volkstümlicher Auffassung in Flammen. Brand bez. vielfach den Durst, der erst gelöscht werden muß: ‚Hei hett'n schönen Brand' (großen Durst; ↗Brand). Er wird dabei gern personifiziert und häufig mit dem Vornamen Johann versehen: ‚He hett mit Johann Brand snaakt'; ‚he hett sinen Fründ Brand drapen'; ‚he hett mit Herrn Brand Brüderschaft maakt'. Dieser Gebrauch ist wohl beeinflußt von der Benennung der Trunkenheit nach bekannten Schnapsfabrikanten; z. B. ‚Sien best Fründ is Carl Saß' (Carl Saß war der Inhaber einer bekannten Kornbrennerei in Stralsund). Vom Feuer ist der Begriff ‚einheizen' genommen. Andere Wndgn. zielen auf das gerötete Gesicht des Bezechten: ‚Hei hett illuminiert'; ‚sien Nees lücht richdig'; ‚hei lücht as 'n Roos'.

Verschiedene Ausdr. sind vom Schwanken des Schiffes genommen: ‚He het hoge Seegang'; ‚er hat Schlagseite'; ‚he hett sine Ladung wech', ‚schwer geladen'.

Fast unerschöpflich sind die Ausdrücke, die den Betrunkenen von der Art seiner schwankenden Fortbewegung her bezeichnen: ‚He is schreeg'; ‚he kann nich mier grad gan'; ‚he geit, as wenn a Hunnliss von e Hochtied kimmt'; ‚he stölwert öwer sine egen Benen'; ‚he kann nich meh upp de Ritz gan'; ‚denn is 't Straat to smal'; ‚wenn dee de Wenn man nich inlöppt'. Das Torkeln oder Fallen wird gern auf einen Schaden oder eine Krankheit der Beine bzw. Füße zurückgeführt: ‚He is schwach up de Beinen'; ‚demm dreje de Feit nich mee'; ‚dem is dei Brannwien inne Bein schate'; ‚he hett'n Spatt in de Kneegeling'; ‚he hett sich dei Bein uuthuukt (ausgehakt)'. Das Fallen selbst wird durch mancherlei Bilder ausgemalt: ‚He het mit de Dele Frindschaft'.

Aus den Sammlungen des südhess. Wb. verzeichnet H. Schudt die folgenden mdal. Rdaa.: ‚Er is bloo', ‚brau', ‚grie', ‚schwarz'; ‚er is so schwarz wie e Krobbe' (eiserner Kochtopf); ‚er hot e Hieb', ‚en schwere Hieb'; ‚er hot en Balle', ‚e Schraub', ‚e Rad'. Ein Andenken an die wüsten Verhältnisse im Dreißigjährigen Krieg dürfte der Ausdr. ‚Er hot en Schwed' (vielfach belegt) sein. ‚Er es net me alla'; ‚er hot an setze'; ‚er hot aner hocke'; ‚er hot aner weg'; ‚er hot sich ane eigewickelt'; ‚er hot zu dief ins Dippche geguckt'; ‚der hot zu dief in Gläsje geguckt'; ‚er hot zu vel gehowe'; ‚der hot viel hinner die Bind gegosse'; ‚er hot ohn geheerig iwwer die Schnur geha'; ‚er hot an iwwern Durscht gedrunke'; ‚er hot e Fässl im Kopp'; ‚in de Kron'; ‚er hot sich die Schnut gedunkt'; ‚er hot aner im Dibbe'; ‚er hot sich die Kutt vollgesoff'; ‚er hot den Stiwel voll'; ‚er hot sei beschte Zug im Hals'. Vom Bild des beladenen Wagens kommt: ‚Er hot gelade'; ‚er hot schebbgelade'; ‚er hot sei Fuhr'. ‚Er is so voll wie e Kanoune'; ‚er is kanonevoll', ‚stechkanonevoll', ‚stechgranatevollgesoff'; ‚so voll wie en Nachtstuhl', ‚wie en Sack', ‚wie en Krobbe', ‚wie e Kuh', ‚wie e Sau', ‚wie 100000 Mann'.

Eine Fülle von lebensnahen sprachl. Bildern und gleichnishaften Rdaa. hat auch das Schwäb. aufzuweisen; W. Unseld hat u.a. zusammengetragen: ‚Komm, m'r teant a bisle Gottg'segnes'; ‚i moi, den häb's'; ‚der mag's Bier au' net!'; ‚der schütt' nex in Stief'l'; ‚der hat au z'tuif ins Gläsle gucket'; ‚der sauft wie a Roigl' (Mitglied einer Tübinger Studentenverbindung); ‚des ischt a wandeld's Fäßle'; ‚der sauft, bis'm Binsa im Arsch wachset'; ‚der sauft wia a Bürschtabinder'; ‚der hot koin schleachta Zopf'; ‚der hot koin übla Brand'; ‚der hat koin schleachta Balla'; ‚der hat au seine beschte Züg im Hals'; ‚dem ischt dr Wei in Kopf gschtiega'; ‚der hat fescht glade'; ‚der hat a Fäßle gwichst'; ‚der hat scho en Schternhaglrausch'; ‚der hot über d'Schnur ghaue'; ‚der hat en Dapps'; ‚der hot koin schleachta Dampel'; ‚der sauft wia a Loch'; ‚der hat scho a ganz Heuretguat versoffa'; ‚der hot au en Schtich'; ‚der hot sei Debetat'; ‚der hot koin schleachta Dulo'; ‚der hot a bissele z'viel g'lupft'; ‚der haut z'tief in da Kruag g'luaget'; ‚der hat z'viel unterm Dächle'; ‚der hot a bissele z'viel unter d'r Kappa'; ‚der hot schiaf g'lada'; ‚der hot de richte Bettschwere'; ‚der handlat mit Affa'; ‚der hot en scheana Dampes'; ‚der trait en scheana Fahna hoim'; ‚der isch z'lang in der Kircha gwea, wau ma mit de Schoppagläser zämaläutet'.

An weiteren Rdaa. sind noch zu nennen: ‚Der Flasche (dem Glas) einen vors Köpfchen hauen', sie öffnen, zu trinken beginnen (Sauerland); ‚jem. unter den Tisch trinken'; ‚sich die Kuttel vollsaufen' (Pfalz); ‚sich die Hucke vollsaufen' (Westf.); ‚sich die nötige Bettschwere antrinken'; ‚sich einen auf die Lampe gießen'; ‚jem. hat zu tief ins Glas geschaut'; ‚jem. hat sich eklig einen angeduddelt'; ‚sich einen unter die Weste jubeln'; ‚jem. ist voll über beide Ohren', ‚vollgelaufen bis zum Rand'; ‚sich einen ankümmeln' (vor allem das Trinken von Kümmelschnaps); ‚einen zischen'; ‚die Uhr aufziehen', ein Gläschen Alkohol trinken.

Zur Bez. eines Trinkers wird ferner gesagt: ‚Jem. hat eine trockene, durstige Leber', trinkt gerne; ‚jem. mag das Bier (den Schnaps usw.) nicht umkommen lassen'; ‚jem. ist ein Suffkopp' (Mainz); ‚jem. ist ein Saufaus'; ‚ein Hans Immerdurst'; ‚jem. ist ein wandelndes Bierfaß'; jem.

Hans Immerdurst.

säuft wie ein Loch'; vgl. frz. ‚boire comme un trou' (wie ein Loch trinken); ‚ist ein Saufloch'; ‚jem. säuft wie ein Ochs, Kamel, Pferd, wie eine Kuh, Gans, eine Unke' usw.; ‚jem. säuft wie eine Jungfer, ein Deutscher, Bürstenbinder, Zimmermann, Kapuziner, Mühlrad, Loch, Schwamm' usw.; ‚jem. trinkt das Bier (Schnaps usw.) wie Wasser'; ‚jem. tutet gern einen'; ‚jem. hat keinen schlechten Brand'; ‚jem. bläst gerne einen'; ‚jem. trinkt sich den Tod'. Vgl. frz. ‚boire à tire larigot' (wörtl.: mit gezogenem Schalmeiregister, mit Vollregister trinken). Vgl. frz. ‚boire sec' (trocken bechern) oder ‚Boire tout son saoul' (nach Herzenslust trinken). Alle Rdaa. haben den Sinn von: übermäßig trinken.

‚Jem. ist eine Bierleiche, Schnapsleiche', total betrunken.

Ausdrücke für betrunken sein sind weiter: ‚kanonen-', ‚haubitzen-', ‚granatenvoll', ‚sternhagelvoll'; auch ‚besoffen wie eine ↗ Strandkanone' (altenburgisch, in student. Kreisen gebräuchl.; vgl. die Stelle in einem hist. Roman von Hans v. Zobeltitz: „Besoffen wie eine Haubitze"); ‚sturzbesoffen', ‚blitzbesoffen'; ‚jem. ist fett wie eine Eule' (Westf.), völlig betrunken; ‚jem. läuft die Suppe (= Alkohol, Bier, Schnaps usw.) aus den Ohren wieder heraus' (Münsterland); ‚unter dem Tisch liegen'; ‚sich einen (ver)löten'; ‚sich einen in'n Kappes rammeln' (Münsterland); ‚Talsperre spielen', sich langsam betrinken (die Talsperre läßt man ‚vollaufen'); ‚zuviel im Tank haben'; ‚im Teer sein'; ‚eine Turmspitze für einen Zahnstocher ansehen'; ‚einen kleinen Aal haben'; ‚einen abbeißen'; ‚einen Zopf heimschleifen'.

Euphemistisch heißt es in Schwaben und in der Pfalz: ‚Dem sei Fraa werd sich freue!' oder ‚Der hat sich ganz schön ein'n angesäuselt'. Rheinpfälz. belegt sind: ‚Er hebt gern enner'; ‚Er sauft wie ein Bürstenbinder'; ‚voll wie ein Brezelbub'.

Viele Umschreibungen für das Trinken sind der Musik-Terminologie entnommen: ‚einen pfeifen', ‚einen blasen', ‚einen schmettern', ‚einen tüten'. Auch Zahlen spielen eine Rolle; z. B. ‚halb sieben sein'. Der Urspr. liegt darin, wie G. Burchardi nachweist, daß man seine fünf ↗ Sinne nicht mehr ganz beisammen habe. Denn halb sieben bedeute 3, 5. Dies stimmt auch mit einer weiteren, vor allem im Ostfries. belegten Rda. überein, wo es heißt: ‚He hett sîn fîve nicht recht bînander'. Vgl. engl.: ‚One over the eight', auch: ‚Half seas over'. ‚Whipping the Cat' ist ein alter, amer. Ausdr. für betrunken sein; ebenso ‚Head in the Glass'.

Auf der anderen Seite gibt es ungezählte Lieder und Schlager, die das Vergnügen des Trinkens zum Ausdr. bringen und zum Trinken auffordern. Bekannt ist der Refrain des Schlagers ‚Trink, trink, Brüderlein trink, ...'

Und ein in den Weinbaugebieten Badens verbreiteter Spruch lautet:

Trinke, was klar ist,
Liebe, was rar ist,
Rede, was wahr ist.

Trinken ↗ Heuwagen, ↗ Kanal, ↗ Kanne, ↗ Kapuziner, ↗ Kater, ↗ Kehle.
Leikauf trinken ↗ Leikauf, ↗ saufen.

Lit.: *G. Chr. Lichtenbergs* ‚Patriotischer Beytrag zur Methyologie der Deutschen' (1773); *J. W. Petersen:* Geschichte der deutschen Nationaleignung zum Trunke (Stuttgart 1856; Erstausg. 1782); *Woeste:* Ndd. Ausdrücke für ‚trunken sein', in: Die dt. Mdaa., V (1858), S. 67–74; *W. Körte:* Sprw. Rdaa. der dt. Zech- und Saufbrüder (Leipzig ²1861); *A. Otto:* Essen u. Trinken im Sprw., in: Archiv lat. Lexicogr. 4 (Leipzig 1887), S. 345–357; *H. Schrader:* Das Trinken in mehr als fünfhundert Gleichnissen und Rdaa. Eine spracwissenschaftl. Untersuchung aus der Methyologie (Berlin 1890); *R. Becker:* Einen pfeifen, in: Zs. f. d. U. 5 (1891), S. 645; *O. Glöde:* Rdaa. für Trunkenheit in Dtl., in: Zs. f. d. U. 6 (1892), S. 576–577; *Fr. Lauchert:* Sprww. und sprw. Rdaa. bei Abraham a Santa Clara (Bonn 1893), S. 81–82; *J. Cornelissen:* De dronkenschap in de volkstaal, in: Ons Volksleven IX (1897), S. 48 f.; *W. Unseld:* Schwäb. Sprww. und Rdaa. Trinken und Verwandtes, in: Zs. f. dt. Mdaa. 1 (1906), S. 177–185; *G. Burchardi:* Halb sieben sein, in: Indogerm. Forschungen 38 (1917), S. 201–206; *Friedli:* Bärndütsch V (1922), S. 455–494; *M. P. Tilley:* Good drink makes good blood, in: Modern Language Notes 39 (1924), S. 153–155; *Anon.:* One over the eight, in: Word-lore 2 (1927), S. 216; *K. Rother:* Die schles. Sprww. und Rdaa. (Breslau 1928), S. 104 ff.; *H. Schudt:* Er ist betrunken (Aus den Sammlungen des Südhess. Wb.), in: Hess. Bl. f. Vkde. 27 (1928), S. 76–89; *A. Haas:* Das Trinken im pomm. Sprw., in: Blinkfür (Stettin 5./6. November 1932); *H. L. Bezven:* Zoo dronken als een Kraai, in: (Onze Taaltuin 3 (1934/35), S. 279–283; *F. Eckstein:* Art. ‚Trinken', in: HdA. VIII, Sp. 1150–1165; *H. F. Rosenfeld:* Ausdrucksfähigkeit und Bildkraft der ndd. Sprache, dargelegt an der Bez. des Bezechten; Sonderschrift des Stader Geschichts- und Heimatvereins 7 (Neumünster 1956); *H. Ritte:* Das Trinklied in Dtl. und Schweden (München 1973), bes. S. 25–49; *G. Monteiro:* Head in the glass, in: Proverbium 24 (1974), S. 955; *W. Schwanholz:* Volksliedhafte Züge im Werk Oswalds v. Wolkenstein. Die Trinklieder (= Germanistische Arbeiten zu Sprache u. Kulturgeschichte 6), (Frankfurt a. M.–Bern–New York 1985); *R. Aßfalg:* Witze für Alkoholiker und solche, die es werden wollen (Hamburg 1985); Alkohol im Volksleben, Sonderheft der Hess. Bl. f. Volks- und Kulturforschung 20 (1986); *L. Röhrich:* Flaschen, in: Volkskultur in der

1643

Moderne, hg. v. U. Jeggle u.a. (Reinbek b. Hamburg 1986); S. 332–346; *E. Abel:* Alcohol Wordlore and Folklore (New York 1987).

Trippstrill. *Nach Trippstrill ist die rdal.* Scherzantwort auf die neugierige Frage ‚Wohin?' Im schwäb. Kindertanzlied heißt es noch heute:

Danz mit der Dorl, Danz mit der Dorl!
Bis nach Trippstrill mit der Dorl.

Die Wndg. ist südd. ähnl. verbreitet wie nordd. ‚nach ↗ Buxtehude'. Die ältesten lit. Belege für den erdichteten Namen Trippstrill, der z. T. ebenso wie Schilda zur Kennzeichnung eines Narrenortes dient, reichen bis ins 15. Jh. zurück.
In den heutigen Mdaa. finden sich z. T. noch ergänzende Zusätze, z. B. ‚Er ist von Trippstrill, wo die Gänse Haarbeutel tragen' (thür. und schwäb.); ‚nach Dribsdrill, wo's die alten Weiber jung mahlen' (Oberoesterr.; ↗ Weibermühle), und bes. grob im Schwäb.: ‚wo ma de Weiber krumme Arschlöcher bohrt'. Man hat in dem Ortsnamen Trippstrill das württembergische Treffentrill (heute Teil von Brackenheim, Kr. Heilbronn; in der Nähe die ‚Altweibermühle Tripsdrill') oder die thüringische Stadt Triptis finden wollen. Beide Orte werden im Volksmund Trippstrill genannt. Jedoch wird es sich hier wohl um eine nachträgliche Verknüpfung der Rda. mit ähnl. klingenden Ortsnamen handeln. Im Unterschied zum Ortsnamen Trippstrill ist Trippstrill = Dummling, Tölpel auch im ndd. Sprachraum bezeugt. Frischbier verzeichnet für Ostpreußen: ‚Drepsdrell' = langsamer, einfältiger Mensch.

Lit.: *J. Bolte* in: Herrigs Archiv 102, S. 253; *O. Weise:* Firlefanz, Quirlequitsch, Trippstrill, in: Zs. f. d. Wortf. (Straßburg 1902), S. 122ff.

Tritt. *Jem. einen Tritt geben (versetzen):* ihn wie einen Hund davonjagen, ihn schimpflich behandeln.
Nur einen Tritt bekommen: keinen Dank zu erwarten haben, ausgenutzt und dann verächtlich fallengelassen werden. Die Rda. wird oft als Warnung für jem. gebraucht, der sich nicht vorstellen kann, daß er nur Undank erfahren wird.
Die Wndg. *In gleichem Tritt und Schritt:* in völliger Übereinstimmung, in harmonischer Gemeinschaft, stammt aus Ludwig Uhlands bekanntem Lied: ‚Ich hatt' einen Kameraden', das er 1809 dichtete und das zuerst im ‚Poet. Almanach f. d. Jahr 1812', S. 128 gedruckt erschien.
Wieder Tritt fassen: in feste, geregelte Bahnen zurückkommen, sich stabilisieren. Die Rda. stammt aus der Soldatensprache und bedeutet urspr.: den Gleichschritt aufnehmen.

Trittbrettfahrer. *Ein Trittbrettfahrer sein:* jem., der durch die Arbeiten anderer profitiert, ohne daß er Anteil daran hat. Der Ausdr. kommt daher, daß sich bei öffentlichen Verkehrsmitteln oft nicht zahlende Gäste auf das Trittbrett gestellt haben, wo sie während der Fahrt für den kassierenden Schaffner nicht erreichbar waren.

trocken. *Jem. ist noch nicht auf dem trockenen:* die Gefahr ist noch nicht gebannt. Dagegen: *auf dem trockenen sitzen:* hilflos sein, in Geldverlegenheit sein, festsitzen. Der Realbezug der Rda. ist der Fisch, der auf dem Trockenen ersticken muß (vgl. den Gegensatz: ‚wie ein Fisch im Wasser'; ‚in seinem Element sein'), oder das Schiff, das bei Ebbe festliegt. Die Rda. ist in übertr. Anwendung seit der Mitte des 18. Jh. bezeugt. Seit dem 19. Jh. bedeutet ‚auf dem trockenen sitzen' auch: ein leeres Glas vor sich stehen haben, nichts zu trinken bekommen (vgl. ‚trockenes Gedeck'); dazu in der Mitte des 20. Jh. umg.: *trocken leben:* den Alkohol meiden; *trocken reden:* eine Unterhaltung ohne Getränke führen; *hier ist trockene Luft:* hier werden keine Getränke verabreicht; *trocken sitzen:* nichts zu trinken haben.
Jem. ist trocken: hat einen nüchternen, aber treffenden Humor; aber auch: Er trinkt keinen Tropfen Alkohol mehr. Diese neuere Bdtg. stammt aus der Drogenszene und steht in Zusammenhang mit einer Entziehungskur nach Alkoholmißbrauch. Der Alkoholiker muß unbedingt abstinent bleiben, um keinen Rückfall zu erleben. Kann er dies durchhalten, darf er von sich behaupten, ‚absolut trocken' zu sein.
Ein bes. hagerer Mensch wird als ‚vertrocknet' bez. Diese Vorstellung des Zusammengetrocknetseins erfährt eine Stei-

gerung durch rdal. Vergleiche: ‚so drüge äs en Stock Holt' (Westf.); ‚hei es sau druck es de Forke in 't Heu' (Sauerland); ‚so dröd as'n Braotbär' (Altmark); ‚so draige asse Pulver' (Grafschaft Mark). Vgl. ndl. ‚Het is zoo droog als een puimsteen'; ‚het is zoo droog als poeder'.
Sein Schäfchen ins trockene bringen ↗Schaf; *noch nicht trocken hinter den Ohren sein* ↗Ohr.

Trommel. *Etw. auf die Trommel bringen:* etw. aufs ↗Tapet bringen, lit. bei Gotthelf (‚Käserei' 385).
Der Trommel folgen: in den Kampf (Krieg) ziehen.
Der Trommel ein Loch machen: ein Ende bereiten.
Ein wahres Trommelfeuer: übertr. für alles, was in großen Massen auftritt. *Für jem. die Werbetrommel rühren:* für ihn Reklame machen. Eine gelungene Sache begrüßt man: ‚Gott sei's getrommelt und gepfiffen!' *Nicht auf sich herumtrommeln lassen:* sich nichts gefallen lassen.
Alles zusammentrommeln: alle verfügbaren Kräfte, alle Helfer herbeirufen.

Lit.: *E. Seemann:* Art. ‚Trommel', in: HdA. VIII, Sp. 1166–1173;

Trompete. *Alles austrompeten:* vorzeitig Geheimnisse verraten; ebenso: *laut in die Trompete stoßen:* prahlen und die Öffentlichkeit auf sich aufmerksam machen. *Er ist seine eigene Trompete:* er macht für sich selbst Reklame.
E. M. Arndt schrieb 1818 das Gedicht ‚Gebhard Lebrecht von Blücher', in dem es heißt: „Was blasen die Trompeten? Husaren heraus!"
Er bläst eine gute Trompete: er trinkt viel und kann noch mehr vertragen. *Mit Pauken und Trompeten durchfallen* ↗Pauke.

Lit.: *D. Möller:* Untersuchungen zur Symbolik der Musikinstrumente im Narrenschiff des Sebastian Brant (Regensburg 1982), S. 84.

Tropf. *Ein armer (elender) Tropf sein:* ein einfältiger, geistig beschränkter, bedauernswerter Mensch sein. Wahrscheinl. steht der Ausdr. mit ‚Tropfen' i. S. v. ein Nichts, etw. Unbedeutendes in Zusammenhang. Im Mhd. bedeutet ‚tropfe' auch Schlagfluß, Lähmung u. Fallsucht, nach dem Volksglauben durch Tropfen hervorgerufen, die ins Gehirn, das Rückenmark, die Nerven oder die Augen fallen. Die Bez. der Krankheit kann davon auch auf den Kranken übertr. worden sein, der für blödsinnig gehalten wird.
Am Tropf hängen: künstlich ernährt u. mit Medikamenten versorgt werden. Die neue Wndg. beruht auf dem Bild vom Patienten, der im Krankenhaus an Schläuchen hängt u. auf diese Weise in der Intensiv-Station versorgt wird. In übertr. Sinne umschreibt die Rda. Formen von Abhängigkeit wie z. B. Subventionen. Eine Schlagzeile in der ‚Zeit' v. 3. IV. 1987 lautete: „Der Stahl am Tropf des Staates".

Tropfen. *Ein Tropfen auf einen heißen Stein:* viel zuwenig und daher völlig wirkungslos. Das leicht verständliche Bild ist seit der 1. H. des 19. Jh. belegt; auch in der selteneren Form: ‚Das ist ein Tropfen ins Meer'. Tir. im selben Sinn: ‚Das is grad, as wenn man a Gbetle i d'Höll wurf'; in der Pfalz: ‚einen Bettelbuben in die Hölle werfen'. Bert Brecht verwendete die Rda. in seiner ‚Ballade vom Tropfen auf den heißen Stein' (‚Gedichte', Bd. III [Frankfurt 1961]), S. 170f.
Wie ein Tropfen am (im) Eimer sein: ohne jegliche Bdtg., beruht auf Jes. 40, 15, wo es heißt: „Siehe, die Heiden sind geachtet wie ein Tropfen, so im Eimer bleibt ...".
Ein Tropfen Wermut (ein bitterer Tropfen) war dabei (fiel in den Becher der Freude): die Freude wurde durch etw. getrübt.
Jem. den letzten Tropfen Blut aussaugen: ihn bis aufs äußerste ausnutzen.
Ein guter (edler) Tropfen: ein köstlicher Wein, der sehr alt ist.
Gern einen Tropfen nehmen, auch *einen Tropfen hinter die Binde gießen:* gern Alkohol trinken. Vgl. frz. ‚S'en envoyer un derrière la cravate'; ndl. ‚Hij houdt veel van den drop'; ↗trinken.
Keinen Tropfen im Becher mehr: nichts mehr zu trinken haben, zitieren wir scherzhaft nach dem Lied ‚Die Lindenwirtin' von Rudolf Baumbach, das er zuerst in seinen ‚Liedern eines fahrenden Gesellen' (Leipzig 1874) veröffentlichte.
Steter Tropfen höhlt den Stein: Beständigkeit führt schließlich zum Ziel. Die Wndg. beruht auf einem Zitat bei Hiob 14,19, wo es im Text der Vulgata heißt: „Lapides ex-

‚Steter Tropfen höhlt den Stein'

cavant aqua". Ovids Formulierung „Gutta cavat lapidem" in seinen ‚Epistolae' IV, 10,5 entspricht unserem Sprw. noch besser (Büchmann).

Trost. *Nicht recht (ganz) bei Troste sein:* nicht recht bei Sinnen, bei Verstand sein; bes. häufig in der Frage: *Du bist wohl nicht ganz bei Trost?* Seit der Mitte des 18. Jh. bezeugt: „Trost wird, außer der gemeinen Bedeutung, gantz sonderbar gebraucht, wann wir sagen: He is nich recht by Trost: er ist unrichtig im Kopffe" (Richey, Idioticon Hamburgense [1755], S. 315). Bei Wieland (Sämtl. Werke [1794 ff.], IV, 42):

> Denn, wenn der König manchmal
> (Was andern Königen wohl zuweilen
>   auch geschehen)
> Nicht wohl bei Troste war.

Bei E. T. A. Hoffmann (‚Der goldene Topf'): „‚Der Herr ist wohl nicht recht bei Troste!' sagte eine ehrbare Bürgersfrau (zum verzückten Studenten Anselmus)". Vielleicht knüpft die Wndg. an die Bdtg. ‚Hilfe', ‚Schutz' von ‚Trost' an, vielleicht auch an die von ‚Hoffnung', ‚Zuversicht'. Schwäb. ‚Des isch äller Hure Trost'; man sagt dies, wenn einer sich damit entschuldigt, daß andere denselben Fehler gemacht haben.

Etw. zum Trost nehmen: zum Ersatz für Verlorenes.

Es ist ihm noch ein süßer Trost geblieben, heißt es scherzhaft, wenn jem. zwar einen Verlust erlitten hat, aber noch genug besitzt. Die Rda. bezieht sich auf eine oft parodierte Stelle aus Schillers ‚Lied von der Glocke', wo es nach einer Brandkatastrophe, die allen Besitz vernichtete, heißt:

> Ein süßer Trost ist ihm geblieben:
> Er zählt die Häupter seiner Lieben.
> Und sieh! ihm fehlt kein teures Haupt.

Ein leidiger Trost sein: keine Hoffnung beinhalten. Die Rda. beruht auf Hiob 16,2: Der von seinen Freunden in seinem Unglück unverstanden gebliebene Hiob antwortet, als diese ihm das Unheil der Gottlosen schildern: „Ich habe solches oft gehört. Ihr seid allzumal leidige Tröster!"

Etw. ist nur ein schwacher (schlechter) Trost: es hilft nicht wirklich weiter, eine günstigere Aussicht für die Zukunft kann nicht gegeben werden.

Jem. ein Trostpflaster auflegen: ihn durch ein Geschenk beruhigen, meist von einem Kind gesagt, das gefallen ist und durch eine Süßigkeit die Tränen und Schmerzen vergißt.

Einen Trostpreis erhalten: auch als Verlierer einen Preis erhalten, um über die Enttäuschung schneller hinwegzukommen; vgl. frz. ‚recevoir un prix de consolation'.

Trott. *Im selben Trott weitermachen:* nach alter Methode verfahren, unrentabel, unwirtschaftlich arbeiten, ↗ Tretmühle. ‚Trott', von frz. ‚trot' bedeutet eigentlich ↗ Trab.

Trottel. *Jem. als Trottel behandeln:* jem. wie einen Deppen behandeln; Trottel meint eigentl. einen Menschen mit täppischem Gang (von trotten, trotteln); der Ausdr. wird gebraucht für jem., der nicht bemerkt, was um ihn herum passiert und ziemlich willenlos ist. Vgl. auch ‚der Dorftrottel sein'.

Trotzkopf. *Einen Trotzkopf aufsetzen:* eine eigensinnige, halsstarrige Haltung zeigen, erscheint zuerst 1679 bei Chr. Weise als ‚trotzende Gebärde'; eigentl. ist der Kopf selbst mit seinen widerspenstigen Gedanken gemeint: „Denn es mag darnach vorgehen, was da wil, so haben sie ihren Trotzkopf aufgesetzet und wollen entweder recht behalten oder die Heimligkeit sol gleich an den Tag kommen" (‚Polit. Näscher' 67). Die Wndg. scheint nicht in die Mdaa. gelangt zu sein.

trüb. *Im trüben fischen:* aus unklarer Lage Vorteil ziehen, bei dunklen und nicht ganz einwandfreien Geschäften seinen Profit machen; früher gern in Beziehung auf das öffentl. und staatliche Leben gebraucht in der Bdtg.: die gemeine Not oder die Verwirrung der Zeit zu seinen Gunsten wenden und ausnützen. In älterem Nhd. heißt es, ebenso wie z.T. noch in den Mdaa., vollständiger: ‚im trüben Wasser fischen'. Die Rda. gehört zu dem über ganz Europa verbreiteten Sprw. ‚In trübem Wasser ist gut fischen'; engl. ‚it is good fishing in troubled (muddy) waters'; ndl. ‚in troebel water is het goed vissen'; frz. ‚pêcher en eau trouble'; vgl. Wander IV, 1339 f. Sprw. und Rda. sind im Dt. seit dem 16. Jh. bezeugt. Der früheste Beleg findet sich in Walter Maps: ‚De nugis curalium', einem Werk, das kurz vor 1200 in England verfaßt wurde, dort in der Formulierung: „In aqua turbida piscatur uberius". Zur gleichen Zeit sagt auch Peter of Blois, Erzbischof von Bath: „Vulgo enim dicitur, aqua turbida piscisior". In einer spätma. Sprww.-Sammlung heißt es: ‚Flumen confusum reddit piscantibus usum'. Das Sprw. bezieht sich auf eine alte praktische Erfahrung der Fischer, zum Aalfang das Wasser zu trüben, die schon für das alte Griechenland bezeugt wird. Vgl. noch Franz Schuberts Lied ‚Die Forelle' (Text von Schubart).

Kein Wässerchen trüben können ↗ Wasser.
Etw. sieht trübe aus: die Aussichten sind schlecht, es gibt wenig Hoffnung auf Besserung. Die Wndg. bezieht sich urspr. auf das schlechte Wetter, das auch auf die Stimmung drückt.
Für den, der in der Liebe enttäuscht wurde, erscheint die ganze Welt trübe, so wie es im Lied heißt:

'S ist Alles dunkel,
's ist Alles trübe,
dieweil mein Schatz
ein' Andern liebt

(E. B. II, S. 496, Nr. 698ᵃ: Trübsinn).

Lit.: *A. Taylor:* ‚It is good fishing in troubled (muddy) waters', in: Proverbium 11 (1968) S. 268–275.

Trübsal. *Trübsal blasen* (seltener: *spinnen*): trüben Gedanken nachhängen, mißmutig sein; auch: traurig dasitzen. Die Wndg. kann vielleicht ebenso wie die schwäb. Variante ‚Trauer blasen' auf die einen Trauerfall anzeigende Blasmusik vom Kirchturm zurückgeführt werden. Im Gegensatz hierzu steht schweiz. ‚Freud blasen'. Heyne (Dt. Wb. III, 1059) hält die Wndg. für eine Erinnerung an das Volkslied: „Ich schell (lasse erschallen) mein Horn in Jammerton, mein Freud ist mir verschwunden" (Herzog Ulrichs Jagdlied; E. B. II, 51, Nr. 258). Sicher erklärt ist die Rda. jedoch nicht. Seit dem 18. Jh. ist sie lit. bezeugt. 1775 schreibt Eva König an Lessing (Lessings sämtl. Schriften 21, 72 Muncker): „Ich Armselige habe so lange in Wien Trübsal geblasen, und nun ich gerne da seyn wollte, sitze ich hier (in Heidelberg)".
In neuerer Zeit ist die Rda. bes. in den obd. Mdaa. mit vielfachen Erweiterungen verbreitet, die ihrerseits wieder Eingang in die Umgangssprache gefunden haben; schwäb. ‚Trübsal blasen und Elend geigen (schwitzen)'; auch: ‚Langeweile geigen' (Tirol), ‚Trübsal blasen und Angst und Not weinen', über seine Verhältnisse viel klagen, ‚Trübsal nach Noten blasen' (köl. und fränk.). In Anlehnung an eine bekannte Heilige des Volksglaubens entstand die oberösterr. Erweiterung ‚Trübsal blasen und Kummernus geig'n' (↗ Kümmernis).

Truhe. *Etw. in die lange Truhe legen:* ungebührlich lange aufschieben, in Vergessenheit geraten lassen, ist nicht so verbreitet wie das gleichbedeutende ‚auf die lange ↗ Bank schieben', jedoch schon 1525 bei Urbanus Regius bezeugt (‚Von Leibaygenschaft oder Knechthait', 103ᵃ): „Laßt der armen leut hendel nit jar und tag in der langen truchen ligen zu irem mercklichen verderben".
Bes. in der Schweiz sind viele Rdaa. mit ‚Truhe' bzw. ‚Chästli' bekannt: ‚wissen, wo's Chuchi-Chästli ist': die guten Sachen kennen; ‚nichts i der Trucke chaufe': nichts unbesehen erwerben; ‚Etw. blibt natürli nüd imene Trüggli': etw. bleibt nicht geheim.
‚Aussehen wie us em Trückli': bes. gut und gepflegt aussehen; ‚us der undere Trucke' sein: eine schlechte Gesinnung haben.

Lit.: *Th. Gantner* (Hg.): Truhen und Kästchen. Ausstellungskatalog des Schweiz. Museums f. Vkde. (Basel 1981/82).

Trumpf. *Einen Trumpf darauf setzen:* etw. mit einem derben Zusatz bekräftigen, das Bisherige überbieten. Die Rda. stammt aus dem Kartenspiel, wo Trumpf, eine volkssprachl. Vereinfachung von ‚Triumph', seit der Mitte des 16. Jh. die siegende, stechende Farbe bez. Die übertr. Anwendung des Wortes ist seit dem 18. Jh. belegt.
Zum selben Rdaa.-Feld gehören die Wndgn.: *Einen Trumpf ausspielen* (oder *den letzten Trumpf ausspielen*): mit einer bisher zurückgehaltenen, entscheidenden Angabe den Gegner besiegen, etw. Entscheidendes zum Einsatz bringen; vgl. frz. ‚jouer son dernier atout'. *Trumpf sein:* ausschlaggebend sein; *jem. übertrumpfen:* ihn übertreffen; *jem. abtrumpfen (lassen):* ihn zurückweisen, ihn durch eine derbe Antwort zum Stillschweigen bringen; *einen Trumpf in Händen haben* (oder *behalten*): einen Vorteil besitzen; vgl. frz. ‚avoir un atout en mains'; *alle Trümpfe in der Hand halten:* schlechthin unschlagbar, überlegen sein; vgl. frz. ‚avoir tous les atouts en mains'; *seine besten (alle) Trümpfe aus der Hand geben:* sich seines Vorteils begeben, vgl. ndl. ‚Hij verliest zijne beste troeven'; *jem. die Trümpfe aus der Hand nehmen:* die Vorteile des anderen wirkungslos machen; *Trumpf wider Trumpf:* ‚Wurst wider Wurst', Gleiches mit Gleichem vergelten; *jem. zeigen, was Trumpf ist:* ihm deutlich machen, wie die Dinge wirklich liegen, wer der Mächtigere ist.
Vielfache Varianten kennen auch die Mdaa.: ‚'s Bschisse isch halt wirklig Trumpf' sagt man im Bad., wenn Betrüger gerade Oberwasser haben. Zur Bez. einer schwierigen, ausweglos erscheinenden Situation schwäb. ‚Da ist Dreck Trumpf'. Ebenfalls schwäb. ‚nicht wissen, was Trumpf ist', sich nicht auskennen. Schlesw.-holst. ‚He hett all sien Trümf utspelt', er weiß nichts mehr zu machen.
↗ Treff, ↗ Karte.

Trunkenheit ↗ trinken.

Tube. *Auf die Tube drücken:* der Maschine erhöhte Geschwindigkeit abgewinnen; mit der Tube ist hier die Vergaserdüse des Verbrennungsmotors gemeint; übertr.: Mitleid und Tränen zu erregen suchen (vgl. ‚auf die Tränendrüsen drücken', ↗ Träne).

Tuch. *Wie ein rotes Tuch wirken:* aufreizend wirken; eine erst in neuerer Zeit belegte Rda., die vom Stierkampf hergeleitet ist. Bismarck sagte im Reichstag („Reden' IX,425): „Ich wirke gewissermaßen wie das rote Tuch – ich will den Vergleich nicht fortsetzen".

‚Wie ein rotes Tuch wirken'

Kein Tuch von einer Farbe sein: es herrschen widersprechende Ansichten, gleicher Sinn und Charakter fehlen in einer Gemeinschaft. Vgl. ndl. ‚Het is geen laken van eene kleur'.
Zweierlei Tuch nannte man früher die Uniform der Soldaten, an der Kragen und Aufschläge von anderer Farbe waren als der übrige Rock; dann wurde die Bez. auf den Soldatenstand selbst übertr.: ‚Frauen (Mädchen) lieben zweierlei Tuch', d.h. die Soldaten. Die Rda. wurde auch auf uniformierte Beamte, in Schwaben auch auf Jäger und Sträflinge angewandt.
Die obd. Kennzeichnung eines leichtsinnigen Menschen als ‚leichtes Tuch' war früher so geläufig, daß man auch nur sagte: ‚Du bist ein Tuch', auch: ‚ein erzfaules Tuch'; vgl. schwäb. ‚Der hat e leicht's Tuch am Kittel'.
Das Tuch an fünf Zipfeln nehmen wollen: übergenau, sehr knauserig sein, zu viele Vorteile für sich haben wollen. *Ins volle (ganze) Tuch schneiden können:* die ausreichenden Mittel für ein Unternehmen besitzen, nicht rechnen müssen; vgl. frz. ‚Il peut tailler en plein drap' (veraltet).
Gut betucht sein: Finanziell und materiell sehr gut gestellt sein. In alter Zeit galten Tücher quasi als ‚Hausschatz'; so wurde

auch eine Aussteuer für ein Mädchen oft nur mit Tuch zusammengestellt. Ein Tuch war auch ein Liebespfand, ↗ Taschentuch, ↗ Band.

Lit.: *G. Jungbauer:* Art. ‚Tuch', in HdA. VIII, Sp. 1176–1183.

Tuchfühlung. *Tuchfühlung halten:* eng nebeneinander stehen, auch übertr.: eine Verbindung nicht abreißen lassen; geht von der Soldatensprache aus und hat 1909 eine erste Aufzeichnung erfahren. Während urspr. das Berühren mit den Ärmeln der im Glied stehenden Truppe gemeint war, hat die Rda. im 20. Jh. viele übertr. Bdtgn. erhalten: ‚auf Tuchfühlung eingestellt sein', engumschlungen, intime Beziehungen zu einer Person des anderen Geschlechts unterhalten: ‚auf Tuchfühlung gehen', eng an jem. heranrücken, sich anbiedern; ‚in Tuchfühlung gehen', eng aneinandergeschmiegt gehen.

Tücke. *Der Tücke des Objekts erliegen:* wegen einer unvermuteten Schwierigkeit aufgeben müssen; das Problem stellt sich oft erst beim Gebrauch des Gegenstandes heraus. Der Ausdr. ersch. erstmals im Roman ‚Auch einer' von F. Th. Vischer (1807–87).
Nicht jeder vermochte der rasanten Entwicklung des technischen Fortschritts im Zeitalter der Industrialisierung zu folgen. Wenn er sich hilflos überfordert fühlte, suchte er die Schuld bei dem Gerät, nicht bei sich selbst.

tun, Tun: *Etw. ganz tun:* etw. vollenden, seine ganze Kraft dafür einsetzen, sich erfolgreich bemühen. Dagegen: *Etw. nur halb tun:* etw. lustlos bearbeiten, nicht voll davon überzeugt sein, es nicht so wichtig nehmen.
Jem. etw. zulieb (zuleide) tun: jem. eine Freude machen (ärgern, hindern) wollen.
Nur so tun, als ob: sich von etw. den Anschein geben.
Damit ist es nicht getan: es reicht nicht aus, eine Sache ist noch unvollständig. Die Wndg. *Das eine tun und das andere nicht lassen* beruht auf Matth. 23, 23: „Dies sollte man tun und jenes nicht lassen". Ähnl. sagt man: *Ich habe getan, was ich nicht lassen konnte:* ich habe so gehandelt, wie ich es für richtig hielt, ich bin meiner inneren Stimme gefolgt, ich bin mir treu geblieben. Die Wndg. ist mehrfach lit. bezeugt, z. B. in Lessings ‚Emilia Galotti' (II, 3) u. in Schillers ‚Wilhelm Tell' (I, 1); vgl. auch Joh. 13,27: „Was du tust (tun willst), das tue bald", eine rdal. gewordene vielgebrauchte Wndg., die Jesus zu Judas sagte.
Seine Pflicht und Schuldigkeit tun ↗ Pflicht.
Zu vorbildlichem Handeln mahnt die Wndg.: *(So) gehe hin und tue desgleichen,* mit der Jesus das Gleichnis vom ‚barmherzigen Samariter' (Luk. 10, 30–37) schließt.
Viel für jem. getan haben: ihn sehr gefördert, ihm in jeder Beziehung beigestanden haben, sich für ihn verwendet (verbürgt) haben. *Ein gutes Werk getan haben* ↗ Werk.
In Goethes ‚Faust' (I, Marthens Garten) sagt Gretchen zu Faust:

Ich habe schon so viel für dich getan,
Daß mir zu tun fast nichts mehr übrig bleibt.

Aus Schillers Gedicht ‚Die Teilung der Erde' stammt das sprw. viel gebrauchte *Was tun? spricht Zeus,* wenn man sich keinen Rat mehr weiß.
Ein Werbeslogan der ESSO-AG hat eine Reihe von Varianten in der Jugendszene hervorgebracht. Das Original heißt: ‚Es gibt viel zu tun – packen wir's an'. Daraus wurde: ‚Es gibt viel zu tun – warten wir's ab!' – ‚Es gibt viele zu packen – tun wir's ihnen an!' – ‚Es gibt viel zu tun – lassen wir's liegen'.
Jem. Tun und Treiben beobachten: seine Lebensweise überwachen, ähnl.: *jem. Tun und Lassen.* Trinkfreudige zitieren gern Goethe: „Hier sind wir versammelt zu löblichem Tun" nach dem 1. Vers seines Liedes ‚Ergo bibamus', das 1811 als Nr. 44 in den ‚Gesängen der Liedertafel' gedruckt erschien (Büchmann).

Tür. *Mit der Tür ins Haus fallen:* etw. unvorbereitet vorbringen wie einer, der, anstatt erst an die Türe zu klopfen und dann ins Haus zu treten, die Tür einstürmt. So erklärt 1639 Lehmann (S. 826 ‚Vngeschicklichkeit' 1): „Der vngeschickt fält mit der Tür ins Hauß, ist auß der Plumpardey, platzt drein wie ein Saw in Rübenakker, wie ein Pfeiffer ins Wirthshauß". Die Rda. ist seit der 2. H. des 16. Jh. bezeugt.

In den Mdaa. gibt es z.T. abweichende Varianten, z.B. rhein. ‚Dä fällt mit der Schürendür en et Hus'.

‚Mit der Tür ins Haus fallen'

Mit ihm kann man Türen einrennen: er ist sehr dumm, eigentl.: seine Knochendecke ist so dick, daß sie für das Gehirn wenig Platz läßt (in Berlin 1950 gebucht).
Offene Türen mit etw. einrennen: nichts Neues zur Sprache bringen, sich unnötige und damit vergebliche Mühe machen, etw. mühsam klarstellen, worüber ein Zweifel gar nicht besteht; ebenso engl. ‚to force an open door'; ndl. ‚een open deur, open deuren intrappen'; frz. ‚enfoncer des portes ouvertes'.
Jem. eine Tür öffnen: ihm zu wichtigen Bekanntschaften, zu Arbeit verhelfen.
Jem. stehen alle Türen offen: er wird überall gerne gesehen, hat einzigartige Verbindungen.
Sich eine Türe offen halten: sich einen Ausweg sichern; vgl. frz. ‚se réserver une porte de sortie' (Ausweg sichern). Schwäb. ‚alle Türen aufstoßen', alle Mittel versuchen; ‚es geht alleweil wieder e Tür auf', es kommt immer wieder unvorhergesehene Hilfe.
Einer Sache Tür und Tor öffnen: ihr ungehinderten Eingang verschaffen. Die stabreimende Zwillingsformel ‚Tür und Tor' ist scheinbar eine Tautologie, aber etwa bei dem charakteristischen Hofeingang des mdt. Hauses gibt es beides nebeneinander: die Tür für den Menschen und das Tor für das Großvieh und für die Erntewagen; man kann aber auch an die Unterscheidung von Haus-Tür und Hof-Tor denken.
Am 6. September 1899 richtete der Staatssekretär John Hay (1838–1905) ein Rundschreiben an alle amer. Botschafter im Ausland, um die Aufrechterhaltung der *offenen Tür* in China zu sichern. Es wurde darin der Wunsch der Vereinigten Staaten ausgesprochen, daß die Märkte in China dem Handel der ganzen Welt geöffnet würden. Am 27. März 1901 erschien dann zu Washington eine Sammlung aller zwischen den Vereinigten Staaten und anderen Mächten über die ‚Politik der offenen Tür' gewechselten Noten.
Das Wort stammt aus der Bibel. Wörtl. kommt die Wndg. vor in Offenb. 3,8, wo es heißt: „Ich weiß deine Werke. Siehe, ich habe vor dir gegeben eine offene Tür, und niemand kann sie zuschließen". 2. Kor. 2,12 spricht Paulus von einer ihm zur Predigt des Evangeliums aufgetanen Tür. Vielleicht ist durch die bibelkundigen Angelsachsen dieses Wort zu einem Schlagwort der modernen Weltpolitik geworden. Aber im politischen Sinne gebraucht den Ausdr. ‚offene Tür' bereits Bismarck in einem in ‚Gedanken und Erinnerungen' (I, 184) veröffentlichten Brief an Gerlach, wo er sagt: „Ich bin gar nicht für ‚Defensiv-Politik'; ich sage nur, daß wir ohne aggressive Absichten und Verpflichtungen uns auf die Annäherungsversuche Frankreichs einlassen können, daß dieses Verhalten uns gerade den Vorteil bietet, uns jede Tür offen, jede Wendung frei zu erhalten, bis die Lage der Dinge fester und durchsichtiger wird" (Büchmann).
Hinter verschlossenen Türen: geheim, unter Ausschluß der Öffentlichkeit verhandeln; vgl. frz. ‚à huis clos'.
Vor verschlossenen Türen stehen: keine Unterstützung finden.
Robert Musil hat in einer Betrachtung über ‚Die Tür' Rdaa., die die Tür zum Gegenstand haben, gehäuft eingesetzt: „Die vornehmen Leute öffneten oder verschlossen ihre Türen, und der Bürgermeister konnte mit ihnen außerdem ins Haus fallen. Er konnte zwischen Tür und Angel seine Geschäfte erledigen. Konnte vor seiner oder einer fremden Tür kehren. Er konnte jem. die Tür vor der Nase zuschlagen, konnte ihm die Tür weisen, ja konnte ihn sogar bei der Tür hinauswerfen".
Die Türe in der Hand haben: zum Aufbruch bereit sein.

Einer gibt dem anderen die Türe in die Hand: ein Besucherstrom reißt nicht ab.
Hinter der Türe Abschied nehmen: ohne Abschied fortgehen, findet sich ähnl. bei Seb. Franck („Zeytbuch' CCXXXV[b]): „Nam hinder der Thueren vrlaub".
Die Tür von außen zumachen: sich entfernen.
Du kriegst die Tür nicht zu!: Ausdr. der Verwunderung der burschikosen Sprache seit 1930. Tür steht für den offenstehenden Mund des sprachlos Staunenden.
Jem. die Tür zeigen (weisen): ihn schimpflich fortgehen heißen. So bei Hans Sachs ‚Der kram der narren kappen' (16):
 Wen einer hat nimer gelt herfür,
 So weisen wir im die haustür.
Die Rda. ist auch 1580 bei Fischart („Bienenkorb' 50[b]) belegt: „Schreiben die Vätter undienliche Sachen für sie (die römische Kirche), so zeigt sie inen die Thür und leßt sie lauffen". Vgl. frz. ‚montrer la porte à quelqu'un'. Die unfreundliche Aufforderung *Vor der Tür ist draußen!* verwendet Abraham a Sancta Clara gerne (z. B. ‚Judas' II,282, III,64; ‚Reim dich' 131.184.248; ‚Gehab dich wohl' 20.258).
‚Jem. mit der Tür schlagen', ihn zum Haus hinausjagen (schwäb., Fischer II,478).
‚Einem die Thür vor den Hintern schlagen', ihn unsanft hinausbefördern (Wander IV,1196).
Jem. die Türe vor der Nase zuschlagen: einen grob, unhöflich abweisen, taucht seit dem 17. Jh. vielfach in der Lit. auf. Der früheste Beleg ist 1615 in ‚Der Landstörzer Gusman von Alfarache' von Ägidius Albertinus (S. 206) gegeben. Vgl. frz. ‚fermer à quelqu'un la porte au nez'.
Von Tür zu Tür gehen: betteln; vgl. frz. ‚aller de porte en porte' oder ‚faire du porte à porte', letzteres auch i.S.v. hausieren; *Türklinken putzen:* betteln gehen, ist aus der Gaunersprache in Umgangssprache und Mdaa. gelangt.
Bekannt sind auch: *Tür an Tür (wohnen):* nebeneinander; vgl. frz. ‚habiter porte à porte' und *vor der Tür stehen:* nahe bevorstehen, das Adelung (IV,596) 1801 aufnimmt (vgl. ‚jem. den Stuhl vor die Tür setzen', ↗ Stuhl). Auf einen alten Rechtsgrundsatz weist die Wndg. *Der letzte macht die Tür zu:* der überlebende Gatte erbt unter Ausschluß der Verwandten.

(Erst) vor der eigenen Türe kehren: zunächst einmal die eigenen Angelegenheiten in Ordnung bringen (ehe man sich in anderer Leute Angelegenheiten einmischt). G. Rollenhagen (1542–1609) läßt 1595 in seinem ‚Froschmeuseler' die wohl schon damals sprw. Weisheit vortragen:
 Für seiner tür ker jeder fein,
 So wirds in der ganzen Stadt rein.
Zwischen Tür und Angel: in einer bedrängten Lage, ‚in der Klemme', in größter Eile, eigentl.: zwischen zwei Möglichkeiten eingekeilt, ohne zu wissen, welche man ergreifen soll. Schon der mhd. österr. Dichter Peter Suchenwirt (2. H. des 14.Jh.) kennt die Rda.:
 Ein sprichwort ist lang gesait:
 Wer zwischen tüer und angel
 stösst seinen vinger unverzait,
 der gewint an frewden mangel.
Luther gebraucht die Rda. in seinen ‚Tischreden' (91[b]): „Wiewol ich zwischen Thür und Angel komme und gedrenget muß werden". Seb. Franck verzeichnet sie 1541 in seiner Sprww.-Sammlung: „Ich stehe zwischen thür vnnd angel, weyss nit, ob ich auss oder ein sol". Die gleiche Bdtg. hat die ndd. Rda. ‚tüschen Bork und Boom stecken'. Vgl. ‚dürängeln', durchprügeln, quälen, plagen.
Komplimentieren sich zwei Personen zu gleicher Zeit in eine Tür hinein, so sagt man dazu scherzhaft: ‚Das ist ja eine Türquälerei!'

Lit.: *R. Köhler:* Dürängeln, in: Kleinere Schriften, Bd. III (Berlin 1900), S. 632f; *L. Weiser-Aall:* Art. ‚Tür', in: HdA. VIII, Sp. 1185–1209.

Türke. *Einen Türken bauen:* eine oft geprobte Übung als spontane Originalleistung vorführen, etw. vorspiegeln, vortäuschen, einen rettenden Einfall haben, in der Not aus dem Stegreif etwas erfinden, etwas so stellen, als ob es echt wäre, etwas dem Original gleichtun, um Eindruck zu machen, auch: Ehrenbezeigungen vollführen.
Die Rda. ist heute bes. in Kreisen des Rundfunks, des Films und der Presse verbreitet mit der Sonderbdtg.: einen gestellten Partner, ein Double statt des echten im Interview befragen, statt echter Dokumentation als Notlösung gestellte Filmszenen bringen.

Urspr. stammt die Wndg. wohl aus dem militärischen Bereich. In der Soldatensprache ist ‚Türke' ein Fachausdr. für eine eingedrillte Gefechtsübung gegen einen angenommenen Feind und für das parademäßige Vorexerzieren bei militärischen Besichtigungen, aber auch für die taktische Erfindungsgabe der Kommandeure bei solchen Übungen gewesen. In der Form *einen Türken stellen* i. S. v. ‚bei Besichtigungen jem. etw. vormachen' ist der Ausdr. in die heutige Umgangssprache gedrungen. Krüger-Lorenzen meint, daß die Rda. auf einem Vorfall bei der kaiserlichen Marine beruht: „Als 1895 Kaiser Wilhelm II. den nach ihm benannten Kaiser-Wilhelm-Kanal (heute Nord-Ostsee-Kanal), eine der wichtigsten Weltseeverkehrsstraßen, einweihte, trafen sich im Kieler Hafen Kriegsschiffe aller seefahrenden Nationen. Der Kaiser hatte aus diesem Anlaß zu einem Galadiner auf dem Flottenflaggschiff SMS ‚Deutschland' eingeladen. Jedes Boot, das den Vertreter eines Staates an Bord der ‚Deutschland' brachte, führte die entspr. Nationalflagge. Sobald ein hoher Würdenträger seinen Fuß auf das oberste Fallreeppodest setzte, präsentierte die Sicherheitswache, und die Marinekapelle spielte die Nationalhymne des betreffenden Landes. Als plötzlich ein Boot mit der roten türkischen Halbmondflagge anrauschte, stellte der Kapellmeister bestürzt fest, daß weder Noten der türkischen Nationalhymne vorhanden waren, noch einer seiner Musiker diese kannte. Als dann die türkischen Seeoffiziere mit Fez und Halsorden das Fallreep heraufstiegen, intonierte die Marinekapelle kurz entschlossen: ‚Guter Mond, du gehst so stille durch die Abendwolken hin'. So wurde der erste Türke gebaut".

Vermutl. ist das Verb ‚bauen' erst als neueres Modewort zu dem Fachausdr. ‚Türke' getreten, vgl. Wndgn. wie ‚das Abitur bauen', ‚einen Unfall bauen' usw.

Möglicherweise bezieht sich die Rda. auf einen sog. Schachspielautomaten, bei dem eine Türkenpuppe die Züge des Spielers erwiderte, während die Partie in Wirklichkeit von einem unsichtbaren Spieler gelenkt wurde. W. Benjamin gebraucht dieses Bild in seinen ‚Geschichtsphilosophischen Thesen': „Bekanntlich soll es einen Automaten gegeben haben, der so konstruiert gewesen sei, daß er jeden Zug eines Schachspielers mit einem Gegenzug erwidert habe, der ihm den Gewinn der Partie sicherte. Eine Puppe in türkischer Tracht, eine Wasserpfeife im Munde, saß vor einem Brett, das auf einem geräumigen Tisch aufruhte. Durch ein System von Spiegeln wurde die Illusion erweckt, dieser Tisch sei von allen Seiten durchsichtig. In Wahrheit saß ein buckliger Zwerg darin, der ein Meister im Schachspiel war und die Hand der Puppe an Schnüren lenkte. Zu dieser Apparatur kann man sich ein Gegenstück in der Philosophie vorstellen. Gewinnen soll immer die Puppe, die man „historischen Materialismus" nennt. Sie kann es ohne weiteres mit jedem aufnehmen, wenn sie die Theologie in ihren Dienst nimmt, die heute bekanntlich klein und häßlich ist und sich ohnehin nicht darf blicken lassen".

Eine ‚Vermutung' (S. 164), wie es zu dieser Rda. gekommen sein könnte, äußerte 1977 W. Seibicke: „Vielleicht haben der Türke und das Türkenstellen ... eher etwas mit der Türkengill (= Türkengilde), dem Türkentrecken, Türkenreiten und Türkenführen zu tun, wovon in O. Mensings Schleswig-Holsteinischen Wb. V (1935, Sp. 206 f.) die Rede ist". Da wird von einer Art Karneval berichtet, der in Kappeln bis zu Anfang des 20. Jh. gefeiert wurde. Er sollte an die glückliche Rückkehr des Detlevs von Ruhmor aus türkischer Gefangenschaft erinnern, aus welcher ihn Kappelner Schiffer befreit hatten (Ende 17. Jh.). Bei dem Umzug durch die Stadt wurde ein hölzerner, mannshoher ‚Türke' mitgeführt.

Ein möglicher Zusammenhang besteht mit dem sog. ‚Türkenkopfstechen' und dem Türken als Zielfigur bei turnierartigen Spielen. Dabei kam es darauf an, im vollen Anritt mit einem Degen nach einem Kopf zu stechen. Der Adel bestellte bei Bildhauern und Malern geschnitzte und gefaßte Köpfe als Zielfiguren für das Bravourreiten.

Die Rda. existiert auch im Frz. mit derselben Bdtg.: ‚faire un Turc.'

Etw. ist getürkt: etw. ist vorgetäuscht, eine Sache stimmt nicht.

Lit.: Dt. Wb. XI,I,II, Sp. 1853f.; *P. Horn:* Die dt. Soldatensprache (Gießen 1899), S. 76; *Th. Imme:* Sodatensprache (1917), S. 79; *W. Benjamin:* Gesch.-phil. Thesen 1, in: Schriften, hg. v. Th. W. Adorno u. G. Adorno, Bd. I (Frankfurt a.M. 1955), S. 494; *L. Kretzenbacher:* Ringreiten, Rolandsspiel u. Kufenstechen (Klagenfurt 1966); *Krüger-Lorenzen:* Kuhhaut, S. 246f.; *Küpper*II, S. 290; *H. Dittrich:*Rdaa. auf der Goldwaage (Bonn 1970), S. 252; *S. Özyurt:* Die Türkenlieder und das Türkenbild in der dt. Volksüberlieferung vom 16. bis zum 20. Jh. (Diss. Freiburg 1969), in: Motive. Freiburger folkloristische Forschungen Bd. IV (München 1972); *W. Seibicke:* Einen Türken bauen, in: Der Sprachdienst 21 (1977), S. 163–165; *K. Berisch:* Einen Türken bauen, in: Der Sprachdienst 22 (1978), S. 31; *H. Küpper:* Einen Türken bauen, in: Der Sprachdienst 22 (1978), S. 16; *C. Monßen:* Einen Türken bauen, in: Der Sprachdienst 22 (1978), S. 47; *L. Schmidt:* Einige Türkenmotive in der Volkskunst (Rosenheim 1979), S. 90–93. *H. Walther:* Einen (Kammer-) Türken (dar-)stellen, in: Der Sprachdienst 23 (1979), S. 54–55.

Turm. *Kennst du die Mehrzahl von Turm?:* ein Ausdr. der Abweisung. Die Mehrzahl von Turm lautet ‚Türme' und ist lautgleich mit dem Imperativ ‚türme' von ‚türmen' = fliehen, entweichen. Es handelt sich also um ein witziges Spiel mit Lautgleichheiten, unbeschadet der etymol. Verschiedenheiten; seit dem 1. Weltkrieg belegt (Küpper).
Jem. eintürmen: ihn einsperren, ihn als Untersuchungsgefangenen in den Turm setzen. Bes. die Tortürme einer Stadt dienten als Gefängnisse in früherer Zeit, so z. B. auch das ‚Martinstor' in Freiburg. Da die Stockwärter Gefangene oft entkommen ließen, ist vermutl. daher der Ausdr. ‚türmen': sich schnell davonmachen, entstanden.
Im elfenbeinernen Turm sitzen: abgeschlossen leben, die harten Realitäten nicht kennen, ↗ Elfenbeinturm.

Tuschkasten. *In den Tuschkasten gefallen sein:* Überaus geschminkt sein. Eine solch stark geschminkte u. zurechtgemachte Frau wird auch verächtlich als ‚Tuschkasten auf zwei Beinen' bezeichnet.

Tüte. *Kommt nicht in die Tüte!:* ein in Berlin seit dem Ende des 19. Jh., dann auch allg. verbreiteter Ausdr. der Ablehnung.
Aus der Tüte geraten: aus der Fassung kommen, die Beherrschung verlieren (bezieht sich wohl auf die platzende Tüte).
Du bist aber eine Tüte!: ein Dummkopf.

Tüten drehen (kleben): im Gefängnis sitzen.

tuten. *Von Tuten und Blasen keine Ahnung haben:* völlig unwissend, unfähig sein, geht auf die gleichbedeutende Wndg. ‚weder tuten noch blasen können' zurück, die wohl im Gedenken an die mindergeachteten Berufe des Kuhhirten und Nachtwächters entstanden ist. 1601 bei Eyering (‚Proverb.' 2, 385): „Er kan weder thuetten noch blasen". 1771 erklärt das bremische Wb. (5, 135): „He weet so veel van tuten, as van blasen: er versteht von dem einen so viel als vom andren: er ist dumm". Die Rda. ist in südd. und nordd. Mdaa. belegt. Sprw. ist auch: *Da hilft kein Tuten und Blasen:* da hilft keine Gegenrede. *Gern einen tuten:* gern trinken. *In dasselbe Horn tuten* ↗ Horn.

TÜV. *Zum TÜV gehen (müssen):* sich einer Untersuchung unterziehen müssen. Autos müssen regelmäßig zum TÜV, d. h. zum ‚Technischen Überwachungsverein'. Auf den Menschen übertr. meint die Wndg.: zum Arzt zu einer Routine-Untersuchung gehen, um seine Gesundheit oder Genesungsfortschritte nach einer Operation prüfen zu lassen. Der Vergleich beruht auf der dabei zum Einsatz kommenden ‚Apparate-Medizin'.

Typ. *Dein Typ wird verlangt:* du wirst gewünscht, gefordert, gerufen. Eigentlich meint Typ: Figur, Summe der psychischen und physischen Merkmale, (Menschen)schlag.
Dein Typ ist hier nicht gefragt: Du bist unerwünscht.
Das ist (nicht) mein Typ: er sagt mir (nicht) zu, er kommt als Partner (nicht) in Frage.
Ein dufter Typ sein: jem. sein, mit dem man gern Freundschaft schließen würde, der unternehmungslustig ist.

tz. *Bis zum tz*, auch *bis aufs tz:* bis zum äußersten, bis zum Ende, ‚durch und durch', z. B. ‚etw. bis zum tz kennen'; ‚er peinigt einen bis aufs tz'. Die Wndg. ist eine Steigerung der Rda. ‚von A bis Z' (↗Abc), da tz als Verdoppelung des z in alten Fibeln als allerletzter Buchstabe des Alphabets aufgeführt wurde.

U

Übel. *Das kleinere Übel wählen.* Im ‚Protagoras' des Plato sagt Sokrates: „Δυοῖν κακοῖν ... οὐδεὶς τὸ μεῖζον αἱ ρήσεται ἐξὸν τὸ ἔλαττον" (= Von zwei Übeln wird niemand das größere wählen, wenn er das kleinere wählen kann); vgl. auch Aristoteles' ‚Nikom. Ethik' (V, 3, 16). ‚Minima de malis' (= von mehreren Übeln das kleinste) war nach Cicero (‚De officiis' III, 29, 105) im klassischen Altertum sprw. (Büchmann); vgl. engl.: ‚Between two evils choose the least'; frz. ‚choisir le moindre mal'.

‚Das kleinere Übel wählen'

‚Was darüber ist, das ist von Übel' zitiert man nach Matth. 5, 37: „Eure Rede aber sei: Ja, ja, nein, nein. Was darüber ist, das ist von Übel".

Drei Übel, welche einem Mann das Leben schwermachen, sind: ‚La pluye, fumée et femme sans saison (qui chassent souvent l'homme de sa maison)'. Das hier in frz. Form zitierte Sprw. geht – laut Taylor – auf die Sprüche Salomonis zurück. Dort heißt es: „Tecta perstillantia in die figoris et litigiosa mulier comparantur". Luthers Kommentar: „Ein zänkisch Weib und stetiges Triefen, wenn's sehr regnet, werden wohl miteinander verglichen". Das Sprw. spielt in der Lit. des MA. eine große Rolle. So findet man es bei W. Langland, G. Chaucer, in der german. Lehrdichtung, im Schott., Ital., Span. Oft begegnet es in abgewandelter Form, und aus den drei Übeln sind zwei geworden. So im ma. ‚Salomon und Morolf' (vgl. v. d. Hagen, S. 48):

   eyn rynnende dach
   vnde eyn czornig wypp
   die kurczen dem guden
   man sin lypp (V. 377 f.).

Bei Sebastian Brant heißt es im ‚Narrenschiff':

   Ein rinnend dach zu winters frist,
   ist glich ein frow, die zänkisch ist.

Jem. (etw.) als ein notwendiges Übel betrachten: jem. (etw.) in Kauf nehmen müssen. Die Wndg. ist sehr alt, sie wurde wiederholt von griech. Schriftstellern gebraucht, zuerst von dem griech. Komödiendichter Menandros (342–293 v. Chr.). Stobaios hat in seinem ‚Florilegium' (69, 10) folgenden Vers Menanders überliefert: „Τὸ γαμεῖν, ἐάν τις τὴν ἀλήθειαν σκοπῇ, κακὸν μὲν ἔστιν, ἀλλ᾽ ἀναγκαῖον κακόν" (= Heiraten ist, wenn man's bei Licht besieht, ein Übel, aber ein notwendiges Übel).

Die lat. Übers. des Ausdr. ‚malum necessarium' findet sich zuerst bei Lampridius, einem spätröm. Historiker (4. Jh. n. Chr.), in der Lebensbeschreibung des Kaisers ‚Alexander Severus' (Büchmann).

Daß mir's nicht übel (schlecht) wird! sagt man im Ernst oder Scherz, wenn man durch Reden oder Klagen unangenehm berührt wird.

Einem übel mitspielen: ihm heimtückisch Schaden zufügen. *Jem. etw. übel vermer-*

ken (übelnehmen): ihm wegen einer Sache oder Äußerung böse sein.

Lit.: *F. C. Birkbeck:* Between two evils choose the least, in: American Notes and Queries 10 (1896), S. 174; *A. Taylor:* Sunt tria damna domus, in: Hess. Bl.f.Vkde. 24 (1926), S. 130–146; *W. Mieder* (Hg.): Selected Writings on Proverbs by Archer Taylor (= FFC. 216) (Helsinki 1975), S. 133–151.

Ufer. *Das rettende Ufer erreichen:* eine gefahrvolle Situation glücklich überstehen, endlich wieder festen Boden unter den Füßen haben, sich retten, noch einmal davonkommen.

Vom anderen Ufer sein: homosexuell sein.

Zu neuen Ufern aufbrechen: völlig andere Ziele anstreben, vom Unbekannten gelockt werden, auch wenn es Gefahren birgt. Goethe gebraucht die Wndg. lit. in ,Faust' I, Nacht: Faust selbst verkündet, wohin ihn seine ungestillte Wißbegier treibt, nämlich ins Land des Todes. Als er im Begriff ist, die Giftphiole zu ergreifen und seinem Leben selbst ein Ende zu setzen, ruft er aus: „Zu neuen Ufern lockt ein neuer Tag".

Auch in einem modernen Schlagerlied ,Hell war der Mond und die Nacht voll Schatten' (gesungen von Juliane Werding) begegnet die ähnl. Wndg. „an den andern Ufern der Nacht" i.S. v. Bereich, in den kein Lebender nicht zu folgen vermag, wo ein tödlicher Kampf stattfindet.

Uferlos sein (ausufern): kein Ende, keine Begrenzung finden, in übertr. Bdtg. oft auf Reden oder Diskussionen bezogen.

Uff. *Uff!* ist eine Interjektion der Erleichterung. In Märchen ist jedoch ,Uff' wie auch ,Ach', ,Och', ,Ohimé' und ähnliches ein geheimnisvoller Name eines Riesen, Teufels, Negers, Zauberers, welche erscheinen, sobald ein Mensch diesen Laut ausstößt. Sie erweisen sich dann entweder als Helfer oder als Feinde. Das Motiv erscheint bes. in Märchen Italiens, der Türkei, des Balkans überhaupt. Im Türk. bedeutet ,uff sagen' etw. Negatives, Schlechtes. So muntert man einen Niedergeschlagenen auf mit der Rda.: ,Sage nicht uff, sage Allah!'

In den Reiseerzählungen Karl Mays ist ,Uff, Uff!' oft verwendet als Ausdruck des Erstaunens seitens der Indianer. Da diese Silben vor allem Winnetou in den Mund gelegt werden, wird dies gern parodiert: „,Uff, Uff' sagte Winnetou, legte seinen Bauch in Falten, steckte die Beine in die Futterale und verschwand glucksend in den ewigen Jagdgründen".

Eine andere Version lautet:

„,Uff, Uff' sagte Winnetou, biß sich ein Loch in den Bauch und verschwand darin".

Lit.: *K. Ranke:* Art. ,Ach' in: EM. I, Sp. 52–53.

Uhl. *Was dem einen sin Uhl, ist dem anderen sin Nachtigall.* Der Gegenvergleich beider Tiere dient zum rdal. Bild der Verschiedenheit menschlicher Wünsche. Beide Nachtvögel symbolisieren Allergegensätzlichstes: Unglück u. Tod, bzw. Glück u. Liebe.

Die ndd. Form Uhl = Eule ist weit über das eigentl. ndd. Sprachgebiet in der allg. Umgangssprache bekannt. Schlesw.-holst. ,Dor hett'n Uul seten', daraus ist nichts geworden, es ist nicht geglückt. Die sehr häufige Wndg. bez. Enttäuschung und geht aus vom Glauben, die Eule mache den Platz, an dem sie sich niederlasse, zu einem unglückbringenden. Aus dieser Bdtg. der Eule im Volksglauben sind beide Rdaa. zu verstehen; ↗ Eule, ↗ Uhu.

,Uhlefotsküken' ist wörtl. das Küken von einem Uhu. Übertr. ist es die Bez. für einen komischen Menschen; niederrhein.: ,Dat is en Uhlefotsküken', ,du bist mal ein Uhlefotsküken'. Der Begriff gehört zu einer am Niederrhein bekannten Teufelssage, worin ein ,gefederter Mensch' als ein Phantasievogel ausgegeben wird, den man noch nie sonst gesehen hat (H. Otto: Sagen und Überlieferungen vom Niederrhein [Moers 1931], S. 115).

Lit.: *E. u. L. Gattiker:* Die Vögel im Volksglauben (Wiesbaden 1989), S. 321–349.

Uhr. *Seine Uhr ist abgelaufen:* er muß bald sterben, er stirbt, er ist gestorben (vgl. frz. ,Son heure a sonné' ↗ Stunde); lit. in Schillers ,Tell' (IV, 3): „Mach deine Rechnung mit dem Himmel, Vogt! Fort mußt du, deine Uhr ist abgelaufen". Das bekannte Zitat ist aber keineswegs die einzige Quelle der Rda.; vielmehr ist die Wndg. schon lange vorher rdal. bekannt gewesen und auch lit. verwendet worden; z.B. heißt es in Goethes ,Leiden des jungen

Werthers' (1774, 2. Buch, 12. Dez.): „Meine Uhr ist noch nicht ausgelaufen, ich fühle es", wobei an eine Sanduhr zu denken ist. Auch schon in Ayrers ‚Tragedia' vom reichen Mann und armen Lazarus:

Die Uhr ist auß: besich sie eben:
Du mußt noch sterben in wenig stundt.

Und einige Verse darauf:

Sich da! Er hat eine kleine Zeitt,
So ist im di Uhr außgeloffen.

Schon auf das frühe 16. Jh. läßt sich die Rda. zurückverfolgen: *wissen, was* (oder *wieviel*) *die Uhr geschlagen hat:* Bescheid wissen (meist: um eine ernste Sache, um das bevorstehende Ende), auch: eine Sache durchschauen. *Wenn die Uhren alle gleich schlagen:* Umschreibung für niemals.

Die gleichmäßig tickende Uhr symbolisiert auch das menschliche Herz, wie etwa in der durch Carl Loewes Vertonung berühmt gewordenen Ballade von Johann Gabriel Seidl:

Ich trage, wo ich gehe, stets eine Uhr bei mir.

Die Uhr rund schlafen: volle 12 Stunden (oder noch länger) schlafen; vgl. engl. ‚to sleep around the clock'; frz. ‚faire le tour du cadran' (wörtl.: wie der Zeiger rund um das Zifferblatt gehen).

‚Rund um die Uhr' hat die Bdtg. pausenlos, ohne Unterbrechung, immer im Einsatz. Den Zeitraum von 12 Stunden umfaßt die Rda. ‚rund um die Uhr schlafen' (auch engl.: ‚round the clock'). Diese Rda., die man als Ursprung des heutigen ‚rund um die Uhr' ansehen kann, ist schon im 19. Jh. belegt: ‚He schlöpt nett (= genau) met de ganze Klock rond': 12 Stunden lang (J. M. Firmenich, I, S. 406). Eine Wiederbelebung erfuhr die Rda. im Dt. nach dem letzten Krieg und bes. durch Bill Haleys Schlager in den 50er Jahren: ‚Rock around the clock'.

Wenn sich aber heute ein Unternehmen als ‚rund um die Uhr dienstbereit (erreichbar)' bezeichnet, meint dies: ‚Tag und Nacht', also 24 Stunden.

Eine Uhr geht nach dem Mond: sie geht ungenau, falsch; ebenso: ‚eine Uhr geht nach dem ↗ Pfandhaus'; in Norddtl. heißt es auch: ‚die Uhr buttert', i. S. v. die Uhr geht ungenau.

Die Uhr steht bei ihm stets auf Mittag: er ist immer hungrig; *seine Uhr geht nach:* er merkt alles zu spät; vgl. frz. ‚Tu retardes!', i. S. v.: Du bist schwer von Begriff und: Du kommst mit der Zeit nicht mit.

Das Gegenteil meint: *Deine Uhr geht vor:* du kommst zu früh, du bist zu eilig (eifrig), zu aufgeregt, verliebt, du kannst die Zeit nicht erwarten.

Die Uhr geht richtig: die Sache nimmt den vorausgesagten Verlauf.

Die Uhren gehen dort (in diesem Land) anders: die Zeit scheint stillgestanden zu haben; die Verhältnisse sind noch sehr rückständig.

Dabei ist keine goldene Uhr zu gewinnen: das verlohnt nicht die Mühe.

Die Uhr aufziehen: Geschlechtsverkehr haben, jem. masturbieren. Heute lebt diese Rda. in der Subkultur fort, dabei ist sie, wie das erste Kapitel von ‚The Life and Opinions of Tristram Shandy' von Laurence Sterne (1759) belegt, recht alt. Seinen Lebensbericht beginnt Tristram Shandy mit dem Anfang, nämlich mit seiner Zeugung. Dabei denkt Tristrams Mutter an die vom Vater aufzuziehende Uhr und gibt mit ihrer Frage den bösartigen Homunculi die Möglichkeit, sich des kleinen Sirs zu bemächtigen.

Ähnliche Sexualmetaphern sind auch in der dt. Umgangssprache durchaus bekannt: *Seine Uhr geht nach:* er ist sexuell zurückgeblieben; *ihre Uhr geht vor:* sie ist frühreif; *wissen, was die Uhr geschlagen hat:* sexuelle Erfahrungen haben (E. Borneman: Sex im Volksmund [Reinbek b. Hamburg 1971]).

Lit.: *W.-E. Peuckert:* Art. ‚Uhr', in: HdA. VIII, Sp. 1265–1287; *P. Wecks:* Polarisierung rund um die Uhr, in: Sprachdienst 15 (1971), S. 182; *J. Heydel:* Rund um die Uhr, in: Sprachdienst 17 (1973), S. 177–179; *B. Carstensen:* Rund um „rund um die Uhr', in: Sprachdienst 21 (1977), S. 81–85.

Uhu. *Ein Uhu sein:* als Unglücksbote auftreten. Shakespeare läßt z. B. seinen König Richard in übertr. Sinne zu dem 3. Boten, der schlechte Nachricht bringt, sagen: „Fort mit euch, Uhus! nichts als Todeslieder?"

Das Wort Uhu ist eine schallnachahmende Reduplikationsbildung, auch ‚Buhu' und ‚Schuhu' sind gebräuchl. Bereits im klassischen Altertum galt der Uhu als unheilbringend. Man mied und scheute ihn, denn er war der Vogel der Unterwelt, der Trauer- und Totenvogel, der sich gern in der Nähe von Grabstätten aufhielt. Sein Erscheinen bedeutete Krieg, Hungersnot, Krankheit oder Tod. Noch heute hält man es bei uns für ein böses Vorzeichen, wenn er sich auf einem Haus niederläßt oder in dessen Nähe sein Ruf erklingt. Ein Kranker hält seinen nächtlichen Schrei für seinen Todesruf. Schon Fischart besaß die gleiche Vorstellung, denn er schrieb in seinem ‚Eulenspiegel' (446 H):

ach, leider, es ist nun an diesem,
dasz Eulenspiegel wil beschlieszen, ...
der uhu schüttelt nun die flügel,
das todtenvöglein sitzt aufm hausz.

Der Uhu auf der Krähenhütte sein: sich in exponierter Stellung befinden und von allen Seiten angegriffen werden. Konrad von Megenberg (‚Buch der Natur' 143) berichtet bereits, daß der Uhu der Feind aller Vögel sei und daß diese ihn ebenfalls angreifen und bedrängen, wenn er ihnen nicht entgehen kann. Diese Tatsache nutzte man beim Vogelfang in der Krähenhütte: der Uhu lockte seine Feinde in die Falle, sowie sie ihn wütend angriffen. Bismarck gebrauchte die Rda. von sich selbst, als er sich in einer ähnl. Bedrängnis befand (‚Reden' X, 242, 245). Vgl. hierzu das ndd. Sprw. ‚He was dar als de Ule unner de kreien' (↗ Eule). Goethe (‚Sprüche in Reimen') wendete das Bild vom ‚Uhu unter den Krähen' auf die schlechten Eigenschaften eines Unternehmers an, der von seinen Konkurrenten bedrängt wird, und spottete und mahnte:

Will Vogelfang ihr nicht geraten,
So magst du deinen Schuhu braten.

↗ Uhl.

Lit.: *O. Keller:* Die antike Tierwelt 2 (Leipzig 1913), S. 36–37; HdA. VIII, Sp. 1287–1293, Art. ‚Uhu' von *W.-E. Peuckert; E. Ingersoll:* Birds in legend, fable and folklore (New York 1923), Ndr. Detroit [Mich.] 1968; *E.u. L. Gattiker:* Die Vögel im Volksglauben (Wiesbaden 1989), S. 329–333.

Ulk. *Einen Ulk ausfressen (machen):* einen losen Streich ausüben, gewollten Unsinn treiben.

Die Wndg. kommt aus der Studentensprache. Wilhelm Raabe schreibt 1859 in ‚Kinder von Finkenrode': „Da stehen wir wieder einmal wie drei Studenten, die einen Ulk ausfressen wollen". Das Wort Ulk entstammt urspr. der ndd. Mda., wo es ‚Unglück' bedeutet. Schlesw.-holst. ‚He hett vel Ulk', er muß viel ausstehen; ‚du mußt ok lehren, was Ulk is', bereite dich auf Unglück vor. Die ndd. Rda. ‚De is mit den Ulks beseten' steht in Zusammenhang mit dem Volksglauben. Man meinte, daß ein Plagegeist, der Ulk genannt wurde, Unglück und Verlust brachte, wenn er von dem Menschen Besitz ergriff, ähnl. wie ein Krankheitsdämon. Im erweiterten Sinn von ‚Lärm' wird Ulk in schles., nassauischen, ostfries., westf. und obersächs. Mdaa. gebucht. Der früheste lit. Beleg als ‚lärmende Bewegung' findet sich 1582 in Fischarts ‚Geschichtklitterung' (Ndr. 231), und 1620 nimmt Helvegius in seine ‚Origines dictionum germ.' (S. 288) auf: „ulck vulgus nostrum usurpat pro afflictione et calamitate". In die Studentensprache gelangt, wird Ulk zuerst 1831 in Leipzig als ‚lärmender Spaß' bezeugt.

Lit.: *F. Kluge:* Studentensprache (Straßburg 1895), S. 131.

Ulm ↗ Schneider, ↗ Spatz.

Ulrich. *Den (heiligen) Ulrich anrufen, Sankt Ulrich rufen:* sich erbrechen; ein bes. in süd- und westdt. Mdaa. viel bezeugter und seit dem 16. Jh. auch lit. belegter Wortwitz, der kaum auf den 993 heiliggesprochenen Bischof Ulrich von Augsburg zurückzuführen ist, sondern der einfach auf dem Gleichklang des Wortanfangs ‚Ulr' und den Lauten des sich erbrechenden Magens beruht. Früher gebrauchte man in gleichem Sinne auch den Ortsnamenscherz ‚nach Speyer appellieren' wegen des Wortanklangs an ‚speien' = sich übergeben. Der Wortwitz beruhte außerdem darauf, daß Speyer bis 1689 Sitz des Reichskammergerichts war. Heutzutage sagt man zu einem, der sich übergeben muß, auch: ‚Du wirst alt!', und auf die erstaunte Frage ‚Warum?' erhält er zur Antwort: „Unser Leben währet siebzig Jahr, und wenn's hoch kommt, so sind's achtzig Jahre ..." (Ps. 90, 10).

Ultima. *Zur Ultima ratio greifen:* das letzte Mittel anwenden. Die Rda. wird oft auf den Krieg angewendet. Das kommt daher, daß z. Z. Richelieus auf allen frz. Kanonen „ultima ratio regum" (das letzte Wort der Könige) zu lesen stand.

umfallen ↗ Domino, ↗ Kartenhaus.

umgekehrt. *Umgekehrt (auch rückwärts-) essen* (oder *frühstücken*): sich erbrechen; etwa um 1900 aufgekommen.
Umgekehrt wird ein Schuh daraus sagt man im Scherz, wenn einer etw. gerade auf die entgegengesetzte Weise anfängt, als es richtig wäre. Man hat geglaubt, die Rda. stamme von einem Spiel, bei dem es gelte, die Worte umzudrehen: Aus ‚Husch' wird umgekehrt ‚Schuh' usw. Doch sind die Worte ‚wird ein Schuh daraus' wohl weiter nichts als ein scherzhafter Zusatz zu umgekehrt = verkehrt. Schon Luther sagt (Briefe, hg. v. Seidemann, V, 154): „Kehren aber den schuch umb, und lehren uns das gesetz nach dem evangelio, und den zorn nach der gnade"; in dem ndd. Spiel vom ‚Claws Bur' (V. 374) heißt es: „Her Fiscal, keret dat umme, so wert it en got Scho". In der heutigen Form ist die Rda. seit 1745 bezeugt.
Vielleicht hatte die Rda. urspr. doch einen Realbezug, der in Vergessenheit geriet: beim Nähen der versteckten Nähte im Inneren wurde der Schuh früher tatsächlich gewendet, d.h. nach den ersten Nähten auf der Rückseite des Leders oder Stoffes mußte der Schuh umgekehrt werden, wenn etw. aus ihm werden sollte. Die schlesw.-holst. Rda. ‚He kehrt üm as Gott vör Gammendörp' bezieht sich auf eine regionale Ortsneckerei auf den Ort Gammendorf: „De leev Gott güng dar ni rin, dar wahn so'n rog Volk. De leev Gott wull nix mit er to don hebb'n" (Aufzeichnung von G. Fr. Meyer, ZA. 54073).

umhauen. *Das haut mich um!* (wörtl.: ‚das schlägt mich zu Boden') ist eine seit dem 19. Jh. belegte Wndg. der großen Überraschung; vgl. frz. ‚Cela me renverse' und ‚C'est renversant', auch i. S. v.: das ist empörend. Die heutige Umgangssprache kennt außerdem *sich umhauen*: schlafen legen. In der Soldatensprache dieses Jh. bezeugt ist ‚Umhauer' für einen hochprozentigen Schnaps. In Holstein sagt man:

‚Dat haugt anners üm, segt Mês Mûl', wenn etw. anders zu verstehen ist oder ausgeht, als man erwartete.

umhergehen ↗ Löwe.

Umlauf. *Jem. aus dem Umlauf (Verkehr) ziehen:* ihn zu einer Freiheitsstrafe verurteilen, beschönigend-euphemist. In Anlehnung an die Gewohnheit des staatlichen Münzamtes gebildet, alte Geldscheine und Münzen ‚aus dem Umlauf zu ziehen' (etwa seit 1930). *Etw. in Umlauf bringen:* ein Gerücht verbreiten.
Etw. in Umlauf geben: Informationen an alle Betroffenen weitergeben; ein Schriftstück zur Kenntnisnahme von einem Mitarbeiter zum anderen weiterreichen.

Umschweife. *Etw. ohne Umschweife sagen:* etw. direkt, ohne lange Erklärungen, geradeheraus sagen.

umsonst. *Umsonst ist (nur) der Tod (und der kost) [bloß] das Leben)* ist ein scherzhaft-iron. Zusatz zu dem Wort umsonst i. S. v. ‚kostenlos'. Man wendet die Rda. an z. B. bei einer kostenlosen Arbeitsleistung, die man aber nicht unbezahlt annehmen möchte; aber auch in gegenteiliger Bdtg., wenn man eine Vergütung erwartet; vgl. ndd. ‚Umsüss is de Dôd un de ôk nich, Prêster un Köster will'n ôk er Dêl'.
Etw. nicht umsonst gesagt (getan) haben: aus gutem Grund, nicht ohne eine besondere Absicht damit zu verbinden. Die Wndg. kann auch als Drohung gemeint sein; vgl. frz. ‚Ne pas avoir dit quelque chose en l'air' (wörtl.: eine nicht aus der Luft gegriffene Behauptung aufstellen).
Etw. auch nicht umsonst bekommen haben: die Wndg. dient zur Rechtfertigung eines Preises, der anderen zu hoch erscheint. ↗ Null-Tarif.

Umstand. *Umstände machen:* weitläufig reden, sich förmlich benehmen, seine Dinge schwerfällig erledigen. Man hat diese Rda. auf den alten Rechtsausdr. Umstand (das sind die in der Rechtsversammlung um das Gericht herumstehenden Gemeindemitglieder) zurückführen wollen (mhd. ‚umbestant' = das Herumstehen, die Gesamtheit der Umstehenden; frühnhd. ‚Umständer‘ = Zuschauer bei Gerichtsverhandlungen); doch läßt sich die seit dem 16. Jh. bezeugte Rda. ‚(keine) Umstände machen‘ nicht unmittelbar auf den Rechtsbrauch zurückführen, sondern beruht wohl nur auf einer Übers. des spätlat. ‚circumstantia‘, das in abstraktem Sinne für das ‚besondere Verhältnis, wovon etw. umgeben ist‘, gebraucht wird. Ebenso frz. ‚Ne faites pas de circonstances‘ = Machen Sie keine Umstände (veraltet). Dafür sagt man heute: ‚Ne faites pas de manières‘. Unsere ‚erschwerenden‘ oder ‚mildernden‘ Umstände entsprechen frz. den ‚circonstances aggravantes‘ bzw. ‚atténuantes‘. (Vgl. ‚auf die lange ↗ Bank schieben‘).

In der Bdtg. ‚zögern‘ ist die erstmalig 1493 belegte Rda. zunächst auf die Rede bezogen, wie auch 1561 bei J. Maaler in ‚Teutsch Spraach‘: „vil umbstend und unnötig geschwätz, ambagibus sermo, einen mit langen umbstenden aufziehen, ambage longa morari aliquem".

Zahlreich sind die umg. und mdal. Bez. für einen langsamen Menschen: ‚Umstandskrämer‘, ‚-fritze‘, ‚-peter‘, ‚-kasten‘, ‚-meier‘, ‚-kommissar‘.

Unter keinen Umständen!: Unter keiner Bedingung, Steigerung einer Ablehnung.
Ohne Umstände! ist die Kurzform der Aufforderung, sich nicht aufzuhalten, ebenso: *Es braucht keiner Umstände! Sich keine Umstände machen:* keine besonderen Vorbereitungen für einen Gast treffen; oft als Bitte des unangemeldeten Besuches: *Macht euch bitte keine Umstände!* Vgl. frz. ‚Ne vous mettez pas en frais‘ (Stürzen Sie sich nicht in [unnötige] Unkosten).

Sich in anderen (gesegneten) Umständen befinden, umschreibende Wndg. für: schwanger sein (vgl. ndl. ‚in gezegende omstandigheden verkeren‘).

Die Umgangssprache kennt neben dieser geläufigsten Umschreibung noch eine Fülle von Schwangerschaftsmetaphern aus unterschiedlichsten sozialen Sprachebenen: ‚guter Hoffnung‘, ‚gesegneten Leibes‘, ‚nicht mehr allein sein‘, ‚etw. unter dem Herzen tragen‘, ‚es ist etw. unterwegs‘, ‚der ↗ Storch hat sie ins Bein gebissen‘, ‚der Storch hat sich angesagt‘ (hat geklingelt), ‚sie trägt was unter der Schürze‘, ‚die Schürze wird ihr zu kurz‘, ‚sie ißt und trinkt für zwei‘, ‚sie hat ein Brot im Ofen‘, ‚sie hat einen Fußball verschluckt‘, ‚hops sein‘, ‚sie sitzt auf der Wartburg‘, ‚sie hat Hoffmannstropfen getrunken‘, ‚sie hat ein Hufeisen verloren‘ (Ernest Borneman: Sex im Volksmund [Reinbek b. Hamburg 1971]).

unbekannt. *Unbekannt – ungenannt:* wer in der Verborgenheit, unauffällig lebt, kommt nicht ins Gerede, muß sich nicht der öffentlichen Kritik aussetzen.
Der große Unbekannte (sein): ein sich nur in seinen Werken offenbarender, sonst aber anonym bleibender, bedeutender Geist sein. Urspr. bezieht sich der Ausdr. auf das Wirken Gottes, von dem es bei Hiob 36,26 heißt: „Siehe, Gott ist groß und unbekannt ..." (Büchmann). In England wurde der anonyme Verfasser des ‚Waverley‘ zuerst als ‚The great Unknown‘ bez. Auch Nikolaus Lenau gebraucht den Ausdr. ‚Der große Unbekannte‘ in seinem Gedicht ‚Der Hagestolz‘.

Neuerdings wird bei Untersuchungen von Kriminalfällen eine Klage ‚gegen Unbekannt‘ erhoben, wenn der Täter noch nicht ermittelt werden konnte. Ebenso wird bei Rechtfertigungsversuchen eines Angeklagten, der die Schuld einem anderen zuschieben möchte, iron. vom ‚großen Unbekannten‘ gesprochen.

unberufen. ‚Unberufen‘, ‚unberedet‘, ‚unbeschrien‘, ‚unbeschladdert‘ und ähnl. Wndgn. haben sich als urspr. magische Abwehrformeln des Volksglaubens auch heute noch im gesamten dt. Sprachgebiet erhalten. Sie werden der Erwähnung glückhafter Umstände hintangestellt, um das Gegenteil nicht heraufzubeschwören. Mit ‚beschreien‘, ‚berufen‘, ‚bereden‘ u. a. bez. der Volksglaube die Be- oder Verzauberung von Personen und Sachen durch den magischen Bann des Wortes. Damit hängt zusammen, daß durch unvorsichtige Bewunderung und unzeitiges Lob das gegenteilige Schlechte gleichsam herbeigezogen wird. Das Alter dieser Vorstellung wird kaum zu ermessen sein. Um Unheil zu vermeiden, fügt man deshalb die Abwehrformeln hinzu und übt damit

einen apotropäischen Zauber aus. So führt 1715 Johann Christian Ettner in ‚Des Getreuen Eckarths unvorsichtige Hebamme' (937) an, daß man die Kinder nie „ohne zugesetzten Gedeyungs-Wunsch" loben solle. Theodor Fontane (1,113) schreibt: „Übrigens ist sie, unberufen und unbeschrien, recht gut" ↗ beschreien.
Oft wird der Glücksruf ↗ ‚Toi, toi, toi' erweitert zu: ‚unberufen toi, toi, toi'. Man will hier glückliche Lebensumstände wünschen, die man nicht berufen will. Deshalb läßt man einen Ausspruch folgen, der das Geräusch des dreimaligen Ausspuckens o. ä. nachahmt, oft begleitet mit dem dreimaligen Klopfen auf Holz. H. Wilde leitet ‚toi, toi, toi' entsprechend dieser Deutung aus dem jidd. ‚tow, tojw': ‚gut' her, eine Verkürzung von ‚masel tow': gut Glück. So meint ‚unberufen toi, toi, toi': alles Gute!

Lit.: *A. Perkmann:* Art. ‚berufen, beschreien', in: HdA. I, Sp. 1096–1102; *ders.:* Art. ‚besprechen', in: HdA. I, Sp. 1157–1172; *H. Küpper:* 99 uralte Regeln, das Glück zu mehren, dem Unglück zu wehren (München ²1952); *H. Wilde:* Unberufen toi, toi, toi, in: Sprachdienst 15 (1971), S. 4–7.

unbescholten. *Unbescholten sein:* einen guten Ruf haben. Der Ausdr. rührt von einem ma. Brauch her: wollte man jem. seinen Haß und seine Verachtung ausdrücken, so ließ man einen ‚Scheltbrief' mit Vorwürfen öffentlich anschlagen. Die angegriffene Person galt dann so lange als ‚bescholten', bis sie sich in einem ordentlichen Rechtsverfahren rechtfertigen konnte.

Undank. *Einem alles zu Undank(e) machen:* ihm nichts recht machen können. Heute sagt man statt dessen häufiger: ‚einem nichts zu Danke machen können'. Die Rdaa. *einem Undank wissen* und *den Undank auf sich laden:* sind ebenfalls veraltet. Vgl. lat. ‚Accersere malam gratiam, offendere aliquem'. Luther gebrauchte sogar die Wndg. „der undanck wirt uns schlahen" (Werke 17, 1, 194, 16, Weimarer Ausg.). Üblicher sind die Wndgn. *Undank davontragen (empfangen, ernten)* und *jem. mit Undank belohnen,* neben dem allg. bekannten Sprw. ‚Undank ist der Welt Lohn'. Für dieses Sprw. gibt es veranschaulichende Volkserzählungen, z. B. bei Müller, Sagen aus Uri III, Nr. 1274ᵇ, S. 167 (AaTh. 155), wo der geprellte Teufel das Sprw. benutzt. Die Rda. *Undank säen:* selbst kommenden Undank hervorrufen, nutzt Voss lit.: „ward denn Undank wo gesät" (‚Gedichte' 6,68).
Undankbar wie ein Kuckuck sein: sehr undankbar. Der rdal. Vergleich führt zu einer Steigerung der Aussage, da es nichts Schlimmeres zu denken gibt als das Verhalten des jungen Kuckucks im fremden Nest, der die Jungen seiner Pflegeeltern verdrängt, ↗ Kuckuck. Vgl. frz. ‚un monstre d'ingratitude' (wörtl.: ein Ausbund an Undank).

Lit.: *Anon.:* Undank ist der Welt Lohn, in: Braunschweiger Anzeigen (1768), Nr. 33; *K.W. Nose:* Einige Lichtseiten des Satzes: Undank ist der Welt Lohn (Frankfurt/M. 1799).

ungeschoren. *Jem. ungeschoren lassen:* einen unangefochten, unangetastet lassen; hängt wohl kaum mit der germ. Strafe des schimpflichen Haarabschneidens zusammen. Auch lassen sich keine Belege aus mhd. Zeit erbringen. Als Erklärung für die Entstehung bietet sich das völlig harmlose, aber doch unangenehme Scheren von Tieren, z. B. des Schafes, an. Ferner kann an die Aufnahmezeremonie der Zünfte und anderer Organisationen gedacht werden (vgl. ‚ungeschliffen', ‚ungehobelt'). Grimmelshausen baut im ‚Simplicissimus' die Rda. zu einem Wortspiel aus: „zu dem siehe ich euch auch vor kein scherergesindel an, darum lasset mich ungeschoren". Goethe schreibt (Weimarer Ausg. 2, 276): „Macht, was ihr wollt; nur laßt mich ungeschoren". Die Wndg. ist mdal. und umg. weit verbreitet. Ähnl. ist *ungeschoren davonkommen:* unbeschädigt, unbelästigt davon kommen.

Unglück. *Vom Unglück verfolgt werden:* in immer neue Schwierigkeiten geraten, vom ↗ Pech verfolgt werden.
In sein Unglück rennen: keine Warnungen u. Mahnungen beachten, oft in Hinblick auf eine geplante Eheschließung gesagt.
Sich selbst (andere) ins Unglück stürzen: schuld an eigenem (fremdem) Mißgeschick tragen.
Einem Unglück entrinnen (entgehen): noch einmal glücklich davonkommen.

Einen an sein Unglück mahnen: ihm Vorhaltungen machen, die unangenehme Erinnerung wachhalten, um ihn zur Einsicht zu bewegen.
Einem alles Unglück an den Hals wünschen: ihn verfluchen aus Haß. Dahinter steht der Volksglaube an die Wirksamkeit eines Fluches u. die Hoffnung seiner Erfüllung.

Lit.: *W. Boette:* Art. ‚Unglück', in: HdA. VIII, Sp. 1425–1427; *G. Jungbauer:* Art. ‚Unglückstage', in: HdA. VIII, Sp. 1427–1440; *J. Krejčí:* Die erzieherische Weisheit in den Sprichwörtern über das Glück und Unglück im Verhältnis zu den heutigen Glückstheoretikern, in: Pädag. Rundschau, Heft 4 (1991); weitere Lit. ↗ Glück.

Unglücksrabe. *Ein Unglücksrabe sein:* ständig von ↗ Pech verfolgt werden. Der Rabe galt bereits in der Antike als zukunftswissend u. war als Orakeltier bei vielen Völkern (Germanen, Slaven, Babyloniern, Juden, Arabern, Mongolen) bekannt. Von übler Vorbedeutung war er vor allem in Frankreich, Ostasien u. Afrika. Heute ist sein Erscheinen, sein Krächzen bei uns allg. ein Todesvorzeichen, denn als Aasfresser u. wegen seiner schwarzen Farbe besitzt er im Volksglauben eine Beziehung zum Tod.
Der Titel von Wilhelm Buschs Bildgeschichte ‚Hans Huckebein, der Unglücksrabe' (1867) ist sprw. zur Bez. eines ‚Pechvogels' geworden.

Lit.: *W.-E. Peuckert:* Art. ‚Rabe', in: HdA. VII, Sp. 427–457, bes. 444–447; weitere Lit. ↗ Rabe.

ungut. *Etw. nicht für ungut nehmen (halten):* etw. nicht übelnehmen, eine Bemerkung nicht böse oder falsch auffassen. In der verkürzten Form *Nichts für ungut!* wird die Wndg. als Formel der Entschuldigung gebraucht. Bes. bei der Verabschiedung wird der Gesprächspartner damit um Nachsicht für freie und kritische Äußerungen gebeten, die nicht als beleidigend aufgefaßt werden sollten. Der Ausdr. ist schriftsprachl. und mdal. üblich, z. B. schles. ‚Sie war'n's nich (fer) ungittig nahmen' und niederoesterr. ‚Nix fiär unguad!' Vgl. auch ndl. ‚Niet te ondieft!'; engl. ‚No harm!' Oft steht die Formel auch als Einleitung der in Norddtl. beliebten Sagte-Sprww.: ‚Nichts für ungut, sagte die Henne zum Regenwurm, da fraß sie ihn'; ‚Nix för ungut, säd' de Hahn, do trêd he op de Henn' (Holst.); ‚Nix vör ungut, säd' de Voss, un bat 'r Gaus 'n Kopp av' (Lüneburg), und in Hamburg: ‚Nix vör ungôd, säd' de Bûr, dô slög he den Eddelmann an'n Hals'.
Dagegen heißt *etw. für ungut nehmen:* es übel auffassen, sich ärgern. Die Negierung des schon negativen ungut gibt der Rda. heute wieder positiven Sinn.

Unkraut wird schon bei Hans Sachs bildl. für einen nichtsnutzigen Menschen gesetzt. Die Lutherische Übers. von Matth. 13,25 – „Unkraut zwischen den Weizen säen" – wird zur Verbreitung des Vergleichs beigetragen haben. *Unkraut vergeht nicht:* das Schlechte bleibt bestehen, ein nichtsnutziger Mensch läßt sich nicht aus der Welt schaffen, kommt dem Sinne nach schon in Freidanks ‚Bescheidenheit' (120,7, vgl. Singer III,81) vor: „Unkrût wehset âne sât, so ez schoenem krûte missegât". Nicht selten sind den Pessimismus der Wndg. steigernde Zusätze belegt, so bei Seb. Franck: „es keme eh ein platzregen drauff", im ‚Simplicissimus' von Grimmelshausen (I, 595): „es müste eh ein hund daran pissen", und 1870 in Holstein: ‚so koold is de Winter upstünds nich mehr'. In Umgangssprache und Mda. bagatellisieren Kranke scherzhaft ihr Leiden durch das Sprw.

Auf die Frage: ‚Wie geht's?' erfolgt häufig die tiefstapelnde Antwort: ‚Unkraut vergeht nicht, schlägt gewöhnlich doppelt aus', wobei dessen zähe Lebenskraft mit der eigenen in einer Art Selbstironie durch den witzigen Zusatz verglichen wird (vgl. ndl. ‚Onkruid vergaat niet'; frz. ‚Mauvaise herbe croît toujours'; engl. ‚Ill weeds grow apace').
Die Rdaa. *Unkraut unter den Weizen säen* (vgl. frz. ‚semer de l'ivraie parmi le bon grain') und *das Unkraut vor dem Weizen abschneiden* sind bibl. Urspr. und beziehen sich auf Matth. 13,25 und 30.

unnötig. *Etw. ist unnötig wie ein Kropf:* eine Sache ist völlig überflüssig. Dieselbe Bdtg. hat auch der ähnl. rdal. Vergleich: ‚etw. ist unnötig (überflüssig) wie eine Schwiegermutter'.

unrein. *Unrein sein:* krank, aussätzig sein. Früher war der Warnruf der Aussätzigen: ‚Unrein, unrein!'. Die Wndg. besitzt noch mehrere Bdtgn., die mit dem Volksglauben an schädliche, dämonische Einflüsse in Zusammenhang stehen. So galt die menstruierende Frau als unrein, auch die Wöchnerin, die nach der Entbindung noch nicht ausgesegnet war. Durch die Berührung mit Tabuiertem wie Blut, bestimmten Speisen, mit für unrein geltenden Personen wie Kranken, Toten, Mördern, Schindern, Henkern u. a. ‚unehrlichen Leuten' konnte man gleichfalls unrein werden u. mußte sich bes. Reinigungszeremonien unterziehen. *Sag's erst ins unreine!* sagt man zu einem Stotterer, der nicht gleich einen ganzen zusammenhängenden Satz herausbringt; auch: *ins unreine reden* (oder *quatschen*): sich seine Worte erst reiflich überlegen, zögernd sprechen.
Ins unreine schreiben: ein Konzept schreiben.

Lit.: *Pfister:* Art. ‚rein, Reinheit', in: HdA. VII, Sp. 630–637, bes. 636.

Unschuld. *Sich in Unschuld baden:* für etw. nicht verantwortlich gemacht werden wollen; übertreibende Abwandlung von: ‚seine Hände in Unschuld waschen' (↗ Hand).
Die gekränkte Unschuld spielen: sich harmlos stellen, Unschuld vortäuschen.
Jem. die Unschuld nehmen (rauben): ihm durch Worte oder Taten die Naivität nehmen.
Die Unschuld verlieren: verführt werden, meist von Mädchen gesagt; vgl. frz. ‚perdre son innocence'; dagegen: *seine Unschuld bewahren:* sich nicht verführen lassen, Natürlichkeit und naive Ursprünglichkeit behalten.
Die Unschuld vom Lande sein (spielen): ein einfaches, naives, unerfahrenes Mädchen vom Dorfe sein, das in der Stadt auffällt und durch die Rda. charakterisiert und verspottet wird.
‚Unschuld vom Lande' hießen zwei dt. Spielfilme aus den Jahren 1933 und 1957. Nach einer Figur aus J.-B. Molières ‚Ecole des Femmes' heißt im Engl. ‚die Unschuld vom Lande spielen': ‚to play Agnes'.

Unschuldslamm ↗ Lamm; *Unschuldstaube* ↗ Taube.

Lit.: *E. Bensley:* Do not play Agnes, in: American Notes and Queries 11 (1910), S. 495; *N. W. Hill:* Do not play Agnes, ebd., S. 495; *W. Müller-Bergström:* Art. ‚Unschuld', in: HdA. VIII, Sp. 1443–1451.

unsicher. *Einen Ort (eine Gegend) unsicher machen:* ihn (sie) aufsuchen, eigentl.: sich unerwünschterweise dort blicken lassen; erst nach der Mitte des 19. Jh. lit. belegt; abgeschwächt aus dem Unsichermachen von Straßen oder Landschaften durch Räuber oder durchziehende Kriegshaufen. Berl. ‚Er macht die Schweiz unsicher', er reist in der Schweiz, ↗ Kantonist.
Jem. unsicher machen: ihn verwirren, in Verlegenheit bringen.

Unstern. *Über einer Sache steht ein Unstern:* etw. kann sich nicht recht entwickeln, wird durch ungünstige, von außen kommende Störungen beträchtlich behindert. Ludwig Uhland schrieb das Gedicht ‚Unstern' (1814), welches beginnt:
Unstern, diesem guten Jungen
hat es seltsam sich geschickt.
Von einem Unstern verfolgt werden: immer wieder Unglück erfahren müssen.

Lit.: *F. Boll:* Sternglaube und Sterndeutung (Leipzig ⁴1931); *W. Gundel:* Sternglaube, Sternreligion und Sternorakel (Leipzig 1933); *E. Zinner:* Sternglaube und Sternforschung (München 1953); *F. Strunz* u. *C. M. Edsman:* Art. ‚Astrologie', in: RGG. I (³1961), Sp. 664–666. Weitere Lit. ↗ Stern.

unterbelichtet. *Jem. ist unterbelichtet:* jem. ist dumm. Der Ausdr. kommt aus der Sprache der Fotografen; ist ein Bild unterbelichtet, so ist es zu dunkel; vgl. ↗ helle.

Unterhose. *Die starke Unterhose anhaben:* sich stark fühlen, mit seiner Stärke prahlen; schülersprachl. seit 1930; *ich stoße dich aus der Unterhose!:* Drohrede, seit etwa 1930, auch verstärkt: ‚ich schlage dich pfundweise aus der Unterhose'; *jem. bis auf die Unterhosen ausziehen:* sein Ansehen völlig untergraben, seit 1959 gebucht; *auf der Unterhose fahren:* auf abgenutzten Reifen fahren; gemeint ist das Sichtbarwerden der Leinwandunterlage des Fahrzeugreifens (Küpper).

Unterschied. ‚Der kleine Unterschied' sagt man heute verhüllend für weibl. oder männl. Geschlechtsmerkmale im Vergleich. In weiten Kreisen bekannt wurde diese Bez. durch die feministische Autorin Alice Schwarzer mit ihrem Buchtitel: ‚Der kleine Unterschied und seine großen Folgen' (Frankfurt/M. 1975).

unverhofft. ‚Unverhofft kommt oft': dasjenige, was man am wenigsten erwartet hat, passiert; seit dem 17. Jh. belegt.

Lit.: *L. Schmidt:* Sprw. dt. Rdaa., in: Österr. Zs. f. Vkde. 77 (1974), S. 81–130; bes. S. 126.

Uriasbrief. *Einen Uriasbrief überbringen* wird gesagt nach 2. Sam. 11,14.15: David schickte den Uria, dessen Frau er besitzen wollte, an Joab mit einem Brief des Inhalts: „Stellet Uria an den Streit, da er am härtesten ist, und wendet euch hinter ihm ab, daß er erschlagen werde und sterbe". Aus dieser urspr. Bdtg. des Uriasbriefes wird dann allg. ein ‚Unglücksbrief'. Das Motiv des Briefüberbringers, der unwissend sein eigenes ↗Todesurteil seinen Vollstreckern übergibt, begegnet in zahlreichen Märchen (z. B. KHM. 29).

Lit.: *J. Schick:* Das Glückskind mit dem Todesbrief (Berlin 1912); *A. Aarne:* Der reiche Mann und sein Schwiegersohn. Vergleichende Märchenforschungen (FFC. 23) (Helsinki 1916).

Urne. *Zur Urne gehen, an die Urne treten:* an einer Wahl teilnehmen. Lat. ‚urna' bedeutete urspr. ein Maß für Flüssigkeiten; seit dem 19. Jh. ist es die Bez. für einen geschlossenen, mit einem Schlitz versehenen Behälter, in dem die Stimmzettel bei einer Wahl gesammelt werden.

Urständ. *Fröhliche Urständ feiern:* ein Come-back erleben, nachdem jem. (etw.) schon fast vergessen war; erneut an das Licht der Öffentlichkeit treten. Der Begriff der ‚urstendt' bezog sich in allen älteren Quellen auf die Auferstehung Christi; so z. B. bei Hans Sachs: „die fröliche urstendt Christi".
Luther nimmt in seinen ‚Tischreden' an, daß ‚urstendt' (Auferstehung) und ‚Ostern' seltsam vermengt wurden: „Ich halt, ostern sey ein corruptum vocabulum, ein wort, in welchem die buchstaben vorsetzt und verkehret sind, als ostern für urstend" (Dt. Wb. 11,2556).
Oft wird die Auferstehung Christi als *fröhliche Urstendt* umschrieben: von dieser urspr. Bdtg. ausgehend, wurde der Ausdr. dann auf alles, was eine Wiederbelebung erfuhr, verallgemeinert und übertragen. So ist bei Kotzebue die Wunschformel „Gott verleih ihm fröhliche Urstend" i. S. v. ‚Wiedergenesung' belegt, und Theodor Storm schreibt: „Wir... tranken... tapfer auf seine fröhliche Urständ".

Urteil. *Sich selbst das Urteil sprechen* sagt man rdal., wenn ein gesprächsweise geäußertes abschätziges Urteil durch Zufall auf den Urteilenden selbst zutrifft. Was als bloße Rda. erscheint, konkretisiert sich in zahlreichen Volksmärchen (z. B. KHM.13, 89, 111, 135): Dem Verbrecher, der sich sicher glaubt und nicht an seine Entdeckung denkt, wird sein eigenes Verbrechen erzählt und er um sein Urteil gefragt. Ganz verblendet, spricht er sein eigenes Urteil. So wird der Missetäter im Selbsturteil übertölpelt; das von ihm gefällte Urteil wird dann an ihm selbst vollstreckt: der Böse geht gewissermaßen an sich selbst zugrunde. Der Hintergrund dieses Motives ist die magisch bindende Kraft gesprochener Worte. Sie wohnt jedem feierlich gesprochenen Wort inne und damit auch dem Rechtswort. Es ist das eine Anschauung, die in mannigfacher Abwandlung bei sehr verschiedenen Rechtsvorgängen, wie beim Gottesurteil, beim Eid u. a. zu beobachten ist. Das Motiv der Selbstverurteilung spielt aber nicht nur in Märchen und Sagen eine Rolle, sondern ebenfalls in geschichtl. Zeugnissen aus ganz verschiedenen Zeitaltern und Kulturen.
Es ist ein alter Rechtsgedanke, daß jeder Richter an sein eigenes Urteil gebunden ist – auch dann, wenn es wider sein Erwarten gegen ihn selber ausschlägt: Ödipus verfolgt und verdammt den Beflecker der heimischen Stadt, ohne zu wissen, daß er sich selber verurteilt. Mit der gleichen Großartigkeit tritt uns der Gedanke der Selbstverurteilung in der Gesch. vom Tode des griech. Gesetzgebers Charondas entgegen. Als Charondas, eben vom Lande zurückkehrend, entgegen seinem eigenen Gesetz bewaffnet in der Volksversammlung erschien und darauf hingewiesen wurde, daß er sein eigenes Gesetz

mißachte, da rief er aus: „Nein, beim Zeus, ich bekräftige es", und stieß sich das Schwert in die Brust. Dieser antike Rechtsgedanke hat im Juristenrecht der Römer einen formulierten Ausdr. gefunden: Die Digesten behandeln unter dem Titel ‚Quod quisque juris in alterum statuerit, ut ipse eodem jure utatur' die Bindung des Rechtsfinders an seine eigene Erkenntnis. Die Vorstellung hat schließlich ihren Niederschlag in einem bes. Rechtssprw. gefunden:

Nicht unbillig man selber leidet,
Was man anderen für Recht bescheidet.
(‚Tu patere legem, quam ipse tuleris').

Dieser Grundsatz wird ebenso in der röm. Rechtsprechung des europ. MA. herangezogen, wobei noch auf den gleichartigen Gedanken im Schluß der Bergpredigt Bezug genommen wird, vor allem wohl auf Matth. 7,2: „Denn mit welchem Gericht ihr richtet, werdet ihr gerichtet werden". Das Motiv ist auch in der Dichtung vielfach verwendet worden (z. B. bei Shakespeare, Heinrich V., II. Akt, 2. Sz.; Kleist, Der zerbrochene Krug; Clemens Brentano, Das Myrthenfräulein).

Damit verbindet sich noch ein anderer Gesichtspunkt, nämlich die Überlegung, daß ein unparteiisches Urteil am besten gewährleistet erscheint, wenn dem Urteilsfinder selbst nicht bekannt ist, gegen wen sich das Urteil richten soll, ein Gedanke, an den sich noch gewisse Anklänge im Kinderspiel der Ggwt. behaupten. Eine ähnliche Situation kennt nämlich auch das Pfänderspiel, dessen rechtshist. Bdtg. anerkannt ist: Die Pfänder werden mit einem Tuch verdeckt, so daß der Urteilsfinder nicht weiß, wen der Urteilsspruch trifft, ja ob die von ihm erdachte lästige Aufgabe nicht ihn selbst trifft.

Natürlich ist es zweierlei, ob der Gesetzgeber sich seinem eigenen Recht beugt oder ob ein Angeklagter sein eigenes Urteil fällen muß. Gegenüber ihrer alten rechtsgeschichtl. Bdtg. und auch gegenüber ihrer Funktion im Märchen ist die Rda. heute völlig sinnentleert, denn an die Vollstreckung eines Urteils wird dabei nicht mehr gedacht (vgl. die verwandten Redewngn. ‚sich selbst richten', Selbstmord begehen; der Übeltäter ‚schaufelt sich sein eigenes Grab'; ‚wer anderen eine Grube gräbt, fällt selbst hinein', ↗Grube; jem. ‚glaubt zu betrügen und wird selbst betrogen'; ‚es bindet mancher eine Rute für seinen eigenen Hintern').

Das ist ein Salomonisches Urteil: eine weise Entscheidung. Diese Rda. beruht auf dem bibl. Bericht (1. Kön. 3,16–28) von der Schlichtung des Streits zweier Mütter um ein Kind durch König Salomo (Büchmann); vgl. frz. ‚C'est un jugement de Salomon', auch i. S. v. einer mehr oder weniger gültigen Kompromißlösung.

Sich selbst ein Urteil über etw. (jem.) bilden wollen: nicht die Vorurteile anderer übernehmen, sondern selbst prüfen.

Lit.: *O. Ludwig:* Richter und Gericht im dt. Märchen (Bühl [Baden] 1935), bes. S. 42 und Anmerkg. 29; *A. Erler:* Sich selbst das Urteil sprechen, in: Obd. Zs. f. Vkde. 17 (1943), S. 143; *S. Anger:* Das Recht in den Sagen, Legenden und Märchen Schleswig-Holsteins (Diss. Kiel 1947); *K. Simon:* Abendländ. Gerechtigkeitsbilder (Frankfurt/M. 1948), S. 49; *K. Frölich* in: Zs. der Savigny-Stiftung für Rechtsgesch., Germ. Abt. 66 (1948), S. 557 f.; *E. v. Künssberg:* Rechtsbrauch und Kinderspiel (Heidelberg ²1952), S. 54 f., § 72; *M. Lüthi:* Zum Thema der Selbstbegegnung des Menschen in Volksdichtung und Hochliteratur, in: Volksliteratur und Hochliteratur (Bern – München 1970) S. 100 ff.

Urwald. *Jem. mit etw. aus dem Urwald locken:* mit etw. Anreiz auf einen ausüben, ist eine berl. Prägung des 20. Jh. Für 1920 ist berl. bezeugt: ‚Dir ham se woll mit 'ne Mohrrübe (Banane) aus'n Urwald jelockt'. Das scherzhafte, spöttische Bild ist heute allg. in der städtischen Umgangssprache des nördl. Dtl. bekannt. Es heißt auch manchmal ‚Bananenschalen' oder ‚Brotkrusten' statt Bananen. Zur Veranschaulichung für schlechtes Benehmen sagt man: *Ein Benehmen wie im Urwald haben:* sich also wie ein Wilder verhalten. In neuerer Zeit hört man auch die scherzhafte Aufforderung, die sich bes. an Kinder richtet: ‚Auf die Bäume, ihr Affen, der Urwald wird gefegt!' ↗Affe, ↗Baum.

Usus. *Etw. ist so Usus:* etw. ist so Brauch, Sitte, üblich; aus lat. ‚usus'.

‚Ad usum Delphini': Bez. für Ausgaben lit. Werke, in denen moralisch anstößige Stellen beim Druck für den Schulgebrauch gestrichen wurden; urspr. hießen so die für den frz. Kronprinzen (Dauphin) bestimmten lat. Schriften, die ebenfalls unter dem Aspekt des Moralischen „gekürzt" wurden.

V

Vabanque: *Ein Vabanquespiel betreiben:* ein hohes Risiko eingehen, alles auf eine ↗Karte setzen; oft: leichtfertiges Eingehen auf gefährliche Wagnisse in einer verzweifelten Lage. ‚Va banque' oder, wie urspr. ‚valabanque' ist aus dem Frz. ins Dt. eingedrungen und seit dem 18. Jh. nachweisbar als Ausruf beim Glücksspiel in der Bdtg. ‚es geht um den gesamten Einsatz der Bank'. Th. Fontane gebrauchte diesen Ausdr. schon in seiner übertr. Bdtg. 1857 (Briefe II 1, S. 193): „Eggers stirbt an der Unfähigkeit eines Entschlusses. Die Götter sind solcher Gefahren entschieden abhold. Sie lieben kein va banque-Spiel, aber sie lieben den noch weniger, der sich ... um den Spieltisch herumdrückt und nicht weiß, ob er setzen soll oder nicht". Wie man sieht, hat die Rda. Fontane zu einem weiteren Vergleich angeregt.

Vademecumsgeschichte. *Eine Vademecumsgeschichte erzählen:* eine abgedroschene, gehaltlose – oft anrüchige – Geschichte erzählen. Das Vademecum (lat. vade mecum: ‚geh' mit mir') ist die bildungssprachl. Bez. für ein Buch kleinen Formats, das man als Ratgeber mit sich herumtragen kann. Das Wort ist im 16. Jh. noch selten, aber ab dem 18. Jh. im Dt. kontinuierlich nachgewiesen. Eine Vademecumsgeschichte ist nun ein ‚Histörchen', das schon jedermann bekannt ist, das so geläufig ist wie die Nachrichten und Inhalte der Vademecum-Büchlein. Ein Funktionsbeleg steht in den Gedichten von Stäudlin (Bd. I [1788], S. 308): da „entlud sich der leicht beschwipste Pfarrherr zottichter Mährchen und Rätzel und Vademecumsgeschichten".
In der zweiten Hälfte des 18. Jh. wird ‚Vademecum für lustige Leute' ein beliebter Buchtitel für Schwank-Kompilationen.

Lit.: *E. Moser-Rath:* ‚Lustige Gesellschaft'. Schwank und Witz des 17. und 18. Jh. in kultur- und sozialgeschichtlichem Kontext (Stuttgart 1984), S. 35, 474.

Valentin. *Einem alle Sankt Velten wünschen:* jem. verfluchen und ihm alle Übel und Krankheiten wünschen. Dieser Fluch ist in der ‚Limburger Chronik' belegt und neben anderen Verwünschungsformeln, in denen Valentin (Velten) eine Rolle spielt, im späten MA. sehr häufig. Am 14. Febr. wird unter dem hl. Valentin ein röm. Presbyter verehrt, der zum Märtyrer geworden war, und außerdem der gleichnamige Bischof von Interamna in Umbrien, der 280 n. Chr. als Märtyrer enthauptet worden war und vom Volk als Patron gegen Pest und Epilepsie (Valtinskrankheit) angerufen wurde. Der Name wurde durch den Wortanklang mit ‚fallen' in Zusammenhang gebracht, woraus sich die volkstümliche Verehrung von Valentin als Schutzheiligen gegen ‚Fallsucht' erklärt. Die Verwendung des Namens im Fluch beruht auf einem Wortspiel: ‚Valthin' wurde zu ‚Fallt hin!', und auf dem Volksglauben, daß der Heilige einen bei mangelnder Verehrung mit Fallsucht bestrafe. Lit. Belege für die boshafte Verwünschung zu einer Krankheit finden sich bei Murner (‚Vom großen lutherischen Narren' 216): „Dass dich potz Valtin schendt!", und bei Pauli (‚Schimpff und Ernst' 265). Noch heute üblich ist der böse Wunsch: *Daß dich Sankt Velten ankomme oder schende!* Der Name des Heiligen konnte auch im Fluch euphemist. für die gemeinte Krankheit stehen. So schreibt z. B. J. Ayrer im ‚Fastnachtsspiel vom Beck' (94ᵇ): „ich wolt, dasz er Sanct Veltin het".
St. Velten wird auch oft anstelle des Teufels angerufen. Man will dadurch den Namen des Teufels umgehen und führt Valentin (Velten) dabei auf ‚Valant' zurück, eine im MA. übliche Verhüllungs-

form für ↗Teufel, die sich von ‚valen (välen)' = irreführen ableitet. Fischart bringt St. Velten und Valten in direkten sprachl. Zusammenhang (‚Sämtl. Dichtungen' I, 67, 2545, hg. v. H. Kurz), wenn er schreibt:

Die lügen haben schier St. Velten
Dasz sie von diesem Valten melden.

In Grimmelshausens ‚Simplicissimus' (1,326) ist ebenfalls der Teufel gemeint: „ich erschrack, da ich diese worte hörete und gedachte: hat dirs dann St. Velten gesagt?" Auch im ‚Eulenspiegel' (XII, 1696) heißt es: „Hat dich Sanct Velten hergebracht": hat dich der Teufel geschickt? In Holstein ist der Fluch ‚Dat di Sant Velten hål'! bis heute üblich.

Den hat Sankt Velten beschissen: den hat der Teufel betrogen. Philander von Sittewald gebraucht die Wndg. öfter (I, 236 u. II, 35): „Hat mich S. Velten mit euch Welt-Narren beschissen".

Aus der gedanklichen Verbindung von Valentin und Teufel entstanden die allg. verbreiteten, kurzen und formelhaften Frage- und Ausrufesätze, um Unwillen oder Erstaunen auszudrücken: *Wie, hast du Sankt Velten?:* Bist du verrückt, bist du des Teufels? *Wie (was) zum Velten? Ei zum Velten! Bei Sankt Velten!* Dagegen galt im 16. Jh. der Ausruf *Bei Sankt Veltin zu Rufach!* als beliebter Schwur beim Namen des Heiligen, der bes. in Rufach im Elsaß verehrt wurde. In vielen Fällen wird das ‚Potz' als Verhüllung für Gott vorangestellt: „Potz Velten!" und „Potz tausend felten!" heißt es z. B. bei Gryphius im ‚Peter Squenz'.

Valentin galt und gilt aber auch als Patron der Liebenden. Der 14. Februar wird bes. in Nordfrankreich, Belgien, England und in den USA zum Anlaß genommen, Freunden, Verwandten und vor allem jungen Mädchen die ‚Valentine Greetings' mit aufgemalten Herzen und sinnigen Versen zu senden, oft mit der Unterschrift: ‚Von deinem Valentin'.

Dieser Brauch soll sich auf eine Legende beziehen: Valentin soll vor seinem Tod an die ihm freundlich gesinnte Tochter des Kerkermeisters seine letzten Worte „Von deinem Valentin" gerichtet haben. Der hl. Valentin gilt noch heute in Frankreich als der Schutzpatron der Liebenden und derjenigen jungen Männer, die vor ihrem 24. Lebensjahr noch nicht verheiratet sind.

In Dtl., Österr. und der Schweiz setzt sich seit den 50er Jahren der Brauch immer mehr durch, an Valentin kleine Geschenke zu machen, vor allem aber Blumen zu versenden, unterstützt durch die Werbung von Fleurop, die den 14. Februar als ‚Tag der Freundschaft' propagiert.

Lit.: *O. v. Hovorka* u. *A. Kronfeld:* Vergleichende Volksmedizin, Bd. II (Stuttgart 1909), S. 209 ff.; *P. Sartori:* Art ‚Valentin', in: HdA. VIII, Sp. 1501–1503.

Valet. *Valet sagen:* Abschied nehmen. Die Wndg. entstand aus dem urspr. ‚valete!' = lebet wohl!

Als Urspr. von ‚valet sagen' (lat. vale dicere) sind Ovids ‚Metamorphosen' (10,62) angesehen worden: „supremum vale dicere". Hans Sachs gebraucht das Wort in seinem Schwank ‚König Richard mit dem Bauer' (143) sogar als Subst. in der Bdtg. ‚seinen Abschied bekommen':

Darmit das valete entpfing,
Das man sein vurpaß (fernerhin)
müssig ging.

S. Kleemann führt in seiner ‚Nachlese' den ‚Valetschmaus' auf (Beleg von 1744), ein studentischer Ausdr. für Abschiedsessen im 18. Jh.

Lit.: *S. Kleemann:* Nachlese zu Kluges Deutscher Studentensprache, in: Zs. f. dt. Wortforschung, S. 39–50.

Vandalen. *Hausen wie die Vandalen:* mutwillig Schaden anrichten, sich verhalten wie die ↗Barbaren.

Die Vandalen waren ein ostgerm. Volksstamm, der im 4. und 5. Jh. n. Chr. Westeuropa, bes. Gallien und Spanien überfiel. Von Nordafrika aus eroberten sie Rom, wobei sie die Stadt 14 Tage lang verwüstet haben sollen (455). Das Schlagwort vom Vandalismus hat H. Grégoire (1750–1831), Bischof von Blois, für die rohe Zerstörungswut der Jakobiner geprägt, wobei er sich an die Besetzung Roms durch die Vandalen unter Geiserich erinnert fühlte. Jedoch war die Bez. ‚Vandale' für Kirchenräuber schon 50 Jahre vor der Frz. Revolution üblich.

Lit.: *W. L. Hertslet:* Der Treppenwitz der Weltgeschichte (Berlin [12]1967), S. 220 ff.

Vater. *Ach du dicker Vater!* (auch *Ach du dicker Vater, hast du dünne Kinder!):* Ausruf der Überraschung und des Erstaunens; berl. seit etwa 1900.

Dagegen heißt *seinem Vater nachschlagen:* ihm auffällig ähnlich sehen, sein Wesen, seine Fähigkeiten, aber auch seine Fehler und schlechten Gewohnheiten besitzen. Dasselbe meint die Feststellung: *Der ist ganz sein Vater!* Ähnl.: *Er ist seinem Vater aus dem Gesicht geschnitten.* Vgl. ndl. ‚De vader mag hem niet verloochenen'; frz. ‚C'est tout-à-fait son père'.

Der will seinen Vater lehren Kinder machen: er dünkt sich überklug. Seb. Franck (II, 34ª) schreibt dafür: „Er ist auff seines vatters hochzeit gewesen". Vgl. ‚Das Ei will klüger sein als die Henne', und ndl. ‚Hij will zijn vader kinderen leeren maken'.

Vor dem Vater in die Schüssel fahren: sich ohne Rücksicht auf das Alter vordrängen, eigentl. beim gemeinsamen Essen aus einer Schüssel nur an sich denken und das Beste für sich beanspruchen.

Auf Vaters Sohlen gehen: scherzhafte preuß. Umschreibung für barfuß gehen.

Ebenfalls humoristisch gemeint ist die Frage *Dein Vater war wohl Glaser?,* wenn jem. einem anderen beim Arbeiten im Licht steht oder ihm die Aussicht versperrt.

Die Mdaa. verwenden Umschreibungen für die uneheliche Geburt. Wenn der Vater nicht zu ermitteln ist, heißt es z. B. in Henneberg: ‚Dam sei Voatter is off en Nössbâm dersoff'n'. In der Eifel steht statt des ‚Nußbaumes', der beim Volksglauben an die Herkunft der Kinder eine bes. Rolle spielt, der ‚Kirschbaum'. In Iserlohn sagt man von einem unehelich Geborenen: ‚Sin Vâr is im Häcksel verdrunken'. Der Häcksel wurde auch zur Verspottung eines Paares vor die Häuser gestreut, wenn die Braut vor der Hochzeit ein Kind erwartete.

Zu seinen Vätern versammelt werden: eine Umschreibung für sterben, die bereits bibl. Herkunft ist und im Buch der Richter (2, 10) und 2. Kön. (22, 20) verwendet wird, da die Vorstellung besteht, daß sich die Verstorbenen wieder vereinen werden. Vgl. ndl. ‚tot zijn vaderen gaan'; frz. ‚retourner à ses pères'.

Von dieser bibl. Rda. abgeleitet sind die Wndgn.: *Er wird zu seinen Vätern gehen:* er wird bald sterben, vgl. ndl. ‚Hij zal wel tot de vaderen komen', und *Er ist zu den Vätern gegangen:* er ist bereits gestorben, vgl. ndl. ‚Hij is al voor lang naar de oudvaderen gereisd'; ↗ zeitlich.

Sein Vater würde sich im Grabe umdrehen (umkehren), wenn er es wüßte, heißt es, wenn sein Sohn einen schlechten Lebenswandel führt oder wenn er schlecht behandelt wird und im Elend leben muß. Vgl. frz. ‚se retourner dans sa tombe'.

Neuere Wndgn. sind: *der geistige Vater von etw. sein:* der Urheber sein; berl. ‚der Vater vons Janze', der eigentl. Mittelpunkt, Antrieb, Anführer und Leiter sein. ‚(Alles aus,) dein treuer Vater!': scherzhaft: nun ist Schluß, jetzt gibt es keine Möglichkeit mehr. Die Wndg. fingiert den Schluß eines Briefes. ‚Vater' wird auch als Bez. Gottes gebraucht. ↗ Vaterunser.

Ebenso üblich, in neuerer Zeit: ‚Vater Staat'. *Den Vater Staat bezahlen lassen:* nicht selbst für eine Verpflichtung aufkommen, die Lasten der ‚Staatskasse' und somit den anderen Staatsbürgern zuschreiben.

Der ‚Vater des Vaterlandes' ist eine Übers. von lat. ‚pater patriae' und bez. einen bes. gütigen, wohlmeinenden, weisen Staatslenker. Mit diesem Ehrennamen begrüßte man Cicero nach der Hinrichtung der Catilinarier. Aber auch Petrarca könnte der Schöpfer dieses Ausdrucks sein (Büchmann).

Auch ältere Männer werden ‚Vater' genannt: ‚Vater Gleim', ‚Turnvater Jahn', ‚Papa Heuss'; sogar Witterungserscheinungen: ‚Väterchen Frost'.

Der Rhein als der ehrwürdigste der dt. Ströme heißt ‚Vater Rhein'; so nannte ihn schon im 17. Jh. Martin Opitz.

‚Ubi bene, ibi patria': wo (es mir) gut (geht), da (ist mein) Vaterland. Dieses lat. Sprw. hat mehrere lit. Parallelen; zuerst bei Aristophanes, im ‚Plutos' (V.1151): „Ein Vaterland ist jedes (Land), wo es einem gut geht". In der dt. Lit. ist es mehrfach belegt; hier zwei Beispiele: Fr. Hückstädts (1781–1823) Liedanfang: „Froh bin ich und überall zu Hause" hatte als Quelle wahrscheinl. Ciceros Übers. des Aristophanes („Patria est, ubicumque est bene"). Fr. Schiller schreibt in ‚Huldigung der Künste' (1804): „Wo man beglückt, ist man im Vaterlande" (Büchmann).

Lit.: *Anon.:* Über das Sprw. ‚Wo es dir wohl geht, da ist dein Vaterland' in: Genius der Zeit (1794) Nr. 9; (1795) Nr. 6; *M. Beth:* Art. ‚Vater', in HdA. VIII, Sp. 1503–1513.

Vaterunser. *Dem kann man ein Vaterunser durch die Backen blasen* sagt man von einem Menschen mit sehr eingefallenen Backen. Dabei ist wohl kaum an die mageren und hohlwangigen Christusbilder der spätgotischen Kunst zu denken, sondern an die vierte Bitte im Vaterunser „Unser täglich Brot gib uns heute".
Ein Vaterunser lang ist eine sprw. Zeitangabe, die bereits Luther kennt; ähnl.: *alle Vaterunser lang:* in ziemlich kurzen Zeitabständen. *Er ist wie das kath. Vaterunser:* ohne ‚Kraft und Herrlichkeit'. Vgl. ndl.: ‚Het is een Roomsch Onzevader, de kracht en de heerlijkheid is eruit'. Heute ist dabei auch in der kath. Messe das ‚lange Vaterunser' üblich.
Einen das Vaterunser lehren: ihn streng zurechtweisen. Im Obersächs. heißt ‚Du werst noch manch Vaterunser bäten lärn': du wirst schon auch noch den Ernst des Lebens kennenlernen. *Etw. wie das Vaterunser können:* es sehr gut können, etw. ganz mechanisch tun, ohne sich anstrengen zu müssen. Die Feststellung aus Schlesw.-Holst. ‚He kann ni mal sien Vadderunser beden' bedeutet: er ist sehr beschränkt. Siebenb.-sächs. sagt man dafür: ‚Det Vôterűser entfäl em'. Aus Schlesw.-Holst. stammt auch die Wndg. ‚He bed ok bald sien letzt Vadderunser', er wird bald sterben (vgl. AaTh.1199).
Die Rda. *einen mit drei Vaterunsern laufen lassen:* ihm nur einen leichten Verweis, eine geringe Strafe erteilen, bezieht sich auf die Beichte: für geringe Sünden müssen zur Buße nur einige Vaterunser gebetet werden.

Lit.: *A. M. Schneider:* Art. ‚Vaterunser', in: HdA. VIII, Sp. 1513–1515; *J. Jeremias* u. *W. Jannasch:* Art. ‚Vaterunser', in: RGG. VI, Sp. 1235–1238.

Vehikel. *Jem. zu seinem Vehikel machen:* jem. als Vorwand benutzen, auch: *als Vehikel dienen:* als Vorwand benutzt werden. Ein Vehikel (lat. vehiculum) ist urspr. ein Träger, ein Transportmittel; Mitte des 17. Jh. kam das Wort ins Dt.

Veilchen. *Riechen wie ein (März-)Veilchen:* heftig stinken; beschönigend-umschreibender Vergleich; etwa seit den dreißiger Jahren des 20. Jh.
Blau wie ein Veilchen ↗ blau.
Jem. ein Veilchen überreichen: ihm ein Auge blau schlagen, als Boxerausdr. um 1900 aufgekommen. Ähnl. *Ein Veilchen am Auge haben.*
Das Veilchen, das sich ins Gras duckt, gilt als Sinnbild der Bescheidenheit u. wird daher gern mit jungen Mädchen verglichen, die diese Eigenschaft besitzen. Ein beliebter Spruch aus dem Poesiealbum lautet:

Sei wie das Veilchen im Moose,
sittsam, bescheiden, rein;
nicht wie die stolze Rose,
die immer bewundert will sein.

Veit. *Jem. zum Veit haben:* jem. zum ↗ Narren halten; die Rda. ist bes. im Salzburger Raum verbr., auch als: ‚oan anveitln'. Veit bedeutet im Obd. ‚Dummkopf', zaghafter Mensch.
Der Name des hl. Veit, Beschützer der vom sog. ‚Veitstanz' befallenen Kranken, ist auch als verhüllender Name des Teufels gebräuchl., so Goethe (8,51): „Ich will Bamberg nicht sehen, und wenn Sanct Veit in person meiner begehrte".
Wie um alle volkstümlich gewordenen Heiligen, so ranken sich auch um St. Veit viele Sprüche. Da zudem ‚sein' Tag als der längste Tag des Jahres angesehen wird (15. Juni), gibt es vielerlei Wetterregeln und Bauernweisheiten, die den St. Veit zum Inhalt haben. In Bamberg sagt man: ‚Veit scheidt die Zeit' (Helm, S. 268). Tatsächlich hat man aufgrund kalendarischer Berechnungen nachweisen können, daß um 1100 bis 1300 der 15. Juni tatsächlich der längste Tag des Jahres war. Infolge von Schaltungen, die der Julianische Kalender vorsah, ergaben sich dann im Lauf der Zeit Verschiebungen.
Die Spruchweisheiten, welche den Veitstag als den längsten Tag des Jahres erklären, sind demnach in der Mitte des 12. Jh.s entstanden, als diese Regeln noch praktische Gültigkeit besitzen konnten.

Mit dem Veitstag (15.6.) wird auch die Wende der Blätter (↗ Blatt) in Verbindung gebracht:

St. Veit,
ändert sich die Zeit,
Und die Blätter
wenden sich auf die andre Seit.

Das Martyrium des hl. Veit bestand darin, daß er in siedendem Öl gesotten wurde. In der bildenden Kunst wird er darum auch oft als ‚Veit im Häfele' abgebildet. Aus diesem Grund ist Veit u. a. zum Patron der Bettnässer geworden, die ihn anrufen mit dem Kinderspruch:

Heiliger St. Veit,
wecke mich zur rechten Zeit.

Lit.: *P. Sartori:* Art. ‚Veit', in: HdA. VIII, Sp. 1540–1544; *K. Helm:* Das Alter der Sprüche auf Lucia und Veit, in: Schweiz. Archiv. f. Vkde., 44 (1947), S. 268–269; *H. Schauerte:* Die volkstümliche Heiligenverehrung (Münster 1948); *A. Hauser:* Bauernregeln (Zürich – München 1973).

Venedig. *So spielt man in Venedig* (auch mit dem Zusatz: ‚und in den umliegenden Dörfern' oder ‚Badeorten'). Die Rda. ist ein Ausruf beim Kartenspiel, wenn man in einem fort sticht und den Gegner auf diese Weise besiegt. Eine frühere Form der Rda. ist die obersächs. bezeugte Wndg. ‚Er läßt ihm venedische Seifen geben', er zaust ihm die Haare ein wenig.

Veni, vidi, vici (‚Ich kam, ich sah, ich siegte') ist eines der bekanntesten geflügelten Worte der römischen Antike, das aber sowohl in seinem lat. Originalwortlaut als auch in seiner Übers. in viele moderne Sprachen längst sprw. geworden und auch häufig parodistisch abgewandelt worden ist. Den prägnanten Spruch prägte Julius Cäsar anläßlich seines Sieges über König Pharnakes II. bei Zela (Portus) am 2. August 47 v. Chr. Die Varianten lassen sich auf die formale Struktur ‚Veni, vidi + X') reduzieren. Auf Karl V. (1500–1558) geht die christlich-demütige Umformulierung ‚Veni, vidi, Deus vicit' zurück. Im 20. Jh. sind bekannt geworden ‚Veni, vidi, Vichy' (Raymond Brugère, Paris 1944), ‚Veni, vidi, Spezi' (Wolfgang Siebeck, 1975); ‚Veni, vidi, Vivaldi' (Werner Mitsch, 1984). Grafitti der achtziger Jahre formulierten: ‚Veni, vidi, graffiti'; ‚Veni, vidi, Pipi'; ‚Veni, vidi, Wixi', ‚Veni, Video, Vici'; ‚Er kam, sah und verdiente' (1981) ‚Er kam, sah und siechte' (1980). Auch im politischen Slogan fand das Zitat Verwendung: ‚Reagan kam, sah und kriegte' (1984); ‚Kohl kam, sah und zahlte' (Hamburger Abendblatt 1990); ‚Die Westler kamen, sahen und kehrten um' (Weltwoche 1990).

In Shakespeares ‚Wie es euch gefällt' (1590) wird das Zitat etwa im Sinne von ‚Liebe auf den ersten Blick' verwendet. Ähnlich noch: ‚Er kam, sah und liebte' (Gerhard Uhlenbruck, 1977). Doch besteht eine immer wieder praktizierte Abwandlung des Zitats darin, das Bild von unwiderstehlichen Mann, der auf Anhieb bekommt, was er verlangt, zu demontieren. Der als Sieger Angetretene ist am Schluß der Besiegte, der von der Schönheit der Frau überwältigt wird: ‚Veni, vidi, vicisti'; ‚Ich kam, sah und verlor' (1984). Oder der Blitzsieg erweist sich im nachhinein als Pyrrhussieg: ‚Er kam, sah und wiegte' – nämlich das Kind aus dieser Verbindung (Hans Leopold Davi, 1984).

Lit.: *A. Otto:* Die Sprichwörter und sprichwörtlichen Redensarten der Römer (Leipzig 1890, Ndr. Hildesheim 1971), S. 157; *K. Bartels* und *L. Huber (Hg.):* Veni, vidi, vici. Geflügelte Worte aus dem Griechischen und Lateinischen (Zürich 1966); *Büchmann; G.* und *R. Bebermeyer:* Abgewandelte Formeln – sprachlicher Ausdruck unserer Zeit, in: Muttersprache 87 (1977), S. 34 f.; *W. Mieder:* ‚Veni, vidi, vici'. Zum heutigen Leben eines klassischen Zitats, in: Sprachpflege und Sprachkultur 40 (1991), S. 97–102.

Venusberg. *In den Venusberg fahren:* Geschlechtsverkehr haben.

Als ‚mons Veneris' bez. man den weibl. Schamhügel. Dieser Name, der mit der Göttin Venus verknüpft ist, hat eine lange Tradition: „Seit dem Altertum ... besteht die Gewohnheit, Körperteile nach Göttern zu benennen, zu denen diese nach der antiken Theorie des Hippokrates in einem sinnvollen Bezug stehen ... Für die Benennung des Schamberges als mons Veneris dürfte neben der antiken Astromedizin jedoch in erster Linie die traditionelle Funktion der Venus als Liebesgöttin bestimmend gewesen sein" (Moser, S. 107 f.). In der Sagentradition, bes. in der Tannhäuser-Legende, bez. der ‚Venusberg' auch den konkreten, lokalisierbaren Wohnort der antiken Venusgöttin, einen

Berg, in welchen man fahren könne, um „mit den schönsten Frauen nach Belieben Lust und Vergnügen" genießen zu können. Doch erklärt schon um 1430 der Dominikaner Johannes Nider in seinem ‚Praeceptorium divinae legis', diese Geschichten vom Venusberg seien alle frei erfunden: „Fictitium est totum".

Autoren des 16. und 17. Jh. bedienten sich vielfach des ‚Venusbergs' bei der Darstellung erotischer Szenen. Grimmelshausen läßt im ‚Simplicissimus' den „Beau Alman wider seinen Willen in den Venusberg" führen: das erweist sich als eine sehr profane Liebesszene in einem Bürgerhaus.

Neben der angeführten Rda. kannte das 16. Jh. den Ausdr. ‚den Danhäuser spielen' mit derselben Bdtg.

Lit.: *H. Kornmann:* Mons Veneris. Fraw Veneris Berg (1614, Ndr. Leipzig 1978); *E. Schmidt:* Tannhäuser in Sage und Dichtung, in: Charakteristiken, 2. Reihe (Berlin 1901), S. 24–50; *A. N. Ammann:* Tannhäuser im Venusberg (Zürich 1964); *D.-R. Moser:* Der „Venusberg" – verhüllende Bez. der Umgangssprache und Lokalsage, in: ders., Die Tannhäuser-Legende (Berlin – New York 1977), S. 107–114.

verballhornen. ↗ Ballhorn.

Verbandsstoff. *Du weißt wohl nicht, was hundert Meter Verbandsstoff kosten?:* Drohfrage, etwa seit 1920 bekannt (Küpper).

verbeißen. *Sich in etw.* (z. B. in eine Ansicht) *verbissen haben:* sich irrigerweise darauf festgelegt haben. Die Wndg. ist eine Übertr. aus der Weidmannssprache: Der Hund verbeißt sich so leidenschaftlich in das Wild, daß ihn der Jäger von der Beute lösen muß. Die Rda. findet sich lit. z. B. bei Grimmelshausen im ‚Simplicissimus' (II,128): „Ich war dannoch so hart verbaist, solches zu wissen, daß ich mir dieselbige Gedancken nicht mehr ausschlagen konte". Vgl. frz. ‚se casser les dents à quelque chose', i. S. v.: sich die Zähne an einer Sache ausbeißen, ↗ Zahn.

Den gleichen Urspr. hat wohl auch das adjektivisch gebrauchte Partizip *verbissen:* grimmig, doch spielt heute in Wndgn. wie ‚verbissener Groll', mühsam niedergezwungener Groll, auch ‚verbeißen' in der Bdtg.: durch Beißen (auf die Lippen oder auf die Zähne) seinen Schmerz (sein Lachen) unterdrücken, mit hinein.

Oft etw. verbeißen müssen: sich bei Ärger beherrschen, sich einer heftigen Äußerung enthalten. Ein Leipziger Kindervers dient zur Erheiterung des Zürnenden; mit kunstvollem Reim und mdal. Stabreim in der 1. Zeile lautet er:

Biste beese, beiß in Belz,
Bis de gommst nach Weißenfels;
Bis de gommst nach Halle,
Sin de beesen alle!

verbumfeien. *Eine Sache verbumfeien:* etw. verscherzen, durch Unachtsamkeit etw. verlieren. Das ndd. Wort geht auf ein im Ostfries. erhaltenes Subst. ‚fumfei' zurück, was ‚lustiges Tanzgelage' oder auch ‚Vierfiedelspiel mit Tanz' bedeutet. Von einem, der sein Vermögen in diesen lustigen Bierschenken leichtsinnig verschwendet, sagt man: ‚'t geit all in de fumfei' oder auch: ‚hê ferfumfeid't all'. ‚Verfumfeien' hieß so urspr.: ‚bei Musik und Tanz vertändeln'. Das Wort selbst hat viele Abwandlungen erfahren: so gibt es: verpumfeien, verfumfiedeln, verbombeisen, verpopeizen u. v. m.

Lit.: *R. Sprenger:* Verfumfeit, verdorben, in: Zs. f. d. U 17 (1903), S. 362–363.

verdienen. *Bei dem wird verdienen groß geschrieben* (oder *Der schreibt verdienen mit einem großen V*): er schlägt sehr viel auf seine Waren auf, er verkauft sehr teuer, seine Geschäfte gehen ausgezeichnet. Der erst im 20. Jh. aufgekommene Ausdr. stammt wohl aus Berlin.

Verdikt. *Sein Verdikt über jem. aussprechen:* ein (negatives) Urteil über jem. fällen. Die aus dem juristischen Bereich stammende Rda. (Verdikt hier: meist einen Schuldspruch beinhaltendes Urteil) wurde im frühen 19. Jh. entlehnt aus engl. ‚verdict', welches zurückgeht auf lat. ‚verus': wahr und ‚dictum': Spruch.

verflixt, verflucht. *Verflucht und zugenäht!* ist eine Steigerung des einfachen Fluches ‚verflucht' = verwünscht; die Erweiterung stammt aus dem Schluß eines Studentenliedes: „da hab ich meinen Hosenlatz verflucht und zugenäht", das schon

am Ende des letzten Jh. geläufig war. Urspr. soll es ein Zitat aus Fritz Reuters ‚Festungstid' sein: "Als mir mein Liebchen die Folgen unserer Liebe gesteht, da hab' ich meinen Hosenschlag verflucht und zugenäht". Ähnl. Erweiterungen einfacher Flüche sind: ‚Verflixt und zugenäht!', ‚Verdammt und zugenäht!', ‚Verdammt juchhe!'
Seiler (S. 274) meint, daß der Ausruf ‚Verflucht und zugenäht!' dann gebraucht wurde, wenn beim Fechten einer der Paukanten einen schweren Schmiß erhielt, der sofort zugenäht werden mußte. Der Ausruf bedeutet, daß man sich durch ein Unglück oder einen bösen Zufall nicht aus der Fassung bringen läßt, sondern weiter seinem Ziele zustrebt. ‚Au, Backe!' hat wohl ebenfalls auf der Mensur seinen Urspr. gehabt.
Verflucht und vier ist neunzehn! dient zum Ausdruck des Erschreckt- oder Überraschtseins.
Das Adj. verflixt (verflucht) wird zur Steigerung beigefügt, z. B. *verflucht gescheit sein,* enthält sogar ein anerkennendes Lob wie in der Wndg. *ein verflixter Kerl sein.*

Lit.: *K. Beth:* Art. Fluch, in: HdA. II, Sp 1636–1652; *S. Morenz, F. Horst, H. Köster:* Art. ‚Segen und Fluch', in: RGG. V., Sp. 1648–1652; *R. Aman (Ed.):* Maledicta I ff. (1977 ff.).

vergeben. *Etw. ist vergeben und vergessen:* eine Missetat, eine Schuld wird verziehen; man tut so, als sei sie nicht geschehen. Diese Zwillingsformel ist schon recht alt. Luther gebrauchte sie schon in der Bdtg. von ‚ungeschehen machen, völlig verzeihen' (Werke 7,33): "mein newer bund sol deste mehr darumb kommen, das sie jenen bund nicht gehalten haben, auff das solche sünde durch den neuen bund vergeben und vergessen werde ewiglich".
Einem (in der Speise, im Getränk) etw. vergeben haben: ihm Gift zugeführt haben, ihn unbemerkt ums Leben bringen wollen.

Vergeltsgott. Der Gebrauch der Dankesformel ‚Vergelt's Gott' steht in der ländlichen Umgangssprache des obd. Raumes noch heute in engem Zusammenhang mit den erzählten Arme-Seelen-Geschichten. Wird ein Armer, ein Bettler von einer Bäuerin beschenkt, so hört sie ein städtisch-höfliches ‚Dankeschön' nicht gern. ‚Des isch wie Wasser!', d. h., es hat keinen Wert. Der Beschenkte soll mit einem ‚Vergelt's Gott!' danken, worauf sie mit einem ‚Segen's Gott' oder ‚Zahl's Gott' antwortet. Diese ‚Vergelt's Gott' werden in der Ewigkeit gesammelt, und nach der Zahl der guten Werke wird jedermann gemessen. Eine Erzählerin versicherte, daß man sofort in den Himmel käme, wenn man im Tag drei ‚Vergelt's Gott' empfangen würde. Hat ein Mensch zu wenig dieser Dankesformeln gesammelt, so muß er als Arme Seele gehen und um die fehlenden ‚Vergelt's Gott' betteln.
Die Almosen, die man den Armen gibt, und die ‚Vergelt's Gott', die man dafür erhält, braucht der Spender selbst einmal nach seinem Tod.
Jem. ein Vergeltsgott sagen: ihn nach einer Arbeit nicht mit Geld entlohnen, sondern sich mit dem Ausdr. ‚Vergelt's Gott' bei ihm bedanken; bes. im Schwäb. sind folgende Sprüche beliebt und verbr.: ‚I sag Vergelt's Gott, i will glei zahle!', ‚Vergelt's Gott ist au e Gelt'. Darauf antwortet mancher dann: ‚Vom Vergelt's Gott wird mei Ross nit fett!' oder ‚Vom Vergelt's Gott ka ma it lebe' (Schwäb. Wb. II, Sp. 1140).

Lit.: *L. Röhrich:* Sage und Märchen. Erzählforschung heute (Freiburg 1976), S. 95 f.; *L. Kretzenbacher:* Zur steirischen Soziallegende vom ‚Vergeltsgott' als der ‚Währung des Herrn', in: Festschrift Othmar Pickl (Graz – Wien 1987), S. 349–358.

Vergleich. *Einen gütlichen Vergleich schließen:* eine freundschaftliche Übereinkunft treffen, nachdem zwei Parteien in einem Streitfall vor Gericht erschienen sind. Aus dem 18. Jh. ist das Sprw. belegt: ‚Ein magerer Vergleich ist besser, denn ein faist Endurtheil': besser, man trifft sich mit seinem Gegner in der Mitte in einem Vergleich, als daß man es zu einem kostspieligen Urteil kommen läßt.

Lit.: *J. Chr. Hartung:* De redemtione nexae, vulgo: ‚Ein magerer Vergleich ist besser, denn ein faist Endurtheil' (Jena 1751); *M. Leonidova:* Komparative Phraseologie im Russischen, Bulgarischen und Deutschen, in: H. Burger u. R. Zett (Hg.): Aktuelle Probleme der Phraseologie (Bern–Frankfurt/M. 1987), S. 245–258.

Vergnügen, vergnügen. *Etw. zu seinem Vergnügen tun:* eine Sache aus Freude daran bearbeiten, erledigen.
Ältere Belege dieser Wndg. haben alle die Bdtg. ‚etw. zu seinem Genügen', ‚etw. zur Genugtuung' tun; auch: ‚zu seiner Zufriedenheit'. Als Beleg hierfür eine Stelle aus der ‚Persischen Reisebeschreibung' des Olearius (2,1): „In währender Krankheit bin ich in Brugmans Hause wolgehalten und von den Seinigen ‚nach Vergnügen' gewartet worden".
Im heutigen Sprachgebrauch gilt eigentl. nur noch die Bdtg., ‚Wohlbehagen, Zufriedenheit, angenehmes Gefühl, Heiterkeit'. Das Gegenteil davon, nämlich die Last, die unangenehme Aufgabe, die Sorge haben, wird oft iron. umschrieben mit: *das traurige Vergnügen haben.*
Auch das Schwäb. kennt eine ähnl. Umschreibung: ‚vergnügt sei wie die Stuttgarter Jungfere: die hänt 9 Tag kei Brot und faste am 10te': also in einer unglücklichen Situation sein.
Ein Vergnügen im positiven Sinn beschreibt der Schwabe in dem Spruch: ‚Wann sie kommet, ist's e Ehr, wann sie net kommet, e Vergnüge' (Schwäb. Wb. II, Sp. 1150).
Matthias Claudius schreibt um 1780 sein Gedicht ‚Zufriedenheit', worin es heißt: „Ich bin vergnügt! Im Siegeston verkünd' es mein Gedicht". Ähnl. auch noch in E. Mörikes ‚Gebet':

Herr! schicke was du willt,
Ein Liebes oder Leides;
Ich bin vergnügt, daß beides
Aus Deinen Händen quillt.

Lit.: *M. Lever:* Ein trauriges Vergnügen, in: Zepter und Narrenkappe. Geschichte des Hofnarren (München 1983), S. 222–240.

verheiratet. *Mit jem. (etw.) nicht verheiratet sein:* sich jederzeit von einem (etw.) trennen können; z. B. ‚Er ist mit dem Sessel nicht verheiratet', er nimmt auch mit einer anderen Sitzgelegenheit vorlieb; vgl. frz. ‚ne pas être marié avec quelqu'un'.

verkaufen. *Nichts zu verkaufen haben:* bei einer Geselligkeit still sein; nicht zur Unterhaltung beitragen; hergenommen vom Kaufmann, der mangels Kunden ein stilles Geschäft hat; 20. Jh.
Jem. für dumm verkaufen: ihn für dumm halten; ebenfalls erst 20. Jh.
Sich verkaufen: zum Verräter werden, auch: von der Prostitution leben; vgl. frz. ‚se vendre', bes. i. S. v.: sich verraten.
Sich wie verraten und verkauft vorkommen: hilflos, preisgegeben sein.
Jem. verkaufen: einen aushorchen und das durch erheucheltes Mitleid Erfahrene zu dessen Schaden an Vorgesetzte weiterberichten, auch: einen Mithäftling verraten.
Schwäb. heißt es: ‚Di verkauf i hundertmol bis du mi oimol', ich werde dich überlisten, denn ich bin schlauer als du. Vgl. frz. ‚Cet homme vous vendrait tous à beaux deniers comptants'. Ähnl. meint die Kölner Rda. ‚Dô verkäufss mêr kein Aeppel för Zitrone' (‚kein Flätte [= Nelke] för Viûle'), dir wird es nicht gelingen, mich zu übervorteilen, mir eine Lüge glaubhaft zu machen.

verkehrt ↗ Welt.

verknusen. *Jem. nicht verknusen können:* jem. nicht ertragen, nicht ausstehen können. ‚Verknusen' hat die urspr. Bdtg. ‚kauen, zermalmen, verdauen' nur noch im Ndd. bewahrt: ‚Dat ëten let sek verknûsen' sagt man in Ostfriesland von einer guten Speise. Von Norden, namentlich von Berlin her, dringt die Rda. in die Umgangssprache. Zuerst wurde sie – immer in negierter Form – auf schwerverdauliches Essen angewandt, dann jedoch auch auf unerträgliche Menschen übertr.

Verlaß, verlassen. *Auf jem. ist Verlaß:* ihm kann man unbedingt vertrauen; er hält sein Wort.
Auf jem. ist kein Verlaß: mit ihm kann man nicht fest rechnen, seinen Beteuerungen kann man nicht glauben.
Sich auf andere verlassen: mit der Hilfe anderer rechnen, häufig in der Erweiterung, die warnen soll: ‚Wenn du dich auf den verläßt, dann bist du verlassen'.
Die Unzuverlässigkeit wird gern mit recht unsicheren Dingen umschrieben: *Man kann sich auf ihn verlassen wie auf das Kalenderwetter,* das selten zutrifft; *wie auf das Eis einer Nacht,* das nicht fest genug ist. Nordd. heißt es: ‚Man kann sik up em

so vêl verlâten as up en dode Rött' (Ratte), also überhaupt nicht.
Von Gott verlassen sein ↗ Gott.
Da verließen sie ihn sagt man, wenn ein Gedanke plötzlich abbricht, auch dann, wenn ein Spieler sich mit seinen guten Karten verausgabt hat und nicht mit weiteren Stichen rechnen kann; hergeleitet aus Matth. 26,56: „da verließen ihn alle seine Jünger"; etwa seit 1900 bekannt.

verlieren. *Nichts mehr zu verlieren haben:* alles investieren können, riskant leben, da die Umstände nicht mehr schlechter werden können.
Verloren sein: sich auf dem falschen Weg befinden, der unaufhaltsam zum Abgrund führt, sich dem Verbrechen (der Prostitution) hingeben, aber auch: auf ewig der Verdammnis anheimfallen, bei Gott keine Gnade zu erwarten haben.
Sich als verlorener Sohn fühlen: nicht mehr aus noch ein wissen, sich schließlich zur Umkehr durchringen, doch ohne Hoffnung auf Verzeihung. Die Wndg. beruht auf Luk. 15,11–32.
Sich verloren geben: seinen gewissen Untergang, seinen Tod vor Augen haben, verzweifeln und eine Rettung in letzter Minute für unmöglich halten.
Eine Sache verloren geben: sich nicht mehr weiter um etw. bemühen, da man keine Chance für die Angelegenheit sieht. *Sich verloren fühlen:* sich in einer neuen Umgebung (einer Gesellschaft) ohne Bekannte oder Freunde alleingelassen fühlen.

Verlust. *Ohne Rücksicht auf Verluste:* um jeden Preis, unbekümmert, großzügig; die Rda. stammt aus den Frontberichten des 2. Weltkriegs (z. B. „ohne Rücksicht auf Verluste wurde die Höhe XY genommen"). *Noch ein Wort, und du stehst morgen auf der Verlustliste* oder *Mensch, sei vorsichtig, sonst kommste auf die Verlustliste:* Drohreden, sold. seit dem 1. Weltkrieg; ähnl.: ‚Du bist wohl lange nicht als Verlust gemeldet worden?'
Der sog. ‚kleine Verlust' ist ein Motiv in vielen Zaubermärchen: nachdem die Proben und Aufgaben, die zur Erlösung des Helden führen sollen, abgeschlossen sind, „bleibt noch ein kleiner Rest ... unerfüllt, der dann auch das darauf folgende Glück nicht restlos vollkommen macht; der eine Arm des in menschliche Gestalt zurückverwandelten jüngsten Bruders bleibt ein Schwanenflügel (KHM. 49)".
In KHM. 25 müssen die Knochen des Getöteten zusammengefügt werden, um die Wiederbelebung erfolgreich zu machen, aber es fehlt der kleine Finger oder die kleine Zehe und sie fehlen dann auch dem Wiederbelebten.

Lit.: *L. Röhrich:* Märchen und Wirklichkeit (Wiesbaden ⁴1979), bes. S. 54, 70f., 135, 238f.

vermasseln. *Jem. etw. vermasseln:* jem. eine Sache zerstören, kaputt machen, eine Arbeit durch schädigenden Einfluß nicht zu Ende kommen lassen. ‚Vermasseln' hängt mit dem jidd. ‚Masel': Glück zusammen. Im Rotw. ist ein ‚Vermasselter' ein Gauner, der durch Verrat von der Polizei verhaftet werden konnte; ‚vermasseln' hat hier die Bdtg. (bei der Polizei) verraten, verpfeifen.

Lit.: *S. A. Wolf:* Wb. des Rotw. (Mannheim 1956).

verpatzen. *Etw. verpatzen:* etw. (durch Ungeschick) verderben. Der Ausdr. steht in Zusammenhang mit der verächtl. Bez. ‚Patzbude' für die Kartonagenfabrik u. der Arbeit darin, die von unqualifizierten Kräften, meist von Frauen, ausgeführt wurde. Wer einmal dort beschäftigt gewesen war, hatte kaum Chancen, in einer Luxuspapierfabrik angestellt zu werden, da man glaubte, daß er dort mit Sorgfalt u. Fingerfertigkeit zu montierenden Teile nur ‚verpatzen' würde. Die Herstellung der Luxuspapier-Artikel benötigte bes. geschickte Hände u. einen gewissen Sinn für Farben u. ihre dekorative Wirkung.

Lit.: *Ch. Pieske:* Das ABC des Luxuspapiers, Ausstellungskatalog 1984 (Berlin 1984).

Verputz, verputzen. Der ‚Verputz' ist die letzte Arbeit beim Hausbau. Daher übertr. ‚Das zeigt sich beim Verputz': Das wird sich erst später zeigen.
Der Verputz bröckelt ab: das Make-up gerät in Unordnung; *jem. den Verputz abkratzen:* den Nimbus eines Menschen zerstören.
Jem. nicht verputzen können: jem. nicht leiden können. *Viel verputzen können:* sehr viel essen können.

verraten. *Verraten und verkauft sein:* auf einer völlig hoffnungslosen und unsicheren Position stehen, die durch Verrat und Bestechlichkeit eines Dritten in Gefahr geraten ist; durch Verrat und Bestechung von anderen betrogen worden sein. Diese stabreimende Zwillingsformel benutzt schon in übertr. Bdtg. i. S. v. ‚preisgegeben sein' Grimmelshausen in seinem ‚Simplicissimus' (Kap. 4): „Ein gebohrner ehrlicher Teutscher weiß alsdann nicht, ob er verrathen oder verkaufft, ob er unter Narren oder Klugen sitze". ↗ verkaufen.

verrückt. *Auf jem. verrückt sein:* heftig nach ihm verlangen (im Sinne eines unsinnigen Begehrens); vgl. frz. ‚être fou de quelqu'un' oder ‚être entiché de quelqu'un', auch i. S. v. verliebt sein.
Wie verrückt: sehr; *ich werde verrückt!* ist ein Ausdr. der Verwunderung und Überraschung; bereits vorgebildet etwa in Ausdrücken wie ‚vor Freude aus dem Häuschen geraten' u. a.
Verrückt und fünf (auch *verrückt und drei*) *ist neune* sagt man berl. und mdt., wenn jem. einen recht gewagten Entschluß äußert; eigentl.: der Verrückte hat außer den fünf gesunden Sinnen noch einen oder mehrere weitere Sinne, wie z. B. den Wahnsinn, Blödsinn usw.
Lit.: *U. H.* u. *J. Peters:* Irre und Psychiater: Struktur und Soziologie des Irrenwitzes (München 1974), bes. S. 68–69.

Vers. *Sich auf etw. keinen Vers machen können:* den Zusammenhang einer Sache nicht verstehen; eine Äußerung oder Maßnahme nicht begreifen; meint dasselbe wie: ‚sich etw. nicht zusammenreimen können'. *Der letzte Vers ist noch nicht gesungen:* etw. ist noch nicht entschieden, noch nicht abgeschlossen.
Einem einige Verse aus Klopstock vorlesen: humoristische Umschreibung durch das Wortspiel für: Prügel verabreichen.

verschissen. *Es bei jem. (bis zur Steinzeit) verschissen haben:* bei ihm jegliche Achtung verloren haben. Die sehr junge und übertreibende Rda. bezieht sich auf das stud. Wort ‚Verschiß' = Verruf. Auch Goethe kennt das derbe Wort aus seiner Straßburger Studentenzeit.

verschossen. *In jem. verschossen sein:* in ihn verliebt sein. Die Grundvorstellung, die vermutl. aus der Studentensprache in die allg. Umgangssprache gekommen ist, bezieht sich auf die Pfeile des Liebesgottes Amor: wer von ihm ‚geschossen' ist, muß in Liebe entbrennen.
Auch in ein Schlagerlied hat diese Wndg. Eingang gefunden, wenn auch in scherzhaft parodistischer Form des Textes:
    Ich bin ja so verschossen
    in deine Sommersprossen;
    die kleinen und die großen
    sind meine Freud'.
Seine Pfeile (sein Pulver) verschossen haben: in einer Diskussion keine Gegenargumente mehr bringen können, sich verausgabt haben; auch in sexuellem Sinn; ↗ Pfeil, ↗ Pulver.

verschütt. *Verschütt gehen:* verloren gehen, auch: auf die schiefe Bahn geraten, untertauchen. Der Ausdr. entstammt der Gaunersprache: ‚verschütt gehen' bedeutet hier: eingesperrt werden; dieses Wort gehört zu der Wortfamilie von mnd. ‚schutten': einschließen, einfriedigen, hd. ‚schützen', engl. ‚to shut'.

verschüttet. *Es bei jem. verschüttet haben* ↗ Öl.

Versenkung. *In der Versenkung verschwinden:* plötzlich und spurlos verschwinden, sich entfernen. Die Wndg. ist durch die Theatersprache in weitere Kreise gedrungen und schließlich allg. umg. bekanntgeworden; sie bezieht sich auf die Versenkungsmaschinerie der Theaterbühne, ähnl. wie einst der ‚Deus ex machina' sprw. geworden war. Wie dieser plötzlich und unerwartet als Retter erschien, so heißt es von manchen Personen, die man plötzlich nicht mehr bemerkt, sie seien in der Versenkung verschwunden, etwa wie Don Giovanni am Schluß der Mozartschen Oper. Bismarck: „Ich weiß wirklich gar nicht, wovon Sie reden werden, wenn ich plötzlich in einer Versenkung verschwinde".
Aus der Versenkung heraufholen (auftauchen): etw., das in Vergessenheit geraten war, wieder als wichtig hinstellen.

versessen. *Auf etw. (jem.) ganz versessen sein,* oft mit dem Zusatz: *wie der ⚹ Teufel auf die arme Seele:* etw. unbedingt besitzen, erreichen wollen, sein ganzes Streben, alles Interesse auf etw. richten, jem. sehr gern haben.

Verstand. *Nur den Verstand sprechen lassen:* ganz konsequent handeln, ohne auf Gefühle Rücksicht zu nehmen. Dagegen: *wider den Verstand handeln:* gegen besseres Wissen, töricht, ohne Einsicht handeln. *Seinen Verstand zusammennehmen:* sich sehr anstrengen und sich auf eine Aufgabe konzentrieren.
Etw. mit Verstand genießen: etw. wie ein Kenner zu würdigen wissen, sich des Besonderen bewußt werden. Diese Rda. begegnet häufig auch als Aufforderung: ‚Iß es mit Verstand!', vor allem, wenn es der Rest einer extra für jem. aufbewahrten köstlichen Speise ist.
Jem. bleibt der Verstand (vor Ehrfurcht, parodiert auch: *vor Erfurt) stehen:* der Verstand scheint bei etw. Unbegreiflichem nicht mehr zu funktionieren und wird hierbei einem Uhrwerk verglichen; in einer berl. Parodie auf ein bekanntes Kirchenlied heißt es:

Wenn ich dies Wunder fassen will,
So steht mein Jeist vor Erfurt still.
Kein endlicher Verstand ermißt,
Wie jroß die Festung Erfurt ist.

Ähnl. schreibt Schiller in ‚Kabale und Liebe' (III, 2): „Mein Verstand steht still".
Sich den Verstand verrenken: angestrengt nach Lösungen oder Auswegen suchen. Die Rda. beruht auf einem Vergleich mit großen körperlichen Anstrengungen der Sportler, die unter Umständen zu Verletzungen und Verrenkungen der Glieder führen können.
Für jem. Verstand fürchten: sich um jem. sorgen, der sich plötzlich unberechenbar wie ein Verrückter verhält.
Den Verstand verlieren: sich zu unsinnigen Taten hinreißen lassen, über einem Unglück verzweifeln, wahnsinnig werden; vgl. frz. ‚perdre la raison'.
Mit seinem Verstand (⚹ Latein) am Ende sein: etw. nicht begreifen können, weil es das Fassungsvermögen übersteigt, keinen Ausweg, keine Hilfe wissen.
Häufig erscheint der Verstand in den Rdaa. zur Umschreibung der Dummheit. Die Feststellung *Er wächst aus dem Verstande heraus* meint: er wird täglich dümmer, mit zunehmendem Alter nimmt der Verstand ständig ab statt zu. Ähnl. die Sprw.-Parodie: ‚Verstand kommt mit den Jahren: Je öller, je döller'. Scherzhaft heißt es auch: *Er hat zuviel Verstand, um einen Esel Kollege zu nennen.*
Durch Lokalisierung des Verstandes an unpassenden Stellen soll ebenfalls ausgedrückt werden, daß er seine Funktion nicht zu erfüllen vermag. So sagt man z. B.: *Der hat seinen Verstand im Ellenbogen,* oder: *in der Kniescheibe.* Vgl. ndl. ‚Hij heeft een goed verstand, maar het zit wat diep'.
Hält man jem. für plötzlich nicht recht gescheit, fragt man ihn: *Du hast wohl deinen Verstand in der Garderobe abgegeben?,* oder man stellt fest: *Er hat seinen Verstand in der Tasche.* Vgl. ndl. ‚Hij heeft het verstand in den zak'.
Überlegene Klugheit meint dagegen die Rda.: *mehr Verstand im kleinen Finger als ein anderer im Kopfe (im ganzen Leibe) haben.*
Im Engl. gibt es ein Sprw., das mit der letztgenannten Rda. zusammenhängt. Es wird gesagt: ‚The German's wit is in his fingers'. Der sog. ‚gesunde ⚹ Menschenverstand' heißt da: ‚the horse-sense'.

Lit.: *G. Sarganeck:* Verstand kommt nicht vor den Jahren (Halle 1741/42); *C. P. Hale:* Horse-sense, in: American Notes and Queries 9,2 (1898), S. 131; *E. Bensley:* The German's wit is in his fingers, in: American Notes and Queries 9,10 (1902), S. 113.

verstehen. ‚So to verstahn, dat Kind schall Jochen heten!' heißt es im Dithmarschen, wenn man erst nach vieler Mühe etw. begriffen hat. Zur Entstehung der Rda. wird in Schlesw.-Holst. folgende Geschichte erzählt: En jungen Burn sin Fru leg in Weeken. En Jung weer opstahn. De Bur gung na sin junge Fru an't Bett und segg, he will dat Kind anmelln, wo dat heten schall. „Ja", seggt de Fru, „dat Kind schall Jochen heten". „Oh! woröm denn jüst Jochen", meent de Bur. „Dat Kind schall Jochen heten", seggt de Fru. He kann dat ne begriepen un seggt: „Woröm denn jüst Jochen?" „Dat Kind schall Jochen heten", seggt de Fru. De Bur will dar ne mit aftreken. „Ja", seggt de Fru, „dat Kind schall

Jochen heten". Do seggt de Bur: „Sooo to verstahn! dat Kind schall Jochen! heten!!" De Grotknecht heet Jochen.

Jem. etw. zu verstehen geben: etw. andeuten, einen Wink geben, aber auch: ihm klar die Meinung sagen, vgl. frz. ‚laisser entendre à quelqu'un'.

Etw. versteht sich von selbst (am Rande): es ist natürlich und selbstverständlich, es muß nicht einmal nebenbei bemerkt werden. Vgl. lat. ‚Illud indictum intelligitur'; frz. ‚Cela va de soi'.

Das Preuß. kennt diese Rda. mit einem humorvollen Zusatz: ‚Dat versteit söck am Rand, wenn de Schätel voll öss'. Die Kurzform *Versteht sich!* dient der Bekräftigung.

Etw. falsch verstehen: etw. anders auffassen, als es gemeint ist, etw. übelnehmen.

Die Fragen *Ich verstehe wohl nicht recht?* und *Habe ich (wirklich) recht verstanden?* (vgl. frz. ‚Ai-je bien compris?') dienen zum Ausdr. ungläubigen Staunens und heftiger Entrüstung, ebenso wie der Zweifel am eigenen mangelnden Verständnis, indem man einen anderen fragt: *Verstehst du das?* In Norddtl. kann darauf die scherzhafte Zurechtweisung erfolgen: *Das verstehst du nicht, das verstehe ich kaum.*

Sich zu etw. verstehen: sich überzeugen lassen, sich bereit finden. Häufiger erscheint diese Rda. ins Negative gewendet: *sich nie (nicht) dazu verstehen:* sich niemals zu etw. herbeilassen, nicht zustimmen.

Sich auf etw. verstehen: etw. völlig beherrschen, es gelernt haben, besondere Geschicklichkeit zu etw. besitzen; vgl. frz. ‚S'y entendre en fait de quelque chose'.

Sehr häufig sind rdal. Vergleiche mit Tieren, die zur Steigerung des Nichtverstehens und Nichtkönnens dienen, z. B. ‚Du verstehst soviel davon als eine Kuh Spanisch', oder: ‚Er verstoht so vil dervo as e Chue von ere Muschgetnuss und en Esel von ere Fīge' heißt es in der Schweiz; ‚Er versteht's wie ein Nashorn den Generalbaß'; ‚Er versteht davon soviel wie der tote Hund vom Bellen'; ‚Er versteht davon so viel als meine Katze'; vgl. ndl. ‚Hij heeft er zooveel verstand van als onze kat'; ‚Er versteht sich darauf, wie der Esel aufs Harfenspielen', ‚wie die Ziege auf die Petersilie' (Wander IV, Sp. 1608f.).

Hat jem. offensichtlich Glück bei seinen Unternehmungen, heißt es anerkennend: *Der versteht's!* oder *Er versteht quid juris:* er weiß sich in die Welt zu schicken, vgl. frz. ‚Cet homme sait aller et parler' (veraltet).

Das Gegenteil besagt die Wndg. *die Welt nicht mehr verstehen.* Sie beruht auf Friedr. Hebbels Trauerspiel ‚Maria Magdalena' (1843/44), in dem Meister Anton am Schluß sagt: „Ich verstehe die Welt nicht mehr".

Verstandez vous? Verstehen Sie? ist eine scherzhafte Fragebildung neuerer Zeit nach frz. Konjugationsmuster.

Verwandtschaft ↗bucklig.

verzagen. *Verzage nicht, du Häuflein klein,* sprw. angewendetes Zitat, Anfangszeile eines protestantischen Kirchenliedes, das dem Schwedenkönig Gustav Adolf (gefallen in der Schlacht bei Lützen 1632) zugeschrieben wird. Der König soll das Lied in der Morgenandacht vor Lützen seinem Hofprediger Dr. Fabricius diktiert haben. Der erste Druck findet sich in dem ‚Epicedion Lamentabile juxta ac gratulabundum (d. h. Leichenlied, kläglich und zugleich Ehre darbringend) Manibus piissimis Gustavi Adolphi ... Klag- und Ehrenlied vber den tödtlichen Hintritt des Königs Gustaff Adolphen ... Gedruckt zu Leipzig bey Abraham Lambergs sel. Erben 1632'. Der volle Wortlaut der ersten Strophe lautet:

Verzage nicht, du Häuflein klein,
obschon die Feinde willens sein,
dich gänzlich zu verstören,
und suchen deinen Untergang,
davon dir wird recht angst und bang,
es wird nicht lange währen.

Das barocke Lied gehört noch heute zum Kanon der evangelischen Kirchenlieder.

Lit.: *B. Kitzig:* Gustav Adolf, Jacobus Fabricius und Michael Altenburg, die drei Urheber des Liedes: Verzage nicht, du Häuflein klein (Göttingen 1935).

Verzeihung ↗Entschuldigung.

Verzierung. *Sich keine Verzierung abbrechen:* sich nichts vergeben, ↗abbrechen.

Veto. *Sein Veto gegen etw. einlegen:* Widerspruch einlegen, etw. widersprechen.

Die Rda. ist Mitte des 18. Jh. aufgekommen und geht zurück auf lat. ‚veto', 1. Pers. Sing. von ‚vetare': verbieten, untersagen.

Von seinem Vetorecht Gebrauch machen: eine Entscheidung des Parlaments in letzter Minute zu Fall bringen. In seltenen, polit. oder wirtschaftlich bes. brisanten Situationen nützt der Präsident der USA sein ‚Vetorecht', um seine Ansicht durchzusetzen, wenn ihm sonst die Mehrheit dafür fehlt.

Im staatlichen Raum bedeutet ‚Veto' das Recht z. B. eines Staatsoberhauptes, einen Beschluß des Parlamentes entweder aufzuheben oder dessen Inkrafttreten hinauszuschieben, bis eine qualifizierte Mehrheit das Veto zunichte macht.

Vetter. *Die Vetternstraße ziehen:* auf Reisen Verwandte besuchen, um billig zu leben. Die Wndg. kann erst seit der 2. H. des 19. Jh. umg. nachgewiesen werden. Fontane schreibt in ähnl. Sinne (Gesammelte Romane und Novellen, 1. Serie von 1890, V. 233): „Nachdem beide der Verlockung einer neumärkischen Vetternreise glücklich widerstanden hatten".

Es herrscht eine (üble) Vetternwirtschaft; häufig auch allg. umg. in schwäb. mdal. Form: ‚Vetterleswirtschaft' oder in imper. Form: ‚Schluß mit der Vetternwirtschaft (Vetterleswirtschaft)!': Machenschaften zugunsten von Verwandten und Freunden, denen ohne persönliches Verdienst zu Ansehen und hohen Ämtern verholfen wird.

Im Badischen sagt man über jem., der von einer unbekannten Person begünstigt wird: ‚Irgendwo hat er e Vetterle'.

Die Rda. *den Papst zum Vetter haben* hat ähnl. Bdtg. und bezieht sich auf den Nepotismus der Renaissancepäpste.

Das Vetterlein mit jem. spielen: jem. zum Narren haben. ‚Vetter' war in früherer Zeit nicht nur eine Verwandtschaftsbez., sondern auch der Name für Bauern, zuerst als übliche Anrede, dann auch als Schimpfwort: „daher man sie (die Bauern) Spots halben pflegt Vettern zu nennen" (Schwäb. Wb. II, Sp. 1448).

Vielliebchen. Finden junge Leute verschiedenen Geschlechts bei einem Zusammensein in einer Nuß oder einer Mandel zwei Kerne, so nennen sie diese ‚Vielliebchen'; jedes ißt einen davon, und wer bei der nächsten Begegnung dem andern zuerst ‚Vielliebchen' zuruft, bekommt von ihm ein Geschenk. In Frankr. redet man statt von ‚Vielliebchen' von ‚Philippe' und ‚Philippine'. Die schweiz. Belege lauten dahin, daß zwei Personen, die gleichzeitig dasselbe Wort aussprechen, zusammen ‚eine Philippine machen'. Haben zwei Personen gleichzeitig denselben Gedanken, so haben sie ‚eine arme Seele erlöst', ‚en Schnider in Himmel ufe glupft', ‚eine Pfaffechöchin us em Fegfür erlöst' (schweiz.). Wenn im Allgäu zwei Personen in Gesellschaft im nämlichen Augenblick denselben Einfall haben und das gleiche sagen wollen, so sagt man: ‚Jetzt ist eine Pfarrersköchin erlöst worden'. Die beiden können sich auch schnell etw. wünschen; das soll dann in Erfüllung gehen. Eine rein rationale, aus der Bildungsschicht stammende Deutung der Gleichzeitigkeit desselben Wortes finden wir schließlich in der frz. Rda. ‚Les beaux esprits se rencontrent' (auch: ‚les grands esprits se rencontrent', i. S. v. großen Geistern, die gleichzeitig auf denselben Gedanken verfallen), die ihr ital. Gegenstück hat: ‚I geni si incontrano'.

Gleichzeitigkeit als ‚zufälliges' zeitliches Zusammentreffen ist – ebenso wie das räumliche Zusammentreffen besonderer Art – eine der fundamentalen Erfahrungen, auf welche sich die sogenannte sympathetische Magie aufbaut. Aus auffallendem zeitlichem oder räumlichem Kontakt werden Schlüsse auf Wesenszusammenhänge gezogen. Wenn zwei Personen gleichzeitig dasselbe Wort aussprechen oder auch nur denselben Gedanken haben oder nach derselben Sache greifen, so folgert die magische Logik eine sympathetische Beziehung zwischen den beiden Personen: sie werden zusammen auf eine Hochzeit gehen, sie werden zusammen Paten sein, sie seien für eine bestimmte Zeit Cousins oder Geschwister, sie sterben zusammen, oder sie haben Glück zusammen, kurz: sie sind irgendwie in Glück oder in Unglück verbunden. Andere Folgerungen magischen Denkens, die aus der Feststellung der Gleichzeitigkeit desselben Wortes gezogen werden, führen über die Verbindung der unmittelbar beteiligten zwei Personen hinaus: Es kommt eine Nachricht, es geht ein Wunsch in Erfüllung, man erlöst eine Arme Seele. Die nichtrationale Logik kennt keinen Satz des Widerspruchs. Also kann man die genannten Folgerungen, die aus der Gleichzeitigkeit desselben Wortes gezogen werden, auch umkehren: Entweder heißt es, die zwei Personen leben noch lange zusammen, oder es heißt, sie sterben beide binnen einem Jahr.

An Wunscherfüllung glaubt man nicht nur bei Gleichzeitigkeit des Wortes, sondern auch wenn Sterne fallen. Wie in der antiken Mantik die Zukunft, je nachdem, ob es sich um divinatio artificiosa oder divinatio naturalis handelte, von natürlichen Ereignissen oder von künstlichen Veranstaltungen abhängig gemacht wurde, so kann die Wunscherfüllung aus entspr. selbstgeschaffenen oder vorgefundenen Bedingungen gefolgert werden. Auch in der spielerischen ‚Kindermagie' wird die erwünschte Gleichzeitigkeit – nach dem Vorbild traditioneller magischer Praxis – provoziert oder bestätigt: Zwei Kinder geben sich schnell die Hand, indem sie sich gleichzeitig im stillen etw. wünschen; dann zählen sie zusammen auf drei und sagen gleichzeitig ‚Schiller' oder ‚Goethe'; wenn sie das gleiche sagen, geht der Wunsch in Erfüllung; und dementspr. im Welschland, nur daß anstelle von Schiller oder Goethe ‚chien' oder ‚chat', auch ‚rose' oder ‚bleuciel' gesagt werden muß.

Der Schweiz. Volkskunde-Atlas (Teil II, Karte 245) hat die Rdaa. bei zufälliger Gleichzeitigkeit kartenmäßig dargestellt, und zwar aufgrund einer Umfrage: ‚Was sagt man, wenn zwei Personen gleichzeitig dasselbe Wort aussprechen?' Dem Kommentar-Teil sind die vorstehenden Belege entnommen.

Lit.: *H. L. A. Visser:* Zum Problem der nicht-rationalen Logik, in: Kant-Studien, 32 (1927), S. 242ff.; HdA. III, Sp. 863, Art. ‚Gleichzeitigkeit' von *H. Bächtold-Stäubli;* HdA. VIII, Sp. 1661f., Art. ‚Vielliebchen' von *P. Sartori.*

vier(e). *Er ist auf allen vieren beschlagen und hat noch ein Hufeisen in der Tasche:* er ist sehr listig und geschäftstüchtig, er hat immer noch etw. im Hintergrund, einen Ausweg, er weiß stets eine treffende Antwort, eigentl.: es mangelt ihm wie einem gutbeschlagenen Pferd an nichts, ein Verlust hält ihn nicht lange auf, denn er besitzt Reserven. Die in Norddtl. verbreitete Rda. begegnet auch in mdal. Form, z. B. siebenbürg.-sächs. ‚Dî äs af alle vären beschlôen'.

Mit allen vieren danach greifen: so begierig sein, daß die Hände zum Zufassen nicht reichen und am liebsten noch die Füße zu Hilfe genommen würden.

Alle viere grade sein lassen: sich nicht im geringsten bemühen, faulenzen, sich nicht mehr um seine eigenen Angelegenheiten und die anderer kümmern, ↗ fünf.

Alle viere von sich strecken: Umschreibung für schlafen, sich faul ausstrecken, aber auch für sterben.

Auf allen vieren gehen (kriechen): auf Händen und Füßen gehen, sich nur mühsam fortbewegen können, schwach und krank oder betrunken sein und sich deshalb nicht aufrichten können, aber auch: einen gefahrvollen Weg (glatt, steil, beobachtet) zu bewältigen suchen.

Auf alle viere fallen: bei einem Unglück zu keinem größeren Schaden kommen. Die Rda. bezieht sich auf die Katze, die bei jedem Sturz sicher auf den Füßen landet und sich nicht verletzt.

Ein Vierer sein: ein dummer Mensch sein, dem ein Sinn fehlt.

Unter vier Augen ↗ Auge.

Auf seinen vier Buchstaben ↗ Buchstabe.

In seinen vier Wänden ↗ Wand.

In alle vier Winde ↗ Wind.

Viertel. *Das akademische Viertel einhalten* meint, mit einer Veranstaltung nicht pünktlich zur angesetzten Zeit beginnen, sondern erst 15 Minuten, also eine Viertelstunde später. Grundsätzlich dauern akademische Vorlesungen nur 45 Minuten und beginnen ‚c. t.' (Abkürzung für ‚cum tempore', mit einem Zeitzuschlag) 15 Minuten nach der vollen Stunde. Ironisch spricht man auch gelegentlich von ‚c. t. b.' (‚cum tempore balcanico'), was bedeutet: erst eine halbe Stunde später, d. h. unpünktlich, mit nicht vorhergesehener Verspätung, wie sie allenfalls auf dem Balkan vorkommen mag.

Violine. *Das spielt keine Violine:* das spielt keine Rolle. Scherzhafte Zurückführung des Spielens auf seine eigentl. musikalische Bdtg.; etwa seit 1920 bezeugt.
Zur Umschreibung von Empfängnis und Geburt sagt man in Westf.: ‚Es geht mit der Violine hinein und mit dem Basse heraus'. *Die erste Violine spielen* ↗ Geige.

Lit.: *M. Willberg:* Die Musik im Sprachgebrauch, in: Muttersprache (1963), S. 201 ff.

vis-à-vis. Frz.: gegenüber. *Dem stehst du machtlos vis-à-vis:* in dieser Sache bist du machtlos; etwa seit 1900 bezeugt. Die Rda. wurde auch parodiert: ‚Da stehst du machtlos vorm Service!'

Visier. *Mit offenem Visier kämpfen:* offen, anständig kämpfen, eigentl.: ohne das das Gesicht abschirmende Helmgitter; in übertr. Sinne seit Herder belegt; *das Visier lüften:* sich zu erkennen geben, z.B. bei Ludwig Börne bezeugt. Beide Wndgn. knüpfen an das Kampfleben und an das Turnierwesen des MA. an, ohne doch unmittelbar darauf zurückzugehen.
‚Visier' heißt das bewegliche Schutzgitter am Helm einer mal. Rüstung, das heruntergeklappt das Gesicht schützend bedeckt, aber die Sicht noch ermöglicht.
Er naht ihm mit geschlossenem Visier: er gibt sich beim Kampf nicht zu erkennen, er führt versteckte Angriffe. Vgl. ndl. ‚Hij nadert hem met gesloten vizier'.
Seit dem 16. Jh. erscheint ‚Visier' auch in der Bdtg. ‚Sucher' (bes. an einer Schußwaffe). Folgende Rdaa. beziehen sich auf ein ‚Visier' in dieser Bdtg.: *Im Visier bleiben:* in der Schußlinie bleiben, weiterhin Gegenstand der Kritik sein. *Aus dem Visier geraten:* sich außerhalb des Kontrollierbaren befinden, verschwinden. *Etw. ins Visier fassen:* seinen Blick, seine Aufmerksamkeit auf etw. richten, sorgfältig betrachten, beobachten. *Einen im Visier haben:* jem. genau beobachten, ihn im Auge behalten, um ihn erfolgreich bekämpfen zu können, aber auch: ihn für eine bes. Aufgabe oder höhere Stellung vorsehen.

Visitenkarte. *Seine Visitenkarte hinterlassen:* spöttisch; Flecken oder Spuren als Gast irgendwo hinterlassen.

Eine Visitenkarte von etw. sein: ein Aushängeschild, eine Reklame von einer Sache sein; die Rda. ist bes. im journalistischen und politischen Jargon belegt; z.B. sagte Konrad Adenauer 1951: „Die Visitenkarte Deutschlands nach innen und außen" sei die Internationale Automobilausstellung in Frankfurt/Main (Süddeutsche Zeitung 27.4.1951).

Vitamin. *Vitamin B haben:* gute Beziehungen zu einflußreichen Leuten besitzen. Eigentl. ist die Gruppe der B-Vitamine medizinisch gesehen unerläßlich für die Gesundheit des Menschen, sie nimmt so seit der Entdeckung der Vitamine um 1911 eine bes. Rolle in der Diskussion um Vitaminbehandlung ein. In der Umschreibung für ‚gute Beziehungen' bedeutet das B: Beziehung.

Vogel. *Einen Vogel haben* (z.T. noch scherzhaft ergänzt: ‚einen Vogel mit Freilauf haben'): nicht ganz bei Verstand sein, eine fixe Idee haben, närrisch sein; umg. und mdal. vielfach bezeugt. Nach altem Volksglauben wird die Geistesgestörtheit durch Nisten von Tieren im Kopf verur-

‚Einen Vogel haben'

sacht. Die zugrunde liegende Vorstellung zeigt sich auch in parallelen Wndgn., wie ‚Bei dir piepst wohl?' (↗ Pfeife), auch: ‚Dich pickt wohl der Vogel?' *Sein Vogel braucht Wasser* (oder *Futter); sein Vogel ist Amok gelaufen:* er ist nicht recht bei Verstand.
Viele Redewndgn. und bildl. Ausdrücke

1679

für Geistesgestörtheit und der Gebrauch von Tiernamen für abnormale Geisteszustände beruhen auf den volkstümlichen Anschauungen vom Wesen der Krankheit als Dämonenbesessenheit, etwa auch: ‚Mäuse im Kopf haben'; ‚Grillen im Kopf haben'; ‚ihm steckt der Kopf voll Mäusenester'; ‚es läuft ihm eine Ratte durch den Kopf'; ‚er hat einen Hirnwurm', ‚einen Spatz im Dach', ‚einen Engerling', ‚einen Käfer', ‚eine Motte', ‚Fliege im Kopf', ‚eine Mücke', ‚Schnake', ‚einen Regenwurm', ‚Egel'.

Jem. einen Vogel zeigen, sich einen Vogel in die Stirn bohren: gegen jem. die Dummheitsgebärde machen (auch als ‚Autofahrersprache' oder ‚Autofahrergruß' bez.).

Vögel (öfter: Spatzen) unter dem Hut haben: den Hut zum Gruß nicht abnehmen.

Einen toten Vogel in der Tasche haben: einen Darmwind entweichen lassen, nach Darmgasen riechen (seit 1900 belegt).

's Vöglein zur Ader lassen: natürliche Bedürfnisse befriedigen; bes. schwäb.: ‚'s Vögele zur Ader laun'.

Den Vogel abgeschossen haben: die beste Leistung erzielt haben; vom volkstümlichen Brauch des Vogelschießens hergenommen (vgl. die Darstellung auf dem ndl. Bilderbogen der Bauernkirmes), wo derjenige Schützenkönig wird, der den Vogel herunterschießt; vgl. engl.: ‚to take the cake'.

‚Den Vogel abschießen'

Einem die Vögel auf dem Dache weisen: ihn nicht bezahlen, eigentl. auf einen sehr unsicheren Besitz verweisen, der wie die Vögel auf dem Dach plötzlich verschwunden sein kann. Von einem Menschen in unsicherer Position sagt man ähnl. z. B. in Bedburg: ‚Dä ess jetzt wie 'ne Voggel op de Heck'.

Dem Vogel noch Flügel ansetzen: den Eiligen noch anspornen.

Den Vogel fliegen (pfeifen, singen) lehren: etw. Überflüssiges tun.

Friß Vogel oder stirb!: wer das vorgesetzte Futter nicht mag, wird verhungern müssen; übertr.: es gibt nur diese eine, unangenehme Möglichkeit. Um einen Vogel kirre zu machen, wird ihm bestimmtes Futter vorgesetzt und kein anderes. Luther schreibt: „Wie du wilt, Vögelin, wiltu nicht essen, so stirb"; in der ‚Zimmerischen Chronik' (I, 271): „es hieß ‚compelle intrare, vogel iß oder sterb!'" Auch in Grimmelshausens ‚Simplicissimus' (II, 203) heißt es: „Ich dachte, jetzt heißts: Friß Vogel oder sterb". Der Straßburger Pfarrer Johann Nikolaus Weislinger (1691–1755) verfaßte 1722 eine Schmähschrift auf Luther ‚Friß, Vogel, oder stirb!'

‚Friß Vogel oder stirb!'

Wie ein Vögelchen essen: sehr wenig zu sich nehmen, häufig von Kindern und Kranken gesagt; vgl. frz. ‚manger comme un petit oiseau'.

Sich die gebratenen Vögel (Tauben) in den Mund fliegen lassen: es sich wie im ↗Schlaraffenland ohne Arbeit wohl sein lassen. Abraham a Sancta Clara gebraucht diese Wndg. öfters, z. B. schreibt er in seinem „Judas' (III, 155): „Ihnen fliegen die gebratenen Vögel ins Maul"; ↗Taube.

Ein Vögelchen davon haben singen hören: auf geheimnisvolle Weise Kunde von etw. erhalten haben, die für andere unerwartet und überraschend ist; vgl. ndl. ,'t Vogelken heeft het mij verteld' u. engl. ‚A little bird told me' ↗Finger.

Diese Rdaa. gehen wohl auf alten Volksglauben zurück, nach dem die Vögel den Menschen geheime Mitteilungen machen

oder sie warnen, wie dies in vielen Märchen, Sagen, Volksliedern als Motiv vorkommt. Sigurd versteht in der ‚Edda' die Sprache der Vögel, die ihn warnen, und Odin hatte die Raben Hugin und Munin zur Seite, die ihm über alles berichten, was sie sehen und hören.
Die Vorstellung, daß die Vögel Nachrichten verbreiten, ist bereits in bibl. Zeit vorhanden. Beim Prediger Salomo 10,20 heißt es warnend: „Fluche dem König nicht in deinem Herzen und fluche dem Reichen nicht in deiner Schlafkammer; denn die Vögel des Himmels führen die Stimme fort, und die Fittiche haben, sagen's weiter".
Er hat den Vogel pfeifen hören: er hat die Sache gemerkt; was verborgen bleiben sollte, ist ihm auf geheimnisvolle Weise zu Gehör gekommen. Die entgegengesetzte Bdtg. hat die Rda. ‚Die Spatzen pfeifen es von den (allen) Dächern', das angebliche Geheimnis ist in aller Munde, die ganze Stadt spricht schon davon; westf. ‚Dat wietet de Vüegel upm Dake'.
Seinen Vogel auslassen: sein eigentl. Anliegen vorbringen. *Der Vogel ist ausgeflogen:* der Gesuchte ist nicht daheim (vgl. Nest), der Gefangene ist entflohen. Dagegen heißt *Der Vogel sitzt:* der Dieb ist im Gefängnis.
Der Vogel ist ins Garn (auf den Leim) gegangen: er hat sich überlisten lassen. Die Rda. kommt aus dem Bereich der Vogelstellerei, bei der die Vögel mit Netzen oder Leimruten gefangen wurden, die von ihnen nicht als gefährlich erkannt werden konnten.
Häufig wird der Mensch mit einem Vogel verglichen, der durch verschiedene Adj. noch näher charakterisiert wird. Bereits Wickram bez. im 16. Jh. einen ausgelassenen oder liederlichen Menschen als *losen Vogel*. Ein Mensch mit sonderbaren Ansichten und merkwürdigen Gewohnheiten wird ein *seltener (rarer, komischer) Vogel* genannt. Vgl. ndl. ‚Dat is ook een rare vogel'. In den ‚Satirae' (I, 46) des Aulus Persius Flaccus (34–62 n. Chr.) findet sich wie bei Juvenal (60–140 n. Chr.) der Ausdr. „Rara avis" = ein seltener (rarer) Vogel.
Die älteste dt. Benutzung der Wndg. i. S. v. äußerst seltener Erscheinung findet sich bei Luther. In seiner Schrift ‚Von weltlicher Obrigkeit' (Weimar. Ausg. 11, 267) steht: „Und solt wissen, das von anbegynn der welt gar eyn seltzam vogel ist umb eyn klugen fursten, noch viel seltzamer umb eyn frumen fursten". Vgl. auch: ‚ein weißer Rabe sein', ein Ausdr., der von Juvenal (‚Sat.' VII,202) überliefert ist. Ein Leichtsinniger ist ein *leichter (lockerer, lustiger) Vogel*. Im ‚Rollwagenbüchlein' (XVI u. XXXII) wird ein Taugenichts als *nasser Vogel* treffend charakterisiert, denn er ist sowenig nütze wie ein naßgewordener Vogel, der nicht mehr fliegen kann.
Es sind Vögel von einerlei Federn: es sind Menschen von gleichem Schlage, einer ist nicht besser als der andere. Vgl. ndl. ‚Het zijn vogels van eender veren'.
Die Rda. *Ich bin ein gesprenkelter Vogel:* ich werde von allen Seiten angegriffen, ist bibl. Herkunft. Jer. 12,9 heißt es:
Mein Erbe ist wie der sprenklige Vogel,
Um welchen sich die Vögel sammeln.
Vgl. ndl. ‚Het is een gesprenkelte vogel'.
Vogel-Strauß-Politik treiben ↗ Strauß.
‚Vogel Selbsterkenntnis' ↗ Nase.
Vogel (Vogelschnabel) ist vulgärsprachl. der Name für den Penis; ähnl. ‚den Vogel zwitschern lassen': koitieren; ‚Vogelhäusel': Hosenschlitz; ‚loser Vogel': Frauenheld; ‚Vogelbauer': Vulva, aber auch: Bordell; ‚Vogelscheuche': Frau, die einen am Geschlechtsverkehr hindert.
Vogel und Nest ist ein häufiges Sprw.-Bild für die sexuelle Verbindung von Mann und Frau: z. B. ‚Jeder Vogel hat sein Nest'; ‚Komm Vögelchen, wir gehn ins Nest!' u. a. (E. Borneman: Sex im Volksmund [Reinbek b. Hamburg 1971]).
‚Vögeln' bedeutet in der Umgangssprache koitieren. Urspr. hieß der Geschlechtsakt bei Vögeln ↗ treten. Zwei alte Belege bietet das Schwäb. Wb. (II, Sp. 1608): ‚Es ist gar die arme Henn, Die ... wonen wil bi ainem Han, und sich nit wil füglen lan'. Bei Seb. Franck heißt es: ‚Mali corvi malum ovum: Wie es vogelt, also legt es Ayer'.

Lit.: *A. de Cock:* 't Vogelken heeft het mij verteld, in: Vkde. 22 (1911), S. 96–100; *K. Knortz:* Die Vögel in Geschichte, Sage, Brauch und Literatur (München 1913); bes. Kap. IX: Gemischte Gesellschaft, S. 244–296; *R. Riegler:* Tiernamen zur Bez. von Geistesstörungen, in: Wörter u. Sachen 7 (1921), S. 129ff.; *E. Ingersoll:* Birds in Legend, Fable and Folklore

(New York 1923); *A. Taylor:* Art. ‚Vogel', in: HdA VIII, Sp. 1673–1679; *E. Hollerbach:* Vom Ursprung und von den Anfängen des Vogelschießens (1938); *H. Rausch:* Den Vogel abschießen, in: Sprachfreund 4, Nr. 6 (1955), o.P.; *S. A. Wolf:* Hast wohl 'n Vogel?, in: Muttersprache 65 (1955), S. 23–24; *L. Honko:* Krankheitsprojektile. FFC. 178, (Helsinki 1959); *R. Pipping:* Den gaspande fageln (Der gähnende Vogel in einem Sprw.), in: Syn og Segn (1959), S. 114–117; *J. Hasspacher:* Die Geschichte der Dresdner Vogelwiese, in: Zs.f. Vkde., 56 (1960), S. 55–73; *J. Jaenecke-Nickel:* Abschußvogel und Abwurftaube, in: Festschrift 75 Jahre Museum für Volkskunde (Berlin 1964), S. 191–194; *L. Röhrich:* Krankheitsdämonen, in: Volksmedizin (Darmstadt 1967), S. 283 ff.; *L. Röhrich* u. *G. Meinel:* Rdaa. aus dem Bereich der Jagd u. der Vogelstellerei, S. 316 f.; *Th. Reintges:* Das Vogelschießen der Schützen, in: Miscellanea für Prof. Dr.K.C. Peeters (Antwerpen 1975), S. 582–586; *B. Garbe:* Vogel und Schlange. Variation eines Motivs in Rda., Fabel, Märchen und Mythos, in: Zs.f. Vkde. 75 (1979), S. 52–56; e. u. *L. Gattiker:* Die Vögel im Volksglauben. Eine volkskundliche Sammlung aus verschiedenen europäischen Ländern von der Antike bis heute (Wiesbaden 1989).

vogelfrei. *Jem. für vogelfrei erklären:* ihn für schutzlos erklären. Der seit der 1. H. des 16. Jh. bezeugte Ausdr. stammt nicht unmittelbar aus der alten Rechtssprache, gehört aber doch in den Bereich des Rechts: „aqua et igni interdictus" seit Seb. Franck (1538, ‚Chron. Germ.'); auch bei N. Frischlin (Nomenkl. 577): „igni et aqua interdicere, vogelfrei machen". Die Wndg. geht darauf zurück, daß dem Körper des Geächteten das Grab versagt, daß er vielmehr ‚den Vögeln erlaubt' (avibus permissus), d.h. den Raubvögeln anheimgegeben wurde. Vgl. auch ndl. ‚Hij is vogelfrij verklaard'; engl. ‚shot-free' u. frz. ‚un hors-la-loi' (wörtl.: einer, der durch kein Gesetz mehr geschützt ist).
Die Wndg. wird später in freierer und übertr. Verwendung nicht nur von Personen, sondern auch von Sachen gebraucht: „So wäre denn mein Buch in Deutschland vogelfrei erklärt" (Börne, Ges. Schriften, Bd. XI, S. 183). Jac. Grimms Erklärung ‚frei wie ein Vogel in der Luft, den jeder schiessen darf' trifft nicht zu, weil die Jagd auf Vögel zum Wildbann gehörte. Dagegen ist ein anderes vogelfrei, das zuerst 1490 (,Tirol. Weistümer' III,171) auftritt und ‚völlig frei von Herrschaftsdiensten' bedeutet, zunächst ‚frei wie der Vogel in der Luft'.

Lit.: *J. T. Page:* Shot free, in: American Notes and Queries 9,6 (1900), S. 417; *E. v. Künßberg:* Vogelfrei, in: Zs. der Savigny-Stiftung für Rechtsgeschichte (germanistische Abteilung) 58 (1938), S. 525–533; *H. Siuts:* Bann und Acht und ihre Grundlagen im Totenglauben, in: Schriften zur Volksforschung, Bd. I (Berlin 1959).

Vogelherd ↗ Lockvogel

Vokativ. *Ein rechter Vokativus* wird in zahlreichen Mdaa. jem. genannt, dem nicht zu trauen ist, der es ‚hinter den Ohren' hat. So schon bei Grimmelshausen im ‚Vogelnest' (2,6): „Der Apotheker, welcher gar ein arger Vocativus ist". ‚Vocativus' ist in der lat. Deklination der Anredefall; da man diesen oft in mißbilligendem oder strafendem Sinne anwendet, hat der aus dem Lateinunterricht geläufige Ausdr. seinen sprw. Sinn angenommen.

Volksfest. *Es ist mir ein Volksfest*, iron. Verstärkung der Wndg. ‚Es ist mir ein Vergnügen', ‚es ist mir angenehm', ‚es freut mich sehr'; ebenso: ‚es ist mir ein innerer Reichsparteitag' oder ‚es ist mir ein innerer Vorbeimarsch', mit parodistischer Beziehung auf die bombastischen Reichsparteitage der Nationalsozialisten in den dreißiger Jahren aufgekommen.

voll. *Jem. nicht für (ganz) voll nehmen:* ihn nicht ernst nehmen, nicht für vernünftig genug halten, seine Zurechnungsfähigkeit bezweifeln. Vielleicht stammt dieser Ausdr. aus der Münzkunde: eine Münze war dann nicht vollgültig, wenn sie den gesetzlichen Bestimmungen hinsichtlich Gewicht und Metall nicht entsprach. Da diese Rda. umg. häufig unter Jugendlichen zu hören ist, die sich beklagen, daß ‚man sie nicht für voll nimmt', ist es wahrscheinlicher, daß ein Zusammenhang mit der Erreichung der Volljährigkeit besteht, nach der man erst für seine Taten voll verantwortlich gemacht werden kann.
In die vollen gehen: mit ganzer Kraft vorgehen und dabei alle Chancen offen haben, die jedoch verspielt werden können; vgl. frz. (umg.) ‚Y aller à plein'. Die Wndg. stammt vom Kegelspielen her, wo mit dem ersten Treffer alle Kegel fallen können, doch diese Gelegenheit auch durch Ungeschick verpaßt werden kann.
Aus dem vollen leben (schöpfen, wirtschaften): ein uneingeschränktes Luxusleben

führen, aus einem Überfluß (eigentl. aus gefüllten Vorratsspeichern) wählen können, in übertr. Bdtg.: reiche Kenntnisse und Erfahrungen souverän nutzen.
Ins volle greifen: sich alles leisten können, sich keinen Wunsch versagen müssen.
Bis obenhin (bis zum Eichstrich) voll sein: sehr satt oder betrunken sein. Rdal. Vergleiche dienen zur Schilderung hochgradiger Trunkenheit: *voll wie ein Sack sein;* vgl. frz. ‚bourré' (umg.): vollgestopft oder ‚plein comme une outre' (wörtl.: voll wie ein Schlauch) oder ‚plein comme une lanterne' (voll wie eine Laterne); *voll wie ein Schwamm sein,* der sehr saugfähig ist und viel aufnehmen kann; *so voll wie eine Strandhaubitze (Strandkanone) sein,* vgl. ndl. ‚zoo vol (geladen) als een kanon' oder ‚kanon zijn'.
Auch Tiervergleiche sind äußerst beliebt: *so voll wie eine Sau, wie eine Zecke sein;* in Köln heißt es: ‚Hä ass esu voll we'n Krât' (Kröte); ↗trinken.
Sich vollaufen lassen: viel Alkohol trinken.
Sich vollmachen: sich beschmutzen, aber auch: großes Getue, unnötiges Theater machen. Die häufige Zurechtweisung ‚Mach dich nicht voll!' heißt demnach: rege dich nicht künstlich auf, spiele dich nicht zu sehr auf!
Bedrängnis und Enge werden anschaulich und wirkungsvoll durch Vergleiche geschildert: *Es ist so voll wie ein Ei:* es ist überhaupt kein Platz in einem Raum mehr vorhanden, vgl. frz. ‚C'est plein comme un œuf'; ein Saal (ein Verkehrsmittel) *ist zum Brechen voll; es ist so voll, daß kein Apfel zur Erde kann* (↗Apfel), *daß man keinen Hundeschwanz mehr hindurchziehen kann; es ist proppen- (pfropfen-)voll,* vgl. ndl. ‚zoo vol als mud'. In Moers heißt es: ‚Et es so voll wie en Pöttche met Pieren', vgl. auch ndl. ‚Het was er zoo vol als gepakte haring'.
Voll und toll sein: ganz besoffen sein, ↗toll. ‚Voll und ganz' als Verstärkung von ‚gänzlich', ‚total' fand in L. Tiecks ‚Antonius und Kleopatra' die früheste Anwendung.

Lit.: *Wülfing:* Voll und ganz, in: Zs. f. dt. Wortf. 2 (1901), S. 343.

Volldampf. *Mit Volldampf voraus:* mit größtmöglichem Tempo, also mit voller Maschinenkraft. Das urspr. seemännische Kommando von der Dampfschiffahrt wurde auf andere Lebensbereiche (Eisenbahn, Maschinen) u. den Menschen übertr., um zu höchster Anstrengung u. vollem Einsatz zu ermuntern.

Volte. *Eine Volte schlagen:* eine rasche Wndg. vollführen. Die Rda. entstammt als Fachausdr. der Reit- und Fechtkunst und gelangte im 17. Jh. zu uns. Volte gehört zu lat. ‚volvere', ital. ‚volta' und frz. ‚volte'.
Beim Stoßfechten gehört die Volte zu den Bewegungen der Füße, wenn man dem feindlichen Stoß entweder ausweichen oder den Gegner mit Vorteil treffen will. Diese Bewegung wird ausgeführt, indem man den linken Fuß nach rechts hinter den rechten setzt.

Lit.: *J. Schmied-Kowarzik* u. *H. Kufahl:* Fechtbüchlein, 2. Aufl. (Leipzig o. J. [1894]), S. 195.

vorbei. ‚Es geht alles vorüber, es geht alles vorbei' ist ein Schlagertitel eines Hits von 1940 von Peter Kreuder. Dieser Spruch, der in Dtl. häufig parodiert wurde, hat eine lange lit. Tradition. Eine Parodie aus der NS-Zeit lautet:
   Es geht alles vorüber,
   es geht alles vorbei.
   Erst geht Adolf Hitler
   und dann die Partei.
Die auch sonst sehr geläufige Wndg., die einen Trost beinhaltet, geht auf eine israelische Volkserzählung über König Salomo zurück, die mehrere Variationen erfahren hat. Eine davon sei hier genannt: König Salomo litt unter einer Depression und suchte Hilfe. Seine Weisen rieten ihm zu einem Ring, auf welchem stand: ‚Auch das geht vorbei'. Salomo ließ sich einen solchen Ring anfertigen und trug ihn ständig. Sobald ihn Traurigkeit befallen wollte, schaute er auf den Ring und gewann seine gute Stimmung zurück.

Lit.: *A. Taylor:* „This Too Will Pass", in: Volksüberlieferung. Festschrift f. K. Ranke für Vollendung des 60. Lebensjahres, hg. v. F. Harkort, K. C. Peeters u. R. Wildhaber (Göttingen 1968), S. 345–350.

Vordermann. *Auf Vordermann bringen:* eine Gruppe von Menschen zur gleichen Ansicht bewegen. Die Rda. stammt aus dem militärischen Exerzierreglement: die Soldaten werden so ausgerichtet, daß Kopf hinter Kopf steht und der Vordermann die Richtung des Hintermanns bestimmt. Da es dabei erfahrungsgemäß nicht sanft zugeht, hat die Rda. auch den Nebensinn des Rügens und Zurechtweisens erhalten (Küpper).

Vorläufer ↗ Läufer.

Vormund. *Keinen Vormund brauchen:* selbst für sich einstehen, alle Entscheidungen allein treffen wollen, keine Einmischung und Gängelei mehr vertragen, ‚mündig (volljährig) sein'. Ähnl.: *sich nicht mehr bevormunden lassen.*
Der Vormund ist ein amtlich bestellter Rechtsvertreter u. Fürsorger für Minderjährige (bes. für Waisen), Entmündigte, Geisteskranke u.a.
Das als Simplex untergegangene Subst. ‚munt' bedeutete im Ahd. Hand u. Schutz u. im Mhd. zusätzlich Erlaubnis u. Bevormundung. Das Rechtswort in der Bdtg. ‚Beschützer' begegnet als ‚foramundo' zuerst in einer Emmeraner Glosse des 10. Jh. Durch den ‚Sachsenspiegel' wurde das Wort ‚Vormund' fast über das ganze dt. Sprachgebiet verbreitet u. verdrängte mdal. Bez. wie Vogt, Träger, Pfleger u. a.

Lit.: *H. Müller-Tochtermann:* Struktur der dt. Rechtssprache, in: Muttersprache (1959), S. 84–91.

Vorschuß. *Er hat Vorschuß genommen:* er hat Gattenrechte bereits vor der Heirat verlangt. Die Rda. bezieht sich eigentl. auf eine Regelung bei der Lohnzahlung: in bedrängter finanzieller Lage kann der Arbeitnehmer um die Vorausbezahlung eines Teillohnes bitten.
Vorschußlorbeeren erhalten: ein Lob schon vor vollendeter Tat erhalten. Die Wndg. wurde durch Heinrich Heines Gedicht ‚Platenieden' im ‚Romanzero' bekannt, in dem Heine auf die öffentl. Dichterehrung mit einem Lorbeerkranz anspielt. In Str. 5 rühmt er das Verhalten großer Dichter (Schiller, Goethe, Lessing, Wieland):
Wollten keine Ovationen
Von dem Publico auf Pump,
Keine Vorschuß-Lorbeerkronen,
Rühmten sich nicht keck und plump.

Vorsicht. *Vorsicht ist die Mutter der Porzellankiste:* große Sicherheitsvorkehrungen, die übertrieben und unnütz erscheinen, sind einem späteren Schaden vorzuziehen. Gern gebraucht der Überängstliche diese Wndg., wenn man seine Maßnahmen und Vorschriften belächelt. Diese scherzhafte Umformung der älteren Wndg. ‚Vorsicht ist die Mutter der Weisheit' stammt wahrscheinl. aus Berlin und ist wohl im Hinblick auf das häufig warnende Schild beim Transport: „Vorsicht, Porzellan!" (Glas, zerbrechlich) entstanden. E. Ströbele weist nach, daß die zugrunde liegende Bildformel „X ist die Mutter von Y" auf dem griech. Sprw. ‚Die Erde ist die Mutter des Reichtums' beruht und dem Mythos der Erdgöttin (Demeter) nahesteht. Nach diesem Formmodell verlaufen zahlreiche Sprww. aus vielen Sprachbereichen; ↗ Mutter. Vgl. frz. ‚La prudence est la mère de la sureté'.
Jem. ist nur mit Vorsicht zu genießen: er ist launisch und unberechenbar.

Lit.: *E. Ströbele:* „X ist die Mutter von Y" – Zum Lebenslauf einer Bildformel, Archer Taylor octogenario in honorem, in: Proverbium 15 (Helsinki 1970), S. 120–121.

vorstellen. ‚Stell' dir vor, es ist Krieg und keiner geht hin': ein innerhalb der Friedensbewegung bekannt gewordener Spruch aus dem amer. ‚Suppose they gave a war and nobody came' (zuerst belegt bei R. Reisner). Reisners Buch war in den 70er Jahren in Dtld. erhältlich und wahrscheinl. Quelle weiterer Sprüche der Sponti-Szene (‚We are the people our parents warned us about' u. a.).
In Amerika ist dieser Graffitispruch schon seit 1960 belegt. Harpo Marx, einer der berühmten Marx Brothers, gab 1961 seine Autobiographie ‚Harpo speaks' heraus, die eine Anekdote über den Schriftsteller Thornton Wilder enthält:
Wilder wird einmal von einem kleinen Mädchen gefragt, was Krieg ist. „Wilder antwortete: ‚Eine Million Männer mit Gewehren und eine andere Million Männer mit Gewehren treffen sich, und alle schießen und versuchen sich zu töten'. Das Mädchen dachte einen Moment nach und sagte dann: ‚Und wenn keiner kommt?'" (Bülow, S. 99).

Nach diesem Muster werden seitdem immer neue Sprüche gebildet: ‚Stell dir vor, es gibt Freibier, und keiner weiß wo'. – ‚Stell' dir vor, es ist Sonntag und keiner kauft Bild'. – ‚Stell' dir vor, es ist Dienstag und keiner guckt Dallas'.

Lit.: *R. Reisner:* Graffiti (New York 1971), S. 190; *R. Bülow:* Stell' dir vor, es gibt einen Spruch ..., in: Der Sprachdienst 27 (1983), S. 97–100.

Vortritt ↗ Gruß.

Vox. *Vox Populi – Vox Dei:* die Stimme des Volkes – die Stimme Gottes.

Dieses Schlagwort ist belegt von Alkuins Zeit (804 n. Chr.) bis heute. Es entstand vermutlich in klerikalen Kreisen des MA. Allerdings gewann es erst seit dem 17. Jh. die Bdtg. eines demokratischen Symbols. Man verstand darunter jedoch nicht, daß die Stimme des Volkes Gottes Stimme sei, sondern daß der Wille des Volkes ebenso unumstößlich sei wie der Wille Gottes.

Moderne Parodien auf das Schlagwort, dessen Herkunftserklärungen nichts mit Hesiod, Homer oder anderen antiken Schriftstellern zu tun haben, wie Gallacher einleuchtend nachweist, bezeichnen die ‚Stimme des Volkes' als absolut wandelbar, ohne eigene Qualität und Wert: ‚Vox populi – vox Rindvieh' heißt es im Dt.; im Engl. ‚Vox populi – vox Halfpenny'.

Lit.: *E. S. Taylor:* Voce Populi Halfpenny, in: American Notes and Queries 4 (1851), S. 138–139; *E. F. Sutcliffe:* Vox populi, vox dei, in: American Notes and Queries 161 (1931), S. 297; *S. A. Gallacher:* Vox Populi, Vox Dei, in: Philological Quarterly 24 (1945), S. 12–19; *G. Boas:* Vox Populi; Essays in the History of an Idea (Baltimore [Md.] 1969).

W

Waage. *Einem die Waage halten:* ihm an Stärke (eigentl.: an Gewicht) gleich sein, es mit ihm aufnehmen können; seit dem 17. Jh. häufig bezeugt, daneben früher auch: ‚gleiche Waage halten'. Die Rda. verweist auch auf ein Kinderspiel, das ‚Waagetreten'. Die Kinder setzen sich an beide Enden eines Balkens, der quer über einem anderen liegt, ein Kind in der Mitte hält das Gleichgewicht; vgl. frz. ‚faire le poids' (wörtl.: einem ein Gegengewicht sein, i.S.v. ‚es mit ihm aufnehmen können'). Ähnl. Wndgn. sind: *Sie können einander die Waage halten:* sie sind sich gleich.

Das Zünglein an der Waage sein: der entscheidende Faktor sein, den Ausschlag geben; vgl. frz. ‚faire pencher la balance' (wörtl.: ‚den Ausschlag geben').

Etw. auf dieselbe Waage legen: mit gleichem Maß messen. Vgl. lat. ‚eadem pensari trutina'; ‚hanc veniam damus petimusque vicissim'; ‚patere legem, quam ipse tuleris'.

Die Waage verlieren: das Gleichgewicht verlieren.

Bair. bedeutet ‚auf der Waage sein': noch ungewiß sein, nach welcher Seite etw. entscheiden soll; vgl. frz. ‚être sur la balance'; dafür sonst: ‚auf der Kippe stehen'; ↗ Goldwaage. In der mhd. Lit. findet sich ein Beleg bei ‚Herzog Ernst': „ûf eine wâge setzen den lîp". Zahlreiche Ausdrücke und Wndgn., bei denen wir heute im allg. nicht mehr an die Waage denken, stammen doch von ihr her und bezeugen so ihre Wichtigkeit für das öffentl. Leben. ‚Wichtigkeit' selbst gehört dazu, samt ‚wichtig' und ‚gewichtig'; ferner Rdaa. wie *Gewicht auf etw. legen; sein ganzes Gewicht in die Waagschale werfen;* sein Ansehen, seine Autorität als Mittel einsetzen; vgl. frz. ‚mettre tout son poids dans la balance'; *schwer in die Waagschale fallen:* ins Gewicht fallen, entscheidend sein, (nahezu) den Ausschlag geben; vgl. frz.

‚Sein ganzes Gewicht in die Waagschale werfen'

‚peser lourd dans la balance'. *Das Schwert in die Waagschale werfen* ↗ Schwert.

Lit.: *G. Snyder:* Wägen und Waagen (Ingelheim 1957); *L. Kretzenbacher:* Die Seelenwaage (Klagenfurt 1958).

Wache. *Wache schieben:* als Wachtposten Dienst tun, ↗ Kohldampf. Ebenso: *auf Wache stehen.* Bei Schiller heißt es „Wache tun" (‚Wallensteins Lager' 11; ‚Wallensteins Tod' 5,1).

Wachs. *Jem. ist Wachs in den Händen eines anderen:* jem. ist sehr gefügig, läßt sich beeinflussen, ist nachgiebig, so daß der andere mit ihm machen kann, was er will. Der rdal. Vergleich ‚weich wie Wachs' wurde zuerst nur von Dingen gesagt, so z. B. bei Konrad von Würzburg in seinem ‚Pantaleon', V. 1992: „lind und weich reht als ein wahs wart daz vil guote harte swert". In Schillers ‚Jungfrau von Orleans' heißt es: „O, sie kann mit mir schalten wie sie will, mein Herz ist weiches Wachs in ihrer Hand" (III, 4). Eier werden ‚wachsweich' gekocht, doch der Ausdr. wird auch auf das Verhalten von Personen bezogen.

Jem. etw. ins Wachs drücken: sich eine Beleidigung oder ähnliches merken, um sich dann bei passender Gelegenheit an dem Beleidiger zu rächen. Diese Rda. geht auf den Gebrauch von Wachstafeln (auch ‚Wachs' genannt) zurück, welche man zu vorläufigen oder gelegentlichen Aufzeichnungen benutzte. Z. B. steht in Strikkers ‚Pfaffe Âmîs', V. 1263:

so er die namen gar bevant
der jungen und der alten
(daz der got müeze walten!)
er schreib si alle an ein wachs.

Vgl. Schwäb. ‚einem etwas ins Wächsle drucke' (Schwäb. Wb. VI., Sp. 317).

Lit.: *Th. Gantner:* Geformtes Wachs. Schweiz. Museum für Volkskunde. Ausstellungskatalog (Basel 1980).

Wachtmeister nennt man scherzhaft einen dicken Tabaksqualm im geschlossenen Raum: *Hier ist aber ein Wachtmeister im Zimmer;* auch mdal., z. B. obersächs.: ‚Hier is ja e scheener Wachmeester hinne, da kammer ja glei mit'n Säbel durchhaun!' Die Rda. geht darauf zurück, daß in Wachtstuben meist stark geraucht wurde und daß der Wachtmeister einen fürchterlichen Qualm erzeugte, so daß man ihn nur noch vermuten, aber nicht mehr selbst sehen konnte. 1881 ist aus Leipzig bezeugt: ‚'s is e Damp wie in enner Wachstube, wie uf der Hauptwache'.

Waffen. *Jem. zu den Waffen rufen:* jem. zum Militärdienst einziehen.

Zu den Waffen greifen: den Kampf beginnen, eine kriegerische Auseinandersetzung nicht länger vermeiden.

Die Waffen sprechen lassen: die Entscheidung, den Sieg mit militärischen Mitteln erzwingen wollen.

Die Waffen strecken: sich geschlagen geben in einer Kontroverse, einem Streit, einem Konflikt. Vgl. engl.: ‚to show the white feather'.

Die Waffen niederlegen: einen Waffenstillstand, Frieden schließen.

Mit den Waffen einer Frau kämpfen (siegen): weibl. Vorzüge nützen.

Im Mhd. ist ‚wâfen!' (‚wâfenâ!') ein Not-, Hilfs-, Wehe- und Drohruf. Den Ausdr. ‚wâfen rufen' gab es im Mhd. in der Bdtg., ‚um Hilfe rufen'; so in der ‚Kudrun' (V. 1360, 3 ff.):

Ludewîgs wahtaere krefteclîchen rief
‚wol ûf, ir stolzen recken!
wâfen, herre, wâfen!
ir künec von Ormenîe, ja waene ich
ir ze lange habet geslâfen'.

Dann auch als Notruf, Klage in der Verbindung ‚waffen schreien', wie bei Wolfram von Eschenbach: ‚Parzival', V. 675, 18–21:

nu solt ich schrîen wâfen
umb ir scheiden daz si tuont:
ez wirt grôz schade in beiden kuont.

Wagen. *Einem an den Wagen fahren* (mdal., z. B. schwäb. auch: ‚einem an den Karren kommen'): ihm zu nahe treten, ihn beleidigen; *jem. nicht an den Wagen fahren können:* keine Möglichkeit haben, ihn ins Unrecht zu setzen; lit. seit dem Ausgang des 18. Jh. bezeugt; so 1779 in Johann Gottwerth Müllers Roman ‚Siegfried von Lindenberg' (IV, 368): „Herr Fix... wußte, daß er nicht viel Federlesens zu machen pflegte, wenn man ihm mutwilligerweise an den Wagen fuhr"; ndd. ‚Laat di ni an'n Wagen föhrn'!'; pomm. ‚He lett sik nich an Wagen kamen', er läßt sich nicht zu nahe kommen. Moderne Varianten der Rda. sind: ‚jem. an den Wagen pissen', ihm in die Quere kommen; ‚sich nicht an den Wagen pinkeln lassen', sich keiner Unredlichkeit schuldig machen; ‚jem. nicht an den Wagen pinkeln können', ihm nichts Unredliches vorwerfen können (Küpper). Vgl. frz. ‚Il faut faire venir la croix et l'eau bénite pour l'avoir' (nur noch regional).

Altmärk. ‚Dat is min Waog'n un Plôg', das ist mein tägliches Handwerkszeug, das ist mein Stand und Beruf. So schon ähnl. bei Seb. Franck (‚Weltbuch' 134): „es ist der guten herren wagen und pflug"; vgl. ndl. ‚Dat is mijn wagen en mijn ploeg'; ↗ Pflug.

Das fünfte Rad am Wagen ↗ Rad.

Sehen, wie der Wagen läuft: abwarten, wie sich eine Sache entwickelt.

Sich nicht vor jem. Wagen spannen lassen: sich nicht vor jem. Karren spannen lassen, sich nicht für ihn abplagen wollen, ihm keinen Vorschub leisten. Dagegen: *am Wagen geschoben haben:* bei einer Sache beteiligt gewesen sein, Hilfe und Unterstützung geboten haben.

Er kann den Wagen nicht im Gleise halten:

er kommt vom rechten Wege ab, steuert selbst seinem Unglück entgegen; vgl. ndl. ‚Hij weet den wagen niet regt te houden'.

Der Wagen ist aus den Geleisen: die ↗ Karre ist in den Dreck gefahren worden; vgl. ndl. ‚De wagen is uit het spoor' und den lit. Beleg in Fischers ‚Psalter' (121,1): „den wagen in kot füren".

Der Wagen wird für (vor) die Rinder gespannt: etw. wird verkehrt begonnen; vgl. lat. ‚Plaustrum bovem trahit'; frz. ‚On met la charrue (Pflug) avant les bœufs'. Gleiche Bdtg. hat die Wndg. *das Pferd hinter den Wagen spannen.* Von einem, der am unpassenden Ort oder vorzeitig redet, sagt man in Rottenburg: ‚Dear lädt au ällaweil da Waga voar der Schur a'.

Vom Wagen auf die Karre kommen: in schlechtere Verhältnisse geraten; vgl. ‚vom ↗ Pferd auf den Esel kommen'.

Einem den hinteren Wagen schmieren: ihm Beine machen, meist drohend gesagt.

Moderne Wndgn. beziehen sich auf die allg. übliche Motorisierung und den Stolz auf das eigene Auto: *Einen (schicken, schnellen) Wagen fahren:* ein großes (modernes) Auto besitzen; *mit dem eigenen Wagen kommen:* unabhängig von öffentl. Verkehrsmitteln sein, jeden Ort zur gewünschten Zeit erreichen können.

Lit.: *L. Weiser-Aall:* Art. ‚Wagen', in: HdA. IX, Sp. 24–48; *L. Tarr:* Karren, Kutsche, Karosse. Eine Geschichte des Wagens (München – Basel – Wien 1970).

wagen, wägen. *Wer wagt, gewinnt:* wer einen Einsatz bringt, hat auch schon einen Vorteil davon. Im Schwäb. existiert der Ausdr. oft in der doppelten Negation: ‚Wer nie nix waget, der nie nix hat'. Auch:

‚Wer wagt, gewinnt'

‚Frisch gewagt ist halb g'wonne', oft mit dem Zusatz: ‚und weidlich g'loffe ist halbe g'sprunge'; vgl. engl. ‚nothing venture – nothing win'. Das Sprw. ist schon in früher Zeit bekannt gewesen, bes. in der heute ungebräuchl. erweiterten Form: ‚wagen gewinnt und wagen verleust' (= verliert). So bei Hans Sachs (11, 228). Ein weiteres Sprw. lautet: ‚Erst wägen – dann wagen'. Es bedeutet soviel wie: zuerst die Sache überlegen, prüfen, erwägen, dann danach handeln. ‚Wägen' hieß im Alt- u. Mhd. ‚wegen' und bedeutete ‚sich bewegen'. Im Laufe der Sprachentwicklung verengte sich diese Grundbdtg. zu ‚auf die Waage legen', das Gewicht einer Sache bestimmen'; das Bewegen wurde also nur noch auf das Auf- und Niedergehen der Waagschalen bezogen. Zwei Ausdrücke spiegeln noch die alte Bdtg. des Wortes ‚wiegen': *jem. gewogen sein:* jem. zugetan sein (von ‚wiegen' i. S. v. schaukelnd sich bewegen) und: *jem. ist gewiegt:* er ist schlau, erfahren.

Über eine (gewagte) anzügliche Bemerkung sagt man: *sie ist reichlich gewagt;* vgl. engl. ‚to be very near the knuckle'. Zum vielgebrauchten Zitat wurde die Anfangszeile von Schillers ‚Taucher' (1797): „Wer wagt es, Rittersmann oder Knapp".

Im Schwäb. gibt es den Wellerismus: ‚„I wag's", hat d' Geiß-Anna g'sait un isch u'bichtet g'storbe'.

Lit.: Erst wägen – dann wagen, in: Der Sprachdienst 2 (1958), S. 12–13.

Wahl. *Noch in der Wahl stehen:* sich noch nicht endgültig schlüssig sein.

Etw. ist um die Wahl besser: eine Sache ist kaum etwas besser als die andere.

Nicht gerade erste Wahl sein: nicht von Spitzenqualität sein, auch in Bezug auf einen Bewerber, Kandidaten, Politiker. Ähnl.: *nur zweite Wahl sein,* wobei von Waren, die auf diese Weise kenntlich gemacht sind, die Übertr. auf die menschl. Qualifikation und ihre Mängel erfolgt.

Die Wahl haben zwischen Kugel und Strick (Hängen und Würgen): zwischen zwei gleich großen Übeln entscheiden müssen. Die Rda. kommt daher, daß manche zum Tode Verurteilte sich ‚ihre' Todesart ‚aussuchen' durften; denn es gab einen schmachvollen und einen ‚ehrenhafteren'

Tod. Die Kugel galt dabei als Gnade und Vorzug.

‚Wer die Wahl hat, hat die Qual': in diesem Sprw. wird die Freiheit der Entscheidung als eine Last empfunden; schon im 14. Jh. hieß es: ‚der do hat dy wal, der hat auch den qual' (Dt. Wb. 13, Sp. 515–516); ↗Qual.

‚Wer die Wahl hat, hat die Qual'

Im Schwäb. sagt man: ‚Da hat ma die Wahl, wie die Mäus' in de Hutzle'.

wahr. *Schon gar nicht (bald nicht) mehr wahr sein:* es ist schon so lange her, daß man es kaum noch glauben kann. Die Rda. wird bereits von Hans Sachs in seinem Fastnachtsspiel ‚Der Teufel nahm ein altes Weib' (6) verwendet, wo er schreibt: Es ist so lange her, „das schier ist nimer war".

Etw. nicht wahrhaben wollen: etw. nicht als Tatsache anerkennen wollen, bewußt seine Augen vor der Wirklichkeit verschließen.

Das darf doch nicht wahr sein! Ausruf der Verwunderung, Enttäuschung oder Empörung.

Das ist zu schön, um wahr zu sein! Die Wndg. war urspr. eine Schlagerzeile aus dem Film ‚Der Kongreß tanzt' (1931). Vgl. frz. ‚C'est trop beau pour être vrai'.

Häufig erscheint das Wort wahr in Beteuerungsformeln wie *So wahr ich hier sitze; so wahr ich Hans heiße* und in Vergleichen: *Es ist so wahr wie das Amen in der Kirche; wie das Evangelium; es ist so wahr, als wenn's Gott selber sagte,* vgl. lat. ‚Non Apollinis responsum magis verum, atque hoc dictum est'; *es ist so wahr wie zweimal zwei vier ist,* vgl. ndl. ‚Het is zoo waar, als dat twee maal twee vier is'; *es ist so wahr wie das Einmaleins; wie das Gesetz und die Propheten; es ist wahrer als wahr.*

Bei Zweifeln an der Richtigkeit einer Mitteilung und bei einer offensichtlichen Lüge sagt man: *Wer weiß, ob's wahr ist,* oder ostpreuß. ‚Ist's wahr? Waar' hat der Jud' im Sack'. *Es muß wahr sein, denn es ist gedruckt; denn ich höre den Hahn auf seinem Miste krähen.* Im scherzhaften Vergleich heißt es: *Es ist so wahr, als daß der Frosch Haare hat,* vgl. ndl. ‚Het is zoo waar, als dat de hond de bijl opät en den steel voor staart achter uit stak'. *Wenn das wahr ist, will ich ein Schelm sein,* vgl. lat. ‚Locusta prius bovem pariet'.

Beteuerungsformeln waren auch in der Lit. beliebt. Fischart (‚Geschichtklitterung', in Kloster VIII, S. 264) schrieb: „Wo es nicht war, wolt ich mein Lebenlang ein Mechelburgischer Schunckenmadenfresser vnd Speckhencker aus Engern bleiben".

Von der Formel *Wenn es nicht wahr ist, so schneuze mich der Teufel* berichtete Harsdörffer in seinen ‚Gesprächspielen', daß der Teufel einen, der diese Versicherung oft gebrauchte, mit einer glühenden Zange geschneuzt habe, und Abraham a Sancta Clara bemerkte dazu: „Wann dieser Höllegast allezeit sollte denjenigen die Nasen schnäuzen: welche anders reden als sie im Herzen haben, so werde man mehr gestutzte Nasen als gestutzte Hund finden".

Zur Bekräftigung eines Eides, wurde auch gesagt: *Wenn es nicht wahr ist, soll mich der Teufel holen!*

Wahrheit. *An der Wahrheit sein:* gestorben sein. Die euphemist. Umschreibung meint eigentl., daß der Verstorbene das irdische Leben voller Lüge verlassen habe und sich nun im Reich der göttlichen Vollkommenheit und Wahrheit aufhalte. Auch Agricola (I, S. 518) erklärt, daß die Wndg. ‚Er ist an der warheyt, wir sind an der lugen' dann gebraucht wurde, wenn von einem Verstorbenen die Rede war.

Vgl. ndl. ‚Hij is aan de waarheid, wij zijn aan de leugen'; ↗zeitlich.

Der Wahrheit die Ehre geben: nicht zu eigenem Vorteil eine Notlüge machen, sondern die reine Wahrheit sagen, auch wenn es schwerfällt.

Der Wahrheit ein Mäntelchen umhängen (ein Hemdlein anziehen, einen Deckel machen): die Wahrheit vertuschen; vgl. ndl. ‚hij heeft de waarheid een mantelje omgehangen'.

Der Wahrheit eine Nase drehen, auch: *die Wahrheit bei der Nase ziehen:* die Wahrheit listig vertuschen, Ausflüchte gebrauchen, ↗Nase.

Mit der Wahrheit herausrücken oder *Die Wahrheit kommt aus dem Winkel hervor* heißt es, wenn jem. einzugestehen beginnt.

Die Wahrheit hinter der Tür schmücken: sich nicht offen aussprechen, vgl. ndl. ‚Hij spaart de waarheed'.

Hinter die Wahrheit kommen: etw. bisher Verborgenes erfahren, die eigentl. Ursachen erkennen.

Einem die Wahrheit unter die Nase reiben: ihm unverblümt, derb die Meinung sagen; vgl. frz. ‚mettre à quelqu'un la vérité sous le nez'.

Ähnl.: *einem die Wahrheit geigen,* ↗geigen.

Lit.: *W. Boette:* Art. ‚Wahrheit' u. *W. Müller-Bergström:* Art. ‚Wahrzeichen', in: HdA IX, Sp. 48–53.

Waidmannsheil ↗Gruß.

Waisenknabe. *Ein Waisenknabe in etw. sein:* sehr wenig davon verstehen; eigentl.: der Sache so beraubt sein wie das Waisenkind seiner Eltern. *Gegen den bin ich ein* (oder *der reine*) *Waisenknabe:* an ihn reiche ich bei weitem nicht heran. Die Wndg. ist zwar erst aus dem 19. Jh. belegt, doch geht der übertr. Gebrauch von ‚Waise' bis ins Mhd. zurück. So rühmt Heinrich von Freiberg von seinem Helden Tristan (V. 1349f.):

Herr Tristan, der kurteise (der Feine),
der valscheit ein weise
(d.h.: ganz ohne Falsch).

Kein Waisenknabe sein: (geistig) nicht unbedarft sein, sich kompetent fühlen, sich in der Lage sehen, eine schwierige Aufgabe zu lösen.

Wald. *Den Wald vor lauter Bäumen nicht sehen* nennt man es, wenn einer unmittelbar vor dem Ding steht, das er sucht, und es trotzdem nicht sieht; ähnl. spottet man in Norddtl.: ‚He sitt up't Perd un söcht derna'. In der vorliegenden rdal. gewordenen

‚Schilderwald' – ‚Den Wald vor lauter Bäumen nicht sehen'

Form geht die Wndg. auf Christoph Martin Wieland (1733–1813) zurück, der im ‚Musarion' (Buch 2, V. 142 [1768]) sagt:

Die Herren dieser Art blend't oft
  zu vieles Licht;
Sie sehn den Wald vor lauter Bäumen
  nicht.

Wieland hat die glücklich geprägte Wndg. in seiner ‚Geschichte der Abderiten' ([1774], V. 2), in der Schrift ‚Über die vorgebliche Abnahme des menschlichen Geschlechtes' (1777) und in Horazens Briefen, aus dem Lat. übers. (1782), wiederholt. Blumenauer bestätigt diese Autorschaft durch ‚Aeneis' (II, Str. 9):

Er sieht oft, wie Herr Wieland spricht,
Den Wald vor lauter Bäumen nicht.

Aber Wieland hat nur die Form und nicht den Gedanken geprägt. Dieser findet sich schon bei Ovid (‚Tristia' V. 4, 9f.):

Nec frondem in silvis nec aperto
  mollia prato
Gramina nec pleno flumine cernit
  aquas.

(= Weder die Blätter im Walde noch auf sonniger Wiese das zarte Gras noch im strömenden Fluß weiß er das Wasser zu sehn); vgl. auch Properz (I, 9, 61): „Medio flumine quaerere aquam" (mitten im Fluß das Wasser suchen). Auf Ovid beruht wohl auch der Vers von Hagedorn in dem moralischen Gedicht ‚Horaz' (Hamburg 1751):

Wie Democrit vertieft er sich in Träume,
Sitzt in dem Wald und sucht im Walde Bäume.

(Vgl. Büchmann). Goethe schreibt in den ‚Materialien zur Geschichte der Farbenlehre': „Man sieht lauter Licht, keinen Schatten, vor lauter Hellung keinen Körper, den Wald nicht vor Bäumen; die Menschheit nicht vor Menschen". Vgl. frz. ‚Les arbres lui cachent la forêt' (wörtl.: Die Bäume verbergen ihm den Wald).

Jem. in den Wald wünschen: jem. verwünschen. Die Rda. ist nur noch im Mhd. belegt, so z. B. bei Walther von der Vogelweide. Ein politischer Spruch Walthers (75) ist an Leopold von Österreich gerichtet: „Herzoge ûz ôsterrîche, lâ mich bî den liuten, wünsche mir ze velde und niht ze walde: ichn kan niht riuten". Der Herzog hatte Walther „in den Wald gewünscht", also verwünscht in eine unwirtliche, gefährliche Gegend, ↗Pfeffer. Der Dichter entgegnet, indem er mit Scherz und Wortspiel den „Wunsch" zurückgibt.

Im Walde aufgewachsen sein: kein gesittetes Benehmen haben; *sind wir im Wald?* ist dementspr. eine zurechtweisende Frage an einen, der sich ungesittet benimmt; *im Wald wohnen:* dumm sein, sich dumm stellen. *Nicht für einen Wald voll Affen:* durchaus nicht, um keinen Preis; scherzhaft übertreibende Wndg., urspr. wohl berl.

Einen ganzen Wald absägen: scherzhaft: sehr laut schnarchen, ↗sägen.

Im ‚Jägerlied' von Wilhelm Bornemann heißt es: „Im Wald und auf der Haide, da such' ich meine Freude..." (1816); ebenso ‚geflügelt' ist der Anfang des Gedichts ‚Knecht Ruprecht' von Theodor Storm geworden: „Von drauß' vom Walde komm' ich her" (1853); dies sagt man manchmal, wenn man von weit herkommt oder auch auf die Frage: ‚Woher kommst Du?' nicht antworten will.

Marke deutscher Wald; Wald und Wiese; Wald, Wiese und Bahndamm: minderwertiger Tabak, selbstangebauter Tabak mit Tee vermischt; 1914/18 aufgekommen; wiederaufgelebt in und während des

‚Wie man in den Wald hineinruft, so schallt es heraus'

2. Weltkriegs (Küpper). Das bekannte Sprw. ‚Wie man in den Wald hineinruft, so schallt es heraus' ist auch bildl. dargestellt und dabei ganz wörtl. genommen worden.

‚Das Feld hat Augen – der Wald hat Ohren'

Lit.: *W. Wackernagel:* In den Wald wünschen, in: Zs. f. dt. Altertum 2 (1842), S. 537–540; *Anon.:* Die dt. Rda.: Den Wald vor (lauter) Bäumen nicht sehen, in: Zs. f. dt. Sprache, Hamburg (1890), S. 193–194; *W. Baumgart:* Der Wald in der dt. Dichtung, in: Stoff- und Motivgesch. der Lit. 15 (Berlin 1936); *D. Rebholz:* Der Wald im dt. Märchen (Diss. Heidelberg 1944); *L. Schmidt:* Sprw. dt. Rdaa., in: Österr. Zs. f. Vkde. 77 (1974), S. 128; *Ch. Wehr:* Der Wald in der dt. Dichtung und im Märchen (Dipl.-Arbeit, Freiburg 1983).

walten. *Das walte Gott!:* eine höhere Schicksalsmacht soll sich der Sache annehmen. Oft in der parodierenden Form: *Das walte Hugo und die sieben Zwerge.*

Jem. läßt den lieben Herrgott walten: ein Mensch verhält sich sehr gleichgültig und desinteressiert. Diese ihrem heutigen Sinn nach ins Negative gewendete Rda. spielt auf den Anfangsvers „Wer nur den lieben Gott läßt walten" eines bekannten und vielgesungenen Kirchenliedes an, das 1641 von Georg Neumark gedichtet wurde (Ev. Kirchengesangbuch Nr. 298). Ein schwäb. Spruch lautet: ‚I lass de liebe Gott walte, Er hat scho länger hausgehalte' (Schwäb. Wb. VI, Sp. 393).

Unter den mit ‚walten' gebildeten Segensformeln überwiegen diejenigen mit ‚Gott'. Phraseologische Wndgn. dieser Art sind schon im Mhd. belegt:

hie wil ich mîne reise sparn.

got waldes, welt ir fürbaz varn.

(Wolfram von Eschenbach: ‚Parzival', Verse 602, 2–3).

In Heinrich Wittenweilers ‚Ring' heißt es (V. 1549 ff.):

des müss ein fist (= Furz) walten!
sprach do Triefnas an der stund,
do im die mär so wurden kunt;

↗schalten.

Lit.: *R. Ris:* Gott walt's. Zur Geschichte der mit dem Verbum ‚walten' gebildeten Segens- und Verwünschungsformeln, in: Festschrift für Paul Zinsli (Bern 1971), S. 114–131.

Walze. *Auf der Walze sein, auf die Walz' gehen:* auf der Wanderschaft sein, bes. von Handwerksburschen gesagt. Walze geht auf ahd. ‚walzan' = sich drehen, fortbewegen zurück, das zur germ. Wurzel ‚walt' gehört (vgl. Walzer = Dreher). Ein Lied aus L. Jessels Operette ‚Schwarzwaldmädel' hat den bekannten Refrain: „Wir sind auf der Walz ..."

Etw. auf der Walze haben: etw. in Bereitschaft haben; *es ist nicht auf der Walze:* Ausdr. der Ablehnung; die Rdaa. beziehen sich auf die Walze der Drehorgeln und Spieluhren, mit denen man stets dieselbe Melodie hervorbringt; *immer die gleiche Walze:* immer die gleichen Worte gebrauchen, geläufiger ist heute: *immer dieselbe Platte* (Schallplatte).

Lit.: *R. Wissell:* Des alten Handwerks Recht und Gewohnheit, 2 Bde. (Berlin 1929); *A. Burkhardt:* Kirschenpflücker im Winter und Schneeschipper im Sommer. Zeitgenössische Darstellungen des Vagabundenlebens um die Jahrhundertwende (Mag.-Arbeit) (Freiburg i. Br. 1989).

Wams. *Etw. aufs Wams kriegen:* Prügel beziehen; *einem das Wams ausklopfen:* ihn verprügeln; dazu: *(durch-)wamsen, verwamsen:* verprügeln. In diesen und ähnl. Wndgn., die vor allem mdal. weit verbreitet sind, steht Wams (ähnl. wie ↗Jacke) für den betroffenen, in der Jacke bzw. im Wams steckenden Körperteil. Im Ndd. erscheint das Verb auch mit Umlaut als ‚verwämsen', wie in der folgenden Rda.: ‚De hätt woll lange nix upt Jack kriägn, wi möt't em mol gehörig verwämsen!' Auch lit. sind diese Ausdrücke seit dem 17. Jh. bezeugt.

Dagegen: *Es geht ihm unters Wams, nicht ins Herz:* die Sache geht bei ihm nicht tief; es hat ihn nur oberflächlich berührt.

Niederrhein: ‚Langsam kommt ↗Hannes in et Wammes', allmählich geht es den Leuten wirtschaftlich besser. Der Ostfriese sagt: ‚He hett wat in't Wams', er ist kräftig vom guten Essen.

Wand. *Die vier Wände:* Haus, Wohnung; stammt aus der ma. Rechtssprache und wurde bes. seit dem 18. Jh. üblich; vgl. frz. ‚entre ses quatre murs'.

Es ist, um an der Wand (oder *die Wände*) *in die Höhe zu laufen* (oder *hinaufzuklettern):* es ist nicht mehr auszuhalten, es ist empörend. Die Rda. ist schon im 16. Jh. lit. bezeugt: „Lauff die wend auff weil du so fuchswild bist" (Scheit, Grobianus [1551], V. 3890). Doch heißt es auch gegensätzlich: *die Wände hochspringen vor Freude.*

Jem. an die Wand drücken: ihn ausschalten. Schon 1605 sagten die bair. Landstände zu ihrem Herzog: „Würde uns Gott behütten und verwahren, das wir Ew. Fürstl. Durchlaucht gleichsamb an die Wandt trukhen oder zu einer Ungebürlichkeit Bewegnus geben wolten". Bismarck wird der Ausspruch zugeschoben, er werde die Nationalliberalen „an die Wand drücken, daß sie quietschen". Er soll ihn 1878 gebraucht haben, als sich die Verhandlungen mit Bennigsen über dessen und seiner Parteigenossen Stauffenberg und Forckenbeck Eintritt in das

Ministerium zerschlagen hatten. Bismarck hat es allerdings auf das entschiedenste abgelehnt, den Ausspruch getan zu haben. So äußerte er sich am 11. Juli 1890 in Friedrichsruh gegenüber dem Herausgeber des ‚Frankfurter Journals', Julius Rittershaus: „Mit den Nationalliberalen habe ich mich meist gut vertragen. Es ist mir das Wort in den Mund gelegt worden: ich hätte sie einmal an die Wand gedrückt, bis sie quietschten. Dieser Satz ist mir niemals in den Mund gekommen; nie habe ich einen derartigen Ausdruck gebraucht. Er ist mir gar nicht geläufig; entspricht so wenig meinem Fühlen und Denken, daß er mir unsympathisch, ja geradezu ekelhaft ist. Dem Sinne nach aber haben die Nationalliberalen seinerzeit mit mir so verfahren wollen: mich wollten sie an die Wand drücken, mir wollten sie die Macht aus den Händen winden" (Büchmann).

Einen an die Wand werfen: ihn in grober Weise ausschalten. Die Wndg. kommt in mancherlei rdal. Drohungen und auch in mannigfachen modernen Variationen vor, z. B. ‚Du fliegst gleich an die Wand, daß du hängenbleibst; dann kann dich deine Alte mit dem Spachtel abkratzen!'; ‚er bleibt an der Wand kleben', er ist gleichgültig, interesselos; ‚wenn man ihn an die Wand wirft (haut), bleibt er kleben', er ist überaus unreinlich. Im Ndd. bez. man damit auch einen kriecherischen Menschen und verweist damit voller Abscheu bes. treffend auf sein aalglattes, schleimiges Wesen.

Wie an die Wand gepißt: völlig unbrauchbar, elend.

Scheiß (Pfeif) die Wand an!: Ausdr. der Verzweiflung, der Gleichgültigkeit.

Mit dem Rücken an die Wand kommen: zusehen, daß man im Vorteil ist; die Rda. stammt aus der Fechtersprache: der Angegriffene sucht an der Wand Deckung. Aber auch in umgekehrtem Sinne: *mit dem Rücken zur Wand kämpfen* in aussichtsloser Lage sein und: *jem. an die Wand spielen:* seinen Einfluß geschickt ausschalten.

Weiß werden wie eine (gekalkte oder frischgekalkte) Wand: kreidebleich werden; obersächs. ‚weiß wie 'ne Kalchwand'.

Die Wand mitnehmen: sich die Kleidung an getünchter Wand weiß machen.

Mit dem kann man Wände einrennen (oder *einstoßen):* er begreift schwer, er nimmt keine Belehrung an, solch einen harten Kopf hat er; der harte Schädel meint sinnbildlich die schwere Auffassungsgabe. Die Rda. erscheint vorgebildet in Hans Sachs' Fastnachtsspiel vom ‚Eulenspiegel mit dem Pelzwaschen' (22): „man sties mit im ain thür auf wol". *Mit dem Kopf durch die Wand wollen:* starrköpfig sein, ↗ Kopf.

Für (gegen) die Wände reden: umsonst reden, keine Aufmerksamkeit finden; vgl. frz. ‚parler aux murs'.

Singen, daß die Wände wackeln: laut singen, schreien. Das Bild der wackelnden Wand veranschaulicht den Begriff der kräftigen Wirkung; wird in Anlehnung an den bibl. Bericht vom Fall der Mauern Jerichos durch Posaunenklang genommen. Eine junge Rda. ist: *Da wackelt die Wand!* (oft mit dem Zusatz: ‚da muß was los sein'): da ist etw. Außerordentliches los, das ist sehr erstaunlich; berl. ‚I, da muß doch jleich 'ne olle Wand wackeln!' als Ausdr. entrüsteten Erstaunens.

Die Wände begießen: den Einzug in die neue Wohnung fröhlich feiern.

Den Teufel an die Wand malen ↗ Teufel.

Von der Wand in den Mund leben: Bilder für den Lebensunterhalt veräußern; nach der Inflationszeit aufgekommen als parodistische Abwandlung der Wndg. ‚von der Hand in den Mund leben'; angeblich nach einer Äußerung des Malers Max Liebermann oder auch in der Bdtg.: den an einer Leine im Zimmer getrockneten Tabak rauchen (Küpper).

Nicht von hier bis an die Wand denken: sehr unüberlegt handeln.

Eine Wand zwischen jem. errichten: etw. Trennendes schaffen, die Beziehungen stören.

Jem. an die Wand stellen: ihn (ohne größere Gerichtsverhandlung) sofort erschießen; vgl. frz. ‚mettre quelqu'un au pied du mur' (wörtl.: jem. an den unteren Teil der Wand stellen) i. S. v. jem. jede Ausflucht verstellen.

Die Wände haben Ohren: man kann nicht ohne Gefahr frei seine Gedanken äußern, man wird belauscht. Die Wndg. stammt aus der Zeit der Bartholomäusnacht. Katharina von Medici ließ damals unsichtbare Horchkanäle in die Wände des

‚Die Wände haben Ohren'

Louvre einbauen, damit sie aus verschiedenen Zimmern hören konnte, was man über sie sprach. Mehreren Mordplänen soll sie dadurch zuvorgekommen sein; vgl. frz. ‚Les murs ont des oreilles'.

Etw. an die Wand schreiben ↗ Menetekel.

Man greift etw. an der Wand: eine Sache ist einleuchtend, sehr naheliegend; versteht sich von selbst. So bei Luther: (Weim. Ausg. 16, 443, 18): „drumb greifft mans an der wand, das nicht alle bilder verbotten sind".

An den Wänden gehen: ganz und gar irren, im Irrtum sein; ‚„Er geht an der Wand': er ist auf dem Holzweg". Die Rda. kommt daher, daß sich Blinde beim Gehen an den Wänden zur Orientierung entlangtasten. Seb. Brant schreibt im ‚Narrenschiff': „die doch des rechten nit verston und blintlich an den Wenden gon" (2,4). Im Refrain eines älteren Schlagerliedes erklärt der Zechbruder, wie er am besten heimfinden wird:

Und dann schleich' ich still und leise
immer an der Wand lang,
immer an der Wand lang,
immer an der Wand,
an der Wand entlang.

Wanderstab. *Zum Wanderstab greifen (müssen):* eine Reise antreten, Erfahrungen in der Fremde sammeln wollen, aber auch: seine Heimat, seine Lieben verlassen müssen, sein Brot woanders zu verdienen suchen.

Der Wanderstab gehörte zur Ausrüstung der wandernden Handwerksgesellen, die nach der Gesellenprüfung die Pflicht hatten, mehrere Jahre auf Wanderschaft zu gehen und bei fremden Meistern zu arbeiten, um Wissen und Können zu erweitern. Die sog. ‚Hamburger Zimmerleute' wandern noch heute in ihrer Arbeitstracht und besitzen immer einen Wanderstab, der nicht selten gedrechselt oder mit Schnitzereien verziert ist.

Seinen Wanderstab weitersetzen müssen: einen Ort (Meister), ein geliebtes Mädchen verlassen müssen, oft ohne die Hoffnung einer Wiederkehr, ↗ Stab.

Lit.: *Th. Gantner:* Mit Gunst und Erlaubnis. Wandergesellen des Bauhandwerks im 20. Jh. Ausstellungskatalog Schweiz. Museum für Volkskunde (Basel 1985); Wanderstab und Meisterbrief. Rieser Handwerk im Wandel der Zeit. Ausstellung auf Schloß Harburg (Schwaben) (1986); *A. Burkhardt:* Kirschenpflücker im Winter und Schneeschipper im Sommer. Zeitgenössische Darstellungen des Vagabundenlebens um die Jahrhundertwende (Mag.-Arbeit) (Freiburg i. Br. 1989).

wann ↗ wenn.

Wanze. *Sie sind wie die Wanzen,* sagt man von Leuten, die man nicht los wird, denn ‚Wanze' war früher eine Beschimpfung und bez. jem., der einem sehr unangenehm war und der zudringlich wurde – in Anlehnung an das Tier Wanze.

Belegt sind aus älterer Zeit auch Komposita wie: ‚Redaktionswanze': störender Besuch bei einer Zeitungsredaktion, ‚Universitätswanze': Berichterstatter von Universitätsereignissen. Es ist auffallend, daß schon im vorigen Jh. das Wort ‚Wanze' in Zusammenhang mit ‚Nachrichten ausspionieren', ‚Nachrichten weitergeben' gebraucht wurde.

Jem. eine Wanze in die Wohnung setzen: in jem. Wohnung heimlich einen kleinen, nicht sichtbaren Minispion anbringen, um Gespräche (manchmal unerlaubt) (nachrichten-)dienstlich abhören zu können. Diese Abhörvorrichtung wird deshalb scherzhaft und verharmlosend als ‚Wanze' bez., weil sie wie diese unerwartet auftauchen kann und so klein ist, daß sie längere Zeit unbemerkt bleibt – zum

Schrecken und Ärger des Belauschten und Abgehörten.

Lit.: *Anon.*: Redaktionswanze, in: Zs. f. dt. Wortforschung 13 (1911/12), S. 295.

warm. *Mit etw. warm werden:* Gefallen an etw. finden. *Nicht warm werden:* erst kurze Zeit an einem Ort wohnen und sich noch nicht heimisch fühlen.
Mit jem. nicht warm werden (können): mit ihm nicht harmonieren, keine nähere Bekanntschaft oder Freundschaft schließen (wollen), keine Vertrautheit aufkommen lassen.
In der Metaphorik des Sprw. bedeutet ‚warm' auch: reich. ‚Wenn dir warm ist, denk' an den, der arm ist'. Vgl. Oldenburg. ‚He sitt warm un wêk': Er lebt in Wohlstand.
Im Oberösterr. bedeutet die Feststellung: ‚Da geht's warm her': Dort gibt es etw. zu gewinnen.
Einem warm werden: sich unbehaglich fühlen, in Bedrängnis geraten, aus Verlegenheit (Scham) rot werden, ins Schwitzen kommen.
Es wird einem warm und kalt: man bekommt Angst, hat gemischte Gefühle oder ist plötzlich heftig erregt worden. Die Rda. spiegelt die Empfindungen eines Fiebernden. So sagt man im Pfälz.: ‚'s lafd em kalt un warm de buggel enuf', ↗kalt.
Weder warm noch kalt sein: nicht entschieden sein, gleichgültig, auch: doppelzüngig sein. Die Rda. geht auf die Offenb. Joh. 3,15–16 zurück: „Ich weiß deine Werke, daß du weder kalt noch warm bist. Ach, daß du kalt oder warm wärest! Weil du aber lau bist und weder kalt noch warm, werde ich dich ausspeien aus meinem Munde".
Sich jem. warmhalten: eine Beziehung bewußt pflegen, sich um anhaltende Zuneigung bemühen.
Ein warmer Bruder sein: homosexuell veranlagt sein, ↗Bruder.

Wärme. *Wärme suchen:* sich nach Liebe und Geborgenheit sehnen. Das sprachl. Bild bezieht sich urspr. wohl auf das Verhalten Neugeborener und junger Tiere, die die Körperwärme der Mutter suchen, ihren Schutz und ihre Zuneigung.
Wärme vermissen: sich abweisend behandelt, zurückgesetzt fühlen, auf Unverständnis und Gefühlskälte stoßen.
Jem. fehlt die Wärme, auch: *Jem. läßt Wärme vermissen:* er ist abweisend und unzugänglich, er vermag seine Gefühle nicht zu zeigen. Dagegen meint die Rda. *Wärme geben können:* anderen Menschen liebevoll begegnen, sie so umsorgen, daß sie sich wohlfühlen, echte Zuneigung spüren lassen.
Jem. mit Wärme entgegenkommen (begrüßen, behandeln): ihm herzlich und aufgeschlossen begegnen.
Mit Wärme für jem. eintreten: sich für jem. verwenden (einsetzen) aus ehrlicher Überzeugung, daß er dies auch verdient.

Wartburg. *Auf der Wartburg sitzen:* lange warten, und zwar in den verschiedensten Situationen: auf den Freier, auf den Tänzer, als Schwangere auf die Entbindung, als Prostituierte auf den Kunden; mit Ausnahme Oberdtls. etwa seit 1900 bezeugt (Küpper).

warten. *Auf dich haben wir gerade (noch) gewartet:* dich können wir nicht brauchen. Die Rda. ist ebenso wie die Wndg. ‚Du hast gerade noch gefehlt' iron. zu verstehen; vgl. frz. ‚Il ne manquait plus que toi'.
Das kann warten!: das hat noch Zeit; vgl. frz. ‚Cela peut attendre'.
Der kann warten!: er kann sehr lange oder vergeblich warten. Oft erfährt diese Rda. noch eine Steigerung durch den Zusatz: ‚bis er schwarz wird', eigentl.: bis er stirbt und verwest, ↗schwarz; vgl. frz. ‚Il peut (toujours) attendre' (wörtl.: Er kann immer warten).
Als scherzhafte Drohungen werden bes. gegenüber Kindern die Ausdrücke *Warte nur! Na warte!* und *Warte, dir werde ich helfen!* oft gebraucht; vgl. frz. ‚Attends un peu, je vai t'aider'.
Warten mit Schmerzen, ein Ausdr., bei dem wir heute an eigentl. Schmerzen kaum noch denken, sondern der lediglich ein sehnsüchtiges Warten bedeutet, ist bereits alt. „Ich warte nur mit Schmerzen, wie es ablaufen wird" heißt es in ‚Frau Schlampampes Tod' (S. 136).
Wenn jem. in geselliger Runde den Kuchen oder die Butter anschneidet, sagt

man in Norddtl. am häufigsten, er müsse *sieben Jahre warten*, d.h. so lange dauere es noch bis zur Hochzeit. Die anderen bei dieser Gelegenheit üblichen Rdaa. sind: ‚keinen Mann bekommen'; ‚im selben Jahr einen Mann'; ‚den schönsten (besten) Mann bekommen' und vor allem in Süddtl. ‚für jem. freien gehen'. Die Karte

Redensarten beim Anschneiden von Kuchen oder Butter
Überblick über die häufigsten Motive

über das Verbreitungsgebiet bezieht sich auf Frage 233ª des ADV (= Dt. Volkskunde-Atlas). Daß man *7 Jahre warten müsse*, heißt es in Norddtl. aber auch, wenn man an die Tischecke zu sitzen kommt, während es dabei sonst vor allem heißt, daß man ‚eine böse Schwiegermutter' bekomme, ↗ Schwiegermutter.

waschen, Wäsche. *Das hat sich gewaschen:* es ist vortrefflich, rein von Mängeln und Fehlern. Ein Kerl, der ‚sich gewaschen hat', ist ein tüchtiger Mensch; aber auch: ‚eine Ohrfeige, die sich gewaschen hat', eine tüchtige, kräftige Ohrfeige. Im Gegensatz dazu steht ‚ungewaschen' in dem Ausdr. *ein ungewaschenes Maul haben:* ein Lästermaul sein.
Zwei schwäb. Sprüche sollen für die vielen stehen, die der Volksmund mit ‚waschen' oder ‚Wäsche' gebildet hat: Eine Weisheit lautet: ‚Wer sauber ist, braucht sich net z'wasche' und ‚I wäsch meine Füß halt all Johr amol', hot der Bauer g'sait, ‚ob's braucht oder it'.
Mit allen Wassern gewaschen sein: durchtrieben sein, ↗ Wasser.

Einem den Kopf waschen ↗ Kopf.
Sich rein (weiß) waschen wollen: die Schuld von sich abzuwälzen suchen, ↗ weiß.
Seine Hände in Unschuld waschen, ↗ Hand.

‚Seine Hände in Unschuld waschen'

Schmutzige Wäsche waschen: über die Fehler und Schwächen anderer sich unterhalten. Lit. 1870 bei Wilhelm Raabe in ‚Schüdderump'. Bismarck sagte (‚Reden' XI, 115): „Wir wollen lieber mal unsere schmutzige Wäsche unter vier Augen waschen"; vgl. frz. ‚laver son linge sale en famille' (wörtl.: seine schmutzige Wäsche mit seinen Verwandten waschen) i.S.v. Streitigkeiten unter vier Augen beilegen.
Dumm aus der Wäsche gucken: einfältig dreinblicken; sold. aus dem 2. Weltkrieg.
Jem. aus der Wäsche hauen: ihn verprügeln (ähnl. wie ‚Jacke' und ‚Wams').
Etw. ist wie in einer Waschküche: verschwommen, nebulös, undurchsichtig.

Lit.: *I. Barleben:* Kleine Kulturgeschichte der Wäschepflege (Düsseldorf 1951); *F. Bertrich:* Kulturgeschichte des Waschens (Düsseldorf – Wien 1966); *H. Grünn:* Wäsche waschen (Wien 1978).

Waschweib: *Schwatzen wie ein Waschweib.* Waschen ist in dieser Rda. gleichbedeutend mit schwatzen, wie es z.B. in Hayneccius' Komödie ‚Hans Pfriem' (1582) erscheint, worin der verschlagene Pfriem sagt: „Du wolst denn waschen aus dem Rath" (d.h. aus der Schule schwatzen).
Menschen tauschen bei gemeinsamen Arbeiten gerne Nachrichten aus. Das gilt und galt im besonderen Maße für die sog. Waschhäuser oder Wäschebrücken aus der vorindustriellen Zeit des Wäschewa-

schens. In vielen Ländern war es üblich, die fertige Wäsche im fließenden Wasser des Baches oder Flusses nachzuspülen. Dort trafen sich die Frauen zu einem ‚Plausch'. Männer aber, die für solch Gerede nicht viel übrig haben, nannten solche Nachrichten dann ein ‚übles Gewäsch' oder auch ‚dummes Gewäsch'. Die Geringschätzung der sozial nicht sehr angesehenen Waschweiber gehört zu den Vorurteilen einer frauenfeindlichen Männerwelt. Weit über Wien hinaus bekannt

‚Schwatzen wie ein Waschweib'

waren die Wiener Waschweiber. Sie sind auch Inhalt eines verbreiteten Schnellsprechverses (Zungenbrechers): ‚Wir Wiener Waschweiber wollen weiße Wäsche waschen, wenn wir wüßten, wo warmes Wasser wäre'.

Lit.: ↗waschen.

Wasser. *Bis dahin läuft noch viel Wasser den Berg (Bach) hinunter* (auch: *den Rhein, Main, die Elbe* u.a. hinunter – je nach der Landschaft wechselt in der Rda. der Fluß): es wird noch viel Zeit vergehen, bis das Erwartete eintritt; ndd. ‚Bet dahen kann noch viel water bargdal fleiten'; vgl. frz. ‚Avant que cela arrive, il passera bien de l'eau sous les ponts' (= Bis das geschieht, wird viel Wasser unter den Brükken durchfließen). Der Tübinger Dichterhumanist Heinrich Bebel verzeichnet 1507 die Rda. in lat. Sprache (Nr. 574): „Interea multum aquae in Neccaro vel Rheno praeterfluit" (= Inzwischen ist viel Wasser im Neckar oder Rhein vorübergeflossen); Burkard Waldis gebrauchte sie in der 1. H. des 16. Jh.: „Eh man ym vil wasser die globten (Gelübde) gab, leufft viel wasser den Rhein herab". In Luthers Briefen (V, 249) heißt es: „Indesz wird viel Wassers verlaufen und wird aus Nachtsfrist Jahrfrist werden". Das umgekehrte Bild verwendet die schwäb. Mda. von einem Großsprecher; bei ihm ‚läuft's Wasser de Berg nauf'.

‚Alle Wasser fließen ins Meer'

Dem Wasser seinen Lauf lassen: etw., das nicht zu ändern ist, ruhig geschehen lassen. Die in vielen Sprachen bekannte Wndg. ‚Alle Wasser fließen ins Meer' ist bibl. Ursprungs. Bei Pred. Salomo (1, 7) heißt es: „Alle Wasser laufen ins Meer".
Das kann alles Wasser im Meer nicht abwaschen: der Schimpf, die Schande ist zu groß, wird nicht vergessen; vgl. ndl. ‚Dat kan al het water van de zee niet afwaschen'.
Wasser ins Meer (in die See, die Elbe, Werra, Reuß, Limmat, Donau, in den Rhein) tragen, auch: *Wasser in den Brunnen (Bach) schütten:* etw. ganz Überflüssiges, Vergebliches tun (↗Eule). Ovid gebrauchte die lat. Wndg. ‚aquas in mare fundere' sprw. im gleichen Sinne. Die Rda. kommt schon 1512 in Murners ‚Schelmenzunft' (17, 15 ff.) vor:

Die iunge welt ist so verkert,
Mich dunckt, wer sy ietzt boßheit lert,
Der dreit (trägt) das wasser in den
Ryn.

‚Wasser in den Brunnen schütten'

In Seb. Brants ‚Narrenschiff' findet sich auch schon eine frühe Ill. der Rda.

Wasser in ein Sieb schöpfen (auch: *in einem Sieb tragen, holen; mit einem Siebe Wasser schöpfen*): sich vergebliche Mühe machen. 1639 verzeichnet Chr. Lehmann (S. 380, ‚Haushaltung' 97): „Wer dasjenige, was er gewonnen, nicht kan erhalten, der schöpft Wasser in Sack". Die Rda. mag letztlich humanistisch gebildetes

‚Wasser in ein Sieb schöpfen'

Wortgut sein und mit der griech. Sage vom Faß der ↗ Danaiden zusammenhängen. Die Töchter des Königs Danaos, die ihre Männer ermordet hatten, mußten zur Strafe in der Unterwelt Wasser in ein durchlöchertes Faß schöpfen. Allerdings ist in unserer Rda. nie vom Wasser in einem bodenlosen ‚Faß', sondern immer vom Wasser in einem ‚Sieb' die Rede. Näher liegt deshalb der Zusammenhang mit dem Volksschwank AaTh. 1180, bei dem man sich den Teufel mit derartigen unmöglich zu leistenden Aufgaben vom Leibe hält (vgl. Bolte-Polívka III, S. 16, zu KHM. 125).

Einem Wasser und Feuer verweigern: ächten, des Landes verweisen. Die Rda. spiegelt einen alten Rechtsbrauch. Vgl. lat. ‚aqua et igni interdicere' und ndl. ‚iemand water en vuur ontzeggen'.

Einem das Wasser abgraben: ihm durch Verleumdung schaden, seinen guten Ruf verletzen, jem. die Existenz vernichten, das Geschäft verderben. Die Rda. findet sich erst in neuerer Zeit; ihre Bildhaftigkeit scheint entweder aus dem Belagerungskrieg oder (wahrscheinlicher) aus dem Vorstellungskreis der Wassermühle genommen zu sein: Wird der Bach, der die Mühle treibt, abgeleitet, so ist das der Ruin der Mühle. Das Gegenteil: *Das ist Wasser auf seine Mühle:* das kommt ihm gelegen, das ist von Vorteil für ihn, paßt in seine Pläne; vgl. frz. ‚apporter de l'eau à son moulin' (wörtl.: Wasser auf jem. Mühle bringen); ferner: *alle Wasser auf seine Mühle leiten:* sich (auf unredliche Weise) Vorteile verschaffen; ↗ Mühle.

Ablaufen wie das Wasser am Entenflügel (am Pudel): ohne Wirkung sein, keinen Einfluß haben. Bismarck hat die Rda. in seinen Reden gerne gebraucht, z. B. (‚Reden' XI, 25): „Gewärtigen zu müssen, daß all Ihre Agitation und selbst die berühmte Wahlmache, wie sie jetzt üblich ist, an der Masse der ländlichen Besitzer ablaufen werde, wie das Wasser am Entenflügel". Vgl. frz. ‚C'est comme la pluie sur le dos d'un canard' (wörtl.: Es wirkt wie Wasser auf dem Rücken einer Ente).

Nahe ans Wasser gebaut haben: bei geringfügigem Anlaß weinen, bes. von Kindern gesagt.

Wasser auf beiden Schultern tragen: unaufrichtig, doppelzüngig sein, zwei Parteien nach dem Munde reden, zwei Herren dienen. ↗ Achsel.

Ein stilles Wasser sein: seine Gefühle und Ansichten nicht zeigen, ruhig, verschlossen, auch: undurchsichtig sein; vgl. das Sprw. ‚Stille Wasser gründen tief'. Vgl.

das frz. Sprw. ‚Il n'est pire eau que l'eau qui dort' (wörtl.: Kein Wasser ist schlimmer als das schlafende) i.S.v. Den Schweigsamen ist manchmal nicht gut trauen.

‚Stille Wasser gründen tief'

Kein Wässerchen trüben können: niemand etw. zuleide tun, harmlos, ungefährlich, unschuldig sein (oft allerdings mit dem Nebensinn der eben nur scheinbaren Harmlosigkeit); obersächs.-erzgeb. ‚Mancher kann kee Wässerchen trüben', er ist gutmütig, dumm. In der Altmark sagt man in gleichem Sinn: ‚He hat keen Minschen dat waoter gelömert' (zu ‚lumig' = trübe). Die Rda. geht offenbar auf die Äsopische Fabel vom Wolf und Lamm zurück. Ein Wolf trinkt aus einem Bach und bemerkt weiter unten an demselben Bach ein Lamm; er fährt darauflos und frißt es, weil es ihm das Wasser getrübt habe, trotz des demütigen Einwandes des Schafes, daß das ja gar nicht möglich sei, weil das Wasser nicht bergauf fließe. Auch Phaedrus berichtet um 40 n.Chr. diese Begebenheit in seinen ‚Fabulae' (I, 1). In völliger Verkehrung der Tatsachen ruft bei ihm der Wolf dem Lamm zu: „Cur (inquit) turbulentam fecisti mihi aquam bibenti?" (= Warum machst du mir das Wasser trüb, wenn ich hier trinke?) Vgl. Büchmann. Die Rda. kommt in übertr. Bdtg. schon bei dem Prediger Berthold

‚Kein Wässerchen trüben können'

von Regensburg im 13. Jh. vor, dann in Seb. Brants ‚Narrenschiff' und bei Luther; bei Hans Sachs in der Formulierung: „und hat kein wasser nie betrübet". Die Form ‚kein Wässerchen betrüben' hält sich bis ins 18. Jh.

Der Rda. liegt wohl außer der antiken Fabel auch die alte Vorstellung zugrunde, daß der klare Spiegel des Wassers sich trübe, wenn ein böser Mensch hineinschaut. Wer also nicht böse ist, trübt es nicht. Eine andere Färbung gewinnt der Ausdr. aufgrund einer Stelle des ‚Venus-Gärtleins', in welcher von dem Turteltäubchen, dem das Weibchen gestorben ist und das infolgedessen auf dürrem Aste sitzt, gesagt wird:

Wanns sich dann wil laben,
Thut es sich dann baden,
Und macht das wasser trüb,
Das kompt von großer lieb.

Die Taube trübt also das Wasser, indem sie ihm gleichsam ihre eigene seelische Trübung (Betrübnis) mitteilt. Dieses Wassertrüben würde nicht eintreten, wenn sie nicht in Betrübnis und Schmerz sich befände. Verallgemeinert: Wer nicht in Kümmernis und Harm befangen, vielmehr harmlos (in altem Sinne) ist, trübt das Wasser nicht, nicht einmal ein Wässerchen. Daher die Rda. von völlig harmlosen oder, in Weiterentwicklung, von harmlos scheinenden Menschen gebraucht. In letzterer Anwendung in Hans Sachs' ‚Heiß Eisen' (232): Die durchaus nicht harmlose Frau stellt sich, „sams nie kein wasser trübet het" (F. Söhns, S. 640f.).

Einem das Wasser nicht reichen (können): tief unter ihm stehen. Der urspr. Sinn der Rda. ist: nicht einmal wert sein, ihm den niedrigen Dienst des Wasserreichens nach Tisch zu tun. Die Rda. erklärt sich aus der allg. ma.-höfischen Sitte des Wasserherumreichens bei Tische. Nachdem der Truchseß dem Herrn des Hauses die Meldung gemacht hatte, daß das Mahl angerichtet sei, ließ dieser durch Hornblasen oder durch Zuruf den Herrschaften das Zeichen geben, sich an ihren Platz zu bemühen. Unter der Leitung des Kämmerers wurde dann den Tischgästen von den Edelknaben kniend eine Schüssel gehalten und ihnen Wasser über die Hände gegossen. Ein Tuch zum Trocknen hing um den Hals des Knappen. Damen mußte das Wasser zuerst gereicht werden. Deshalb fehlt in keinem höfischen Epos, sobald der Dichter seine Helden sich zu Tische setzen läßt, ein Hinweis auf ‚das wazzer nemen‘, der Ausdr. ‚wazzer reichen‘ fehlt in mhd. Zeit noch.

Dieses Waschen der Hände, das nach aufgehobener Tafel wiederholt wurde, erklärt sich daraus, daß Gabeln und Mundtücher damals noch zu den Seltenheiten gehörten: man führte den Bissen mit der bloßen Hand zum Mund (↗Gabel). Die Gabel als Tischgerät ist erst im 16. Jh. bei uns in Gebrauch gekommen und von der Fleischgabel in der Küche ausgegangen. Auch die Messer waren spärlich vorhanden und wurden von Hand zu Hand weitergereicht. Auf einem Bild im ‚Hortus deliciarum‘ der Äbtissin Herrad von Landsberg sieht man vier Personen an einem gedeckten Tisch sitzen, auf dem nur zwei Messer und zwei Gabeln liegen. Auch das Altertum kannte die Sitte des Wasserreichens bei Tisch; vgl. lat. ‚dare aquam manibus‘ (Plautus). Das A. T. bezeugt ebenfalls den Brauch; vgl. 2. Kön. 3,11: „Hier ist Elisa, der Sohn Saphats, der Elia Wasser auf die Hände goß", d. h. der ihm diente; dazu 1. Kön. 19,21. Bei der Messe gießt der Ministrant dem Priester das Wasser auf die Hände. Luther knüpft an das Reichen des Wassers zum Waschen der Füße an (Weimarer Ausg. 28, 104): „Was du für heiliges leben preissen ... kannst, so reicht es dem gemeinen christenleben das wasser nicht, ja es ist nicht wert, des Herrn Christi fustuch zu sein". In übertr. Bdtg. begegnet die Wndg. seit dem 16. Jh. häufig; bekannt ist das Wort Valentins in Goethes ‚Faust‘ (I, V. 3631 ff.):

Aber ist eine im ganzen Land,
Die meiner trauten Gretel gleicht,
Die meiner Schwester das Wasser
reicht?

Da wird auch (oder *Es wird überall*) *nur mit Wasser gekocht*: eine Sache sieht schlimmer aus, als sie in Wirklichkeit ist; oder: dort hat man auch keine feinere Arbeitsweise als bei uns; auch hier geht es natürlich zu; vgl. wien. ‚Arme Leud' koch'n mit

1/2 ‚Einem das Wasser reichen‘

1700

‚Es wird überall nur mit Wasser gekocht‘

Wasser', haben kaum das Notdürftigste. Die Rda. ist gebräuchl. als scherzhafte Entschuldigung bei einer Einladung zu einfachem Mittagsbrot.

Wasser predigen und Wein trinken: von anderen Enthaltsamkeit fordern und sie selbst nicht üben.

Wasser in den Wein (der Begeisterung) schütten (gießen): die Begeisterung für eine Sache abschwächen, mäßigen, die Freude verderben. Goethe wandelt in ‚Sprichwörtlich' die geläufige Rda. ab:

In des Weinstocks herrliche Gaben
Gießt ihr mir schlechtes Gewässer!
Ich soll immer unrecht haben
Und weiß es besser.

Dagegen verwendet Bismarck in einem Brief an seine Braut die Rda. in der gewöhnlichen Form: „Aber wir sind ebenso schnell berauscht wie verzagt, und ich habe die undankbare Aufgabe, Wasser in den brausenden Wein zu gießen". In seinen ‚Gedanken und Erinnerungen' (Bd. II, S. 75) schreibt er: „hielt ich aber für wahrscheinlich, daß Rußland es nicht ungern sähe ... wenn eine numerisch überlegene Coalition einiges Wasser in unseren Wein von 1866 gegossen hätte". Vgl. frz. ‚mettre de l'eau dans son vin'.

Wie mit kaltem Wasser begossen sein: plötzlich sehr erschreckt, enttäuscht sein, wie erstarrt dastehen, ernüchtert sein.

Ins Wasser fallen: mißlingen, nicht verwirklicht werden, verlorengehen – wie ein Gegenstand, der unwiederbringlich ins Wasser fällt. Die Wndg. (umgeformt aus älterem ‚in den Brunnen fallen') wird übertr. auch von Geistigem gebraucht (z. B. ‚eine Hoffnung ist ins Wasser gefallen'). Scherzhaft heißt es auch von einer Veranstaltung, die wegen zu schlechter Witterung nicht stattfinden

konnte, daß sie ‚ins Wasser gefallen sei' wobei auf den Regen angespielt wird. Vgl. frz. ‚tomber à l'eau'.

Zu Wasser werden (auch *machen*): zunichte werden, vergehen (vereiteln), in der Sprache der Bibel noch: den Mut verlieren; z. B. Josua 7,5: „Da ward dem Volk das Herz verzagt und ward zu Wasser". In Lessings ‚Minna von Barnhelm' (5,3) heißt es: „Können es (das Vermögen) ihr die Vormünder völlig zu Wasser machen".

Ins Wasser gehen: Selbstmord verüben, sich aus Verzweiflung ertränken; vgl. frz. ‚se jeter à l'eau'.

Einen (sich) über Wasser halten: ihn (sich) vor dem Untergang retten, nur mühsam existieren, einem in der Not helfen, daß er nicht untergeht. Das Bild der Rda., die erst seit dem 18. Jh. belegt ist, kommt vom Schwimmer, der den Ertrinkenden über Wasser hält. *Sich kaum noch über Wasser halten können:* kurz vor dem völligen Ruin stehen.

Das Wasser steht (geht) ihm bis zum Hals (an die Kehle, den Kragen): er befindet sich in höchster Not, in bedrängter Lage. Die Wndg. ist seit dem 17. Jh. belegt. ‚Das Wasser läuft einem in den Mund (ins Maul)' ist heute noch zur anschaulichen Bez. der größten Zwangslage in der Volkssprache gebräuchl. Sie ist lit. z. B. in Lohensteins ‚Arminius' (I, 23 b) belegt: „Das Wasser gienge der deutschen Freyheit in mund".

‚Das Wasser steht ihm bis zum Hals‘

Das Wasser schlägt einem über dem Kopf zusammen: er (man) kann seine Not nicht mehr wenden, er (man) ist verloren. Bes. von nordd. Schriftstellern gebraucht, findet sich auch mit gleicher Bdtg.: ‚Das

1701

Wasser geht über die Körbe' (gemeint ist dann das Flechtwerk, Faschinen zum Uferschutz am Meer).
Übers große Wasser fahren: nach Amerika gehen.
Bei Wasser und Brot sitzen: im Zuchthaus sein, ↗ Brot; vgl. frz. ‚être au pain sec et à l'eau'. (In Frankreich müssen aufsässige Kinder auch manchmal als Strafe bei Wasser und Brot sitzen.)
Vom reinsten Wasser sein: ganz echt und unverfälscht. Das Bild ist von dem wasserhellen Glanz von Edelsteinen hergenommen. Wasser ist geradezu ein Fachausdr. in der Edelsteinschleiferei: Man unterscheidet z. B. Diamanten ‚vom ersten Wasser, vom zweiten, vom dritten Wasser' usw. Die Übertr. auf den Menschen findet sich seit dem 16. Jh. belegt. Dennoch ist auch in relativ späten lit. Zeugnissen der Bezug zum primären Bild des Edelsteins erhalten geblieben. In Schillers ‚Kabale und Liebe' (I, 4) heißt es z. B.: „Ich schaue durch deine Seele, wie durch das klare Wasser dieses Brillanten". Jean Paul sagt in ‚Leben Fibels' 1812: „Wir besitzen Dichter vom ersten Wasser, vom zweiten, vom dritten", oder (ebenfalls bei Jean Paul): „Die Träne des Grams ist eine Perle vom zweiten Wasser, die Freude vom ersten". Seit 1848 dient die Wndg. häufig zur Hervorhebung der politischen Richtung (z. B. ‚ein Demokrat reinsten Wassers'); vgl. frz. ‚de la plus belle eau'.
Der rdal. Vergleich *wie Wasser und Feuer* kennzeichnet einen scharfen, eigentl. unvereinbaren Gegensatz. Luther sagt z. B.: „Das dise zwen sprüche so ehnlich sind alls wasser und fewr" (Weimarer Ausg. 18, 210). *Wasser und Feuer zugleich tragen:* doppelzüngig sein, ↗ Feuer.
Neuere Wndgn. aus dem Anfang des 20. Jh. sind: *Wasser in den Ohren haben:* etw. absichtlich überhören; *Wasser im Vergaser haben:* nicht recht bei Verstande sein; denselben Sinn hat die etw. ältere Rda. *mit kaltem Wasser verbrüht sein.*
Das Wasser läuft einem im Munde zusammen: man hat großen Appetit auf etw., und der Speichel bildet sich, in übertr. Bdtg.: ein verlockendes Angebot bekommen, ↗ Mund; vgl. frz. ‚L'eau vous monte à la bouche'.
Ein Schlag ins Wasser ↗ Schlag.

Mit allen Wassern gewaschen: verschlagen, durchtrieben, welterfahren sein, urspr. von den weitgereisten Seeleuten gesagt.

Lit.: *E. Marshall:* Still waters run deep, in: American Notes and Queries 6, 4 (1881), S. 266; *R. Guy:* Still waters run deep, in: American Notes and Queries 6, 4 (1881), S. 414–415; *E. Schröder:* Walther in Tegernsee. Ein Exkurs über altdt. Tischsitten, in: Zs. f. Vkde. 27 (1917), S. 121–129; *A. Risse* in: Zs. f. d. U. 31 (Leipzig 1917), S. 297; *R. Hünnerkopf:* Art. ‚Wasser', in: HdA IX, Sp. 107–122; Rechtssymbolik des ‚Wassers', in: Strafjustiz in alter Zeit (Rothenburg o. d. Tauber 1980), S. 319.

Wasserglas ↗ Sturm.

Wasserkopf. *Einen Wasserkopf haben:* völlig dumm sein; ähnl.: *es plätschert in seinem Wasserkopf:* er ist nicht recht bei Verstand; ‚laß deinen Wasserkopf nicht plätschern!', rede keinen Unsinn. *Leih mir mal deinen Wasserkopf, mein Holzbein brennt!* sagt man zu einem Dummen; seit den dreißiger Jahren des 20. Jh. (Küpper). Modern ndd. sagt man iron. beschönigend über ein häßliches Kind: ‚Das Kind hat 'n Wasserkopp, steht ihm aber ganz gut'.

Waterloo. *Sein Waterloo erleben:* eine böse, die entscheidende Niederlage einstecken müssen. Waterloo, eine Gemeinde in der belgischen Provinz Brabant, ist am 18.6.1815 in die europäische Geschichte eingegangen. Die Schlacht bei Belle-Alliance (so das Gehöft, welches in Waterloo liegt) entschied den letzten Feldzug der sog. Freiheitskriege und führte zum endgültigen Sturz Napoleons I. Der britische Feldherr Wellington benannte die Schlacht nach dem Dorf Waterloo, wo er sein Hauptquartier hatte, Blücher nach dem Gehöft Belle-Alliance, in dessen Nähe sich beide Heerführer nach dem Sieg trafen. Im Dt. hat sich die Bez. Wellingtons durchgesetzt.

Lit.: *H. Lachouque:* Napoléon à Waterloo (Paris 1965).

Webfehler. *Einen Webfehler haben:* nicht ganz bei Verstand sein, auch: einen Charakterfehler besitzen. Der Webfehler mindert die Güte eines Stoffes; um 1900 für Berlin bezeugt (Küpper). Nach dem 2. Weltkrieg spricht man auch von ‚einem politischen Webfehler', worunter man die frühere Zugehörigkeit zur NS-Partei versteht, die für die weitere Karriere eines Menschen zum Hindernis werden kann.

Wechselbalg. *So unruhig sein wie ein Wechselbalg:* sehr laut schreien (bes. von Kindern). Als ‚Wechselbalg' bez. man ein häßliches, mißgestaltetes Kind, das – nach dem Volksglauben – von Zwergen oder dem Teufel einer Wöchnerin untergeschoben worden ist. In den ‚Oberpfälzischen Sagen' heißt es: „Das schreit, wie wenn es ausgewechselt wäre" (F. X. v. Schönwerth, K. Winkler: Oberpfälz. Sagen, Legenden, Märchen u. Schwänke [Kallmünz o. J.], S. 75).
Fressen wie ein Wechselbalg: ständig Hunger haben, nicht satt zu bekommen sein. Nach den Volkssagen entwickelt das ausgewechselte Kind einen ungeheuren Appetit, ohne sich erkennbar geistig weiter zu entwickeln oder sprechen zu lernen.

Lit.: *G. Piaschewski:* Der Wechselbalg (Breslau 1935); *dies.:* Art. ‚Wechselbalg' in: HdA. IX, Nachträge, Sp. 835–864; *L. Röhrich:* Die Wechselbalg-Ballade, in: Europ. Kulturverflechtungen im Bereich der volkstümlichen Überlieferung. Festschrift Bruno Schier (Göttingen 1967), S. 177–185.

‚Wechselbalg'

Wecker. *Jem. auf den Wecker fallen:* ihn nervös machen, ihm lästig werden, eine moderne humoristisch-übertreibende Abänderung der gleichbedeutenden Wndg. ‚einem auf die Nerven fallen (gehen)'; fußt auf der Vorstellung vom Verstand als Uhrwerk.
Eine andere Deutung der Rda. schlägt S. A. Wolf vor: „In ‚Wecker' haben wir wieder eine volkssprachliche Eindeutschung vor uns. Jidd. ‚weochar': er regt mich sehr auf; daraus wurde der Wecker, der wörtl. genommen gar keinen Sinn ergibt und sich durch die Verbindung mit ‚du fällst mir uff de Nerven' in die aus der Sprachmischung hervorgegangenen Redewndgn. einreiht".
Nicht alle auf dem Wecker haben: nicht recht bei Verstand sein. *Da bleibt der Wecker stehen!:* Ausruf des Erstaunens, nach dem Muster von ‚da bleibt mir der Verstand stehen'; etwa seit den zwanziger Jahren des 20. Jh. (Küpper).

Lit.: *S. A. Wolf:* Erklärung einiger Berliner Rdaa., in: Muttersprache 66 (1956), S. 28.

Weg. *Einem nicht über den Weg trauen:* ihm mißtrauen, ist seit dem Ausgang des 18. Jh. bezeugt; eigentl.: ‚Einem nur so weit trauen, als man ihn vor Augen hat' (oder: ‚nicht trauen, einem über den Weg zu gehen').
Einen Weg einschlagen: in einer bestimmten Richtung gehen. Die Wndg. spiegelt frühere Verhältnisse wider, als erst noch Bäume und Sträucher niedergeschlagen werden mußten, um sich einen Weg zu bahnen. *Neue Wege einschlagen:* neue Methoden anwenden, selbst die Initiative ergreifen und Hindernisse überwinden.
Jem. den Weg ebnen: ihn in seinem Vorhaben unterstützen, ihm ein leichtes Vorankommen ermöglichen; vgl. frz. ‚aplanir les sentiers ...' oder ‚... les chemins de quelqu'un'; ähnl. *jem. den Weg bereiten.* Die Wndgn. stehen wahrscheinl. im Zusammenhang mit der bibl. Vorstellung von Johannes als Wegbereiter Christi (vgl. Mark. 1,2). Das Gegenteil meinen die Rdaa. *jem. den Weg verlegen, einem etw. in den Weg legen* und: *einem den Weg abschneiden:* ihn hindern, ihn in eine ausweglose Lage bringen. *Jem. im Wege stehen:* für jem. ein Hindernis sein, ihn

stören. *Sich selbst im Wege stehen:* sich durch negative Eigenschaften schaden.

Etw. oder jem. aus dem Wege räumen: etw. Hemmendes beseitigen, einen unliebsamen oder gefährlichen Menschen umbringen.

Den Weg allen Fleisches (alles Irdischen) gehen. Die Rda. als bildl. Umschreibung der Vergänglichkeit ist bibl. Urspr. (1. Mos. 6,12–13; vgl. auch 1. Kön. 2,2 und Hiob 16,22); ↗zeitlich.

Jem. (einer Sache) aus dem Weg gehen: jem. nicht begegnen wollen, etw. nicht tun, eine Frage nicht beantworten, eine Entscheidung nicht treffen wollen.

Jem. etw. mit auf den Weg geben: gute Lehren für das weitere Leben mitgeben.

Auf halbem Wege stehenbleiben: nicht bis zum Erfolg (Ziel) gelangen; vgl. frz. ‚rester en chemin' oder ‚s'arrêter en chemin'.

Jem. (sich) auf halbem Wege entgegenkommen: Kompromisse schließen.

Etw. auf kaltem Wege tun: etw. ohne Umstände erledigen, nicht erst den Dienstweg einhalten; ohne sich Mühe zu machen, hintenherum, illegal etw. zu erreichen suchen. *Krumme (schiefe) Wege*

Den Weg müssen wir Alle!
sagte die Bäuerin, als der Wasenmeister die Kuh holte.

gehen: unehrlich, unaufrichtig handeln; schon bei Richter 5,6 (vgl. ‚krumme Touren drehen'); vgl. frz. ‚par des voies détournées' (wörtl.: über Umwege), auch i. S. v. indirekt.

Den dornigen Weg gehen müssen: viel Leid u. Hindernisse auf seinem Lebensweg erfahren müssen.

Den steinigen Weg wählen: es sich nicht leicht machen, viel erdulden, um am Ende den himmlischen Lohn zu erhalten. Vgl. das Zweiwegebild mit der Möglichkeit,

Der ‚Weg zum ewigen Leben' und der ‚Weg zur Verdammnis'

1704

den schmalen, rechten Weg zum Aufstieg zu dem himmlischen Jerusalem zu wählen, oder den breiten, bequemen Weg, der zur Hölle u. ewigen Verdammnis führt.
Den bequemsten Weg gehen (zur Hölle): keine Mühe auf sich nehmen, sondern der Bequemlichkeit und dem Laster und damit der ewigen Verdammnis verfallen.
Den goldenen Mittelweg gehen; vgl. frz. ‚le juste milieu', ↗ Mittelweg.
Den unteren Weg gehen: nachgiebig sein; nicht auf seinem Recht beharren.
Auf dem besten Wege zu etw. sein: bald sein Ziel erreicht haben, aber auch iron. gemeint: die falsche Richtung eingeschlagen haben, seinem Untergang, einem bösen Ende entgegengehen, wenn es so weitergeht.
Das hat gute Wege: darum braucht man nicht bange sein; das wird ohne besondere Sorge und Zutun gut erledigt werden; auch: *Das hat noch gute Wege:* das liegt noch in weiter Ferne. Gute Wege = sichere Wege, figürlich: es besteht keine Gefahr.
Seinen Weg machen: im Leben vorankommen, Erfolge haben, höher aufsteigen; vgl. ‚faire son chemin'.
Seinen Weg gehen, auch: *seine eigenen Wege gehen:* sich nicht beirren lassen, entspr. seinem Charakter und Talent das tun, was man allein für richtig hält, sich nicht der Masse anschließen; vgl. frz. ‚suivre son chemin' oder ‚... son petit bonhomme de chemin' (wörtl.: wie ein kleiner Wicht seinen Weg gemütlich und unbeirrt gehen).
Sich einen Weg offenhalten: eigentl. sich seinen Fluchtweg bei einer Belagerung von Feinden frei halten, in übertr. Bdtg.: ein Mittel zur Rettung haben, einen Ausweg kennen; vgl. frz. ‚se ménager une issue' oder ‚... une porte de sortie'.
Jem. stehen alle Wege offen: er kann sich für verschiedene Möglichkeiten entscheiden, er besitzt die besten Voraussetzungen.
Die Wege trennen sich: Menschen, die bisher gemeinsam gehandelt haben, trennen sich wegen verschiedener Ansichten in einer wichtigen Angelegenheit. Die Wndg. bezieht sich auf das Bild des ‚Scheideweges': eine spätere Begegnung erscheint unmöglich.

Etw. auf den (oder *in einen*) *Weg richten:* einer Sache eine bestimmte Richtung geben. Die Rda. ist heute selten. Häufiger ist dafür die modernere Wndg. *etw. in die Wege leiten:* etw. unternehmen, anordnen, den Anstoß zum Beginn geben.
Um die Wege sein: in der Nähe, vorhanden sein. Die ähnl. Wndg. *bei Wege:* im Vorbeigehen, nebenher, beiläufig, wird von einigen nordd. Schriftstellern gebraucht. Thür. ‚nicht bei Wege', nicht im geringsten.

Etw. zuwege bringen (bei Luther noch ‚zu Wegen bringen'): sich etw. verschaffen, etw. fertigbringen, eigentl. zu dem Wege, auf dem (für den) es gebraucht werden soll. Bei Hans Sachs' ‚Maler und Domherr' (9) heißt es:
der maler det mit ir ratschlagen,
wie sie das gelt zu wegen precht.
Die Rda. wird mit dem älteren Sinn ‚sich verschaffen' nur noch im obd. Raum gebraucht, sonst überall im neueren Sinne von ‚zustande bringen, fertigbringen'.
Nichts zuwege bringen: nichts erreichen, keinen Erfolg haben, nicht vorwärtskommen.
Gut zuwege sein: in bester geistiger und körperlicher Verfassung sein; häufiger: *Schlecht zuwege sein:* krank sein, auch: Mißerfolg haben, nichts Rechtes leisten.

Lit.: *J. Alpers:* Hercules in bivio (Diss. Göttingen 1912); *M. B. Ogle:* The Way of all Flesh, in: Harvard Theological Review 31 (1938), S. 41–51; *R. Schmekel:* Art. ‚Weg', in: HdA. IX, Sp. 214–218; *W. Harms:* Homo viator in bivio. Studien zur Bildlichkeit des Weges (München 1970).

wegwerfen. *Ein wegwerfendes Urteil über einen* (oder *etw.*) *fällen; wegwerfend urteilen; jem. wegwerfend behandeln.* Die Wndgn. haben nichts zu tun mit dem Brechen und Wegwerfen des ↗ Stabes über dem Verurteilten, sondern wegwerfen bedeutet hier einfach: von sich wegstoßen, dann: verächtlich behandeln, geringschätzen. So bei Luther: „Also sol er (der falsche Prediger) auch verachtet und weggeworfen werden" (Weimarer Ausg. 32, 358). Daher auch: *sich wegwerfen:* sich gemein machen, sich erniedrigen.
Diese Wndg. wurde gern gebraucht, wenn ein Mädchen ‚unter seinem Stande' heiratete, oft im Tone der Entrüstung: ‚Wie konnte die sich (nur) so wegwerfen!' Die

Rda. meint eigentl.: sein eigenes Ich wie einen verächtlichen Plunder behandeln, den man in die Ecke wirft; seit dem 18. Jh. (vgl. lat. ‚se abicere' = sich hoffnungslos zu Boden werfen, allen moralischen Halt verlieren). Im 11. Auftr. von ‚Wallensteins Lager' fragt der erste Kürassier den Schützen, der sich mit dem Bauern in ein Spiel eingelassen hat und dabei von ihm betrogen wurde:

Kannst dich so wegwerfen und blamieren,
Mit einem Bauer dein Glück probieren?

weh, Weh. *Einem wehtun:* jem. Schmerz, Unrecht zufügen, aber auch: selbst Schmerz, Trauer empfinden, Herzeleid tragen. In diesem Sinne sagt Gretchen zu Faust, die Unheil für den Geliebten fürchtet, da sie das Teuflische seines Begleiters spürt:

Es tut mir lang schon weh,
Daß ich dich in der Gesellschaft seh'.

(‚Faust' I, Marthens Garten).
Tut dir was weh? fragt man dagegen oft scherzhaft, wenn jem. eine geistige Fehlleistung von sich gegeben hat. In der Erweiterung: *Tut dir sonst noch etw. weh?* meint die Frage iron.: Sonst hast du wohl keine Sorgen?
Jem. ist es weh: es geht ihm schlecht; bes. häufig im Schwäb. heißt es: ‚'s ist mir so wind und weh': es geht mir miserabel.
Die Zwillingsformel *Weh und Ach* umfaßt das Leid und die Klage darüber. Goethe verwendet sie sogar mehrfach lit., so in seinem Lied vom ‚Heideröslein':

Half ihm doch kein Weh und Ach,

aber auch in seinem ‚Faust' (I, Schülerszene) läßt er Mephisto geringschätzig und ‚belehrend' über das weibl. Geschlecht sagen:

Besonders lernt die Weiber führen;
Es ist ihr ewig Weh und Ach
So tausendfach
Aus einem Punkte zu kurieren.

‚Wehe den Besiegten!' wird vor gewaltsamen Entscheidungen zitiert, wenn ein grausames Vorgehen der Sieger als Rache zu erwarten ist. Der Ausruf bezieht sich auf das ‚Vae victis!' bei Plautus (‚Pseudolus' V, 2, 19).
‚Wehe, wenn sie losgelassen!' meint urspr. die zerstörerische Macht des Feuers in Schillers ‚Lied von der Glocke'. Das volkstümlich gewordene Zitat wird gern parodiert und scherzhaft auf Übermut und Überschwang junger Menschen bezogen, die leicht ausarten können und sie alle moralischen Bedenken hinwegfegen läßt.
Jem. läuft in den Wehen um: jem. weiß sich nicht zu helfen; schwäb.: ‚Der lauft in de Wehe um'. ‚Weh' ist im Volksmund auch die Bez. für eine Epidemie oder Seuche. ‚Das böse Weh' ist die Syphilis, ‚Das fallende Weh' die Fallsucht.

Wehr. *Mit Wehr und Waffen etw. verteidigen:* für eine Sache kämpfen, sie mit allen Kräften in Schutz nehmen. Die alliterierende Formel ‚mit Wehr und Waffen' ist bes. verbr. worden durch die Verse Martin Luthers:

Ein feste Burg ist unser Gott,
ein gute Wehr und Waffen.

(Ev. Kirchenlied Nr. 201).
Während uns das Wort ‚Waffen' i. S. v. Bewaffnung klar ist, bekommt der Begriff ‚Wehr' erst durch die Rückverfolgung ins Fries. einen Sinn. (Mit ‚Gewehr' hat er nichts zu tun.) Zu seiner Bildung ist das Mask. ahd. ‚wer', altisländisch ‚verr', got. ‚wair': Mann verwendet worden. Im Ahd. ist ‚wer': Mann (lat. vir) nur noch einmal in dem im 8. Jh. entstandenen ‚Vocabularius Sancti Galli' belegt. Lebendig ist das Wort dagegen noch im Altsächs., Altengl. und Altisländischen. Nur als ‚sprachl. Versteinerung' hat sich ahd. ‚wer': ‚Mann' in der alten Rechtsformel „mit Wehr und Waffen" erhalten. Da das Wort längst untergegangen war, hatte man ihm oft einen anderen Sinn unterlegt.

Lit.: *W. Krogmann:* Mit Wehr und Waffen, in: Zs. der Savigny-Stiftung für Rechtsgeschichte (Germanist. Abt.) 83 (1966), S. 280–295.

Weib. *Weiber hüten:* etw. Unnützes und Sinnloses tun. Die mhd. Zeit wandte diesen Gedanken mit entspr. verwandeltem Sinne an, um die Nutzlosigkeit der offiziellen ‚huote' zu kennzeichnen, da allein der gute Wille der Frau eine Garantie für ihre Tugend bieten könne. ‚Weiber hüten' wurde so einer von den vielen rdal. Ausdrücken für verlorene, unsinnige und vertane Arbeit. Vgl. ‚Eulen nach Athen tragen'; ‚Wasser in den Rhein tragen'; ‚Gänse beschlagen' u. a.

Das zänkische Weib

Das zänkische Weib ist oft Gegenstand bildl. Darstellung geworden, ↗Frau, ↗Hose.

Lit.: *A. Taylor:* „Sunt tria damna domus", in: Hess. Bl. f. Vkde. 24 (1926), S. 130–146; *A. Risse:* Sprww. u. Rdaa. bei Th. Murner, in: Zs. f. d. U. 31 (1917), S. 300.

Weibermühle. *Auf die Weibermühle (nach ↗Trippstrill) gehen, wo man alte Weiber jung macht:* etw. völlig Aussichtsloses unternehmen, eigentl.: sich vergeblich bemühen, vergangene Jugend, Schönheit und Lebenskraft oder auch die verlorene Unschuld durch Zaubermittel zurückzugewinnen, sich der trügerischen Hoffnung auf die Möglichkeit der Verjüngung und grundlegenden Verwandlung hingeben. Ähnl.: *Jem. auf die Weibermühle bringen, wo die bösen Weiber umgemahlen werden:* sein altersschwaches, häßliches und zanksüchtiges Weib in der Wundermühle gegen ein junges eintauschen wollen.

Die Rdaa. bewahren die Vorstellungen von der Weibermühle, die im 19. Jh. noch sehr verbreitet waren, wie die populäre Druckgraphik bezeugt. Dieser Glaube an die Verjüngung durch Zaubermittel begegnet bereits in der Antike: aus den Verjüngungskräutern der Medea wurden Zaubertränke und -salben hergestellt. Im MA. hoffte man auf die Kraft des Jungbrunnens und später auf den Verjüngungszauber der Mühle. In einem Bilderbogen aus Neu-Ruppin werden die Frauen aufgefordert, zur Weiber-Mühle zu kommen:

Weiber, die euch Runzeln drücken,
Die ihr gehen müßt an Krücken,
Die das Alter drückt so schwer,
Kommt in diese Mühle her!

Die ihr Männern nicht gefallet,
Deren Zunge nur noch lallet,
Und die launenhaft ihr seid,
Euch steht Hülfe hier bereit.

Altweibermühle („Auf die Weibermühle gehen')

Die Weiber. Mühle.

Falten werden hier geglättet,
Und verlorne Liebe, wettet,
Wird euch wieder hier zu Theil.
Hier ist für Geld die Jugend feil.

Zank und Hader wird vertrieben,
Und aus jeder bösen Sieben
Wird ein sanfter Engel gleich,
Liebevoll und tugendreich.

Die Darstellung der Altweibermühle ist noch immer ein beliebtes Thema von heutigen Fastnachtsspielen und -umzügen geblieben wegen der kontrastreichen und grotesken Szenen, vor allem aber wohl wegen des allgemein menschlichen und immer wiederkehrenden Wunsches nach Überwindung des Alters und Rückkehr der Jugend. In diesen Zusammenhang gehört auch die Altweibermühle Trippsdrill bei Brackenheim (Kr. Heilbronn).

Lit.: *J. Bolte:* Die Altweibermühle, in: Archiv f. d. Studium d. neueren Sprachen u. Lit. 102 (1899); *M. de Meyer:* Verjüngung im Glutofen – Altweiber- und Altmännermühle, in: Zs. f. Vkde. 60 (1964), S. 161–167; *L. Röhrich:* Art. ‚Jungbrunnen', in: RGG III (²1959), Sp. 1064 f.; *N. A. Bringéus:* Volkstümliche Bilderkunde (München 1982); *A. A. Jacob:* Menschen als Mahlgut (masch. Zulassungsarbeit) (Heidelberg 1982); *W. Mezger:* Narrenidee u. Fastnachtsbrauch. Studien zum Fortleben des Mittelalters in der europ. Festkultur (= Konstanzer Bibliothek 15) (Konstanz 1991).

Weihnachten. *Ein Gefühl wie Weihnachten haben:* ein Gefühl von Behaglichkeit, Herzlichkeit, Feierlichkeit, Friedlichkeit. Der sold. rdal. Vergleich stammt aus dem 2. Weltkrieg.
Etw. ist so, als ob Weihnachten und Ostern auf einen Tag fallen: etw. ist höchst überraschend, ein bes. Geschenk, eine übergroße Freude, Beglückung, aber auch: eine anstrengende Vorbereitungszeit für intensives, mehrtägiges Feiern. Die Rda. dient der Verstärkung, sie ist keine Niemalsformel.
Lieber nichts (oder *lieber zehn Jahre nichts*) *zu Weihnachten:* Ausdr. der Ablehnung einer Zumutung (etwa seit 1930); *sich freuen wie ein Kind auf Weihnachten:* sich sehr freuen; der rdal. Vergleich ist schon dem 19. Jh. bekannt (Küpper).
‚Nach Weihnachten wird getauscht' ist eine sarkastische Bemerkung, die das Mißfallen an einem Geschenk ausdrückt. Urspr. wohl nur ein Hinweis auf die – zahlreich genutzte – Umtauschmöglichkeit von Weihnachtsgeschenken nach den Feiertagen.
„Es weihnachtet sehr" heißt eine Zeile im Gedicht ‚Knecht Ruprecht' von Theodor Storm. Man zitiert sie heute, um die vorweihnachtliche Stimmung auszudrücken.

Lit.: *I. Weber-Kellermann:* Das Weihnachtsfest. Eine Kultur- und Sozialgeschichte der Weihnachtszeit. (Luzern – Frankfurt/M. 1978).

Weihnachtsmann. *Noch an den Weihnachtsmann glauben:* noch nicht aufgeklärt sein, unerfahren, einfältig, weltunerfahren sein; etwa seit 1920 aufgekommen; vgl. frz. ‚croire encore au Père Noël'. Deutlicher: ‚noch an den Klapperstorch glauben'.
Obwohl der Weihnachtsmann vor allem in der Kinderfolklore eine Rolle spielt, kann man auch den scherzhaft gemeinten Dialog unter Erwachsenen hören: ‚Glaubst du an den Weihnachtsmann?' – ‚O ja – es lohnt sich!'
Ein (richtiger) Weihnachtsmann sein: ein wunderlicher, einfältiger Mensch sein. Die Wndg. kam um 1920 auf, als man bes.

die Vollbartträger verächtlich machen wollte.

Lit.: *K. Meisen:* Nikolauskult und Nikolausbrauch im Abendlande (1931, Ndr. Düsseldorf 1981); *R. v. d. Linden:* Ikonografie van Sint-Niklaas in Vlaanderen (Lederberg – Gent 1972); *U. Nagel:* Zur Neuschöpfung volkstümlicher Phantasiefiguren (Mag. Arbeit) (Freiburg i. Br. 1974); *Ch. W. Jones:* Saint Nicholas of Myra. Biography of a Legend (Bari – New York – Chicago 1978); *C. Méchin:* Sankt Nikolaus (Saarbrücken 1982).

Weihrauch. *Jem. Weihrauch streuen:* ihm schöne Worte sagen, ihm schmeicheln und huldigen, ihm übertriebenes Lob spenden (und ihm dabei doch blauen Dunst vormachen); seit dem Anfang des 18. Jh. bezeugt; in neuerer Zeit auch: *jem. beweihräuchern:* ihn über Verdienst feiern (vgl. Bismarck, Reden IV, 281); vgl. frz. ,encenser quelqu'un'.
Die Rda. knüpft urspr. an die altröm. Sitte an, daß jeder Senator beim Eintritt in den Senat auf den Altar, der neben dem Standbild der Göttin stand, Weihrauch streute. In abschätzigem Sinne begegnet eine ähnl. Rda. schon 1649 bei Gerlingius (Nr. 79): „Dare verba. Glatte Worte schleiffen. Hoffweirauch verkauffen. Die sieben wort geben. Se solden juw gern brillen verkoopen".
Der Weihrauch ist ihm zu Kopfe gestiegen: Glück und Huldigungen haben ihm den Kopf verdreht.
Siebenb.-sächs.: ,Er recht (riecht) nô Weirûch', er ist Katholik.

Wein. *Jem. reinen (klaren) Wein einschenken:* ihm unumwunden, unverblümt die volle Wahrheit sagen. Schwäb. ,eim pure Wei eischenke'. In schles. Mda. heißt es abweichend: ,A hot em rechten Wein eigeschankt'. Während das Verbum der Rda. fest ist, wechseln Adj. und Subst. Im 16. Jh. ist wiederholt bezeugt: ,lauteren Wein einschenken'. 1593 sagt Heinrich Julius von Braunschweig im gleichen Sinn: „Damit ich dir rein Bier einschenke" (,Susanna' II,1). Seit der Mitte des 18. Jh. setzt sich die heutige Form durch. Goethe: „Mag der alte Wieland ... in diesen Hefen des 18. Jh. sich betrüben ... so viel klaren Wein, als wir brauchen, wird uns die Muse schon einschenken" (Weimarer Ausg. IV, 12, 372). Gottsched: „Denn ich habe ihr reinen Wein eingeschenkt" (,Deutsche Schaubühne' [1741], Bd. I, S. 533). Bemerkenswert häufig findet sich die Rda. in der politischen Rhetorik, bei Bismarck: „... daß der Finanzminister Ihnen den reinsten Wein einschenke". Selten einmal wird der urspr. Sinn durchgeistigt: „Aus dem tiefsten Herzen kann ich dir immer nur den reinen Wein einschenken, in dem dein Bild sich spiegelt" (Bettina v. Arnim, Tagebuch 42).

,Neuer Wein in alten Schläuchen'

Jungen (neuen) Wein (Most) in alte Schläuche fassen (füllen). Die Rda. ist bibl. Ursprungs und beruht auf Matth. 9,17.
Wasser in den Wein schütten (gießen) ↗Wasser.
Jem. den Wein ausrufen: zunächst nur:

,Jemand reinen Wein einschenken'

eine Neuigkeit verkünden, dann bes.: jem. schmähen, verleumden. Die alte Rda. (lit. z.B. bei Murner u. Fischart) ist heute ungebräuchl. geworden. Sie knüpft an das Weinausrufen und -anpreisen, eine feste Einrichtung ma. Städte, bes. in Süddtl. an (vgl. die Abb. in Murners ‚Schelmenzunft').

Vgl. *jem. das Bier verrufen* ↗ Bier.

Das (dt.) Sprw. ‚Wer nicht liebt Wein, Weib und Gesang, der bleibt ein Narr sein Leben lang' wird oft als eine Schöpfung Luthers angesehen, obwohl es sich in seinen Schriften nirgends findet. Allerdings kannte und übersetzte er ein ähnl. lat. Sprw.: ‚Vinum et mulieres apostatare faciunt sapientes' mit: ‚Wein und Weiber bethören die Weisen'.

‚Wer nicht liebt Wein, Weib und Gesang ...'

Ältere Quellen sprechen freilich dafür, daß das Sprw. zu Luthers Zeiten schon bekannt war. In der dt. Lit. stammt der früheste Beleg aus dem ‚Priester Leben' des Heinrich von Melk (12. Jh.), wo es heißt: „wîn unt wîp machent unwîsen man". In Johannes Roths ‚Ritterspiegel' (1415) steht: „Gud win und schone frowin han manchin wisin man zu torin gemacht". In der nachfolgenden Zeit häufen sich die Belege. Als Beispiel ein Neujahrswunsch von Goethes Mutter an dessen Freund Jakob Michael Lenz (1777):

Ich wünsche Euch Wein und Mädchenkuß
Und Eurem Klepper Pegasus
Die Krippe stets voll Futter.
Wer nicht liebt Wein, Weib und Gesang,
Der bleibt ein Narr sein Leben lang,
Sagt Doktor Martin Luther.

Daraus ergibt sich, daß man damals glaubte, Luther sei der Urheber dieser Zeilen.

Wie zu fast allen bekannten Sprww. gibt es auch hierzu zahlreiche Parodien. Eine sei genannt: ‚Wer nicht liebt Wein, Weib und Gesang, der spart viel Geld sein Leben lang'. Ein engl. Sprw. heißt: ‚When wine is in, wit is out'. Auch von Benjamin Franklin ist ein ähnl. Ausspruch belegt: „When the Wine enters, out goes the Truth".

Lit.: F. Schnorr von Carolsfeld: Wer nicht liebt Wein, Weib und Gesang, in: Quartalblätter des hist. Vereins für das Großherzogtum Hessen, 3 (1887), S. 143–144; *A. Risse:* Sprww. und Rdaa. bei Th. Murner, in: Zs. f. d. U. 31 (1917), S. 291; *H. Mathes:* Mdal. Wörter und Rdaa. bei der Traubenlese und Weinbereitung, in: Muttersprache 53 (1938), S. 342–346; *F. Eckstein:* Art. ‚Wein', in: HdA. IX, Sp. 289–317; *H. Gerke-Siefart:* Sprww. u. Rdaa. bei Johann Fischart (Diss. München 1953), S. 313; *A. Taylor:* When wine is in, wit is out, in: Nordica et Anglica: Studies in Honor of Stefán Einarsson (Den Haag – Paris 1968), S. 53–56; *F. v. Bassermann-Jordan:* Geschichte des Weinbaus, 3 Bde. (Frankfurt/M. 1923, Repr. 1975); *G. Schreiber:* Deutsche Weingeschichte. Der Wein in Volksleben, Kult und Wirtschaft (Köln 1980); *W. Mieder:* Wer nicht liebt Wein, Weib und Gesang, der bleibt ein Narr sein Leben lang. Zur Herkunft, Überlieferung und Verwendung eines angeblichen Luther-Spruches, in: Muttersprache 94 (1983/84), S. 68–103; *A. C. Bimmer* u. *S. Becker* (Hg.): Alkohol im Volksleben (= Hess. Bl. f. Volks- u. Kulturforschung 20) (Marburg 1987).

weinen ↗ lachen, ↗ heulen.

Weinkauf. *Weinkauf trinken (halten)* ist als Rda. fest geworden in der Bdtg.: Trunk oder Schmaus zur Bestätigung oder Feier eines Kauf- oder Tauschgeschäftes. Mhd. ‚wînkouf' ist seit 1218 nachgewiesen. Weinkauf ist ein Wort des Südwestens, Westens und Nordens, während der gleichbedeutende ‚Lei(t)kauf' als bair.-österr. und ostmdt. gilt. Es geht zurück auf mhd. ‚lît' = Obstwein. 1562 heißt es bei Erasmus Alberus (‚Praec. mor.' D. 2b):

die bawern kommen auch zuhauff
und halten gern ein weinkauff
eins ochsen halben, der zeucht wol,
bisz das sie werden vol und tol.

Im 18. Jh. bezeugt J. Möser: „Die Deutschen nahmen bei allen Vorfällen gern Weinkäufe oder, wie es in den Registern heißt, etw. ad vinalia". Wesentlich für den Weinkauf ist, daß dabei die Zeugen unentgeltlich mittrinken. Darum halten ländliche Kreise namentlich beim Viehhandel daran fest. Schwäb. ‚Die trinke Wei, wenn's nur e Hu (Huhn) verkaufe'.

Lit.: *M. Matter:* ‚Im Wein liegt Wahrheit'. Zur symbolischen Bedeutung gemeinsamen Trinkens, in: Hess. Bl. f. Volks- u. Kulturforschung 20 (1987), S. 37–54. Weitere Lit.: ↗ Wein.

weisen. *Jem. etw. (anderes) weisen:* ihm die Meinung sagen, auch: *Ich will dir weisen, wo die Katze im Heu liegt.* Ähnl. mdal. im Ndd.: ‚Ik wel di dat wîsen', oft mit verschiedenen Zusätzen: ‚Ik will di wîsen, wâr Abram de Ton (Zaun) uphangt', ich will dich züchtigen, oder: ‚Ik will di wîsen, wo de Timmermann 't Gatt (Loch) laten hett', ich werde dir die Tür zeigen, dich hinauswerfen.

Jem. den (blanken) Hintern weisen: ihn kräftig verhöhnen, ihm seine Verachtung deutlich zeigen. Urspr. galt das Zeigen des entblößten Hinterns als wirksamer Abwehrzauber, vor allem gegen den bösen Blick, gegen Unwetter und böse Geister, ↗ Arsch.

Etw. weit von sich weisen: etw. entschieden ablehnen, nichts damit zu schaffen haben wollen, einen geäußerten Verdacht entrüstet abtun.

Etw. ist nicht (ganz) von der Hand zu weisen: etw. (bes. ein Plan, ein Gedanke, ein Gerücht, ein Vorschlag) enthält etw. Richtiges (einen wahren Kern), es sollte deshalb gründlich darüber nachgedacht werden, es ist nicht grundsätzlich und von vornherein abzulehnen.

Mit Fingern auf jem. weisen ↗ Finger.
Jem. in die (seine) Schranken zurückweisen ↗ Schranke.
Jem. die Tür weisen ↗ Tür.

Weisheit. *Seine Weisheit für sich behalten:* sich nicht einmischen, seine Meinung selbst bei größerer Erfahrung nicht äußern. Die Wndg. wird häufig in imperativer Form gebraucht: ‚Behalte deine Weisheit für dich!'

Mit seiner Weisheit (seinem ↗ *Latein) zu Ende sein:* sich keinen Rat mehr wissen, keinen Ausweg sehen.

Die Weisheit auch nicht mit Löffeln (Schöpflöffeln) gegessen haben: beschränkt sein, aber sich für bes. klug halten, ↗ Löffel.

Einem die Weisheit eintrichtern: ihn mit Gewalt weise machen wollen, obwohl er beschränkt ist, vgl. ndl. ‚Hij zal hem de wijsheid door de Neurenburger trechter in den kop gieten'; ↗ Trichter.

Die Weisheit gepachtet haben: sich allein für überklug halten.

Etw. ist der Weisheit letzter Schluß: es ist eine endgültige Lösung, selbst wenn oder obwohl sie schlecht ist. Goethe gebrauchte die Wndg. zuerst in seinem ‚Faust' (II. Teil, V. Akt, ‚Großer Vorhof des Palastes') und läßt Faust am Ende seines Lebens bekennen:

Das ist der Weisheit letzter Schluß:
Nur der verdient sich Freiheit wie
                  das Leben,
Der täglich sie erobern muß!

weismachen. *Einem etw. weismachen:* ihm etw. vormachen, aufbinden, einreden, was nicht so ist (vgl. ndl. ‚iemand iets wijsmaken'). Die bis ins 19. Jh. vorkommende Schreibung mit ß (‚weißmachen') ist irrig. Die Rda. ist durch Konstruktionsänderung entstanden aus mhd. ‚einen eines dinges wîs (d. h. weise, wissend) machen'. Bis zum 16. Jh. hat die Wndg. nur bedeutet: ihn in Kenntnis setzen. Durch häufigen iron. Gebrauch nahm sie dann ihren heutigen Sinn an: ihm Unwahres sagen. So 1594 bei Heinrich Julius von Braunschweig (‚Von einer Ehebrecherin' II,3): „So wil ich meiner Frawen weis machen, ich wil verreisen". Jean Paul spottet über seine Leser: „Damit ich aber nach dem bisherigen Weismachen der Gesellschaft glaubhaft werde, so will ichs ihr ... beschwören" (Werke 26,48). Goethe spielt in einem Distichon auf den engl. Physiker Newton mit ‚weiß machen' und ‚weismachen' an:

Weiß hat Newton gemacht aus allen
               Farben. Gar manches
Hat er euch weisgemacht, das ihr
               ein Säkulum glaubt.

Vgl. auch das schwäb. Wortspiel: ‚Du machst mr nix weis – was schwarz ist'. Im Ndd. wird das Wort mdal. auch substantiviert gebraucht: ‚Regnet's?' – ‚Nö, is man son Wiesmaken', d. h.: Es scheint nur so, denn es fallen nur vereinzelte Tropfen.

weiß. *Sich weiß (rein) waschen (wollen):* sich für unschuldig ausgeben, sich von einem Vorwurf, von einem Verdacht reinigen. Die Rda. gebraucht schon Luther in seinen ‚Tischreden'.

Sich weißbrennen ↗ brennen.

Die Rda. von der ‚Mohrenwäsche' *(einen Mohren weiß waschen:* etw. Unmögliches oder Vergebliches tun) geht zurück auf Jer. 13,23. Die Griechen sagten: ‚einen Äthiopier abreiben' (‚Αἰθίοπα σμήχειν', vgl. Aesop, rec. Halm, Fab. 13). So noch engl. ‚to wash an Ethiop white', ↗ Mohr.

Eine weiße Weste haben ↗ Weste.

Ein weißer Rabe sein ↗ Rabe.

Weiß werden: plötzlich erbleichen, ‚weiß wie eine Kalkwand (Kreide, Leiche) werden', aber auch: weißes Haar bekommen.

Weiß und schwarz aus einem Tiegel malen: bald so, bald anders reden, doppelzüngig sein, ↗ blasen.

Weiß machen, was schwarz ist: die Tatsachen entstellen, lügen. Die Wndg. kennt bereits Luther. Vgl. lat. ‚Adversus solemne loquitur'.

Er sieht weder auf weiß noch schwarz: heißt es von einem Unparteiischen, der sich nicht zu einem Vorurteil verleiten läßt. Vgl. ndl. ‚Hij ziet wit noch zwaart aan'.

Einem nicht das Weiße im Auge gönnen: ihm nicht das geringste lassen wollen. Der Bedrängte, dem sein letzter Besitz genommen werden soll, zieht manchmal das untere Augenlid herunter, so daß das Weiße in seinem Auge sichtbar wird, und fragt: ‚Wollt ihr vielleicht auch das noch?'

Lit.: *C. Mengis:* Art. ‚weiß', in HdA. IX, Sp. 337–358; *O. Lauffer:* Farbsymbolik im dt. Volksbrauch (Hamburg 1948).

weit. *Nicht weit her sein:* unbedeutend, geringwertig sein, nichts gelten; urspr. vom sittlich-gesellschaftlichen Gebiet, später auch auf andere Verhältnisse übertr. Die Wndg. bezieht sich auf die verbreitete Ansicht, daß die beste Erfahrung nicht in der Heimat, sondern in der Fremde erworben wird. Deshalb machte auch die Zunftordnung den Gesellen die Wanderjahre zur Pflicht. Vgl. auch die scherzhaft oder iron. gemeinte schwäb. Weisheit: ‚Der isch net weit her, na hat er au net weit hoim'.

Schon Grimmelshausen spottet 1673 im ‚Teutschen Michel' (S. 21) über den Fehler der Deutschen, das Einheimische zu mißachten und das Fremde zu überschätzen: „Es ist aber schon vorlängst eine allgemeine Sucht eingerissen derart, daß diejenige, so daran kranck ligen, weit von ihrem Vatterland gebürtig zu seyn wünschen; diese wurde so hefftig, daß auch aus selbiger ungereimten Thorheit ein Sprichwort entsprungen, welches man zu denen gesagt, die man verachten wollen, nemblich: Du bist nit weit her". Friedrich Leopold Graf zu Stolberg klagt zu Anfang des 19. Jh. bitter: „Statt mit der Billigkeit, die der deutschen Gemütsart eigen ist, das Fremde zu würdigen, überschätzt der Deutsche es mit jener Schwäche, die ihm auch sehr eigen ist und die er zu oft naiv genug ausdrückt, wenn er, Geringschätzung anzudeuten, sagt: Das ist nicht weit her!" Vgl. auch frz. ‚Cela ne va pas chercher bien loin' (wörtl.: Das ist nicht weit hergeholt). Vgl. auch das auf Matth. 13,57 und Mark. 6,4 zurückgehende Sprw. ‚Der Prophet gilt nichts in seinem Vaterlande'.

Dagegen: *Etw. ist zu weit hergeholt:* eine Sache gehört eigentl. nicht mehr in einen bestimmten Zusammenhang.

Die Wndg. *weit (in der Welt) herumgekommen sein:* viel gesehen und erlebt haben, große Erfahrung besitzen, enthält dagegen hohe Anerkennung; vgl. frz. ‚avoir roulé sa bosse' (wörtl.: seinen Buckel herumgewälzt haben).

Mit etw. (jem.) ist es weit gekommen: es hat sich sehr zum Nachteil, ins Negative verändert, jem. ist tief gesunken; iron. gebraucht. *In etwas zu weit gehen:* etw. übertreiben, den Anstand verletzen.

Es einmal (im Leben, im Beruf) weit bringen: große Erfolge haben.

Das Weite suchen (gewinnen): davonlaufen (entkommen).

Weizen. *Sein Weizen blüht:* seine Sache geht gut, er kommt vorwärts, er hat Erfolg, viel Glück in seiner Tätigkeit. Die Rda. stammt aus der bäuerlichen Erlebniswelt und meint eigentl. einen, dessen Weizenfeld vor anderen blüht. In übertr. Sinne findet sich die Rda. schon in einem Volkslied des 15. Jh. (Uhland, Alte hoch- und ndd. Volkslieder [1844], S. 660):

An solichem zank und hader
verdirbt die herrschaft nit,
der ambtman noch der bader,
ir waiz der blüt damit.

Neben ihrer Verbreitung in den Mdaa. und in der Umgangssprache wird die Rda. auch lit. gebraucht: „Sein Weizen blüht, und eh das Jahr um ist, erleb ich eine Hochzeit" (Mörike). Vgl. lat. ‚Adhuc tua messis in herba est'.
Der Weizen steht auch in anderen Wndgn. pars pro toto für die materielle Habe wie für die geistig-seelische Einstellung des bäuerlichen Menschen. Von einem Bauern, der die Mütze stolz auf der Seite trägt, sagt man: *Er hat Weizen feil.* Aventin: „seinen Waitz darunter scharen", seinen Nutzen aus einer Sache zu ziehen suchen. Elsäss. ‚Was gilt dr Waize?',Wie steht die Sache? Im erzgeb. Volkslied heißt es bildl.:
Böhmischer Wind, ich bitt dich schön,
Wollst mir mei Waizen nit verwehn.
Oder:
Lass mr mei Waaz aufm Bergle stehn.
Die Spreu vom Weizen sondern (scheiden): Gut und Böse, Nützliches und Unnützes, Echtes und Falsches trennen. Die Rda. ist bibl. Ursprungs und beruht auf Matth. 3,12: „Er wird seine Tenne fegen und den Weizen in seine Scheune sammeln; aber die Spreu wird er verbrennen mit ewigem Feuer". 1639 führt Lehmann S. 447 (‚Krieg' 37) an: „Ein Capitän (‚Hauptmann'), da sein Vortrab vom Feind ward geschlagen, sagte er, es sey gut, daß die Sprewer vom Kern abgedroschen werden". Bei Moltke heißt es (‚Schriften und Denkwürdigkeiten' I,240): „Die Schärfe seines Verstandes schied sofort die Spreu vom Weizen". Vgl. auch frz. ‚séparer le bon grain de l'ivraie'.
Auch der bildl. Gebrauch der Wndg. *Unkraut unter dem Weizen* geht auf eine Stelle des N.T., das Gleichnis vom Unkraut im Weizen (Matth. 13,25ff.), zurück.
Den Weizen mit dem Unkraute ausjäten: das Gute mit dem Bösen vernichten, keine Unterschiede machen.

Welle. *Etw. wird (hohe) Wellen schlagen:* es wird spürbare Auswirkungen haben.
Die Wellen gehen hoch: Empörung (Erregung, Begeisterung) werden groß. Der Vergleich bezieht sich auf das unruhige sturmgepeitschte Wasser; vgl. frz. ‚Il y a ...' oder ‚Cela fait du remous' (wörtl.: Daraus entsteht Wirbel) i.S.v. Das erregt Aufsehen.
Die Wellen glätten sich: man beruhigt sich wieder, die Erregung klingt langsam ab; vgl. frz. ‚La tempête s'apaise' (wörtl.: Der Sturm legt sich), ↗Sturm.
Keine Wellen machen: kühl und ruhig bleiben, sich nicht aufregen, sich nicht übertrieben gebärden; berl., 20. Jh.; vgl. ndd. ‚Mach kein Wellen in'n Teppich!': Mach keinen Ärger!
Eine dicke (mächtige) Welle angeben: stark prahlen. ‚Quatsch keine Wellen!', prahle nicht!; ‚eine Welle mehr, und du kannst schwimmen!' sagt man zu einem Prahler.
Eine Welle haben: betrunken sein; in der Eifel meint die Rda. ‚mit der Welle fortschwimmen' sich anpassen, der allg. Entwicklung folgen.
Die folgenden Wndgn. sind der Rundfunktechnik entlehnt: *auf der falschen Welle liegen:* sich geirrt haben; vgl. frz. ‚ne pas être sur la bonne longueur d'ondes'; *auf eine falsche Welle eingestellt haben:* nicht verstehen wollen.

Lit.: *R. Hünnerkopf:* Art. ‚Welle', in: HdA. IX, Sp. 470–471; *O. G. Sverrisdóttir:* Land in Sicht (Frankfurt/M. 1987), S. 178–180.

Wellenlänge. *Auf derselben Wellenlänge liegen:* sich überaus gut verstehen, sich sympathisch finden. Die Rda. stammt aus dem Bereich der Funktechnik. Im Sender werden elektrische Wellen einer ganz bestimmten hohen Frequenz moduliert. Nur wer sein Gerät exakt auf diese Wellenlänge einstellt, kann den Sender und damit die Sendung optimal empfangen bzw. bei einer Funkverbindung mit der Gegenstelle verkehren.
Nicht die gleiche Wellenlänge haben: sich nicht mögen, gegensätzliche Meinungen und Auffassungen vertreten, ↗Kragenweite.

Welt. *Von alter Welt sein:* altmodisch sein, einer vergangenen Zeit angehören (auch von lebenden Zeitgenossen gesagt). Oft wird diese Wndg. auch im positiven Sinne gebraucht: ‚Das ist noch einer von der alten Welt', er ist ohne Falsch; auf ihn kann man sich verlassen; er ist bieder und treu; er lebt noch nach den alten moralischen Grundsätzen.

Sich in die Welt zu schicken wissen und *in die Welt passen:* im Leben zurechtkommen, sich gut anpassen können; ähnl.: *sich durch die Welt schlagen:* Hindernisse überwinden, auch: mühsam seinen Weg suchen, ihn bahnen müssen. ‚Man muß sich krümmen, wenn man durch die Welt kommen will', man muß sich redlich abmühen, auch: man muß sich untertänig, devot und unauffällig verhalten. Dagegen heißt *weder für diese noch jene Welt passen:* lebensuntüchtig, weltfremd sein; ähnl.: *zu gut für diese Welt sein:* verkannt, verspottet und ausgenutzt werden.

Nicht von dieser Welt sein: dem Jenseits (Paradies) angehören; überirdisch schön sein. Die Wndg. bezieht sich auf Joh. 8, 23, wo es heißt: „Ihr seid von dieser Welt, ich bin nicht von dieser Welt".

In einer anderen Welt leben: im Reich des Geistes, der Kunst leben, sich über das Alltägliche erheben; aber auch in mehr tadelndem Sinne: in einer Traumwelt leben und die Wirklichkeit nicht wahrnehmen oder wahrhaben wollen, im Irrealen beheimatet sein, ‚über den Wolken schweben' ↗ Wolke; vgl. frz. ‚vivre dans un autre monde'.

Wie in einer anderen Welt sein: sich wie verzaubert vorkommen.

Die Welt nicht mehr verstehen: die Ereignisse, die bestehenden Zustände nicht mit seinen alten Vorstellungen in Zusammenhang und Einklang bringen können. Friedrich Hebbel läßt am Schluß seines bürgerlichen Trauerspiels ‚Maria Magdalena' (1843/44) den Meister Anton sagen: „Ich verstehe die Welt nicht mehr".

Die Welt hat sich umgedreht sagt man, wenn man sich darüber wundert, daß jem. gegen sein gewohntes früheres Betragen handelt. Ähnl. wird die Wndg. *Die Welt ist rund (und muß sich drehn)* oft als sprw. Erklärung für allerlei Wechsel gebraucht. Sie ist eigentl. ein Zitat aus der Oper ‚Der Templer und die Jüdin' von Wilh. August Wohlbrück, zu der Heinrich Marschner die Musik schrieb (1829).

Die Sorgen der Welt auf sich nehmen: sich mit Problemen belasten, die außerhalb des eigenen Lebensbereiches liegen.

Die Welt aus den Angeln heben wollen: sich sehr stark fühlen, das Leben vieler Menschen grundlegend verändern wollen, noch nie Dagewesenes vollbringen. Die Rda. bezieht sich auf einen Ausspruch des Mathematikers und Physikers Archimedes (285–212 v. Chr.): „Δός μοι ποῦ στῶ καὶ κινῶ τὴν γῆν" (= Gib mir einen Punkt, wo ich hintreten kann, und ich bewege die Erde!). Vgl. Büchmann.

Die ganze Welt mit Blindheit strafen: sich

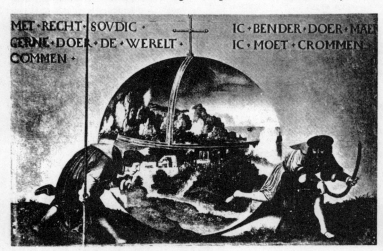

‚Wer durch die Welt kommen will, muß sich krümmen'

einbilden, gescheiter als alle übrigen Menschen zu sein. Vgl. lat. ‚cornicum oculos configere'.

Etw. aus der Welt schaffen: es endgültig beseitigen.

Etw. ist (nicht) aus der Welt: es ist (nicht) unwiederbringlich verloren, es ist (nicht) allzu weit entfernt.

Es ist ja nicht die Welt! sagt man tröstend, wenn etw. nicht so bedeutend ist, wenn sein Verlust leicht zu verschmerzen ist, auch: wenn es keine übermäßige Zumutung ist; vgl. frz. ‚Ce n'est pas un monde (pas le diable)'.

Das wird die Welt nicht kosten: es wird nicht zu teuer sein. *Die Welt auf seinem Daumen tanzen lassen:* sich selbst als Mittelpunkt der Welt verstehen, alles leicht nehmen und die Sorgen anderen überlassen, verantwortungslos handeln.

Der Ausdr. übermütigen Glücksgefühls *Was kost' die Welt?* und die Beteuerungsformel *um alles in der Welt* sind seit 1749 häufig in der Studentensprache bezeugt. Dagegen: *Um nichts in der Welt:* unter keinen Umständen; vgl. frz. ‚Pour rien au monde'.

‚Das ist der Lauf der Welt': sagt man resigniert, wenn man sich mit etw. abgefunden hat.

Ebenso sagt man: ‚Das ist der Welt Lohn' und macht damit seiner Enttäuschung Luft, daß man einen Dank erwartet hat, aber nichts bekommen hat. Einer mhd. Dichtung von Konrad von Würzburg wurde der Titel ‚Der Welt Lohn' gegeben.

Die *verkehrte Welt* wurde vor allem in früheren Jhh. sinnbildhaft für die Narrheiten und Dummheiten der Menschen gebraucht. Pieter Bruegel d. Ä. hat die ‚ver-

‚Die Sorgen der Welt auf sich laden'

‚Die Welt auf dem Daumen tanzen lassen'

1/2 ‚Die verkehrte Welt'

1–3 ‚Verkehrte Welt'

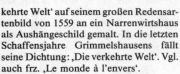

kehrte Welt' auf seinem großen Redensartenbild von 1559 an ein Narrenwirtshaus als Aushängeschild gemalt. In die letzten Schaffensjahre Grimmelshausens fällt seine Dichtung: ‚Die verkehrte Welt'. Vgl. auch frz. ‚Le monde à l'envers'.

Die Welt geht auf Stelzen ↗ Stelze.

Die Welt ist mit Brettern vernagelt ↗ Brett.

Moderne Wndgn. sind: *Für einen bricht die Welt zusammen:* alles, was er bisher für wert und teuer hielt, woran er geglaubt hatte, zerbricht; er verliert seine Freunde, jeden Halt, jede Hoffnung und Orientierungsmöglichkeit; vgl. frz. ‚Son monde s'effondre' oder ‚Son univers s'effondre'.

Es liegen Welten zwischen ihnen: sie sind durch größte Unterschiede (Lebensauffassung, Charakter, geistiges Niveau) getrennt; vgl. frz. ‚Des mondes les séparent'.

Nur in einer heilen Welt leben wollen: die Augen vor Unangenehmem, Belastendem, vor Problemen und Konflikten verschließen und so tun, als sei alles in bester Ordnung. Diese negative Besetzung des Begriffes ‚heile Welt' hat sich erst in neuester Zeit herausgebildet. 1755 ist ‚heile Welt' (‚de heele Welt') noch positiv belegt i. S. v. integer, richtig. (So in Michael Richeys ‚Idioticon Hambvrgense'). Der Schwabe findet sich mit den Gegebenheiten dank seiner ihm eigenen Logik problemlos ab: ‚D' Welt is scho recht, wenn nur d'Leut net wäret'.

Sich in der Weltgeschichte herumtreiben: unstet von Ort zu Ort reisen, seinen Arbeitsplatz oft wechseln; die Rda. ist erst in unserem Jh. aufgekommen. Ebenso der Ausruf des Erstaunens oder Unwillens: *Da hört (ja) die Weltgeschichte auf;* seit etwa 1900 belegt; auch: *Da hört sich doch die Weltgeschichte auf!*

Lit.: *J. Belkin:* Zur Wortgeschichte von ‚Welt', in: Zs. f. dt. Sprache 24 (1968), Heft 1/2, S. 16–59; *H. Kenner:* Das Phänomen der verkehrten Welt in der klass. Antike (Bonn 1970); *H. F. Grant:* El mundo al revés, in: Hispanic Studies in Honour of Joseph Manson (Oxford 1972), S. 119–137; *Anon.:* Die heile Welt, in: Der Sprachdienst 23 (1979), Heft 2, S. 26–27; *G. Cocchiara:* Il mondo alla revescia (Torino 1981); *N. A. Bringéus:* Volkstümliche Bilderkunde (München 1982); *ders.:* Der Durchgang durch die Welt. Ein Beitrag zur Ikonographie der Lebensalter, in: R. W. Brednich u. A. Hartmann (Hg.): Populäre Bildmedien (Göttingen 1989), S. 91–104.

Wendehals. *Ein Wendehals sein,* auch: *zu den Wendehälsen gehören:* ein Politiker aus dem ehemaligen Ostblock sein, der seine Meinung um 180° gedreht hat. Der Wendehals, eine Spechtart (Jynx torquilla), ist ein vom Aussterben bedrohter Vogel, der in Höhlen von Obstbäumen nistet. Er wurde 1988 zum Vogel des Jahres erklärt, um ihn bes. zu schützen. Sein Name (mhd. ‚winthalsen': über die Achsel sehen) beruht auf seiner Fähigkeit, seinen Hals schlangenförmig drehen zu können, um Feinde abzuschrecken. Seit der Wende 1989 in der ehemaligen DDR dient ‚Wendehals' zur spottenden Bez. ehemaliger Machthaber u. Mitläufer, die sich in Einstellung u. Politik dem Wandel angepaßt haben.

Lit.: *E. u. L. Gattiker:* Die Vögel im Volksglauben (Wiesbaden 1989), S. 262–263.

wenig, Wenigkeit. ‚Meine Wenigkeit' ist eine scherzhafte Umschr. von ‚ich'. Im Dt. ist diese eigentl. Demutsfloskel, verbunden mit dem Pluralis majestatis, schon bei Notker im frühen MA. belegt. Allerdings fehlt hier generell die scherzhafte Note; diese Nuance ist erst in der Neuzeit hinzugekommen. Notker 3,2,630: „sie fluhen fone minero uuênegheite". Zurückzuführen ist dieser Ausdr. auf das Lat. ‚mea parvitas'. Dieses ist als Gegenprägung zu ‚maiestas tua' schon 30 n. Chr. nachgewiesen in einer Widmung des Valerius Maximus an Kaiser Tiberius (E. R. Curtius: Europ. Lit. und lat. MA. [Bern 1948], S. 92 u. 414).

‚Etw. weniger wäre mehr gewesen': die Qualität einer Sache hätte sich bei Verringerung der Quantität verbessert. Dieser Spruch ist belegt bei Hoffmann von Fallersleben (1868): „Leider läßt sich auch von seiner Schriftstellerei sagen: ‚etwas weniger wäre mehr gewesen'".

wenn. *Das viele (ewige) Wenn und Aber!:* Immer diese Einwände und Zweifel! Gottfr. Aug. Bürger gebrauchte diese Wndg. in seiner Ballade ‚Kaiser und Abt' mehrmals (Str. 30):

„Ha", lachte der Kaiser, „vortrefflicher Haber!
Ihr futtert die Pferde mit Wenn und mit Aber.
Der Mann, der das Wenn und das Aber erdacht,
Hat sicher aus Häckerling Gold schon gemacht".

In Str. 31 warnt der Kaiser:

„Was denk' ich, das falsch ist? Das bringe heraus!
Nur bleib' mir mit Wenn und mit Aber zu Haus!"

Etw. ohne Wenn und Aber tun: keine Bedingungen stellen, keine Hindernisse und Verzögerungen zulassen; vgl. amer. ‚But me no buts'; ebenso: ‚No Ifs and Ands'.
Wenn das Wörtchen wenn nicht wär! gilt als Einwand, wenn man am Gelingen eines Vorhabens berechtigte Zweifel hat. Oft erfährt diese Wndg. noch scherzhafte Zusätze, wie z. B.: *dann wär' mein Vater Millionär (ein Herr),* oder im Obersächs.: ‚dann gäb's dafür ein andres', ein Hindernis wäre bestimmt vorhanden.

In Österr. sagt man: ‚Ja wånn der Wånn net wår'.

Das Wenn erscheint oft in der Form eines irrealen Bedingungssatzes: *wenn meine Tante Räder hätte (dann wäre sie ein Omnibus); wenn Dummsein weh täte (da müßte er ununterbrochen schreien); wenn der Hund nicht gemußt hätte (dann hätte er den Hasen gekriegt).*
Und wenn du dich auf den Kopf stellst!: Ich tue es auf keinen Fall! Diese Rda. erhält im Obersächs. noch einen Zusatz zur Steigerung: ‚und mit den Beinen wackelst'.
Wennschon – dennschon!: wenn überhaupt, dann richtig, dann mit der größten Sorgfalt und Gewissenhaftigkeit, dann kommt nur das Beste (Teuerste) in Frage.

Lit.: *B. F. C. Terry:* Ifs and Ands, in: American Notes and Queries 7, 1 (1886), S. 5; *C. B. Cooper:* But me no buts, in: Modern Language Notes 31 (1916), S. 314; *L. Schmidt:* Sprw. dt. Rdaa., in: Österr. Zs. f. Vkde., 77 (1974), S. 81–130, bes. S. 128.

Werbetrommel. *Die Werbetrommel rühren:* für etw. (jem.) stark Reklame machen. Eigentl. war eine Werbetrommel die „Trommel des Werbers, mit der er seine Werbung ankündigt".

‚Die Werbetrommel rühren'

Die Rda. ist vom 17. Jh. bis in die heutige Zeit belegt. Über die Vorbereitung eines Krieges schreibt E. Francisci: ‚Letzte Rechenschaft' 1681 (S. 620): „es werden die wercke an den festungen eilends verbessert, pulver, bley, lebens-mittel und mehr voelcker hineingeschafft, die werb-trummeln starck geruehret, die paesse ueberall besetzt, handel und wandel gesperrt ... schwere steuren aufgelegt". Wie hier bezieht sich die Rda. oft auf das Anwerben von Freiwilligen zum Kriegsdienst, gelegentlich heißt es auch: *die Werbetrommel schwingen.*

Werg. Als Werg werden im Gegensatz zum feineren Flachs die beim Schwingen und Hecheln des Flachses abfallenden kürzeren und minderwertigeren Fasern bez. Rdaa. mit Werg gehören also zum Umkreis des alten Spinnrades.

Werg am Rocken haben: etw. auf dem Kerbholz, Strafe zu erwarten haben, eine noch ungebüßte Schuld mit sich herumtragen; im wörtl. Sinne: wirre Fasern, Abfallfäden am Spinnrocken haben. Lux. ‚Wierek um Raecken hoin', in der Klemme sein; westerwäld. ‚He hot Werk am Racke', er hat etw. verbrochen; Basel ‚Er hett Wärch a der Chunkle', er hat etw. Unangenehmes auszufechten; schwäb. ‚Der hat's letzt Werg an der Kunkel', er ist am Rande seines Könnens.

Werg spinnen: Unsinn, tolles Zeug reden:
Do die fursten das erfuren und horten,
Ir deichseln von der stat sie kerten
Und zugen naher auf einen Perg
Und spunnen aber ungehechelts werg,
Wie sie den feinden wolten nahen.

(Hist. Volkslieder, hg. v. Liliencron, I, 335). Die Rda. kommt heute noch in der thür. Mda. vor. Vereinzelt findet sich auch: *sein eigenes Werg spinnen:* nur seine eigenen Interessen verfolgen. Gotthelf (Ges. Schriften [1855], 15, 193): „So fiel das fürstliche Grafenhaus, und Oesterreich hatte keinen Schwerdtstreich zu dessen Rettung geschlagen. Es spann damals sein eigen Werg".

Jem. etw. am Werg zupfen: ihm etw. am Zeug flicken. Werg kommt auch vor i. S. v. Geld, z. B. schles. ‚Se hat Werg ums Been' viel Vermögen.

Werk. Der Begr. der ‚guten Werke' spielt eine zentrale Rolle in der christl. Moraltheologie und Ethik. Matth. 26,10 sagt Jesus von der Frau, die köstliches Wasser auf sein Haupt goß: „Sie hat ein gutes Werk an mir getan". An vielen Stellen fordert das N.T. zu ‚guten Werken' auf. „Also laßt euer Licht leuchten vor den Leuten, daß sie eure guten Werke sehen und euren Vater im Himmel preisen" (Matth. 5,16; vgl. 1. Petr. 2,12), und „nach seinen guten Werken wird ein Mensch vor dem Richtstuhl Christi gerichtet" (2. Kor. 5,10).

Nach den Lehren des Tridentinums verdient der Gerechte durch seine guten Werke Vermehrung der Gnade, ewiges Leben und Vermehrung der Herrlichkeit. Der Blick auf eine jenseitige Vergeltung wird hier leicht zum Motiv des menschlichen Handelns.

Die Reformation hat leidenschaftlich gegen eine Doktrin und gegen eine Frömmigkeit gestritten, die offen oder versteckt die guten Werke als eine Leistung ansah, die zum Erwerb des Heiles notwendig ist. Luther selbst hat einen ‚Sermon von den guten Werken' geschrieben (1520), ↗Vergeltsgott.

In der heutigen Umgangssprache wird die Wndg. *Ein gutes Werk tun:* oft nur noch iron. gebraucht. Ist man z. B. jem. irgendwie behilflich, obwohl man diesen Menschen nicht leiden kann, so sagt man sich: „Naja, habe ich wenigstens ein gutes Werk getan"; oder es wird auch die Geringfügigkeit einer Gabe mit dem Begriff des guten Werks beschönigt.

Die Zwillingsformel ‚in Worten und Werken' ist ebenfalls bibl. Herkunft. Offenb. 14,13 heißt es: „Selig sind die Toten, die in dem Herrn sterben ... denn ihre Werke folgen ihnen nach". Im rdal. Gebrauch wird dies eher von den bösen Werken gesagt. In Hugo von Hofmannsthals ‚Jedermann' folgen Jedermanns ‚Werke' ihm bei seinem Tod mit ins Grab.

Sir. 9,24 steht: „Das Werk lobt den Meister". Geläufiger ist dieses Zitat aus Schillers ‚Lied von der Glocke':

Von der Stirne heiß
Rinnen muß der Schweiß,
Soll das Werk den Meister loben,
Doch der Segen kommt von oben.

Sich ins Werk legen: sich anstrengen; ndd. ‚ênem werk dôn': jem. zu schaffen machen.

Zu Werke gehen: vorgehen, lit. belegt z. B. bei Heinrich Mann (‚Professor Unrat', S. 24): „Bei der Entlarvung seines Schülers Lohmann mußte Unrat geheim und geschickt zu Werke gehen".

Lit.: *F. Lau:* Art. ‚Gute Werke', in: RGG. II (³1958), Sp. 1915f.

Wermutsbrüder. *Zu den Wermutsbrüdern gehören:* ein Tippelbruder, Vagabund sein, nachts im Freien kampieren und sich deshalb mit alkoholischen Getränken aufwärmen müssen. Der ‚Wermut' spielt dabei eine bevorzugte Rolle, weil er diesen Zweck bes. gut erfüllt und relativ preiswert zu erhalten ist. Die gesundheitlichen Gefahren werden dabei nicht bedacht, vor allem dann nicht, wenn die Flasche unter den Gefährten die Runde macht und so das Zusammengehörigkeitsgefühl der Nichtseßhaften gestärkt wird.

Wermutstropfen. *Es ist ein Wermutstropfen in seinen Wein gefallen:* er hat eine bittere Erfahrung machen müssen; es ist ein Unglücksfall innerhalb einer Reihe von glücklichen Ereignissen eingetreten, seiner Freude ist Leid beigemengt worden. *Jem. einen Wermutstropfen in den Wein gießen:* ihm seine Freude verderben (‚vergällen'), seine Begeisterung dämpfen. Die Rdaa. gründen sich auf die Erfahrung, daß ein Tropfen Wermutsaft, der aus dem Kraut einer Beifußart (Artemisia absynthium) zu Heilzwecken gewonnen wird, genügt, um jede wohlschmeckende Flüssigkeit (bes. Wein und Honig) in einen bitteren Trank zu verwandeln.

Das Gegenteil meint die Wndg. *in seinen Wermut etw. Honig tun:* sein Leid, seine Trauer etw. zu mildern suchen. Vgl. lat. ‚amaro dulce miscere'.

Lit.: *H. Marzell:* Art. ‚Wermut', in: HdA. IX, Sp. 497–503.

Werwolf. *Es ist ein Werwolf:* er ist unheimlich und gefährlich, er benimmt sich unmenschlich roh und frevelhaft.

Der Werwolf ist eigentl. ein ‚Mannwolf', vgl. ahd. ‚wër' und lat. ‚vir'. Bes. aus dem germ. Norden ist der Werwolfglaube überliefert: Ein ‚alter ego' verläßt den Körper des Schlafenden und nimmt die Gestalt eines Wolfes (Bären) an und verhält sich entsprechend.

In älterer Zeit hat man das Treiben von Werwölfen („Der Menschen in Wölff-Verwandlung"; Theophil Lauben 1686) tatsächlich angenommen. So berichtet Th. Lauben in seinen ‚Dialogi und Gespräch Von der LYCANTHROPIA ...': In Rutzendorf bei Ansbach habe der Wolf ein „Knäblein von 11 Jahren auf dem veld und bey dem pferdhüten erwürget vnd grausam zerfleischet", dann „ein weibsbild von 30 Jahren, so deß Maurers zu Hofstetten Tochter auf dem feld bey dem samblen (Sammeln) vumbracht".

Später glaubte man jedoch, daß eine solche Tierverwandlung nur durch einen Zauber herbeigeführt werden könne, wie Prozeßakten aus dem 18. Jh. erweisen: durch das Überstreifen eines Wolfsfelles oder Wolfsgürtels kann jeder Mensch zeitweilig zu einem Wolf werden, der jedoch noch reißender und gefährlicher als ein gewöhnlicher Wolf ist und wegen seiner zauberischen Kräfte kaum besiegt werden kann. Vgl. auch ndl. ‚hij is een weerwolf'.

Einen wie einen Werwolf fürchten: ihn wie ein dämonisches Wesen fliehen. Sagen vom Werwolf sind bes. in Norddtl. noch sehr lebendig. Auf diese volkstümlichen

Werwolf

‚Einen wie einen Werwolf fürchten'

Vorstellungen beziehen sich auch die vor allem im Hess. belegten rdal. Vergleiche für einen starken Esser, z. B. ‚Er frißt wie ein Werwolf'. ‚Ha wiehlt wie en Warwolf' sagt man von einem unüberlegt und hastig arbeitenden Menschen; wenn die Pferde den Wagen nicht von der Stelle bringen können, heißt es: ‚Es steckt ein Werwolf im Rad'.

Lit.: *W. Hertz:* Der Werwolf (Stuttgart 1862); *K. Müller:* Die Werwolfsage. Studien zum Begriff der Volkssage (Phil. Diss. Marburg) (Karlsruhe 1937), S. 14; *E. Odstedt:* Varulven i svensk folktradition (Skriftner utgivna genom Landsmåls – och Folkminne-arkivet i Uppsla, Ser. B 1) (Uppsala 1943); *A. Roeck:* De weerwolf in de Nederlandse Volkssage van de negentiende en twintigste eeuw (Diss. Leuven 1967); *K. Völker:* Von Werwölfen und anderen Tiermenschen (München 1972); *B. Schemmel:* Der „Werwolf" von Ansbach, in: Jb. für Fränk. Landesforschung 33 (1973), S. 167–200; *C. Ginzburg:* Freud, der Wolfsmann und die Werwölfe (mit Diskussionsbeiträgen von R. Schenda, Ch. Daxelmüller, H. Gerndt, F. W. Eickhoff, A. Niederer, U. Jeggle u. D. Harmening), in: Zs. f. Vkde. 82 (1986), S. 189–226.

Wespennest. *In ein Wespennest greifen (stechen):* eine heikle, gefährliche Sache anfassen, aufgreifen, die Leute gegen sich aufbringen, sie herausfordern. In der Wormser Ausg. von 1538 des um 1230 entstandenen Lehrgedichts ‚Bescheidenheit' von Freidank steht vor dem Kapitel ‚Von neid vnd haß' ein Teufel, der sich mit einem Wespenschwarm herumschlägt; dazu heißt es 146,1 ff.:

Fliegen, floehe, des tuivels nît,
die müent die liute z'aller zît.

Adelung bucht: ‚in ein Wespennest stören' (IV, 1509); so noch bei Goethe (Weimarer Ausg. I, 15, 1, 12):

Verbiete wer, was alle wollten,
Der hat ins Wespennest gestört.

Aber auch schon im Lat. war sprw. ‚irritare crabrones' = die Hornissen reizen (Plautus, Amphitruo II,2). Unserer Rda. kommt nahe 1561: „In ein hurnussen näst stächen, das ist, ein vnrüwigen menschen reitzen, crabrones irritare" (Maaler, Die Teutsch Spraach). Die Rda. scheint also zunächst tatsächlich eine Lehnübers. aus dem Lat. zu sein, bis sie 1586 bei Mathesius in der heutigen Form erscheint. Auch in den Mdaa. ist sie reich bezeugt. Im ‚Wandsbecker Bothen' des Matthias Claudius (Bd. VII [Hamburg 1803]) heißt es:

Greif nicht leicht in ein Wespen-Nest;
Doch, wenn Du greifst, so stehe fest.

Das Zitat ist in leicht abgewandelter Form zu einem volkstümlichen Spruch geworden:

Greif nicht in ein Wespennest,
Doch, wenn du greifst, so greife fest.

Vgl. ndl. ‚Hij heeft het wespennest verstoord' u. frz. ‚tomber dans un guêpier' (wörtl.: in ein Wespennest geraten) i. S. v.: durch Leichtsinn in eine heikle Situation geraten.

Lit.: *R. Riegler:* Art. ‚Wespe', in: HdA. IX, Sp. 503–507.

Wespentaille. *Eine Wespentaille besitzen:* überaus schlank sein. Die Wespentaille gehört seit Jahrtausenden zu einem immer wiederkehrenden Ideal der Körperform in der Damenmode, das für Kreta bereits 2600 v. Chr. bezeugt ist. Um es zu erreichen, muß die Taille fest eingeschnürt werden. Da der Ober- vom Unterkörper fast getrennt erscheint, bietet sich der Vergleich mit der Wespe an. Grandville hat dies in seiner Zeichnung wieder ganz wörtlich genommen; vgl. frz. ‚avoir une taille de guêpe'.

Jem. um seine Wespentaille beneiden: seinen schlanken Wuchs bewundern und

1/2 ‚Eine Wespentaille haben'

sich heimlich ärgern, dieses Ziel nicht ebenfalls erreichen zu können.

Weste. *Eine weiße (reine, saubere) Weste haben:* untadelig, anständig, gut beleumundet sein; ohne Vorwürfe dastehen. Die Vorstellung, daß eine weiße Brustbekleidung Kennzeichen eines reinen Gewissens ist (Weiß als Sinnbildfarbe der Unbescholtenheit und Unschuld), ist schon alt. Bei Abraham a Sancta Clara, ‚Etwas für alle' ([1711], 2,10): „(dass sie russig aussehen) wird ihnen (den Schmieden) aber zu grössern ruhm gesagt, da sie stets bey der russigen arbeit doch einen weissen brustfleck oder weisses gewissen haben können". Die ‚reine Weste' im Sinne einer sauberen Handlungsweise, eines reinen Gewissens (bes. in politischer Beziehung) ist jedoch erst seit dem Ende des 19. Jh. bekannt. Nach seinen Erinnerungen hat Bismarck die Wndg. schon 1866 gebraucht: „Ich fragte Moltke, ob er unser Unternehmen bei Preßburg für ge-

‚Eine weiße (reine) Weste haben'

fährlich oder für unbedenklich halte. Bis jetzt hätten wir keinen Flecken auf der weißen Weste" („Gedanken und Erinnerungen' [1911], II, S. 41).
Im Frz. wird ein anderes sprachl. Bild, doch mit gleicher Bdtg. bevorzugt: ‚avoir les mains pures' (wörtl.: reine Hände haben), ↗ Hand.
Das ist eine alte Weste: eine längst bekannte Geschichte. *Immer feste uff de Weste!* ist (zunächst in Berlin, dann auch anderwärts) ein Hetzruf bei einer beginnenden Prügelei oder allg. eine Aufforderung zu energischem Vorgehen. Vgl. auch frz.: ‚tomber sur le paletot de quelqu'un' (wörtl.: einen beim Jackett fassen) i.S.v.: einen überfallen und einen unerwartet aufsuchen.
Einem unter die Weste wollen: sein Herz erforschen, seine geheimsten Gedanken erfahren wollen.
Jem. etw. unter die Weste schieben (drükken, jubeln, deuen): ihn einer nicht begangenen Tat bezichtigen, rügen; jem. etw. vorhalten. Was man unter die Weste schiebt, soll nahegehen. Aus dem körperlichen Nahegehen wird im 20. Jh. ein seelisches.
Seine Weste ist mit Hasenfell gefüttert: er ist furchtsam und feige, ähnl.: *Die Weste ist jem. zu eng geworden:* er ist von Besorgnis und Furcht vor einer Bedrohung erfüllt. Vgl. frz. ‚Il est gêné dans les entournures' (wörtl.: Die Ärmel sind ihm zu eng geworden) i.S.v.: Er ist in Bedrängnis oder in finanzielle Not geraten. Schlesw.-holst. ‚Ik heff er'n paarmal an de West drückt', mit ihr getanzt. Obersächs.-erzgeb. ‚Das is eene Weste', das ist einerlei.
Etw. (jem.) kennen wie die eigene Westentasche: die Sache (einen Menschen) genau, gründlich kennen; vgl. frz. ‚connaître quelqu'un comme sa poche'.
Etw. aus der Westentasche bezahlen können: ohne Schwierigkeiten; das Geld mit Leichtigkeit aufbringen; eine solche Summe immer bei sich tragen; vgl. frz. ‚pouvoir payer de sa poche'.
Eine grotesk übertreibende Rda. der Umgangssprache und der Mdaa. aus dem späten 19. Jh. veranschaulicht bildhaft den Begriff schielen: ‚mit dem linken Auge in die rechte Westentasche sehen'.

Lit.: *H. Nixdorff:* Weiße Westen, rote Roben: von den Farbordnungen des Mittelalters zum individuellen Farbgeschmack. (Staatliche Museen Preußischer Kulturbesitz. Museum für Völkerkunde und Museum für Deutsche Volkskunde) (Berlin 1983).

wetten. *So haben wir nicht gewettet:* das war nicht vorgesehen; meist als Ausdr. einer Weigerung, eine Zumutung hinzunehmen. Der urspr. Sinn ist: ‚so haben wir es nicht abgemacht'. Die Rda. bezieht sich also eigentl. auf den Inhalt einer Wette, dann auf jegliche Vereinbarung ohne Wette, schließlich auf jede unbefugte Handlung. 1620 heißt es in Stapelius' ‚Tragico-Comoedia' (B 7a): "O nein, so haben wir nicht gewettet, gehe du mir hierher"; 1812 in den KHM. der Brüder Grimm (Nr. 10): "Du kommst mir recht, sagte das Hähnchen, lieber geh ich zu Fuß nach Haus, als daß ich mich vorspannen lasse; nein, so haben wir nicht gewettet". Obersächs.-erzgeb. ‚So ham mer ni(ch) gewett', mit dieser Auffassung bin ich nicht einverstanden. – Vgl. auch lat. ‚Nihil ad fides'.

Wetter. *Um gut (schönes) Wetter bitten (anhalten, flehen):* um Nachsicht, Verzeihung, Milde bitten. Christian Weise (1642–1708) gebraucht die Wndg. ‚um schön Wetter bitten': „Das ist meine Meinung nicht, daß ich's bei den Leuten auf einmal verschütten will, ich werde wieder um schön Wetter bitten". Wetter meint im übertr. Sinn die Stimmung des Menschen. Deshalb spricht man kurz von ‚schlecht Wetter' und ‚gut Wetter', zorniger und friedlicher Stimmung (schon im 17. Jh. lit. bei Grimmelshausen).
Wie ein Wetter sein: sehr veränderlich, unstet sein. Ähnl.: *das Wetter vorbeigehen lassen:* sich abwartend verhalten; ebenso: *auf gut (besseres) Wetter warten.* „Die erste Lieferung der neuen Ausg. meiner Werke ist schon abgedruckt, Cotta secretiert sie aber und wartet mit der Subscriptionsanzeige auf besseres Wetter" (Goethe im Briefwechsel mit Zelter II, 202). Vgl. frz. ‚attendre des temps meilleurs'.
Gut Wetter machen: geneigte Stimmung hervorrufen; daneben aber auch umg. und dem Volksglauben entsprechend: alles aufessen, was vorgesetzt wird. Dieser Volksglaube beruht auf einem sprachl.

Mißverständnis. Im Ndd. wurde gesagt, wenn alles aufgegessen würde, gäbe es am nächsten Tag wieder etw. Gutes: ‚Goods wedder', was im Hd. als ‚gutes Wetter' gedeutet wurde. In älterer Sprache begegnet: *gut Wetter sein lassen:* unbeschwerten Mutes, gleichgültig sein.
Er kann sich das Wetter machen, wie er will: er ist Herr der Situation. Vgl. frz. ‚faire la pluie et le beau temps'. Ähnl.: *Wetter und Wind dienen ihm:* alle Umstände sind ihm günstig. Vgl. ndl. ‚Weer en wind dienen hem'. Dagegen: *Es ist kein Wetter für ihn:* es ist ungünstig.
Wie ein (Donner-)Wetter dazwischenfahren: andere auseinandertreiben wie ein plötzliches Unwetter.
Ein Wetter sieden: Zank und Unfrieden mutwillig heraufbeschwören. Die Rda. bezieht sich auf die Vorstellung, daß die Wind- und Wetterhexen schlechtes Wetter machen konnten, indem sie einen Topf mit Urin ans Feuer setzten.
Vor dem Wetter läuten: sehr voreilig sein. Gemeint ist das früher im Bergland geübte ‚Wetterläuten' zwecks Abwehr heranziehender Ungewitter. Die Rda. meint also: Läuten, bevor wirklich Gefahr besteht.
Für schlechtes Wetter gibt es viele scherzhafte Umschreibungen, z. B. *Das Wetter ist gut genug zum Kuchen backen*, vgl. ndl. ‚Het is beter weer om koeken te bakken, dan om meel te halen'; *es ist schön Wetter zum Zuhause bleiben; es ist ein Wetter drauß', man jagt nicht gern einen alten Hund hinaus*, vgl. holst. ‚en Wedder, dat man kên Hund utjagen much'; ndl. ‚Het is geen weer, om kat of hond uit te jagen' u. frz. ‚Il fait un temps à ne pas mettre un chien dehors'.
Es ist ein Wetter, als wenn der Jüngste Tag (der Weltuntergang) kommen wollte. Dagegen heißt es von bes. schönem und warmem Wetter: *Das ist ein Wetter zum Eierlegen!* In Ulm sagt man: ‚'s durstig Wetter', um starkes Trinken zu entschuldigen.
Das Wetter geht durcheinander: die Meinungen sind sehr geteilt.
Ein Wettermädchen sein: ein kluges, erfahrenes Mädchen sein, eigentl. ein Mädchen, das wie die Wetterkröte das kommende Wetter vorhersehen kann.

Ähnl. anerkennend ist auch der Ausdr. ‚Blitzmädel'. Er wurde im 2. Weltkrieg auf die Nachrichtenhelferinnen übertragen, die auf dem Uniformärmel einen stilisierten Blitz (Abzeichen der Nachrichtentruppen) trugen.

Lit.: *W. Winthrop:* Weather Rules, in: American Notes and Queries 1,8 (1853), S. 535; *O. v. Reinsberg-Düringsfeld:* Das Wetter im Sprw. (Leipzig 1864); *H. O. u. Z. Ct.:* Over lot- en weervoorspellingen in de spreekwoordentaal, in: Vkde 5 (1892), S. 159–165; *A. Yermoloff:* Die landwirtschaftliche Volksweisheit in Sprww., Rdaa. und Wetterregeln, Bd. I (Leipzig 1905); *J. Grossenaerts:* Volkswijsheid over het Weer, in: Vkde 22 (1911), S. 121–130; *A. Hauser:* Bauernregeln (Zürich–München 1973); *A. Dundes:* On whether Weather ‚Proverbs' are Proverbs, in: Proverbium 1 (1984), S. 39–46.

Wetterfahne, Wetterhahn. *Sich nach der Wetterfahne richten:* sich nach dem günstigen Wind, der politischen Windrichtung einstellen.
Sich drehen wie eine Wetterfahne; unbeständig (auch iron. *beständig*) *wie ein Wetterhahn:* von wankelmütiger Gesinnung, unstet sein; bes. in polit. Beziehung. Auch in den Mdaa. belegt, z. B. schwäb. ‚Der ist de reinst Wetterfa'. Vgl. frz. ‚Il change d'avis comme une girouette' (wörtl.: Er ändert die Meinung wie eine Wetterfahne).
Luther schreibt 1539: „Ich befürchte aber, daß leider unter uns viel Wetterhanen, falsche Brüder und dergleichen Unkraut seyn werden" (Werke 47,777).
Von einer Frau oder einem Mädchen, die man nur selten trifft, heißt es in einer scherzhaften Anspielung: *Sie ist wie das Frauchen im Wetterhäuschen:* sie läßt sich nur bei gutem Wetter blicken, sie geht offenbar nur bei Sonnenschein aus.

Wettlauf ↗ Hase.

Wichs. *Sich in Wichs werfen (schmeißen, setzen* etc.): sich fein anziehen, die Gesellschaftskleidung anlegen, *in Wichs sein:* gut, gesellschaftsfähig gekleidet sein.
Die Rda. stammt aus der Studentensprache (seit dem Ende des 18. Jh.), ist aber dann auch in außerstudent. Kreisen teilweise gebräuchl. geworden. „En Wix heißt bey den Studenten so viel als en Galla, sehr geputzt" (Kindleben, Studenten-Lexicon, S. 217). Mhd. ‚wihsen' be-

deutet eigentl.: mit Wachs bestreichen, d. h. glänzend machen. Zunächst bezog sich der Ausdr. Wichs auf die glänzend gewichsten Stulpenstiefel, „den grössten Teil des Studenten-Staates" (1795). Dagegen führt Campe 1807 im ‚Wörterbuch der dt. Sprache' (Bd. I, S. 275) ‚aufwichsen' in der Bdtg. ‚herausputzen' auf das Aufwichsen des Schnurrbartes durch heißes Wachs zurück.

Wichs für Festgewand, bester Anzug ist in Mdaa. und Umgangssprache weit verbreitet und hat auch Eingang in die Lit. gefunden: „Kommen Sie, wenn Sie in Wichs sind, man ... wartet ... auf uns, wir sind gemeldet" (Wilh. Raabe, Hungerpastor [1864]).

Es ist alles eine Wichse: es ist alles dasselbe. *Das ist Wichse, die auf alle Schuhe paßt* heißt es von Leuten, die sich für alle Zwecke verwenden lassen.

Die Vorstellung vom kräftigen, schnellen, wiederholten Reiben und Streichen mit Stiefel blank machen hat zur Umdeutung von Wichse = Prügel geführt. Dazu gehört auch ‚verwichsen' (oder: durchwichsen), verprügeln. Jer. Gotthelf schreibt 1855: „Ob nun ein Schaden oder keiner entstanden, so erhielt ich Wix von der Frau" (Ges. Schr. I, 70).

Geld verwichsen: Geld durchbringen, vorzeitig oder unsinnig ausgeben; etw. vergeuden (eigentl. für bloße Kleiderpracht ausgeben); auch mdal. seit dem 19. Jh. verbreitet.

In der sexuellen Umgangssprache ist ‚wichsen' = masturbieren.

Lit.: *C. W. Kindleben:* Studenten-Lexicon (Halle 1780), S. 217.

Wichsbürste. *Einen Schlag mit der Wichsbürste bekommen haben:* nicht ganz bei Verstand sein; beruht auf der auch in vielen anderen Rdaa. enthaltenen Grundvorstellung einer durch einen Schlag gegen den Kopf hervorgerufenen Geistesgestörtheit; seit dem 1. Weltkrieg zunächst in der Soldatensprache bezeugt.

Dagegen sächs.: ‚vigilant wie eine Wichsbürste' sein: aufgeweckt, hell sein, der Betreffende denkt und reagiert schnell.

Wicke. *In die Wicken gehen:* verlorengehen; auch: entzweigehen (↗ Binse). Mdal. ist die Rda. vielfach bezeugt: westf. ‚wickn gan', sich aus dem Staube machen; ndd. ‚glîks in de Wicken gan', leicht aufgeregt werden.

Schon mhd. bedeutet ‚wicke' etw. Wertloses, Geringes, ein Nichts, wobei wohl an den den Erbsen gleichen, aber nicht verwertbaren Samen der Wickenschote gedacht wird: mhd. ‚niht eine wicke', nichts (ebenso und gleichbedeutend: ‚niht eine bône', niht eine nuz', ‚niht ein riet', ‚niht ein swam'). „Böse ungezogene pauren ... geben weder umb gebott noch verbott nit ein wicken" (Wickram, Werke 3, 66 Lit.-Ver.). Im Liederbuch der Hätzlerin (II, 56, 260) heißt es auch im abschätzigen Sinn: „Nit dreyer wicken wert".

Seit frühnhd. Zeit steht Wicke häufig in abwertendem Vergleich und bildl. als Gegenbegriff zu Weizen. Der Ansicht, die Rda. leite sich aus der Jägersprache, vom Untertauchen des Niederwildes in einem Wickenfeld, her, so daß es sich dem Auge des Jägers und dem Zugriff des Hundes entzieht, steht entgegen, daß die Wicken zur Jagdzeit gewöhnlich bereits abgeerntet sind. Vgl. ähnl. Rdaa., wie ‚in die Binsen, Erbsen, Rüben, Pilze, Nüsse, Fichten gehen'.

Lit.: *O. Weise:* In die Wicken gehen, flöten gehen und Verwandtes, in: Zs. f. hd. Mdaa. 3 (1902), S. 211–217.

Wickel. *Jem. beim (am) Wickel (haben) kriegen:* ihn zu fassen bekommen, ihn festhalten, auch: einen zur Verantwortung ziehen. Eigentl. kann man nur ein Kind beim Wickel kriegen, und auch dieses urspr. nur als Wickelkind (= Säugling). Das Wort hat im Laufe seines Bestehens sein Geschlecht gewechselt und außerdem die Färbung von etw. unsanfter Behandlung angenommen. In alter Lit. findet sich kein Beleg für die Rda., in neuester hat sie Heyse in seinem ‚Kolberg' (II, 3):

Da ist kein Wunder, wenn alles fliegt
Und die Viktoria beim Wickel kriegt.

Indessen besteht daneben die Wickel bekanntlich auch weiter. Heyses ‚Kolberg' (III, 5): ‚als er noch in der Wickel lag'. Küpper meint, daß unter Wickel die zusammengedrehten Haare im Nacken zu verstehen seien, an denen man einen Menschen packen und halten kann.

Nicht recht beim Wickel sein: nicht ganz gescheit sein.
Jem. ist schief gewickelt ↗ *schief.*

Widerstand. *Passiven Widerstand leisten:* gewaltlos gegen etw. protestieren. Der Ausdr. wurde von Hans Viktor von Unruh geprägt, als im November 1848 die Bürgerwehren der Nationalversammlung bewaffneten Schutz anboten.
Berühmt wurde der Begriff durch Gandhi, der ihn schon als Führer der indischen Einwanderer in Südafrika gegen entrechtende Gesetze politisch verfocht. Später setzte er den gewaltlosen Kampf gegen die britische Herrschaft in Indien fort. 1923 wurde von der dt. Reichsregierung in den besetzten linksrheinischen Gebieten und im Ruhrgebiet der passive Widerstand gegen die frz. Besatzungsmacht proklamiert. Im Zusammenhang mit der Anti-Atom-Bewegung erproben insbes. jugendliche Demonstrationsgruppen neue Formen des passiven Widerstands, auch als ‚ziviler Ungehorsam' definiert.

wie. Urspr. war ‚wie' mit ‚so' verbunden (ahd. ‚so wio') und ist seit der Verselbständigung in mhd. Zeit die Vergleichspartikel im verkürzten und stehenden rdal. Vergleich – bei Gleichheit und Ungleichheit –, welche allmählich das ältere ‚als' ersetzte. Bei Luther werden beide noch gleicherweise verwendet: „seyn angesicht gluehete wie die Sonne vnnd seyne kleyder worden weysß als ein liecht" (Weimarer Ausg. 6, 78).
Vergleichendes ‚als' behauptet sich noch länger in Verbindung mit Adjektiven (Adverbien) und vorausgehendem korrelativem ‚so' (seit dem 16. Jh.), etwa bei Grimmelshausen: (ich) „schweig so still als ein mauß" (‚Simplicissimus', 1669). Als Mischform im verkürzten Vergleich steht ‚wie' in der Verbindung mit ‚als': „als wie ein lamb" (Paul Gerhart).
‚Wie' kann eine persönliche oder sachliche substantivische Größe nach Art und Beschaffenheit vieler bestimmen: „reichthumb wie der sand am meer" (Hans Sachs, Keller-Goetze 1, 112), oder z. B. an ein Adj. oder Adv. eine Vergleichsgröße anknüpfen: (der Tod überfällt uns) „gantz ungestuem wie ein sturme wind" (Hans Sachs, 1530, Keller-Goetze 1, 434). Die sprw. Fügung gebraucht gern ‚wie' mit korrelativem ‚so' (seit dem 15. Jh.): ‚Wie der Herr – so der Knecht'. Diese wenigen Angaben zum Gebrauch des vergleichenden ‚wie' nach dem Grimmschen Wörterbuch geben zugleich Anhaltspunkte für die zeitliche Einordnung mancher unserer rdal. Vergleiche und Wndgn. und ihre sprachl. Form.
Im sprw. Vergleich – den wir ja auch in anderen Sprachen seit alter Zeit finden – bemüht sich der Sprecher um die anschauliche und bedeutungsverdichtende und – im Gegensatz zu Gleichnis und Parabel – möglichst knapp gefaßte Darstellung von Zuständen, Eigenschaften (‚hell wie die Sonne'), Vorgängen und Handlungen (‚Er brüllt wie ein Löwe'). Dabei steht der sprw. Vergleich in seiner verkürzten, formelhaften Prägung in einem festen Sinnzusammenhang und besteht nicht für sich wie das Sprw., wird aber wie dieses, solange Sinn und Satzzusammenhang klar sind, oft über Jahrhunderte hinweg unverändert überliefert. Solche sprw. Vergleiche gehen nicht nur auf volkssprachl. Prägungen und allgemeine Beobachtungen zurück, sondern haben oft ihre Quelle in lit. Vergleichen aus der Bibel, den Klassikern, der volkstümlichen Lit., aus Naturgesch. und Technik. Umgekehrt sind aber auch sprw. Rdaa. und Vergleiche aus der Umgangssprache in die Lit. eingegangen. Eine eindeutige Unterscheidung von populären rdal. Vergleichen von solchen einer lit. gebildeten Schicht scheint auch der Forschung äußerst fragwürdig (Taylor). Die meisten sind aber – bei aller möglichen Stilisierung – in ihrer Treffsicherheit und Bildlichkeit, ihrem Humor und ihrer Ironie feste Bestandteile unserer alltäglichen Umgangssprache, und zwar so sehr, daß sich über ihre Herkunft und ihr Alter meist nichts Genaues mehr sagen läßt; man weiß höchstens, daß ein Vergleich wie ‚Bitter wie Galle' bei den verschiedensten Völkern seit der Antike zu belegen ist.
Neben freien Fügungen (‚So gelb wie Schwefel' und ‚Wie ein Elefant im Porzellanladen') stehen solche, die fest mit einem Subst. oder Verb verbunden sind:

1725

‚Augen wie Mühlräder' (sprw. Übertreibung); (Er kann) ‚schwimmen wie ein Fisch' oder, witzig das Gegenteil behauptend, ‚wie eine bleierne Ente'.
Adverbielle und adjektivische Vergleiche sind: ‚Frech wie Oskar' oder ‚Er ist so dumm wie (er) lang (ist)'.
Bes. die iron. rdal. Vergleiche in ihrer prägnanten Kürze (d. h. Vergleiche vom Typ ‚arm wie eine Kirchenmaus', ‚frech wie Oskar') eignen sich vornehmlich zu einem komischen Kontrast. Durch eine Art Verfremdungseffekt wird hierbei die komische Wirkung bewerkstelligt, insofern die gewohnte Rda. in eine fremde, schockierend neue Umgebung verpflanzt wird, denn der Vergleich paßt nicht, und der Witz liegt dann in dem Unsinn: ‚Klar wie Wurstsuppe (Kloßbrühe, dicke Tinte, Torf)'; ‚schlank wie eine Tonne'; ‚gespannt wie ein alter Regenschirm'; ‚ausreißen wie Schafleder' (wobei ‚ausreißen' doppelsinnig in den beiden Bdtgn. ‚zerreißen' und ‚flüchten' gebraucht wird); ‚Einfälle haben wie ein altes Haus'; ‚gerührt wie Apfelmus'; ‚frech wie Rotz am Ärmel'; ‚passen wie die Faust aufs Auge' (‚wie der Igel als Arschwisch'); ‚verschwiegen wie eine Plakatsäule'; ‚er hat's im Griff wie der Bettelmann die Laus'; ‚er sieht aus wie eine Hundehütte – in jeder Ecke ein Knochen'; ‚er ist zu dumm, um einen Eimer Wasser anzuzünden'.
Der iron. rdal. Vergleich wird oft bewußt gebraucht, der witzige Kurzschluß zwischen zwei heterogenen Dingen, der Vergleich zwischen Unvergleichbarem oder Gegensätzlichem absichtlich hergestellt. Die Urheber solch geistreicher oder iron. Vergleiche sind meist nicht feststellbar; vieles Zeitbedingte (etwa der Wortwitz im Vergleich) verschwindet wieder als nicht mehr verständlich, anderes wird Bestandteil der Umgangssprache und oft erweitert oder umgeformt:
‚Dumm wie die Sünde' –
   ‚Häßlich wie die Sünde'
‚Rund wie ein Apfel' –
   ‚Rund wie ein Fußball'.
Doch sind die Bedeutungsträger in solchen Vergleichen nicht beliebig austauschbar: ‚Rund wie die Sünde' wäre Unsinn.
Während ‚Galle' und ‚bitter' in vielen Sprachen zusammengehören, können die Vorstellungen bei anderen Vergleichen in den verschiedenen Sprachen und Sprachlandschaften durchaus auseinandergehen, obwohl von demselben ‚Vergleichsträger' ausgegangen wird: Im Engl. heißt es etwa: ‚crazy like a fox', während bei uns der Fuchs schlau ist.
Rdal. Vergleiche mit ‚wie' können schließlich auch Elemente der Wortkomposition sein, wie sie stilistisch vor allem der Lyriker (im Volkslied) und die Volkssprache gern bildhaft verwendet. Sie führen, den Vergleich sozusagen nochmals formal verkürzend, zu jenen Adjektivkomposita (mit einem Subst. oder Adj. als Determinativ oder einem selbständigen Adj. als zweitem Kompositionsglied) wie in: apfelrund, grasgrün, himmelblau, lilienweiß, messerscharf, rosenrot.
Die Lit. über solche rdal. Vergleiche ist bislang spärlich. Bes. für den dt. Sprachbereich fehlt eine entspr. Untersuchung zu den rdal. Vergleichen, obwohl gerade hier die Beispiele bes. zahlreich sind, so daß sie auch in diesem Lexikon nicht vollständig erfaßt werden konnten. In alphabetischer Reihenfolge sei noch auf die Stichworte verwiesen, unter denen einzelne sprachl. Vergleiche gesammelt worden sind und behandelt werden: aussehen – dasitzen – dumm – falsch – Faßbinder – faul – frech – fressen – (sich) freuen – Galgen – Gans – gehen – Geiß – gern – Gesicht – gleich – Heftelmacher – Hering – Hunger – Kaktus – kaputt – Kater – Kirchenmaus – Kesselflicker – klar – Klee – krümmen – Kuh – Luchs – lügen – Maulwurf – Pfau – Pudel – pünktlich – Quark – rar – rauchen – reden – Regenschirm – Reiher – reimen – Rock – Röhrwasser – Rom – Rose – rot – Rotz – Sack – Salbe – Salomo – Sand – Sau – sauer – saufen – Schaf – scharf – schaukeln – Schaum – Scheunendrescher – schielen – Schießhund – schimpfen – schlafen – Schlag – Schlange – Schlaraffenland – schlecht – Schlitten – Schnabel – schnappen – schnarchen – stolz – Tag – Tarantel – Taubenschlag – Tempelherr – Teufel – Tod – Topf – Traum – treu – trinken – trocken – umkehren – Veilchen – verlassen – versessen – verstehen – Vogel – voll – Wachtmeister – wahr – Waschweib – Wasser –

Weihnachten – Werwolf – Wiesel – Wilde – Wind – Windsbraut – Wolf – Wolke – Wort – Wurm – Zachäus – Zahnbrecher – Ziege – Zieten – Zinshahn – zittern – zureden – Zustände.

Lit.: Dt. Wb., Bd. 14, I, 2 Sp. 1448 ff.; *O. Weise:* Die volkstümlichen Vergleiche in den dt. Mdaa., in: Zs. f. Mdaforsch. 1921; *H. Schlappinger:* Er schafft wie e Brunnebutzer, in: Pfälz. Museum 41 (1924), S. 70–71; *M. Vignon:* Parler français comme une vache Espagnol, in: American Notes and Queries 157 (1929), S. 159; *W. Widmer:* Volkstümliche Vergleiche im Frz. nach dem Typus ‚Rouge comme un Coq' (Diss. Basel 1929); *J. Morawski:* Ce qui vient de la flûte s'en retourne au tambour (wie gewonnen, so zerronnen), in: Revue du seizième siècle 17 (1930), S. 143–145; *H. W. Klein:* Die volkstümlichen sprw. Vergleiche in lat. und rom. Sprachen (Diss. Tübingen) (Würzburg 1936); *W. S. J.:* Dead as door nail (mausetot), in: American Notes and Queries 171 (1936), S. 370; *W. Fischer:* ‚And how!' – ‚Und wie', in: Anglia – Beiblatt 49 (1936), S. 28; *A. Taylor:* Proverbial Comparisons and Similes from California (Berkeley – Los Angeles 1954); *S. L. Aronda:* Proverbial Comparisons in Ricardo Palma's ‚Tradiciones peruanas', in: Folklore Studies 16 (Berkeley – Los Angeles 1966); *L. Röhrich:* Gebärde – Metapher – Parodie, S. 197 f.; *A. Taylor:* Innocent as a bird, in: American Notes and Queries 10 (1971), S. 40; *H. Schick:* Synchron – Diachrone Untersuchungen zu volkstümlichen Vergleichen des Deutschen, Französischen und Spanischen (Magisterarbeit Freiburg 1978).

Wiedehopf ↗Nest, ↗stinken.

wieder, Wiedersehen. ‚Es wird schon wieder werden!' Mit diesem Spruch tröstet man vor allem kleine Kinder, wenn sie sich sorgen und traurig sind. In Ostdtl. lautet ein Kinderspruch:

Es wird schon wieder wer'n
mit der Mutter Behr'n.
Die Mutter Horn
is ja auch wieder wor'n.
Nur die Mutter Schmidten,
die hat so gelitten.

‚Wiederseh'n macht Freude' ist eine rdal. Formel, die man häufig iron. gebraucht, wenn man etw. verleiht, das man nach einiger Zeit wieder zurückhaben möchte und dabei befürchtet, den verliehenen Gegenstand nicht wieder zu bekommen, ↗Gruß.

Wiege. *Das ist ihm nicht an der Wiege gesungen worden:* das hat er nicht erwartet; davon hat er sich nichts träumen lassen; diese bittere Erfahrung hätte er früher nicht für möglich gehalten; seine Lebensumstände haben sich sehr verschlechtert. Die Rda. spielt wohl auf die optimistischen Texte der Wiegenlieder an. Die treffende Kürze der Wndg. hat zu ihrer häufigen lit. Verwendung geführt. So sagt Daja in Lessings ‚Nathan' (I, 6):

Auch mir ward's vor der Wiege nicht gesungen,
Daß ich nur darum meinem Ehgemahl
Nach Palästina folgen würd', um da
Ein Judenmädchen zu erziehn.

1852 schreibt Berthold Auerbach („Neues Leben', Bd. II, S. 250): „Das war oder ward mir nicht an der Wiege gesungen". Aus dem Holst. ist 1840 die ähnl. Rda. bezeugt: ‚Dat is em bi de Döpe (Taufe) nich vörseggt'.

Es ist ihm in die Wiege gelegt (gebunden): es eignet ihm von Hause aus (↗Angebinde, ↗Grazien). 1897 schreibt H. v. Treitschke in seiner ‚Dt. Geschichte im 19. Jh.' (I, 271): „Der Gedanke der deutschen Einheit... war diesem stolzen reichsfreien Herrn in die Wiege gebunden".

‚Es ist ihm in die Wiege gelegt'

Berl. Mda.: ‚Mit die Wieje bin ik schon jewiejt', damit betrügt man mich nicht mehr.

Jem. aus der Wiege werfen: ihn brüskieren; wurde im 16. Jh. viel gebraucht. So von Hans Sachs (22, 69 Lit. Ver.): „Ich hab in (den andersgläubigen Schwäher), yetzt am freytag acht tag, gar ausz der wiegen geworffen". 1689 findet sich die Rda. in Lohensteins ‚Arminius' (1, 71 b): „Den Römern einen Dienst zu thun oder zum minsten selbte nicht gar aus der Wiege zu werffen".

In der Wiege erdrücken (ersticken); gewöhnlich transitiv, steht im 17. und 18. Jh.

für das jüngere ‚im Keim ersticken'. „Im Anfang der Unruhen, ... wo ein rascher Entschluß und männliche Stetigkeit die Rebellion noch in der Wiege erdrücken konnten" (Schiller, VII, 18).
Für die Wiege sorgen, ehe das Kind geboren ist: sehr voreilig sein. Diese Rda. ist bereits bei Seb. Franck (II, 50ᵃ) bezeugt: „Für die wiegen sorgen, eh' das kindt gemacht ist". Vgl. ndd. ‚He sorgt fär de Wêg êer he 't Kind het' und ndl. ‚Hij zorgt voor de wieg, eer het kind geboren is'.
Von der Wiege an: von Anfang an, vom Ausgangspunkt an. Vgl. lat. ‚ab incunabulis' u. frz. ‚depuis le berceau'.
Von der Wiege bis zum Grabe (zur Krücke): das ganze Leben lang, von der Geburt bis zum Tode. Auf die übertriebene Bürokratie bezieht sich der Reim:
  Von der Wiege bis zur Bahre –
  Formulare, Formulare!
Wie man in die Wiege gelegt wird, so kommt man ins Grab: einerseits: wer arm geboren ist, bleibt arm (Milieutheorie); andererseits: das Wesen des Menschen ist bei der Geburt festgelegt. ↗ Menetekel.

Lit.: *L. Kretzenbacher:* Die Seelenwaage (Klagenfurt 1958); *F. v. Zglinicki:* Die Wiege (Regensburg 1979).

Wiese. *Etw. auf der grünen Wiese errichten:* etw. neu schaffen. Diese seit dem 16. Jh. bezeugte Rda. hat sich noch bis in die Gegenwartssprache erhalten. 1955 stand z. B. in der ‚Frankfurter Allgemeinen Zeitung' (Nr. 146, S. 9): „Rossenray ist seit 15 Jahren die einzige Schachtanlage im Ruhrgebiet, die auf der grünen Wiese errichtet wird". Und heute liest man allenthalben von ‚Supermärkten, die auf der grünen Wiese errichtet wurden' (wo der Boden billig und reichlich Platz zum Parken vorhanden ist).
Wasser auf seine Wiese leiten: seinen eigenen Vorteil suchen. Adelung (IV, 1540) bucht 1801: „Das ist Wasser auf seine Wiese", das ist von Vorteil für ihn (↗ Mühle, ↗ Wasser). Dagegen: *fremde Wiesen wässern:* unberufen Geschäfte für andere besorgen und davon weder Lohn noch Dank haben.
Das ist (mir) eine gemähte Wiese: eine erwünschte Gelegenheit; vor allem im bair. und oesterr. Mda.-Gebiet. Schriftsprachl. griff die Rda. seit dem 16. Jh. über das Bair. hinaus: „Das war nun eine gemähete Wiese vor ihn" (Grimmelshausen II, 544). Bei Ignatius Ertl (‚Sonn- und Feyer-Tägliches' Tolle Lege [München ³1715], S. 224) heißt es auch: „Das ware dem Weib eine gemaehte Wiesen / wer war froeher / als sie?", als ihr Mann erblindete und sie nun Aussicht hatte, sich mit ihrem Liebhaber unbeobachtet vergnügen zu können.
Auf neuer (fremder) Wiese grasen (mähen) sind verhüllende, für das 15. und 16. Jh. bezeugte Rdaa., die sich auf das Sexualleben beziehen.

  Frau, habt ihr uns verstanden recht,
  so gebt eur tochter ainn jungen
    knecht,
  der wol auf neuer wisen kan meen.
(Fastnachtsspiele 2, 749, Lit. Ver.)
Seine Wiese pflastern lassen: etw. Unsinniges, Absurdes tun. 1641 Harsdörffer (‚Gesprächsp.' 3, 74): „Desgleichen ist die That oder Rath dessen, der seine Wiesen hat wollen pflastern lassen". Vgl. engl. ‚He paves the meadow'.
‚Auf die Wiesn gehn': auf das größte Volksfest zum Feiern gehen (‚Heut gehn ma auf die Wiesn'). Gemeint ist die Theresien-Wiese, seit 1810 Schauplatz des berühmten Münchner Oktoberfestes. Der Titel eines Gedichtes des Komikers Weiß Ferdl entspricht der rdal. Wndg.

Lit.: *R. Bauer* u. *F. Fenzl:* 175 Jahre Oktoberfest (München 1985).

Wiesel. *Wie ein Wiesel sein (arbeiten, laufen):* rasch in seinen Bewegungen, überaus flink bei allen Arbeiten und Vorhaben sein, schnell reagieren können. Die Rda. steht als Verkürzung neben dem häufigen Vergleich *flink wie ein Wiesel sein*.
Der Name des Wiesels selbst kann als Sinnbild seiner munteren Beweglichkeit verstanden werden. H. Meier weist darauf hin, daß die verschiedenen Bez. des Wiesels in den rom. Sprachen keine schmeichelhaften Tabunamen sind, wie vielfach angenommen, sondern Merkmalsbez., die das Adj. flink umschreiben und von dem lat. Verb ‚pendicare' (= sich schnell hin und her bewegen) abzuleiten sind. Nach Kluge gehört das hd. ‚Wiesel' als Verkleinerungsform zu germ. ‚wis(j)o' = Iltis, das mit spätlat. ‚vissio' = Gestank urverwandt ist. Demnach bezieht sich die

dt. Bez. ebenfalls auf ein wichtiges Merkmal des Tieres, die Verbreitung eines unangenehmen Geruches, das es wie der größere Iltis besitzt.
Seit der Antike bestehen mythische Vorstellungen vom Wiesel, das z. B. als dämon. Wesen Krankheiten bringen und den Menschen seiner Stimme berauben kann. Darauf deutet bereits die altgriech. Rda. ‚γαλῆν κατεπεπώκει' = er hat ein Wiesel verschluckt, d. h. er hat seine Stimme verloren. Vgl. frz. ‚avoir un chat dans la gorge' und das dt. ‚einen Frosch verschluckt haben'.
Die vor allem in Kärnten übliche rdal. Umschreibung ‚Sie ist von einem Wiesel gebissen worden' für eine bestehende Schwangerschaft weist auf die allg. erotische Bdtg., die das Wiesel im Volksglauben besitzt. Diese beruht vor allem auf der antiken Vorstellung, daß das Wiesel durch das Ohr empfange und durch den Mund gebäre, was aber im Physiologus als umgekehrt angegeben wird. Im 16. Jh. wurde deshalb auch der Wieselfuß im Liebeszauber benutzt.

Lit.: *R. Riegler:* Art. ‚Wiesel', in: HdA. IX, Sp. 578 bis 600; *M. Hako:* Das Wiesel in der europ. Volksüberlieferung (= FFC.167) (Helsinki 1956); *H. Meier:* „Flink wie ein Wiesel". Ein Beitrag zur Entdämonisierung eines onomasiologischen Feldes, in: Lebende Antike, Symposium für Rudolf Sühnel, hg. v. H. Meller u. H.-J. Zimmermann (Berlin 1967), S. 34–54.

wild. Der am Ende des 19. Jh. aufgekommene rdal. Vergleich *toben wie die Wilden:* ausgelassen sein; auch: heftig schimpfen, ist im 20. Jh. noch grotesk gesteigert worden zu: *toben wie zehn nackte Wilde im Schnee. Angeben wie zehn nackte Wilde (Neger):* mehr scheinen als sein.
Vgl. frz. ‚Ce sont de vrais sauvages' (wörtl.: Das sind echte wilde Menschen) i. S. v.: Das sind echte Tölpel. Oder: ‚Il est parti comme un sauvage' (wörtl.: Er ist wie ein wilder Mensch weggegangen) i. S. v.: Er ist, ohne zu grüßen, gegangen.
Den wilden Mann markieren ↗ Mann.
Das ist (nur) halb so wild: es ist nicht so schlimm. Die Wndg. scheint mit einem Male im Volk aufgetaucht zu sein und sich nun immer mehr und mehr einzubürgern. Sie hat indessen nur geschlafen, geboren ist sie schon vor Jhh. Schon Fischart sagt, und zwar bereits genauso

bildl. wie wir heute („Gargantua' S. 459): „Aber nicht halb so wild, es mags einer versuchen" (Söhns, S. 694).
Wild erscheint häufig in rdal. Vergleichen, z. B. *wie wild arbeiten (lachen, schreien, toben, um sich schlagen); sich wie wild gebärden.* Die Rda. *wild wie ein Holzbock sein,* die heute veraltet ist, erscheint bereits im Liederbuch der Hätzlerin:

Bis gütig allzeit, schönes pild,
vnd tu nit als ain Holtzpock wild.

Neuere Wndgn. sind: *jem. wild machen:* ihn aufregen, in Wut bringen, und *wild nach etw. (auf jem.) sein:* begierig auf etw. sein, an jem. stark interessiert sein. Geläufiger ist heute dafür: ‚scharf auf etw. (jem.) sein' ↗ scharf.

Lit.: *Schwarz:* Art. ‚Wilde, Wilde Frau, Wilder Mann etc.', in: HdA. IX (Nachträge), Sp. 968–986; *R. Bernheimer:* Wild Men in the Middle Ages (Cambridge [Mass.] 1952); Die Wilden Leute des MA. Ausstellungskatalog des Museums für Kunst und Gewerbe (Hamburg 1963); *A. Monteil:* Wilde Leute in Literatur, Sage und Brauch vom Mittelalter bis zur Gegenwart (Staatsex. Arbeit Freiburg 1982).

Wildbret. *Ein seltenes (seltsames) Wildbret sein:* ein ungewöhnlich feiner, vortrefflicher und hochgeschätzter Mensch sein, aber auch: etw. Ungewöhnliches, das unklar ist und nur schwer bestimmt werden kann. Schon Luther kennt die Rda. in dieser übertr. Bdtg.: „Er ist gar ein selten Wildbret, dem die großen Herren viel Gutes tun" (Dt. Wb. XIV, 52 f.). Vgl. lat. ‚lac gallinaceum' (Plinius) und ‚Phoenice rarior' und ndl. ‚Het is een zeldzaam wildbrood'.
Das ist kein Wildbret für ihn: das ist nichts für ihn; das ist ihm zu hoch; dazu hat er kein Geschick; es gehört nicht in sein Fach. Die Wndg. bezieht sich auf den Grundsatz, daß das Wildbret nur vornehmen Herren als Speise vorbehalten bleibt; vgl. den oberbair. Spruch:

Wildpret und Fisch
Gehören auf der Herren Tisch.

Wildfang. *Ein Wildfang sein:* ein ungebärdiges Kind, ein ausgelassener junger Mensch sein, der seine Freiheit liebt und sich nur schwer den Regeln fügt. Vgl. ndl. ‚Het is een wildvang'.
In dem seit spätmhd. Zeit bezeugten Ausdr. ‚wiltvanc' mischen sich zwei

Bdtgn.: das Jagdrecht, der Wildbann und die Sachbez. für lebendig gefangene Tiere. Seit der Steinzeit ist der Wildfang die nachweisbare Jagdmethode, Großwild in Gruben zu fangen oder an Steilhängen zum Absturz zu zwingen. Der Wildfang, der in der Rda. übertr. Bdtg. erhielt, war urspr. der im ausgewachsenen Zustand gefangene Falke, der sein Element, die Luft, bereits kennengelernt hatte. Er wurde zwar gezähmt, doch erhielt er für kurze Zeit die Freiheit wieder, wenn er zum Jagen benutzt wurde.

In mhd. Zeit gewann das Bild des Falken symbolische Bdtg. und diente in der Lit. und im Volkslied zur Umschreibung des in die Ferne strebenden Mannes, der sich nicht halten ließ. Vermutlich sind hier die Wurzeln für die Übertr. des Wortes Wildfang in den menschlichen Bereich zu suchen.

Lit.: *H. Schulz* in: Zs. f. dt. Wortf. Nr. 11 (1909), S. 241 ff.; *W. Lehnemann:* Standessprache und Gemeinschaftssprache, in: Deutschunterricht 15 (Febr. 1963) H. 1, S. 51 ff.; *L. Röhrich* u. *G. Meinel:* Rdaa. aus dem Bereich der Jagd u. der Vogelstellerei, S. 322 f.

Wilhelm. *Den feinen Wilhelm markieren:* vornehm tun; ähnl.: *den dicken, großen Wilhelm machen* (oder *markieren, spielen*): prahlen, großsprecherisch auftreten. Bezieht sich entweder auf Kaiser Wilhelm II. wegen seiner Vorliebe für Prunk, prächtige Uniformen und markige Reden oder auch auf Willem, die Verkörperung des Holländertums; in volkstümlicher Vorstellung ist der Holländer wohlgenährt; sold. seit dem 1. Weltkrieg (Küpper). Vgl. frz. ‚faire le Jacques': ausgelassen sein.
Einen falschen Wilhelm tragen: einen falschen Zopf tragen. Die vor 1900 entstandene Rda. enthält entweder eine Erinnerung an das verhaßte ‚Zopfregiment' des Kurfürsten Wilhelm von Hessen oder eine Anspielung auf Kaiser Wilhelms II. Vorliebe für unechten Prunk (Küpper).
Seinen Friedrich Wilhelm druntersetzen: etw. unterschreiben.

Wille. ‚Des Menschen Wille ist sein Himmelreich'. Dieses Sprw. besagt, daß der Mensch oft nur dann zufrieden ist, wenn er seinen Willen anderen gegenüber durchgesetzt hat, ungeachtet, ob dies zum Guten oder Schlechten führt. Es ist schon in Lipperheides Sprw.buch belegt (S. 1019) und wird oft erweitert zu: ‚Des Menschen Wille ist sein Himmelreich und wird oft seine Hölle'. Weckherlin schrieb (‚Gr. Ungeheuer' X, 287): „Des Menschen Wille ist sein Himmelreich, ob er sich gleich oft des Teufels Reich daraus schafft". Bei Ovid ist belegt: „Curae est sua cuique voluptas". In Schillers ‚Wallenstein' heißt es: „Des Menschen Wille, das ist sein Glück" (7. Auftritt). Vgl. engl. ‚My mind to me a Kingdom is'; holl. ‚es menschen zin is zijn hemelrijk'; schwed. ‚Hwars och ens willie ärens himelrike'.
Das Sprw. ‚Wo ein Wille, ist auch ein Weg' wird in der Ggwt. oft parodiert, z. B. ‚Wo eine Pille, ist auch ein Bett'; ‚Wo ein Wille, da ist auch ein Gebüsch'; ‚Wo ein Wille ist, da ist ein Weg, und wo kein Wille ist, da ist auch einer'; ‚Wo ein Wille ist, ist auch ein Holzweg'; ‚Wo ein Wille ist, ist auch ein Unwille'. (W. Mieder: Antisprichwörter [Heidelberg – Wiesbaden 1989], III, S. 140 f.)

Willkommen ↗ Gruß.

Wimper. *Mir kann keiner an den Wimpern klimpern:* mich kann niemand übervorteilen, täuschen; mir kann keiner etw. anhaben, etw. vorwerfen; wahrscheinl. berl. Herkunft.

‚An den Wimpern klimpern'

Auszugehen ist wohl von ‚klimpern', insbes. vom Klimpern mit Geld, etwa in dem Sinne: mich kann keiner mit Geld verlokken. Zu ‚klimpern' stellt sich aus Reimlust auch ‚Wimpern' ein, im wesentlichen also eine entstellende Verschnörkelung; seit dem 19. Jh. bekannt (Küpper). Auf einem Neu-Ruppiner Bilderbogen (Nr. 8329) steht unter der Darstellung von ‚Vier gleichen Seelen' folgendes Couplet:

> Vier gleiche Seelen zogen aus,
> Drei Männer und ein Weib,
> Sie thäten lustig singen
> Zum Zeitvertreib:
> „Uns kann keiner, keiner, keiner
> An die Wimpern klimpern, klimpern!"

Wahrscheinl. ist der Refrain des nach der Melodie ‚Drei Lilien, drei Lilien' gesungenen Liedes sprw. geworden.

Ohne mit der Wimper zu zucken und *mit keiner Wimper zucken:* sich seine Gefühle nicht anmerken lassen, Schmerzen standhaft ertragen; kein Zeichen von Angst, Erregung, Anteilnahme geben; vgl. frz. ‚sans sourciller', auch i. S. v. ‚ohne zu mucken'.

Die scherzhafte Drohrede *Ich reiße mir eine Wimper aus und steche dich damit tot!* beruht auf einem Schlagertext aus der Mitte der zwanziger Jahre des 20. Jh. und wurde über die Studenten- und Schülersprache volkstümlich (Küpper).

Wind. *Wind von etw. bekommen (kriegen):* heimlich davon erfahren, eine Ahnung von etw. haben.

Die Rda. stammt aus der Jägersprache. Das Wild bekommt vom Jäger Wind, d. h. ‚Witterung'; der Wind bringt seiner feinen Nase den Geruch des Jägers zu, und so wird es gewarnt. In Hakes ‚Bergchronik' (1583) heißt es: „Aber sie hatten den nasenwind davon bekommen und gerochen, kamen nicht zu ihnen, sondern haben sich stracks nach ihrer gewahrsam gemacht".

Die Rda. ‚Wind bekommen' ist seit dem 17. Jh. häufig belegt. Lessing schreibt in ‚Emilia Galotti' (III,2): „Aber er muß Wind gehabt haben. Denn er war nicht so unbereitet". Bekannt ist die Stelle aus dem Anfang von Schillers ‚Kabale und Liebe' (I, 1): „Meine Tochter kommt mit dem Baron ins Geschrei. Mein Haus wird verrufen. Der Präsident bekommt Wind". „Man kann nicht wissen, wie's verschwätzt wird, wie er Wind kriegt" (Goethe, Weimarer Ausg. XI, 107). Vgl. frz. ‚avoir vent de quelque chose'. Früher hieß es auch ‚Wind vernehmen': „Da sie nu vernahmen den Wind von des Tilly Crabaten" (Opel-Cohn, 30jähriger Krieg 248,8).

Veraltet ist die Wndg. ‚Wind geben', geheime Nachricht geben; so z. B. Lohenstein (‚Arminius'): „Diesem nach bestellte sie den Lepidus ... in den Servilschen Garten; gab dem Antonius aber Wind und Schlüssel". Die pfälz. Rda. ‚Ich bin hinner Wind', außer Gefahr, ist übertr. vom Tier, das hinter dem Wind steht und dessen Geruch die Spürhunde nicht wahrnehmen können. Dagegen iron. übertreibend: ‚etw. riecht zehn Meter (Meilen) gegen den Wind', stinkt sehr stark; die Wndg. ist erst im 20. Jh. aufgekommen.

Etw. in den Wind schlagen: es unbeachtet lassen, sich nichts daraus machen, geringschätzig von sich weisen; z. B. Bedenken, Warnungen, einen guten Rat. Die Rda. gibt in Worten die bekannte abweisende Handgebärde wieder; sie kann aber auch auf eine ältere Rechtsgebärde zurückgehen: Das Sachsenspiegelrecht sagt uns, daß sie beim gerichtlichen Zweikampf tatsächlich gebräuchl. war, wenn der Beklagte nicht erschien. Der Kläger sollte dann dreimal in den Wind schlagen und hatte damit formal den Zweikampf gewonnen. Im Sachsenspiegel heißt es dazu: „unde slâ tzwêne slege unde eynen stek weder den Wind". Der Stabreim weist auf das hohe Alter dieser symbolischen Handlung hin.

Wind kommt in vielen älteren Wndgn. für ‚nichts' vor (↗ Bohne), z. B. mhd. ‚niht ein wint', gar nichts. Die Verwendung solcher Ausdrücke bei den einzelnen Dichtern ist ganz verschieden häufig. Das Nibelungenlied kennt z. B. keine solche volkstümliche Verneinung und braucht als Bez. des Unbedeutenden und Nichtigen nur das übliche ‚wind':

> das ist gar ein wint
> das was wider in ein wint.

Im Sinne von ‚wie ein Blatt im Wind', ↗ Blatt, heißt es von Christus im ‚Tristan' Gottfrieds von Straßburg (Verse 15733–36):

‚Etwas in den Wind schlagen'

da wart wol goffenbaeret
und al der werlt bewaeret,
daz der vil tugenthafte Crist
wintschaffen alse ein ermel ist.

So sagt noch Hiob (7,7) in Luthers Übers.: „Gedenke, daß mein Leben ein Wind ist". Das Lat. kennt die ähnl. Wndg. ‚ventis tradere' (= ‚den Winden übergeben'), die sich bei Horaz und ebenso bei dem Humanisten Erasmus von Rotterdam in den ‚Adagia' (III,4) findet. Mnd. findet sich die Rda. im Bremer Gebetbuch vom Ende des 16. Jh.: „Lat my dyt exempel nicht vorgeten unde in den wind slân". In der ‚Zimmerischen Chronik' (Bd. II, S. 435) heißt es: „Solchs gab grad Wilhelmen wenig zu schaffen, nams uf die leicht achsel und schluegs in wind". Die plötzliche Häufigkeit der Rda. im 16. Jh. hat zur Annahme geführt, Luther habe sie durch seine Übers. des ‚exsufflare' des Vulgata-Textes erst geschaffen (Mal. 1,13: „Und ihr sprecht: Siehe, es ist nur Mühe! und schlaget's in den Wind"), doch ist die Rda. sicher vorher mdl. gebräuchl. gewesen. Im Sinne von ‚preisgeben', ‚drangeben' erscheint sie bei Grimmelshausen (‚Simplicissimus' 37 Ndr.): „Die ... Reuter warfen ... Sach und Pack von sich, schlugen also ihre ganze Beute in den Wind"; bei Opitz (‚Poem.' 25 Ndr.) für ‚geringachten': „Die (teutsche) Sprache, für der vor viel Feind erschrocken sind, vergaßen wir mit Fleiß und schlugen sie in Wind". Die Rda. ist auch in den Mdaa. reich belegt und hat bis heute ihren Sinn nicht geändert. Vgl. engl. ‚to throw something to the winds'; ndl. ‚iets in de wind slaan'.

In den Wind (oder *die Luft*) *reden (sprechen)*: vergeblich reden. Der Wind trägt die Worte dahin, ohne daß sie fruchtbar werden. Luther hat die Rda. in seiner Bibelübers. benutzt (1. Kor. 14,9): „So ihr nicht eine deutliche Rede gebet, wie kann man wissen, was geredet ist? Denn ihr werdet in den Wind reden". Die lat. Entsprechungen sind: ‚ventis loqui' (Ammian), ‚dare verba in ventos' (Ovid), ‚profundere verba ventis' (Lukrez). Vgl. frz. ‚parler en l'air'.

Von der Flüchtigkeit und Ungebundenheit des Windes abgeleitet sind auch andere Bilder für vergebliches Tun: *in den Wind blasen (hauchen, streuen, schießen)*.

‚In den Wind blasen'

Schiller (‚Räuber' II, 3): „Der Graf schoß aus dem Wagen in den Wind". Vgl. ndd. ‚Dei mott en scharp Mess (Messer) hewwen, wei (wer) Wind snîen will'.

Wind machen (einem Wind vormachen): prahlen, sich brüsten, leere Worte schwatzen, Unwahrheiten erzählen. Schon im Mhd. bedeutet Wind leeres Gerede, wobei wohl die Flüchtigkeit der Luftbewegung den Anlaß zum Vergleich gegeben hat. So findet sich in Mones ‚Schauspielen des MA.' (II, S. 336) die Wndg.: „Dîne wort sind luft und wind". So ist die Rda. noch in der Neuzeit bezeugt. Schiller an Goethe: „Krüger, der ehemals in Weimar (als Schauspieler) engagiert war, ist mit ihm associert; sie machen erschrecklichen Wind, scheinen aber doch viel Geld einzunehmen". Bismarck (‚Briefe an seine Braut' Nr. 492): „Wie wird es denn mit dem Enkel? War es Wind?" Bismarck gegen Virchow: „Die Kritik des Herrn Vorredners über den Wechsel unseres Verfahrens kritisiere ich lediglich mit einer einzigen Phrase, die er selbst gebraucht hat. Er hat uns vorgeworfen, wir hätten, je nachdem der Wind gewechselt hätte, auch das Steuerruder gedreht. Nun frage ich, was soll man denn, wenn man zu Schiffe fährt, anderes tun, als das Ruder nach dem Winde drehn, wenn man nicht etwa selbst Wind machen will? Das überlassen wir andern" (‚Reden' II, 373). Vgl. frz. ‚faire du vent'.

Mit Wind in der Bdtg. ‚leeres Gerede', ‚Lüge' hängen auch Bez. zusammen wie ‚Windbeutel' und ‚Windmacher', ‚windiger Patron' für einen Schwätzer, Flunkerer, auch ‚Windhund' für einen leichtsinnigen Menschen dürfte dadurch beeinflußt sein. Vgl. auch frz. ‚Du vent, ce n'est que du vent': Das ist nur leeres Gerede, oder das sind nur leere Versprechungen.

Die Rda. *nicht vom Wind leben* findet sich schon bei Wernher dem Gartenaere im ‚Meier Helmbrecht' aus der 2. H. des 13. Jh.: „Si lebten niht des windes" (V. 1482). Der Wind wird hier anschaulich festen Speisen entgegengesetzt. „Jetzt aber brauch' ich Geld, denn niemand lebt vom Winde" (Goethe, Weimarer Ausg. IV, 314). Hess. ‚Dä läbt ach net vom Wend', er ist ein starker Esser und daher wohlgenährt. Vgl. frz. ‚vivre d'amour et d'eau fraiche' (wörtl.: von Liebe und frischem Wasser leben) i. S. v. ein sorgloses, z. T. liederliches Leben führen, manchmal hungern.

Wie der Wind: schnell und unvermutet. „Er ritt wie der Wind das Treppengeländer hinab" (Storm, Werke III, 14).

Einem den Wind abgewinnen: ihm zuvorkommen. *Jem. den (allen) Wind aus den Segeln nehmen:* seine Bestrebungen lahmlegen. Dagegen: *Das ist Wind auf jem. Segel:* das gereicht ihm zum Vorteil, das unterstützt sein Vorhaben. Vgl. ‚Das ist Wasser auf seine Mühle', ↗ Wasser.

Vor dem Winde segeln (fahren) erscheint im übertr. Sinn schon um 1500 in Thomas Murners ‚Schelmenzunft' (53, 8):

wer eins hie lügt, das ander dört
der selb mit allen winden fört.

Im Ndd. sagt man auch zur Beruhigung und zum Trost bei Widerwärtigkeiten: ‚'t geit neet altied vöör de Wind', es geht nicht immer nach Wunsch.

Wind in den Segeln haben: mit gutem Erfolg rasch vorankommen. Vgl. ndd. ‚Dat geit mit vullem Wind', das geht flott vonstatten; frz. ‚avoir du vent dans les voiles' oder ‚avoir le vent en poupe' (wörtl.: ‚Wind im Schiffsheck haben').

Wind von vorn bekommen: einen Verweis bekommen; ndd. ‚he krigt de Wind von vörn', ein Hindernis entsteht; *den Wind im Gesicht haben* und *dem Wind ausgesetzt sein:* viel aushalten müssen, mit Hindernissen und Schwierigkeiten kämpfen müssen. Vgl. lat. ‚ventum a facie habere'.

Beliebte und verbreitete stabreimende Zwillingsformeln sind: *Wind und Wasser, Wind und Wellen, Wind und Wetter, Wind und Wogen;* vgl. frz. ‚Contre vent et marées' (wörtl.: gegen Winde und Gezeiten), ‚auf Biegen und Brechen'.

Ndd. ‚De stan sik as Wind und Sandberg', sie sind Feinde. *Wissen, woher der Wind weht:* sich auskennen; *aha, daher weht der Wind:* das ist gemeint, das liegt zugrunde.

Wo hat dich der Wind (welcher Wind hat dich) hergeweht? fragt man, wenn man durch das unverhoffte Erscheinen eines anderen überrascht wird. Ähnl. in Aug. W. Schlegels Shakespeare-Übersetzung (‚Heinrich IV.'): „Welch ein Wind hat dich hergeblasen, Pistol?" (II, 5, 3). Vgl. frz. ‚Quel bon vent t'amène?'

1733

Die Wndg. *in alle Winde zerstreut werden* ist eine bibl. Rda. nach Hes. 17, 21, ebenso: *in alle vier Winde zerstreut werden,* die auf Sacharja 2, 10 beruht; vgl. frz. ‚disperser aux quatre vents'.

Wie vom Winde verweht sein: zerstreut, verschwunden, plötzlich nicht mehr vorhanden sein. Die Rda. entspricht dem Romantitel ‚Vom Winde verweht' (Gone with the wind) der Amerikanerin Margaret Mitchell. Vgl. frz. ‚Autant en emporte le vent', als Rda. und als Übers. des amer. Romans ‚Gone with the wind'.

Wie der Wind in der Laterne sagt man von einem aufgeregten, bald da, bald dort auftauchenden Menschen.

Sich (noch viel) den Wind um die Nase (um die Ohren) wehen (gehen) lassen (müssen): in der Fremde Erfahrungen sammeln, weit reisen. Wind steht hier für die verschiedensten Einflüsse und Widerwärtigkeiten, denen der Weltreisende ausgesetzt ist; seit dem frühen 19. Jh. belegt; vgl. frz. ‚prendre le vent' (wörtl.: den Wind wittern) i. S. v.: sich orientieren. In der ‚Ehrlichen Frau Schlampampe' (34) heißt es ähnl.: „sich den rauhen Wind unter die Nase gehen lassen".

Der Wind hat sich gedreht: die Stimmung ist umgeschlagen; vgl. frz. ‚Le vent a tourné': Das Schicksal ist nicht mehr so günstig.

Es weht kein guter Wind: es herrscht schlechte Stimmung.

Der Wind pfeift aus einem anderen Loch (Ton) und *Hier weht ein anderer (scharfer, frischer) Wind:* es herrscht mehr Ordnung, ein anderer, strengerer Ton.

Auf günstigen Wind warten: abwarten, bis sich die Lage verbessert. Vgl. auch frz. ‚Bon vent!' (wörtl.: Was für ein günstiger Wind!) i. S. v.: Gott sei Dank, er ist weg!

Mit dem Wind segeln: die günstige Gelegenheit nutzen; sich anpassen, vgl. frz. ‚mit dem Strom schwimmen' u. frz. ‚être dans le vent' (wörtl.: im Winde sein) i. S. v. ‚up to date' oder ‚in sein'.

Mit allen Winden segeln: wetterwendisch sein; vgl. engl. ‚to turn with every wind'; ndl. ‚met alle winden waaien'.

Sich nach dem (jedem) Wind drehen (wie eine Kirchturmfahne): seine Gesinnung bedenkenlos verändern, wenn es Vorteile verspricht; vgl. frz. ‚tourner à tous les

‚Sich nach jedem Wind drehen'

vents' oder ‚... au moindre vent': beim geringsten Wind! Ähnl. Bdtg. hat die aus einem anderen Bereich stammende Rda. *durch den Wind gehen:* von seinem anfänglichen Standpunkt abweichen, zur anderen Partei übergehen. Die Rda., zu der keine alten Belegstellen bekannt sind, kommt aus der Seemannssprache und meint urspr.: sein Segelschiff so drehen, daß man den Wind, der anfänglich von einer Seite einfiel, zuerst von vorn und dann von der anderen Seite in die Segel bekommt.

Die Fahne (den Mantel) nach dem Winde (hängen) kehren ↗ Fahne, ↗ Mantel.

Lit.: *Zimmermann:* Art. ‚Wind', in: HdA. IX, Sp. 629–656; *R. Wildhaber:* Volkstümliche Auffassungen über den Wirbelwind in Europa, in: Mitteilungen der Anthropologischen Gesellschaft in Wien, C. (1970), S. 397–415; *M. Zender:* Meinungen u. Rdaa. zu Sturm und Wirbelwind, in: Festschrift f. R. Wildhaber, hg. v. W. Escher, Th. Gantner u. H. Trümpy (Basel 1973), S. 722–737.

Windei. *Windeier legen (ausbrüten):* nutzlose Arbeit verrichten. Die Rda. beruht auf der Übertr. des Windeis in der seit dem 16. Jh. belegten Bdtg. als ‚zum Brüten untaugliches Ei' auf eine auf Täuschung durch den Schein berechnete wertlose Sache.

Das Windei ist zwar möglicherweise ein befruchtetes, jedoch kein bebrütbares Ei, da es nur von der zähen Innenhaut umgeben und zusammengehalten wird. Die äußere harte Kalkschale fehlt, so daß es nur bedingten Wert besitzt. Es ist nicht haltbar, läßt sich aber in der Küche verwenden. Solche Eier werden vor allem dann von Hühnern gelegt, wenn sie kalkarm gefüttert werden. Die Rda. ‚ein Windei aus-

brüten' meint also den Versuch an einem untauglichen Objekt.
Das Wort Windei ist eine Lehnübers. von lat. ‚ova zephiria'. Es heißt nach Varro so, weil es vom Wind empfangen sein soll. Die Wndg. wird namentlich bei hohlen Geisteserzeugnissen, aussichtslosen Plänen und lügnerischen Behauptungen angewandt. „Das deutsche Publikum, ein ägyptischer Brutofen, (brütet) über solchen Windeiern am liebsten" (Goethe, Weimarer Ausg. IV, 23,153).
Dagegen meint die Wndg. *Das wird (soll) ihm keine Windeier legen:* es wird ihm keinen unbedeutenden Vorteil bringen.

Lit.: *F. Eckstein:* Art. ‚Windei', in: HdA. IX, Sp. 658–660.

Windmühle. *Gegen (mit) Windmühlen kämpfen:* gegen bloß eingebildete Gegner kämpfen, einen sinnlosen, von vornherein aussichtslosen Kampf führen. Die Rda. ist seit Lessing belegt und geht auf Don

‚Gegen Windmühlen kämpfen'

Quijotes Kampf mit den Windmühlen zurück, die er für Riesen hält (Cervantes, Don Quijote I, 8: „acometer molinos de viento"). Vgl. ndl. ‚Hij vecht tegen de windmolen' und frz. ‚combattre contre des moulins à vent'.

Lit.: *J. Hartau:* Don Quijote in der Kunst. Wandlungen einer Symbolfigur (Berlin 1987).

Windsbraut. *Wie eine Windsbraut durchs Land fahren:* schnell und mit ungestümer Kraft, wie ein Wirbelwind alles mitreißend.
Dieser sprachl. Vergleich gehört zu den Rdaa. mit beweglichem Hintergrund. Das Wort ist bereits im 8. Jh. als ‚wintes prut' und im Mhd. als ‚windes brût' bezeugt. Der Wirbelwind wird ohne bisher nachweisbare mythologische Grundlage als weibl. Wesen gefaßt, das vom männl. verkörperten Wind gejagt wird. Vgl. die gleichbedeutenden Ausdrücke im Ndl. ‚vaerende wijf (moeder, vrouwe)' und im Pfälz. ‚Windhexe'. Lit. Belege für die Rda. finden sich z. B. bei Grimmelshausen: „ich fuhr herum wie eine Windsbraut" (‚Simplicissimus' 206, Kögel), und bei Schiller: „Das riß uns wie die Windsbraut fort" (Werke 1, S. 346).
Sagen von der Windsbraut sind erst sekundär entstanden. Meist jagt sie mit dem ‚Wilden Heer' vereint durch die Lüfte und wird mit Frau Holle gleichgesetzt, oder sie erscheint als Arme Seele, die gejagt wird und so ihr Vergehen büßen muß. Häufiger wird sie jedoch als Wetterhexe gedacht, die das Unwetter als Schadenzauber erzeugt und selbst im Wirbelwind als nacktes Weib durch die Sturmwolken fährt. Sie straft den Spötter, indem sie ihn durch die Luft entführt, und kann durch einen Messerwurf abgewehrt und verletzt werden. Thompsons Motif-Index hat für die Wirbelwindhexe die bes. Nummer G 242.2 „Witch flies as whirlwind".
In moderner Deutung ist eine Windsbraut eine Motorradbeifahrerin bzw. -sozia und seit 1945 eine Flugzeug-Stewardeß.

Lit.: HdA. IX, Sp. 636ff., Art. ‚Wind' von *Zimmermann; R. Loewein:* Idg. Forsch. 47 (1929), S. 272; *ders.* in: Zs. f. d. Ph. 55 (1930), S. 84; *L. Röhrich:* Die Frauenjagd, in: Erzählungen des späten MA., Bd. II (Bern 1967), S. 5–52 u. S. 393–407; *R. Wildhaber:* Volkstümliche Auffassungen über den Wirbelwind in Europa, in: Mitteilungen der Anthropologischen Gesellschaft in Wien, C. (1970), S. 397–415; *M. Zender:* Meinungen u. Rdaa. zu Sturm und Wirbelwind, in: Festschrift f. Robert Wildhaber, hg. v. W. Escher, Th. Gantner u. H. Trümpy (Basel 1973), S. 722–737.

Wink, winken. *Jem. einen Wink geben:* einen Hinweis geben. *Einem Wink folgen:* gehorsam sein, eine Andeutung richtig verstehen und sich danach richten.
Winken müssen: im Verkehr die freigegebene Richtung anzeigen. Vor dem 2. Weltkrieg wurde an verkehrsreichen Plätzen

der Verkehr durch einen Polizisten geregelt, indem er durch Winken die Kreuzung freigab. Heute wird die automatische Ampelregelung allg. bevorzugt. In einem Evergreen wird auf diese Arbeit des Verkehrspolizisten angespielt, dessen Refrain lautet:
> Winke, winke, winke, winke,
> einmal die Rechte, einmal die Linke.

Heimliches Winken als Zeichen des Einverständnisses, der Vertrautheit ist im Volkslied ‚Wenn alle Brünnlein fließen' gemeint, in dem es heißt:
> Wenn ich mein' Schatz nicht rufen darf,
> tu ich ihm winken.
> Ja, winken mit den Äugelein ...

Und aus dem Film ‚Die Dritte von rechts' (1950) stammt ein Schlager (Text: B. Balz, Musik: M. Jary) mit dem Refrain:
> Winke-winke, winke-winke,
> mit den Händen, mit den Augen, mit dem Mund!
> Winke-winke, winke-winke,
> denn zum Winken gibt es immer einen Grund.

Mit dem Zaunpfahl winken ↗ Zaunpfahl.

Winkelzug, Winkelholz. *Winkelzüge machen:* Ausflüchte suchen, nicht geradeheraus reden, ausweichend antworten, Vorwände machen. Die Rda. tritt lit. seit dem 16. Jh. auf. Burkard Waldis schreibt:
> mit schel, schief sehen vnd mit mawlen,
> mit winckelzügen, heymlich schawlen,
> mit vbelwünschen, schelten, fluchen ...

(‚Streitgedichte gegen Herzog Heinrich d. J.' 37, Ndr.). 1663 findet sich bei Schottel (‚Teutsche Hauptsprach' 439): „wenn ihr ... anstatt rechtzusprechen, tausend winkelzüge macht". Seltener erscheinen die Winkelzüge ohne abschätzigen Beiklang i. s. v. gewitztem, schlauem Vorgehen: „Durch Winkelzüge und Fragen kriegt ichs aus dem Lehrer heraus, daß weiter nichts passiert war" (Bettina v. Arnim, Die Günderode [1840], I, 186).
Die Rda. ist mdal. bes. im Ndd. beliebt. Anhänger Bismarcks, die ‚Getreuen von Jever' in Oldenburg, sandten dem Kanzler jedes Jahr zu seinem Geburtstag am 1. April die von ihm hochgeschätzten Kiebitzeier. Als die Kiebitze eines Jahres erst Mitte April legten, schickten die Getreuen die Eier mit dem plattdeutschen Vers:

> De Kiewitt lewt de Winkeltög just
> wie de Diplomaten,
> Drum hett he uns in diesem Johr
> allwedder luern laten.

Adelung erklärt 1786 in dem ‚Versuch eines grammatisch-kritischen Wörterbuches' (Bd. V, Sp. 242) Winkelzüge als „Züge, welche im Winkel, d. i. im Verborgenen gemacht werden". Es ist aber damit die Wegabkürzung gemeint, die man an einem Winkel vornehmen kann, indem man kurz vor dem Scheitel des Winkels auf den andern Schenkel überspringt, also nicht in den eigentl. Winkel vordringt. So heißen auch schräg in einem Winkel stehende Hölzer ‚Winkelhölzer', und daher kommt die ebenfalls seit dem 16. Jh. bezeugte und noch heute mdal. verbreitete Rda. *Winkelhölzer suchen* (später auch *machen*): Ausflüchte suchen. Luther sagt in den ‚Tischreden': „Der Satan sucht immerdar Winkelhölzer und Beirede wider Gottes Ordnung". Diese ursprüngl. Vorstellung ist freilich schon früh verkannt worden; in der mndl. ‚Hövelschen Chronik' heißt es z. B. im gleichen Sinne: „De Deutschen hebben des winkelholtes so vele gehouwen", wobei der Verfasser ganz offensichtlich an das Schlagen von Holz in einem Waldwinkel gedacht hat.

Winter. *Jem. ist gut über den Winter gekommen:* er hat einer Gefahr gut ausweichen können; auch: jem. ist dick.
Einen weißen und einen grünen Winter haben: immer kaltes Wetter haben. So sagt man auch: *Ein dreiviertel Jahr Winter und ein Vierteljahr lang kalt haben.* In Amerika heißt es: ‚We have two seasons: winter and the 4th of July'.
Ein sprw. gewordener Slogan für die Heizöl-Werbung lautet: ‚Der nächste Winter kommt bestimmt!'

Lit.: *G. Jungbauer:* Art. ‚Winter', in: HdA. IX, Sp. 662–668; *A. Hauser:* Bauernregeln (Zürich u. München 1973).

Wippchen. *Wippchen machen:* Ausflüchte suchen, Flausen machen; *jem. Wippchen vormachen:* jem. veralbern, jem. etw. vorlügen; *mach mir keine Wippchen vor:* flunkere nicht, mache keine Ausflüchte.
Die Rda. ist bes. in den mdt. und ndd. Mdaa. sehr verbreitet und geht auf ndd.

Wippken zurück; Wippchen gehört zu ‚wippen' in der Bdtg. ‚schaukeln', ‚schnellen' und meint eigentl. die kleine Schaukel, dann auch kleine akrobatische Kunststücke und Sprünge, schließlich Possen und Lügen (↗ Kapriolen). Zur weiteren Verbreitung der Rda. hat wohl die von Julius Stettenheim in dem von ihm gegründeten satir. Witzblatt ‚Die Wespen' erfundene Person des flunkernden Kriegsberichterstatters Wippchen beigetragen (‚Wippchens sämtliche Berichte' von J. Stettenheim, 1878 ff.).

Wirt. *Ohne den Wirt rechnen:* sich täuschen. Die veraltete Wndg., die schon bei Seb. Franck (II, 139^b) als „on den wirt rechnen" belegt ist, wird heute meist durch die Rda. *die Rechnung ohne den Wirt machen* ersetzt (↗ Rechnung). Grimmelshausen gebrauchte im ‚Simplicissimus' (III, Kap. 14, S. 259) die ähnl. Wndg.: „Ich machte aber die Zech ohne den wirt", und ausführlicher an anderer Stelle (Kap. 19, S. 567): „also machte ich die Zech ohne den Wirt, weil ich nicht wußte, was der liebe Gott mit mir zu verschaffen vorhatte".
Er ist in des Wirtes Kreide: er steht in seiner Schuld, ↗ Kreide.
Er will seinem Wirt nichts schenken heißt es scherzhaft, wenn einer tüchtig ißt und trinkt und keine Reste stehenläßt. Vgl. ndl. ‚Hij wil zijnen waard niet schenken'. Vgl. auch den Spruch:
Lieber den Magen verrenkt,
Als dem Wirt was geschenkt.
Von einem Wirt, der seinen Gast übervorteilt und prellt, sagt man: *Es ist ein Wirt, der den Barbieren ins Handwerk greift,* hat er den Wein arg verdünnt, gebraucht man die Wndg. *Der Wirt hat den Wein mit zuviel Wasser Hochzeit machen lassen.*
Er soll den Wirt zu Hause finden: er wird an den Rechten kommen. Die Wndg. dient zur Erklärung, daß man sich nicht fürchte, auf man auf irgendeinen Angriff gefaßt und gerüstet ist. Vgl. lat. ‚Cauponi inest mens, ut quidem visum est mihi' und ndl. ‚Kom, waar gij wilt, gij zult er altijd den waard t' huis vinden'.
Dagegen meint die Wndg. *Der Wirt war nicht zu Hause:* er eignet sich dazu nicht, er versteht davon nichts. Vgl. die Rdaa. ‚nicht vom Bau sein' und ‚in einer Sache nicht zu Hause sein'.
Mit einem Wortspiel arbeitet das Sprw. ‚Wer nix wird, wird Wirt'. Es drückt zugleich auch die Geringschätzung vor dem Stand der Wirte aus.

Wisch. *Unterm Wische kaufen,* häufiger: *etw. unter dem Wisch tun:* etw. rasch und heimlich tun, um nicht bemerkt, ‚erwischt' zu werden; betrügerisch handeln.
Die Rdaa. bewahren die Erinnerung an den ‚Marktwisch', der aus Stroh bestand. Er wurde früher auf dem Marktplatz zum Zeichen dafür aufgesteckt, daß der Einkauf nur Stadtbewohnern gestattet sei. Fremde und Wiederverkäufer durften nichts einhandeln, solange der Wisch zu sehen war. Wer es trotzdem tun wollte, mußte schnell und heimlich verfahren.
Die niederrhein. Wndg. ,'ne Kölsche Wisch' bez. eine unordentliche Frau, die nur oberflächlich sauber macht. Vgl. das schwäb. Lied, in dem es in bezug auf Unzuverlässigkeit und Treulosigkeit heißt:
Lieber will i gar koi Schätzle
als en sotte Fledrewisch.

Lit.: *O. Weise:* Etw. unter dem Wische tun, in: Zs. f. hochdt. Mdaa. 7 (1906), S. 12–13; *R. Schmidt-Wiegand:* Der ‚Wisch' als Bann- und Verbotszeichen. Hist. Rechtssprachgeographie und volkskundliche Karte, in: Zs. f. Vkde. 64 (1968), S. 203–222.

Wischer. *Einem einen Wischer geben (jem. eines auswischen):* ihm einen Verweis, eine Rüge, einen Tadel erteilen; vgl. frz. ‚donner une gifle à quelqu'un' (wörtl.: einem eins auswischen) auch i.S.v.: den Hochmütigen zur Vernunft bringen.
Die Rda. ist in den Mdaa. überall verbreitet und lit. seit der 2. H. des 17. Jh. belegt. Christian Weise: „Wie ofte hab ich ein Wischer kriegt, wenn ich wegen der lieben Obrigkeit was versäumt habe" (Kürschner, Nat. Lit., Bd. 39, S. 205). Schiller schreibt (‚Kabale und Liebe' I,1): „Der junge Baron bringt's mit einem Wischer hinaus". Wischer bedeutet ursprüngl. einen Schlag über etw. hin; doch könnte auch an eine säubernde Bewegung über einen Gegenstand hin gedacht werden (vgl. ‚einen herunterputzen').
‚Ich habe eine(n) gewischt bekommen', sagt der Elektriker, der versehentlich

stromführende Drähte berührt (aber sonst keinen Schaden erlitten) hat.

wissen. *Das wissen die Götter!:* das ist völlig ungewiß, das liegt noch im Dunkel der Zukunft, das kann niemand voraussagen. Der gebräuchl. Ausruf geht auf Homers ‚Ilias' (XVII, 514) zurück: „ϑεῶν ἐν γούνασι κεῖται" (= Das liegt [ruht] im Schoße der Götter). Heinrich v. Kleist hat den Ausdr. ähnl. im ‚Prinz Friedrich von Homburg' (I, 1) wiederverwendet: „Das mögen die gerechten Götter wissen". Vgl. frz. ‚Dieu seul le sait' (Gott allein weiß es). Umg. hört man häufig dafür auch: *Weiß Gott!;* vgl. frz. ‚Dieu le sait' oder ‚Dieu sait si ...' (Gott weiß es, bzw. Gott weiß, ob ...); *Weiß der Himmel!,* aber auch: *Weiß der Teufel (Kuckuck, Henker)!*
Das weiß doch alle Welt!: das ist kein Geheimnis, das ist allg. bekannt. Derjenige, dem eine altbekannte Tatsache mitgeteilt wird, der von einem Jüngeren belehrt werden soll, sagt scherzhaft oder abweisend: *Das habe ich gewußt, ehe an dich gedacht worden ist* oder *Das habe ich seit Menschengedenken gewußt; das habe ich schon gewußt, als du noch die ersten Hosen trugst.* Vgl. lat. ‚Hoc noveram, priusquam Theognis natus est'. Luther gebraucht die Wndg. in seinen ‚Tischreden' (302ᵇ): „Das wußte er schon, eh' er auf den Strohwisch gethan hat". Mdal. heißt es in Hamburg: ‚Dat heff ik all wêten, as min Scho nog drê Sösling kosten', das wußte ich schon als kleines Kind, als ich noch billige Schuhe tragen konnte.
Selbst am besten wissen, wo einen der Schuh drückt: seine eigenen Probleme am besten beurteilen können. Die Rda. erscheint auch in negativer Form als: *nicht wissen können, wo einen anderen der Schuh drückt.* Sie beruht auf einer Erzählung Plutarchs; ↗Schuh.
Wer sich nicht von seiner vorgefaßten Meinung abbringen lassen möchte, sagt: *Ich weiß, was ich weiß!* In Norddtl. hört man dazu noch den scherzhaften Zusatz: ‚kalte Erbsen sind nicht heiß'. Vgl. frz. ‚Je sais ce que je sais'.
Wissen wollen, was die Semmeln kosten: erfahren wollen, wie die Sachen wirklich stehen, sich genau informieren.
Von einem Lebenstüchtigen, von einem, der Bescheid weiß, sagt man: *Er weiß, was die Elle kostet:* Er ist durch Schaden klug geworden, er weiß, was dabei herauskommt; *er weiß die Seide zu spinnen; er weiß die Feder nach der Schrift zu schneiden:* er findet geeignete Mittel und Werkzeuge; *er weiß, woher der Wind weht (kommt),* vgl. ndl. ‚Hij weet wol, van welchen kant de wind waait'; vgl. frz. ‚Il sait d'où vient le vent'; *er weiß, wie der Hase läuft, wo der Hund begraben liegt, was die Uhr geschlagen hat.* Viele mdal. Wndgn. umschreiben den gleichen Sachverhalt, z. B. heißt es in Bedburg: ‚Dä wêss, wo Has höpp', und im Siebenb.-Sächs.: ‚Er wasst, äm wevel et wôr'.
Der Überkluge dagegen *weiß* sogar, *wieviel Sprossen Jakobs Himmelsleiter hatte, wo das Gold im Rhein liegt,* oder es heißt von ihm: *Er weiß alles, er hört's Gras wachsen und die Flöhe husten;* vgl. frz. ‚Il entend péter le loup' (wörtl.: Er hört den Wolf furzen).
Die Wndg. *Er weiß wohl, was er für Fleisch in der Tonne hat,* die sich auf das Pökelfleisch bezieht, wird meist von Älteren in bezug auf die Kinder gebraucht, deren Charakter und Temperament ihren Eltern nur allzu gut bekannt sind.
Wissen, was man will: seine Ziele genau kennen und konsequent verfolgen; vgl. frz. ‚savoir ce que l'on veut'.
Jem. etw. wissen lassen: ihm etw. mitteilen. Oft heißt es auch im nachgeahmten Kanzleideutsch: *jem. etw. kund und zu wissen tun.*
Weder aus noch ein wissen: in einer verzweifelten Lage sein, sich selbst nicht mehr helfen können. Diese Wndg. ist bibl. Herkunft und beruht auf einem Ausspruch Salomos (1. Kön. 3,7): „So bin ich ein junger Knabe, weiß nicht weder meinen Ausgang noch Eingang". Auch im Liederbuch der Clara Hätzlerin (I, 112, 10) ist diese sprw. gewordene Wndg. bezeugt: „Ich waiss weder ein noch ûss".
Nicht mehr wissen, wo man her ist: vornehm tun, seine frühere Armut und niedere Abstammung vergessen haben und nichts mehr mit den ehemaligen Freunden zu tun haben wollen. Die Wndg. gilt als Tadel für die Neureichen.
Nichts mehr von jem. (etw.) wissen wollen:

jem. ablehnen, seinen Umgang meiden, von einer Sache nichts mehr hören wollen; vgl. frz. ‚ne plus vouloir entendre parler de quelqu'un (quelque chose)'.

Von einem, den man noch für sehr unerfahren, unschuldig oder einfältig hält, heißt es: *Er weiß noch nicht, daß es zweierlei Menschen gibt*, und von einem, der keine Ahnung von der aufgewendeten Mühe hat: *Er weiß nicht, was der Elefant gefressen hat, bis er so groß geworden ist.*

Er soll nicht wissen, ob er ein Bub oder ein Mädel (Männchen oder Weibchen) ist: gilt als Drohung vor einer beabsichtigten derben Züchtigung. Bereits Joh. Fischart kennt diese Wndg. und schreibt in der ‚Geschichtklitterung': „Der Mönch versatzt jhm mit dem Creutzstock ein, dass er nichts vmb sich selbst wust, ob er ein Knäblein oder ein Meydlin wer". Von Betrunkenen und Menschen mit verworrenen Ansichten sagt man ähnl. in Oberösterr.: ‚A weiss nöt, ob er en Mandl oder en Weibel ist'.

Einer, der nicht recht weiß, was er will, der unentschlossen ist, *weiß nicht, ob er's will gebraten oder gesotten haben, ob's gehauen oder gestochen ist*. Im Siebenb.-Sächs. sagt der Unschlüssige von sich selbst: ‚Ch wïss net, bän ich kôcht âwer gebrôden' oder ‚äs et der Pêter âwer der Pâl'.

Ist jem. über die Mittel in Verlegenheit, umschreibt man dies mit folgenden Wndgn.: *Er weiß nicht, wie er der Hacke einen Stiel, der Flasche einen Zapfen, dem Hafen einen Deckel finden soll.*

Nicht wissen, wo einem der Kopf steht: mit Arbeit überlastet, mit Geschäften überhäuft sein; vgl. frz. ‚ne plus savoir où donner de la tête'.

Mitleidig oder iron. heißt es von einem sehr dummen Menschen: *Er weiß weder Gix noch Gax*, ndl. ‚Hij weet van Feeuwes noch Meeuwes', oder: *Er weiß soviel davon wie der Blinde von der Farbe, wie die Kuh von der Muskatnuß, wie eine Katze vom Siebengestirn*, vgl. ndl. ‚Hij weet er zoovele van als het kalf van de hoogmis', und scherzhaft: *Er weiß auch nicht, warum die Frösche keine Schwänze haben;* vgl. schweiz. ‚Er weiss au nid, worum d' Chrotte keini Schwänz händ'.

Sehr häufig zu hören ist die sprw. Wndg.

‚Was ich nicht weiß, macht mich nicht heiß'

Was ich nicht weiß, macht mich nicht heiß. Seb. Franck (I, 67^b) verzeichnet einen ähnl. Wortlaut: ‚Was einer nit weyss, das thut jm nit wee'. Vgl. lat. ‚Dimissum quod nescitur, non amittitur' und frz. ‚Ce qu'on ignore ne fait pas de mal'.

Auch in Grimmelshausens ‚Simplicissimus' (VI, 531) findet sich ein lit. Beleg: „Wer ein Ding nicht weiss, dem macht's auch nicht heiss".

‚Nichts Gewisses weiß man nicht', sagt man und meint, daß über eine Sache oder über eine Person viel geredet wird, man den wirklichen Sachverhalt aber nicht kennt; schwäb. ‚Nix G'wisses weiß mr net'.

‚Gewußt, wo!', ‚gewußt, wie!': anerkennender Ausruf für einen Fachmann, der schnell das Richtige zur Hand hat. Ein Mechaniker, der einen Fehler mit einem Handgriff behob und dafür 21 Mark verlangte, sagte, als ihm vorgeworfen wurde, der eine Handgriff sei doch arg teuer: „Die Reparatur kostet eine Mark, das ‚gewußt, wo' zwanzig!"

Wissen, wo's langgeht: sich auskennen, Bescheid wissen.

Lit.: *I. Abrahams:* Knowledge is Power, in: American Notes and Queries 6,8 (1883), S. 364; *Anon.:* He who knows not, in: National Educational Association Journal 35 (1946), S. 145; *R. Pinon:* Et cetera, que sais-je encore, in: Proverbium 15 (1970), S. 514–515; *F. Schalk:* Nochmals zum „Je ne sais quoi", in: Romanische Forschungen 86 (1974), S. 131–138.

1739

Witwe. *Grüß mir meine Witwe!* sagt man scherzhaft vor einem gefährlichen Unternehmen. Die Rda. entstammt offensichtlich der Soldatensprache. In Berlin gebraucht man als Drohrede: ‚Sonst hinterläßt du eine Witwe!'

Eine politische Witwe sein: die Frau eines überbeanspruchten Politikers sein, der fast nie zu Hause ist und für die Familie keine Zeit hat. Ähnl. die sprw. Definition der Arztfrau: ‚Eine Arztfrau ist eine Witwe, deren Mann noch lebt'. Dagegen frz. ‚des veuves abusives' (wörtl.: ungebührlichen Vorteil bedachte Witwen), d. i. Witwen, die aus dem Ruhm ihres verstorbenen Mannes Vorteil ziehen möchten.

Eine grüne Witwe sein: außerhalb der Stadt wohnen, zwar in sehr schöner und gesunder Umgebung leben, aber viel allein sein. Die Wndg. ist erst nach dem 2. Weltkrieg entstanden.

Den Witwenstuhl besitzen: Witwe sein.
Den Witwenstuhl verkehren: sich wieder verheiraten. ↗ Brautstuhl.

Lit.: *M. Beth:* Art. ‚Witwe', in: HdA. IX, Sp. 668–680.

Witz. *Sich Witz kaufen:* aus (bitterer) Erfahrung lernen, die richtigen Schlüsse ziehen und entsprechend handeln, auch: ‚Aus Schaden klug werden'.

Das ist der ganze Witz: darauf kommt es an bei einer Sache, das steckt dahinter. Diese Rdaa. haben beide noch die alte Bdtg. von ‚Witz' i. S. v. Verstand haben, klug oder geistreich sein – zu Beginn des 19. Jh. aufgekommen ist dann unsere heutige Bdtg.

Lit.: *L. Röhrich:* Der Witz. Figuren, Formen, Funktionen (Stuttgart 1977; Taschenbuchausg. München 1980); *E. Moser-Rath:* Lustige Gesellschaft (Stuttgart 1984).

wohl. *Wohl oder übel* ↗ nolens.

Wolf. *Sich bessern wie ein junger Wolf:* iron. für immer schlimmer werden. 1514 heißt es bei Tunnicius (Nr. 585): ‚He sal sik beteren als ein junk wulf'. Schon 1646 wird die Rda. bei Corvinus (‚Fons lat.' 578) als deutungsbedürftig empfunden: „alle tag ärger werden". Auch eine ndd. Redensart der Gegenwart besitzt einen erklärenden Zusatz: ‚Hei betert sek as en jung wulf, dei werd alle dâge rîtender (reißender)'.

Dem Wolf die Schafe (an)befehlen; den Wolf zum Hirten (Gänsehirten) machen: ‚den Bock zum Gärtner machen'. Vgl. frz. ‚mettre le loup dans la bergerie' (wörtl.: den Wolf in den Schafstall hereinlassen). Beide Rdaa. verbindet Aug. Herm. Francke 1746 in seinen ‚Sonn-, Fest- und Aposteltagspredigten' (1,614): „was kan man ... hoffen, wenn ... der Bock ... zum Gärtner und der Wolf zum Hirten ... bestellet wird?" Die Redensart wird heute zum Beispiel von einem schlechten Vormund gesagt, dem Kinder anvertraut werden.

‚Dem Wolf die Schafe befehlen'

Das Gleichnis vom Wolf als Hirten ist alt. Schon um 1230 wird in Freidanks Lehrgedicht ‚Bescheidenheit' (137, 11 ff.) gesagt:

Swâ der wolf ze hirte wirt,
dâ mite sint diu schâf verirt
  (d. h. in die Irre geführt).
swer den wolf nimt ze râtgeben,
daz gât den schâfen an daz leben.

Walther von der Vogelweide hat das Bild auf den Papst angewendet: „Sîn hirte ist zeinem wolve im worden under sînen schâfen" (33,30). Auch Luther ist die Rda. geläufig: „Es were eben als so man den wolfen in herde schaff bevelhen wölt" (Briefe, Weimarer Ausg., Bd. 9, S. 29). Der Gedanke ist bereits in der Antike sprw. geformt: „O praeclarum custodem ovium, ut aiunt, lupum!" (Cicero, Philippica III,11,27); „Mavelis lupos apud oves linquere, quam hos domi, custodes" (Plautus, Pseudolus 140).

Ein Wolf in Schafskleidern (im Schafspelz) wird nach Matth. 7,15 ein Scheinheiliger genannt: „Sehet euch vor vor den falschen Propheten, die in Schafskleidern zu euch kommen, inwendig aber sind sie reißende Wölfe". Das Bild ist schon früh in Dtl. bekanntgeworden. Um 830 heißt die Übers. der lat. Fassung einer ‚Evangelienharmonie' des Syrers Tatian (41, 1): „uuartet iu fon lugen uuizagon, sie quement zi iu in giuuatin scafo, inuuertes sind sie razeuuolua". Um 817 schreibt Otfrid von Weißenburg: „sie sint iu in anaratin, in scafinen giwatin, thar buent inne in ware wolva filu suare" (II, 23, 10).

Im 16. Jh. reimt Burkard Waldis im ‚Verlorenen Sohn' (V. 1993 f.):

Wan der wulf wil roven gan,
So tuet he schapes kleder an.

Noch anders gereimt bei Wegeler („Philosophia Patrum' Nr. 2115):

Oft aus Lammeshaut
Wolfes Tücke schaut.

Bei Lessing („Nathan' 4, 4, 402) heißt es: „Ich werde hinter diesen jüdschen Wolf im philosophschen Schafpelz Hunde schon zu bringen wissen, die ihn zausen". Der Volksmund kennt das Sprw.: ‚Der Wolf ändert das Haar, sonst bleibt er als er

war'. Ebenso sagt der Lateiner von Wolf und Fuchs: „Lupus (vulpes) pilum mutat, non mores" (Sueton). Dem bibl. Hintergrund der Rda. entspr. findet sie sich auch in anderen Sprachen, z. B. engl. ‚a wolf in sheep's clothing'; ndl. ‚een wolf in schaapskleren' (oder: ‚in een schapevacht').

Jeder ist des anderen Wolf: jeder denkt nur an sich, an seinen eigenen Vorteil; lat. ‚homo homini lupus'.

Den Wolf bei den Ohren halten sagt man von einem mißlichen Unternehmen, das man weder abbrechen noch zu Ende führen kann. Wer den Wolf einmal bei den Ohren hält, kann ihn nicht wieder loslassen, ohne sich selbst zu gefährden, er ist

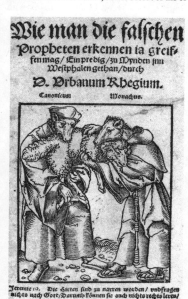

1–3 ‚Ein Wolf im Schafpelz'

also in Verlegenheit, weiß sich keinen Rat. 1592 heißt es bei Nigrinus: „Wann sichs begibt, dasz eines ... edelmanns weib schlechter dinge beschreyet wird ... und (es) sind nicht genugsame beweissthumb fürhanden..., warlich da hat der richter den wolff bey den ohren und weisz nicht was er thun soll" (Grimm, Dt. Wb. 14,2). Schon dem lat. Sprw. war dieser Gedanke geläufig: ‚Auriculis tenuisse lupum nimis horrida res est' (Tunnicius 273). Die Rda. belegt H. Schrader (S. 401 f.) als Lieblingswort des Tiberius; dieser sagte es öfters, als er heuchlerisch zögerte, die Herrschaft über das Reich zu übernehmen (Suet. Tib. 25: ‚Lupum se auribus tenere').

Den Wolf sehen; vom Wolf angesehen werden: sehr erschrecken. Diese beiden Rdaa. zeigen noch den sprachlosen Schrecken und das Verstummen des Menschen früherer Zeiten vor einem Wolfsblick. 1531 heißt es in Seb. Francks ‚Chronica' (104a): „Socrates hat mit jedermans gespöt wider heim müssen ziehen und erstumpt gleich als hab ihn ein wolf gesehen". Die Rda. findet sich heute nur noch in der Seemannssprache: ‚He het de wulf (die stürmische See) seen, do is he al bang worden'.

‚Wer vom Wolf spricht, findet ihn an seiner Tür', wer das Übel nennt, wird von ihm ereilt, ↗ Teufel.

Man muß mit den Wölfen heulen ist ein schon seit spätmhd. Zeit bezeugtes Sprw., mit dem man sich entschuldigt, wenn man sich in seinen Äußerungen und Handlungen nach einer schlechten Gesellschaft richtet. Das Sprw. hat sich aber auch als Rda. verselbständigt: *mit den Wölfen heulen:* sich jeder Umgebung anpassen; auch lit. häufig belegt. Bei Agricola steht: „Wer unter Wölfen ist, muß mitheulen"; Geiler von Kaysersberg sagt: „Mit den Wölfen muoß man hülen". In Lohensteins ‚Arminius' (1, 451ª) heißt es 1689: „Wenn man mit den Wölffen heulet..., wird man allenthalben beliebt". Wilh. Raabe schreibt im ‚Hungerpastor' von 1864 (Bd. I, S. 63): „Hans Unwirsch hatte ... mit den Wölfen geheult und was die andern taten, hatte er ... ebenfalls getan". Ludwig Körner, Präsident des Dt. Bühnenklubs, Berlin, reimt:

‚Mit den Wölfen heulen'

Mit den Wölfen muß man heulen,
Eine alte Weisheit spricht,
Aber mit dem Schwein zu grunzen,
Braucht man drum noch lange nicht!

Vgl. auch frz. ‚Il faut hurler avec les loups'; engl. ‚Who keeps company with wolves, will learn to howl' und ‚One must howl with the wolves'; ndl. ‚huilen met de wolven in het bos'.

J. P. Hebel führt dieses Sprw. in seinem ‚Schatzkästlein des rhein. Hausfreundes' ad absurdum: „‚Man muß mit den Wölfen heulen', d. h.: wenn man zu unvernünftigen Leuten kommt, muß man auch unvernünftig tun wie sie? Merke: Nein! Sondern erstlich, du sollst dich nicht unter die Wölfe mischen, sondern ihnen aus dem Weg gehen. Zweitens, wenn du ihnen nicht entweichen kannst, so sollst du sagen: ‚Ich bin ein Mensch und kein Wolf. Ich kann nicht so schön heulen wie ihr'. Drittens: Wenn du meinst, es sei nimmer anders von ihnen loszukommen, so will dir der Hausfreund erlauben, ein- oder zweimal mitzubellen, aber du sollst nicht mit ihnen beißen und anderer Leute Schafe fressen. Sonst kommt zuletzt der Jäger, und du wirst mit ihnen erschossen".

Versuchen, dem Wolf etw. aus dem Rachen zu reißen: sich viel zumuten, ein zu großes, unmögliches Vorhaben beginnen. „Ihr sucht dem Wolf ein Lamm zu reissen aus

dem Rachen" (Gryphius, Trauerspiele 157). Die Wndg. ist schon lat. bezeugt: ,lupo agnum eripere' (Plautus).
Eine Gegend, *wo die Wölfe einander gute Nacht sagen,* ist eine unsichere, wilde Gegend. „Spessert..., allwo die wölff einander gute Nacht geben" (Grimmelshausen, Simplicissimus 11, Scholte); ↗ Fuchs.
Einen Wolfshunger haben. Der unersättliche Wolfsmagen ist früh sprw. geworden; schon das griech. Sprw. kannte ihn, und im Lat. heißt es (Plautus, Stich. 605): „Hereditatem inhiat quasi esuriens lupus" = wie ein hungriger Wolf. Hebbel (Sämtl. Werke 9, 101) schreibt: „Hungrig bin ich auch wie der Wolf, wenn er ein Schaf blöken hört". ,Gier' ist der Name des Wolfes im ‚Reineke Fuchs', der der Wölfin ‚Frau Gieremund'. Vgl. frz. ‚avoir une faim de loup'.

Lit.: *Bibliothecar Chetham:* Wolf in Shepard's Clothes, in: American Notes and Queries 2,7 (1859), S. 178; *H. Schrader:* Das Ohr in sprachl. Bildern und Gleichnissen, in: Zs. f. dt. Sprache (Hamburg 1893/94), S. 401–450; *O. Keller:* Die antike Tierwelt, 1 (Leipzig 1909), S. 87–88; *W.-E. Peuckert:* Art. ‚Wolf', in: HdA. IX, S. 716–794; *S. Singer:* Sprww. des MA., I, 75 f., III, 96 f.; *V. B. Dröscher:* Mit den Wölfen heulen (Düsseldorf – Wien 1978); *D. Ward:* The Wolf: Proverbial Ambivalence, in: Proverbium 4 (1987), S. 211–224; *J. Leibbrand:* Speculum Bestialitatis (München 1989), S. 154 ff.

Wolke. *Wie aus den (allen) Wolken gefallen sein:* höchst überrascht sein, ernüchtert werden, einer Sache verständnislos gegenüberstehen, als wäre man eben aus einer anderen Welt in diese ‚hereingeschneit', wie auch 1793 Hippel im Roman ‚Kreuz- und Querzüge des Ritters A- bis Z-' (Bd. I, S. 128) sagt: „Dies brachte ihn aus den Wolken auf die Erde".
Die Rda. ist seit dem 18. Jh. häufig bezeugt. Goethe (Weimarer Ausg. I, 51, 67): „Und wenn sie nun gar wieder allein war, und aus den Wolken, in denen seine Leidenschaft sie emportrug, herab in die Erkenntnis ihres Zustandes fiel, dann war sie zu bedauern". Auch im Frz. ist in gleichem Sinne üblich: ‚tomber des nues'.
Zum gleichen Bildbereich gehören: *auf Wolken schreiten:* in einem Zustand der freudigen Entrücktheit sich befinden; *in den (über) Wolken leben (schweben):* entrückt, weltfremd, zerstreut sein. Diese Rda. wurde zuerst aber als Bild der Überheblichkeit gebraucht; Seb. Franck sagt 1511 in seinen ‚Sprichwörtern' (2, 163 b): „Die hochtrabenden gelerten... schweben in wolcken". Vgl. frz. ‚vivre dans les nuages'. Ähnl.: *in einem Wolkenkuckucksheim leben:* phantastische, völlig welt- und wirklichkeitsfremde Vorstellungen haben. ‚Wolkenkuckucksheim' ist der Name des in den ‚Vögeln' von Aristophanes gegründeten Vogelstaates in den Lüften (‚νεφελοκοκκυγία). Das dt. Wort findet sich erstmals 1814 bei Schopenhauer (Sämtl. Werke, hg. v. Deussen und Hochstetter, Bd. XI, S. 153). Andere Übersetzer sprachen von ‚Wolkengukguksburg' (Wieland 1805), ‚Kukukswolkenheim' (Voss 1821).

‚In einem Wolkenkuckucksheim leben'

Die Vorstellung, daß Engel und Selige auf Wolken sitzen und Gottes Herrlichkeit preisen, wurde parodiert in Ludwig Thomas ‚Ein Münchner im Himmel'.
Von keinem Wölkchen getrübt sein: ganz heiter sein, gut abgelaufen; vgl. das Lied von Reinhard Mey:
 Über den Wolken
 muß die Freiheit
 wohl grenzenlos sein...
Dagegen: *Dunkle Wolken ziehen herauf:* Gefahr, Krieg, Not und Trübsal deuten sich an. Im dt. Volkslied wird dieses sprachl. Bild ebenfalls verwendet mit dem urspr. Bezug auf das Scheiden der Liebenden, das Kummer bringen muß:
 Es geht ein dunkle Wolken 'rein,
 mich deuchts, es werd ein Regen sein,
 ein Regen aus den Wolken,
 wol in das grüne Gras.
(E. B. II, Nr. 769 b: ‚Dunkle Wolken', 1646).

Für jem. ein bißchen Wolken schieben: auf gutes Wetter hoffen, es ihm wünschen. ,Es heitert (klärt sich) auf zum Wolkenbruch' sagt man bei einer Schlechtwetterperiode, wenn es den Anschein hat, daß das Wetter sich noch verschlimmert.

Das ist eine Wolke: das ist toll, großartig, geht auf die berl. Rda. ,Det is 'ne Wolke' als Ausdr. für Bewunderung und Anerkennung zurück.

Lit.: *F. E. Hirsch:* ,Aristophanische' Wortfügungen in der Sprache des 19. Jh., in: Zs. f. d. Wortf. 12 (1910), S. 241–248; *V. Stegemann:* Art. ,Wolke', in: HdA. IX, Sp. 803–814; *K. Badt:* Wolkenbilder und Wolkengedichte der Romantik (Berlin 1960).

Wolle. *(Warm und weich) in der Wolle sitzen (sein, stecken):* ein sorgloses Leben führen, wohlhabend sein, es gut haben, ,warm sitzen'; eigentl. vom Schaf gesagt, das ein dickes, warmes Wollfell trägt. Die Schafwolle stellt einen großen Wert dar und wird deshalb sinnbildl. für großen menschlichen Reichtum gebraucht. Vgl. frz. ,être élevé dans la laine' (wörtl.: in der Wolle erzogen werden) i. S. v.: eine zu weiche Erziehung bekommen.

Auch *in die Wolle kommen* (eigentl.: ,bald geschoren werden können') wird übertr. gebraucht in der Bdtg.: zu Vermögen kommen. *Keine Wolle gewinnen:* keinen Vorteil dabei haben. *Von guter Wolle sein:* tüchtig, wertvoll sein. „Dieser Mönch ... war nicht von der besten Wollen", d. h. taugte wenig (Grunau, Preuß. Chronik I, 433).

Sich in die Wolle geraten (kriegen): zu streiten beginnen, aufeinander zornig werden, untereinander handgreiflich werden. Wolle steht hier scherzhaft für das menschliche Kopfhaar. Die Rda. ist eine erst unserem Jh. angehörende Parallelbildung zu ,sich in die Haare geraten', ,sich in den Haaren liegen'. Entspr. *einen in der Wolle haben:* sich mit ihm streiten; *Wolle lassen* (wie: ,Haare lassen'): Verlust erleiden; vgl. frz. ,Y laisser des plumes' (wörtl.: Federn dabei verlieren) ↗ Feder, sowie ,se laisser manger la laine sur le dos' (wörtl.: sich die Wolle vom Rücken fressen lassen) i. S. v.: sich das Fell über die Ohren ziehen lassen, ↗ Fell; *einen in die Wolle bringen:* ihn erbosen. Älter ist *einem in die Wolle greifen:* ihm scharf zusetzen; urspr. auf das Schaf angewandt, das man an der Wolle packt und festhält. In übertr. Sinne schon bei Luther: „Das heyst dem bapste yn die wolle gegriffen" (Weimarer Ausg. Bd. 34, 2, S. 312). Auch ,einem in den Beutel greifen' kann die Rda. bedeuten, z. B. in der ,Zimmerischen Chronik' (Bd. II, S. 169): „Als nun junker Heinrich vil verthon, derhalben in grosse schulden kommen, hat er angefangen, dem alten herrn mehr und gröber in die wollen zu greifen". 1639 findet sich bei Lehmann S. 679 (,Regenten' 201): „Alexander der Gross alß er vermahnt worden, er solt seinen Vnterthanen besser in Woll greiffen, hat er geantwortet: Er möge keinen Gärtner haben, der fruchtbare Kräuter mit der Wurtzel außruppft".

In der Wolle gefärbt: echt, treu, zuverlässig, unverfälscht; gilt urspr. von einem farbigen Stoff, der nicht erst als Tuch, sondern schon als unverarbeitete Wolle gefärbt worden ist und, da er völlig von ihr durchdrungen ist, die Farbe besser hält. Das Wortspiel wird gelegentlich sogar noch weitergeführt, z. B. bei Ina Seidel (,Lennacker' [1938], S. 449): „Heut aber sind ganze Völker, ja ganz Europa in der Wolle gefärbt durch das teure Blut unseres Herrn und Heilands Jesu Christi ... da durch die Taufe viele Christen wirklich nur eben in der Wolle – nicht aber bis in die Seele hinein christlich gefärbt sind".

Viel Geschrei und wenig Wolle ↗ Geschrei.

Lit.: *Zepf:* Art. ,Wolle', in: HdA. IX, Sp. 814–817.

Wolpertinger. *Wolpertinger fangen (wollen):* einem imaginären Fabelwesen (Mischwesen) nachjagen. Die Wndg. gilt bes. im Bayr. als Verspottung von Leichtgläubigkeit und vorgeblichem Heldentum.

Wolpertinger schießen gehen: etw. Unsinniges vorhaben, Unmögliches versuchen, ↗ Elbetritschen, ↗ Jägerlatein.

Wort. *Es in Worten haben* (auch mit dem Zusatz: *wie das Eichhörnchen im Schwanz*) sagt man von einem, der mit hoher Gönnermiene in beredten, schönen Worten etw. verspricht, worauf nicht zu bauen ist, dessen ganze Stärke also die Worte sind, wie die Stärke des Eichhörnchens der Schwanz. 1529 bucht Joh. Agricola (Nr. 43): „Es ist dir in worten, wie manchem im synne", mit der Erklärung: „Im synne hats mancher, er wolle gros ding thun, aber er feylet darnach weyt, wens zur that kompt vnd zum treffen gehen soll".

Thomas Murner behandelt in zwei Kapiteln seiner ‚Schelmenzunft' (1512) die beiden heute ausgestorbenen Rdaa. ‚dieffe Wort geben' und ‚glatte Wort schleifen', die beide auch durch eine Ill. ausgezeichnet sind; ↗schleifen.

Ich strafe mein Weib nur mit guten Worten! sagte der Hanswurst und warf seiner Frau das Gebetbuch an den Kopf.

‚Tiefe Worte geben'

Seine Worte auf die Goldwaage legen: seine Worte genau überlegen und abwägen. Die Rda. ist bibl. Urspr. und beruht auf Sir. 21,27 („die Weisen aber wägen ihre Worte mit der Goldwaage"; ähnl. Sir. 28,29); vgl. frz. ‚peser ses mots' (wörtl.: seine Worte abwiegen).

Zur Beliebtheit der Wndg. *(nicht) viele Worte machen* hat sicherlich ebenfalls die Übers. der Lutherbibel von Sir. 7,15 und Matth. 6,7 beigetragen („die Heiden ... meinen, sie werden erhört, wenn sie viel Worte machen").

Einem das Wort gönnen: ihn anreden, begrüßen, ihn um etw. bitten. Die Rda. ist bes. in den ndd. Mdaa. verbreitet, z. B. ‚Ik will em dat woort darum gunnen', ihn darum bitten.

Einem das Wort im Mund herumdrehen: seine Äußerungen verfälscht wiedergeben, jem. absichtlich mißverstehen. Die Rda. ist schon seit dem 16. Jh. bezeugt. Vgl. frz. ‚faire dire à quelqu'un ce qu'il ne veut pas dire' (wörtl.: jem. absichtlich mißverstehen).

Ein großes Wort gelassen aussprechen: etw. Wichtiges bescheiden äußern; vielfach iron. verstanden: eine dumme Bemerkung unbedacht machen. Die Wndg. beruht auf einem Zitat aus Goethes ‚Iphigenie' (I,3); dort sagt Thoas: „Du sprichst ein großes Wort gelassen aus".

Haste Worte? (auch mit dem Zusatz: ‚for sonne Sorte'): Was soll man dazu sagen? Der rdal. Ausdr. des Erstaunens ist berl. Ursprungs und seit dem 19. Jh. belegt (vgl. Ton). Vgl. frz. ‚Il n'y a pas de mot pour le décrire' (wörtl.: Das läßt sich mit keinem Wort beschreiben) als Ausdr. der Empörung.

Folgende bildhafte Wndgn. bedürfen keiner Erklärung: ‚das letzte Wort haben (behalten)'; vgl. frz. ‚avoir le dernier mot'; ‚das große Wort führen', ‚mit leeren Worten abspeisen'; vgl. frz. ‚nourrir de belles paroles' (mit schönen Worten). Vgl. auch: ‚se nourrir de belles paroles' (wörtl.: sich mit schönen Worten abspeisen lassen) i. S. v. auf leeres Gewäsch hereinfallen; ‚ein Wort mitzureden haben'; vgl. frz. ‚avoir droit à la parole' oder ‚au chapitre'; ‚ins Wort fallen', ‚für jem. ein gutes Wort einlegen', ‚jem. ein gutes Wort geben', ‚mit jem. ein ernstes (offenes) Wort reden (müssen)'; vgl. frz. ‚dire deux mots à quelqu'un' (wörtl.: mit einem zwei Worte reden); ‚ein Wort fallen lassen'; vgl. frz. ‚prononcer un mot'; ‚sein Wort verpfänden (einlösen)', ‚beim Wort nehmen'; vgl. frz. ‚prendre au mot'; ‚das Wort bleibt einem in der Kehle stecken'; vgl. frz. ‚Les mots vous restent dans la gorge'; ‚jem. die Wörter einzeln aus der Nase ziehen', ‚jem. das Wort im Munde abschneiden'; vgl. frz. ‚couper la parole à quelqu'un'.

1745

Ein Wörtchen mitzureden haben: mitzuentscheiden haben. Wörtchen nimmt sich wegen der Diminutivform bescheiden aus, meint aber iron. das sehr gewichtige Wort, fast die Hauptentscheidung; seit 1811 lexikographisch.

Einer Sache (jem.) das Wort reden: sich dafür einsetzen.

‚Dein Wort in Gottes Ohr': dein Wunsch möge Gehör an höherer Stelle finden, in Erfüllung gehen.

Lit.: W. Mieder: „A Picture Is Worth a Thousand Words": From Advertising Slogan to American Proverb, in: Southern Folklore 47 (1990), S. 207–225.

Wunder. *Sein blaues Wunder erleben:* peinlich überrascht sein, eine unangenehme Erfahrung machen (↗blau).

Es geschehen noch Zeichen und Wunder sagt man rdal., wenn nach langem Stillstand wieder eine Neuigkeit zu verzeichnen ist. Die Rda. beruht auf einem abgewandelten Zitat aus Schillers ‚Wallensteins Lager' (8. Auftr.): „Am Himmel geschehen Zeichen und Wunder"; vgl. 2. Mos. 7,3.

Wupper. *Über die Wupper gehen:* sterben, ↗zeitlich; auch: bankrott machen.

Wurf. Wndgn. mit Wurf sind bis auf wenige Ausnahmen nur noch in den Mdaa. zu finden.

Einem in den Wurf kommen: ihm unversehens begegnen, in den Weg laufen, ihm gerade recht kommen, seit dem 16. Jh. nachweisbar; eigentl.: dem, der es auf einen abgesehen hat, der gleichsam mit dem Speer oder dem Stein in der Hand schon zum Wurf lauernd ausgeholt hat, als Beute in die Schußlinie laufen, in die Quere kommen; z. B. 1771 in Christian Felix Weißes ‚Komischen Opern' (Bd. III, S. 7): „Und wer weiß, hätt' ihm der König nicht hier in Wurf kommen können". Dementspr.: *in den Wurf laufen:* ins Schußfeld kommen, in die Quere kommen.

Eine Verdeutlichung wird durch die Wndg. entgegengesetzten Sinnes erreicht: *aus dem Wurf gehen:* ausweichen (vgl. ‚aus dem Schußfeld gehen'). „Im entweych Ettun auss dem wurff ynd der stab sprang an die gezelt stang" (Hertzog Aymont [1535] r4ᵃ).

Die artikellose Fügung ‚in Wurf kommen' hat im Sprachgebrauch des 16. und 17. Jh. das Übergewicht und tritt noch in den Quellen des 18. Jh. vielfach auf. Im 19. Jh. ist sie bis auf wenige Restfälle aus der Schriftsprache gekommen, lebt aber in dem Mdaa. fort. Schwäb. ‚Wenn mir der in (de) Wurf kommt, na –!', wenn ich den geschickt erwische. Ndd. „Ok teiken un malen ded hei in olle Wis' allens, wat em in den Worp kam" (Fr. Reuter, P. Warncke, ³1910).

Es im Wurfe haben: geschickt sein. ‚Es im Worff habe', vom Glück begünstigt sein (Tobler, Appenzell [1837], 451). Adelung (IV, 1627) bucht: *jem. in den Wurf bekommen:* ihn irgendwo antreffen. Meist mdal. auf den schwäb.-alem. Raum beschränkt sind die Wndgn. ‚im Wurfe sein', ‚im Wurf liegen', vorgeschlagen sein (als Kandidat für ein Amt), geplant sein, und ‚in Wurf bringen', vorschlagen. Zschokke schreibt 1824 (Ausgew. Schriften 2,75): „Anfangs war nichts Geringeres im Wurfe, als gänzliche Abschaffung der neuen Staatsverfassung". Gottfr. Keller (1889, Ges. W. 7,92): „Ich hörte zu, wie sie die Regine bereden wollten, auf dem im Wurfe liegenden Wohlthätigkeitsbazar eine Verkaufsstelle zu übernehmen". ‚Einen Wurf tun', einen Anschlag versuchen, ausführen, mit der Grundvorstellung des Wurfes auf ein Ziel, das getroffen werden muß, ist bei Luther (Weimarer Ausg. 9,376) bezeugt, heute aber ungebräuchlich.

Einen großen (guten) Wurf machen: Glück haben, mit leichter Mühe zu großem Gewinn kommen. Die Rda. stammt von Würfel- oder Kegelspiel, ↗Würfel. Auch das bekannte Zitat aus Schillers Lied ‚An die Freude' von 1785 („Wem der große Wurf gelungen, eines Freundes Freund zu sein") hat zur Beliebtheit des Bildes beigetragen. Dementspr. auch: *alles auf einen Wurf setzen:* alles auf eine Karte setzen. M. Herbert schreibt 1922 (‚Liebesirrtum' 19): „Alles Glück des Lebens auf einen Wurf zu setzen".

Um den ersten Wurf spielen (werfen): den Anstoß erteilen, der die Entscheidung einleitet; eigentl.: darum spielen, wer das Spiel beginnen soll. In erweiterter Bdtg.

vom Mhd. bis zur Reformationszeit gebräuchl. Mdal. treten auf: ‚De worff habe', den Vorteil haben, und: ‚de worff os de henda loh', das Glück aus den Händen lassen (Tobler, Appenzell 451).

Zwei Würfe mit einem Stein tun (wollen): mehr erreichen (wollen), als eigentl. zu erwarten ist, mehrere Ziele verfolgen; vgl. ‚zwei Fliegen mit einer Klappe'. Diese Wndg. gebrauchte auch Lessing (Sämtl. Schriften, hg. von K. Lachmann u. F. Muncker, II, 80): „Es war mir sehr lieb, auf diese Art, wie man sagt, zwey Würfe mit einem Steine zu thun". Vgl. frz. ‚faire d'une pierre deux coups'.

Würfel. *Die Würfel sind gefallen* (seltener *Der Würfel ist gefallen):* Der Entschluß ist gefaßt, die Entscheidung ist endgültig. Diese umg. oft gebrauchte Wndg., die aber in den Mdaa. durchweg fehlt, geht auf ein Zitat zurück: Als Caesar nach längerem Schwanken im Jahre 49 v. Chr. den Entschluß gefaßt hatte, über den Rubicon

‚Der Würfel ist gefallen'

zu gehen, zitierte er Menanders Wort „Ανερρίφθω κύβος" (= der Würfel falle). Sueton (‚Caesar', 32) gibt die nicht ganz wörtl. Übers.: „Iacta alea est!", häufig zitiert: ‚Alea iacta est!' (= Der Würfel ist gefallen). Mit dem Humanismus ist die Wndg. in die Sprache der Gebildeten eingedrungen und hat sich dort bis zum heutigen Tage erhalten. Auch Schiller (Werke 1, 232) gebrauchte dieses Zitat, jedoch etw. abgewandelt:

Eisern im wolkigten Pulverdampf,
Eisern fallen die Würfel.

Thomas Mann schrieb 1956 (‚Felix Krull' S. 127): „Ich begab mich ziemlich gelassenen Geistes dorthin (zur Musterung); denn ich war mir bewußt, daß heute der Würfel kaum fallen werde". Vgl. frz. ‚Les dés sont joués'.

Lit.: *E. Marshall:* Jacta est alea, in: American Notes and Queries 6, 11 (1885), S. 196–197; *Büchmann; W. Tauber:* Das Würfelspiel im MA. und in der frühen Neuzeit. Eine kultur- und sprachgeschichtliche Darstellung (Europ. Hochschulschriften: Reihe 1, Dt. Sprache und Literatur, Bd. 959) (Frankfurt/M. 1987).

Wurm. *Sich winden (krümmen) wie ein Wurm:* sich hilflos sträuben, unterwürfig sich fügen; etw. nicht zugeben wollen, mit der Sprache nicht herauswollen.

Der geläufige rdal. Vergleich ist schon dem Mhd. bekannt. Um 1300 schreibt Heinrich von Neustadt (‚Apollonius' 4219, hg. v. S. Singer):

Du leydest manigen sturm,
das du dich pewgest als ain wurm.

Zahlreiche Belege finden sich in der neueren Lit., aber auch die Mdaa. kennen den Vergleich, z. B. pomm. ‚He wund sikk as een worm', er wollte nicht daran. Vgl. auch frz. ‚se tordre comme un ver'.

Einem die Würmer aus der Nase ziehen: ihm langsam, aber durch geschickte Fragen seine Geheimnisse entlocken, ihn aushorchen; ebenso frz. ‚tirer les vers du nez à quelqu'un'. Die Rda. geht auf die alte Vorstellung von wurmgestaltigen Krankheitsdämonen zurück, die nach volksmedizinischer Auffassung im menschlichen Leib bzw. in dem betroffenen Glied liegen. Einzelne Krankheiten wurden auf das Vorhandensein von Spezialwürmern (wie Magen-, Leber-, Ohr-, Zahn-, Hirn-, Herzwurm) zurückgeführt.

Der Beschwörung von Krankheitsdämonen in Wurmgestalt dienen die von ahd. Zeit bis zur Ggwt. bezeugten Wurmsegen. 1350 vermerkt Konrad von Megenberg in seinem ‚Buch der Natur' (hg. v. Pfeiffer, S. 130 f.): „In des hirzs haupt ist ain wurm, der in oft müet; aber ain iegleich tier und auch der mensch hât ainen wurm under der zungen, und an der stat, dâ diu runstâdern gesellet werdent des rucks dorn, dâ er sich verainet mit dem haupt, sein zwanzig würm". Diesen Glauben machten sich Kurpfuscher des 17. und 18. Jh. zunutze, indem sie auf den Jahrmärkten behaupteten, Schwermütige dadurch heilen zu können, daß sie ihnen die Würmer durch die Nase aus dem Gehirn zögen. In derselben Weise prahlt Frosch in Auerbachs Keller (Goethe, Faust I, V. 2174ff.):

Laßt mich nur gehn! Bei einem
vollen Glase
Zieh' ich, wie einen Kinderzahn,
Den Burschen leicht die Würmer aus
der Nase.

(Im Urfaust: „Ich will'en die Würme schon aus der Nase ziehn, wo sie herkommen").

Zur selben Grundvorstellung gehören zahlreiche weitere Rdaa. und Wndgn.: *einen Wurm (im Kopf) haben:* eine fixe Idee, eine Marotte haben, töricht und unverständig handeln; vgl. engl. ‚He has worms (maggots) in his brain'. Goethe (‚Sprüche in Reimen'):

Noch spukt der babylonische Turm,
Sie sind nicht zu vereinen!
Ein jeder Mann hat seinen Wurm,
Kopernikus den seinen.

Im Schwäb. hat ein geisteskranker, aber ebenso auch ein launischer oder hochmütiger Mensch ‚Würmer im Hirn'. Auch in anderen Mdaa. sind ähnl. Wndgn. reich belegt. In Süddtl. ist beim Steigen der Wassersucht heute noch der Ausdr. bekannt: ‚Der Herzwurm b'seicht mi'; bair. ‚den Wurm töten', den Beinfraß (eine eiternde Sehnenentzündung) heilen; schwäb. ‚Wer hat dir die Wurm tötet?', wer hat dich aus der Not erlöst?; ‚Daß dir der Wurm dreinfahr!' ist eine gängige Fluchformel in Kurhessen.

Es ist wie der Wurm unter dem Fuß: es ist zum Kotzen.

Es wurmt einen: es ärgert, quält, beunruhigt ihn (wie der Wurm im Leibe). In weiterer Übertr. ist der ‚nagende Wurm' auch das schlechte Gewissen, die Sorge, die Angst.

Du hast den Drehwurm sagt man zu unruhigen Kindern, die sich dauernd im Kreise herumbewegen oder sich um sich selbst drehen.

Jem. den Wurm schneiden (nehmen). Die seit dem 17. Jh. bezeugte Rda. bezieht sich auf die oft betrügerischen Praktiken der ‚Wurmschneider' auf den Jahrmärkten. Dementspr. ist der Sinn der Rda. zunächst: betrügen, übervorteilen. „O ho,

Nicolo Cantabella, Savonardischer Wurmschneider.

Wurmschneider
(‚Jemand den Wurm schneiden')

sagte der Wurmschneider ... sag an mein liebes Baewerlein, hastu niemals zuvor deiner eigenen Obrigkeit den Wurmb geschnitten. Hastu nicht deinen Juncker im Zehenden betrogen ...?" (Moscherosch, 1646, in ‚Gesichte' 3,316). Die gleiche Bdtg. hat die Rda. bei Christian Weise (‚Erznarren', 1673, Ndr., S. 30). Im 18. Jh. kommt die Rda. zur Bdtg.: einen von einer Torheit heilen. Dabei spielt die Vorstellung eine Rolle, daß jungen Hunden der angeblich die Tollwut verursachende Wurm (die wurmförmige Sehne unter der Zunge) entfernt werden müsse. Vorgang und Deutung der Rda. sind von Adelung (IV, 1630) für seine Zeit bezeugt. Gleichzeitig bürgert sich seit der 1. H. des 17. Jh. für Wurm die Bdtg. „Marotte', ‚Schrulle' ein, die eine Entmythologisierung der urspr. volksmedizinischen Vorstellung bedeutet. Diese Auslegung dringt auch in die Lit.; z. B. schreibt Goethe in ‚Hans Sachsens poetische Sendung':

(Der Narr) bespöttet eines jeden Fürm,
Treibt sie ins Bad, schneid't ihnen
die Würm'
Und führt gar bitter viel Beschwerden,
Daß ihrer doch nicht wollen
wen'ger werden.

Mdal. hält sich die Rda. bis zur Ggwt.;

z. B. wien. ‚an in (den) Wurm nehma', seinen Übermut dämpfen.

Einem ein Würmchen aus dem Kreuze leiern: ihn drillen, eine neuere, sold. Wndg.

Jem. den Wurm segnen: ihm gehörig die Meinung sagen, ihn kräftig zurechtweisen. Die Rda. bezieht sich auf die volkstümlichen Wurmsegen, die die Würmer als Krankheitsdämonen heftig beschworen, von ihrem Opfer zu lassen und sich an einen anderen Ort zu begeben, wo sie unschädlich waren.

Auf den Wurm im Obst bezieht sich die Wndg. *Da ist der Wurm drin:* es sieht verlockend aus, birgt aber Nachteile. Eine sehr bekannte Formelstrophe des volkstüml. Liebesliedes lautet:

Der Apfel scheint so rosenrot,
ist doch ein Würmlein drin,
es ist kein Knabe so hübsch und fein,
er trägt einen falschen Sinn.

Vgl. frz. ‚Le ver est dans le fruit'. Vielleicht ist aber auch an den Holzwurm zu denken, der heimlich das Holz des Gebälkes und der Möbel durchnagt und seine Festigkeit zerstört, weil die Rda. auch oft in bezug auf eine gestörte Gesundheit, ein zurückgehendes Geschäft und eine zerrüttete Ehe gebraucht wird.

Lit.: *M. Höfler:* Dt. Krankheitsnamen-Buch (München 1899), S. 820–835; *O. v. Hovorka* u. *A. Kronfeld:* Vergleichende Volksmedizin, 2 Bde. (Stuttgart 1908–09), I, S. 452 ff.; HdA. IX, Sp. 841–863, Art. ‚Wurm' und ‚Wurmsegen', v. *Riegler* u. *Ohrt; I. Hampp:* Beschwörung, Segen, Gebet (Stuttgart 1961), S. 62 ff.; *G. Eis:* Altdt. Zaubersprüche (Berlin 1964); *L. Röhrich:* Krankheitsdämonen, in: Volksmedizin (Darmstadt 1967), S. 283 ff.

Wurst. *Wurst wider Wurst!:* Gleiches mit Gleichem vergelten. Der Realbereich der Rda. ist die Sitte, sich beim Schweineschlachten gegenseitig mit Wurst oder Fleisch zu beschenken. Schon Erasmus Alberus führt 1540 in seinem ‚Dictionarium' die Rda. auf diesen Brauch zurück: „sicut fecerunt mihi, sic feci eis, würst vmb wieder würst dicunt nostrates enim vincini tempore, quo mactantus sues, farcimina invicem mittere. Si quis primus mactarit, vicino nihil mittit, si postea a vicino mactante nihil mittitur". In einem Volkslied aus dem Dreißigjährigen Krieg (1631, bei F. W. v. Ditfurth, Historische Volkslieder [1882], Nr. 86) heißt es:

Gleich wie wir sie vor kauzten
                     (prügelten),
Wenn sie uns jetzt auch dauzten
                     (schmähten),
Das wäre Wurst um Wurst.

Der Rda. stehen zahlreiche Sprww. zur Seite, die ebenfalls eine solche Gegenseitigkeit ausdrücken: ‚Wie du mir, so ich dir' (vgl. Sprüche Salomonis 24, 29); ‚Brätst du mir eine Wurst, so lösche ich dir den Durst' (Sebastian Brants ‚Narrenschiff' Kap. 81); ‚Ein Eisen macht das andere scharf'; ‚Eine Hand wäscht die andere'.

Mit der Wurst nach der Speckseite werfen: mit Kleinem Großes erreichen wollen; durch ein kleines Geschenk ein größeres, durch eine kleine Gefälligkeit einen großen Vorteil zu erhalten suchen. Schon der röm. Dichter Martial sagt: „Quisquis magna dedit, voluit sibi magna remitti" (= Wer Großes schenkte, wollte, daß ihm Großes wieder geschenkt würde).

Das heute noch gebräuchl. Bild unserer Rda. ist schon mhd. bei Konrad von Würzburg bezeugt, und zwar noch in durchaus wörtl. Anwendung:

Wer wâget, der gewinnet vil:
wirf die wurst an bachen (Schinken),
vil lîht so wirt er krachen,
daz in diu wurst erschellet
                     (klingen macht)
und daz er mit ir vellet.

1529 findet sich bei Joh. Agricola das Sprw., „Schenken heißt angeln" mit der Erklärung: „Wer einem andern etwas schenket, der wirfft ihn mit einer Bratwurst um ein Seiten Speck. Man schenkt gar selten aus lauter Lieb, ohn ein Schalksaug, sondern man handelt, angelt, jagt und fischt mit den Gaben, daß man mehr sehe und mit Gewinn wieder nehme... Man schickt keinem keine Wurst, man verhoffe

‚Jemand mit einer Wurst fangen'

‚Mit der Wurst nach der Speckseite werfen'

‚Er will eine Extrawurst gebraten haben'

dann, er werde auch ein Sau schlachten und des Sprichworts gedenken: Wurst wider Wurst, Korn umb Salz!" 1649 bei Gerlingius (Nr. 233): „Tribus minis insumptis duodecim imputat. Er wirfft wurst nach einer Seiten speck". Jeremias Gotthelf sagt 1837 im ‚Bauernspiegel' von einem pfiffigen Bauern: „Er wußte wie keiner Würste nach Speckseiten zu werfen, und selten mißlang ihm ein Wurf"; kurz darauf: „Das war auch so eine Wurst, die er nach der Speckseite bengelte". Auch im Ndd., z. B. bei Fritz Reuter: „He smitt mit de Wust na'n Schinken"; sogar gereimt: „He smitt mit de Pink (kleinen Wurst) na de Schink". Schwäb. ‚die Wurst nach einer Blunze (‚Speckseite') werfen'; ⇗Speck.

Heute wird diese Rda. meist mit umgekehrter Bdtg. gebraucht, wobei auch noch die Wurst als das Wertvollere gesehen wird: ‚Das heißt ja mit der Wurst nach der Speckseite werfen': einen Verlust durch erhöhten Einsatz wiederzugewinnen suchen, wobei am Ende alles verloren ist.

Er will immer eine besondere Wurst (oder *eine Extrawurst*) *gebraten haben:* er beansprucht eine besondere, ihn bevorzugende Behandlung. Ähnl. schon bei Abraham a Sancta Clara (‚Lauber-Hütt' I, 314): „Man bratet keinem eine Wurst, man macht keinem etwas besonders".

Es geht um die Wurst: es geht um die Entscheidung. Die Rda. leitet sich wahrscheinl. von volkstümlichen Wettkämpfen her, bei denen der Sieger eine Wurst erhielt oder, wie beim Wurstklettern, Wurstschnappen, Wurstangeln usw., sich eine Wurst erringen mußte (1881 für Leipzig belegt).

Vom Dorfschullehrer, der bei keiner Festlichkeit fehlte, wo er sich einmal sattessen konnte, hieß es im Spottlied:

Die größte Wurst ist immer sein,
Dem armen Dorfschulmeisterlein.

‚Es geht um die Wurst'

‚Es geht um die Wurst'

Das kannst du in die Wurst hacken: das taugt nichts.

Schwäb. ‚jem. eine hölzerne Wurst aufs Kraut legen', ihn prügeln.

Das ist mir Wurs(ch)t: das ist mir gleichgültig; die Rda. ist wohl nicht als verkürzte Form aus der Wndg. ‚Das ist Wurst wie Schale' entstanden (vgl. ‚Jacke wie Hose'); vielleicht ist nur an die Gleichartigkeit gedacht, die sich bei der Wurst an beiden Enden zeigt (vgl. die Sprw.-Parodie: ‚Alles hat ein Ende, nur die Wurst hat zwei'). Es ist gleichgültig, an welchem Ende die Wurst angeschnitten wird. Möglicherweise ist auch an Wurst als Werktagsessen in geringschätzigem Sinne gedacht, im Gegensatz zum Sonntagsbraten. Bismarck schrieb am 22. Dezember 1853 seiner Schwester vom Frankfurter Bundestag: „Ich gewöhne mich daran im Gefühle gähnender Unschuld alle Symptome von Kälte zu ertragen und die Stimmung gänzlicher Wurschtigkeit in mir vorherrschend werden zu lassen ..." M. Busch (‚Graf Bismarck und seine Leute' [Leipzig 1878], I, 255) berichtet unter dem 21. Jan. 1871 bei Gelegenheit einer Erörterung über die Titulaturen ‚deutscher Kaiser', ‚Kaiser von Deutschland', ‚Kaiser der Deutschen': „Als ein Weilchen darüber verhandelt worden war, fragte der Chef, der bisher zu der Debatte geschwiegen: Weiß einer der Herren, was auf lat. ‚Wurscht' heißt? – ‚Farcimentum' erwiderte Abeken. – ‚Farcimen', sagte ich. – Chef, lächelnd: ‚Farcimentum' oder ‚farcimen', einerlei: Nescio quid mihi magis farcimentum esset, d. h. ich weiß nicht, was mir mehr Wurst wäre"

(Büchmann). Vgl. frz. ‚Je m'en fiche ...' oder ‚Je m'en fous (comme de l'an quarante)' (wörtl.: Es ist mir so egal wie das Jahr vierzig).

In der Ggwt. findet sich die Rda. auch pleonastisch verstärkt: ‚Das ist mir piepwurst' oder ‚Das ist mir wurstepiep' und ‚Das ist mir schnurzwurstpiepe', ‚wurstegal', ↗ Pfeife.

Die gekränkte Leberwurst spielen ↗ Leberwurst.

Lit.: *Anon.:* Men werpe eenen Schelvis uit, om eenen Kabeljaauw te vangen (Die Wurst nach der Speckseite werfen), in: Allgemeene Konst- en Letterkunde (1816), S. 409–410; *R. Spreyer:* Mit der Wurst nach der Speckseite werfen, in: Zs. f. d. U. 7 (1893), S. 143; *O. Glöde:* Mit der Wurst nach dem Schinken werfen, in: Zs. f. d. U. 7 (1893), S. 633; *O. Behagel:* Das ist mir wurst, das ist mir pipe, in: Zs. f. dt. Wortf. 1 (1900), S. 279–280; *O. D. Potthoff:* Illustrierte Geschichte des dt. Fleischerhandwerks vom 12. Jh. bis zur Gegenwart (Berlin 1927); *R. Wissell:* Des alten Handwerks Recht und Gewohnheit (Berlin 1929), S. 584; *F. Eckstein:* Art. ‚Wurst', in: HdA. IX, Sp. 865–874; *E. Johann:* Das Jahr des Metzgers. Der Lissnerschen Wurstologia anderer Band (Frankfurt a. M. 1957).

Wüste. *Jem. in die Wüste schicken:* jem., mit dem man unzufrieden ist, entlassen; vgl. frz. ‚limousiner': jem. in die tiefste Provinz Limousin versetzen, ↗ Sündenbock.

Wut. *Seine Wut hinunterschlucken (unterdrücken) müssen:* seine angestauten Affekte verschweigen, seine Gefühle nicht frei äußern dürfen, Rücksichten nehmen müssen.

Eine Wut im Bauche haben: hochgradig erregt sein. Im Badischen heißt es sogar: ‚Eine Wut im Arsch haben'. Die Wndgn. dienen der Verstärkung und Veranschaulichung des Gemütszustandes. Sie beziehen sich auf die Beobachtung, daß sich unterdrückte Gefühle sehr negativ auf die inneren Organe auswirken können und sogar zu psycho-somatischen Erkrankungen (Magengeschwüre, Darmstörungen) führen.

Die (kalte) Wut kommt einem hoch: die Erregung läßt sich nicht länger zurückhalten, ein ähnl. Vorgang wie das Erbrechen.

Seine Wut herauslassen: sich direkt äußern, sich keinen Zwang auferlegen, frei heraus seinen Mißmut äußern.

XY

X. *Einem ein X für ein U vormachen:* ihn täuschen, ihn belügen, irreleiten, ihm etw. vorspiegeln, ihn betrügen, übervorteilen. Bekanntlich wurden im MA. die Zahlen mit röm. Zahlzeichen ausgedrückt, wobei das V, das damals zugleich für U stand, fünf (5) bedeutete. Zwei V, das eine verkehrt an das andere gesetzt (X), bedeuten aber zehn (10); zum selben Ergebnis kommt man, wenn man die beiden Schenkel des V über den Fußpunkt hinaus schreibt, das Zeichen dann als X gelesen werden kann. Demnach ist der urspr. Sinn der Rda.: jem. zehn statt fünf (d. i. ,mit doppelter Kreide', ↗ Kreide) anschreiben. Schon in dem 1435 verfaßten Namenbuch von Konrad Dangkrotzheim heißt es: „do mache ein ickis für ein V"; und in einer Dichtung von Nikodemus Frischlin:

Schreibs alles seinem Herren zu
Oft zwei X für ein einigs V.

Aus dem 16. Jh. wird berichtet (,Germania' 13,270):

Der wierte war ein gschwinder man,
Die kreid in seine hand bald nam.
Dieselb, wie es dann pflegt zu gen,
Für einen strich recht kreidet zwen,
Er macht ein X wol für ein V,
Damit kam er der rechnung zu.

Diese Deutung wird auch bestätigt durch eine Stelle in Johann Wilhelm Lauremberg ,Veer Schertzgedichten' (1653; 1. Gedicht, V.136 ff.):

(Ik) laet mi nicht verleiden,
Voer L (50) to schriven C (100) und
voer V schriven X,
Kan ik den nicht veel mehr, so bin
ich darup fix.

Der Wirt Schrepffeisen sagt zu Simplicius: „Und doch wollen meine Gäste meine Rechnung bisweilen nicht allerdings recht verstehen/sondern wollen aus einem X ein V machen/das mir aber zu tun nicht gelegen" (Grimmelshausen, Kalender, S. 503). Vgl. auch frz. ,faire

,Einem ein X für ein U vormachen'

prendre à quelqu'un des vessies pour des lanternes' (wörtl.: einem eine Schweineblase für eine Laterne vormachen).
Auf eine andere Erklärungsmöglichkeit weist Alb. Höfer (,Germania' XIII, 270, XIV, 215 und IV, 216) hin. Bis ins 15. Jh. war eine Geheimschrift üblich, in der tatsächlich ein ,X' für ein ,V' gemacht wurde, weil in ihr jeder Vokal durch den folgenden Konsonanten ersetzt wurde. Es kam also urspr. mehr auf das Verbergen und Täuschen als auf das Betrügen und Fälschen an, was eigentl. auch noch heute dem Sinn der Rda. besser entspricht. Die Zahlzeichen X und V mögen dann später eingewirkt und zur Bedeutungsänderung der Wndg. beigetragen haben.

Er kann kein X von einem U unterscheiden: so sagt man auch von einem dummen Menschen; vgl. engl. ,He does not know B. from a Bull's foot' und: ,He doesn't know a hawk from a handsaw'.

Einem etw. xmal sagen: es ihm unzählige Male sagen; x ist in der Algebra die Bez. für die unbekannte Größe.

Ein x-beliebiger Mensch: irgendeine Person aus der Menge.

Lit.: *A. W. Strobel:* Beiträge zur dt. Lit. und Lit.-Geschichte (Paris u. Straßburg 1827), S. 124; *J. M. Wagner:* X für U, in: Germania 13 (1868), S. 270; *J. Addis:* I know a hawk from a handsaw, in: American Notes and Queries 4, 10 (1872), S. 375–376; *F. Latendorf:* X für U, in: Germania 20 (1875), S. 8; *Floto:* X für U, in: Germania 21 (1876), S. 255–256; *R. Köhler:* X für U, in: Kleinere Schriften, Bd. III (Berlin 1900), S. 541 f.; *C. Paschall:* Ein X für ein U, in: Western Folklore 7 (1948), S. 392.

Xanthippe. *Eine wahre Xanthippe sein,* auch: *einer Xanthippe gleichen:* eine bösartige Frau sein, die ihren Ehemann durch ihr Gezänk ständig plagt, für bes. streitsüchtig gelten. Der fremde, unverständliche Name erfuhr auch eine volkstümlich-scherzhaft erklärende Umformung in der Wndg. *Sie ist eine Zanktippe.*

‚Einer Xanthippe gleichen'

Xanthippe, die Gattin des griech. Philosophen Sokrates (470–399 v. Chr.), gilt zu Unrecht als das Urbild des unverträglichen Weibes. Die Schuld am häuslichen Unfrieden lag wohl nicht nur an ihr. Doch die parteiischen Schriften der zahlreichen Anhänger ihres Mannes brachten Xanthippe in ihren sprw. Ruf, z. B. hat sie Xenophon in seinem ‚Gastmahl' als bes. zanksüchtig geschildert. Lessing unternahm 1747 für sie einen Rechtfertigungsversuch, und E. Zeller brachte in seinem Buche ‚Vorträge und Abhandlungen geschichtlichen Inhalts' (Leipzig 1875) noch einen Beitrag ‚Zur Ehrenrettung der Xantippe', in dem er schrieb: „Hätte Xantippe keinen Sokrates zum Manne gehabt, so wäre uns ihr Name wol kaum überliefert; und finge dieser Name nicht mit dem leidigen X an, so läsen wir schwerlich in den Fibeln:

Xantippe war ein böses Weib,
Der Zank war ihr ein Zeitvertreib.

Bis heute jedoch hat sich die öffentl. Meinung über die Xanthippe deshalb nicht im geringsten geändert. In einem Bilderbogen des 19. Jh. werden die Mädchen vor den bösen Folgen gewarnt, falls sie ihr ähnl. sind:

Die Jungfrau, die ist übel d'ran,
Die der Xanthippe gleicht,
Vor ihr scheut sich ein jeder Mann,
Es nimmt sie Keiner leicht.

Die Sprww. enthalten widersprechende Feststellungen: ‚Xanthippen werden nicht geboren', sie entwickeln sich erst durch die schlechten Verhältnisse, in die sie geraten, und: ‚Xanthippen werden noch immer geboren', die bösen Weiber sterben niemals aus. Vgl. ndl. ‚Xantippes worden nog wel geboren'.

Ypsilon. Mit Ypsilon wird u. a. eine unbekannte Größe in der Mathematik bez. Weiterhin gilt das pythagoreische Y-Signum wegen seiner Ähnlichkeit mit einer Weggabelung als Emblem der Wegscheide des Lebens. ↗ Scheideweg.

Y als Emblem der Wegscheide

Wann zuerst das Y als Signum für die Wahl zwischen zwei Wegen angesehen wurde, ist nicht sicher zu bestimmen. In der Nachfolge pythagoreischer Vorstellungen steht das Y-Signum als Zeichen einer vorwiegend moralisch bestimmten Entscheidung über den Lebensweg, als Zeichen der Entscheidung zwischen ‚vita contemplativa' und ‚vita activa'.

Lit.: *W. Harms:* Geschichte eines pythagoreischen Weg-Signums. Der Buchstabe Y als ‚res significans', in: ders.: Homo viator in bivio. Studien zur Bildlichkeit des Weges (München 1970), Kap. II, S. 29–199; weitere Lit. ↗ Weg.

Z

Z ↗ Abc.

Zachäus. *Zachäus auf allen Kirchweihen (in allen Schenken) sein:* überall anzutreffen sein, insbes. dort, wo es lustig hergeht und es etw. Gutes zu schmausen gibt. Schwäb. ‚Der isch auf älle Kirwe wie (der) Zachäus'. Die Rda. bezieht sich auf den herkömmlichen Text der Kirchweihpredigt über Jesu Einkehr im Hause des Zöllners Zachäus (Luk. 19, 1–10). Ein Frühbeleg für die Rda. findet sich in Wickrams ‚Rollwagenbüchlein' von 1555 (XLIX): „wenig aber wirt dass leiden Christi bedacht. Also predigt man vom Zacheo auff allen Kirchweihen, niemandt aber volget jm inn den wercken nach".
Vgl. ‚Petersilie auf allen Suppen' ↗ Petersilie; ‚Hans Dampf in allen Gassen' ↗ Hans.

Zack, Zacken. *Auf Zack sein:* schlagfertig, tüchtig, ‚auf ↗ Draht' sein; seinen Vorteil rasch erkennen und nutzen. Zack steht sinnbildl. für die sehr schnelle Bewegung, wohl hergenommen von der Zickzackbewegung des Blitzes. Zack sagt man, wenn man z. B. einen Nagel auf den ersten Anhieb richtig in die gewünschte Stelle schlägt. Die Rdaa. entstammen der Soldatensprache des 2. Weltkrieges, ebenso wie ‚zackig' und ‚Zackigkeit'.
Einen Zacken (in der Krone) haben: einen leichten Rausch haben.
Sich einen Zacken (aus der Krone brechen) abbrechen: sich etw. vergeben (↗ abbrechen, ↗ Krone).
Neuere Wndgn. sind: *einen Zacken weghaben:* bezecht sein (↗ trinken) und *einen Zacken draufhaben:* sehr schnell fahren.

Zahl. *In die roten Zahlen kommen:* sich verschulden, Schulden machen. *Wieder schwarze Zahlen schreiben:* nach einem drohenden Konkurs wieder eine positive Bilanz aufweisen, ein in den Medien der Gegenwart recht häufig gebrauchter Ausdruck.
‚Zahlen entscheiden' heißt es an vielen Stellen in den Schriften des rhein. Physikers und Publizisten Joh. Friedr. Benzenberg (1777–1846). Daraus entstand die geflügelte Wndg. ‚Zahlen beweisen, sagt Benzenberg' oder auch, negativ gebraucht: ‚Zahlen beweisen gar nichts' (Büchmann).

Zahn. *Das reicht (kaum) für (auf) einen hohlen Zahn:* das ist sehr wenig (zu essen); seit dem Ende des 18. Jh. (Zs. ‚Olla Potrida', Nr. 188, S. 2) belegt: „Sie hat fast nicht mehr so viel, daß sie es könnte in einem hohlen Zahn verbergen". Ähnl. heißt es schlesw.-holst. von einer guten Speise: ‚Dat mutt man achter een Tähn eten', sparsam essen. Vgl. ndl. ‚Dat kan ik wel in mijne holle kies douwen'. Dagegen: *Das bleibt nicht im hohlen Zahn:* das geht einem seelisch nach und nahe.
Seine Zähne (sein Gebiß) ins Holz hangen: nichts zu beißen haben; vgl. frz. ‚n'avoir rien à se mettre sous la dent' (wörtl.: nichts haben, was man sich zwischen die Zähne stecken könnte).
Die Zähne (hoch) heben; mit langen Zähnen essen: mit Widerwillen, ohne Appetit essen; vgl. frz. ‚du bout des dents' (wörtl.: mit den Zahnspitzen), i. S. v. mit Widerwillen; auch: ‚avoir les dents longues' oder ‚avoir la dent'; doch bedeutet stellenweise ‚mit langen Zähnen essen' auch: gierig essen (so 1786 von Adelung gebucht); *einem lange Zähne (oder die Zähne lang) machen:* ihn begierig, lüstern machen (so z. B. bei Grimmelshausen); im letzteren Sinne meist: *einem die Zähne wässerig machen;* seit dem 17. Jh. belegt: „Aber ich wuste wol, daß die (prächtigen) Kleider ... ihm nur angethan waren, mir die Zähne wässerig zu machen" (Grimmelshausen, Simplicissimus, 5. Buch, 21. Kap.).

‚Einem eilige Zähne machen' heißt in der Niederlausitz scherzhaft: ihn zur Eile antreiben.
Sich an etw. die Zähne ausbeißen: eine Niederlage erleben müssen trotz größter Anstrengung, sich mit etw. Schwierigem abmühen; vgl. frz. ‚se casser les dents sur quelque chose'.
Auf die Zähne beißen: sich bezwingen; vgl. frz. ‚serrer les dents'. Ähnl.: *Die Zähne zusammenbeißen (müssen):* eine Arbeit mit äußerster Kraftanstrengung beenden, seine Schmerzen besiegen wollen, auch: *Vor Wut oder Zorn die Zähne zusammenbeißen.* Diese Rdaa. beruhen auf der Beobachtung, daß man vor Zorn und Verbitterung, auch vor körperlicher Anstrengung die Zähne zusammenbeißt; in dieser Form seit dem 16. Jh. bezeugt. Vgl. Luthers Übers. von Ps. 37,12 zur Umschreibung körperlicher oder geistiger Anspannung; ähnl. Apostelg. 7,54, wo die Mitglieder des Hohen Rates über die anklagende Rede des Stephanus ‚mit den Zähnen knirschen'; ‚mit den Zähnen klappern' ist ein entstelltes Zitat aus Matth. 8,12, wo es heißt, daß in der Hölle „wird sein Heulen und Zähneklappen" (nicht: -klappern).
„Ich beiße die Zähne aufeinander und spotte über mein Elend" heißt es bei Goethe (Weim. Ausg. 19,60). Lux. heißt es: ‚sech op d'Zänn beißen': sich zurückhalten, beherrschen, um nicht vor Lachen herausplatzen zu müssen.
Jem. den Zahn weisen: jem. drohen. Hunde z. B. entblößen zur Warnung einen Eckzahn, selbst vor Kindern und ihnen sonst wohl vertrauten Personen, von denen sie sich geärgert oder gar drangsaliert fühlen.
J. Grimm zitiert eine Stelle aus der mhd. Literatur: „Si zeiget mir den wolves zant".
Die Zähne zeigen (älter: *blecken*): sich kraftvoll widersetzen, drohend entgegentreten: hergeleitet von den zähnefletschenden Hunden. 1650 schreibt Moscherosch in den ‚Gesichten Philanders' (Bd. II, S. 99): „So zeigen sie (die Hunde) ihm die Zähne anstatt des Wadels (d.h. Schwanzes)". In übertr., nur noch bildl. Anwendung findet sich die Rda. schon 1517 bei dem Prediger Geiler von Kaysersberg (‚Evangelia' 50a): „Die zehen

‚Die Zähne zeigen'

(Jünger) bleckten die zen gegen Jacobum und Johannem"; vgl. frz. ‚montrer les dents'.
Jem. auf dem Zahn haben: ihn nicht leiden können; vgl. frz. ‚avoir une dent contre quelqu'un' oder ‚avoir la dent dure' (wörtl.: einen harten Zahn haben), i. S. v. rachsüchtig sein.
Jem. in die Zähne lachen: jem. offen, spöttisch anlachen, auslachen; vgl. ndd. ‚in de tän utlachen'.
Über einen Zahn lachen: heimlich, schalkhaft lachen; *über den linken Zahn lachen:* heuchlerisch lächeln. Holst. antwortet man auf die Frage: ‚Woröver lachst du?' abweisend mit: ‚Över de tän!'
Einen durch die Zähne ziehen (‚einen zwischen den Zähnen haben'): ihn verklatschen, durchhecheln, kritisch über ihn sprechen. Die Rda. bezieht sich wahrscheinl. nicht auf die menschlichen Zähne, sondern auf die Zähne der ↗ Hechel, des kammartigen Werkzeugs, mit dem die Flachsfasern gereinigt wurden. Martin Walser gebraucht die Rda. in der Bdtg. ‚jem. an der ↗ Angel haben' in seinem Roman: ‚Das Einhorn': „Hat man endlich (als Verkäufer) einen Kunden zwischen den Zähnen, dann kommt so eine verrückte Hausfrau" (S. 57).
Schweiz. ist die Rda. ‚ais uffe Zan ne': etw. genießen, gut trinken und essen.
Einem etw. aus den Zähnen rücken: es ihm entziehen; vgl. Hiob 29,17 („Ich zerbrach die Backenzähne des Ungerechten und riß den Raub aus seinen Zähnen"). Das Gegenteil ist: *einem etw. auf die Zähne binden (streichen):* ihm unklugerweise etw. anvertrauen.
Bis auf die Zähne bewaffnet setzt bildl. den Gebrauch der Zähne als letztverfügbarer Waffe. Die Rda. ist schon im Mhd. geläufig: „des reit er (Mars) dô mit sînen scharn

gewâpent sêre unz ûf de zene" (Konrad von Würzburg, Trojanerkrieg, V.3495). Vgl. frz. ‚être armé jusqu'aux dents' und ndl. ‚Hij is tot de tanden toe gewapend'.

Einem auf den Zahn fühlen: ihn gründlich auf seine Kenntnisse und Fähigkeiten prüfen. Die übertr. Anwendung der Rda. ist seit etwa 1700 gebräuchl. Das Bild ist vom Zahnarzt genommen, der durch Befühlen und Beklopfen den schmerzenden Zahn ermittelt. Weniger wahrscheinl. ist die Herleitung von der Praxis des Pferde-

Er fühlt einem auf den Zahn

kaufs, bei dem man noch heute aus der Beschaffenheit der Zähne das Alter und den Wert der Tiere festzustellen sucht (daher auch das Sprw. ‚Einem geschenkten Gaul sieht man nicht ins Maul').

Jem. die Zähne ziehen: ihm übel mitspielen.

Einem einen Zahn ziehen: von ihm einen Sachverhalt erfahren; auch: ihn von einer Last befreien. *Diesen Zahn laß dir ziehen:* diesen törichten Gedanken mußt du aufgeben. Die Torheit eines Gedankens oder Plans wird mit dem schmerzenden Zahn verglichen, der den Menschen ähnl. plagt wie ein wirklichkeitsfremder Gedanke. Schlesw.-holst. ‚Se hebbt em'n düchtigen Tähn uttrocken', ihm viel Geld abgenommen; obersächs.-erzgeb. ‚einer (Frau) 'n Giftzahn ausreißen', ihr das Lästermaul stopfen. Zu einem Säufer sagt man: ‚Nun muß der Bierzahn raus!', das Trinken muß aufhören.

Dem tut kein Zahn mehr weh: Er ist tot. Vgl. ndl. ‚Zijne tanden doen hem niet meer zeer' und frz. ‚Il y a longtemps, qu'il n'a plus mal aux dents'.

Zum drittenmal Zähne kriegen: scherzhafte Umschreibung für: ein Gebiß bekommen.

Wissen, durch welchen Zahn gepfiffen wird: genau Bescheid wissen; ‚wissen, wohin der ↗ Hase läuft'.

Einen tollen Zahn drauf haben: eine sehr hohe Geschwindigkeit entwickeln; sehr schnell fahren. Bezieht sich auf das Zahnradgetriebe des Automotors, vor allem auf den großen Gang. Eine andere Erklärung führt die Rda. auf die stufenweise Regelung der Drehzahl von Maschinen und Motoren zurück, bei der der Reglerhebel in ein gezähntes Maschinenteil einrastete. Ebenso: *einen Zahn zulegen,* sowie übertr.: *einen Zahn schneller essen.*

Die Metapher vom *Zahn der Zeit,* der alles zernagt, stammt aus Shakespeares ‚Maß für Maß' (V, 1): „Tooth of time". Die Wndg. ist aber schon in der Antike bekannt gewesen (z. B. bei Simonides von Keos).

Zahn bedeutet in der Teenagersprache der Ggwt. soviel wie Mädchen, Freundin, Braut usw. (‚blonder Zahn', ‚flotter Zahn', ‚steiler Zahn' usw.); dem entsprechen die Rdaa.: *jem. einen Zahn abschrauben:* ihm die Freundin abspenstig machen; *sich einen Zahn aufreißen:* die Bekanntschaft eines Mädchens machen.

Haare auf den Zähnen haben ↗ Haar.

Lit.: *O. Ladendorf:* Büchmanniana, in: Zs. f. d. U. 17 (1903), S. 694ff.; *M. Baldinger:* Aberglaube und Volksmedizin in der Zahnheilkunde (Basel 1936), wieder abgedruckt in: E. Grabner (Hg.): Volksmedizin (Darmstadt 1967), S. 116–199; *F. Gruttmann:* Ein Beitrag zur Kenntnis der Volksmedizin in Sprww., Rdaa., mit bes. Berücksichtigung der Zahnheilkunde (Greifswald 1939); *H. Kobusch:* Der Zahnwurmglaube in der dt. Volksmedizin (Diss. Frankfurt 1955); *U. Volz-Kienzler:* Zähne als Amulett, Fetisch u. Talisman (Med. Diss. Düsseldorf 1969); *M. Walser:* Das Einhorn (Frankfurt/M. 1970); *R. Bodens:* Volkstümliche Zahnheilkunde u. ihre Spuren im Selfkant (Med. Diss. Bonn) (Niederkassel-Mondorf 1971).

Zahnbrecher. *Schreien wie ein Zahnbrecher:* laut und aufdringlich schreien, eigentl.: seine Geschicklichkeit selbst lobend bekanntgeben, sich laut rühmen.

Die Rda. bezieht sich auf das früher übliche marktschreierische Anpreisen der ärztlichen Kunstfertigkeiten durch die wandernden Quacksalber und Kurpfuscher nach Art des Wunderdoktors Eisenbart. In einem Lied, das ihn und diese Art der Selbstanpreisung verspotten will, da die geschilderten Wunderkuren meist zum Tod des Patienten führen, heißt es in einer Strophe:

Zu Wien kuriert ich einen Mann,
Der hatte einen hohlen Zahn.
Ich schoß ihn raus mit der Pistol,
Ach Gott, wie ist dem Mann so wohl!

Um möglichst viele ‚Kunden' zu bekommen, ließ der ‚Wunderdoktor' oder Zahnbrecher auf dem Markt ein Gerüst aufschlagen und stellte darauf sich selbst und seine bisher erzielten, weitbekannten Erfolge in schwungvollen Reden dar. Davon zeugen auch die Wndg. ‚schreien, wie eyn hauffen Zanbrecher auff eym Marckt' (Fischart, ‚Binenkorb' 84[b]) und das Sprw. ‚Wer am besten schreien kann, das ist der beste Mann'. Der rdal. Vergleich ist im 16. Jh., z.B. bei Caspar Scheit, Hans Sachs u.a., sehr beliebt gewesen; in den Mdaa. ist er heute sehr geläufig, z.B. schlesw.-holst. ‚He schrêt as en Tänbrêker'.

Ähnl.: *wie ein Zahnbrecher lügen:* mit seiner Geschicklichkeit und Kunst prahlen,

‚Zahnbrecher'

die selten wirklich vorhanden ist. Vgl. frz. ‚Il ment comme un arracheur de dents'. Als bekanntestes Beispiel eines vagierenden Zahnarztes gilt der große österr. Schauspieler Joseph Anton Stranitzky, gleichzeitig Erfinder des Hanswursts. Auf der Bühne zeigte er seine Späße und zog anschließend faule Zähne.

In der Schweiz zogen noch in der ersten Hälfte des 19. Jh. solche Zahnbrecher herum, wie es z.B. der ‚Haus- und Wirthschafts-Kalender des Schweizerischen Republikaners' 1835 abwertend beschreibt.

Lit.: *U. Brunold-Bigler:* Das Bild des Nichtseßhaften in schweizerischen Volkskalendern des 18. und 19. Jh.s aus: St. Galler Kultur u. Geschichte 18 (1988), S. 338.

Zahnbrecher (‚Schreien wie ein Zahnbrecher')

Zahnfleisch. *Etw. bis aufs Zahnfleisch auskosten:* etw. bis zur Neige betreiben (seit 1960); *auf dem rohen Zahnfleisch gehen (kriechen):* sich die Füße wundgelaufen haben, völlig erschöpft sein, auch: die Schuhsohlen durchgelaufen haben. Vgl. ndl. ‚Hij loopt op zijn tandvleesch'; aber frz. ‚rouler sur la jante' (wörtl.: auf der Felge fahren).

Ihm kräuselt sich das Zahnfleisch: er wird wütend, er verliert die Beherrschung wie der wütende Hund, der die Lefzen hochzieht (Küpper).

Zange. *Jem. in die Zange nehmen; jem. in der Zange haben:* jem. unter Druck setzen (halten); ihn von zwei Seiten bedrängen; ihn fest anpacken, keine Ausflüchte zulassen; ihm ins Gewissen reden. Die Wndg. bezieht sich auf den Schmied, der das glühende Eisen in der Zange festhält, um es zu bearbeiten.

‚Jemand in der Zange haben'

Auf die Zange als Folterinstrument weisen die Rda. *Man kann es mit keiner Zange (von ihm) herauskriegen:* er verrät nichts, und die oesterr. Wndg. ‚Aus dem zwickst mit Zang'n nichts aus', er plaudert nichts aus, läßt sich nicht zum Reden zwingen, aber auch: er gibt nichts gern her. Vgl. ndl. ‚Men kan het met geene tang uit krijgen'.

Etw. (jem.) nicht mit einer Zange anfassen mögen: sich ekeln vor Schmutz oder Häßlichkeit. Vgl. engl. ‚I would not touch him with a pair of tongs'; dagegen frz. ‚Il n'est pas à prendre avec des pincettes': mit ihm ist nicht zu spaßen.

Zankapfel. *Der Zankapfel sein:* der Anlaß des Streites sein, den Gegenstand der Auseinandersetzung bilden; vgl. frz. ‚la pomme de discorde'.

Die Rda. geht auf die griech. Sage vom Urteil des Paris zurück, der im Streit der drei Göttinnen Hera, Athene und Aphrodite zum Schiedsrichter über ihre Schönheit erwählt wurde. Indem er den als Preis für die Schönste bestimmten Apfel der Aphrodite reichte, wurde dieser zum ‚Zankapfel' und führte zum Trojanischen Krieg; im Dt. zuerst 1570 belegt.

Dementspr.: *einen Zankapfel werfen:* einen Anlaß des Streites geben. „Gott bewahre mich aber, einen solchen Zankapfel nach Weimar zu werfen" (Goethe, Weimarer Ausg. IV, 26, 16).

Lit.: *O. Weise:* Unsere Muttersprache, ihr Werden und ihr Wesen (Leipzig [8]1912); *Büchmann.*

Zapfen. *Der Zapfen ist gut für die Flasche (das Loch),* auch: *Er ist ein rechter Zapf auf diesen Essigkrug:* es eignet sich gut, paßt vortrefflich zusammen, oft iron. gebraucht, um zu sagen, daß etw. in üblem Sinne zusammengehört, daß sich Menschen in ihren negativen Eigenschaften entsprechen, daß sie gleiche Interessen verfolgen. Joh. Fischart verwendet die Rda. bereits in dieser übertr. Bdtg., denn er schreibt in der ‚Geschichtklitterung': „Es war eben ein zapff für diese Flasch, denn faul Eyer vnd stinkend Butter gehören zusammen". Auch Seb. Franck verzeichnet in seiner Sammlung die Rdaa. ‚Es ist ein rechter zapff für das loch' (II, 107[b]) und ‚Es ist zapff für die flaschen' (II, 10).

Jem. ist der Zapfen gesprungen: er ist verrückt; rhein.: ‚Dem es der Zapfen gesprungen'.

Ist in der Schweiz jem. außer sich vor Zorn, so ‚jagt's em der Zapfen ab': es platzt ihm der ↗ Kragen.

Über den Zapfen hauen: den Urlaub überschreiten, ↗ Zapfenstreich.

1758

Eins zapfen gehen: Wein holen gehen. An der Mosel heißt es: ‚Gei äs zapen!' Das ‚Zapegon' ist hier ein Stück überlieferter Gastfreundschaft.

Lit.: *L. Röhrich:* Flaschen, in: *U. Jeggle* u.a. (Hg.): Volkskultur in der Moderne (Reinbek 1986), S. 332–346.

Zapfenstreich. *Den Zapfenstreich schlagen (blasen):* Schluß machen, ein Ende setzen. Der Zapfenstreich ist urspr. der Schlag auf den Zapfen des Bier- oder Weinfasses, wenn man zu schenken aufhörte; dadurch wollte man den Zapfen fest eintreiben. So noch in westf. Mda. ‚den Tappen inslan', einem Zustand ein Ende machen. Der Ausdr. ist dann im 17. Jh. von den Soldaten auf den Trommelwirbel übertr. worden, durch den die Soldaten am Abend von der Straße in ihr Quartier gerufen wurden. Wallenstein ließ, um den Zechgelagen seiner Soldaten Einhalt zu tun, jeden Abend ein Signal blasen, das den Marketendern befahl, den Zapfen in die Tonne zu schlagen. Daher steht 1669 bereits in Grimmelshausens ‚Simplicissimus': „Trommelschlager, die den Zapfenstreich getan". Hieran anknüpfend, aber sold. verkürzt: ‚Zapfen einhalten' bzw. ‚über den Zapfen streichen'.

Den Zapfen(streich) wichsen, sold.: die Zeit des abendlichen Ausgangs, dessen Ende mit dem Zapfenstreich signalisiert wird, überziehen.

Aus dem Zwecksignal des Zapfenstreiches entwickelten sich regelrechte Musikstücke. „Abends beim Zapfenstreich ging ich neben der Menge der Trommeln her, deren gewaltsame Wirbel und Schläge das Herz im Busen hätten zersprengen mögen" (Goethe, Dichtung und Wahrheit).

zappeln. *Einen zappeln lassen:* ihn in Ungewißheit halten, in peinlicher Lage hinhalten, ihn warten lassen; schon bei Luther und Hans Sachs belegt. Gleich alt ist ‚vor Ungeduld zappeln'; hergeleitet vom Fisch, der an der Angelrute zappelt oder von einem Käfer, der auf den Rücken gefallen ist. Der Käfer zappelt mit allen sechs Beinen, bis er einen Halt findet, um sich umdrehen zu können.

Christian Weise 1771 (Komische Opern, 1,165): „Er mag ein Weilchen zappeln". Bismarck an Gerlach: „Oesterreich läßt uns ganz anders zappeln, wenn wir von ihm etwas verlangen". Vgl. frz. ‚laisser moisir quelqu'un' (wörtl.: einen faulen lassen).

zappenduster. *Es (etw.) ist zappenduster:* es ist völlig dunkel, es gibt keine Hoffnung mehr, es ist um etw. äußerst schlecht bestellt, das Maß ist voll. Die umg. Wndg. ist von Berlin ausgegangen u. hat sich in dieser Form allg. durchgesetzt. Für ihre etymol. Herkunft gibt es verschiedene Deutungen: es ist so dunkle Nacht wie nach dem Zapfenstreich, wenn alle Lichter gelöscht waren, wenn es keine Hoffnung auf einen weiteren Alkoholausschank gab, oder: das Wort stammt möglicherweise auch aus dem Rotwelschen, da rotw. ‚zofon' und westjiddisch ‚zophon' Mitternacht bedeutet, es also hieße: so dunkel wie um Mitternacht.

In übertr. Bdtg. kann die Wndg. auch auf Personen bezogen werden, deren Lage oder Gemütszustand sie spiegelt: *Bei jem. ist es zappenduster (sieht es zappenduster aus):* er besitzt keinerlei finanzielle Mittel mehr, u. hat keine Hoffnung auf Erfolg, aber auch: er ist nicht mehr willens nachzugeben oder weiterhin zu helfen.

Zauber. *Das ist (ein) fauler Zauber:* eine Sache ohne Wert, ein Schwindel. Die Rda. verbreitete sich in der 2. H. des 19. Jh. von Berlin aus. Wahrscheinl. wurde mit ihr zunächst die Gaukelei eines Scharlatans als ‚faul', d.h. unwirksam, verspottet; vgl. Fontanes iron. Gedicht ‚Neueste Väterweisheit':

Werde kein gelehrter Klauber,
Wissenschaft ist fauler Zauber.

Einem Zauber erliegen: sich (von Kunst, Schönheit, Liebe) begeistern, auch: verführen lassen. Schiller läßt in seinem ‚Tell' (II,1) Attinghausen in Hinblick auf seinen in des Kaisers Diensten gefesselten Neffen Ulrich von Rudenz feststellen:

Der fremde Zauber reißt die Jugend fort,
Gewaltsam strebend über unsre Berge.

Hermann Hesse sieht im Zauber eines Neubeginns etw. überaus Positives, wenn er in seinem Gedicht ‚Stufen' schreibt:

Und jedem Anfang
wohnt ein Zauber inne,
der uns beschützt und
der uns hilft zu leben.

Zaum. *Einen im Zaum halten:* ihn bändigen, in Schranken halten; vgl. frz. ,tenir la bride à quelqu'un'; häufig der Stabreim: *die Zunge im Zaume halten,* beides seit dem 16. Jh. oft belegt; von der Lenkung des Pferdes hergeleitet (vgl. Zügel).
Verwandt sind Rdaa. wie *einem in den Zaum greifen (fallen):* ihn zurückhalten, hemmen; *den Zaum zu lang lassen:* zu nachgiebig sein. So heißt es in dem Fastnachtsspiel ,Der böß Rauch' von Hans Sachs (V.23 f.):
   Wenn du hast deim weyb aller maßen
   Erstlich den zaumb zu lang gelassen;
oder bei Joh. Fischart (,Lob der Lauten', hg. v. A. Hauffen, S. 368): "Dass sie der bgird den zaum nicht häng". Vgl. frz. ,lâcher la bride à quelqu'un'.
Etw. tun auf eigenen Zaum: auf eigene Kosten arbeiten; die Rda., die in neuerer Zeit bei Theodor Körner belegt ist, kommt aus dem MA. Zog dort ein Ritter ,auf selbs zawm' (Meisterlin: Chronik dt. Städte 3, 44) los, so hieß das, daß er sich und sein Pferd selbst verpflegte.
Wissen, wo die Zäume hängen: wissen, wie man eine Sache angreift; sich auf seinen Nutzen verstehen; seit dem 18. Jh. belegt, auch mehrfach bei Goethe, z. B. "Ob ich gleich selbst wissen muß, wo in meinem Stall die Zäume hängen" (Weimarer Ausg., 4. Abt., Bd. XX, S. 91). Goethe an Zelter am 19. Mai 1812: "Und die lieben Wiener, die gar nicht wissen, wo die Zäume hängen, setzen einen Preis von hundert Ducaten auf die beste Oper, die irgend Jemand in Deutschland hervorbringen soll". H. v. Kleist (,Der zerbrochene Krug'): "Die Jungfer weiß, wo unsere Zäume hängen. Wenn sie den Eid hier vor Gericht will schwören, so fällt der Mutter Klage weg".
Mdal. ist die Rda. bis zur Ggwt. geläufig, z. B. obersächs. ,Der war net äsu dumm un wößt, wo die Zaam hinge'.
Das Pferd am Schwanz aufzäumen: eine Sache verkehrt anfangen, ↗ Pferd.

Lit.: *O. Glöde:* Noch einmal: Auf eignen(m) Zaum, in: Zs. f. d. U. 6 (1892), S. 207–208.

Zaun. *Etw. vom Zaune brechen:* verdeutlichend hieß es früher öfters: ,vom alten Zaun brechen' und hatte dann den Sinn: ohne Umstände beschaffen. Goethe: "Bräch ich mir nicht gar manche Lust vom Zaun" (Weimarer Ausg. V, 60).
Heutzutage wird die Rda., mit Betonung des Mutwilligen und einengend, meist im Zusammenhang mit Streit u. ä. gebraucht. ,Einen Streit (Krieg) vom Zaune brechen', ihn mutwillig, leichtsinnig herbeiführen; eigentl.: so unvermittelt damit beginnen, wie man die erste beste Rute, den ersten besten Stock vom Zaun an der Straße abbricht. Gemeint ist also, daß man sich aus dem nächst erreichbaren Gegenstand eine Waffe macht. Schon um 1500 bei dem Prediger Geiler von Kaysersberg bezeugt: "Sie brechen etwan ein Ursach ab einem zaun"; 1534 schreibt Seb. Franck im ,Weltbuch' vom Rittertum: "Vil brechen etwan eine vähe (Fehde) ab einem zaun". 1639 heißt es bei Lehmann S. 863 (,Vrsach' 3): "Man bricht offt ein Vrsach vom Zaun oder biegt sie herbey"; ebd. S. 864 (,Vrsach' 24): "Wenn man einem wil schaden thun, so find man vrsachen auff Hecken vnd Zäunen"; in der ,Zimmerischen Chronik' (Bd. II, S. 498): "dann sie (große Herren) imer drachten, ursach ab aim zaun zu reißen". Für das Wesentliche des Begriffs ist auch die folgende Stelle in Oldecops ,Hildesheimer Chronik' (S. 181) lehrreich: "Meine gi (meint ihr), dat de ingelechte (gefangengesetzten) borgere von dem tune gebroken sein oder mit der kipen int lant gedragen?" Bismarck gebrauchte die Wndg. (,Reden' Bd. VI, S. 22): "Konfessionelle Streitigkeiten vom Zaune brechen".
Einem über den Zaun helfen: ihm über Schwierigkeiten forthelfen; göttingisch: ,Du bist erk noch nich awere Tune nower', über alle Schwierigkeiten hinweg; ostpreuß. ,He is bi de Har övers de Tun kamen', mit knapper Not.
Wir werden den Zaun schon pinseln: wir werden diese Sache schon erledigen, in Ordnung bringen. Diese erst dem 20. Jh. angehörige Rda. gilt als beruhigende Äußerung.
Einen durch einen Zaun nicht ansehen: ihn geringschätzen.
Über den Zaun schauen: seinen Gesichts-

kreis erweitern, sich auch bei den Nachbarn umsehen.
Den Zaun wegen des Gartens lieben (mögen, auch *gießen):* jem. nur aus geheimen Nebenabsichten schöntun, z. B. der Mutter um der Tochter willen; vor allem mdal. verbreitet. Auch andere Rdaa. haben nur in den Mdaa. ihre Geltung, z. B. sächs. ‚Er hat auch hinterm Zaun gesteckt', er ist schlau; westf. ‚döer de Tuine grasen', stehlen; schwäb. ‚'s bricht ällemal wieder e Loch in Zaun', es ergibt sich immer wieder eine Gelegenheit; sächs. ‚ein Zaunbillet (gelöst) haben', eine Darbietung ohne Entgelt miterleben; vgl. auch ‚Zaungäste haben', unerwartete Zuschauer haben.
Hinter dem Zaune aufgelesen worden sein: wird ähnl. wie ‚auf der Straße gefunden' als verächtliche Bez. niedriger Herkunft, unehelicher Abstammung gebraucht.

Lit.: *L. Weiser-Aall:* Art. ‚Zaun', in: HdA. IX, Nachtrag, Sp. 991–1003.

Zaunpfahl. *Mit dem Zaun(s)pfahl winken:* allzu deutlich auf etw. anspielen, etw. grob und plump zu verstehen geben. Ein Zaunpfahl ist groß genug, daß ein Wink mit ihm nicht übersehen oder mißverstanden werden kann. Die Rda. ist in dieser Form erst aus dem 19. Jh. belegt. Gröber und zugleich für den Städter faßlicher ist: ‚mit dem ↗ Laternenpfahl winken'. Gleichbedeutend sind: ‚mit dem ↗ Scheunentor winken', bair. ‚mit dem Holzschlegel deuten'.
Sächs. ‚Der hot mer mit'n Zaunstecken gewunken' bedeutet: er hat mir mit Schlägen gedroht. ‚Winken' scheint urspr. iron. gemeint gewesen zu sein, so daß die Wndgn. eigentl. den Sinn gehabt hätten: es einem gehörig zu fühlen geben. So heißt es in Wolframs von Eschenbach ‚Willehalm' (90,8): „Mit eime steine sol iu gewinket werden", und in Ulrichs von Türheim ‚Willehalm' (244 d): „Im wirt gewinket mit der stangen".

Lit.: *Anon.:* Wink mit dem Zaunpfahl, in: Sprachpflege 10 (1961), S. 254.

Zebedäus. Zebedäus ist einerseits ein seltener männl. Vorname, andererseits eine Umschr. für ‚Penis', die aus der Studentensprache kommt. Das Wb. ‚Basler Studentensprache' von 1910 kennzeichnet den Ausdr. schon als veraltet, weist aber eine Belegstelle aus dem ‚Pedantischen Schulfuchs' von schon 1673 nach (S. 343). R.-W. Brednich zitiert:

Der Pfarrer, der Pfarrer, wie heilig er
                                      auch ist,
wenn er den kleinen Mädchen
            die heil'ge Schrift verliest;
und kommt er zum Matthäus, steigt ihm
                       der Zebedäus
nach der zi-azi-a-ha, nach der
                        Ziehharmonika.

Der Name ‚Zebedäus' ersch. in der Bibel, Matth. 4,21, ↗ Schwanz.

Lit.: Basler Studentensprache. Eine Jubiläumsausgabe für die Universität Basel dargebracht vom Dt. Seminar in Basel (1910), in: Bibliothek zur hist. dt. Studenten- und Schülersprache, hrsg. v. H. Henne u. G. Objartel, Bd. 5 (Berlin – New York 1984, S. 261–344; *R.-W. Brednich:* Erotische Lieder (Frankfurt/M. 1979), S. 27, Nr. 8, Str. 3.

Zeche. *Die Zeche bezahlen müssen:* für anderer Taten oder Schuld allein büßen müssen. Die Rda. meint nicht: die Zeche, die man selbst schuldig ist, zahlen müssen – das wäre nur in Ordnung –, sondern die Zeche, die bei gemeinsamem Essen und

‚Die Zeche bezahlen müssen'

Trinken oder durch andere aufgelaufen ist. Zeche bedeutet urspr.: Reihenfolge, Anordnung, dann: Gesellschaft zu gemeinschaftlichen Zwecken, bes. zu gemeinsamem Essen und Trinken, erst seit dem 15. Jh. den dafür an den Wirt zu zahlenden Geldbetrag. In übertr. Bdtg. ist die Rda. zum erstenmal 1541 in Seb. Francks ‚Sprichwörtern' (1,128b) bezeugt. In einem Lied aus dem Dreißigjährigen Krieg (Opel-Cohn 63) heißt es:

Ob du (der Winterkönig) schon hast
                       ein guten Muth
Mit deinen Ketzern werth,
Die Zech mußt du bezahlen theuer.

Goethe schreibt („Reinecke Fuchs' 8):
> Grimmig sah der König auf ihn,
> Er mußte die Zeche bezahlen.

Anders verwendet hat Goethe die Rda. in ‚Sprichwörtlich':
> Du treibst mir's gar zu toll,
> Ich fürcht', es breche!
> Nicht jeden Wochenschluß
> Macht Gott die Zeche.

Vgl. frz. ‚payer les pots cassés' (wörtl.: die zerbrochenen Töpfe bezahlen müssen), für den Schaden aufkommen müssen.

Die Zeche ohne den Wirt machen: sich verrechnen, sich in der Durchführung von Absichten entscheidend gehindert sehen, so schon in Joh. Fischarts ‚Geschichtklitterung' (S. 199,25): „macht die zech ohn seinen Wirt" (↗ Rechnung, ↗ Wirt).

Der letzte muß die Zeche bezahlen: vor allem mdal. mit gleichem Sinn gebraucht wie: ‚Den letzten beißen die Hunde'.

Zeh. *Einem auf die Zehen treten:* ihn beleidigen; vergröbernd veranschaulichende Parallelbildung zu hd. ‚jem. zu nahe treten'. Im Barock hatte sich die bildl. Bdtg. der Rda. noch nicht voll ausgeprägt; so heißt es in Lohensteins ‚Arminius' (2,251 b): „Der Tod tritt keinem beherzten Mann auf die Zehen", ein Mann empfindet den Tod nicht als unangenehm. Vgl. frz. ‚monter sur les pieds de quelqu'un' (wörtl.: einem auf die Füße treten), i. S. v.: einem auf dem Kopf herumtrampeln.

Jem. drückt der Zeh: er wird von einer Sorge gedrängt. *Er hat Schmerzen in der kleinen (großen) Zehe* (ndd. ‚Liefweh in'n groten Tehn') sagt man von einem bloß eingebildeten Kranken. Ähnl.: *Man darf ihn nicht an die kleine Zehe stoßen:* er ist überempfindlich. *Es im kleinen Zeh spüren:* es ahnen; hergenommen vom Auftreten rheumatischer Schmerzen bei Witterungswechsel, auch von Frost in den Zehen; 20. Jh.

Jem. geht über die große Zehe, d. h. mit einwärts gekehrten Fußspitzen; er ist betrunken; schlesw.-holst. ‚He löppt öwer'n Tehn', vgl. Onkel. Schwäb. zur Bez. einer gesuchten Lüge: ‚Der holts vom großen Zehen herauf'; westf. ‚up elw Teiwen gahn', eitel, geckenhaft sein.

Aus der Fülle der mdal. Rdaa. seien noch genannt: schlesw.-holst. ‚Pedd di man ni op'n Tehn', mach keine Dummheiten; schwäb. ‚Dem ist's Herz in große Zeh gfalle', er hat den Mut verloren; ‚O weh, mei Zeh!', weit gefehlt.

Zehntausend. *Zu den oberen Zehntausend gehören:* zu der begütertsten Gesellschaft, zu den Prominentesten oder zu denen, die sich dafür halten, gezählt werden. Die Rda. geht zurück auf einen Leitartikel des Journalisten Nathaniel Parker Willis (1807–67) im ‚Evening Mirror', New York, vom 11.11.1844. Da heißt es: „At present there is no distinction among the upper tenthousand of the city".

Während man in Amerika heute die Reichsten der Reichen zu den ‚Four hundred' rechnet, sagt man in Großbritannien ‚The upper Ten'.

Lit.: *C. K. Le Poer:* The upper ten thousand, in: American Notes and Queries 2,9 (1860), S. 355; *W. Freelove:* Upper ten thousand, in: American Notes and Queries 6,12 (1885), S. 528.

Zehnte. ‚Der Zehnte' wird sprw. für ‚mancher', ‚viele' gebraucht, z. B. *Das weiß der Zehnte nicht; das kann der Zehnte nicht vertragen.* Ähnl. schon bei Luther: „Solchen glauben haben wir nicht alle, o wolt Got, das in der zehente mensch hätte" (Weimarer Ausg., 10. Bd., 3. Teil, S. 52). In den Mdaa. hat sich die Rda. bis heute erhalten, z. B. schwäb. ‚der Zehnt net', kaum einer, fast keiner; thür. ‚Der nönt wuaß niet, wo de zähnt dr Schu dröckt'. Möglicherweise besteht ein Zusammenhang mit der schon im römischen Heer üblichen Pauschalstrafe des ‚Dezimierens' bei Feigheit oder Meuterei, wobei jeweils jeder Zehnte (lat. decimus) der angetretenen Truppe hingerichtet wurde.

Zeichen. *Er ist seines Zeichens ein Schmied* (u.a.): er ist Schmied von Beruf; so auch mdal., z. B. schlesw.-holst. ‚He is seines Tekens en Smid'.

Die Wndg. geht aus von den ‚Haus- und Hofmarken', die seit alter Zeit als Personen- und Besitzzeichen dienten. Auch die Handwerker zeichneten ihre Ware auf ähnl. Weise. Im 16. Jh. war die weiteste Verbreitung der Haus- und Handwerkszeichen erreicht. Noch nach dem Wegfall des Brauches blieb der sprachl. Ausdr. für die Berufsbez.

Das ist ein Zeichen der Zeit: die Zeichen der Zeit richtig verstehen. Beide Rdaa. gehen zurück auf Matth. 16,3 („Könnt ihr dann nicht auch über die Zeichen dieser Zeit urteilen?"). Dem gemeinsamen bibl. Urspr. entspr. findet sich die Wndg. auch in vielen anderen Sprachen, z. B. engl. ‚a sign of the times', frz. ‚les signes du temps, de l'époque', ndl. ‚de tekenen des tijds'. Die schwäb. Rda. ‚Heut ist er im böse Zeiche', er hat Unglück, findet ihre Erklärung im Volksglauben an Vorzeichen und Sternbilder, ↗ Stern.
Es geschehen noch Zeichen und Wunder: etw., das nie erwartet wurde, ist eingetreten. Aus 2. Mos. 7,3 und weiteren Bibelstellen zitierte Schiller (‚Wallensteins Lager' 1798, 8. Auftritt): „Am Himmel geschehen noch Zeichen und Wunder".

Lit.: *E. G. Homeyer:* Haus- und Hofmarken (1870); *E. Grohne:* Die Hausnamen und Hauszeichen (1912); *T. E. Karsten:* Finn. taika ‚Vorzeichen, Wahrsagung' und die Etymologie des Wortes Zeichen, in: Festschrift F. Kluge (Tübingen 1926), S. 65–69; *A. M. Frank:* Hausmarken und Hauszeichen (1944); HdA. VIII, Sp. 1730–1760, Art. ‚Vorzeichen, Prodigia' von *W. E. Peuckert;* Wander V, Sp. 521; RGG. IV (³1960), Sp. 1628f. Art. ‚Omen' von *L. Röhrich.*

Zeigefinger. *Auf etw. mit erhobenem Zeigefinger zeigen:* mit allzu deutlicher pädagogischer Absicht auf etw. hinweisen.

‚Mit erhobenem Zeigefinger'

Die die Körpersprache beschreibende Rda. ist schon 1709 belegt, allerdings noch in der Bdtg. des einfachen Hinweisens, ohne drohende Absichten:
die (Göttin) mit aufgehobnem Zeigefinger
in der Fern uns Lustgefilde weist
(S. H. Bürde: Verm. Gedichte, S. 106).

In der bildenden Kunst wird vor allem Johannes der Täufer immer wieder mit einer auf Christus hinweisenden Gebärde dargestellt (z. B. im Isenheimer Altar in Colmar).

Lit.: *L. Röhrich:* Gebärdensprache und Sprachgebärde, in: Gebärde. Metapher. Parodie (Düsseldorf 1967).

zeigen. *Es einem zeigen:* ihn zurechtweisen, scharf mit ihm reden, auch: sich Respekt verschaffen. Lit. bei Ina Seidel (‚Lennakker', 1938, S. 464): „Denen wer'n wir's schon zeigen, denen Leisetretern, den Heimlichtuern (raunt es in der erregten Menge gegen die Jesuiten)". Die Rda. ist seit der 2. H. des 17. Jh. belegt und noch heute mdal. geläufig, z. B. schwäb. ‚Dem will i's scho zeige', bei dem will ich meine Absicht schon durchsetzen. Die Rda. stellt wohl eine Verkürzung ähnl. Ausdrücke mit gleichfalls ablehnender Tendenz dar, wie ‚den Rücken, die kalte Schulter, die Zähne, die Faust zeigen', ‚es einem zeigen, wie stark man ist', ‚zeigen, was eine ↗ Harke ist', ‚zeigen, wo der Zimmermann das ↗ Loch gelassen hat'; oberoesterr.: ‚Ich will ihm zeigen, wo ihm der Arsch steht'.
Mit dem Finger auf jem. zeigen ↗ Finger.

Zeile. *Zwischen den Zeilen lesen:* etw. herauslesen, was die Worte des Textes nicht ausdrücklich sagen, was aber doch in ihnen liegt; Ungeschriebenes, Ungesagtes aus Andeutungen oder kennzeichnenden Lücken begreifen. Wirklich zwischen die Zeilen schrieb man im MA. die Interlinearversionen, d. h. Übersetzungen der Art, daß über jedes einzelne fremdsprachl. (lat.) Wort das entsprechende dt. geschrieben wurde. Aber mit diesem Brauch der Klosterschreiber hat die Rda. nichts zu tun; sie ist vielmehr erst im 19. Jh. aufgekommen. „Daß es Euch gut und behaglich geht, hat mir ja der Brief von Euch in und zwischen den Zeilen gesagt" (Wilh. Raabe [1876], Sämtl. Werke 2, 5, 100). Vgl. frz. ‚lire entre les lignes'.

Zeit. *Die Zeit totschlagen:* drastisch übertreibendes Bild für: ein Mittel gegen die Langeweile suchen; vgl. frz. ‚tuer le temps'.

1763

‚Einem die Zeit stehlen'

Einem die Zeit stehlen: ihn unnötig aufhalten, ihn mit lästigen oder überflüssigen Fragen quälen.

Zeit für jem. (etw.) opfern: sich um jem. kümmern, sich eingehend mit etw. beschäftigen.

Nur alle heilige Zeit etw. tun: sehr selten (eigentl.: nur zu den kirchlichen Feiertagen).

Einem nicht einmal die Zeit bieten (gönnen): ihn völlig ignorieren, nicht grüßen, ↗ Gruß. Schwäb. ‚die Zeit abnehmen', für einen Gruß danken (eigentlich: für das Entbieten eines Tageszeitgrußes, wie beispielsweise ‚guten Morgen', ‚guten Abend').

Das wurde aber (auch) Zeit!: na endlich! Dagegen: Schlesw.-holst. ‚Dat wer ok Tied', das fehlte gerade noch.

Die Zeichen der Zeit verstehen ↗ Zeichen.

Zu Zeit oder Unzeit reden: immer, ob es nun günstig oder ungünstig ist, auch wenn es manchen nicht gelegen kommt und sie nicht zuhören wollen. Die Wndg. ist bibl. Ursprungs. Bei 2. Timotheus 4,2 heißt es: „Predige das Wort, halte an, es sei zu rechter Zeit oder zur Unzeit". Vgl. frz. ‚à temps et à contre-temps'.

Seiner Zeit (weit) voraus sein: sehr fortschrittlich, zukunftsgerichtet sein; oft von Künstlern und Wissenschaftlern gesagt, die zu ihren Lebzeiten bei der Mehrheit ihrer ‚Zeitgenossen' unverstanden bleiben und trotzdem zu den geistigen Wegbereitern gehören.

Nicht mehr in der Zeit sein: unmodern, hoffnungslos veraltet sein, nicht mehr ‚zeitgemäß'.

Gern spricht man heute – aber nicht erst seit heute – im Zuge der Nostalgie von der ‚guten alten Zeit', die aber nur in der Erinnerung verklärt erscheint; Armut, Sorgen und Mühen von damals werden dabei erfolgreich verdrängt.

Im Märchen erhält die Vergangenheit einen eigenen Zauber, bes. in der Formel: „In den alten Zeiten, als das Wünschen noch geholfen hat ..."

Die Metaphern vom ‚Verfließen der Zeit' und vom ‚Verrinnen der Zeit' für das schnelle, lautlose Dahinfliegen des Moments, sind von den altägyptischen Wasseruhren und den Sanduhren, einem Attribut des Todes, genommen.

Lit.: *J. Bolte:* Hin geht die Zeit, her kommt der Tod, in: Zs. d. Ver. f. Vkde. 16 (1906), S. 194–195; *G. Jungbauer:* Art. ‚Zeit', in: HdA. IX, Sp. 889–897; *U. Heindrichs* (Hg.): Die Zeit im Märchen (Kassel 1990); *H. Maier:* Die christl. Zeitrechnung (Freiburg i. Br. 1991).

zeitlich. *Das Zeitliche segnen:* sterben; eine seit der 2. H. des 17. Jh. belegte rdal. Umschreibung, die von der alten Sitte ausgeht, daß der Sterbende sich auf den Tod vorbereitete und von der irdischen Welt, der ‚Zeitlichkeit', Abschied nahm, indem er Gottes Segen auf sie herabwünschte. Der eigentlich Segnende ist also Gott, der dabei den für besonders wirksam gehaltenen letzten Wunsch des Sterbenden erfüllt. So heißt es etwa in Jakob Ayrers (gest. 1625) Drama ‚Melusine' (S. 25 ff. Keller):

Nun sieht mich kein Mensch nimmermehr,
Gott gesegn euch alle, wo ihr seyt!
Gott gesegn mir alle Wollustbarkeit!
Gott gesegn mein Herren und Gemahl!
Gott gesegn euch, Berg und tiefe Thal!

Ähnl. Segensformeln der Sterbenden sind mehrfach in frühen Volksballaden und Abschiedsliedern bezeugt. In der Ballade von ‚Peter Unverdorben' (E.B. I, Nr. 60), die in einer Hs. des 15. Jh. aus dem Kloster St. Georgen zu Villingen überliefert ist, spricht der Gefangene vor seiner Hinrichtung:

Gott gseg'n dich Laub,
Gott gseg'n dich Gras,
Gott gsegen alles, das da was!
Ich muß von hinnen scheiden.
(Str. 10)
Gott gsegn dich Sonn,
Gott gsegn dich Mond!
Gott gsegn dich schöns Lieb, wo ich
dich han,
Ich muß mich von dir scheiden.
(Str. 12)

Auch in der ndd. Fassung des ‚Tannhäuserliedes‘ (E. B. I, Nr. 17ᶜ), das auf einem fliegenden Blatt um 1550 Verbreitung fand, steht die bekannte Abschiedsformel von der Welt, als Tannhäuser in den Venusberg zurückkehrt:

Got gesegen di, Sünne unde Maen,
Darto mine lieven Fründe! (Str. 24)

Durch die Zusammenfügung der Segensstrophen aus der Ballade ‚Peter Unverdorben‘ zu einem selbständigen Lied sind die Verse in Dtl. bis zur Ggwt. in der Erinnerung bewahrt geblieben. Ähnl. Wndgn. wie ‚das Zeitliche segnen‘ sind: *das Zeitliche verlassen, den Weg alles Zeitlichen gehen;* vgl. frz. (lit.) ‚suivre le chemin de toute chair‘; und *das Zeitliche mit dem Ewigen verwechseln.*

Außerdem kennt die dt. Sprache für ‚Tod‘ und ‚Sterben‘ eine Fülle von verhüllenden oder umschreibenden Ausdrücken (Euphemismen). Man vermeidet das Wort ‚sterben‘ urspr. aus derselben Furcht, aus der man es vermied, den Namen des Toten auszusprechen, außer mit dem Zusatz ‚selig‘ (‚de mortuis nil nisi bene‘).

Eine Gliederung des großen sprachl. Materials ergibt sich bei dem Versuch, die interessante Frage zu beantworten, welche kulturhist. Vorstellung jeweils hinter den einzelnen Ausdrücken steht. Antike Ausdrücke leben fort in den Wndgn.: ‚entschlafen‘, ‚den Geist aufgeben‘, ‚das Feuer der Augen verbleicht (erlischt)‘, ‚die Augen schließen‘, ‚den Lebensfaden abschneiden‘, ‚sein Leben aushauchen‘ (‚animam efflare‘) und ‚die Asche ruht‘. Die Euphemismen, die Lessing anführt: ‚Er hat gelebt‘, ‚er ist gewesen‘, sind nur in der Art ihrer Rhetorik und Stimmung den antiken Schriftstellern nachgeahmt, aber in der Umgangssprache nicht gebräuchl. (Wilhelm, S. 80). Dichterisch und erst der nhd. Sprache zugehörig sind Wndgn. wie ‚sein letztes Stündlein hat geschlagen‘ und ‚seine Uhr ist abgelaufen‘. Inwieweit die Totentänze (vgl. auch die Sanduhr in der Hand des Todes auf Dürers Kupferstich ‚Ritter, Tod und Teufel‘) einwirkten, wird sich schwer entscheiden lassen.

Viele der Ausdrücke entstammen der christl.-kirchlichen Sprache. Da die Kirche dem Menschen den ersten und den letzten Gruß gibt und die Trauernden am Grabe mit Trost und Hoffnung zu erfüllen versucht, gehen gerade von ihr viele Euphemismen und bildl. Ausdrücke über Sterben und Totsein aus, wobei die sprachl. Bilder den jeweiligen theologischen Anschauungen der Zeit entsprechen, in der sie entstanden. Verhältnismäßig früh haben sich Euphemismen in unserer Sprache eingebürgert, die auf scholastischen Anschauungen beruhen. Eine bes. fruchtbare Zeit dafür war die Mystik. Die Wndg. ‚jem. ist abgeschieden‘ stammt zweifellos daher, denn sie besagt, daß sich die Trennung zwischen Körper und Seele vollzogen habe. Der Idealzustand, den alle Mystiker erstrebten, war die ‚Abgeschiedenheit‘, die sich erst nach dem Tod ganz erfüllen konnte (Wilhelm, S. 75 f.).

Scholastisch-mystische Wendungen wie ‚seine Seele fliegt zum Himmel‘, ‚zur Engelschar‘ leben z. T. in der Volkssprache weiter; ‚es spielt mit dem Englein‘ (beim Tode eines Kindes), ‚himmeln‘, ‚einhimmeln‘, ‚zum Jesulein schappern‘ (schles.); ‚der liebe Gott ist bei uns eingekehrt‘ (Schwaben, 18. Jh.). Auf die lat. Kirchensprache geht zurück der köl. Ausdr. ‚Er ist ripsch‘ (von R. i. p., eine oft auf Grabinschriften zu findende Abkürzung von ‚Requiescat in pace‘).

Verschiedene Wndgn. sind aus der Übers. des ‚Vocare in vitam aeternam (in coelum)‘ u. ä. entstanden, wie ‚Gott ruft jem. in die Ewigkeit‘, ‚zu seinen Engeln‘, ‚in ein besseres Jenseits‘, ‚in die ewige Heimat‘, ‚unter die Engel aufgenommen werden‘, ‚ein Engel sein‘, ‚zum Herrn eingehen‘ und ‚Gott hat ihn zu sich genommen‘.

Im MA. sind die Euphemismen, die die Bibel in großer Zahl aufweist, kaum verwendet worden, sie werden erst durch philologische Bibelstudien und die Einwirkung von Luthers Bibelübers. in die dt. Sprache aufgenommen. Auch die Blüte des ev. Kirchenliedes hat dazu beigetragen, daß viele Wndgn. aus dem A. T. und N. T. umg. geläufig geworden sind. Auf 1. Mos. 3,19 bezieht sich die Wndg. ‚zu Staub, zu Erde werden'. Die Rda. ‚in den Himmel eingehen' läßt sich wohl auf ‚intrare in regnum coelorum' zurückführen. ‚Den Kampf der Leiden auskämpfen', ‚den Geist aufgeben' beziehen sich auf die Leidensgeschichte Christi. ‚Sein Stündlein ist nahe' ist aus Matth. 26,18 genommen: ‚tempus meum prope est'. Die Wndg. ‚in das Reich seiner Väter' oder auch bloß ‚zu seinen Vätern versammelt werden' findet sich im Buch der Richter 2,10: "omnisque illa generatio congregata est ad patres suos"; ‚zu seinem Volke versammelt werden' steht 1. Mos. 25,8; 49,29.

Genannt seien noch: ‚in die Grube fahren', ‚in Abrahams Schoß eingehen', ‚den Weg alles Irdischen, allen Fleisches gehen'.

In mehreren Rdaa. für ‚sterben' wird auf Petrus als Himmelspförtner angespielt: ‚bei Petrussan eis Ausgedinge gegangn' (schles.); ‚de möt bi Petrus ankloppen'; ‚de geiht na Petrussen'; ‚de möt nu ok Petrus de Piep stoppen'; ‚de ward ok Petrus sin Handlanger' (meckl.).

Die oft phrasenhaften Wndgn. in Todesanzeigen, auf Grabmälern und Gedenktafeln stehen z. T. in bewußtem Gegensatz zur Volkssprache. Man sucht sich dabei möglichst gewählt, vornehm und feierlich auszudrücken. Insbes. die älteren Formeln dieser Art sind uns heute kaum mehr verständlich: ‚das Ableben', ‚seine Ableibung erfolgte' (18. Jh.), ‚zur großen Armee abberufen werden', ‚das Zeitliche mit dem Ewigen verwechseln' (häufig im 18. Jh.); ‚im Lande der Vollendung wandeln', ‚seinen Lauf vollenden', ‚in die Gruft steigen'. Heute noch kann man häufig lesen: ‚Er ist für immer von uns gegangen', ‚aus unserer Mitte geschieden', ‚er ist uns (in eine bessere Welt) vorangegangen'.

Eine Reihe älterer und heute völlig vergessener Wndgn. für ‚sterben' hat Joh. Agricola in seiner Sammlung dt. Sprww. (1534) zusammengetragen: ‚mit der hawt bezalen', ‚er ist zum Fuchß worden' (mit Bezug auf die unterirdische Wohnung), ‚er hat sich verkrochen', ‚er lest sich nymmer sehen', ‚er ist auff dem rucken zur kirchen gangen', ‚es ist vmb eyn böse stund zu thun'.

Das Mhd. ist reich an solchen Wndgn.; sie sind oft aus der Kriegs- oder Rechtssprache genommen: ‚in wârn diu strîtes muoder mit swerten alze wît gesniten' (Wolfram, ‚Willehalm' 52, 6 f.); aber auch außer solchen ganzen euphemistischen Sätzen wird ‚sterben' im Mhd. meist umschrieben: ‚den lîp lân, verliesen', ‚daz leben verliesen', ‚hinnen varn', ‚dô schiet er und die sêle sich', ‚daz du wort nimmer mê gesprichest', ‚ze suone geben das leben', ‚ein phant lazen', ‚dannoch sol er mir sîn leben vür mîn guot ze gelte geben' etc.

Gegenüber den oberschichtlichen Formulierungen kennt die heutige Volkssprache (Umgangssprache und Mundarten) u. a. die folgenden rdal. Umschreibungen für ‚sterben': ‚den letzten Tag sehen', ‚den letzten Seufzer tun', ‚ein stiller Mann werden', ‚mit dem ist's vorbei', ‚er hat's Brotessen vergessen', ‚er hat's Atemholen vergessen' (schles.), ‚de het sik utlacht', ‚de het sik up't Uhr leggt', ‚de hürt den Kuckuck ok nich weder rupen' (meckl.), ‚ihm ist die Pfeife ausgegangen', ‚er hat den Eimer umgestoßen', ‚sich zur Ruhe begeben', ‚de slöppt den langen Slap', ‚de is sin Last los', ‚seine Rechnung abschließen', ‚de brukt nix mihr', ‚die Finger werden gleich lang', ‚er hat sich fortgemacht', ‚er geht den Weg, den schon viele gegangen sind', ‚um die Ecke gehen', ‚he is'n Barg oawer', ‚ein paar Schuh tiefer steigen' ("Jetzt gehts Erden zu! Jetzt steig i a paar Schuh tiefer", Karl Schönherr, Erde), ‚einen hinaustragen, die Beine voraus', ‚auf'n Schragn kumma' (bair.), ‚den grasigen Weg gehen', ‚der grüne Rasen deckt ihn', ‚er hat ein grünes Kleid angezogen', ‚in die Nüsse gehen' („Hä es ii de Nesse gegange'), ‚der Welt Lebewohl sagen'. In Schlesien sagte man: ‚Die schwarze ↗Kuh hat ihn getreten', ‚die Schuhe drücken ihn nicht mehr', schon bei Fischart, Luther, Agricola, Seb. Franck und Grimmelshausen.

In einigen Rdaa. wird auf den Gedanken der Jenseitsreise angespielt: ‚die große Reise antreten', ‚den Reiserock anhaben',

‚die Reisegamaschen anhaben', ‚die Reisestiefel anziehen'. Wenn einem Kranken die Füße schwellen, sagt man: ‚Er hat schon die Reisestiefel an'. Auffallend ist der meckl. Ausdr. für einen moribundus: ‚De schickt sin Seel ok bald na Kopenhagen'.

Vor allem aus der Seemannssprache stammen solche Ausdrücke für ‚sterben', wie z. B. ‚über Bord gehen', ‚die letzte Fahrt antreten', ‚absegeln', ‚abrudern', ‚sich einschiffen', ‚in den Hafen einlaufen'. Altertümlicher als diese allg. Bilder sind einige rdal. Umschreibungen, die an den Gedanken der Seelenüberfahrt erinnern, wie z. B. ‚über die Wupper gehen', ‚an den Rhein gehen'. Diese Ausdrücke sind alt; schon Caesarius von Heisterbach (um 1250) bezeichnet in seinen Dialogen (XI, 33) das Sterben mit dieser Wndg. Andererseits ist im Ndl. ‚over de Rijn gevaren zijn' ein Ausdr. der erotischen Bildersprache für ein Mädchen, das Geschlechtsverkehr gehabt hat, doch ist der Übergang von einem Tabu-Bereich in den anderen durchaus denkbar.

Aus der alem. Rda. ‚in die Holzbirnen gehen', sterben, will Rochholz auf den Wald als Aufenthaltsort des Todes schließen; doch werden die Holzbirnen lediglich auf den frostigen Spätherbst hinweisen, eine kritische Zeit für die Greise, auf die bereits im ‚Renner' (V. 24344) des Hugo von Trimberg hingewiesen wird:

seht als müzzen wir von hinnen alle
scheiden nach der birn valle.

Die Strelitzer Rda. ‚De is up Nobelskrog (Nowerskrog), sett Kegel up' bezieht sich auf den ↗ Nobiskrug, das sagenhafte Totenwirtshaus.

Eine Reihe von Rdaa. bezieht sich auf ältere Totenbräuche: ‚Et gäit met em bald tor Niendür herut' sagt man in Westfalen von einem Todeskandidaten, weil der Sarg stets zur Niendür hinausgetragen wird. An die ‚Doodenkringel', die es beim Leichenschmaus gab, erinnert noch die Rda. ‚De günnt uns woll'n Kringel'. Früher wurden die Toten auf Stroh aufgebahrt. Die Erinnerung an diesen Brauch lebt noch in rhein. Rdaa. wie ‚et laid Schoof', ‚op et Schoof läute' (= das Glokkenzeichen, das von einem Todesfall Kenntnis gibt). In Hessen sagt man von einem Sterbenden: ‚Der läuft auch auf de Kirchhofschlappe'. Die Rda. bezieht sich vielleicht auf die besonderen Totenschuhe, die dem Toten mitgegeben wurden. Die bair. Wndgn. ‚Brettl rutschen', ‚aufs Brett kommen', sterben, spielen an auf die alte, sarglose Begräbnisart, wobei die Leiche auf dem Totenbrett zum Grab getragen und vom Brett hinuntergelassen wurde. Auch das Wort Sarg bleibt in den Rdaa. unausgesprochen, obwohl er der Sache nach zu zahlreichen rdal. Paraphrasen des Sterbens gehört, z. B. ‚nach Holzhausen kommen', ‚sich an den Holzrock machen lassen', ‚er hat einen hölzernen Rock angezogen', ‚er riecht nach Tannenholz' (Mainz), schwäb.: ‚er dannelet scho' (im Gedanken an die Tannenbretter des Sarges).

Vielfach spielen die Rdaa. auf den Kirchhof an. Der Verstorbene ‚muß dem Pfarrer die Hühner hüten', ‚er ist dem Mesner sei Hennehirt' (schwäb.; der Mesner als Anwohner des Kirchhofes). ‚Willst du St. Michaels Hennen hüten?' sagt man zu einem Kind, das sich leichtsinnig in Lebensgefahr begibt. ‚He mutt na Kösters Kamp' (Schleswig). Meist wird der Friedhof irgendwie umschrieben, bes. durch die Richtung seiner Lage, oder der traditionelle Weg des Leichenzuges bildet den Grundstoff zu lokal verschiedenen, aber strukturell gleichen Rdaa., in denen oft nur der Name ausgewechselt wird: ‚nach Melaten tragen' (Köln), ‚auf den Schellenberg kommen' (Erbach/Ehingen), ‚do geht's bald de Herschbrunn nuff' (Künzelsau), ‚mit dem goht's de Krommschenkel na' (Tübingen), ‚uff dr Pitterschwäldr Seite lieja' (schles., der Friedhof liegt in Richtung Peterswalde), ‚dai giit hurdich am Hänjer vorbei' (am Hansjörg vorbei; Ulfa/Wetterau), ‚er muß in die Pappelallee' (sächs.), ‚unter der Trauerweide liegen', ‚de is bi'n leiwen Gott in 'n Ellerbrock' (meckl.), ‚de kümmt achter'n Tun', ‚achter de Muer', ‚na de lang Reihg' (meckl.), ‚er muß nach Philippsgrün' (Pommern; der Teufel stellt sich als ‚Jan Kräuger aus Philippsgrün' vor). In Stuttgart kannte man beispielsweise die Rda. ‚Er sitzt auf dem Törle', weil sich über dem Neuen Tor seit dem Jahr 1547 ein Gemach befand, in welches zum Tod verdammte Verbrecher nach der Urteilssprechung gebracht wurden; gleichbedeutend wurde mit Hilfe einer Flurbezeichnung gesagt: ‚Mit dem geht's bald dem Krauchen zu'. In Augsburg ging es entspr. zum ‚Hennadone', anscheinend nach einem viele Hühner haltenden Friedhofsküster namens Anton. In München geht's ‚zum St. Steffej'.

Im Gegensatz zu all diesen umschreibenden Wndgn. stehen einige Ausdrücke, die keine Milderung, sondern eine drastische Realistik zeigen, die sich bis zur Frivolität steigern kann. Sie sind nicht Zeichen einer Gemütsroheit, sondern der kräftige Ausdr. enthält sozusagen eine Gegenkraft zu dem Begriffsinhalt ‚sterben'. Auch hier wird das Wort selbst vermieden, aber durch naturalistische Derbheit übertrumpft oder durch Humor bewältigt. Hierher gehören die Wndgn. ‚abflattern', ‚abzwitschern', ‚abschnappen', ‚abkratzen', ‚verrecken', ‚krepieren', ‚hops gehen', ‚flöten gehen', ‚vor die Hunde gehen', ‚abnibbeln' (sächs.), ‚aufamseln' (schwäb.), ‚de is afschrammt, afschurrt', ‚de het sik dorvon afmakt' (meckl.), ‚jetzt hat er a ausgschnauft', ‚es hat ihn verschnellt' (student. in den zwanziger Jahren), ‚s macht Feirobd mid m', ‚er hat sich den Rest geholt', ‚er hat die Hosen heruntergemacht', ‚nen Deckel auf die Nas kriegen' (rhein.), ‚den halt de Deuwel ok uppe Schinnerkarr', ‚eine Schaufel Erde auf den Kopf bekommen', ‚Erde kauen', ‚Sand äten', ‚unter die Mehlwürmer gehen', ‚den hebben se henbröcht, wo de Mullworms em uppe Näs danzen', ‚de kümmt na Madnhof', ‚sich die Radieschen von unten bekieken' (berl.), ‚de is de Juden los', ‚dem tut der Kopf nicht mehr weh', ‚ihm tut kein Zahn mehr weh', ‚er hat's letzte Brötche gefresse', ‚die Augen auf Null gestellt', ‚den letzten Dreck geschissen', ‚den letzten Kringel gekackt', ‚de het sin mihrsten Gesäng sungen', ‚jetzt hat der Arsch Feierabend', ‚den Arsch zukneifen', ‚dem ist der Arsch zugschnappt', ‚er hat einen kalten Arsch', ‚jetzt schlägt ma ihm d'Schaufel aufs Loch'. Eine ganze Reihe dieser schnodderigen Rdaa. stammt aus der Soldatensprache; ihr grimmiger Humor ist gerade in dieser Sphäre psychologisch leicht erklärbar aus dem Bestreben, sich in widrigen Lagen nichts anmerken zu lassen. Hierzu gehört auch: ‚ins Gras beißen' (to bite the dust), ‚auf der Verlustliste kommen', ‚Grüß mir meine Witwe!' (vor einem gefährlichen Unternehmen), ‚sich beim alten Fritzen im großen Hauptquartier melden', ‚sich von der Verpflegung abmelden'.

Vgl. ferner: ‚zur großen ↗Armee abberufen werden', ‚das ↗Fell versaufen', ‚daran ↗glauben müssen', ‚sich im ↗Grab umdrehen', ‚Freund ↗Hein', ‚in die ewigen ↗Jagdgründe eingehen', ‚die schwarze ↗Kuh hat ihn getreten', ‚einen auf die ↗Lampe gießen', ‚das ↗Leben kosten', ‚das ↗Lebenslicht ausblasen', ‚den ↗Löffel aufstecken (wegwerfen)', ‚Matthäi am letzten' ↗Matthäus, ‚mit des ↗Seilers Tochter Hochzeit machen'; ↗Seele, ↗Tod.

Von den vielen frz. Umschreibungen seien nur die folgenden erwähnt: ‚rendre l'âme' (die Seele aushauchen); ‚fermer les yeux' (die Augen schließen); ‚Sa cendre repose' (seine Asche ruht); ‚Son heure a sonné' (seine Stunde hat geschlagen); ‚Son âme est (montée) au ciel' (seine Seele ist im Himmel bzw. zum Himmel aufgefahren); ‚Il a été appelé à l'éternité' (Er ist zur Ewigkeit gerufen worden); ‚Dieu l'a rappelé à lui' (Gott hat ihn zu sich gerufen); ‚Dieu l'a rappelé au séjour éternel' (Gott hat ihn zum ewigen Aufenthalt gerufen); ‚Dieu l'a rappelé dans son paradis' (Gott hat ihn ins Paradies aufgenommen); ‚envoyer ad patres' (zu seinen Vätern schicken); ‚entrer dans le sein d'Abraham' (in Abrahams Schoß eingehen); ‚Il nous a quitté pour l'éternité' (Er hat uns für die Ewigkeit verlassen); ‚dire adieu au monde' (der Welt Lebewohl sagen).

Lit.: *N. Beckmann:* Über gewisse geringer oder schwächer gemachte Ausdrücke und Vorstellungen im gemeinen Leben, in: Dt. Museum 2 (1783), S. 519ff.; *J. Grimm:* Dt. Mythologie, Nachdruck der 4. Ausg. (Tübingen 1953), II, 700–713; *E. L. Rochholz:* Dt. Unsterblichkeitsglaube (Berlin 1867), S. 140–143; *Frischbier:* Nach Nobiskrug reisen = sterben, in: Preußisches Wb. 2 (1883), S. 101; *R. Wossidlo:* Der Tod im Munde des meckl. Volkes, in: Zs. f. Vkde. 4 (1894), S. 184–195; *F. Wilhelm:* Die Euphemismen ... über Sterben und Totsein, in: Alemannia 27 (1900), S. 73ff.; *R. Neubauer:* „Er ist zur großen Armee abgegangen", in: Zs. des Vereins f. Vkde. 14 (1904), S. 313–316; *J. Ford:* To bite the dust and synbolic lay communion, in: Publications of the Modern Language Association of America 20 (1905), S. 197–230;

H. Schulz: Frühnhd. Euphemismen (Diss. Straßburg 1908); *H. Höhn:* Sitte und Brauch bei Tod und Begräbnis (Mitteilungen über volkstüml. Überlieferungen in Württ., Nr. 7) (Stuttgart 1913), S. 326; *F. Seiler:* Dt. Sprichwortkunde (München 1922), S. 171 und S. 409–413; *E. Bensley:* To go the way of all Flesh, in: American Notes and Queries 12, 12 (1923); *K. Rother:* Die schles. Sprww. und Rdaa. (Breslau 1928), S. 117–123; *L. Pound:* American Euphemisms for Dying, Death and Burial, in: American Speech 11 (1936), S. 190–202; repr. in: Dies.: Nebrasca Folklore: Selected Writings of Louise Pound (Lincoln 1959), S. 139–147; HdA. VIII, Sp. 439f.; *M. B. Ogle:* The way of all flesh, in: Harvard Theological Review (1938), S. 41–51; *A. Schmidt:* He es rips gohn, in: Korrespondenzblatt des Vereins für ndd. Sprachforschung 55 (1942), S. 116; *Anon.:* Karel es naar Meskoé (gestorben), in: Biekorf 47 (1946), S. 81; *F. Dornseiff:* Der dt. Wortschatz nach Sachgruppen (Berlin ⁴1954), S. 147ff.; *D. Narr:* Zum Euphemismus in der Volkssprache. Rdaa. und Wndgn. um ‚tot‘, ‚Tod‘ und ‚sterben‘, in: Württ. Jb. f. Vkde. 2 (1956), S. 112–119; *C. T. Onions:* Die and Live, in: Review of English Studies 7 (1956), S. 174–176; *G. Cross:* The way of all flesh, in: American Notes and Queries 203 (1958), S. 257; *L. Röhrich:* Gebärde – Metapher – Parodie (Düsseldorf 1967), S. 43ff.; *H. L. Cox:* Die Bezeichnung des Sarges im Kontinental-Westgermanischen. Eine wortgeographisch-volkskundliche Untersuchung (Atlas der Dt. Vkde., NF., Beiheft 2) (Marburg 1967); *M. Willberg:* Es geht ums Sterben. Eine Wortbetrachtung, in: Muttersprache 78 (1968), S. 44–50; *W. Fuchs:* Todesbilder in der modernen Gesellschaft (Frankfurt/M. 1969); *Y. Rudolph:* Grabinschriften (Staatsexamensarbeit Freiburg 1972); *P. Löffler:* Studien zum Totenbrauchtum (Münster 1975); *S. Baum:* Plötzlich und unerwartet. Todesanzeigen (Düsseldorf 1980); *M. Vovelle:* La Mort et l'Occident. De 1300 à nos jours (Paris 1983); *E. Oinas:* To bite the dust, in: Proverbium 1 (1984), S. 191–194; *S. Metgen* (Hg.): Die letzte Reise. Sterben, Tod und Trauersitten in Oberbayern. Katalog zur Ausstellung des Münchener Stadtmuseums (München 1984); Vom Kirchhof zum Friedhof: Wandlungsprozesse zwischen 1750 und 1850 (Kassel 1984).

Zelt. *Seine Zelte aufschlagen:* sich niederlassen, bleiben; vgl. frz. ‚planter sa tente‘.
Seine Zelte abbrechen: abreisen; erst seit dem 20. Jh.; vielleicht eine Weiterbildung zu ‚Hütten bauen‘, ↗ Hütte.

Zenit. *Im Zenit seines Lebens (seiner Laufbahn* o. ä.) *stehen:* auf dem Gipfelpunkt, der Höhe des je zu Erreichenden stehen. Die Rda. ist seit Anfang des 19. Jh. belegt, bes. seit Wieland.
Mit ‚Zenit‘ bez. man urspr. einen angenommenen, senkrecht über dem Beobachter liegenden, höchsten Punkt der oberen Himmelshalbkugel. Mit ihm wird der Lauf der Sonne oder der Sterne in Beziehung gesetzt: *Die Sonne steht im Zenit:* es ist Mittag. Das Wort ‚Zenit‘ beruht auf arab. ‚as-samt‘: Richtung der Köpfe. Das ‚m‘ wurde zu ‚ni‘ verschrieben, so daß über span. ‚zemt‘ ital. ‚zenit‘ entstand und ins Dt. gelangte.
Die Übertr. auf das menschl. Alter, auf Schaffenskraft, Wirksamkeit, Bedeutung und Ruhm des Menschen spiegeln die folgenden Rdaa.: *Den Zenit noch nicht erreicht haben:* noch große Entfaltungsmöglichkeiten besitzen, viel erwarten lassen, den größten Teil seines Lebens noch vor sich haben, dagegen: *Den Zenit bereits überschritten haben:* das Nachlassen der Kräfte spüren, sich dem Lebensende zubewegen, auch: sich (in seiner Leistung) nicht mehr steigern können, Erfolg und Ruhm zunehmend schwinden sehen.

Zepter. *Das Zepter schwingen:* die Herrschaft, das Kommando haben; bestimmen, was getan wird.
Das Zepter (aufgekommen nach 1150 über gleichbedeutend griech. σκῆπτρον = Stütze) war immer schon ein Symbol (himmlischer) Macht und Herrschaft und Schutzmittel gegen die Macht des Teufels.

Lit.: Rechtssymbolik des Zepters, in: Strafjustiz in alter Zeit (Rothenburg 1980), S. 320.

Zetermordio. *Zetermordio (Zeter und Mordio, Zeter und Mord) schreien:* laut, jammernd, gellend um Hilfe schreien. ‚Zeter‘ ist vermutlich zusammengezogen aus ‚ze aehte her‘, d. h. zur Verfolgung. Wer in Not ‚Zeter‘ rief, verpflichtete die Mitbürger zu sofortiger Hilfeleistung. ‚Mordio‘ ist ein aus Mord abgeleiteter Notschrei. Im heutigen verblaßten Sinne etwa seit dem 19. Jh. geläufig. Während ‚zetermordio‘ im alem.-rhein. Gebiet belegt ist, hat das ndd. ‚to jodute‘, das hess. ‚heila‘, ‚heilalle‘ und das fränk.-obd. ‚wapen‘, ‚waffen‘ als Varianten.
Im Rechtsleben des MA. war ‚Zetermordio‘ ein förmlicher Ruf des Anklägers zu Beginn einer Gerichtsverhandlung über Mord, Notzucht, Raub oder Diebstahl. Im ‚Sachsenspiegel‘ wird dies beschrieben (2,64): „so fure en vor den richter und schry obir den Schuldigen zcether obir mynen morder und ober des landes morder, ader wy der bruch geschen ist". Vgl. frz. ‚crier comme un chat qu'on écorche‘

(wörtl.: wie eine geschundene Katze schreien).

Lit.: *J. Stosch:* Nachträge und Berichtigungen: Notschreie, in: Zs. f. dt. Wortf. 3 (1902), S. 361; *L. L. Hammerich:* Hochdeutsch ‚Zeter' niederdeutsch ‚Jodute', in: Zs. f. dt. Ph. 56 (1931), S. 274–281; *Kluge; Küpper; N. Törnquist:* in: Studia neophil. 11 (1938), S. 318 ff.

Zeug. *Einem (etw.) am Zeuge flicken:* ihn kleinlich tadeln, schulmeistern; wörtl. genommen: an seinem Zeuge, seiner Kleidung, etw. flicken, d. h. in Ordnung

‚Einem etwas am Zeuge flicken'

bringen. In bildl. Übertr. findet sich die Rda. seit der 2. H. des 18. Jh., so z. B. in G. A. Bürgers Gedicht ‚Der Kaiser und der Abt' von 1785:

Der Kaiser will gern mir am Zeuge
  was flicken
Und hat mir drei Nüss' auf die
  Zähne gepackt.

Auch mdal. ist die Rda., vor allem mit Betonung des gesuchten Tadels, geläufig; z. B. ndd. ‚enem wat an dem Tüge flicken', einem Ungelegenheiten machen, Verdruß und Händel erwecken, sich an einem reiben. Auch lit. bei Reuter: „(sie klagten) dat en jeder ehr (der Judenschaft) an't Tüg wat flickt" (Läuschen und Rimels, ‚Dat kümmt mal anders'). Ebenfalls zu Zeug = Kleidung gehört: *gut im Zeug sein:* anständig, gut gekleidet sein, über einen ausreichenden Kleidervorrat verfügen.

Sich ins Zeug legen; tüchtig ins Zeug gehen: sich anstrengen, sich kräftig bemü-

hen, sich für etw. einsetzen; ähnl.: ‚ins ↗ Geschirr gehen', ‚sich in die Stränge legen'. Zeug bedeutet hier das Geschirr der Zugtiere (die gleiche Vorstellung liegt dem gegensätzlichen Ausdr. ‚ausspannen' = ausruhen, sich erholen zugrunde). Auch in den Mdaa. reich belegt, z. B. in Basel ‚ins Züg haue'; obersächs.-erzgeb. ‚sich ins Zeug werfen', tüchtig an die Arbeit gehen. Vgl. frz. ‚s'atteler à quelque chose'.

Scharf ins Zeug gehen: scharf vorgehen, rücksichtslos sein. In etw. anderer Form lit. bei Goethe: „nun fuhren sie ... mit einem leidenschaftlichen Monolog ins Zeug" (Weimarer Ausg. 24, 168). Auch die sehr geläufige Rda. *Was das Zeug hält* (oder *halten will):* mit äußerster Anspannung, aus Leibeskräften (z. B. arbeiten, rennen), bezieht sich urspr. wohl auf das Geschirr der Zugtiere, vor allem der Pferde (vgl. obersächs. ‚Er arbeitet drauflos, was das Leder hält', ↗ Leder), kaum auf das Gerät des Landwirts oder das Werkzeug des Handwerkers. Lit. belegt ist die Rda. z. B. 1778 bei Lessing (‚Eine Parabel'): „Schreiben Sie, Herr Pastor, und lassen Sie schreiben, so viel das Zeug halten will: ich schreibe auch". Auch in den Mdaa. sehr häufig belegt, z. B. ndd. ‚lopen, wat dat Tüg holen well'; vgl. in der Gegenwart: ‚was der Motor hergibt'.

Das Werkzeug dagegen ist urspr. gemeint in Wndgn. wie *das Zeug zu etw. haben:* zu etw. befähigt, begabt sein; lit. z. B. bei Gottfr. Keller (‚Nachgelassene Schriften und Dichtungen', 1893, S. 136): „Ein dem Herrn gefälliges Kunstwerk zu schaffen..., da er das Zeug dazu empfangen hat". Vgl. frz. ‚avoir l'étoffe de quelque chose' (wörtl.: dazu hat er das richtige Tuch, das richtige Gewebe).

Beim (im) Zeug sein; auf dem Zeuge sein: leistungsfähig, tüchtig, energisch sein. Lit z. B. bei Brentano (Ges. Schriften 8, 26): „Beständig im Zeug und voll Begeisterung". Verwandte Rdaa. sind in den Mdaa. noch vielfach verbreitet, z. B. bair. ‚bam Zuig sein', einer Sache gewachsen sein; ‚nit recht bam Zuig sein', nicht recht bei Troste sein; ‚etw. zem Zeug bringen', zustande bringen; schwäb. ‚er isch nit im Zeug', er geht nicht seinem Geschäft nach; ‚im Zeug sein', etw. besitzen, reich

1770

sein; sächs. ‚auf dem Zeuge sein', sich wohlbefinden, gesund sein; ‚aus dem Zeuge gehen', flott arbeiten; ostfries. ‚sük fast upt Tüg setten', sich gut vorbereiten, auf alles gefaßt machen.

Lit.: *K. Krüger:*‚Einem etw. am Zeuge flicken', in: Zs. f. d. U. 5 (1891), S. 278; *H. D.:* Etw. am Zeuge flicken, in: Zs. des allg. dt. Sprachvereins 24 (1909), Sp. 89–90; *E. Meyer:* Jem. etw. am Zeuge flicken, in: Zs. f. d. U. 25 (1911), S. 572.

Zeuge. ‚Ein Zeuge, kein Zeuge' ist ein altes Rechtssprw. In Goethes ‚Faust' sagt Mephisto zu Frau Marthe: „... durch zweier Zeugen Mund wird allerwegs die Wahrheit kund". In dieser Form ist das Zitat dann auch geläufig geworden und hat sprw. Charakter angenommen. Doch sind generell viele Ausdr. desselben Inhalts nachweisbar: negativ formulierte, verb. Sprww. sind folgende: ‚Ein Mann – kein Mann'; ‚ein Zeuge ist einäuge' (sieht soviel wie ein Auge); ‚eines Mannes Rede ist eine halbe Rede'; ‚eines Mannes Zeugnis taugt nicht und wäre es ein Bischof'. Positiv formuliert: ‚In zweier oder dreier Zeugnis liegt alle Wahrheit'; ‚zwei sind besser als einer'; ‚zwei sehen mehr als einer'.

In der Regel des Zweizeugenerfordernisses laufen mehrere Texttraditionen zusammen, von denen auf das ma. Recht die stärksten Anstöße ausgegangen sind. Einmal ist die rechtliche Ausgangslage im Grundsatz die Zeugenmehrheit, die es nach unten zu begrenzen gilt. Mit der Zweizahl ist diese Grenze dann erreicht. Ein anderes Mal wird das Genügen eines einzigen Zeugen prinzipiell in Frage gestellt und eine Heraufsetzung auf die Zweizahl vorgenommen.

Älteste Textzeugnisse finden sich im A. T., wo die Aussage eines einzigen Zeugen als untauglich angesehen wird: „Non stabit testis unus contra aliquem, quidquid illud peccati et facinoris fuerit: sed in ore duorum aut trium testium stabit omne verbum" (Deuteron. 19, 15; Vulgata).

Etliche Belege finden sich auch im N. T. (Joh. 8, 17; 2. Kor. 13, 1; Matth. 18, 16). Die Zweizeugenregel wurde im röm. Recht übernommen und kam so in die Lit. des 12. und 13. Jh.

Lit.: *C. Schott:* Ein Zeuge, kein Zeuge. Zu Entstehung und Inhalt eines Rechtssprw., in: Festschrift für F. Elsener (Sigmaringen 1977), S. 222–232.

Zicke. *Zicken machen:* dumme Streiche machen; närrische Einfälle, seltsame Anwandlungen haben; unüberlegt handeln. Die Rda. ist vorwiegend mdt. und bes. berl.; vgl. aber auch oberoesterr. ‚bei dem zickts', der hat seine Launen. Die Wndg. ist entweder vom unberechenbaren Gebaren einer ↗ Ziege hergenommen, wofür die Parallelität zu ‚Kapriolen machen' (Bocksprünge vollführen) spricht, oder sie kann auch vom Gehen im Zickzack hergeleitet sein, denn berl. heißt ‚'ne Zicke machen' einen Bummel machen, und bei Gerhart Hauptmann steht in ‚Rose Bernd' (I): „Ich mecht bloß wissen, was du fer Fahrten und Zicken machst". An anderer Stelle (‚Mignon', 1947, S. 84) schreibt er: „Solche Zicken hast du schon als Student gemacht". Vgl. frz. ‚faire des frasques'. Adjektivischen Gebrauch zeigt der Ausruf: *Sei nicht so zickig!* Diese Warnung gilt meist jungen Teenagern, die sich albern benehmen, d. h. übermütig wie ein junges Zicklein.

Im Kartenspiel ist Zicke zu der Bdtg. ‚Zehn' gekommen; dazu gehört die obersächs. Skatrda. ‚Raus mit der Zicke uf'n Deichdamm!'; schles. ‚Raus mit dr Zicke uff a Markt!'

Ziege. *Die Ziege beim Schwanz haben (halten):* bei einem Unternehmen keinen Erfolg haben. Schles. ‚die Ziege in den Garten lassen', ‚den ↗ Bock zum Gärtner machen'. Schlesw.-holst. ‚He geit davun as de Seg vun'n Schet', er läuft von der Arbeit weg, läßt alles stehen und liegen.

Er hat es in sich wie die Ziegen das Fett: er läßt sich seine Schlauheit, seine Vorzüge äußerlich nicht anmerken; die Rda. findet sich in mehreren Mdaa.

Auf die faule Ziege kommen: sich herumtreiben. Obersächs.-erzgeb. ‚Du kannst mir nicht die Ziege fuchsen', kannst mir nichts anhaben.

Vielleicht die längste und sonderbarste Entwicklungsgesch. eines Sprw., entstanden aus einer Erzählung, hat Αἴξ τὴν μάχαιραν = the goat (Var. the sheep) the knife = Die Ziege das Messer: Als eine Ziege geopfert werden sollte, konnte man kein Messer finden. Aber die Pfote des Tieres zeigte auf ein Messer im Boden, und das Opfer wurde vollzogen. Die Geschichte hat arabische und sogar Hindu-Parallelen. In einer merkwürdigen ital. Fassung des Sprw. ist eine Henne an die Stelle der Ziege oder des Schafes getreten. Wir könnten das als eine bloß zufällige Substitution ansehen, aber Wesselski, der die Gesch. der Erzählung und des Sprw. ausgiebig untersucht hat, zeigt, daß es entstanden ist aus einem mißverstandenen span. Wort. Ein dt. Sprw. hat in seiner längeren Fassung die Erinnerung an diese Erzählung deutlich bewahrt, denn es heißt: ‚Es hat wohl eher eine Ziege ein Messer für die eigene Kehle aufgescharrt'.

Lit.: *A. Wesselski:* Erlesenes, Gesellschaft dt. Bücherfreunde in Böhmen VIII (Prag 1928), S. 98; *L. Herold:* Art. ‚Ziege', ‚Ziegenbock' etc., in: HdA. IX, Sp. 898–933.

Ziel. *(Weit) übers Ziel hinausschießen:* zu weit gehen. Die Rda. stammt aus der Schützensprache; ähnl. 1649 bei Gerlingius (Nr. 81): „De gradu dejicere. Vber das ziel werffen". Früher auch: ‚weit über den Zweck (den Pflock inmitten der Zielscheibe) schießen'. Vgl. frz. ‚dépasser les bornes' (wörtl.: über die Marksteine hinausschießen).
Einem das Ziel verrücken: ihm die Erreichung seines Zweckes erschweren, seine Absichten vereiteln.

Zielwasser. *Zielwasser getrunken haben:* beim Gewehrschießen gut treffen.
In einer Harzland-Sage heißt es: „Relativ selten erhält ein Jäger für eine gute Tat die Fähigkeit, alles zu treffen. So bekommt er etwa als Dank für ein Almosen ein Fläschchen mit ‚Zielwasser' geschenkt". Die Wndg. in Form einer iron. Frage: *Du hast wohl Zielwasser getrunken?* gilt auch einem, der sich vor einer schwierigen Aufgabe ‚Mut angetrunken hat' – eine Art euphemist. Verhüllung des festgestellten Tatbestandes des Alkoholkonsums.
Geht einem aber etw. daneben, erhält er den freundschaftlichen Rat: *Du hättest eben vorher Zielwasser trinken sollen!*

Lit.: *F. Seiler:* Harzland-Sagen (Jena 1926), S. 258; *L. Röhrich:* Art. ‚Freischütz', in: EM. V, Sp. 246–252.

Zieten. *Wie Zieten aus dem Busch:* plötzlich und unerwartet auftauchen, so rasch und entscheidend wie Friedrichs des Großen berühmter Reitergeneral Hans Joachim von Zieten (1699–1786) auf den Schlachtfeldern des Siebenjährigen Krieges. Schon 1774 erwarb dieser sich den Namen ‚Zieten aus dem Busch', und dieser Name erhielt die Prägekraft eines Zitats durch das hist. Gedicht Theodor Fontanes ‚Der alte Zieten', wo die Wndg. in der ersten und letzten Str. vorkommt:

Wie selber er genommen,
Die Feinde stets im Husch,
So war der Tod gekommen
Wie Zieten aus dem Busch.

Lit.: *Zieten,* Gedenkblätter zum 8. Oktober 1880, S. 23; *Büchmann.*

Zigarre. *Eine (dicke) Zigarre (verpaßt) kriegen:* einen Verweis, eine Rüge erhalten. Diese junge, erst seit dem 1. Weltkrieg in der Soldatensprache aufgekommene Rda. wird in der Regel aus in Offizierskreisen üblichen Bräuchen hergeleitet, wo der rügende Vorgesetzte, wenn er seine Strenge wenigstens äußerlich mildern wollte, dem Untergebenen vorher eine Zigarre anbot.

Zimmermann. Die Verspottung der Handwerker bezieht sich auch auf die Zimmerleute und das bekanntlich langsame Voranschreiten der Arbeiten an einem Bau. In einem Sprw. heißt es:

Der Zimmermann und Maurer
Sind beide rechte Laurer;
Ehe sie essen, messen und sich
 besinnen,
So ist die Zeit und der Tag von
 hinnen.

Vgl. dazu die Darstellung auf einem Bilderbogen des 19. Jh.
Einem zeigen, wo der Zimmermann das Loch gelassen hat: ihm die Tür weisen, ↗ Loch.
Das hast du wohl mit dem Zimmermannsbleistift gemacht?: das hast du sehr ungenau gemacht; mit Bezug auf den dicken Bleistift, mit dem der Zimmermann keine feinen Striche ziehen kann (seit etwa 1910 belegt).
Es stimmt auf ein Zimmermannshaar: es stimmt nur sehr ungenau; ähnl.: *Auf ein Zimmermannshaar kommt es nicht an:* auf Genauigkeit wird kein Wert gelegt; seit der Mitte des 19. Jh. bezeugt. Als ‚Zimmermannshaar' bez. man die Entfernung,

Zimmermann (Handwerkerspott)

die der Zimmermann mit seiner Axt erreichen kann (Küpper).

Lit.: *P. Rowald:* Brauch, Spruch und Lied der Bauleute (Hannover 1892); *E. Weiß:* Die Entdeckung des Volks der Zimmerleute (Jena 1923).

Zimt als wegwerfender Ausdr. für wertloses Zeug, Plunder, Krempel, minderwertige Sache stammt aus dem Rotw., wo es urspr. ‚Goldwaren', ‚Geld' bedeutete. Mit der Übernahme des Ausdr. durch die Mdaa. ist dann eine Bedeutungsverschlechterung eingetreten. Hierher gehören Rdaa. wie: *Was kostet der ganze Zimt?:* der ganze Kram; vgl. frz. ‚Combien coute toute cette camelote?'

Mit ‚Zimt' sinnverwandt ist auch das frz. Wort ‚bibine' (schlechtes Bier).

Obersächs. ‚Mach keen Zimt!', Rede nicht so dumm und ungereimt!, berl. ‚fauler Zimt', Unsinn. In mdt. Mdaa. bedeutet *Zimt machen, zimtig tun:* Umstände, Schwierigkeiten machen, dann auch: auf das Äußere halten, sich zieren, wobei vielleicht eine Kreuzung mit ‚zimperlich' vorliegt. „Käthel, nicht so zimmtig tun! Ich freß dich nicht auf" (Gerhart Hauptmann, Einsame Menschen [1891], 1). Vgl. auch die Wndg. ‚eine (alte) Zimtziege sein', sich gespreizt benehmen, sich über Geringfügigkeiten erregen, eine unangenehme Aufsichtsperson, Vorgesetzte sein; häufig von älteren Lehrerinnen gesagt.

Zinken (sprachverwandt mit ‚Zinne') als scherzhafte Bez. des ‚Gesichtserkers', der Nase, ist schon im 16. Jh. geläufig und hat sich in den Mdaa. z.T. erhalten, z.B. schwäb. ‚Nimm deinen Zinken in die Hand!', faß dich an deine eigene ↗ Nase.

Einem den Zinken stechen (auch *stecken):* ihm derb die Meinung sagen, ihm eine empfindliche Belehrung erteilen. In einigen Landschaften (z.B. obersächs.) bedeutet ‚Zinke' nicht nur eine (stark gerötete Trinker-)Nase, sondern auch eine Schwäre.

Mit der Bdtg. Zinken = Nase vermischen sich die aus dem Rotw. stammenden ‚Gaunerzinken': Zinken (nach frz. ‚signe', lat. ‚signum' = Zeichen) nennen die Gauner die von ihnen an Häusern und Wegen angebrachten geheimen Verständigungszeichen. In diesen Beziehungsbereich gehört auch die Redensart *einen Zinken stecken:* heimlich etw. zu verstehen geben, ein Zeichen durch Husten, Räuspern u.ä. geben; pfeifen, rufen, wenn man verjagt wird.

Lit.: *S.A. Wolf:* Wb. des Rotwelschen (Mannheim 1956), S. 349f.; *ders.:* Einem einen Zinken stecken, in: Muttersprache 66 (1956), S. 240–242.

Zinshahn. Leibeigene und Hörige hatten als jährliche Abgabe an ihren Herrn zu bestimmten Zeiten und Gelegenheiten Hühner (‚Zinshühner') zu entrichten. Wie diese Abgaben aussahen, lehren die rdal. Vergleiche: schweiz. ‚alt wie ein Zinshahn', sehr alt, oder schwäb. ‚fett wie ein Zinshahn', spindeldürr.

Um sich zu sichern, gaben die Herren genaue Vorschriften: Alter und Stärke der Hühner wurden im einzelnen bestimmt, damit keine minderwertigen Tiere abgegeben wurden. Bei Hähnen sollte der Kamm rot durchblutet sein. Um dieses zu erreichen, lieferten die Bauern die Hähne bisweilen im Zustand künstlicher Erregung ab. Daher der mdal. Vergleich *rot wie ein Zinshahn* (von ungewöhnlicher Gesichtsröte gesagt); ähnl. obersächs. ‚Da leeft'n der Kopp auf wie e Zinshahn'; sächs. ‚Er wird gleich wie ein Zinshahn', jähzornig, leicht erregbar. Lit. in Lessings ‚Jungem Gelehrten' (III,12): „Du bist erhitzt, erhitzt wie ein Zinshahn".

Lit.: *J. Grimm:* Rechtsaltertümer I, S. 251 u. 521.

Zipfel. *Etw. an (bei) allen (vier) Zipfeln haben (nehmen):* fest und sicher haben; oft iron. gesagt von einem, der etw. ganz und gar in seiner Gewalt oder völlig verstanden zu haben glaubt. Dabei ist ursprünglich an ein Bettuch, an ein Kissen oder an einen Sack gedacht, wie die folgenden Beispiele zeigen. In Thomas Murners ‚Mühle von Schwyndelßheim' (V. 765 ff.) heißt es:

> Dry zypffel handt wir zuo vns bracht,
> yetz handt wir vff den fierdten acht
> vnd flyssendt (befleißigen) vns, das er
>   vns werd;
> dann lygt ir dann vff bloßer erd.

Schwäb. ‚Der nimmt's Tuch an fünf Zipfeln', er verlangt mehr, als ihm gebührt. *Etw. beim rechten Zipfel anfassen (anpakken):* etw. richtig beginnen. Dagegen lit. bei Goethe (‚Begeisterung'): „Fassest du die Muse nur beim Zipfel, hast du wenig nur getan".

Sich nach dem Bettzipfel sehnen ↗ Bett.

Zipperlein. *Das Zipperlein haben:* an der Gicht leiden, auch allgem. kränkeln, sich irgendwie nicht wohl fühlen.

Im 17. Jh. war das Podagra eine der weitverbreitetsten Krankheiten überhaupt. Daß dies bes. eine Krankheit der Reichen war, wird unter Berufung auf Camillo Scaliger folgendermaßen erklärt: Das Zipperlein, bestehend aus einer großen Zahl erhitzter Geisterlein, habe zunächst die Bauern angefallen, sich dort aber bei harter Arbeit und schlechter Kost nicht wohl gefühlt. Darauf seien die Geisterlein in der Stadt bei einem reichen Mann eingekehrt, dem der Arzt daraufhin „gute Speiß und Tranck, ein sanfftes Bett, alle Bequemlichkeit und Ehrerbietung, daß ihn ein jeder nieder sitzen ließ, wo er hinkam, verordnet". Das habe dem Zipperlein so gut gefallen, daß es die Bauern verließ und fortan „bei den wollüstigen Reichen blieb" (AaTh 282 A*). (Aus: Der Zeitvertreiber, 1685, S. 215).

‚Gicht' ist in der Tat auch heute noch eine verbreitete Wohlstandskrankheit, die vor allem mit übermäßigem Fleischgenuß (Schweinefleisch) in Zusammenhang gebracht wird.

Lit.: *E. Moser-Rath:* Lustige Gesellschaft (Stuttgart 1984), S. 197.

Zirkus. *Um etw. einen Zirkus veranstalten:* einen unnötigen Trubel, Aufwand, ein Aufhebens machen.

Seit Mitte des. 19. Jh. ist ‚Zirkus' (von lat. Circus Maximus: die Rennbahn im alten Rom) die Bez. für ein von Ort zu Ort ziehendes Unternehmen, das in einem großen runden Zelt akrobatische und artistische Darbietungen vorführt. Von daher kommt die obige Bdtg. von Durcheinander, Getue, Theater, Rummel. Vgl. auch die Ausrufe: *So ein Zirkus!* u. *Jetzt geht der Zirkus wieder los!*

Aufgezäumt sein wie ein Zirkuspferd: über und über mit (falschem) Schmuck behangen sein, aufgedonnert und überladen geschmückt sein; auch: ‚Der Christbaum ist geschmückt'.

Zitrone. *Mit Zitronen handeln* (rhein.): falsch kalkulieren, ein anderes Ergebnis erwartet haben. Vielleicht hängt diese rhein. Rda. mit einem Volksbrauch im Bergischen zusammen, wo man bis etwa 1860 jedem Sargträger bei einer Beerdigung eine Zitrone gab.

So sauer wie eine Zitrone sein i. S. v.: beleidigt sein, heißt im Amer. ‚as the devil looks over Lincoln' (veraltet).

Lit.: *Stamfordiensis:* Devil on the Witch's Back looking over Lincoln, in: American Notes and Queries 7, 12 (1891), S. 340; *H. Marzell:* Art. ‚Zitrone', in: HdA IX, Sp. 940–943; *A. Schwammberger:* Vom Brauchtum mit der Zitrone (Fürther Beiträge zur Geschichts- u. Heimatkunde, H. 2) (Nürnberg 1965); *W. Danckert:* Symbol, Metapher, Allegorie im Lied der Völker, Teil 3: Pflanzen. Aus d. Nachlaß hg. v. H. Vogel (Bonn – Bad Godesberg 1978), S. 1043–1044.

zittern. *Vor etw. (jem.) zittern:* große Furcht haben. *Um jem. zittern:* Um das Leben eines Menschen bangen.

Häufig werden die formelhaften Wndgn. *zittern und beben* und *zittern und zagen* gebraucht (vgl. KHM. 163). In Schlesw.-Holst. sagt man mdal. auch: ‚He zittert und flüggt vor Angst'. Der Ausdr. *mit Zittern und Zagen* geht auf die Antwort des Saulus im alten Luthertext auf den Anruf des Herrn zurück (Apostelg. 9,6). Sehr oft begegnet im bibl. Text auch die Wndg. *mit Furcht und Zittern* (Tob. 13,5; Eph. 6,5; Phil. 2,12; Hiob 4,14; Ps. 55,6; 1. Kor. 2,3), die auf Ps. 2,11 beruht, in dem es heißt: „Dienet dem Herrn mit Furcht, und freuet euch mit Zittern".

Zittern wie Espenlaub: vor Angst oder Kälte zittern, ↗ Espenlaub; vgl. frz. ‚trembler comme une feuille' (wörtl.: wie ein Blatt zittern). Auf das Zittern vor Kälte beziehen sich die neueren Rdaa. *Ich kann nicht so schnell zittern, wie ich friere; nicht nachkommen mit Zittern* und *sich warmzittern.*

Zittre mal los! gilt als Aufforderung zum Gehen, Aufbrechen, Anfangen, bes. im Obersächs. häufig zu hören.

Da hilft kein Zittern vorm Frost: da gibt es kein Zögern und Weigern. Die Wndg. wird auch scherzhaft bei der Annahme einer Einladung gebraucht.

Den Zitterpfennig geben: Angst haben.

Lit.: *A. Webinger:* Art. ‚Zittern' in: HdA. IX, Sp. 943–944; *E. Moser-Rath:* Lustige Gesellschaft (Stuttgart 1984), S. 227.

Zopf wird in mehreren Rdaa. bildl. für überaltertes Herkommen und Rückständigkeit gebraucht. Die im 18. Jh. aufgekommene männliche Haartracht des Zopfes, die als Musketierzopf unter Friedrich Wilhelm I. auch im Heer eingeführt wurde, verfiel unter dem Einfluß der Frz. Revolution nach 1790 der Lächerlichkeit. Jean Paul erregte zunächst noch Ärgernis, als er 1782 seinen Zopf als Leipziger Student wegwarf und ohne Perücke ging, denn noch bis ins 19. Jh. wurde der Zopf von den Konservativen getragen. Für die von den Gedanken der Frz. Revolution beeinflußte Generation, die in Dtl. zu Beginn des neuen Jh. hervortrat, stellte sich der Zopf als verhaßtes Sinnbild der politischen und sozialen Mißstände des unumschränkt herrschenden feudalen Staates dar als Sinnbild des Absolutismus, trockener Aufklärung und Unnatur.

Die Rda. *Das ist so ein alter Zopf* und die Scheltausdrücke ‚zopfig' und ‚Zopfgelehrsamkeit' in der Bdtg. veraltet, pedantisch, lächerlich dürften während der Freiheitskriege unter den Studenten entstanden sein, als der Zopf neben anderem der Scharnhorstschen Reform der preuß. Armee zum Opfer fiel. Wie sehr der Zopf als bekämpftes Symbol der Restauration galt, beweist seine feierliche Verbrennung durch die Studenten auf dem Wartburgfest von 1817.

Den (einen) Zopf abschneiden: einen altmodischen Brauch, eine überlebte Tradition abschaffen, mit überaltertem Herkommen brechen.

Einem den (einen) Zopf anhängen: ihn zum besten haben, hintergehen; schließlich: Vorwürfe machen, schelten. Beliebt ist die Rda. in der vormärzlichen Lit., z. B. bei Grabbe (I, 425): „Bis daß ihm der Bube von hinten einen großen, papiernen Zopf angesteckt hat". Vgl. A. v. Chamissos Gedicht ‚Tragische Geschichte' (1822) mit dem Kehrreim „Der Zopf, der hängt ihm hinten". Zum Teil ist die Rda. noch in den Mdaa. erhalten, z. B. ostmdt. ‚einem einen Zopf machen'; wienerisch ‚A Zopferl anhäng'n'.

Einem auf den Zopf kommen: jem. tadeln, scharf zurechtweisen, strafen. Diese Rda. ist älter als die männliche Haartracht im 18. Jh. Sie bezieht sich auf die Zöpfe der Frauen. Diese gingen sich gegenseitig schon im MA. im Zorn gern an die Zöpfe und zogen und rissen sich bei einer tätlichen Auseinandersetzung daran. Vgl. die Rda. ‚sich in die Haare geraten'. Dafür gibt auch Hans Sachs (‚Hausmagd und Wochenwärterin' 140) Belege:

Die magd erwischt sie bey eim zopff
Und ir den zornigklich außrieß.

Und ebd. (145) heißt es: „(sie) thetten die zöpff einander dehnen". Ähnl. Sinn haben die neueren Wndgn. *einem auf den Zopf spucken:* ihn schelten, und *einen beim Zopf nehmen:* ihn zur Rechenschaft ziehen; ↗ Haar.

Die Rda. *sich am eigenen Zopf aus dem*

‚Ein alter Zopf'

Sumpf ziehen: sich durch eigene Kraft zu erheben, aus dem Unglück zu befreien suchen, beruht auf einer Lügenerzählung Münchhausens: „Ein andres Mal wollte ich über einen Morast setzen, der mir anfänglich nicht so breit vorkam, als ich ihn fand, da ich mitten im Sprunge war. Schwebend in der Luft wendete ich daher wieder um, wo ich hergekommen war, um einen größeren Anlauf zu nehmen. Gleichwohl sprang ich auch zum zwei-

‚Sich am eigenen Zopf aus dem Sumpf ziehen'

tenmale noch zu kurz und fiel nicht weit vom andern Ufer bis an den Hals in den Morast. Hier hätte ich unfehlbar umkommen müssen, wenn nicht die Stärke meines eigenen Armes mich an meinem eigenen Haarzopfe, samt dem Pferde, welches ich fest zwischen meine Knie schloß, wieder herausgezogen hätte" (Gottfried August Bürger, Wunderbare Reisen zu Wasser und Lande des Freyherrn von Münchhausen [Darmstadt 1959], S. 43).
Als der Zopf vom Haarbeutel verdrängt wurde, verblieb ihm die übertr. Bdtg. von Rausch, z. B. in den folgenden Rdaa.: *einen Zopf heimschleifen:* betrunken sein, und *sich einen Zopf trinken:* sich einen Rausch antrinken (↗trinken); lit. verwendet von Nestroy (6, 197):

So bleiben freisinnig die Köpfe,
Bekommen vom Wein sie auch Zöpfe.
Mdal. heißt es im Mansfeldischen: ‚Dir rappelts wul ungern Zoppe?', du bist wohl verrückt, du spinnst.

Lit.: *W. R. Schweizer:* Münchhausen und Münchhausiaden (Bern – München 1969); *M. Jedding-Gesterling* u. *G. Brutscher* (Hg.): Die Frisur. Eine Kulturgeschichte der Haarmode von der Antike bis zur Gegenwart (München 1988).

Zucker. *Einfach Zucker!:* hervorragend, ausgezeichnet; vgl. frz. ‚C'est du gâteau' (wörtl.: Das ist Kuchen), auch i. S. v.: das ist kinderleicht.
Jem. Zucker in den Arsch blasen: sich bei jem. einzuschmeicheln suchen, etwa seit 1920 bezeugt, auch i. S. v. jem. antreiben, vor allem sold.
Zucker klopfen: sich bei jem. einschmeicheln. In Köln sagt man: ‚Dä hät dem Zucker geklopp': der hat ihm geschmeichelt; auch in Bedburg sagt man mdal. für Schmeicheleien, die einen bestimmten Zweck verfolgen: ‚Hä hät im Zocker geklopp'. Ähnl. *Zucker im Munde haben:* sich einschmeicheln, seine wahre Gesinnung verhüllen.
Mit solchem Zucker schluckt man solche Pillen: man nimmt Unangenehmes leichter hin, wenn es in netter Form mitgeteilt wird. Diese Tatsache umschreibt auch ein Lied aus dem Musical ‚Mary Poppins' (1969), in dem es heißt:

Mit 'nem Teelöffel Zucker
Nimmt man jede Medizin.
Soll das Zucker heißen? ist die iron. Frage in bezug auf unangenehme Mitteilungen oder eine Beleidigung. Vgl. frz. ‚Appellez-vous cela du sucre?' (veraltet).
Als grobe Abweisung oder die euphemist. Aufforderung: *Sie können mir den Zucker vom Kuchen lecken,* ↗ Arsch.
Seinem Affen Zucker geben ↗ Affe.
Etw. wie Zucker sparen: mit Wertvollem vorsichtig umgehen, vgl. schwäb. ‚Dös muaß ma spara wia Zucker'.
Nicht von Zucker sein: Regen nicht scheuen, seit dem Ende des 19. Jh. bekannt, auch in allg. Sinne: nicht empfindlich sein, viel aushalten können (Küpper).
Mit Zuckerbrot und Peitsche regieren: je nach Bedarf Milde walten lassen oder unnachgiebige Härte zeigen, Versprechungen machen und Drohungen ankündigen.

‚Mit Zuckerbrot und Peitsche regieren'

Diese Devise befolgten bereits die röm. Imperatoren. ⁄ Knute.

Etw. ist kein Zuckerschlecken: etw. ist nicht leicht, nicht angenehm, sehr anstrengend; vgl. ‚Seefahre ös nich Zockerlöcke' (W. Lüpkes: Seemannssprüche [1900, Nachdr. Hamburg 1986], S. 18). ⁄ Honig.

Lit.: *K. Laufs:* Zucker klopfen, in: Muttersprache 42 (1927), S. 175–176; *J. Baxa* u. *G. Bruhns:* Zucker im Leben der Völker. Eine Kultur- und Wirtschaftsgesch. (Berlin 1967); *S. W. Mintz:* Die süße Macht. Kulturgeschichte des Zuckers (Frankfurt/M. – New York 1987); *H. Olbrich (Hg.):* Zuckermuseum. Katalog (Berlin 1989); Süßhunger. Zur Kulturgeschichte des Süßens. Ausstellungskatalog (Bremen 1990).

zuerst. Die Wndg. *Wer zuerst kommt, mahlt zuerst* stammt als Rechtssprw. aus Eike von Repgows ‚Sachsenspiegel' (um 1230), in dem es heißt (II, 59, 4): „ Der ouch êrst zu der mül kömt, der sal erst malen". Auch in der ‚Bayerischen Chronik' (I, 305) von Aventin steht dieser Rechtsgrundsatz: „wer ee kumpt, der melt ee". Vgl. auch ndl. ‚Die het eerst komt, het eerst maalt'. Die Mühlen gehörten urspr. den Grundherrschaften, die Bauern und Bäcker konnten ihr Getreide dort selbst mahlen. Keiner erhielt dabei einen Vorrang, wie dieses Recht ausdrücklich betont; ⁄ mahlen.

‚Zuerst kommt das Fressen, dann kommt die Moral' ist ein Zitat aus Bertold Brechts ‚Dreigroschenoper' (1928).

Lit.: *H. Bänziger:* Zuerst kommt das Fressen, dann kommt die Moral: zu einem Motiv Bert Brechts, in: Reformatio 11 (1962), S. 496–503; *Sven B. Ek:* Den Som Kommer Först Till Kvarns. Ett Ordspråk och dess Bakgrund (Scripta Minora. 1963–64; 1) (Lund 1964).

Zug. *In den letzten Zügen liegen:* im Sterben liegen. Zug meint hier Atemzug. Die Wndg. findet sich mehrfach in Luthers Bibelübers., z. B. in der Erzählung von der Tochter des Jairus, Mark. 5,23; Luk. 8,42 („er hatte eine einzige Tochter bei zwölf Jahren, die lag in den letzten Zügen"). In anderen älteren Belegen steht Zug oder ‚ziehen' ohne weiteren Zusatz und meint offenbar das Hinwegziehen ins Jenseits. In den von Keller (1854) herausgegebenen ‚Altdt. Erzählungen' heißt es von einem Sterbenden: „Wan er laeg am tot und züg". Lehmann (S. 443, ‚Krankheit' 6) bucht 1639: „Viel liegen in Zügen, vnd ziehen doch nicht". Albr. Dürer schreibt in seiner Familienchronik: „hätt er von Stund an die Züg gegriffen" (wäre er in den Todeskampf verfallen). Abraham a Sancta Clara redet im ‚Huy und Pfuy der Welt' von denen, die erst schlafen gehen, „wenn die Nacht in Zügen liegt", zu Ende geht. Die Rda. erscheint auch gelegentlich in übertr. Bdtg., so z. B. bei Gottsched in den ‚Beiträgen zur critischen Historie' (Bd. I, S. 310): „Das Plattdeutsche ist ganz herunter gekommen und liegt in den letzten Zügen".

In anderen Wndgn. ist der Zug beim Trinken gemeint, z. B. *(mit) einem Zug:* auf einmal; *einen guten Zug (am Leibe) haben:* in großen Schlucken, tüchtig trinken können; vgl. frz. ‚avoir une bonne descente' (wörtl.: eine schiefe Kehle haben, so daß Getränke leicht herunterfließen können) und ‚savoir bien lever le coude' (wörtl.: den Ellenbogen richtig heben können); westf. ‚einen Zug durch die Gemeinde machen', nacheinander viele Wirtshäuser im Ort aufsuchen; schlesw.-holst. ‚wir wern good in Tog', wir waren sehr vergnügt; ‚mit'n Tog', in diesem Augenblick; *das Leben in vollen Zügen genießen.*

Gut im Zuge; so recht im Zuge; im besten Zuge sein: eifrig bei der Arbeit, bei der Durchführung eines Planes sein. Diese Wndgn. beziehen sich wohl urspr. auf das Ziehen von Zugtieren; vgl. das ‚Dictionarium' von Frisius von 1541 (1350a): „gůte und gschickte zierosz, die gůt im zug sind"; vgl. sächs. ‚s 'is Zug drhinter', ‚da is Zug drinne', es geht kräftig vorwärts.

Einen guten Zug tun: bei einem Unternehmen Erfolg haben; könnte vom Ziehen des Netzes beim Fischfang hergeleitet sein, auch vom Schachspiel, wie mhd.

1777

Versionen vermuten lassen; ebenso: *zum Zuge kommen.*
Zug um Zug (zurückgeben, handeln) meist in der Kaufmannssprache das Nehmen und Geben. Ein weiterer Sinn ist: eins ums andere, schrittweise, auf Gegenseitigkeit. Goethe (Weimarer Ausg. IV,33, S. 130): „Zwischen Freunden muß nicht alles Zug um Zug gehen"; vgl. schlesw.-holst. ‚Tuur för Tuur un Tog för Tog'.
Im falschen Zug sitzen: sich in seiner Meinung irren; quasi: mit den Gedanken in eine falsche Richtung geraten; vgl. ↗ Boot, ↗ Dampfer.

‚Noch auf den fahrenden Zug aufspringen'

Noch auf den (fahrenden) Zug aufspringen: sich mit Verspätung an einer bereits laufenden Sache noch beteiligen.
Der Zug ist abgefahren: es ist bereits zu spät.

Lit.: Zug der Zeit – Zeit der Züge. Dt. Eisenbahn 1835–1985, 2 Bde. (Berlin 1985).

Zügel. *Die Zügel schießen lassen* (vgl. frz. ‚laisser à quelqu'un la bride sur le cou' [wörtl.: einem die Zügel am Hals liegen lassen]), auch *die Zügel lang (locker, schleifen) lassen:* freien Lauf lassen; als Rda. nicht mehr vom Reiter gesagt, sondern in bildl. Übertr. gmeint, z. B. ‚einer Leidenschaft, seinem Eigenwillen die Zügel schießen lassen' (↗ locker).
Seit dem Ende des 17. Jh. ist die Rda. in dieser Abwandlung häufig bezeugt, z. B. in A. v. Knigges ‚Reise nach Braunschweig' (1797, S. 111): „Dann ließ sie ihrer Neugier die Zügel schießen". Aus derselben Bildwelt von Roß und Reiter stammen hon zahlreiche andere Rdaa.: ‚ein zügelloses (ungezügeltes, ausschweifendes) Leben führen'; ‚mit verhängtem Zügel reiten' (zu mhd. verhengen = hängen, schießen lassen, nachgeben), in übertr. Bdtg. z. B. in Grimmelshausens ‚Simplicissimus' (Bd. II, S. 215): „verhängte derowegen meinen Begierden den Zügel".
Übertr. erscheint der Zügel, mit dem man die Tiere regiert, als ein Sinnbild der Herrschaft: *in die Zügel greifen (fallen):* jem. hemmen. „Dem Schicksal in die Zügel greifen, steht nicht in meiner Macht" (H. Clauren, Sylvesterabend [1825]); *die Zügel führen:* herrschen, befehlen; vgl. frz. ‚tenir la bride' oder ‚tenir les rênes'; *die Zügel ergreifen (in die Hand nehmen):* die Führung übernehmen; *die Zügel kurz halten:* einem Beaufsichtigten jede Entscheidung abnehmen, jem. gängeln; *einem Zügel anlegen:* ihn mäßigen, seine Freiheit einschränken. Goethe (‚Wilhelm Meister'): „Werner tat sich etwas darauf zu gute, daß er dem vortrefflichen, obgleich gelegentlich ausschweifenden Geist Wilhelms mitunter Zügel und Gebiß anzulegen schien".

Zukunftsmusik ↗ Musik

Zunder. *Einem Zunder geben:* ihn zu größerer Aktivität antreiben. Zunder diente als leicht brennbares Material zur Entfachung eines Feuers. Wie der Funke plötzlich zur Flamme wird, kann man einen Trägen durch einen zwingenden Anlaß zum Handeln bringen.
Im 1. Weltkrieg wurde ‚Zunder' sold. Synonym für Artilleriefeuer. ‚Wir haben schwer Zunder bekommen': waren schwerem Artilleriefeuer ausgesetzt; ‚da gab es Tag und Nacht Zunder': wurde Tag und Nacht geschossen. Später ging es i. S. v. Prügel in die allg. Umgangssprache ein: ‚Wenn ihr euch nochmals sehen laßt, kriegt ihr Zunder!'

Lit.: *O. Basler:* Art. ‚Zunder', in: HdA. IX, Sp. 955–956.

Zunge. *Mit gespaltener Zunge (mit zwei Zungen) reden:* zum eigenen Vorteil gegenüber mehreren Personen verschiedene Meinungen äußern, ohne Bedenken lügen, ähnl.: *glatt (leicht) von der Zunge gehen:* ohne Hemmungen Unwahrheiten sagen, gegen seine innere Überzeugung jem. schmeicheln. Dagegen meint die Wndg. *etw. nicht über die Zunge bringen:*

sich scheuen, eine Lüge zu machen, eine schlechte Nachricht zu überbringen. Eine Steigerung davon bedeutet die Rda. *sich eher die Zunge abbeißen:* nichts verraten, standhaft bleiben, trotz persönlicher Gefahr keine Andeutungen machen, aber auch: aus Scham oder falscher Rücksichtnahme keine Beschwerden oder Forderungen in eigener Sache vorbringen.
Der dem hl. Johannes von Nepomuk (um 1350–1393) zugeschriebene Schwur, sich ‚lieber die Zunge abzubeißen', als aus der Beichte zu plaudern, hat in Bayern und Österreich einen Handel mit ‚Nepomuk-Zungen' zu Heilzwecken bewirkt. Noch Anfang des 20. Jh. gab es Nepomuk-Zungen, zungenförmige Körper aus Stein, in Silber gefaßt, die gegen Zungenleiden sowie auch gegen üble Nachrede helfen sollten. 1765 wurde Johannes von Nepomuk bei den Linzer Jesuiten als „heiliger Rächer der Verleumdung" bezeichnet.
Jem. etw. auf die Zunge legen: ihm Hinweise geben, damit er im gewünschten Sinne aussagt, damit er die richtige Antwort finden kann, vgl. ‚jem. etw. in den Mund legen', ↗ Mund.
Jem. die Zunge lösen: seine Hemmungen beseitigen, ihn z. B. durch geheuchelte Anteilnahme oder durch Weingenuß redselig machen, aber auch: ihn durch Gewalt zu einer Auskunft zwingen. Diese Rda. erinnert an den alten Brauch, neugeborenen Kindern das Häutchen unter der Zunge zu lösen, damit sie (schneller) sprechen lernen sollten. Gab ein Kind nach der Geburt nicht gleich Laut von sich, öffnete ihm die Hebamme alsbald den Mund und löste ihm auch mitunter die Zunge. Diese sofortige Lösung des Zungenbändchens durch die Schere oder gar den Fingernagel der Hebamme war um 1900 allgemein verbreitet, obwohl sie schon von der Nürnberger Hebammenordnung von 1755 als abergläubisch bekämpft wurde. In Gutach (Kr. Offenburg) spricht die Hebamme dabei sogar einen Spruch, den ihr die Wöchnerin dreimal nachzusprechen hat: „Ich löse meinem Kinde die Zunge zu alle gute Stunde, zur gerechten, aber nicht zu ungerechten. Die himmlische Ehr, die nimmermehr vergeht, im Namen Gottes des Vaters, des Sohnes und des Heiligen Geistes" (E. H. Meyer, Badisches Volksleben im 19. Jh. [Straßburg 1900], S. 17f.); vgl. frz. ‚délier la langue à quelqu'un'.
Seiner Zunge freien Lauf lassen: unbedacht, ohne bes. Vorsicht und Rücksichtnahme ganz frei und offen reden; ähnl.: *sein Herz auf der Zunge haben (tragen):* seine Gefühle zeigen, ungehemmt seinen Einfällen folgen und seine geheimsten Gedanken offenbaren. Diese Rdaa. dienen einer durchaus positiven Charakterisierung eines ehrlichen, unkomplizierten und impulsiven Menschen. Trotzdem warnen andere Wndgn. vor den Nachteilen dieses Verhaltens, das oft sehr undiplomatisch ist, wobei man *sich leicht die Zunge verbrennen kann,* ↗ Mund.

Abschneiden der Zunge als Strafe

Seine Zunge hüten (im Zaum halten): vorsichtig sein, damit nicht unbedachte Äußerungen Ärger und Anstoß erregen, nur das sagen, was nicht falsch ausgelegt werden kann; vgl. frz. ‚tenir ...' oder ‚retenir sa langue'.
Sich auf die Zunge beißen: sich mühsam beherrschen, seine wahre Meinung verschweigen; vgl. frz. ‚s'en mordre la langue' (wörtl.: sich deswegen in die Zunge beißen) i. S. v.: unbedachte Äußerungen bereuen.
Etw. auf der Zunge haben: etw. sagen wollen, es aber zum Glück im letzten Moment

noch unterdrücken können, aber auch: nach einem Ausdr. suchen, der einem trotz heftigen Nachdenkens im Augenblick nicht einfällt, z. B. ein Name, an den man sich nicht erinnern kann, obwohl man ihn häufig gehört hat, so daß er einem *auf der Zunge schwebt;* vgl. frz. ‚avoir quelque chose sur le bout de la langue' (auf der Zungenspitze).

Jem. das Wort von der Zunge nehmen: seinen Gedanken vorwegnehmen, die gleichen Vorstellungen und Ideen wie der andere haben und ihm in seiner Äußerung zuvorkommen; ähnl. frz. ‚prendre à quelqu'un les mots de la bouche' (wörtl.: einem die Worte aus dem Munde nehmen).

Mit der Zunge ausrutschen: etw. Unpassendes, Unbedachtes sagen, das man später bedauern muß.

Jem. die Zunge herausstrecken (zeigen): ihn verächtlich behandeln. Das Herausstrecken der Zunge ist eine Spottgebärde, die möglicherweise auch auf ältere Abwehrgebärden zurückgeht. Als schimpfliche Abweisung ist sie auch an Brücken und Stadttoren angebracht worden. Bekannt ist der Basler sog. ‚Lällekönig', der nach Kleinbasel hinüber diese Gebärde machte, ↗ Gähnmaul. Vgl. frz. ‚tirer la langue à quelqu'un'.

‚Lälleköng' – ‚Die Zunge herausstrecken'

Sich die Zunge ausrenken: pausenlos für etw. werben oder schwärmen, durch einen Wortschwall zu überzeugen suchen, einen unversieglichen Redestrom entwickeln; gleichen Sinn hat die moderne Wndg. *eine elektrische Zunge haben.*

Sich (beinahe) die Zunge abbrechen: ein schwieriges Wort (Fremdwort), auch: ‚Zungenbrecher' genannt, nicht oder nur schwer aussprechen können.

Jem. die Zunge lähmen: jem. zum Erschrecken oder Erstaunen bringen und ihn zunächst einmal sprachlos werden lassen, vgl. die ähnl. Wndg. *etw. (die Angst) bindet einem die Zunge.*

Die Zunge klebt jem. am Gaumen (schon bei Hiob 29, 10), *hängt einem zum Halse heraus:* ihm fehlt der Speichel vor großem Durst, wegen der Hitze oder: er ist völlig erschöpft vom schnellen Laufen. Dieses sprachl. Bild bezieht sich auf den hechelnden Hund. Vgl. frz. ‚Il a la gorge séche' (wörtl.: Er hat eine trockene Kehle).

Etw. auf der Zunge zergehen lassen: ein Feinschmecker sein, etw. genießerisch auskosten, ähnl. *eine feine Zunge haben;* vgl. frz. ‚être un gourmet' (ein Feinschmecker sein) oder ‚avoir le bec fin' (wörtl.: einen feinen Schnabel haben).

Die vielen Adj., die der Zunge zugeordnet werden, ermöglichen sprachl. Differenzierungen, z. B. *eine glatte Zunge haben:* geschickt lügen, schmeicheln und heucheln; *eine scharfe (spitze) Zunge besitzen:* verletzende Kritik üben. In volkstümlichen Darstellungen wird dem Spitzzüngigen die Zunge abgeschliffen, ↗ schleifen; vgl. frz. ‚avoir la langue bien pendue' (wörtl.: eine weit herunterhängende Zunge haben) oder ‚avoir le caquet bien affilé' (wörtl.: ein geschliffenes Mundwerk haben). *Eine böse (falsche, giftige) Zunge haben:* verleumden, bösartig sticheln; *eine beredte (feurige) Zunge besitzen:* redegewandt, ‚zungenfertig' sein. *Eine lose Zunge besitzen:* alles ausplaudern; vgl. engl.: ‚Your tongue is hung on an swivel and is loose at both ends'.

Zunge wird auch im Sinne von Sprache gebraucht: *in fremder Zunge reden* und *mit tausend Zungen predigen:* es wiederholt und nachdrücklich sagen.

Moderne Wndgn. sind: *sich nicht an der Zunge ziehen lassen:* sich nicht übertöl-

Das Schleifen der bösen Zunge

peln lassen, und *über die Zunge scheißen:* sich erbrechen.

Einen falschen Zungenschlag haben: wegen Betrunkenheit die Wörter nicht mehr richtig artikulieren können; auch: Falschheiten verbreiten, nicht aufrichtig sein.

Lit.: *E. S. Dodge:* Your tongue is hung on a swivel and is loose at both ends, in: Journal of American Folklore 62 (1949), S. 427; *L. Röhrich:* Gebärde – Metapher – Parodie (Düsseldorf 1967), S. 26f.; *D.-R. Moser:* Verkündigung durch Volksgesang (Berlin 1981), S. 243; *A. Spycher:* Der Basler Lällenkönig, seine Nachbarn, Freunde und Verwandten (Basel 1987).

Zungendrescher. *Ein Zungendrescher sein:* seine Zunge skrupellos, zu seinem eigenen Vorteil gebrauchen.

Der Ausdr. ‚Zungendrescher' ist z. Zt. der Einführung des Römischen Rechts im Deutschen Reich wahrscheinl. in Mitteldeutschland aufgekommen. Lit. schon bei Carlstadt 1520 belegt und seit Alberus (1540) in den Wbb. verzeichnet, zeigt sich die Bez. bereits damals als fest eingeführt. Zungendrescher bedeutete zunächst einen skrupellosen Advokaten, der seine Rechtskenntnisse und seine Zungenfertigkeit dazu mißbrauchte, um gegen Gewinn Unrecht in Recht zu verwandeln, der sich also gleichsam mit der Zunge sein Korn, seinen Lohn ausdrosch (↗ dreschen): „kam dann golt, so stach es das silber ab, ye besser tagwerck, ye fertiger traschen sie mit der zungen" (Seb. Franck: Sprichwörter [1541]). „... böse advokaten und andere rechtsgelehrten ... das ist, welche zungentrescher seynd und von gelts wegen allerley lugen ersinnen und fürbringen" (Äg. Albertinus: Luzifers Königreich [1617]). Zschokke († 1848) spricht dann sogar von „rechtsmörderischer List gewandter Zungendrescher". In weiterem Sinne bedeutete der Ausdr. einen böswilligen Schwätzer, später auch bloß einen leeren Schwätzer. Noch Heinrich Heine kannte das heute nicht mehr gebrauchte Wort ‚Zungendrescherei'.

zureden. Die Rda. *jem. zureden wie einem kranken Gaul* kommt aus dem Rotw. Gemeint ist nämlich urspr. nicht ein Gaul, sondern ein ‚chaúle' (hebr. cholé), das ist ‚der Kranke'. Dann aber wurde chaúle als ‚Gaul' mißverstanden, und um den alten Sinn wieder einigermaßen herzustellen, wurde das dt. Wort ‚krank' beigefügt, so daß dadurch eine Tautologie entsteht. Der Satz bedeutet jetzt also genaugenommen: jem. zureden wie einem kranken Kranken (Landmann, S. 86f.).

zusammen. *So jung kommen wir nicht mehr zusammen:* Laßt uns jetzt die Gelegenheit nutzen. Die Wndg. wird insbes. bei feucht-fröhlichen Zusammenkünften benutzt, wenn einzelne Teilnehmer der geselligen Runde sich allzu früh verabschieden wollen. Es handelt sich um ein Zitat aus dem Weinlied ‚Gesundheit, Herr Nachbar! Mein Gläschen ist leer!' von Chr. A. Vulpius, in dem die 4. Str. lautet:

So lasset uns freuen, denn Salomo spricht,
nachdem er's genossen: nun kümmerts mich nicht!
Wir kommen doch morgen so jung nicht zusammen;
nur schade, wir müssen doch endlich von dannen!

Das Lied wurde zuerst 1793 bekannt durch die Oper ‚Hokus Pokus', Text von Vulpius, Musik von Dittersdorf. Das Trinklied in der Oper beginnt: ‚Dem Gotte der Reben vertrau ich mein Glück' (F. M. Böhme: Volksthümliche Lieder der Deutschen im 18. und 19. Jh. [Leipzig 1895], Nr. 340, S. 259), abgedruckt auch in Rudolph Zacharias Beckers ‚Mildheimischem Liederbuch' (Ausgabe von 1815, Nr. 473, S. 297). Aber auch sonst ist diese Liedzeile vielfältig in Trinklieder und Schlager eingegangen. Noch im 20. Jh. bildete die Wndg. eine beliebte Schlagerzeile, wie zum Beispiel in dem Schunkelwalzer:

Ich trinke auf dein Wohl
ein Gläschen Alkohol!
Sooo jung komm' wir nicht mehr zusammen!

(Text: Günther Schwenn, Musik: Will Meisel), oder in dem rhein. Karnevalslied:

Kinder, kommt, vergeßt des Daseins Jammertal,
Heut' ist mal Karneval.
Sperrt die Sorgen in den leeren Geldschrank ein,
Und versetzt das Bett, heut woll'n wir lustig sein ...
So jung komm'n wir nicht mehr zusammen.
So schön wird es nie wieder sein.
So lang wir noch jung und in Flammen,
Gehört uns die Welt ganz allein.
So jung komm'n wir nicht mehr zusammen,
Was nachkommt, das ist ganz egal.
So jung komm'n wir nicht mehr zusammen,
Drum Mädel, komm, küß mich noch mal.

(Haller-Revue, Musik v. Walter Kollo).

Zustand. *Zustände wie im alten Rom:* unhaltbare, verkommene, unkontrollierte Zustände, Mißstände. Der rdal. Vergleich gehört der Studentenspr. des 20. Jh. an. *Zustände bekommen (kriegen):* Anfälle von Wahnsinn bekommen, außer sich geraten vor Entrüstung oder Angst; vgl. frz. ‚être dans tous ses états'.

Zweig. *Auf keinen grünen Zweig (Ast) kommen:* keinen Erfolg, kein Glück haben; es zu nichts bringen; ebenso in den Mdaa., z. B. rhein. ‚op keine jröne Zwich kumme'; schlesw.-holst. ‚he kümmt ni op'n grönen Twieg'; ndd. sogar mit einem drastischen Vorsatz: ‚Mancher kann sich einen Tannenbaum in den Hintern stecken, er kommt doch auf keinen grünen Zweig'. Die Rda. ist seit Ende des 15. Jh. belegt, z. B. in Seb. Brants ‚Narrenschiff' (80):

Erberkeyt muosz verr hynden (ganz
hinten) stan
und kumbt gar kum (kaum) uff grünen
zwig.

Bei dem Prediger Geiler von Kaysersberg heißt es: „Sie mögent niemer begrünen oder vff grienen zweig komen"; bei Abraham a Sancta Clara (‚Judas' IV,375): „Auf kein grünes Zweig kommen können". Auch in der neueren Lit. finden sich zahlreiche Belege, z. B. bei Goethe (‚Maximen und Reflexionen'): „Es ist traurig anzusehen, wie ein außerordentlicher Mensch sich gar oft mit sich, seinen Umständen, seiner Zeit herumwürgt, ohne auf einen grünen Zweig zu kommen, Trauriges Beispiel Bürger".
Man hat zur Erklärung der Rda. an einen alten Rechtsbrauch erinnert, wonach der Verkäufer eines Grundstücks dem Käufer eine Rasenscholle mit einem hineingesteckten Zweig von einem Baum des Gutes übergab; man hat die Rda. gar gedeutet als gegensätzliche Bildung zu der Wndg. ‚den dürren Baum reiten', gehängt werden. Auch an den grünen Zweig als Siegeszeichen und Kampfpreis beim Turnier ist gedacht worden (dann müßte es aber vom Erfolglosen heißen: ‚er kommt zu keinem grünen Zweig'). Aber der ‚grüne Zweig' ist wohl nur das Sinnbild des Wachsens und Gedeihens überhaupt, wie ↗ grün ja auch sonst in bildl. Rdaa. auftritt; vgl. auch Grimmelshausen im ‚Simplicissimus' (Bd. IV, S. 22): „Nach diesem bedachte ich, was ich thun und wie ich meine Händel anstellen wollte, damit ich wieder recht grüne würde". Noch wahrscheinlicher ist ein Bezug zu Hiob 15,32, wo es – ebenfalls negativ gewendet wie in unserer Rda. – heißt: „Er wird ein Ende nehmen vor der Zeit; und sein Zweig wird nicht grünen".

zweiundsiebzig. Die 72 ist eine volkstümliche Rundzahl für: unzählig, viel, alles. Sie ist in vielen Rdaa., Summenbez. und Volksglaubensäußerungen zu finden. In einer mdal. Rda. aus der Steiermark heißt es z. B.: ‚G'scheida oa schwari Sau wie zwoarasiebzg Brühling', besser eine schwere Sau als 72 Jungferkel. Von einem allzu sentimentalen, langen Lied sagt man, es habe *72 Strophen.* Hans Bärenknab schwingt im steir. Märchen einen Hebebaum, der ‚72 Pfund' wiegt, wie ein Stäbchen (Geramb, KHM., S. 70). Durch *72 Hände* geht der Flachs, ehe er als Hemd getragen wird, weil Säen und Ernten, Brechen und Hecheln, Spinnen und Weben so unendlich viel Arbeit erfordern. Die Belege lassen sich auch in hist. Tiefe durch viele Jhh. zurückverfolgen. Im 13. Jh. waren sehr häufig ‚72 Pfennig' die runde Summe einer Gerichtsbuße. Der gleiche Betrag galt noch bis in die Bauernkriege hinein als ‚der kleine Wandel', als Strafsatz bei verschuldeter Nichtbestellung der Fronfelder.

Auch in der mhd. Lit. begegnet diese Zahl: Orendel, der Held des rhein. Spielmannsepos vom Heiligen Rock zu Trier, fährt auf 72 Schiffen aus, um in das Heilige Land zu kommen. Im mhd. Spielmannseops von der Brautfahrt des hl. Oswald kehrt das Motiv übersteigert wieder: er zieht mit 72 000 Mann auf 72 Schiffen aus, nachdem er 72 goldene Kreuze für die Führer seines Heeres hatte fertigen lassen.

Die Zahl 72 erfuhr schon früh magische Verwendung. Zwei Spottstrophen (nidvísur) des nordischen Skalden Egill Skallagrimsson sind nach Magnus Olsen so gebaut, daß jede der vier Helminge (syntaktische Stropheneinheiten), in Runen geschrieben, genau 72 Zeilen enthalten soll, also dreimal die Gesamtzahl der Runenbuchstaben, und deshalb mit starker magischer Kraft geladen ist. Auch auf einer schwed. Inschrift zu Fyrby enthält eine bestimmte Strophe genau 72 Runen (vgl. de Vries, Lit.gesch. I, 1941, S. 39).

Im Traugemundslied wird in altertümlicher Weise gesagt, daß der Gefragte alle Länder kenne:

Nu saget mir Meister Trougemunt,
72 Land die sind dir kunt.

Vermutlich besteht ein Zusammenhang dieser Rundzahl, die dem Dezimalsystem fremd ist, mit einer Bibelstelle des Lukasevangeliums (10, 1–5), nach der sich Christus 12 Apostel und 72 Jünger erwählte („Designavit Dominus et alios septuaginta duos"). Die 72 wurde zur geheiligten Zahl als Ordnungsbegriff.

Das Bewußtsein von der Heiligkeit dieser Zahl blieb ungebrochen bis in die religiöse Vorstellungswelt der nachmittelalterlichen Jahrunderte und bis zur Gegenwart.

Die Zahl 72 gehört in den weiten orientalischen Kulturkreis der heiligen Zahl 7 (↗ sieben), die auch zu 77 vervielfältigt und verstärkt erscheint. Daneben erscheint aber die 72 als gleichwertiger Begriff der Vielheit und der Unzählbarkeit. Diese Gruppe der hl. Siebenzahl tritt dem idg. System der hl. Neunzahl gegenüber (3 × 3). Die Auseinandersetzung zwischen den Zahlbereichen ging zugunsten der Siebenzahl aus. Im 17. Jh. wurden aus den 9 Schwaben die berühmten 7 Schwaben, aus den 99 Krankheiten in zahllosen Zaubersprüchen wurden 77 oder 72 Fieber oder Gichten.

Lit.: *L. Kretzenbacher:* Die hl. Rundzahl 72. Zur Zahlenmystik in Legende und Sakralbau, in Volksglaube und Rda., in: Blätter für Heimatkunde, hg. v. Hist. Verein für Steiermark 26 (Graz 1952), S. 11–18.

Zwickmühle. *In der Zwickmühle stecken:* in einer schwierigen, ausweglos erscheinenden ‚verzwickten' Lage sein; auch mdal., z. B. schlesw.-holst. ‚He war di kniepen in'n Zwickmöhl', in die Enge treiben; ‚he hett dat mit'e Zwickmöhl', er kann es nach seinem Willen leiten.

Zwickmühle, seit dem 15. Jh. in übertr. Bdtg. gebraucht (z. B. auch bei Luther), geht auf einen Fachausdr. des Brettspiels ‚Mühle' zurück, der die für den Angreifer günstigste Stellung der Steine in diesem Spiel bez. Der Angegriffene befindet sich in einer schwierigen Lage (‚in der Zwickmühle'), deren Besonderheit es ist, daß man, wie man sich auch dreht und wendet, ihr kaum entkommen kann. Vgl. frz. ‚être entre le marteau et l'enclume' (wörtl.: zwischen Hammer und Amboß stecken), ↗ Hammer.

Lit.: *E. Lasker:* Brettspiele der Völker (Berlin 1931).

Zwiebel. *Er sucht Zwiebeln:* er möchte gern weinen, um Trauer und Anteilnahme zu heucheln, er zwingt sich zu Tränen. Vgl. lat. ‚Bulbos quaerit'.
Wenn jem. die Augen tränen, sagt man scherzhaft: *Er hat Zwiebeln geschält oder gegessen.* Bereits Seb. Franck (II,111ª) kannte diese Wndg.: „Er hat zwibel geschelet oder gessen".
Er hat sich die Zwiebel selbst gezogen, die ihm in den Augen beißt: er ist selbst an seinem Ärger (Ungemach) schuld, er hat sich sein Mißgeschick selbst zuzuschreiben.
Zu den ägyptischen Zwiebeln zurückwollen: sich nach den guten alten Zeiten zurücksehnen. Die Rda. hängt mit der Bibelstelle 4. Mos. 11,5 zusammen: „Wir gedenken der Fische, die wir in Ägypten umsonst aßen und der Kürbisse, des Lauchs, der Zwiebeln und des Knoblauchs". Im Schwäb. sagt man i. S. v. ‚Nix für ↗ungut' auch: ‚Nix für Zwiebla was Knobla send!'
Einen zwiebeln: ihn quälen, plagen. Gemeint ist wohl, daß dem Gequälten die Augen wie von Zwiebelsaft dabei tränen, seit dem 17. Jh. belegt.

Lit.: *H. Marzell:* Art. ‚Zwiebel', in: HdA. IX, Sp. 964–971; *O. Holzapfel:* Die Zwiebel im Volkslied, in: Rund um die Zwiebel (Bobenheim – Roxheim 1983).

Zwirn. *Der Zwirn geht ihm aus:* er ist fertig, hat keinen Redestoff mehr; mdal. auch: sein Geld geht zur Neige; vgl. ‚den ↗Faden verlieren'. Lit. schon in den Versen aus Joh. Val. Andreas ‚Geistlicher Kurtzweil' von 1619 (S. 170):

Bis du (Kritiker) ... zwickst,
    strickst im Hirn,
Ist mir schon abgehaspelt die Zwirn.

Zwirn spinnen (abwinden, abhaspeln): erzählen, reden. Auch ‚Zwirn spinnen', Gedankenarbeit leisten; in diesem Sinne z. B. bei Goethe (Weimarer Ausg. IV, 3,46): „Habe die Nacht durch manches Knäulgen Gedanken Zwirn auf- und abgewickelt".
Zwirn kann auch ‚Gedanken' überhaupt umschreiben; KHM. 34 (‚Die kluge Else'): „O, sprach der Vater, die hat Zwirn im Kopf", sie ist gescheit. Campe (5,972ᵇ) verzeichnet, ‚blauen Zwirn', lustige Einfälle. Außerdem wurde Zwirn früher als Tabuwort für Sexuelles und in obszönem Sinne gebraucht. Im 57. Fastnachtspiel (Keller) heißt es:

Si ist sicher ain guote Dirn
Und spint dar zu gar guoten zwirn;

im 58.:

Die Adelheid ist furwar ein schöne
    Dirn
Die spint auß der maßen guten zwirn;

und im 34. Fastnachtspiel findet sich die Rda. ‚vil zwirns mit Einer abwinden'. Solange die beiden miteinander Zwirnenden einig sind, sind sie eben ‚verzwirnt', entzweien sie sich, so tritt eine ‚Verunzwirnung' (= Streit, Hader) ein. So erklärt sich die Rda. *sich mit jem. verunzwirnen:* sich entzweien, in Uneinigkeit geraten (Söhns, 695 f.).
Mdal. sind die Rdaa. mit Zwirn schier unerschöpflich: thür. ‚Zwirn machen', böse Streiche ausführen; ‚schlimmen Zwirn haben', Verdacht schöpfen, Argwohn haben; ‚Zwirn wickeln', auf einem Ball sitzenbleiben; schlesw.-holst. ‚he spinnt Twern', er schnarcht; ‚die Katze spinnt Zwirn (zwirnt)', sie schnurrt; ‚er spinnt blauen Twern', er redet Gewäsch; obersächs. ‚Schulmeisterzwirn', langes Orgelvorspiel. ‚Blauer Zwirn' ist auch eine Umschreibung für Alkohol, bes. Schnaps, Grabbe (3,155): „Schlesier, da hast du zwei Münzgroschen. Hole mich von jene Marketenderin einen blauen Zwirn und vor dir einen halben".
Über einen Zwirnsfaden stolpern: wegen einer Kleinigkeit zu Fall kommen. So sagt in Schillers ‚Verschwörung des Fiesko' 1783 (II,5) Fiesko vom Volke: „Der blinde, unbeholfene Koloß, der ... Hohes und Niederes, Nahes und Fernes mit gähnendem Rachen zu verschlingen droht und zuletzt über Zwirnsfäden stolpert".

zwitschern. *Einen zwitschern:* ein Gläschen trinken; bezieht sich entweder auf das Trinken von Zwetschgenschnaps oder (wahrscheinlicher) auf die heitere Stimmung des Zechers, der lustig und frohgelaunt wie ein Vogel drauflos zwitschert. Sold. 1914–18, aber schon 1880 für Berlin bezeugt und heute allg. umgangssprachlich; ↗trinken.

zwölf. *Das hält von zwölf bis Mittag:* das hält nur ganz kurze Zeit. ‚Zwölf Uhr' und

‚Mittag' sind heute identische Begriffe, die dazwischenliegende Zeit ist also gleich Null.
Zwölf solche geben auch ein Dutzend ↗ Dutzend.
Einen Zwölfmännerkaffee trinken: einen extra starken Kaffee trinken. In ma. Historienbüchern, Sagen und Legenden verleihen Zaubergegenstände oft die ‚Kraft von zwölf Männern', d. h. eine außergewöhnliche Stärke.
Unter den ‚Zwölften' versteht man die weihnachtliche Festzeit vom 25. Dezember bis zum 6. Januar, das sog. Dodekahemeron der Griechen. Die Kirche verband damit den alten und den neuen Geburtstag Christi, das alte und das neue Neujahrsfest. Kalendermäßig stellen die Zwölften die 12 Zuschlagstage dar, die den Unterschied zwischen dem alten Mondjahr von 354 Tagen und dem Sonnenjahr von 366 Tagen ausgleichen. Daher auch die Rda. ‚Zwischen den Jahren'. In manchen Landschaften spricht man von den ‚zwölf Nächten' oder von den ‚zwölf heiligen Tagen'. Häufig wird die Zeit auch ‚Lostage' genannt, wegen der in diesen Tagen üblichen Erforschung der Zukunft. Die Zwölften gelten als Spukzeit. In dieser Zeit sind nach dem Volksglauben Verbote zu beachten (nicht flikken, nähen, waschen etc.), ebenso auch bestimmte Speisevorschriften.

Lit.: *P. Sartori:* Art. ‚Zwölften', in: HdA. IX, Sp. 979–992; *W. Mieder:* ‚It's Five Minutes to Twelfe', Folklore and Saving Life on Earth, in: International Folklore Review 8 (1990), p. 10–21.

Zylinder. *Einen Zylinder haben:* wütend sein. Diese Rda. war um 1920 in der Schüler- und Studentensprache sehr beliebt. Heute wird sie ersetzt durch: ‚vor ↗ Wut rauchen'. Beide Rdaa. haben einen gemeinsamen Ursprung: hier wurde an den Zylinder des Autos gedacht. „Das lärmende, zischende Auspuffen des Benzingases aus dem Zylinder hat den Ausgangspunkt für das Aufkommen der Wndg. gebildet" (Streitberg S. 76).
Das Dt. Fremdwb. (6 [1983], S. 436–439) weist die Bez. ‚Zylinder' für den speziellen Herrenhut erst für das 19. Jh. nach. ‚Zylinder' war urspr. seit dem 18. Jh. der Name für eine Walze, Rundsäule.
Etw. aus dem Zylinder holen (zaubern) ↗ Kaninchen.

Lit.: *W. Streitberg:* Eine Rda.: ‚Er hat 'nen Zylinder', in: German.-roman. Monatsschrift 13 (1925), S. 75–76; *H. Henne* u. *G. Objartel:* Bibliothek zur histor. dt. Studenten- und Schülersprache (Berlin – New York 1984).

‚Etwas aus dem Zylinder holen'

ZYLINDER

1–5 ‚Etwas aus dem Zylinder holen'

LITERATURVERZEICHNIS

Zusammengestellt von Wolfgang Mieder

Diese Bibliographie ist einmal ein Geschenk an meinen Mentor, Kollegen und Freund Lutz Röhrich, dessen parömiologische und volkskundliche Werke meine eigenen Arbeiten inspiriert und geprägt haben. Zum anderen bietet diese Bibliographie eine Zusammenstellung der bedeutendsten Arbeiten zur deutschen und internationalen Sprichwörter- und Redensartenforschung, die das kaum noch überschaubare Schrifttum wenigstens in Auswahl zugänglich machen soll. Der Übersichtlichkeit halber wurden die rund 1500 aufgenommenen Titel in Untergruppen eingeteilt:

1. Bibliographien
2. Zeitschriften
3. Deutsche Sprichwörter- und Redensartensammlungen
4. Europäische Sprichwörter- und Redensartensammlungen
5. Mehrsprachige Sprichwörter- und Redensartensammlungen
6. Größere parömiologische Studien
7. Aufsätze zur Parömiologie
8. Sprach- und kulturgeschichtliche Studien
9. Spezielle Lexika
10. Literarische und kulturhistorische Quellen

Das Hauptaugenmerk ist selbstverständlich der deutschsprachigen Forschung gewidmet, aber auch die wichtigste internationale Literatur wurde aufgenommen. Das gilt vor allem für Westeuropa sowie die bedeutenden osteuropäischen und nordamerikanischen Forschungsergebnisse. Allerdings konnten die vielen afrikanischen und asiatischen Sammlungen und Studien mit wenigen Ausnahmen nicht angegeben werden. Diese und auch jene Schriften, die sich mit Sprachen und Völkern befassen, deren Einfluß auf die deutschsprachigen Sprichwörter und Redensarten nur sehr gering oder gar nicht vorhanden ist, können an Hand der zitierten Bibliographien relativ leicht aufgefunden werden. Auch auf die Aufnahme der fast zahllosen kleineren und auch größeren Arbeiten zu einzelnen Sprichwörtern und Redensarten konnte verzichtet werden, da diese ohnehin am Ende der Stichwortartikel angegeben sind. Von den vielen Arbeiten über Sprichwörter und Redensarten in der deutschen Literatur brauchten nur die größeren Monographien und Dissertationen aufgezeichnet zu werden, da kürzere Arbeiten in meiner Spezialbibliographie *Proverbs in Literature: An International Bibliography* (Bern 1978) zu finden sind. Schließlich wurden in der Rubrik „Sprach- und kulturgeschichtliche Studien" nur solche Arbeiten aufgenommen, die in der Tat etwas mit dem volkstümlichen Sprachgebrauch zu tun haben. So ist dieses Literaturverzeichnis als Ergänzung zu den spezifischen bibliographischen Angaben in den drei Bänden dieses großen *Lexikons der sprichwörtlichen Redensarten* zu verstehen. Es soll die faszinierende deutsche und internationale Forschung in bezug auf Sprichwörter- und Redensartensammlungen sowie parömiologische Studien nachweisen.

1. Bibliographien:

Bartlett, John: Catalogue of a Choice and Valuable Collection of Rare Books of Proverbs and Emblems etc., Boston 1888

Bernstein, Ignace: Catalogue des livres parémiologiques, 2 Bde., Warschau 1900

Besso, Henry V.: Judeo-Spanish Proverbs: An Analysis and Bibliography, in: Studies in Sephardic Culture: The David N. Barocas Memorial Volume, hg. v. Marc D. Angel, New York 1980, S. 21–55

Bonser, Wilfrid: Proverb Literature: A Bibliography of Works Relating to Proverbs, London 1930 (Ndr. Nendeln/ Liechtenstein 1967)

Bratu, Ion: Contributii la bibliografia paremiologiei românesti, in: Proverbium Dacoromania 2 (1987), S. 47–52; 3 (1988), S. 28–32

Bushui, Anatolii et al.: Paremiologiia Uzbekistana, 5 Bde., Samarkand 1978–1983

Bushui, Anatolii: Bibliograficheskii ukazatel' po paremiologii: Paremiologiia Ukrainy, 2 Bde., Samarkand 1982 u. 1983

Chauvin, Victor: Bibliographie des ouvrages arabes ou relatifs aux Arabes publiés dans l'Europe chrétienne de 1810 à 1885, Bd. 1: Les Proverbes, Liège 1892

Daniels, Karlheinz: Neue Aspekte zum Thema Phraseologie in der gegenwärtigen Sprachforschung, in: Muttersprache 86 (1976), S. 257–293; 89 (1979), S. 71–96; 93 (1983), S. 142–170; 95 (1984–1985), S. 49–68 u. S. 151–173

De Caro, Francis A. und *William K. McNeil:* American Proverb Literature: A Bibliography, Bloomington/Indiana 1971

Ferguson, Charles A. und *John M. Echols:* Critical Bibliography of Spoken Arabic Proverb Literature, in: Journal of American Folklore 65 (1952), S. 67–84

Friesland, Carl: Französische Sprichwörter-Bibliographie. Verzeichnis der seit 1847 erschienenen Sammlungen französischer Sprichwörter, in: Zs. für frz. Sprache und Lit. 18 (1896), S. 221–237; 19 (1897), S. 122–123; 28 (1905), S. 260–287

Fumagalli, Giuseppe: Bibliografia paremiologica italiana, in: Archivio per lo studio delle tradizione popolari 5 (1886), S. 317–350 u. S. 482–509; 6 (1887), S. 25–42 u. S. 153–167; 10 (1891), S. 210–227 u. S. 332–342

Garcia Moreno, Melchor: Catalogo Paremiologico, Madrid 1918

–: Apendice al Catalogo Paremiologico, Madrid 1948

Gratet-Duplessis, Pierre-Alexandre: Bibliographie parémiologique, Paris 1847 (Ndr. Nieuwkoop 1969)

Gutiérrez Ballesteros, José Maria: Paremiologia flamenca con una extensa introduccion historico-bibliografica sobre los refranes glosados en España (siglos XV–XX), Madrid 1957

Haller, Joseph: Altspanische Sprichwörter und sprichwörtliche Redensarten aus den Zeiten von Cervantes, 2 Bde., Regensburg 1883 (Bd. 2 ist eine internationale Bibliographie mit rund 2000 Titeln)

Hanus, Ignač Jan: Literatura přislovnictvi slovanskeho a nemeckeho, Prag 1853 (Ndr. Leipzig 1970)

Jente, Richard: A Review of Proverb Literature Since 1920, in: Corona. Studies in Celebration of the Eightieth Birthday of Samuel Singer, hg. v. A. Schirokauer und W. Paulsen, Durham/North Carolina 1941, S. 23–44

Klančar, Anthony J.: A Tentative Bibliography on the Slovene Proverb, in: Journal of American Proverbs 61 (1948), S. 194–200

Krzyżanowski, Julian (Hg): Nowa Ksiega przyslow i wyrazeri przyslowiowych polskich, 4 Bde., Warschau 1969, 1970, 1972 u. 1978 (Der von Stanislaw Swirko hg. Bd. 4, S. 25–163, enthält eine internationale Sprichwörterbibliographie)

Luomala, Katharine: A Bibliographical Survey of Collections of Hawaiian Sayings, in: Proverbium 2 (1985), S. 279–306

Meier, John: Sprichwörter, in: Grundriss der germ. Philologie, hg. v. H. Paul, Straßburg 1893, Bd. 2, S. 808–827; 2. Aufl. (1901–1909), Bd. 2, S. 1258–1281

Mieder, Wolfgang: Bibliographischer Abriss zur bildl. Darstellung von Sprichwörtern und Redensarten, in: Forschungen und Berichte zur Vkde. in Baden-Württemberg 1974–1977, hg. v. I. Hampp u. P. Assion, Stuttgart 1977, Bd. 3, S. 229–239

–: International Bibliography of Explanatory Essays on Individual Proverbs and Proverbial Expressions, Bern 1977

–: Proverbs in Literature: An International Bibliography, Bern 1978

–: International Proverb Scholarship: An Annotated Bibliography, New York 1982

–: Investigations of Proverbs, Proverbial Expressions, Quotations and Clichés. A Bibliography of Explanatory Essays Which Appeared in „Notes and Queries" (1849–1983), Bern 1984

–: International Bibliography of New and Reprinted Proverb Collections, in: Proverbium 1ff. (1984ff.)

–: International Proverb Scholarship: An Updated Bibliography, in: Proverbium 1ff. (1984ff.)

–: International Proverb Scholarship: An Annotated Bibliography. Supplement I (1800–1981), New York 1990

Moll, Otto: Sprichwörterbibliographie, Frankfurt a.M. 1958

Nopitsch, Christian Conrad: Literatur der Sprichwörter. Ein Handbuch für Literaturhistoriker, Bibliographen und Bibliothekare, Nürnberg 1822 (2. Aufl. 1833); Ndr. Leipzig 1974

Paczolay, Gyula: Proverbs in Hungarian Literature: A Bibliography, in: Proverbium 5 (1988), S. 207–211

Pitrè, Giuseppe: Bibliografia delle tradizione popolari d'Italia, Torino 1894, S. 177–257 u. S. 464–475

Predota, Stanislaw: Ergänzungen zur Bibliographie der polnischen Parömiologie des 19. und 20. Jahrhunderts, in: Proverbium 4 (1987), S. 345–360

Sbarbi, José Maria: Monografia sobre los refranes, adagios y proverbios castellanos, Madrid 1891

Segre, Cesare: I Proverbi, in: Grundriss der romanischen Literaturen des Mittelalters, hg. v. H. R. Jauss und E. Köhler, Bd. 1, Heidelberg 1968, S. 102–108; Bd. 2, Heidelberg 1970, S. 151–161

Taylor, Archer: An Introductory Bibliography for the Study of Proverbs, in: Modern Philology 30 (1932), S. 195–210. Auch in: Selected Writings on Proverbs by Archer Taylor, hg. v. W. Mieder, Helsinki 1975, S. 180–194

–: Investigations of English Proverbs, Proverbial and Conventional Phrases, Oaths and Clichés, in: Journal of American Folklore 65 (1952), S. 255–265

Urdang, Laurence und *Frank R. Abate:* Idioms and Phrases Index, 3 Bde., Detroit 1983

Wall, Edward C. und *Edward Przebienda:* Words and Phrases Index, 4 Bde., Ann Arbor/Michigan 1969–1970

Werner, Jürgen: Sprichwortliteratur, in: Zs. f. Vkde. 57 (1961), S. 118–132 u. 58 (1962), S. 114–129

Zacher, Julius: Die dt. Sprichwörtersammlungen. Eine bibliographische Skizze, Leipzig 1852

2. Zeitschriften:

Alemannia: Zeitschrift für alemannische und fränkische Geschichte, Volkskunde, Kunst und Sprache, hg. v. A. Birlinger (Bonn 1873ff., Leipzig 1892ff.)

Beiträge zur Geschichte der deutschen Sprache und Literatur, begr. v. H. Paul u. W. Braune (Halle) 1874ff.

Niederdeutsche Zs. f. Vkde., 1922ff.

Proverbium: Bulletin d'information sur les recherches parémiologiques 1–25 (1965–1975), S. 1–1008. Hg. v. M. Kuusi et al. (Helsinki). Ndr. in 2 Bdn., hg. v. W. Mieder, Bern 1987

Proverbium Paratum: Bulletin d'information sur les recherches parémiologiques 1–4 (1980–1989), S. 1–460. Hg. v. Vilmos Voigt et al. (Budapest)

Proverbium: Yearbook of International Proverb Scholarship 1ff. (1984ff.), hg. v. Wolfgang Mieder et al. (Burlington/Vermont)

Zeitschrift des Allgemeinen Deutschen Sprachvereins, Berlin 1866ff. Seit 1925 unter dem Titel: *Muttersprache.* Seit 1949: *Muttersprache, Zeitschrift zur Pflege und Erforschung der deutschen Sprache* (Lüneburg)

Zeitschrift für den deutschen Unterricht, begr. v. R. Hildebrand u. O. Lyon, Leipzig 1897ff. Später unter dem Titel: *Zeitschrift für Deutschkunde*

Zeitschrift für deutsche Philologie, 1869ff. (Stuttgart)

Zeitschrift für deutsches Altertum und deutsche Literatur, 1841ff. Begr. v. M. Haupt (Leipzig 1844ff., dann Berlin 1875ff.)

Zeitschrift für deutsche Mundarten, Bd. 1–19, 1906–1924 (Berlin)

Zeitschrift für Mundartforschung, begr. als *Teuthonista,* Bd. 1–10, 1924–1934, Bd. 11ff., 1935ff. (Wiesbaden)

Zeitschrift für deutsche Wortforschung, Bd. 1–15, mit Beiheft 1–5, 1901–1914 (Straßburg)

Zeitschrift für Volkskunde (zuerst: *Zeitschrift des Vereins für Volkskunde*), Berlin/Stuttgart 1891ff.

3. Deutsche Sprichwörter- und Redensartensammlungen:

Agricola, Erhard: Wörter und Wendungen. Wörterbuch zum deutschen Sprachgebrauch, Leipzig 1962 (Ndr. München 1970)

Agricola, Johann: Sybenhundert und fünfftzig Teütscher Sprichwörter, Hagenau 1534 (Ndr. hg. v. M. Hain, Hildesheim 1970; Ndr. hg. v. S. L. Gilman, Berlin 1971)

–: Fünfhundert Gemainer Newer Teütscher Sprüchwörter, Eisleben 1548 (Ndr. hg. v. S. L. Gilman, Berlin 1971)

Appel, Andrea: Die Katze im Sack kommt mir spanisch vor. Redensarten auf den Grund gegangen, Berlin 1987

Bätschi, Josias: Der Davoser im Lichte seiner Sprichwörter und Redensarten, Davos 1937

Baumgartner, Ueli: Wenn der Hahn kräht auf dem Mist ... Wetterregeln für 100% sichere Prognosen, Bern 1986

Bebel, Heinrich: Proverbia Germanica, 1508 (Ndr. Hildesheim 1969)

Betz, Werner: Deutsche Sprichwörter, Wiesbaden 1972

Beyer, Horst und *Annelies:* Sprichwörterlexikon. Sprichwörter und sprichwörtliche Ausdrücke aus deutschen Sammlungen vom 16. Jahrhundert bis zur Gegenwart, Leipzig 1984; München 1985

Binder, Wilhelm: Sprichwörterschatz der deutschen Nation, Stuttgart 1873

Birlinger, Anton: So sprechen die Schwaben. Sprichwörter, Redensarten, Reime, Berlin 1868 (Ndr. Stuttgart 1982)

Blum, Joachim Christian: Deutsches Sprichwörterbuch, 2 Bde., Leipzig 1780 und 1782 (Ndr. hg. v. W. Mieder, Hildesheim 1990)

Borchardt, Wilhelm Gustav: Die sprichwörtlichen Redensarten im deutschen Volksmund. Nach Sinn und Ursprung erläutert, Leipzig 1888 (2.-5. Aufl. [1894ff.] hg. v. G. Wustmann; 6. Aufl. [1925] hg. v. G. Schoppe; 7. Aufl. [1955] hg. v. A. Schirmer]

Böttcher, Kurt, Karl Heinz Berger, Kurt Krolop und *Christa Zimmermann:* Geflügelte Worte. Zitate, Sentenzen und Begriffe in ihrem geschichtlichen Zusammenhang, Leipzig 1981

Braun, J.M.: Sechs Tausend Deutsche Sprüchwörter und Redensarten, Stuttgart 1840

Bremer, Friedrich: Sprüche (ab)klopfen. Redensarten und ihre Bedeutung, Wiesbaden 1986

Büchmann, Georg: Geflügelte Worte. Der Zitatenschatz des deutschen Volkes, Berlin 1864 (33. Aufl. hg. v. W. Hofmann, Frankfurt a.M. 1986)

Bücking, Johann Jacob Heinrich: Versuch einer medicinischen und physikalischen Erklärung deutscher Sprichwörter und sprichwörtlicher Redensarten, Stendal 1797 (Ndr. Leipzig 1976)

Büld, Heinrich: Niederdeutsche Schwanksprüche [Sagwörter] zwischen Ems und Issel, Münster 1981

–: Niederdeutsche Sprichwörter zwischen Ems und Issel, Münster 1983

Cramer-Klett, Elisabeth von: Alte Bauernregeln, München 1982

Dirksen, Carl: Ostfriesische Sprichwörter und sprichwörtliche Redensarten mit historischen und sprachlichen Anmerkungen, 2 Bde., Ruhrort 1889 und 1891 (Ndr. Walluf bei Wiesbaden 1973)

Dittrich, Hans: Redensarten auf der Goldwaage. Herkunft und Bedeutung in einem munteren ABC erklärt, Bonn 1970

Dobel, Richard: Dtv-Lexikon der Goethe-Zitate, 2 Bde., München 1972

Dove, N.R. (eigentl. *Karl Friedrich Wilhelm Wander):* Politisches Sprichwörterbrevier, Leipzig 1872 (Ndr. hg. v. W. Mieder, Bern 1990)

Dröscher, Vitus B.: Mit den Wölfen heulen. „Fabelhafte" Spruchweisheiten aus dem Tierreich, Düsseldorf 1978

–: Mich laust der Affe. „Fabelhafte" Redensarten aus der Welt der Tiere, Düsseldorf 1981

–: Sie turteln wie die Tauben, Hamburg 1988 (erweiterte Neuausgabe der beiden vorhergehenden Titel)

Eckart, Rudolf: Niederdeutsche Sprichwörter und volkstümliche Redensarten, Braunschweig 1893 (Ndr. Hildesheim 1975)

–: Stand und Beruf im Volksmund. Eine Sammlung von Sprichwörtern, Göttingen 1900

Egenolff, Christian: Sprichwörter / Schöne / Weise Klugreden, Frankfurt a.M. 1548 (Ndr. Darmstadt 1972; die Ausgabe von 1552 ist mit einem Nachwort von H. Henning als Ndr. erschienen, München-Pullach 1968)

Eichelberger, Ursula: Zitatenlexikon, Leipzig 1981; Wiesbaden 1981

Eichwald, Karl: Niederdeutsche Sprichwörter und Redensarten, Leipzig 1860 (5. Aufl. Bremen 1881)

Eiselein, Josua: Die Sprichwörter und Sinnreden des deutschen Volkes in alter und neuer Zeit, Freiburg 1840 (Ndr. Leipzig 1980)

–: Die reimhaften, anklingenden und ablautartigen Formeln der hochdeutschen Sprache in alter und neuer Zeit, Leipzig 1841

Eisenhart, Johann Friedrich: Grundsätze der deutschen Rechte in Sprüchwörtern mit Anmerkungen erläutert, Helmstedt 1759

Eppert, Franz: Sprichwörter und Zitate, München 1990

Eyering, Eucharius: Proverbiorum Copia. Etlich viel Hundert / Lateinischer und Teutscher schöner und lieblicher Sprichwörter, 3 Bde., Eisleben 1601–1604

Fink-Henseler, Roland W.: Hausbuch deutscher Sprichwörter. 5000 Redensarten und Sprichwörter für alle Lebenszeiten, Bayreuth 1983

Flechsig, Werner: Ostfälische Sprichwörter. Volksweisheit und Volkshumor aus fünf Jahrhunderten, Braunschweig 1974

Fogel, Edwin Miller: Proverbs of the Pennsylvania Germans, Lancaster/Pennsylvania 1929

[Franck, Sebastian]: Sibenthalbhundert Sprichwörter, Frankfurt a.M. 1532 (Fälschlich Franck zugeschriebene anonyme Sammlung, die von F. Latendorf neu hg. worden ist: Sebastian Franck. Erste namenlose Sprichwörtersammlung vom Jahre 1532, Poesneck 1876; Ndr. Hildesheim 1970)

Franck, Sebastian: Sprichwörter / Schöne / Weise / Herrliche Clugreden/ vnnd Hoffsprüch, Frankfurt a.M. 1541 (Ndr. hg. v. W. Mieder, Hildesheim 1987)

Frey, Christa, Annelies Herzog, Arthur Michel und *Ruth Schütze:* Deutsche Sprichwörter für Ausländer, Leipzig 1970

Friebertshäuser, Hans: Sprichwörter aus Hessen, Husum 1989

–: Redensarten aus Hessen, Husum 1990

Friederich, Wolf: Moderne deutsche Idiomatik, München 1966 (erweiterte 2. Aufl. 1976)

Frischbier, Hermann: Preußische Sprichwörter und volksthümliche Redensarten, 2 Bde., Berlin 1864 und 1876 (Der erste Band erschien als Ndr. Hannover-Döhren 1971)

Garmann, Bernhard und *Hans Taubken:* Plattdeutsche Sprichwörter, Redensarten und Bauernregeln aus dem Emsland, Lingen (Ems) 1978

Genthe, Arnold: Deutscher Slang. Eine Sammlung familiärer Ausdrücke und Redensarten, Straßburg 1982

Göhring, Ludwig: Volkstümliche Redensarten und Ausdrücke, München 1937

Gööck, Alexandra: Das sagt man so ... Kleines Lexikon der Redensarten, Gütersloh 1974

Gorbracht, Wernher: Wer Glück hat, dem fohlt sogar der Wallach. Sprichwörter und Redensarten vom Pferd, Bad Homburg 1978

Görner, Herbert: Redensarten. Kleine Idiomatik der deutschen Sprache, Leipzig 1979

Gossel, J.: Sprichwörtliche Redensarten mit ihren Erklärungen, Berlin 1880

Graf, Eduard und *Mathias Dietherr:* Deutsche Rechtssprichwörter, Nördlingen 1869 (Ndr. Aalen 1975)

Große, R. (Hg.): Martin Luthers Sprichwörtersammlung, Leipzig 1983

Gruhle, Uwe und *Dö Van Volxem:* Das andere Sprichwörter-Lexikon: derb – aufmüpfig – unverblümt, Frankfurt a.M. 1983

Grundmann, Günter, Michael Strich und *Werner Richey:* Rechtssprichwörter, Leipzig 1980

Guggenbühl, Adolf: Schweizerdeutsche Sprichwörter, Zürich 1950

Hamacher, Gustav: Kölsche Redensarten und Sprichwörter, Köln 1986

Hauser, Albert: Bauernregeln. Eine schweizerische Sammlung mit Erläuterungen, Zürich 1973

Hellwig, Gerhard: Zitate und Sprichwörter von A-Z, Gütersloh 1974

Henisch, Georg: Teütsche Sprach vnd Weißheit, Augsburg 1616 (Ndr. Hildesheim 1973)

Hermann, Leonard: Das Bier im Volksmund. Alte Sprichwörter und Redensarten, Berlin 1930

Herzog, Annelies, Arthur Michel und *Herbert Riedel:* Deutsche idiomatische Wendungen für Ausländer, Leipzig 1972

Hetzel, S.: Wie der Deutsche spricht. Phraseologie der volkstümlichen Sprache, Ausdrücke, Redensarten, Sprichwörter und Citate, Leipzig 1896

Heuseler, J.A.: Luthers Sprichwörter aus seinen Schriften gesammelt, Leipzig 1824 (Ndr. Walluf bei Wiesbaden 1973)

Heyd, Werner P.: Bauernweistümer, 2 Bde., Memmingen 1971 und 1973

Hoefer, Edmund Franz Andreas: Wie das Volk spricht. Sprichwörtliche Redensarten [Sagwörter], Stuttgart 1855 (10. Aufl. 1898)

Holm, Hans Henning: Da bist Du platt! Unterhaltsames Sammelsurium niederdeutscher Wörter und Redensarten, Neumünster 1972

Hörmann, Ludwig von: Volkstümliche Sprichwörter und Redensarten aus den Alpenlanden, Leipzig 1891 (2. Aufl. Stuttgart 1913)

Horstmann, Rudolf: Wat so seggt ward. Niederdeutsche Sprichwörter und Redensarten aus Schleswig-Holstein, Neumünster 1980

Hucke, Helene: Was ein Häkchen werden will. Die bekanntesten Sprichwörter, Zürich 1983

–: Bauernweisheiten, Bauernregeln rund ums Jahr, Köln 1986

Kirchhofer, Melchior: Wahrheit und Dich-

tung. Sammlung schweizerischer Sprüchwörter, Zürich 1824
Köhler, Claus, Annelies Herzog und Waltraud Kursitza: Deutsche verbale Wendungen für Ausländer. Eine Auswahl mit Beispielen und Übungen, Leipzig 1989
Körte, Wilhelm: Die Sprichwörter und sprichwörtlichen Redensarten der Deutschen, Leipzig 1837 (Ndr. Hildesheim 1974)
Koster, Monika: Großes Handbuch der Zitate, Sprichwörter und Redensarten, Köln 1983
Krack, Karl Erich: 1000 Redensarten unter die Lupe genommen, Stuttgart 1965; Frankfurt a.M. 1969
Krebs, Gotthold: Militärische Redensarten und Kunst-Ausdrücke, Wien 1892
–: Militärische Sprichwörter und Redensarten, Wien 1895
Krüger-Lorenzen, Kurt: Deutsche Redensarten und was dahinter steckt, München 1983
Küffner, Georg M.: Die Deutschen im Sprichwort. Ein Beitrag zur Kulturgeschichte [Sammlung], Heidelberg 1899
Kunze, Horst: Spaß muß sein! Eine Blütenlese von alten und neuen Beispielsprichwörtern, Berlin 1972 (2. Aufl. mit dem Titel: Irren ist menschlich, sagte der Igel ... Alte und neue Beispielsprichwörter, Berlin 1976)
Küpper, Heinz: Deutsch zum Anfassen. Moderne Redewendungen von „Abseilen" bis „Zoff", Wiesbaden 1987
Kürz-Luder, Barbara: Schwiizertütschi Sprichwörter, Küsnacht/Zürich 1982
Lautenbach, Ernst: Goethe. Zitate, Redensarten, Sprichwörter, Hanau 1986
Lehmann, Christoph: Florilegium Politicum oder politischer Blumengarten, darin auserlesene politische Sentenz', Lehren, Regulä und Sprichwörter, Frankfurt a.M. 1630 (Ndr. hg. v. W. Mieder, Bern 1986)
Leineweber, Heinrich: Die Weisheit auf der Gasse. Zusammenstellung und Erklärung von Sprichwörtern und sprichwörtlichen Redensarten, Paderborn 1897 (3. Aufl. 1922)
Leistner, Ernst: Witz und Spott, Scherz und Laune in Sprüchwörtern und Volksredensarten, Lahr 1879
Lemke, Luise: Lieber'n bißken mehr, aber dafür wat Jutet. Berliner Sprüche, Berlin 1981
Leon, Bernd: Mit schönen Worten kocht man keinen Brei. Reichlich 600 kulinarische Sprüche, Berlin 1989; Rosenheim 1989
Linden, Benedikt: Kölsche Sprichwörter, Köln 1984
Lipperheide, Franz Freiherr von: Spruchwörterbuch, Berlin 1907 (6. Aufl. 1969)
Lippl, Alois Johannes: Ein Sprichwort im Mund wiegt 100 Pfund. Weisheit des gemeinen Mannes in Sprüchen und Reimen, München 1958
Lössi, Henri: Der Sprichwortschatz des Engadins, Zürich 1943; Winterthur 1944
Mackensen, Lutz: Zitate, Redensarten, Sprichwörter, Stuttgart 1973
Madaus, Christian: Sprichwörter und Redensarten aus Mecklenburg, Husum 1984
Marbach, Gotthard Oswald: Sprichwörter und Spruchreden der Deutschen, Leipzig 1847 (Ndr. Wiesbaden 1977)
Matzek, Robert: Schwäbisches à la carte. Sprichwörter, Reime und Texte über Essen und Trinken, Stuttgart 1982
Meier-Pfaller, Hans-Josef: Das große Buch der Sprichwörter, Esslingen 1970 (2. Aufl. 1979)
Meisner, Daniel und *Eberhard Kieser:* Thesaurus Philopoliticus oder politisches Schatzkästlein, Frankfurt a.M. 1623–1631 (Ndr. in 2 Bden. hg. v. K. Eymann, Unterschneidheim 1972)
Meitsch, Rudolf: Lorbas, nimm noch e Schlubberche. Sprichwörter, Redensarten und Schwänke [Sagwörter] aus Ostpreußen, Leer 1989
Mejsner, Ernst: Ein Hundert Drey-undreyßig Gotteslästerliche / gottlose / schändliche und schädliche / auch unanständige / und theils falsche teutsche Sprüch-Wörter, Eisenberg 1705 (Ndr. Leipzig 1976)
Meyer, Hans Georg: Der richtige Berliner in Wörtern und Redensarten, Berlin 1878 (Fortgeführt von S. Mauermann und für die 10. Aufl. bearbeitet und ergänzt von W. Kiaulehn, München 1965)
Michael, Roland: Schönes Wetter heute? Kalendersprüche und Bauernregeln aus fünf Jahrhunderten, Gütersloh 1987
Mieder, Wolfgang: Antisprichwörter, 3 Bde., Wiesbaden 1982, 1985, 1989
Müller-Hegemann und *Luise Otto:* Das kleine Sprichwörterbuch, Leipzig 1965 (5. Aufl. 1972)
Neumann, Gisela und *Siegfried:* Geduld, Vernunft un Hawergrütt. Volksweisheit im Sprichwort, Rostock 1971

LITERATURVERZEICHNIS

Pastor, Eilert: Deutsche Volksweisheit in Wetterregeln und Bauernsprüchen, Berlin 1934

Petri (Peters), Friedrich: Der Teutschen Weissheit / Das ist: Außerlesen kurtze / sinnreiche / lehrhaffte vnd sittige Sprüche vnd Sprichwörter, Hamburg 1604/05 (Ndr. hg. v. W. Mieder, Bern 1983)

Petschel, Günter: Plattdeutsche Sprichwörter aus Niedersachsen, Husum 1986

Portmann, Paul F.: Di letschti Chue tuet s Törli zue. Schweizerdeutsche Sprichwörter, Frauenfeld 1983

Prenzel, Eberhard: Wetter und Wind ändern sich geschwind. Wettersprüche aus alter Zeit, Leipzig 1988

Puchner, Günter: Sprechen Sie Rotwelsch? 2448 Wörter und Redewendungen der deutschen Gaunersprache, München 1975

Puetzfeld, Carl: Jetzt schlägt's dreizehn. Tausend Redensarten und ihre Bedeutung, Berlin 1937

Raab, Heinrich: Deutsche Redewendungen. Von Abblitzen bis Zügel schießen lassen, Wien 1964

Raub, Julius: Plattdeutsche Sprichwörter und Redensarten zwischen Ruhr und Lippe, Münster 1976 (7. Aufl. 1988)

Reinsberg-Düringsfeld, Ida von: Das Sprichwort als Philosoph, Leipzig 1863

–: Das Sprichwort als Praktikus, Leipzig 1863

–: Das Sprichwort als Humorist, Leipzig 1863

–: Das Sprichwort als Kosmopolit, Leipzig 1863 (enthält die drei vorhergehenden Sammlungen in einem Band)

Reinsberg-Düringsfeld, Otto von: Die Frau im Sprichwort, Leipzig 1862

–: Das Kind im Sprichwort, Leipzig 1864

–: Das Wetter im Sprichwort, Leipzig 1864 (Ndr. Leipzig 1976)

Richey, Werner: Seefahren ist kein Zuckerlecken. Sprichwörter und Redensarten über Seefahrt, Seemann, Schiff und Meer, Rostock 1990

Richey, Werner und *Michael Strich:* Der Honig ist nicht weit vom Stachel. Sprichwörter, Redensarten, Wetterregeln und Rätsel aus dem Bauernleben, Leipzig 1984; Wiesbaden 1985

Richter, Albert: Deutsche Redensarten. Sprachlich und kulturgeschichtlich erläutert, Leipzig 1889 (5. Aufl. 1930)

Riege, Rudolf: Plattdeutsche Sprichwörter in Holzschnitten, Wolfenbüttel 1942

Röhrich, Lutz: Lexikon der sprichwörtlichen Redensarten, 2 Bde., Freiburg 1973, 5. Aufl. 1978; Taschenbuchausgabe in 4 Bden., Freiburg 1977, 5. Aufl. 1988

Rother, Karl: Die schlesischen Sprichwörter und Redensarten, Breslau 1928 (Ndr. Osnabrück 1984)

Rottgardt, Hans-Heinrich: Läver'n Dickkopp as'n Dööskopp. Niederdeutsche Redewendungen aufgeschlüsselt, Neumünster 1976

Rottmann, Johannes: Plattdeutsche Sprichwörter und Redensarten aus Kirchhellen, Gelsenkirchen 1978

Ruelius, Hermann: Auf der Palme. Bilder in der Sprache, Frankfurt a.M. 1961

Sanders, Daniel: Citatenlexikon. Sammlung von Citaten, Sprichwörtern, sprichwörtlichen Redensarten und Sentenzen, Leipzig 1899

Sandtner, Hilda: Schwäbische Sprüch', Rosenheim 1981

Sandvoss, Franz: So spricht das Volk. Volksthümliche Redensarten, Berlin 1860

–: Gute alte deutsche Sprüche, Berlin 1897

Schaible, Karl Heinrich: Deutsche Stich- und Hieb-Worte, Straßburg 1879 (2. Aufl. 1885)

Schambach, Georg: Die plattdeutschen Sprichwörter der Fürstentümer Göttingen und Grubenhagen, Göttingen 1851 (Ndr. Hannover-Döhren 1974)

Scheffel, Fritz: Der gepfefferte Spruchbeutel. Alte deutsche Spruchweisheit, München 1951

Scheffler, Heinrich: Wörter auf Wanderschaft. Schicksale von Wörtern und Redensarten, Pfullingen 1986

Schellhorn, Andreas: Teutsche Sprichwörter, sprichwörtliche Redensarten und Denksprüche, Nürnberg 1797

Schemann, Hans: Synonymwörterbuch der deutschen Redensarten, Straelen 1989

Schindlmayr, Hans: Mittelschwäbischer Volksspiegel. 2000 Sprichwörter und Redensarten in schwäbischer Mundart, Augsburg 1936

Schmidkunz, Walter: Waschechte Weisheiten. Bairisch-bäurische Sprichwörter und Redensarten – 700 Stück, Rosenheim 1977

Schmitt, Christa: Die Katze in Sprichwort und Redensart, Aarau/Schweiz 1988

Schmitt, Richard: Deutsche Redensarten. Quiz- und Übungsbuch, Stuttgart 1975

Schoeps, Hans Joachim: Ungeflügelte Worte. Was nicht im Büchmann stehen kann, Berlin 1971

Literaturverzeichnis

Schomburg, Eberhard: 176 gebräuchliche Redensarten und ihre Bedeutung, Kassel 1979

Schrader, Hermann: Der Bilderschmuck der deutschen Sprache in Tausenden volkstümlicher Redensarten, Berlin 1886 (7. Aufl. Berlin 1912)

Schulz, Dora und *Heinz Griesbach:* 1000 idiomatische Redensarten (Deutsch). Mit Erklärungen und Beispielen, Berlin 1961 (5. Aufl. 1966)

Schulze, Carl: Die biblischen Sprichwörter der deutschen Sprache, Göttingen 1860 (Ndr. hg. v. W. Mieder, Bern 1987)

Schuster, Mauriz: Alt-Wienerisch. Ein Wörterbuch veraltender und veralteter Ausdrücke und Redensarten, Wien 1984

Seiler, Friedrich: Das deutsche Lehnsprichwort, 4 Bde., Halle 1921-1924

Selk, Paul: Sprichwörter und Redensarten aus Schleswig-Holstein, Husum 1980

Senti, Alois: Reime und Sprüche aus dem Sarganserland, Basel 1979

Serz, M. Georg Thomas: Teutsche Idiotismen, Provinzialismen, Volksausdrücke, sprichwörtliche und andere im täglichen Leben vorkommende Redensarten, Nürnberg 1797

Seybold, Johann Georg: Viridarium selectissimis paroemiarum et sententiarum Latino-Germanicarum flosculis adornatum. Lustgarten von auserlesenen Sprichwörtern, auch schönen und denkwürdigen Sitten- und Lehrsprüchen, Nürnberg 1677

Siebenkees, J.C.: Teutsche Sprichwörter mit Erläuterungen, Nürnberg 1790

Sillner, Leo: Gewußt woher. Ursprungshandbuch deutschsprachiger Wörter und Redensarten, Frankfurt a.M. 1973

Simon, Irmgard: Sagwörter. Plattdeutsche Sprichwörter aus Westfalen, Münster 1988

Simrock, Karl: Die deutschen Sprichwörter, Frankfurt a.M. 1846 (Ndr. hg. v. H. Bausinger, Dortmund 1978; Ndr. hg. v. W. Mieder, Stuttgart 1988; Ndr. der 1892er Ausgabe, Hildesheim 1974)

Singer, Samuel: Sprichwörter des Mittelalters, 3 Bde., Bern 1944-1947

Spalding, Keith: An Historical Dictionary of German Figurative Usage, Lieferung 1-49, Oxford 1952-1991

Stauffer, Charles: „...wie eim de Schnawel gewachse isch". Sprichwörter und Redensarten aus dem Elsass, Schirmeck 1986

Stoltze, Friedrich: Frankfurt in seinen Sprichwörtern und Redensarten, Frankfurt a.M. 1939 (Ndr. Frankfurt a.M. 1980)

Strich, Michael und *Werner Richey:* Berufe im Sprichwort, Leipzig 1983

Sutermeister, Otto: Die schweizerischen Sprichwörter der Gegenwart, Aarau 1869

Tappe (Tappius), Eberhard: Germanicorum adagiorum cum latinis ac graecis collatorum centuriae septem, Straßburg 1539

Tendlau, Abraham Moses: Sprichwörter und Redensarten deutsch-jüdischer Vorzeit, Frankfurt a.M. 1860 (Ndr. Hildesheim 1980)

Tenzler, Gisela: Katzen-, Hund- und Pferde-Sprüch, Berlin 1987

Tenzler, Wolfgang: Eß- und Trink-, Rauch- und Medizin- Sprüch, Berlin 1987; Köln 1987

Trenckler, Robert: 6275 deutsche Sprichwörter und Redensarten, München 1884

Troxler, H.J.: Proverbes d'Alsace. Elsässische Sprichwörter, Griesbach 1977

Tunnicius, Antonius: In Germanorum paroemias studiosae iuventuti perutiles Monosticha, cum germanica interpretatione, Köln 1514 (Ndr. hg. v. H. Hoffmann von Fallersleben mit dem Titel: Tunnicius. Die älteste niederdeutsche Sprichwörtersammlung, von Antonius Tunnicius gesammelt und in lateinische Verse übersetzt, Berlin 1870 [Ndr. Amsterdam 1967])

Wächter, Oskar: Sprichwörter und Sinnsprüche der Deutschen in neuer Auswahl, Gütersloh 1888

Waeger, Gerhart: Die Katze hat neun Leben. Katzennärrische Ausdrücke, Redewendungen und Sprichwörter, Bern 1976

Wagener, Samuel Christoph: Sprichwörter-Lexicon mit kurzen Erläuterungen, Quedlinburg 1813

Wagenfeld, Karl: Volksmund. Plattdeutsche Sprichwörter und Redensarten des Münsterlandes in ihrer Anwendung, Essen 1911 (Ndr. hg. v. H. Demming mit dem Titel: Ick will di maol wat seggen. Sprichwörter und Redensarten, Kinderreime und Lieder, Glauben und Aberglauben, Namen und Begriffe, der „Allerwerteste" im Volksmund des Münsterlandes, Münster 1983)

Wander, Karl Friedrich Wilhelm: Abrahamisches Parömiakon. Die Sprichwörter, sprichwörtlichen Redensarten etc, des Pater Abraham a Santa Clara, Breslau 1838

LITERATURVERZEICHNIS

–: Deutsches Sprichwörter-Lexikon. Ein Hausschatz für das deutsche Volk, 5 Bde., Leipzig, 1867–1880 (Ndr. Darmstadt 1964; Ndr. Kettwig 1987)

Weber, Paul: Woher der Ausdruck? Deutsche Redensarten und ihre Erklärung, Heidelberg 1961

Wettig, Knut-Hannes: Vorm Wind ist gut segeln. Seemannssprüche, Berlin 1985

Wick, W.: Geographische Ortsnamen, Beinamen und Sprichwörter, Leipzig 1896

Widmann, Gerhard: Schwäbisch vom Blatt für Schwaben und andere. Wörter und Sprüch', Stuttgart 1983

Wiese, Joachim: Berliner Wörter & Wendungen, Berlin 1987

Wigand, Paul: Der menschliche Körper im Munde des deutschen Volkes, Frankfurt a.M. 1899 (Ndr. hg. v. H. Eichberg, Münster 1987)

Winkler, Leonhard: Deutsches Recht im Spiegel deutscher Sprichwörter, Leipzig 1927 (Ndr. Leipzig 1977)

Wolle, Helmut: Von der Weisheit der Sprüche. Aphorismen, Zitate, Sprichwörter, Berlin 1981

Wotjak, Barbara und *Manfred Richter:* Deutsche Phraseologismen. Ein Übungsbuch für Ausländer, Leipzig 1988

Wunderlich, Gottlob: Deutsche Sprichwörter mustergültig erklärt und gruppiert, Langensalza 1877

–: Sprichwörtliche und bildliche Redensarten. Langensalza 1882

Wurzbach, Constant von: Historische Wörter, Sprichwörter und Redensarten, Leipzig 1862 (2. Aufl. 1866)

Yermoloff, Alexis: Die landwirtschaftliche Volksweisheit in Sprichwörtern, Redensarten und Wetterregeln, Leipzig 1905

Zarnack, August: Deutsche Sprichwörter zu Verstandesübungen für die Schulen bearbeitet, Berlin 1820

Zerlett-Olfenius, Walter: Aus dem Stegreif. Plaudereien über Redensarten, Berlin 1943

Zincgref, Julius Wilhelm: Der Teutschen scharpfsinnige kluge Sprüch Apophthegmata genant, Straßburg 1538 (Auswahl im Ndr. hg. v. K.-H. Klingenberg mit dem Titel: Der Teutschen scharfsinnige kluge Sprüch, Leipzig 1982)

Zingerle, Ignaz: Die deutschen Sprichwörter im Mittelalter, Wien 1864 (Ndr. Walluf bei Wiesbaden 1972)

Zoozmann, Richard: Zitatenschatz der Weltliteratur, Leipzig 1910 (Ndr. Königstein/Ts. 1980; Ndr. hg. v. O. Kielmeyer, Reinbek 1984)

–: Unsere Klassiker im Volksmund. Ein kleiner Zitatenschatz, Leipzig 1911

4. Europäische Sprichwörter- und Redensartensammlungen:

Acker, Achille van: De duivel in spreekwoord en gezegde, Kortrijk 1977

–: Het verleden in spreekwoord en gezegde, Kortrijk 1977

Ammer, Christine: It's Raining Cats and Dogs ... And Other Beastly Expressions, New York 1989

Anderson, M.L. (Hg.): The James Carmichaell Collection of Proverbs in Scots, Edinburgh 1957

Anikin, V.P.: Russkie poslovitsy i pogovorki, Moskau 1988

Apperson, G.L.: English Proverbs and Proverbial Phrases. A Historical Dictionary, London 1929 (Ndr. Detroit 1969)

Arora, Shirley L.: Proverbial Comparisons and Related Expressions in Spanish, Berkeley/California 1977

Artmann, H.C.: Je länger ein Blinder lebt, desto mehr sieht er. Jiddische Sprichwörter, Frankfurt a.M. 1965 (3. Aufl. 1986)

Atsiz, Bedriye und *Hans-Joachim Kissling:* Sammlung türkischer Redensarten, Wiesbaden 1974

Ayalti, Hanan J.: Yiddish Proverbs, New York 1963 (5. Aufl. 1975)

Bartels, Klaus und *Ludwig Huber:* Veni, Vidi, Vici. Geflügelte Worte aus dem Griechischen und Lateinischen, Zürich 1966 (3. Aufl. 1976)

Bartlett, John: Familiar Quotations, Cambridge/Massachusetts, 1855 (15. Aufl. hg. v. E. M. Beck, Boston 1980)

Bartlett, John Russell: The Dictionary of Americanisms, New York 1849 (Ndr. New York 1989)

Baz, Petros D.: A Dictionary of Proverbs, New York 1963

Becker, Sven, Adnan Jelali und *Cheri Booth:* Idioms. Lexikon der englischen Redewendungen, Eltville am Rhein 1988

Beem, H.: Jiddische spreekwoorden en zegswijzen uit het nederlandse taalgebied, Assen 1959 (2. Aufl. 1970)

Beinhauer, Werner: 1000 idiomatische Redensarten Spanisch, Berlin 1939 (16. Aufl. 1978)

1795

LITERATURVERZEICHNIS

Bernstein, Ignaz: Jüdische Sprichwörter und Redensarten, Warschau 1908 (Ndr. Hildesheim 1969; Ndr. Wiesbaden 1988)

Besso, Marco: Roma e il Papa nei proverbi e nei modi di dire, Rom 1971

Bianchi, Giovanni: Proverbi e modi proverbiali veneti raccolti ed illustrati con massime e sentenze di vari autori, Milano 1901 (Ndr. Bologna 1977)

Bianchini, Giuseppe: Modi proverbiali e motti popolari specialmente toscani, Livorno 1900 (Ndr. Bologna 1975)

Blass, Armin: Französische Redewendungen und Sprichwörter, Bamberg 1956 (2. Aufl. 1959)

Boatner, Maxine Tull und *John E. Gates:* A Dictionary of American Idioms, Woodbury/New York 1975

Boggs, Ralph S. und *Joseph Dixson:* Everyday Spanish Idioms, New York 1978

Bohn, Henry G: A Hand-Book of Proverbs Comprising an Entire Republication of Ray's Collection of English Proverbs [1670], London 1855

Bojc, Etbin: Pregovori in reki na Slovenskem, Ljubljana 1980

Booth, Cheri und *Christian Gerritzen:* Slang: Lexikon der englischen Umgangssprache. Englisch-Deutsch, Eltville 1989

Brandenberger, Erna: Refranero Español – Spanische Sprichwörter, München 1975

Brewer, Ebenezer Cobham: Dictionary of Phrase and Fable, New York 1870 (Neuausgabe hg. v. I. H. Evans, New York 1970)

Bucuvalas, Elaine: Treasured Greek Proverbs, New York 1980

Cassani, Angelo: Saggio di proverbi triestini raccolti e illustrati, Triest 1860 (Ndr. Bologna 1977)

Čelakovsky, František Ladislav: Mudroslovi narodu slovanskeho ve přislovich, Prag 1852 (Ndr. Prag 1978)

Celorio, Marta und *Annette Barlow:* Handbook of Spanish Idioms, New York 1973

Cheales, Alan B.: Proverbial Folk-Lore, London 1874 (Ndr. Folcroft/Pennsylvania 1976)

Cheviot, Andrew: Proverbs, Proverbial Expressions, and Popular Rhymes of Scotland, London 1896 (Ndr. Detroit 1969)

Cibotto, Gian Antonio: Proverbi del Veneto, Firenze 1977

Cock, Alfons de: Spreekwoorden en zegswijzen, afkomstig van oude gebruiken en volkszeden, Gent 1902 (2. Aufl. 1908)

–: Spreekwoorden en zegswijzen over de vrouwen, de liefde en het huwelijk, Gent 1911

–: Spreekwoorden, zegswijzen en uitdrukkingen op volksgeloof berustend, 2 Bde., Antwerpen 1920 und 1922

Collins, John: A Dictionary of Spanish Proverbs, London 1823 (Ndr. Darnby/Pennsylvania 1977)

Craig, Doris: Catch Phrases, Clichés and Idioms. A Dictionary of Familiar Expressions, Jefferson/N.C. 1990

Cunsolo, Felice: Proverbi siciliani commentati, Palermo 1977

Dal', V.I.: Poslovitsy russkago naroda, Moskau 1862 (Ndr. Leipzig 1977; Ndr. in 2 Bden., Moskau 1984)

Dent, Robert William: Shakespeare's Proverbial Language. An Index, Berkeley/California 1981

–: Proverbial Language in English Drama Exclusive of Shakespeare, 1495–1616. An Index, Berkeley/California 1984

DesRuisseaux, Pierre: Le livre des proverbes québécois, Montréal 1974 (Ndr. Montréal 1978)

–: Le livre des expressions québécoises, Montréal 1979

Dietzel, Volker: Die ganze Welt steht auf der spitzen Zunge. Jüdische Sprichwörter, Leipzig 1987

Dobrovsky, Josef: Českych přislovi sbirka, Praha 1963

Dournon, Jean-Yves: Le dictionnaire des proverbes et dictons de France, Paris 1986

Duneton, Claude: La puce à l'oreille: Anthologie des expressions populaires avec leur origine, Paris 1978

Ehegötz, Erika et al: Phraseologisches Wörterbuch Polnisch-Deutsch, Leipzig 1990

Engeroff, Karl und *Cicely Lovelace-Käufer:* An English-German Dictionary of Idioms, München 1959 (5. Aufl. 1975)

Erasmus von Rotterdam: Adagiorum collectanea, Paris 1500 (mehrere erweiterte Auflagen zu Lebzeiten von Erasmus und zahllose neuere Ausgaben im Original und in Übersetzungen)

Eyke, Wera von: Russkie poslovitsy. Russische Sprichwörter, Zürich 1947

Falassi, Alessandro: Proverbi toscani commentati, Palermo 1979

Feliks, Priredio Milorad: Srpske narodne poslovice, Bukarest 1978

Felitsyna, Vera P. und *Iurii E. Prokhorov:* Russkie poslovitsy, pogovorki i krylatye vyrazheniia, Moskau 1979 (2. Aufl. 1988)

Literaturverzeichnis

Fergusson, David: Scottish Proverbs, Edinburgh 1641 (Ndr. hg. v. E. Beveridge, Edinburgh 1924)

Ferrando, Nelio: I proverbi dei genovesi, Genua 1977

Florian, Ulrich und *Fernando Martinez:* Spanische idiomatische Redewendungen, Leipzig 1988

Foschi, Umberto: Modi di dire romagnoli, Ravenna 1975

Frenzel, Herbert: 1000 idiomatische Redensarten Italienisch, Berlin 1939 (Neuausgabe von H. Willers, Berlin 1974)

Fumagalli, Giuseppe: Dizionarietto di 2948 sentenze, proverbi, motti, divise, frasi e locuzioni latine, Milano 1936

Funk, Charles Earle: A Hog on Ice and Other Curious Expressions, New York 1948 (Ndr. New York 1985)

–: Heavens to Betsy! and Other Curious Sayings, New York 1955 (Ndr. New York 1986)

–: Horse Feathers and Other Curious Words, New York 1958 (Ndr. New York 1986)

Furnari, Mario: Li ditti antichi de lo popolo napolitano, Napoli 1977

Gaffney, Sean und *Seamus Cashman:* Proverbs & Sayings of Ireland, Portmarnock/Dublin 1974

Gaidoz, Henri und *Paul Sébillot:* Blason Populaire de la France, Paris 1884

Gail, Anton J. (Hg.): Erasmus von Rotterdam. Adagia. Lateinisch/Deutsch, Stuttgart 1983

Gardoš, Isolde: Serbske přislowa / Sorbische Sprichwörter, Bautzen 1978

Giusti, Giuseppe: Proverbi toscani, Pisa 1976

Giusti, Giuseppe und *Gino Capponi:* Dizionario dei proverbi italiani, Milano 1956

Glazer, Mark: A Dictionary of Mexican American Proverbs, Westport/Connecticut 1987

Gleijes, Vittorio: I proverbi di Napoli, Napoli 1978

Gottschalk, Walter: Die sprichwörtlichen Redensarten der französischen Sprache, 2 Bde., Heidelberg 1930

Graf, Adolf Eduard: 6000 deutsche und russische Sprichwörter, Halle 1956 (3. Aufl. 1960)

–: Russische und deutsche idiomatische Redewendungen, Leipzig 1965 (Ndr. München 1976)

Gruber, Jona: 750 rumänische Sprichwörter / 750 proverbe romanesti, Bukarest 1973

Guerlac, Othon: Les citations françaises, Paris 1961

Guiter, Henri: Proverbes et dictons catalans, Paris 1969

Gulland, Daphne und *David Hinds-Howell:* The Penguin Dictionary of English Idioms, Harmondsworth/Middlesex 1986

Günther, Erika und *Waldtraut Förster:* Wörterbuch verbaler Wendungen. Deutsch-Russisch. Eine Sammlung verbal- nominaler Fügungen, Leipzig 1987

Halldorsson, Halldor: Islenzk Ordtök, Reykjavik 1954

–: Örlög Ordanna, Akureyri 1958

–: Islenskt ordtakasafn, Reykjavik 1980

Haller, Joseph: Spanische Sprichwörter und sprichwörtliche Redensarten aus den Zeiten vor Cervantes, Regensburg 1883

Hargrave, Basil: Origins and Meanings of Popular Phrases and Names, London 1925 (Ndr. Detroit 1968)

Harrebomée, Pieter Jacob: Spreekwoordenboek der nederlandsche taal, 3 Bde., Utrecht 1858–1870 (Ndr. Amsterdam 1980)

Hassell, James Woodrow: Middle French Proverbs, Sentences, and Proverbial Phrases, Toronto 1982

Häussler, Reinhard (Hg.): Nachträge zu A. Otto, Sprichwörter und sprichwörtliche Redensarten der Römer, Hildesheim 1968

Hazlitt, William Carew: English Proverbs and Proverbial Phrases, London 1869 (3. Aufl. 1907; Ndr. Detroit 1969)

Henderson, Alfred: Latin Proverbs and Quotations with Translations and Parallel Passages, London 1869

Henderson, Andrew: Scottish Proverbs, Glasgow 1881 (Ndr. Detroit 1969)

Hessky, Regina: Deutsch-Ungarische phraseologische Sammlung, Budapest 1982

Heuber, Hans-Georg: Talk one's head off. Ein Loch in den Bauch reden. Englische Redewendungen und ihre deutschen „opposite numbers", Reinbek 1982

Heywood, John: A Dialogue of Proverbs [1546], hg. v. R.E. Habenicht, Berkeley/California 1963

Hintescu, I.C.: Proverbele Românilor, Sibiu 1877 (Ndr. hg. v. C. Negreanu und I. Bratu, Timisoara 1985)

Hislop, Alexander: The Proverbs of Scotland, Edinburgh 1868 (Ndr. Detroit 1968)

Holm, Pelle: Ordspråk och talesätt, Stockholm 1965 (2. Aufl. 1975)

–: „Ett ord i rättan tid". 3530 Ordspråk och talesätt, Stockholm 1984

Holt, Alfred H.: Phrase and Word Origins. A Study of Familiar Expressions, New York 1961

Hussar, A., Arvo Krikmann und *Ingrid Sarv:* Vanasõnaraamat, Tallinn 1984

Hyamson, Albert M.: A Dictionary of English Phrases, New York 1922 (Ndr. Detroit 1970)

Inwards, Richard: Weather Lore. A Collection of Proverbs, Sayings, and Rules Concerning the Weather, London 1898

Irving, Gordon: The Wit of the Scots, London 1969

Jente, Richard (Hg.): Proverbia communia. A Fifteenth Century Collection of Dutch Proverbs Together with the Low German Version, Bloomington/Indiana 1947

Kastner, Georges: Parémiologie musicale de la langue française ou explication des proverbes, locutions proverbiales, mots figurés qui tirent leur origine de la musique, Paris 1885

Kelly, James: A Complete Collection of Scotish [sic] Proverbs, London 1721 (Ndr. Darby/Pennsylvania 1976)

Kjaer, Iver et al.: Danmarks Gamle Ordsprog, 8 Bde., Kopenhagen 1979–1987

Kjaer, Iver und *Bengt Holbek:* Ordsprog i Danmark. 4000 ordsprog fra skrift og tale gennen 600 ar, Kopenhagen 1973

Klein, Hans Wilhelm: 1000 idiomatische Redensarten Französisch, Berlin 1937 (21. Aufl. 1976)

Knecht, Theodor (Hg.): Erasmus von Rotterdam. Adagia. Vom Sinn und vom Leben der Sprichwörter, Zürich 1984

Kogos, Fred: 1001 Yiddish Proverbs, Secaucus/New Jersey 1970

Köhler, Carl Sylvio: Das Tierleben im Sprichwort der Griechen und Römer, Leipzig 1881 (Ndr. Hildesheim 1967)

Kokhtev, N.N. und *D.E. Rozental':* Russkaia frazeologiia, Moskau 1986

Kolbe, Wilhelm: Redensarten in der spanischen Sprache, Frankfurt a.M. 1967

Kolberg, Oskar: Przyslowia, Warschau 1977

Kösters-Roth, Ursula: Locutions: Lexikon der französischen Redewendungen. Französisch-Deutsch, Eltville 1990

Krauss, Werner: Die Welt im spanischen Sprichwort – spanisch und deutsch, Wiesbaden 1946 (Ndr. Leipzig 1988)

Kremer, Edmund Philipp: German Proverbs and Proverbial Phrases with Their English Counterparts, Stanford/California 1955

Krikmann, Arvo und *Ingrid Sarv:* Eesti vanasõnad, 5 Bde., Tallinn 1980–1986

Kruyskamp, Cornelis Helenus Adrianus: Allemal Mensen ... Apologische Spreekwoorden, 's-Gravenhage 1947 (3. Aufl. 1965)

Krzyżanowski, Julian: Madrej glowie dosc dwie slowie. Trzy centurie przyslow polskich, 2 Bde., Warschau 1960

–: Madrej glowie dosc dwie slowie. Piec centuryj przyslow polskich i diabelski tuzin, 3 Bde., Warschau 1975

–: Nowa ksiega przyslow i wyrazen przyslowiowych polskich, 4 Bde., Warschau 1969–1978

Küffner, Georg M.: Die Engländer im Sprichwort, Ludwigshafen 1916

Kumove, Shirley: Words Like Arrows: A Treasury of Yiddish Folk Sayings, Toronto 1984 (Ndr. New York 1986)

Kuusi, Matti: Vanhan kansan sananlaskuviisaus. Suomalaisia elämänobjeita, kansanaforismeja, lentäviä lauseita ja kokkapuheita vuosilta 1544–1826, Porvoo 1953

–: Suomen kansan vertauksia, Vaasa 1960 (3. Aufl. 1982)

Kuz'min, S.S. und *N.L. Shadrin:* Russkoangliiskii slovar' poslovits i pogovorok / Russian-English Dictionary of Proverbs and Sayings, Moskau 1989

Laan, K. ter: Nederlandse spreekwoorden, spreuken en zegswijzen, Amsterdam 1979 (4. Aufl. 1983)

Labadi, Karoly: Ahogy rakod tüzed. Dravaszögi magyar proverbiumok, Eszek 1986

Lafleur, Bruno: Dictionnaire des locutions idiomatiques françaises, Bern/Frankfurt a.M./Las Vegas 1979

Landgren, G.A.: Ordspråk, sanna språk. 6500 bevingade ord ur folkets mun, Karlshamn 1889 (Ndr. Stockholm 1979)

Landmann, Salcia: Jüdische Anekdoten und Sprichwörter. Jiddisch und Deutsch, München 1965 (7. Aufl. 1974)

Lapucci, Carlo: Come disse ... dizionario delle facezie proverbiali della lingua italiana, Firenze 1978

Laukkanen, Kari und *Pekka Hakamies:* Sananlaskut, Vaasa 1978 (2. Aufl. 1984)

Lean, Vincent Stuckey: Lean's Collectanea. Collections of Proverbs (English & Foreign), Folk Lore, and Superstitions, also Compilations towards Dictionaries of Proverbial Phrases and Words, Old and Disused, hg. v. T.W. Williams, 4 Bde., Bristol 1902–1904 (Ndr. Detroit 1969)

Leonhardt, Wolfram und *Susan Rambow:* Amerikanisch im Alltag. Floskeln, Formeln, Phrasen, Redewendungen, Sprichwörter, Zitate, Wiesbaden 1989

Le Roux de Lincy, Adrien Jean Victor: Le livre des proverbes français, 2 Bde., Paris 1842 (2. Aufl. 1859; Ndr. Genf 1968)

Leutsch, Ernst Ludwig und *Friedrich Wilhelm Schneidewin:* Corpus Paroemiographorum Graecorum, 2 Bde., Göttingen 1839 und 1851 (Ndr. Hildesheim 1965)

[Leutsch – Schneidewin]: Corpus Paroemiographorum Graecorum Supplementum, Hildesheim 1961

Liebs, Detlef: Lateinische Rechtsregeln und Rechtssprichwörter, München 1982 (4. Aufl. 1986)

Lönnrot, Elias: Suomen kansan sananlaskuja, Helsingissä 1842 (Ndr. Tampere 1981)

Loubens, Didier: Les proverbes et locutions de la language française, Paris 1889

Lurie, Charles N.: Everyday Sayings. Their Meanings Explained, Their Origins Given, New York 1928 (Ndr. Detroit 1968)

Lyman, Darryl: The Animal Things We Say, Middle Village/New York 1983

MacDonald, T.D.: Gaelic Proverbs and Proverbial Sayings with English Translations, Stirling 1926

Macintosh, Donald: A Collection of Gaelic Proverbs and Familiar Phrases, Edinburgh 1785 (Ndr. Edinburgh 1881; Ndr. Glasgow 1951)

Mäder, Fritz: Proverbes français. Französische Sprichwörter, Zürich 1948

Maloux, Maurice: Dictionnaire des proverbes, sentences et maximes, Paris 1960

Mandos, Hein und *Miep Mandos-van de Pol:* De Brabantse spreekwoorden: uitdrukkingen in Brabant gebruikt en opgetekend, Waalre 1988

Marchand, Charles M.: Five Thousand French Idioms, Gallicisms and Proverbs, Paris 1905

Margalits, Ede: Magyar közmondasok es közmondasszerü szolasok, Budapest 1896 (Ndr. Budapest 1990)

Marketos, B.J.: Proverb for it. 1510 Greek Sayings, New York 1945

Martynova, A.N. und *V.V. Mitrofanova:* Poslovitsy, pogovorki, zagadki, Moskau 1986

Massari, Mario: Proverbi veneti commentati, Palermo 1979

Mathews, Mitford M.: A Dictionary of Americanisms on Historical Principles, Chicago 1951 (4. Aufl. 1966)

Mau, Jens Christian Eduard: Dansk ordsprogsskat, 2 Bde., Kopenhagen 1879

Meek, Donald E. (Hg.): The Campbell Collection of Gaelic Proverbs and Proverbial Sayings, Inverness 1978

Melicherčik, Andrej und *Eugen Pauliny:* Slovenske ludove prislovia, Bratislava 1953

Mesters, G.A.: Wat het volk zegt. Een nieuwe verzameling spreekwoorden, zegswijzen en gezegden, Utrecht 1977

Mieder, Wolfgang: English Proverbs, Stuttgart 1988

–: English Expressions, Stuttgart 1992

–: Yankee Wisdom: New England Proverbs, Shelburne/Vermont 1989

Mieder, Wolfgang, Stewart Kingsbury und *Kelsie Harder:* A Dictionary of American Proverbs, New York 1992

Miettinen, Liisa und *Pentti Leino:* Karjalaisia sananpolvia, Helsinki 1971

Mishanich, S.V. und *M.M. Paziak:* Ukrains'ki pryslív'ia ta prykazky, Kiew 1984

Möller, Ferdinand: Proverbi italiani. Italienische Sprichwörter, München 1978

–: Proverbes français. Französische Sprichwörter, München 1979

Montreynaud, Florence, Agnès Pierron und *François Suzzoni:* Dictionnaire de proverbes et dictons, Paris 1989

Munro, Angus: Englisch im Alltag. Alphabetisch geordnetes Nachschlagewerk von englischen Sentenzen, Sprichwörtern, Phrasen, Floskeln, Redewendungen, Zitaten und Formeln, Wiesbaden 1988

Muntean, George: Proverbe românesti, Bukarest 1967 (2. Aufl. 1984)

Nagy, Gabor O.: Mi fan terem? Magyar szolasmondasok eredete, Budapest 1957 (3. Aufl. 1979; Ndr. Budapest 1988)

–: Magyar szolasok es közmondasok, Budapest 1966 (2. Aufl. 1976)

Neumann, Manfred: Italienische idiomatische Redewendungen und Sprichwörter, Leipzig 1977 (3. Aufl. 1986)

Nicolson, Alexander: A Collection of Gaelic Proverbs and Familiar Phrases based on Macintosh's Collection, Edinburgh 1881

Nirvi, Ruben Erik und *Lauri Hakulinen:* Suomen Kansan Sananparsikirja, 2 Bde., Helsinki 1953

O'Farrell, Padraic: Gems of Irish Wisdom. Irish Proverbs and Sayings, Dublin 1980

Olivier, René und *Hans-Manfred Militz:* Französische idiomatische Redewendungen – Locutions françaises, Leipzig 1969 (3. Aufl. 1984)

O'Rahilly, Thomas Francis: A Miscellany of Irish Proverbs, Dublin 1922 (Ndr. Darby/Pennsylvania 1976)

Otto, August: Die Sprichwörter und sprichwörtlichen Redensarten der Römer, Leipzig 1890 (Ndr. Hildesheim 1971)

Paczolay, Gyula: Magyar közmondasok es szolasok. 700 ungarische Sprichwörter und Redewendungen, Veszprém 1990

Partridge, Eric: A Dictionary of Clichés, London 1940 (5. Aufl. 1978)

–: A Dictionary of Catch Phrases, New York 1977

Payen-Payne, James Bertrand: French Idioms and Proverbs, London 1893 (Ndr. Oxford 1924)

Paziak, Mikhail Mikhailovich: Ukrajins'ki pryslivia ta prykazky, Kiew 1976

–: Pryslivia ta prykazky: Pryroda, hospodars'ka diial'nist' liudyny, Kiew 1989

–: Pryslivia ta prykazky. Vzajemyny mizh liud'my, Kiew 1991

Permiakov, Grigorii L'vovich: 300 allgemeingebräuchliche russische Sprichwörter und sprichwörtliche Redensarten. Ein illustriertes Nachschlagewerk für Deutschsprechende, Moskau 1985; Leipzig 1985

Peteh, Mira und *Marija Dus:* Poslovice i zagonetke za najmlade, Zagreb 1987

Petroselli, Francesco: Blasoni Popolari della Provincia di Viterbo, 2 Bde., Viterbo 1978 und 1986

Pignolo, Marie-Thérèse und *Hans-Goerg Heuber:* Ne mâche pas tes mots! Nimm kein Blatt vor den Mund! Französische Redewendungen und ihre deutschen Pendants, Reinbek 1982

Pitrè, Giuseppe: Proverbi siciliani raccolti e confrontati con quelli degli dialetti d'Italia, 4 Bde., Palermo 1880

–: Proverbi, motti e songiuri del popolo siciliano, Torino 1910

Predota, Stanislaw: Maly niderlandzkopolski slownik przyslow – Klein nederlands-pools spreekwoordenboek, Wroclaw 1986

Quitard, Pierre-Marie: Dictionnaire étymologique, historique et anecdotique des proverbes et locutions proverbiales de la langue française, Paris 1842 (Ndr. Genf 1968)

Raimondi, Piero: Proverbi genovesi, Milano 1975

Ramsay, Allan: A Collection of Scots Proverbs, Edinburgh 1737 (2. Aufl. 1750; Ndr. Edinburgh 1979)

Rat, Maurice: Dictionnaire des locutions françaises, Paris 1957 (2. Aufl. 1982)

Rees, Nigel: Sayings of the Century. The Stories Behind the Twentieth Century's Quotable Sayings, London 1984

–: Why Do We Say ...? Words and Sayings and Where They Come From, Poole/Dorset 1987

–: The Phrase that Launched 1000 Ships, New York 1991

Rehbein, Detlev: Tür zu, die Heiden kommen. Sprichwörter aus den Niederlanden, Berlin 1984 (2. Aufl. mit dem Titel: Das Glück kommt im Schlaf. Sprichwörter aus den Niederlanden, Berlin 1985; Hanau 1985)

Reichert, Heinrich G.: Urban und human. Gedanken über lateinische Sprichwörter, Hamburg 1957 (Ndr. mit dem Titel: Urban und human. Unvergängliche lateinische Spruchweisheit, Wiesbaden 1987)

Reller, Gisela: Aus Tränen baut man keinen Turm. Ein kaukasischer Spruchbeutel, Berlin 1983

Restelli, Eugenio: I proverbi milanesi, Milano 1885 (Ndr. Bologna 1977)

Richelmy, Agostino: Proverbi piemontesi, Milano 1975

Ridout, Ronald und *Clifford Witting:* English Proverbs Explained, London 1967

Roberts, T.R.: The Proverbs of Wales. A Collection of Welsh Proverbs with English Translations, Penmaenmawr 1885 (Ndr. London 1909)

Rogers, James: The Dictionary of Clichés, New York 1985

Rohlfs, Gerhard: Italogriechische Sprichwörter in linguistischer Konfrontation mit neugriechischen Dialekten, München 1971

Rohweder, Jürgen: Sprüche der Lappen, Wiesbaden 1971

Rosenthal, Peggy und *George Dardess:* Every Cliché in the Book, New York 1987

Rovira, Luis: Spanish Proverbs. A Survey of Spanish Culture and Civilization, Lanham/Maryland 1984

Sauvé, L.-F.: Proverbes et dictons de la Basse- Bretagne, Paris 1878 (Ndr. Genf 1980)

Sbarbi, José Maria: Diccionario de refranes, adagios, proverbios, modismos, locuciones y frases proverbiales de la lengua española, 2 Bde., Madrid 1922

Schellbach-Kopra, Ingrid: Finnisch-Deutsches Sprichwörterbuch. Suomalais-sakaslainen sananlaskukirja, Helsinki 1980

–: Suomi-saksa fraasi-sanankirja. Finnisch-deutsche Idiomatik, Helsinki 1985

Schmidt-Hidding, Wolfgang und *H. Robert Dodd:* 1000 idiomatische Redensarten Englisch, Berlin 1936 (13. Aufl. 1975)

Schuhmann, Elisabeth: Lebensweisheiten der Griechen und Römer, Leipzig 1985

Schulze-Busacker, Elisabeth: Proverbes et expressions proverbiales dans la littérature narrative du moyen âge français. Recueil et analyse, Paris 1985

Schweer, Walter: Zwei Seelen und ein Gedanke. Volksweisheit in deutschen und englischen Sprichwörtern, Hamburg 1948

Sciortino, Andrea: La vita di oggi nei proverbi di ieri, Palermo 1978

Segal, Louis: Russian Proverbs and Their English Equivalents, London 1917

Sellner, Alfred: Latein im Alltag. Alphabetisch geordnetes Nachschlagewerk von lateinischen Sentenzen, Sprichwörtern, Phrasen, Redewendungen, Zitaten und Formeln, Wiesbaden 1980

–: Französisch im Alltag. Alphabetisch geordnetes Nachschlagewerk von französischen Sentenzen, Sprichwörtern, Phrasen, Floskeln, Redewendungen, Zitaten und Formeln, Wiesbaden 1986

–: Italienisch im Alltag. Alphabetisch geordnetes Nachschlagewerk von italienischen Sentenzen, Sprichwörtern, Phrasen, Floskeln, Redewendungen, Zitaten und Formeln, Wiesbaden 1988

Shanskii, N.M., E.A. Bystrova und *V.I. Zimin:* Frazeologicheskie oboroty russkogo iazyka, Moskau 1988

Simpson, John A: The Concise Oxford Dictionary of Proverbs, Oxford 1982

Skeat, Walter W.: Early English Proverbs. Chiefly of the Thirteenth and Fourteenth Centuries, Oxford 1910 (Ndr. Darby/Pennsylvania 1974)

Smith, William George: The Oxford Dictionary of English Proverbs, Oxford 1935 (2. Aufl. 1948; 3. Aufl. 1970)

Sommer, Elyse und *Mike:* Similes Dictionary, Detroit 1988

Spallicci, Aldo: Proverbi romagnoli, Milano 1975

Spears, Richard A.: Slang and Euphemism, Middle Village/N.Y. 1981

–: NTC's [National Textbook Company's] American Idioms Dictionary, Lincolnwood/Ill. 1987

Speroni, Charles: The Italian Wellerism to the End of the Seventeenth Century, Berkeley/Cal. 1953

Stern, Henry R. und *Richey Novak:* A Handbook of English-German Idioms and Useful Expressions, New York 1973

Stevenson, Burton: The Home Book of Quotations. Classical and Modern, New York 1934 (5. Aufl. 1947)

–: The Home Book of Proverbs, Maxims, and Familiar Phrases, New York 1948 (7. Aufl. 1968)

–: The Home Book of Bible Quotations, New York 1949

Stoett, F.A.: Nederlandse spreekwoorden en gezegden, Zutphen 1901 (2. Aufl. in 2 Bden., 1924 und 1925; gekürzter Neudruck hg. v. C. Kruyskamp, Zutphen 1974)

Ström, Fredrik: Svenskarna i sina ordspråk, Stockholm 1926

Strömberg, Reinhold: Greek Proverbs. A Collection of Proverbs and Proverbial Phrases which are not Listed by the Ancient and Byzantine Paremiographers, Göteborg 1954

–: Griechische Sprichwörter. Eine neue Sammlung, Göteborg 1961

Stypula, Ryszard: Slownik przyslow rosyjsko-polski i polsko-rosyjski, Warszawa 1974

Sutphen, Morris Crater: A Collection of Latin Proverbs Supplementing Otto's „Sprichwörter und sprichwörtliche Redensarten der Römer", Baltimore/Maryland 1902

Swainson, Charles: A Handbook of Weather Folk-Lore, Being a Collection of Proverbial Sayings, London 1873 (Ndr. Detroit 1974)

Swirko, Stanislaw: Na wszystko jest przyslowie, Poznan 1985

Taylor, Archer: Proverbial Comparisons and Similes from California, Berkeley/Cal. 1954

Taylor, Archer und Bartlett Jere Whiting: A Dictionary of American Proverbs and Proverbial Phrases, 1820–1880, Cambridge/Mass. 1958

Taylor, Ronald und *Walter Gottschalk:* A German- English Dictionary of Idioms, München 1960 (4. Aufl. 1973)

Tekinay, Alev: Pons-Wörterbuch der idiomatischen Redensarten: deutsch-türkisch, türkisch-deutsch, Stuttgart 1984

Tilley, Morris Palmer: A Dictionary of the Proverbs in England in the Sixteenth and Seventeenth Centuries, Ann Arbor/Mich. 1950

Tillhagen, Carl-Herman: Folklig ordakonst, Stockholm 1980

Tratsaert, Jan: National Proverbs: Belgium, London 1915

Trusler, John: Proverbs Exemplified, and

Illustrated by Pictures from Real Life, London 1790 (Ndr. New York 1970)

Tswilling, M. Ia.: Russko-nemetskii slovar'-poslovits i pogovorok. Russisch-deutsches Wörterbuch – Sprichwörter und sprichwörtliche Redensarten, Moskau 1984

Tuleja, Tad: The Cat's Pajamas. A Fabulous Dictionary of Familiar Phrases, New York 1987

Turner, K. Amy: National Proverbs: Serbia, London 1915

Urdang, Laurence: „The Whole Ball of Wax" and other Colloquial Phrases. What They Mean & How They Started, New York 1988

Urdang, Laurence, Walter W. Hunsinger und *Nancy LaRoche:* Picturesque Expressions. A Thematic Dictionary, Detroit 1980 (stark erweiterte 2. Aufl. 1985)

Urdang, Laurence und *Ceila Dame Robbins:* Slogans, Detroit 1984

Urdang, Laurence, Ceila Dame Robbins und *Frank R. Abate:* Mottoes, Detroit 1986

Uthe-Spencker, Angela: English Proverbs / Englische Sprichwörter, München 1977

Vanoni, Marvin: Great Expressions. How Our Favorite Words and Phrases Have Come to Mean What They Mean, New York 1989

Vaughan, Henry Halford: Welsh Proverbs with English Translations, London 1889; Detroit 1969

Vibraye, Henri de: Trésor des proverbes français, Paris 1934

Vilhjalmsson, Bjarni: Islenskir malch aettir, Reykjavik 1979

Vöö, Gabriella: Igaz ember igazat szol. Közmondasok a romaniai magyar folklorbol, Bukarest 1989

Voss, Karl: Redensarten der französischen Sprache, Frankfurt a.M. 1966 (3. Aufl. 1975)

–: Redensarten der englischen Sprache, Frankfurt a.M. 1967 (2. Aufl. 1975)

Voss, Karl, Domenico Longo und *Gisela Pasetti-Bombardella:* Redensarten der italienischen Sprache, Frankfurt a.M. 1968

Vuorela, Toivo: Maassa maan tavalla. 2000 suomalaista kansanviisautta, Helsinki 1979

Wahlund, Per Erik: Osed och Ordsed. Det är 1234 oemotsägliga ordspråk och kärnfulla talesätt, Stockholm 1988

Walther, Hans: Proverbia Sententiaeque Latinitatis Medii Aevi / Lateinische Sprichwörter und Sentenzen des Mittelalter, 9 Bde., Göttingen 1963–1986

Wathelet, Jean-Marc: Dictons des bêtes, des plantes et des saisons, Paris 1985

Werner, Jakob: Lateinische Sprichwörter und Sinnsprüche des Mittelalters, Heidelberg 1912 (2. Aufl. 1966)

Werner, Jürgen: Altgriechische Sprichwörter nach Sachgruppen geordnet, Diss. Leipzig, 1957

Whiting, Bartlett Jere: Proverbs in the Earlier English Drama, Cambridge/Mass. 1938 (Ndr. New York 1969)

–: Proverbs, Sentences, and Proverbial Phrases from English Writings Mainly Before 1500, Cambridge/Mass. 1968

–: Early American Proverbs and Proverbial Phrases, Cambridge/Mass. 1977

–: Modern Proverbs and Proverbial Sayings, Cambridge/Mass. 1989

Widmer, Walter: Volkstümliche Vergleiche im Französischen nach dem Typus „Rouge comme un coq", Diss. Basel, 1929

Wilson, F.P.: The Oxford Dictionary of English Proverbs, 3. Aufl. (vgl. unter William Smith für die 1. und 2. Aufl.), Oxford 1970

Wiznitzer, Manuel: Etes-vous à la page? Aktuelle Redewendungen französisch-deutsch, München 1972 (2. Aufl. 1980)

Wood, Nicola: Scottish Proverbs, Edinburgh 1989

Wurzbach, Constant: Die Sprichwörter der Polen historisch erläutert, Wien 1852 (Ndr. Osnabrück 1983; Ndr. Leipzig 1985)

Yurchak, Peter P.: Slovak Proverbs and Sayings, Scranton/Penn. 1947

Zamenhof, L.L.: Proverbaro Esperanta, Paris 1925

Zaoralek, Jaroslav: Lidova rčeni, Praze 1947 (2. Aufl. 1963)

Zanne, Iuliu A.: Proverbele românilor, 9 Bde., Bukarest 1895–1903 (Gekürzte Ausgabe in einem Band hg. v. C. Ciuchindel. Bukarest 1959)

Zaturecky, Adolf Peter: Slovenske prislovia, porekadla a uslovia, Praze 1894 (Ndr. Bratislava 1975)

Zubiri, Fernando und *Ramon:* Refranero aragonés, Zaragoza 1980

5. Mehrsprachige Sprichwörter- und Redensartensammlungen:

Andersen, Adi: Deutsche Sprichwörter und Redensarten mit ihren englischen und französischen Gegenstücken, Hamburg 1968

Literaturverzeichnis

Balling, Adalbert Ludwig: Weisheit der Völker. Sprichwörter und Aphorismen aus aller Welt, Würzburg 1981

Barber, John W.: The Hand Book of Illustrated Proverbs: Comprising also a Selection of Proverbs of Various Nations and Languages, New York 1856

Bartsch, Ernst: Wie das Land, so das Sprichwort. Sprichwörter aus aller Welt, Leipzig 1989

Bechtel, John H.: Proverbs. Maxims and Phrases Drawn from All Lands and Times, London 1906

Bilgrav, Jens Aage Stabell: 20.000 Proverbs, Sprichwörter, Proverbes, Ordspråk, Ordsprog, Kopenhagen 1985

Boecklen, Adolf: Sprichwörter, Proverbs, Proverbes, Proverbi, Proverbios, Stuttgart 1924

Böhm, Richard et al.*:* Die Weisheit der Völker. Ausgewählte Sprichwörter, Wiesbaden 1976

Bohn, Henry G.: A Polyglot of Foreign Proverbs, Comprising French, Italian, German, Dutch, Spanish, Portuguese, and Danish, with English Translations & a General Index, London 1857 (Ndr. Detroit 1968)

Brock, Suzanne: Idiom's Delight. Fascinating Phrases and Linguistic Eccentricities. Spanish, French, Italian, Latin, New York 1988

Bush, William: 1800 Selected Proverbs of the World – Ancient, Medieval and Modern, Boston 1838

Cahier, Charles: Quelque six mille proverbes et aphorismes usuels empruntés à notre âge et aux siècles derniers, Paris 1856

Champion, Selwyn Gurney: Racial Proverbs. A Selection of the World's Proverbs Arranged Linguistically with Authoritative Introductions to the Proverbs of 27 Countries and Races, London 1938 (Ndr. London 1963)

–: The Eleven Religions and Their Proverbial Lore, New York 1945

–: War Proverbs and Maxims from East and West, London 1945

Christy, Robert: Proverbs, Maxims and Phrases of All Ages, 2 Bde., New York 1887 (Ndr. Detroit 1974; Ndr. Norwood/Penn. 1977)

Codrington, Robert: A Collection of Many Select and Excellent Proverbs out of Several Languages, London 1664 (2. Aufl. 1672)

Cohen, Israel: Dictionary of Parallel Proverbs in English, German and Hebrew, Tel Aviv 1961

Conklin, George W: The World's Best Proverbs, Philadelphia 1906

Cox, H.L. et al.*:* Spreekwoordenboek in vier talen. Nederlands, Franz, Duits, Engels, Utrecht 1988

Davidoff, Henry: A World-Treasury of Proverbs from Twenty-Five Languages, New York 1946

Dennys, F.M.: Proverbs and Quotations of Many Nations, London 1890

Erichsen, Gerda Moter: 400 uttrykk og vendinger pa norsk, engelsk, tysk og fransk, Bergen 1982

Fergusson, Rosalind: The Facts on File Dictionary of Proverbs, New York 1983 (Auch erschienen mit dem Titel: The Penguin Dictionary of Proverbs, New York 1983)

Fuller, Thomas: Gnomologia; Adagies and Proverbs; Wise Sentences and Witty Sayings, Ancient and Modern, Foreign and British, London 1732

Gheorghe, Gabriel: Proverbele românesti si proverbele lumii romanice. Studiu comparativ, Bukarest 1986

Gluski, Jerzy: Proverbs. A Comparative Book of English, French, German, Italian, Spanish and Russian Proverbs with a Latin Appendix, New York 1971

Goodchild, N.M. und *C. Michael-Titus:* Miroir de sagesse populaire européenne / Oglinda de intelepciune populara / Mirror of European Popular Wisdom, London 1981

Gottschalk, Walter: Die bildhaften Sprichwörter der Romanen, 3 Bde., Heidelberg 1935–1938

Grigas, Kazys: Patarliu paralelés. Lietuviu patarlés su latviu, baltarusiu, rusu, lenku, vokieciu, anglu, lotynu, prancuzu, ispanu atitikmenimis, Vilnius 1987

Grunow, Alfred: Weisheiten der Welt. Europa und Neue Welt, Augsburg 1987

Herg, Emmi: Deutsche Sprichwörter im Spiegel fremder Sprachen unter Berücksichtigung des Englischen, Französischen, Italienischen, Lateinischen und Spanischen, Berlin 1933

Houghton, Patricia: A World of Proverbs, Poole/Dorset 1981

Howell, James: Lexicon Tetraglotton. An English-French-Italian-Spanish Dictionary, London 1660

Hunt, Cecil: Hand-Picked Proverbs, Selected from the Store-House of the World's Wisdom, London 1940

Hürlimann, Martin: Stimmen der Völker im Sprichwort, Zürich 1945 (2. Aufl. 1952)

Ilg, Gérard: Proverbes français. Suivis des équivalents en allemand, anglais, espagnol, italien, néerlandais, Amsterdam 1960

Kelen, Emery: Proverbs of Many Nations, New York 1966

Kelly, Walter K.: A Collection of the Proverbs of all Nations. Compared, Explained, and Illustrated, Andover/Mass. 1859 (Ndr. Darby/Penn. 1972; Ndr. Philadelphia 1978)

Kokare, Elza: Latviešu un lietuviešu sakamvardu paraleles, Riga 1980

Kokare, Elza und *V. Hausmanis:* Latviešu un vacu sakamvardu paraleles, Riga 1988

Konstandt, Oscar: One Hundred Proverbs with Their Equivalents in German, French, Italian and Spanish, Great Malvern/Worcestershire 1958

Kragh, Ole: Alverdens ordsprog og talemader: 9000 ordsprog fra 200 sprogomrader og fem artusinder, Kopenhagen 1979

Kuusi, Matti et al.: Proverbia septentrionalia. 900 Balto-Finnic Proverb Types with Russian, Baltic, German and Scandinavian Parallels, Helsinki 1985

Lawson, James Gilchrist: The World's Best Proverbs and Maxims, New York 1926

Lüpkes, Wiard: Seemannssprüche. Sprichwörter und sprichwörtliche Redensarten über Seewesen, Schiffer- und Fischerleben in den germanischen und romanischen Sprachen, Berlin 1900 (Ndr. Leipzig 1987)

Mair, James Allan: A Handbook of Proverbs: English, Scottish, Irish, American, Shakespearean and Scriptural, London 1873

Mälk, Vaina: Vadja vanosõnad eesti – soome, karjala ja vene vastetega, Tallinn 1976

Mälk, Vaina et al.: Liivi vanasõnad – eesti, vadja ja läti vastetega, 2 Bde., Tallinn 1981

Mapletoft, John: Select Proverbs. Italian, Spanish, French, English, Scottish, British, etc., London 1707

Marvin, Dwight Edwards: Curiosities in Proverbs. A Collection of Unusual Adages, Maxims, Aphorisms, Phrases and other Popular Dicta from Many Lands, 2 Bde., London 1916 (Ndr. Darby/Penn. 1980)

–: The Antiquity of Proverbs. Fifty Familiar Proverbs and Folk Sayings with Annotations and Lists of Connected Forms, Found in All Parts of the World, New York 1922

Matras, Daniel: Proverbes. Frantsoske, Danske, Italianiske oc Tydske Ordsprock oc Sentenzer, Kopenhagen 1633 (Ndr. hg. v. I. Kjaer, Kopenhagen 1981)

Mawr, E.B.: Analogous Proverbs in Ten Languages, London 1885

Middlemore, James: Proverbs, Sayings and Comparisons in Various Languages, London 1889

Mieder, Wolfgang: The Prentice-Hall Encyclopedia of World Proverbs, Englewood Cliffs/N.J. 1986

–: Love: Proverbs of the Heart, Shelburne/Vermont 1989

Montreynaud, Florence, Agnès Pierron und *François Suzzoni:* Dictionnaire de proverbes et dictons, Paris 1989

Opdyke, George Howard: The World's Best Proverbs and Short Quotations, Chicago 1920

Orton, James: Proverbs Illustrated by Parallel, or Relative Passages, to which are Added Latin, French, Spanish, and Italian Proverbs, with Translations, Philadelphia 1852

Paczolay, Gyula: Magyar-észt közmondasok és szolasok német, angol és latin megfelelöikkel / Dictionary of Hungarian-Estonian Proverbs with Their German, English and Latin Equivalents and Cheremis Appendix, Veszprém 1985 (Erweiterte 2. Aufl. Veszprém 1987)

Pavlica, Josip: Frazeološki slovar v petih jezikih. Rječnik slovenačkih, hrvatskosrpskih, latinskih, njemačkih, francuskih i engelskih fraza, Ljubljana 1960

Permiakov, Grigorii L'vovich: Poslovitsy i pogovorki narodov vostoka. Sistematizirovannoe sobranie izrechenii dvukhsot narodov, Moskau 1979

Popovich, R.I.: Frantsuzko-moldavsko-russkie poslovitsy i pogovorki / Proverbes et dictons français-moldaves-russes, Kishinev 1986

Radić, Tomislav: Vox Populi: Zlatna knjiga poslovica svijeta, Zagreb 1989

Rauch, Karl: Sprichwörter der Völker, Düsseldorf 1963 (Ndr. München 1975)

Ray, John et al.: Proverbial Sayings, or a Collection of the Best English Proverbs by John Ray, Scots Proverbs by Allan Ramsay, Italian Proverbs by Orlando Pescetti, Spanish Proverbs by Ferdinand Nunez. With the Wise Sayings and Maxims of the Ancients, London 1800

Literaturverzeichnis

Reinsberg-Düringsfeld, Ida und *Otto von:* Sprichwörter der germanischen und romanischen Sprachen vergleichend zusammengestellt, 2 Bde., Leipzig 1872 und 1875 (Ndr. Hildesheim 1973)

Reinsberg-Düringsfeld, Otto von: Internationale Titulaturen, 2 Bde., Leipzig 1863 (Ndr. hg. v. W. Mieder, Hildesheim 1991)

Roback, Abraham Aaron: A Dictionary of International Slurs, Cambridge/Mass. 1944 (Ndr. Waukesha/Wisc. 1979)

Rosenzweig, Paul: The Book of Proverbs. Maxims from East and West, New York 1965

Sadashew, Wishwanath: Select Proverbs of All Nations, Bombay 1858

Schmelz, Richard: Sprichwörter, Proverbs, Poslovitsy, Przyslowia, Prislovi, Proverbes, Proverbios, Proverbia, Berlin 1989

Shearer, William John: Wisdom of the World, in Proverbs of All Nations, New York 1904

Strafforello, Gustavo: La sapienza del mondo oversso dizzionario universale dei proverbi di tutti popoli, 3 Bde., Torino 1883

Swenson, Ann H.: Proverbs and Proverbial Expressions in English, in French, and in Italian, Florenz 1931

Tonn, Maryjane Hooper: Proverbs to Live By. A Treasury of Timely Thoughts from Around the World, Milwaukee/Wis. 1977

Wade, John: Select Proverbs of all Nations with an Analysis of the Wisdom of the Ancients, London 1824

Ward, Caroline: National Proverbs in the Principal Languages of Europe, London 1842

Weingarten, Joseph A.: Yiddish Proverbs and Proverbial Expressions; Compared with Proverbs of other Nations, New York 1944

Weingarten, Joseph A. und *Naomi Vinogradoff:* Russian Proverbs; Compared with Proverbs of other Nations, New York 1945

Wildner, Ödön: Leleküditö azaz szellemi kincsestar gondolatok és elmés idézetek gyüjteménye, Budapest 1989

Wiznitzer, Manuel: Bildliche Redensarten. Deutsch, Englisch, Französisch, Stuttgart 1975

6. Größere parömiologische Studien:

Ade, Walter Frank Charles: Das Sprichwort in den deutschen Werken des Andreas Gryphius (1616–1664), Diss. Northwestern University 1949

Alster, Bendt: Studies in Sumerian Proverbs, Kopenhagen 1975

Altieri, Marcelle B.: Les romans de Chrétien de Troyes: Leur perspective proverbiale et gnomique, Paris 1976

Anido, Naiade (Hg.): Des proverbes ... a l'affût, Paris 1983

Anstensen, Ansten: The Proverb in Ibsen. Proverbial Sayings and Citations as Elements in His Style, New York 1936

Appelt, Theodore Charles: Studies in the Contents and Sources of Erasmus' „Adagia" with Particular Reference to the First Edition, 1500, and the Edition of 1526, Chicago 1942

Arora, Shirley L.: Proverbial Comparisons in Ricardo Palma's „Tradiciones Peruanas", Berkeley/Cal. 1966

Axnick, Margarete: Probleme der deutschen Sprichwortübersetzungen aus Miguel de Cervantes' „Don Quijote" – eine vergleichende sprachliche und literarische Untersuchung, Magisterarbeit Universität Bonn, 1984

Bambeck, Manfred: Das Sprichwort im Bild. „Der Wald hat Ohren, das Feld hat Augen". Zu einer Zeichnung von Hieronymus Bosch, Wiesbaden 1987

Barakat, Robert A.: A Contextual Study of Arabic Proverbs, Helsinki 1980

Barras, Christine: Les proverbes dans les patois de la suisse romande, Sierre 1984

Billier, Pascal et al.: Dem Volk aufs Maul geschaut. Echte „Sprich"-Wörter, Saarbrücken 1986

Binotto, Armin: Sprichwörter und Redensarten im Unterricht, Hitzkirch 1983

Bîrlea, Ovidiu: Proverbes et dictons roumains – Proverbe si zicatori românesti, Bukarest 1966

Bohmer-Wood, Christine: Flexibility in Language Comprehension. Paraphrasing Metaphors, Proverbs, and Vague Sentences, Diss. Kent State University 1978

Bregenzer, Josef Georg: Lateinische und deutschlateinische proverbia aus der St. Galler Handschrift 841. Text und Kommentar, Zürich 1972

Bronner, Clarence D.: Le développement du proverbe dramatique en France et sa vogue au XVIIIe siècle, Berkeley/Cal. 1937

Brewer, Patricia J.: Age, Language, Culture, Previous Knowledge and the Proverb as Social Metaphor, Diss. University of Pennsylvania 1973

Bryant, Margaret M.: Proverbs and How to Collect Them, Greensboro/N.C. 1945

Buhofer, Annelies: Der Spracherwerb von phraseologischen Wortverbindungen. Eine psycholinguistische Untersuchung an schweizerdeutschem Material, Frauenfeld 1980

Burger, Harald: Idiomatik des Deutschen, Tübingen 1973

Burger, Harald, Annelies Buhofer und *Ambros Sialm:* Handbuch der Phraseologie, Berlin 1982

Burger, Harald und *Robert Zett* (Hg.): Aktuelle Probleme der Phraseologie. Symposium 27.-29.9.1984 in Zürich, Bern 1987

Burgos, Luis Antonio: Inter-Rater Reliability and the Use of Proverb Interpretation in the Detection of Disordered Thinking, Diss. United States International University 1985

Burk, Gertrud: Das Sprichwort in einer oberhessischen Bauernfamilie. Eine volkskundlich-soziologische Untersuchung, Diss. Frankfurt 1953

Burton, John D.: An Information Processing Analysis of the Interpretation of Proverbs by Grade Nine Students, Diss. University of Ottawa 1989

Bushui, Anatolii Mikhailovich: Osnovnye voprosy teorii frazeologii, Samarkand 1987

Bystron, Jan Stanislaw: Przyslowia Polskie, Krakowie 1933

Calvez, Daniel Jean: Le langage proverbial de Voltaire dans sa correspondance (1704-1769), New York 1989

Carey, Claude: Les proverbes érotiques russes. Etudes de proverbes recueillis et non-publiés par Dal' et Simoni, Den Haag 1972

Carnes, Pack (Hg.): Proverbia in Fabula. Essays on the Relationship of the Fable and the Proverb, Bern 1988

Carridi, Caterina: Attualita die Dante attraverso massime, proverbi essentenze della „Divina Commedia", Bari 1969

Cauvin, Jean: Comprendre: Les Proverbes, Issy les Moulineaux 1981

Cavanaugh, Rev. John Richard: The Use of Proverbs and Sentences for Rhetorical Amplification in the Writings of Saint Thomas More, Diss. St. Louis University 1969

Chaisemartin, A.: Proverbes et maximes du droit germanique étudiés en eux-mêmes et dans leurs rapports avec le droit français, Paris 1891

Chambers, John Wayne: Proverb Comprehension in Children, Diss. University of Cincinnati 1977

Cherry, Mary Jane: A Classification and Analysis of Selected „Sayings" in Shakespeare's Plays, Diss. The Catholic University of America 1981

Cirese, Alberto Mario: Prime annotazioni per una analisi strutturale dei proverbi, Cagliari 1968

Claeys, Patricia F.: Theoretical and Translational Aspects of Phraseology, Magisterthese University of New Brunswick 1989

Cnyrim, Eugen: Sprichwörter, sprichwörtliche Redensarten und Sentenzen bei den provenzalischen Lyrikern, Marburg 1888

Cohen, Gerald Leonard: Studies in Slang, 2 Bde., Bern 1985 und 1989

Colombi, Maria Cecilia: Los refranes en el Quijote: texto y contexto, Potomac/Maryland 1989

Combet, Louis: Recherches sur le „refranero" castillan, Paris 1971

Cometa, Michael Stephen: Logical Operations in Semantic Development: A Piagetian Model of Metaphor and Proverb Comprehension, Diss. State University of New York at Albany 1976

Conca, Maria: Paremiologia, Valencia 1987

Cook, Emmett Wayne: Shakespeare's Use of Proverbs for Characterization, Dramatic Action, and Tone in Representative Comedy, Diss. Texas Tech University 1974

Cornette, James C.: Proverbs and Proverbial Expressions in the German Works of Luther, Diss. University of North Carolina 1942

Coulmas, Florian: Routine im Gespräch. Zur paragmatischen Fundierung der Idiomatik, Wiesbaden 1981

Cowie, Nurray Aiken: Proverbs and Proverbial Phrases in the German Works of Albrecht von Eyb, Diss. University of Chicago 1942

Crane, Mary Thomas: Proverbial and Aphoristic Sayings: Sources of Authority in the English Renaissance, Diss. Harvard University 1986

Curat, Hervé: La locution verbale en français moderne. Essai d'explication psycho-systématique, Québéc 1982

Dalitz, Günter: Lateinische Sprichwörter

und sprichwörtliche Redensarten nach Sachgruppen geordnet, Diss. Leipzig 1966

Diaferia, Michèle G.: Li Proverbes au conte de Bretaigne. Critical Edition and Study, New York 1990

Dilcher, Gerhard: Paarformeln in der Rechtssprache des frühen Mittelalters, Darmstadt 1961

Di Stefano, Giuseppe und *Russell McGillivray*(Hg.): La locution. Actes du colloque international Université McGill, Montréal, 1984

Dittgen, Andrea Maria: Regeln für Abweichungen. Funktionale sprachspielerische Abweichungen in Zeitungsüberschriften, Werbeschlagzeilen, Werbeslogans, Wandsprüchen und Titeln, Frankfurt a.M. 1989

Djap, Djam Dung: Proverbial Understanding and the Development of Part-Whole Reasoning Skills, Diss. University of Toronto 1984

Dobesch, Gerhard: Die Sprichwörter der griechischen Sagengeschichte, Diss. Wien 1962

Dobrovol'skij, Dmitrij: Phraseologie als Objekt der Universalienlinguistik, Leipzig 1988

Dopheide, Maria: Sprichwörter in der Rede des Isländers, dargestellt an ihrem Gebrauch in der Njals saga, Diss. Freiburg 1973

Doulaveras, Aristides: I emmetri ekfora tou neoellinikou paremiakou logou, Athen 1989

Dreismann, Hildegard: „Die Stimme des Blutes". Sprichwortrezeption im Dritten Reich, Magisterarbeit Universität Freiburg 1988

Dundes, Alan und *Claudia A. Stibbe:* The Art of Mixing Metaphors. A Folkloristic Interpretation of the „Netherlandish Proverbs" by Pieter Bruegel the Elder, Helsinki 1981

Ebert, Emil: Die Sprichwörter der Altfranzösischen Karlsepen, Marburg 1884

Eberth, Hans H.: Die Sprichwörter in Sebastian Brants „Narrenschiff". Ein Beitrag zur deutschen Sprichwortgeschichte, Greifswald 1933

Eckert, Rainer(Hg.): Grundlagen der russischen Phraseologie, Leipzig 1970

–: Untersuchungen zur slawischen Phraseologie, 2 Bde., Berlin 1982 und 1984

Eckert, Rainer, Ulrich Böhme und *Astrid Maaß* (Hg.): Aktuelle Probleme der Phraseologie, Leipzig 1976

Elmslie, William Alexander: Studies in Life from Jewish Proverbs, London 1917

Ernouf, Anita B.: Proverbs and Proverbial Phrases in the „Celestina", Diss. Columbia University 1970

Ewbank, Joseph B.: Fable and Proverb in Aristophanes, Diss. University of North Carolina 1980

Fabian, Johannes: Power and Performance. Ethnographic Explorations through Proverbial Wisdom and Theater in Shaba, Zaire, Madison/Wis. 1990

Faustmann, Karl: Aus tiefem Brunnen. Das deutsche Sprichwort, Freiburg 1920

Feichtl, Nancy G.: Using Proverbs to Facilitate Metaphorical Language Comprehension: A Curriculum Study, Diss. University of Maryland 1988

Felixberger, Josef: Untersuchungen zur Sprache des spanischen Sprichwortes, München 1974

Fisher, Judith Tougas: Adolescent Proverb Comprehension: Racial Similarities and Differences, Diss. Florida State University 1981

Fleckenstein, Sister Mary Thecla: Das Sprichwort, sprichwörtliche und eigenartige Redensarten und Wortspiele in den Predigten „Auf, auf ihr Christen" von Abraham a Sancta Clara, Diss. University of Pittsburgh 1942

Fleischer, Wolfgang: Phraseologie der deutschen Gegenwartssprache, Leipzig 1982

Földes, Csaba und *Helmut Kühnert:* Handund Übungsbuch zur deutschen Phraseologie, Budapest 1990

Fontaine, Carole R.: Traditional Sayings in the Old Testament. A Contextual Study, Sheffield 1982

Foth, Albrecht: Gelehrtes römisch-kanonisches Recht in deutschen Rechtssprichwörtern, Tübingen 1971

Frackiewicz, Iwona: Analoge Sprichwörter im Deutschen, Niederländischen und Polnischen, Diss. Uniwersytet Wroclawski 1987

Fraenger, Wilhelm: Der Bauern-Bruegel und das deutsche Sprichwort, Erlenbach-Zürich 1923

Frank, Grace und *Dorothy Miner:* Proverbes en Rimes. Text and Illustrations of the Fifteenth Century from a French Manuscript in the Walters Art Gallery, Baltimore, Baltimore 1937

Fricke, Harald: Aphorismus, Stuttgart 1984

Friese, Heinz-Gerhard: Zeiterfahrung im Alltagsbewußtsein. Am Beispiel des deutschen Sprichworts der Neuzeit, Frankfurt a.M. 1984

Frieser, Walter: Das Sprichwort in den dramatischen Werken John Lyly's. Zugleich ein Beitrag zur Geschichte des englischen Sprichworts, Diss. Leipzig 1920

Fuchs, Hardy: Die Funktion des Sprichwortes bei Theodor Fontane, Diss. Michigan State University 1970

Gardoš, Isolde: Wobsah a tematika serbskich prislowow, Diss. Leipzig 1965

Garrigues, Albert: Essais parémiologiques, Paris 1936

Gautschi, Theres: Bildhafte Phraseologismen in der Nationalratswahlpropaganda, Bern 1982

Gerke-Siefert, Hilde: Sprichwörter und Redensarten bei Johann Fischart, Diss. München 1953

Geyr, Heinz: Sprichwörter und sprichwortnahe Bildungen im dreisprachigen Petersburger Lexikon von 1731, Bern 1981

Girvin, William H.: The Medieval German Proverb as Reflected in the „Gesammtabenteuer", Diss. Michigan State University 1972

Gläser, Rosemarie: Phraseologie der englischen Sprache, Leipzig 1986

Gordon, Edmund I.: Sumerian Proverbs. Glimpses of Everyday Life in Ancient Mesopotamia, Philadelphia 1959

Götz, Dieter: Stilistik und Idiomatik im Englischunterricht, Dortmund 1976

Goy, Eva-Maria S.: „Erst kommt das Fressen, dann kommt die Moral": A Proverbial Analysis of Bertolt Brecht's „Mutter Courage und ihre Kinder", Magisterthese University of Vermont 1990

Grau, Heinz-Dieter: Die Leistung Johannes Agricolas als Sprichwortsammler, Diss. Tübingen 1968

Grauls, Jan: De spreekwoorden van Pieter Bruegel den Oude (1527 [sic]–1569) verklaard, Antwerpen 1937)

–: Volkstaal en Volksleven in het werk van Pieter Bruegel, Antwerpen 1957

Gréciano, Gertrud: Signification et dénotation en allemand. La sémantique des expressions idiomatiques, Paris 1983

Gréciano, Gertrud (Hg.): Europhras 88. Phraséologie contrastive. Actes du colloque international Klingenthal-Strasbourg, 12–26 mai 1988, Strasbourg 1989

Grigas, Kazys: Lietuviu patarles. Lyginamasis tyrinejimas, Vilnius 1976

Grober-Glück, Gerda: Motive und Motivationen in Redensarten und Meinungen, 2 Bde., Marburg 1974

Grünberg, Paul: Biblische Redensarten. Eine Studie über den Gebrauch und Missbrauch der Bibel in der deutschen Volks- und Umgangssprache, Heilbronn 1888

Gruttmann, Felicitas: Ein Beitrag zur Volksmedizin in Sprichwörtern, Redensarten und Heilsegen des englischen Volkes, mit besonderer Berücksichtigung der Zahnheilkunde, Greifswald 1939

Grylack, Bevin Ratner: The Function of Proverbs in the Dramatic Works of Aleksandr Nikolaevic Ostrovskij, Diss. New York University 1975

Grzybek, Peter und *Wolfgang Eismann* (Hg.): Semiotische Studien zum Sprichwort. Simple Forms Reconsidered I, Tübingen 1984

Guershoon, Andrew: Certain Aspects of Russian Proverbs, London 1941

Guiraud, Pierre: Les locutions françaises, Paris 1961 (4. Aufl. 1973)

Günther, Kurt: Wörterbuch phraseologischer Termini, Berlin 1990

Hackmann, Bärbel: Diätetik und Physiologie im Spiegel des Sprichwortes, Diss. Münster 1964

Haeckel, Willibald: Das Sprichwort bei Chaucer. Zugleich ein Beitrag zur vergleichenden Sprichwörterkunde, Erlangen 1890

Haefeli, Leo: Sprichwörter und Redensarten aus der Zeit Christi, Luzern 1934

Hain, Mathilde: Sprichwort und Volkssprache. Eine volkskundlich-soziologische Dorfuntersuchung, Gießen 1951

Handschin, Charles H.: Das Sprichwort bei Hans Sachs, Diss. Madison/Wisc. 1904

Hasan-Rokem, Galit: Proverbs in Israeli Folk Narratives: A Structural Semantic Analysis, Helsinki 1982

Hattemer, K. und *E.K. Scheuch:* Sprichwörter. Einstellung und Verwendung, Düsseldorf 1983

Häusermann, Jürg: Phraseologie, Tübingen 1977

Hayes, Francis Clement: The Use of Proverbs in the „Siglo de Oro" Drama, Diss. University of North Carolina 1936

Heft, David: Proverbs and Sentences in Fifteenth-Century French Poetry, Diss. New York University 1941

Hendrickson, Rhoda M.: Chaucer's Proverbs: Of Medicyne and of Compleynte, Diss. Emory University 1980

Henke, Käthe: Formale Aspekte des englischen Sprichworts, Diss. Kiel 1966

Herman, Miroslav: Josef Dobrovsky a česke přislovnictvi, Praha 1968

Herzenstiel, Werner R.: Erziehungserfahrung im deutschen Sprichwort, Saarbrücken 1973

Herzog, Annelies: Karl Friedrich Wilhelm Wander als Sammler und Bearbeiter des deutschen Sprichwortschatzes, Diss. Dresden 1957

Hess, Peter: Epigramm, Stuttgart 1989

Hessky, Regina: Phraseologie. Linguistische Grundfragen und kontrastives Modell deutsch-ungarisch, Tübingen 1987

Hessky, Regina (Hg.): Beiträge zur Phraseologie des Ungarischen und des Deutschen, Budapest 1988

Hidiroglu, Pavlos: Ethnologikoi problematismoi apo ten tourkike kai ten Hellenike paroimiologia, Athen 1987

Higi-Wydler, Melanie: Zur Übersetzung von Idiomen. Eine Beschreibung und Klassifizierung deutscher Idiome und ihrer französischen Übersetzungen, Bern 1989

Hoffmann, Hellmut: Die Metaphern in Predigten und Schriften Abrahams a Santa Clara, Diss. Köln 1933

Hofmann, Winfried: Das rheinische Sagwort. Ein Beitrag zur Sprichwörterkunde, Siegburg 1959

Hofmeister, Wernfried: Sprichwortartige Mikrotexte. Analysen am Beispiel Oswalds von Wolkenstein, Göppingen 1990

Hogan, Rebecca S.: The Wisdom of Many, the Wit of One: The Narrative Function of the Proverb in Tolstoy's „Anna Karenina" and Trollope's „Orley Farm", Diss. University of Colorado 1984

Hohenadel, Ingrid: Gesundheit im Sprichwort, Diss. Heidelberg 1984

Hood, Edwin Paxton: The World of Proverb and Parable. With Illustrations from History, Biography, and the Anecdotal Table-Talk of All Ages, London 1885

Hose, Susanne: Zur Überlieferung und Systematisierung der obersorbischen Sprichwörter, Diss. Akademie der Wissenschaften der DDR, Berlin 1990

Huanyou, Huang: The Proverb: Message, Image and Translation, Magisterthese University of Sheffield 1986

Hulme, F. Edward: Proverb Lore: Being a Historical Study of the Similarities, Contrasts, Topics, Meanings, and Other Facets of Proverbs, Truisms, and Pithy Sayings, as Expressed by the Peoples of Many Lands and Times, London 1902; Ndr. Detroit 1968

Hülsemann, Kurt: Die niederdeutschen Sprichwörter in den Werken von Nicolaus Gryse, Diss. Hamburg 1930

Humphreys, William Jackson: Weather Proverbs and Paradoxes, Baltimore/Maryland 1923

Huth, Mari [sic] Luise: Das Sprichwort bei [Johann Michael] Moscherosch, Diss. University of North Carolina 1940

Jäger, Dietrich: Der Gebrauch formelhafter zweigliedriger Ausdrücke in der vor-, früh- und hochhöfischen Epik, Diss. Kiel 1960

Jaksche, Harald, Ambros Sialm und Harald Burger (Hg.): Reader zur sowjetischen Phraseologie, Berlin 1981

Janz, Brigitte: Rechtssprichwörter im Sachsenspiegel. Eine Untersuchung zur Text-Bild-Relation in den Codices picturati, Frankfurt a.M. 1989

Järviö-Nieminen, Iris: Suomalaiset sanomukset, Helsinki 1959

Johnson, James Henry: The Proverb in the Medieval Spanish „Exempla", Diss. University of North Carolina 1958

Jolles, André: Einfache Formen. Legende, Sage, Mythe, Rätsel, Spruch, Kasus, Memorabile, Märchen, Witz, Halle 1930 (Ndr. Tübingen 1958 und 1965)

Jones, Kirkland Charles: Proverbs, Proverbial Wisdom, and Medieval Topoi in the „Paston Letters", Diss. University of Wisconsin 1971

Kadler, Alfred: Sprichwörter und Sentenzen der altfranzösischen Artus- und Abenteuerromane, Marburg 1886

Kammerer, Edmund: Sprichwort und Politik. Sprachliche Schematismen in Politikerreden, politischem Journalismus und Graffiti, Magisterarbeit Freiburg 1983

Kanyo, Zoltan: Sprichwörter – Analyse einer Einfachen Form, Budapest 1981; Den Haag 1981

Kasjan, Jan Miroslaw: Przyslowia i metaforyka potoczna w tworczosci Slowackiego, Torun 1966

Kelley, Edmond Morgan: Fischart's Use of the Proverb as a Stylistic Device in His „Geschichtsklitterung", Diss. Michigan State University 1968

Kemper, Susan Jane: Comprehension and the Interpretation of Proverbs, Diss. Cornell University 1978

Kidner, Frank Derek: The Proverbs [of the Bible]. An Introduction and Commentary, London 1964

Kirchner, Oswald: Parömiologische Studien, 2 Teile, Zwickau 1879 und 1880 (Ndr. hg. v. W. Mieder, Bern 1984)

Klapper, Joseph: Die Sprichwörter der Freidankpredigten, Breslau 1927

Klimenko, Iwan: Das russische Sprichwort. Formen und konstruktive Eigentümlichkeiten, Bern 1946

Koehne, Karl: Gewerberechtliches in deutschen Rechtssprichwörtern, Zürich 1915

Koller, Werner: Redensarten. Linguistische Aspekte, Vorkommensanalysen, Sprachspiel, Tübingen 1977

Kordas, Bronislawa: Le proverbe en chinois moderne, Taipeh/Taiwan 1987

Korhonen, Jarmo (Hg.): Beiträge zur allgemeinen und germanistischen Phraseologieforschung. Internationales Symposium in Oulu 13.–15. Juni 1986, Oulu 1987

Koskenjaakko, Aksel Anshelm: Koira suomalaisissa ynnä virolaisissa sananlaskuissa, Helsinki 1909

Kostov, Marta und *Veselin Vapordziev:* Die Phraseologie der bulgarischen Sprache, Leipzig 1990

Kradolfer, J: Der Volksglaube im Spiegel des deutschen Sprichworts, Bremen 1880

Krawczyk-Tyrpa, Anna: Frazeologia somatyczna w gwarach polskich, Wroclaw 1987

Krikmann, Arvo: On Denotative Indefiniteness of Proverbs, Tallinn 1974 (auch in: Proverbium 1 [1984], S. 47–91)

–: Some Additional Aspects of Semantic Indefiniteness of Proverbs, Tallinn 1974 (auch in: Proverbium 2 [1985], S. 58–85)

–: Some Statistics on Baltic-Finnic Proverbs, Tallinn 1985

Kuusi, Matti: Sananlaskut ja puheenparret, Helsinki 1954

–: Regen bei Sonnenschein. Zur Weltgeschichte einer Redensart, Helsinki 1957

–: Parömiologische Betrachtungen, Helsinki 1957

–: Towards an International Type-System of Proverbs, Helsinki 1972

–: Suomalaista, karjalaista vai savokarjalaista? Vienan ja Pohjois-Aunuksen sananlaskut ja Kalevalan runojen alkuperäkiista, Helsinki 1978

Lansverk, Marvin Duane: The Wisdom of Many, the Vision of One: The Proverbs of William Blake, Diss. University of Washington 1988

LaRosa, Ralph Charles: Emerson's Proverbial Rhetoric 1818–1838, Diss. University of Wisconsin 1969

Larsen, Judith Clark: Proverbial Materials in the „Roman de la Rose", Diss. University of Georgia 1976

Lassen, Regine: Das katalanische Sprichwort, Tübingen 1988

Latendorf, Friedrich: Agricola's Sprichwörter, ihr hochdeutscher Ursprung und ihr Einfluß auf die deutschen und niederländischen Sammler, Schwerin 1862

Laurillard, E.: Opgave en toelichting van spreuken of gezegden in de volkstaal, aan den Bijbel ontleend, Amsterdam 1875

Laval, Ramon A.: Paremiologia chilena, Santiago de Chile 1923 (2. Aufl. 1928)

Lee, Davis Lin-Chuan: Chinese Proverbs: A Pragmatic and Sociolinguistic Approach, Diss. Georgetown University 1979

Leino, Pentti: Strukturaalinen alkusointu suomessa. Folklorepohjainen tilastoanalyysi, Helsinki 1970

Lenschau, Martha: Grimmelshausens Sprichwörter und Redensarten, Frankfurt a.M. 1924 (Ndr. Hildesheim 1973)

Levin, Maurice Irwin: Repetition as a Structural Device in the Russian Proverb, Diss. Harvard University 1964

Levy, Isaac Jack: Prolegomena to the Study of the Refranero Sefardi, New York 1968 (2. Aufl. 1969)

Linder, Gisela: Zahnheilkundliches in deutschen Sprichwörtern und Redensarten, Diss. Köln 1938

Lindow, Wolfgang: Volkstümliches Sprachgut in der neuniederdeutschen Dialektdichtung, Diss. Kiel 1960

Loukatos, Démétrios: La Bible dans le parler proverbial du peuple grec, Diss. Paris 1950

–: Neoellenikoi Paroimiomythoi, Athen 1972 (2. Aufl. 1978)

Loux, Françoise und *Philippe Richard:* Sagesse du corps. La santé et la maladie dans les proverbes français, Paris 1978

Malberg, Horst: Bauernregeln: Ihre Deutung aus meteorologischer Sicht, Berlin 1989

Mandala, James: The Interpretation of Proverbs. A Cognitive Perspective, Diss. California [Berkeley/Cal.] School of Professional Psychology 1987

Martin, Paul: Studien auf dem Gebiete des griechischen Sprichwortes, Plauen 1889

Matešić, Josip (Hg.): Phraseologie und ihre Aufgaben. Beiträge zum 1. Internationalen Phraseologie-Symposium 1981 in Mannheim, Heidelberg 1983

Matta, Hilda: Semasiologische und onomasiologische Untersuchung der Sprichwörter im Deutschen und Ägyptisch-Arabischen, Diss. Universität Kairo 1986

Mauch, Thomas Karl: The Role of the Proverb in Early Tudor Literature, Diss. University of California at Los Angeles 1963

LITERATURVERZEICHNIS

McKane, William: Proverbs [of the Bible]. A New Approach, London 1970

McKenna, Steven R.: Orality, Literacy, and Chaucer. A Study of Performance, Textual Authority, and Proverbs in the Major Poetry, Diss. University of Rhode Island 1988

McNeal, Doris Schuckler: The Proverbs in the French Works of Henri Estienne, Diss. University of Georgia 1972

Meichsner, Irene: Die Logik von Gemeinplätzen. Vorgeführt an Steuermannstopos und Schiffsmetapher, Bonn 1983

Meisser, Ulrich: Die Sprichwörtersammlung Sebastian Francks von 1541, Amsterdam 1974

Mieder, Wolfgang: Das Sprichwort im Werke Jeremias Gotthelfs, Diss. Michigan State University 1970; Bern 1972

–: Das Sprichwort in unserer Zeit, Frauenfeld 1975

–: Das Sprichwort in der deutschen Prosaliteratur des neunzehnten Jahrhunderts, München 1976

– (Hg.): Ergebnisse der Sprichwörterforschung, Bern 1978

– (Hg.): Deutsche Sprichwörter und Redensarten, Stuttgart 1979

–: Deutsche Sprichwörter in Literatur, Politik, Presse und Werbung, Hamburg 1983

– (Hg.): Deutsche Sprichwörterforschung des 19. Jahrhunderts, Bern 1984

–: Sprichwort, Redensart, Zitat. Tradierte Formelsprache in der Moderne, Bern 1985

–: „Findet, so werdet ihr suchen!" Die Brüder Grimm und das Sprichwort, Bern 1986

–: Tradition and Innovation in Folk Literature, Hanover/New Hampshire 1987

–: American Proverbs: A Study of Texts and Contexts, Bern 1989

– (Hg.): „Kommt Zeit – kommt Rat!?" Moderne Sprichwortgedichte von Erich Fried bis Ulla Hahn, Frankfurt a.M. 1990

–: „Deutsch reden": Moderne Redensartengedichte von Rose Ausländer bis Yaak Karsunke, Frankfurt a.M. 1991

Mieder, Wolfgang und *Alan Dundes* (Hg.): The Wisdom of Many. Essays on the Proverb, New York 1981

Mokienko, Valerii M.: Slavianskaia frazeologiia, Moskau 1980 (2. Aufl. 1989)

Monye, Ambrose: Proverbial Lore in Aniocha Oral Literature, Diss. University of Nigeria at Nsukka 1988

Müller-Thurau, Claus Peter: Laß uns mal ‚ne Schnecke angraben. Sprache und Sprüche der Jugendszene, Düsseldorf 1983

–: Über die Köpfe hinweg. Sprache und Sprüche der Etablierten, Düsseldorf 1984

Negreanu, Constantin: Structura Proverbelor Românesti, Bukarest 1983

Nelson, Timothy C.: „O du armer Luther ..." Sprichwörtliches in der antilutherischen Polemik des Johannes Nas (1534–1590), Diss. Uppsala Universitat 1990; Bern 1991

Neumann, Renate: Das wilde Schreiben. Graffiti, Sprüche und Zeichen am Rand der Straßen, Essen 1986

Newcomb, Robert: The Sources of Benjamin Franklin's Sayings of Poor Richard, Diss. University of Maryland 1957

Norrick, Neal R.: How Proverbs Mean. Semantic Studies in English Proverbs, Amsterdam 1985

Okezie, Joyce Ann: The Role of Quoting Behavior as Manifested in the Use of Proverbs in Igbo Society, Diss. State University of New York at Buffalo 1977

Osenbrüggen, Eduard: Die deutschen Rechtssprichwörter, Basel 1876

Parker, Carolyn Ann: Aspects of a Theory of Proverbs: Contexts and Massages of Proverbs in Swahili, Diss. University of Washington 1974

Pasamanick, Judith R: The Proverb Moves the Mind. Abstraction and Metaphor in Children Six-Nine, Diss. Yeshiva University 1982

Paziak, Mikhail Mikhailovich: Ukrains'ki prisliv'ia ta prikazki. Problemi paremiologii ta paremiografii, Kiew 1984

Penfield, Joyce: Communicating with Quotes: The Igbo Case, Westport/Conn. 1983

Peretz, Bernhard: Altprovenzalische Sprichwörter mit einem kurzen Hinblick auf den mittelhochdeutschen Freidank, Erlangen 1887

Permiakov, Grigorii L.: Izbrannye poslovitsy i pogovorki narodov vostoka, Moskau 1968

–: Ot pogovorki do skazki (Zametki po obschei teorii klishe), Moskau 1970 (Engl. Übers. von Y.N. Filippov mit dem Titel: From Proverb to Folk-Tale. Notes on the General Theory of Cliché, Moskau 1979)

–: Paremiologicheskii eksperiment. Materialy dlia paremiologicheskogo minimuma, Moskau 1971

1811

- (Hg.): Paremiologicheskii sbornik, Moskau 1978
- (Hg.): Paremiologicheskie issledovaniia. Sbornik statei, Moskau 1984 (Frz. Übers. mit dem Titel: Tel grain tel pain. Poétique de la sagesse populaire, Moskau 1988)
-: Osnovy strukturnoi paremiologii, hg. v. G.L. Kapchits, Moskau 1988
Perry, Theodore A. (Hg.): Santob de Carrion. „Proverbios Morales", Madison/Wisc. 1986
-: The „Moral Proverbs" of Santob de Carrion. Jewish Wisdom in Christian Spain, Princeton/N.J. 1987
Petsch, Robert: Spruchdichtung des Volkes. Vor- und Frühformen der Volksdichtung, Halle 1938
Peukes, Gerhard: Untersuchungen zum Sprichwort im Deutschen. Semantik, Syntax, Typen, Berlin 1977
Pfeffer, J. Alan: The Proverb in Goethe, New York 1948
Pfeffer, Karl: Das Elisabethanische Sprichwort in seiner Verwendung bei Ben Jonson, Gießen 1933
Phillips, Margaret Mann: The „Adages" of Erasmus. A Study with Translations, Cambridge 1964
Pilz, Klaus Dieter: Phraseologie. Versuch einer interdisziplinären Abgrenzung, Begriffsbestimmung und Systematisierung unter besonderer Berücksichtigung der deutschen Gegenwartssprache, 2 Bde., Göppingen 1978
Pilz, Klaus: Phraseologie. Redensartenforschung, Stuttgart 1981
Pineaux, Jacques: Proverbes et dictions français, Paris 1955 (6. Aufl. 1973)
Pitts, Arthur William: John Donne's Use of Proverbs in His Poetry, Diss. Louisiana State University 1966
Plopper, Clifford Henry: Chinese Religion Seen Through the Proverb, Shanghai 1926 (Ndr. New York 1969)
Prittwitz-Gaffron, Erich von: Das Sprichwort im griechischen Epigramm, Gießen 1912
Raben, Joseph: Proverbs in the Waverly Novels of Sir Walter Scott, Diss. Indiana University 1954
Rattray, R. Sutherland: Ashanti Proverbs. The Primitive Ethics of a Savage People, Oxford 1916 (Ndr. Oxford 1981)
Rattunde, Eckard: Li Proverbes au Vilain. Untersuchungen zur romanischen Spruchdichtung des Mittelalters, Heidelberg 1966

Raudnitz, Gustav: Die Sprichwörtersammlung Sebastian Francks von Donauwörth, Diss. Prag 1925
Raymond, Joseph: Attitudes and Cultural Patterns in Spanish Proverbs, Diss. Columbia University 1951
Reger, Harald: Metaphern und Idiome in szenischen Texten, in der Werbe- und Pressesprache, Hamburg 1980
Rein, Theodor: Sprichwörter und sprichwörtliche Redensarten bei Lucian, Tübingen 1894
Resnick, David A.: The Development of Children's Comprehension of Proverbs, Diss. Columbia University 1977
Reuter, O.R.: Proverbs, Proverbial Sentences and Phrases in Thomas Deloney's Works, Helsinki 1986
Reveal, Robert: The Development and Validation of a Proverbs Test for the Selection of Supervisors, Diss. University of Southern California 1960
Richter, Roland: Georg Rollenhagens „Froschmeuseler". Struktur, Rhetorik und die Funktion von Sprichwort und Fabel, Diss. Univ. of Cal. at Los Angeles 1970 (Gedruckt erschienen mit dem Titel: Georg Rollenhagens „Froschmeuseler". Ein rhetorisches Meisterstück, Bern 1975)
Roers, Hermann: Ärztliches in Sprichwörtern und Redensarten der Holländer und Flamen unter besonderer Berücksichtigung der Zahnheilkunde, Greifswald 1938
Roh, Franz: Pieter Bruegel d. Ä. „Die niederländischen Sprichwörter", Stuttgart 1960 (2. Aufl. 1967)
Röhrich, Lutz: Gebärde-Metapher-Parodie. Studien zur Sprache und Volksdichtung, Düsseldorf 1967
Röhrich, Lutz und *Wolfgang Mieder:* Sprichwort, Stuttgart 1977
Rölleke, Heinz (Hg.): „Redensarten des Volks, auf die ich immer horche". Das Sprichwort in den Kinder- und Hausmärchen der Brüder Grimm, Bern 1988
Roos, Paolo: Sentenza e proverbio nell'antichita e i „Disticha di Catone", Brescia 1984
Rosen, Heinrich: Die sprichwörtlichen Redensarten in den Werken von Hans Sachs, Diss. Bonn 1922
Rosenberger, Eva: Das Pferd in deutschen Sprichwörtern und Redensarten, Lizentiatsarbeit Universität Basel 1989
Rundell, Richard Jason: Aphoristic Formulations in the Works of Bertolt Brecht, Diss. University of Colorado 1971

Literaturverzeichnis

Sailer, Johann Michael: Die Weisheit auf der Gasse, oder Sinn und Geist deutscher Sprichwörter, Augsburg 1810 (Ndr. Nördlingen 1987)

Salzmann, Ernst: Sprichwörter und sprichwörtliche Redensarten bei Libanios, Tübingen 1910

Scherer, Thomas: Phraseologie im Schulalter. Untersuchung zur Phraseologie deutsch-schweizerischer Schüler und ihrer Sprachbücher, Bern 1982

Schick, Hubert: Synchron-diachrone Untersuchungen zu volkstümlichen Vergleichen des Deutschen, Französischen und Spanischen, Magisterarbeit Freiburg 1978

Schmarje, Susanne: Das sprichwörtliche Material in den Essais von Montaigne, 2 Bde., Berlin 1973

Schmidt-Clausen, Uta: Michel-Théodore Leclerq und das Proverbe dramatique der Restauration, Braunschweig 1971

Schmidt-Hidding, Wolfgang: Englische Idiomatik in Stillehre und Literatur, München 1962

Schulze-Busacker, Elisabeth: Proverbes et expressions proverbiales dans la littérature narrative du moyen âge français. Recueil et analyse, Paris 1985

Schweizer, Blanche-Marie: Sprachspiel mit Idiomen. Eine Untersuchung am Prosawerk von Günter Grass, Zürich 1978

Seidl, Helmut A.: Medizinische Sprichwörter im Englischen und Deutschen. Eine diachrone Untersuchung zur vergleichenden Parömiologie, Bern 1982

Seiler, Friedrich: Das deutsche Sprichwort, Straßburg 1918

–: Deutsche Sprichwörterkunde, München 1922 (Ndr. München 1967)

Seitel, Peter: Proverbs and the Structure of Metaphor Among the Haya of Tanzania, Diss. University of Pennsylvania 1972

Sellheim, Rudolf: Die klassisch-arabischen Sprichwörtersammlungen, 's-Gravenhage 1954

Senaltan, Semahat: Studien zur sprachlichen Gestalt der deutschen und türkischen Sprichwörter, Marburg 1968

Sialm, Ambros: Semiotik und Phraseologie. Zur Theorie fester Wortverbindungen im Russischen, Bern 1987

Smith, Charles G: Shakespeare's Proverb Lore, Cambridge/Massachusetts 1963 (2. Aufl. 1968)

–: Spenser's Proverb Lore, Cambridge/Mass. 1970

Smith, Charlotte Ann: A Study of the Relationship Between the Use of Proverbs and Ego Development Levels, Diss. University of Arkansas 1982

Snegirev, Ivan Mikhailovich: Russkie v svoikh poslovitsakh. Razsuzhdeniia i izsledovannia o russkikh poslovitsakh i pogovorkakh, 4 Bde., Moskau 1831–1834 (Ndr. Leipzig 1971)

Soler, Maria-Lourdes: Locuciones idiomaticas en „Buddenbrooks", Diss. Universidad de Barcelona 1969

Sontheim, Kurt: Sprichwort, sprichwörtliche und metaphorische Redewendung. Synchronische und diachronische Studien zu semantisch-idiomatischen Konstruktionen im Englischen, Diss. Erlangen-Nürnberg 1972

Speroni, Charles: Proverbs and Proverbial Phrases in Basile's „Pentameron", Berkeley/Cal. 1941

Stambaugh, Ria: Proverbs and Proverbial Phrases in the Jestbooks of Lindener, Montanus and Schumann, Diss. University of North Carolina 1963

Stanciu, Dumitru: Proverbul, izvor de cunoastere a gindirii si expresiei folclorice a poporului român. Comparatie cu paremiologia popoarelor balcanice, Bukarest 1983

Stechow, Walter: Sprichwörter, Redensarten und moralische Betrachtungen in den Werken Konrads von Würzburg, Greifswald 1921.

Strafforello, Gustavo: La sapienza del popolo. Spiegata al popolo ossia i proverbi di tutte le nazioni, Milano 1868

Straubinger, Otto Paul: Given Names in German Proverbs, Diss. Univ. of Cal. at Los Angeles 1946

Strömberg, Reinhold: On Some Greek Proverbial Phrases, Göteborg 1947

Sturm, Harlan: The „Libro de los buenos proverbios". A Critical Edition, Lexington/Kentucky 1970

Suard, François und *Claude Buridant* (Hg.): Richesse du proverbe, 2 Bde., Lille 1984

Sudau, Günter: Die religiöse Gedankenwelt der Japaner im Spiegel ihres Sprichworts, Leipzig 1932

Suringar, Willem H. D.: Over de Proverbia Communia, ook Proverbia Seriosa geheeten, de oudste verzameling van nederlandsche spreekwoorden, Leyden 1864

–: Erasmus over nederlandsche spreekwoorden en spreekwoordelijke uitdrukkingen van zijnen tid, Utrecht 1873

Sverrisdóttir, Oddny Gudrun: Land in Sicht.

1813

Eine kontrastive Untersuchung deutscher und isländischer Redensarten aus der Seemannssprache, Frankfurt a.M. 1987

Tabercea, Cezar: Poetica proverbului, Bukarest 1982

Tarlanov, Z.K.: Ocherki po sintaksisu russkich poslovits, Leningrad 1982

Taylor, Archer: The Proverb, Cambridge/Mass. 1931 (Ndr. Hatboro/Penns. 1962; Ndr. hg. v. W. Mieder, Bern 1985)

–: Comparative Studies in Folklore. Asia-Europe-America, Taipeh/Taiwan 1972

–: Selected Writings on Proverbs, hg. v. W. Mieder, Helsinki 1975

Tê', Huynh Dinh: Vietnamese Cultural Patterns and Values as Expressed in Proverbs, Diss. Columbia University 1962

Teodorescu, G. Dem.: Cercetari asupra proverbeloru române, Bukarest 1877

Terner, Emil: Die Wortbildung im deutschen Sprichwort, Gelsenkirchen 1908

Thiele, Ernst (Hg.): Luthers Sprichwörtersammlung, Weimar 1900 (Neue Ausg. von Brenner und Thiele in Luthers Werken. Weimarer Ausgabe, Bd. 51, S. 634ff.)

Thompson, John Mark: The Form and Function of Proverbs in Ancient Israel, Den Haag 1974

Thun, Harald: Probleme der Phraseologie, Tübingen 1978

Tilley, Morris Palmer: Elizabethan Proverb Lore in Lyly's „Euphues" and in Pettie's „Petite Pallace" with Parallels from Shakespeare, New York 1926

Tobler, Adolf (Hg.): Li Proverbe au Vilain. Die Sprichwörter des gemeinen Mannes, Leipzig 1895

Tothné Litovkina, Anna: Analiz iazyka vengerskikh poslovits / Russkie ekvivalenty vengerskii poslovitsam, Diss. Budapest 1989

Trench, Richard Chenevix: On the Lessons in Proverbs, New York 1853 (Spätere Ausgaben auch mit dem Titel: Proverbs and Their Lessons, London 1905)

Tucci, Giovanni: Dicette Pulicenella ... Inchiesta di Antropologia culturale sulla Campania, Milano 1966

Van Leeuwen, Raymond C.: Context and Meaning in Proverbs, Atlanta/Georgia 1988

Ven, Caspar van de: Beknopte geschiedenis van de paroemiologie en enige aspecten van de lexicografie van het (dialect)-spreekwoord, Diss. Nijmegen 1988

Venedey, Jacob: Die Deutschen und Franzosen nach dem Geiste ihrer Sprachen und Sprüchwörter, Heidelberg 1842

Wagner, Eva: Sprichwort und Sprichworthaftes als Gestaltungselement im „Renner" Hugos von Trimberg, Diss. Würzburg 1962

Wahl, Moritz Callman: Das Sprichwort der hebräisch-aramäischen Literatur, Leipzig 1871

–: Das Sprichwort der neueren Sprachen. Ein vergleichend phraseologischer Beitrag zur deutschen Literatur, Erfurt 1877

Walcher, Christiane: Die Frau im deutschen und französischen Sprichwort (ein Vergleich), Diplomarbeit Universität Wien 1983

Walsh, Mary-Elizabeth: The Role of Imagery and Abstraction in Proverb Comprehension: A Dual-Coding Analysis of Figurative Language, Diss. University of Western Ontario 1988

Walton, George William: The Function of Proverbs in Certain Works by John Bunyan, Diss. Texas Tech University 1976

Wandelt, Oswin: Sprichwörter und Sentenzen des altfranzösischen Dramas (1100–1400), Marburg 1887

Wander, Karl Friedrich Wilhelm: Das Sprichwort, betrachtet nach Form und Wesen, Hirschberg 1836 (Ndr. hg. v. W. Mieder, Bern 1983)

Webster, Sheila K.: The Shadow of a Noble Man. Honor and Shame in Arabic Proverbs, Diss. Indiana University 1984

Weidenbrück, Adolf W.: Chaucers Sprichwortpraxis. Eine Form- und Funktionsanalyse, Diss. Bonn 1970

Weinstock, Horst: Die Funktion elisabethanischer Sprichwörter und Pseudosprichwörter bei Shakespeare, Heidelberg 1966

Welte, W.: (Hg.). Englische Phraseologie und Idiomatik. Ein Arbeitsbuch mit umfassender Bibliographie, Frankfurt a.M. 1990

Weng, Jianhua: Der Mensch und sein Körper in deutschen Phraseologismen, Magisterarbeit Universität Würzburg 1990

Wenzel, Angelika: Stereotype in gesprochener Sprache. Form, Vorkommen und Funktion in Dialogen, München 1978

Whiting, Bartlett Jere: Studies in the Middle English Proverb, Diss. Harvard University 1932

–: Chaucer's Use of Proverbs, Cambridge/Mass. 1934 (Ndr. New York 1973)

Whybray, R.N.: The Book of Proverbs [Bibel], Cambridge 1972

Winton, Alan P.: The Proverbs of Jesus. Issues of History and Rhetoric, Sheffield 1990

Wittstock, Albert: Die Erziehung im Sprichwort oder Die deutsche Volks-Pädagogik, Leipzig 1889

Woodburn, Roland Rickey: Proverbs in Health Books of the English Renaissance, Diss. Texas Tech University 1975

Wulff, Michal: Das Sprichwort im Kontext der Erziehungstradition. Dargestellt am Beispiel deutsch-jüdischer Sprichwörter, Frankfurt a.M. 1990

Wunderer, Carl: Sprichwörter und sprichwörtliche Redensarten bei Polybios, Leipzig 1898

Wyss, Wilhelm von: Die Sprüchwörter bei den Römischen Komikern, Zürich 1889

Yankah, Kwesi: The Proverb in the Context of Akan Rhetoric. A Theory of Proverb Praxis, Bern 1989

Young, Blamire: The Proverbs of Goya. Being an Account of „Los Proverbios", Examined and for the First Time Explained, New York 1923

Zahlten, Emil: Sprichwort und Redensart in den Fastnachtspielen des Hans Sachs, Diss. Hamburg 1921

Zarnack, August: Deutsche Sprichwörter zu Verstandesübungen für die Schulen bearbeitet. Ein Handbuch für Lehrer und Erzieher, Berlin 1820

Zemke, John Max: Critical Approaches to the „Proverbios morales" of Shem Tov de Carrion, Diss. University of California at Davis 1988

Zey, René: Abwandlung feststehender Formeln, Magisterarbeit Universität Essen 1981

Zich, Otokar: Lidova prislovi s logickeho hlediska, Praha 1956

7. Aufsätze zur Parömiologie:

Abrahams, Roger D.: On Proverb Collecting and Proverb Collections, in: Proverbium 8 (1967), S. 181–184

Abrahams, Roger D. und *Barbara A. Babcock:* The Literary Use of Proverbs, in: Journal of American Folklore 90 (1977), S. 414–429

Ageno, Franca: Premessa a un repertorio di frasi proverbiali, in: Romance Philology 13 (1959–1960), S. 242–264

Arewa, E. Ojo und *Alan Dundes:* Proverbs and the Ethnography of Speaking Folklore, in: American Anthropologist 66 (1964), S. 70–85

Arora, Shirley L.: The Perception of Proverbiality, in: Proverbium 1 (1984), S. 1–38

–: Weather Proverbs: Some ‚Folk' Views, in: Proverbium 8 (1991), S. 1–17

Barley, Nigel: A Structural Approach to the Proverb and Maxim, in: Proverbium 20 (1972), S. 737–750

Basgöz, Ilhan: Proverbs about Proverbs or Folk Definitions of Proverb, in: Proverbium 7 (1990), S. 7–17

Bausinger, Hermann: Redensart und Sprichwort, in: ders.: Formen der „Volkspoesie", 2. Aufl. Berlin 1980, S. 95–112

Bebermeyer, Gustav: Sprichwort, in: Reallexikon der deutschen Literaturgeschichte, hg. v. P. Merker und W. Stammler, Berlin 1928–1929, Bd. 3, S. 281–287 (2. Aufl. 1979, Bd. 4, S. 132–151)

Bebermeyer, Gustav und *Renate:* Abgewandelte Formeln – sprachlicher Ausdruck unserer Zeit, in: Muttersprache 87 (1977), S. 1–42

Bebermeyer, Renate: Das gegenwärtige Comeback des Sprichworts, in: Sprachspiegel 45 (1989), S. 105–110

Berthold, Luise: Mittelalterliche Sprichwörter und das moderne Mundartwörterbuch, in: Hessische Blätter für Volkskunde 39 (1940), S. 64–67

Bieler, Ludwig: Die Namen des Sprichworts in den klassischen Sprachen, in: Rheinisches Museum für Philologie 85 (1936), S. 240–253

Blehr, Otto: What is a Proverb?, in: Fabula 14 (1973), S. 243–246

Bock, J. Kathryn und *William F. Brewer:* Comprehension and Memory of the Literal and Figurative Meaning of Proverbs, in: Journal of Psycholinguistic Research 9 (1980), S. 59–72

Braun, Peter: Sprichwörter-Redensarten-Zitate-Titel: Oder die Tendenz zur Abwandlung von Formeln, in: P. Braun: Tendenzen in der deutschen Gegenwartssprache, Stuttgart 1979, S. 159–164

Brednich, Rolf Wilhelm: Die holländisch-flämischen Sprichwortbilderbogen vom Typus ‚De Blauwe Huyck', in: Miscellanea. Prof. Em. Dr. K.C. Peeters, hg. v. W. van Nespen, Antwerpen 1975, S. 120–131

Breitkreuz, Hartmut: The Study of Proverbs: A Case-Model of an Integrated

Approach, in: Fabula 14 (1973), S. 247–252
Briggs, Charles L.: Proverbs, in: C. Briggs: Competence in Performance, Philadelphia 1988, S. 101–135 und S. 380 (Anm.)
Broek, Marinus A. van den: Sprichwörtliche Redensarten in Flugschriften der frühen Reformationsbewegung, in: Zeitschrift für Germanistik 10 (1989), S. 192–206
–: ‚lieb reden macht guot freund'. Zum Sprichwortgebrauch in der frühreformatorischen Flugschriftenliteratur, in: Wirkendes Wort 40 (1990), S. 164–178
–: Sprachliche Vergleiche in der frühreformatorischen Flugschriftenliteratur, in: Proverbium 8 (1991), S. 29–53
Bronzini, Giovanni B.: Nota sulla ‚popularia' del proverbi della ‚Divina Commedia', in: Lares 38 (1972), S. 9–18
Buhofer, Annelies, Jürg Häusermann und *M. Humm:* Redensarten in der Schülersprache, in: Sprachspiegel 34 (1978), S. 37–46
Burger, Harald: Redensarten ‚auf der Goldwaage', in: Deutsche Sprache: Geschichte und Gegenwart. Festschrift für F. Maurer, hg. v. H. Rupp und H. Steger, Bern 1978, S. 55–68
–: Phraseologie in den Wörterbüchern des heutigen Deutsch, in: Studien zur neuhochdeutschen Lexikographie, hg. v. H. E. Wiegand, Hildesheim 1983, Bd. 3, S. 13–66
–: ‚Bildhaft, übertragen, metaphorisch ...'. Zur Konfusion um die semantischen Merkmale von Phraseologismen, in: Europhras 88. Phraséologie Contrastive, hg. v. G. Gréciano, Strasbourg 1989, S. 17–29
Burger, Harald und *Angelika Linke:* Historische Phraseologie, in: Sprachgeschichte. Ein Handbuch zur Geschichte der deutschen Sprache und ihrer Erforschung, hg. v. W. Besch, O. Reichmann und S. Sonderegger, Berlin 1985, Bd. 2, S. 2018–2026
Burkhart, Dagmar: Die semiotischen Dimensionen des russischen Sprichworts, in: Beiträge zur russischen Volksdichtung, hg. v. K-D. Seemann, Wiesbaden 1987, S. 13–37
Carl, Helmut: Unsere Haustiere in sprichwörtlichen Redensarten, in: Muttersprache 72 (1962), S. 333–339
Carnes, Pack: The Fable and the Proverb: Intertexts and Reception, in: Proverbium 8 (1991), S. 55–76
Casares, Julio: La locuccion, la frase proverbial, el refran, el modismo, in: J. Casares, Introduccion a la lexicografia moderna, Madrid 1950 (2. Aufl. 1969), S. 165–242
Chitimia, I.C.: Paremiologie, in: Studii si cercetari de istorie literara si folclor 9, Nr. 3 (1960), S. 461–484
Cirese, Alberto Mario: I proverbi: note sulla definizioni, in: Atti del III. Convegno die Studi sul Folklore Padono, Firenze 1972, S. 75–95
Conenna, Mirella: Sur un lexique-grammaire comparé de proverbes, in: Langages 23, Nr. 90 (1988), S. 99–116
Coppens d'Eckenbrugge, Monique: Petits proverbes, grands effets ... De l'usage des proverbes dans la publicité contemporaine, in: Europhras 88. Phraséologie Contrastive, hg. v. G. Gréciano, Strasbourg 1989, S. 51–63
Cöster, Oskar: Maulschellen für den ‚Volksmund' - Epigramme zur Dialektik des Sprichworts, in: Projekt Deutschunterricht 12, hg. v. B. Lecke, Stuttgart, 1977, S. 131–147
Cram, David: The Linguistic Status of the Proverb, in: Cahiers de lexicologie 43 (1983), S. 53–71
–: Argumentum as lunam: On the Folk Fallacy and the Nature of the Proverb, in: Proverbium 3 (1986), S. 9–31
Crépeau, Pierre: La définition du proverbe, in: Fabula 16 (1975), S. 285–304
Crusius, Otto: Märchenreminiscenzen im antiken Sprichwort, in: Verhandlungen der deutschen Philologen und Schulmänner 40 (1889), S. 31–47
Daniels, Karlheinz: Redensarten, Sprichwörter, Slogans, Parolen, in: Linguistik und Sprachunterricht, hg. v. G. Henrici und R. Meyer-Hermann, Paderborn 1976, S. 174–191
–: Geschlechtsspezifische Stereotypen im Sprichwort, in: Sprache und Literatur in Wissenschaft und Unterricht 56 (1985), S. 18–25
–: Aktuelles Verstehen und historisches Verständnis von Redensarten. Ergebnisse einer Befragung, in: Beiträge zur Phraseologie des Ungarischen und des Deutschen hg. v. R. Hessky, Budapest 1988, S. 98–121
–: Das Sprichwort als Erziehungsmittel - historische Aspekte, in: Europhras 88. Phraseologie Contrastive, hg. v. G. Gréciano, Strasbourg 1989, S. 65–73
Davis, Natalie Zemon: Spruchweisheiten und populäre Irrlehren, in: Volkskultur.

Zur Wiederentdeckung des vergessenen Alltags (16.–20. Jahrhundert), hg. v. R. van Dülmann und N. Schindler, Frankfurt a.M. 1984, S. 78–116

Dölker, Helmut: Sprichwörter – Vergleichbares verschieden gesagt, in: Dona Ethnologica. Beiträge zur vergleichenden Volkskunde. Leopold Kretzenbacher zum 60. Geburtstag, hg. v. H. Gerndt und G. Schroubek, München 1973, S. 330–339

Dundes, Alan: On the Structure of the Proverb, in: Proverbium 25 (1975), S. 961–973 (Auch in: The Wisdom of Many. Essays on the Proverb, hg. v. W. Mieder und A. Dundes, New York 1981, S. 43–64)

–: Slurs International: Folk Comparisons of Ethnicity and National Character, in: Southern Folklore Quarterly 39 (1975), S. 15–38

–: On Whether Weather ‚Proverbs' are Proverbs, in: Proverbium 1 (1984), S. 39–46

Ebel, Wilhelm: Über Redensarten und Recht, in: Moderna Språk 56 (1962), S. 21–32

Eckert, Rainer: Phraseologie, in: Die russische Sprache der Gegenwart, Bd. 4: Lexikologie, hg. v. K. Gabka, Leipzig 1984, S. 203–228

–: Die Bedeutung der Sprichwörter für die historische Erforschung und Etymologisierung der Phraseme (am Material des Russischen), in: Proverbium 6 (1989), S. 9–24

Eismann, Wolfgang: Zum Problem der Äquivalenz von Phraseologismen, in: Europhras 88. Phraséologie Contrastive, hg. v. G. Gréciano, Strasbourg 1989, S. 83–93

Esser, Wilhelm: Zu einigen Sprichwörtern und volkstümlichen Redensarten, in: Zeitschrift für rheinisch- westfälische Volkskunde 10 (1913), S. 29–37 und S. 272–279

–: Deutsch-französische Parallelen in Redewendung, Sprachbild und Sprichwort. Beobachtungen zu den Schwierigkeiten einer nationalen Charakteristik, in: Muttersprache 79 (1969), S. 204–217

Euler, Hans: Die spanische Sprache und das Deutsche. Leben und Wesen der spanischen und deutschen Sprache, dargestellt an ihren Redensarten, in: Lebende Fremdsprachen, 2 (1950), S. 289–297

Faulseit, Dieter: Wortverbindungen und Redewendungen, in: ders.: Gutes und schlechtes Deutsch. Einige Kapitel praktischer Sprachpflege, Leipzig 1965, S. 45–57

Fehr, Karl: Sprichwörter, Denksprüche und Redensarten im Spiegel des Rechts, in: Schweizerische Beiträge zum vierten internationalen Kongress für Rechtsvergleichung, hg. v. E.-H. Kaden, Genf 1954, S. 49–71

Finnegan, Ruth: Proverbs. The Significance and Concept of the Proverb. Form and Style, in: R. Finnegan: Oral Literature in Africa, Oxford 1970, S. 389–425

Firth, Raymond: Proverbs in Native Life, with Special Reference to those of the Maori, in: Folklore (London) 38 (1927), S. 134–153 und S. 245–270

Földes, Csaba: Eigennamen in deutschen phraseologischen Redewendungen. Eine etymologische und semantisch-stilistische Analyse, in: Muttersprache 95 (1984–1985), S. 174–180

–: Biblische Phraseologismen im Deutschen und Ungarischen, in: Germanistisches Jahrbuch DDR-UVR 5 (1985), S. 176–191

–: Geographische Namen im phraseologischen deutschen Sprachgebrauch, in: Germanistisches Jahrbuch DDR-UVR 7 (1988), S. 240–255

–: Die Bibel als Quelle phraseologischer Wendungen: Dargestellt am Deutschen, Russischen und Ungarischen, in: Proverbium 7 (1990), S. 57–75

–: Zur Äquivalenz ungarischer und deutscher Phraseologismen, in: Finnisch-Ugrische Forschungen 49 (1990), S. 169–187

Foulon, Jordanka: Quand le proverbe se fait mémoire, in: Cahiers de littérature orale 13 (1983), S. 67–90

Frackiewicz, Iwona: Zu allgemeinen Kriterien für eine konfrontative Sprichwörteranalyse: Am Beispiel der Sprichwörter im Deutschen, Niederländischen und Polnischen, in: Proverbium 5 (1988), S. 23–37

Franck, Jakob F.: Zur Quellenkunde des deutschen Sprichworts, in: Archiv für das Studium der neueren Sprachen und Literaturen 40 (1867), S. 45–142; 41 (1868), S. 125–148

Freidhof, Gerd: Paronomasie und Sprichwort, in: Gattungen in den slavischen Literaturen. Beiträge zu ihren Formen in der Geschichte. Festschrift für Alfred Rammelmeyer, hg. v. H-B. Harder und H. Rothe, Köln 1988, S. 211–242

Fuchs, Eduard: Thomas Murners Sprichwörter und ihre Quellen, in: Beiträge zur Deutschkunde. Festschrift für Theodor Siebs, hg. v. H. de Boer et al., Emden 1925, S. 76–84

Furnham, Adrian: The Proverbial Truth: Contextually Reconciling and the Truthfulness of Antonymous Proverbs, in: Journal of Language and Social Psychology 6 (1987), S. 49–55

Gorham, Donald R.: A Proverbs Test for Clinical and Experimental Use, in: Psychological Reports 2 (1956), S. 1–12

Grambo, Ronald: Paremiological Aspects, in: Folklore Forum 5 (1972), S. 100–105

Grassegger, Hans: Redensarten in der Fernsehwerbung. Zur Struktur und Modifikation von Idiomen in multimedialer Kommunikation, in: Europhras 88. Phraséologie Contrastive, hg. v. G. Gréciano, Strasbourg 1989, S. 141–154

Gréciano, Gertrud: Zur Semantik der deutschen Idiomatik, in: Zeitschrift für germanistische Linguistik 10 (1982), S. 295–316

–: Forschungen zur Phraseologie, in: Zeitschrift für Germanistische Linguistik 11 (1983), S. 232–243

Green, Thomas und William Pepicello: The Proverb and Riddle as Folk Enthymemes, in: Proverbium 3 (1986), S. 33–45

Greimas, Algirdas-Julien: Idiotismes, proverbes, dictons, in: Cahiers de lexicologie 2 (1960), S. 41–61

Grésillon, Almuth und Dominique Maingueneau: Polyphonie, proverbe et détournement, ou un proverbe peut en cacher un autre, in: Langages 19, Nr. 73 (1984), S. 112–125

Grober-Glück, Gerda: Zur Verbreitung von Redensarten und Vorstellungen des Volksglaubens nach den Sammlungen des Atlas der deutschen Volkskunde, in: Zs. f. Vkde. 58 (1962), S. 41–71 (Auch in: Ergebnisse der Sprichwörterforschung, hg. v. W. Mieder, Bern 1978, S. 143–169)

–: Berlin als Innovationszentrum von metaphorischen Wendungen der Umgangssprache, in: Zeitschrift für deutsche Philologie 94 (1975), S. 321–367

Grzybek, Peter: Zur Psychosemiotik des Sprichworts, in: Semiotische Studien zum Sprichwort. Simple Forms Reconsidered I, hg. v. P. Grzybek und W. Eismann, Tübingen 1984, S. 409–432

–: Zur Entwicklung semiotischer Sprichwortforschung in der UdSSR, in: Geschichte und Geschichtsschreibung der Semiotik – Fallstudien, hg. v. K. Dutz und P. Schmitter, Münster 1986, S. 383–409

–: Foundations of Semiotic Proverb Study, in: Proverbium 4 (1987), S. 39–85

–: Sprichwort und Fabel: Überlegungen zur Beschreibung von Sinnstrukturen in Texten, in: Proverbium 5 (1988), S. 39–67

Hain, Mathilde: Sprichwort und Rätsel, in: Deutsche Philologie im Aufriss, hg. v. W. Stammler, 2. Aufl. Berlin 1962, Bd. 3, Sp. 2727–2754

–: Das Sprichwort, in: Deutschunterricht 15, Nr. 2 (1963), S. 36–50 (Auch in: Ergebnisse der Sprichwörterforschung, hg. v. W. Mieder, Bern 1978, S. 13–25)

Hand, Wayland D.: Folk Beliefs in Proverbial Form, in: Proverbium 15 (1970), S. 464–466

Hasan-Rokem, Galit: Proverbs in Folk Tales: A Structural Semantic Model for Folklore in Context, in: Proverbium Paratum 1 (1980), S. 36–45

–: The Pragmatics of Proverbs: How the Proverb Gets Its Meaning, in: Exceptional Language and Linguistics, hg. v. L. Obler und L. Menn, New York 1982, S. 169–173

–: The Aesthetics of the Proverb: Dialogue of Discourses from Genesis to Glasnost, in: Proverbium 7 (1990), S. 105–116

Häusermann, Jürg: Phraseologismen und Sprichwörter als Formulierungshilfe in der argumentativen Rede, in: Aktuelle Probleme der Phraseologie, hg. v. H. Burger und R. Zett, Bern 1987, S. 79–95

Hayes, Francis Clement: The Collecting of Proverbs in Spain before 1650, in: Hispania 20 (1937), S. 85–94

Hedemann, Justus Wilhelm: Aus der Welt der Rechtssprichwörter, in: Das deutsche Privatrecht in der Mitte des 20. Jahrhunderts. Festschrift für Heinrich Lehmann, hg. v. H. Nipperdey, Berlin 1956, Bd. 1, S. 131–142

Hellmann, Gustav: Über den Ursprung der volkstümlichen Wetterregeln (Bauernregeln), in: Sitzungsberichte der Preussischen Akademie der Wissenschaften 1923, S. 148–170

Helm, Karl: Bauernregeln, in: Hessische Blätter für Volkskunde 38 (1939), S. 114–132

Henkel, Hermann: Sprichwörtliches bei Goethe, in: Goethe-Jahrbuch 11 (1890), S. 179–183

Herles, Helmut: Sprichwort und Märchenmotiv in der Werbung, in: Zs. f. Vkde. 62 (1966), S. 67–80

Hessky, Regina: Gleichartige idiomatische Wendungen im Ungarischen und Deutschen, in: Sprache und Literatur in Wissenschaft und Unterricht 16, Nr. 56 (1985), S. 81–87

Hess-Lüttich, Ernest W.B.: Sprichwörter und Redensarten als Übersetzungsproblem, in: Mehrsprachigkeit und Gesellschaft, hg. v. R. Jongen et al., Tübingen 1983, S. 222–236

Heusler, Andreas: Sprichwörter in den eddischen Sittengedichten, in: Zeitschrift des Vereins für Volkskunde 25 (1915), S. 108–115; 26 (1916), S. 42–57

Hiss, Albert: Volksweisheit in den Sprichwörtern und Redensarten des ‚Simplicissimus' von Johann Jakob Christoph von Grimmelshausen, in: Um Renchen und Grimmelshausen (= Grimmelshausen Archiv) 1 (1976), S. 1–89

Hoefer, Albert: Über Apologische oder Beispiels-Sprichwörter im Niederdeutschen, in: Germania 6 (1844), S. 95–106

Holbek, Bengt: Proverb Style, in: Proverbium 15 (1970), S. 470–472

Holm-Hadulla, R.-M. und *F. Haug:* Die Interpretation von Sprichwörtern als klinische Methode zur Erfassung schizophrener Denk-, Sprach- und Symbolisationsstörungen, in: Nervenarzt 55, Nr. 9 (1984), S. 496–503

Holzapfel, Otto: Stereotype Redensarten über ‚den Deutschen' in der neueren dänischen Literatur, in: Proverbium 4 (1987), S. 87–110

Honeck, Richard P. und *Clare T. Kibler:* The Role of Imagery, Analogy, and Instantiation in Proverb Comprehension, in: Journal of Psycholinguistic Research 13 (1984), S. 393–414

Horn, Katalin: Grimmsche Märchen als Quellen für Metaphern und Vergleiche in der Sprache der Werbung, des Journalismus und der Literatur, in: Muttersprache 91 (1981), S. 106–115

Imme, Theodor: Humoristische Redewendungen in unserer Muttersprache, in: Zeitschrift des allgemeinen deutschen Sprachvereins 26 (1911), Sp. 215–220

Januschek, Franz: Redensarten und Sprüche der ‚Jugendsprache': Was bedeuten sie wirklich?, in: Sprachwissenschaft und Volkskunde, hg. v. H. Brekle und U. Maas, Opladen 1986, S. 90–102

Jason, Heda: Proverbs in Society: The Problem of Meaning and Function, in: Proverbium 17 (1971), S. 617–623

Jente, Richard: The Proverbs of Shakespeare with Early and Contemporary Parallels, in: Washington University Studies, Humanistic Series 13, Nr. 2 (1926), S. 391–444

–: The Untilled Field of Proverbs, in: Studies in Language and Literature, hg. v. G. R. Coffman, Chapel Hill/N.C. 1945, S. 112–119

Jiga, Caius T.: Sur la typologie sémantique de quelques proverbes dans les langues romanes, in: Actele celui de-al XII- lea Congres internacional de linguistica si filologie romanica, hg. v. A. Rosetti und S. Reinkeimer-Ripeanu, Bukarest 1970, Bd. 1, S. 169–177

Jones, Malcolm: Folklore Motifs in Late Medieval Art: Proverbial Follies and Impossibilities, in: Folklore (London) 100 (1989), S. 201–217

Kahn, Charlotte: Proverbs of Love and Marriage, in: Psychoanalytic Review 70 (1983), S. 359–371

Kaiser, Dietlind und *Stephan:* Redensarten unter der Lupe, in: Gut gesagt und formuliert. Ein unterhaltsamer Ratgeber für deutsche Sprache, hg. v. I. Weng-Goeckel et al., Stuttgart 1988, S. 81–168

Kalén, Joh.: Umgängesformler och andra fixerade talesätt, in: Folkminnen och Folktankar 16 (1929), S. 19–45

Kanyo, Zoltan: Sprachlich-gedankliche Bedingungen der Abbildung der Sprichwortstruktur, in: Studia Poetica 3 (1980), S. 149–182

Kemper, Susan: Comprehension and the Interpretation of Proverbs, in: Journal of Psycholinguistic Research 10 (1981), S. 179–198

Kindstrand, Jan Fredrik: The Greek Concept of Proverbs, in: Eranos 76 (1978), S. 71–85 (Auch in: Proverbia in Fabula, hg. v. Pack Carnes, Bern 1988, S. 233–253)

Kirshenblatt-Gimblett, Barbara: Toward a Theory of Proverb Meaning, in: Proverbium 22 (1973), S. 821–827 (Auch in: The Wisdom of Many. Essays on the Proverb, hg. v. W. Mieder und A. Dundes, New York 1981, S. 111–121)

Kjaer, Iver: Ordsprog og salmer og ordsprogssalmen, in: Hvad Fatter gjør ... Boghistoriske, litterare og musikalske essays tilegnet Erik Dal, hg. v. H. Glahn et al., Herning 1982, S. 221–252

Klappenbach, Ruth: Probleme der Phraseologie, in: Zeitschrift der Karl-Marx-Univ. Leipzig 17, Nr. 2–3 (1968), S. 221–227

Kleiber, Georges: Sur la définition du

proverbe, in: Europhras 88. Phraséologie Contrastive, hg. v. G. Gréciano, Strasbourg 1989, S. 233–252

Klein, Hans Wilhelm: Scheinentsprechungen bei französischen und deutschen Idiomatismen, in: Der fremdsprachliche Unterricht 23 (1972), S. 44–51

Klotz, Volker: Slogans, in: Sprache im technischen Zeitalter 7 (1963), S. 538–546

Kokare, Elsa: Das Nationale und Internationale in lettischen Sprichwörtern, in: Proverbium 22 (1973), S. 827–834

Koller, Werner: Intra- und interlinguale Aspekte idiomatischer Redensarten, in: Skandinavistik 4 (1974), S. 1–24

–: Redensarten in Schlagzeilen, in: Muttersprache 85 (1975), S. 400–408

–: Die einfachen Wahrheiten der Redensarten, in: Sprache und Literatur in Wissenschaft und Unterricht 16, Nr. 56 (1985), S. 26–36

Korhonen, Jarmo: Valenz und kontrastive Phraseologie. Am Beispiel deutscher und finnischer Verbidiome, in: Valenzen im Kontrast. Ulrich Engel zum 60. Geburtstag, hg. v. P. Mrazovic und W. Teubert, Heidelberg 1988, S. 200–217

–: Zur syntaktischen Negationskomponente in deutschen und finnischen Verbidiomen, in: Europhras 88. Phraséologie Contrastive, hg. v. G. Gréciano, Strasbourg 1989, S. 253–264

Krzyżanowski, Julian: Sprichwort und Märchen in der polnischen Volkserzählung, in: Volksüberlieferung. Festschrift für Kurt Ranke, hg. v. F. Harkort, K.C. Peeters und R. Wildhaber, Göttingen 1968, S. 151–158

Kühn, Peter: Pragmatische und lexikographische Beschreibung phraseologischer Einheiten: Phraseologismen und Routineformeln, in: Studien zur neuhochdeutschen Lexikographie, hg. v. H. E. Wiegand, Hildesheim 1984, Bd. 4, S. 175–235

Kunzle, David: Bruegel's Proverb Painting and the World Upside Down, in: The Art Bulletin 59 (1977), S. 197–202

Kuusi, Matti: Ein Vorschlag für die Terminologie der parömiologischen Strukturanalyse, in: Proverbium 5 (1966), S. 97–104 (Auch in: Ergebnisse der Sprichwörterforschung, hg. v. W. Mieder, Bern 1978, S. 171–176)

–: Fatalistic Traits in Finnish Proverbs, in: Fatalistic Beliefs in Religion, Folklore and Literature, hg. v. H. Ringgren, Stockholm 1967, S. 89–96 (Auch in: The Wisdom of Many. Essays on the Proverb, hg. v. W. Mieder und A. Dundes, New York 1981, S. 275–283)

–: Tiefenstruktur und Oberflächenstruktur in der Parömiologie, in: Proverbium 23 (1974), S. 920–924

Lautenbach, Jakob: Zur Parömiologie, in: Studien zur vergleichenden Literaturgeschichte 7 (1907), S. 336–351 (Auch in: Deutsche Sprichwörterforschung des 19. Jahrhunderts, hg. v. W. Mieder, Bern 1984, S. 287–307)

Lebeer, Louis: De blauwe huyck, in: Gentsche Bijdragen tot de Kunstgeschiedenis 6 (1939–1940), S. 161–229

Levin, Isidor: Überlegungen zur demoskopischen Parömiologie, in: Proverbium 11 (1968), S. 289–293; 13 (1969), S. 361–366

Lieber, Michael D.: Analogic Ambiguity: A Paradox of Proverb Usage, in: Journal of American Folklore 97 (1984), S. 423–441

Lipskaja, L.: Die Bestimmung des Kernwortes in deutschen Redensarten, in: Sprachpflege 16 (1967), S. 207–210

Liver, Ricarda: Moderne Definitionsversuche des Sprichworts und Sprichwortbezeichnungen im Altfranzösischen, in: Beiträge zum romanischen Mittelalter, hg. v. K. Baldinger, Tübingen 1977, S. 339–357

–: Humanistisches Interesse an antiken und mittelalterlichen Sprichwörtern, in: Wolfenbütteler Renaissance-Mitteilungen 3 (1979), S. 69–74

–: Aspekte des Sprichworts: Zu einer neuen Sammlung von schweizerdeutschen Sprichwörtern, in: Proverbium 1 (1984), S. 93–117

Loukatos, Démétrios: L'emploi du proverbe aux différents âges, in: Proverbium 2 (1965), S. 17–26

–: Le proverbe dans le conte, in: IV. International Congress for Folk-Narrative Research in Athens 1964, Lectures and Reports, hg. v. G. A. Megas, Athens 1965, S. 229–233

–: L'Evangile de Saint Luc dans le parler proverbial du peuple grec, in: Benetia (1974), S. 41–57

–: Proverbes et commentaires politiques: Le public devant les télé-communications actuelles, in: Proverbium 1 (1984), S. 119–126

Lüthi, Max: Das Sprichwort in der Zeitung, in: Proverbium 15 (1970), S. 495–497 (Auch in: M. Lüthi: Volksliteratur und Hochliteratur, Bern 1970, S. 22–25)

Matta, Hilda: Deutsche und ägyptische

Sprichwörter. Ein Vergleich ihrer Strukturen, ihrer Bedeutungen sowie ihrer kulturellen, geschichtlichen und gesellschaftlichen Motivierung, in: Kairoer Germanistische Studien 1 (1986), S. 100–106
–: Das Sprichwort: Versuch einer Definition, in: Proverbium 5 (1988), S. 69–84
McKelvie, Donald: Proverbial Elements in the Oral Tradition of an English Urban Industrial Region, in: Journal of the Folklore Institute 2 (1965), S. 244–261
Meid, Volker: Sprichwort und Predigt im Barock. Zu einem Erbauungsbuch Valerius Herbergers, in: Zs. f. Vkde. 62 (1966), S. 209–234
Meisser, Ulrich M.: Tiersprichwörter und Verhaltensforschung. Zur gegenseitigen Erhellung von didaktischer Literatur und Naturwissenschaft, in: Studium Generale 22 (1969), S. 861–889
Mellbourn, Gert: Redensarten unter die Lupe genommen, in: Moderna Språk 58 (1964), S. 12–17
Mensing, Otto: Zur Geschichte der volkstümlichen Verneinung, in: Zeitschrift für deutsche Philologie 61 (1936), S. 343–380
Mettmann, Walter: Spruchweisheit und Spruchdichtung in der spanischen und katalanischen Literatur des Mittelalters, in: Zeitschrift für romanische Philologie 76 (1960), S. 94–117
Meyer, Maurits de: Sources iconographiques inexplorées de proverbes et dictons des siècles passés, in: Proverbium 14 (1969), S. 396–398
Mieder, Barbara und *Wolfgang:* Tradition and Innovation: Proverbs in Advertising, in: Journal of Popular Culture 11 (1977), S. 308–319 (Auch in: The Wisdom of Many. Essays on the Proverb, hg. v. W. Mieder und A. Dundes, New York 1981, S. 309–322)
Mieder, Wolfgang: Das Sprichwort und die deutsche Literatur, in: Fabula 13 (1972), S. 135–149 (Erweitert auch in: Ergebnisse der Sprichwörterforschung, hg. v. W. Mieder, Bern 1978, S. 179–200)
–: Verwendungsmöglichkeiten und Funktionswerte des Sprichwortes in der Wochenzeitung (Untersuchung der ZEIT für das Jahr 1971), in: Muttersprache 83 (1973), S. 89–119 (Auch in: W. Mieder: Deutsche Sprichwörter in Literatur, Politik, Presse und Werbung, Hamburg 1983, S. 11–41)
–: Sprichwörter im modernen Sprachgebrauch, in: Muttersprache 85 (1975), S. 65–88 (Auch in: Ergebnisse der Sprichwörterforschung, hg. v. W. Mieder, Bern 1978, S. 213–238)
–: Sprichwort und Volkslied. Eine Untersuchung des ‚Ambraser Liederbuches' vom Jahre 1582, in: Jahrbuch für Volksliedforschung 22 (1977), S. 23–35
–: Das Sprichwort im Volkslied. Eine Untersuchung des ‚Deutschen Liederhortes' von Erk/Böhme, in: Jahrbuch des Österr. Volksliedwerkes 27 (1978), S. 44–71
–: The Use of Proverbs in Psychological Testing, in: Journal of the Folklore Institute 15 (1978), S. 45–55
–: Moderne deutsche Sprichwortgedichte, in: Fabula 21 (1980), S. 247–260 (Auch in: W. Mieder: Sprichwort, Redensart, Zitat, Bern 1985, S. 73–90)
–: Proverbs in Nazi Germany. The Promulgation of Anti- Semitism and Stereotypes through Folklore, in: Journal of American Folklore 95 (1982), S. 435–464 (Erweiterte dt. Fassung mit dem Titel „Sprichwörter unterm Hakenkreuz", in: Muttersprache 93 [1983], S. 1–30)
–: Sexual Content of German Wellerisms, in: Maledicta 6 (1982), S. 215–223
–: Geschichte und Probleme der neuhochdeutschen Sprichwörterlexikographie, in: Studien zur nhd. Lexikographie, hg. v. H. E. Wiegand, Hildesheim 1984, Bd. 5, S. 307–358
–: Neues zur demoskopischen Sprichwörterkunde, in: Proverbium 2 (1985), S. 307–328
–: Popular Views of the Proverb, in: Proverbium 2 (1985), S. 109–143
–: Sprichwörtliche Schwundstufen des Märchens, in: Proverbium 3 (1986), S. 257–271
–: Lutz Röhrich: Master Folklorist and Paremiologist, in: Proverbium 4 (1987), S. 1–16
–: Das Sprichwörterbuch, in: Wörterbücher. Ein internationales Handbuch zur Lexikographie, hg. v. F. J. Hausmann et al., Berlin 1989, Bd. 1, S. 1033–1044
–: ‚Eulenspiegel macht seine Mitbürger durch Schaden klug'. Sprichwörtliches im ‚Dil Ulenspiegel' von 1515, in: Eulenspiegel-Jahrbuch 29 (1989), S. 27–50
–: Moderne Sprichwörterforschung zwischen Mündlichkeit und Schriftlichkeit, in: Volksdichtung zwischen Mündlichkeit und Schriftlichkeit, hg. v. L. Röhrich und E. Lindig, Tübingen 1989, S. 187–208

–: Prolegomena to Prospective Paremiography, in: Proverbium 7 (1990), S. 133–144

–: ‚An Apple a Day Keeps the Doctor away': Traditional and Modern Aspects of English Medical Proverbs, in: Proverbium 8 (1991), S. 77–106

Mikić, Pavao und Danica Škara: Sprichwort im Kontrast: Zur Übertragbarkeit von Sprichwörtern, in: Proverbium 5 (1988), S. 103–115

Militz, Hans-Manfred: Zur gegenwärtigen Problematik der Phraseologie, in: Beiträge zur romanischen Philologie 11 (1972), S. 95–117

–: Zur Äquivalenz phraseologischer Wendungen in der Konfrontation Französisch-Deutsch, in: Beiträge zur Romanischen Philologie 21 (1982), S. 305–315

–: Les proverbes québécois, in: Proverbium 7 (1990), S. 145–151

–: Das Antisprichwort als semantische Variante eines sprichwörtlichen Textes, in: Proverbium 8 (1991), S. 107–111

Milner, George: What is a Proverb?, in: New Society 332 (February 6, 1969), S. 199–202

–: The Quartered Shield: Outline of a Semantic Taxonomy [of Proverbs], in: Social Anthropology and Language, hg. v. E. Ardener, London 1971, S. 243–269

Moll, Otto: Über die ältesten Sprichwörtersammlungen, in: Proverbium 6 (1966), S. 113–120

–: Parömiologische Fachausdrücke und Definitionen, in: Proverbium 10 (1968), S. 249–250

Mone, Franz Joseph: Zur Literatur und Geschichte der Sprichwörter, in: Quellen und Forschungen zur Geschichte der deutschen Literatur und Sprache 1 (1830), S. 186–214

Moser, Dietz-Rüdiger: ‚Die wellt wil meister klueglin bleiben ...' Martin Luther und das deutsche Sprichwort, in: Muttersprache 90 (1980), S. 151–166

Müller, Carl: Die Verwertung der Redensarten im Unterricht, in: Zeitschrift für den deutschen Unterricht 5 (1891), S. 88–119 und S. 145–173

Müller-Schwefe, Gerhard: Sprichwörter als Übersetzungsproblem. Zum Beispiel in Shakespeares ‚Romeo und Julia', in: Die Neueren Sprachen 71 (1972), S. 341–351 (Auch in: Ergebnisse der Sprichwörterforschung, hg. v. W. Mieder, Bern 1978, S. 201–211)

Narr, Dieter: Johann Michael Sailer und das deutsche Sprichwort, in: Bayerisches Jahrbuch für Volkskunde 1956, S. 139–147

–: Zum Euphemismus in der Volkssprache. Redensarten und Wendungen um ‚tot', ‚Tod' und ‚sterben', in: Württembergisches Jahrbuch für Volkskunde 2 (1956), S. 112–119

Negreanu, Constantin: Some Aspects of Comparative Paremiological Research, in: Proverbium 5 (1988), S. 159–165

Nelson, Timothy C.: Sprichwörtliche Polemik in der Gegenreformation: Zu Johannes Nas' ‚GAsinus Nasi BattimontAnus' (1571), in: Proverbium 7 (1990), S. 163–183

Neumann, Siegfried: Aspekte der Wellerismen-Forschung, in: Proverbium 6 (1966), S. 131–137

–: Sagwörter im Schwank – Schwankstoffe im Sagwort, in: Volksüberlieferung. Festschrift für Kurt Ranke, hg. v. F. Harkort, K.C. Peeters und R. Wildhaber, Göttingen 1968, S. 249–266

–: Sagwort und Schwank, in: Letopis. Jahresschrift des Instituts für sorbische Volksforschung, Reihe C, Nr. 11–12 (1968–1969), S. 147–158

Nierenberg, Jess: Proverbs in Graffiti. Taunting Traditional Wisdom, in: Maledicta 7 (1983), S. 41–48

Norrick, Neal R.: Proverbial Perlocutions: How to Do Things with Proverbs, in: Grazer Linguistische Studien 17–18 (1982), S. 169–183

–: Zur Semantik des englischen Sprichworts, in: Arbeiten aus Anglistik und Amerikanistik 8 (1983), S. 183–196

–: Humorous Proverbial Comparisons, in: Proverbium 4 (1987), S. 173–186

–: Proverbial Paradox, in: Proverbium 6 (1989), S. 67–73

Nyéki, Lajos: Proverbes et opérations logiques, in: Cahiers de littérature orale 13 (1982), S. 19–32

Obelkevich, James: Proverbs and Social History, in: The Social History of Language, hg. v. P. Burke und R. Porter, Cambridge 1987, S. 43–72

Odlin, Terence: Language Universals and Constraints on Proverbial Form, in: Proverbium 3 (1986), S. 125–151

Ohly, Friedrich: Vom Sprichwort im Leben eines Dorfes, in: Volk, Sprache, Dichtung. Festgabe für Kurt Wagner, hg. v. K. Bischoff und L. Röhrich, Gießen 1960, S. 276–293 (Auch in: Ergebnisse der Sprichwörterforschung, hg. v. W. Mieder, Bern 1978, S. 109–120)

O'Kane, Eleanor S.: On the Names of the ‚Refran', in: Hispanic Review 18 (1950), S. 1–14

–: The Proverb: Rabelais and Cervantes, in: Comparative Literature 2 (1950), S. 360–369

Paredes, Américo: Proverbs and Ethnic Stereotypes, in: Proverbium 15 (1970), S. 511–513

Paulhan, Jean: L'expérience du proverbe, in: ders.: Oeuvres complètes, Paris 1966, Bd. 2, S. 101–124

Peil, Dietmar: Beziehungen zwischen Fabel und Sprichwort, in: Germanica Wratislaviensia, 85 (1989), S. 74–87

–: Karl Friedrich Wilhelm Wander und sein ‚Deutsches Sprichwörter-Lexikon', in: Proverbium 8 (1991), S. 129–145

Pereira, Adelino: O refrano e os seus problemas, in: Junta Distrital de Lisboa Boletin Cultural 50–60 (1963), S. 179–200

Permiakov, Grigorii L.: On Paremiological Homonymy and Synonymy, in: Proverbium 24 (1974), S. 941–943

–: Die Grammatik der Sprichwörterweisheit, in: Semiotische Studien zum Sprichwort, hg. v. P. Grzybek und W. Eismann. Tübingen 1984, S. 295–344

–: On the Question of a Russian Paremiological Minimum, in: Proverbium 6 (1989), S. 91–102

Perrin-Naffakh, Anne-Marie: Locutions et proverbes dans les fables de La Fontaine, in: Proverbia in Fabula, hg. v. P. Carnes, Bern 1988, S. 285–294

Perry, Theodore A.: Quadripartite Wisdom Sayings and the Structure of Proverbs, in: Proverbium 4 (1987), S. 187–210

Pfeffer, J. Alan: Das biblische Zitat im Volksmund der Germanen und Romanen, in: Teilnahme und Spiegelung. Festschrift für Horst Rüdiger, hg. v. B. Allemann und E. Koppen, Berlin 1975, S. 99–111

Pfeifer, Wolfgang: Volkstümliche Metaphorik, in: Zur Literatursprache im Zeitalter der frühbürgerlichen Revolution, hg. v. G. Kettmann und J. Schmidt, Berlin 1978, S. 87–217

Pilorz, Alfons: Le proverbe et la locution considérés dans leur structure syntaxique, in: Roczniki Humanistyczne 12 (1964), S. 69–80

Pilz, Klaus Dieter: Wer ist der Begründer der wissenschaftlichen Sprichwortforschung? Versuch einer Richtigstellung. In memoriam Karl Friedrich Wilhelm Wander (1803–1879), in: Muttersprache 89 (1979), S. 201–207

–: Zur Terminologie der Phraseologie, in: Muttersprache 93 (1983), S. 336–350

–: Graffiti-Dialoge. Kommunikation im Intimbereich einer Universität, in: Dialog. Festschrift für Siegfried Grosse, hg. v. G. Rickheit und S. Wichter, Tübingen 1990, S. 439–452

Predota, Stanislaw: Zur niederländischen Sprichwörterlexikographie im 20. Jahrhundert, in: Acta Universitatis Wratislaviensis 942 (1986), S. 103–119

–: Zur konfronatativen Analyse deutscher und niederländischer Sprichwörter, in: Zur jüngeren Geschichte der deutschen Sprache, hg. v. R. Große, Leipzig 1987, S. 96–104

Priebe, Richard: The Horses of Speech: A Structural Analysis of the Proverb, in: Folklore Annual of the University [of Texas] Folklore Association 3 (1971), S. 26–32

Quasthoff, Uta: The Uses of Stereotype in Everyday Argument, in: Journal of Pragmatics 2 (1978), S. 1–48

Rahn, Fritz: Die Redensart – ein Kapitel Sprachkunde, in: Deutschunterricht 1, Nr. 4 (1948–1949), S. 22–38

Raymond, Joseph: Tensions in Proverbs: More Light on International Understanding, in: Western Folklore 15 (1956), S. 153–158 (Auch in: The Wisdom of Many. Essays on the Proverb, hg. v. W. Mieder und A. Dundes, New York 1981, S. 300–308)

Redlich, Friedrich: Sprichwort, in: Deutsche Volksdichtung. Eine Einführung, hg. v. H. Strobach, Leipzig 1979, S. 221–240

Richter, Roland: Proverbs in Context: A Structural Approach, in: Fabula 15 (1974), S. 212–221

Risse, Anna: Sprichwörter und Redensarten bei Thomas Murner, in: Zs. f. dt. Unterr. 31 (1917), S. 215–227, S. 289–303, S. 359–369 und S.450–458

Roback, Abraham Aaron: The Yiddish Proverb – A Study in Folk Psychology, in: The Jewish Forum 1 (1918), S. 331–338 und 418–426

Roche, Reinhard: Demosprüche und Wandgesprühtes. Versuch einer linguistischen Beschreibung und didaktischen Auswertung, in: Muttersprache 93 (1983), S. 181–196

Rodegem, F.: Un problème de terminologie: Les locutions sentencieuses, in:

Cahiers de l'institut de linguistique 1, Nr. 5 (1972), S. 677–703

Rodegem, Francis M.: Proverbes et pseudoproverbes. La logique des parémies, in: Europhras 88. Phraséologie Contrastive, hg. v. G. Gréciano, Strasbourg 1989, S. 349–356

Rogers, Tim B.: The Use of Slogans, Colloquialisms, and Proverbs in the Treatment of Substance Addiction: A Psychological Application of Proverbs, in: Proverbium 6 (1989), S. 103–112

–: Proverbs as Psychological Theories, in: Canadian Psychology 31 (1990), S. 195–207

Röhrich, Lutz: Sprichwörtliche Redensarten in bildlichen Zeugnissen, in: Bayerisches Jahrbuch für Volkskunde 1959, S. 67–79 (Auch in: Ergebnisse der Sprichwörterforschung, hg. v. W. Mieder, Bern 1978, S. 87–107)

–: Gebärdensprache und Sprachgebärde, in: Humaniora. Essays honoring Archer Taylor on His Seventieth Birthday, hg. v. W.D. Hand und G. Arlt, Locust Valley/ N.Y. 1960, S. 121–149

–: Sprichwörtliche Redensarten aus Volkserzählungen, in: Volk, Sprache, Dichtung. Festgabe für Kurt Wagner, hg. v. K. Bischoff und L. Röhrich, Gießen 1960, S. 247–275 (Auch in: Ergebnisse der Sprichwörterforschung, hg. v. W. Mieder, Bern 1978, S. 121–141)

–: Die Bildwelt von Sprichwort und Redensart in der Sprache der politischen Karikatur, in: Kontakte und Grenzen. Probleme der Volks-, Kultur- und Sozialforschung. Festschrift für Gerhard Heilfurth, hg. v. H.F. Foltin, Göttingen 1969, S. 175–207

–: Sprichwörtliche Redensarten – die Rhetorik des einfachen Mannes, in: Lebendiges Rheinland-Pfalz 12, Nr. 5 (1975), S. 117–120

–: Anti-Sprichwörter. Zu einem neuen Buch von Wolfgang Mieder, in: Muttersprache 93 (1983), S. 351–354

–: Die Welt der alemannischen Sprichwörter, in: Einheit in der Vielfalt. Festschrift f. Peter Lang, hg. v. G. Quast, Bern 1988, S. 434–457

Röhrich, Lutz und *Gertraud Meinel:* Reste mittelalterlicher Gottesurteile in sprichwörtlichen Redensarten, in: Alemannisches Jahrbuch 1970, S. 341–346

–: Redensarten aus dem Bereich der Jagd und der Vogelstellerei, in: Et multum et multa. Beiträge zur Literatur, Geschichte und Kultur der Jagd. Festgabe für Kurt Lindner, hg. v. S. Schwenk, G. Tilander und C. Willemsen, Berlin 1971, S. 313–323

–: Redensarten aus dem Bereich von Handwerk und Gewerbe, in: Alemannisches Jahrbuch 1971–1972, S. 163–198

Roos, Eckhard: Kontrastive Überlegungen zur deutschen, englischen und französischen Idiomatik, in: Sprache und Literatur in Wissenschaft und Unterricht 16, Nr. 56 (1985), S. 74–80

Rooth, Anna Birgitta: Den epigrammatiska formen, in: dies.: Folklig diktning. Form och teknik, Uppsala 1965, S. 87–101

–: Domestic Animals and Wild Animals as Symbols and Referents in the Proverb, in: Proverbium 11 (1968), S. 286–288

Rothstein, Robert A.: The Poetics of Proverbs, in: Studies Presented to Professor Roman Jakobson by His Students, hg. v. C. Gribble, Cambridge/Mass. 1969, S. 265–274

Ruef, Hans: Understanding Proverbs: Scene Development as a Process of Motivation, in: Linguistic Agency University of Trier, Reihe A, Nr. 111 (1983), S. 1–14

–: Zusatzsprichwörter und das Problem des Parömischen Minimums, in: Europhras 88. Phraséologie Contrastive, hg. v. G. Gréciano, Strasbourg 1989, S. 379–385

Rupprecht, Karl: Paroimia und Paroimiographoi, in: August Friedrich Pauly und Georg Wissowa: Realencyclopädie der classischen Altertumswissenschaft, hg. v. K. Ziegler, Stuttgart 1949, Bd. 18, Teil 4, Sp. 1707–1778

Russo, Joseph: The Poetics of the Ancient Greek Proverb, in: Journal of Folklore Research 20 (1983), S. 121–130

Ruxandoiu, Pavel: Proverbele ca gen folcloric, in: Folclor literar 1 (1967), S. 183–198

Sainéan, L.: Proverbes et dictons, in: ders.: La langue de Rabelais, Paris 1922, Bd. 1, S. 343–448

Saulnier, Verdun L.: Proverbe et paradoxe du XVe et XVIe siècle. Un aspect majeur de l'antithèse: Moyen Age – Renaissance, in: Pensée humaniste et tradition chrétienne aux XVe et XVIe siècles, hg. v. H. Bédarida, Paris 1950, S. 87–104

Schellbach-Kopra, Ingrid: Parömisches Minimum und Phraseodidaktik im finnisch-deutschen Bereich, in: Beiträge zur allgemeinen und germanistischen Phraseologieforschung, hg. v. J. Korhonen, Oulu 1987, S. 245–255

Schmidt, Leopold: Zur Wiener Redensartenforschung, in: Volk und Heimat. Festschrift für Viktor von Geramb, hg. v. H. Koren und L. Kretzenbacher, Wien 1949, S. 209–220

–: Sprichwörtliche deutsche Redensarten. Lesefrüchte und Randbemerkungen zu Lutz Röhrichs ‚Lexikon der sprichwörtlichen Redensarten', in: Österreichische Zs. f. Vkde. 77 (1974), S. 81–130

Schmidt-Hidding, Wolfgang: Sprichwörtliche Redensarten. Abgrenzungen – Aufgaben der Forschung, in: Rhein. Jb. f. Vkde. 7 (1956), S. 95–144 (Auch in: Ergebnisse der Sprichwörterforschung, hg. v. W. Mieder, Bern 1978, S. 27–65)

–: Deutsche Sprichwörter und Redewendungen. Vom Gebrauch der bildhaften Redewendungen im Deutschen, in: Deutschunterricht für Ausländer 13 (1963), S. 13–26

Schmidt-Radefeldt, Jürgen: Structure argumentative, reference et contextualité du proverbe, in: Stylistique, rhétorique et poétique dans les langues romanes, hg. v. J.-C. Bouvier, Aix-en-Provence 1986, S. 87–102

Schoeps, Hans-Joachim: Völkerpsychologie im Sprichwort, in: ders.: Ungeflügelte Worte. Was nicht im Büchmann stehen kann, Berlin 1971, S. 162–171

Schoppe, Georg: Sprichwörtliche Redensarten, in: Mitteilungen der Schles. Ges. f. Vkde. 29 (1928), S. 296–302

Schulze, Carl: Ausdrücke für Sprichwort, in: Zeitschrift für dt. Altertum und dt. Literatur 8 (1851), S. 376–384

–: Deutsche Sprichwörter auf biblischem Grunde, in: Archiv f. d. Studium der neueren Sprachen und Lit. 28 (1860), S. 129–148

–: Die sprichwörtlichen Formeln der deutschen Sprache, in: Archiv f. d. Studium der neueren Sprachen und Lit. 48 (1871), S. 435–450; 49 (1872), S. 139–162; 50 (1873), S. 83–122; 51 (1874), S. 195–212; 52 (1874), S. 61–80 und S. 375–392; 54 (1875), S. 55–74 und S. 303–316

Schulze-Busacker, Elisabeth: Proverbes et expressions proverbiales dans les fabliaux, in: Marche romane 28 (1978), S. 163–174

–: Proverbe ou sentence: essai de définition, in: La locution, hg. v. G. Di Stefano und R. McGillivray, Montréal 1984, S. 134–167

Schweitzer, Charles: Sprichwörter und sprichwörtliche Redensarten bei Hans Sachs, in: Hans Sachs Forschungen, hg. v. A.L. Stiefel, Nürnberg 1894, S. 353–381

Seiler, Friedrich: Die kleineren deutschen Sprichwörtersammlungen der vorreformatorischen Zeit und ihre Quellen, in: Zeitschrift für deutsche Philologie 47 (1918), S. 241–256 und S. 380–390; 48 (1920), S. 81–95

–: Goethe und das deutsche Sprichwort, in: Germanisch-romanische Monatsschrift 10 (1922), S. 328–340

Seitel, Peter: Proverbs: A Social Use of Metaphor, in: Genre 2 (1969), S. 143–161 (Auch in: The Wisdom of Many. Essays on the Proverb, hg. v. W. Mieder und A. Dundes, New York 1981, S. 122–139)

Silverman-Weinreich, Beatrice: Towards a Structural Analysis of Yiddish Proverbs, in: Yivo Annual of Jewish Social Science 17 (1978), S. 1–20 (Auch in: The Wisdom of Many. Essays on the Proverb, hg. v. W. Mieder und A. Dundes, New York 1981, S. 65–85)

Singer, Samuel: Sprichwortstudien, in: Schweiz. Arch. für Volkskunde 37 (1939), S. 129–150

–: Schweizerische Sagsprichwörter, in: Schweiz. Arch. für Volkskunde 38 (1941), S. 129–139; 39 (1941–1942), S. 137–139

Siple, Ella S.: A ‚Flemish Proverb' Tapestry in Boston, in: Burlington Magazine 63 (1933), S. 29–35

Söhns, Franz: Erweiterungen und Ergänzungen zu Wustmanns ‚Sprichwörtlichen Redensarten', in: Zeitschrift für den deutschen Unterricht 21 (1907), S. 483–499, 564–574, 635–649 und 692–700

Spieß, Gisela: Die Stellung der Frau in den Sprichwörtern isländischer Sprichwörtersammlungen und in isländischen Sagas, in: Proverbium 8 (1991), S. 159–178

Stahl, Sandra K.D.: Sour Grapes: Fable, Proverb, Unripe Fruit, in: Folklore on Two Continents: A Festschrift for Linda Dégh, hg. v. N. Burlakoff und C. Lindahl, Bloomington/Indiana 1980, S. 160–168

Stambaugh, Ria: Proverbial and Human Corruption and other Distortions of Popular Sayings, in: Proverbium 15 (1970), S. 531–535

Stanciu, Dumitru: Points de vue sur la parémiologie structurale, in: Proverbium 2 (1985), S. 185–232

–: The Proverb and the Problems of Education, in: Proverbium 3 (1986), S. 153–178

–: Patterns of Emergence and Selection with the Proverb, in: Proverbium 6 (1989), S. 139–163

Stangel, Wolfgang: Redensarten im Dorfleben. Feldstudien in Niederselters/Ts., in: Hessische Blätter für Volkskunde 57 (1966), S. 31–82

Steiner, Arpad: The Vernacular Proverb in Mediaeval Latin Prose, in: American Journal of Philology 65 (1944), S. 36–68

Straubinger, Otto Paul: Names in Popular Sayings, in: Names 3 (1955), S. 157–164

Sweterlitsch, Richard: Reexamining the Proverb in the Child Ballad, in: Proverbium 2 (1985), S. 233–256

Szemerkényi, Agnes: A Semiotic Approach to the Study of Proverbs, in: Proverbium 24 (1974), S. 934–936

–: The Use of Proverbs in Hungarian Folktales, in: Proverbium 7 (1990), S. 233–239

Szemerkényi, Agnes und *Vilmos Voigt:* The Connection of Theme and Language in Proverb Transformations, in: Acta Ethnographica Academiae Scientiarum Hungaricae 21 (1972), S. 95–108

Tabarcea, Cezar: Definirea proverbului o abordare lingvistica, in: Analele Universitatii Bucuresti, Limba si literatura romana 26 (1977), S. 91–99

Tallgren-Tuulio, O.J.: Locutions figurées calquées et non calquées. Essai de classification pour une série de langues littéraires, in: Mémoires de la société néophilologique de Helsingfors 9 (1932), S. 279–324

Taylor, Archer: Locutions for ‚Never', in: Romance Philology 2 (1949), S. 103–134

–: The Wisdom of Many and the Wit of One, in: Swarthmore College Bulletin 59 (1962), S. 4–7 (Auch in: The Wisdom of Many. Essays on the Proverb, hg. v. W. Mieder und A. Dundes, New York 1981, S. 3–9)

–: The Collection and Study of Tales and Proverbs, in: Béaloideas 39–41 (1971–1973), gedruckt 1975, S. 320–328

Tekinay, Alev: Sprichwörter im Deutschen und Türkischen. Eine syntaktisch-semantische Analyse, in: Muttersprache 94 (1983–1984), S. 194–202

Thiel, Helmut van: Sprichwörter in Fabeln, in: Antike und Abendland 17 (1971), S. 105–118

Tothné Litovkina, Anna: Hungarian and Russian Proverbs: A Comparative Analysis, in: Proverbium 7 (1990), S. 241–254

Trencsényi-Waldapfel, I.: Sprichwort oder geflügeltes Wort?, in: Acta Antiqua Academiae Scientiarum Hungaricae 12 (1964), S. 365–371

Tschitscherow, Wladimir: Sprichwörter und sprichwörtliche Redensarten, in: ders.: Russische Volksdichtung, Berlin 1968, S. 167–176

Tucci, Giovanni: Saggio sul wellerismo. Storia, nome e definizione, forma e classificazione, in: Revista de Etnografia 11 (1968), S. 293–316

Voigt, Vilmos: Les niveaux des variantes de proverbes, in: Acta linguistica Academiae Scientiarum Hungaricae 20 (1970), S. 357–364 (Gekürzte deutsche Fassung mit dem Titel: Variantenschichtung eines ungarischen Proverbiums, in: Proverbium 15 [1970], S. 541–544)

Ward, Donald: The Wolf: Proverbial Ambivalence, in: Proverbium 4 (1987), S. 211–224

Weckmann, Berthold: Sprichwort und Redensart in der Lutherbibel, in: Archiv für das Studium der neueren Sprachen und Literaturen 221 (1984), S. 19–42

Wein, Günter: Die Rolle der Sprichwörter und Redensarten in der Agitation und Propaganda, in: Sprachpflege 12 (1963), S. 51– 52

Weinitz, Franz und *Johannes Bolte:* Die ‚Niederländischen Sprichwörter' des Pieter Bruegel des Älteren im Kaiser-Friedrich-Museum zu Berlin, in: Zeitschrift des Vereins für Volkskunde 25 (1915), S. 292–305

Weise, Oskar: Die volkstümlichen Vergleiche in den deutschen Mundarten, in: Zeitschrift für deutsche Mundarten 16 (1921), S. 169–179

Weizsäcker, Wilhelm: Volk und Staat im deutschen Rechtssprichwort, in: Aus Verfassungs- und Landesgeschichte. Festschrift zum 70. Geburtstag von Theodor Mayer, hg. v. H. Büttner, Konstanz 1954, Bd. 1, S. 305–329

Wenliang, Yang: Chinesische und deutsche idiomatische Redewendungen. Kontrastive Betrachtungen, in: Muttersprache 101 (1991), S. 106–115

Whiting, Bartlett Jere: The Origin of the Proverb, in: Harvard Studies and Notes in Philology and Literature 13 (1931), S. 47–80

–: The Nature of the Proverb, in: Harvard Studies and Notes in Philology and Literature 14 (1932), S. 273–307

–: Proverbial Material in the Popular Ballad, in: Journal of American Folklore 47 (1934), S. 22–44

–: Some Current Meanings of ‚Proverbial', in: Harvard Studies and Notes in Philology and Literature 16 (1934), S. 229–252

Wienker-Piepho, Sabine: Sozialisation durch Sprichwörter: Am Beispiel eines anglo-amerikanischen Bestsellers, in: Proverbium 8 (1991) S. 179–189

Wilcke, Karin und *Lothar Bluhm:* Wilhelm Grimms Sammlung mittelhochdeutscher Sprichwörter, in: Brüder Grimm Gedenken, hg. v. L. Denecke, Marburg Bd. 8, S. 81–122

Wilke, Georg: Über die Entstehung einiger Sprichwörter und Redensarten, in: Mitteldeutsche Blätter für Volkskunde 2 (1927), S. 125–130

Willberg, Max: Die Musik im Sprachgebrauch, in Sprichwörtern, in Redensarten, im Schrifttum, in: Muttersprache 73 (1963), S. 201–221

–: Wort- und Spruchgut um Liebe und Ehe, in: Muttersprache 74 (1964), S. 110–119 und S. 140–149

Wilson, F.P.: English Proverbs and Dictionaries of Proverbs, in: The Library 26 (1945), S. 51–71

–: The Proverbial Wisdom of Shakespeare, in: Modern Humanities Research Association 1 (1961), S. 1–24 (Auch in: The Wisdom of Many. Essays on the Proverb, hg. v. W. Mieder und A. Dundes, New York 1981, S. 174–189)

Wollenweber, Bernd: Märchen und Sprichwort, in: Projekt Deutschunterricht 6. Kritischer Literaturunterricht. Dichtung und Politik, hg. v. H. Ide und B. Lecke, Stuttgart 1974, S. 12–92

Wotjak, Barbara: ‚Der Gag heiligt die Mittel?' Modifikationen und Vernetzungen von Sprichwörtern im Text, in: Sprachpflege 38 (1989), S. 125–129

Wotjak, Gerd: Zur Bedeutung ausgewählter verbaler Phraseologismen des Deutschen, in: Zeitschrift für Germanistik 2 (1986), S. 183–199

Yankah, Kwesi: Toward a Performance-Centered Theory of the Proverb, in: Critical Arts 3 (1983), S. 29–43

–: Do Proverbs Contradict?, in: Folklore Forum 17 (1984), S. 2–19

–: Proverbs: Problems and Strategies in Field Research, in: Proverbium 6 (1989), S. 165–176

Zholkovskii, Aleksandr K.: At the Intersection of Linguistics, Paremiology and Poetics: On the Literary Structure of Proverbs, in: Poetics 7 (1978), S. 309–332

Ziltener, Werner: Parömiologie und provenzalische Philologie, in: Proverbium 15 (1970), S. 548–550

Zumthor, Paul: L'épiphonème proverbial, in: Revue des sciences humaines 41 (1975), S. 313–328

8. Sprach- und kulturgeschichtliche Studien:

Andresen, K. G.: Über deutsche Volksetymologie, Heilbronn 1876 (7. Aufl. 1919)

Appel, Heinz: Skatsprache. Humorvolle bebilderte Redensarten beim Skat, Minden/Westfalen 1950

Arndt, Erwin und *Gisela Brandt:* Luther und die deutsche Sprache, Leipzig 1983

Balzer, H.: Buschs Wesen und Werk im Spiegel seiner Spruchweisheit, Leipzig 1941

Baur, Otto: Bestiarium Humanum. Mensch-Tier-Vergleich in Kunst und Literatur, München 1974

Bausinger, Hermann: Formen der „Volkspoesie", Berlin 1968 (2. Aufl. 1980)

Behaghel, Otto: Humor und Spieltrieb in der deutschen Sprache, in: Neophilologus 8, (1922), S. 180–193

Beinhauer, Werner: Das Tier in der spanischen Bildsprache, Hamburg 1949

Berning, Cornelia: Vom „Abstammungsnachweis" zum „Zuchtwart". Vokabular des Nationalsozialismus, Berlin 1964

Betz, Werner: Sprachkritik: Das Wort zwischen Kommunikation und Manipulation, Zürich 1975

Bischoff, Erich: Wörterbuch der wichtigsten Geheim- und Berufssprachen. Jüdisch-Deutsch, Rotwelsch, Kundensprache; Soldaten-, Seemanns-, Weidmanns-, Bergmanns- und Komödiantensprache, Leipzig 1916

Blümmer, Hugo: Der bildliche Ausdruck in den Reden des Fürsten Bismarck, Leipzig 1891

Bolte, Johannes und *Georg Polívka:* Anmerkungen zu den Kinder- und Hausmärchen der Brüder Grimm, 5 Bde., Leipzig 1913–1932 (Ndr. Hildesheim 1963)

Bork, Siegfried: Mißbrauch der Sprache. Tendenzen nationalsozialistischer Sprachlenkung, Bern 1970

Borneman, Ernest: Sex im Volksmund. Die sexuelle Umgangssprache des deutschen Volkes, Reinbek 1971

Braun, Peter: Tendenzen in der deutschen Gegenwartssprache, Stuttgart 1979

Brekle, Herbert E. und *Utz Maas* (Hg.):

Sprachwissenschaft und Volkskunde, Opladen 1986

Bringéus, Nils-Arvid: Volkstümliche Bilderkunde: Formale Kennzeichen von Bildinhalten, München 1982

Brückner, Wolfgang, Peter Blickle und *Dieter Breuer* (Hg.): Literatur und Volk im 17. Jahrhundert: Probleme populärer Kultur in Deutschland, 2 Bde., Wiesbaden 1985

Bues, Manfred: Die Versportung der deutschen Sprache im 20. Jahrh., Diss. Greifswald 1937

Carstensen, Broder: Englische Einflüsse auf die deutsche Sprache nach 1945, Heidelberg 1965

–: Beim Wort genommen. Bemerkenswertes in der deutschen Gegenwartssprache, Tübingen 1986

Carstensen, Broder und *Hans Galinsky:* Amerikanismen der deutschen Gegenwartssprache. Entlehnungsvorgänge und ihre stilistischen Aspekte, Heidelberg 1963 (3. Aufl. 1975)

Dankert, Harald: Sportsprache und Kommunikation, Tübingen 1969

Demandt, Alexander: Metaphern für Geschichte. Sprachbilder und Gleichnisse im historisch-politischen Denken, München 1978

Dittmar, Norbert, Peter Schlobinski und *Inge Wachs:* Berlinisch. Studien zum Lexikon, zur Spracheinstellung und zum Stilrepertoire, Berlin 1986

Dundes, Alan: Life is Like a Chicken Coop Ladder. A Portrait of German Culture Through Folklore, New York 1984 (In dt. Übersetzung mit dem Titel: Sie mich auch! Das Hinter- Gründige in der deutschen Psyche, Weinheim 1985)

Eggers, Hans: Deutsche Sprache im 20. Jahrhundert, München 1973

Eilenberger, Rudolf: Pennälersprache. Entwicklung, Wortschatz und Wörterbuch, Straßburg 1910 (Ndr. Münster 1981)

Enzyklopädie des Märchens. Handwörterbuch zur historischen und vergleichenden Erzählforschung, hg. v. K. Ranke in Zusammenarbeit mit H. Bausinger, R.W. Brednich, W. Brückner, M. Lüthi, L. Röhrich und R. Schenda, bisher 7 Bde., Berlin 1977ff.

Frei, Luise: Die Frau. Scherz-, Schimpf- und Spottnamen, Frauenfeld 1981

Frenzel, Elisabeth: Stoffe der Weltliteratur, Stuttgart 1962 (4. Aufl. 1976)

–: Motive der Weltliteratur, Stuttgart 1976

Fuchs, Eduard: Illustrierte Sittengeschichte, 6 Bde., München 1909–1912 (Ndr. hg. v. T. Huonker, Frankfurt a.M. 1985)

Ganz, Peter: Der Einfluß des Englischen auf den deutschen Wortschatz 1640–1815, Berlin 1957

Glück, Helmut und *Wolfgang W. Sauer:* Gegenwartsdeutsch, Stuttgart 1990

Grimm, Jacob und *Wilhelm:* Deutsches Wörterbuch, 33 Bde., Leipzig 1854–1971 (Ndr. München 1984)

Grimm, Jacob: Deutsche Rechtsaltertümer, Göttingen 1828 (4. Ausg. v. A. Hübner u. A. Heusler, Bde. 1–2, Göttingen 1899)

Grümmer, Gerhard: Spielformen der Poesie, Hanau 1985

Grzybek, Peter: Kulturelle Stereotype und stereotype Texte, in: Natürlichkeit der Sprache und der Kultur, hg. v. W. A. Koch, Bochum 1990, S. 300–327

–: Einfache Formen der Literatur als Paradigma der Kultursemiotik, in: ders. (Hg.): Cultural Semiotics. Facts and Facets / Fakten und Facetten der Kultursemiotik, Bochum 1991, S. 45–61

Günther, Georg Ludwig: Das Rotwelsch des deutschen Gauners, Leipzig 1905

–: Die deutsche Gaunersprache und verwandte Geheim- und Berufssprachen, Leipzig 1919

Guthke, Karl S.: Letzte Worte. Variationen über ein Thema der Kulturgeschichte des Westens, München 1990

Hahn, Walther von (Hg.): Fachsprachen, Darmstadt 1981

Haitzinger, Horst: Archetypen, München 1980

–: Politische Karikaturen, München 1989

Handwörterbuch des deutschen Aberglaubens, hg. von E. Hoffmann-Krayer und H. Bächtold-Stäubli, 10 Bde., Berlin 1927–1942 (Ndr. Berlin 1987)

Handwörterbuch zur deutschen Rechtsgeschichte, hg. von A. Erler und E. Kaufmann, bisher 4 Bde., Berlin 1971ff.

Harms, Wolfgang (Hg.): Deutsche illustrierte Flugblätter des 16. und 17. Jahrhunderts, 2 Bde., Nendeln/Liechtenstein 1980

– (Hg.): Illustrierte Flugblätter aus den Jahrhunderten der Reformation und der Glaubenskämpfe, Coburg 1983

Harms, Wolfgang et al.: Illustrierte Flugblätter des Barock, Tübingen 1983

Haubich, Werner: Die Metaphorik des Sports in der deutschen Gegenwartssprache, Diss. Köln 1963

Henkel, Arthur und *Albrecht Schöne* (Hg.): Emblemata. Handbuch zur Sinnbildkunst des XVI. und XVII. Jahrhunderts, Stuttgart 1967

Henne, Helmut: Jugend und ihre Sprache. Darstellung, Materialien, Kritik, Berlin 1986

Henne, Helmut und *Georg Objartel* (Hg.): Bibliothek zur historischen deutschen Studenten- und Schülersprache, 6 Bde., Berlin 1984

Hoffmann von Fallersleben, August Heinrich: Volkswörter. Aus der deutschen Scherz-, Spott- und Gleichnis-Sprache, 1874 (Ndr. Amsterdam 1968)

Horn, Paul: Die deutsche Soldatensprache, Gießen 1899 (2. Aufl. 1905)

Hülsemanns, Dieter und *Friedolin Reske* (Hg.): Aller Lüste Anfang. Das 7. Buch der Werbung, Reinbek 1971

Hundhausen, Carl: Wesen und Form der Werbung, Essen 1954

Imme, Theodor: Die deutsche Soldatensprache der Gegenwart und ihr Humor, Dortmund 1917 (2. Aufl. 1918)

Jeromin, Rolf: Zitatenschatz der Werbung. Slogans erobern Märkte, Gütersloh 1969

Kapeller, Ludwig: Das Schimpfbuch. Von Amtsschimmel bis Zimtziege, Herrenalb 1962 (3. Aufl. 1964)

Kiener, Franz: Das Wort als Waffe. Zur Psychologie der verbalen Aggression, Göttingen 1983

Kleinpaul, Rudolf: Volkspsychologie. Das Seelenleben im Spiegel der Sprache, Berlin 1914

Kluge, Friedrich: Deutsche Studentensprache, Straßburg 1895

Knortz, Karl: Der menschliche Körper in Sage, Brauch und Sprichwort, Würzburg 1909

Kron, Richard: Alltagsdeutsch, Freiburg 1916

Küpper, Heinz: ABC-Komiker bis Zwitschergemüse. Das Bundessoldatendeutsch, Wiesbaden 1978

–: Illustriertes Lexikon der deutschen Umgangssprache, 8 Bde., Stuttgart 1982–1984

Küpper, Marianne und *Heinz:* Schülerdeutsch, Hamburg 1972

Ladendorf, Otto: Historisches Schlagwörterbuch, Straßburg 1906

Landmann, Salcia: Jiddisch: Das Abenteuer einer Sprache, Freiburg 1962 (Ndr. Berlin 1988)

Langemeyer, Gerhard et al.: Bild als Waffe. Mittel und Motive der Karikatur in fünf Jahrhunderten, München 1984

Lauffer, Otto: Farbensymbolik im deutschen Volksbrauch, Hamburg 1948

Leonhardt, Rudolf Walter: Auf gut deutsch gesagt, Berlin 1983

Lepp, Friedrich: Schlagwörter des Reformationszeitalters, Diss. Freiburg 1908

Lessmann, Heinrich: Der deutsche Volksmund im Lichte der Sage, Berlin 1922 (2. Aufl. 1937)

Liede, Alfred: Dichtung als Spiel. Studien zur Unsinnspoesie an den Grenzen der Sprache, 2 Bde., Berlin 1963

Lindow, Wolfgang: Volkstümliches Sprachgut in der neuniederdeutschen Dialektdichtung, Diss. Kiel 1960

Luchtenberg, Sigrid: Euphemismen im heutigen Deutsch, Frankfurt a.M. 1985

Mackensen, Lutz: Die deutsche Sprache unserer Zeit, Heidelberg 1956 (2. Aufl. 1971)

–: Verführung durch Sprache, München 1973

Maess, Thomas (Hg.): Dem Luther aufs Maul geschaut: Kostproben seiner sprachlichen Kunst, Leipzig 1982 (Ndr. Wiesbaden 1983)

Maier, Annette: Tiermetaphern in der deutschen und spanischen Umgangssprache, mit den Schwerpunkten: Schwein, Hund, Esel, Magisterarbeit Freiburg 1987

Mausser, Otto: Deutsche Soldatensprache, ihr Aufbau und ihre Probleme, Straßburg 1917

Möckelmann, Jochen und *Sönke Zander:* Form und Funktion der Werbeslogans. Untersuchung der Sprache und werbepsychologischen Methoden in den Slogans, Göppingen 1970

Morris, Desmond et al.: Gestures. Their Origins and Distribution, New York 1979

Nunn, A. David: Politische Schlagwörter in Deutschland seit 1945, Gießen 1974

Palm, Christine (Hg.): Europhras 90. Akten der internat. Tagung zur germanist. Phraseologieforschung, Uppsala 1991

Piltz, Georg: Geschichte der europäischen Karikatur, Berlin 1980

Pusch, Luise F.: Das Deutsche als Männersprache: Aufsätze und Glossen zur feministischen Linguistik, Frankfurt a.M. 1989

Ranke, Kurt: Die Welt der einfachen Formen, Berlin 1978

Reimann, Hans: Vergnügliches Handbuch der deutschen Sprache, Düsseldorf u. Wien 1964

Riesel, Elise: Der Stil der dt. Alltagsrede, Leipzig 1970

Roche, Reinhard: Floskeln im Gegenwartsdeutsch. Im Deutschen lügt man, wenn man höflich ist (Faust V, 6771), in: Wirkendes Wort 15 (1965), S. 385-405

Rohr, Ursula: Der Theaterjargon, Berlin 1952

Röhrich, Lutz: Erzählungen des späten Mittelalters und ihr Weiterleben in Literatur und Volksdichtung bis zur Gegenwart, 2 Bde., Bern 1962 und 1967

–: Sage und Märchen. Erzählforschung heute, Freiburg 1976

–: Der Witz. Figuren, Formen, Funktionen, Stuttgart 1977

Röhrich, Lutz und *Erika Lindig* (Hg.): Volksdichtung zwischen Mündlichkeit und Schriftlichkeit, Tübingen 1989

Römer, Ruth: Die Sprache der Anzeigenwerbung, Düsseldorf 1968 (2. Aufl. 1971)

Rosenfeld, Hans Friedrich: Ausdrucksfähigkeit und Bildkraft der niederdeutschen Sprache, Neumünster 1956

Rothkegel, Annely: Feste Syntagmen. Grundlagen, Strukturbeschreibung und automatische Analyse, Tübingen 1973

Rühmkorf, Peter: Über das Volksvermögen. Exkurse in den literarischen Untergrund, Reinbek 1967

Sailer, Anton: Die Karikatur in der Werbung, München 1969

Schaible, Karl Heinrich: Deutsche Stich- und Hieb-Worte. Eine Abhandlung über deutsche Schelt-, Spott- und Schimpfwörter, altdeutsche Verfluchungen und Flüche, Straßburg 1879 (2. Aufl. 1885)

Scheffler, Heinrich: Wörter auf Wanderschaft. Schicksale von Wörtern und Redensarten, Pfullingen 1986

Schirmer, Alfred: Wörterbuch der dt. Kaufmannssprache, Straßburg 1911 (Ndr. Berlin 1991)

Schmidt, Leopold: Die volkstümlichen Grundlagen der Gebärdensprache, in: Beiträge zur sprachlichen Volksüberlieferung. Festschr. Adolf Spamer, hg. v. I. Weber-Kellermann und W. Steinitz, Berlin 1953, S. 233-249

–: Volksbrauch in der Karikatur, Wien 1977

Schmidt, Rudolf: Tierisches in unserer Muttersprache, Gerabronn-Crailsheim 1972

–: Der Mensch im Spiegel der dt. Sprache, Gerabronn-Crailsheim 1974

Schrader, Monika: Epische Kurzformen. Theorie und Didaktik, Königstein/Ts. 1980

Simon, Bettina: Jiddische Sprachgeschichte, Frankfurt a.M. 1988

Sommer, Hans: Kulturgeschichtliche Sprachbilder, Bern 1943

–: Wort und Wert. Ernstes und Heiteres aus dem Leben der Sprache, Bern 1967

Spitzer, Leo: Amerikanische Werbung als Volkskunst verstanden, in: Sprache im technischen Zeitalter 12 (1964), S. 951-973

Stammler, Wolfgang: Seemanns Brauch und Glaube, in: Dt. Phil. im Aufriß, Bd. 3 (1956), Sp. 1815-1880

Stave, Joachim: Wörter und Leute. Glossen und Betrachtungen über das Deutsch in der Bundesrepublik, Mannheim 1968

Storfer, A.J.: Wörter und ihre Schicksale, Berlin 1935

Strauss, Gerhard, Ulrike Hass und *Gisela Harras:* Brisante Wörter. Von Agitation bis Zeitgeist. Ein Lexikon zum öffentlichen Sprachgebrauch, Berlin 1989

Suter, Beat: Graffiti. Rebellion der Zeichen, Frankfurt a.M. 1988

Timmermann, Gustav: Deutsche Seemannsausdrücke, Hamburg 1953

Transfeldt, Walter: Wort und Brauchtum des Soldaten, Hamburg 1942 (5. Aufl. 1959)

Trömel-Plötz, Senta: Frauensprache – Sprache der Veränderung, Frankfurt a.M. 1982

Trümpy, Hans: Schweizerdeutsche Sprache und Literatur im 17. und 18. Jh., in: Schriften d. Schweiz. Ges. f. Vkde., Bd. 36, Basel 1955

Verweyen, Theodor und *Gunther Witting:* Die Parodie in der neueren dt. Lit., Darmstadt 1979

Weber, Heinz: Studentensprache, Weinheim 1980

Weber-Kellermann, Ingeborg: Die Bedeutung des Formelhaften im volkstümlichen Denken, in: Völkerforschung, hg. v. W. Steinitz, Berlin 1954, S. 187-199

Weinberg, Werner: Die Reste des Jüdischdeutschen, Stuttgart 1969

Weinrich, Harald: Wege der Sprachkultur, Stuttgart 1985

Wissell, Rudolf: Des alten Handwerks Recht und Gewohnheit, 2 Bde., Berlin 1929

Wolf, Siegmund A: Wörterbuch des Rotwelschen. Deutsche Gaunersprache, Mannheim 1956

Wolff, Gerhart (Hg.): Metaphorischer Sprachgebrauch, Stuttgart 1982

Wurzbach, Constant von: Glimpf und Schimpf in Spruch und Wort, Wien 1864 (2. Aufl. 1866)

Wustmann, Georg: Allerhand Sprachdummheiten, Leipzig 1891 (13. Aufl. Berlin 1955)
Zeidler, Johannes: Die deutsche Turnsprache bis 1819, Halle 1942
Zimmer, Dieter E.: Redens Arten. Über Trends und Tollheiten im neudeutschen Sprachgebrauch, Zürich 1986
Zwanzger, Hans: Sonderbare Sprachfrüchte. Streifzüge durch unsere Umgangssprache, Wien 1949

9. Spezielle Lexika:

Adelung, Johann Christoph: Versuch eines vollständigen grammatisch-kritischen Wörterbuches der Hochdeutschen Mundart, 5 Bde., Leipzig 1774–86
–: Grammatisch-kritisches Wörterbuch der Hochdeutschen Mundart, 4 Bde., Leipzig 1793–1801
Alsaticus, J. R.: Elsässischer Sprichwörterschatz. Achthundert Sprichwörter und sprw. Redensarten aus dem Elsaß, 2. Aufl. Straßburg 1883
Amaranthes (d.i. Gottlieb Siegmund Corvinus): Nutzbares, galantes und curiöses Frauenzimmer-Lexicon, Leipzig 1715
Bauer, Karl: Waldeckisches Wörterbuch, hg. v. H. Collitz, Norden u. Leipzig 1902
Benecke, Georg Friedrich: Mhd. Wörterbuch. Ausgearbeitet von W. Müller und F. Zarncke, 3 Bde., Leipzig 1854–61
Bernecker, Erich: Slawisches etymologisches Wörterbuch, Heidelberg 1908ff.
Bieri, Walter: Läbigs Berndütsch. E Sammlig vo bärndütsche Wörtere u Redensarte (= Hochwächter-Bücherei 27), Bern 1958
Bischoff, Erich: Wörterbuch der wichtigsten Geheim- und Berufssprachen. Jüdisch-Deutsch, Rotwelsch, Kundensprache; Soldaten-, Seemanns-, Weidmanns-, Bergmanns- und Komödiantensprache, Leipzig 1916
Braun, Maximilian: Deutsch-russisches phraseologisches Wörterbuch, Göttingen 1958
Bremisches Wörterbuch. Versuch eines bremisch-niedersächsischen Wörterbuchs, hg. v. d. bremischen deutschen Gesellschaft, 6 Bde., Bremen 1767–71 und 1869
Brunvand, Jan H.: Dictionary of Proverbs and Proverbial Phrases from Books, Published by Indiana Authors before 1890, Bloomington 1961
Buchdrucker, Bruno: Wörterbuch der Elberfelder Mundart, Elberfeld 1910

Collins, J.: Dictionary of Spanish Proverbs, London 1938
Crecelius, Wilhelm: Oberhessisches Wörterbuch, 2 Bde., Darmstadt 1897 und 1899
Dähnert, Johann Karl: Platt-Deutsches Wörter-Buch nach der alten und neuen Pommerschen und Rügischen Mundart, Stralsund 1781
Dang, J. S.: Darmstädter Wörterbuch, Darmstadt 1936
Deutscher Sprachatlas. Begr. v. G. Wenker, Marburg 1927–56
Doornkaat-Koolmann, J. ten: Wörterbuch der ostfriesischen Sprache, 3 Bde., Norden 1879–84
Dornseiff, Franz: Der deutsche Wortschatz nach Sachgruppen, 5. Aufl. Berlin 1959
Der Große Duden: Bd. 2, Stilwörterbuch der deutschen Sprache, 5. Aufl. Mannheim 1963
–: Bd. 7, Herkunftswörterbuch. Etymologie, Mannheim 1963
Fischer, Hermann und *Wilhelm Pfleiderer:* Schwäbisches Wörterbuch, 6 Bde., Tübingen 1904–1936
Follmann, Michael Ferdinand: Wörterbuch der deutsch-lothringischen Mundarten, Leipzig 1909
Friederich, Wolf: Moderne deutsche Idiomatik. Systematisches Wörterbuch mit Definitionen und Beispielen, München 1966
Frischbier, Hermann: Preußisches Wörterbuch. Ost- und Westpreußische Provinzialismen in alphabetischer Folge, Berlin 1882/83
Hentrich, Konrad: Wörterbuch der nordwestthüring. Mundart des Eichsfeldes, Göttingen 1912
Hönig, Fritz: Wörterbuch der Kölner Mundart, Köln 1905
Hunziker, Johann: Aargauer Wörterbuch, Aarau 1877
Jakob, Julius: Wörterbuch des Wiener Dialektes, Wien und Leipzig o.J. (1929)
Jungandreas, Wolfgang und *Heinrich Wesche:* Niedersächsisches Wörterbuch, Neumünster 1953ff.
Kapeller, Ludwig: Das Schimpfbuch. Von Amtsschimmel bis Zimtziege, 3. Aufl. Herrenalb 1964
Kehrein, Joseph und *Franz:* Wörterbuch der Weidmannssprache, Wiesbaden 1871 (Neuausg. Wiesbaden 1898)
Kindleben, Christian Wilhelm: Studenten-Lexikon, Halle 1781
Klappenbach, Ruth und *Wolfgang Steinitz:* Wörterbuch der deutschen Gegenwartssprache, Berlin 1961ff.

Klenz, Heinrich: Schelten-Wörterbuch. Die Berufs-, bes. Handwerkerschelten und Verwandtes, Straßburg 1910

Kluge, Friedrich: Deutsche Studentensprache, Straßburg 1895

–: Wörterbuch der Seemannssprache, Halle 1911

Kluge, Friedrich und *Alfred Götze:* Etymologisches Wörterbuch der deutschen Sprache, 16. Aufl. Berlin 1953

Krogmann, Willy (Hg.): Helgoländer Wörterbuch, Wiesbaden 1957ff.

Kück, Eduard: Lüneburger Wörterbuch, Neumünster 1942

Lasch, Agathe und *Conrad Borchling:* Mittelniederdeutsches Handwörterbuch, Bd. 1ff., Hamburg 1928ff.

Lexer, Matthias: Mittelhochdeutsches Handwörterbuch, 3 Bde., Leipzig 1872–78 (Ndr. Stuttgart 1970)

Luxemburger Wörterbuch i.A. hg. v. d. Wörterbuchkommission, Bd. 1ff., Luxemburg 1955ff.

Mackensen, Lutz: Deutsches Wörterbuch, 4. Aufl. Baden-Baden 1962

Martin, Ernst und *Hans Lienhart:* Wörterbuch der elsässischen Mundarten, 2 Bde., Straßburg 1899 u. 1907

Marzell, Heinrich: Wörterbuch der deutschen Pflanzennamen (unter Mitwirkung v. W. Wissmann), Leipzig 1937ff.

Maurer, Friedrich und *Friedrich Stroh* (Hg.): Deutsche Wortgeschichte, 3 Bde., 2. Aufl. Berlin 1959–60

Mensing, Otto: Schleswig-holsteinisches Wörterbuch, 5 Bde., Neumünster 1927–35

Meyer, Hans: Der richtige Berliner in Wörtern und Redensarten, fortgef. v. S. Mauermann u. f. d. 10. Aufl. bearb. u. erg. v. W. Kiaulehn, München 1965

Mitzka, Walther: Deutscher Wortatlas, Gießen 1952ff.

Müller, Anton: Freiburger ABC, 2. Aufl. Freiburg 1967

Müller, Josef: Rheinisches Wörterbuch, Bd. 1ff., Bonn und Leipzig 1928ff.

Müller, Maria: Verhüllende Metaphorik in der Saga, Würzburg-Aumühle 1939

Müller-Fraureuth, Karl: Wörterbuch der obersächsischen und erzgebirgischen Mundarten, 2 Bde., Dresden 1911, 1914

Müller-Schlösser, Hans: Wie der Düsseldorfer denkt und spricht, Düsseldorf 1952

Muntean, George: Proverbe românești, Bukarest 1967

Ochs, Ernst: Badisches Wörterbuch, Bd. 1ff., Lahr i. B. 1925ff.

Schambach, Georg: Wörterbuch der niederdt. Mundart der Fürstentümer Göttingen und Grubenhagen, Hannover 1858

Schatz, Josef: Wörterbuch der Tiroler Mundarten, Innsbruck 1955f.

Schiller, Karl u. *August Lübben:* Mittelniederdeutsches Wörterbuch, 6 Bde., Bremen 1875–81 (Ndr. 1931)

Schirmer, Alfred: Wörterbuch der deutschen Kaufmannssprache, Straßburg 1911 (Ndr. Berlin 1991)

Schmeller, Johann Andreas: Die Mundarten Bayerns grammatisch dargestellt, München 1821 (Ndr. München 1929/30)

–: Bayerisches Wörterbuch, 4 Bde., Stuttgart 1827–36 (2. Aufl. hg. v. K. Frommann, 2 Bde., München 1872–77; Ndr. d. 2. Aufl. mit Vorwort von Otto Basler, Aalen 1961)

Schmid, Johann Christoph von: Schwäbisches Wörterbuch, Stuttgart 1831

Schmidt, Charles: Wörterbuch der Straßburger Mundart, Straßburg 1896

–: Historisches Wörterbuch der Elsässischen Mundart, Straßburg 1901

Schöpf, Johann Baptist: Tirolisches Idiotikon, hg. v. A. J. Hofer, 2. Aufl. Innsbruck 1883

Schottelius, Justus Georgius: Ausführliche Arbeit von der Teutschen HaubtSprache, Braunschweig 1663

Schramm, Karl: Mainzer Wörterbuch, 3. verm. u. völlig neu bearb. Aufl. Mainz 1966

Schröder, Richard und *Eberhard Frh. v. Künßberg:* Dt. Rechtswörterbuch (Wörterbuch der älteren dt. Rechtssprache), bearb. v. ..., Weimar 1914ff.

Schullerus, Adolf, Georg Keintzel u.a.: Siebenbürgisch-Sächsisches Wörterbuch, Bd. 1ff., Straßburg u. Berlin 1908ff.

Schulz, Hans und *Otto Basler:* Deutsches Fremdwörterbuch, Bd. 1, Straßburg und Berlin 1913, Bd. 2 ebd. 1942, Bd. 3 in Lieferungen, zuletzt 1972

Schütze, Johann Friedrich: Holsteinisches Idiotikon. Ein Beitrag zur Volkssittengeschichte, oder Sammlung plattdt. ... Worte ... Sprichwörter ..., 4 Bde., Hamburg 1800–02, 1806

Schützeichel, Rudolf: Althochdeutsches Wörterbuch, Tübingen 1969

Schuster, Friedrich Wilhelm: Siebenbürgisch-sächsische Volkslieder, Sprichwörter ..., Hermannstadt 1865 (2. Ausg. 1931)

Siebs, Theodor und *Wolfgang Jungandreas:* Schlesisches Wörterbuch, Breslau 1935ff.

Smith, William George: The Oxford dictionary of English proverbs, with an introduction by J. E. Heseltine, 2nd Ed. revised throughout by Sir P. Harvey, Oxford 1952

Staub, Friedrich und *Ludwig Tobler:* Schweizerisches Idiotikon. Wörterbuch der schweizerdeutschen Sprache, Bd. 1ff., Frauenfeld 1881ff.

Tobler, Titus: Appenzellischer Sprachschatz. Sammlung appenzellischer Wörter, Redensarten, Sprichwörter, ..., Zürich 1837

Trübner, Karl, Alfred Götze und *Walther Mitzka:* Deutsches Wörterbuch, 8 Bde., Berlin 1939–57

Vilmar, August Friedrich Christian: Idiotikon von Kurhessen, Marburg 1868

Wahrig, Gerhard: Deutsches Wörterbuch, Jubiläumsausgabe Gütersloh-München 1991

Walther, Hans: Proverbia Sententiaeque Latinitatis medii aevi, 5 Bde., Göttingen 1963–67

Wasserzieher, Ernst: Woher? Ableitendes Wörterbuch der deutschen Sprache, 14., neubearb. Aufl. bes. v. W. Betz, Bonn 1959

Wehrle, Hugo und *Hans Eggers:* Deutscher Wortschatz. Ein Wegweiser zum treffenden Ausdruck, 12. Aufl. Stuttgart 1961

Wolf, Siegmund A.: Wörterbuch des Rotwelschen. Deutsche Gaunersprache, Mannheim 1956

–: Großes Wörterbuch der Zigeuner-Sprache, Mannheim 1960

Wörterbuch der Gegenwartssprache, hg. v. R. Klappenbach u. W. Steinitz, Lieferung 1ff., Berlin 1961ff.

Wörterbuch der luxemburgischen Mundart, Luxemburg 1926

Woeste, Friedrich: Wörterbuch der westfälischen Mundart, neu bearb. v. E. Nörrenberg, Norden und Leipzig 1930

Wossidlo, Richard und *Hermann Teuchert:* Mecklenburgisches Wörterbuch, Bd. 1ff., Neumünster 1937ff.

Wrede, Adam: Altkölnischer Sprachschatz, Bd. 1ff., Bonn 1928ff.

Ziesemer, Walter: Preußisches Wörterbuch. Sprache und Volkstum Nordostdeutschlands, Königsberg 1935f.

Zivy, Arthur: Elsässer Jiddisch. Jüdischdeutsche Sprichwörter und Redensarten, Basel o.J. (1966)

10. Literarische und kulturhistorische Quellen:

Abraham a Santa Clara: Sämtliche Werke, 21 Bde., Passau (Lindau) 1834ff.; Werke, hg. v. d. Wien. Akad. der Wiss., 1943ff.

Alberus, Erasmus: Novum dictionarii genus, Frankfurt a.M. 1540

Aesopi Fabulae, ex recogn. Caroli Halmii, Lipsiae 1911

Avé-Lallemant, Friedrich Christian Benedict: Das dt. Gaunerthum, 4 Bde., Leipzig 1856–62

Brant, Sebastian: Narrenschiff, Faksimile der Erstausgabe von 1494, mit einem Nachwort v. F. Schultz, Straßburg 1913

–: Das Narrenschiff. Nach der Erstausgabe (Basel 1494) mit den Zusätzen der Ausg. v. 1495 und 1499 sowie den Holzschnitten der dt. Originalausg. hg. v. M. Lemmer, 2., erw. Aufl., Tübingen 1968 (= Ndr. dt. Literaturwerke. Neue Folge, Bd. 5)

Egbert v. Lüttich: Fecunda ratis. Ed. v. Voigt, Halle 1889

Erasmus v. Rotterdam: Adagiorum Opus, Basel 1528

Erk, Ludwig und *Franz Magnus Böhme:* Deutscher Liederhort, 3 Bde., Leipzig 1893–94 (Ndr. Hildesheim und Wiesbaden 1963)

Fischart, Johann: Geschichtklitterung 1575; Aller Praktik Großmutter 1572; Flöhhatz, Straßburg 1573; Das philosophische Ehezuchtbüchlein, Straßburg 1607; Weibertratz. Sämtliche Dichtungen, hg. v. H. Kurtz 1866/1867 (= Ndr. dt. Literaturwerke 65–71), hg. v. A. Alsleben, Halle 1891

–: Werke, hg. v. A. Hauffen, 3 Bde., Stuttgart o.J. (1895f.)

Freidank: Bescheidenheit, hg. v. E. Bezzenberger, Halle 1872

Kirchhoff, Hans Wilhelm: Wendunmuth, hg. v. H. Oesterley, 5 Bde., Stuttgart 1869

Luther, Martin: Werke, Kritische Gesamtausgabe, Weimar 1834f.

–: Fabeln, neu bearb. v. E. Thiele, 2. Aufl. Halle 1911

Maaler, Josua: Die Teütsch Spraach, Zürich 1561

Minnesangs Frühling, 30. Aufl. hg. v. C. von Krauss, 35. Aufl. Stuttgart 1970

Müllenhoff, Karl u. *Wilhelm Scherer:* Denkmäler deutscher Poesie und Prosa aus dem 8.–12. Jh., 3. Aufl. Berlin 1892

Murner, Thomas: Narrenbeschwörung, hg. v. M. Spanier, Halle 1894

Röhrich, Lutz und *Rolf W. Brednich:* Dt. Volkslieder, Texte und Melodien, 2 Bde., Düsseldorf 1965–67

Sachs, Hans: Sämtliche Fastnachtsspiele, hg. v. E. Goetze, 7 Bde., Halle 1880–87

Stieler, Kaspar (= Spate): Der Teutschen Sprache Stammbaum und Fortwachs, oder Teutscher Sprachschatz ..., Nürnberg 1691 (Ndr. 1968)

Waldis, Burkard: Esopus in hochdeutsch. 1548, Frankfurt 1565, ed. Gödicke Hannover 1882

Walther von der Vogelweide, hg. v. K. Lachmann. 7. Aufl. besorgt v. C. v. Krauss, Berlin 1907; 13. Aufl. neu hg. v. H. Kuhn 1965

Wernher der Gartenaere: Meier Helmbrecht, hg. v. Panzer, Halle 1902

Zimmerische Chronik, hg. v. K. A. Barack. Bibl. d. lit. Vereins zu Stuttgart, Bd. 91–94 (2. verb. Aufl. Freiburg i. Br. u. Tübingen 1881–82; Neuausg. hg. v. H. Decker-Hauff, Bd. 1 u. 2, Darmstadt 1964 [rev. Ndr. 1966]–1967)

ABBILDUNGSNACHWEIS

Für die freundliche Überlassung und den Nachweis von Abbildungen danke ich herzlich:

Prof. Dr. Rolf W. Brednich, Göttingen; Prof. Dr. Wolfgang Brückner, Würzburg; Hauptkonservator Dr. Bernward Deneke, Nürnberg; Frau Monika Eidel-Hase, Freiburg i. Br.; Dr. Paul Engelmeier, Telgte; Dr. Theo Gantner, Basel; Dr. Gerda Grober, Bonn; Peter Groß, Freiburg i. Br.; Prof. Dr. Walter Hävernick †, Hamburg; Frau Heinke Hempel-Binder, Holzkirchen; Dr. Maria Kosová †, Bratislava; Prof. Dr. Leopold Kretzenbacher, München; Konservator F. K. Mathys, Basel; Gertraud Meinel, Freiburg i. Br.; Prof. Dr. Dietz-Rüdiger Moser, München; Prof. Dr. Bruno Schier †, Münster i. Westf.; Hofrat Prof. Dr. Leopold Schmidt †, Wien; Prof. Dr. K. Spyridakis, Athen; A. Paul Weber †, Frankfurt a. M.; Dr. Robert Wildhaber †, Basel; Prof. Dr. Matthias Zender, Bonn.

Herzlicher Dank gilt weiter für freundliche Auskünfte und Hinweise sowie für die Reproduktionserlaubnis und die Herstellung von Originalfotos folgenden Museen, Bibliotheken, Archiven und Institutionen:
Staatliche Museen Preußischer Kulturbesitz, Gemäldegalerie, Berlin
Staatliche Gemäldegalerie Kassel
Universitätsbibliothek Heidelberg
Württembergisches Landesmuseum, Stuttgart
Fürstlich Fürstenbergische Bibliothek, Donaueschingen
Universitätsbibliothek Göttingen
Germanisches Nationalmuseum Nürnberg
Stadtbibliothek Nürnberg
Städtische Kupferstichsammlung Nürnberg
Bayerisches Nationalmuseum, München
Kupferstichkabinett München
Bayerische Staatsbibliothek München
Walters Art Gallery, Baltimore/Maryland/USA
Museum of Art, Philadelphia (Pennsylvania)
Uffizien, Florenz
Museo del Prado, Madrid
Rijksmuseum, Amsterdam
Königliche Bibliothek Den Haag
Mauritshuis, Den Haag
Stadtmuseum Brugge
Bibliothek Albert Ter, Brüssel
Bibliothèque Nationale, Paris
Musée Alsacien, Strasbourg
Schweizerisches Museum für Volkskunde, Basel
Historisches Museum, Basel
Schweizerisches Turn- und Sportmuseum, Basel
K. und K. Kupferstichsammlung, Wien
Albertina, Wien
Österreichisches Museum für Volkskunde, Wien
Tiroler Volkskunst-Museum, Innsbruck
Oberösterreichisches Landesmuseum, Linz
Slovenského národného múzea Martine, Martin (Slowakei)
Ethnographisches Museum, Ljubljana
Augustinermuseum, Freiburg i. Br.
Herder-Bildarchiv, Freiburg i. Br.
Hamburger Kunsthalle, Kupferstichkabinett
Schiller-Nationalmuseum, Marbach
Städtisches Museum Gotha
Niedersächsische Landesgalerie, Hannover
Ikonenmuseum, Recklinghausen
Landesmuseum Wiesbaden
Niederrheinisches Museum, Wesel
Heimathaus Münsterland, Telgte
Heimatmuseum Neuruppin
Märkisches Museum, Berlin
Heimatmuseum Wolfach
Bally-Ausstellung Felsgarten, Schuhmuseum Schönenwerd

Jeweils mehrere Abbildungen sind mit freundlicher Genehmigung der Verfasser, Herausgeber und des Verlags den folgenden Werken entnommen, die der Einfachheit halber im Bildverzeichnis nur abgekürzt zitiert werden:

Ammann, Jost: Eygentliche Beschreibung aller Stände, Frankfurt 1568, Neudruck

Insel-Verlag Leipzig 1960 (abgekürzt: Ständebuch)

Bismarck-Album des Kladderadatsch. Mit dreihundert Zeichnungen von Wilhelm Scholz, 9. Aufl. Berlin 1890 (abgek.: Bismarck-Album)

Brant, Sebastian: Das Narrenschiff. Nach der Erstausgabe (Basel 1494) mit den Zusätzen der Ausgaben von 1495 und 1499 sowie den Holzschnitten der deutschen Originalausgaben hg. v. Manfred Lemmer, Verlag Niemeyer, 2., erweiterte Aufl. Tübingen 1968 (abgek.: Brant: Narrenschiff)

Brisolla, Thyrso A.: Das Ei des Kolumbus u. andere dt. Redensarten, Buch a. Ammersee 1983

Brückner, Wolfgang: Populäre Druckgraphik Europas. Deutschland vom 15. bis zum 20. Jh., Callwey-Verlag, München 1969 (abgek.: Brückner: Druckgraphik)

Bry, Jo. Theodor et Jo. Israel de: Emblemata Secularia mira et jucunda varietate, Francofurti MDXCVI (1596) (abgek.: de Bry: Emblemata)

Cats, Jacob and Robert Farlie: Moral Emblems, New York 1860

Daumier, Honoré: Das lithographische Werk, hg. v. Klaus Schrenk, Bd. I u. II, München 1977

Doré, Gustave: Das graphische Werk, Bd. I u. II, München 1975

Frank, Grace and Dorothy Miner: Proverbes en Rimes. Text and Illustrations of the Fifteenth Century from a French Manuscript in the Walters Art Gallery Baltimore, The John Hopkins Press, Baltimore 1937 (abgek.: P.e.R.)

Glaßbrenner, Adolf: Unsterblicher Volkswitz, 2 Bde., Verlag Neues Berlin, Berlin 1954 (abgek.: Glaßbrenner)

Grandville (d.i. Jean-Ignace Isidore Gérard): Das gesamte Werk. Einleitung v. Gottfried Sello, 2 Bde., Rogner u. Bernhard, München 1969 (abgek.: Grandville: G. W.)

Grober, Gerda: Zur Verbreitung von Redensarten und Vorstellungen des Volksglaubens nach den Sammlungen des Atlas der dt. Volkskunde, in: Zs. f. Vkde. 58 (1962) S. 41-71 (abgek.: Grober)

Henkel, Arthur und Albrecht Schöne (Hrsg.): Emblemata. Handbuch zur Sinnbildkunst des XVI. und XVII. Jahrhunderts, J. B. Metzlersche Verlagsbuchhandlung, Stuttgart 1967 (abgek.: Henkel u. Schöne)

Das Herz – Im Umkreis des Glaubens – Im Umkreis der Kunst – Im Umkreis des Denkens, Dr. Karl Thomae G.m.b.H., Biberach a.d. Riss, 3 Bde., Biberach 1965-69 (abgek.: Herz)

Heurck, Em. van et G. J. Boekenoogen: L'imagerie populaire des Pays-Bas, Belgique-Hollande, Paris 1930 (abgek.: L'imagerie populaire des Pays-Bas)

Meisner, Daniel u. Eberhard Kieser: Politisches Schatzkästlein, Bd. I: 1625-1626 u. Bd. II: 1627-1631, Unterschneidheim 1979

Murner, Thomas: Schelmenzunft, 1512, hg. von M. Spanier 1925 (abgek.: Murner: Schelmenzunft)

Schöne, Albrecht: Emblematik und Drama im Zeitalter des Barock, C. H. Beck'sche Verlagsbuchhandlung, München 1964 (abgek.: Schöne: Emblematik)

Die Schwiegermutter und das Krokodil, 111 bunte Bilderbogen für alle Land- und Stadtbewohner, so weit der Himmel blau ist, hg. v. Werner Hirte, Rogner u. Bernhard, München MCMLXIX (1969) (abgek.: S. u. K.)

Steinhöwel, Heinrich: Esopus, gedruckt von Günther Zainer in Augsburg um 1477/78. Die Incunabel in ihren Hauptwerken, Müller u. Co. Verlag, Potsdam (1921) (abgek.: Steinhöwel: Esopus)

Veit, Ludwig: Das liebe Geld, Prestel-Verlag Dr. Paul Capellmann, München 1969 (abgek.: Veit: Geld)

Wäscher, Hermann: Das deutsche illustrierte Flugblatt, VEB Verlag der Kunst, Dresden 1955 (abgek.: Wäscher: Flugblatt)

In die Neuausgabe sind vermehrt zeitgenössische Karikaturen aufgenommen worden, die zeigen, wie lebendig Redensarten noch heute sind.

Wie künstlerisch anregend sie sein können, zeigen die Zeichnungen von Paul Flora, Peter Gaymann, Hans Geisen, Horst Haitzinger, Hanel, Luis Murschetz, Pepsch, Tomi Ungerer, A. Paul Weber, Wolter u.a.

Für das Einverständnis zum Abdruck danke ich allen genannten Künstlern.

Abbildungsnachweis

Bei mehreren Abb. auf einer Seite erfolgt die Numerierung grundsätzlich für das Verzeichnis von links oben nach links unten und danach von rechts oben nach rechts unten.

34/35: Sprichwörter-Bild von Pieter Bruegel d. Ä., 1559, Staatliche Museen Preußischer Kulturbesitz, Gemäldegalerie Berlin–Dahlem
51: Werbung der Stadtsparkasse Mainz zum Weltspartag (30. X.)
52: Detail aus dem Sprichwörter-Bild von P. Bruegel, 1559
54: Frz. Lithographie, aus: Jos. Kürschner (Hg.): Der große Krieg 1870/71 in Zeitberichten, Berlin 1895
55: Holzschnitt aus Bilder-Abc, Stralsund 1788
59: Pfeilerkapitell im Chorumgang des Basler Münsters, 12. Jh.
67: Holzschnitt aus: Günther Zainer: Speculum humanae salvationis (ill. Ausg. v. 1476)
68 (1): Kupferstich, aus: Die Fliegenden Blätter des XVI. u. XVII. Jh., hg. v. J. Scheible, Ndr. Hildesheim/New York 1972, S. 172f., Abb. 45
– (2): Aderlaß des Robin Hood, durch den er getötet wurde, aus: A true Tale of Robin Hood, in: John Ashton: Chap-Books of the eighteenth Century, New York 1970, S. 359
70 (1): Kupferstich von 1556/57, Bibliothek Albert Ter, Brüssel
– (2): Gemälde von Annibale Carracci, 16. Jh. Uffizien, Florenz
– (3): Grandville: G. W., Bd. 2, S. 1055
71 (1): Steinhöwel: Esopus, Die XI. Fabel ‚von dem affen vnd seynem kinde'
– (2): William Hogarth: Wirtshausschild, um 1740
– (3): Detail aus einem Festumzug, Sonderausstellung von Theo Gantner: Der Festumzug, Schweizerisches Museum für Volkskunde, Basel, 1970
– (4): Zeichnung von Albrecht Dürer, 1523
73: Emblemat. Kupferstich aus: Meisner u. Kieser, Bd. I, Teil 5, Abb. 4
75: Lithographie v. H. Daumier, in: ‚Le Charivari', v. 16.1.1851
76: ‚Frau Alraune', Hortus sanitatis, 1485
77: Heidelberger Sachsenspiegelhandschrift, 13. Jh.
80: Bronzeplastik v. Johann Baptist Lenz vor dem Gebäude der Kreisverwaltung Ahrweiler

82 (1): Talhoffer's Fechtbuch, Bilderhandschrift von 1467, Herzogliche Bibliothek Gotha
– (2) Zeichnung v. Brisolla, Abb. 18
– (3): Zeichnung v. Tomi Ungerer, aus: ders.: Adam & Eva, Zürich 1974, S. 42
85 (1): ‚Prangersteine' in Spangenberg/Hessen
– (2): Stundenbuch der Katharina von Kleve, Anfang 15. Jh. (um 1440)
– (3): ‚Klapperstein' vom Rathaus in Mulhouse (Elsaß)
86: Emblem aus: Cats and Farlie, S. 29
89: Lithographie v. Ch. Vessier, 19. Jh.
92: Zeichnung zu Rätselfrage
93 (1): Kupferstich aus der ‚Todtenkapelle' v. Abraham a Sancta Clara
– (2): Gemälde von Nicolaes Maes: Junge Frau, Äpfel schälend, New York, Metropolitan-Museum. Aus: W. R. Valentiner: Nicolaes Maes, Berlin u. Leipzig 1924, S. 28
95 (1): Detail aus ‚Bauernregeln', ill. v. E. Ille, Münchener Bilderbogen, Nr. 196,
– (2): Detail: April, aus: Die zwölf Monate, Holzschnitte, Barcelona, 16. Jh.
98: Gemälde von Peter Paul Rubens: ‚Juno und Argus', Wallraf-Richartz-Museum, Köln
99: Heidelberger Sachsenspiegelhandschrift, 13. Jh.
102 (1): Karikatur, aus: UNI-Journal 2/1984
– (2): Holzschnitt von Albrecht Dürer zum ‚Ritter vom Turn'. ‚Von den Exempeln der Gotsfurcht un Erberkeit'. Gedruckt bei Michael Furter, Basel 1493
103: Holzschnitzwerk im Friedenssaal, Münster/Westf.
104: „Dem die andere ins Loch kriechen", de Bry: Emblemata, Nr. 41
105 (1): Miséricorde de Stalle: La Correction, Bourg-en-Bresse (Ain), Eglise de Brou, 16. Jh.
– (2): Pardon-Nationalpreis, Karikatur aus PARDON
107: Karikatur v. Geisen, Bad. Ztg., Nr. 74, v. 31.3.1978, S. 4
110: Kupferstich eines allegorischen Reimspottblattes auf die Großmannssucht der Zeit, um 1610/20, aus: Brückner: Druckgraphik, S. 72, Abb. 63
111: Scherzhaftes Flugblatt mit Kupfer, 17. Jh., gedruckt von Johann Klockher, München, Kupferstichkabinett
112: Zeichnung v. Tomi Ungerer, aus: ders.: Adam & Eva, Zürich 1974, S. 70
113 (1): Gemälde von Jakob Jordaens (1593

bis 1678), Staatliche Gemäldegalerie Kassel
- (2): Nach dem Ölgemälde v. Carl Kronberger, aus: Die Gartenlaube, Jg. 1884, S. 324
114: ‚Disharmonie', Neuruppiner Bilderbogen, Nr. 8565, aus: S. u. K., S. 88
115 (1): Kupferstich von Matthäus Merian zu: Julius Wilhelm Zincgreff: Emblematvm/Ethico-Politicorvm/Centvria, Heidelberg 1619, Nr. 1, aus: Henkel u. Schöne, Sp. 400
- (2): Joachim Camerarius, jun.: Symbolorvm/et/Emblematvm ex/Animalibvs Qvadrvpedibvs/Desvmtorvm/Centvria Altera/Collecta, Nürnberg 1595, Nr. 73, aus: Henkel u. Schöne, Sp. 482
123 (1): Karikatur auf das Waldsterben v. Haitzinger v. 29.V.85 aus: SPIEGEL, Nr. 27/1985
- (2): ‚Rolandslied' des Pfaffen Konrad, 12. Jh., Universitätsbibliothek Heidelberg, Codex palatinus Germanicus 112
125: Steinhöwel: Esopus, Die XIIII. Fabel ‚von dem man vnd der agxst'
126: Holzplastik, Musée Alsacien, Strasbourg
128: James Gillray: Karikatur auf die Ereignisse des Jahres 1806: Nach der Schlacht von Austerlitz macht Napoleon die Herrscher von Bayern, Württemberg und Baden zu Satelliten-Monarchen
129: Misericordiendarstellung, Amsterdam, 16. Jh.
130: Holzschnitt aus der Schweizer Geschichte des Zürichers Johannes Stumpf, 1548, Bern, Historisches Museum
132: Spätmittelalterl. Ill. zu ‚Wolfdietrich', Aus: Nacktheit u. Scham, Frankfurt a.M. 1988, S. 25
133: Holzschnitt, Murner: Schelmenzunft, 1512
135 (1): Initiale aus der Parzival-Handschrift der Fürstlich Fürstenbergischen Bibliothek in Donaueschingen
- (2): A. Paul Weber: Karikatur ‚Splitter kontra Balken' (Lithographie)
142 (1): Detail aus einem Votivbild, 1. Hälfte 19. Jh.
- (2): Spottblatt auf die Jahrmarktsänger: „Jean Pompesac, privilegirter Marckt- und Zeitungs Sänger mit seinem musikalischen Weibe", anonymer Kupferstich aus der 1. Hälfte des 18. Jh.
143 (1): Karikatur v. Haitzinger v. 79, aus: SPIEGEL, Nr. 10, 1982
- (2): Karikatur v. Wolter, aus: Bad. Ztg., Nr. 95, v. 26.IV. 1977

145 (1): Holzschnitt, aus: From Thronus Cupidinis sive Emblemata Amatoria P.T.L. Excudit Crispyn de Passe, 1596 Aus: Mario Praz: Studies in Seventeenth-Century Imagery, 2. E. Roma 1964, S. 118, Abb. 38
- (2): T. Severyn: Staropolska, Grafika ludowa, Warszawa 1956, S. 112
- (3) Ill. v. Gustave Doré zu Hippolyte Taine: ‚Voyage aux Pyrénées', Paris 1860, aus: G. Doré, Bd. I, S. 360
- (4): Grandville: G. W., Bd. 1, S. 141
- (5): Detail aus: ‚Die zehen Wirthshaus-Gebote', Neuruppiner Bilderbogen, Nr. 1030, aus: S. u. K., S. 117
- (6): Karikatur v. Haitzinger, 77: DER SPIEGEL, Nr. 46, 1977, S. 160
149 (1): Hans Jakob Christoffel von Grimmelshausen: Der erste Beernhaeuter – nicht ohne sonderbare darunter verborgene lehrreiche Geheimniß..., Nürnberg 1670, Universitätsbibliothek Göttingen, aus: Felix Karlinger: Märchen des Barock, München 1965, S. 145
- (2): Steinhöwel: Esopus, Die VIII. Fabel ‚von zweyen gesellen'
151: Zeitgenöss. Ill. zur 48er Revolution aus: ZEITmagazin, Febr. 1988
152 (1): Kapitell in Anzy-le-Duc (Saône-et-Loire)
- (2): Kolor. Holzschnitt, 1. Viertel 18. Jh., aus: Claudon-Adhémar, Nr. 13
153: Relief eines Richters in der Vorhalle der Münsterkirche zu Kastl (Oberpfalz), aus: Bayerischer Heimatschutz, 29. Jg., 1933, Abb. 8
154 (1): Holzschnitt, Murner: Schelmenzunft, 1512
- (2): Detail aus dem Sprichwörterbild von P. Bruegel, 1559
159: Ill. v. Stauber in: Münchener Bilderbogen, Nr. 190
161: vgl. S. 200
162: Holzschnitt des Formschneiders u. Briefmalers Albrecht Schmid, 1694
167: Relief eines sitzenden Richters, St.-Stephans-Dom, Wien, aus: Leopold Schmidt: Der Richter über dem Riesentor von St. Stephan, in: Jb. d. Ver.f.Gesch. d. Stadt Wien 8, 1949/50
174: Ill. v. Gustave Doré zu: Jean de la Fontaine: ‚Les Fables', Paris 1868: Buch 5, Fabel 10: ‚Der kreißende Berg', aus: G. Doré, Bd. 1, S. 443
177: „Noli me tangere", span. Elfenbein-Relief, spätes 11. Jh., Metropolitan Museum of Art, New York,

ABBILDUNGSNACHWEIS

178: Heidelberger Sachsenspiegelhandschrift, 13. Jh.

179: Detail aus dem Sprichwörterbild von P. Bruegel, 1559

180: Detail aus einem Bilderbogen aus Ost-Flandern, um 1700, Sammlung Röhrich, Freiburg i. Br.

181 (1): Karikatur v. Haitzinger v. 3. VII. 85

– (2): Lenin-Plakat aus der Revolutionszeit, aus: DER SPIEGEL, v. 2. IV. 1990

– (3): Karikatur v. Peter Brookes, aus: DER SPIEGEL, v. 23. IV. 1990

– (4): Karikatur v. Hond, 83, aus: DER SPIEGEL, v. 11. VII. 1983

182: Titelholzschnitt mit Exorzismus zu: ,Warhafft: vnd gründtlicher Bericht...', München, Adam Berg, 1589

183: Heidelberger Sachsenspiegelhandschrift, 13. Jh.

185: Gerda Grober: Karte zu Frage 233 d der Umfrage zum Atlas der deutschen Volkskunde

186: Münchener Bilderbogen Nr. 404: ,Seltsame Vorstellungen des Blitztoni'

188: Rundbild von Pieter Bruegel d. Ä. aus der Serie: ,Zwoelf vlaemische Sprichwörter', gestochen von Jan Wierix und Pieter van der Heijden

189 (1): Misericordie in Presle (Flandern)

– (2): Rundbild von Pieter Bruegel d. Ä. aus der Serie: ,Zwoelf vlaemische Sprichwörter

191: „Die Bienen" aus dem englischen ,Bestiarium Ashmole', ca. 1210. MS. Ashmole 1511. fol. 75v (Ausschnitt)

193: Holzschnitt, Murner: Schelmenzunft, 1512

195: Steinhöwel, Esopus, Die XIIII. Fabel ,von dem bild vnd dem wolff'

197: Verbreitungs-Karte nach L. Mackensen, in: HdA. I, Sp. 1315–1316

200 (1): Kupferstich, aus: Cats and Farlie: S. 113

– (2): Holzschnitt, um 1850 aus: Chansons Populaires, Rosheim 1984, S. 48

201: Gottesurteil mit Probebissen, 1562, aus: ,Die Wickiana', 16. Jh., hg. v. M. Senn, Küsnacht–Zürich 1975, S. 100

206: Bauer und Mohr von 1485 vom Schembartlaufen in Nürnberg, aus: Fritz Brüggemann: Vom Schembartlaufen, Leipzig 1936

209: Detail aus dem Sprichwörterbild von P. Bruegel, 1559

216: Fortuna mit Augenbinde v. J. Muczkowski, Kraków 1849, aus: J. Krzyżanowsky: Mądrej głowie dość dwie słowie, Bd. 1, Warszawa 1960, Abb. 8

217 (1): Zeichnung von Conrad Meyer (1618 bis 1680), aus: Conrad Meyer: Die Kinderspiele, hg. v. C. Ulrich, Zürich 1970, S. 10

– (2) Galantes Gesellschaftsspiel, Frz. Kupferstich, aus: E. Fuchs: Geschichte d. erot. Kunst, Bd. II: Berlin 1977, S. 167, Abb. 141

218 (1): Kupfer aus: de Bry: Emblemata, Nr. 46

– (2): Gemälde von Pieter Bruegel d. Ä., Herder-Bildarchiv

– (3): ,Au royaume des Aveugles les Borgnes sont rois', Kolorierte Graphik nach J. J. Grandville, Sammlung Röhrich

222 (1): Nach einem Originalaquarell von Geißler (1770–1844)

– (2) Cats and Farlie, S. 65

227 (1): Ill. aus: Bruno Mariacher: Das Glück ist kugelrund, Zürich u. München 1972

– (2): Politische Karikatur auf Napoleon, Blatt aus dem Historischen Museum der Stadt Prag

230: Botanische Darstellung des Bockshornklees

241 (1): Karikatur v. Luis Murschetz, aus: Muttersprache, Bd. 100, Wiesbaden 1990, S. 30

– (2): Karikatur v. Pepsch, aus: DER SPIEGEL, Nr. 3, v. 12. I. 1987

– (3) Karikatur v. John Tenniel: Das Enfant terrible (Wilhelm II.), 1890, aus: Georg Piltz: Geschichte der europ. Karikatur, Berlin 1976, S. 197, Abb. 182

– (4): Karikatur v. Haitzinger, 80, aus: DER SPIEGEL, Nr. 40, 1986

246: Titelblatt des Lahrer Kalenders von 1969

248: Brenneisen mit Rad und Galgen, Germanisches Nationalmuseum, Nürnberg

249: Holzschnitt v. Jörg Breu: ,Der Bratenriecher', aus: M. Geisberg: Der dt. Einblattholzschnitt in der ersten Hälfte d. XVI. Jh., München o. J., Nr. 235

251: Detail aus der ,Bauernhochzeit' von Pieter Bruegel

255: Zeichnung

257: Heidelberger Sachsenspiegelhandschrift, 13. Jh.

258 (1): Zeitungskarikatur

– (2): Zeitungskarikatur v. BAS.

– (3): Karikatur v. Hanel, 83, aus: DER SPIEGEL, Nr. 30, 1983, S. 74

– (4): Zauberbrille, Zeichnung v. E.T.A. Hoffmann zum ,Sandmann'

1839

Abbildungsnachweis

259 (1): Misericordiendarstellung in Hoogstraeten, 16. Jh.
- (2): Rundbild von P. Bruegel d. Ä. aus der Serie: ‚Zwoelf vlaemische Sprichwörter'
- (3): de Bry: Emblemata, Nr. 29

266: Karte für Redensarten-Belege aus der Westeifel und der Nahegegend nach M. Zender, aus: A. Bach: Deutsche Volkskunde, 3. Aufl. Heidelberg 1960, S. 394, Karte Nr. 46

268: Detail aus Münchener Bilderbogen Nr. 274: Militärische Redensarten

269: ‚Die feindlichen Brüder'. Burg Sternberg u. Liebenstein mit Kloster Bornhofen am Rhein

272: Rundbild von Pieter Bruegel

273: Karikatur von Pepsch, aus: DER SPIEGEL, v. 25. VI. 1990

275: Zeichnung von Grandville, zu: Scènes de la Vie Privée et Publique des Animaux, 1842. Aus: Die Phantasien des Grandville: Druckgraphik 1829–1847, ausgewählt u. eingeleitet v. Hans-Burkhard Schlichting, Darmstadt 1976, S. 34

277: Illustration von Moritz v. Schwind für G. Scherer: Alte und neue Kinderlieder, 1848/49

279: Zeichnung v. Wilhelm Busch, zu ‚Max und Moritz'

280: Bündel eines wandernden Zimmergesellen, aus: Mit Gunst und Erlaubnis! Ausstellungskatalog, Basel 1987, S. 24

282: Frz. Karikatur ‚L'Epicurien' v. Debucourt (1755–1832) ill. die ‚Schwierigkeit der Wahl'

283: Zeichnung v. Franz Burchard Dörbeck

284: P. e. R., Plate CII

288: Zeichnung v. Brisolla, Abb. 8

289: Kupferstich v. 1545: Herkules fängt Cerberus

290: Grandville: G. W., Bd. 2, S. 810

291: Holzschnitt v. F. W. Fairholt ‚A Mediaeval Charivari' aus: Thomas Wright: A History of Caricature and Grotesque in Literature and Art, New York 1968 (Reprint d. Ausg. London 1865), S. 86, Nr. 52

296: Hauswüstung als Rügerecht, aus: H. Bausinger: Volkskunde, Berlin o.J., S. 128f.

297: Hauswüstung in Irland 1848, aus: K. Meuli, in: Schweiz. Volkskunde 41 (1951)

300: Ill. aus: H. G. Griep. Das Dach in Volkskunst und Volksbrauch, Köln 1983

302: Guillaume de la Perrière: La Morosophie/de Guillaume de la/Perriere To-/losain,/Contenant Cent Emblemes/moraux, illustrez de Cent/Tetrastiques Latins, re-/duitz en autant de Qua-/trains Françoys, Lyon 1553 (Landesbibliothek Hannover), Nr. 30, aus: Henkel u. Schöne, Sp. 1155

303: Holzschnitt von Paradin, 1562: „Hac illac perfluo", aus: Shakespeare and The Emblem Writers by Henry Green, M.A., London 1870, S. 332

306: Zeichnung v. Brisolla, Abb. 15

308: Die Folter. Holzschnitt aus dem 18. Jh., Bayerisches Nationalmuseum, München

310: Einsegnung des Ehebettes, Deutscher Holzschnitt aus dem 15. Jh., aus: E. Fuchs: Illustrierte Sittengeschichte. Renaissance, München 1909, S. 189

319: Charles H. Bennett: Proverbs, London 1859

328: Zeichnung von Wilhelm Scholz: „ ‚Der Dorn im Auge der Schwarzen', 1872, aus: Bismarck-Album, S. 68

330: Graphik v. Max Ernst, aus: Une Semaine de bonté, 1963. Aus: Francis Huxley: The dragon, London 1979, S. 93

331: Halbautomatische Drahtmühle Nürnberger Art, 1540, aus: Handwerk u. Sachkultur im Spätmittelalter, Wien 1988, Abb. 18a

333: P. e. R., Plate XXXVI

336: Dreier auf die Grundsteinlegung des neuen Rathauses in Nürnberg 1616, aus: Veit: Geld, S. 101

338: Titelblatt von ‚Der wahre Jacob', Nr. 733 18, Stuttgart, d. 28. August 1914, S. 8441

342 (1): Detail aus: ‚Bilder mit Versen', Neuruppiner Bilderbogen, Nr. 2816, aus: S. u. K., S. 107
- (2): Cats and Farlie, S. 165

347: Detail aus: „Lebens-Bilder', Münchener Bilderbogen, Nr. 736, aus: S. u. K., S. 74

350: Holzschnitt aus Thomas Murners ‚Geuchmatt', 1519: Der treue Eckart als Wächter vor dem Venusberg

357 (1): Holzschnitt nach einem Stich von Hogarth, aus: Das Pfennig-Magazin, Bd. I, S. 308
- (2): Michael Meier: Scrutinium Chymicum, Frankfurt 1687: „Accipe ovum igneo percute gladio", aus: Venetia Newall: An Egg at Easter, London 1971

358: Misericordiendarstellung aus Kleve, Foto: Getlinger, Kleve

361: Detail aus einem Kupferstich von J. B. Vrints nach de Vos

363: Karikatur auf Bismarck

373 (1): Gottesurteil des glühenden Eisens

Abbildungsnachweis

(12. Jh.), Lambacher Codex (Gemunden/Österreich, Kloster Lambach)
- (2): Holzschnitt, Murner: Schelmenzunft, 1512
375: Münchener Bilderbogen Nr. 186: Doctor Eisenbart
380: Rumänisches Hinterglasbild, Mitte 19. Jh., Museum Braşov, aus: Cornel Irimie und Marcela Fosça: Rumänische Hinterglasikonen, Bukarest 1969, Abb. 101
381: Holzschnitt aus den „Acht Schalkheiten', 1470
388: Karikatur, aus: ZEITmagazin, v. 2. III. 1984
392: Lithographie, A. Guckenberger, Stuttgart: Standrechtliche Erschießung Robert Blums am 9. Nov. 1848. Württemberg. Landesmuseum, Vk 1973/145
394: Der Esel als Schandbild für faule Schüler, Motiv des 16. Jh., Detail aus einem Holzschnitt mit Typensatz eines Textes aus dem 18. Jahrhundert, aus: Brückner: Druckgraphik, Abb. 49
395 (1): Kapitell mit polychromem Relief, 12. Jh., Saint-Nectaire
- (2): Steinhöwel: Esopus, die IIII. Fabel ,von dem esel vnd der loewen haut'
- (3): Detail aus: ,Till Eulenspiegel', 2. Bogen, Münchener Bilderbogen, Nr. 576, aus: S. u. K., S. 35
- (4): Grandville: G. W., Bd. 1, S. 515
396: Bishop and ass, astride: Yale MS., f. 104v, New Haven, Yale University Library: Lancelot del Lac, Pt. 3, Picard, late thirteenth century
397 (1): Kupferstich v. J. Mettenleiter (1750 bis 1825), München, Kupferstichkabinett
- (2): Schulunterricht im 18. Jh., Kupferstich von 1751
398: Holzschnitt von Hans Weiditz
405: Holzschnitt v. Albrecht Dürer (1471 bis 1528)
406 (1): Kolorierter Einblattholzschnitt mit typograph. Text, v. Erhard Schön, um 1540. Aus: Flugblätter der Reformation u. des Bauernkrieges. 50 Blätter aus der Sammlung des Schloßmuseums Gotha. Hg. v. Hermann Meuche, Katalog von Ingeburg Neumeister, Leipzig 1976, Blatt 22
- (2): Detail aus: ,Till Eulenspiegel', 1. Bogen, Nr. VI, Münchener Bilderbogen, Nr. 575, aus: S. u. K., S. 34
410: Detail aus dem Sprichwörterbild von P. Bruegel, 1559
418 (1): Gilles Corrozet: Hecaton-Graphie. C'est à dire les descriptions de cent/figures et hystoires, contenants/plusieurs appophthegmes, prouer-/bes. sentences et dictztant des/anciens, que des modernes. Le tout/reueu par son autheur. Paris 1543, N. vii b, aus: Henkel u. Schöne, Sp. 1663
- (2): Karikatur v. Haitzinger, aus: DER SPIEGEL, v. 30. VII. 1990
424: Detail aus dem Sprichwörterbild von P. Bruegel, 1559
425: Holzschnitt des Petrarca-Meisters, Augsburg 1532, aus: Walter Scheidig: Die Holzschnitte des Petrarca-Meisters, Berlin 1955
426: Detail aus einem Bilderbogen aus Antwerpen, aus: L'imagerie populaire des Pays-Bas
428: Handstudie von Albrecht Dürer, Federzeichnung 1494, Albertina, Wien
438: Karikatur v. Haitzinger: „Bonner Tausendfüßler", Nov. 1980: Schmidts Regierungserklärung stößt auf allseitige Kritik. Aus: Politische Karikaturen von Horst Haitzinger, München 1981
439: P. e. R., Plate CXXXII
440: Zeichnung aus dem ,Struwwelpeter' v. Dr. Heinrich Hoffmann
443: Lavierte Federzeichnung v. Lucas Cranach d. Ä.: Sitzendes nacktes Paar, musizierend, um 1527/30, Erlangen, Universitätsbibliothek
444: Holzschnitt, Brant: Narrenschiff, zum Kap. ,Von eebruch'
450 (1): Kupferstich nach Pieter Bruegel d. Ä., 1556/57, Bibliothek Ter, Brüssel
- (2): Killer- u. Antikillersatelliten in der Karikatur. Aus: DER SPIEGEL, v. 9. IV. 1984
- (3): Schweizer Cartoon. Aus: W. Mieder: Big Fish Eat Little Fish, S. 227
452: Holzschnitt v. Ludwig Richter, aus: Sprichwörter u. Spruchreden der Deutschen, hg. v. G. O. Marbach, Leipzig o. J., S. 22
456: Zeichnung v. 1695 (Detail): Flasche u. Pfeife als Symbole weibl. u. männl. Genitalien, Hist. Museum Basel
462: Holzschnitt, Brant: Narrenschiff, zum Kap. ,Von frowen huetten'
467: Detail aus ,Fabeln', Münchener Bilderbogen, Nr. 603, aus: S. u. K., S. 64
468: Holzschnitt: Folterung durch Strecken, aus: Damhoudere: Praxis rerum criminalium, Antwerpen 1554. Aus: Franz Heinemann: Der Richter u. die Rechtspflege in der dt. Vergangenheit (= Monographien zur dt. Kulturgesch., Bd. IV) S. 66, Abb. 63

1841

ABBILDUNGSNACHWEIS

478 (1): Holzschnitt aus: Jugendblätter. Zur Unterhaltung und Belehrung. Hg. v. Isabella Braun, 22. Jg., München 1876
- (2): Ill. v. Gustave Doré zu Buch 1, Fabel 3: ‚Vom Frosch, der so groß sein wollte wie ein Ochs‘ von Jean de la Fontaine: Les Fables. Avec les dessins de Gustave Doré, Paris 1868 Aus: G. Doré, Bd. I, S. 411
- (3): Karikatur, aus: Das Parlament 21/22, v. 20./27. V. 1988

480 (1): Tonmodel, Landesmuseum Wiesbaden
- (2): Karikatur auf die Leichtgläubigkeit der Frauen, aus: ‚Deutsche Reichsbremse‘, 1850. Aus: Eduard Fuchs: Die Frau in der Karikatur, München 1906, S. 23

482: Radierung von Moritz v. Schwind, um 1844

484: de Bry: Emblemata, Nr. 40

486 (1): Personifikation des Nachrichtenwesens im 17. Jh. (SUB Hamburg, Sign. Scrin. C/22, fol. 247). Aus: Pressen und Geschichte II. Neue Beiträge zur histor. Kommunikationsforschung, München, London, New York, Oxford, Paris 1987, S. 95
- (2): Karikatur v. Haitzinger, v. 29.VII.81, aus: DER SPIEGEL, Nr. 32, 1981, S. 23
- (3): Karikatur v. Mesten, aus: DER SPIEGEL, v. 6.XI.1989

488 (1): Illustration aus der Handschrift der Carmina Burana, Bayer. Staatsbibliothek München. Codex latinus 4660, 91 v
- (2): Ill. aus dem ‚Zimmerischen Totentanz‘, Hs. in Donaueschingen, Fürstl. Fürstenbergische Sammlung

492: Karikatur, aus: ‚L'Express‘, Paris. Aus: DER SPIEGEL, v. 5.III.1990

494: Karikatur auf die Bequemlichkeit des Mannes

497: Misericordiendarstellung in der St.-Peters-Kirche zu Löwen, 15. Jh.

499: Ill. v. Gustave Doré zu François Rabelais: Oevres de François Rabelais contenant la vie de Gargantua et celle de Pantagruel, Paris 1854, Buch 3, Kap. 51. Aus: G. Doré, Bd. I, S. 62

502: Carl Fürst von Liechtenstein mit Gemahlin u. Sohn, Schabblatt v. Nik. Rhein, nach dem Gemälde v. H. Füger, 1792. Aus: Hilde Spiel: Fanny von Arnstein oder Die Emanzipation. Ein Frauenleben an der Zeitenwende 1758–1818, Frankfurt a. M. 1962, Abb. S. 216f.

504 (1): Oxford, Manuskr. Bodley 264
- (2): P. e. R., Plate CLXXIX

- (3): Misericordiendarstellung, Beverley Monster, 15. Jh.

508: Holzschnitt, Murner: Schelmenzunft, 1512

509: Holzschnitt, Brant: Narrenschiff, 1494, zum Kap. ‚Von offlichē anschlag‘

512: P. e. R., Plate XXXIV

522: Grandville: G. W., Bd. 2, S. 821

523: Die Folter- u. Marterwerkzeuge des Nationalmuseums zu München in ihrer Anwendung. Aus: B. Emil König: Ausgeburten des Menschenwahns im Spiegel der Hexenprozesse und der Auto da fé's, Berlin–Schöneberg 1930, S. 16f.

526: Kupferstich, aus: Emblemata Horatiana, Antwerpiae 1607, Page 91

529 (1): Konsolfigur an einem mittelalterlichen Bürgerhaus in Goslar/Harz
- (2): Detail aus einem flämischen Bilderbogen, 18. Jh., aus: L'imagerie populaire des Pays-Bas, S. 39
- (3): de Bry: Emblemata, Nr. 43

531 (1): Kairos, aus: Andrea Alciati: Emblemata, 1621
- (2): Detail aus einem Bilderbogen aus Ost-Flandern, um 1700

540 (1): Flämische Misericordiendarstellung
- (2): J. Cats and R. Farlie:, S. 201
- (3): Ill. by John Bewick, aus: John Trusler: Proverbs Exemplified, London 1790, Percival Collection, T 77 pr., Page 53
- (4): Detail aus dem Sprichwörterbild von P. Bruegel, 1559

555: Holzschnitt aus Thomas Murners ‚Die Mühle von Schwindelsheim und Gredt Müllerin Jahrzeit‘, 1515

560: Emblemat. Kupferstich v. S. Funck mit Ansicht v. Bern Castel v. 1623, aus: Meisner u. Kieser, Bd. I, Teil 7, Abb. 4

561: Titelblatt des Festprogramms für das Freiberger Gregoriusfest 1674

562 (1): Holzschnitt, 1534, Erlangen, Georg Pencz Geisberg III, S. 966
- (2): Kupferstich v. Martino Rota (1520–1583), Bibliothèque Nationale, Paris. Aus: Michel Vovelle: La Mort et l'Occident. De 1300 à nos jours, Paris 1983, S. 199, Abb. 25

568: Detail aus dem Gemälde ‚Der Geldwechsler und seine Frau‘ von M. van Reymeswaele, 1537, Museo del Prado, Madrid

573: Ritter Götz von Berlichingen mit der eisernen Hand (1480–1562) nach dem Originalglasbild im Schloßmuseum in Jagsthausen/Württ.

575: Polit. Karikatur v. Hans Geisen, 1983,

1842

Abbildungsnachweis

Cosmopress. Aus: Bad. Ztg., Nr. 8, v. 12. I. 1983, S. 4
577: Nach einem handkolorierten Druck von Geißler (1770–1844)
580: Fresko von Garofalo, Palazzo Costabili, Ferrara Aus: Roberto Longhi: Officina Ferrarese, Firenze 1980, Abb. 245
582: Steinhöwel: Esopus, Fabel von der Grille
583: Der Narrenschneider, Herausdestillieren der Grillen aus dem Kopf sowie Abzapfen derselben aus dem Bauch, Kupferstich aus: de Bry: Emblemata
587 (1): Holzschnitt, Brant: Narrenschiff, 1494, zum Kap. ‚Von alten narren'
– (2): Kupferstich, Detail aus: ‚Des Pfalzgrafen Scharwerk bei den Staaten...' Aus: Die Fliegenden Blätter des XVI. u. XVII. Jh., hg. v. J. Scheible, Hildesheim/New York 1972, S. 278 f., Abb. 73
588: Neuruppiner Bilderbogen, Farblithographie, Oehmigke & Riemschneider, Nr. 9990, um 1903 Aus: Theodor Kohlmann: Neuruppiner Bilderbogen, Katalog (Schriften des Museums f. Dt. Vkde. Berlin, Bd. 7), Berlin 1981, S. 119, Abb. 152
596: Zeitgenössische Karikatur des Komponisten Anton Bruckner
598: Kupferstich: Hinrichtung Ludwig XVI. Aus: ‚O Freyheit! Silberton dem Ohre...' Französische Revolution u. dt. Literatur 1789–1799. Eine Ausstellung des Dt. Literaturarchivs auf dem Salon du Livre in Paris u. im Schiller-Nationalmuseum Marbach am Neckar, Abb. S. 333
600 (1): Karikatur v. Murschetz, aus: DIE ZEIT, Nr. 13, v. 21.3.1980
– (2): Karikatur v. Murschetz aus: DIE ZEIT, Nr. 19, v. 4.5.1979
604 (1): Zeichnung v. Brisolla, Abb. 12
– (2): Amerikan. polit. Karikatur (Chicago Tribune). Aus: DER SPIEGEL, Nr. 9, 1981, S. 131
– (3): Antike Gebärden bei der Totenklage. Schwarzfiguriges Vasenbild, Louvre, Paris (nach: Karl Sittl: Die Gebärden der Griechen und Römer, Leipzig 1890)
605: Slowenisches Bienenstockbrettchen von 1886
607: Zeichnungen v. Wilhelm Busch zu: ‚Die Brille'
615: Holzschnitt, Murner: Schelmenzunft, 1512
620: Graphik von U. Koch, Ausstellung im Brunnenburg-Museum, Dorf Tirol bei Meran
621: Detail aus ‚Bilder mit Versen', Neuruppiner Bilderbogen, Nr. 2816, aus: S. u. K., S. 106
623 (1): Grandville: G. W., Bd. 2, S. 825
– (2): Illustration v. William Hogarth (1697 bis 1764)
– (3): Detail aus einem Gemälde von J.-L. Gérôme: The Cock Fight, 1847. Aus: Geraldine Norman: Nineteenth-Century Painters and Painting: a Dictionary, London 1977, Umschlagfoto
– (4): Miniatur: Hähne ohne verstärkte Sporen, Chantilly, Musée Condé/Giraudon, Paris. Aus: Robert Delort: Le Moyen Age, Lausanne 1972, S. 164
– (5): Grandville: G. W., Bd. 1, S. 398
– (6): Holzschnitt aus der Jobsiade
624 (1): ‚The Cock crows in the morn' from Harris's ‚Little Rhymes for Little Folks', ca. 1812, Opie collection. Aus: Iona and Peter Opie (edd.): The Oxford Dictionary of Nursery Rhymes, Repr. Oxford 1952, Plate VI, b
– (2): Der Hahnentanz in der Baar 1825, Kupferstich von Nilson nach einer Zeichnung von J. G. Vollmar
625: Mörikes Turmhahn von Cleversulzbach, Original im Schiller-Nationalmuseum, Marbach a. N.
627: Kupferstich um 1640, Satirisches Blatt auf die Untreue der Frauen. Der betrogene Ehemann muß auf einem Hahn reiten. Seine Kennzeichen sind die Brille, durch die er nichts sieht bzw. nichts sehen will, die Eselsohren und die Hörner. Sein Weib tröstet ihn und er sich selbst, daß er nicht der einzige Mann ist, dem es so geht, und reiht sich willig in das Regiment der Hahnreye ein, dessen Fahnen die obengenannten Attribute tragen. Aus: Wäscher: Flugblatt, S. 88
634: Holzschnitt von 1535: Ein Gläubiger faßt einen Bürgen am Hals und reißt ihm den Mantel herunter, zum Zeichen der Pfändung. Aus: Hans Fehr: Das Recht im Bilde, Erlenbach–Zürich, München u. Leipzig 1923, S. 120, Abb. 203
637: Zeichnung v. Brisolla, Abb. 3
640/41: Teutsche Sprichwörter, 1. Hälfte 17. Jh., Germanisches Nationalmuseum Nürnberg, Kaps. 1293, H. B. 14925
643: Die Braut an der Hand in die Ehe führen (In matrimonium ducere), antike Darstellung, nach: K. Sittl, a. a. O.)
646: Handkuß beim Kaiser. Römisches Relief (nach: K. Sittl, a.a.O.)
647: Karikatur v. Murschetz Aus: DIE ZEIT o. A.

ABBILDUNGSNACHWEIS

648: Holzschnitt aus Thomas Murners ‚Narrenbeschwörung', 1512

651 (1): ‚Januar', aus: Die zwölf Monatsdarstellungen des Wiener Filocalus, Feder, grau laviert, Wien, Österreichische Nationalbibliothek (Von Rosenberg zur Diskussion gestellte Zeichnung von Lucas Cranach d.Ä.). Aus: 1472–1553, Lucas Cranach d.Ä.: Das gesamte graphische Werk, 2. Aufl. München 1972, S. 172

– (2): Detail aus dem Bordesholmer Altar von Hans Brüggemann (um 1480 – um 1540), Schnitzwerk um 1515–21, jetzt im Dom zu Schleswig (Herder-Bildarchiv)

– (3): Karikatur v. Haitzinger, v. 26. VII. 85

652: Karikatur v. Murschetz, o. A.

654 (1): Holzschnitt, aus: Franciscus Petrarcha: Von der Artzney, bayder Glück/des guten vnd widerwertigen ..., XLIX. Capitel

– (2): Bauer vor seinem brennenden Hause. Holzscnitt aus: Cicero officia, deutsch von Schwarzenberg, Augsburg, Steyner, 1537

656 (1 u. 2): Heimatmuseum Wolfach (Schwarzwald)

657: Kupferstich (Detail) aus: ‚Taschenbuch für Damen auf das Jahr 1807', Tübingen 1806, Nr. 19

659: Karikatur v. Murschetz, aus: DIE ZEIT, v. 29. 10. 1982

661: ‚Rechts-Hans auf allen Gassen'. Das Herkommen. Titelblatt einer Spottschrift 1720. Aus: Franz Heinemann: Der Richter u. die Rechtspflege in der dt. Vergangenheit (= Monographien zur dt. Kulturgeschichte, IV. Bd.), S. 136, Abb. 139

662 (1): Hanswurst mit Wickelkindern. Satirischer Kupferstich auf das ‚Glück' des Kinderreichtums, Ende 18. Jh. (?), Historisches Museum Wien. Aus: Helmut G. Asper: Hanswurst. Studien zum Lustigmacher auf der Berufsschauspielerbühne in Deutschland im 17. u. 18. Jh., Emsdetten 1980, Abb. 195

– (2): Johannes Lind als Hanswurst. Unbez. Holzschnitt, 18. Jh., ÖNB. Theatersammlung Aus: Asper; Abb. 84

– (3): Vera effigies rustici comici dich Hans Wurst, alias IND, 17. Jh. (nach Holl: Dt. Lustspiel)

664: Kupferstich: ‚Von dem Bauch-aufschneiden', Bl. 116

665: Kolorierte Graphik: ‚Die blinde Harfenjule'. Aus: ‚Harfenjule' von Franz Burchard Dörbeck, hg. v. Hans Ludwig, Berlin 1978, S. 70

667: Kupferstich von Matthäus Merian zu: Julius Wilhelm Zincgreff: Emblematum ethico-politicorum Centuria, Frankfurt 1614

669 (1): Grandville: G. W., Bd. 2, S. 822

– (2): Emblematischer Kupferstich, aus: Meisner/Kieser, Bd. II, Teil 2, Abb. 31

– (3): Grandville: G. W., Bd. 2, S. 823

670: Emblematischer Kupferstich, aus: Philip Ayres: Cupids addresse to the Ladies, Emblemata Amatoria, London 1683, Page 4

671: Zeichnung v. Brisolla, Abb. 19

675: Neuruppiner Bilderbogen, um 1885. Aus: Lukas Richter: Der Berliner Gassenhauer (um 1969), Abb. neben S. 321, Nr. 26

678: Titelblatt einer Haupt- und Staatsaktion, Grätz 1722

679 (1): Detail aus einem Bilderbogen aus Ost-Flandern, um 1700

– (2): Karikatur v. M. Marcks, aus: DIE ZEIT, Nr. 43, v. 19. Oktober 1984

681: Heidelberger Sachsenspiegelhandschrift, 13. Jh.

682: Joachim Camerarius: Symbolorum Et Emblematvm Ex Aqvatilibvs Et Reptilibvs Desumptorum Centuria Quarta, Nürnberg 1604, aus: Schöne: Emblematik, S. 84

684 (1): Hechel, nach W. Bomann: Bäuerliches Hauswesen und Tagewerk im alten Niedersachsen, Weimar o.J., (1926), S. 230

– (2): Guillaume de la Perrière: La Morosophie, Lyon 1533, Nr. 58

685 (1): Karikatur v. Haitzinger, v. 4. V. 87, Aus: DER SPIEGEL, v. 27. 6. 88, S. 30

– (2): Zeichnung von Wilhelm Scholz: ‚Luxemburger Frage', 1867, Bismarck-Album, S. 42

688: Holzschnitt von Jost Ammann, Ständebuch, S. 102

689 (1): Kupferstich von C. J. Delff, 1608, Nürnberg, Germanisches Nationalmuseum

– (2): Brehms Tierleben, Vögel IV, Leipzig und Wien 1913

691: Lucas van Leyden: ‚Der Fackelträger', Rijksmuseum Amsterdam

693 (1): Illustration von Moritz v. Schwind zu Dullers ‚Freund Hein', 1833/34: Freund Hein öffnet einem Gefangenen die Tür

– (2): Illustration von Moritz v. Schwind zu Dullers ‚Freund Hein', 1833/34: Freund Hein als Freier im Kirchhof

696: Heller aus dem Hellerschatz Meilenhofen bei Eichstädt, vergraben um 1270

ABBILDUNGSNACHWEIS

(enthielt ca. 6000 Haller Pfennige aus der Zeit um 1190–1270), nach: Veit: Geld, S. 35

697 (1): Wer aus Not spielt, verliert notwendigerweise, ital. Kupferstich v. Mitelli, 1678, Milano, Racc. Bertarelli, Vol. A.A. 180, aus: Paolo Toschi: Populäre Druckgraphik Europas. Italien, vom 15. bis zum 20. Jh., München 1967, Abb. 112
- (2): Federzeichnung des am Ende des 15. Jh. am Mittelrhein tätigen Zeichners und Kupferstechers (Hausbuchmeister) zum ‚Hausbuch‘ (Schloß Wolfegg)
- (3): Karikatur v. Wolter, o. A.

699: Zeichnung v. George Cruikshank

700: Niederländ. Kupferstich, 17. Jh., Monogrammist JSD, aus: Gentsche Beiträge zur Kunstgeschichte, S. 193

701: Zeichnung v. Gisela Mehren; „Germanistik, und Du?", Mehren 8/89 Aus: Bad. Ztg., v. 4.X.1989

704: ‚Die Demütigung des Herzens‘, Emblem aus: Benedict van Haeften: Schola cordis, Antwerpen 1629, in: Herz, Bd. 2, S. 72

705 (1): Hl. Gertrud, die das Christuskind im Herzen trägt, Kupferstich von Paul Seel. um 1700, in: Herz, Bd. 1, Tafel VIII
- (2): Amerikanische Karikatur v. E. D. Gibson, ‚Life‘ 1900. Aus: Eduard Fuchs: Die Frau in der Karikatur, München 1906, S. 44
- (3): Emblem aus: Benedict van Haeften: Schola cordis, Antwerpen 1629: Die Menschenseele opfert ihr Herz, in: Herz, Bd. 2, S. 82
- (4): Backmodel, 1. Hälfte 18. Jh., Privatbesitz, in: Herz, Bd. 2, S. 158

706: Emblem aus: Benedict van Haeften: Schola cordis, Antwerpen 1929, in: Herz, Bd. 2, S. 72

707 (1): Kupferstich v. Anton Wierix: ‚Jesus cor expurgans‘. Aus: Mario Praz: Studies in Seventeenth-Century Imagery, 2. Ed. Roma 1964, S. 153, Abb. 61
- (2): Alte Bildpostkarte, Reprint 1977

709: Rundbild von Pieter Bruegel d. Ä. aus der Serie: ‚Zwoelf vlaemische Sprichwörter‘

713 (1): Hexeneinmaleins
- (2): Holzschnitt aus: ‚Tractatus von den bösen weibern, die man nennet die hexen‘, Ulm um 1490, Druck von Johann Zainer
- (3): Werbung von IHC für Gerät zur Selbstbehandlung, aus: Bad. Ztg., v. 22./23.VII.1989

715: Ill. v. Gustave Doré zu: Hippolyte Taine: Voyage aux Pyrénées, Paris 1860. Aus: G. Doré: Bd. I, S. 366

717: Ill. aus: Bruno Mariacher: Das Glück ist kugelrund, Zürich u. München 1972

720: Öffentliche Züchtigung 1789: Eine Frau wird geschlagen, weil sie auf das Porträt des Finanzministers Necker gespuckt hat. Aus: DER SPIEGEL, Nr. 5, v. 30.I.89

724 (1): Depositionsszene: Das Abschleifen u. Hobeln des Beanus. Holzschnitt aus Friedericus Widebrandus: Carmen heroicum de typo depositionis, Erfurt u. Wittenberg 1578, Aus: Peter Krause: O alte Burschenherrlichkeit, Graz, Wien, Köln ³1980, S. 23, Abb. 4
- (2): Karikatur v. Murschetz, aus: DIE ZEIT, v. 15.VII.83

725: Holzschnitt v. John Bewick, aus: John Trusler: Proverbs Exemplified, London 1790, Percival Collection, T 77 pr., Page 21

726: Nach einem Gemälde von Ernst Müller, aus: Karl Schöning: Mit viel Gefühl. Bayern im Spiegel der Gartenlauben-Zeit, München 1965, S. 37

728: Holzschnitt von Hans Weiditz

729: Karikatur, aus: DIE ZEIT, v. 13.V.1984

731: Ill. v. Gustave Doré zu: Dante Alighieri: L'Enfer, Paris 1861: Inferno, 19. Gesang, Verse 49–50. Aus: G. Doré, Bd. I, S. 380

733: Gemälde v. Karl Plückebaum: ‚Der Kellergeist‘. Aus: Jörg Ritzel: Der lachende Rhein. Tausend Jahre rheinischen Humors in Wort u. Bild. Gesammelt u. hg. von –, Köln 1930, Tafel 8

734 (1): Karikatur v. Haitzinger, v. 13.VIII.87. Aus: Bad. Ztg., Nr. 185, v. 14.VIII.1987
- (2): Karikatur v. Haitzinger: ‚Bonner Feinmechaniker‘, v. 7.I.87, aus: DER SPIEGEL, v. 12.I.1987
- (3): Karikatur v. Kolfhaus, aus: Bayernkurier, v. 19.III.1977

736 (1): ‚Honigschlecker‘, Putto von Feuchtmayer (ca. 1750), Wallfahrtskirche Basilika Birnau (Bodensee)
- (2): Karikatur v. Haitzinger: ‚Bitterer Honig‘, v. 21.VI.91. Aus: Bad. Ztg. v. 22./23.VI.1991, S. 4

739 (1): Rötelzeichnung von Georg Hoefnaghel, 1569
- (2): ‚Hörndl-Verkäufer‘, ein Spottbild auf betrogene Ehemänner. Kolorierte Radierung nach einem franz. Kupferstich (18. Jh.). Aus: Ludwig Knoll: Kulturge-

1845

schichte der Erotik, Bd. IV. Rastatt o. J., S. 986
- (3): Zeichnung v. Tomi Ungerer, aus: ders.: Adam & Eva, Zürich 1974, S. 103
- (4): Mittelalterl. Miniatur, aus: Ms.lat. 3898 f. 397, Paris, Bibliothèque nationale
- (5): Französische Karikatur, 1830: ‚Sieht er so nicht niedlich aus?' Aus: Eduard Fuchs: Die Frau in der Karikatur. Sozialgeschichte der Frau, 3. Aufl. Frankfurt 1973, S. 103, Abb. 89
740: Far le Corna, Wandmalerei aus Pompeji, nach: Grete Grossmann: Über die Handamulette der von Portheim-Stiftung in Heidelberg, in: Oberdt, Zs. f. Vkde. 5, 1931
743: Radierung von Goya (1804?): Blinder auf den Hörnern eines Stieres
744: Wegweiser nach Hornberg (Schwarzwald)
745: Ansichtskarte vom Luftkurort Hornberg (Schwarzwald). Die Sage dient der Fremdenverkehrswerbung
746 (1): Karikatur v. Haitzinger, v. 19. II. 81. Aus: Bad. Ztg., Nr. 42, v. 20. II. 1981
- (2): Detail aus einem Bilderbogen aus Ost-Flandern, um 1700
- (3): Engl. Karikatur v. Richard Newton, 1796: ‚Des Bruders Hosen' (‚Trying on my Brothers Breeches'). Aus: Eduard Fuchs: Die Frau in der Karikatur, München 1906, S. 464
747 (1): Kupferstich des Israel von Meckenem, Vlämische Karikatur, 15. Jh. Aus: Eduard Fuchs: Die Frau in der Karikatur. Sozialgeschichte der Frau, 3. Aufl. Frankfurt 1979, S. 53, Abb. 47
- (2): Misericordie aus Hoogstraeten, 16. Jh.
- (3): Französische Karikatur, um 1700. Aus: Eduard Fuchs: Die Frau in der Karikatur, München 1906, S. 68
- (4): Niederländischer Kupferstich, 17. Jh., aus: Gentsche Beiträge zur Kunstgeschichte, S. 177
- (5): Bilderbogen, Nürnberg, um 1845. Feder- u. Kreidelithographie mit Typensatz, Nürnberg bei C. N. Renner u. Co., Nr. 681. Aus: Bilderbogen. Dt. populäre Druckgraphik d. 19. Jh. – Ausstellung im Karlsruher Schloß, 1973, Abb. 12, Kat. Nr. 87
749: Detail aus ‚Sprichwörter', Münchener Bilderbogen, Nr. 33, Ill. v. K. Braun u. J. Rehle.
750: Rückentragkorb als einfachstes Transportmittel. Stik i Danckwerth: Landesbeschreibung Schleswig–Holsteins, Slesvig 1652. Aus: Dagligliv i Danmark i de syttende og attende Århundrede, 1620–1720, København 1969, Abb. S. 666
751: Grandville: G. W., Bd. 1, S. 510
754: Lithographie, gez. v. Christian Förster, die den Wasserverkäufer Hummel, das Hamburger Original, zeigt. Museum für Hamburgische Geschichte
757: Reklame für Gurken-Einmachgewürz von Alba
758 (1): Karikatur v. Haitzinger, v. 16. VII. 87. Aus: Bad. Ztg., Nr. 161, v. 17. VII. 1987
- (2): Misericordiendarstellung in Kempen (Niederrhein)
- (3): P. e. R., Plate LIX
- (4): Detail aus einem Antwerpener Bilderbogen, aus: L'imagerie populaire des Pays-Bas
759 (1): Posch-Missale 1526, Stiftsbibliothek Neustift Brixen
- (2): Detail aus einem Bilderbogen aus Ost-Flandern, um 1700
761: Carl Schultze als ‚Deubel', 28. Juni 1862 – Geering: Klassisches Theater in der volkstümlichen Parodie, in: Beiträge der dt. Volks- und Altertumskunde, hg. v. W. Hävernick und H. Freudenthal, Hamburg 1970, H. 14, Tafel I
764 (1): Relief vom großen Brunnen in Perugia von Niccolo von Pisa und seinem Sohne Giovanni, 1277–80
- (2): Skizzenbuch des frz. Baumeisters Villard (Album de Villard de Honnecourt, architecte du XIIIe siècle. Paris 1906, Blatt 24)
- (3): P. e. R., Plate CLVII
769: Hungertuch aus Telgte von 1623, Heimathaus Münsterland
770: Zeichnung v. Olaf Gulbransson, aus: O. Gulbransson: Sprüche u. Wahrheiten, München/Wien ²1975
771: Karikatur v. Behrendt, aus: FAZ, Nr. 258, v. 6. XI. 1982
772: Innocente Migliavacca (1856): Tells Grußverweigerung. Aus: Lilly Stunzi: Tell. Werden und Wandern eines Mythos, Bern 1973, Abb. S. 258
773: Ill. aus: Bruno Mariacher: Das Glück ist kugelrund, Zürich u. München 1972
774: Holzschnitt aus Thomas Murners ‚Narrenbeschwörung', 1512
775: Lied-Kolporteur, Gemälde, Öl auf Holz, o. J. (ca. spätes 17. Jh.), Anonym, Karlsruhe, Staatl. Kunsthalle
776: Karikatur v. Bubec, aus: HANDELSBLATT, v. 7./8. XII. 1979

779: Kupferstich aus: Emblemata Horatiana, Antwerpiae 1607, Page 29
781: Polit. Karikatur o. A.
785 (1): Kupferstich aus: Octavio van Veen: Amoris Divini Emblemata, Antwerpiae 1660 (PN 6357 L 3 V 51, 1660), Page 87
– (2): Holzschnitt v. Ludwig Richter, aus: G. O. Marbach (Hg.): Sprichwörter u. Spruchreden der Deutschen, Leipzig o. J., S. 50
788: Holzschnitt v. Erhard Schön, Nürnberg um 1520. Aus: Anna Rapp: Der Jungbrunnen in Literatur u. bildender Kunst des Mittelalters, Zürich 1976, S. 151, Kat. 19, Abb. 13
791 (1): Neuruppiner Bilderbogen, aus: S. u. K., S. 21
– (2): Kupferstich v. C. W. Sharpe nach einem Gemälde v. N. J. Crowley, London 1842. Dublin, National Library of Ireland. Aus: Liebe u. Hochzeit. Aspekte des Volkslebens in Europa, Antwerpen 1975, S. 74, Kat. Nr. IRL 13
792 (1): ‚Kainszeichen', Aufnahme: Südt. Verlag, aus: DIE ZEIT, v. 21.XII.1984
– (2): Heidelberger Sachsenspiegelhandschrift, 13. Jh.
794 (1): Holzschnitt, Brant: Narrenschiff, 1494, zum Kap. ‚Von dantzen'
– (2): J. J. Grandville: Der Triumph des Goldenen Kalbes, Holzstich in der dt. Ausg. von „Un autre monde", Leipzig 1847. Hamburg, Sammlung Horst Mischke. Aus: Ries, Hans: Zwischen Hausse und Baisse. Börse und Geld in der Karikatur, hg. v. Herwig Guratzsch, Stuttgart 1987, Katalog zur Ausstellung im Wilhelm-Busch-Museum Hannover, 1. November – 20. Dezember 1987, S. 229, Abb. 156
799: Polit. Karikatur aus der ehemaligen Sowjetunion
800: Karikaturen v. Haitzinger, 1973 u. 1983. Aus: Bad. Ztg, v. 18.III.1983
801 (1): Karikatur v. Haitzinger, 1976: ‚Jagdszene aus Niederbayern'
– (2): Karikatur o. A. Aus: Zeitmagazin o. A.
805 (1): Karikatur v. Murschetz, aus: DIE ZEIT, v. 25.XI.1988
– (2): Karfreitagsratsche, Zs. f. Vkde. 20, 1910, S. 260
806: Doppelratsche aus der Kirche zu Mittel-Darching bei Holzkirchen (Oberbayern)
807 (1): Kolorierte Lithographie von Franz Krüger, aus: O. Pniower: Das Karnickel hat angefangen, in: Mitt. d. Ver. f. d. Gesch. Berlins 42, 1925, S. 111
– (2): Kolorierte Lithographie von Lami, aus: O. Pniower, S. 111
808: Karikatur v. Haitzinger, 78. Aus: Bad. Ztg., v. 5.VII.1978, S. 4
809: Gerichtliche Karrenfahrt, Basel 1795, aus: Schweizerische Volkskunde 42. Jg., Basel 1952
810: Bilderrätsel, Neuruppiner Bilderbogen, Nr. 7088, aus: S. u. K., S. 110
812: Zeichnung v. Wolfgang Sischke, aus: DIE ZEIT, v. 4.I.1991
814: Aegidius Sadeler: Theatrum morum, Prag 1609: Vom Affen und der Katz
817: P. e. R., Plate II
818: Deutsches symbolisch-satirisches Sprichwortflugblatt auf das Heiraten, Kupfer von G. Altzenbach 1648, München, Kupferstichkabinett
820: Polit. Karikatur, aus: DIE WELT o. A.
821 (1): Engl. Karikatur, aus THE SUN. Aus: DER SPIEGEL, v. 26.XI.1988
– (2): Tuschfederzeichnung v. Alfred Kubin, 1945, Privatbesitz
822 (1): Misericordiendarstellung in Kempen (Niedrrhein)
– (2): Detail aus dem Sprichwörterbild von P. Bruegel, 1559
– (3): Polit. Karikatur aus: HANDELSBLATT o. A.
826: Grandville: G. W., Bd. 2, S. 1004
827: Pinselzeichnung: ‚Die Katzensymphonie' v. Moritz v. Schwind, 1868, dem Geiger Joseph Joachim gewidmet. Staatliche Kunsthalle Karlsruhe
828: Pinselzeichnung des japan. Künstlers Hiroshige, Anf. d. 18. Jh. Aus: The illustrated Cat. A Poster Book by Jean-Claude Suares and Seymour Chwast, ed. by William E. Maloney, New York 1976, Abb. S. 35
830: Grandville: G. W., Bd. 2, S. 987
832 (1): Walliser Tesseln, Sammlung Groß, Freiburg i. Br.
– (2): Holzschnitt, Murner: Schelmenzunft, 1512
833: ‚Auction bei brennender Kerze in Bremen'. Nach einer Originalskizze von C. C. Junghans. Aus: DIE GARTENLAUBE, Jg. 1884, Leipzig 1884, S. 440
834: Vorderseite eines Keuschheitsgürtels mit Sündenfall-Darstellung, dt., 16. Jh., Eisen geschmiedet, gepunzt u. ziseliert. Aus: D. M. Klinger: Erotische Kunst in Europa, 1500 bis ca. 1935, Bd. I: 1500–1800, Nürnberg 1982, S. 58, Abb. 17
838: Kolorierter Kupferstich aus Bieder-

1847

meier-Album ‚Bilder-Lust' für kleine Kinder, Nürnberg: C. H. Zeh'sche Buchhandlung (1835)
840 (1): Satirisches Flugblatt aus der ersten Kipperzeit 1620-22, Kupferstich, Augsburg, bei Daniel Manasser, aus: Veit: Geld, S. 72
– (2): Karikatur v. Haitzinger, v. 27.V.83, aus: tz, München
841: Grandville: G. W., Bd. 2, S. 882
845 (1): Kupferstich aus: K. ter Laan: Nederlandse spreekwoorden/spreuken en zegswijzen, Amsterdam/Brussel 1979, Abb. 24
– (2): Robert Högfeldt: Also geht es auf der Welt, Wien 1950
846: Lepra-Kranker mit Klapper vor dem Stadttor, Bibl. Nat., Paris. Aus: Robert Delort: Le Moyen Age, Lausanne 1972, S. 52
847 (1): Der Storch als Kinderbringer, Tegning af Lorenz Frølich til H. C. Andersens historie ‚Pejter, Peter og Per'. Aus: Jørn Piø: Den lille overtro, København 1973, S. 135
– (2): Illustration v. Lothar Meggendorfer zu: ‚Das Buch vom Klapperstorch für Jung und Alt', Stuttgart ²1881. Aus: Vater, Mutter, Kind, Katalog des Münchner Stadtmuseums, München 1987, Abb. S. 204
854: Karikatur v. Stauber, aus: NEBELSPALTER, Schweiz
856: Holzschnitt des Petrarca-Meisters, Augsburg 1532, aus: Walther Scheidig: Die Holzschnitte des Petrarca-Meisters (zu Petrarcas Werk, von der Artzney bayder Glück des guten und widerwärtigen', Augsburg 1532), Berlin 1955
860: Mit einem Schwertstreich löste Alexander der Große den gordischen Knoten – Hinweis, daß sich jedes Problem lösen läßt, in einer Anzeige einer amer. Computerfirma im SPIEGEL
865: Detail aus dem Sprichwörterbild von P. Bruegel, 1559
866: ‚Kakelorum', ein oberösterr. Glücksspiel, aus: Helmut Nemèc: Alpenländische Volkskunst, Wien 1980, S. 216
869: Holzschnitt aus: Thomas Murner. Elsässischer Theologe und Humanist 1475-1537, Ausstellungskatalog, hg. von der Badischen Landesbibliothek Karlsruhe in Zusammenarbeit mit der Bibliothèque nationale et universitaire de Strasbourg, 1988, S. 47
870 (1): Detail aus dem Sprichwörterbild von P. Bruegel, 1559

– (2): Karikatur, aus: DER SPIEGEL, Nr. 46, 1983
– (3): Misericordiendarstellung in Hoogstraeten, 16. Jh.
– (4): Zeichnung v. Brisolla, Abb. 25
871 (1): Statue des Hl. Dionysius, 1506, Holzplatik von Niclaus Hagenower, Straßburg
– (2): Emblematischer Kupferstich mit Ansicht von Raab in Ungarn, aus: Meisner/Kieser, Bd. I, Teil 4, Abb. 41
872: Zeichnung v. Wilhelm Busch: ‚Das gestörte Rendezvous'. Aus: Mechtild Fuchs, Freia Hoffmann u. Barbara James: Dt. Volkslied. Das allzubekannte Unbekannte. Arbeitsbuch für die Sekundarstufe II, Stuttgart 1983, S. 46
873 (1): Detail aus dem Sprichwörterbild von P. Bruegel, 1559
– (2): Holzschnitt von Lucas van Leyden, ca. 1520
– (3): Detail aus dem Malterertteppich ‚Weiberlisten', 1310/20: ‚Virgil im Korb', Freiburg i. Br., Augustinermuseum
874: Holzschnitt v. Ludwig Richter zu: Alte u. Neue Volkslieder mit Bildern u. Singweisen, hg. v. L. Richter u. A. E. Marschner, Leipzig (1846). Aus: Das Ludwig Richter Hausbuch, München 1976, S. 224
877: Vignette von Moritz v. Schwind. Aus: J. Grand-Carteret: Les mœurs et la caricature en Allemagne en Autriche en Suisse, Paris 1885, S. 492
878 (1): La sortie des Krähwinklois – Caricature de Wunder. Types des estampes sur les Krähwinkler (1820–1830). Aus: L. Grand-Carteret: Les mœurs et la caricature en Allemagne en Autriche en Suisse, Paris 1885, S. 99, Fig. 27
– (2): ‚Wie die Krähwinkler die Brunnen klystieren', aus: Neuer Züricher Kalender, 1831. Aus: Kalender-Geschichten. Aus Volkskalendern der dt. Schweiz, ausgewählt u. hg. v. Katharina Eder, Stuttgart 1982, S. 55
879: Steinhöwel: Esopus, Die XIII. Fabel ‚von dem fuchs vnd dem storcken'
881: Illustration aus der Manessischen Lieder-Handschrift
886 (1): Holzschnitt, Brant: Narrenschiff, 1494, zum Kap. ‚Furwiisenheyt gottes'
– (2): Kolorierter Holzschnitt, um 1810, Nancy, Desfeuilles, Paris, Bibliothèque Nationale. Aus: Jean Adhémar u.a. (Hg.): Populäre Druckgraphik Europas. Frankreich vom 15. bis zum 20. Jh., München 1968, Abb. 115
– (3): Grabtragung des Kredits, kolorierte

Tuschzeichnung auf Karton in einer Dresdener Wirtschaft, um 1925
887: Der schlechte Zahler tötet die Credenza, Ital. Bilderbogen des 16. Jh., Nürnberg, Germanisches Nationalmuseum
888: Diego de Saavedra Fajardo: Idea/De Un Principe Politico/Christiano, Amsterdam 1659, Nr. 65
892 (1): Emblemat. Kupferstich mit Ansicht von Laun in Böhmen, aus: Meisner/Kieser Bd. II, Teil 2, Abb. 26
- (2): Karikatur v. Haitzinger, 1975, aus: Bad. Ztg. o. A.
894: Karikatur v. Haitzinger, 1975, aus: Bad. Ztg. o. A.
895 (1): P. e. R., Plate XXXVII
- (2): Kolorierter Holzschnitt, frz., 19. Jh.: ‚Un pot fêlé dure plus qu'un neuf‘ (Ein geflickter Topf hält manchmal länger als ein neuer)
- (3): Emblemat. Kupferstich, aus: Cats and Farlie (PT 5626 E 5 P 6 1860), Page 41
896: Detail aus einem Bilderbogen aus Ost-Flandern, um 1700
897 (1): Kupferstich nach einem Gemälde von Rob. Ernesti
- (2): Karikatur von James Gillray auf die Ereignisse des Jahres 1805: Pitt und Napoleon sichern sich ihre Einflußgebiete
899 (1): Holzschnitt aus Thomas Murners ‚Geuchmatt‘, 1519: ‚den gouch vßbrieten‘
- (2): Kuckuck in einem Grasmückennest, Zeichnung, aus: Das Pfenning-Magazin, H. 345, v. 9. November 1839, S. 356
- (3): Jusos als Kuckucksei im Nest der SPD – Polit. Karikatur
900: Holzschnitt aus Thomas Murners ‚Geuchmatt‘, 1519: ‚den gouch lernen singen‘
903 (1): Martin Heemskerk (1498–1574): Triumphzug des Todes
- (2): Trionfo della morte. Ital. Elfenbeinarbeit, XV. Jh., Collection Malcolm
904: Missale aus Amiens von 1323. Der Tod auf der schwarzen Kuh, Den Haag, Kgl. Bibliothek
905 (1): Karikatur v. Haitzinger, v. 17. V. 84, aus: Bad. Ztg. v. 18. V. 1984
- (2): Karikatur v. Haitzinger, v. 30. V. 90, aus: Bad. Ztg. v. 31. V. 1990
- (3): Karikatur v. Haitzinger, v. 3. VIII. 81: Das Sparprogramm der Regierung bleibt Stückwerk, au˙. Politische Karikaturen v. Horst Haitzinger, München 1981
901 (1): Holzschnitt v. Hans Weiditz, um 1509

- (2): Holzschnitt von Albrecht Dürer zum ‚Ritter vom Turn‘. Von den Exempeln der Gotsfurcht un Erberkeit‘. Gedruckt bei Michael Furter, Basel 1493: ‚Martins-Messe‘
907 (1): Fresko des 14. Jh. in St. Georg, Reichenau-Oberzell
- (2): Bauernprotest in Niedersachsen gegen die EG-Politik
910: Holzschnitt des H. Springinklee, Nürnberg 1513
912: Zeichnung von Wilhelm Scholz: ‚Prognosticon‘, 1882, aus: Bismarck-Album, S. 135
913: Gerda Grober: Karte zu Frage 234a der Umfrage zum Atlas der deutschen Volkskunde
915: Zeichnung v. Paul Flora: ‚L wie Lynchjustiz‘, aus: ‚Das üble Alphabet‘, in: P. Flora: Vergebliche Worte. Von Dichtern und Denkern, Zürich 1981, Abb. S. 26
923: M. Grünewald: Detail der Kreuzigung aus dem ‚Isenheimer Altar‘ (1510–1515). Unterlindenmuseum, Colmar
928: Jagdlappen von 1700: Leindwandtuch, Hanfseil, Modeldruck mit Ölfarbe, bez.: JRCDHL/1700; 1989/1992. Aus: Kalender 1991 des Dt. Historischen Museums Berlin
931: Gemälde von Friedrich Prölß
934: Karikatur v. Haitzinger, v. 16. VIII. 89. Aus: Bad. Ztg., v. 3. X. 1990
935: Karikatur v. Haitzinger, v. 3. X. 88. Aus: Bad. Ztg., v. 5. X. 1988
936: Holzschnitt, Murner: Schelmenzunft. 1512
939: Karikatur v. Haitzinger, v. 16. I. 87. Aus: Bad. Ztg. v. 22. I. 1987
943: Titelkupfer v. Francis Quarles: Hieroglyphikes of the Life of Man, 1638. Aus: Rosemary Freeman: English Emblem Books (Octagon Books), 2. Aufl. London 1967
944: Kalchas liest aus einer Leber die Zukunft, Etruskischer Spiegel, 5. Jh. v. Chr.
945 (1): Lithographie von A. Paul Weber, aus: Das Jahr des Metzgers. Der Lissnerschen Wurstologia anderer Band, hg. von Ernst Johann aus Frankfurt am Main, Frankfurt 1957, S. 229
- (2): Holztafeldruck um 1500, aus: Brückner: Druckgraphik, Abb. 32
946: Holzschnitt des Petrarca-Meisters, Augsburg 1532, aus: Walther Scheidig: Die Holzschnitte des Petrarca-Meisters, Berlin 1955
949: Emblemat. Kupferstich v. Boetius à

1849

ABBILDUNGSNACHWEIS

Bolswert, aus: H. Hugo: Pia desideria, Antwerpen 1628
951 (1): Holzschnitt, Wien Bestattungsmuseum
- (2): Wasserfarbenmalerei von Matheus de Sallieth, letztes Viertel des 18. Jh., aus: J. J. Fahrenfort und C. C. van de Graft: Dodenbezorging en Cultuur, I, Amsterdam 1947
953: Vogelfangender Eros mit Leimstange nach Abraham Gorlaeus, Leiden 1695. Aus: Kurt Lindner: Beiträge zu Vogelfang und Falknerei im Altertum, Berlin/ New York 1973, S. 59, Abb. 20
954: de Bry: Emblemata, Nr. 61
955: Karikatur v. Haitzinger, v. 6.XI.86. Aus: Bad. Ztg., v. 7.11.1986
956: Gemälde von David Rychaert, 1684
960 (1): Illustration von Moritz von Schwind (1804–71)
- (2): Miniatur auf Pergament, um 1750
961 (1): Holzschnitt des Petrarca-Meisters, Augsburg 1532, aus: Walther Scheidig: Die Holzschnitte des Petrarca-Meisters, Berlin 1955
- (2): Emblemat. Kupferstich, aus: Cats and Farlie (PT 5626 E5 P6 1860), Page 53
964: Emblemat. Kupferstich, aus: Cats and Farlie, Page 137
965 (1): Emblemat. Kupferstich, aus: Octavio van Veen: Amoris Divini Emblemata, Antwerpiae 1660
- (2): Emblemat. Kupferstich (Hase als Symbol der Furcht u. Ängstlichkeit), aus: Octavio van Veen: Amoris Divini Emblemata, Antwerpiae 1660, Page 107
966: Karikatur v. Olaf Gulbransson. Aus: Sprüche und Wahrheiten, gezeichnet von Olaf Gulbransson, München 1974
967: Carlo Dolci: Die hl. Jungfrau mit dem Jesuskind. München, Pinakothek (Herder-Bildarchiv)
970: Holzschnitt, Murner: Schelmenzunft, 1512
972 (1): Grandville : G. W., Bd. 2, S. 1076
- (2): Holzschnitt v. Hans Sebald Beham: ‚Der Teufel als Vogelfänger'. Aus: Max Geisberg (Hg.): Die dt. Buchill. in der 1. H. d. 16. Jh., München 1930, Nr. 429
- (3): John Blair: Wildentenmännchen, Decoy, Holz, bemalt, 45 cm lang, 1868, Philadelphia oder Elkton, Md. Zur Verwendung in der Delaware Bay bestimmt. Aus: Jean Lipman u. Alice Winchester: Die Volkskunst in Amerika. Ausstrahlung, Vorlagen, Quellen, München 1974, S. 177, Abb. 225

975 (1): Moritz v. Schwind: Krähwinkeliaden, 1826
- (2): Emblemat. Kupferstich, aus: Octavio van Veen: Amoris Divini Emblemata, Antwerpiae 1660, Page 15
976 (1): Zeichnung v. John Tenniel, die am 29. März 1890 in der engl. Satirezeitschrift PUNCH veröffentlicht wurde u. Bismarck als grimmigen Lotsen zeigt, den Kaiser Wilhelm II. von Bord weist. Diese Karikatur erfuhr unzählige Variationen in der Folgezeit
- (2): Polit. Karikatur v. Hanel. Aus: DER SPIEGEL 50, v. 10.XII.1990, S. 21
977 (1): Steinhöwel: Esopus, Die XII. Fabel ‚von dem alten loewẽ vñ den fuchssen'
- (2): Frz. Federlithographie v. Honoré Daumier, in: LE CHARIVARI, v. 21.IX.1834. Aus: H. Daumier; Bd. I, S. 95 (D 207)
980: Kupferstich, 17./18. Jh.: ‚Sic transit gloria mundi'
982 (1): Zeichnung von M. de Haenen: ‚Le jeu de la mailloche' (Kraftmesser vor der Fassade des Stadthotels in Antwerpen), Schweizerisches Turn- und Sportmuseum, Basel
- (2): Zeichnung von Gustav Broling: Auf dem Marsfelde in St. Petersburg während des Osterfestes, Nr. 8: Der Kraftmesser, Schweizerisches Turn- und Sportmuseum, Basel
983: Holzschnitt, aus: John Ashton: Chap-Books of the eighteenth Century, New York 1970, S. 298
990: P. e. R., Plate CLXXVII
995: Engl. Holzschnitt: ‚A Wodehouse'. Aus: The Sports and Pastimes of the People of England by Joseph Strutt, London 1855, S. 378, Abb. 115
996: Holzschnitt ‚Der Narrenkäfig' von Erhard Schoen, um 1530. Aus: Stefanie Poley: Unter der Maske des Narren, Stuttgart 1981, S. 90, Abb. 103
997 (1): Detail aus einem Bilderbogen aus Ost-Flandern, um 1700
- (2): Kupfer von Israel van Meckenem, 15. Jh., Wien, K. u. K. Kupferstichsammlung, B 222
999: Schutzmantelmadonna, 15. Jh. Dom in Fulda
1000: Karikatur von M.S.: ‚Führen und geführt werden'
1002: Narr mit Marotte. Randzeichnung v. Hans Holbein d.J. (1515/16) zum ‚Lob der Torheit' des Erasmus von Rotterdam. Aus: Werner Mezger: Narretei u. Tradi-

tion. Die Rottweiler Fasnet, Stuttgart 1984, S. 25, Abb. 16
1003: Originalzeichnung v. C. Offterdinger: Geschenke der Kinder für den Lehrer. Aus: ‚Die Gartenlaube', Leipzig 1868, S. 693
1005: Detail aus Münchener Bilderbogen, Nr. 189: Redensarten, ill. v. Stauber. Aus: Eine lustige Gesellschaft, Zürich 1978
1008: Detail eines Altargemäldes: ‚Verspottung Christi'
1009: Holzschnitt, Murner: Schelmenzunft, 1512
1011 (1): Olaus Magnus: Historia de gentibus septentrionalibus, dt. Ausg. Basel 1567, Kap. 16
– (2): Eiserne Kienspanklemme, im südlichen Böhmerwald ‚Mäuläff' genannt
– (3): Fußwärmevorrichtung. Töpferware aus Lübeck, sog. ‚Mulåpen'
– (4): Spanhalter aus Ton, Oberoesterreich, sog. ‚Geanmaul'
1012: Karikatur v. Haitzinger, v. 13.XI.90. Aus: Bad. Ztg., v. 14.XI.1990
1013: Die hl. Gertrud von Nivelles, Einblattdruck um 1420/40
1014: Steinhöwel: Esopus. Die XVIII. Fabel ‚von dem leuwen vnd der maus'
1015: Steinhöwel: Esopus. Die XII. Fabel ‚Von zweyen meusen'
1017: Emblemat. Kupferstich, aus: Cats and Farlie, Page 149
1018: Mecklenburger Wappen
1021: Miniatur aus: Heilsspiegel (Hs. um 1360). Die Bilder des mittelalterlichen Erbauungsbuches ‚Speculum humanae salvationis', Dortmund 1981 (Die bibliophilen Taschenbücher Nr. 267, Kap. 34 (40), d, S. 75)
1025: Karikatur von Murschetz, aus: DIE ZEIT, Nr. 51, v. 11.XII.1981
1027: Karikatur v. Pepsch, Süddt. Ztg. Aus: DER SPIEGEL, v. 25.I.1988
1028: Illustration von Glaßbrenner, Bd. I. S. 317
1029: Illustriertes Liedflugblatt, Kupferstich von 1641, aus: Wäscher: Flugblatt, S. 53
1030: Flugblatt von 1625 auf Hans Michelin von Obentraut auß der Chur Pfaltz, Einblattdruck, Kurpfälzisches Museum Heidelberg
1032: Titelblatt eines Almanachs, Leipzig 1819
1034 (1): Lavierte Federzeichnung v. Nicolaes Maes: ‚Milchverkäuferin an der Haustür', Kupferstichkabinett Dresden.

Aus: Wilhelm R. Valentiner: Nicolaes Maes, Berlin u. Leipzig 1924
– (2): Kolorierte Radierung v. Georg Melchior Kraus: ‚Mlle Neuhaus als ‚Milchmädchen', 1778. Aus: Gisela Zick: Der zerbrochene Krug als Bildmotiv d. 18. Jh., in: Wallraf-Richartz-Jahrbuch, Bd. XXXI, Köln 1969, S. 188, Abb. 137
1039: Zeichnung von Eduard Mörike, Schiller-Nationalmuseum Marbach
1040: Kleidung à la mode – Kartell stutzerischen Aufzugs, Druck in Ostende 1628. Aus: Die Fliegenden Blätter d. XVI. u. XVII. Jh., hg. v. J. Scheible, Hildesheim/New York 1972, S. 18f. (Reprograph. Nachdr. d. Ausg. Stuttgart 1850)
1041: Detail aus: Proverbes en Images, Bilderbogen aus Epinal, Imagerie Pellerin, Nr. 827
1042: Menschl. Halbfigur mit gehörntem Tierkopf, Holzschnitt aus: Athanasius Kircher: Oedipus Aegyptiacus, Rom 1652. Aus: Heinz Mode: Fabeltiere u. Dämonen in der Kunst, Stuttgart, Berlin, Köln, Mainz 1974, S. 259
1043 (1): Andreas Alciatus: Emblemata, Rovilium 1550: Dt. Übertragung von Jeremias Held: Liber Emblematum D. Andreae Alciati, Frankfurt a. M. 1566, aus: Schöne: Emblematik, S. 81
– (2): Jean Bungartz: Spitz und Mond, Leipzig 1885.
1044: Detail aus einem Bilderbogen aus Ost-Flandern, um 1700
1045: Illustration zu Hebels Text, aus: Neuer Einsiedler Kalender, 1893
1050: Liedflugblatt des 19. Jh. aus dem Hamburger Verlag I. E. Maier
1051: Fleißkärtchen, aus: ‚Puppe, Fibel, Schießgewehr'. Das Kind im kaiserlichen Deutschland, Ausstellungskatalog (Akademie d. Künste v. 5. Dez. 1976 bis zum 30. Jan. 1977), S. 115
1052: Zeichnung von Adolf Oberländer (1845–1923): ‚Examen', aus dem ‚Schreibheft des kleinen Moritz'
1053: Gilles Corrozet: Hecatongraphie, Paris 1543, aus: Schöne: Emblematik, S. 99
1054 (1): Karikatur v. Haitzinger, 79. Aus: Bad. Ztg., v. 4.X.1979, S. 4
– (2): Karikatur v. Haitzinger, v. 27.IV.88. Aus: Bad. Ztg., v. 28.IV.1988, S. 4
1056 (1): Holzschnitt aus Thomas Murners ‚Mühle von Schwindelsheim und Gredt Müllerin Jahrzeit'. 1515
– (2): Karikatur v. Haitzinger, 83. Aus: Bad. Ztg., 1983
1057: Pekinger Angeklagten-Karikatur:

1851

„Auf den Müllhaufen der Geschichte". Aus: Volkszeitung, Peking

1059: Detail aus einem Bilderbogen aus Ost-Flandern, um 1700

1060: Gemälde v. Lukas Cranach d. Ä.: ‚Der Mund der Wahrheit' (Reinigung gegen den Vorwurf der Untreue), um 1525/27

1061: Inneres einer Münzwerkstatt. Hinten rechts Kaiser Maximilian, Holzschnitt dem Hans Schäuflein zugeschrieben. Aus dem ‚Weißkunig'.

1062: Zeichnung v. Paul Flora: ‚Musenkuß', aus: ders.: Vergebliche Worte. Von Dichtern u. Denkern, Zürich 1981, Abb. S. 63

1064: Kolorierte Lithographie, Neuruppiner Bilderbogen, Nr. 8306, um 1885. Aus: Theodor Kohlmann: Neuruppiner Bilderbogen, Katalog d. Ausstellung im Museum f. Dt. Vkde. Berlin v. 23. Aug. 1981 bis 31. Jan. 1982 (Schriften d. Museums f. Dt. Vkde. Berlin, Bd. VII), Berlin 1981, S. 107, Abb. 131

1067: Kolorierter Kupferstich, aus: Georg Daniel Heumann: ‚Der Göttingische Ausruff' von 1744. Neu hg. u. kommentiert v. R. W. Brednich, Göttingen 1987

1070: Karikatur v. Haitzinger, 76. Aus: Bad. Ztg., v. 18. II. 1976

1072: Illustration von Glaßbrenner, Bd. 2, S. 238

1075 (1): Holzschnitt aus Murners ‚Narrenbeschwörung', 1512: Narrensamen

– (2): Holzschnitt aus Sebastian Brants ‚Narrenschiff', 1494: Der Hofnarr vor Kaiser u. Papst

1076: Holzschnitt aus Thomas Murners ‚Mühle von Schwindelsheim und Gredt Müllerin Jahrzeit', 1515: ‚Ein rohen narren fressen'

1077 (1): Zeitgenössischer Holzschnitt (Mitte 16. Jh.) zu dem Fastnachtsspiel ‚Das Narrenschneiden' v. Hans Sachs, aus: Drei Fastnachtsspiele von Hans Sachs, Insel-Bücherei Nr. 46, Leipzig o. J. S. 5

– (2): Holzschnitt, Brant: Narrenschiff von 1494, zum Kapitel ‚Von buolschafft'

1079: Witzige Zeichnung v. Tomi Ungerer in Dankbrief an Prof. Röhrich, 1978

1080 (1): Detail aus dem Sprichwörter-Bild von P. Bruegel, 1559

– (2): Karikatur v. Haitzinger, aus: HANDELSBLATT, v. 12. III. 1980

1081 (1): Detail aus ‚Das Narrenfest' von Pieter Bruegel, 1559, Bibliothek Alb. Ter, Brüssel

– (2) Detail aus: ‚Das Bad am Samstagabend' von Wilhelm Busch

– (3): Verlorener Sohn, Radierung von Charles de Mallery (1571 – ca. 1635)

– (4): Detail aus dem ‚Struwwelpeter' von H. Hoffmann, 1845

1083: Vogel Selbsterkenntnis, Tiroler Volkskunstmuseum, Innsbruck

1086: Buben bei Klosters (Prätigau) heilen an einer Stalltür den Teufel („schi tüend der Tüfel häilä"). Nach einer Photographie v. A. Schorta. Aus: Richard Weiss: Nebelheilen. Teufelheilen. Notfeuerbereitung u. Wetterzauber als Hirtenbrauch, in: Archives suisses des traditions populaires, Bd. XLV, Basel 1948, S. 227, Abb. 2

1089: Emblemat. Kupferstich mit Ansicht von Clauß im Solothurner Gebiet, aus: Meisner u. Kieser, Bd. I, Teil 4, Abb. 11

1090: Holzschnitt, Murner: Schelmenzunft, 1512: ‚Der vnnutz vogel'

1091 (1): Kupferstich von Collaert und Galle nach Jon. Stradanus aus ‚Venationes ferarum, avium, piscium, pugnae bestiarum ...', Antwerpen, um 1580

– (2): Kolorierter Kupferstich: ‚Mägdlen Fanger'. Augsburg, um 1710/20. Aus: Wolfgang Brückner: Populäre Druckgraphik Europas. Deutschland vom 15.–20. Jh., München 1969, S. 116, Abb. Nr. 110

– (3): Kolorierter Kupferstich: ‚Buben Fangerin' Augsburg, um 1710/20. Aus: W. Brückner, S. 116, Abb. Nr. 111

1092: Vogelfang mit dem Schlagnetz. Holzschnitt aus: Sebastian Brant: Mythologia Aesopi, Basel, Jacob von Pfortzheim, 1501

1096: Einblattholzschnitt mit xylographischem u. typographischem Text, um 1533: ‚Der wohlredendt Niemant', unbekannter Straßburger Meister. Aus: Flugblätter der Reformation u. des Bauernkrieges. 50 Blätter aus der Sammlung des Schloßmuseums Gotha, hg. v. Hermann Meuche, Katalog v. Ingeburg Neumeister, Leipzig 1976, Blatt 40

1098: Holzschnitt von 1485. Aus: Willy Krogmann: Beiträge zur niederdt. Wortforschung: 1. Nobiskrug, in: Jb. d. Vereins f. niederdt. Sprachforschung 55/56 (1941), Abb. S. 65

1100: Holzschnitt, Brant: Narrenschiff von 1494, Kapitel ‚Ere vatter vnd mutter'

1104 (1): Illustriertes Flugblatt, Kupferstich von David Mannasser, Augsburg o. J., Stadtbibliothek Nürnberg

ABBILDUNGSNACHWEIS

- (2): Principium Aritmeticum, Kupferstich von Hans Jerg Mannasser, Stadtbibliothek Nürnberg
1106: Holzschnitt, Murner: Schelmenzunft, 1512: ‚Nus durch eyn sack beyssē'
1109 (1): Detail aus einem Bilderbogen aus Ost-Flandern, um 1700
- (2): Aquarellierte Zeichnung, 1861: ‚Königlich Württembergische Ochsenpost nach Waldstetten'. Aus: ‚Ochsentour'. Die Post in ihrer Zeit. Eine Kulturgeschichte menschlicher Kommunikation, Heidelberg 1990
1112: Francisco de Goya: ‚Die vorgetäuschte Ohnmacht'. Spanische Karikatur auf den raffinierten Flirt. Aus: Eduard Fuchs: Die Frau in der Karikatur, München 1906, S. 207
1113: Illustration aus: Josef Schmied-Kowarzik und Hans Kufahl: Fechtbüchlein. 2. Aufl. Leipzig 1894, S. 171, Tafel IX
1114: Zeichnung v. Brisolla, Abb. 10
1115: Karikatur v. Murschetz. Aus: DIE ZEIT, Nr. 17, v. 16. IV. 1976
1116 (1): Holzschnitt, Murner: Schelmenzunft, 1512: ‚Die oren lassen melkē'
- (2): Holzschnitt, Brant: Narrenschiff, 1494 Kap. ‚von oren blosen'
1117: Holzschnitt des Petrarca-Meisters, Augsburg 1532, aus: Walther Scheidig: Die Holzschnitte des Petrarca-Meisters, Berlin 1955
1119: Roemer Visschers Zinne-Poppen, Amsterdam, ca. 1620, Nr. 57, aus: Henkel u. Schöne. Sp. 1380
1124: Ill. aus: Einsiedler-Kalender 1852, Kal. Inv. 1508. Aus: Kalender-Bilder: Ill. aus schweizer. Volkskalendern d. 19. Jh. (= Führer durch das Museum f. Völkerkunde u. Schweiz. Museum f. Vkde., Basel), Basel 1978, S. 61, Abb. 102
1125 (1): Ill. v. Wilhelm Wohlgemut
- (2): Zeichnung v. Wilhelm Busch
1129 (1): Zeichnung von Wilhelm Scholz (Der bewaffnete Friede, 1869), Bismarck-Album, S. 55
- (2): Christus auf der Eselin reitend. Holzplastik, alpenländisch, frühes 16. Jh., Österreichisches Museum für Volkskunde. Wien.
1130: ‚Palmprocessie te Amsterdam'. Aus: C. Cath. van de Graft: Palmzondag (Folkloristische Studies), Utrecht 1938. Abb. 8
1131: Pan mit Bock, Figuren im Park des Nymphenburger Schlosses (Herder-Bildarchiv)
1133 (1): ‚Une femme bat son mari'. Détail d'un bas-relief en plâtre, Grate Hall de Montecute House, Somerset, Angleterre, vers 1600. Aus: Jacques Le Goff et Jean-Claude Schmitt (edts.): Le Charivari, Paris/New York 1981, Phot. 1
- (2): Abb. aus dem Bally-Schuhmuseum in Schönenwerd. Aus: Das Pantoffelregiment..., hg. von einer Hausregentin, Meissen 1829, 6., mit der 1. identische Aufl., Zürich 1979. Abb. S. 46/47
1134: Titelblatt einer Farce über die Pantoffel-Herrschaft, 1796
1137 (1): Illustration: ‚Die Straßburger Mädchen'. Aus: Jörg Ritzel: Der lachende Rhein. Tausend Jahre rheinischen Humors in Wort und Bild. Gesammelt u. hg. von –, Köln 1930, S. 25
- (2): J. M. Molenar: Ehestreit, Mauritshuis, Den Haag
1139: Karikatur v. Haitzinger, v. 3. II. 84. Aus: Bad. Ztg., v. 4./5. II. 1984
1141: Illustration aus einem Fechtbuch, Gotha 1467, aus: Jos. Schmied-Kowarzik und Hans Kufahl: Fechtbüchlein, 2. Aufl. Leipzig o. J. (1894)
1146: Illustration von Reusner, 1581: „Ad Diuum Rudolphum Secundum, Caesarem Romanum, Non absque Theseo". Aus: Shakespeare and The Emblem Writers by Henry Green, M. A., London 1870, S. 143
1148: Detail aus einem Bilderbogen aus Ost-Flandern, um 1700
1149 (1): Misericordiendarstellung in Hoogstraezen / Niederrhein
- (2): Misericordiendarstellung in Hoogstraeten, 16. Jh.
- (3): Misericordiendarstellung in Aarschot
1151: Holzschnitt, Nürnberg 1482: Arzt beim Aufschneiden einer Pestbeule
1153: Hl. Petrus, Hinterglasbild aus dem Kanton Schwyz, 1. Viertel des 19. Jh.
1155: Detail aus: Münchener Bilderbogen, Nr. 274: Militärische Redensarten
1157: ‚Svperbia', aus der Folge der Todsünden, 1556/57, Bibliothek Alb. Ter. Brüssel
1158 (1): Steinhöwel: Esopus, Fabel vom Pfau und Kranich
- (2): Zeichnung von Wilhelm Scholz (Unser Stolz, 1884), Bismarck-Album, S. 162
1161: Totentanz, Holzschnitt aus einem Heidelberger Druck von 1485
1163: Rundbild von Pieter Bruegel d. Ä. aus der Serie: „Zwoelf vlaemische Sprichwörter", Rijksmuseum Amsterdam
1164: ‚Der Schöffer von der Newenstat'. Einblattdruck o. J., Schloßmuseum Go-

1853

tha. Schloß Friedenstein (Inv.-Nr. 40, 55 – XLI/62/50)
1165: Misericordiendarstellung in Bristol/England
1168 (1): Detail aus Münchener Bilderbogen, Nr. 205: Die Folgen des Vorwitzes
– (2): Holzschnitt, aus: Frank: Lob des königlichen Spiels
1173: ‚Preisträgerin', zeitgenössischer Holzstich um 1850
1176: Flugblatt-Ill. zu „Hie werde im Pflug getrieben, die Maydt vor Faßnacht sindt vberblieben" (Aschermittwoch in Regensburg). Aus: Die Welt des Hans Sachs. 400 Holzschnitte des 16. Jh., hg. v. den Stadtgeschichtlichen Museen, Nürnberg 1976, Kat. 10, S. 148, Kat. Nr. 130
1180: Holzschnitt aus der ‚Schedel'schen Weltchronik', 1493 (UB. Freiburg i. Br., fol. 104) (Originalausg. mit Holzschnitten v. Michael Wolgemut und Hans Pleydenwurff) (Herder-Bildarchiv)
1182: Kupferstich aus einem Flugblatt, 1621. Der Pickelhering, die komische Person bei den engl. Komödianten, wurde 1618 von dem Schauspieler R. Reynold geschaffen
1184: Pilgerpaar. Ausschnitt aus einem Tafelgemälde, Nürnberger Schule, um 1520/30. München, Bayer. Nationalmuseum
1189: Karikartoon v. P. Gaymann, aus: ELEFANTEN PRESS, v. 15. VIII. 1986
1193 (1): Der Nürnberger Possenreißer Hans Ammann, genannt Leberwurst, in: Karl Friedrich Flögel: Geschichte des Grotesk-Komischen, München 1914, S. 262f.
– (2): Holzschnitt zu Jörg Wickrams ‚Rollwagenbüchlein', Straßburg 1555
1194: Detail aus Münchener Bilderbogen Nr. 274: Militärische Redensarten
1195: ‚Der Muentzmeister', Holzschnitt von Jost Ammann, Ständebuch, S. 31
1196 (1): Schandsäulen und Schandbühne
– (2): Heidelberger Sachsenspiegelhandschrift, 13. Jh.
– (3): Ankarström wird in Stockholm öffentlich ausgestellt als ‚Mörder des Königs'. Aus: Das Pfennig-Magazin, Nr. 346, v. 6. XI. 1839, Abb. S. 365
1198 (1): ‚Fuchsprellen'. 1724, in: Fleming: Des Vollkommenen Teutschen Jägers Anderer Haupt Theil, Leipzig 1724, Taf. XXVIII
– (2): ‚Wolfsjagd'. Kupfer von Adrian Collaert (ca. 1520–67)

– (3): Hinrichtung am Wippgalgen, von Jacques Callot, 1633
1200: Boccaccio: Historien von widerwärtigem Glück, ed. Ziegler, 1545 (Detail), 6. Buch, 1. Kap.: ‚Von einem gesprech des Glücks mit dem Boccatio'
– (2): Detail aus dem Festschießen von Zwickau, 1573
– (3): Francisco de Goya: ‚El Pelele' (Die Strohpuppe), Museo del Prado, Madrid
– (4): Jackelschutzen in Garmisch-Partenkirchen, 1971
1203: Holzschnitt von Hans Frank, aus: Geiler von Kaisersperg, Sünden des Mundes, Straßburg 1518
1207: Detail aus ‚Der lustige Pudel', Neuruppiner Bilderbogen, S. u. K., S. 38
1208: Relief am Denkmal des Berthold Schwarz, Freiburg i. Br.
1209: Wie ein Student in Krähwinkel einen Philister ‚anpumpt'. Nach einem Kupferdruck um 1820.
1211: Miniatur aus dem ‚Hortus deliciarum' der Äbtissin Herrad von Landsperg, 12. Jh.
1213 (1): Kupfer von de Bry: Emblemata, Nr. 25
– (2): Einzelblatt aus ABC-Buch für kleine und große Kinder, gezeichnet von Dresdner Künstlern. Mit Erzählungen u, Liedern v. R. Reinick u. Singweisen v. Ferdinand Hiller, Georg Wigand's Verlag, 1845.
1216: „Qui vive?" – Darstellung aus der Napoleonischen Besatzungszeit von Johann Gottfried Schadow um 1810
1220 (1): Der Geräderte, sog. Tübinger Wahrzeichen, Stiftskirche Tübingen
– (2): Holzschnitt: Rädern u. Radflechten, 16. Jh. Aus: Johannes Stumpff: Schweizer Chronik, Druck von 1548 (nach Schuhmann 1964, 337). Aus: Das Rad in der Schweiz vom 3. Jt. v. Chr. bis um 1850. Katalog zur Sonderausstellung des Schweiz. Landesmuseums, 22. Aug. bis 26. Nov. 1989, hg. v. Bernard A. Schüle, Daniel Studer, Christa Oechslin, Zürich 1989, S. 123
– (3): Holzschnitt: Die Höllenstrafe des Räderns, 1. H. d. 15. Jh. Aus: Richard Wrede: Die Körperstrafen bei allen Völkern von den ältesten Zeiten bis Ende des neunzehnten Jahrhunderts. Kulturgeschichtliche Studien, Dresden-A. o. J.; S. 108
1221: Holzschnitt, Brant: Narrenschiff von 1494, Kap. ‚Von gluckes fall'
1227: Holzschnitt von 1553, in: Guillaume

ABBILDUNGSNACHWEIS

de la Perrière: La Morosophie, Lyon 1553, Nr. 95, aus: Henkel u. Schöne, Sp. 599

1228 (1): Karikatur v. Haitzinger, 88. Aus: STERN, Nov. 1988

– (2): Karikatur v. Haitzinger, v. 26.X.87. Aus: DER SPIEGEL, v. 2.XI.1987

1229 (1): Karikatur: Der Rattenfänger von Moskau. Aus: Wolfgang Mieder: Die Sage vom ‚Rattenfänger von Hameln' in der modernen Karikatur und Werbung, Abb. 14a, in: Geschichten und Geschichte. Erzählforschertagung in Hameln Oktober 1984, hg. im Auftrag d. Stadt Hameln v. Norbert Humburg, Hildesheim 1985, S. 113–128

– (2): Rattenbeschwörung aus dem Weimarer Wunderbuch von 1430, aus: Heinrich Spanuth: Der Rattenfänger von Hameln, Hameln 1951, Tafel 2

– (3): Karikatur: ‚The crazy piper'. Aus: W. Mieder: Die Sage vom Rattenfänger von Hameln..., Abb. 14b

1230: Titelblatt u. Titelbild einer 1682 erschienenen Satire

1236: Wilhelm Busch: ‚Aus dem Regen in die Traufe', 1861

1238: Amazonen-Bataillon, 1793, Bilderbogen aus Orléans, Nachdruck 19. Jh., handschriftlich bezeichnet: ‚les Dames d'Orléans en 1793', Paris, Bibliothèque Nationale

1239: Holzschnitt, Murner: Schelmenzunft, 1512

1245: Titelbild des Rechenbuches von Adam Riese, 1550

1246: Wasserfarbenminiaturbild auf Pergament, wahrscheinl. v. Klosterfrau ausgeführt, östl. Schweiz, um 1750, Zürich, Privatsammlung. Aus: Aspekte des Volkslebens in Europa 1975: Liebe und Heirat, Musée de la Vie Wallone Liège, 1975, Abb. 1

1250: Röhrle zu Napoleon: „Brauch keine Gnad, hab blos meine Schuldigkeit gethan", Württemberg. Landesmuseum, Vk 1972/4

1251: Brehms Tierleben, Vögel IV, Leipzig und Wien 1913, S. 83

1253: Radierung v. Chodowiecki: ‚Die auf Rosen sanft schlummernde Unschuld', 1790. Aus: Jens-Heiner Bauer: Daniel Nikolaus Chodowiecki (Danzig 1726–1801 Berlin): Das druckgraphische Werk. Die Sammlung Wilhelm Burggraf zu Dohna-Schlobitten, Hannover 1982, S. 218, Abb. 1510

1254: Ill. v. Hans Burgkmair, Buchholzschnitt aus Thomas Murners ‚Schelmenzunft', 1512

1256: Karikatur v. Haitzinger, 78. Aus: DER SPIEGEL, Nr. 2, 1979

1258: Holzschnitt aus Lindners ‚Historien', Nr. 2: Rübezahl begegnet im Riesengebirge Bergleuten. Aus: Gerhard Heilfurth. Zur Kultur des Bergbaus. Eine Bibliographie, zu seinem 65. Geburtstag zusammengestellt von Gerhard Seib, Wien 1974, S. 28, Abb. 16

1269: Holzschnitt von Franz Graf von Pocci zu: Pocci's lustiges Bilderbuch, München (1852), P. 288: Knecht Ruprecht steckt böse Buben in den Sack. Aus: Franz Graf von Pocci. Die Gesamte Druckgraphik, hg. v. Marianne Bernhard, München 1974, S. 353

1272: Karikatur v. Haitzinger, v. 6.IX.91. Aus: Bad. Ztg., Nr. 208, v. 7./8.IX.1991

1276: Grandville: G.W., Bd. 2. S. 930

1279: Karikatur v. Haitzinger, v. 5.VI.86. Aus: Bad. Ztg., Nr. 127, v. 6. Juni 1986

1280: Karikatur v. Haitzinger, v. 4.X.82. Aus: Bad. Ztg., Nr. 231, v. 7. Oktober 1982

1281: Duell um 1870, Ill. v. G. Durand. Aus: ‚DER SPIEGEL, v. 1.IV.91

1282: Ill. aus dem Codex Manesse, fol. 61 v.: „her heinrich von frowenberg beim Tjostieren"

1283: Polit. Karikatur v. Murschetz. Aus: DER SPIEGEL, Nr. 24/1984

1284 (1): Detail aus einem Bilderbogen aus Ost-Flandern, um 1700

– (2): Detail aus ‚Wie es wär', wenn's anders wär', Münchener Bilderbogen, Nr. 656, aus: S. u. K., S. 104

– (3): Holzschnitt von Hans Weiditz.

– (4): Holzschnitt, Murner: Schelmenzunft, 1512

1285: Holzschnitt, Brant: Narrenschiff von 1494, Kap., ‚Von guten reten'

1287: Holzschnitt, Brant: Narrenschiff von 1494, Kap. ‚Von groben narren'

1288 (1): Bekehrung Pauli, Hildesheimer Meister, 15. Jh. Niedersächsische Landesgalerie Hannover

– (2): Titelkupfer zu ‚Principis christiani archetypon', Amsterdam 1672. Aus: Universale Bildung im Barock. Der Gelehrte Athanasius Kircher, Ausstellungskatalog Rastatt u. Karlsruhe 1981, S. 27

1291: Urban Görtschacher: Ecce homo, Tafel von Heiligenkreuz, Niederösterreich, 1508, Detail

1295: A. Paul Weber: Er bringt sein ‚Schäfchen' ins trockene, aus: Mit allen Was-

1855

Abbildungsnachweis

sern ... 1960 (Handzeichnung: Feder, getönt)
1296: Mosaik in S. Apollinare Nuovo, Ravenna
1297 (1): „Ich kenne da ein Sprichwort: Es ist keine Herde so klein, es stecken räudige Schafe darein". Polit. Karikatur von Hanel, 77. Aus: ZEITmagazin
- (2): Holzschnitt zu: Giambattista della Porta: „Physiognomischer Vergleich", ‚De Humana Physiognomia', 1586. Aus: G. Langemeyer, u.a. (Hg.): Mittel und Motive der Karikatur in fünf Jahrhunderten. Bild als Waffe, München 1984, S. 391, Abb. 17
1304 (1): Zeichnung von George Cruikshank (1792–1878)
- (2): Karikatur v. Haitzinger, 77. Aus: Bad. Ztg., Nr. 266, v. 18. Nov. 1977
1305 (1): Farblithographie von Grandville: G. W., Bd. 1, S. 62
- (2): Karikatur v. Haitzinger, v. 18.XII.90. Aus: Bad. Ztg., v. 20. Dez. 1990
1306 (1): Steinhöwel: Esopus, Fabel Von dem hund vnd stück fleisch
- (2): Gotische Buchmalerei, schwäbisch, um 1480
1308 (1): Kol. Einblattholzschnitt mit typograph. Text, v. Niclas Stör, um 1530. Aus: Flugblätter der Reformation u. des Bauernkrieges. 50 Blätter aus der Sammlung des Schloßmuseums Gotha. Hg. v. Hermann Meuche, Katalog v. Ingeburg Neumeister, Leipzig 1976, Blatt 25
- (2): Karikatur v. Haitzinger, v. 24.IX.86. Aus: Bad. Ztg., Nr. 221, v. 25. Sept. 1986
1312: Detail aus einem Bilderbogen aus Ost-Flandern, um 1700
1313: Detail aus dem Sprichwörter-Bild von P. Bruegel, 1559
1314: Letzter Scheiterhaufen in Deutschland, Berlin, 15. August 1786, gleichzeitiger Kupferstich, Berlin, Königl. Bibliothek, aus: Franz Heinemann: Der Richter u. die Rechtspflege in der dt. Vergangenheit, Leipzig o.J., Abb. 145
1315: Schellen-Unter, Schweiz. Spielkarte aus Basel, 15. Jh., Histor. Museum Basel
1317: Titelblatt der ‚Schelmenzunft' von Thomas Murner, 1512
1319: Holzschnitt von Jost Ammann: Ständebuch, S. 60
1320: Spielkarte: ‚Parbirer', Wien, um 1440 am Oberrhein entstanden
1321 (1): Detail aus dem Sprichwörter-Bild von P. Bruegel, 1559
- (2): Detail aus einem Bilderbogen aus Ost-Flandern, um 1700

1322: Holzschnitt von Jost Ammann: Ständebuch, S. 84
1323 (1): Kupferstich von F. Poledner: ‚Wien im Schnee', aus dem Jahresband der Zeitschrift ‚Über Land und Meer' 1894/95, S. 427
- (2): Karikatur: ‚Scheuklappen'. Aus: DIE ZEIT, Nr. 45, v. 30. Okt. 1981
1325: Emblematischer Kupferstich: ‚Das unerbittliche Schicksal' – ‚inexorabile fatum', aus: Emblemata Horatiana, Antwerpiae 1607, Page 211
1328: Sokrates nimmt den Schierlingsbecher. Aus: Alexander Demandt: „Macht und Recht. Große Prozesse in der Geschichte", München 1991
1332: Holzschnitt zum Kap. 109: „Verachtung vngefelles" aus Sebastian Brants ‚Narrenschiff', 1494
1333: Karikatur v. Haitzinger, v. 9.II.82. Aus: Bad. Ztg., Nr. 33, v. 10. Februar 1982
1334: Illustration aus der Minnesänger-Handschrift: ‚Her Dietmar der Sezzer'
1336: Tietelblatt des ‚Lalen-Buches', 1597
1337 (1): Holzschnitt, 17. Jh.: Gelassenheit als Schildkrötentugend. Aus: Rudolf Süss u. Margarete Malter: Vom Mythos der Schildkröte. Das Urtier als Glücksbringer, Dortmund 1991, S. 51
- (2): Holzschnitt, 17. Jh.: Die Enten und die Schildkröte. Aus: R. Süss u. M. Malter, S. 120
1339: Holzschnitt v. Lucas Cranach d.Ä.: Der heilige Bartholomäus, um 1512. Aus: 1472–1553, Lucas Cranach d.Ä.: Das gesamte graphische Werk, 2. Aufl. München 1972, S. 254
1340 (1): Holzschnitt, Brant: Narrenschiff von 1494, zum Kapitel ‚Nit wellen eyn Narr syn'
- (2): Gemälde v. Geeraard David (1450 bis 1523): Folterung des meineidigen Richters, Stadsmuseum Brugge
1343: Kupfer über den Abtransport des gefangenen Schinderhannes und seiner Gesellen zur Hinrichtung nach Mainz, 16. Juni 1802, Frankfurt am Mayn, 1802.
1344: Johannes Bükler (Schinderhannes) mit Frau und Kind; zeitgenössischer Kupferstich
1345: Karikatur v. Haitzinger, v. 4.VII.85. Aus: Bad. Ztg., v. 5. Juli 1985
1346: Englischer Holzschnitt um 1700, aus: H. F. Döbler: Kultur- und Sittengeschichte der Welt, Gütersloh 1971, S. 167
1347 (1): William Hogarth, ‚Der Schlaf des Gerechten', 1736, aus: James Laver: Po-

puläre Druckgraphik Europas. England vom 15. bis zum 20. Jh., München 1972, Abb. 93.
- (2): Grandville, G. W., Bd. 2, S. 974
1348 (1): Zeichnung von Wilhelm Busch: ‚Die fromme Helene', 2. Kap. ‚Der Geburtstag'
- (2): Moritz von Schwind: ‚Krähwinkeliaden', 1826
1349: Holzschnitt v. Hans Sebald Beham, 1526, Geisberg Nr. 239.
1353: Fliegende Blätter, Bd. 45: 1866, S. 71, Nr. 1103, aus: W. Hävernick: ‚Schläge als Strafe', Hamburg ⁴1970, Abb. 12
1358: Kapitell am Kloster St. Trophime zu Arles, 12. Jh. (nach R. Kohl: Das Melusinenmotiv, 1934)
1359: Emblemat. Kupferstich: Zeichen der ewigen Liebe, aus: Octavio van Veen: Amoris Divini Emblemata, Antwerpiae 1660 (PN 6357, L 3, V 51, 1660, Page 17)
1360: ‚Schlaraffenland' von Pieter Bruegel d. Ä. (Alte Pinakothek, München)
1361: Holzschnitt, Brant: Narrenschiff von 1494, zum Kapitel ‚Das schluraffen schiff'
1363: Holzschnitt, Murner: Schelmenzunft, 1512
1364 (1): ‚Wir, Macrobio Riesenarsch (Der Nasenschleifer), Rom, Museo N. A. T. P. IV, 1, a, Nr. 5823, aus: Paolo Toschi: Populäre Druckgraphik Europas. Italien vom 15. bis zum 20. Jh., München 1967, Abb. 97
- (2): Illustration aus der ‚Weltchronik' des Rudolf von Ems, S. 104 v, Fürstlich-Fürstenbergische Hofbibliothek Donaueschingen. Aufnahme: Georg Goerlipp, Donaueschingen
- (3): Kupfer, aus ‚De origine causis, typo, et cerem oniis illius ritus, qui vulgo in Scholis Depositio appelatur'. Oratio M. Joh. Dinckelij, Erfurt 1578. Aus: Karl Friedrich Flögel: Geschichte des Grotesk-Komischen, München 1914 (nach S. 186)
1365: Miniatur aus dem Giltbuch der Passauer Schiffszieher, Anf. 15. Jh., aus: Karl Gröber: Alte deutsche Zunftherrlichkeit. München 1936, S. 76.
1368 (1): Holzschnitt, Detail von Fliegendem Blatt, gedruckt durch Hans Guldenmund, 1547. Aus: Georg Pencz, Geisberg XII.969
- (2): Grabfund, Museum in Martin. Fotoarchiv, Slovenského národného múzea Martine, Nr. 62811/1
1371: Detail aus dem Gemälde von Diego Velázquez: ‚Die Übergabe von Breda', 1635, Museo del Prado, Madrid
1372: Dt. Karikatur aus d. 16. Jh.: ‚Die ungleichen Liebhaber'. Aus: Eduard Fuchs: Die Frau in der Karikatur, München 1906, S. 56
1375: Titelill. zu: J. W. O. Richter (Hg.): Bilder aus dem westl. Mitteldeutschland, Leipzig (1882)
1382 (1): Karikatur v. Haitzinger, v. 21.X.85. Aus: DER SPIEGEL, Nr. 45, v. 4. November 1985
- (2): Grandville: G. W., Bd. II. S. 845
- (3): ‚Schneckenpost zwischen Bern und Luzern' - L'escargot-poste entre Berne et Lausanne, Henri de la Poste, Soleure, 1844–1875, 1866. Aus: J. Grand-Carteret: Les mœurs et la caricature en Allemagne en Autriche en Suisse, Paris 1885, S. 399, Fig. 240
1385: Deutsche Bilderbogen aus Stuttgart: ‚Allerlei Lieder und Reime', mit Zeichnungen von Vinc. St. Lerche (Detail), aus: S. u. K., S. 108
1387 (1): Bauernmajolika ca. 1790, Oberösterreichisches Landesmuseum Linz
- (2): Spottbild: Der Schneider auf der Geiss. Bemalte Kaffeekanne aus Heimberg, Kt. Bern, Glasierte Irdenware, 1817, Schweiz. Landesmuseum Zürich
- (3): Die Abstammung des Schneiders von der Geiß. Slowenisches Bienenstockbrettchen, 2. Hälfte 18. Jh., Slovenski etnografski muzej, Ljubljana, Nr. 4469
- (4): Flugblatt, Moldorff, um 1700, Germanisches Nationalmuseum Nürnberg, Sign. K. 1296, 24467
- (5): Kupferstich von Jost Ammann 1588: Rangstreit zwischen Schneider und Kürschner, Dresden, Kupferstichkabinett A 123
1388: ‚D'r Schneider von Ulm im Jahre 1811', Detail aus Bildpostkarte
1390: Detail aus: ‚1 Fräulein und 2 Dutzend Männer kauft man hier für 6 Pf.'. Neuruppiner Bilderbogen, Nr. 2269, aus: S. u. K. S. 77.
1392: Zimmerleute bei der Arbeit, im Hintergrund Kaiser Maximilian, Holzschnitt von Hans Schäuflein (?), ca. 1492–1540, aus dem ‚Weißkunig'
1399: Reproduction des Holzschnittes Nr. CXX aus der Schultes'schen Ausg. v. J. 1679, welcher in der 1. Ausg. des Theuerdank v. J. 1517 nicht vorkommt. Aus: DER THEUERDANK, hg. v. Simon Laschitzer, Facsimile Reproduktion, nach der 1. Aufl. v. 1517 (= Jb. d. Kunst-

hist. Sammlungen des Allterhöchsten Kaiserhauses, Bd. VIII), Wien 1888, S. 77

1401: Polit. Karikatur v. Murschetz. Aus: DIE ZEIT, Nr. 51, v. 10. Dez. 1976

1405: Holzschnitt von Jost Ammann, Ständebuch, S. 53

1407: Rötelstich, Blatt aus einem Eroticon, 18. Jh., Bally-Schuhmuseum

1408: Der verliebte Schuhmacher. Kupfer von Jacob von der Heiden (ca. 1570–1640), Nürnberg, Städtische Kupferstichsammlung

1409: P. e. R., Plate CLXXVIII

1412: Sebastian Franck: Sprüchwoerter, Gemeiner Tütscher nation/ erstlich durch Sebastian Francken gesamlet/ nüwlich aber in komliche ordnung gestellt vñ gebessert. Getruckt zuo Zürich by Eustachin Froschouer, 1545 (Artikel: Schuld, schuldig)

1415: Holzschnitt, Murner: Schelmenzunft, 1512

1420: A. van Ostade: Bauernfamilie vor gemeinsamer Schüssel beim Tischgebet, 1653, Staatl. Kunstsammlungen Dresden, Kupferstichkabinett. Aus: Sigrid u. Wolfgang Jacobeit: Illustrierte Alltagsgeschichte des deutsch. Volkes 1550–1810, Köln 1986, Abb. 218

1422 (1): Kolorierter Kupferstich, um 1820, nicht signiert

– (2): Dt. Farblithographie, Privatbesitz Prof. Bringéus. Aus: Nils-Arvid Bringéus: Volkstümliche Bilderkunde, München 1982, S. 26

1424: Radierung um 1640, in: Wäscher: Flugblatt I, S. 85

1427 (1): Brauchgerät beim Frühlings-Umzug mit der Schwalbe, Sammlungen der griech. Volkskunde-Gesellschaft. Athen, Foto: G. K. Spyridakis

– (2–4): Frühlingsumzug der Kinder mit der Schwalbe aus verschiedenen griech. Landschaften 1940 und 1967

1428: Frühgriech. Amphore, 6. Jh. v. Chr., Leningrad, Eremitage, aus: Jb. d. dt. Archäologischen Instituts XLII (1927), Arch. Anz. I/II, 70, Beil. 1

1435: Zeichnung von Wilhelm Scholz (Das schwarze Gespenst, 1869), Bismarck-Album, S. 57

1438: Holzschnitt von Jost Ammann: Ständebuch, S. 47

1440: Gemälde von Arnold Böcklin (1827–1901)

1448: Zeichnung von Wilhelm Scholz (Brennus pacificus, 1886), Bismarck-Album, S. 172

1449 (1): Denkmal vor dem Gebäude der Vereinten Nationen (Uno) in New York von dem sowjetischen Bildhauer Jewgenij Wutschetitsch (nach Jes 2,4). Geschenk der ehemaligen Sowjetunion

– (2) Gerda Grober: Karte zu Frage 234c der Umfrage zum Atlas der deutschen Volkskunde

1452 (1): Stadtrichterbild im Stadthause zu Graz, österreichischer Meister, 1478

– (2): Holzschnitt aus ,Der Seele Trost', Druck v. A. Sorg, Augsburg 1478

1455: Verbrennung des Johannes Hus zu Konstanz 1415. Seine Seele steigt zu Gott auf. Holzschnitt aus dem 16. Jh.

1458 (1): Karikatur über Erörterung geeigneter Maßnahmen gegen AIDS: ,Nichts sehen...'. Aus: DAS PARLAMENT, Nr. 42, v. 17. Okt. 1987, S. 2

– (2): Karikatur von BEN: ,Die Stellungnahme der Funktionäre' zum Doping im Sport, Süddt. Ztg. Aus: DER SPIEGEL, v. 24. Dezember 1990

1459 (1): Kupferstich v. Hendrik Goltzius: Putto mit Totenschädel und Seifenblase als Vanitaszeichen, 1594, Berlin, Staatl. Museen, Kupferstichkabinett, HG 1594

– (2): Holzschnitt aus Weigels Ständebuch von 1698. Aus: Fred Bertrich: Kulturgeschichte des Waschens, Düsseldorf/ Wien 1966, S. 45

1460: „Seiltanz" nach Van de Venne. Aus: J. Ter Gouw: De Volksvermaken, Haarlem 1871, S. 448

1461: Gemälde von Ilja Repin (1844–1930)

1465 (1): P. e. R. Plate XC.

– (2): Zeichnung von Moritz v. Schwind: ,Krähwinkeliaden', 1826: Der Bürgermeister von Krähwinkel kommt zu sich selbst

1468: Tod als Sensenmann, Detail aus Totentanz. Aus: Thomas Larsen Borup: Det menneskelige Livs Flugt, Eller Dode-Dands, København 1762, S. 14

1471: Radierung, Amsterdam, ca. 1618, IH 267: Verclaringhe van IVSTITIA. Das Blatt warnt vor der drohenden Einflußnahme der Arminianer, die durch ein „Rechtveerdighe Sifte" (gerechtes Sieb) geschüttelt werden. Aus: Wolfgang Harms (Hg.): Dt. Ill. Flugblätter d. 16. u. 17. Jhs.: Die Sammlung der Herzog August Bibliothek in Wolfenbüttel, Bd. 2, München 1980, S. 239

1474: Ital. Holzschnitt, Florenz, Biblioteca Riccardiana, misc. Malfatti, 689, No. 36. Aus: Paolo Toschi: Populäre Druckgraphik Europas. Italien vom 15. bis zum 20. Jh., München 1967, Abb. 16

Abbildungsnachweis

1477 (1): Titelblatt des ersten Buches über den Simandl, Franckfurt am Mayn 1565
- (2): Dt. Spielkarte, Kupfer, Ende 16. Jh. Wien, K. K. Kupferstichsammlung
- (3): Simandl-Brunnen in Krems an der Donau

1483: Ill. v. Gustave Doré zu: Dante Alighieri: L'Enfer, Paris 1861: Inferno, 7. Gesang, V. 64–68. Aus: G. Doré: Das graphische Werk, Bd. I, München 1975, S. 373

1488 (1): Karikatur v. Haitzinger, VIII, 83. Aus: DER SPIEGEL, Nr. 37, 1983
- (2): Detail aus einem Bilderbogen aus Ost-Flandern, um 1700

1496: Detail aus einem Bilderbogen aus Ost-Flandern, um 1700

1498: Bilderrätsel, Postkarte v. F. Hoffmann-La Roche & Co. AG., Basel

1502: Humoristisches Originalblatt: ‚Napoléon jouant à la balle avec le monde', aus: PUNSCH (München 1847–1870), 1865. Aus: J. Grand-Carteret: Les mœurs et la caricature en Allemagne en Autriche – en Suisse, Paris 1885, S. 149, Fig. 55

1504: Radierung von Daniel Chodowiecki (1726–1801)

1505 (1): Holzschnitt von Jost Ammann: ‚Recht der langen Spieße' aus Frundsbergers Kriegsbuch vom Jahre 1565
- (2): Detail aus Magie-Plakat, 1922, Druckerei Friedländer, Hamburg. Puppentheatermuseum im Münchner Stadtmuseum

1508: Detail aus dem Bildteppich von Bayeux, letztes Drittel des 11. Jh.

1509 (1): Karikatur v. Hanel, 85. Aus: DER SPIEGEL, Nr. 38, v. 16. September 1985
- (2): Barocker fläm. Kupferstich, Detail

1520 (1): Flugblatt auf den versoffenen Bettler, 18. Jh. (‚Gedruckt im Jahr/Da kein Geld bey Bettlern war'), Hamburg, Stadtbibliothek
- (2): Holzschnitt aus: Bambergische Halsgerichtsordnung, Mainz 1508, aus: Fr. Heinemann: Der Richter und die Rechtspflege in der dt. Vergangenheit, Leipzig o. J. Abb. 8.

1521 (1): Holzschnitt aus ‚Reinicke Fuchs', 1662: Der Löwe als Richter bricht den Stab über den Fuchs. Aus: Strafjustiz in alter Zeit, Katalog d. Kriminalmuseums Rothenburg ob der Tauber, Rothenburg 1980, S. 188
- (2): Raffaello Sanzio: Lo Sposalizio della Vergine part., 1504, Pinacateca di Brera, Milano

1528: Emblemat. Kupferstich, aus: Emblemata Horatiana, Antwerpiae 1607, Page 55

1531 (1): Streitende Geistliche, Misericordiendarstellung aus Hoogstraeten
- (2): Konrad Meyer: Die Kinderspiele, Zürich o. J., S. 15
- (3): Holzschnitt aus Thomas Murners ‚Narrenbeschwörung', 1512

1539: Illustration aus der Chronik des Ulrich Richental: ‚Das Konzil zu Konstanz MCDXIV bis MCDXVIII'

1541: Martyrium der hl. Christina, Florenz, Bibliotheca Nazionale, Rari 179, misc. 975, No. 2. Aus: Paolo Toschi: Populäre Druckgraphik Europas. Italien vom 15. bis zum 20. Jh., München 1967, Abb. 13

1542: Holzschnitt, Brant: Narrenschiff von 1494, zum Kapitel: ‚von zwytracht machen'

1543: Heidelberger Sachsenspiegelhandschrift, 13. Jh.

1546 (1): Konrad Meyer: Die Kinderspiele, Zürich o. J.
- (2): Hammerprägung, Fresko in der St. Barbarakirche von Kuttenberg, um 1500, aus: Veit: Geld, S. 34
- (3): Prägestempel (Obereisen und 2 Untereisen), um 1500, aus: Veit: Geld, S. 34

1550: Zeichnung von Wilhelm Scholz (Am Steuer, 1879), aus dem Bismarck-Album, S. 117

1554: Holzschnitt: Folterung durch Beinschraube, aus: Milaeus, praxis criminalis, Paris, Colinaeus, 1541. Aus: Franz Heinemann: Der Richter u. die Rechtspflege in der dt. Vergangenheit (Monographien zur dt. Kulturgeschichte, Bd. IV), Leipzig o.J., S. 65, Abb. 62

1556: Zeichnung v. H. G. Jentzsch, Titelbild zu ‚Der wahre Jakob', Nr. 442 14, Stuttgart, d. 30. Juni 1903, S. 4073: Der Kampf mit der Reaktion

1558 (1): Holzschnitt, Murner: Schelmenzunft, 1512
- (2): Misericordiendarstellung aus Hoogstraeten, 16. Jh.

1561 (1): Steinhöwel, Esopus, Esopus im Gefängnis des Xanthus
- (2): Holzschnitt aus dem ‚Layenspiegel', Augsburg 1512
- (3): P. e. R., Plate XXIV

1562 (1): Englische Karikatur auf den stolzen Spanier, aus: W. Flemming: Deutsche Kultur im Zeitalter des Barock, Potsdam 1937, S. 65
- (2): Detail aus: ‚1 Fräulein und 2 Dutzend Männer kauft man hier für 6 Pf.'.

ABBILDUNGSNACHWEIS

Neuruppiner Bilderbogen, Nr. 2269 (S. u. K., S. 77)
1566: Karikatur v. Wolter, 85. Aus: Bad. Ztg., Nr. 138, v. 19. Juni 1985
1568: Polit. Karikatur v. Murschetz. Aus: DIE ZEIT, Nr. 23, v. 27. Mai 1977
1571: Hernando de Soto: Emblemas – Moralizadas, Madrid 1599
1574: Karikatur v. Haitzinger, v. 9.VII.84. Aus: Bad. Ztg., Nr. 158. v. 11. Juli 1984
1575: Holzschnitt von Hans Weiditz aus: Cicero, officia, Augsburg, Steyner 1535
1577: Karikatur v. Haitzinger, v. 11.II.82. Aus: DER SPIEGEL, Nr. 7, 1982
1578: Detail aus Münchener Bilderbogen Nr. 117: Das Einmaleins in Reimen und Bildern. Dritter Bogen
1579: Titelblatt des Struwwelpeter von Heinrich Hoffmann, 1844
1581 (1): Misericordiendarstellung in Amsterdam, 16. Jh.
– (2): P. e. R., Plate CXXXIV
1582 (1): Holzschnitt, Murner: Schelmenzunft, 1512
– (2): Detail aus einem Bilderbogen aus Ost-Flandern, um 1700
– (3): Misericordiendarstellung in Rouen, 15. Jh.
1586: Karikatur v. Haitzinger, 80
1589: Karikatur v. Haitzinger, v. 6.VI.84. Aus: DER SPIEGEL, Nr. 25, 1984, S. 20
1590: Rembrandt Harmensz van Rijn (1606–69): Susanna und die beiden Alten, Berlin-Dahlem
1594: Der Singer singt ins Gemerk, aus: Georg Hagers ‚Dreizehntem Liederbuch‘ (Hs. Dresden M 6), in: B. Nagel: Meistersang, Stuttgart 1962
1600: Lithographie v. Honoré Daumier: ‚Vue prise de la première semaine de janvier‘, in: LE CHARIVARI v. 9.1.1869. Aus: H. Daumier: Das lithograph. Werk, hg. v. Klaus Schrenk, Bd. II, München 1977, S. 1188, D 3686
1601: Polit. Karikatur v. Murschetz. Aus: DIE ZEIT, Nr. 40, v. 4. März 1988
1602: Detail aus einem flämischen Bilderbogen, 18. Jh.
1604: Kupfer von J. de Bry: Emblemata, Nr. 30
1607: Karikatur v. Haitzinger, 77. Aus: DER SPIEGEL, Nr. 2, 1978
1608: Majolika Votivbild mit Darstellung eines Exorzismus; Madonna dei Bagni von Deruta/Ital., aus: R. Kriss: Wallfahrtsorte Europas, München 1950, S. 237

1609: Slowenisches Bienenstockbrettchen, 19. Jh., Museum Ljubljana
1610: Baegert, um 1500: Die Eidesleistung (Detail), Niederrhein. Museum Wesel
1611: Zeichnung von Wilhelm Scholz (Guter Rath an gewisse Französische Heißsporne, 1882), Bismarck-Album, S. 141
1612: Spielkarten mit den 10. Geboten, Holzschnitt, 15. Jh.
1613: „Advokaten und Soldaten sind des Teufels Spielcameraden‘, frz. Graphik, 17. Jh.
1614 (1): Bilderbogen über den Geldteufel, Ed. Pellerin in Épinal, 1. Hälfte 19. Jh. (Imagerie d'Épinal, Nr. 9)
– (2): ‚Des Teuffels Garkuchen‘, Kupferstich von F. Hildenberg, 1580, Graph. Sammlung der Staatlichen Galerie Moritzburg in Halle
1616 (1): Detail aus dem Sprichwörter-Bild von P. Bruegel, 1559
– (2): Detail aus einem Bilderbogen aus Ost-Flandern, um 1700
– (3): Detail aus dem Sprichwörter-Bild von P. Bruegel, 1559
– (4): Holzschnitt aus Thomas Murners ‚Schelmenzunft‘, 1512
1618: Detail aus dem Sprichwörter-Bild von P. Bruegel, 1559
1622: Grandville: G. W., Bd. I, S. 304
1623: Handkolorierter Kupferstich aus: Sprichwörter, deutsche, eine Auswahl vorzügl. alter Denk- und Weisheitssprüche zur Veredlung des Geistes und Herzens. Ein Bilderbuch für die Jugend, Nürnberg um 1836 (Renner u. Comp.)
1625 (1): Zeichnung von Wilhelm Scholz (Frei nach Uhland, 1864), Bismarck-Album, S. 25
– (2): Glaßbrenner, Bd. 2, S. 231
1626 (1): Zimmerischer Totentanz, Hs. Donaueschingen, Fürstl. Fürstenberg. Hofbibl.
– (2): Radierung v. Heinrich Seufferheld (1866–1940): Die Medizin ringt mit dem Tode, Exlibris Dr. med. A. W. Pietzcker. Aus: Werner Block: Der Arzt u. der Tod in Bildern aus sechs Jahrhunderten, Stuttgart 1966, S. 72
1627: Klein-Baseler (Klingentaler) Totentanz, 1440
1628: Emblemat, Kupferstich, aus: Otto van Veen: Emblemata Horatiana, Amsterdam 1684
1635: Steinhöwel: Esopus, ‚Die erste fabel von den fuchs vnd den trauben‘
1638 (1): Tretmühle im Bergbau, aus: Georg Agricola; De re metallica, 1556

ABBILDUNGSNACHWEIS

- (2): Ill. aus: Schatzkammer Mechanischer Künste, 1620, Ndr. Hannover 1976
- 1639: Kupferstich aus: Les nouveaux savans de société ou recueil complet de tous les jeux familiers..., Bd. 2, 3., vermehrte Ausg. Paris 1810. Aus: P. Hackhofer: Hokus-Pokus-Fidibus. Kulturgeschichte der Zauberei. Ausstellungskatalog, Bergisch-Gladbach 1981, S. 13, Kat. Nr. 22
- 1640: Holzschnitt d. Augsburgers Hans L. Schäufelein, 1517
- 1642: Neuruppiner Bilderbogen, aus: S. u. K. S. 20
- 1646: Barptolemaeus Anulus: Picta Poesis. Ut Picturia Poesis Erit, Lugduni 1552 (Staats- u. Univ.-Bibl. Göttingen), aus: Henkel u. Schöne, Sp. 110
- 1648: Polit. Karikatur v. Wolter, 831. Aus: Bad. Ztg., Nr. 56, v. 8. März 1978
- 1650: Handkolorierter Kupferstich aus: Sprichwörter, deutsche, eine Auswahl vorzügl. alter Denk- und Weisheitssprüche zur Veredlung des Geistes und Herzens. Ein Bilderbuch für die Jugend, Nürnberg um 1836
- 1654: Illustration von Charles H. Bennett zu seinen „Proverbs", London 1859
- 1679: Zeichnung v. Brisolla, Abb. 2
- 1680 (1): Detail aus einem flämischen Bilderbogen: Vogelschießen als Volksbelustigung
- (2): Zeichnung von Wilhelm Scholz (Reichstags-Prognostikon, 1878), Bismarck-Album, S. 105
- 1686: Kupfer von de Bry: Emblemata, Nr. 24
- 1688: Münchner Bilderbogen Nr. 1036: ‚Aus der Tierwelt.' Sprichwörter (Detail).
- 1689: Münchner Bilderbogen Nr. 1036: ‚Aus der Tierwelt.' Sprichwörter (Detail).
- 1690: Karikatur v. Haitzinger, v. 24. I. 83. Aus: DER SPIEGEL, Nr. 6, 1983
- 1691 (1): Federzeichnung v. Hieronymus Bosch (um 1450-1516). Aus: Kupferstichkabinett, Staatl. Museen, Preußischer Kulturbesitz, Stuttgart u. Zürich 1980, S. 27, Abb. 7
- (2): Jacob-Cats: Proteus, 3,1 Rotterdam 1627, aus: Henkel u. Schöne, Sp. 69
- 1694: Holzschnitt v. John Bewick. Aus: Trusler, John: Proverbs Exemplified, London 1790, Percival Collection, T 77 pr., Page 65
- 1696 (1): Gerda Grober: Karte zu Frage 233a der Umfrage zum Atlas der deutschen Volkskunde
- (2): Karikatur v. Haitzinger, v. 8. VII. 86. Aus: DER SPIEGEL, Nr. 29, 1986
- 1697 (1): Ill. v. Gustave Doré zu: Adolphe Malte-Brun: Géographie Universelle, Paris 1857-1859. Aus: G. Doré: Das graph. Werk, Bd. I, S. 201
- (2): P. e. R., Plate CVII
- 1698 (1): Holzschnitt, Murner: Schelmenzunft, 1512
- (2): Holzschnitt v. Perriere, 1539. Aus: Henry Green: Shakespeare and the Emblem Writers, London 1870, S. 329
- 1699 (1): P. e. R., Plate XLV
- (2): Steinhöwel: Esopus, „Die ander fabel Von dem wolff vnd dem lamp'
- 1700 (1): P. e. R., Plate XI
- (2): Gemälde von Ev. de Meer, Mauritshuis, Den Haag, Foto von A. Dingjan, Den Haag
- 1701 (1): Polit. Karikatur v. Wolter. Aus: Bad. Ztg., Nr. 25, v. 31. Jan./1. Febr. 1981
- (2): Karikatur v. Haitzinger, v. 21. VII. 88. Aus: Bad. Ztg., Nr. 170, v. 26. Juli 1988
- 1703: Wechselbalg von einem Fahrenden gezeigt. Nach einer Miniatur einer Handschrift d. 12. Jh. Kgl. Bibliothek Brüssel. Aus: W. G. Soldan u. H. Heppe: Geschichte der Hexenprozesse, neu bearbeitet u. hg. v. M. Bauer, Bd. I, München (1911), S. 160
- 1704 (1): Populäre Druckgraphik: Weg zur Hölle, 19. Jh., Philadelphia/Pennsylvania, Museum of Art
- (2): Ill. v. Stauber zu: Münchener Bilderbogen, Nr. 190.
- 1707 (1): Pieter Bruegel d. Ä.: Zänkisches Weib, aus der Serie der 12 flämischen Sprichwörter
- (2): Holzschnitt um 1600, Kupferstichkabinett Amsterdam
- 1708: Neuruppiner Bilderbogen, Nr. 5772, aus: S. u. K., S. 25
- 1709 (1): Karikatur v. Haitzinger, v. 27. IX. 90. Aus: Bad. Ztg., Nr. 225, v. 28. Sept. 1990
- (2): Red-figured Wine-cooler: Satyrs revelling. From Cerveteri. Painted and signed by Douris. Attic 490-480 BC., The Trustees of the British Museum, 1977, Cat. of Vases E 768
- 1710: Holzschnitt, aus: G. O. Marbach (Hg.): Sprichwörter u. Spruchreden der Deutschen, Leipzig o. J., S. 118
- 1714: Niederländische Redensartenmalerei, 16. Jh.
- 1715 (1): Holzschnitt, Brant: Narrenschiff von 1494, zum Kapitel ‚Von zu vil sorg'.

ABBILDUNGSNACHWEIS

- (2): Detail aus dem Sprichwörter-Bild von P. Bruegel, 1559
- (3 u. 4): Details aus Bilderbogen. Image de chez Leloup. Au Mans, Ende des 18. Jh. aus: Pierre Louis Duchartre et René Saulnier: L'imagerie populaire, Paris 1925, S. 299

1716 (1 u. 2): Details aus Bilderbogen. Image de chez Leloup. Au Mans, Ende des 18. Jh., aus: Pierre Louis Duchartre et René Saulnier: L'imagerie populaire, Paris 1925, S. 299
- (3): Holzschnitt, aus: John Ashton: Chap-Books of the eighteenth Century, New York 1970, S. 266

1717: Polit. Karikatur v. Hanel, 88: ‚Oskar, der Blechtrommler'. Aus: DER SPIEGEL v. 7. März 1988

1719: Kupfer von Georg Jacob Schneider in Nürnberg, Nürnberg, Germanisches Museum

1720: Holzschnitt v. Lucas Cranach d. Ä.: Der Werwolf, um 1512. Aus: 1472–1553, Lucas Cranach d. Ä.: Das gesamte graph. Werk, 2. Aufl. München 1972, S. 375

1721 (1): Grandville: G. W., Bd. 2, S. 988
- (2): Zeichnung von Wilhelm Scholz (Avis au Public diplomatique de l'Europe, 1874), Bismarck-Album, S. 82
- (3): Darstellung aus: Züricher Kalender 1814, Kal. Inv. 391. Aus: Kalender-Bilder: Ill. aus schweiz. Volkskalendern des 19. Jh. (= Führer durch das Museum für Völkerkunde u. Schweizer Museum für Volkskunde, Basel), Basel 1978, S. 67

1727: Polit. Karikatur v. Murschetz. Aus: DIE ZEIT, Nr. 6, v. 3. Februar 1978

1730: Neuruppiner Bilderbogen, Nr. 8329, aus: S. u. K., S. 91

1732 (1): Heidelberger Sachsenspiegelhandschrift. 13. Jh.
- (2): Dionysii Lebei-Batillii Regii Mediomatricum Praesidis Emblemata, Frankfurt 1596

1734: Detail aus einem Bilderbogen aus Ost-Flandern, um 1700

1735: J. Lagniet u. H. David: La Periglieuse avanture des Moulins a vent, um 1640. Aus: Hartau, Johannes: Don Quijote in der Kunst, Berlin 1987, S. 20, Abb. 6

1739: P. e. R., Plate XIX

1740: Steinhöwel: Esopus, Die XIII. fabel võ den wolffen schaffen vñ hundē

1741 (1): Titelholzschnitt zu Urbanus Rhegius: Wie man die falschen Propheten erkennen ia greiffen mag..., Braunschweig 1539

- (2): Karikatur v. Haitzinger, v. 9.I.90. Aus: Bad. Ztg., Nr. 7, v. 10. Januar 1990
- (3): Holzplastik, Bienenstock, 19. Jh., Fotoarchiv, Museum in Martin/Slowakei, Foto: Ián Dérer

1742: P. e. R., Plate XLVIII

1743: Polit. Karikatur v. Hanel. Aus: DER SPIEGEL, v. 23. April 1984

1745 (1): Holzschnitt, Murner: Schelmenzunft, 1512
- (2): Ill. von Stauber: Münchener Bilderbogen, Nr. 189

1747: Zeichnung v. Brisolla, Abb. 22

1748: Nicolo Cantabella: ‚Savoyardischer Wurmschneider'

1749: Karikatur v. Haitzinger, v. 7.II.83. Aus: DER SPIEGEL, Nr. 7, 1983

1750 (1): Ill. von Gert Köppe, Neumünster, zu: Hans-Heinrich Rottgardt: Läver'n Dickkopp as'n Dööskopp, Neumünster ³1979, S. 59
- (2): Polit. Karikatur v. Chris. Aus: DIE ZEIT, Nr. 45, v. 30. Oktober 1981
- (3): Lithographie von 1848: ‚Die größte Wurst ist immer sein, dem armen Dorfschulmeisterlein', aus: Ernst Johann: Das Jahr des Metzgers. Der Lissnerschen Wurstologia anderer Band, Frankfurt 1957

1751: Karikatur von Haitzinger, v. 22.X.82. Aus: DER SPIEGEL, Nr. 49, 1982

1752: „Buchmesse", ein Zeit-Zeichen von Hans-Georg Rauch. Aus: DIE ZEIT, Nr. 42, v. 10.10.1986, S. 59

1753 (1): Detail aus ‚Goldenes A.B.C. für Jungfrauen', II. Blatt, Neuruppiner Bilderbogen, Nr. 2332, aus: S. u. K., S. 9
- (2): Jacob Locher: Herakles am Zweiweg, in: Stultifera navis, Basel 1497. Aus: W. Harms: Homo viator in bivio, München 1970, Abb. 16

1755: Karikatur v. Haitzinger. Aus: Bad. Zeitung v. 13./14. Dezember 1975

1756: Zeichnung von Moritz von Schwind (1804–71)

1757 (1): Jan Steen: Zahnbrecher, Mauritshuis, Den Haag, Foto: A. Dingjan, Den Haag
- (2): Kupferstich, HWK 1835, aus: St. Galler Kultur u. Geschichte 18 (1988). Aus: Ursula Brunold-Bigler: Das Bild des Nichtsesshaften in schweiz. Volkskalendern d. 18. u. 19. Jhs.

1758: Zeichnung in: Kladderadatsch, Berlin 1862. Aus: Grand-Carteret, J.: Les mœurs et la caricature en Allemagne en Autriche en Suisse, Paris 1885, S. 153, Fig. 59

Abbildungsnachweis

1761: Zeichnung v. G. Mester, aus: Dt. Allg. Sonntagsblatt, Nr. 29, v. 19.VII.1991

1763: Karikatur v. Haitzinger, v. 22.VII.87. Aus: Bad. Ztg., Nr. 166, v. 23. Juli 1987

1764: Emblemat. Kupferstich: ‚Volat irrevocabile tempus' (Horaz). Aus: Emblemata Horatiana, Antwerpiae 1607, S. 207

1770: Schneiderspottbild: ‚Der Flickschneider', kol. Lith., um 1830. Aus: Kohlmann, Theodor: Neuruppiner Bilderbogen, Katalog (Schriften des Museums für Dt. Vkde. Berlin, Bd. 7), Berlin 1981, S. 100, Abb. 121

1773: Neuruppiner Bilderbogen, Nr. 8974, aus: S. u. K., S. 87

1775: Ill. ‚Un zopftrager', aus: Arsène Alexandre: L'art du rire et de la Caricature, Paris o.J., S. 152

1776: Münchhausen-Illustration von Gustave Doré (1832–83)

1777: Karikatur v. Haitzinger, 79. Aus: Badische Zeitung, Nr. 266, v. 16. Nov. 1979

1778: Karikatur v. Haitzinger, v. 28.VIII.91. Aus: Bad. Ztg., v. 29.VIII. 1991

1779: Detail aus einem Holzschnitt von 1539, aus: Hans Fehr: Das Recht im Bilde, Erlenbach–Zürich, München und Leipzig 1923, Abb. 136

1780: Basler Lällekönig, bewegliche Maske vom ehemaligen Rheintor an der Rheinbrücke, 16. Jh., Histor. Museum Basel

1781: Slowenisches Bienenstockbrettchen von 1882.

1785: Karikatur v. Haitzinger, v. 20.VI.90. Aus: DER SPIEGEL, v. 25. Juni 1990

1786 (1): Polit. Karikatur v. L., Süddt. Ztg.
– (2): Polit. Karikatur, v. BEN. Aus: DER SPIEGEL, v. 22. Januar 1988
– (3): Polit. Karikatur v. Haitzinger, v. 24.VII.87. Aus: Bad. Ztg., Nr. 170, v. 28. Juni 1987
– (4): Karikatur v. Haitzinger, v. 25.VIII.87. Aus: Bad. Ztg., Nr. 195, v. 26. August 1987
– (5): Polit. Karikatur v. Hanel, 90. Aus: DER SPIEGEL, v. 6. August 1990

REGISTER

Das Register enthält Sprichwörter- und Redensarten-Stichwörter nach denselben Prinzipien, aus denen sonst die Stichwörter ausgewählt wurden; es ist kein Namen- oder Sachregister (keine Autorennamen und Werke).
Seitenzahlen mit dem Zeichen * verweisen auf einen Hauptartikel, der Pfeil ↗ zeigt an, daß die gewünschte oder zusätzliche Information unter dem genannten anderen Stichwort gefunden werden kann.
Fremdsprachliche und mundartliche Stichwörter erscheinen nicht im Register, man findet sie unter dem entsprechenden hochdeutschen Stichwort.
Für die Auffindung einer sprichwörtlichen Redensart ist grundsätzlich deren erster Begriff maßgebend.
Bei festgeprägten Zwillingsformeln wie z.B. ‚Acht und Bann' oder ‚Hängen und Würgen' erscheint im Register jeweils nur der erste Begriff, in diesen Fällen: ‚Acht' und ‚Hängen'.
Zusammengesetzte Wörter sind mitunter nicht eigens aufgeführt, wenn das erste Kompositionsglied einen eigenen Artikel besitzt. Grundsätzlich aufgeführt werden zusammengesetzte Stichwörter, die einen eigenen Lexikonartikel haben, z.B. ‚Bärenhaut' oder ‚Drachensaat'. In der Regel erscheint nur ein Wort im Register, und zwar in der Grundform, d.h. der Infinitiv bei Verben und der Nominativ bei Substantiven, die grundsätzlich im Singular stehen. Ausnahmen bilden diejenigen Partizipien von Verben, die metaphorisch gebraucht werden (z.B. ‚gespreizt' sprechen nicht unter dem Infinitiv ‚spreizen'), sowie Pluraletanten (z.B. ‚Leute').

A

A 18 51* 1653
Aal 16 51* 1119 1643
aalen 52
aalglatt 51
Aas 53* 157 315 1558
Aasgeier 523
ab 53* 164
abbeißen 54* 1779
abbekommen 1353
abblasen 302
abblitzen 54*
abbrechen 54* 268 1253 1507 1769 1780
Abbruch 54* 964
abbrummen 1565
abbüßen 285
Abc 55*
Abc-Schütze 55
abchecken 292
abdecken 296
Abdecker 1342
Abderiten 1336
Abend 55* 103 593 1044 1536 1595
Abendmahl 56* 62 548
Abendmahlsprobe 56
Abenteuer 124
Aber 56*
Aberchen 56
abern 56
abfahren 17 56* 1778; ↗ zeitlich
abfeuern 253
abfingern 104
abflattern 1768
abfrieren 17 56* 105
Abfuhr 56 57*
abgebrannt 57* 1514
abgebrüht 270
abgedroschen 952 1576; ↗ Stroh
abgefeimt 57*
abgehen 57* 1193 1466
abgeholt 304

abgeilen 56
abgekartet 811 1501
abgelaufen 1409
abgemacht 57* 1459 1464
abgenabelt 1066
abgeschieden 1765
abgeschliffen 1363
abgeschnitten 57*
abgespielt 1188
abgraben 1698
Abgrund 1223
abhaspeln 1784
abhauen 1291
abhotten 56
Abitur 1207
abkanzeln 57*
abkapiteln 803
abkaufen 58*
abklappern 58* 1567; ↗ Busch
abklavieren 58* 104 446 851
abkratzen 883 1673 1768
abkühlen 1396
Ablaß 58* 405
Ablaßbrief 257
ablaufen 58* 1410 1698
Ableben 1766
ableiten 219
ablesen 117 1060
abluchsen 977
Abort 793 1183
Abracadabra 58*
abrackern 59*
Abrede 60*
Abreibung 60* 1355
abreißen 1241
abrudern 1767
absägen 107
Absatz 1327 1511
Abschaum 57 1023
abschieben 1406
Abschied 60* 470 527 1651 1666

abschießen 1329 1680
abschminken 56
abschneiden 57 60* 265 335 353 1079 1310 1580 1661 1703 1745 1775
abschöpfen 1223
abschrauben 1756
abschreckend 170
absegeln 1767
Absehen 61*
Abseits 61*
Absolution 61*
absparen 1058
abspeisen 61* 813
abstauben 62*
abstechen 794
Abstecher 1552
Abstimmung 62* 1403
abstinken 62*
Abt 1287
abtakeln 63*
Abtrittsdeckel 542
abtrumpfen 1648
abwarten 63* 639 1605
Abweg 734
Abwesenheit 29 63* 550 1226
abwinden 1784
abwischen 1411
abzählen 446 860
Abzeichen 1076
abziehen 1079 1469
abzwitschern 1768
Ach 15 27 63* 79 521 1172 1706
Achillesferse 63*
Achilleskraut 1292
Achse 64*
Achsel 24 25 31 32 64* 1416 1698 1732
Acht 65* 79
acht (Zahl) 775 782
Achte 65*
achten 1379
achtkantig 65

Acker 616
Ackermann 161 1530; ↗ Bauklotz
Acta 65*
ad absurdum 65*
Adam 23 66* 124 661 682 1022
Adam Riese ↗ Riese
Adamsapfel 194 892
Adamskostüm 67
Ade 595
Adebar 847 849 850
adeln 96
Adelsbrief 257
Ader 67* 1114
Aderlaß 68* 1405
adieu 595 1768
Adler 68* 104 466 878 1390
Adlerblick 68
Adlersflügel 68
Advocatus 69*
Advokatenseele 843
Affe 19 69* 88 210 312 344 344 543
 722 814 816 829 919 922 937
 1076 1355 1457 1458 1484 1613
 1615 1640 1664 1691 1776
affenartig 72 542
affengeil 74
Affenhitze 74
Affenliebe 73
Affenmünze 73
Affenschande 73
Affenscheiße 825
Affenschwanz 73 661
Affenstall 74
Affentanz 73
Affentheater 73 1621
Affenzahn 72
Afrika 1601
Ägypten 29 74* 460 1784
ägyptisch 1784
ahnen 87
Ahnung 205 209 778 1338 1518
 1653; ↗ blaß
ahnungslos 341
akademisch 1678
Akazie 74* 162
Akten 65; ↗ Acta
Aktie 74*
Alaaf 867
Alarm 75* 216
albern 503 1186
Alibi 75*
Alkohol 225
Ällbot 44 513
allein 370 1533
Allerweltsdiener 1303
Allerwertester 105
alles 75* 1128
Alltag 1048 1641
Allüren 457
Almosen 1443
Alp 75*
Alpdrücken 75
Alptraum 75
Alraune 38 76* 761
alt 15 16 47 66 76* 79 372 538 549
 612 678 722 755 790 798 859 952
 995 996 1049 1294 1345 1350
 1380 1400 1410 1411 1413 1438
 1592 1595 1601 1675 1775
Altar 569 1622
Alte 43
alte Jungfer; ↗ Jungfer
Altenhausen 78*; ↗ Haus

Altenteil 78*
Alter 78* 184
Alter Fritz 77 181 275 476
Älterer 33
Altweibermühle 1707 1708; ↗ Weibermühle
Altweibersommer 78*
Amboß 637 1171 1451
Ameise 1538
Ameisenhaufen 346
Amen 78* 1469 1689
Amerika 78* 1606
Ammersee 104
Amok 75* 1679
Amt 79*
Amtmann 127 1235
Amtsbruder 269
Amtsmiene 80*
Amtsschimmel 80*
anbändeln 82
anbeißen 80* 473
anbellen 1042
anbeten 793 1111 1490 1615
anbinden 81* 109 147 168
anblasen 106
Anblick 572
anbrechen 1249
anbrennen 884 1454
Andacht 80*
anders 80* 160
Andreas 1123
anfahren 1283
Anfang 31 384 1052
anfangen 1327
anfassen 356 1246 1758 1774
Angebinde 81* 1727
angebrannt 884
angebunden 81* 82 912
angekränkelt 205
angekratzt 87
Angel (Angelrute) 82* 453
Angel (Türangel)) 83 637 1651
 1714
angeln 452 566
Angelpunkt 83
angenehm 1095
angeschossen 1329
angeschrieben 83* 88
Angesicht 83* 264
angewachsen 1455
angewurzelt 1534
angezapft 91 92
angezogen 83*
Angst 79 84* 140 489 537 688 1068
 1194 1255 1346 1780
Angstgegner 84*
Angsthase 669 1114; ↗ Hase
Angströhre 84
anhaben 84* 746
anhalten 1722
Anhalter 85* 134
anhängen 85* 397 1267 1314 1541
 1775
anhänglich 1243
anhauen 676
Anke von Tharau 1395
Anker 86* 728
ankerben 86*
anklagen 1465
ankleben 1455
ankommen 1395
ankrähen 87
Ankratz 86*

ankratzen 86*
ankreiden 888
anlaufen 87*
anlegen 1511 1538 1778
anlocken 825
anmachen 17 87*
anmessen 1407
anmotzen 1054
annageln 1538
Anno 87* 1121 1592
anpacken 1774
anpassen 501
anpflaumen 1174
anpochen 1626
anprangern 1197
anpumpen 1209; ↗ Pump
anreden 1464
anrennen 912
anrichten 614 1395
Anruf 988
anschaffen 88* 1298
anscheißen 88*
anschießen 88* 1329
anschirren 88*
anschlagen 1273
Anschluß 88*
anschmieren 1377
anschnorren 1394
anschreiben 83 88* 243
anschüren 440
anschwärzen 1435 1438; ↗ schwarz
anschwellen 799
ansehen 65 351 719 902 1082 1259
 1327 1353 1416 1463 1760
anspannen 1273
anspinnen 88*
anspitzen 1155
Anstalt 1124
Anstand 89*
Anstandsdame 89
Anstandsrest 89
Anstandswauwau 89
anstechen 419
anstellen 1395
Anstoß 89 89 1541
anstreichen 89* 1596
Antek 721
Antenne 40
Antichrist 833
Anton 90* 92 1768
Antonius 90* 247 1452
antun 85 91*
Antwort 31 91* 469 1234
antworten 1512
anwachsen 1455
anzapfen 91* 1209
anzetteln 92*
anziehen 1022 1248 1273 1409
 1551 1554 1579
Anzug 92* 781 1353
anzünden 833 960 1595 1606 1615
Äolsharfe 664
Apfel 36 92* 122 199 287 314 347
 356 402 460 471 675 718 813 859
 859 1286 1329 1464 1497 1537
 1672 1683 1726
Apfelbrei 122
Apfelbutzen 93 503 1380 1451
Apfelkuchen 898
Apfelmus 93 99 121 537 1726
Aplerbeck 630
Apostel 94* 1167 1421
Apostelbier 94

AUSSPRECHEN

Apostelpferd 1421
Apostelreiter 94
Apostelwein 94
Apotheke 94* 829 1109
Apotheker 650
appellieren 1499
Appetit 94*
April 38 94* 377 462
Aprilgeck 94
Äquatortaufe 663 724 1604; ↗ Taufe
Arbeit 18 59 96* 155 392 421 472 478 479 534 644 650 670 676 677 688 785 924 1113 1443 1613
arbeiten 77 105 186 263 294 299 1169 1293 1350 1436 1601 1729
Arbeiterdenkmal 97*
Arbeitsbienen 192
Arche Noah 346
Archimedes 1210
Ärger 105 889
ärgern 1049 1434
Argusaugen 97* 364 1158
Ariadnefaden ↗ Faden
Arkadien 97*
arm 27 45 98* 420 682 722 751 788 841 880 966 988 1015 1248 1263 1369 1443 1455 1617 1645
Arm 65 99* 494 644 871 937 1036 1052 1206 1399
Armee 100* 1768
Ärmel 33 101* 103 104 333 483 567 1257 1726
armenisch 185
Armenkasse 28 102*
Armleuchter 105 958 961
Armloch 105
Armut 1064
Armutszeugnis 102*
Arnsdorf 630
Arosa 597
Arsch 47 55 58 102 102* 169 186 220 276 315 355 372 384 427 440 447 485 491 535 543 558 567 573 587 591 597 632 697 718 720 721 748 754 825 831 842 868 884 913 966 970 971 1015 1046 1052 1068 1087 1105 1124 1160 1204 1240 1260 1283 1318 1338 1354 1355 1355 1582 1601 1619 1642 1751 1763 1768 1776
Arschbacken 105
Arschleder 947
Arschloch 89 1287
Arschlochhausen 1257
Arschpauker 1526
Arschwisch 779 1726
Art 106* 1352
Asche 31 106* 865 903 1180 1271 1351 1422 1765
Aschermittwoch 123
aschgrau 106* 521
Aßman 107*
Ast 31 107* 267 469 732 896 918 1327 1782
astrein 108
Atem 67 108*
atemholen 1766
Atemzug 108 1777
Athen 58 404
Äthiopier 1040
atmen 978
ätsch 1258
Ätsch Gäbili 1290

Attila 575
Attrappe 1141
Atzel 382
au 1671
Auf Wiedersehen 595
aufamseln 1768
aufbauschen 163
aufbinden 108* 147 795
aufblasen 205 477
aufbrechen 1294
aufbremsen 1353
aufbrummen 109* 271 1565
Auferstehung 1181 1663
aufessen 265
Aufgabe 931
Aufgebot 958
aufgedonnert 88 109*
aufgeputzt 1129 1173
aufgesatzt 539
aufgescheucht 753
aufgetakelt 472
aufgezäumt 1774
aufhalten 1241
Aufheben 10 109*
aufheben 1594
aufklavieren 851
aufknöpfen 1115
auflesen 1567 1761
aufmachen 1294 1379
aufmessen 1353
aufmutzen 110*
aufnehmen 109 110* 1327
aufpassen 687 977 1329; ↗ Heftelmacher, ↗ Luchs, ↗ Schießhund
aufputzen 109 110 1129 1173
aufreißen 1008 1219 1756
aufrichtig 121
aufschießen 1185
aufschlagen 1588 1769
aufschmalzen 1588
aufschneiden 110* 1026 1385
Aufschneider 726
Aufschneidmesser 110
aufsperren 973 1060
aufspringen 1778
aufstehen 111*
aufstreifen 101
auftauchen 1674
auftauen 112*
Auftritt 1591
auftun 1058 1060
aufwachsen 1691
aufwärmen 863
Aufwärtstrend 1637
Aufwartung 1243
aufwaschen 112*
Aufwisch 112*
aufwiegen 565
aufwirbeln 1529
aufzählen 1353
aufzäumen 1164 1774
aufziehen 1272 1656
Augapfel 112*
Auge 14 27 41 83 112* 124 135 185 198 209 210 213 214 215 216 223 226 254 306 315 328 333 403 421 432 526 551 552 589 647 650 670 703 720 769 794 859 878 935 969 977 988 989 1068 1094 1102 1113 1144 1211 1279 1283 1299 1310 1328 1355 1386 1395 1416 1435 1451 1489 1509 1523 1528 1536 1595 1630 1634 1668 1678 1691 1712 1726 1765 1768 1784

Augenblick 117 598
Augenleder 1323
Augenmaß 1242
Augenpulver 117
Augenwischerei 117 118*
Augias 1524
Augiasstall 118*
Augsburg 344
August 590 933
Augustin 118*
aus 78 118* 1111
ausbaden 25 131 132; ↗ Bad
ausbaldowern ↗ baldowern
ausbeißen 1755
ausblasen 723 942
ausbleiben 1251
ausbrennen 1489 1595
ausbrüten 1734
Ausbund 38 108 119* 348 1396
ausfechten 1302
ausfliegen 1482
Ausflüchte 457
ausfressen 119* 1657
ausgefahren 553
ausgefeilt 430
ausgerechnet 120*
ausgespielt 1251
ausgeträumt 1635
ausgetreten 1154
ausgießen 131 837
ausgraben 891
aushacken 878
aushalten 521
Aushängeschild 455
aushauchen 1455
aushecken 120* 686; ↗ Heckethaler
auskaufen 1386
ausklamüsern 797
ausklopfen 1386 1692
auskosten 1758
auskratzen 877
auslecken 91
auslöffeln 252 1589
ausmerzen 120*
Ausnahme 120*
ausposaunen 1192
ausprobieren 1004
Auspuff 104
ausreißen 28 120* 168 1241 1726
Ausreißer 669
ausrenken 1780
ausrotten 1579
ausrufen 1709
ausrutschen 1780
Aussatz 1016
aussätzig 846
Aussätziger 121* 1020
aussaugen 1645
Ausschlag 121* 1686
ausschlagen 1352
ausschöpfen 1018 1454
ausschütten 132 837
ausschwärmen 1433
aussehen 77 80 121* 194 263 343 403 406 503 698 712 789 910 940 951 1016 1174 1182 1192 1329 1586 1627 1628
außen 1651
Aussicht 1395
aussitzen 123*
ausspielen 1251 1648
aussprechen 1670

1867

AUSSTECHEN

ausstechen 123*
Aussteiger 722
Austrag 124*
austragen 131
austreiben 1297
austreten 1154 1410
austrinken 1018
ausufern 1655
Ausverkauf 471
auswachsen 124*
Ausweg 969
ausweinen 114
auswetzen 1302
auswischen 27 124* 369 1353 1737
ausziehen 66 124* 696 993 1662
aut 124*
Auto 791 845
Autofahrer-Gruß 597 1680
Aweck 124*
Axt 125* 166

B

Babchen 608
Babel 126*
babylonisch 126*
Baccalaureus 708
Bacchus 44 126* 1122
Bach 44 127* 823 895 1236 1697
Bachschauen 1123
Bachstelze 1478
Back 127
Backe 127* 402 612 1521 1566 1668 1671
backen 127* 265 543 672 898 1383
Backenzahn 1354 1355
Bäcker 127*
Bäckerdutzend 38 128 337 348
Bäckerexamen 127
Bäckerkind 405
Bäckerschupfe 1346
Backfisch 25 128*
Backfischaquarium 129
Backfischkaserne 129
Backhaus 366
Backobst 161 200 1108
Backofen 31 129* 825 1110 1111; ↗Ofen
Bad 36 44 129* 367 490 837 1014 1021
Badegewand 562
Badehose 1623
baden 16 129* 843 1662
Bader 133* 1405
Badestube 1613
Badewanne 837
baff 133*
Bagstein 85
Bahn 31 134* 142 962 1326 1328 1491
Bahndamm 1691
Bahnhof 134* 813
Balance 839
Balanceakt ↗Drahtseil
bald 1513
baldowern 134*
Balg 134* 431 483 943 1340 1640
Balken 28 135* 190 328 465 980 1083 1509 1510
Balkhase 239
Ball 136*

Balla 17 40 136* 1642
Ballast 242 1331
ballern 136
Ballhorn 137*
Ballon 138* 1355
Balz, balzen 138*
Bammel 138* 688
Banane 138* 1664 120
Bananenrepublik 138
Bananenschale 138
Band 138* 502 775 1224 1575
Bandage 140* 666
Bande 1443
Bändel 138* 1270
Bandsalat 1275
bange 84 138 140*
Bangen 659
Banghase 669
Bank (Sitzbank, Fleischbank, nicht: Geldinstitut) 10 32 42 87 140* 1155 1216 1624 1647
Bankfurt 470
Bankrott 144* 804 839
Bann 65 79
bar 144* 1061
Bär 15 19 26 82 102 109 144* 149 176 271 312 474 664 668 768 769 795 844 946 1041 1177 1265 1287 1298 1347 1354 1379 1380 1403 1481 1529 1719
Bäranbinder 146
Barbara 1123
bärbeißig 144*
Barbaren 1666
Barbier 1737
barbieren 147* 152 973 1573
Bärendienst 146
Bärenfell 150
Bärenhaut 41 148* 176 683
Bärenhäuter 149
Bärenhemd 176
Bärenhunger 145
barfuß 504 752 1487
Bargeld 144
barmherzig 1278
Barmherzigkeit 563 564
Barrikade 26 151*
Barsch 511
Bart 40 40 105 147 151* 166 271 525 565 569 735 792 884 914 936 1053 1320 1571
Barte 155*
Barthel 42 155* 660 1049 1053
Bartholomäus 156
Bartkratzer 157
Bartmannskrug 156
Bartputzer 157*
Bartschrubber 157
Bartwickelmaschine 155
Base 825
Basel 122 1627
Baselemanes 157* 311
Basiliskenblick 157* 214
baß 157*
Basseltan 157*
Baßgeige 53 157* 271 524 717 718 1351
Bast 157* 314 432 654 682 1355 1411
Basta 158*
Bastard 836
Batenke 852
Batterie 1355

Batzen 121 158* 696
Batzenstrick 1087
Bau 158*
Bauch 19 116 159* 176 843 970 989 1046 1225 1287 1503 1751
Bauchaufschneiden 663
Bauchdiener 998
bauchpinseln 159
bauen 159* 371 378 400 678 812 845 979 1036 1088 1279 1369 1436 1613 1651 1652 1698
Bauer 159* 361 599 750 1063 1405
Bäuerchen 160
Bauernfang 160
Bauernjunge 160* 1389
bauernschlau 160*
Bauklotz 160* 1530
Baum 15 62 121 161* 163 544 589 859 981 1109 1268 1529 1664 1690
Baumeister ↗Einfall
Baumklopfen 1123
Baumöl 162* 1354
Baumölschwitzen 162
baumstark 15 161
Baumwolle 1383
Bauplatz 163*
Bausch 15 26 27 63 161 163* 234 1335
Bayerland 1191
bayrisch 1263; ↗Ruhe
Beamter 1347
Bebaumölen 162
beben 1774; ↗Wut
Becher 687 1645 1645
becircen 614
Beckmann 164* 171
Beckmesserei 164*
Beckum 1336
Bedburg-Hau 630
bedeppert 164*
bedient 164*
Beelzebub 1608; ↗Teufel
Beere 165* 314
Beet ↗quer
befehlen 592
beflecken 1335
befriedricht 165*
begaben 497
Begierde 1122
begießen 165* 1082 1207 1693
begossen 1207
begraben 132 165* 891 1222 1281 1632
Begräbnis 165* 949
begreifen 166
begrenzt 738
Begriff 166* 1446
behalten 113
behämmert 637 638
behandeln 356 1555
behaupten 1559
Beichte, beichten 36 482 1615 1616; ↗Narr
beigeben 166* 853
Beihaspel 166*
Beil 111 166*
Beilade 166*
beileibe 948
Beileid 48 167* 892
Beilwerfen 166
Bein 54 58 65 100 121 167* 219 315 386 440 493 521 574 647 758 847

857 861 891 965 968 1000 1206 1206 1241 1354 1380 1432 1452 1464 1534 1537 1543 1564 1579 1618 1624
Beinausreißen 168
Beinbruch 169 633
Beinheinrich 693
beiseite 1495
Beispiel 169*
beißen 72 92 147 164 170* 252 254 261 410 480 503 574 577 578 579 720 799 825 903 969 1013 1016 1046 1073 1117 1358 1432 1523 1564 1729 1755 1779
Beißzange 342 749
bekämpfen 1025
bekannt 757
bekehren 720
bekleckern 170*
bekloppt 171* 674
Bekloppte 638
bekommen 379 976 1346 1419 1428 1565 1606 1731
belasten 930
beleidigt 945
belichtet ↗ unterbelichtet
bellen 757 765 805 1432
Bellmann 42 171* 1127
belohnen 1660
beluchsen 977
bemänteln 999
bemoost 172* 677
benedeien 172*
Benedicimus 1480
Benedicite 172*
Benedikt 690
Benehmen, benehmen 748 1283 1443 1664
Bengel 221 387 836
Bengelsuppe 1351
Bentheim 571 703
Bentz 721
Benzenberg 1754
bequem 1705
berappen 172* 1225
Berappius 172
Berappungsarie 172
Berchtesgaden 172*
beredt 1440 1780
bereiten 1703
Berg 31 79 123 127 173* 565 566 574 604 618 1109 1205 1697 1766
bergab 173
Bergfest 173
Berggeist 1259
Berlin 175* 213 327 692 836 979
Bern 58
Bernhard 175*
Bernhardiner 474
Berserker 176* 929
Berta 320
berücken 176* 177
Beruf 177*
berufen 177* 1611 1630 1659
berühren 177*
Bescheid 134 177* 185
bescheißen ↗ scheißen, ↗ beschissen
Bescherung 24 177* 991 1144 1395
bescheuert 178*
Beschiß 75
beschissen 1313 1666
beschlagen 37 178* 503 1352 1463 1538 1678

beschmutzen 1089
beschneiden 799
Beschneidung 437 726 1171
bescholten ↗ unbescholten
Bescholtener 281
beschreien 122 178* 429 1611 1630 1659
Beschreifeige 429
Beschuß 38
beschwichtigen 1465
Besen 23 36 179* 375 474 831 883 921 1239 1345 1397
Besenbinder 181*
Besenreis 182
Besenstiel 180 816 921
Besenstiel-Pastete 1351
Besentragen 179
Besenwirtschaft 179
besessen 182* 1609
Besessener 1403
besiegelt 1476
besiegen 1465
Besitz, besitzen 182* 1581
besoffen 379 816 1443 1566; ↗ betrunken
besohlen 1410
besorgen 711
besser 183* 778
besseres Ich 778
bessern 1740
Bestand 375
bestechen 1551
bestellt 304
Bestes 184* 610 727
Bestie 221
Bestseller 305
Besuch, besuchen 55 185* 1117
beten 96 186* 202 1479 1479
Betglocke 556
Bethanien 186
Bethlehem 28 186
Beton 186*
Betonkopf 186*
Betonriege 186
betreten 145
Betrieb 186*
Betriebsnudel 186
betrinken 46 69 790 799 800 816 829 894 903 924 1048 1082 1084 1107 1156 1177 1443 1447 1484 1514 1567 1575 1640; ↗ besoffen, ↗ trinken
betrübt 1628
Betrug 1507
betrügen 104 721 1465
Betrunkener 1190
Bett 175 186* 310 413 424 698 730 752 769 791 846 972 984 1089 1489 1550 1624
Bettel 187* 243
Bettelbrief 187
Bettelgeld 188
Bettellied 187
Bettelmann 188* 342 581 934 937 1726; ↗ Bettler
betteln 187
Bettelsack 188* 1283
Bettelstab 188* 1520 1561
Bettenberg ↗ Berg
Bettingen 186
Bettkante 189*
Bettlach 186
Bettler 121 188 343 387 703 1563; ↗ Bettelmann

Bettnässer 1669
Bettschwere 187 1642
Bettstatt-Treten 1123
Bettzipfel 31 186 1380 1774
betucht 1648
beugen 1068
Beule 1389
Beutel 189* 342 859 860 880 971 1320 1451
beuteln 189*
Beutelschneider, Beutelschneiderei 189 1319 1391
bevormunden 1684
bewaffnet 1755
bewährt 1598
bewandert 1512
bewegen, bewegt 190*
Bewegung 683 1287
beweihräuchern 1709
Bewerbchen 190*
bewölkt 521
Bewußtsein 1445
bezahlen 17 190* 216 490 526 787 1667 1722 1761 1762
bezaubern 214
Beziehung 1679
Beziehungskiste 14 845
Bibbeleskäs 1214
Bibel 78 551
biegen 164 190* 981
Biehn 190*
Bien 190*
Biene 15 191* 192 191 342 399 735 779 1354 1538
Bienenfleiß 191
Bienenhaus 1604
Bienenhonig 736; ↗ Honig
Bienenkorb 192*
Bienenpächter 405
Bienenschwarm 193*
Bienensorgen 191
Bier 17 27 122 126 193* 405 787 868 1268 1466 1595 1709 1710
Bier-König 195
Bierbank 194 195
Bierbaß 194
Bierbauch 194
Biereifer 194
Bieresel 194
Bierfaß 1642
Bierfriedrich 491
Bierglas 790
Bieridee 194
Bierjunge 194
Bierknoten 194
Bierlachs 919
Bierlala 195*
Bierleiche 194 1643
Bierreise 194
Bierschnecke 194
Bierschnee 194
Biertisch 194
Biertripper 194
Bierulk 194
Bierwetter 194
bigott 195* 465
Bild 195* 304 564 572
Bildermann 173
Bildfläche 195* 196
Bildsäule 196
bildschön 196
Bildstock 1120
Bildung 196*

Bildungsphilister 1180
billig 1233
Bilsenschneider 197
Bilwis 196* 713 1419
Bimbam 197* 463 690 701 801
Bimse 1351
bimsen 197*
Binde 14 198* 860 885 1367 1642 1645
Bindebrief 139
binden 198* 642 647 1081 1755
Bindfaden 198* 490 1389
Binding-Bier 40
Binse 43 165 198* 199 1105 1185 1429 1642 1724
Binsenschneider 197
Binsenwahrheit 199*
Binzen 712
Birke 1599
Birnbaum 848
Birne 93 199* 305 344 347 859 871 872 966 1108 1258 1635
Bischof 133 824
Biß 200*
bißchen 341
Bissen 56 200* 261 264 265 315 1059
Bitte 201* 1473
bitten 161 201* 1722
bitter 202* 500 1018 1184 1448 1645 1725
bitterkalt 202
Bla-Bla 202* 907
Blackout 202*
Blamage 859
blamieren 779 859
blank 164 202* 661 1335 1434 1711
Blase 203* 1287
Blasebalg 865 1376
blasen 189 203* 326 464 653 723 744 798 1002 1059 1110 1116 1162 1261 1411 1645 1647 1653 1668 1732 1759 1776
blaß 203 205* 1087
Blässe 205*
Bläßling 205
Blatt 42 205* 315 803 1060 1501 1669 1731
Blätterwald 208
blau 10 38 92 116 209* 223 224 236 250 258 388 416 465 590 690 693 716 787 981 999 1046 1048 1328 1353 1452 1641 1668 1746
blauäugig 210*
blaufärben 276
Blaurock 1047
Blaustrumpf 211*
Blech, blechen 202 212*
Blechlawine 212
Blechle 690 801
Blechmusik 212
Blechnapf 212* 474
Blechsalat 1275
Blechtrommel 212
blecken 1755
Blei 212* 494 858 1052 1419 1447
bleiben 213*
bleiern 388 1267 1451 1726
Bleigießen 1123
bleischwer 212
Bleistift 213*
Blick 114 179 213* 214 429 741 964 1327

blicken 215*
Blickfeld 215
Blickkontakt 214
Blickpunkt 214
Blickwinkel 215
blind 215* 670 708 751 755 963 964 1013 1351
Blindekuh 216 217* 903
Blinder 20 217* 415 1235 1403 1576 1739
Blindgänger 216
Blindheit 218 1714
Blitz 219* 521 964 1389
Blitzableiter 219*
blitzen 219 489
Blitzmädel 1723
Blitzschlag 1350
Block 219* 857
Blocksberg 220* 711 712 843 1026
blöd 324 755
Blödsinn 220* 725 1674
blond 221*
bloß 202 697
Blöße 221*
Blücher 221* 1223 1469
Blum, Robert 392
Blümchenkaffee 222* 791
Blume 40 222* 1254 1358 1374 1389 1534
Blumenlese 222
Blumentopf 223*
blümerant 210 223* 1000
Blunze 1750
Blut 27 122 208 210 223* 459 652 694 716 1033 1062 1419 1450 1475 1589 1645
blutarm 224
Blüte 185 223 225* 1374 1396
bluten 224 1443
Blütenlese 222
Blütenträume 16 226*
Blutgruppe 225
blutig 652
blutjung 224
Blutsauger 224
Blutsbrüderschaft 225* 269
Blutwurst 225 1219
Bock 17 21 226* 442 468 480 525 618 742 743 795 819 923 966 1102 1151 1172 1256 1271 1285 1296 1327 1329 1388 1403 1484 1533 1556 1558 1740 1771
bockbeinig 226
Bockmist 1452
Bocksbeutel 228* 456
Bocksdarm 1452
Bocksfutter 228
Bockshorn 10 14 23 24 39 42 226 228* 701 1194 1639
Bockshornklee 230
Bockslunge 1452
Bocksmilch 752
bocksteif 226
Boden 232* 253 391 417 418 493 509 570 591 875 965 1050 1092 1185 1300 1329 1353 1494
Bodenhase 671
bodenlos 532
Bodensee 234*
Bogen 161 163 234* 1186 1335 1516
Boheme 234*
bohlenz 1099

Böhme 1536
Böhmerwald 76
böhmisch 234 326
Bohne 210 235* 314 344 390 791 1497 1731
Bohnenkönig 236
Bohnenlied 235 237* 1209
Bohnenstange 238* 916
Bohnenstroh 14 16 27 238* 342 413
Böhnhase 239* 671 1178
bohren 255 740
Boje 871
Bollenbäck 128
Bollmann 692
Bolzen 239* 1329
Bombe 38 79 240*
bombenfest 240
bombensicher 240
bombig 240
Bonanza 500
Bonbon 122 995
Bonifatius 375
Boot 38 240* 303 553 792 808 1331 1778
Bopfingen 1336
Bord 242* 1593 1767
Bordell 1093
Borg 242* 887 1209
borgen 242* 304 887 1209
Borke 161 1651; ↗ Baum
Borsdorfer Apfel 122
Börse 243*
Börsenhai 629
Börsenkrach 876
Borste 243* 1443
Böschungshobel 377
böse 213 214 224 356 601 759 784 790 885 1037 1471 1472 1501 1548 1707 1780
Böse 1612
Bösewicht 243*
Boß 243*
Bosselarbeit 244
Bot 514
Bote 244* 719 1627
Botenbrot 247*
Botengeschrei 245
Botenschild 244
Botenzeichen 658
Botschaft 247* 1194
Botz 638
Boykott, boykottieren 247* 248
Brand 440 782 1641 1643
Brandbrief 248*
brandmarken 248* 968
Brandzeichen 248
Brassel 249*
Braten 249* 270 1066 1244 1451
braten 702 1475 1564
Bratkartoffelverhältnis 249*
Bratwurst 121 757 896 1197 1749
braun 164 221 250* 1353
Braunbier 122 194
Braus 1289
Braut 250* 305 371 834 1461
Brautpaar 802
Brautsar 250*
Brautschau 250 1626
Brautstein 250 1545
Brautstorch 847
Brautstuhl 251* 1468
Brautsuppe 1588
brav 251* 281 682

brechen 164 170 190 252* 706 858 1260 1521 1683
Bredouille 252*
Brei 252* 286 460 723 820 826 1140 1466
Breimaul 252
breit 253* 1259 1416 1545 1567; ⟋Stein
breitmachen 253
breitschlagen 253 1352
Breitseite 253*
breittreten 253
Bremse 90 332
Brenneisen 248
brennen 253* 1330 1385 1436 1487 1712
Brennessel 1088
Brennpunkt 254
brenzlig 254*
Bresche 254* 1247
Breslau 1026 1403
Brett 255* 384 421 488 732 1436 1544 1716 1767
Bretten 765
Brezel 257* 688 1389
Brezelbacken 257 521
Brezelbub 1643
Brief 10 79 185 210 257* 647 666 970 1476
Briefmarke 104 543 1188
Brikett 62
Brille 258* 415 1436 1630
brillen 260
Brillenschlange 123
Brimborium 261* 929
bringen 233 252 665 674 869 959 960 994 1105 1129 1144 1197 1240 1262 1265 1366 1393 1404 1413 1419 1431 1440 1450 1453 1462 1469 1470 1486 1501 1512 1568 1579 1589 1594 1597 1599 1621 1633 1639 1658 1707 1712
bröckeln 1673
Brocken 261* 666 758
brocken 1073
Brombeere 165 262* 672
Brombeerstrauch 575
Brot 19 43 56 79 188 262* 286 287 314 315 402 483 542 564 752 757 782 813 829 922 967 1110 1277 1287 1351 1444 1455 1489 1544 1659 1702
Brötchen 262 266 1404
Brötchengeber 262
Brotessen 1766
Brotherr 542
Brotkorb 266* 660 1451
Brotkruste 1664
Brotsack 266
Brotschrank 880
Brotsuppe 1623
Bruch 31 266* 301 930
Bruchbienen 192
Bruchbude 267
Bruchhausen 1173
Bruchkiste 267
Brücke 159 194 267* 565 982 1330; ⟋Eselsbrücke, ⟋Schiff
Brückenkopf 268*
Bruder 268* 552 610 780 966 1084 1426 1695
Bruderschaft 269 1378
Brühe 270* 1286 1623

brühwarm 270*
brüllen 270* 710 977 1249
Brummbär 144
brummen 144 271*
Brummsuppe 271
Brummsuse 1590
Brunnen 36 271* 405 405 727 795 820 847 848 895 1044 1215 1351 1450 1523 1697 1701
Brunnenburger 507
Brunnengeld 273
Brunnenhorchen 1123
Brunnenputzer 272* 347 1298 1339
Brunnenschwengel 1478
Brunnenvergiftung 272*
brunzen 896 1411
Brust 75 273* 456 837 937 1154 1186 1352 1357 1425 1547
Brustbeutelkatarrh 273
Brustfleck 1721
Brustton 274
Bube 274* 1618 1739
Bubenstreich 274
Bubenstück 17 274
Bubikopf 274
Buch 28 274* 867 1052 1082 1235 1436 1476
Büchernarr 1076
Bücherwurm 274
Buchholtz 275*
Buchholz 171
Buchsbaum 405
Büchschen 1095
Büchse 275* 1329 1409
Büchsenöffner 456
Buchstabe 105 276* 487 1023 1468 1678
Buchstabenkrämer 424
Buckel 19 40 103 104 107 276 750 825 891 896 913 966 1260 1353 1355 1377
Buckelblau 94
bucklig 277* 896 1287 1449
Bückling 321
Buddel 1640
Bude 158 278* 618 940 1389
Budenzauber 279* 1580
Bug 1419
Bügelbrett 454 1188
bügeln 122 279*
Buh 279
Buhmann 279*
Bühne 279* 795 1271
Bühnenhase ⟋Böhnhase
Bulette 700
Bulle 279* 546 568
Bullenhitze 279
bumfasen 1353
Bummel 279*
Bummelant 279
Bummelliese 279
bummeln 279*
Bummelstreik 279
Bummelzug 279
bummhasen 1353
bumpsen 1353
Bums 491
Bündel 280*
Bundesbruder 269
bündig 912
bunt 280* 351 757 903 1239 1248
Bürde 930
Burg 436

Bürge 280*
Bürger 281*
Bürgerbegehren 282
Bürgerinitiative 282
bürgerlich 96 897
Bürgernähe 282
Bürgerpflicht 1262
Bürgerschreck 282
Bürgersteig 282*
Bürgschaft 280*
Buridan 282* 394
Bürohengst 921
Bürokratius 690 1281
Bursche 172 666
bürsten 283 819 1240 1354 1573
Bürstenbinder 14 15 283* 474 816 1287 1642 1643
Bus 19 312 1168 1257
Busch 284* 480 686 1352 1772
Busen 285* 668 1299 1357
Busenfreund 285
Busengrapscher 285 699
Buße, büßen 285*
Büßerhemd 285
Büßerrolle 285
Bußgesang 285
Büstenhalter 1093
Büsum 1336 1570
Butte 649 732 1610
Butter 44 45 75 79 122 285* 305 447 452 498 543 649 799 813 829 831 867 903 1109 1450 1489 1497 1534
Butterberg 175
Butterbrot 61 92 264 287* 356
Butterfahrt 287
Buttermilch 347 460 1172 1240 1354
buttern 842 843
Butzemummel 1058
Büxenhusen 287
Buxtehude 287* 765 789 1644

C

Calendae 65
Callgirl 1606
Camarino 1454
Camouflage 799
Canossa 17 289*
Capriccio 804
Casanova 500
Caspar 695
Cerberus 289*
Chaib 792*
Chaisenträger 289*
Chamade 1300
Chamäleon 289*
Chance 1301
Charivari 290* 611 827 1133
Charon 1108
Charybdis 47 1453
Chatten 708
checken 292*
Chefallüren 244
Cherchez la femme 292*
chic 1325
Chicane 1333
China 1605
Chinesisch 292*
Chrisam 292* 737
Christ 292* 688 690

1871

Christbaum 293* 1774
Christbaumschmuck 293 922
Christel 293
Christenfleisch 293
Christian 293
Christine 293
Christkind 293* 848 1124
christlich 998
christoffeln 294
Christoph 293 293*
Christus 122 951 1078 1451 1628
Chuzpe 294*
Ciao 593
Circe 164
Claque 919
Coca-Cola 40
cogito 294* 778
Colmar 962
Columbus 17
Comment 1282
compris 803
Computerwitwe 295*
Contenance 295*
Conto 868
Cornelius 247 740
Corpus 437
Coué 1595
Cour 295*
Courage 295*
Credo 1182
Crétin 292
crux 890
cum grano salis 1278
Cuntz Schlauraffen 1172

D

Dach 37 42 63 296* 439 522 550 625 872 908 1108 1190 1339 1355 1495 1496 1506 1538 1654 1680
Dachabdecken 291 1133
Dachdecker 299*
Dachhase 239 670
Dachrinne 343 1236
Dachs 299* 472 1347 1380
Dachschaden 298 522 1633
Dachschere 377
Dachsparren 933
Dachtel 1351
Dachtraufe 1236
Dachziegel 299*
Daffke 300*
dagegen 300* 522
daheim 300* 691
dahinterhersein 1609
Dalken 683
Dalldorf 344
Dalles 301*
dalli 301*
Damaskus 1288 1596; ⁄ Saulus
Dame 591 1040
dämlich 343
Damm 301*
Damnau 1336
Damoklesschwert 301* 409 940 1448
Dampf 40 302* 661 864
Dampfer 242 302* 1778
Dämpfer 303*
Dampfnudel 303*
Dampfroß 1381
Danaergeschenk 303* 1168

Danaiden 303* 549 1471 1698
Dänemark 421
danebengehen 1568
Dank 15 304* 570 819 900 1615 1618
danke 304* 521 571 1108
danken 993 1634
dann 63
Danzig 918
Darm 216
dasitzen 27 304* 369 732 779 837 1120 1182 1726
dastehen 27 304* 785 967 974 1120 1123 1182 1207 1386 1560 1636
dätschen 1353
Datschenbäck 128
Dätz ⁄ Detz
Dauerbrenner 305*
dauerhaft 1485
Daumen 23 189 305* 428 429 445 446 590 1181 1243 1470 1484 1715
Daumenbreite 307
Daumenschraube 11 37 306* 468 1400 1401
Daumensprung 307
Dauphin 1664
Daus 309*
David 833
davon 1321
davonkommen 939 1401
davonlaufen 1283
davonpreschen 501
davonstehlen 1535 1604
davorstecken 1175
Davos 597
dazu 44 309* 512
Deck 309*
Decke 38 309* 431 896 997 1531 1568
Deckel 310* 614 772 891 1144 1194 1355 1632 1739 1768
Deckmantel 311*
Degen 90 1363
dehnbar 598
deichseln 311*
Deielendames 311*
dein 1019
Delirium 311
Delphin 1664
demütig 63
Denken, denken 294 311* 318 552 566 719 778 1167 1440 1465 1606
Denker 318
denkste 311 464
Denkungsart 1034
Denkzettel 312* 1402
Depp 164 312*
Deputat 313* 318
Deputatkohle 313
Deputatswürste 313
derjenige 313*
Detail 216
Detz, Dätz 313 1355
deuen 1722
Deut 313* 696 900 1095 1171 1576
deuteln 334
Deuter 1351
deutlich 1512
deutsch 214 233 316* 934 1028 1031 1032 1286 1479 1512 1691
Deutscher 1642
Dez ⁄ Detz

Dezem 313 318*
Diät 104
dicht 318* 1399
dichten 79 79 318*
Dichter 318* 1338
Dichterlorbeer 319
Dichtung 318*
dick 15 44 164 319* 322 431 721 755 756 912 978 1101 1113 1115 1579 1623 1667 1713 1736
Dickkopf 870 1630
Dickmann 320
Dickschädel 319
Dieb 320* 498 535 930 1471 1536
Diebesnest 1089
diebisch 382
Diebsdaumen 38 306 320*
Dieldapp, Dilldapp 320* 376
Diele 405
Dielentür 459
dienen 1182
Diener 321* 596 1519
Dienst 279 321*
Dienstag 1047 1685
dienstbar 525
Diensteid 321*
Dienstmann 1120
Dilemma 321*
Dilldapp ⁄ Dieldapp
Dillemann 1120
Ding 33 43 322* 334 1171
dingfest 323*
Dingsda 322 323
Dingskirchen 287
Dir 40 1094
Dittchen 313
Dlappen 376
Docht 924 1119
Dohle 816 1536
Doktor 1374 1401 1402
Dolce vita 323*
Dolchstoß 323*
Dollerei 789
Dollhinkel 753
Dölpes 376
Dom 787
Domglocke 555
Domherr 1287
Domino 324*
Donald Duck 388
Donau 45 324* 405 1452 1697
Donner, donnern 465 489 491 718 900 1327 1609 1612
Donnerschlag 490 1054 1350
Donnerstag 324* 1048
Donnerstagskind 1492
Donnerwache 324* 455
Donnerwetter 324* 465 1482 1723
doof 320 324* 721 1184
Döpken 934
Doppeldeutiges 325
Doppelgänger 325*
Doppelkinn 565
doppelsinnig 326
Doppelspiel 326
doppelt 234 325* 888 1050 1143 1501
doppelzüngig 326*
Dorf 326* 521 840 841 1494
Dorfglocke 556
Dorfschulmeister 1750
Doria 465
Dorn, Dorne 116 327* 1155 1253 1523

dornig 1704
Dornröschenschlaf 328*
Dornwald 327
dörren 1383
Dortmund 405
Dösbartel 328
dösen 328*
Dosten 121
Double 325 328*
do ut des 329*
down 329*
Drache 38 46 329* 440 1139
Drachenfutter 330
Drachensaat 38 331*
Drachenzahn 331
Dragoner 331* 897
Draht 40 331* 1754
Drahtseil 1087
Drahtseilakt 332
Drahtzieher 331 638 1393
dran 332*
Drang 1584
Drau 405
drauf 164
Draufgänger 222
draufgehen 902
Draufgeld 953
draufhaben 302
draufsatteln 1283
draufschlagen 159
draußen 1651
Dreck 24 25 63 102 315 315 332*
  469 472 542 652 808 831 837
  1082 1115 1159 1214 1445 1498
  1534 1557
Dreckbarthel 660
Dreckeimer 334 1566
dreckig 333
Dreckmatz 1007
Dreckschleuder 334*
Drecksuppe 1589
Dreh 334*
drehen 79 164 239 307 334* 1080
  1267 1400 1734
Drehscheibe 630
Drehwurm 334 1748
drei 33 255 335* 915 1023 1093
  1404 1481 1674
Dreieinigkeit 1314
Dreier 336* 696 952 1322 1467
Dreiergespann 336
Dreierlicht 960
Dreierstrick 1087
Dreikäsehoch 813
Drei Könige 1354
Dreikönigsfest 783
dreimal 335
Dreimonatskind 336*
dreinschlagen 324
dreizehn 336* 348 775 1352
Dresche 338 1351
dreschen 337* 357 768 875 1181
  1575 1781
Drescher 337* 402 1323
Dreschflegel 458 795 1271
Dresden 1007 1628
Dritter 339* 918
Drlappen 376
Drohne 339*
Drohnendasein 339
drollig 686 829
Drossel 972 973
drüber 1429

Druck 340*
Drückeberger 340
drücken 97 233 305 340* 648 653
  1408 1476 1722 1738
Drücker 340*
Druckposten 340*
Druckpunkt 340
drunter 164 340*
Drüse 340*
du 341*
Dubel 329
Duckmäuser 797
Dudelsack 341* 395 717 718 1161
  1351 1354 1489
Duell 1281
Duft 341*
dufte 342 1653
Duftmarke 341 1025
Duftnote 341
Duftwolke 341
Dujardin 40
Dukaten 520 342* 1313 1513
Dukatenmännchen 530 1313
Dukatenscheißer 530
dulden 1440
dumm 15 16 27 226 239 324 325
  342* 376 393 469 503 569 636
  661 744 751 784 789 966 1093
  1122 1190 1272 1395 1464 1583
  1586 1617 1633 1672 1696 1702
  1717 1726 1726
Dummbach 344
Dummbeutel 344
Dummer 357 1361
Dummheit 342* 572 860 1184 1425
  1558 1635
Dummkopf 376
Dummrian 784
Dummsdorf 287 344
dunkel 1210 1743
Dunkel 218 1061
dünn 226 319 345* 1115 1667
Dünnbrettbohrer 255 345
Dunst 205 209
Dur 1041
durch 345* 1653
durchbleuen 1353
Durchblick 1007
durchblicken 345
durchbohren 346
durchbrennen 345
durchbringen 346
Durchbruch 346
durchchecken 292
Durcheinander, durcheinander
  340 346* 883
Durchfahrt 1115
durchfallen 240 346* 872 874 1645
durchfechten 345
durchgedreht 345
durchgehen 730
durchgehen 1167
durchgreifen 345
durchhauen 346 410
durchhecheln 684
durchkämpfen 345
durchkreuzen 346 1187
durchlaufen 1487
durchlöchern 346
durchmachen 753
durchmustern 345
durchschauen 1501
durchscheinen 1489

durchschummeln 345
durchsprechen 345
durchstarten 345
Durchstecherei 346*
durchstehen 345
Durchstehvermögen 16 345
durchtrieben 346*
durchwachsen 347 521
Durchzug 346
dürr 108 162 524 737 1339
Durst 272 347 782 792 830 1240
  1749
dürsten 224
durstig 1456
Durststrecke 347 1597
Dusche 347* 798
duschen 1354
Dusel 348*
Düsseldorf 1221
Dutzend 38 336 348* 487 1396
  1492 1785
Dutzendgesicht 348
Dutzendmensch 1492
duun 1640
Duzfreundschaft 341
D-Zug 77 804

E

easy 349*
Ebbe 349* 467 520
Ebene 349* 1326
Eber 668 1309
ebnen 1703
echt 17 87 349* 1626
Echternach 349* 1405 1514
Eckart 350*
Ecke 163 351* 521 802 1124 1346
  1378 1633 1766
Eckensteher 351
edel 1444 1645
Edelmann 66 843
Edler 1444
Efeu 853
Effeff 351*
egal 553 1186
Egel 224 1680
Ehe 250 352* 365 615 643 1227
ehe 1352
Ehejoch 785
Ehekreuz 890
ehelichen 754
Ehepaar 966
Ehering 1246
ehern 1559
Ehre 166 352* 882 1451 1455 1535
  1690
Ehrenjungfrau 352
Ehrenmann 353*
Ehrenpforte 352 353*
Ehrenrose 354*
Ehrenrunde 10 354* 1265
Ehrenwort 354*
Ehrfurcht 1675
ehrlich 15 165 682 992 1317
Ei 17 19 27 92 121 287 304 314 354*
  459 460 505 520 527 553 621 699
  751 753 813 825 859 899 1064
  1124 1125 1268 1277 1294 1484
  1534 1536 1558 1571 1612 1631
  1683
Eiche 161 544

1873

Eichel 359*
Eichenlaub 1557
Eichhörnchen 359* 1615 1744
Eichstrich 1683
Eid 163 361* 646 649 1520
Eidechse 780 800
Eierkuchen 476
Eierlegen 1723
Eierschale 358
Eiertanz 11 361* 1599
Eifersucht 363*
eigen 364* 1306 1366 1410 1449 1503 1512 1651 1722
Eigenbau 1575
Eigenbrötler 264 364 1288
Eigengrübler 38
Eigeninitiative 364
Eigenlob 364 434 1557
Eigentor 16 364
Eile 365* 1337
Eimer 365* 366 779 1044 1645
Einäugiger 219
Einbahnstraße 365*
einbinden 81; ↗ anbinden
einblasen 204 1116
einbläuen 366
einbleuen 366*
einbrechen 366*
einbrocken 1589; ↗ Suppe
einchecken 292
eindreschen 338
Eindruck 366* 1341
einerlei 553
einfach 1366 1776
Einfall 28 121 365 366* 680 779 1726
einfallen 129 1110
Einfalt 690
einfältig 1601
Einfaltspinsel 1186
eingebildet 503
eingefleischt 366
eingefuchst 366*
eingehen 367* 1202
Eingemachtes 367*
einheizen 130 367*
einherstolzieren 565
Einhorn 367
einkaufen 1002
einkratzen 86
einladen 101
einmal 368*
Einmaleins 712 1689
empacken 369*
einpauken 1145
einpökeln 1277
einprägen 1195
Einrede 1234
einrennen 1650 1693
eins 305 369* 1621
einsalzen 1498
einsam 369* 1509
Einsatz 700 832 1355
einschenken 1709
einschiffen 1767
einschlagen 219 240 1310 1703
einseifen 152 370*
einsetzen 940
Einsiedler 1288
einspinnen 1232
einst 991
einstehen 1533
Einsturz 715

Eintrag 370*
eintränken 370*
eintrichtern 1711
Eintrittsgeld 1341
eintürmen 1653*
einundfünfzig 781
einverstanden 1268
einwickeln 371*
einzig 164
Eis 45 252 371* 905 966 980 1171 1369 1595 1672
Eisbein 372 1355
Eisberg 372* 1509
Eisen 37 372* 440 544 651 666 694 724 864 987 1354 1376
Eisenbahn 14 24 40 374* 1328
Eisenbarth 374* 557 911
Eisenbeißer 373
eisern 181 375* 831 1265 1401
Eisheilige 375*
eisig 1440
eiskalt 31 372 944
Eiszapfen 836
eitel 1342
Eitelkeit 783 1157
Elbe 405 1172 1697
Elbetritsche 321 375* 1744
Elch 19 312 1257
Eldorado 377*
Elefant 15 377* 461 1054 1192 1509 1725 1739
Elefantengeburt 377
Elefantenhaut 378 908
Elefantenhochzeit 14 378
Elefantenkuh 377
Elefantenrunde 378
Element 378*
Elend 16 304 378* 1647
elend 1645
elf 311 379* 775 1036
elfenbeinern 1653
Elfenbeinturm 380* 1653
Elferrat 380
Elias 380*
Elle 381* 1738
Ellenbogen 103 382* 1675
Ellenmaß 381
Ellgrießli 376
Elli 790 1311
Elster 320 382* 1218 1361 1536
Eltern 383* 652 1353
Emma 383* 695 1311 1599
Emmendingen 630
emporschießen 1185
Ende 15 31 383* 411 789 802 833 911 931 957 960 1400 1495 1675 1751
Endrude 16 385
Endspurt 385
eng 1148 1244 1281 1722
Engel 18 20 60 122 221 385* 717 718 844 848 1395 1395 1422 1423 1439 1466 1557 1765
Engelmacherin 387*
Engelsflügel 466
Engelsgeduld 387
Engelszungen 387* 963
Engerling 1680
Englein 1765
englisch 60 106 1327 1536
englischer Gruß 597
Enkenem 1378
entbrennen 963

Ente 209 213 344 388* 520 798 1380 1451
Entenarsch 1010
Entenflügel 1698
Entenklemmer 700
Entenmarsch 506
Enterich 388
entgegenkommen 1704
enthaupten 677
entlarven 1005
entlohnen 490
entrinnen 1660
entscheidend 1404
Entscheidung 1026
entschlafen 1348 1765
Entschluß 369
Entsetzen 1132
entwurzelt 161
entzwei 804
Epilepsie 880 1099
Epistel 959
Erasmus 1226; ↗ Rasmus
Erbarmen, erbarmen 389* 1542
Erbarmsterche 389
Erbe 389* 918 1027 1494
Erbfeind 389*
Erbhof 390*
Erbse 122 235 390* 454 543 883 1724
Erbsenkranz 390
Erbsensuppe 347
Erbsenzähler 580
Erdbeere 672 903
Erdboden 391*
Erde 93 168 391* 579 715 716 1064 1069 1141 1276 1398 1436 1451 1537 1766 1768
erdrücken 1727
erdulden 1598
Ereignis 475
Eremit 848
Erfahrung 1063
Erfinder 1481
Erfurt 1675
ergreifen 1778
ergreifend 1366 1550
erhaben 719
Erinnerung 205
erkälten 937
Erlaubnis 599
erlogen 393 1558
erlöschen 833
ernähren 1536
Ernst, ernst 391* 1495
Ernte 467 700 1468 1563
erpicht 391*
errichten 1400
ersäufen 886
erschöpft 804
erschossen 392*
ersparen 1164
erst 392*
erstaunt 157
erste, erster 392* 1404 1514 1584 1586
erster Mai 991
ersticken 1727
erstunken 80 393* 1558
ertanzen 624
ertappen 1602
erweichen 1542
erwischen 393*
Erz 1315

erzählen 1398
Erziehung 666
Erziehungsfläche 105
Esel 282 305 342 344 392* 524 541
   543 664 695 723 740 741 756 935
   938 939 977 1057 1109 1144 1144
   1165 1171 1206 1271 1306 1339
   1351 1380 1414 1511 1514 1571
   1675 1676
Eselsbegräbnis 398
Eselsbrücke 400*
Eselsfresser 398
Eselsgesang 1478
Eselshaut 908
Eselsohr 394 398 743 1113
Eselsritt 396
Eselstritt 396
Espenlaub 27 401* 489 1775
Eßbesteck 403
Esse 378 401* 1397; ↗ Feueresse
Essen, essen 45 93 96 263 264 299
   307 402* 422 452 497 534 564
   699 844 875 897 945 973 1025
   1101 1108 1117 1191 1260 1277
   1298 1324 1385 1420 1424 1466
   1496 1630 1680 1711 1754 1756
   1784
Essenkehrer 1397 1436
Essig 403* 405 405 543 735 935
Essiggurke 1286
Essigkrug 542 1758
Essigsaures 1351
Etappe 403*
Etappenhase 403
Etappenhengst 403 901
etc. 403*
etepetete 404*
Etikett 404*
Etikette 404* 468
Etikettenschwindel 404*
Eule 19 33 58 304 404* 471 542 732
   735 830 848 878 923 935 960
   1383 1454 1495 1549 1643 1655
   1657 1697 1707; ↗ Uhl, ↗ Uhu
Eulenpfingsten 1171
Eulenspiegel 406* 817 1569
Eulenspiegelspossen 406
Eva 66 67 1626
Evangelium 1689
Evergreen 305
ewig 407* 783 1348 1765
Ewigkeit 316 407* 1143 1172 1768
Exempel 170 1202
Extrawurst 408* 1750

F

Fach 298 1352
Fackel 218 409 414 960 1489
fackeln 409*
Faden 54 202 302 409* 443 508 869
   940 981 1013 1014 1069 1256
   1506 1573 1784
fadenscheinig 410
Fahne 411* 1527 1734
Fahnenflucht 411
Fahnenstange 411*
fahren 16 85 294 411* 793 808 971
   1008 1059 1147 1436 1457 1687
Fahrgeld 1341
Fahrkarte 411*
Fahrrad 471 845

Fahrt 209 412* 1767
Fahrtenmacher 412
Fahrwasser 412 412*
Faible 412*
fair 412*
Fakultät 412*
Falke 116 412* 1390 1603
Fall 40 413* 857
Falle 40 413* 676 1017 1498
fallen 168 169 233 244 327 494 584
   676 716 722 808 853 870 890 930
   1004 1008 1058 1251 1259 1260
   1314 1330 1383 1398 1419 1445
   1446 1449 1470 1503 1533 1541
   1547 1560 1582 1586 1588 1624
   1649 1678 1686 1701 1703 1743
   1747 1760 1778
Fallstrick 82 413* 508 1574
falsch 413 488 493 499 670 755 811
   1168 1219 1358 1475 1491 1515
   1676 1713 1730 1780
Faltenstreicher 425
Familie 414* 1041 1398
Familienkreis 414
Familiensinn 414
Fanal 414*
fangen 581 821 1366
Fango 1598
Farbe 217 289 414* 810 993 1435
   1648 1739
farblos 414
Farce 416*
Farn 416*
Farrenschwanz 1351
Fasel-Görge 534
Faselhans 660
Fasnacht ↗ Fastnacht
Faß 194 233 303 417* 688 893 1471
   1640 1642 1698
Fassade 420*
Faßbinder 420* 934
fassen 1083
Faßhahn 1443
Fasson 420*
Fassung 295
fasten 164
Fastnacht, Fasnacht 38 416* 1240
Fastnachtsochse 1174
Fasttag 796
Fata Morgana 420*
fauchen 1358
faul 15 16 200 299 355 356 420* 451
   683 711 761 845 1037 1166 1443
   1463 1557 1602 1630 1759 1771
Faulbaum 911
Faulheit 96 420*
Faulkrankheit 421
Faulpelz 421 459
Faultier 421
Faust 116 375 402 421* 1144 1726
   1763
Fäustchen 918
faustdick 319 422 1113
Fausttäflein 1351
Faxen 422*
Fazit 422*
FdH. 422*
fechten 422* 855 1145 1306 1423
Fechtersprache 855
Fechtschule 1517 1557
Feder 31 36 39 423* 478 605 730
   793 878 1175 1248 1402 1576
   1681 1738

Federball 136 424
Federblasen 1123
Federfuchser 424* 797
Federlesen 10 38 109 425* 483 503
Federnhausen 424
Federstrich 426*
Fegefeuer 426* 535 731
fegen 1353 1397
Fehdebrief 248
Fehdehandschuh 41 427* 658
Fehler 1285 1329
Fehlschlag 442
Feierabend 103 105 427* 594 1768
Feierschicht 881
Feige 200 427* 1042 1115
feige 755
Feigenbaum 848
Feigenblatt 430*
Feigling 705
feil 1713
Feile 430*
feilhalten 1011
feim 57
fein 106 854 1298 1730; ↗ klein
Feind 267 565
feindlich 269
Feld 430* 1371
Felge 431*
Fell 19 38 38 122 319 431* 459 681
   682 825 947 950 974 1147 1340
   1351 1433 1434 1484 1633 1744
   1768
Femegericht 433*
Fenster 216 434* 530 769 1579
Fensterbank 849
Fensterscheibe 1310
Ferkel 434* 535 1026 1524
Ferkenstecher 239
Ferkes Jan 700 1223
fernsehen 738
fernsehmüde 966
Ferse 435*
Fersengeld 43 435*
fertig 454 845 919 933 1390
fesch 436*
Fest 436*
fest 436* 1282 1410
festhalten 436
festmachen 714
festnageln 437* 495
Fett 356 437* 524 891 1450 1771
fett 201 249 262 794 863 877 884
   1283
Fettnäpfchen 14 438* 884 1120
   1156
feucht 479
Feuer 37 56 79 163 254 438* 455
   650 712 732 814 837 865 963
   1119 1231 1257 1501 1502 1514
   1576 1698 1702 1765
Feueresse 440*; ↗ Esse
feuern 440*
Feuerprobe 441*
feuerrot 107
Feuertaufe 441*
Feuertod 1314
Feuerwehr 441*
feurig 380 864 1708
Feurio 15 441*
FF 351
ff 441*
F.h.z. 441*
Fiasko 442* 456 463

Fichte 442* 1724
ficken 484
fickfacken 422
fidel 678 751
fideln 1353
Fiduz 442*
Fieber 666 843 1783
Fiedel 157 271 442* 524; ↗Geige
Fiedelbogen 443*
fiedeln 442*; ↗geigen
Fiedle 485
Fietje 721
Fifty 443*
Fiks, Meister Fiks 454
Film 443*
Filzlaus 1316
Fimmel 443* 457
Finale 443*
Finanzamt 344
Findelkind 444*
finden 88 168 233 236 266 473 607 659 969 994 1115 1166 1232 1241 1255 1262 1371 1372 1420 1522 1567 1585 1739
Finger 31 38 39 54 104 253 254 307 315 380 419 422 444* 497 590 629 651 814 946 962 1061 1146 1176 1185 1246 1384 1385 1536 1675 1711 1763 1766
fingerhakeln ↗rangeln
Fingerhut 689 1069
Fingernagel 448 728 1070 1071
Fingerspitze 447
Fingerspitzengefühl 447
Fingerzeig 448
Finkenstrich 1572
finster 1038 1549
Finsternis 74 987 1489
Finte 449*
Firlefanz 449*
Fisch 15 19 20 163 286 347 378 405 449* 459 471 478 544 586 629 686 813 819 1092 1277 1351 1380 1450 1451 1583 1644 1726
fischen 452*
Fischer 171 452*
Fischergarn 1240
Fischladen 819
Fischweib 1339
fishing 453*
Fisimatenten 39 453*
Fisternöllchen 453* 1605
fit 453*
Fittich 453* 467 1348
fix 164 454* 1107
fixieren 214
flach 454*
Flachmann 456
Flagge 454* 1457
Flaggschiff 455*
flagranti 779
Flamme 438 455* 1119
Flandern 455*
Flandrianes 455
Flanellwache 324 455*
flanieren 455
Fläschchen 1112
Flasche 442 455* 551 633 837 1249 1640 1739 1758
Flaschenkind 456
Flaschenkork 1177
Flaschenöffner 456
flatschen 1353

flau 1255
Flausen 457* 1216
Fleck 458* 705
Flederwisch 43 458* 1737
Flegel 458*
flehen 1722
Fleisch 79 167 224 225 365 432 451 459* 936 1155 1305 1385 1391 1484 1704 1738; ↗Menschenfleisch
Fleischbank 143
Fleischer 459* 1027; ↗Metzger
Fleischerhund 532 1380
Fleischmann 459
Fleischtopf 29 74 460*
Fleischwolf 460*
Fleiß 15 18
fleißig 854
flennen 710
flicken 1049 1318 1770
Flickschusterei 460*
Fliege 27 68 116 217 315 460* 931 1061 1349 1568 1620 1680
fliegen 316 424 813 1493 1602 1680
Fliegenbeine 461 991
fliegend 723
Fliegendreck 461
Fliegenschiß 461
fließen 1697
flink 359 722 1728
Flinte 461* 1389
Flitterwochen 461* 813
Floh 19 72 461 461* 576 583 759 777 936 937 1117 1278 1351 1569 1576 1586 1738
Flohbeißen 462
flöhen 71
Flohfett 462
Flohhaut 908
Flohkiste 845
Flohmarkt 462
Flohsamen 462
Flohwalzer 462
Flohzirkus 462
Flop 463*
Florentiner-Gürtel 834
Florian 463*
Floriansblitz 749
Floriansjünger 463
Florianspolitik 463
Floriansprinzip 463
Floskel 222
Flöte 204 463* 732 1385 1631
Flötekies 464* 813 1162 1186 1214
flöten 43 180 463* 760
Flötenklempner 463
Flötentöne 463 464* 577 1353 1355
flott 465* 1127 1756
Fluch 465* 1610
fluchen 316 331 465* 485 927
Flucht 669 1263
Flügel 108 465* 1306
Flügelkleid 466
Flugzeug 791 845
Flunder 1188 1258
Fluß 1215
flüstern 467*
Flut 349 467* 520
Fohlen 1421; ↗Füllen
folgen 1306
Folio 1076
Folter 37 468* 1632
foltern 308

foppen 959
fordern 1399
Forelle 1470
Form 468*
Format 534
fort 468* 1294
fortmüssen 1292
fortschaffen 1287
fortstehlen 1536
Fortuna 216 1221
Fotzen 1351
Fracht 1331
Frachtbrief 257
Frack 469*
Frage 469*
fragen 469* 993
Fragezeichen 469*
Fraktur 469*
frank 15 164 470*
Frankfurt 470* 692 1336
Frankreich 569 703 941 1190
fransig 1060 1381
Frantek 721
Franz 695
Franziskaner 1287
Franzose 389 471 597 1151
französisch 20 51 60 470* 683 897 932 1190
Fraßmontag 1048
Frau 82 122 292 405 471* 730 773 790 842 905 993 994 1023 1111 1133 1635 1654 1687 1707
Frau Holle ↗Holle
Frauenhofen 1058
Frauenzimmer 538 539 1473
frech 15 27 102 472* 499 755 1257 1467 1496 1726
Frechdachs 472
Frechheit 119
Fregatte 472*
frei 470 472* 491 648 944 1381 1586 1682
Freiberger 1085
Freibier 19 1685
Freibrief 472*
Freiburg 1148 1208
freien 1169 1170
Freiersfüße 473*
Freiheit 254 319 472* 1288 1318
Freitag 337
Freite 473
fremd 180 424 473* 621 1108 1345 1487 1728 1780
Fremde 560
Fremder 473*
Fresse 473* 1355
Fressen, fressen 43 180 212 284 392 422 473* 762 888 1021 1024 1218 1249 1324 1443 1626 1680 1703 1720 1726
Fresser 402
Freude 63 310 474* 703 759 846 951 1215 1294 1495 1626 1692 1727
Freudenberg 171
Freudenfest 474
Freudengeheul 474
Freudengeschrei 474
Freudensprung 474
Freudentanz 475
freudig 474*
freuen 475* 780 1384 1558 1708 1726

Freund 15 26 163 475* 693 784 911 1191 1407
Freundschaft 1069
Frieden 27 476* 1063 1262 1264 1603
Friedenspfeife 476 891 1231 1571
Friedenspfeifer 46
Friedrich 1240
Friedrich Wilhelm 476 1730
frieren 757 1543
frisch 75 722 944 979 1487
frisieren 1381
Fritz 77 181 275 476* 982 1768
fröhlich 1663
fromm 477*
Front 477*
Frosch 96 121 205 405 477* 491 529 841 856 930 1287 1470 1576 1689 1729 1739
Froschperspektive 478
Frost 1667 1775
Frucht 161 479* 766 1444
Früchtchen 479
früh 79 111 1578
Frühling 28 666 1428
frühstücken 402 479* 1260 1658
Frust 479* 1637
Fuchs 15 91 217 347 366 460 479* 671 721 724 752 758 843 844 847 879 943 1125 1361 1558 1634 1726 1743 1766
Fuchsbalg 483
fuchsen 484
Fuchshochzeit 844
Fuchspelz 481
Fuchsprellen 1199
Fuchsregen 843
Fuchsschwanz 483*
fuchsteufelswild 484*
Fuchtel 484*
fuchteln 1353
Fuderfaß 38
Füdle, Füdli 485* 884 1052
Fug 15 79 485*
fuggern 485*
fühlen 738 1240 1756
führen 371 394 962 1550 1778
Fuhrknecht 1339
Fuhrmann 465 485*
Fülle 485* 486 753
füllen 485*
Füllen 1287; ↗ Fohlen
Füllhorn 485*
fummeln 1353
Fundglück 561
fünf 123 239 486* 1036 1219 1481 1482 1648 1674 1678 1687
Fünfer(le) 487* 914
fünfern 103
Fünffingerhandwerk 446
Fünffingerkraut 446 1351
Fünftagerennen 487*
Fünfthalerschein 1352
fünfzehn 33 425 487* 913 1544
fünfzig 782
Fünfziger 414 488* 1475
Funke 315 489*
funken 489*
Funkstille 489* 1466
fürbaß 157
Furcht 10 216 489 728 1248 1774
fürchten 489* 1151 1613 1675 1719
Furie 122 489*

Fürst 490*
Fürstenberger 490*
Fürstenspiegel 1500
fürstlich 490*
Furunkel 806
Furz 47 315 490* 1054 1692
Fuß 20 45 54 58 62 65 102 112 169 187 212 221 233 265 314 327 381 491* 495 553 560 570 576 645 650 753 793 826 871 940 989 993 1068 1082 1133 1143 1233 1410 1443 1445 1468 1469 1530 1537 1624 1678 1748
Fußangel 82 495*
Fußball 1659 1726
Fußbreit 315 495
Fußeisen 1538
fusselig 1060 1381
Fußkuß 1137
Fußmilch 1351
Fußnagel 1121
Fußpilz 931
Fußspur 46 495*
Fußstapfen 495
Fußtritt 495*
Fußvolk 496*
Fußzehe ↗ Zeh
futsch 496* 719
futschikato 719
Futterkrippe 892

G

Gabe 497* 1034
Gabel 497* 708 772 1700
Gäbele 38
Gäbelimachen 1290
Gabelwurzel 1351
Gabsheim 512
Gacks 548
Gähnaffe 1012
gähnen 129 1111 1626
Gähnmaul 497* 1780
Gala 498* 922 1298
Galgen 85 122 320 498* 535 1236 1574
Galgenfleisch 499
Galgenfrist 37 499
Galgenholz 413 421 499
Galgenhumor 499
Galgenschwengel 499 921
Galgenstrick 499 1447 1574
Galgenvogel 499 1218
Galimathias 499*
Galle 500* 548 735 1240 1725
Galopp 394 501* 1444 1619
Gamasche 501*
Gamaschenknöpfe 580
Gambrinus 126
gang (und gäbe) 15 37 43 164 502
Gang 38 289 501*
Gängelband 139 502 1417 1575
Gängelriemen 502
Gans 36 44 93 123 305 342 467 471 503* 548 575 616 752 929 1327 1354 1380 1380 1381 1395 1464 1642 1707
Gänseblümchen 1148
Gänsefüßchen 506*
Gänsehaut 506* 798
Gänsemarsch 506* 835
Gänsemilch 94

Gänsewein 506*
Ganshirt 479
Ganslosen 1336 1570
ganz 164 1649
Garaus 14 507* 830 1633
Gardemaß 507*
Garderobe 507* 522 1675
Gardine 507* 1439
Gardinenpredigt 507* 1197
Gardinenstange 386
Garlassensein 1322
Garn 38 72 413 508* 953 972 973 1004 1506
Garnitur 92
Garnsack 1470
Garten 509* 845 852 967 1108 1540 1761
Gärtner 226 819 966 1740 1771
Gas 16 1186
Gasbeleuchtung 1460
Gasfabrik 27 960
Gaslaterne 960
gassatim 510
Gasse 254 472 509* 661 984
Gassendreck 472
Gassenhauer 510
Gast 38 185 510* 825 879
Gasthut 511*
Gäu 520
Gauch 628 898; ↗ Kuckuck
Gaudeamus 534 1187 1480; ↗ Placebo
Gaul 18 23 399 511* 524 611 616 756 1167 1169 1756 1781
Gaulskur 1167
Gaumen 1780
Gaumenkitzel 159
Gaunerzinken 1773
gautschen 724 1604
gebacken 127 1110
gebadet 1014
Gebälk 858; ↗ knistern
gebauchpinselt 159
geben 184 428 437 512* 648 957 1104 1105 1147 1171 1263 1292 1346 1353 1419 1421 1432 1434 1470 1512 1551 1552 1553 1564 1599 1636 1704 1745
Gebenhausen 512
Gebenich 512
Gebersdorf 28 512
Gebet 513* 803 959
Gebetbuch 275 537 1612
Gebiß 1754
Gebot 380 393 513* 1584
gebrannt 836
gebraten 503 957 1603 1680 1739
Gebratenes 1475
Gebrazhofen 512
gebügelt 279 539
Gebühr 1341
Geburt 514* 564 1447 1604
Geburtsfehler 514
Geburtswehen 514
Gebweiler 512
Geck 54* 740 1320
Geckengericht 297
Gedächtnis 377 515* 1195 1471
Gedanke 205 315 515* 536 778 1338 1389 1390 1456
Gedankenblitz 203
Gedeck 1644
Gedeih 516*

gedeihen 516*
Gedöns 516* 686
gedruckt 28 981 1402 1689
Geduld 517* 722 923 1212
geduldig 517* 1138 1456
Geduldsfaden 518* 1088
Geduldsprobe 518*
Geduldsspiel 518
Gefahr 215
gefährlich 1501
Gefälle 518*
gefallen 387 1083
Gefängnis 495 791 815 971 1469 1470 1653; ↗Knast
Gefängnistür 542
gefärbt 1744
Gefecht 519* 723 958
geflügelt 466
gefräßig 519*
Gefreiter 477
Gefühl 519* 1502 1708
gefunden 473
gegangen werden 521
Gegend 520* 1045
Gegenliebe 964
Gegenrede 1234
Gegensatz 1403
Gegner 100
gehauen 316 1739
Gehege 38 520*
gehen 168 169 233 255 304 347 356 390 439 442 520* 595 825 858 906 911 950 953 1042 1069 1074 1082 1091 1097 1105 1147 1211 1252 1304 1326 1366 1393 1398 1410 1413 1429 1431 1436 1447 1459 1460 1462 1469 1470 1476 1486 1525 1545 1547 1553 1563 1567 1572 1573 1615 1667 1678 1701 1704 1705 1712 1734 1746 1758 1762 1765 1770
gehetzt 759
Gehirn 366 522* 719 780 935 1239 1451 1471 1559
Gehirnkasten 1108
Gehirnschmalz 522
Gehirnwäsche 522
gehopst 316
Gehör 1115
gehörig 1405 1553
gehupft 553 770; ↗hüpfen
Geier 522* 848 900 1144 1470
Geige 271 419 454 463 523* 717 718 952 1195 1272; ↗Fiedel
geigen 524* 690 1020 1353 1618 1690; ↗fiedeln
geil 17 226
Geiß 217 524* 1388
Geißbuhler 1387
Geißenbart 153
Geißwolle 525 1571
Geist 182 525* 836 1363 1585 1627 1765
Geisterhand 525
Geisterharfe 664
geistig 1667
Geiz 526* 1087
Geizhals 526 877 1340
geizig 526* 858
Geizkragen 876
geknickt 967
gekränkt 945 1662 1751

gekrönt 677
Gelächter 735 918; ↗Lachen
gelackmeiert 919; ↗Lack
geladen 1327 1447
Gelage 526
Gelände 1433
gelassen 1745
gelb 357 527* 589 590 812 1588 1725
Gelbfüßler 660
Gelbschnabel 527
Geld 57 91 99 144 158 163 275 332 342 346 434 526 528* 642 646 676 677 688 708 754 801 803 815 835 859 865 972 975 986 1016 1049 1050 1061 1062 1084 1087 1088 1122 1159 1164 1177 1185 1191 1195 1209 1242 1243 1245 1251 1257 1258 1265 1268 1389 1395 1444 1450 1484 1484 1527 1537 1558 1601 1619 1724
Geldbeutel 1451
Geldheirat 528
Geldkatze 827
Geldkiste 1371
Geldsack 528
Geldschneiderei 530
Geldteufel 1614
geleckt 521 946
Geleerter 531
Gelegenheit 530* 558
Gelehrsamkeit 119
gelehrt 53 531* 678 751 957 1560
gemach 1337
gemacht 994
gemein 532*
Gemeiner 532
Gemeinheit 532*
Gemeinplätze 532
gemeinsam 1267
Gemeinsprache 532
Gemischtwarenhandlung 657
Gemüse 589
Gemüsegarten 509
Gemüt 377 459 532*
gemütlich 686 751
gemütskrank 533
Gemütsmensch 533
Gemütsregung 533
Gemütsruhe 533
Gemütsverfassung 533
genehmigen 533*
Genickfang 1352
Genie 533*
genieren 534*
genießen 1675 1777
Geniestreich 533
Genosse 479 1636
Gentleman 534*
gentlemanlike 534
genudelt 1101
geölt 521
Georg 534* 568
gepfeffert 1159
gepfiffen 570 1015
Gepräge 1196
geprägt 1196
geprellt 478 1199
gerade 487 896 1454 1678
gerädert 1220; ↗Rad
geraderücken 1040
Geräppels 38
Geratewohl 535*

gerben 431 947 1355 1433
Gerechter 1311 1346 1347 1490
Gerechtigkeit 535* 546 998
Gerechtigkeitsfimmel 535*
Gerhard 535*
Gericht 1314 1400 1664
Gerichtsstab 1520 1521
gern 103 304 535*
Gernegroß 585 1097
Gerste 617
Gerstenfeld 515 536*
gertenschlank 15
Gertrud 1013
Geruch 491 536*
Gerücht 536* 666
Gerüchteküche 536*
gerührt 537* 1191 1726
gerupft 503
gerüttelt 63
Gesang 28 466 1710
Gesangbuch 275 537* 1353
Gesäß 102 754; ↗Arsch
geschaffen 1298
Geschäft 537* 854 1456
gescheit 1425 1671
Geschenk 537* 1390
geschenkt 511 1318
Gescherter 1320
Geschichte 537* 1222
geschieden 959
Geschirr 538* 1770
Geschlecht 538* 1425
Geschlechtsverkehr 1669
geschliffen 1363
geschlossen 1679
Geschmack 538* 601 902
Geschmackssache 538
Geschmacksverirrung 538
geschmiert 28 521 1377
geschnatzt 539*
geschniegelt 63 122 539*
geschossen 1329
geschraubt 1401
Geschrei 24 26 27 39 539* 585 930 1442 1620 1744
geschunden 1341
Geschütz 38 542* 584 1447
Geschwindigkeit 72 542*
gesegnet 949 1659
gesengt 1283
Gesetz 113 276 542* 1142 1584 1689
Gesicht 104 116 194 390 403 406 414 417 503 513 542* 553 676 826 1004 1079 1156 1327 1349 1385 1490 1566 1667 1733
Gesichtspunkt 1327 1327
Gesindel 1245
gesotten 1739
Gesottenes 1475
gespalten 1778
gespannt 443 491 1238 1726
Gespenst 122
gespornt 1554
Gespräch 1624
gespreizt 1513
gesprenkelt 1681
gesprungen 316 737 770
Geßlerhut 772
Gestalt 1247
Gestank 833
gestern 543*
gestiefelt 80 1554

GRILLE

gestochen 316 675 1402 1739
gestohlen 1537
gestrig 1594
Gestrüpp 1142
gesund 449 544* 918 1024
Gesundbeterei 544
Gesundbrunnen 544
Gesundheit 544* 571 1231
Gesundheitsapostel 544
gesundschrumpfen 544
gesundschuften 966
geteert 1605
Getreide 405
getrennt 1624
Getriebe 1222 1280
getrommelt 570
getrübt 1743
getürkt 1652
Geuchmatt 900
Gevatter 545* 841
Gevatter Tod 943
gewagt 1501
Gewalt 545* 563 1612
Gewaltherrschaft 545
gewaltig 676
Gewaltmensch 546
Gewaltmonopol 545
gewalttätig 546
Gewäsch 546* 1697
gewaschen 1702
Gewehr 546*
Geweih 723
geweist 1406
Gewerbe 190 546*
Gewicht 212 547* 1686
Gewissen 547* 1191 1347 1455 1577 1721
Gewissensbisse 547
Gewissensfrage 547
Gewitter 92
gewogen 547* 1021 1688
Gewohnheit 547* 986
Gewohnheitstier 15 547
gewohnt 1633
Gewürzbüchse 1144
Gib-uns-heute 512
Gibenach 512
Gicht 1774 1783
Gichter 548*
Gicks 548*
Giebel 1355 1517
Gier 1743
Gieremund 1743
gierig 1151
gießen 198 924 1410 1645
Gießkanne 478 1566
Gift 56 163 221 370 500 548* 1358
giftig 1505 1522 1780
Giftzahn 330 1756
Gipfel 893
Giritze 376
Giritzenmoos 43 549*
Glacéhandschuh 549* 738
Glanz 549* 557
glänzen 63 549* 1342 1478
Glanzlichter 550
Glanznummer 550
Glanzstück 550
Glas 23 457 550* 570 841 939 979 1441 1514 1613 1642
Gläschen 782
Glaser 550 1667
gläsern 556

Glashaus 18 1484
Gläslein 1613
Glasscherbe 551
glatt 1363 1448 1523 1778
Glatteis 371; ↗ Eis
glätten 1713
Glatze 966 1207 1560
Glaube 1240 1288 1535 1638 1768
glauben 312 551* 1708
gleich 31 552* 1061 1410 1692
Gleiches 31
Gleichgewicht 553
gleichgültig 766
Gleichheitsprinzip 553
Gleim 1667
Gleis 553* 1687
Glied 96 212 553* 677 859 990 1239
glimmen 106
Glimpf 63
Glocke 32 44 554* 938 1125 1352 1557
Glockenschlag 1350
Glockenseil 1461
Gloria 550 557
Glorienschein 557
Glosse 557*
Glück 23 163 185 216 558* 966 1213 1285 1375 1398 1441 1444 1544 1548 1730 1746
Glückauf 561* 595
Glucke 466
glücklich 17 966 1548 1583
Glücksfinger 306
Glücksgüter 560
Glückshaube 562* 1492
Glückshaut 558
Glücksjäger 560
Glückskäfer 559
Glückskind 558 1492
Glücksklee 559
Glücksmännlein 561
Glückspfennig 560
Glückspilz 558 795
Glücksrad 563* 1221 1222
Glückssache 312
Glücksschwein 559
Glücksstern 1548
Glückssträhne 559
Glückstopf 557
Glückstöpfer 1245
Glückwunsch 783
Glück zu 595
glühend 864
Gluxi 63
Gnade 117 195 514 563* 1491
Gnadenbrot 564 564*
Gnadengesuch 563
Gnadenschuß 565*
Gnadenstoß 565*
Gnadenweg 563
gnädig 563
Gockel 565* 1513
Goderl 565*
Godersprech 565*
Goethe 1338 1678
Goethefeier 104
Gold 23 97 213 565* 1051 1148 1234 1334 1478 1638 1738
golden 82 173 267 276 565* 793 973 1038 1079 1095 1246 1368 1478 1503 1599 1656 1705
Goldesel 861
Goldfasan 566*

Goldfisch 566*
Goldgrube 566
Goldschmied 312 566* 789
Goldwaage 11 14 567* 839 1160 1686 1745
Gomorrha 1487
gönnen 1745
Gopfersprich 565
Göppingen 630
gordischer Knoten 346 860; ↗ Knoten
Görgen 534 568* 788 1480
Gorilla 568*
Gosch 585 1010
Gosse 568*
Gott 15 17 19 114 154 196 306 465 497 544 551 568* 571 572 592 593 601 642 695 703 703 718 751 793 836 848 941 966 994 1087 1122 1178 1268 1314 1424 1451 1462 1594 1613 1615 1671 1673 1685 1689 1692 1738 1746 1765 1768
Gott befohlen 592
Götter 568* 1398 1738
Gottesfinger 306
Gottesfrieden 926
Gottesgabendrechsler 128
Gottesglück 561
Gotteslohn 570 572*
Gottes Zorn 231
Gottlieb 573*
gottlos 568 573* 687 1242
Gottogott 778
Gottseibeiuns 1612
Götz 573*
Götz von Berlichingen 103
gouch 900
Grab 28 122 168 398 493 571 573* 574 587 600 679 939 1053 1223 1237 1263 1371 1436 1441 1557 1583 1627 1664 1667 1728 1768
Graben 7*
graben 587
Grabscheit 1244
Graf Ego 778
Gram 1300
Granate 240 574*
granatenvoll 574 1643
Granit 170 574*
Gras 13 19 20 27 36 42 45 462 574* 672 709 1226 1358 1530 1738 1768
grasen 1728
Grasfressen 765
grasgrün 107 580 1726
Graswitwe 1577
grau 20 77 153 580* 604 677 1048 1248
Graupen 580* 598 1232 1255
Grazie 580* 1727
Greenhorn 581* 589
greifen 1305 1778
greinen 710
Greiß 376
Grenze 1436 1438
Gretchenfrage 17 581*
Grete 660 1107 1473
Griebe 581* 884
griechisch 512
Griefe 581*
Griff 332 581* 1726
Grille 457 581* 691 754 790 1002 1016 1232 1602 1680

1879

Grillenfang 584
Grillenfänger 583
Grind 584* 936
grinsen 736
grob 238 584* 636 1286 1391 1507
Grobheit 584*
Grobian 584* 784
Grönland 472
Groschen 585* 855 1084 1164 1379
groß 164 585* 757 1186 1391 1404 1580 1631 1654
Größe 585*
Großhans 585 1028
großkopfig 585 586*
Großmutter 586* 587* 728 842 1262 1452 1619
Großvater 587* 1262
Grube 17 216 411 493 520 574 587* 1664 1766
Grübelnuß 1105
Grüezi 593
Gruft 1766
Grummet 587*
grün 11 16 27 40 164 210 250 307 527 570 580 589* 650 732 852 882 962 1035 1048 1064 1093 1249 1353 1389 1463 1529 1624 1728 1736 1740 1766 1782
Grund 31 79 163 233 440 590* 1267
Grundeis 104 372 591* 748
grundlos 1454
Gründonnerstag 324
Grünemann 171
grünen 79 965
Grunewald 591*
Grünschnabel 581 589
grunzen 1742
Grünzeug 589
Gruppenbild 17 591*
Gruß 15 63 280 321 570 591* 657 679 752 772 773 913 1197 1424 1764 1768
Grüß Gott 593
grüßen 570 593 1740
Grütze 580 597* 859
Gschamster 593
gucken 1044 1395 1696
Gugel 901
Gugelfahrt 901
Gugelfeuer 901
Gugelfuhr 901
Guillotine 598*
Gulden 158 1172
Guler 1290
Gummi 598*
Gummilöwe 1139
Gunst 595 598*
günstig 1734
Gurgel 599* 609 680 830 876
gurgeln 1241
Gurke 599* 1082 1286
Gurkenhandel 599
Gurkensalat 599
Gürtel 102 600* 835 971 1373
Gürtellinie 600*
gürten 1448
Guß 600*
gußeisern 1088
Gustav Adolf 1384
Gusto 539 601*
Gut 63 224 528 601* 608 609 784 948 1330
gut 83 164 183 356 410 601* 835 912 978 1074 1078 1191 1205 1329 1391 1404 1410 1418 1456 1463 1507 1513 1548 1579 1584 1623 1645 1705 1705 1714 1718 1722 1734
Güte 119 341 601*
Guten Abend 593
Guten Morgen 593
Guten Tag 593
Güter 601*; ↗ Gut
Gutes 1107
gütlich 601 1671

H

Haar 17 29 37 45 175 221 243 301 423 474 481 503 506 529 603* 632 680 767 827 872 883 909 966 1144 1412 1588 1689 1744 1756 1775; ↗ Haut
Haarbeutel 39 608* 660
Haarbreit 603
haargenau 603
haarig 607
haarklein 603
Haarmann 614
haarscharf 603
Haarspalter 357 603
Haarspalterei 603
haarsträubend 604
Habchen 63 608*
Habe 602 608 608* 680 1632
Habedank 304
haben 609*
Habenichts 702
Haber 615 649; ↗ Hafer
Haberfeld 515
Haberfeldtreiben 231 610* 616
Habergeiß 610*
Haberhälm 616
Habermann 610*
Habermus 929
Haberspreu 618
Haberstroh 618
Haberweide 616
Habgier 1063
Habich 674
Habicht 227 479 611* 1484
Hack 686
Häck 513 514
Hacke 58 127 520 611* 1739
Hackebeilchen 614
Hackelberg 613*
Häcker 613*
Hackfleisch 460 614*
Hackordnung 613
Häcksel 614* 1272
Haderkatze 817
Hafen (Gefäß) 44 614* 863 894 1318 1669 1739
Hafen (für Schiffe) 615* 1767
Hafer 615* 632; ↗ Haber
Haferkiste 227 1484
Hafermotor 618
Hafersäen 1556
Haferschleimvilla 618
Haftelmachen 1389; ↗ Heftelmachen
Hag 618*
Hagel 618* 843
hageln 819 1389

Hagenau 1280
Hagestolz, hagestolz 619* 782
Hagestolzenkram 620
Hahn 18 87 104 298 315 565 620* 699 752 758 799 865 875 934 1125 1530 1689
Hahneneier 94
Hahnenfuß 626*
Hahnenkamm 1075
Hahnenschrei 624
Hahnentanz 624
Hahnrei 620 626* 723 738 740 741 742 1223
Hahnreiter 628
Hai 629*
Haintzl 438
Haken 629* 860 861 1371
Hakenschlagen 667
halb 352 1192 1649 1704
Halbe Halbe 443
halblang 20 629*
halbmast 455 630*
Halbmond 630*
Halbscheid 91
Halbzeit 630*
Haldensleben 630*
Hälfte 183 630* 778
Häling(en) 631*
Hall 696
Halle 1124 1670
Halleluja 631*
Halljahr 787
Hallo 597
Halm, Hälmlein 425 631* 913
Halmmessen 1123
Hals 11 24 56 79 155 201 250 252 478 584 619 632* 776 792 856 872 876 890 891 894 988 1068 1107 1151 1219 1366 1451 1489 1534 1545 1574 1640 1642 1661 1701 1780
Halsband 1283
Halseisen 1196
Halstuch 1461
Haltefest 858
halten 305 635* 823 949 962 1009 1059 1259 1282 1293 1348 1381 1400 1404 1431 1463 1525 1526 1537 1552 1572 1580 1633 1686 1701 1710 1770
Haltung 295
Hamburg 692
Hamburger 1103
Hameln 1228
Hammel 15 635* 1087 1320
Hammelbeine 635 1355
Hammelsprung 636
Hammer 37 39 637* 1783
Hampelmann 123 638*
Hamster 19 312 934 1257 1443
Hanau 639*
Hand 9 33 37 37 56 79 96 99 100 113 144 157 167 225 286 316 329 375 392 402 410 424 436 438 439 459 473 492 530 551 570 590 592 616 632 633 639* 687 704 741 811 812 922 940 968 986 1018 1025 1026 1059 1060 1078 1107 1175 1214 1271 1398 1446 1448 1457 1486 1501 1516 1541 1550 1589 1601 1601 1612 1648 1650 1651 1662 1678 1696 1700 1711 1778 1783

Handanlegung 646
Handbreit 315 644
Händedruck 592
Händefalten 642
Handel 63 655 655*
Händel 655*
handeln 1675 1774
händeringend 654
Handfeger 123
handfest 655*
Handgeld 530 646 655* 658
Handgelenk 656*
Handhabe 656*
Handikap 656*
Handkäse 1354 1451
Handkuß 596 655 656*
Handlung 648 657*
Handschelle 997
Handschlag 646 653 657* 1350
Handschrift 644 658* 1402
Handschuh 427 639 658* 773 1333 1342 1355
Handschuhmacher 545 1388 658
Handstreich 657 658*
Handtreuebrosche 657
Handtuch 658* 779
Handumdrehen 644
Handvoll 644
Handwerk 659* 846 1178
Hanf 659*
Hanfsamen 1478
Hangen, Hängen, hangen, hängen 37 63 79 139 659* 695 1103 1688
hängenbleiben 1386
Hannemann 660*
Hannes 660* 1692
Hännesken 660
Hanomag 920
Hans 161 302 356 438 510 558 584 610 660* 694 695 699 971 979 1007 1053 1192 1240 1373 1642 1689 1754
hansa 663
Hansdampf 33
Hansele 660
hänseln 663*
Hans-Guck-in-die-Luft 14 663
Hans im Sode 1486
Hansjörg 1767
Hans Michel Meerrettich 305
Hans Supp 1589
Hans-tapp-ins-Mus 1061
Hanswurst, Hans Wurst 661 662 1182
Harakiri 663*
Harfe 664* 833 1273
Harfenjule 665
Harke 38 665* 732 1763
Harnisch 41 665*
hart 666* 926 1104 1267 1508 1542
hartnäckig 666*
Harzer 781
Harzerwald 77
haschen 666*
Hase 14 38 96 458 482 667* 723 807 817 934 1016 1124 1145 1160 1358 1484 1717 1738
Hasel 672* 1105
Haselnuß 672 1105 1156
Haselöl 673
Haselrute 673
Haselsaft 673
Haselstaude 673

Haselstrauch 673
Hasenbalg 670
Hasenbrot 670
Hasenei 1124
Hasenfell 853 1410 1722
Hasenfett 1377
Hasenfuß 14 483 669
Hasenherz 669 977
Hasenjagd 670
Hasenkurs 669
Hasenohren 506 670
Hasenpanier 14 435 669
Hasenpfeffer 667 1160
Hasenregen 843
Hasenscharte 668
Hasenschlaf 115 670 1348
hasenschreckig 668
Hasenschuhe 669
Haspel 166
hassen 1585
häßlich 388 854 1395 1586 1726; ↗ Ente
Hastrup 1336
Hättich 610 611 662 673*
Hau 674* 713 1349
Haube 38 674* 774 776 847
Haubenlerche 674 690
Haubenstock 674
Haubitze 675* 1643
haubitzenvoll 1643
Haudegen 675
hauen 80 675* 719 750 780 833 982 1113 1117 1211 1270 1391 1393 1696
Häufchen 304 379
Haufen 31 32 100 676* 1312 1312
Häuflein 1676
Haumichblau 676
Haupt 106 172 677* 872 1049 1448
Hauptesläng 677
Haupt- und Staatsaktion 677*
Haus 37 55 159 163 366 426 678* 702 731 732 777 1128 1176 1238 1279 1337 1368 1382 1386 1389 1403 1489 1492 1514 1612 1649 1726
hausbacken 680
Häuschen 678*
Hausdrache 330 440
hausen 1666
Hausfrau 1133
Hausfrieden 692
Hausgeist 862 863
Häuslerskuh 902
Hausmarken 1762
Hausmütterchen 680
Hausnummer 1641
Haussegen 680
Haut 37 79 163 431 432 432 506 589 680* 796 853 859 965 981 1002 1147 1340 1410 1433 1434 1485 1511 1632 1766
Havas 681*
Hax pax max 729
Hazardspiel 1501
HB-Männchen 683*
Hebel 683*
heben 683* 1162
Hebräisch, hebräisch 683* 853
Hechel 38 345 684* 793 1262 1755
Hechelkränzchen 684
Hechelmann 684

hecheln 684*
Hechsel 346
Hecht 544 685* 1470
Hechtsuppe 686
Hecke 686* 1484
Heckmeck 686*
Heer 100 101 686*
Hefe 573 687*
Heft 687* 1026
Heftelmachen 1389
Heftelmacher 11 684 687*
hegen 63
Hehmann 688* 1403
hei 597
Heide 215 688* 842
Heidelberg 688* 1113 1281
Heidelerche 689* 1478
Heidenblitz 465
heidenei 688
heidewitzka 787
heidi 690*
heidi, heida 689
heil 682 1716
Heilebart 847
heilen 1086
heilig 197 212 324 463 465 585 690* 725 801 905 1451 1764
Heiligenschein 969
Heiliger 292 494 568 690* 1451
Heiligkeit 536
Heiligtum 1046
heim 690*
Heimat 691*
Heimathirsch 723
Heimchen 691*
heimführen 250
heimgeben 922
heimgeigen 524 690
heimleuchten 524 691 1353 1354
heimlich 692* 846
heimschleifen 1776
Heimsuchung 692*
Heimweh 692*
heimzahlen 691 1061
Hein 475 692* 721 1768
Heinrich 210 590 692* 721
Heintz 721
Heintz Lapp 1173
Heinz 692
Heinzelmännchen 525 693 694* 863
Heirat, heiraten 55 1037 1108 1170 1245 1450 1461
Heiratsgut 1069
heiß 17 133 223 233 373 695* 730 798 864 1069 1110 1260 1376 1386 1545 1560 1645 1739
heißen 694*
Heißsporn 695*
heiter 1463
Heiterkeit 786
Hektor 700
Hekuba 695*
Helene 477
helfen 186 544 571 695* 1465 1760
Helfer 1191
hell 203 676 696* 1043 1492 1662
Heller 79 158 314 487 696* 859 1164 1225 1322
Helm 562 1492
Helmstädt 1409
Hemd 124 696*
Hemd 702 995 1160 1249

1881

Hemdenmatz 660 1007
Hempel 698*
Hengst 1166 1168
Henkel 1632
Henkelmann 456
Henker 166 698* 897 1316 1452 1612 1738
Henkersmahlzeit 37 698*
Henkerssuppe 1588
Henne 217 354 356 359 466 479 624 699* 930 988 1064 1125 1172 1484 1571
Hennengreifer 699*
Hennenhüten 479
Hennentaster 699*
Hep Hep 700*
herabsinken 1622
herangehen 700*
heraufholen 1674
heraus 700* 818
herauskrabbeln 700
herausmachen 700
herausnehmen 700
herauspauken 1145
herausrücken 700 1690
herausschlagen 700
herausstrecken 1780
herauswollen 1512
herbeiziehen 605
Herberge 732 798
Herbst 14 38 700*
Herculanum 701*
Herd 364 691 701* 790
Herde 574
Herdentrieb 701*
Herdstatt 680
herein 1386
hereinlassen 701*
hereinschneien 1389
Hering 589 701* 819 1182 1640
Herkules 702*
Hermes 386
Herodes 95 702* 1183
Herr 24 172 586 702* 844 1040 1347 1462 1624 1725
Herrgott 305 461 569 571 701 703* 1416 1641
Herrgöttle 690
Herrgottsfrühe 703
Herrgottstritte 495
Herrjeh 701
Herr Jemine 465
herrlich 474 703*
Herrschaft 701
Herrscher 703*
Herschbrunn 1767
herumdrehen 1745
herumführen 1079
herumgehen 253 820
herumhacken 613
herumkälbern 795
herumkommen 1712
herumlaufen 753 780
herumpfuschen 1178
herumreden 253
herumreiten 703* 1202
herumscharwenzeln 1303
herumtanzen 1082
herumtreiben 1716
herumtrommeln 1645
herumwerfen 1550
herunterfragen 697
Herz 20 26 30 33 75 139 163 168 252 372 458 490 585 644 644 645 647 704* 749 923 949 963 968 978 1050 1097 1117 1318 1372 1411 1437 1446 1456 1481 1503 1535 1541 1542 1564 1604 1659 1692 1779
Herzbändel 58
Herzblatt 208
Herzdrücken 704
herzen 63
Herzensschlüssel 1372
Herzerweiterung 704
Herzkäfer 790
Herzwurm 1747 1748
Hesse 215 708*
Hessenland 1191
Hetzjagd 781
Heu 316 316 346 587 589 672 708* 826 1585 1620 1711
Heuchel 709*
heuchlerisch 1179
Heugütel 862
Heuhaufen 1069 1585
Heulboje 710
heulen 379 709* 1249 1257 1369 1634 1742 1755
Heulpeter 660
Heulsuse 710 1590
Heupferd 202
Heureka 710*
heurig 670 1496
Heuschrecke 462 711*
heute 711*
Heuwagen 709
Hexe 91 575 698 711* 842 844 1026 1084
hexen 711
Hexeneinmaleins 712*
Hexenjagd 713*
Hexensabbat 842
Hexenschuß 196 713*
Hexentanz 842
Hexerei 542
HH 755
hic 713*
Hieb 675 713* 1143 1349 1351 1552 1641
hier, hierher 79 714* 1167 1175 1533
Himmel 30 38 47 59 83 161 163 209 219 461 461 465 489 524 537 690 714* 843 900 952 970 980 981 1009 1026 1044 1059 1098 1233 1351 1386 1402 1419 1451 1473 1548 1549 1557 1565 1738
himmelblau 1726
Himmelfahrt 1171
himmelhoch 718*
Himmelhund 755
Himmelkreuzdonnerwetter 465
himmeln 1765
Himmelreich 1730
Himmelsakrament 465
himmelschreiend 716 1403
Himmelsleiter 1738
hin 79 719*
hinauffallen 1637
hinaus 719*
hinausschießen 1772
hinauswerfen 1607
hindurchlotsen 976
hineinpfuschen 1178
hineinstopfen 1563
hingebungsvoll 1502
Hinkebein 246
Hinkefuß 246
Hinkel 752 753; ↗ Huhn
hinken 246 719* 760 1386 1464
hinlerchen 957
Hinnerk 693
hinschlagen 719
hinschmeißen 879
hinschwinden 1307
hinten 719* 946 1419
hintenherum 720
hinter 1114 1690
Hinterbänkler 143 720*
Hinterbeine 169 720*
Hinterfuß 720
Hintergestell 105
Hinterhand 647 720*
Hinterhaus 876
Hinterkopf 720*
hinterlistig 720*
Hintermeier 720*
Hintern 103 439 440 720* 753 754 1046 1167 1215 1269 1582 1711
Hinterposemuckel 1192
Hintertreffen 721*
Hintertupfingen 287 721*
Hintertür 721*
Hinterviertel 105
Hinterwäldler 721*
hinunterschlucken 1184 1751
Hinz 692 721* 784
Hiob 98 722*
Hiobsbotschaft 722
Hipphipphurra 722*
Hippie 722*
Hirn 522 722* 1748
Hirngespinst 1507
Hirnkasten 815 1355
hirnrissig 522 1247
Hirnwurm 1680 1747
Hirsch 489 628 722* 740 743 1022 1514
Hirschau 1336
Hirschgeweih 740
Hirsebrei 723*
Hirte 163 1740
Hirtenhaus 366
historisch 723*
Hitze 344 723*
Hitzger 613
Hitzkopf 723
Hobby 703 734 1531 1532
Hobel 103 204 723* 1476
hoch 79 164 690 724* 915 1167 1451 1537 1601
Hochdeutsch 1512
hochedel 596
hochehrwürdig 596
hocherfahren 596
Hochform 725*
hochgehen 725
hochgeschoren 725 1321
hochkarätig 805
hochkommen 725*
hochkrempeln 101
hochleben 725
Hochmut 725* 1157
hochnehmen 725
hochrechtsgelehrt 596
hochspringen 1692
hochstapeln 726*

Hochstapler 726*
Hochtour 726*
Hochwasser 726*
Hochzeit 698 726* 842 843 1007 1462 1545 1737
Hochzeitsbitter 727
Hochzeitslader 726*
Hochzeitspferd 88
Hochzeitsreigen 830
Hochzeitsstrumpf 727*
Hocker 727*
Hof 680 727* 1155
Hoffart 884 1157
hoffen 164 727*
Hoffmannstropfen 1659
Hoffnung 426 727* 1535 1659
Hoffnungsanker 86 728*
Hofkreise 889
Höflichkeit 1441
Hofmarke 1762
Hofnarr 1075
Hoftrauer 728*
Höhe 728* 893
Höhenflug 729*
hohl 418 648 1754
Höhle 39 330 729* 976
Hohn 1339
Hokuspokus 729* 1150
hold 221
Holda 730
holen 70 872 1242 1342 1388 1452 1524 1549 1605 1611 1633 1666 1689 1698
Holland 730* 1191
holländisch 470
Holle (Frau Holle) 730* 842 844
Hölle 59 367 411 412 440 489 716 718 730* 758 842 844 1098 1321 1386 1491 1705
Höllenkränke 880
Höllenlärm 731
Höllenqualen 732*
Hollenteich 848
holterdipolter 404
Holtfast 858
Holz 161 405 459 584 732* 1352 1613 1754
Holzauktion 591
Holzbein 1702
Holzbirne 1767
Holzbock 732* 1729
Hölzchen 733* 1109 1561
Holze 1351
Holzeimer 976
holzen 733*
hölzern 732 733* 785
Holzhammer 734*
Holzhauen 732
Holzhausen 1767
Holzkiste 976
Holzklotz 732*
Holzkopf 732*
Holzmacher 474
Holzmann 734*
Holzpferd 734*
Holzrock 1767
Holzschlegel 732* 795
Holzweg 734* 1730
Holzwurm 732*
Homer 735*
homerisch 918
homosexuell 1655
Honig 36 152 223 367 425 500 735* 884 1010 1033 1144 1240 1377 1719 1777
Honigkuchenpferd 736 1566
Honiglecken 736 947
Honigtopf 448
Honigvögelein 191
Honneurs 47
Hopfen 79 736* 755 782
Hopfensack 1484
Hopfenstange 737 916 1527
hopp 737
hoppla 778
Hops, hops 737* 1659 1768
Horcher 1300
hören 73 79 737* 938 1115 1436 1457
Hörensagen 738 1272
Horizont 738* 1478
horizontal 546
Horn 42 58 204 226 397 486 524 626 634 708 709 723 738* 903 1045 1109 1223 1460 1556 1566 1574 1653
Hornberg 39 744* 1329
Hornbock 740
Hörnerträger 739
Hornisse 1720
Hornochse 741
Horoskop 1547
Hose 45 104 169 342 471 543 630 705 746* 771 773 780 793 1049 1133 1145 1248 1311 1313 1386 1411 1417 1571 1707 1738 1751 1768
Hosenausspannen 1353
Hosenboden 746
Hosenknopf 315 859 1164
Hosenkoch 239
Hosenlatz 1524
Hosenmatz 1007
Hosenscheißer 748
Hosentasche 139 1010
Hosenträger 749*
Hosianna 749*
hott 749 1461
Hotzenblitz 749*
hü, hüh 164 749* 1461
hüben 63
hübsch 1597
Hucke 277 750 981 1355 1642
Huckepack 750*
hudle 750*
Huf 744
Hufeisen 503 750* 987 1659 1678
Hufschlag 751*
Hüfte 751*
Hugo 751* 1692
Huhn 93 122 187 215 358 542 622 751* 903 918 934 988 1125 1163 1172 1258 1402 1441 1602 1767 1773
Hühnchen 751* 1105
Hühnerauge 169 492 753*
Hühnerleiter 753*
Hühnermilch 752
Hühnerwein 507
hui 1107
Hülle 15 26 63 753*
Hülpe 910
humba 787
Hummel 192 582 583 721 754* 790 971
Hummel, Hummel 754*
Hummer 18
Humpenstoß 755*
Hund 15 16 26 83 88 121 165 227 280 287 315 327 361 398 421 462 520 576 622 624 667 684 755* 805 819 820 861 923 941 948 958 965 966 977 1043 1050 1062 1111 1115 1119 1172 1206 1275 1283 1287 1312 1320 1341 1342 1351 1367 1380 1403 1431 1432 1464 1494 1533 1586 1676 1717 1723 1738 1768
Hundeflöhen 758 759
Hundehessen 708
Hundehinken 760
Hundehütte 1497 1726
Hundejahre 757
hundekalt 798
Hundeleben 756
Hundeloch 971
hundemüde 757
Hundeprellen 1199
hundert 766* 782 1595 1605
hundertachtzig 766
Hundertfünfundsiebziger 766
Hundertstes 733
hundeschlecht 756
Hundeschnauze 372 765 766*
Hundeschwanz 1683
Hundestall 757 1524
Hundetragen 760
Hundewetter 756
Hundsbiß 767
Hundsfott 103
hundsgemein 756
Hundshaare 765 767*
Hundshaber, -hafer 616 768*
Hundsloden 768*
Hundswurf 756
Hundswut 768*
Hunger 23 79 266 335 768* 1373 1435
hungern 79
Hungerpfote 769* 1177
Hungertuch 10 32 769* 1036
hungrig 15 768* 1324
Hunt 287
hunzen 757
Hupfauf 830
hüpfen 24 48 474 737 770*
Hure 834 843
Hurenbock 430
Hurenkind 843
Husch 1772
Husten, husten 23 464 771* 964 992 1270
Hut (Kopfbedeckung) 424 771* 803 993 1065 1119 1243 1331 1365 1428 1496 1506 1680
Hut (die Hut) 776*
Hutabnehmen 592 772
hüten 186 1285 1706 1779
Hütlein 774
Hutnummer 776*
Hutrand 777
Hutschachtel 836
Hutschnur 24 37 633 776* 1393 1493
Hütte 159 549 732 777*
Hutzelbäck 128
Hutzelmännchen 200
Hutzeln 1689

1883

I

I

I 778* 1210
Ibo 778*
Ibrahim Pascha 807
ich 778*
Idee 457 516 778* 1338 1518
I-Dotz, I-Dötzchen 778
Igel 421 779* 1287 1381 1726
Igelshaut 1240
Iltis 1361
Imme 192 779*
Immenjahr 779
Immenstich 779
immer 1194
Immerdurst 1642
Immergrün 853
impotent 1209 1432
Indian Summer 78
Indien 1160
in flagranti 779*
Innung 779*
intus 780*
Investition 500
irdisch 1704
Ironie 780* 1363
irre 17
Irrenhaus 780*
Irre, Irrer 780*
Irrweg 734
Itsch 780*
i-wo 778

J

Ja 78 780* 1087 1107 1654
Jacke 45 553 590 749 771 780* 1016 1191 1248 1391 1692 1751
Jackenfett 780 1351 1377
Jackett 781
Jack Pudding 662
Jaffa 781*
Jagd 21 781*
Jagdgründe 46 1768
Jagdhund 1351
Jagdschein 781*
Jagen 765
Jäger 781*
Ja-Gerichte 61
Jägerlatein 782* 931 1744
Jägermeister 782*
Jahn 584 1667
Jahr 79 184 316 782* 994 1042 1172 1260 1489 1696 1736 1785
Jahrmarkt 783*
Jakob 783* 1738
Jammer 1194 1585
Jammerlappen 710
jammern 316 710 755 1543
Jan 700 784*
Jan Ferkes ↗ Ferkes Jan
Jan Hagel 619
Januar 1491
jappen 781
Jauche 1236
jauchzen 719
jaulen 710
Jean Potage 661
jedermann 784* 1093
jein 780
Jemine 701
Jenseits 247 1714

jenseits 784*
Jericho 1192
Jerns 1124
Jerum 465
Jerusalem 785* 1130
Jessas 465
Job ↗ Hiob
Joch 785* 1147
Jockel 785*
Jockele 660
jodeln 903
Johann 1641
Johanna 1171
Johannes 94 660 733 785* 1007 1084 1120 1459
Johannestrieb 786
Johannis 702
Johannistag 786
John Nobody 1096
Jordan 786*
Joseph, Josef 786* 834 1590
Josephsehe 786
Jota 778
Jubel 786*
Jubeljahr 787*
jubeln 1722
Jubiläum 787
jucken 276 447 1117
Judas 98 413 535 787* 1480
Jude 21 292 386 683 700 789 853
Judenblitz 465
Judenküche 535 1226
jüdisch 21 1025
Jugend 1099
Julius 597
Julklapp 1124
jung 14 299 788* 1167 1517 1707 1709
Jungbrunnen 272 788*
Junge 43 566 789*
Junges 1082 1474
Jungfer 549 829 843 867 988 1049 1514 1599 1642 1672
Jungfernfahrt 457
Jungfernkranz 882; ↗ Kranz
Jungfrau 468 789* 1065
Jungfräulichkeit 1065 1253
Junggeselle 366 619; ↗ eingefleischt
Jüngster Tag 1723
Jürgen 534; ↗ Georg
Jus primae noctis 1233
Justiz 1122
Jux 789*
J.w.d. 789*

K

Kachel 790*
Kachelofen 790* 1436
Kacke 790* 793 1312
Kadi 790*
Kaf 346
Käfer 344 790* 1680
Käferbeine 991
Kaffee 790* 798 837 851 1605
Kaffeebohne 791
Kaffeebohnenzerbeißer 580
Kaffeesatz 791
Kaffeeschwester 791
Kaffeetante 791
Kaffeewasser 1354

Kahn 791* 933 1634
Kaib 792*
Kainsmal, Kainszeichen 792* 1559
Kaiser 31 31 153 163 792* 824 1016 1094 1119 1124 1571 1606
Kaiser, Otto 1119
Kaiserwetter 793*
Kakao 10 123 333 573 684 793* 1046 1467
Kaktus 367 793*
Kalb 36 82 116 123 163 272 342 550 793* 905 1045 1052 1514 1523 1599 1641
Kälbermagen 1240
kälbern 1109 1271
Kälberschwänzchen 924
Kälberzähne 580
Kalbfell 795*
Kalbfleisch 903
Kaldaunen 796* 1171
kaldaunenvoll 796
Kalendas Graecas 796*
Kalender 796* 1025 1173 1256 1397 1596
Kalendermacher 796
kalendern 554
Kalenderwetter 1672
kalfatern 1355
Kalmäuser 796*
Kalmus 797
kalt 223 372 478
kalt 493 506 648 694 755 766 767 790 797* 1059 1195 1226 1260 1415 1695 1702 1704
Kälte 1380
kaltlassen 798
kaltmachen 797 1633
kaltstellen 797
Kamel 72 575 723 1055 1070 1332 1642; ↗ Nadel
Kamellen 798*
Kamillen 798*
Kamin 401 440 799* 1397
Kaminfeger 1397
Kaminkehrer 1436
Kamisol 1353
Kamm 132 621 799* 802 955 1319 1321
Kammerjäger 1230
Kampf 1766
kämpfen 1679 1693
Kamuffel 799*
Kanaan 1513
Kanal 787 799* 1640
Kanallje 801
Kandare 799*
Kandelberg 922
Kaninchen 723 776 800* 807 1785
Kanne 800* 903
Kannegießer 800
kannibalisch 1283
Kanon 800
Kanone 675 800* 1233 1287 1496 1566
Kanonenbootdiplomatie 14
Kanonenfieber 925
Kanonenfutter 801
Kanonenrausch 801
Kanonenrohr 801
kanonenvoll 1642
Kanonier 491
kanonisch 1233
Kante 801*

Kanthaken 799 802* 1349
Kantonist 802* 1662
Kanzel 802* 971
Kanzlei 1183
Kapaun 628 742
Kapee 803*
Kapelle 1613
kapern 1536
Kapital 38 803* 1355
Kapitel 803* 959
Kapitol 505
kapores 803*
Kappe 64 216 552 674 744 780 803* 929 1042 1065 1076
Kappengeld 911
Kappes 346 863
Kapriolen 804* 1737 1771
kaputt 804* 1353
Kapuze 1042
Kapuziner 805* 1643
Kapuzinerpredigt 805
Kapuzinerrausch 805
Karamell 798
Karat 805*
Karawane 757 805*
karbatschen 1353
Karbol 805*
Karbolfähnrich 805
Karbolkaserne 805
Karbolmäuschen 805
Karbonade 1350
Karfreitag 1240 1557
Karfreitagsratsche 805*
Karfunkel 806*
Karl Arsch 304
Karmittwoch 1039
Karnickel 120 800 806*
Karnickelmachen 521
Karpfen 1583
Karpfenteich 685
Karre, Karren 334 808* 920 1367 1687 1688
Kartause 809*
Kartäuser 809*
Karte, karten 36 38 527 537 811 1182 809* 1195 1420 1501 1665
Kartell 1363
Kartenblatt 207
Kartenhaus 324 812*
Kartenschlagen 1123
Kartenspiel 275 416 463 811 853 867 1363 1501 1552 1612
Karthäuser 275
Kartoffel 61 812* 1245 1538
Kartoffelbrei 88
Kartoffelfresser 317
Karton 813*
Karussell 813*
Käse 61 200 253 405 781 813* 819 1214
Käsehoch 813
Kasse 1308 1437 1621
Kassel 54 814*
Kassenschlager 1356
Kastanie 23 39 440 543 814* 837 865 1177
Kasten 316 815* 845 1019 1097
kastrieren 1086
Kasus Knacktus 816*
Käswochen 813
Katarrh 816
Kätchen 816
Kater 816* 818 827

Katermann 863
Katharine 816*
katholisch 543 816* 989 1144 1354 1436 1668
Kathrine 465
Kattel 816
Kattun 817*
Katzbalgen 824
katzbuckeln 277 826
Katze 14 20 26 39 39 42 91 123 185 217 227 253 304 315 342 344 355 392 413 435 471 489 503 520 607 619 668 700 708 712 758 759 760 767 768 814 817* 828 835 930 932 940 941 945 946 965 989 1096 1144 1172 1271 1287 1315 1361 1389 1470 1474 1478 1502 1515 1604 1638 1676 1711 1739 1389
Katzenbank 827
Katzenficken 826 1389
Katzenjammer 816 827
Katzenkrämer 1084
Katzenmachen 826
Katzenmusik 290 827
Katzenpastete 671
Katzenpfote 815 826 827
Katzenscheiße 825
Katzenschwanz 315 506 825 827*
Katzensprung 825
Katzenstreicher 830
Katzenstriegel 823
Katzentisch 827 857
Katzenwäsche 828*
Kauder 828
kaudern 828
Kauderwelsch 58 828*
kauen 249 262
Kauf 38 828*
Kaufbrief 257
kaufen 242 817 828* 1209 1737
Kaufschlag 657
Kauz 829*
Käuzchen 404
Kavalier 534 1248
Kaviar 825 830*
Kegel 37 44 836; ↗Kind
Kegelbest 184
Kehle 201 566 599 830* 856 876 1119 1219 1377 1403 1478 1640 1701 1745
Kehrab 830
Kehraus 181 830*
kehren 79 180 1607 1651
Kehricht 315 333 831*
Keile 1351
Keim 1728
keiner 868 1096
keinmal 368
Kelch 687
Keller 831* 950
Kellerloch 826
Kellerrecht 38 831
Kellerstufen 831
Kellertreppe 831*
Kellertür 831
Kellner 863
kennen 1722
Kerbe 831* 842
Kerbelsuppe 831*
kerben 832
Kerbholz 11 25 32 831 831* 868 933 1225 1493

Kerbstock 832
Kerl 144 833* 995 1443 1671
Kern 844 1207 1298
Kernschuß 1072
Kerze 833* 1070 1615 1617
Kerzenfabrik 27
Kerzenlicht 1395
keß 1487
Kessel 1285 1574
Kesselflicker 833* 1322 1339
Kesselschmied 929
Kette 79 553 554 834*
Kettenhund 1638
Ketzer 1403
Ketzerei 1314
Keule 1134 1297 1341
keulen 1353
keusch 226 786 834* 1590
Keuschheit 834*
Keuschheitsgürtel 834
Kevelaer 305
Kiebitz 1049
Kiefer 524
Kieker 833 835* 875 1249
Kiellinie 835
Kielwasser 835*
Kiemen 891
Kien 835*
Kienapfel 405
Kienholz 835
Kienspan 1012
Kies 835*
Kieselstein 1191
killen 1633
Kimme 875
Kimmel 931
Kimmung 707
Kind 20 20 23 24 36 37 44 117 132 133 137 163 252 272 304 305 305 316 475 562 570 694 695 704 835* 959 964 987 1023 1064 1075 1233 1308 1496 1524 1534 1612 1667 1708
Kindbälgel 562
Kinderbaum 848
Kinderhemd 753
Kindernarr 1076
Kinderschuhe 124 838*
Kinderspiel 838*
Kinderstube 838*
Kindesbeine 169
Kindesnot 1403
Kindfell 562
Kindlesbrunnen 848
Kindsmagd 479
Kinken 839*
Kinkerlitzchen 453 839*
Kipfelschmied 128
Kippe 839* 1686
Kipper 342 839* 1405
Kippergeld 839
Kirbe 831 841
Kirche 78 327 537 556 840* 939 1123 1123 1260 1288 1469 1557 1613 1689 1766
Kirchenlicht 961; ↗Licht
Kirchenmaus 27 98 722 768 841* 1015 1726
Kirchhof 1263
Kirchhofschlappe 1767
Kirchturm 1144
Kirchturmfahne 1734
Kirchweih 103 831 841* 1355 1754

1885

Kirchweihladen 842
Kirmes 42 46 730 731 831 842 842* 1355 1620
Kirsche 24 27 314 844* 1173
Kirschenpflücken 845
Kirschkuchen 390 898
Kismet 1326
Kissen 845* 1240
Kiste 163 316 845* 1309
Kitt 845*
kitzeln 1115
kitzlig 650
Kiwit 830
klabastern 1353
klagen 1110
Klammerbeutel 344 846*
Klammersack 1056
klammheimlich 846*
Klamotten 879
Klang 16 1074 1280
Klappe 20 27 116 460 676 846* 1568
klappen 846* 856 920
Klapper 805 806 846*
klappern 116
Klapperstein 85
Klapperstorch 388 514 836 846* 1564
klapprig 846
klappsen 1353
Klaps 825 851*
Klapsmühle 851
klar 15 28 121 270 851* 856 1589 1623 1726
Klärchen 851
klarkriegen 851
Klartext 851
Klasse 370 1177
Klatsch 536
klatschen 654
Klauber 1759
Klaue 743 977
klauen 1536
Klaviatur 851
Klavier 339 851* 993 1602
Kleban 1146
kleben 552 852*
klebrig 649 652
Klee 590 852* 930
Kleeblatt 559
Kleid 853* 1042 1045 1068 1766
Kleiderlaus 1484
klein 853* 912 988 995 1052 1219 1354 1438 1654
Kleingeld 854 1641
Kleinholz 854* 857
Kleinigkeit 779 1154
kleinkriegen 854
Kleinmichel 1028
Klemme 854*
Klette 855*
Klicker 859
Klimbim 929
klimpern 1730
Klinge 855*
klingeln 855*
klingen 1117
Klingohr 1117
Klinke 855*
Klinkenputzer 856
Klinkenschlager 856
klipp 15 26 164 851 856*
klippen 856

Klomücken 1055
klopfen 581 1414 1433 1601 1776
Kloppe 854
Klöppel 921
Klopstock 1674
Kloß 201 856* 857
Kloßbrühe 28 121 270 851 1589 1726; ↗klar
Kloster 1362
Klosterbrühe 851
Klosterfrau 1106
Klosterkatze 856*
Klotz 169 305 584 857* 857 861 1120 1534
Kluft 857* 1298
klug 15 871 966 1294 1358 1442 1631
Klügel 1071
Klügle 1165
Klugscheißer 1312
Klump 857*
Klumpatsch 857
Klüngel 414
Klunkertunte 851
Kluppe 854
Knabe 1084
knacken 1104
knacks 1516
Knall 26 63 413 857*
Knalleffekt 857*
Knallkopf 857
Knallschote 1352
knapp 912
Knapphans 660
Knatsch 414
Knecht 993 1725
Kneifzange 749 1484
Kneipe 278 816
kneipen 1085
Knick 1122
knickern 1341
Knie 168 252 275 858* 970
Kniefall 494
Kniekehle 20 989
Kniescheibe 1675
Kniff 1170
Kniphausen 858
knistern 858*
knitterfrei 1088
Knochen 168 212 432 681 857* 1001 1068 1353 1356 1485 1726
Knochenarbeit 859
knochenhart 666
knockout 1636
knödeln 856; ↗Kloß
Knödeltenor 856
Knöllchen 1205
Knopf 115 199 859* 1082 1123 1507 1508 1533
Knöpfle 860
Knöpflesbäck 128
Knopfloch 526 629 710 860* 1634
Knopp 860
Knospe 860
Knoten 169 199 859 860*
Know-how 1289
Knubbel 1355
Knüppel 14 169 857 861* 1206 1271
knüppeldick 319 1113
knüppeln 1353
Knurrhahn 449

Knute 1777
Knüttel 861
Kober 861* 875
Koblenz 1099
Kobold 278 862*
Kobolz 863*
Koch 23 769 863* 1613
kochen 224 614 863* 1286 1494 1605 1632 1700
Kochlöffel 180
Kochstück 676 1155
Kochtopf 188
Kohl 365 863* 883 884 936 1466
Kohldampf 10 860 864* 1686
Kohle 15 19 106 405 677 864* 963 1069 1265 1307 1401 1436 1484 1534
Köhlerglaube 865*
Kohlkopf 848
kohlrabenschwarz 1218
Kohlstrunk 288
Kokolores 866*
Koks 1064
Kolbe 866*
Kollege 1675
Köln 712 867* 1026 1570
Kolonne 487
Kolumbus 356
Kolumbuslied 557
komisch 690 829 1255
Komma 1101 1210
kommen 79 521 687 721 773 1418 1573 1669
Kompliment ↗Gruß
König 867*
königlich 867
Königreich 868*
Königsberger Klops 670
Königsweg 868*
können 103 868*
Konrad 721
Konto 868*
Kontor 1350; ↗Schlag
Konzept 869*
koopslagen 657
Köpenick 1336
Kopf 17 20 36 100 163 190 204 255 279 286 296 298 310 318 319 367 382 394 447 457 458 474 490 580 582 583 584 597 598 606 608 614 654 660 676 677 702 709 724 754 771 772 775 776 788 791 804 869* 876 894 913 932 935 936 963 967 970 998 1016 1053 1065 1072 1107 1117 1155 1216 1227 1232 1244 1247 1258 1272 1349 1352 1355 1366 1367 1376 1447 1460 1495 1496 1511 1516 1517 1559 1560 1563 1569 1576 1602 1630 1696 1701 1709 1717 1739 1748 1768
Kopf-an-Kopf 1608
Köpfchen 872
kopflos 871
Kopfnuß 1105 1351
Kopfsteuer 433
Kopfzerbrechen 871
Koppheister 863
Korb 265 346 355 356 620 872* 1702
Körbchen 620 875
korbisieren 874
Korbtanz 874

Korinthenbäcker 128
Korinther 1145
Korken 457
Korn 122 316 461 577 616 672 835 875* 1054 1249 1323 1405 1534 1572 1750
kornblumenblau 1641
Körnchen 315 1278
Kornhaufen 1469
Kornrade 1292
Körper 791 948 1304
Korrektur 1119
Korsett 875*
koscher 876*
Kosmetik 1099
kostbar 1226
kosten 158 528 902 1527 1715
kostenlos 1658
Kostgänger 703
Kostnitz 876*
Kostnix 876
Kot 241 399 1414 1445
Köter 1443
Kotz 1194
Kotzebue 876*
kotzen 876 1167 1240 1631
Krabbensalat 99
Krach, krachen 63 521 655 688 876* 1443
Kracher 491
krächzen 1218
Kraft 1231 1271 1535
kräftig 1402
Kragen 775 871 876* 1139 1348 1367 1605 1610 1701 1758
Kragenknopf 877
Kragenweite 876* 877 1713
Krähe 405 752 829 848 877* 1218 1402
krähen 87 622 699 825 988; ↗ Hahn
Krähenhütte 1657
Krähenschwur 413
Krähwinkel 171
Krähwinkelei 878*
Kralle 448 767
krallen 1536
Kram 494 879* 1312 1773
Krämergaul 934
Krämerlatein 931
Krammetsvögel 1603
Kranenberger 507
Kranich 482 520 848 879* 1125
krank 294 751 752 837 880* 1169 1781
Kränke 880* 880 891 1447
kränken 352
Krankenhaus 479
krankfeiern 19 881* 966
Krankfurt 470
Krankheit 880* 1507
kranklachen 880 917
Kranz 179 674 881* 1239
Kranzgeld 883
Kranzwerfen 1123
kratzen 824 883* 937 945 946
Kratzer 87 1188
Kratzfuß 883*
kraus 883*
Krause 883
kräuseln 1758
Krauskopf 883
Kraut 39 79 208 346 676 864 883* 936 964 1258 1329 1484 1589

Kräutchen 885
Krauter, Krauterer 884
Krauts 317
Krautsuppe 885
Krawatte 630 885*
Krawattenmuffel 885
Krebs 121 885* 1256 1576
krebsen 886
Krebsgang 885
Kredit 832 886* 888 1628
Kredithai 629
Kreenfleisch 1354
Kreide 94 243 832 888* 1397 1401 1737 1752
Kreis 888* 1213 1265
Kreiß 376
Kreissäge 1380
kreißen 174
Krempel 1773
Kren 889* 1018
krepieren 1768
Kresse 121
Krethi 63 889* 1179
Kreuz (Rücken) 11 21 782 890* 921 1260 1749
Kreuz (über Kreuz) 653
Kreuz (christliches Symbol) 658 889* 907
kreuzbrav 890
Kreuzer 487 1494
kreuzigen 749
kreuzsakra 890
kreuzunglücklich 890
kribbeln 192
kriechen 720 890 1758
Krieg 19 1684
kriegen 431 437 771 891* 969 978 1346 1348 1376
Krieger 966
Kriegsbeil 46 165 891* 1571
Kriegsbemalung 891*
Kriegsfuß 14
Kriegskasse 891* 1202
Kriegsschild 1335
Kringel 891* 896 1767 1768
Kringelbäcker 128
Krippe 892*
Krippenreiter 892
Krips 892*
Krise 876
Kristall 28
Kritz 597
Krokodil 405
Krokodilstränen 20 31 36 892*
Krone 54 417 893* 1149 1754
Kronleuchter 960
Kropf 634 700 894* 1630* 1661
Kröte 634 780 894* 1514 1683 1739 1755
Krücke 546 1728
Krückstock 217
Krug 272 894* 1405
Krümelkäse 813
krumm 79 322 443 487 499 648 686 895* 998 1039 1093 1154 1186 1224 1287 1353 1515 1633 1704
krummachen 896
krümmen 52 896* 1714 1747
krummlachen 901 1327
krummlegen 896
krummliegen 896
Krummschenkel 1767
Krummstab 896* 1520
Krüppel 1354

Kruppstahl 666
Kruzifix 890
Kruzitürken 465 701
Kübel 438 452 680
Küche 163 670 896* 1214 1231 1232 1420 1613
Kuchen 128 265 897* 1189 1211 1255 1723 1776
Küchendragoner 331 897
Küchenfee 897
Küchenfreund 897
Küchenhund 897
Küchenlatein 897 931
Küchenleben 897
Küchenmeister 661 1373
Küchentür 83
Küchlein 699
Kuckuck 355 628 848 898 1125 1321 1612 1660 1738 1766
Kuckucksei 899
Kuckucksgesang 900
Kuckuckswolkenheim 1743
Kugel 521 901* 1503 1688
Kugelfuhr 901*
kugeln 901*
Kugelwerfen 1123
Kuh 19 42 45 47 55 80 113 123 215 272 305 342 344 399 405 471 474 632 720 902* 932 1021 1063 1109 1287 1324 1478 1523 1524 1545 1632 1641 1642 1642 1739 1766 1768
Kuhdreck 702
Kuhfuß 905
Kuhhandel 655
Kuhhaufen 33 908
Kuhhaut 14 24 33 39 42 906* 1588
Kuhjunge 1389
kühl 766
Kuhle 908*
Kuhmist 909
kühn 581
Kuhscheiße 908*
Kuhschiß 1484
Kuhschluck 902
Kuhschwanz 121 316 905
Kuhstall 1262
Küken 316 699
Kulisse 909*
Kulissenschieber 909
Kümmel 909*
Kümmelspalter 580 909
Kümmeltürke 909
Kummer 909* 1506
kümmern 333 1171 1612
Kümmernis 910* 1647
Kummerspeck 909
kund 1738
Kungelei 414
Kunkel 1069 1718
Kunst 910* 1143 1235 1437
Kunststück 911
Kunz 692 721* 784
Kupferdraht 1087
Kupferstecher 15 475 911*
Kuppelpelz 911*
Kuppelweib 1339
Kurbaum 911*
Kürbis 31 871 979
Kurfürstendamm 692
Kurier 244
kurios 829
Kurpfuscher 911* 1178 1757

1887

Kurs 666
Kurschatten 911*
Kurschmied 911
Kurve 883 1224 1291
kurz 79 164 381 632 647 854 912* 1205 1354 1391 1778
kurzerhand 644
kurzhalten 912
kurztreten 912
Kuß 179 305 487 597 646 913* 1062
küssen 164 226 596 913* 1137 1266
Kußhand 646 913
Küster 1585 1767
Kutschenpferd 1563
Kutscher 485 914* 927
Kutte 805 1642
Kuttel 1642
Kuvert 914*
K.v. 914
K-v-Maschine 914*

L

L 915*
Labammel 916
Laban 915*
Labander 915 916
Labelang 917
Labet 917*
Labommel 915
Lächeln 918
Lachen, lachen 79 107 115 159 190 257 277 369 469 750 752 862 868 891 891 896 901 903 917* 1309 1327 1440 1478 1589 1729 1755; ⟋Gelächter
Lachs 918* 1515
lachsen 919
Lachtaube 918
Lack 919*
Lackaffe 122 919
Lackel 919
lackiert 919
Laden 265 318 829 920*
laden 920*
Ladenhengst 921
Ladenhupfer 921
Ladenhüter 921*
Ladenschwengel 921*
Ladestock 180 921*
Ladholz 1049
Ladung 1641
laff 922
Laffe 915 921*
Lage 1326
Lager 922*
lahm 388 825 1353
lähmen 1780
Lahmer 219
Laib 921*
Laiblschmied 128
Laie 1530
lala 521
Lalenburg 1570
Lällekönig 1780
Lamäng, Lameng 649 656 922*
Lamentieren 710
Lametta 293 922*
Lamm 15 636 807 922* 1122 1662 1699
lammen 226
Lämmerschnee 923*

Lämmerschwanz 707
Lämmerschwänzchen 923*
Lämmerstag 923*
Lämmes 376
lammfromm 15 477 923
Lampe 924* 942 1119 1642 1768
Lampenfieber 924* 1223
Land 79 163 493 570 925* 1452 1536 1662
Landesvater 925*
Landfrieden 476 926*
Landgraf 666 926* 1376
ländlich 926*
Landluft 926*
Landplage 926*
Landpomeranze 1191
Landratte 1228
Landschaft 1144
Landsknecht 465 927*
Landstraße 735 1248
Landsturm 879
lang 79 164 238 632 786 912 915 957 1002 1080 1114 1463 1595 1726 1754
Langeweile 1647
Langohr 394
langsam 879 1337 1381
langweilen 1049
Lanze 41 252 927* 1503
Lappen 10 31 38 41 163 210 762 804 880 928* 929 933
Lappenhausen 929
läppern 929*
Lappland 1383
Lappländer 915 928
Lappsack 928
Lappschwanz 928
Larifari 929*
Lärm 216 688 929* 1192
Larve 543 930* 1004
lassen 958 1087 1501 1551 1649 1744
Last 514 930* 1177
Laster 18 97 99 100 915 1052 1064
Lasterstein 85 1541
lästig 931*
Lastwagen 980
Latein 512 782 931* 1675 1711
Laterne 217 490 932* 1037 1043 1045 1489 1734
Laternenpfahl 27 773 932* 1761
Latschen 92 932* 1410 1628
Latte 915 928 932* 954 1522
Latüchte 960
Latz 792 933*
Laub 401
Laube 845 919 933*
Lauf 901 1715 1779
laufen 284 289 420 708 722 933* 1025 1225 1278 1328 1386
Laufenburg 934*
Läufer 244
Lauffeuer 440 521 934*
Laufmasche 935*
Laufpaß 935*
Laufzettel 935
Lauge 869 935*
Laus 26 33 36 72 122 315 462 503 581 679 853 935* 941 945 966 1147 1283 1321 1340 1470 1484 1522 1725 1726
Lausbube 938

Lauscher 431
Lausejunge 937
lausekalt 937
Läuseknicker 937
lausen 70 72 866 1147
Lauser 938
Lauserechen 937
Lausewenzel 1303
lausig 938
Lausnickel 938
laut 1645
Laute 938* 1273
läuten 83 554 671 760 841 938* 1287 1401 1723
Lautenschlagen 394
Lautenschlager 938
lauthals 635
Lautsprecher 16
Lawine 939*
Lazarus 98
Leben, leben 30 79 79 96 122 225 274 278 391 489 569 602 731 753 939* 948 964 965 979 991 1015 1037 1038 1059 1122 1209 1215 1283 1286 1289 1301 1318 1393 1431 1487 1496 1502 1535 1658 1682 1714 1733 1768 1769 1777
lebendig 165 942* 1485 1632
Lebensfaden 1765; ⟋Faden
Lebenskünstler 941
Lebenslicht 205 924 942* 963 1768
Lebensweg 1753
Leber 36 122 316 462 470 918 937 944* 1642
Leberlein 1424
Leberwurm 1747
Leberwurst 945 1219 1751
Lebkuchen 1591
Lebtag 316
Leb wohl 594
leck 1330
lecken 102 146 224 824 825 945* 1601
lecken (löcken) 1522
Leckermaul 946
Leder 432 762 947* 1355 1770
Lederwein 948
ledig 1450
leer 648 1181 1299 1420 1575
Leerdieschüssel 1374
legen 355 649 650 1060 1096 1261 1463 1486 1727 1770
Legende 323
Lehmann 914
Lehrbrief 257
lehren 72
Lehrgeld 948* 1415
Leib 76 79 167 190 224 410 479 683 697 706 796 862 941 948* 1147 1402 1404 1597 1609 1659 1675
leiben 44 164
Leibhaftiger 1612
Leiche 44 122 949* 1495 1628
Leichenbittermiene 950
Leichenpredigt 1144
Leichenrede 28 950 980
Leichenschändung 1355
Leichenstein 950
Leichnam 950
leicht 68 987 1021 1309 1416 1463 1502
Leichtsinn 479 1419
Leid 254 474 951* 964 964 1110 1542

Leiden, leiden 951* 1627 1628 1766
Leiden Christi 122 123
leidig 1646
Leier 394 523 951* 1273
leiern 1749
leihen 304 1115
Leikauf 952*
Leim 31 508 854 933 953* 1145
Leimstange 932 954
Leine 331 954* 1572 1575
Leinenweber 459
Leinpfad 955
Leipzig 829 1025
leise 692 1016
Leisten 37 955* 1409 1421 1422
leisten 956*
Leistung 956*
Leiter 957*
Leithammel 636
Leitseil 1461
Leitung 40 915 957* 1606
Leitungsheimer 507
Lektion 957* 959
Lerche 228 752 957* 1067 1603
Lerchenfeld 735 957
lernen 47
Lesen, lesen 395 787 1442 1621
Leser 727
Leseratte 1228
letzer 1401
Letzt 957*
letzte, letzter 392 958* 1040 1088 1331 1584
Leuchte 203 293 958* 961
leuchten 961
Leuchter 958 960 1120
Leuchterweibchen 1012
Leuchtfeuer 414
Leute 98 469 528 925 958* 1060 1405
Leutnant 386 843 959*
Leviten 58 803 957 959* 1144 1187 1256 1621
Liberata 910
Licht 27 30 31 40 203 293 480 570 590 833 924 932 942 943 958 959* 1019 1053 1070 1257 1304 1326 1327 1460 1489 1492 1529 1533 1595 1615 1616
Lichtblick 963
Lichtenau 1570
Lichterschwemmen 1123
Lichtjahr 963
lieb 79 164 835
Liebe 18 18 21 55 73 162 214 215 473 479 560 704 715 743 837 838 885 941 963* 975 986 987 998 1254
lieben 294 965* 1188
lieber 534 966* 989 1006 1708
Liebesdienst 963
Liebesjagd 781
Liebesorakel 965
Lied 43 952 966* 1190 1478
liederlich 661 1574 1590
liefern 967*
liegen 159 223 255 372 382 633 859 968 978 1068 1082 1105 1156 1312 1396 1399 1416 1484 1486 1567 1575 1601 1624 1713 1777
Liegnitz 186
Lieschen 1057 1126

Liese 660
lila 521
Lilie 834 967* 1033
Limmat 1697
Lindwurm 329
Lineal 123 180 921
Linguistenchinesisch 292
links 45 112 168 216 493 643 644 650 968* 1117 1234 1416
Linse 235 1152
Lippe 968*
lirum-larum 929
List 480
Liste 1436
listig 1358
l.m.A. 915
Lob 1535
Lobby 969*
loben 55 852 1315 1595 1595 1631
Loch 44 103 159 189 205 220 254 418 448 458 480 577 858 928 969* 1016 1145 1162 1173 1205 1238 1283 1287 1312 1329 1348 1642 1643 1645 1734 1758 1763 1772
locken 953 1664
löcken 1522
locker 727 972* 1400 1778
Lockeule 405
Lockvogel 11 972*
Locus 1124
Loden 768
Lödlein 973*
Löffel 121 148 196 369 370 431 474 566 947 973* 1355 1589 1711 1768
Löffelstiel 949
löffelweise 1494
logo 17
Lohfeuer 935
Lohgerber 974*
Lohn 96 570 572 1660
Loire 1173
Lokal 1341
Lokomotive 40 1381
Lokus 748 793
Lorbeer 974*
Lorbeerkranz 881
Los 975* 1252 1400
los 164 975* 1252 1400
Löschpapier 992
lose 1780
loseisen 975*
losen 913
lösen 1779
losgehen 730
losschießen 975
Lostage 1785
lostigern 975
Losung 1324
loszittern 975
Lot 213 885 964 975*
löten 976*
Lötkolben 924
Lotse 242 976
lotsen 976*
Lottchen 345
Lotterie 975
Löwe 15 39 115 270 729 763 764 768 768 966 976* 1014 1529 1725
Löwenanteil 976
Löwenhaut 395 977
Löwenmaul 977

Löwenritter 1248
Lübeck 1628
Luchs 116 347 977* 1361
Luchsauge 977
Lücke 969
Luder 1344
Luft 660 683 940 941 964 970 978* 1214 1231 1329 1369 1419 1517 1557 1568 1644 1732
Luftballon 979*
Luftschenke 979
Luftschloß 25 159 209 812 979* 1044 1369
Luftsprung 474
Luftveränderung 979
Lug 63
Lüge 1507 1558
lügen 28 63 136 189 190 245 284 340 457 634 683 716 980* 1101 1601 1618 1757
Lügenbrücke 267 980 981*
Lügende 388
Lügenmaul 1010
Lügenmeister 28 980
Lukas 982*
Lukeleskäs 1214
Lulatsch 915
Lumen 961
Lumpen 837 853 982*
lumpen 982*
Lumpenhund 755
Lumpensammler 834 983
Lumpenseckel 983
Lunte 983* 1244
Lupe 835 983*
lupenrein 983
Lust 26 442 903 951 963
lustig 270 682 1181 1286
lutherisch 989
lutschen 307
Lüttmann 122
Lutz Schwolnar 1172

M

Maccaroni 661
Machart 984*
Mache 984*
machen 984*
Machenschaften 985*
machiavellistisch 985*
Macho 565 986*
Macht 647 986*
mächtig 1602
machtlos 1679
Machtwort 987*
machule 987*
Mack 686
Macke 987*
Mädchen 987* 1163 1595
Made 465 936 941 988* 1484 1497
Mädel 1739
Madenhof 1768
madig 988*
Magdalena 1000
Magen 20 26 116 212 554 736 779 780 819 840 841 949 964 965 989* 1094 1191 1225 1369 1429 1446 1489
Magengrube 1349
Magenpflaster 1174
Magenwurm 1747

1889

magisch 83
mähen 1567 1728
Mahl 698 1218
mahlen 990* 1019 1707 1777
Mahlzeit 991* 1053
mahnen 1661
Mahr 75
Mai 991* 1092
Maienostern 1171
Maikäfer 69 121 991*
maikäfern 991*
Mailüfterl 991*
Main 992* 1172 1697
Mainhattan 470
Mainz 903
Majestätsbeleidigung 992*
Makel 352
Makler 992*
Makulatur 921 992*
malen 992* 1186 1435 1436 1611 1712
malochen 993* 1304
Malz 193 736 737 782
Mameluck 1063
Mammon 993*
Mamsell 798
man 993*
Mandragora 76
Mangel 993* 1251
Mangelware 993*
Manipulation 993
manipulieren 993*
Manko 993*
Mann 77 83 163 213 333 568 569 836 837 868 987 994* 1081 1084 1099 1111 1117 1189 1219 1330 1437 1465 1729 1771
Männchen 590 995 1739
Männeken 994
Männerfang 996
Männerhose 748; ↗Hose
Männerstolz 996
Männertreu 222
Mannomann 994
Mannometer 994
manoli 996*
Manometer 994
Manschette(n) 501 997*
Manschettenbauer 997
Mantel 36 65 207 209 311 334 411 660 773 775 997* 1690 1734
Märchen 62 1000*
märchenhaft 1000 1271
Marder 1403
Marderfangen 316
Margarite 1148
Maria 437 1000* 1171
Mariengarn 78
Marienseide 78
Marionette 1000*
Marionettenregierung 1000
Mark (das) 18 79 167 345 1000*
Mark (die) 18 40 79 213 345 1001* 1164 1513
markieren 995 1730
Markt 432 471 681 841 965 1001* 1399 1403 1437
Marktschreier 1245
Marktweib 465
Marktwisch 1737
Markus 1001
Marmor 17
marode 1002*

marodi 1002
Marotte 14 457 1002* 1076
Marsch 204 1002* 1367
Marschall Vorwärts 221
marschieren 104
Marter 1194
Martin 1003* 1035
Martini 1171
Martinsgans 505 1003
Martinsmantel 1003
Martinsminne 1003
Märtyrer 1004*
Martyrium 1004*
März 120 1668
Märzveilchen 210
Masche 1004*
Maschinengewehr 1004*
Maschinenpulver 1209
Masel, Massel 344 1673
Maske 543 930 1004*
Maß 79 987 1005* 1392 1468
Masse 1005*
Massel ↗Masel
Massengrab 966 1006*
mäßig 521
Mast 633
Mastbaum 1332
Matratze 186 1006*
Matratzenball 136 1006
Matrosenkleid 1006*
matt 461 1293 1469
Matte 1006*
Matthäus 1007* 1768
Mattscheibe 1007*
Matz 305 660 1007*
Mätzchen 1007*
mau 1008*
Mauer 869 1534 1534
Mauerblümchen 1008*
Mauerblümchendasein 1008
mauern 552
Mauerspecht 16
Maul 20 26 30 36 44 47 89 204 252 338 388 458 503 511 570 585 631 705 735 846 903 946 959 1008* 1019 1056 1058 1060 1061 1219 1309 1335 1355 1368 1377 1381 1385 1436 1448 1497 1498 1506 1523 1555 1591 1696 1701 1756
Maulaffe 10 24 32 72 304 921 1011* 1120
maulen 710
maulhängolisch, maulhenkolisch 1009
Maulkorb 1012*
Maulkorberlaß, -gesetz, -paragraph 1012
Maulschelle 1351
Maulsperre 1009 1012*
Maulspitzen 1163
Maulwerk 1008
Maulwurf 215 1012*
Maulwurfshaufen 1054
Maurer 1211 1772
Maurerschweiß 1226
Maus 54 91 98 123 174 217 305 315 392 410 489 543 582 507 758 797 800 819 820 821 823 827 843 994 1013* 1144 1229 1252 1315 1330 1380 1441 1469 1470 1498 1502 1557 1680 1689 1725; ↗Kirchenmaus
Mauschelei 1017*

mauscheln 1017*
mäuschenstill 1016 1557
Mausefalle 1017*
Mäusejagd 822
Mauseloch 1016 1088
Mäusemelken 1015
mausen 552 1014 1165 1536
mausern 1017*
mausig 1017*
Mäuslein 465 1016
Max 14 1052
meckern 1018*
Mecklenburg 1018*
Medaille 1463
Meder 542
Medizin 1018*
Meer 45 127 253 405 652 1018* 1277 1279 1331 1452 1645 1697
Meerrettich 889 305 1018* 1466
Megarertränen 892
Mehl 204 821 1015 1019*
Mehlsack 571 656
Mehlspeise 1019*
Mehlsuppe 28 851
Mehlwurm 128
Mehrheit 1019*
meiden 951 1310 1311 1585
meien 1019*
Meier 694 1023
Meile 481 1019* 1558 1731
mein 63 1019*
Meineid 1452
Meinung 174 524 1020* 1101
Meise 1020*
Meißen 789
Meister 638 716 782 1020* 1071 1152 1165 1453 1718
Meisterbrief 257
Meister Fiks 454
Meistube 1019
Mekka 1020*
melancholisch 1009
Melaten 1020* 1767
melken 226 699 752 1109 1115 1116 1634
Melkkuh 1021*
Melodie 952
Memento Mori 1021*
Menetekel 547 1021* 1694
Menge 133 1021* 1189
Menkenke 1022*
Mensch 559 570 1016 1022* 1456
Menschenfleisch 293 1024*
Menschenfresser 1024
Menschenfreund 1023
Menschengedenken 1024 1738
Menschenmöglichkeit 1024
Menschenskind 1023
Menschenverstand 545 1024 1675
Menschheit 1023 1024
menschlich 1023
Menschliches 1023 1024
Menstruation 1268 1388 1598
menstruieren 1596
Mensur 1281
merkwürdig 829
meschugge 344 1025*
Mesner 752
Messe 1025* 1123 1240
messen 381
Messer 19 110 220 712 830 903 1025* 1066 1252 1345 1385 1403 1533

NACHT

messerscharf 1027* 1726
Meßblatte 1027*
Methusalem 16 76
metzeln 1052
Metzenhochzeit 1007
Metzger 21; ↗ Fleischer
Metzgersgang 459 502 1027*
mich 1027*
Michael 752 1028 1767
Michel 708 784 1028*
Midas 1113
Miene 23 1032* 1501 1502
Miese 1033*
Miezel 824
Milch 27 122 224 226 819 905 1032*
milchen 902
Milchfrau 1034
Milchmädchenrechnung 1034*
mild 1034*
Millionär 1717
Millionendorf 327
Millionen-Kreuz-Donnerwetter 465
Mimose 885
Mine 1035*
Minna 590 1035*
Minne 1035*
Minnedienst 1036*
Minute 1036*
mir 1036* 1094
mischen 810
Mischmasch 883 1036*
Misere 1036*
Missionsfest 1036*
mißtrauisch 214
Mist 186 223 421 509 620 621 1036* 1534 1689
Mistfink 1037*
Mistgabel 1037
mitgehen 1536
Mit Gunst 595
Mitläufer 496 701
mitnehmen 1693
mitspielen 1037* 1502 1654
Mittag 311 593 833 1037* 1396 1506 1656 1784
Mitte 53
Mittel 79 1037* 1625
Mittelalter 1038*
mittelprächtig 521
Mittelweg 566 1038* 1705
Mittwoch 1039* 1047 1172
Mob 1039*
Möbel 1040*
möbliert 1040
Mode 1040*
Modeaffe 74
Modepuppe 1040 1040*
Modeteufel 1040
Modetrend 1637
Mohammed 175
Mohikaner 958 1040*
Mohr 132 405 1040* 1413 1576 1712
Mohrenwäsche 1041 1217 1712
Mohrrübe 344
Moire 1325
Molke 1223
Moll 1041*
Molle 1041* 1042
Molli 1041*
Mollikopf 1042

Moloch 1042*
Mombotz 1058
Monat 1042*
Mönch 1042* 1058 1144 1270 1314
Mönchswerk 1576
Mond 182 365 940 980 1042* 1144 1354 1369 1490 1491 1656
Mondkalb 1045*
Mondschein 103 478 1044
Moneten 1046*
Monogramm 1046*
Monokel 1046*
Monstranz 1046*
Montag 38 210 1046*
Montagswagen 1049
Montur 703
Moos 1049*
Moosliood 1049
Mops 1043 1049*
mopsen 1049
mopsfidel 1049
mopsig 1049
Moral 234 837 1050*
Morchel 1171
Mord 79 1050* 1507
Mörder 1231
Mördergrube 706 1050*
Mordio 15 1050 1769
Mores 459 577 1050*
Morgen 593 1506
morgen 711
Morgenluft 1051*
Morgenstund 18 566 1051*
Moritz 40 1051 1052*
morixeln 1052*
Morpheus 1052*
Mors 104
Moschusochse 341
Moses 794 1049 1052* 1576
Most 155 156 1049 1709
Mostert 1053*
Mosthannes 1053*
Mostrich 1053* 1302
Mostsenf 1053
Motor 1770
Motte 583 962 1053* 1680
Mottenkopf 582
motzen 1054*
Muck 875 1054* 1054 1063 1249
Mucke, Mucken 457 1055
Mücke 19 378 460 472 517 576 582 583 790 875 931 936 1054* 1509 1680
Muckefuck 1055*
Mückenfett 94
Mucker 1055*
Mucks 315
müde 1001
Muff 1055*
Muffe 1055*
Muffel 885
Müffel 1025
Muffensausen 1055
Mufti 1056*
Muh 343
Mühe 79
Mühle 37 664 875 1056* 1108 1270 1353 1414 1698 1728 1783
Mühlrad 1057 1220 1643 1726
Mühlstein 409 1057 1171 1252 1451 1542
mühsam 1400
Müll 1057*

Mulle 1057*
Müller 722 752 1057* 1057 1126
Müllleresel 1403
Müllerknecht 399
Müllhaufen 1057
Müllhausen 1570
mulmig 1057*
Mulus 1058*
Mumm 1058*
Mummelputz 1058
Mummenschanz 1058*
Mummerei 930
Mumpitz 1058*
München 405 692 1058*
Münchhausen 28 782 1776
Mund 20 26 58 116 127 201 204 205 252 261 265 311 360 448 473 566 570 585 631 645 646 649 705 798 846 894 940 971 973 1008 1010 1051 1058* 1082 1224 1235 1327 1368 1377 1379 1381 1445 1448 1513 1516 1555 1591 1602 1603 1693 1701 1702 1745 1745 1771 1779
mundtot 1060*
Mundwerk 805 1058
munkeln 1061*
munter 76 360 722
Münze 144 894 1061*
Münzenwerfen 1123
Muori 1086
Murmeltier 1227 1347
Mus 1061* 1589
Muschel 405 1382
Musche Urian 661
Muse 1062*
Musik 1062* 1631
musikalisch 720
Musikant 190 1062*
Musikgehör 1062
Muskat 902
Muskateller 1361
Muskatnuß 905 1063* 1739
Muß 1104
Mut 183 295 602 1063*
Mutter 123 137 570 590 842 1016 1063* 1192 1421 1619 1684 1727
Mutterkorn 90
Muttermilch 1033; ↗ Milch
mutternackt 1064
mutterseelenallein 1064
Mütze 616 774 803 1065* 1484 1640
Myrte 1065*
Myrtenkranz 1065

N

Nabel 1066*
Nabelschau 1066
Nabelschnur 1066
nach 1656
Nachbar 706 845 867 1110
Nachgeburt 1066*
nachlaufen 1396 1417
Nachmittag 593 661
Nachricht 1194
nachschlagen 1667
nachsteigen 1538
Nächstenliebe 311 965 998 999
Nacht 26 163 311 320 343 371 482 671 1044 1066* 1233 1433 1672 1743

1891

Nachtigall 28 829 844 878 900 934 1066* 1478 1496 1655
Nachtmütze 1067*
Nachtschwärmer 1433
Nachtstuhl 1642
Nachttopf 1067*
Nachtwächter 21 1067*
nachweinen 1634
Nacken 492 666 876 1068* 1259 1293 1299 1317 1484
nackt 79 102 683 703 939 995 1036 1068* 1207 1510 1601 1729
Nadel 864 960 1068* 1386 1484 1534
Nadelgeld 1069
Nadelöhr 1070 1461
Nadelstich 1070
Nagel (aus Metall) 316 495 660 776 782 1071* 1376 1437
Nagel (Fingernagel) 253 962 1070* 1241 1437
Nagel-Auto 1073
nageln 1073
nagelneu 1072
Nagelprobe 1073*
nagen 170 769 1073*
nah 1698
nähen 1069
Nähkästchen 1074*
Nähmädchen 650
nähren 1358
Nahrung 163
Nährwert 1074*
Naht 523 1074*
Name 322 671 835 836 900 1074* 1224 1233 1260 1615
Namiddag 661
Nante 351
Napfkuchen 305
Narkose 734
Narr 10 28 72 357 474 484 515 552 692 804 823 838 964 1024 1075* 1668
Narrenfreiheit 1077
Narrenfresser 1077
Narrenhäuschen 679
Narrenkappe 743 901 1075
Narrenschiff 1332
Narrenschneiden 1077
Narrenseil 1077 1078
Narrenspiegel 1500
Narrenzepter 1002 1076
Narrhalla-Gruß 1081
närrisch 829 1075*
naschen 104
Naschkatze 817
Nase 14 20 36 94 109 165 198 260 261 274 311 341 423 447 543 594 599 786 954 971 1009 1060 1078* 1078 1244 1246 1260 1355 1381 1467 1557 1563 1565 1651 1690 1734 1745 1747 1748 1768 1773
Nasenlänge 1084
Nasenloch 1082
Nasenschleifer 1363
Nasenspitze 1082
Nasenstüber 1351 1580
Nasenwasser 1084
naseweis 1078
nasführen 1079
Nashorn 1676
naß 269 658 858 1084* 1085 1113 1207 1214 1270

Nassau 1085
Nassauer 1085*
nassauern 1085*
Natur 285 1064 1085* 1178 1398 1555
Naturbrille 104
Naturfagott 491
Naturfehler 772
Nazareth 1336
Neapel 1086*
Nebel 672 1066 1086* 1527
Nebelsuppe 1589
neben 1518
Nebensächlichkeit 1154
Neckar 992 1697
Neckermann 16 1086*
Neger 675 1729
Nehmersdorf 1085
nehmen 513 648 666 1087* 1348 1462 1463 1536
Neid 205 214 364 528 590 1087*
Neidfeige 429
Neidhammel 1087
Neidnagel 1087
Neigung 442
nein 780 1087* 1654
Neptun 1122
Nerv 525 1087* 1703
Nervenfieber 1088
nervus rerum 1088
Nerz 17
Nessel 1088*
Nest 355 356 365 875 899 1088* 1313 1482 1612 1681
Nesthäkchen 1089
Nesthocker 1089
Nestkegel 1089
Nestor 1090*
Nestwärme 1090*
Netz 36 1091* 1574
neu 1092* 1463 1709
Neugierde 831
Neujahr 1092*
Neujahrstag 783
Neuland 1092*
Neumann 1093*
neun, Neune 15 341 590 1093* 1474 1674
neunköpfig 1232
neunmalgescheit 1093
neunmalklug 1473 1475
neunundneunzig 1094*
neunundzwanzig 1094*
Neunzahl 1783
neunzehn 1671
Neuss 867
Nibelungentreue 1094*
nichtig 1101
nichts 314 930 1026 1094* 1101 1171 1272 1661 1731
Nichtschen 1095* 1478
nichtsdestotrotz 1094
Nichtstun 97 323 1095
nie, niemals 26 324 923 992 1126 1156 1171 1254 1389 1656 1708
niederlegen 1096*
niederreißen 1400
Niederschuh 780
Niemand 1023 1096* 1529
Niemandsland 1096*
Niere 707 1097* 1355
Nierenstück 1097*
niesen 571 695 1270

Niete 164 463 1073
Nietnagel 1087
Nikolaus 848 1124
Nilhund 1287
Nimm 1085 1087
Nimmerleinstag 708 1096 1171 1281; ⁊ Pfingsten
Nimmersatt 1097*
Nimrod 781 1097*
Nimwegen 1085
nirgends 1372
Nirwana 1097*
Noah 1097*
Nobiskrug 1098* 1767
Noblesse 1098*
Nobody 1096
no future 966 1102
Nölen 710
nolens 1098*
noli me tangere 177
Nölpott 710
Nolte 107 635
Nonplusultra 1099*
Nordlicht 843 1099
Normalverbraucher 1126
Norne 1325
Norwegen 1495
Not 29 63 730 890 1063 1093 1099* 1447 1620
Notanker 1100
Notdurft 854 1100
Note 19 1101* 1351 1353 1597
Notfeuer 1086
nötig 1099*
Notlager 1099
Notnagel 1101
notwendig 1654
nüchtern 989
Nucke 1101
Nücke 1101*
Nudel 1087 1101*
Nudelbrett 733
Nudelholz 1133
null 164 1101* 1211
Null-acht-fuffzehn 1102
Null Bock 17 228 1102
Nullnummer 1102
Nullserie 1102
Nulltarif 1102* 1658
Nummer 83 1102* 1469
nun 164
nunc 713
Nurmi 1103*
Nürnberg 1103* 1333 1639
Nuß 314 673 752 1003 1104* 1185 1271 1351 1576 1724 1766
Nußsack 1106
Nutzen 79 1106* 1294
Nylonseile 1087

O

oben 1107* 1112 1450
obenauf 1107
Oberförster 1107*
Oberhand 639 1107*
Oberhau 1113
Oberkante 1107*
Oberland 1191
Oberlippe 1009
oberschlächtig 1108
Oberstes 1107*

Oberstübchen 522 522 1107* 1219 1243 1244 1495 1517 1562
Oberwasser 32 1108*
Objekt 1649
Obligo 1108* 1175
Obolus 1108* 1322
Obst 200 304 1108*
Obstbaum 1108*
Ochse 45 123 175 217 270 304 305 316 399 451 474 521 524 740 744 785 795 809 904 1063 1109* 1144 1271 1642
ochseln 1110
ochsen 1109
Ochsenhaut 908
Ochsentour 1109
Ochsenziemer 1182
Oder 1110*
Oderwolf 768
Ofen 10 127 264 708 757 758 784 790 1110* 1383 1659
Ofenbank 142
Ofenbeichte 1110
Ofenloch 806
Ofenrohr 1250
Ofenschauen 1123
offen 164 648 714 748 1025 1115 1190 1501 1596 1650 1679
Offenbarungseid 1111*
offenhalten 1705
öffentlich 1223
Öffentlichkeit 215
Offizier 386 768
öffnen 1372 1650
Ohm 1111
Ohmfaß 1111*
ohne 1111* 1119
Ohngeld 1281
Ohnemich 1526
Ohnemichel 1526
Ohnesorge 661
Ohnmacht 1111 1112*
ohnmächtig 489
Ohr 45 58 105 147 204 235 319 328 333 345 360 394 422 431 457 462 527 538 570 583 675 681 776 831 859 936 947 952 973 981 995 1062 1066 1085 1113* 1283 1299 1347 1352 1353 1402 1484 1508 1618 1645 1691 1693 1694 1702 1734 1741 1746
Ohrenbläser 1116
Ohrenkitzel 159
Ohrenkriecher 1118
Ohrfeige 437 674 1114 1115 1217 1299 1351
ohrfeigen 89 1160 1174
Ohrläppchen 929 1117
Ohrling 1118
Ohrmützel 1118
Ohrwurm 896 1118* 1747
o.k., Okay 1118 1118* 1129 1187
Öl 31 367 438 440 1119* 1349 1354
Ölberger 1121
ölen 1377
Old Henry 694
Ölgötze 10 28 305 1012 1120*
Olim 1098 1121*
Ölsardine 702 1121* 1281
Olymp 1121*
Omnibus 1717
Onkel 1121* 1126 1598
Onkelehe 1121

Ontkommer 910
Oper 1121*
Opfer 121 1042 1121* 1587
Opferlamm 923 1122
opfern 1121* 1764
Opferstock 1120
Opium 1122*
Opposition 143
Optik 1122*
Ora et labora 1122*
Orakel 1123*
ordentlich 1405
organisieren 1123* 1536
Orgel 1123*
orgeln 1123
Orgelpfeife 1123*
orientieren 1123*
Orientierung 1123*
Orkus 1124*
Ort 79 1124*
Örtchen 1124
Orwell 1124*
Öse 629 859
Oskar 27 472 1124* 1726
Osten 27
Osterbad 1126
Osterei 280
Osterfeuer 231 1126
Osterhase 671 847 1124* 1126
Osterhenne 1125
Osterlamm 1125
Ostern 312 966 1126* 1171 1354 1380
Ostertag 1386
Ostervogel 1125
Ostsee 848
Ötigkeit 404
Otto 42 171 465 597 1119 1126*
Ozean 1634

P

P 1128*
Paar 1128* 1554 1579
Pachen 1134
Pack 780 1270
Päckchen 1128*
packen 353 1649
Palaver 1128*
palavern 1128
Paletti 1128*
Palme 74 675 1129*
Palmesel 1171* 1174
Palmsonntag 1130
Pamelfritze 128
Pan 1130*
Pandora 276
Panier 1131*
Panik 84 1131* 1262 1632
panisch 1131*
Pankratius 375
Panne 16 1132*
Pansen 1640
Pant 1132*
Pantinen 1132* 1356
Pantoffel 492 1133* 1276 1407 1408 1554
Pantoffelheld 628 748 1134 1136 1138 1476
Pantoffelherrschaft 1138
Pantoffelholz 1451
Pantoffelkino 14 1138

pantoffeln 1137
Pantoffelregiment 1138
Pantoffelwerfen 1123
Panzer 1138*
Papa 1667
Papagei 280
Papier 518 718 1138* 1402
papieren 1139
Papierheiliger 1139
Papierkragen 1139*
Papierkrieg 1139
Papierlaterne 46
Papiertiger 1139
Papierweg 1139
papp 1139
Pappe 1139*
Pappellallee 1767
Pappelbaum 162
pappen 552 1139*
Pappenheimer 29 33 1140*
Pappenstiel 315 1140* 1171
papperlapapp 929
Pappkamerad 1141*
Paprika 1302
Papst 867 1141* 1252 1677
Päpstin 1171
päpstlich 1141
Parabel 1141*
Parade 1141*
Paradebett 1141
Paradepferd 1141
Paradies 714 1141* 1168 1169
Paragraph 1142*
Paragraphengestrüpp 1142
Paragraphenhengst 1142
Parapluie 324
Parasit 1374
Pardon 1142*
Parfüm 1142*
Paris 712 1026 1276 1758
Parkett 1487 1599
Parkinson 1142
Paroli 1142*
Parteichinesisch 292
Partie 1142* 1281
Parze 1325
Pascha-Allüren 986
Paschen 1171
Paß 1143*
Passagier 216
Passau 1143*
passen 55 394 1143* 1283 1726
passiv 1725
Pastete 255 1144*
Pastorentöchter 1144*
Pat 721
Patachon 721
Pate 848 1144*
Pater peccavi 1144*
Patin 848
Patsche 855 1144* 1159 1181 1446 1623
patschen 1353
Patt 1145*
Patzbude 1673
Pauke 212 344 557 969 1145*
pauken 240 1145* 1525
Pauker 1526
Paukerei 1281
Paul 1151
Paulus 543 1120 1145* 1288
pausbäckig 1192
Pause 40

1893

Pavane 1158
Pavia 1243
Pech 15 391 560 953 1145* 1213 1436 1660 1661
Pechhütte 107 1146
Pechjunge 1436
Pechmandl 1280
Pechmännlein 1146
Pechpfahl 1120
pechschwarz 107
Pechstiefel 1146*
Pechsträhne 14 782 1146
Pechvogel 1145* 1661
Pedal 1146* 1248
pedes 94
Pegasus 1146*
Peitsche 1776
Peitschen 468
Pelle 947 1147*
pellen 356
Pelz 407 911 935 937 1053 1147* 1355
Penis 1527 1761
Penne 1188
pensionsberechtigt 1355 1356
perdutto 719
Pergament 906
Perle 46 894 1063 1148* 1285
Perlenstück 1149
Perlicka, Perlacka 1150*
perplex 1150*
Perser 542
Persil 16 40 213 1150
Persilschein 1150*
Persona 1150*
persönlich 1101
Perücke 1141 1150* 1775
Pest 121 489 584 713 1128 1151* 1558 1627
Pestilenz ⟋ Pest
Peter 311 660 1151* 1186 1437
Peterling 1153
Petersilie 543 618 1152 1153* 1275 1588 1754
Peterskopf 1152
Peterswalde 1767
Petitesse 1154*
Petroleumlampe 27
Petrus 305 678 1151* 1766
Petschaftstecher 911
petto 1154*
Petze 1154
petzen 1154*
Pfad 1154* 1404
Pfaffe 121 1155*
Pfaffengezänk 1155
Pfaffenköchin 1677
Pfaffenschwank 1155
Pfahl 459 1155*
Pfand 1766
Pfänderspiel 1664
Pfandhaus 1155* 1656
Pfanne 54 143 305 676 755 884 1155*
Pfannekuchen ⟋ Pfannkuchen
Pfannenflicken 1156
Pfannenflicker 1137
Pfannkuchen, Pfannekuchen 123 842 1156* 1172 1188 1223 1355 1361 1450
Pfarre 1214
Pfarrer 107 1155* 1521 1767
Pfarrersköchin 1677

Pfarrerstochter 40 1144*
Pfau 280 1157* 1562
Pfauenauge 1158
Pfauenfeder 878
Pfauenthron 1158
Pfeffer 199 667 1158* 1432 1589
Pfefferkorn 1159 1255
Pfefferkuchen 898
Pfefferland 1159
Pfefferlied 1160
pfeffern 1159 1160
Pfeffersack 1158
Pfefferwaage 1160
Pfeife 456 476 1160* 1136 1249 1592 1599 1679
pfeifen 203 464 570 970 972 988 1009 1015 1162* 1256 1478 1496 1681 1734 1756
Pfeifendeckel 1162
Pfeifer 1163*
Pfeil 1163* 1329 1389 1674
Pfennig 314 336 342 487 543 696 1001 1164* 1783
Pfennigfuchser 1164
Pferd 19 53 113 188 272 312 399 399 511 544 672 703 726 756 868 1115 1164* 1255 1313 1315 1432 1484 1511 1514 1523 1524 1527 1529 1536 1642 1688
Pferdeäpfel 632
Pferdearbeit 1169* 1255
Pferdefuß 1169*
Pferdehaar 906
Pferdehaut 908
Pferdehuf 248
Pferdekauf 1169*
Pferdeknecht 465
Pferdekopf 1170*
Pferdekur 1167
Pferdekuß 913
Pferdelänge 1168
Pferdenarr 1076
Pferdestärken 1167
Pfiadi 593
Pfiff 322 1170*
Pfifferling 315 1170 1171* 1214 1361
pfiffig 63
Pfiffikus 1170
Pfingsten 69 312 324 437 591 796 923 992 1095 1126 1171* 1354 1383 1389 1618
Pfingstkuh 1174
Pfingstochse 11 27 88 1173*
Pfingstrose 1174*
Pfingsttag 1047
Pfirsich 1173
Pflaster 1174*
pflastern 1567 1728
Pflaume 315 1174*
Pflaumenbaum 848
Pflaumenpfingsten 1171
Pflicht 29 79 361 931 1174* 1413 1649
Pflock 1175* 1244
Pflug 421 482 1175* 1240 1687
pflügen 793
Pflugschar 1449
Pflugziehen 1176
Pforte 1176*
Pfosten 1176*
Pfote 39 445 495 649 815 1176*
Pfropfen 1177*

pfui 1107 1177* 1505
Pfund 1177*
pfundig 1177
Pfundskerl 802 833
Pfuscharbeit 1178
pfuschen 659 1178*
Pfuscher 671 911 956 1178* 1386 1421 1583
Pfütze 133
Pharisäer 1179*
Philipp 1179*
Philippe 1677
Philippi 1179*
Philippine 1677
Philippsgrün 1767
Philister 1179*
Philosoph 1440
philosophisch 829
Phoenix 106 566 1180*
Phrase 338 1180*
Pi 1181*
Picasso 966
Picasso-Euter 1181*
picheln 1181*
Pick 1182
Pickelhaube 674
Pickelhering 662 1181*
Piep 1182* 1640
piepe 45
piepegal 553
piepen 1163 1182 1679
Piepmatz 1163
Pieps 1182
piepwurst 1751
piesacken 1070 1182*
Pigg 780
Pik Sieben, Pique Sieben 16 305 1182*
Pike 1182* 1384
Pilatus 95 934 1152 1182*
Pilgerfahrt 1184*
Pilgerstab 1184 1520
Pille 202 1093 1184* 1730 1776
pilwis 197
Pilwiskind 197
Pilz 165 198 1184* 1258 1429 1724
Pilzkopf 1579
pingelig 1185*
Pingelpott 555 1185
Pinie 1185*
Pink 1750
pinkeln 342 1185* 1687
Pinkepinke, pinke pinke 496 835 1185*
Pinsel 1186*
pinseln 836 1116 1760
pipe 1162 1186* 1391
Pique Sieben ⟋ Pik Sieben
Pisse 47 1186*
pissen 294 843 1044 1186* 1354 1471 1687 1693
Pißnelke 1186
Pistole 38 521 1004 1186*
Pitt 1186*
Placebo 172 534 1186* 1480
Placet 1187*
Plack 920
Plage 889
plagen 272 1341
Plakatsäule 1726
Plan 1187*
Planet 1187*
Plapperhans 660

plärren 710
Pläsier 1623
platonisch 1188*
plätschern 1247
platt 279 1156 1188*
Platte 40 798 1188* 1355 1692
platterdings 322
Plattfuß 1355
Platz 1188* 1490
platzen 240 877
Platzhirsch 1189
plaudern 1414
Plaudertasche 1601
Plebejer 1189
Plebs 1189*
plein 1078
Pleite 1129 1188 1189*
Pleitegeier 523 1189 1190
Plempe 1190
plemplem 1190*
Plethi 889* 1179
Plettbrett 454
plinseln 710
Plunder 1773
Plunnen 928
Pocken 1128
Podagra 1774
Podex 105
Pol 1190*
Polen 1190*
Polenland 1191
polieren 1188
Politik 646 1070 1122 1177 1190* 1323
politisch 1740
Polizei 342 521 1190*
polizeiwidrig 342
Polkwitz 1336
polnisch 60 470 1190*
Polster 1191*
pomade 1191* 1391
Pomeranze 1354
Pommerland 1191
Pommern 918 1191*
pommersch 989
Pomuchelskopf 1191*
pons 401
Pontius 95 934 1183; ↗ Pilatus
Pony 1020
ponzen 401; ↗ Eselsbrücke
Popanz 1192*
Popelmann 1192
Popo 105 276
Poppele 862
Poppelhans 1192
Porta Austriaca 721
Portemonnaie 1451
Portemonnaieschwindsucht 273
Portepee 1192*
Portion 1192*
Porzellan 1192*
Porzellanbranche 1192
Porzellankiste 1063 1192 1684
Porzellanladen 377 1192
Posaune 1192*
Posaunenengel 123 1192*
Posemuckel 1192*
Positur 1193*
Posse 1193* 1293
Possenreißer 1193
Post 245 1193*
Posten 1194*
Postenträger 1194

Postillion 1426
Postkarte 1194
Posto 1194*
Posttag 1193
Potemkin 326
Potemkinsches Dorf ↗ Dorf
Potsdamer Riesengarde 507
Pott 311 670 936 1194* 1632
Potz 219 232 465 701 1194* 1605 1666
powidl 45 1194*
Prä 1195*
Pracht 798 1195*
Prag 1336
prägen 1195* 1546
Prägung 1195*
Prahlhans 660 1373
Pranger 11 37 85 874 1196* 1301
Präsentierteller 1197*
Präservativ 1093
Preck 1197
precken 1197*
predigen 143 298 480 1115 1701 1780
Prediger 1197*
Predigt 1197*
Preis 18 1197*
Preislage 1198
Prellbock 1201*
prellen 480 1197 1198*
pressen 1293
Preßkohlen 161
Preuße 20 1563
Preußen 550 557 1201* 1329 1390
preußisch 816 1201*
Primel 367 1202*
Prinzessin 390
Prinzip 1202*
Prinzipienreiter 703 1202
Pritsche 1202* 1367
pritschen 1353
Probe 1202*
Probebissen 56
Probelauf 1203*
probieren 534
Professor 343 1203*
Profil 1204*
profilieren 1204*
Profilneurose 1204
Prokrustes 1204*
Prokrustesbett 1204
Propeller 1204*
Prophet 105 153 175 1049 1053 1188 1204 1288 1689
proppenvoll 1683
Proselyten 1205*
Prosit, Prost 544 571 991 1205*
Prostituierte 1626 1695
Protokoll 1205*
Provinz 1205*
Prozeß 32 33 487 488 503 1205*
Prüfstein 1206*
Prügel 28 618 853 891 1206* 1351 1674 1724
Prügelknabe 1206*
prügeln 89 1101
Prügelsaft 1351
Prügelsuppe 1351 1589
Psalm 1206
Psychokiste 845
Pubs 491
Pudding 1206*
Puddingabitur 14 1207*

Pudel 15 58 123 305 935 1163 1207* 1285 1431 1698
Pudelmütze 1331
pudelnackt 1207
pudelwohl 1207
Pudern 316
Puderquaste 846
Puff 487 1152 1208*
puffen 1353
Puk 862
Pulle 1208* 1369
Puls 1208* 1208*
Pulver 54 315 343 796 1208* 1329 1419 1437 1o45 1674
Pulverfaß 983 1177 1209 1485
Pulverland 1191
Pump 243 887 1209*
Pumpenheimer 507
Pumpenschwengel 921
Pumpernickel 1209*
Pumuckl 1191
Punctum 1210
Punkt 14 816 1209* 1514 1545 1633
Pünktchen 778
pünktlich 1211*
Punktum 1210
Pupille 40 1053 1211*
Puppe 1000 1040 1211*
Puppenlappen 837 891
Purzelbaum 957
Puschen 1133
Puste 1211*
Pusteblume 1211
Pustekuchen 464 898 1162 1211*
pusten 1211*
Puter 1256
Putz 1211*
putzen 855 1188 1651
putzmunter 1212
Puuks 862
Puzzle 518
Puzzlearbeit 1212*
Pyrrhussieg 1212*

Q

Quacksalber 911 1213* 1757
Quadrat 1213*
Quadratlatschen 1213
Quadratschädel 1213
Quadratur 1213
Quäkerversammlung 386
Qual 1214* 1598 1689
Qualm 896 1214* 1231
qualmen 1486
Quark 253 447 644 798 813 1082 1214* 1466
Quarkspitze 898
Quarre 1214*
Quartalssäufer 1214*
Quartier 1355
Quasselstrippe 1575
Quatember 796
Quatsch 1214* 1286
quatschen 1121
Quecksilber 1213 1215*
Quedlinburg 1333
Quelle 272 392 1215* 1484
Quengeln 710
quer 1216*
Querbeet 1216
Quere 1216* 1746

Querstrich 1573
Quertreiber 1216
Quinte 1216*
Quintessenz 1216*
quitt 1216*
quittieren 1216
Quittung 1216*
Quivive 1216*

R

Rabatte 1217*
Rabatz 1226
Rabe 15 25 382 590 847 877 1217* 1536 1712
Rabenaas 25 53; ↗ Aas
Rabeneltern 25 1217
Rabuscher 1226
Rache 1066 1219* 1242 1403
Rachegöttin 122
Rachen 1219* 1325 1742
Rachenputzer 1293
Racker 59
Rad 37 48 85 369 468 487 498 808 1144 1219* 1236 1248 1367 1687 1717 1720
radebrechen 1220
Rädelsführer 1221
Räderwerk 1219
Radfahrer 1222; ↗ Rad
Radieschen 577 1222* 1768
Radikalkur 1222*
Radio 633
radioaktiv 966
Rädlein 1221
Rage 1223*
Rahm 438 1223*
Rahmen 1223*
Rahmlöffel 973
Rakete 1390
Rampe 924 1223*
Rampenfieber 924
Rampenlicht 1223*
ran 222 700 1223* 1498
Rand 63 138 1223* 1335 1676
Randbemerkung 1223
Rang 58 1224*
Ränke 37 1224 1507
Ranzen 966 1225* 1353
Rappe 94 172 1217 1225* 1421
Rappel 457 1225*
Rappelkopf 1225
Raptus 344
Rapusche 1225*
Rapuse 1225*
rar 1226*
rasen 804
Rasen 1226* 1766
Rasenmäher 1226
rasieren 1226* 1459
Rasierklinge 382 1302
Rasiermesser 1226
Rasmus 107 1226*
raspeln 1590
Rasselbock 376
rasseln 1267
Raßmann 107
Rast 1262
Rat 63 79 99 1227*
Rate 1227* 1606
Ration 375
Ratsche 805 806 1598; ↗ Karfreitagsratsche

rätselhaft 1499
Ratte 583 800 1227* 1332 1361 1673 1680; ↗ Ratz
Rattenfänger 1228*
Rattenkönig 1228
Rattennest 1089
Rattenschwanz 1228
Ratz 1227 1328 1347 1394; ↗ Ratte
Raub 1230*
Raubbau 1230 1231
Räuber 1231*
Räuberhöhle 123
Raubnest 1089
Rauch 1075 1214 1231* 1299
rauchen 1110 1231* 1397 1785
Rauchfang 1231
Rauchfangkehrer 1397
räudig 1297
rauh 1298 1463
Raum 1232*
Raupe 344 580 583 1232*
Raupensammlung 1232
raus 700 812 883 1245 1356
Rausch 792 1241
Reaktion 986
Rechen 665
Rechnung 716 735 1159 1232* 1573 1737 1762
Recht 97 485 546 563 793 998 1233* 1311
recht 79 521 1107 1232* 1361 1376 1507 1583 1676
Rechte 653
rechten 1234
rechtfertigen 1465
rechts 216 644 968 1117 1234* 1416
Redaktionswanze 1694
Rede 91 434 736 883 1234* 1352 1528
reden 274 316 645 884 970 992 1004 1036 1060 1121 1234* 1235 1243 1254 1309 1335 1374 1378 1379 1381 1594 1594 1662 1732 1764 1780
redlich 1491
Regel 120 911 1235*
regelrecht 1101
Regen 198 731 842 928 1185 1235*
Regenbogen 843
Regenbogenpresse 1237*
Regenschirm 1238* 1726
Regentonne 1579
Regenwetter 122 542 543
Regenwurm 1530 1680
regieren 1776
Regiment 1238*
Register 1238* 1436
regnen 723 1235*
Rehabeam 1276
Reib 1224
Reibach 1238*
Reibeisen 1238
reiben 909 1238* 1690
reich 966
Reichartshausen 1238*
reichen 1699
Reichenbach 1238*
Reichtum 1063
Reif 179 1239*
reif 875
Reifenschaden 1239*
Reifträger 931
Reigentanz 1239

Reihe 79 280 1239*
Reiher 1240* 1640
Reim 1240*
reimen 1240*
rein 649 812 876 978 1241* 1491 1621 1696 1702 1711 1721
Reinfall 442 463 1395
Reinhauen 542
Reinheit 882 967
Reis 1310
Reise 785 1241* 1482 1766
Reisegamaschen 1767
reisen 1241* 1421
Reiserock 1766
Reisestiefel 1767
Reiskuchen 46
Reißaus 10 830 1241
reißen 410 1241*
Reißer 1241
Reißmatismus 1243
Reißmichtüchtig 1243
Reißnagel 1241*
reiten 398 1166 1167 1168 1241* 1282 1445 1511 1627
Reiter 1241* 1255
reitern 551
Rennen 1242*
rennen 1660
Renner 1242
Respekt 1498
Rest 573 830 1242* 1440
Retorte 1242*
Retortenbaby 1242
retten 387 1242*
Rettich 312 1242*
Rettungsanker 728
Reue 951
Reuß 1697
Reußen 703
Revanche 1219* 1242*
revanchieren 1243
Reverenz 1243*
Revue 1243*
Rhabarber 1243*
Rhein 45 405 787 1172 1252 1667 1697 1738 1767
Rheumatismus 1243*
Rhodus 713
Rib 1224
richtig 1107 1168 1188 1243* 1404 1621 1656
richtigliegen 1244
Richtkrone 893
riechen 224 249 983 1025 1177 1209 1244* 1286 1498 1668
Riecher 1078 1244*
Riegel 507 1175 1244 1369
Riemen 241 681 947 1241 1244* 1261 1354
Riemenstecher 1244*
Riese 406 1245*
Riese, Adam 1245
Riesenschritt 1245
Riffel 1262
rin 1245*
Rind 795 1688
Rindermist 1245*
Rindvieh 741 1685
Ring 146 657 776 1245*
ringeln 1358
Ringelpietz 1246
Ringeltaube 1246*
Rinken 1224

Rinnstein 568
Rippe 1246* 1355 1558
ripsch 1765
riskieren 968
Riß 1247*
Ritt 1241*
Ritten 1247*
Ritter 10 1247*
Ritze 1248* 1641
ritzen 1248*
Rochen 123
Rochus 1248*
Rock 697 733 1248* 1353 1767
Rocken 1506 1718
Röcklein 733
Rockschöße 1249
Rockzipfel 1249 1348 1349
Rogen 701
Roggenwolf 768 1249*
roh 356
Rohr 860 1249* 1534
Röhre 365 1044 1249* 1397
Rohrkrepierer 491
Röhrle 1174 1250*
Rohrspatz 11 472 1250* 1339
Rohrsperling 1250
Röhrwasser 1251*
Roigl 1642
Rolle, rollen 901 1251* 1258 1541
Rollkommando 1354
Rollstuhl 241
Rom 58 712 840 1026 1066 1141 1252* 1782
röntgen 1253*
Röntgenaugen 1253*
Rosa 1598
rosarot 378
Rose 222 327 328 672 853 865 967 1033 1148 1253* 1256 1389 1668
Rosenbänder 139
Rosenbrechen 1604
Rosengarten 852 1254
Rosenkranz 1599
Rosenmontag 1048
rosenrot 1726
Rosenwasser 1591
Rosette 1255*
Rosine 36 580 1255*
Rosmarin 1112
Roß 14 26 163 272 511 1165 1167 1169 1242 1255* 1484
Roßarbeit 1169 1255
Roßkur 1167 1256*
Roßquell 1147
Roßstecken 1531
Rost 1053 1256*
rot 27 31 409 410 481 625 630 711 796 812 1174 1248 1254 1256* 1596 1607 1630 1648 1754 1773
Rothschild 1257*
Rotkehlchen 1257* 1443
Rotstift 1257
Rottweil 398
Rotz 102 122 472 550 710 1144 1257* 1726
Rotzbube 1257
rotzfrech 15
Rotznase 1258
Roulette 901 1265
Rübchenschaben 1291
Rübe 61 198 346 752 863 883 1258* 1355 1724
Rubel 1258*

Rübenschaben 1290
Rübezahl 1258*
Rubikon 1259*
Ruck 1259* 1262
Rücken 105 167 277 467 558 612 694 798 891 1025 1233 1259* 1260 1317 1351 1490 1506 1540 1560 1693 1763 1766
rücken 164
Rückenkreuz ↗ Kreuz (Rücken)
Rückenwind 1260*
Rückgrat 1260*
rücklings 1252
Rücksicht 1260* 1673
Rücksichtslosigkeit 1261
rückwärts 479 886 1634 1658
Rückzieher 1261*
Rückzug 1261*
Ruder 38 1244 1261* 1457 1550
Ruderer 1332
Ruf 184 1074
Rufach 1666
Rufer 370
Rüffel 685 1261*
rüffeln 1262
Ruhe 79 281 706 1262* 1455 1456 1607 1766
Ruhekissen 1191 1347
ruhen 1263
ruhig 213 223 901
Ruhla 926 1376
Ruhm 170 550; ↗ bekleckern
Rühreier 537
Rühren 1024 1264*
Rührmichnichtan 885
rumführen 523
Rummel 1264* 1774
Rummelplatz 1264
rümpfen 1079
rumsdibums 404
rund 136 1265* 1268 1656 1714 1726
Runde 354 1265*
Rundschau 1243
runzeln 1560
rupfen 93 751 752
Ruprecht 247 1124
Ruß 15 1265*
Russe 544 703 1265* 1302
Rüssel 1355
russisch 1042
rüsten 1331
Rüstung 666
Rute 1265* 1350 1565
Rutenelixier 1351
Rutsch 1266*
rutschen 277
rütteln 63 1353

S

Saat 1267*
Säbel 1267*
Säbeltürke 465
Sache 1267* 1308
Sachsen 1037 1191 1268*
Sachsenspiegel 1269* 1500
sachte 371 1167
Sack 63 71 79 106 333 396 422 649 649 676 817 818 858 861 920 1026 1042 1076 1106 1161 1255 1269* 1642 1683 1698

Sackgasse 365 1271
Sackpfeife 395 1161
Sackpfeifer 896
Sackstrippe 1575
Sackträger 1057
Sackzement 465 1271
Sadowa 1243
säen 79 345 1049 1267* 1280 1661
Safran 405
Saft 63 1271* 1286
Saftladen 1271
Sage 1271*
Sägebock 795 1271*
Sägemehl 549 1271*
Sägemühle 1380
sagen 73 1272* 1457 1479
sägen 732 1272* 1691
sagenhaft 1000 1271
Saite 523 1238 1272*
sakra 465
Sakrament 1194 1271
Salamander 1275*
Salami 1275*
Salamitaktik 1275
Salat 826 1275* 1534 1564
Salbader 1275*
salbadern 1275
Salbe 1275*
Salböl 292
Salm 1276*
Salomo 826 1276* 1781
salomonisch 1664; ↗ Urteil
Salonfurz 491
Salonlöwe 1276*
Salpeterer 1276*
Salpeterhans 1276
salut 595
Salz 30 63 355 418 670 905 1276* 1294 1344 1383 1432 1750
Salzmann 1278*
Salzmännle 934
Salzsäule 196 1278*
Salztrog 1278*
Salzweg 735
Samariter 1231 1278*
Samowar 19 405
Samstag 1047
Samt 163 833 1278*
samt 164 1278*
Samthandschuh 658
Samtkragen 937
Sanatorium 1278*
Sancta Simplicitas 690
Sand 40 116 159 204 216 872 1279* 1282 1397 1574 1725
Sandmann 1146 1280*
sanft 1347 1627
Sang 16 63 1280* 1479
Sänger 1441
Sanitätsgefreiter 1093
Sankt 1280*; vgl. auch die verschiedenen Heiligennamen
Sankt Nimmerleinstag ↗ Nimmerleinstag, ↗ Pfingsten
Sapperment 701
Sardinenbüchse 1281*
sardonisch 917
Sarg 679 689 1072 1281* 1628
Sargnagel 1072 1281
Saß, Carl 1641
Satan 1617; ↗ Teufel
Satansbraten 249
Satisfaktion 1281* 1378

satt 1282*
Sattel 33 41 1282* 1484 1537
sättelfest 1282
Sau 15 46 93 104 123 215 344 359 399 435 541 543 896 1063 1148 1283* 1414 1441 1442 1484 1642 1683
Saubohne 1286*
Saubohnenstroh 1286
Sauce 1286* 1623; ⟋Soße
Saudusel 348
sauber 876 1059 1562 1721
sauer 92 193 225 940 1023 1034 1286* 1488 1634 1774
Sauerampfer 543
Sauerkraut 833 883 1286*
Sauerkrautlatein 1286
Sauermilch 1223
Sauerteig 1287*
Saufaus 830 1642
saufen 283 633 750 779 816 910 970 1162 1287* 1623
Säufer 1214
Säufernase 551
Saufloch 1642
Saufteufel 1640
saugen 307 769 1176
Sauglocke 556 1285 1287*
Saukarren 1288
Saul, Saulus 1145 1205 1288*
Säule 726 1288*
Säulenheiliger 1288*
Saulus ⟋Saul
Saum 1289*
Sauregen 843
Sauregurkenzeit 599 1488
Saus 26 63 333 1289* 1299
sausen 1255
Sauseschritt 1289
Saustall 123 1524
Sauwenzel 1303
Savoir-vivre 1289*
Schabab 25 222 1221 1258 1289*
Schabäbes 1290
Schabaus 1290
schaben 1292 1340 1341
Schabernack 1293*
Schablone 1293* 1318
Schach 1007 1293*
schachern 1294*
Schachfigur 1293
schachmatt 1293* 1007
Schachtel 121 1294* 1601
Schächtelchen 813 1294 319 666 1167; ⟋Kopf
Schaden 24 468 951 966 1294* 1305 1511
Schadenfreude 474 1294*
schadlos 1294
Schaf 19 41 226 342 517 535 730 742 809 819 1295* 1320 1331 1367 1437 1524 1645 1740
Schäfchen 818 1295*
Schäfer 1297*
Schäferfeuer 1297
Schäferstündchen 1298*
Schaffen, schaffen 97 1298*
Schafleder 28 120 948 1297 1726
Schafmelker 1297
Schafschur 1320
Schafskälte 375 1297
Schafskleider 483
Schafspelz 29 1740

Schakal 844
Schakalregen 843
Schäl 721
Schale 771 1298* 1751
schälen 93
Schalk 1068 1113 1299* 1317
Schalkshaut 1299
Schall 1075 1299*
schallen 1299
Schallmauer 346 1299*
Schallplatte 1188 1692
Schalltüte 1299
schalten 63 1692
Scham 1300*
Schamade 1300*
schämen 659 1300*
schamhaft 1300
Schamhut 1300*
schamlos 1300
Schamröte 1300
Schamschuh 1300
Schamster 593
Schanddeckel 1300*
Schande 1196 1300 1300* 1338 1585
schänden 1301
Schandflasche 85
Schandfleck 85; ⟋anhängen
Schandkorb 874
Schandlappen 928
schändlich 926
Schandmantel 1301*
Schandmaul 1301
Schandpfahl 1197
Schandtat 1301
Schandzeichen 1301
Schanz 1058
Schanze 1301*
scharf 755 935 1226 1242 1302* 1447 1448 1511 1729 1770
Scharfrichter 698 1342; ⟋Henker
Scharlatan 1213
Scharmützel 1302*
scharren 1037
Scharte 10 1302*
Scharwenzel 1303*
scharwenze(l)n 1303* 1591
Scharwerk 1303 1304*
Schatten 396 489 940 963 1304* 1490 1571
Schattenboxen 1306
Schattendasein 1307
Schattenkabinett 1307
Schattenmann 1307
Schattenseite 1307
Schatz 330 762 1307* 1636
Schau 75 1308* 1469 1536
schauen 1760
Schaufel 611 1768
Schaufensterbummel 279
Schaukel 1308* 1737
schaukeln 836 1308
Schaum 1309* 1478
schäumen 1309
Schaumlöffel 973
Schaumschläger 1309
Schauspiel 572
scheckig 757 1309*
scheel 214 1310*
Scheffel 30 875 960 1277; ⟋Licht
scheffelweise 1494
scheibchenweise 1275

Scheibe 60 1310*
Scheibenhonig 1310
Scheibenkleister 1310
Scheide 1385 1449
Scheidekasse 727
scheiden 63 1296 1310*
Scheideweg 702 1310* 1705 1753
Scheidung 760
Schein 1311* 1488 1489 1490
scheinen 1311*
scheinheilig 1311
Scheinheiliger 690 1311
scheintot 165 966 1006
Scheißdreck 1312
Scheiße 315 383 793 1053 1236 1310 1311*
scheißen 32 105 294 342 530 722 765 790 825 884 892 1312* 1354 1693 1781
Scheißhaus 1312
Scheißkerl 1312
Scheit 1049
Scheitel 1313*
Scheiterhaufen 1314*
Scheiterkraut 1351
Schelle 387 821 822 1314*
Schellenberg 1767
Schellenkönig 1315*
Schellenmoritz 1315
Schelm 695 1299 1316* 1484 1689
Schelmenbein 167 1317* 1317
Schelmenstreich 1334
Schelmerei 1317
schelmisch 1317
schelten 1339
Schema 1318*
Schemelbein 179
Schenke 1754
schenken 511 1318* 1737
Schenker 887
Scherben 1318*
Scherbengericht 1318*
Schere 1069 1318*
scheren 72 152 867 900 1296 1319* 1459 1660
Scherenschleifer 998 1010 1319 1322* 1339
Schererei 1322* 1417
Scherflein 336 1322*
Schermesser 735 1385
Scherz 1193
scheu 1167
Scheuer 254
scheuern 178
Scheuklappen 11 871 1323*
Scheuleder 1323
Scheune 254 339 875 1323*
Scheunendrescher 338 402 474 1324*
Scheunentor 27 123 902 1109 1324* 1632 1761
Schibboleth 1324*
Schicht 37 1324*
schick 1325*
schicken 1627
Schickeria 1325
Schicksal 216 642 647 780 966 986 1325*
Schicksalsfaden 1325
Schickse 1326*
schieb ab 1291
schieben 864 1410 1722
schief 134 196 1039 1326* 1416 1704 1725

Schiefeschnut 1011
schieflachen 1327
schieflaufen 934
Schielauge 1327
schielen 213 536 614 1122 1310 1327* 1395
Schienbein 1328* 1355
Schiene 1328*
Schienenstrang 1567
Schierlingsbecher 1328*
Schießbudenfigur 123 1329
schießen 208 676 744 751 863 883 957 970 1201 1302 1329* 1359 1428 1497 1732
Schießhund 1329*
Schießpulver 1208 1329
Schiff 86 210 241 242 791 1227 1330* 1450
Schiffbruch 615 1332
Schiffchen 1295
schiffen 198
Schiffstaufe 457 1604
Schikane 1333*
Schild 41 163 1333* 1416
Schilda 1336 1644
Schildbürger 744 1336*
Schildbürgerstreich 1336
Schildkröte 1337*
Schildwache 1335
Schiller 779 941 1338* 1678
Schilling 314 1338*
Schimmer 205 315 1338*
Schimpf 163 1301 1338*
schimpfen 1250 1338*
Schindaas 53 1344
Schindel 315 1339*
schinden 366 1244 1296 1320 1339*
Schinder 59 1071 1341* 1558
Schinderei 1342*
Schinderhannes 1343*
Schinderknecht 1342
Schindluder 1344*
Schindluderei 1344
Schindmesser 587
Schinken 61 719 1069 1134 1344* 1355 1750
Schinkenklopfen 658 1345
Schinkenvater 1345
Schippe 1345* 1609 1633
Schirm 1346*
Schiß 1311 1346*
Schlachtbank 922
schlachten 751 794 903 1442
Schlachter 1027
Schlachtschwert 1010
schlackern 1117
Schlaf 366 385 407 1346* 1462
schlafen 115 145 299 759 1054 1227 1270 1346* 1656
Schlafittchen 802 1348*
Schlaflaus 937 1348
Schlafmütze 1067 1348
Schlafwandler 1470
schlafwandlerisch 1470
Schlafzimmeraugen 1349*
Schlafzimmerblick 1349*
Schlag 19 26 676 697 842 857 891 893 1209 1325 1349* 1405 1546 1568 1702 1724
Schlaganfall 1352
Schlagbalsam 1351
Schlägel 1100

Schlägelküchlein 1351
schlagen 92 106 210 254 273 336 410 430 435 440 548 590 638 673 675 719 763 764 831 855 857 871 876 890 912 938 955 989 1037 1042 1058 1068 1117 1206 1221 1301 1352* 1390 1462 1481 1484 1489 1546 1559 1566 1568 1572 1584 1656 1683 1713 1729 1731 1759
Schlager 1356*
Schlaglicht 1352
Schlagschatten 1305
Schlagseite 1352 1641; ↗Schlag
Schlagwurst 1351
Schlagzeile 1352
Schlamassel 1356*
Schlamm 494
Schlampampe 1356
Schlampe 1356*
Schlamper 1356*
Schlamperei 1357
Schlange 15 285 800 1357* 1358 1361 1536
Schlangenfraß 1359
schlank 28 1726
schlapp 1359*
Schlappe 1359*
schlappachen 1359
schlappmachen 1359
Schlappmaul 1360
Schlappschwanz 924 1360 1432
Schlaraffenland 1142 1360* 1602 1680
schlau 15 159 299 1361* 1726
Schlauberger 1361
Schlauch 1361* 1709
Schlaumeier 1361
Schlauraffen 1172
Schlawiner 1361*
schlecht 44 63 83 499 521 912 1233 1361* 1513 1586 1646 1705
schlechterdings 322
Schlechtigkeit 115
Schleckabartl 1291
Schleicher 491
Schleier 730 1362*
schleierhaft 1362
schleifen 1319 1362*; 1745 1778 1780
Schleifstein 304 826
Schlendrian 784 929 1364*
schleppen 481
Schlepptau 38 1365*
schlesisch 1067
schleudern 1365*
Schleudersitz 1365*
Schliche 1365* 1515
schlicht 1366*
Schliff 1366*
schlimm 1463
Schlinge 480 633 871 1366*
Schlingpflanze 1367
Schlips 492 1367* 1432
Schlitten 808 1367*
Schlitzohr 14 1367*
Schloß 79 163 507 979 980 1044 1060 1368* 1372
Schloßhund 710 1369*
Schlot 1231
schluchzen 710
Schluck 1191 1369*
Schluckauf 613

schlucken 262 894 1184 1369*
Schlucker 1369*
Schluckzettel 1143
Schlumpe 1356
Schlüpfer 1093
Schluß 830 1370* 1467 1711
Schlüssel 835 1191 1369 1370* 1508
Schlüsselblume 852
Schlüsselgewalt 1370
Schlüsselkind 1372*
Schlüsselloch 1641
Schlußlicht 958 1372*
Schlußstrich 1373* 1573
Schmach 163
Schmachtlappen 928; ↗Hungertuch
Schmachtriemen 1373*
Schmäh 1373*
schmal 658
Schmalhans 660 897 1373*
schmalhansen 1373
Schmalz 299 1277
schmarotzen 1085 1374*
Schmarotzer 340 1369 1374* 1607
Schmarre 1374*
Schmarren 315 1374*
schmecken 249
Schmeichel 709
Schmeichelkatze 817 1084
Schmeichler 1303
schmeißen 920
Schmeißfliege 931
Schmer 819 820
Schmerz 1374* 1401 1695 1762
Schmerzensgeld 1174
schmerzlos 912
Schmetterling 223 1374*
schmettern 1162
Schmidt 1375*
Schmied 402 560 818 926 1375* 1375* 1762
Schmiedchen 1375
Schmiede 37 39 1376* 1609
schmieden 373 1187 1376*
Schmiedknecht 474
Schmiere 1351 1376*
schmieren 252 648 1010 1353 1355 1377* 1487
Schmierenkomödiant 1377
Schmierentheater 1377
Schmierseife 473 652
Schmiß 956 1378*
schmissig 1378
Schmollis 1378*
Schmollmündchen 1378
Schmollwinkel 1378*
schmoren 1271
schmotzig 324
Schmu 1378*
schmücken 423
schmunzeln 750
Schmus 500 1378
Schmutz 1416
Schmutzfleck 458
schmutzig 652 974 1696
Schnabel 20 527 1378* 1478 1497
schnackeln 1379*
Schnadahüpfl 1317
Schnake 582 1680
Schnalle 1379
schnallen 1244
Schnallenritt 1380

1899

Schnalzer 1390
schnappen 48 1380*
Schnappschuß 1418
Schnaps 17 787
Schnapsidee 782
Schnapsleiche 1643
schnarchen 1227 1380*
schnattern 503 1380*
schnaufen 1380*
Schnaufer 1380*
Schnauze 20 543 1058 1181 1355 1381* 1393
Schnebersbrot 707
Schnecke 15 365 471 521 898 1049 1172 1381* 1390
Schneckengang 1382*
Schneckenhaus 1382
Schneckenpost 901 1194 1382*
Schneckentanz 1382* 1383
Schnee 15 94 127 405 407 852 1172 1383*
Schneeballeffekt 1384*
Schneeballsystem 1384*
Schneekönig 15 475 1384* 1559
Schneesieber 1384*
Schneevogt 1384
Schneid 1384*
Schneide 1026 1384* 1533
schneiden 255 307 446 866 1385* 1565 1648
Schneider 21 545 843 1094 1385* 1421 1677
Schneiderbock 1387 1388
Schneiderfretter 239
Schneidergang 1386
Schneider von Ulm 1388*
schneien 1389*
schnell 219 1001 1389 1389* 1390
Schnelle 1445
Schnepfe 471
Schnepfenstrich 1572
Schnickschnack 582
schniegeln 48 539
schnieke 1390*
Schnippchen 10 1390*
Schnitt 1385 1391*
Schnitter 1468
Schnitze 111
Schnitzer 1391*
schnöde 993
Schnokeloch 662
schnorren 1394
Schnotter 550
Schnupftuch 861
schnuppe 553 912 1191 1391*
Schnur 81 139 521 1074 1391 1391* 1575
Schnürchen 1393
schnüren 1393
Schnurre, schnurren 684 1393*
schnurrig 829
Schnurrpfeifereien 1394*
schnurz 1391
schnurzegal 553
Schnute 1360 1385
Schnutzelbutzhausen 1394*
schofel 1394*
Schokoladenseite 1463
Scholi 1394*
Scholle 1188
schön 28 387 1395* 1456 1514 1586 1689 1722
Schöneberg 1395*

schönfärben 1396*
Schönhausen 1396*
Schönheit 1396*
Schönheitsfehler 1396
Schönheitspflaster 1396
Schönster 1396*
schöntun 1395
Schoof 939 1396* 1767
Schopf 558 1141; ↗ Glück, ↗ Zopf
schöpfen 1682 1698
Schöpflöffel 196 1711
Schöppenstädt 1336 1570
Schornstein 401 440 799 1110 1231 1397* 1401 1436
Schornsteinfeger 1397*
Schoß 9 59 60 387 559 650 1064 1398*
Schoßkind 1398
Schote 757 1398*
Schotten 1399*
Schragen 1399*
schrammen 1354
Schrank 1485 1601
Schranke 1399* 1711
Schrapnell 1400*
Schrättel 75
Schraube 344 1400* 1641
schrauben 1401*
Schraubstock 1401*
Schreck 1132 1401* 1582
Schreckschuß 1420
Schrei 1401*
schreiben 213 1037 1114 1114 1279 1335 1397 1401* 1662
Schreibtischtäter 1402*
schreien 716 1283 1402* 1503 1703 1729 1756
Schrein 1369
Schreiner 969
schreiten 1403*
Schrippenarchitekt 128
Schritt 63 315 381 1403* 1403* 1644
schröpfen 68 1405*
Schröpfkopf 1256 1405
Schrot 875 1350 1405*
Schrotsäge 854
Schrulle 457
Schub 1406*
Schubkarren 1609
Schublade 989 1406*
Schubsack 1406*
Schuft 1407*
schuften 1407*
Schuh 37 39 58 494 495 504 687 705 784 791 1128 1377 1389 1407* 1421 1554 1613 1658 1738 1766
Schuhlumpen 1411
Schuhnagel 1411
Schuhputzen 292
Schuhriemen 1411
Schuhsohle 934 1410 1487
Schuhverlierer 1411
Schuhwerfen 1123
Schuhwichse 28 851
Schularbeiten 1414
Schulbank 1412
Schuld 27 868 1412*
Schuldbrief 257
Schulden 175 299 386 462 608 633 670 677 823 888 1113 1521
Schuldenberg 175
schuldig 1412*

Schuldigkeit 1041 1174 1250 1413* 1649
Schuldturm 1413*
Schule 570 1074 1413* 1432
Schüler 311
Schulfieber 1414*
Schulfuchs 424 1414*
Schulgeld 948 1415*
Schulsack 1415* 1580
Schulter 39 64 318 998 1415* 1698 1763
Schulterschluß 1416
Schultheiß 81
Schulze 573* 722 905; ↗ Schultheiß
Schund 1416*
Schuppe 46 112 1416*
Schüppe 611 1346
Schur 11 1416*
schurigeln 1417*
Schurz 1417
Schürze 458 674 971 1136 1417* 1659
Schürzenband 1417
Schürzenjäger 430 781 1249 1417 1418*
Schürzenzipfel 1417
Schuß 315 489 878 979 1041 1209 1329 1418* 1437
Schüssel 1223 1420* 1516 1589 1589 1667
Schußlinie 1418 1746
Schuster 94 956 1410 1421*
Schutt 106 1422*
schütteln 1247
schütten 198
Schutz 63 1005
Schützenfest 1242
Schutzengel 1422*
Schutzmantelmadonna 999
Schwabe 660 708 762 945 1029 1250 1423* 1425 1783
schwäbeln 1424
Schwabenalter 1424 1425*
Schwabenland 1191
Schwabenspiegel 1500
Schwabenstreiche 1423 1424 1570
Schwabenstücklein 1424
Schwabenverstand 1425
schwäbischer Gruß 103
schwach 538 1425* 1463 1584 1646
Schwäche 412 1425*
Schwachheit 1425*
Schwade 1585
Schwadroneur 1426*
schwadronieren 1426*
Schwager 1426*
Schwalbe 773 1171 1426*
Schwamm 1185 1287 1429* 1643 1683
Schwammerl 1185
Schwan 847 1217 1429*
schwanen 1429*
Schwanengesang 1429 1430*
Schwang 1431*
schwanger 378 672 727 748 855 987 1044 1077 1156 1222 1379 1380 1417 1659
Schwangere 859 979 1110 1695
schwängern 737 862 971
Schwangerschaft 949 1112 1123 1729
Schwank 1431*
schwanken 232 1249

Schwansfeder 1429* 1430
Schwanz 52 169 287 315 360 382 394 396 477 481 492 670 699 741 756 765 795 825 826 827 828 903 908 924 1015 1157 1164 1358 1431* 1442 1478 1536 1616 1739 1744 1760 1761 1771
Schwänzen 1413 1432*
Schwarm 1432*
Schwärmen 193 1433*
Schwärmer 1433*
Schwarmgeist 1432*
Schwarte 431 768 1345 1433*
schwarz 15 210 221 256 274 580 761 762 791 824 901 903 1102 1109 1151 1152 1159 1238 1240 1297 1383 1419 1434* 1627 1695 1712 1754
Schwarz, Berthold 1208 1437
schwarzbraun 250 353
Schwarzbrennerei 1436
Schwarzburg 1396 1437*
Schwärze 1438*
schwärzen 1438*
Schwarzenberg 1437*
Schwarzes 315 1071 1072
Schwarzfahrer 1436
Schwarzfärber 1396 1438*
Schwarzhörer 1436
Schwarzschlachtung 1436
schwatzen 1414 1528 1618 1696
Schwede 77 1438* 1641
Schwedenkopf 1439*
Schwedentrunk 371 507 1439*
schwedisch 507
Schwefel 439 1146 1725
Schweidnitz 929
Schweif 828
Schweigen, schweigen 574 1019 1234 1242 1403 1439* 1513
Schwein 15 39 312 315 342 836 1148 1240 1246 1257 1285 1380 1441* 1451 1452 1620 1640 1742
Schweinehund 1443
Schweinestall 123 1524
Schweinigel 1443
Schweinsgalopp 1444
Schweiß 83 225 264 1444*
Schweiz 405
Schweizer 528
Schweizerhose 305 1513
Schweizerkrankheit 692
Schwelle 494 1444*
Schwellenangst 1445
Schwemme 1445*
Schwenkendrüssel 1374
schwer 514 1446* 1541 1584 1601 1633 1686
Schwerenöter 1099 1447*
schwermachen 1446
schwernehmen 1446
Schwert 644 1385 1447* 1503 1595 1686
Schwiegermutter 842 1231 1449* 1661
Schwiele 1353
Schwierigkeiten 1499
schwimmen 388 1450* 1578 1634 1726
Schwindsucht 189 501 633 880 1451*
Schwinge 358
schwingen 1234 1769

schwitzen 93 224 249 1214 1246 1283 1443 1451*
Schwitzkasten 468 1451
schwören 411 795 1451* 1455 1611
schwul 269
Schwulitäten 1453*
Schwung 1431 1453*
Schwungfeder 1453
Schwur 652
Schwurbrüderschaft 269
Scylla 47 1453*
sechs 1454* 1481
Seckel 189
Sedan 1243
See 253 1454*
Seefe 1459
Seegang 1641
Seehund 1454
Seelchen 1456
Seele 98 109 168 190 198 392 528 535 706 707 948 949 1001 1263 1380 1446 1455* 1485 1493 1609 1618 1632 1675 1677 1731 1767 1768
seelenallein 1064
Seelenverkäufer 1456
Seelenwärmer 1456
Seemannsgarn 508; ↗ Garn
Segel 38 1331 1457* 1733
segeln 1734
Segen 18 1457* 1718
segnen 130 1389 1764
sehen 73 217 650 714 737 811 1166 1282 1327 1335 1436 1457* 1606 1669 1742
Sehnsucht 1385
seichen 1354
seicht 1450
Seide 829 833 906 1278 1458* 1507 1738
Seife 57 370 869 1459* 1464
Seifenblase 1459*
Seifensieder 27 312 960 1459*
Seil 955 1272 1460* 1476 1574 1575 1610
Seiler 21 616 659 698 726 1461* 1574
Seilerstochter 1461
Seiltänzer 1245 1567
sein 79
Seine 1462*
Seite 185 1425 1462* 1536
Seitensprung 1464*
Sela 57 1234 1459 1464*
selbst 996 1464*
Selbsterkenntnis 1083 1466*
selbstgestrickt 1574
selbstredend 1465
selbstverständlich 1268
selchen 1383
selig 420 551 1765
Seligkeit 1451
selten 1226 1681 1729
seltsam 690 1729
Semester 1466*
Semmel 57 1466* 1738
Semmeldreher 128
Sendepause 1466*
Senf 864 867 889 1018 1302 1466*
Senfmühle 1466
sengen 79 1283
Senke 1287
Senkel 1467

senkrecht 1467*
Sense 24 1467*
Sensenmann 1467* 1628
Servatius 375
Service 1679
Servus 15 596
Sesam 1468*
Sester 1468*
Setzeier 116 1556
setzen 276 396 398 720 738 748 775 811 869 935 971 979 1088 1166 1167 1263 1279 1282 1301 1400 1455 1457 1468* 1476 1500 1549 1563 1567 1580 1581 1591 1648 1746
Seufzer 1766
Show 1243 1469*
Sibirien 966
Sichel 1503
sicher 1103 1194 1215 1267 1469*
Sicherheit 1470*
sicherstellen 1469
sie 1470*
Sieb 303 515 552 1470* 1616 1698
Siebdreher 1471
sieben (Zahl) 202 1093 1369 1441 1696 1474 1476 1481 1513 1471* 1568
sieben (durch ein Sieb) 1384 1049 1471*
siebengescheit 1473* 1475
Siebengestirn 1739
Siebenkünstler 1473
Siebenmeilenstiefel 1473*
Siebensachen 1268 1474*
Siebenschläfer 1227 1347 1474*
Siebentot 917
Siebenzahl 1783
siebzehn 1475* 1639
sieden 1475* 1723
Siegel 257 275 647 1473 1476*
siegen 1669
Siegerkranz 1144
Sieghaube 562
Sieghemd 562
Siele 1461 1476*
Siemann 628 1476*
Silbe 315
Silber 97 1234 1478*
Silberblick 1328 1478
Silberlöffel 974
silbern 82 901 928 973 1095 1329 1368 1478* 1503 1592
Silberstreif 1478
Silbertablett 1478
Simplicitas 1281; ↗ Sancta Simplicitas
Sims 718
Simson 1179 1529
singen 28 63 142 164 186 316 689 966 967 1067 1115 1186 1187 1272 1378 1478* 1479 1674 1680 1693 1727
sinken 226 1227
Sinn 79 117 183 487 1352 1424 1480*
sinnen 1481
Sintflut 67 1482*
Sirup 851
Sisyphus 1483* 1544
Sisyphusarbeit 1483
Sitte 1252
sittlich 926

sitzen 240 252 270 328 333 340 355 399 431 432 438 528 612 654 659 674 684 687 748 793 854 864 892 947 968 971 988 1015 1062 1069 1088 1145 1147 1159 1167 1177 1197 1209 1215 1253 1261 1282 1308 1353 1356 1377 1398 1418 1420 1463 1469 1483* 1484 1497 1550 1561 1567 1588 1589 1605 1623 1644 1689 1695 1702 1744
sitzen bleiben 87 1483
sitzenlassen 1483
Sitzfläche 105
Sitzfleisch 1485*
Sitzleder 947 1485
Six 1485*
Skelett 1485*
Ski-Salat 854 1275
Skolkum 593
Skorpion 1485*
Snellert 1486*
Socke 92 167 520 932 969 1486* 1515 1578
Sod 1486*
Sodbrennen 104
Sodom 1487*
Sofa 698
Sohle 1313 1487* 1667
Sohn 1673
Soldaten 342
Soldatentornister 989
Solingen 597
Soll 27
sollen 1487*
Sommer 1172 1389 1426 1428 1487*
Sommerloch 14 599 1488
Sommersprossen 1471 1616 1674
Sommertheater 1488
sonderbar 829
sondern 1713
sonders 1278
sondieren 1607
Sonne 26 43 285 474 490 735 823 960 966 1172 1189 1311 1383 1488* 1492 1534 1594 1769
Sonnenbrille 217
Sonnenregen 844
Sonnenschein 842 1492*
Sonnenseite 945
Sonnenstein 975
Sonnenuhr 1144
sonnig 1088
Sonntag 182 902 905 1048 1109 1172 1596 1641 1685
Sonntagskind 1492*
Sophie 375
sordino 303
Sorge 889 1347 1506 1714
Sorte 1492*
S.O.S. 1493*
Soße 1214; ⁊ Sauce
Soziologenchinesisch 292
spalten 909
Spaltstock 795
Span 724 777 1493*
Spanier 20 597 1562
spanisch 292 326 468 683 931 980 1369 1493* 1554
Spanne 381
spannen 1273
sparen 1494*
Sparflamme 1494

Spargel 863 1390
Sparren 457 1072 1495*
sparsam 858
spartanisch 1495*
Spaß 44 97 655 688 950 1495*
spaßen 1495
Spaßvogel 1495
spät 16 988 1496*
Spaten 1496*
Spatz 26 298 358 543 647 773 801 966 1496* 1680 1681
Spatzenfutter 1169
Spatzengehirn 1496
Speasam 593
Speck 333 589 819 820 865 988 1015 1015 1226 1240 1345 1380 1484 1497* 1750
Speckgriefen 1498
Speckschwarte 1433 1498
Speckseite 405 1498 1749
Speer 163 927 1335
Speiche 1325
Speichel 102 1498*
Speichellecken 946
Speichellecker 896 1498 1607
Speicher 1355
speien 438
Speierbach 1242
Speise 306
Spektakel 688
Spendierhosen 749 1499*
Sperenzien 453 1499*
Sperling 23 773 1428 1641
Spesen 1499*
Speyer 1499* 1657
Spezi 1669
Sphinx 1499*
Spiegel 218 434 704 957 1441 1499* 1537
Spiegelberg 29
Spiegelfechterei 1500
Spiegelschwabe 1335
Spiel 96 412 560 647 811 940 1032 1500* 1612
Spielball 1502*
spielen 647 774 810 812 820 940 978 1421 1446 1469 1502* 1601 1662 1693 1730
Spielmann 347 762
Spielverderber 1501 1503*
Spieß 41 79 271 780 901 927 1182 1403 1503* 1504 1505 1509
Spießbürger 1180 1504*
Spießer 1504
Spießruten 1504*
Spießrutenlaufen 53
Spind 1601
Spindel 345
spindeldürr 345
Spinne 576 1505* 1612
spinnefeind 1506*
spinnen 410 508 1325 1458 1461 1506* 1574 1647 1718 1784
Spinnwebe 1010
Spital 1507*
Spitaluhr 521
Spitz 829 1507*
Spitzbergen 1383
Spitzbirne 1507
Spitzbohne 1055
Spitzbube 1507
Spitze 372 1177 1507* 1533 1624
spitzen 903 973 1009 1507*

Spitzenreiter 16 1509
Spitzensalat 854
Spitzgras 580 1507
Spleen 457 1509*
Splint 1510
Splitter 135 1509*
splitternackt 1510*
Splitterrichter 1509 1510*
Sporen 621 699 1510* 1554
spornstreichs 1511
Sport 570 1511*
Sportskanone 801
Spott 79 935 1301 1339 1511*
spottbillig 1512
Spottdrossel 1512
Spötter 143
Spottgeld 1512
Spottvogel 1512*
Sprache 262 1220 1441 1512* 1631 1780
sprechen 944 1059 1227 1464 1512 1513* 1663 1732
spreizen 1157 1513*
Spreu 30 597 1713
springen 226 524 722 737 770 855 918 1304 1346 1479 1513* 1561 1609
Springinsack 1270
Springprozession 349
Spritze 994 1514*
Spröde 1514*
Sprosse 1537
sprühen 940
Sprung 38 845 1033 1514 1515* 1517 1601
Spucke 122 517 1512 1516*
Spucken, spucken 438 500 650 844 870 1044 1411 1516* 1588 1631 1632
Spuk 1517*
Spuken 1517*
Spund 1517*
Spundloch 1494
Spur 315 495 976 1515 1517*
spuren 1518
spüren 1762
sputen 1518*
St. vgl. die jeweiligen Heiligennamen
St.-Nimmerleins-Tag 796; ⁊ Pfingsten
Staat 1490 1518* 1519 1667
Staatsaktion 677
Staatsbegräbnis 1519*
Stab 37 252 647 832 896 1519* 1561 1694 1705
staben 1520
Stabsoffizier 1521
Stabstrompeter 1521
Stachel 30 1522*
Stachelbeere 1523
Stachelschwein 779 1523
Stadt 79 407 1369 1452
Stadtgraben 1523*
Stafette 1523*
Stahl 544 666
Stall 272 1167 1351 1443 1523*
Stallaterne 27 932 960 1525
Stallbalsam 1524
Stalldrang 1525
Stalltür 1168 1524
Stamm 93
stampfen 233

STROHSACK

Stand 748 1690
Standarte 1527
Ständerling 1525*
Standpauke 1525*
Standpunkt 1526*
Standrede 1525*
Stange 411 753 1086 1503 1521 1522 1526*
Stangel 315
Stank 304
stänkern 1527*
stante pede 491
Stapel 38 1528*
Stapellauf 1528
stapeln 726
Star 41 768 1528*
stark 15 17 111 538 791 995 1463 1529* 1580 1592 1662
Starkbier 194
stärken 1259
Starlet 25
starr 1583
Start 1529*
Startlöcher 1529
Startschuß 16 1529
Staub 102 315 405 493 577 579 1231 1279 1422 1529* 1766
staunen 160 1530*
stechen 327 333 432 675 774 811 925 971 1042 1077 1528 1600 1720 1731 1773
Steckbrief 257 1530
Stecken (Stab) 163 333 891 982 1522
stecken 1269 1530* 1623 1624 1773
Steckenhaber 616
Steckenöl 1351
Steckenpferd 703 734 1519 1531*
Stecknadel 1069 1585
Stecknadelsamen 94
Stegreif 1283 1532* 1537
Stehaufmännchen 14 1532*
stehen 79 167 168 169 642 820 870 871 892 1167 1215 1235 1358 1376 1410 1463 1524 1525 1532* 1533 1686 1703
stehenbleiben 1704
stehenlassen 1236
Stehkragen 1534*
stehlen 382 974 1087 1102 1165 1308 1443 1469 1535* 1764
steif 79 226 1115 1560
steifen 1068
Steigbügel 41 1537*
Steigbügeltrunk 1537
Steigeisen 1538
steigen 1537*
steil 1154 1538* 1756
Stein 39 63 89 167 256 265 488 509 666 707 844 845 894 966 1206 1252 1403 1440 1441 1452 1538* 1560 1645 1747
steinalt 1544
Steinbruch 1545*
steinern 510 1249
Steinerweichen 1542
steinig 1704
steinigen 1540
steinreich 1544
Steinzeit 1674
Steiß 754
Stelle 1545*
stellen 720 870 872 1308 1304 1463

Stellung 1326
Stelzen 903 937 1545* 1618 1716
Stempel 1196 1546*
stempeln 1547
Stengel 1547* 1582
Stentor 1403 1547*
Stentorstimme 1547
sterben 63 294 412 412 455 459 461 477 481 525 577 578 579 737 940 1021 1086 1175 1238 1258 1260 1263 1324 1410 1476 1554 1606 1627 1667 1680 1746 1764; ↗ zeitlich
Sterbenswörtlein 315
sterblich 754
Stern 38 559 560 716 940 1188 1547* 1583
sternhagelvoll 1641 1643
Sternschnuppe 843 912 1549
Sterntaler 1597
Stert 828; ↗ Sterz
Sterz 826 996; ↗ Stert
stet 1645
Stettiner Apfel 122
Steuer 38 241 433 840 1469 1550*
Steuerruder 1261* 1733
Steuerschraube 1401 1551
Stich 41 344 675 714 1143 1551*
stichfest 714 1552
Stichprobe 1552*
Stiefel 124 163 705 1128 1136 1327 1408 1494 1540 1553* 1642 1739
Stiefelausziehen 1554
Stiefelknechtsgalopp 1375
Stiefelschaft 989
Stiefkind 1555*
Stiefmutter 989 1555*
stiefmütterlich 1085 1555
Stiel 125 166 180 612 845 1140 1579 1583
Stielauge 116 1556*
Stier 15 531 743 1556*
Stierhaut 908
Stift 836 921 1072
still 692 1016 1556* 1583 1698
Stille 1556*
Stimme 716 826
stinken 47 53 355 420 481 718 1151 1247 1557*
Stinker 491
stinkfaul 421
Stint 475 780 1558*
Stirn 477 1402 1559* 1680
Stock 163 218 220 832 1347 1403 1514 1522 1560* 1645
Stöckchen 733 1109
stockdumm 1560 1562
Stöckelschuhe 213
stockfinster 1560 1561
Stockfisch 1560
Stockhaus 1561
stockkonservativ 1562
Stockmann 1561
Stockprügel 106
stocktaub 1560
stolpern 1784
Stolprian 784
stolz 619 621 693 1158 1494 1562*
Stolz 1562*
stolzieren 565
stopfen 1010 1219 1563*
Stopfkuchen 1563
Stoppel 1563*

Stoppelhopser 1563
Stoppeln 618
Stöpsel 921
Stöpselzieher 456
Stör 1563* 1583
Storch 20 156 169 421 520 728 826 846 847 848 849 850 851 855 934 1125 1171 1534 1564* 1606 1659
Storchenbotschaft 849
Storchenland 850
Storchennest 849
Storchschnabel 1470
Störenfried 1564*
Störer 239
Störfaktor 1564
störrisch 226
Stoß 704 1564*
stoßen 676 1247 1564* 1762
Stoßgebet 513 1565*
Stotterer 1479
Strabelkatze 823
Strafe 312 618 1403 1565*
strafen 1714
straff 1273
Strafpredigt 959
Strahl 1566*
strahlen 736 991 1202 1566*
Strählen 684
Strambach 1566*
Strandhaubitze 210 675 1566 1683
Strandkanone 801 1566*
Strang 955 1461 1566* 1574 1770
Stränge 1566
Strangkatze 823
Straße 841 1174 1328 1567*
Strauchdieb 123
Strauß 752 872 1567* 1681
Sträußchen 752
Straußenmagen 1568
Straußenpolitik 1567
Straußwirtschaft 179
Strebekatze 823
Strecke 1568*
strecken 309
Streich 89 862 1293 1473 1568*
Streicheleinheiten 1570*
streichen 1354 1457 1755
Streichholz 315
Streit 185 1170 1570*
Streitaxt 891 1571
streiten 1306 1570*
Streithammel 636 1087 1571
streuen 825 1732
Streusand 1210 1279
Strich 410 426 510 603 955 981 1061 1182 1233 1380 1572* 1092 1272 1567 1574* 1598 1688
stricken 1574*
Stricknadel 1069
striegeln 539
Strippe 1575*
Stroh 38 154 238 239 338 342 424 440 577 614 632 709 825 992 1006 1272 1396 1506 1575* 1767
Strohbusch 179
strohdumm 1576
strohern 569
Strohfeuer 1576
Strohhalm 315 631 1576
Strohjungfer 1578
Strohkopf 1576
Strohmann 1577*
Strohsack 690 701 801 1577

1903

strohtrocken 1576
Strohwitwe(r) 1577*
Strom 9 1450 1578*
Strophe 1783
strotzen 940
Strumpf 780 813 1128 1144 1408 1486 1578*
Strumpfkappe 989
Strunk 315
Struwwelpeter 1579*
Stube 386 434 510 1245 1579*
Stubenfliege 1356
Stubengelehrter 797
Stubenhocker 797
Stüber 1580*
Stück 60 111 586 1580*
Student 876
studieren 1581*
Studium 1581*
Stufe 390
Stuhl 37 675 1468 1484 1581* 1622 1651
Stuhlgang 502
stumm 63 449 1583*
Stummer 1583*
Stümper 239 671 1178 1583*
Stumpf 163 1579 1583*
stumpf 60 1252
Stunde 598 1130 1425 1447 1583* 1655 1766
Stündlein 1583* 1765 1766
stur 226 1138
Sturm 551 1263 1584*
sturmfrei 279
Sturmhaube 562 674
stürzen 1660
Stutenknieper 128
Stuttgart 1672
Stütze 1519
stutzen 799
Stützkorsett 875
Suade 1585*
suchen 79 961 1043 1497 1585* 1570
Südfrucht 200 1108
Südpol 105
Sühne 1412
Sülfmeister 239
Sumpf 1776
Sumpfhuhn 1585*
Sünde 79 285 1301 1395 1585* 1726
Sündenbabel 126
Sündenbock 228 698 1201 1412 1586*
Sündenregister 868 1587*
Sünderstühlchen 1588*
Suppe 152 261 270 438 461 607 667 1061 1152 1153 1277 1411 1517 1588* 1643
Suppengrün 1589
Suppenhuhn 31 752 918 1589*
Suppenkaspar 1589
Suppenschwabe 1589 1590*
Suppentopf 1588
Susanna 834 1590*
Susannenbruder 1590
Susannist 1590
Suse 1590
süß 941 1286 1496 1646
Süßholz 1590*
Szene 1591*

T

Tabak 1529 1592*
Tabernakel 1355
Tablett 1420 1592*
tabu 1592*
tabula rasa 1624; ↗Tisch
Tabulatur 1235 1593*
Tacheles 1594*
Tadel 1248
Tafel 1594*
Tafelrunde 256
Tafeltuch 1625
Tag 23 77 79 163 184 316 407 593 782 787 932 942 960 970 993 1043 1066 1144 1171 1256 1348 1395 1437 1491 1536 1594* 1602 1766
Tagedieb 703 1594
Tagesordnung 1596*
Tagewählerei 1596*
Taillenweite 1596*
Takt 1596*
taktfest 1597
taktlos 1286 1597
taktvoll 1597
Tal 175
Taler 860 936 1164 1329 1513 1597*
Talfahrt 1597*
Tälfich 593
Talglicht 960
Talsohle 1597*
Talsperre 1643
Tampen 1597*
tampen 1354
Tamtam 1597*
Tand 1103
Tandem 1598*
Tango 1598*
Tank 1623
Tanne 28
Tannenholz 1244
Tantalus 1598*
Tante 383 914 1598* 1717
Tante Rosa 185
Tanz 793 830 882 1599*
Tanzbär 146 1351 1354
Tanzbein 1599
tanzen 146 474 523 624 722 726 978 982 1062 1161 1207 1211 1239 1460 1644 1715
Tanzfest 136
Tanzpferd 1354
Tapet 33 1599* 1607 1645
Tapete 1600*
tappen 438
Tarantel 27 192 1600*
Tasche 104 189 216 422 648 1026 1068 1152 1270 1371 1497 1600* 1675 1678
Taschentuch 779 859 861
Tasse 965 1601*
Taste 1601*
Tat 1227 1602
Tatarennachricht 1602*
Tatze 767 769
Tau 1595 1602*
taub 1105 1115
Taube 23 88 388 413 500 503 582 878 966 1350 1470 1496 1602* 1662 1680
taubengrau 107

Taubenhaus 707
Taubenschlag 346 483 521 826 1350 1604*
Taubenwein 507
Tauber 1576
Tauchstation 1604*
Taufe 292 734 737 1604*
taufen 441 935 1014 1604*
Taufessen 1604*
taufrisch 1604*
Tausch 829
Täuschung 410
tausend 309 783 1194 1604* 1627 1780
Tausendstes 766
Tauwetter 1605*
Techtelmechtel 453 1605*
Tee 63 885 1605*
Teenager 25
Teer 1605* 1643
Teich 1236 1606*
Teig 897
Teigaffe 128
Teigbildhauer 128
Teil 184 1606*
teilen 1448 1606*
Teilstrecke 1606*
telefonieren 1606*
telegraphieren 28
Teller 286
Tellerlecker 1374
Tellerrand 738 1606*
Tellerschlecker 1607*
Tempel 1607*
Tempelherr 1607*
Templer 1287
Teppich 1006 1257 1607* 1624*
Terrain 1607*
Testament 1608*
Tête 1608*
Teterow 1336
teuer 1331 1533
Teufel 31 32 36 42 60 62 98 112 182 202 211 232 249 275 309 315 336 360 389 390 392 398 405 406 411 474 479 484 489 490 498 521 522 528 537 541 543 568 570 575 586 593 633 638 647 677 693 698 712 722 731 762 842 844 845 866 876 882 896 897 900 907 908 934 981 993 1084 1089 1098 1105 1116 1143 1166 1169 1171 1172 1172 1177 1230 1242 1263 1287 1312 1317 1321 1342 1380 1389 1416 1435 1436 1451 1452 1455 1472* 1485 1546 1558 1592 1608* 1628 1629 1665 1666 1675 1689 1693 1703 1730 1738 1742
Teufelheilen 1086
Teufelsbanner 1471
Teufelsbraten 897 1475 1614 1618
Teufelshaschen 1613
Teufelshochzeit 842
Teufelskerl 1447 1619
Teufelsschrot 1406
Text 1591 1621*
Theater 1591 1621* 1774
Theke 1621*
Thema 1621*
Themse 405
Thomas 1160 1622*
Thron 1622*
Thrönchen 793

Thüringer 708
Thüringer Wald 76
Tick 457 1509 1622*
tief 28 1286 1623
Tiefe 533
Tiegel 1434
Tier 585 704 1529 1622*
Tiergarten 703
tierisch 17
Tierschutz 1623
Tierschutzverein 1356
Tiger 364 1623*
Timotheus 1623*
Tinte 15 28 121 270 851 1145 1286 1438 1446 1484 1623* 1726
Tintenkleckser 1418
Tippeltappeltur 1593
tipptopp 1624*
Tisch 79 142 167 187 256 422 493 590 810 1386 1468 1624*
Tischbein 1449
Tischecke 1449
Tischtuch 1594 1625*
Titel 1625*
Titte 1625*
Toast 1625*
Tobak 87 791 1592
toben 1729
Tobias 786 1626*
Tobiasnacht 1626
Tochter 643 1626*
Tod 56 79 100 122 164 185 386 424 489 638 836 885 887 904 939 942 943 949 951 953 964 1021 1025 1151 1161 1242 1346 1348 1363 1385 1403 1404 1467 1626* 1658 1764
Todesbotschaft 1131
Todeskampf 1626
Todesstoß 1629*
Todesurteil 1629*
Todfall 433
tödlich 1470
Todsünde 1473 1586
Tohuwabohu 1629*
Toilette 793 1606
toi-toi-toi 1629* 1660
toll 63 678 686 767 1630* 1675 1683 1756
Tollhaus 1630*
Tollhäuschen 679
Tollwut 768
Tölpel 376
Tomate 1630*
Ton 523 584 1273 1630*
Tonart 1631
Tonne 28 918 1057 1726 1738
Topf 36 241 270 305 311 614 670 831 863 1016 1318 1631*
Topfgucker 897 1632
topfit 453
Topflappen 831 1632
Topfraten 1123
Tor 902 1632* 1650 1767
Torf 1726
Torheit 1193
Torschluß 1632*
Torschlußpanik 1131
Tortur 1632*
tot 695 711 748 804 886 966 995 996 1130 1210 1222 1242 1447 1632*
Totalschaden 1633*
töten 699 1052 1442 1633*; ⁄schlachten

Totenfresser 432
Totengräber 1633*
Totenhochzeit 844
Totensuppe 1588
Totentanz 1161 1628
Totenvertrinker 432
Toter 122 942 1347 1550 1583 1632*
Totschlag 1050
totschlagen 1010 1763
Tour 16 896 1583 1633*
Trab 394 502 1167 1444 1633* 1646
Trachten 318 1481
tragen 399 653 750 760 765 771 1128 1253 1283 1398 1464 1633* 1698
traktieren 1353
Tran 1634*
Träne 224 225 264 710 893 1450 1634*
Tränendrüse 340 1648
Tranfunzel 960 1634
Trank 370
Transuse 1590 1634
Trapez 1600
Trappe 376
trapsen 1066
Trara 1634*
Tratsch 414
Traube 39 481 724 845 1286 1634*
trauen 179 249 351 1635* 1703
Trauer 1436 1647
Trauerlappen 928
Traufe 1235 1236; ⁄Regen
Traum 366 1309 1347 1635*
träumen 1636*
Träumer 1636*
Traumland 1636*
Traumtänzer 1636*
Traumwelt 940
traurig 1247 1672
Trebe 1636*
Treff 1636*
treffen 1350
Treff-Sieben 1636
treiben 1550 1649
Treibjagd 781
Trend 479 1636*
Treppe 1637*
Treppenwitz 1637*
treten 267 357 359 492 493 799 903 1168 1270 1328 1367 1399 1442 1462 1637* 1681 1762
Tretmühle 32 1057 1637* 1646
treu 224 350 566 1456 1638*
Treue 79 1094 1485 1638*
Treuhand 643
treulos 1630
Tribut 1639*
Trichter 910 1103 1639* 1711
Trick 1639
Tricktrack 487
Trieb 1100
Triefel 344
Triller 1639*
Trinkcomment 1282
trinken 17 46 47 69 198 204 210 283 347 365 369 451 456 457 533 551 617 780 782 787 799 800 805 816 829 830 833 885 894 902 920 953 1021 1035 1045 1065 1082 1101 1132 1162 1181 1191 1192 1247 1248 1249 1327 1341 1367 1378 1445 1489 1514 1525 1545 1553 1566 1575 1585 1624 1640* 1645 1683 1701 1710 1754 1776 1777 1782; ⁄betrinken
Trinkgeld 247 727
Trip 1241
Trippsdrill, Trippstrill 1707 1708 1644*
Tritt 1405 1644*
Trittbrettfahrer 1644*
trocken 41 45 818 1113 1186 1209 1295 1320 1331 1351 1484 1545 1644*
Trockenes 708
Trog 1283
Troja 1168
Trojaner 303
trojanisch 1168
Troll 843 844
Trommel 795 1645*
Trompete 240 557 1145 1645*
Tropf 1645*
Tropfen 1634 1645*
Trost 344 951 1646*
Trostpflaster 1174 1646
Trostpreis 1646
Trott 547 1646*
Trottel 1646*
Trotzkopf 1630 1646*
trüb 14 452 1215 1601 1646*
Trubel 786
trüben 1699
Trübsal 205 1647*
Truhe 139 1647*
Trümelbraten 1351
Trümmer 1422
Trumpf 38 647 811 1636 1648*
Trumpf Sechs 305
Trunkenbold 1084
Trunkenheit ⁄trinken, ⁄betrinken
tschau 593
tschüs 595
Tube 340 1648*
Tuch 1257 1648* 1774
Tuchfühlung 1649*
Tuchscherer 1319
tüchtig 1471
Tücke 1101 1649*
Tugend 119 1099 1154 1404
Tugenddrache 89
tummeln 1386
tun 26 79 164 1649*
Tunnel 963
Tünnes 721
tuntig 1598
Tüpfelchen 778 1210
Tür 83 161 164 179 434 509 637 647 680 732 891 969 1503 1581 1649* 1690 1711
Türke 20 364 389 465 575 1529 1651*
Türklinke 779 1651
Turm 380 1653*
Turmspitze 1356
Turnvater 1667
turteln 1603
Turteltaube 108
Tuschkasten 1653*
Tüte 1188 1653*
tuten 205 744 1162 1653*
Tüttel 778
TÜV 1653*
Twen 25

Typ 1653*
Tyrannei 1063
tz 1653*

U

U 888 1752
Übel 201 1654*
übel 1098 1740
übelnehmen 895
überall 1501 1700
übereck 351
übereinanderschlagen 167
Überfluß 486 1063
überflüssig 461 894 1450
übergeben 1314
überhandnehmen 644 654
überlaufen 418
überschatten 1305
überschlafen 1347
überschreiten 1259 1399
überspannen 234
übertrumpfen 1648
Übertür 1455
Überzeugung 274
überziehen 369 1353
Übung 782
Ufer 1330 1655*
uferlos 1655
uff 1655*
Uhl 1628 1655*; ↗ Eule
Uhlefotsküken 1655
Uhr 1044 1155 1655* 1738 1765
Uhrwerk 521
Uhu 40 830 848 1656*
Ulk 1657*
Ulm 344 1388 1496; ↗ Schneider von Ulm
Ulmenbaum 200
Ulrich 1657*
Ultima 1657*
umdrehen 1060 1503 1667
umfallen 324
Umgang 1506
umgehen 1283
umgekehrt 1411 1658*
umhängen 1019
umhauen 1658*
umhergehen 977; ↗ Löwe
umkehren 1503
umkommen 1627
Umlauf 1658*
umlegen 21
umsatteln 25 1283
Umschlag 1352
Umschweife 1658*
umsehen 1626
umsonst 1658*
Umstand 33 1499 1658*
umstürzen 91
Umwelttinte 241
umziehen 57; ↗ Brandbrief
Unart 759
Unbedeutendes 80
unbehauen 724
unbekannt 1659*
unberufen 177 178 1629 1659*
unbescholten 281 1660*
unbeschrieben 206
unbeständig 1723
Undank 900 1660*
undankbar 900

undeutsch 317
undicht 957
unehrenhaft 165
unehrlich 1317
Unfug 1193
ungehobelt 724 1660
Ungehorsam 1725
ungekämmt 724
ungekocht 724
ungeleckt 145
ungelegt 354
ungenannt 1659
Ungerechter 1311 1490
Ungerechtigkeit 1063
ungeschickt 278
ungeschlacht 1352
ungeschliffen 724 1363 1363 1660
ungeschoren 724 1321 1322 1660*
ungespitzt 1353
ungestraft 1129
ungestriegelt 724
ungeteilt 407
ungewaschen 652 724 1696
Ungewisses 1515
ungezogen 1286
ungläubig 1622
Unglück 215 559 560 676 1403 1660*
unglücklich 966 1583
Unglücksrabe 1661*
Ungnade 563 564
ungut 1094 1661*
Uniform 281
Universitätswanze 1694
Unke 1642
Unkosten 1238
Unkraut 20 884 1661* 1713
Unmensch 1022
unnötig 894 1661*
Unnutzvogel 1090
unpäßlich 1143
unrasiert 691
Unrecht 26 202 563 716
unrein 1402 1662*
unruhig 1703
Unschuld 651 652 882 967 999 1603 1662* 1721
unschuldig 795
unsicher 1608 1662*
Unsinn 835 1036 1481
Unsterblichkeit 991
Unstern 1662*
unten 1107
unter 1573
unterbelichtet 16 1662*
unterbuttern 286
Unterhaus 1262
Unterhose 1662*
Unterlippe 1107
unterrichtet 1463
unterscheiden 1752
Unterschied 1662*
unterschreiben 1629
untertänig 596
Unterwasser 1108
Untugend 1099
unverblümt 223
unverhofft 1663*
unverständlich 317
Unwille 1730
Unzeit 1764
unzufrieden 975
Urian 661 784

Uriasbrief 722 1663*
urinieren 294
Urlaub 365
Urne 1403 1663*
Ursache 304 536
Urständ 10 1663*
Urteil 1327 1513 1663* 1705
urteilen 1335
Urwald 138 1664*
Usus 1664*

V

V 1752
Vabanque 1665*
Vademecumsgeschichte 1665*
Valant 1166 1609 1665
Valentin 247 1665*
Valet 1666*
Vandalen 1666*
Vaselborse 562
Vater 119 137 550 1144 1179 1352 1478 1667* 1717 1766
Väterchen 479
Vaterland 304 1122 1204 1668
Vaterlandsliebe 84
Vaterunser 127 202 543 1667 1668*
Vehikel 1668*
Veilchen 852 1668*
Veit 207 1600 1668*
Veitle 305
Veitstanz 349
Velten 1665
Venedig 1669*
veni, vidi, vici 1669*
Venus-Gürtel 834
Venusberg 1669*
verabschieden 1190
verändern 289
veranstalten 1774
veräppeln 93
verarschen 105
verballern 1353
verballhornen 137; ↗ Ballhorn
Verbandsstoff 1670*
Verbannung 264
verbaumölen 163
verbeißen 1670*
verbeulen 1353
verbieten 1060
verbimsen 198 1353
verblüfft 1188
verblümt 222 1254
verbocken 227
verbolzen 1354
verboten 479
verbrennen 446 651 962 1008 1058 1177 1330 1381 1779
verbrieft 80 1476
verbumfeien 1670*
verbumfiedeln 443
verdammt 465 1174 1413
verdauen 1072
verdeckt 810 1420 1501
Verderb 516
verderben 1492 1495
verdienen 1079 1436 1510 1597 1670*
Verdikt 1670*
verdorren 652
verdreht 1400
verduften 342

VORSTELLUNG

verdünnisieren 345
verfahren 808
verfemen 433
verfiedeln 443
verflixt 465 701 1670*
verflucht 1413 1670*
verfolgen 1405
verfrachten 1406
vergällen 500
vergammelt 1380
vergangen 1383
Vergangenheit 987 1305
Vergaser 1702
vergeben 1412 1671*
vergelten 572
Vergeltsgott 1671* 1718
Vergeltung 1242
vergessen 332 1411 1465 1671 1766
Vergißmeinnicht 222
Vergleich 719 1341 1671*
Vergnügen, vergnügen 96 99 352 1245 1672* 1672* 1682
vergnügt 1456
vergolden 105 447 1184
vergreifen 1631
verhaften 737
verhageln 122 1153 1275 1589
Verhältnisse 940 986
verhauen 469
verheiraten 1190
verheiratet 1672*
verheizen 367
verhungern 100
verhunzen 757
verjüngt 1181
verkannt 533
verkaufen 149 260 648 795 939 1231 1285 1436 1455 1672* 1674
Verkehr 1658
verkehrt 493 1164 1167 1579 1715
verknusen 1672*
verkohlen 863 866
verkrachen 876
Verlaß 1672*
verlassen 1672*
verledern 1355
Verlegenheit 1144
verlieben 1395
verliebt 1113 1559
verlieren 410 543 870 1408 1673* 1675
Verlobung 657
verloren 676 1190 1194 1336 1673
Verlust 1260 1673*
vermasseln 1633 1673*
vermaulen 1009
vermehren 800
vermeiden ↗ meiden
vermerken 1654
vermöbeln 1353
vernageln 255
vernagelt 1072 1073
vernarrt 1077
Vernichtung 1314
verpassen 88 1353
verpatzen 1673*
verpfänden 1455
verpflastern 1354
Verpflegung 402
verpissen 1186
Verputz 1673*
verputzen 1673*
Verrat 1507

verraten 80 1672 1674*
verrecken 1768
verrenken 989 1675
verriegelt 80
verrückt 1107 341 751 755 836 1122 1674*
verrufen 194
Vers 436 1240 1674*
Versagen 442
versalzen 884 1061 1153 1277 1495 1588
versaufen 432 1632
verschachern 1294
verschaukeln 1308
verschenken 1443
verschieben 711
verschieden 1594
verschießen 239 1164 1209
Verschiß 1311
verschissen 1674*
verschlagen 1352 1512
verschleiert 1362
verschließen 112 1650
verschneiden 1386
verschossen 1164 1674*
verschuldet 299
verschüttet 1674*
verschütten 270 884
verschüttet 1674*
verschwiegen 1726
Verschwiegenheit 311 1476
verschwinden 1280 1674
versengen 1355
Versenkung 1674*
versessen 1675*
versiegelt 1476
versilbern 105 648 1184 1478
versinken 232 1018 1300
versohlen 971 1487*
versprechen 173
Verstand 507 522 558 1363 1385 1481 1675*
verstehen 217 317 1374 1675* 1714 1763
verstockt 1560
verstricken 1574
versuchen 721
versüßen 1184
vertauschen 1251
verteidigen 352 1706
vertobaken 1353
vertragen 1553
Vertrauen 183
vertrinken 1632
verunzwirnen 1784
verwandt 351
Verwandtschaft 278
verwechseln 1765
verwehen 1734
verwelken 1396
verwirren 1512
verwischen 1518
verwurzelt 161
verzagen 1676*
verzapfen 1214
Verzeihung 1144
Verzierung 54 1676*
verzweifeln 1042
Verzweiflung 1063 1223
Veto 1676*
Vetter 825 1677*
Vetternstraße 25 1677
Vetternwirtschaft 25 1150 1677

Viaticum 698
Vichy 1669
Vieh 342 703 1023 1287
Vielliebchen 1338 1677*
vier 1512 1671 1678* 1689 1692
viereckig 1489
Viereinigkeit 1314
Viernsel 871
Viertel 1678*
Viktoria 557
Villingen 436
Violine 524 1679*
vis-à-vis 1679*
Visier 41 875 1054 1249 1679*
Visitenkarte 1679*
Vitamin 1679*
Vogel 27 459 466 474 544 773 800 877 1020 1083 1088 1089 1146 1163 1180 1182 1329 1478 1567 1640 1679*
Vogelbauer 1681
vogelfrei 37 296 1317 1682*
vögeln 1681
Vogelscheuche 123 884 1681
Vogelschnabel 1681
Vogel Strauß 872
Vogel-Strauß-Politik 1567 1568
Vokativ 1682*
volens 1098
Volk 532 687 1122 1685
Volksbachele 126
Volksfest 1682*
voll 79 574 648 799 995 1078 1208 1219 1249 1270 1381 1514 1630 1682*
vollachen 750
vollaufen 1683
vollblasen 1116
Volldampf 1683*
vollhauen 750 780 1225
vollmachen 1683
Vollmond 123 550 796
vollnehmen 1058
vollsaufen 750
vollschlagen 134 750 989
Volte 1683*
vor 1656
Vorangehen 660
voraus 1683 1764
vorbei 119 1683*
vorbeikommen 1515
vorblasen 204
vorderhand 644 654
Vordermann 1683*
vorhalten 1587
Vorhang 375
vorjährig 1383
vorlesen 1674
Vorlesung 1341
Vormund 1060 1684*
vorn 719 946 1381 1733
vornehm 205
Vorrang 1195
Vorsatz 731
vorschieben 1244
Vorschrift 321
VorschußIorbeeren 974 1684
Vorsicht 1063 1192 1261 1684*
vorsichtig 1673
Vorspiegelung 1500
vorstellen 1684*
Vorstellung 1370

1907

vorüber 1683
Vox 1685*

W

Waage 121 547 1308 1686*
Waagschale 1448 1686
Wache 1068 1686*
Wachs 528 1686*
wachsen 162 574 575 576 1185
wächsern 1080
Wachsgießen 1123
Wachsvögelein 191
wachsweich 1686
Wachtmeister 1687*
wackeln 1693
Wade 139
wäfen 1687
Waffe 1687* 1706
Waffenbruder 269
Wagen 808 809 920 994 1167 1175 1219 1687*
wagen 79 371 948 976 1688*
wägen 1688*
Wagenrad 738
Wahl 383 1214 1688*
Wahlbruder 269
Wahlen 19
wählen 1654
Wählertrend 1637
Wahnsinn 1674
wahr 543 783 1195 1252 1358 1395 1689*
wahren 543 1311
wahrhaben 1689
Wahrheit 524 1059 1063 1068 1550 1689*
Waisenknabe 1690*
Wald 125 162 164 284 732 1439 1690*
Waldbruder 848
Walfisch 1380 1403
walken 1354
Walroß 1380
walten 1692*
Walze 1692*
Walzer 339
Wams 660 780 1353 1692*
Wand 27 178 205 460 732 869 993 1259 1307 1397 1401 1611 1678 1692*
Wandel 655
Wanderstab 188 1520 1694*
Wange 127 782
wanken 164
wann ↗wenn
Wanze 1558 1694*
wapen 1769
Wappen 394 702 872 1018
Wappenschild 1334
warm 269 648 1059 1237 1466 1695* 1744
Wärme 1695*
warmzittern 1775
Warschau 122 1628
Wartburg 1659 1695*
Warteinweilchen 1095
warten 883 1450 1583 1602 1695*
Waschbank 143
Wäsche 14 546 1482 1696*
waschen 542 652 687 843 869 877 935 1040 1147 1217 1265 1414 1623 1696* 1711 1712

Waschküche 302 1214 1696
Waschlappen 710 1356
Waschweib 546 828 1696*
Wasser 19 37 39 45 79 105 123 164 198 263 272 303 342 344 405 439 449 452 462 506 570 710 727 776 795 874 895 923 1018 1056 1058 1108 1172 1215 1236 1257 1275 1280 1287 1307 1349 1350 1362 1380 1416 1419 1441 1450 1454 1454 1464 1470 1488 1497 1511 1527 1549 1568 1604 1647 1671 1679 1696 1697* 1707 1709 1733 1737
Wasserfall 1235
Wasserglas 1584; ↗Sturm
Wasserhahn 710
wässerig 1058 1754
Wasserkopf 586 1702*
Wasserleitung 710
Wassermann 848
Wasserprobe 1446
Wasserratte 1228
Wassersuppe 707
Wasserwaage 377
Waterloo 1702*
Watte 369
Weber 459
Webfehler 344 1702*
Wechselbalg 1703*
Wechseldusche 347
wechselnd 521
Wecken (Brötchen) 1466
Wecker 525 1088 1635 1703*
wedeln 1432
Weg 63 185 218 459 542 668 735 798 1038 1154 1252 1404 1540 1541 1596 1703* 1730 1753 1753 1765 1766
Wegbeschreibung 1402
wegblasen 203
wegbleiben 1251
wegkriegen 891
wegnehmen 1059
Wegscheide 1310
wegschmeißen 332
wegwerfen 1203 1705*
wegziehen 1582
weh, Wehe 79 1706*
wehen 1733 1734
Wehr 1706*
wehren 299
Weib 28 344 405 559 1144 1595 1620 1654 1706* 1710
Weibchen 1739
Weiber 1389
Weibermühle 1644 1707*
Weiberpelz 1569
Weibersommer 78
weich 1191 1207 1463 1686 1744
Weide 776 1172 1556
Weidmannsheil 595
Weihnachten 783 1126 1171 1708*
Weihnachtsbescherung 177
Weihnachtsmann 848 1708*
Weihrauch 1709*
Weihwasser 1613
Weile 1337
Wein 28 38 184 418 680 1132 1240 1389 1604 1701 1709* 1719 1737
weinen 115 709 892 1555; ↗lachen, ↗heulen
Weinessig 1286

Weingarten 305
Weinkauf 953 1710*
weise 1276
weisen 427 969 1283 1406 1651 1711*
Weiser 1544
Weisheit 78 121 973 1063 1215 1276 1370 1711*
weismachen 1711*
weiß 15 27 132 253 471 494 757 877 1016 1040 1048 1150 1159 1217 1240 1434 1520 1693 1696 1711* 1721 1731 1736
Weißbier 122 194 720
Weißenfels 1670
weit 63 1110 1219 1410 1418 1711 1712*
weiter 1621
weiterbringen 1404
Weizen 618 1320 1661 1712* 1724
Weizenmehl 1265
Welle 1332 1713* 1733
Wellenlänge 1713*
Wellensalat 1275
Wellenschlag 519
Welt 83 104 255 316 384 571 601 784 789 896 925 970 994 1066 1188 1313 1389 1469 1676 1713*
Weltgeschichte 1716
Weltmann 994
Weltuntergang 1723
Wendehals 16 1716*
wenden 334 1222 1331 1362
wenig 1717*
Wenigkeit 1717*
wenn 56 1717*
Werbetrommel 795 1645 1717*
werfen 113 152 169 242 273 334 676 776 861 920 927 1014 1065 1193 1148 1219 1298 1304 1305 1328 1335 1352 1362 1411 1420 1460 1538 1540 1599 1631 1686 1693 1723 1727 1746 1749 1758
Werft 1330
Werg 1718*
Werk 1649 1718*
Werkstatt 1386
Wermut 1645
Wermutsbrüder 1718*
Wermutstropfen 1719*
Werra 1697
wert 1171 1209 1234 1488
Werwolf 39 474 768 1719*
Wesel 436
Wespennest 1720*
Wespentaille 1112 1720*
Weste 458 1150 1642 1712 1721*
Westentasche 116 1722
Westerhemd 562
Western 966
Westerwald 76 1172
wetten 1722*
Wetter 83 554 825 1722* 1733
Wetterdienst 28
Wetterfahne 1723*
Wetterfrosch 478
Wetterhahn 1723*
Wetterhexe 1735
Wetterloch 972
Wettermädchen 1723
Wettlauf 1328
Wettnähen 406
wetzen 1025 1379

Wetzstein 1451 1478
Wichs 498 1298 1723*
Wichsbürste 1349 1724*
Wichse 1351
wichsen 294 1759
Wicht 243
Wicke 198 760 1185 1724*
Wickel 1348 1724*
Wickelkind 371
Widder 742 743
Widerstand 1725*
wie 834 841 851 934 1121 1144 1156 1157 1173 1188 1197 1211 1235 1725*
Wiedehopf 1090 1558
wieder 1727*
wiederfinden 410
Wiedersehen 14 1727*
Wiedhopf 1089
Wiege 19 524 580 1727*
wiegen 1688
Wien 692 996 1697
Wiesbaum 1509
Wiese 405 1514 1691 1728*
Wiesel 364 1728*
wild 250 352 686 995 1283 1729*
Wildbret 1729*
Wilder 929
Wildfang 1219 1699 1738 1740*
Wildsau 1283 1284
Wilgefortis 910
Wilhelm 1730*
Wilhelmine 1035
Wille 216 940 1730*
Willkommen 592
Willy 1623
wimmern 710
Wimpel 1331
Wimper 1730*
Wind 30 36 37 64 87 164 411 424 467 521 536 775 972 979 997 1019 1056 1078 1235 1249 1261 1267 1331 1346 1390 1457 1490 1513 1516 1534 1558 1678 1723 1731* 1738
Windbeutel 1733
Windei 405 1734*
windelweich 1353 1354
winden 51 1358 1747
Windharfe 664
windig 1386
Windmühle 17 405 1735*
Windsbraut 1735*
windschief 1327
Windschutzscheibe 1053
Wink 238 1324 1735*
Winkel 675 1690
Winkelholz 1736*
Winkelschneider 239
Winkelzug 1736*
winken 1346 1735* 1761
winseln 710
Winter 1487 1736*
Wippchen 1736*
Wippe 839
Wipper 839 1405
Wirbelwind 843 1735
Wirsing 871
Wirt 989 1232 1737* 1762
Wirtschaft 1190
wirtschaften 1601 1682
Wirtshaus 841
Wirtshauskranz 883

Wisch 1737*
wischen 1624
Wischer 124 1736* 1737*
Wischiwaschi 200
Wissen, wissen 28 63 155 164 169 333 382 405 510 524 525 547 548 555 569 616 646 667 671 752 863 870 934 938 941 957 968 972 1258 1352 1399 1421 1463 1563 1584 1615 1620 1656 1660 1670 1689 1733 1738* 1756 1762
Wissenschaft 958 1122 1288
Witwe 164 590 1740* 1768
Witwensömmerli 78
Witwenstuhl 1581 1740
Witwentröster 733
Witz 184 597 1740*
Woche 590 782 993 1172
Woge 1119 1733
wohl 79 1098 1740*
wohl bekomms 544
Wohlgemuth 121
Wohlleben 594
wohlweise 596
Wohnung 1694
Wolf 15 29 39 159 227 270 460 462 474 482 535 668 710 757 768 807 819 820 843 844 923 923 1043 1144 1199 1219 1699 1738 1740*
Wolfshunger 1743
Wolfsklaue 690
Wolke 716 728 940 1714 1743*
Wolkenbruch 718
Wolkenkuckucksheim 29 1743
Wolle 319 398 423 576 605 608 636 768 1320 1744*
Wollmann 459
Wolpertinger 376 1744*
Worms 1336
Wort 58 267 315 528 567 570 570 634 982 994 1060 1363 1395 1400 1453 1533 1597 1631 1673 1744* 1780
Wörterbuch 994
Wöttich 674
wuchern 1177
wühlen 1720
wund 1210 1545
Wunde 1119 1174 1277
Wunder 173 209 1746* 1763
wunderlich 690 829
wundlaufen 1487
Wunsch 477 854
Wupper 1746* 1767
Würde 63
Wurf 586 1746*
Würfel 1259 1746 1747*
Würgen 660 1688
Wurm 884 989 1232 1358 1747*
Wurmschneider 1748
wurscht 45
Wurst 19 27 61 358 408 552 771 833 1186 1191 1201 1240 1391 1497 1498 1648 1749*
Wurstfresser 317
Wurstthörnchen 833
Wurstsuppe 1726
Wurzel 125 161
Wurzelstock 1560
Wüste 1197 1280 1332 1751*
Wüstenfuchs 482
Wut 159 720 768 863 1046 1751 1755 1785

wüten 176
wütend 759

X

X 23 888 1752*
Xanthippe 1471 1753*
xmal 1752

Y

Y 1310
Ypern 122 951 1628
Ypsilon 1753*

Z

Z 1653
Zachäus 1754*
Zack 1754*
Zacken 54 894 1754*
Zagen, zagen 1774 1774
zäh 499
Zahl 1257 1754* 1783
zahlen 948 1059
zählen 335 354 390 486 1059 1310 1404 1548 1596
Zahn 11 114 127 263 265 552 606 894 1010 1074 1353 1432 1670 1754* 1763 1768
Zahnarzt 1086
Zahnbrecher 688 1403 1528 1756*
Zähneklappern 709
Zähneputzen 906
Zahnfleisch 1758*
Zahnreißer 980
Zahnwurm 1747
Zange 1318 1375 1401 1758*
Zankapfel 471 1758*
zanken 833 1306
zänkisch 382
Zanktippe 1753
Zapfen 1110 1494 1739
zapfen 1758*
Zapfenstreich 1758 1759*
zappeln 453 1759*
zappenduster 1759*
Zar 703
zart 538
zartbesaitet 1272
Zaster 835 860
Zauber 1759*
Zauberkraut 885
zaubern 1785
Zaum 29 1760* 1779
Zaun 21 252 804 836 1490 1570 1760*
Zaunpfahl 27 1324 1736 1761*
Zebedäus 1761*
Zeche 190 1199 1589 1761*
zechen 420
Zechprellerei 1200
Zecke 1683
Zeh 169 492 753 769 1071 1762*
zehn 1729
Zehnt ↗ Zehnter
zehntausend 1762*
Zehnter 318 1762*
zehren 438 1393
Zehrung 931

1909

ZEICHEN

Zeichen 1746 1762* 1764
Zeigefinger 1243 1763*
zeigen 427 969 1648 1651 1763* 1780
Zeile 1341 1763*
Zeisig 69
Zeit 79 190 469 471 525 570 594 1063 1121 1122 1261 1289 1341 1398 1535 1537 1763
zeitlich 31 92 100 385 403 412 455 477 481 502 525 622 687 694 703 752 833 839 869 892 922 1020 1097 1102 1133 1143 1152 1182 1222 1226 1238 1241 1263 1281 1346 1381 1396 1399 1455 1558 1584 1628 1633 1639 1667 1690 1746 1764*
Zeitungsente 388
Zeitungsnarr 1076
Zeitungspapier 1188
Zeitz 1007
Zelt 31 41 1769*
Zenit 1769*
Zentner 1277
Zepter 1520 1769*
zergehen 1780
zermartern 722
zerplatzen 1459
zerquetschen 937
zerreißen 101 979 1410
zerschneiden 1625
zerstreut 515 1203 1204 1734
Zeter 1050 1769
Zetermordio 1769*
Zettelgreifen 1123
Zeug 338 538 947 948 1351 1718 1770*
Zeuge 1114 1771*
Zeus 1649
Zicke 471 1771*
zickig 1571
Zickzack 1771
Ziege 121 471 1144 1166 1676 1771 1771*
Ziegel 1014
Ziegenbock 740 742 742 795 1558
Ziegenhain 436
Ziegenhaut 908
Ziegenwolle 541
ziehen 327 431 432 684 775 793 808 855 871 947 1461 1462 1509 1573 1756 1776
Ziel 392 586 666 1005 1329 1530 1772*
Zielwasser 1772*
Zieten 1772*
Zifferblatt 1355
Zigarette 839
Zigarre 1772*
Zigeuner 221 1436
Zigeunerregen 843
Zigeunersonne 843

Zilorgentag 1171
Zimmer 386 1110 1687
Zimmermann 969 970 1642 1643 1711 1763 1772*
Zimmermannshaar 1772
Zimt 1773*
zimtig 1773
Zimtziege 1773
Zinken 1773*
Zinngießer 931
Zinnsoldat 305
Zinsen 1238
Zinshahn 621 1256 1773*
Zipfel 1648 1774*
Zipperlein 1001 1774*
Zirkus 1774*
Zirkuspferd 1774
zischen 1358 1642
Zither 1631
Zitrone 1672 1774*
Zittern, zittern 27 79 164 401 489 489 924 1774*
Zitterpfennig 1775
Zitterwochen 461
Zitze 1625
zollen 1639
zollfrei 516
Zopf 660 1439 1775*
Zorn 1298 1755
zornig 1505
Zote 1288
Zubrot 263
zucken 65 1731
Zucker 69 103 104 735 849 1591 1776*
Zuckerbrot 69 1776
Zuckerschlecken 1777
zudrücken 112
zuerst 392 990 1465 1777*
Zufall 216
Zug 41 56 241 242 1266 1777*
zugebunden 1270
zugenäht 1670
Zügel 1364 1778*
zuhalten 112
zuhören 1115
zukneifen 105
Zukunft 1398
Zukunftsmusik 1063
zuleide 1649
zuletzt 1465
zuliebe 44 1649
zumachen 1651
zünden 1353
Zunder 1256 1778*
zunehmen 1044
Zunge 29 104 104 338 437 440 606 704 1010 1109 1385 1445 1448 1455 1516 1760 1778*
Zungenabschneider 386
Zungendrescher 1781*
Zungenschlag 1781

Züngelein 1686
Züngelein an der Waage 121
zupfen 1083 1718
zurechtrücken 869
zureden 1169 1781*
zurückgeben 1415
zurückpfeifen 1163
zurückstecken 1175
zurückziehen 1378
Zurzach 1331
zusammen 1781
zusammenbeißen 1755
zusammenbrechen 1716
zusammenhauen 750
zusammenklappen 846
zusammenkneifen 105
zusammenknüpfen 1280
zusammenlaufen 1058
zusammennehmen 1675
zusammenpassen 1632
zusammenreden 1553
zusammenschustern 1421
zusammentrommeln 1645
zuschanzen 1301
zuschlagen 1651
zuschustern 1421
Zustand 1252 1782*
zustopfen 971
zutage 1594
zuunterst 1107
zuverlässig 1215
zuviel 891 940
zuwege 1705
zuwenig 940
zuziehen 1367
Zweck 720 1122
zwei 1420 1449 1580 1598
zweierlei 1005 1648 1739
Zweig 11 108 182 590 1782*
zweischneidig 1447
zweiter 1404
zweites Ich 778
zweiundsiebzig 38 644 1475 1783*
Zwerg 751 1692 1703
Zwetschgenbrühe 28 851
Zwickmühle 1783*
Zwiebel 1784*
zwiebeln 1353 1784
Zwiesprache 1465
Zwilling 1354
Zwirn 718 1784*
Zwirnsrolle 1088
zwischen 1176 1581 1651 1785
zwitschern 1784*
zwölf 311 336 775 1036 1172 1584 1784*
Zwölfmännerkaffee 1785
Zwölfte 783
Zwölfter 1785
Zyklop 1436
Zylinder 776 1785* 1786

Breites Spektrum Kultur und Geschichte

Peter Heine
Kulturknigge für Nichtmuslime
Ein Ratgeber für alle Bereiche des Alltags
Band 4307
Ein Ratgeber, der mit praktischen Tips und vielen
Hintergrundinformationen hilft, die fremde Mentalität zu verstehen
und uns den Umgang mit ihr erleichtert.

Ernst Werner/Martin Erbstößer
Kleriker, Mönche, Ketzer
Das religiöse Leben im Hochmittelalter
Band 4284
Menschen auf der Suche nach einem verborgenen Gott. Das dichte
Porträt einer Existenzsuche im Mittelalter – erstellt von zwei
international renommierten Historikern und Mediavisten.

Amedeo Molnár
Die Waldenser
Geschichte und Ausmaß einer europäischen Ketzerbewegung
Band 4233
Spannende Lektüre und umfassende Information für alle Freunde
mittelalterlicher Geschichte.

Hans Sedlmayr
Die Entstehung der Kathedrale
Band 4181
„Ein Buch von gleicher materialer Weite und gleicher Tiefe wird nicht
wieder geschrieben werden können" (Das Münster). Mit zahlreichen
schwarzweißen Abbildungen.

Mircea Eliade
Schmiede und Alchemisten
Mythos und Magie der Machbarkeit
Band 4175
Verblüffende Zusammenhänge zwischen der Arbeit der Schmiede, dem
Werk der Zauberpriester und der Krise der modernen Welt.

HERDER / SPEKTRUM

Johannes Hirschberger
Kleine Philosophiegeschichte
Band 4168

Der Klassiker: eine prägnante Darstellung der Philosophie von der Antike bis zur Gegenwart. Umfassend, fesselnd, höchst informativ.

Hugo Rahner
Griechische Mythen in christlicher Deutung
Band 4152

Aufregend neue Entdeckungen mit uralten, geheimnisvollen Mythen. Ein Schlüssel zum Verständnis unserer Kultur.

Alois Halder/Max Müller
Philosophisches Wörterbuch
Erweiterte Neuausgabe
Band 4151

Die aktualisierte Neuausgabe eines konkurrenzlosen Kompendiums: klar gegliedert, kompakt und auf das Wesentliche konzentriert.

Hanspeter Hasenfratz
Die religiöse Welt der Germanen
Ritual, Magie, Kult, Mythus
Band 4145

Zurück zu den Ursprüngen unserer Geschichte: plastische, spannende Informationen über eine Welt voller Zauber und Magie.

Ludwig van Beethoven
Briefe über Kunst, Liebe und Freundschaft
Herausgegeben und kommentiert von V. Karbusicky
Band 4127

Briefe eines sensiblen Menschen, aber auch eines Genies und Giganten unter den Künstlern. Mit zahlreichen Abbildungen.

HERDER / SPEKTRUM

Li Zehou
Der Weg des Schönen
Geschichte der chinesischen Kultur und Ästhetik
Herausgegeben von Karlheinz Pohl und Gudrun Wacker
Band 4114

Li Zehou, Dissident und „einer der bedeutendsten chinesischen Denker der Gegenwart" (Süddeutsche Zeitung), läßt Kunst und Literatur des Reichs der Mitte zum Erlebnis werden.

Mircea Eliade
Schamanen, Götter und Mysterien
Die Welt der alten Griechen
Band 4108

An der Wiege Europas stehen die religiösen Vorstellungen der Griechen. Mit zahlreichen Quellentexten.

Jacques Gélis
Das Geheimnis der Geburt
Rituale, Volksglaube, Überlieferung
Band 4103

Ein aufschlußreiches Kapitel Kulturgeschichte: Der Mensch ist schon vor der Geburt ein Kind seiner Zeit.

Erika Uitz
Die Frau in der mittelalterlichen Stadt
Band 4081

Stadtluft macht frei – Frauen als die treibenden Kräfte bei der Emanzipation des Bürgertums von der feudalen Herrschaft.

Malcolm Lambert
Ketzerei im Mittelalter
Eine Geschichte von Gewalt und Scheitern
Band 4047

Die packende Schilderung eines verwickelten Kapitels Geschichte. Eine exzellente Orientierung.

HERDER / SPEKTRUM

Arno Borst
Die Katharer
Mit einem Nachwort von Alexander Patschovsky
Band 4025

„Wen das Mittelalter interessiert, aber auch jeder, der wissen will, wie Europa geworden ist, wird das Buch mit Vergnügen lesen" (FAZ).

Joseph M. Bochenski
Wege zum philosophischen Denken
Einführung in die Grundbegriffe
Band 4020

„In klarer, eindringlicher Weise holt Bochenski Grundfragen aus dem Elfenbeinturm" (Landeszeitung für die Lüneburger Heide).

Hans Maier
Die christliche Zeitrechnung
Band 4018

„Eine kompakte Darstellung, die eine Wissenslücke füllt„ (Wiener Zeitung).

Lorenz Wachinger
Wie Wunden heilen
Sanfte Wege der Psychotherapie
Band 4009

Die Quintessenz von über 20jähriger therapeutischer Erfahrung: erprobte Hilfen zum gelingenden Leben.

Gerd Heinz-Mohr
Lexikon der Symbole
Bilder und Zeichen der christlichen Kunst
Band 4008

„Ein Nachschlagewerk, das auch zum Lesen verlockt„ (Süddeutsche Zeitung).